BOUQUINS

Collection fondée par Guy Schoeller
et dirigée par Jean-Luc Barré

À DÉCOUVRIR AUSSI
DANS LA MÊME COLLECTION

Jean-Marie Rouart, *Les Romans de l'amour et du pouvoir*
Raymond Aron, *Mémoires* (édition intégrale)
Èlisabeth Badinter, *Les Passions intellectuelles*
Jacques Bainville, *La Monarchie des lettres*
Jean-Pierre Chevènement, *La Passion de la France*
Dictionnaire de Gaulle, sous la direction de Claire Andrieu, Philippe Braud et Guillaume Piketti
Duchesse de Dino, *Souvenirs et Chronique*
Georgette Elgey, *Histoire de la IVe République* (2 volumes)
Marc Fumaroli, *La Grandeur et la Grâce*
François Furet, *Penser le XXe siècle*
Max Gallo, *Napoléon*
Charles de Gaulle, *Lettres, notes et carnets* (3 volumes)
Remy de Gourmont, La *Culture des idées*
Jacques Julliard, *L'Esprit du peuple*
Louis Madelin, *Histoire du Consulat et de l'Empire* (4 volumes)
François Mauriac, *Journal, Mémoires politiques. Correspondance intime* (2 volumes)
Mme de Staël, *La Passion de la liberté*
Charles-Maurice, prince de Talleyrand, *Mémoires et correspondances*
Michel Winock, *La France républicaine*

Ce volume contient :

LES AVENTURIERS DU POUVOIR
par Jean-Marie Rouart

NAPOLÉON OU LA DESTINÉE

BERNIS, LE CARDINAL DES PLAISIRS

MORNY, UN VOLUPTUEUX AU POUVOIR

PORTRAITS ACIDES
De Giscard à Macron

DOCUMENTS

LES AVENTURIERS DU POUVOIR

par Jean-Marie Rouart

Je ne peux me défendre d'une attraction coupable pour les grands hommes : il me semble que quels que soient leur personnalité, leur sexe, leur époque, le champ d'application de leur ambition, j'ai toujours noué avec eux des complicités secrètes. Ils sont ma drogue, mon addiction. L'air des cimes que je respire auprès d'eux m'aide à affronter cette condition d'homme moderne asphyxié par la médiocrité commerçante et publicitaire qui rogne notre vraie vie et nous transforme en consommateurs. À la manière de Malraux qui avait un musée imaginaire où se culbutaient les chefs-d'œuvre de tous les temps et de tous les pays, j'ai ma propre galerie où déambulent des fantômes étrangement présents. Ils sont là, ils me parlent. L'art et l'histoire qui peuplent le Paradis de Dante s'adressent à moi dans une langue fraternelle. Certains ironiseront peut-être sur cette conception à l'ancienne de voir les choses. On a aujourd'hui tendance à rechigner à ces filiations. On veut croire aux générations spontanées. De plus on voit dans ces grandes figures, qui sortent du lot, des privilégiés, même si le plus souvent elles n'ont dû leur renommée qu'à leur génie, leur mérite et leur volonté. Ce n'est pas mon cas et j'assume cette conception de la transmission, de la transmutation des arts et des légendes. Je crois au pouvoir des forces de l'esprit. Et ces forces continuent de me visiter. Elles sont si présentes pour moi que ce serait me trahir et les trahir de le nier. Ce culte relève, je l'admets, d'une croyance plus vaste en la pérennité des âmes, en leur survivance. Je ne peux en effet me défaire d'un spiritualisme tenace, quelque argument qu'opposent les matérialistes et les athées.

Aussi j'éprouve toujours un grand bonheur à lire ces récits où des hommes illustres avouent leur gratitude à ceux qui continuent de les inspirer. Cela peut aller de Napoléon s'emparant avec émotion de l'épée de Frédéric II et méditant à Potsdam devant son tombeau sur la destinée de ce grand chef de guerre, au tableau représentant Charles Quint ramassant le pinceau du Titien, ou, dans un petit salon de La Boisserie, de Gaulle interrogeant Malraux sur Napoléon. Barrès installant dans la propriété qui lui avait appartenu un buste de Mirabeau, dont il détestait les idées tout en admirant la grandeur. Gary gardant fiévreusement la religion de De Gaulle, ou Mitterrand se voyant en héritier de Jaurès. La transmission agit plutôt comme une infusion.

Ce n'est pas au hasard que j'ai choisi les grands hommes dont j'ai tenté, dans mes essais biographiques sur Napoléon, Morny, ou Bernis, moins de raconter la vie que d'en déchiffrer l'énigme. Il me fallait tisser avec eux un lien particulier proche de l'identification. Je devais avoir noué avec leur légende une mystérieuse parenté. Ayant traité de Napoléon, je risque de faire sourire. Et pourtant l'une des clés de la légende napoléonienne, c'est précisément le pouvoir d'identification qu'il exerce universellement. C'est cette énigme de la parenté imaginaire que suscitent les grands hommes que j'ai tenté d'éclairer à travers lui. Et sa postérité de ce point de vue est immense : on y trouve aussi bien des généraux que des metteurs en scène comme Abel Gance, ou des écrivains comme Léon Bloy, Joseph Delteil, Malraux, André Suarès, un historien d'art comme Élie Faure, et bien d'autres qui n'ont pas manifesté outre mesure dans leur vie un intérêt pour la chose militaire. Ce qu'ils cherchent en lui c'est une irrigation de la grandeur. Ils puisent dans ce destin spectaculaire, hors norme, une leçon de vie.

Ce désir éperdu de filiation avec des héros que nous ressentons plus ou moins intensément me semble un prolongement d'un phénomène courant dans l'antiquité. Chacun alors se sentait relié à un dieu, à un demi dieu ou à un héros. Cette chaîne de solidarité qui faisait d'Alexandre un descendant d'Aphrodite et de César un parent de Vénus se doublait d'un culte ardent des héros. Nous avons gardé ce besoin d'une référence céleste à travers le christianisme et les cultes qu'il a suscités. *L'Imitation de Jésus-Christ*, ce best-seller du XVe siècle, dont le succès de librairie concurrence la Bible, nous a rendu sensibles à ce besoin d'un modèle exceptionnel, exemple de vertu, de foi, de sacrifice, de courage ou d'humanité. Et qu'est-ce d'autre que ce qu'on nomme la culture dans la société d'aujourd'hui sinon cette mythologie laïque qui mêle dans un tourbillon contrasté des hommes et des femmes qui en plus d'une œuvre nous ont offert leur destin à méditer. Notre mythologie comporte aussi bien Jeanne d'Arc que Rimbaud, Malraux que Jaurès, Jean Moulin et Zola, Hugo et Richelieu, Balzac ou Turenne. Sans compter des étrangers avec lesquels nous établissons une parenté : comme Shakespeare ou Marie Stuart, Abraham Lincoln ou Gandhi. Nous vivons plus ou moins consciemment avec eux, leur image, leur enseignement. Ils ouvrent notre horizon et nous aident à respirer.

Pour rester avec Napoléon qui est l'un des plus emblématiques des héros qui apparaissent dans ce livre, je me souviendrai toujours de l'état d'euphorie qui a été le mien en écrivant l'ouvrage que je lui consacrais. C'est peu dire qu'il m'inspirait. Je vivais dans un état permanent d'enthousiasme. J'avais l'impression d'avoir largué les amarres avec la vie réelle et d'évoluer à quelques centimètres au-dessus du sol, loin de la réalité prosaïque. C'était un merveilleux antidote à la médiocrité. J'accédai à un autre monde. Oui un monde parallèle qui avait des points communs avec celui dans lequel je vivais, mais différent, épuré, anobli, comme peut l'être l'air si pur que l'on respire dans des romans de Stendhal et de Balzac. Et pourtant Dieu sait que j'avais hésité à me lancer dans cette entreprise. J'avais le trac. Je ne me sentais pas à la hauteur de mon sujet. Tant d'écrivains en avaient parlé mieux que je ne pourrais jamais le faire. Pourtant une voix me chuchotait que je ne devais pas me soustraire à ce que je ne puis appeler autrement qu'une nécessité intérieure : ce que je voulais faire personne ne l'avait entrepris avant moi. Au cœur de cette certitude vacillante, combien hésitante, je reçus le renfort de mon éditeur Antoine Gallimard dont l'insistance finit par venir à bout de mes scrupules. Dès lors je ne dormis plus. J'accédai à une autre vie.

Ce n'étaient pas les célèbres moments de gloire que je partageais avec lui mais ceux où au contraire il était en butte à l'adversité. Les tourments de l'échec, les brûlures de l'humiliation, qui parfois lui inspiraient des idées de suicide. J'étais humilié avec lui en quittant la Corse pour fuir les partisans de Paoli, en traineau enveloppé dans une peau d'ours en compagnie de Caulaincourt après sa défaite de la campagne de Russie ; à la Malmaison quand tout est perdu après Waterloo et qu'il hésitait à passer en Amérique enfermé dans un tonneau de Cognac ; j'étais en Italie, quand couvert de gloire mais humilié par les trahisons de Joséphine il suppliait Barras de la convaincre de le rejoindre. Au Caire quand il apprend la ruine de sa flotte dans la rade d'Aboukir et qu'il se sent prisonnier de sa conquête. À Marengo dans les instants où il croit la bataille perdue avant l'intervention miraculeuse de Desaix. Je suivais ce chemin de gloire mais loin d'en dissimuler les incertitudes et les déconvenues, j'en montrais les blessures et les échecs. J'étais au cœur de mon sujet favori : le succès n'est qu'un échec surmonté avec constance.

N'étaient-ce pas toutes ces déconvenues qui enveloppaient d'ombres sa gloire qui expliquaient que tant de jeunes gens se soient identifiés à lui, partageant ses affres et ressourçant leurs forces et leur détermination dans *Le Mémorial de Sainte-Hélène*, cet évangile de l'ambition ?

Mais m'attirait, me fascinait chez Napoléon, cette réflexion qu'il me permettait de nourrir sur le mystère de la destinée. Quelle providence laïque expliquait ce parcours ? Y avait-il des hommes mystérieusement sélectionnés par le destin ? Pourquoi semblaient-ils à ce point bénéficier d'une protection qui leur permettait de réaliser leurs desseins ? Mon esprit s'égarait dans les arcanes de ce mystère : d'où vient que la vie d'un Alexandre, d'un César, d'un Napoléon ou d'un de Gaulle nous semble, chances et malchances confondues, aussi cohérente et nécessaire ? Aucun des épisodes qui la composent ne peut en être retranché.

Cette chance insolente qui suggère l'intervention d'une puissance mystérieuse, cette étrange élection surnaturelle qui dure tant qu'il n'a pas accompli sa mission terrestre, je la retrouvais chez les autres héros qui allaient devenir les sujets de mes biographies : Morny, Bernis.

Longtemps j'ai cru que ce personnage de Morny m'échapperait. J'étais venu à lui à cause de Marsay, le personnage de Balzac qui lui emprunte beaucoup de ses traits. François Nourissier avait eu la même idée et je ne voulais pas me mettre en concurrence avec un écrivain aussi talentueux. Mais mû par un excès de scrupules – il ne voulait pas être inférieur aux historiens en matière de documentation et d'érudition – il abandonna son projet. Je ne partage pas le scrupule excessif qui le motiva : les écrivains qui choisissent de traiter d'un personnage historique ne sont pas soumis aux mêmes règles, aux mêmes impératifs que les historiens. Leur but est de donner vie à un personnage, non d'être des experts : c'est ce qui donne les chefs d'œuvres incomparables de Zweig : *Marie Stuart*, *Marie-Antoinette*, *Fouché*, *Magellan*, le *Fouquet* de Paul Morand, le *Disraeli* de Maurois, le *Suffren* de La Varende.

Je cherchais à travers Morny à montrer comment un homme pouvait retourner un handicap en avantage : en l'occurrence sa bâtardise. Fils naturel de la reine Hortense de Beauharnais et du général Charles de Flahaut, il avait trouvé dans ses origines non un frein mais une exaltation à son ambition. Loin de se lamenter sur l'injustice de son sort, il en tirait de l'orgueil. Ce thème m'enchantait aussi parce que je crois que toute création ne nait jamais du conformisme, mais d'une forme de révolte contre sa filiation. Tout créateur est d'une certaine façon un bâtard. Il tient moins d'un héritier légitime que d'un enfant trouvé, ce qui a toutes les chances de faire de lui un aventurier.

C'était autant l'anticonformiste, l'esprit libre autant que l'homme de plaisir qui me plaisait chez Morny. Il avait toujours joué sa vie et le coup d'État du 2 décembre fut seulement un jeu un peu plus risqué. Mais il n'abdiqua jamais sa dignité vis-à-vis de son demi-frère, Napoléon III, même quand ses intérêts auraient dû assouplir son amour propre : il rompit avec lui lors de la confiscation des biens de la famille d'Orléans, à laquelle il avait été lié, refusant de s'associer à une entreprise de spoliation. Certes Morny n'est nullement un exemple de scrupules en matière de gestion publique : il s'est largement enrichi et a profité autant qu'il le pouvait pour ses affaires et ses amours des avantages que lui procurait le pouvoir. Mais il reste sur beaucoup de point un homme de cœur, désintéressé, attaché à soutenir le jeune Alphonse Daudet ou Ludovic Halévy, vouant un culte à l'amitié. Ce n'est pas non plus un hasard si j'ai dédié ce livre à Maurice Rheims qui possédait le même art de vivre en dehors de la morale commune. C'est un fauve avec ses adversaires mais un ami courageux et certainement il n'aurait pas conquis une telle légende si elle n'avait pas été accompagnée par autant d'admirateurs.

Le cardinal de Bernis incarnait pour moi la plénitude de qualités humaines si rares au cœur de ce pouvoir dont j'ai souvent essayé de décrypter le mystère. De ce point de vue il est atypique. J'aimais ce fond de probité, d'honnêteté, chez cet ambitieux tout plein de la passion de l'ambition et de la gloire. Ce qui explique peut-être qu'il ait laissé une meilleure réputation chez les écrivains que chez les politiques. C'est un idéaliste, un pur, aux prises avec l'impitoyable et souvent nauséabonde réalité de la politique. Avant moi Sainte-Beuve, Roger Vaillant, s'étaient laissés séduire par ce personnage vaincu par l'histoire pour en avoir refusé l'impitoyable loi d'airain. Ils aimaient aussi l'homme libre, sans entraves, que sa fidélité avait desservi. Ses *Mémoires* que j'ai publiés au Mercure de France pouvaient se révéler un merveilleux bréviaire pour les ambitieux. Moins impressionnants que le *Mémorial de Sainte-Hélène*, ils s'adressent à cette sorte d'ambitieux un peu particulière qui ne méprise pas le bonheur, et n'est pas prête à tout sacrifier à sa passion du pouvoir.

À ces grandes figures du passé, j'ai joint des portraits un peu acides de quelques contemporains qui ont eux aussi avec plus ou moins de bonheur rêvé d'accéder au pouvoir. De Gaulle mis à part, ils ont rarement l'envergure des hommes auxquels j'ai consacrés mes essais biographiques. Mais je suis peut-être injuste : devant nos contemporains les défauts et les erreurs sont plus visibles que les qualités et les actes positifs. Mais chacun à leur manière, ils m'ont passionné. J'ai toujours eu du goût pour ce théâtre de la politique que j'observe depuis la fin du gaullisme. Moins en journaliste qu'en portant sur eux un regard d'écrivain : c'est à dire cherchant moins des informations sur leurs intentions qu'à comprendre leurs personnalités, leurs motivations, le secret de leur ambition. Mais s'il m'arrive de traiter avec sévérité les hommes du pouvoir, c'est que j'ai pu observer qu'avec la meilleure volonté du monde leur action de plus en plus cède à la démagogie. Pour quel profit se sont-ils acharnés à détricoter ces institutions de la Vᵉ République qui répondaient pourtant si bien à cette monarchie élective, seul remède efficace au mal français ? J'ai beau être respectueux de la démocratie, je partage les idées de Péguy : les politiques détruisent plus souvent qu'ils ne construisent. À leur décharge, les Français en raison de leurs contradictions ontologiques sont de tous les peuples le plus difficile à gouverner. Leur insatisfaction sera toujours à la mesure de leurs rêves impossibles.

Au total cette galerie de portraits que j'ai brossés me semble résumer une vaste cohorte de héros qui quelles que soient les époques et leur importance dans l'Histoire continuent de nous parler : ils ont connu l'ambition, l'amertume des désillusions, la passion du pouvoir, les illusions de l'amour, certains une gloire éclatantes, d'autres une injuste obscurité. Je les ai tous traités non comme des êtres assujettis aux limites étroites de leur état civil, de leurs faits d'armes ou de leurs œuvres, mais comme des personnages, attentif au message que leur vie comportait. Ils me semblaient chacun avoir leur nom inscrit dans le mystérieux registre qui orchestre si arbitrairement notre destinée.

NAPOLÉON
OU LA DESTINÉE

Quel roman que ma vie !

N.

POURQUOI ?

Longtemps, j'ai eu sur mon bureau un encrier surmonté d'une petite statue de Napoléon, un méchant bronze d'un émule de Barbedienne comme on en a fabriqué beaucoup sous la monarchie de Juillet. L'encrier était vide. J'imaginais l'ardeur que la contemplation d'un tel objet avait dû inspirer à son ancien possesseur. L'Empereur, figé dans sa tenue de petit caporal, la main glissée dans son gilet, avait je ne sais quoi de stimulant. Il semblait insuffler du courage à des bataillons invisibles. Je laissais errer mes pensées vers ce phénomène d'énergie vitale. Surtout dans les moments de désolation, d'à quoi bon qui assombrissaient mon existence ; ne sont-ils pas le lot de ces bizarres animaux à plume qui ont la manie d'écrire et de rêver leur vie ? À mon tour j'attendais de lui un coup de cravache au style, l'éperon qui donne de l'impétuosité au travail. Je ne parvenais qu'à me mettre l'imagination en feu.

Ce qui m'a toujours fasciné chez Napoléon, ce ne sont pas tant ses hauts faits qui flattent l'orgueil national, le conquérant tous azimuts, le général auréolé par les flonflons de ses victoires, que l'homme, si souvent au bord du gouffre. Ses échecs me parlent beaucoup plus que ses succès. Pas uniquement les désastres, grandioses, à sa mesure, qui sonnent comme les trompettes de l'Apocalypse, mais les échecs secrets qui ont ponctué sa vie. Ils me semblent beaucoup plus instructifs que ses succès. Sous la surface dorée de la gloire, comme d'une mer souterraine, jaillissent çà et là des crises de désespoir. L'histoire a tendance à les dissimuler, comme des faiblesses indignes d'un chef. Ainsi sa tentation du suicide : à vingt-cinq ans, à Paris, il voulait se jeter sous la première voiture qui se présenterait ; en Italie, il appelait la mort pour échapper aux souffrances que lui causait l'infidélité de Joséphine ; à Fontainebleau, lors de sa première abdication, il a absorbé le poison que lui avait préparé son médecin Yvan. Suicide manqué mais qui montre, dans ce caractère invincible, une faille noire.

Paradoxalement ces désastres ont toujours possédé pour moi une vertu revigorante. Ils montrent qu'aucun combat n'est jamais tout à fait perdu. J'ai pris l'habitude de m'y réchauffer comme l'Empereur lui-même trouvait un réconfort au soir d'une bataille incertaine devant un feu de bivouac, à partager le pain de ses grognards. Cette part irrémédiable d'échec au cœur des plus éclatants succès, elle m'a poursuivi. C'est la question qui recoupe le mystère sur lequel je n'ai pas cessé de m'interroger : la destinée.

Napoléon éclaire cette énigme mieux que quiconque. D'abord parce que lui-même avait le sentiment d'être un élu du destin. Il croyait à son étoile. Il en parlait comme de la chose la plus naturelle du monde. D'où, souvent, son courage, le sentiment de son invincibilité. Ses compagnons s'étonnaient de son goût immodéré pour les phénomènes surnaturels. Superstition de Corse ou d'Italien, il croyait aux signes, aux présages, aux prédictions.

Cet attrait pour l'irrationnel est ce qui me frappe le plus chez cet esprit positif, sorte de polytechnicien littéraire. Il a noué un dialogue permanent avec l'invisible.

Ce mysticisme l'a protégé de l'athéisme qui touchait ses contemporains. La religion trouvait chez lui bon accueil. Les athées l'agaçaient car ils détruisaient pour lui cette idée rassurante que le destin l'avait créé pour éclairer le monde et rester dans l'histoire de l'humanité une figure aussi illustre que celles d'Alexandre ou de César.

Henri Heine, le grand poète allemand, a provoqué un scandale en le comparant à Jésus. Si on fait la part du blasphème, on s'aperçoit que la vie des deux hommes – à considérer de Jésus seulement sa part humaine – possède un point où ils se rejoignent : l'un et l'autre nous livrent un message d'espérance. Certes d'une nature différente : on ne prie pas Napoléon comme on prie Jésus. Mais ce serait une erreur d'ignorer que l'exemple de Napoléon a sauvé bien des adolescents du désespoir. Ils ont chéri ce grand frère qui leur montrait un Himalaya auquel il était possible d'accéder. Jésus montre le ciel ; Napoléon la terre, l'horizon, l'infini qui, lui aussi, touche au ciel.

Je me suis beaucoup interrogé sur cette inusable passion que je porte à Napoléon. Elle met au jour mes contradictions : on ne peut pas dire qu'il fut un modèle de démocrate, qu'il se soit beaucoup embarrassé de morale et, paradoxe des paradoxes, j'ai la guerre en horreur. Mais la morale est certainement l'angle le plus inadapté pour l'aborder. Pas plus qu'elle ne permet de comprendre Wagner ou Verlaine, Alexandre ou César. Il faut le juger en artiste de la politique : les buts qu'il vise sont incommensurables. Le comparer à Louis-Philippe ou à Pompidou est le plus sûr moyen de se fourvoyer.

D'où vient cette sorte de fétichisme qui m'émeut devant les lieux où errent encore les souvenirs de sa présence ? Est-ce de mon enfance, que j'ai vécue au milieu des meubles à sphinges, héritage d'un ancêtre ébéniste qui, lui aussi, à sa manière, avait servi l'Empire ou de ce qu'un autre aïeul fut transformé en glaçon à la Bérézina ? Ce genre de souvenir est bien banal dans les familles.

Je n'ai pas de prédisposition particulière à l'idolâtrie mais pourquoi ne pas l'avouer, j'ai un pincement au cœur devant les lieux qu'il semble hanter. Ainsi l'été quand, de la maison que j'habite au cap Corse, je vois l'île d'Elbe sortir de la brume de chaleur. J'éprouve cette même émotion à Paris quand mes pas me portent vers les Invalides. La foule qui s'y presse saisit-elle le sens de ce bizarre pèlerinage ? Sans doute pas plus que moi. Car on n'approche pas ce qui touche à Napoléon avec son intelligence et sa raison. Le culte qu'on lui voue a des origines obscures.

J'ai beau m'interroger, je ne trouve pas d'explication satisfaisante. Pourquoi ai-je à mon tour contracté la religion de tous ceux qui à travers le monde, le temps et l'espace, continuent de communier dans la vénération d'un personnage qu'on semble sanctifier alors qu'il ne propose aucun message spirituel, sinon celui d'avoir hissé l'homme à une dimension si exceptionnelle qu'elle suggère l'intervention de la providence ?

L'unique raison claire que je trouve, la seule pour laquelle j'ai passé avec lui tant d'heures fiévreuses, tant d'années dans l'enthousiasme en écrivant ce récit de sa vie, c'est la détestation de la médiocrité, l'attrait pour ce qui élève : l'amour inconsolé de la grandeur.

Première partie

LA JEUNESSE D'UN CHEF

> Nous naissons, nous vivons, nous mourons au milieu du merveilleux.
>
> N.

I

15 septembre 1786

C'est d'abord un parfum que hume Napoléon à son retour en Corse ; un parfum ensorcelant, sauvage comme une haleine brûlante aux arômes de miel et d'épices. Il a dix-sept ans. Que de fois il en a éprouvé la nostalgie pendant ces sept années d'exil au pays du froid et des brumes ! C'est aussi une vue, l'une des plus belles du monde, qui s'étend devant lui. Son regard parcourt les vignes en espalier, le moutonnement des champs d'oliviers aux reflets métalliques, la masse sombre des bois de châtaigniers, des bosquets de chênes-lièges qui font une tache verte sur la terre rouge. Il plonge par-delà les maisons blanches d'Ajaccio jusqu'aux îles Sanguinaires et, au-delà, à main droite, dans le lointain, vers la baie de Sagone et les rochers escarpés de Cargèse. Au second plan, la mer d'un bleu céruléen. Ce paysage est à lui seul un théâtre car il se modifie à chaque heure du jour : presque doux à l'aube, âpre pendant le jour, dramatique quand l'incendie du soleil couchant enflamme les îles Sanguinaires. Il change selon les variations du climat : tantôt la mer se fonce comme un saphir, tantôt elle devient grise, tantôt presque verte. Les vents s'en donnent à cœur joie. Ils balaient la côte déchiquetée, faisant descendre du Monte Rotondo l'air glacé des neiges éternelles qui rafraîchit les odeurs profondes du maquis.

Cette odeur, celle de la Corse, elle le grise. Elle le rend fou. Comment définir ces parfums musqués aux essences si diverses que la chaleur exalte ? Dans cette touffeur, l'on distingue les exhalaisons poivrées du ciste, de la marjolaine, des lavandes, du romarin.

Une symphonie de senteurs que dégage le maquis où règnent les castagnettes des criquets et des grillons qui forment un mur sonore. Avec la brise du soir, s'y mêlent de suaves relents de jasmins et de mandariniers coupés par des relents plus âcres qui émanent des bergeries ; là, fermente le lait des chèvres et mûrissent lentement, sous les voûtes sombres, des fromages à la puanteur diabolique.

Devant la terrasse de la maison patriarcale des Milelli, vieille bâtisse imposante qui menace ruine, Napoléon se sent vraiment chez lui. Cette campagne lui plaît. Pour l'adolescent qu'il est, elle représente une idée de la liberté et de vastes perspectives où peut errer l'imagination. Enfant, il a joué dans un grenier semblable où sèchent les châtaignes. Il peut se livrer à des promenades sur les chemins pierreux tracés par les Génois. Il y chasse le lièvre et la perdrix. Il aime – et il aimera toujours – la vie simple, rustique, les mœurs ancestrales et le rythme paisible du monde pastoral.

Les Milelli, demeure imposante récemment restituée à la famille – après quelles démarches ! –, font aussi office de ferme. On y cultive la vigne, les oliviers. Les paysans, tous les dimanches, viennent y faire cuire leur pain dans le four mis à leur disposition. Car ici, on ne vend rien, on n'achète rien. Tout y est échange. Les poules, les brebis, les vaches, le miel, le poisson sont troqués contre des objets de nécessité. On vit en autarcie. L'argent n'existe pas.

Les Milelli, c'est la liberté. Napoléon s'y livre aussi à des orgies de discussions exaltées avec un jeune avocat, Andrea Pozzo di Borgo, qui deviendra son ennemi irréductible. Le soir, devant un feu dans la cheminée, où grillent des châtaignes et des petites saucisses corses, les *figatelli*, ils brûlent l'un et l'autre de dévorer l'avenir.

L'ambiance est tout autre dans la maison familiale d'Ajaccio, rue Malerba, qui retentit de tous les bruits de la rue et des aigres querelles de voisinage. Pas un instant de répit pour Carlo, en perpétuelles négociations pour reconquérir le troisième et le quatrième étage de la casa Buonaparte. Les épisodes de cette reconquête de la maison familiale, avec leurs cortèges de récriminations et de disputes, ont été le fond sonore de l'enfance de Napoléon. Un climat de promiscuité et de surpopulation fait monter la tension avec les voisins ennemis, pas loin d'être considérés comme des spoliateurs : les décidément inévitables Pozzo di Borgo. Chaque nouvel escalier, chaque nouvelle chambre, chaque mètre carré doit être gagné de haute lutte par Carlo, ce père d'une famille nombreuse (il a huit enfants) à la fois chicaneur, intrigant, ambitieux, qui n'épargne rien pour parvenir à ses fins. Il est même capable de se montrer accommodant, voire flatteur, avec les puissants dont il a besoin, ce qui a le don d'exaspérer le jeune et fier Napoléon. La construction d'une magnifique terrasse sera l'apothéose de ce combat immobilier dont le but était pour le couple Carlo et Letizia d'accéder à une réputation de notables en accord avec cette reconnaissance du titre de noblesse qu'ils ont eu tant de mal à obtenir.

Est-ce dans cette lente réappropriation, pièce par pièce, de la maison familiale que Napoléon puisera plus tard son esprit de conquête ? Du moins, il a fait à cette occasion l'apprentissage de la ténacité. Et il en tire, avec d'autres épisodes de sa jeunesse, l'horreur de l'humiliation.

Au comble de cette querelle de logement avec les Pozzo di Borgo, à laquelle se mêlent voisins, avocats, parents dans un concert de vociférations et d'imprécations, un geste fatal a eu lieu. Mme Pozzo di Borgo, de la fenêtre de son troisième étage, a versé le contenu d'un pot de chambre sur la tête de Letizia Bonaparte au moment où celle-ci, toute parée, sortait de chez elle pour aller à la messe dans la cathédrale des lazaristes. On n'ose imaginer la fureur vengeresse de Letizia. Toute la rue Malerba a dû vibrer de sa colère et de ses jurons d'exécration. Elle intenta un procès en réparation du préjudice et obtint, par voie de justice, le remboursement de la robe souillée. Mais ce dont on ne put la dédommager, ce fut de l'humiliation. Et de tous ses intérêts multipliés par la haine.

Letizia, c'est l'homme fort de la famille. « Une tête d'homme sur un corps de femme. » Elle est non seulement très belle, mais très intelligente. Elle possède un inébranlable bon sens et une intuition de sorcière. Cette intuition qui lui a fait deviner très tôt chez son petit Nabulio des dispositions particulières : l'ascendant qu'il exerce sur ses camarades de jeu lui paraît la marque de cet « esprit de principauté », comme elle l'appelle, qui distingue de manière précoce les meneurs d'hommes. Elle-même mène par le bout du nez son agité de mari, plus remuant qu'efficace, plus beau parleur que faiseur, qui fait le siège des bureaux comme son fils fera plus tard celui des places fortes, avec autant de succès.

Souvent humilié, jamais résigné, Carlo repart à l'attaque, inlassablement, pour forcer la porte des bureaux, faire avancer une requête, réchauffer l'examen d'un placet. Après avoir obtenu la reconnaissance de ses lettres de noblesse, il multiplie les demandes. Il veut récupérer la ferme des Milelli, puis l'étang des Salines pour lesquels il dit qu'un droit de fermage a été accordé à ses ancêtres. Il veut assécher ce dernier pour y planter des mûriers. Cette opération qui, sans le ruiner, endommagera une fortune déjà quelque peu branlante, montre chez lui un désir de moderniser l'agriculture en Corse. Son combat, perdu d'avance contre les chèvres en liberté qui dévastent les bois et les campagnes, lui vaut la réprobation des bergers, confits dans le respect des traditions, qui ne comprennent pas qu'on remette en cause un usage, fût-il néfaste et même suicidaire. Adepte des physiocrates, c'est un esprit avancé, un ami des Lumières. D'où son initiation à la franc-maçonnerie qui lui ouvrira les portes qu'il n'a pu déverrouiller par sa prestance, son bagout et son charme.

On va beaucoup critiquer la gestion de son patrimoine et la légèreté de son caractère – sans doute injustement. Tout comme on ironisera sur ses palinodies : il a en effet d'abord adhéré aux idées de Pascal Paoli avec lequel il s'est battu les armes à la main contre les Génois et les Français, puis, abjurant cet indépendantisme pur et dur, il s'est rallié à une farouche défense du parti français. « Buona Parte a choisi le bon parti. » À sa décharge, disons qu'il avait une nombreuse famille à nourrir et qu'il était bien difficile de s'y retrouver dans les broussailles des intrigues politiques corses, aussi inextricables et épineuses que le maquis. De toute façon, il n'est jamais facile d'être le père d'un génie tel que Napoléon. La gloire du fils a trop accentué les ombres d'un père méritant et courageux dans sa lutte pour forcer l'adversité.

C'est au cours de ses harassantes démarches que Carlo va rencontrer le nouvel homme fort de cette île récemment acquise par la France. Avec le général marquis de Marbeuf nommé gouverneur de la Corse, il a frappé à la bonne porte. Celui-ci va devenir le bienfaiteur de la famille. Cet homme petit aux yeux verts mêlés de gris, charmeur, malin, remarquable organisateur, est un excellent stratège politique – ses adversaires qui voudront le torpiller se casseront les dents. Il se montre impitoyable dans la vengeance, notamment avec Narbonne-Pelet lorsque celui-ci tente de l'évincer. Il aime ce pays dont on lui a confié la charge et avec lequel il trouve peut-être, si bizarre que cela puisse paraître, des points communs avec sa province d'origine, la Bretagne. Des pays de terres arides et de fortes têtes, aux landes sauvages enchantées par les légendes, que Paris aura toujours du mal à intégrer dans le moule commun. Pour ne pas trop s'encombrer de bagages, il a laissé son épouse moisir dans un de ses châteaux du bocage. Et il a très vite pris des maîtresses, certaines en titre comme Mme de Varèse et d'autres d'occasion, car ce vert galant a beau ne plus être de la première jeunesse, il a la passion des femmes. Et il semble que celles-ci ne se soient pas montrées trop cruelles.

Que le rusé Carlo Buonaparte ait jugé que Letizia, sa ravissante et jeune épouse, pouvait être un argument propre à déclencher les bienfaits de cet homme providentiel, porté sur le beau sexe, cela est probable. Même si la relation entre les deux hommes, également francs-maçons – ce qui rapproche –, s'est très vite établie sur le registre des intérêts bien compris. Si Carlo à un ardent besoin de Marbeuf pour satisfaire sa boulimie d'avantages, de subsides, de rentes, le marquis doit lui aussi se ménager des hommes influents pour mener à bien sa politique d'intégration. La famille Buonaparte, la première à se rallier, arrachée de plus au parti de Paoli, a de l'influence. Elle pourra servir d'exemple des nombreux avantages qu'il y a à choisir le parti français. Elle croulera sous les privilèges qui feront une double publicité à l'influence du marquis et au pouvoir bienfaisant de la France. C'est ainsi que Carlo obtiendra neuf cents livres de traitement en devenant assesseur de la juridiction royale d'Ajaccio, et sa nomination comme député de la noblesse – Marbeuf, pour donner un coup de pouce à la providence, invalidera l'élection de son principal concurrent qui le devançait dans le scrutin. Il lui octroiera la concession d'une pépinière de mûriers pour l'administration royale et, enfin, l'éducation gratuite pour ses garçons à Autun, puis à l'école militaire de Brienne.

Une liaison entre Letizia et le marquis reste plus que plausible. Même si, dans ce domaine, les suppositions et le roman sont moins fiables que l'ADN. Certes, le vert galant a trente-quatre ans de plus que Letizia, mais il porte beau et il incarne le pouvoir avec magnificence. Ses palais à Ajaccio, à Bastia, sa résidence à Cargèse, son relais de chasse à San Martino di Lota où Letizia effectue de nombreux séjours, avec ou sans Carlo, ont de quoi éblouir une jeune femme ambitieuse qui, en outre, sait son jeune mari volage.

Il faut avancer avec prudence dans ce dossier d'alcôve où les draps sont depuis longtemps réduits en poussière comme les os des supposés amants, les miroirs ternis, l'écho des soupirs évanoui. Certaines lettres de Marbeuf à son intendant, dans lesquelles il lui demande avec insistance de loger Letizia dans une chambre voisine de la sienne, font rêver. La période la plus favorable à une liaison reste celle où Carlo, partant pour pousser ses requêtes à Paris, le 17 décembre 1778, n'en revient que le 23 mai 1779. Et, pendant toute cette période, où se trouve Letizia ? À Bastia, dans la résidence du marquis. Un enfant mort naîtra en août à Ajaccio, en présence du marquis, visiblement affecté.

Bien sûr, l'affabulation qui touche tout ce qui a trait à la vie de Napoléon amène à la prudence. Mais on reste troublé : Bonaparte lui-même a eu des doutes sur ses origines et très peu sur la nature des liens qui unissaient sa mère à Marbeuf. À son retour d'Égypte, un soir, sous la nuit étoilée, à bord de la frégate *La Muiron*, il en fera la confidence au savant Monge. Il ira jusqu'à calculer devant lui des dates de sa conception et de sa naissance qui ne sont guère probantes. Il s'interrogera tout haut sur l'héritage de ses capacités militaires dans une famille qui en était totalement dépourvue. Alors que le général de Marbeuf…

Napoléon, qui enviait à Alexandre ses origines supposées divines qui l'auréolaient de prestige auprès de ses soldats crédules, ne s'est jamais formalisé des incertitudes qui entourent sa naissance. Elles lui paraissaient en accord avec le prodigieux élan romanesque de sa vie.

En tout cas, s'il tient peu de son père – sauf pour l'obstination –, Napoléon tient de sa mère par toutes les fibres de son esprit, de son corps.

Il est surtout un fils de la Corse et des Lumières. C'est cette hybridation qui fait son étrange et original génie. En lui bouillonne un sang ardent. « Du granit chauffé au volcan », dira de lui son professeur à l'École militaire. Il appartient à une race tenace, fière, indomptable et indomptée. Dès l'adolescence ces deux influences vont lutter avant de s'harmoniser et de s'unifier. Ce n'est qu'avec le temps que l'esprit des Lumières l'arrachera à la puissance d'attraction de la Corse, cette île âpre, tourmentée, dont l'histoire ressemble à la géographie. À travers ses convulsions et ses emballements successifs, ses fièvres et ses désillusions, elle se cherche confusément un destin. Son irrédentisme, la croyance qu'elle a dans son identité, en font la proie des aventuriers et de leur folie. Dans les mémoires est encore présente la tragi-comédie de von Neuhoff, un officier originaire de Westphalie qui, profitant des révoltes contre Gênes, parvint à se faire élire roi de Corse pendant sept mois sous le nom de Théodore Ier, avant de finir pitoyablement en 1756 à Londres, après avoir connu la prison pour dettes.

L'entreprise de Pascal Paoli renouvelle avec une personnalité d'une autre carrure ce grand rêve d'indépendance à la faveur des troubles suscités par l'acquisition de l'île par la France. L'instabilité causée par la Révolution créera une autre occasion favorable.

L'adolescence de Napoléon se déroule sous des influences contraires à la croisée de l'histoire : la petite en Corse, la grande à Paris. Tout est frémissement, signes avant-coureurs de bouleversements, agitation des idées, surchauffe des esprits. On attend quelque chose. Mais quoi ? Que de chimères et de rêves roulent dans sa jeune tête qui mêle les réminiscences de lectures désordonnées et les rêves de grandeur tirés de l'histoire romaine ! Son imagination est peuplée de statues et de beaux gestes antiques, un passé que contrebalancent l'esprit des Lumières, l'appel de l'universalisme, la tentation d'être un citoyen du monde et non plus un Corse emprisonné dans les fers de la corsitude. S'y ajoutent la lecture de Voltaire et, surtout, celle de Rousseau qui lui laisse une empreinte d'autant plus forte que l'auteur du *Contrat social* a rédigé un *Projet de constitution pour la Corse*. Un sujet qui, décidément, le turlupine. À quel débat intérieur se livre-t-il dans la confusion d'une adolescence qui se grise de paris impossibles ?

Pour compliquer les choses, Napoléon vient de perdre coup sur coup deux hommes dont l'influence sur lui a été capitale : son père, mort l'année précédente à Montpellier, et le général marquis de Marbeuf, son presque parrain, qui se meurt à Bastia dans son fastueux palais, emporté par une bronchite chronique. Cette confluence d'idées et de sentiments contraires embrume le cerveau de ce jeune homme qui sent frémir en lui un trop-plein d'énergie, un appétit à se réaliser mais, en même temps, une étrange incertitude sur l'objet qui lui permettra de canaliser ses forces. Ce n'est pas un hasard si la disparition de ces deux hommes laisse la place à une autre admiration, très forte dans la mythologie paternelle et insulaire : Pascal Paoli.

Par qui d'autre remplacer Marbeuf, le bienfaiteur de la famille ? Le séduisant gentilhomme incarnait pour le jeune Corse qui lui doit tant – et l'ingratitude ne sera jamais son fort – toute l'attraction française.

Tandis que son protecteur agonise en ce mois de septembre 1786, quels sont les rêves du lieutenant en second frais émoulu des écoles militaires de Brienne et de Paris ? Sans doute son esprit vole-t-il de la terrasse des Milelli jusqu'à Bastia, dans la chambre de l'hôtel du gouvernement, ancien monastère lazariste de style génois qui surplombe la mer, protégé par de formidables remparts, où le vieux séducteur rend son dernier soupir. Il a convolé, après la mort de son épouse, avec une jeune fille de dix-huit ans – il en avait alors soixante et onze – qui lui a donné une fille, puis un fils, âgé de quatre mois au moment de son décès.

Napoléon voit dans sa disparition un signe du destin. C'est une porte qui se ferme entre lui et la France. Sans doute se souvient-il, avec un brin de nostalgie, de ses séjours, enfant, avec sa mère chez Marbeuf à Bastia, dans son palais, ou dans son relais de chasse de San Martino di Lota. La maison existe toujours, avec les murs épais qui la font ressembler à un fortin, les fenêtres en forme de meurtrières, la paisible promenade plantée de tilleuls d'où, quand le temps est clair, on voit surgir sur l'horizon au-dessus de la mer une côte montagneuse auréolée de brumes : l'île d'Elbe.

Son esprit prend une autre direction. Il va se croire un destin en Corse. Trois ans avant que la France n'entre en convulsions, que la Révolution n'embrase les esprits, que tous les regards ne se tournent vers Paris où l'histoire se fait, Napoléon semble, lui, se désintéresser de ce pays dont son père a été l'ardent soutien. Est-ce l'emprise intellectuelle de Paoli dont la forte personnalité, l'œuvre réformatrice, le courage ont de quoi le séduire ? Ou un sentiment de patriotisme propre à chaque Corse qui a toujours du mal à se résigner à rompre le cordon ombilical avec son île natale ? Un attachement sentimental que n'ont fait que renforcer les mauvais traitements et les humiliations subis dans les écoles d'Autun puis de Brienne ? Peut-être l'esquisse d'une ambition : il peut, dans cette île, occuper un jour le premier rôle.

Dans son refuge des Milelli, il croit que le destin le pousse irrésistiblement vers la Corse. Dans ce pays aride, souffle le sirocco qui vient du Sud lointain, chargé des effluves torrides du Sahara : ce vent porte avec lui des nuages d'un sable très fin qui retombe en poussière sur la terre corse, se colle sur l'écorce des oranges, ternit l'éclat du raisin et crisse sous la dent. Ce vent qui accable, coupe les jarrets et provoque une douce nonchalance, ouvre aussi les portes de l'imagination. Il suscite un mystérieux désir d'Orient. Mais, pour l'instant, la Corse cache l'Orient à Napoléon. Elle lui cache tout. Même la France.

II

22 novembre 1787

C'est un lieutenant en second pauvre et fier, qui promène son allure famélique sous les arcades du Palais-Royal. Ce n'est pas tant le manque d'argent qui le taraude que le sentiment de son inutilité. Dans le scintillement des quinquets, son pas résonne sur le pavé. Quel regard impitoyable il doit porter sur cette faune parisienne qui fréquente des lieux interlopes où le luxe se mêle à la débauche ! Une société frelatée où se côtoient joueurs décavés, écornifleurs, aigrefins, femmes du monde en quête de frissons et noceurs en attente de bonne fortune. Il fait froid en cette soirée du 22 novembre 1787. Pourtant, sa tête chaude de mille projets échafaude les ambitions les plus diverses. Il se rêve tantôt en écrivain tantôt en héros de Plutarque. Attiré par les idées nouvelles, il n'est pas du genre à se laisser griser. Il a vite fait de percer en elles ce qu'elles contiennent de fumées, d'esprit faux et de préjugés à la mode. Ce ne sont pas tant les chimères qui l'agacent, celles-ci lui plairont toujours. Il les préfère à l'étroitesse et à la platitude d'un réalisme à courte vue.

C'est un temps où, faute de moyens d'agir, Napoléon rêve. Ses songes sont aussi épars et désordonnés que les lectures auxquelles il s'adonne. Son esprit est doublement agité : dix-huit ans, c'est l'âge des turbulences de l'âme, des aspirations confuses. Rarement une adolescence a rencontré une époque aussi effervescente et grosse d'événements aussi graves : la philosophie et la politique s'agitent dans toutes les têtes. On sent obscurément qu'un monde est en train de finir et qu'un autre va naître. Les estaminets et les maisons de jeux résonnent des débats du jour. Chacun tient à sa réforme ; les projets mirifiques pullulent. Tout le monde est philosophe, puisque c'est la mode. On s'enivre des recettes des physiocrates. Et, en même temps, on barbote délicieusement dans les rumeurs de scandales. Le roi, la reine, la cour sont l'objet de tous les commérages, des plus futiles aux plus graveleux. Les soubresauts de l'affaire du collier de la reine bruissent encore ; Mme de La Motte, évadée de la Salpêtrière, vient de révéler dans un pamphlet qu'elle entretenait une liaison saphique avec la reine. Un torrent de boue inonde Versailles. Le pouvoir vacille, englué dans les rumeurs de turpitudes. Insensiblement, on s'aperçoit que la monarchie n'est plus sacrée puisque plus rien ne l'est. La mode est de ne rien prendre au sérieux. Même pas la vie qu'un duel peut vous ôter pour une vétille. L'esprit qui règne en maître peut donner l'illusion qu'on est au faîte d'une civilisation. Mais un obscur pressentiment fait sentir, dans le pourrissement général et la corruption des mœurs, une invincible décadence.

Napoléon s'attarde à la devanture d'un libraire. Que n'a-t-il pas lu ? Voltaire, Montesquieu, Rousseau, son dieu, mais aussi Racine, Corneille, Plutarque, Tite-Live, César, Cicéron. Rousseau ajoute son sentimentalisme aux austères réminiscences des orateurs romains. Le seul frein à son appétit de lecture, c'est le manque d'argent. Et, ce soir-là encore, il n'a que quelques sous en poche qu'il réchauffe dans sa main. Pour un maigre dîner aux Trois Bornes, rue de Valois.

Soudain, son attention est attirée par une jeune femme au maintien timide et réservé. Seule, le soir, dans ce lieu, son triste métier ne fait pas de doute. Il l'accoste avec un mélange de curiosité et de respect. Un dialogue s'engage, qu'il rapportera dans un roman :

« Vous avez bien froid, lui dis-je. Comment pouvez-vous vous résoudre à passer dans les allées ?

— Ah ! monsieur, l'espoir m'anime. Il faut terminer ma soirée.

— Vous avez l'air d'une constitution bien faible. Je suis étonné que vous ne soyez pas fatiguée du métier.

— Ah ! dame, monsieur, il faut bien faire quelque chose !

— N'y a-t-il pas de métier plus propre à votre santé ?

— Non, monsieur, il faut vivre. »

La jeune femme lui dit qu'elle est originaire de Nantes. Il l'interroge avec un peu de rudesse.

« Il faut, mademoiselle, que vous me fassiez le plaisir de me raconter la perte de votre p…

— C'est un officier qui me l'a pris.

— En êtes-vous fâchée ?

— Oh ! oui, je vous en réponds. Ma sœur est bien établie actuellement. Pourquoi ne l'eussé-je pas été ? »

Puis elle se montre plus directe.

« Allons chez vous.

— Qu'y ferons-nous ?

— Allons, nous nous chaufferons et vous assouvirez votre plaisir. »

La suite se devine : l'expérience du plaisir sur un galetas de misère. Le dégoût de s'être laissé entraîner. Et ce sentiment coupable d'avoir profité de la misère. Rien qui puisse remonter le moral déjà très bas de ce jeune officier qui trouve que, décidément, le monde ne ressemble pas à ses rêves.

Il regagne sa chambre à l'hôtel de Cherbourg, rue du Four-Saint-Honoré, tenu par les sœurs Védrines. Il y occupe la chambre 9, au troisième étage. Un lit étroit, une petite table en bois couverte de livres qui s'amoncellent aussi sur le plancher. De la fenêtre qui donne sur la rue borgne, montent les odeurs âcres de l'arrière-cuisine d'un estaminet. Assis devant sa table, il se met à écrire. Quoi ? Des rêves, puisque c'est la seule matière brumeuse qui soit à sa disposition. Son imagination le porte tantôt vers l'espoir de l'amour, tantôt vers l'esquisse d'aspirations à la gloire. Il brûle d'une passion d'autant plus vive qu'elle est sans objet. « Le sang méridional, écrit-il, coule dans mes veines avec la rapidité du Rhône. » D'où cette humeur instable qui fait alterner chez lui les moments d'enthousiasme et les accès de noire mélancolie. Les amourettes se succèdent. Avec Mlle Caroline du Colombier à Valence : tout leur bonheur « se réduit au milieu de l'été, au point du jour, à manger des cerises ensemble ». On parle aussi d'une idylle à la même époque avec une Mlle Pillet, à Auxonne. C'est là qu'il écrit son dialogue désenchanté sur l'amour dans lequel il répond à un interlocuteur, son condisciple Des Mazis : « Je fus jadis amoureux. Je fais plus que nier son existence. Je le crois nuisible à la société, au bonheur individuel des hommes, enfin je crois que l'amour fait plus de mal que de bien et que ce serait un bienfait d'une divinité protectrice que de nous en défaire et d'en délivrer les hommes. »

Mais, en cette soirée de novembre, ce qui préoccupe surtout Napoléon, c'est la Corse : « Cette petite île, trop peu connue sans doute pour l'honneur des temps modernes. » C'est par l'écriture qu'il tente de mettre en ordre ses idées et ses ambitions. Cette introduction à l'histoire de la Corse est loin d'être son premier texte.

Il a déjà jeté pêle-mêle sur le papier beaucoup d'esquisses, d'essais sur les sujets les plus divers. Dans une période de dépression un an plus tôt, il a écrit un curieux texte sur le suicide : « Toujours seul au milieu des hommes, je rentre pour rêver avec moi-même et me livrer à toute la vivacité de ma mélancolie. De quel côté est-elle tournée aujourd'hui ? Du côté de la mort. Dans l'aurore de mes jours, je puis espérer encore vivre longtemps. Quelle fureur me porte donc à vouloir ma destruction ? Sans doute, que faire dans ce monde ? Puisque je dois mourir, ne vaut-il pas autant se tuer ? »

Le texte se termine par un chant d'amour à la Corse dont il porte le deuil : « Quand la patrie n'est plus, un bon patriote doit mourir. La vie m'est à charge parce que je ne goûte aucun plaisir et que tout est peine pour moi. »

La Corse, décidément objet de toutes ses pensées, revient dans deux autres textes nostalgiques. Dans son introduction à une *Histoire de la Corse* écrite dans un style emphatique, il s'exclame : « J'ai l'enthousiasme qu'une étude plus profonde des hommes détruit souvent dans nos cœurs. La vénalité de l'âge viril ne salira pas ma plume. Je ne respire que la vérité. » Puis, dans le même style ampoulé, il se livre à « un parallèle entre l'amour de la patrie et l'amour de la gloire ». S'adressant à une jeune fille, il cite pêle-mêle dans un fatras historique Turenne, le Grand Condé, Philippe, Alexandre, Brutus, Thémistocle, pour en arriver tout naturellement à se livrer à un panégyrique du « grand Paoli » chez lequel il retrouve le sublime patriotisme des Spartiates. Enfin, il imagine une lettre de Theodor von Neuhoff, l'éphémère roi de Corse, à Horace Walpole. De sa prison de Londres, le monarque détrôné supplie l'homme politique anglais de lui venir en aide : « Hommes injustes ! J'ai voulu contribuer au bonheur d'une nation. J'y ai réussi un moment et vous m'admiriez. Le sort a changé. Je suis dans un cachot et vous me méprisez. »

Napoléon ne s'arrête pas à ces esquisses. Il écrit des notes sur l'histoire ancienne et, plus curieusement, des réflexions sur l'histoire de l'Angleterre à propos d'un livre de John Morrow, un sujet qui, dans cette période – c'est aussi la mode intellectuelle du temps –, semble le fasciner.

Il prend des notes sur l'histoire des Arabes, sur le gouvernement de Venise. Plus tard, il publiera *Le Souper de Beaucaire*, un pamphlet en faveur de Robespierre puis, sous le coup d'une déception amoureuse avec Désirée Clary, *Clisson et Eugénie*, une bluette écrite sous l'influence du plus mauvais Rousseau. « Ô Rousseau, pourquoi faut-il que tu n'aies vécu que soixante ans ? Dans l'intérêt de la vérité, tu aurais dû être immortel. »

Tout est littéraire chez Napoléon : sa vie, ses rêves, ses proclamations, ses lettres à Joséphine, tout sauf ses écrits de jeunesse. Embourbé dans le pathos, ils expriment la confusion d'une âme qui ne s'est pas encore formée et reste la proie des influences. Il n'est pas lui-même dans ces textes brumeux et sentimentaux. Ce qui perce de lui, étincelant comme une lame aiguisée, c'est l'ambition de la grandeur, le refus de la médiocrité. Ce sont des écrits sous pression. Mais, dans ce fatras, soudain, une phrase jaillit : « Les hommes de génie sont des météores destinés à brûler pour éclairer leur siècle. »

Chateaubriand ne s'y trompe pas : « J'ai lu avec attention ce qu'a écrit Bonaparte, les premiers manuscrits de son enfance, ses romans… Je m'y connais ; je n'ai guère trouvé que dans un méchant autographe laissé à l'île d'Elbe des pensées qui ressemblent à la nature du grand insulaire… Le style du jeune Napoléon est déclamatoire ; il n'y a de digne d'observation que l'activité d'un vigoureux pionnier qui déblaie des sables. »

Moins indulgents encore furent les jurés de l'Académie de Lyon quand ils lurent le discours qu'il leur avait adressé sur le thème qu'ils proposaient : « Déterminer les vérités et les sentiments qu'il importe le plus d'indiquer aux hommes pour leur bonheur. » Le jury le déclara sans ambages : « Au-dessous du médiocre. »

Qui s'étonnera après ces revers que tant d'ambitieux incompris puissent trouver dans la vie de Napoléon de telles raisons d'espérer ?

III

10 juin 1793

Le vent se lève. Encore le sirocco, le vent chaud venu du sud qui pousse avec lui une poussière dorée, le sable du désert. Les voiles du bateau se gonflent. Le brick qui l'emporte s'appelle *Le Hasard*. L'imposante forteresse de Calvi s'éloigne, éclairée par les feux du crépuscule. La gigantesque masse du Monte Cinto s'élève avec sa couronne de neige éternelle au-dessus de la sombre forêt d'Aïtone. Napoléon quitte la Corse. Il l'arrache définitivement de son cœur. Il n'y reviendra plus, sauf un bref séjour lors de son retour d'Égypte. Il ne nourrit plus aucun espoir d'en faire le théâtre de son ambition. Il roule des pensées amères en regardant la côte s'éloigner, puis disparaître. Six années durant, il a cru que son destin se jouerait là. Pour la passion de son île, il a négligé ses devoirs, compromis sa carrière. Et même failli être rayé des cadres de l'armée pour désertion. Tout cela pour en arriver à cet échec : fuir comme un voleur, détesté par ses compatriotes, considéré comme un traître à la patrie corse, sa maison pillée.

Il songe aux tractations qu'il a menées pour faire s'entendre les Peraldi, les Rocca Serra, les Giafferi, les Colonna d'Istria, les d'Ornano, ces clans en perpétuels conflits, en fausses réconciliations. Tant de manœuvres, tant de laborieux arrangements tissés patiemment dans un climat insurrectionnel qui ravive les rivalités, réveille les griefs, empoisonne les vieilles mésententes. Et pour quoi ?

Déception de l'ambition à laquelle se mêle une désillusion sentimentale. Que n'a-t-il pas fait pour entrer dans les bonnes grâces du vieux Paoli, le Babbo, le « père » que l'on révère. Il lui a donné des gages de fidélité. Il s'est attaché à ses pas. Il a voulu le seconder, comme autrefois son propre père, Carlo, avant de rejoindre le parti français. Mais il n'a essuyé de sa part que des rebuffades. Le Babbo s'est toujours méfié de lui et des siens. Sans doute a-t-il senti chez ce jeune homme au sang trop bouillonnant un rival dangereux. Il n'y a pas de place pour deux mâles dominants sur l'étroite terre corse.

Il se souvient avec amertume de la réaction de Paoli lorsqu'il s'était attelé à une histoire de la Corse, entreprise qu'il jugeait très propre à gagner sa faveur. Celui-ci lui a répondu sèchement : « On n'écrit pas l'histoire dans les années de jeunesse. »

Que d'efforts vains pour inscrire son destin dans l'histoire de la Corse ! C'est l'un des épisodes de la vie de Napoléon qui laissent le plus perplexe. Entre 1786 et 1793, il a effectué trois longs séjours dans son île natale : vingt mois en 1786-1787 ; douze mois en 1790 ; deux mois en 1793. En tout, près de trois années. On pourrait comprendre cette attirance s'il n'y avait pas d'autres terrains où gagner de la gloire. Mais, durant cette période, que de théâtres d'opérations lui échappent ! Il n'est ni à Valmy avec Dumouriez, ni sur le Rhin avec Custine, ni en Savoie avec Montesquiou, ni en

Allemagne, ni en Hollande, ni à Jemmapes, ni en Italie. Il semble ne pas s'apercevoir que le vent de l'histoire s'est levé ailleurs qu'en Corse. Une étrange myopie le lui cache.

En fait, le plus grand service que Paoli va lui rendre, c'est de le rejeter.

Pourtant, les choses avaient si bien commencé entre eux. Le Babbo est certes un homme d'envergure, très propre à exciter l'admiration d'un jeune homme qui considère encore la Corse comme sa seule patrie et qu'il aime avec ferveur. Jusqu'à son dernier jour, Napoléon ne pourra se départir de sa tendresse pour Paoli. « C'était un bien grand homme. Il m'aimait, je l'aimais, il nous chérissait tous. » C'est à la fois un homme d'action et un intellectuel. Pour Napoléon, qui n'est plus soumis à l'influence de Marbeuf – celui-ci est mort en 1786 –, il apparaît comme un héros providentiel, capable de réaliser ce rêve d'indépendance qui le hante. Déjà, à l'École militaire de Paris, un de ses professeurs, M. Valfort, excédé par ses plaidoiries trop passionnées, l'avait admonesté : « Monsieur, vous êtes élève du roi. Il vous faut vous en souvenir et modérer votre amour de la Corse qui, après tout, fait partie de la France. » La Corse n'est pas seulement l'objet de ses pensées mais le thème de la plupart de ses écrits de jeunesse. Après *Sur la Corse*, et une introduction à *l'Histoire de la Corse*, il rédige la réponse à Buttafuoco, ardente défense de Paoli.

C'est avec la Révolution et le flottement qu'elle introduit dans les rapports de la Corse et de Paris que s'organisent et se radicalisent les aspirations à l'indépendance. Les esprits s'échauffent ; les clans s'agitent. La famille Bonaparte se remue beaucoup sans qu'on puisse bien discerner si elle est toujours fidèle au parti français. Les frères Buonaparte sont de tous les complots. Ils intriguent. En réalité, ils semblent encore jouer le double jeu au gré de leurs intérêts et des opportunités.

Bonaparte, fervent adepte des idées nouvelles, croit que la Révolution va permettre à la Corse d'accéder à l'indépendance sous l'autorité de Paoli et, ainsi, échapper à « ces fonctionnaires français qui ont maintenu pendant vingt ans les Corses dans l'esclavage ». Paoli est en effet entré dans les bonnes grâces de Robespierre qui l'a chaleureusement accueilli à la Société des amis de la Constitution. À son arrivée en Corse en 1790, Bonaparte, à la demande du Club patriotique d'Ajaccio, écrit un brûlot contre Buttafuoco, député de la noblesse corse à l'Assemblée nationale qui avait stigmatisé l'activisme de Paoli et de ses partisans, ainsi que la création de milices nationales. Paoli accueille ce soutien sans enthousiasme. Il juge que son défenseur a montré trop de partialité. Encore une douche froide…

En septembre 1791, quatre bataillons de la Garde nationale ont été formés en Corse. Napoléon se fait élire, après une féroce campagne électorale, émaillée de violences et d'irrégularités, « lieutenant-colonel en second ». Mais il profite de cette élection pour jouer les frondeurs. Il propose même d'assiéger la citadelle tenue par les Français. Son supérieur, le colonel Maillard, adresse un rapport virulent à Paris. Il juge son activité « infiniment répréhensible » et il l'accuse de favoriser le désordre. Il hésite même à le traduire en justice.

Nommé capitaine, Napoléon participe à l'expédition de Sardaigne en tant que commandant du débarquement de l'expédition pour la prise de l'île de la Magddalena. Cet échec militaire, qu'il impute à un défaut de commandement, c'est-à-dire à Paoli, le révulse. Il n'hésite pas à s'adresser directement au ministre de la Guerre pour lui rendre compte dans une lettre de cette « honteuse expédition » et réclamer le châtiment « des lâches et des traîtres qui nous ont fait échouer ».

C'est alors que ses yeux se dessillent. Il comprend qu'il n'a aucun avenir avec Paoli. Seul le retient un lien sentimental avec son héros qui ne lui ménage pas les humiliations : « Je me soucie peu de son amitié », dit-il entre autres amabilités. Napoléon a compris que rien de constructif ne sortira désormais du salmigondis des intrigues corses. Pourtant, il a du mal à rompre, même s'il sait que Paoli tout en feignant de rester en bons termes avec la Convention a pris contact avec les Anglais. En sous-main, Joseph Bonaparte et le très remuant Cristoforo Saliceti, député du tiers état de la Corse et fervent robespierriste, ont convaincu le Comité de salut public des menées antipatriotiques de Paoli. La sanction tombe vite : celui-ci est mis en accusation et traduit à la barre de la Convention.

Désormais, entre Paoli et Napoléon, c'est la rupture. Elle va être dramatique. Le 27 mai, les Bonaparte sont proscrits par l'Assemblée de Corse et voués par les mille neuf délégués à « une perpétuelle exécration et infamie ». Dans un ultime sursaut, Napoléon demande un rendez-vous avec son héros qu'il continue d'admirer.

À Sainte-Hélène, il s'épanchera : « Les maux que m'avait faits Paoli n'avaient pu me détacher de lui. Je l'aimais. Je le regrettais toujours. » L'épisode de ce rendez-vous manqué a été raconté par Maupassant qui en a tiré un texte intitulé *Une page d'histoire inconnue*. L'écrivain décèle dans cette affaire rocambolesque la chance inouïe de Napoléon qui lui a permis d'échapper à une mort certaine : « Tout le monde, écrit-il, connaît la célèbre phrase de Pascal sur le grain de sable qui changea les destinées de l'univers en arrêtant la fortune de Cromwell. Ainsi, dans ce grand hasard des événements qui gouvernent le monde, un fait bien petit, le geste désespéré d'une femme, décida du sort de l'Europe en sauvant la vie du jeune Napoléon. »

Napoléon, voulant rejoindre Bastia où se trouvent les commissaires de la République dont Cristoforo Saliceti, décide d'avoir un ultime entretien avec Paoli à Corte. Il part à cheval avec son fidèle ami Santo Riccio qui lui sert de guide. Au hameau de Pagiola, il est arrêté par des partisans de Paoli qui ont reçu l'ordre de l'exécuter. Enfermé à double tour dans une maison de Vizzavona, il parvient à s'enfuir, mais un dénommé Morelli va s'emparer de lui et exécuter la sentence quand sa femme, s'attachant aux pieds de son mari, permet à Napoléon de s'enfuir. À Vizzavona, Napoléon est passé à deux doigts de la mort. À Sainte-Hélène, dictant son testament, il se souvint de cet épisode qui aurait dû finir tragiquement. Il n'oubliera aucun des protagonistes auxquels il devait d'avoir eu la vie sauve :

> Je lègue 20 000 francs à l'habitant de Bocognano qui m'a tiré des mains des brigands qui voulurent m'assassiner ;
> 10 000 francs à M. Vizzavona, le seul de cette famille qui fut de mon parti ;
> 100 000 francs à M. Jérôme Lévy ;
> 100 000 francs à M. Costa de Bastelica ;
> 20 000 francs à l'abbé Reccho.

Napoléon, ayant rejoint Ajaccio avec l'escadre, va se mettre en quête de sa famille qui risque d'être la proie des représailles des paolistes en furie. Il l'a fait avertir par un fameux message : « *Preparatezi questo paese non è per noi.* » « Tenez-vous prêts, ce pays n'est pas fait pour nous. » Letizia et les siens se sont réfugiés aux Milelli. Puis, à dos de mulet, ils vont gagner le littoral à travers le maquis. Miraculeusement, Bonaparte les aperçoit sur le rivage, près de la tour de Capitello. Il les embarque pour Calvi où ils reçoivent l'hospitalité de leurs amis Giubega.

À bord du *Hasard*, Napoléon quitte la Corse. Sur le pont, il observe avec une longue-vue la forteresse de Calvi qui se dissipe dans le lointain. Il sait que, désormais, il va jouer son ultime carte en France. Il a tout perdu. Sa famille est ruinée. Et lui-même a vu se ruiner ses rêves au cours de ces six années dispensées en pure perte.

A-t-il imaginé qu'il pouvait réussir là où Paoli va échouer ? Devenir roi de Corse ou son dictateur ? Puis se servir de ce rocher pour conquérir la Méditerranée ? Car, on a du mal à l'imaginer limitant son ambition à n'être que le roitelet d'une région déshéritée, en proie aux luttes des factions et aux déchirements des vendettas.

L'atmosphère qu'il va retrouver en France, il ne l'ignore pas, est aussi délétère que celle qu'il vient de quitter. C'est échanger des factions contre d'autres factions, des violences contre d'autres violences.

Mais il croit en son étoile. Il veut transformer l'échec en succès. Tirer profit de ses erreurs, trouver dans l'humiliation un surcroît d'énergie. Ce qu'il ignore, c'est que ce désastre qu'il vient d'essuyer dans son île natale, qui trouve une issue si lamentable dans cette fuite au crépuscule, avec tant d'ennemis à ses trousses, se répétera toute sa vie. Sur des théâtres de plus en plus vastes. C'est d'échec en échec, chaque fois surmonté, de mauvaise passe en déconfiture, qu'il va forger sa statue de héros hors du commun.

Oui, ce qu'il ignore, c'est que ce sont surtout ses échecs qui feront rêver les générations de l'avenir autant peut-être que ses succès. Les jeunes ambitieux qui le prendront pour modèle trouveront en lui un professeur d'énergie. Ils se consoleront de leurs déboires en se remémorant les épisodes où le conquérant, vaincu par le sort, loin de désespérer, aiguisait sur l'adversité sa volonté inflexible. Les Raskolnikov, les Julien Sorel, les Rastignac et leurs créateurs s'enivreront de ce grand jeu qui l'a mené là où le hasard et la volonté se rejoignent dans une mystérieuse ordalie. Prototype du grand homme que le destin semble vouloir toujours éprouver pour savoir s'il est digne de la gloire qui l'attend.

Le rivage s'éloigne. Napoléon a rassemblé sa famille sur ce bateau de fortune. L'ambiance n'est pas gaie. La toujours belle Letizia, silencieuse, fière et dramatique, emporte avec elle le seul objet qu'elle a pu sauver du désastre, un tableau enveloppé dans du papier journal : le portrait de Marbeuf. Sans doute dégage-t-il pour elle un parfum de nostalgie, de vie fastueuse, d'espérance déçue, d'amour peut-être et de mystère.

Napoléon, lui, n'emporte rien qu'une folle espérance dans son destin.

IV

16 décembre 1793

Encore une longue-vue. Face à la rade de Toulon où mouillent l'escadre de l'amiral Hood et celle du contre-amiral espagnol Gravina noyées dans l'obscurité, Napoléon, imperturbable sous l'averse, dans la nuit froide de décembre, scrute son objectif : sur une éminence, la forteresse du Caire occupée par les Anglo-Espagnols que les soldats ont eu vite fait de surnommer « le petit Gibraltar ». Il dirige vers elle le feu des canons de Gribeauval qui ont déjà fait merveille à Valmy. Trois batteries ont été aménagées, qu'il a baptisées avec un sens aigu des symboles pour qu'elles parlent à l'imagination des soldats : « les jacobins », la « chasse coquins » et sa préférée, la plus exposée, « la batterie des hommes sans peur ». Il suit l'orbe des boulets rouges qui éclairent la nuit comme un feu d'artifice et allument des incendies dans la redoute tenue par l'ennemi. À la tête de ces bataillons d'infanterie qui, à son signal, vont passer à l'offensive, il se sent étrangement lucide. Il a beau être souffrant et se gratter jusqu'au sang – il a attrapé la gale –, il examine froidement la situation avec cette certitude, qui brûle au fond de lui-même, de l'excellence de son plan d'attaque. Il en tire une conclusion implacable : l'ennemi est perdu. Le plus intelligent, le plus compétent va l'emporter : et c'est lui.

Il sent le frémissement nerveux des soldats dans l'attente de l'assaut, une ardeur que n'attiédissent pas les uniformes trempés, la pluie qui tombe dru. Autour de lui, se dégage une odeur âcre de poudre, de grésil, de fer rougi, de vieux cheval mouillé.

La suite de cette victoire qu'il entrevoit, elle découle d'elle-même comme les déductions d'un raisonnement mathématique : sa promotion comme général de brigade à vingt-quatre ans. En trois mois, il aura conquis trois grades. Plus que cela, une réputation hors pair auprès de tous ceux qui ont cru en lui : Augustin de Robespierre, le frère de Maximilien ; les représentants du peuple en mission Fréron, Saliceti ; les généraux qui ont eu l'élégance de reconnaître les mérites de leur génial subordonné. Ainsi, Dugommier écrit au Comité de salut public : « Si on était ingrat envers lui, cet officier s'avancerait tout seul. » Ou le général du Teil qui adresse un dithyrambe au ministre de la Guerre : « Je manque d'expressions pour te peindre le mérite de Buonaparte ; beaucoup de science, autant d'intelligence et trop de bravoure. Voilà une faible esquisse des vertus de ce rare officier ; c'est à toi, Ministre, de le consacrer à la gloire de la République. » Tous les hommes qui participent à sa promotion entendent du même coup recevoir le bénéfice de leur perspicacité. En le louant à Paris, ils se louent eux-mêmes.

Cette victoire si prévisible a été pourtant précédée d'une douloureuse gestation qui ne la présageait aucunement.

Quatre mois plus tôt, c'est un capitaine proscrit qui a débarqué à Toulon, accompagné de sa famille, tous condamnés à la misère, au dénuement, à des logis de fortune trouvés au hasard de la guerre civile qui opposait les Montagnards aux Girondins. Le Midi était dans un bain de sang. Il payait cher d'avoir soutenu les Girondins. Ceux-ci venaient d'aggraver leur cas en se laissant déborder par les royalistes qui avaient fait appel aux Anglais auxquels ils avaient ouvert les portes de Toulon. Accusés de menées antirévolutionnaires – ce qui peut se discuter –, ils avaient commis la faute de s'exposer à un crime beaucoup plus grave : être des traîtres à la patrie.

Bonaparte n'a retiré qu'un seul bénéfice de sa proscription de Corse par Paoli : un brevet sans tache de patriotisme. Il prend soin de passer sous silence ses qualités de ci-devant noble qui avaient été si utiles à son père pour le faire admettre dans les écoles du roi. Et pour convaincre encore ceux qui peuvent douter de la sincérité de son patriotisme, il écrit en quelques jours un brûlot robespierriste : *Le Souper de Beaucaire*. Plus tard, beaucoup plus tard, il fera racheter par la police chez les libraires tous les exemplaires de cet ouvrage compromettant.

Où en est-il politiquement ? Certes, il admire Robespierre à qui il ne peut nier des qualités d'homme d'État. Il est profondément jacobin. Il croit que seul le pouvoir de Paris peut maintenir l'autorité dans le pays. Pourtant, il a été hostile à la condamnation du roi.

C'est, au fond, un robespierriste modéré, même s'il affiche pour la galerie – et pour son ambition et sa sauvegarde – un jacobinisme intransigeant.

Si cet homme qui regarde toujours vers l'avant laisse sa pensée errer un instant dans le passé, il peut mesurer la somme des hasards qui l'a conduit là où il est. Certes, il croit aux décrets du destin, mais il voue curieusement à ceux qui s'en font l'instrument une reconnaissance religieuse, touchante. « Je regarde l'ingratitude comme le plus vilain défaut du cœur. » Et ils ont été nombreux ceux qui ont aidé à propulser le misérable capitaine proscrit à ce grade de général victorieux.

Il n'a que deux atouts en poche en débarquant à Toulon : sa compétence d'officier d'artillerie passé par les écoles du roi sans pour autant être suspect ni de royalisme ni de girondisme. Un patriote pur sucre, c'est une denrée devenue très rare en ce mois de juin 1793. Entre ceux qui ont émigré, ceux qui, suspects de sympathie pour les fédéralistes girondins, ont été exécutés ou démis de leurs fonctions, et les prudents qui savent que le Comité de salut public n'hésite pas à punir de mort les généraux malchanceux, rares sont les officiers qui peuvent ou veulent prétendre à la vocation de l'héroïsme.

Deuxième atout : son ascendant. Cet « esprit de principauté » décelé si tôt par sa mère. Froid, taciturne, il en impose à ses interlocuteurs. Ils sentent en lui une force que rien n'arrête. Il subjugue d'un regard.

D'abord, c'est le général Jean du Teil, frère d'un officier qu'il a connu à Valence et qui, justement, commande des batteries sur la côte. Il lui confie une charge qui n'est guère flambante : réquisitionner les chariots nécessaires au transport des poudres.

Inutile de dire que Napoléon ronge son frein. Mais il ne faut pas négliger l'entraide corse. Dès qu'il apprend que Saliceti, un ami de son frère Joseph devenu représentant du peuple en mission, qu'il a connu lors de ses mésaventures contre les paolistes, est au Beausset, il lui demande un rendez-vous. Corses plus patriotes, comment pourraient-ils ne pas tomber dans les bras l'un de l'autre ? Justement, un responsable de l'artillerie, le général Dommartin, a été grièvement blessé : tout de suite, Saliceti offre la place à son jeune compatriote qui devient commandant provisoire de l'artillerie.

Autre coup de chance, le commandant chargé d'investir Toulon, Carteaux, est un incapable qui multiplie les bourdes. Napoléon, avant de prendre Toulon, va ne faire qu'une bouchée de Carteaux. Il faut dire que le pauvre bougre, ancien artiste peintre monté en graine grâce à ses appuis politiques, n'a rien d'un stratège. C'est un général sans-culotte. Sa bonne volonté ne remplace pas la compétence. Surtout pour un siège qui requiert une particulière connaissance de l'art militaire auquel le brave homme ne comprend goutte. Avec Napoléon et Saliceti comme adversaires, il ne fait pas le poids. Ces deux-là, experts en manœuvres politiciennes, en ont maté de plus coriaces dans le maquis des intrigues corses.

Et puis, comme si cet appui ne lui suffisait pas, Napoléon bénéficie d'un soutien inattendu : un autre représentant du peuple en mission, Stanislas Fréron, lui apporte son soutien. Entre deux tueries et deux débauches, celui-ci a flambé d'amour pour sa jeune sœur, Pauline, rencontrée à Marseille. Un bien triste sire que ce fils de la tête de Turc de Voltaire qui, pour faire oublier ses origines dans le parti de la calotte, se livre à toutes les surenchères dans les exactions. Il a même proposé, après la fuite du roi à Varennes, de faire traîner la reine attachée à la queue d'un cheval fougueux comme la malheureuse Cunégonde.

Les heures de Carteaux sont comptées.

Deux mois plus tard, il cède la place au général Dugommier. Napoléon, sans respect excessif de la hiérarchie, a pris soin de le dévaloriser auprès du ministre de la Guerre. Une façon d'agir héritée de Carlo qui, à la moindre contrariété, faisait directement appel aux ministres. Dugommier, autant par respect pour ses capacités que par habileté diplomatique, se soumet rapidement à l'ascendant du jeune protégé des délégués du peuple en mission qui, de plus, ont rallié à sa cause le juvénile et sympathique Augustin de Robespierre, le frère de Maximilien, venu en inspection, qui juge aussitôt Bonaparte « d'un mérite transcendant ». Il peut compter aussi sur la bienveillance du ci-devant vicomte de Barras, acolyte de Fréron, un aventurier qui a l'art de se sortir des mauvais pas et de faire de l'argent de tout. Un concussionnaire dans l'âme. Travers qui aura le double avantage de l'enrichir et de lui sauver la vie. Son manque d'intégrité patriotique, en le brouillant avec Robespierre, l'amènera à être un acteur décisif du 9-Thermidor.

Dans les plus petits calibres, Toulon est l'occasion pour Napoléon de se lier avec des officiers qui feront parler d'eux : le ci-devant

Marmont, le fantasque et courageux Junot, le charmant et très prometteur Muiron, fils d'un fermier général.

Ce succès remporté au siège de Toulon, outre qu'il montre les multiples compétences de Napoléon non seulement comme stratège et artilleur mais aussi pour faire reconnaître ses mérites, va revêtir une grande importance dans son existence : c'est le moment où il rencontre vraiment les Français. Il comprend très vite quelles prouesses il est capable de faire accomplir à ce peuple à la fois courageux, ironique et fidèle. Peut-être est-ce de ces premiers moments que vient son attachement à sa nouvelle patrie. Français par le sang versé… Il a compris qu'avec de tels braves, selon sa propre formule, rien n'est impossible. On peut faire marcher ces rêveurs au bout du monde.

Si Napoléon possédait une lorgnette permettant de voir l'avenir, il verrait que les hommes publics qui l'ont soutenu sont vraiment des envoyés en mission non seulement du Comité de salut public, mais du destin. Pour sa chance avec le séduisant et intrigant Barras, pour le pire avec Augustin de Robespierre. Car sa fortune va brusquement tourner avec le 9-Thermidor. Dans sept mois exactement, au lendemain de la chute de Robespierre, il sera arrêté, accusé de trahison, assigné à résidence à Nice et à deux doigts d'être exécuté avec tous les séides du tyran.

Accusé de trahison et de dilapidation par Saliceti, qui a rapidement retourné sa veste, il est en passe d'être envoyé enchaîné à Paris et traduit devant le Comité de salut public. C'est son arrêt de mort. Junot, son aide de camp, propose de le faire évader. Stoïque, il refuse. Il se justifie sans se renier : « J'ai été un peu affecté par la catastrophe de Robespierre que j'aimais et que je croyais pur. Mais fût-il mon père, je l'eusse moi-même poignardé s'il aspirait à la tyrannie… Entendez-moi, détruisez l'oppression qui m'environne et restituez-moi l'estime des patriotes. Une heure après, si les méchants veulent ma vie, je l'estime si peu, je l'ai si souvent méprisée. Oui, la seule idée qu'elle peut être encore utile à la patrie me fait en soutenir le fardeau avec courage. »

Sauvé in extremis, il connaît une telle misère à Paris, à l'hôtel du Cadran bleu, au Quartier latin, qu'il songe à nouveau au suicide : « Si cela continue, je finirai par ne pas me détourner quand passe une voiture. » Ne sachant plus vers qui se tourner pour conjurer le sort défavorable, il envisage même de s'expatrier et d'aller organiser l'artillerie du sultan de Constantinople. Depuis le 9-Thermidor, les bureaux du ministère de la Guerre se méfient de lui. Avoir été soutenu chaleureusement par le frère de Robespierre le rend suspect. Il aggrave son cas en refusant un commandement en Vendée, dans l'armée de l'Ouest : il ne veut pas aller combattre des Français. Devant sa mauvaise volonté, il est rayé des cadres de l'artillerie. Sans argent, demi-solde, il se voit contraint de quêter un souper chez ses amis pour survivre.

C'est alors que se produit le miracle. La Convention thermidorienne assaillie de toutes parts, à la fois par l'extrême gauche et par les royalistes, charge Barras de sa défense. Celui-ci aussitôt nommé fait appel à Bonaparte qu'il a connu à Toulon pour réprimer l'insurrection royaliste. Le 13 vendémiaire (5 octobre) il canonne les insurgés sur les marches de l'église Saint-Roch. Les royalistes dispersés en un tour de main, il fait figure de sauveur de la République tant a été grande la peur de l'insurrection. Dix jours plus tard, en récompense, il est nommé général de division, puis commandant de l'armée de l'Intérieur. Désormais on le considère comme le bras armé de Barras. L'avenir s'ouvre devant lui. Il a évité le gouffre. De justesse.

V

Le 2 mars 1796

Après les beaux gestes et le courage de la République romaine, voici le temps des orgies et des compromissions du Bas-Empire. Alternance oblige. Barras incarne le Directoire par sa cupidité et sa luxure comme Robespierre, qu'il a vaincu, incarnait la Convention par son intégrité et son intransigeance. Quatre années parmi les plus sales, les plus corrompues de l'histoire. Les géants disparus, les médiocres et les intrigants pullulent, occupant les places avec avidité, furetant les prébendes, se détruisant à coups de complot, de calomnie, de perfidie. La Révolution qui, dans son excès, vient de faire surgir des hommes d'exception, se ratatine et fait sortir de leurs trous ces petits animaux nuisibles qui se repaissent des dépouilles des morts. Ce festin sur des cadavres, l'ivresse de la corruption amènent les plus grandes intelligences à la paralysie et au cannibalisme. Trop occupés à se choisir les bons morceaux et à se dévorer entre eux, ces hommes créent les conditions de leur anéantissement. Peut-être certains, lucides, en sont-ils conscients ? Mais ils ont eu si peur. La mort les a frôlés de près. Ils n'en reviennent pas d'être vivants. Et cette idolâtrie de la vie leur ôte tout respect d'eux-mêmes.

Barras pourrait leur être supérieur dans l'intrigue, l'habileté manœuvrière, mais il manque à sa personnalité ce je-ne-sais-quoi de force profonde, de caractère qui en impose et sacre le grand homme. De petite noblesse provençale, il s'est converti très jeune à la concussion aux Indes pendant le siège de Pondichéry, puis il a fréquenté intimement Mme de La Motte, l'instigatrice de l'affaire du collier de la reine, et son entourage le plus dépravé qui soit. On ne fait pas mieux comme école de débauche. Il a pourtant du courage, de l'intelligence, le goût de l'aventure. Il ne lui manque que cette qualité essentielle quand on veut exercer un ascendant en politique : l'estime. Certes, il se juge supérieur, mais les autres le méprisent. Talleyrand, qui sera son obligé puis son acolyte, l'a peint d'un mot : « Il parfumerait même du fumier. » Quant au peuple, plus direct, il le surnomme le « roi des pourris ».

Son passé lui colle à la peau. Pas d'avoir été régicide, tant d'autres ci-devant l'ont été. Non, ce qu'on reproche à ce séducteur, c'est de mêler deux défauts assez vils : c'est un profiteur et un sanguinaire. Il s'est complu en compagnie de Fréron à faire couler le sang à Marseille, à Toulon, dans une féroce répression dont il touchait les dividendes en espèces sonnantes et trébuchantes, en argenterie, en or que des malheureux, terrorisés, lui offraient en échange de leur vie ; et aussi en jeunes corps de femmes qui cédaient à la peur, au chantage pour sauver qui un mari, qui un enfant. Il n'éprouve aucun remords de ses turpitudes. Bellâtre infatué il se pardonne tout. Durant cette période marseillaise, lui aussi, comme son complice Fréron, son double en beaucoup plus vil, mériterait une apostrophe comme celle d'Isnard au Conseil des Cinq-Cents : « Partout où je rencontre un crime, je ne trouve que Fréron. »

C'est pourtant avec cet homme qui ne lui ressemble en rien que Napoléon va devoir s'entendre. Comme il doit le mépriser, ce concussionnaire dépravé qui deviendra l'agent de son destin !

Peut-être nourrit-il à son endroit les sentiments de Lorenzaccio ? Il va tout lui devoir, sa sortie de la misère, sa femme, ses nominations.

Pour un caractère aussi fier que celui de Napoléon, ce doit être une épreuve de devoir feindre et flatter ce fat qui, s'il estime sa compétence militaire, ne lui croit aucune envergure. Mal fagoté, désargenté, dépourvu de manières, sans allure, il trouve qu'il fait tache dans son salon du Luxembourg. Pis, il juge que c'est un « niais ». Contrairement à Talleyrand qui a pressenti ses futuritions, il ne croira jamais à son étoile. Sans doute parce qu'il pense un peu stupidement l'avoir fait. Sa fatuité l'empêche de trouver du génie à un ancien subalterne. Cela va lui coûter cher… Même s'il coûtera également cher à Napoléon, qui le paiera grassement pour obtenir son effacement. Le jugeant assez vite inemployable en raison de sa prétention et de sa morgue, il l'exilera, l'obligeant à devenir ce qu'il était, un conspirateur médiocre prêt à se rallier au plus offrant, y compris à cette monarchie qu'il avait mis toutes ses forces à abattre.

Mais, alors, il est le prix à payer pour sortir de la proscription et de la misère. Non pas que Napoléon ne fût pas capable de s'accommoder d'une certaine pourriture quand celle-ci sert ses fins : ainsi Talleyrand ou Fouché, orfèvres l'un dans la prévarication, l'autre dans le crime. Il pourra même aller chercher des appuis plus bas encore, sans aucun scrupule, à la condition qu'ils le servent à accomplir sa destinée.

C'est par Barras également qu'il va contracter le plus bizarre et le plus aventureux des mariages. Le plus contraire en apparence à sa nature. Ce vertueux va épouser la sensualité incarnée. Son coup de foudre pour Joséphine de Beauharnais défie la raison. Non seulement ce n'est pas un bon parti – elle est ruinée et son père est mort banqueroutier –, mais elle traîne avec elle la pire des réputations : volage, elle accumule les amants, dont Barras qu'elle a fini par lasser ; elle est frivole, dissipatrice, superficielle autant que son amant est strict, fidèle, fleur bleue. Belle créole au charme enjôleur et au sourire aguicheur en dépit de ses vilaines dents, originaire de la Martinique, veuve d'Alexandre de Beauharnais, guillotiné, n'ayant elle-même échappé à la mort que de justesse, elle a mené une existence des plus dépravées ; on ne compte plus ses liaisons, à commencer par le général Hoche qu'elle a connu en prison. En compagnie de son amie Thérésa Cabarrus, devenue Mme Tallien, elle a été de toutes les débauches de cette époque riche en fêtes libertines et en orgies. Au temps de la mort a succédé la frénésie de vivre.

Leur union porte en elle dès le départ le germe d'une incompréhension profonde : elle l'admire mais ne l'aime pas, tandis que lui l'aime sans l'estimer. Pour éclairer ce couple si mal assorti, peut-être faudrait-il descendre dans les eaux troubles du sexe : s'il est devenu facilement son amant et un habitué de son hôtel particulier de la rue Chantereine, il l'a émue par l'impétuosité de sa passion, mais il n'a pas comblé ses sens. Toute l'admiration et toute la gloire qu'il va recueillir n'y changeront rien : elle n'éprouve pas auprès de lui ces frissons et ces délires qu'elle a connus dans les bras du voluptueux et expérimenté Barras.

Barras, puisque c'est décidément l'homme de la situation, croit qu'il va utiliser Napoléon pour renforcer et asseoir son pouvoir, sans savoir que Napoléon, sous ses airs de « niais », fait exactement le même raisonnement. D'ailleurs celui-ci n'a pas le choix. Barras est son seul atout. Sans lui, il n'est rien. On le connaît à peine. Son succès au siège de Toulon est ignoré à Paris. Sur le chapitre de la gloire militaire, c'est un inconnu alors que les généraux Moreau, Hoche, Jourdan, Marceau, Pichegru se sont couverts de lauriers.

Cette gloire militaire, Napoléon enrage de ne pas en avoir sa part. D'abord parce qu'il a conscience de la mériter, mais aussi parce qu'il sait que c'est par elle qu'il satisfera sa soif de pouvoir. La lente désintégration du gouvernement, son discrédit, la paralysie qui le menace, le danger auquel il est chaque jour exposé par les extrémistes de tous bords – jacobins, adeptes de Gracchus Babeuf, royalistes – signalent un régime en sursis, incapable de s'amender par lui-même. Il est condamné à la pire des politiques : ne pas choisir, « la balancelle », comme l'appelle Barras, qui consiste à donner des gages tantôt aux modérés, tantôt aux extrémistes. Le peuple, la bourgeoisie sont écœurés par ce spectacle de la corruption des dirigeants de Paris, de leur impuissance devant l'insécurité grandissante en province : tout manifeste une déliquescence purulente. Napoléon n'est pas le seul à faire ce constat que seule une épée pourra mettre les plaideurs d'accord. Beaucoup de chefs militaires se verraient bien dans ce rôle. Certains, comme Pichegru, se feront même élire au Conseil des Cinq-Cents avec le secret espoir de prendre le pouvoir de l'intérieur. Napoléon, et c'est son génie, pressent que le régime n'est pas encore tombé assez bas – « la poire n'est pas mûre » – et que, de plus, tout le personnel politique sera compromis et contaminé aux yeux du public par cette politique de chien crevé au fil de l'eau.

Un vautour qui se repaît de charognes trouverait dans cette époque faisandée un parfum délicieux. Pas un aigle. Napoléon, si habile à sentir les circonstances favorables, a compris que, dans ce terrain fangeux, il ne peut que se perdre.

En un clin d'œil, sa décision a été prise dès ce soir du 13 vendémiaire où il a sauvé la Convention en faisant canonner les royalistes sur les marches de l'église Saint-Roch, se rendant ainsi indispensable à Barras : il doit partir. N'importe où, mais partir. Qu'importe ce qu'il y fera. Il lui faut un théâtre légendaire. Personne autant que lui n'a autant besoin d'images pour s'éblouir. Cet homme si lucide, à l'esprit si viril, a des rêves d'enfant.

Et son rêve aujourd'hui, c'est l'Italie. Barras va lui permettre de le réaliser. Deux jours après son mariage avec Joséphine, il est nommé à la tête de l'armée d'Italie. Une armée qui manque cruellement de l'essentiel : elle n'a pas d'argent, pas de souliers, un armement médiocre, presque plus d'espoir. Bientôt grâce à lui elle aura tout, y compris la gloire.

VI

11 juin 1796

S'il y a bien quelque chose d'atroce en ce monde, c'est d'atteindre le but dont on a rêvé et d'être au même moment poignardé par le malheur. Napoléon, qui a retrouvé à Milan la magnifique demeure du prince Serbelloni ce 11 juin 1796, dicte à son secrétaire une lettre à Barras. Le soir tombe sur la campagne et les feux du couchant éclairent les neiges éternelles qui couronnent les Alpes. Des rues avoisinantes et du Corso, il peut entendre les clameurs des festivités qui, depuis trois semaines, saluent sa victoire. Dans la ville en fête, les plus belles femmes d'Italie font assaut d'élégance dans leurs calèches. Une liesse qui est pure et soudaine comme l'éclosion du printemps. Une atmosphère d'ivresse amoureuse accompagne cette armée pauvre mais parée de sa jeunesse et de ses triomphes.

Domptant son cœur blessé, il rend compte de ses succès à l'homme fort du Directoire.

Il pèse chaque mot car il sait que, si sa jeune gloire conforte sa position, elle ne doit pas cependant porter ombrage aux susceptibles Directeurs, toujours prompts à la défiance. Les révolutionnaires continuent d'être hantés par la trahison de Dumouriez. Quel sabre à côté d'eux dissimule un Monk ? Il témoigne déjà dans sa façon de les ménager qu'il n'est plus seulement un chef de guerre, mais un homme d'État. Il voit plus loin qu'eux. Ce sourd combat qu'il mène avec les Directeurs dont il dépend est aussi important que celui qu'il mène jour et nuit, à un rythme effréné, contre les armées ennemies. Une seule maladresse peut lui faire perdre tous les territoires qu'il a conquis. Au prix de quels efforts surhumains, avec des soldats affamés et en haillons, n'a-t-il pas obtenu ses fraîches victoires dont les noms sonnent encore à ses oreilles : Montenotte, Millesimo, Bego, Mondovi, Lodi… Cinq victoires en dix-sept jours. Ces succès, loin de l'enivrer, lui ont révélé le sens profond de sa mission. Non pas celle bornée, à courte vue, que lui ont confiée les idéologues du Directoire, comme Carnot : abattre les monarchies et, surtout, renverser le pape. Non, subitement a surgi en lui l'idée qu'il n'est plus un exécutant, mais un homme investi d'une mission plus haute : « Je me regardai pour la première fois non plus comme un simple général, mais comme un homme appelé à influencer le sort d'un peuple. Je me vis dans l'Histoire… Alors naquit l'étincelle de la haute ambition. »

Dans cette lettre qu'il dicte pour Barras, il tente encore une fois de faire entrer le Directoire dans ses vues. Éviter que celui-ci ne divise l'armée d'Italie en deux, l'une sous son commandement, l'autre sous celui de Kellermann. Il argumente pour démonter l'ineptie de ce plan, tout à la fois souple, persuasif et impérieux, parfois presque menaçant avec ses sous-entendus de démission. La missive va être cachetée. Napoléon la reprend. Soudain, de sa plume nerveuse, qui écorche le papier, il jette furieusement un post-scriptum déchirant : « Je suis au désespoir. Ma femme ne vient pas. Elle a quelque amant qui la retient à Paris. Je maudis toutes les femmes… »

On reste saisi devant ce cri du cœur. Comme a dû l'être le voluptueux Barras sous son écorce de débauche et de scepticisme. Le feu qui brûle dans cette lettre, qui peut y être insensible ? Ni le temps qui fane les enthousiasmes et refroidit les cœurs, ni la gloire qui efface les faiblesses n'ont diminué la puissance de cet aveu de détresse. On a mal pour ce général de vingt-sept ans qui, en pleine gloire, se sent trahi et n'a plus pour ressources que d'en faire la confidence à l'homme le moins fait pour éprouver de la compassion. Barras, l'ancien amant de Joséphine, qui l'est sûrement encore à ses moments perdus. Comme il faut être tombé bas pour n'avoir que lui à qui ouvrir son cœur ! Napoléon ne pouvant ignorer la duplicité du roué auquel il s'adresse, il ne reste qu'une explication : la folie, une folie qu'il n'a plus la force de se dissimuler et qui l'embrase depuis trois mois.

Elle est sans exemple, cette folie amoureuse, dans l'histoire des héros et des conquérants. Nul, au plus fort de ses projets et de ses ambitions, n'a été à ce point dominé par le désespoir amoureux. Napoléon révèle un gouffre. Un gouffre que nul ne peut soupçonner et qui, parfois, laisse incrédules ses admirateurs. La tentation est grande de dissimuler une telle faiblesse chez un héros construit à force de volonté et que gouverne l'esprit le plus rationnel qui soit. Il faut avoir recours à la légende pour trouver un guerrier à ce point blessé : Achille pleurant Briséis. Mais, dans l'histoire moderne, nul autre ne s'est laissé dominer comme lui par les désordres de la passion.

Ses lettres brûlent. On les lit avec une sorte de stupeur et, parfois, avec gêne, comme une indiscrétion. Ce sont les secrets de l'alcôve qui s'étalent au grand jour ; comme si, soudain, les draps froissés par les étreintes se mettaient à parler ; on sent le souffle des amants ; on devient le confident de leurs frissons, non seulement de ce langage un peu niais des amoureux qui reconstruisent une langue qu'ils seraient les seuls à parler, mais des moyens qu'ils se donnent dans le plaisir, de leurs petites manies dans la jouissance. Parfois, ils passeraient même les bornes de la décence, si ce mot de « décence » avait la moindre signification dans le délire des sens : ainsi, quand Joséphine lui écrit une lettre avec son propre sang. De quel sang !

De Paris à Nice, il n'est pas un soir où il ne lui adresse une missive enflammée. Quand il parvient dans cette ville où il rejoint son armée, c'est à nouveau pour témoigner son amour de façon pressante, comme s'il craignait plus que tout le pouvoir d'effacement de l'éloignement : « Je n'ai pas passé un jour sans t'aimer ; je n'ai pas passé une nuit sans te serrer entre mes bras ; je n'ai pas pris une tasse de thé sans maudire la gloire et l'ambition qui me tiennent éloigné de l'âme de ma vie. Au milieu des affaires, à la tête des troupes, en parcourant les camps, mon adorable Joséphine est seule dans mon cœur, occupe mon esprit, absorbe ma pensée. »

Trois jours plus tard, nouveau cri : « Tu es l'unique pensée de ma vie. Vivre par Joséphine, voilà l'histoire de ma vie. J'agis pour arriver près de toi. Mourir sans être aimé de toi, mourir sans cette certitude, c'est le tourment de l'enfer, c'est l'image vive et frappante de l'anéantissement. »

Encore ces lettres sont-elles écrites dans les préparatifs de l'action. Il n'est pas encore aux prises avec l'armée des Autrichiens conduite par le vénérable général Beaulieu. Mais que dire de celles où il lui écrit du cœur même des combats, tout couvert encore de poussière et de sang, recru de fatigue, dans lesquelles il ne se lasse pas de l'appeler pour qu'elle vienne le rejoindre.

Ce n'est qu'une longue plainte déchirante d'amoureux délaissé qui pressent qu'on le trompe mais veut se convaincre malgré tout de l'amour de sa bien-aimée. Un lamento pathétique qui échappe du cœur du jeune général au milieu des fumées de destruction, du fracas des canons. Le soldat victorieux sort à chaque fois plus vaincu de ses lettres qui lui montrent la limite de sa puissance.

Le soir de Montenotte, sa première grande et vraie victoire, il lui écrit : « Un souvenir de mon unique femme, une victoire du destin : voilà mes souhaits. »

Mais Joséphine tant espérée ne vient toujours pas. Les lettres traduisent une obsession qui confine au délire. La folie le guette. D'autant plus qu'il sent dans les propos et les prétextes embarrassés de son épouse qu'elle lui ment. Elle feint d'être malade, puis, pour allumer dans son âme une flamme d'espoir, qu'elle est enceinte. Quel peu d'empressement elle manifeste à se mettre en route ! Elle semble insensible à la gloire de son jeune mari. Elle ne songe qu'à s'amuser à Paris, dans les fêtes de Barras ou en compagnie de son amant, Hippolyte Charles, un jeune lieutenant, sans parler des passades comme avec Murat.

Que lui importe la détresse de cet homme qu'elle avoue comprendre si peu. Elle est de plus en plus indifférente à ses appels désespérés : « Les fatigues et ton absence, c'est trop à la fois. Tu vas venir, n'est-ce pas ? Tu vas être ici à côté de moi, sur mon cœur, dans mes bras, sur ma bouche ! Prends des ailes, viens, viens… Un baiser au cœur et puis un plus bas, bien plus bas. »

Que de fois grelottant de fièvre, ne sachant plus à qui confier son infortune, il jette à Berthier : « Ma tête n'y est plus. »

Mais, comme si, peu à peu, il apprenait à cultiver sa souffrance comme un pavot enivrant, il se met à délirer dans ses lettres : « Bon dieu ! Dis-moi, toi qui sais si bien faire aimer les autres sans aimer, saurais-tu comment on guérit de l'amour ? Je paierai ce remède bien cher. Tous les jours, récapitulant tes torts, je me bats les flancs pour ne plus t'aimer. Bah, voilà-t-il pas que je t'aime davantage… Moque-toi de moi, reste à Paris, aie des amants, que tout le monde le sache, n'écris jamais, eh bien, je t'en aimerai dix fois davantage. Si ce n'est pas là folie, fièvre, délire ? »

Plus de trois mois après le départ de son mari, Joséphine arrive enfin à Milan où elle le retrouve au palais Serbelloni. Il aura fallu pas moins que la pression de Barras et des Directeurs inquiets de la santé mentale du général en chef de l'armée d'Italie pour la décider à partir. Pas seule. Hippolyte Charles l'accompagne.

On imagine leurs retrouvailles. Deux jours de corps-à-corps amoureux, de fièvre, de folie.

Napoléon peut étreindre son malheur. Sa volupté.

VII

15 novembre 1796

C'est une bourgade tranquille au milieu des marais qui s'éveille sous le soleil et un ciel clair, lavé par des pluies incessantes. Traversée par l'Alpone, un affluent de l'Adige, elle ne sait pas encore en ce matin du 15 novembre 1796 qu'elle va entrer dans l'histoire. Elle n'est reliée que par deux digues à la terre ferme ; l'une d'elles longe le fleuve sur plusieurs centaines de mètres pour aboutir à un pont en bois d'une vingtaine de mètres qui l'enjambe à l'entrée du village. Et ce pont aussi va devenir légendaire. Le général autrichien Alvinzi, qui a pris position avec trois mille Croates dans les maisons transformées en bastions, croit celles-ci inexpugnables. Il n'a pas tort. Cette place investie, c'est le grain de sable qui bloque la formidable entreprise de contournement de ses troupes pour le surprendre à Villanova. Tous les généraux, Bon, Lannes, Verdier et Augereau lui-même, affrontent en vain l'ennemi qui les mitraille sur la digue. L'un après l'autre, les assauts échouent. Les corps s'amoncellent sur les berges, les colonnes françaises sont décimées par les balles et les boulets. Les soldats, qui ont si souvent montré leur bravoure, cette fois sont pris de panique. Ils refluent en désordre. En bonne logique militaire, ce devrait être la défaite. Rien ne paraît pouvoir empêcher que l'armée d'Alvinzi ne rejoigne celle de Davidovitch.

Mais on est à Arcole. Et avec Napoléon, tout devient possible.

Averti de la débandade de ses troupes, de l'échec complet de son plan, il joue le tout pour le tout. S'emparant d'un drapeau sans néanmoins franchir le pont, tel que le peindra la légende, mais prenant, contre toutes les règles militaires, la tête de ses troupes, il s'élance à l'assaut du pont. Les soldats qui refluaient, éberlués par tant d'audace, reprennent confiance et veulent racheter leur mouvement de lâcheté. Cet acte de bravoure est surtout un coup de folie. Napoléon semble à cet instant vouloir braver la mort, narguer le destin. Qu'attend-il de cette ordalie ? La réponse qu'il ne cessera de chercher : jusqu'où peut-il aller ? Autant que du drapeau, c'est de ce geste désespéré que s'emparera la légende.

Un grenadier tente de lui barrer le passage. « Vous allez vous faire tuer. Et si vous êtes tué, nous sommes perdus. Vous n'irez pas plus loin. Cette place n'est pas la vôtre. »

Napoléon l'écarte et se jette dans la mêlée. C'est alors que son tout jeune aide de camp, beau comme un dieu, le colonel Muiron, voyant que rien ne fléchit l'impétuosité du général en chef, se précipite vers lui pour lui faire un rempart de son corps. Soudain une déflagration. Napoléon est couvert de sang. Le biscaïen qui devait l'atteindre a touché Muiron qui s'écroule et glisse dans le fleuve. Dans la débandade qui suit l'affolement, Napoléon est entraîné à son tour dans le marais où il patauge, couvert de boue. Les grenadiers le hissent sur leurs épaules. On lui trouve un cheval qui l'emporte à Ronco.

La bataille se poursuit sans lui. Incertaine pendant deux jours. Les troupes d'Alvinzi sont finalement mises en échec. N'ayant pu se joindre à celles de Davidovitch, elles se retirent à Vicence. Vérone est sauvée. Après tant d'hésitations, c'est une victoire totale.

Elle ouvre la porte aux négociations. Cinq mois plus tard, Bonaparte signera avec l'archiduc Charles le traité des préliminaires de Leoben.

Napoléon vient de perdre celui qu'il appelait son ange gardien. Jean-Baptiste Muiron avait vingt-trois ans. Napoléon écrit à sa jeune veuve, Euphrasie, qui attend un enfant. Quelles pensées l'agitent tandis qu'il dicte cette lettre tout empreinte de rigueur militaire où, à aucun moment, il ne laisse parler son émotion ? Sans doute se reproche-t-il son entêtement à avoir voulu s'aventurer sur ce pont que nul ne pouvait franchir et qui ne le sera jamais. Mais aussi à la conséquence directe de cette bravoure inutile : la disparition de son ami qui a reçu la balle qui lui était réservée. On imagine la méditation sur le destin à laquelle il se livre : un fatalisme qui contraste avec son esprit positif. Tout est inscrit dans le ciel où brille son étoile. Tant qu'elle brillera, il sera invincible. Il le sait. « La balle qui me tuera portera mon nom. »

Cette bataille, pourtant, est décisive. Pas seulement au plan militaire. Elle lui apporte la certitude qu'il cherche. Elle lui prouve son invincibilité. Dès lors, le sacrifice de son ami Muiron compte moins dans l'ordre affectif que dans le livre secret où il enregistre les preuves qu'il est un élu de la destinée. Les morts qui s'abattent autour de lui ne l'émeuvent pas. Si proches qu'ils soient, si attachés à lui, il les regarde froidement comme s'il assistait à une tragédie que les dieux et les forces obscures ordonnent et organisent afin que l'histoire s'accomplisse. Aussi superstitieux qu'une vieille Italienne, il a conscience d'être protégé. La mort d'un Muiron comme plus tard celles d'un Desaix à Marengo, d'un Lannes à Aspern, d'un Duroc à Bautzen, d'un Bessières à Weissenfels ne font que lui confirmer que, dans ce théâtre d'ombres qu'est la vie, lui est échu un rôle d'exception. Aussi Muiron est-il beaucoup plus qu'un ami qui meurt en lui faisant un bouclier de son corps, il devient un signe céleste. Il le chérira comme tel.

C'est au siège de Toulon, deux ans plus tôt, sous une pluie battante, qu'il a fait la connaissance de ce beau jeune homme sur lequel toutes les fées semblaient s'être penchées. Riche, fils d'un fermier général, plein d'enthousiasme pour les idées nouvelles, il se rêvait en héros de Plutarque. Capitaine à dix-neuf ans, chef de bataillon à vingt ans, il appartient à l'artillerie comme celui qui va devenir son modèle et son maître. Entre les deux hommes, c'est le coup de foudre de l'amitié. Napoléon retrouve chez ce jeune homme cette ardeur et cette bravoure qu'il aime particulièrement dans ses subordonnés qu'il subjugue, surtout s'ils appartiennent à cette classe aisée, raffinée, cultivée, qui s'est affinée dans les serres de l'Ancien Régime. Jean-Baptiste Muiron, qui appartient à la noblesse de robe, est un porphyrogénète ; il a été élevé comme fils d'un de ces fermiers généraux que honnissent les révolutionnaires, dans un milieu de la haute bourgeoisie financière. Son père, secrétaire au Conseil du roi, a financé l'expédition en Amérique de La Fayette. Lié d'amitié à la famille du duc de Choiseul, il a acquis à Sceaux une magnifique propriété qui appartenait au comte de Choiseul-Beaupré.

Jean-Baptiste Muiron, qui est passé par l'école d'artillerie de Douai, a montré au cours de ses études militaires la même passion que Bonaparte pour la culture générale. Comme lui, il se passionnait pour la Rome antique. À quinze ans, il est reçu au concours des écoles royales d'artillerie avec le grade de lieutenant en second. Très vite, il s'enthousiasme pour la Révolution, même si celle-ci va peu à peu abolir les privilèges de sa famille et frapper cruellement ses amis : le comte de Montmorin, la princesse de Lamballe. Ces crimes ne refroidissent pas son ardeur révolutionnaire. Il a compris qu'une nouvelle ère est en train de naître et, quel que soit son dégoût pour ces massacres d'innocents, il les accepte comme un mal nécessaire. Muté à l'armée d'Italie, sous les ordres du général Carteaux, le général sans-culotte, ancien artiste peintre, chargé du siège de Toulon, c'est alors qu'il fait la rencontre de sa vie : il a trouvé en Bonaparte le chef qu'il rêvait de servir. Celui-ci, aussitôt, distingue ce très jeune capitaine à la beauté et à la grâce insolentes. Dès leur première rencontre, il lui confie une mission de reconnaissance autour du « petit Gibraltar ». C'est là, pendant ce siège, qu'il va se lier avec des officiers aussi jeunes que lui, qui accompagneront plus tard la gloire de Bonaparte : Junot, Marmont. Gravement blessé d'un coup de baïonnette pendant l'attaque, il est promu chef de bataillon à vingt ans.

Il profite de sa convalescence pour aller à Paris défendre son père, qui a été mis en accusation par le Comité de salut public. Ce qui équivaut à une mort certaine à laquelle n'ont échappé que trois des trente-quatre ci-devant fermiers généraux, tous guillotinés.

Il plaide la cause de son père avec tant de fougue et d'intelligence qu'il parvient à émouvoir ses juges. Devant les membres de la Convention, fort du brevet de patriotisme et de bravoure qu'il rapporte de Toulon, mais aussi des certificats d'Augustin de Robespierre et de Billaud-Varenne, il parvient à sauver miraculeusement la tête de son père. Au péril de sa propre vie.

Je me suis beaucoup interrogé sur l'attachement de Bonaparte à Muiron, qui n'appartient pas à l'histoire officielle de Napoléon – même s'il apparaît dans le bas-relief de Rude à l'Arc de Triomphe. Il figure dans un panthéon secret que fréquentent ceux qui s'intéressent moins aux flonflons de la gloire qu'aux arcanes de la destinée de Napoléon. Le vainqueur de Toulon a certainement perçu les talents de ce jeune homme dévoué et passionné. Mais, déjà, il voyait plus loin : il voulait s'attacher des hommes qui seraient les instruments et les compagnons de sa gloire. À cela s'ajoutait une sympathie particulière pour un cadet malléable auquel, par beaucoup de traits, il pouvait s'identifier. Certes, Muiron n'avait pas connu comme lui les affres de la pauvreté. Il appartenait cependant à sa famille d'esprit. Révolutionnaire mais dégoûté par les exactions et les crimes de la populace autant que par les excès sanglants des représentants en mission, il aspirait à une Révolution qui, après avoir corrigé les injustices, aurait replacé le mérite à sa juste place, s'assagirait et se purgerait de ses folies.

C'est pourquoi il s'était tant battu auprès des bureaux récalcitrants pour obtenir la venue de Muiron à l'armée d'Italie. Ce jeune homme lui était si précieux qu'il en avait fait son aide de camp, l'homme qui lui était le plus proche avec Berthier.

Le sang de cet ami qui l'a éclaboussé au pont d'Arcole, rien ne pourra en effacer la trace. Où qu'il aille désormais, Napoléon garde le souvenir de cet être aérien qui s'est sacrifié pour lui. Il parle à cet ami disparu comme à un autre lui-même. Jamais son image ne s'effacera. Jusqu'à Sainte-Hélène, il ne cesse de l'évoquer comme un frère chargé d'un message mystérieux venu du royaume des ombres. Comme l'intermédiaire privilégié de son dialogue avec l'invisible.

VIII

27 septembre 1797

Installé à Passeriano, dans un paysage romantique entre mer et montagne, sur les bords du fleuve Tagliamento, dans une somptueuse demeure ayant appartenu à un doge de Venise, Napoléon négocie à Udine le traité de paix de Campo-Formio. Mué en diplomate – un diplomate au caractère un peu spécial qui hurle, menace, casse de la vaisselle –, il fait son apprentissage d'homme d'État. Il est entré en pourparlers avec l'ambassadeur comte de Cobentzel qui a remplacé le baron de Thugut. Et, ce 27 septembre 1797, Bonaparte ne doit pas seulement faire face aux plénipotentiaires de l'empereur d'Autriche, mais aux cinq Directeurs ligués contre lui. Ils ont eu besoin de sa gloire, mais, aujourd'hui, celle-ci leur fait peur. Ce général en chef de l'armée d'Italie est décidément trop peu docile. Il a louvoyé avec une habileté diabolique entre tous les pièges qu'ils lui ont tendus. Loin d'avoir supprimé les monarchies et abattu le pape, « ce foyer de la superstition », il les a ménagés avec des arguments spécieux. Après lui avoir délégué le général Clarke pour tenter d'amoindrir ses pouvoirs en matière de négociations diplomatiques – mais celui-ci, au lieu de se muer en rival, a vite été subjugué par celui qu'il devait contrôler et espionner –, ils ont tenté de retourner le brave mais peu subtil Augereau contre lui. C'est mal connaître Napoléon. Il va avoir recours pour la dixième fois au chantage qu'il n'a pas cessé d'exercer sur eux pour les contraindre à se soumettre à ses vues. La lettre comminatoire qu'il leur écrit est un chef-d'œuvre de sourdes menaces avec toutes les apparences de la soumission. Il sait qu'il n'a affaire qu'à des pleutres sous leurs airs de matamores. Il connaît leur discrédit dans l'opinion alors que sa légende ne cesse de grandir. De plus, il a compris que l'une des clés de la popularité en France, c'est de parler à l'imagination du peuple en évitant de s'embourber dans les réalités quotidiennes. C'est la stratégie de l'éloignement dont il va encore user et abuser. D'autre part, il n'ignore pas qu'en matière de politique comme en matière militaire, un homme seul, déterminé, l'emporte toujours sur cinq adversaires indécis, empêtrés dans leurs rivalités.

Il a décidé de les mettre au pied du mur. « Je vous prie, citoyens Directeurs, de me remplacer et de m'accorder ma démission. Aucune puissance sur la Terre ne sera capable de me faire continuer à servir après cette marque horrible de l'ingratitude du gouvernement à laquelle j'étais bien loin de m'attendre. Ma santé considérablement altérée demande impérieusement du repos et de la tranquillité. La situation de mon âme a besoin de se retremper dans la masse des citoyens. »

On imagine l'effroi des Directeurs à la lecture de ces mots, « se retremper dans la masse des citoyens », leur peur à l'idée de voir Bonaparte devenu un civil disponible aux sirènes de l'ambition. Eux, dont le pouvoir est si fragile, constamment menacé par la réaction royaliste – il y a à peine trois semaines que, le 18 fructidor, ils ont procédé à une répression sanglante –, miné par les luttes internes, il ne leur manquait plus que cette ultime catastrophe : voir leur réputation définitivement ruinée pour avoir désavoué un général adulé au beau milieu de ses pourparlers de paix. Ils font immédiatement marche arrière. Ils lui accordent un blanc-seing. Désormais, Napoléon a les mains libres pour traiter comme il l'entend avec l'Autriche. De cette épreuve de force dont il sort vainqueur, il a acquis la certitude que, désormais, les Directeurs ne lui refuseront plus rien. En proie à une peur panique, ils lui cèdent sur toute la ligne. Ils le nomment coup sur coup plénipotentiaire au congrès de Rastadt et lui offrent sur un plateau le commandement de l'armée de l'Angleterre chargée d'envahir les îles Britanniques.

Le Directoire, effrayé, opère désormais une fuite en avant : il est prêt à tout accorder à Napoléon plutôt que de le voir s'installer à Paris. Ce qu'ils ne savent pas, ces Directeurs, tant ils sont occupés à écoper leur bateau qui coule, c'est à quel point ils entrent ainsi dans les vues de celui qu'ils repoussent. Il ne tient à rien moins qu'à se compromettre avec eux. Il veut sauver sa gloire, loin de leur désastre.

Des échanges barbelés qu'il a entretenus avec les Directeurs et les responsables du gouvernement pendant près de deux ans, Napoléon n'a retiré qu'un seul bénéfice appréciable : il a trouvé en Talleyrand, nouveau ministre des Relations extérieures, un interlocuteur digne de lui. Entre les deux hommes qui ne se connaissent pas, immédiatement se crée un lien. Le jeune général en chef apprécie la culture, les manières, la subtilité de ce délicieux fantôme de l'Ancien Régime qui a connu le temps de la douceur de vivre. Il a du respect pour les aristocrates – « seuls ces gens-là savent servir ». Loin d'être infatué de ses succès, il sait que l'expérience et la sagesse de l'ancien prélat peuvent lui être profitables. Il est même capable de reconnaître ses excès d'impétuosité. Ainsi, avec le comte de Cobentzel, avec lequel il a ferraillé dur pour lui arracher la signature de l'accord de Campo-Formio. Il s'excuse en souriant de ses manières un peu rudes : « Je suis un soldat habitué à jouer ma vie tous les jours ; je suis dans tout le feu de ma jeunesse, je ne puis garder la mesure d'un diplomate accompli. » Et pour ne pas lui laisser un trop mauvais souvenir, il l'embrasse.

Napoléon a pris bien soin de ne pas maltraiter les rejetons des familles émigrées qu'il a trouvés sur son chemin en Italie. Il a fait preuve d'humanité avec eux, tout comme il a ménagé le pape. Et il s'est arrangé pour que cela se sache à Paris. En revanche, à Rastadt, il refuse de négocier avec Axel de Fersen, ambassadeur du roi de Suède, sous prétexte qu'il a couché avec la reine. Il ne le reçoit que pour l'humilier. Comme si déjà il s'identifiait à l'État, à la monarchie.

A-t-il pressenti en Talleyrand un futur allié contre les Directeurs tout empêtrés dans leurs intrigues ? À demi-mot, ils se sont compris. Entre le vieux prélat auquel son infirmité a fermé la carrière des armes et le jeune stratège couvert de gloire dont les rêves sont désormais civils, se noue une étrange alliance.

C'est lui qu'il prend pour confident de ses réflexions en matière constitutionnelle, en ayant soin de lui demander de les communiquer à Sieyès dont « il estime le talent » et pour lequel il éprouve « une amitié particulière ». Car ces deux pions-là forment déjà l'échiquier dont il compte bien se servir à l'avenir. Il met en pièces la Constitution de l'an III : « Le pouvoir du gouvernement dans toute la latitude que je lui donne devrait être considéré comme le vrai représentant de la nation. » Il accuse cette Constitution d'aboutir non seulement à la paralysie par l'inflation du pouvoir législatif, mais de condamner le gouvernement à la répression et à la violence : « C'est un grand malheur pour une nation de trente millions d'habitants et au XVIIIe siècle d'être obligée d'avoir recours aux baïonnettes pour sauver la patrie. Les remèdes violents accusent le législateur. »

Mieux, il lui a confié ses rêves orientaux, son souhait d'aller en Égypte pour ruiner le commerce anglais, un vieux projet de

Choiseul qui, en dépit de ses allures chimériques, trouve aussitôt en Talleyrand un chaleureux défenseur. Celui-ci n'aura de cesse de lui obtenir ce jouet qu'il convoite avec tant d'ardeur.

Il ne reste plus aux deux hommes qu'à se rencontrer pour tomber dans les bras l'un de l'autre. C'est vite chose faite à l'arrivée de Bonaparte à Paris. Sa première visite est pour lui, à l'hôtel de Galliffet où demeure le ministre des Relations extérieures. Ils en sortent très satisfaits. Talleyrand est séduit : « Au premier abord, il me parut avoir une figure charmante ; vingt batailles gagnées vont si bien à la jeunesse, à un beau regard, à de la pâleur et à une sorte d'épuisement. » Il va proclamer haut et fort les grands mérites du jeune général en chef quand il le présente aux Directeurs lors d'une réception solennelle au palais du Luxembourg. Dans sa harangue vraiment prémonitoire, il pressent à son début l'extraordinaire phénomène d'identification du peuple à Napoléon : « Tous les Français ont vaincu en Napoléon ; aussi sa gloire est la propriété de tous ; aussi il n'est aucun républicain qui ne puisse en revendiquer sa part. »

Ovationné à Paris, il saisit l'occasion qui lui est offerte de devenir membre de l'Institut, dans la section « mathématiques ». Il est largement élu. Ce n'est pas par goût des honneurs qu'il accepte de figurer au milieu des savants. Il veut opérer une subtile reconversion : apparaître comme un civil, un administrateur, un homme de la paix.

Politiquement aussi, il a évolué. Rien n'est plus significatif que la querelle qui l'oppose aux Directeurs à l'occasion de la célébration de l'anniversaire de l'exécution de Louis XVI en l'église ci-devant Saint-Sulpice rebaptisée le Temple de la Raison. Il leur donne une cuisante leçon de gouvernement qui montre à quel point il les domine par la sagacité politique : pour les régicides du Directoire, cette célébration doit permettre de souder les républicains autour d'un événement hautement symbolique de la Révolution. Napoléon n'y voit, lui, qu'une malsaine complaisance. L'acquis, c'est le 14-Juillet. Le 21 janvier n'est qu'un crime d'État. Un crime, ça ne se fête pas. Aussi est-il résolu à ne pas se rendre à la célébration. Il n'ignore pas qu'après tout le sang qui a coulé, son attitude sera appréciée par l'opinion comme un geste d'apaisement. Les Directeurs veulent au contraire, à tout prix, compromettre Napoléon dans leur manifestation. Que ne dirait-on pas si le glorieux chef de l'armée d'Italie était absent ? La négociation va être âpre, chacun campant sur ses positions. Enfin, un compromis est trouvé. Napoléon se rendra en civil avec une délégation de l'Institut à la cérémonie. Il sera présent, certes, mais avec son corps de l'Institut. Autre avantage, pensent les Directeurs : ainsi, on le verra moins au milieu de ses confrères. Déception. Tout le monde n'a d'yeux que pour lui. On l'acclame alors que les Directeurs n'ont droit qu'à des lazzis ou à l'indifférence.

Nommé au commandement de l'armée d'Angleterre, Napoléon ne peut rien faire de moins que de se rendre en inspection sur les côtes de la Manche pour évaluer les chances d'envahir l'Angleterre. Il montre son scepticisme au Directoire et revient sur son idée d'expédition en Égypte, qu'on juge farfelue. Mais on ne peut décidément rien refuser à ce général victorieux. On serait si heureux qu'il parte et, si possible, à la rencontre de l'échec pour ternir un peu l'éclat d'une gloire insolente.

Un des Directeurs – on les surnomme « les cinq mulets empanachés » – La Révellière-Lépeaux, un bossu entiché d'occultisme et de musique de chambre, écrit, parlant de Napoléon, que « la terre lui brûlait les pieds ». Les autres soupirent à l'idée de son départ : ils l'imaginent avec délice se perdant dans les mirages de l'Orient, s'effaçant de leur paysage comme un rêve.

Ils ignorent qu'ils bandent eux-mêmes l'arc d'une flèche qui va leur revenir en plein cœur. Car, si Napoléon part surtout par dégoût et pour préserver son image, sans savoir combien de temps il restera dans ce pays légendaire, c'est avec l'arrière-pensée de revenir un jour les balayer tous. Pour l'instant, comme il se le répète à lui-même : « La poire n'est pas mûre. »

Une constatation à laquelle fait écho le soulagement avoué de Barras : « Il est enfin parti. Le sabre s'éloigne. »

IX

11 août 1798

Place Esbekieh, dans le palais des *Mille et Une Nuits*, abandonné dans sa fuite par Elfy-Bey, Napoléon touche un de ses rêves : l'Égypte. Bercé par le chant du muezzin et le gazouillis des jets d'eau dans les vasques en marbre, marchant dans les enfilades de couloirs et de salons bleu et blanc, décorés de mosaïques, avec une profusion de divans et de tapis, il peut s'abandonner un instant à caresser ses projets de constructeur : la création de l'Institut d'Égypte « pour les sciences et les Lumières » dont il va confier la direction à son indispensable ami, le mathématicien Monge. Il compte bien, avec lui et les savants qui l'accompagnent – il a littéralement vidé l'Institut de ses plus éminents hommes de sciences en état de marche –, aller explorer l'isthme de Suez afin d'y construire un canal qui a existé dans l'Antiquité. Et puis… et puis…

Mais une nouvelle terrible lui parvient : la flotte française a été anéantie dans la rade d'Aboukir. Trois vaisseaux et seulement quelques frégates ont réussi à s'échapper. Il est d'autant plus fou de colère qu'il a âprement combattu l'initiative de l'amiral Brueys : il lui a conseillé en vain de s'abriter dans le port d'Alexandrie. Il n'a même pas la ressource d'agonir d'injures le responsable de ce désastre : le pauvre amiral est mort à bord de *l'Orient* qui a explosé. Il sent le frisson de consternation qui parcourt ses officiers et ses troupes déjà tellement déçus par cette contrée désertique bien loin d'être le pays de cocagne qu'ils avaient imaginé : ce n'est partout que pauvreté, misère, fellahs sans ressources dans des masures en torchis. Et cette chaleur qui est l'haleine torride du désert.

Ce désastre, c'est un miracle qu'il soit intervenu si tard : la flotte aurait dû être anéantie par l'invincible Nelson bien avant d'aborder les côtes d'Égypte. Celui-ci, en effet, prévenu que l'escadre française avait levé l'ancre à Toulon pour une destination inconnue (on parlait de l'Irlande, de la Syrie, de l'Inde), l'avait pourchassée à travers la Méditerranée sans parvenir à établir le contact avec elle. L'amiral Brueys ne donnait pas cher de nos chances de succès dans une bataille navale entre des navires de transport de troupes, peu armés, chargés à ras bord par les bagages des scientifiques, et l'escadre de vaisseaux de guerre commandée par Nelson. Même si l'amiral Brueys jugeait qu'Alexandrie présentait pour la flotte le risque de s'envaser, il paraît incompréhensible qu'il ne se soit pas tenu sur ses gardes, sachant Nelson dans les parages. L'effet de surprise a été total. Stendhal, lui, n'y va pas par quatre chemins. Il juge sévèrement le personnel des amiraux : « Si Napoléon eût trouvé dans la marine un bailli de Suffren, il eût probablement marché sur les traces de Gengis Khan. »

Napoléon, comme à son habitude face à l'adversité, feint de prendre la catastrophe avec flegme. Il sait que la panique est comme les feux de maquis. On ne peut plus l'arrêter. Il pousse même le paradoxe jusqu'à considérer qu'il s'agit là d'une chance : « Cela nous oblige désormais à faire de grandes choses. »

Dans la troupe et dans les états-majors, plus d'un laisse parler sa mauvaise humeur. Notamment l'aigre Kléber, ce grand soldat qui n'a pas un caractère à la hauteur de son courage, a décidément du mal à accepter les lubies de son général en chef. Quant aux soldats ils sont gagnés par la démoralisation. Ils sentent l'ennemi partout. Un ennemi invisible qui se dissimule dans la population et se livre sur les prisonniers à des supplices odieux avant de leur couper la tête qu'ils exhibent sur des piques. Ceux qui ont la chance d'échapper à la mort n'échappent jamais à ces sévices humiliants en cours chez les Turcs dont, un siècle plus tard, le colonel Lawrence fera la cruelle expérience lorsqu'il tombera entre leurs mains. Ce désarroi des soldats et des officiers est d'autant plus perceptible que leurs souffrances qu'ils confient dans des lettres à leurs proches se retrouvent retranscrites dans les gazettes anglaises. La marine de Nelson livre en pâture à la presse toutes les correspondances saisies pour casser ainsi le moral des troupes françaises ; par ce procédé si peu fair-play, qui porte à son comble la guerre psychologique, que de secrets intimes sont révélés : éclaboussés par la lumière violente de la publicité qui trahit leur vie privée, des couples vont se déchirer, des amis se brouiller. Au cœur d'un pays hostile, les soldats doivent affronter aussi l'humiliation de se savoir trompés par leurs maîtresses ou leurs épouses, qui plus est à la connaissance de tous.

Napoléon croit à son destin. L'expédition d'Égypte n'a jamais été pour lui qu'un prétexte à une expédition beaucoup plus vaste. Son objectif : atteindre les Indes et aller porter le fer aux Anglais au cœur d'une de leurs plus importantes colonies. Battre les Anglais, bien sûr, mais, surtout, remettre ses pas dans ceux d'Alexandre, le conquérant des conquérants, l'inégalable. Il imagine ses soldats se baignant dans l'Indus. Ce projet, comment aurait-il pu l'avouer aux « avocats du Directoire », vétilleux et étriqués ? Mais ils ne sont plus là pour le brimer dans ses rêves. La distance a rompu les amarres avec le gouvernement. Cette terre d'Égypte va le sacrer chef d'État. Désormais, plus rien n'échappe à son contrôle dans ce pays. En matière d'organisation publique, sociale ou religieuse, il a l'œil à tout : « Je veux marier le Croissant et le Bonnet rouge, les Droits de l'homme et le Coran. » Il n'est plus un général en chef ayant des comptes à rendre aux Directeurs comme en Italie. Ici, il est son propre maître. L'ivresse du pouvoir, désormais, ne le quittera plus.

Au dire de son secrétaire, Bourrienne, « il se couchait à plat ventre sur les cartes étendues devant nous et plantait des repères vers les villes qu'il envisageait de conquérir ». Saint-Jean-d'Acre lui ouvrirait les portes de la Perse, puis de l'Inde où il joindrait ses forces à celles de Tippoo Sahib, un prince indien en rébellion contre les Anglais. Un message adressé par lui à Tippoo Sahib intercepté par les services britanniques avait d'ailleurs jeté l'alarme dans leur camp. Cette lettre les inquiétait d'autant plus qu'un de leurs agents à Francfort avait su, par les indiscrétions d'un Français, un certain Foujas de Saint-Fond, que l'expédition de Bonaparte consistait, « après avoir pris possession de certaines parties de l'Égypte, à poursuivre par l'Arabie, vers la Perse et l'Indus, à travers le fleuve, à peu près à l'endroit où Alexandre l'avait passé, et ensuite à avancer vers les possessions britanniques ». On voit à quel point les services de renseignement anglais étaient efficaces. D'autant plus que ceux-ci avaient su de quels livres se composait la bibliothèque réunie par le général en chef avant son départ : la plupart traitaient de la Perse et des Indes.

C'était comme si les Anglais lisaient à livre ouvert dans la pensée de Napoléon. Celui-ci, après avoir écrasé les mamelouks, va en effet se diriger vers Saint-Jean-d'Acre. « Si Saint-Jean-d'Acre tombe, je serai demain Empereur de tout l'Orient. » Il reviendra sur ce rêve fracassé, à Sainte-Hélène, confiant à Las Cases : « Saint-Jean-d'Acre enlevé, l'armée française volait à Damas et à Alep. Elle eût été en un clin d'œil sur l'Euphrate… J'aurais atteint Constantinople et les Indes, j'eusse changé la face du monde. »

Malheureusement, Saint-Jean-d'Acre, par sa résistance, stoppe ce rêve : « Un grain de sable arrêta ma destinée. » Plus tard, sans qu'on puisse vraiment le croire, il s'écrira : « Mon imagination est morte à Saint-Jean-d'Acre. »

Napoléon ignore encore que le sultan de Constantinople a déclaré la guerre à la France. Et, comme si toutes ces menaces qui l'enveloppent ne suffisaient pas – y compris l'insurrection du Caire qui sera noyée dans le sang –, il doit affronter un malheur privé : la nouvelle trahison de Joséphine connue quelques jours après avoir débarqué à Alexandrie.

Le mot de « trahison » est-il celui qui convient pour l'indolente et volage créole ? Quand ne l'a-t-elle pas trompé ? Elle n'a cessé de passer de bras en bras, de la veille au lendemain de son mariage avec Bonaparte. Aux étreintes de Barras ont succédé celles de Murat et d'Hippolyte Charles. À Milan, déjà, son escapade à Gênes avec ce mirliflore avait provoqué la fureur de son mari. Cette fois, c'est la tromperie de trop. Napoléon est décidé à rompre. En réponse à sa femme qui l'a humilié, il va utiliser une nouvelle arme : la vengeance. Mais l'Égypte n'est pas l'Italie où, en matière de jolies femmes, on n'a que l'embarras du choix. Les houris engraissées dans les harems déplaisent souverainement au général en chef : « des sacs de graisse parfumés ». Il fera pourtant une brève expérience avec l'une d'elles, mince, jeune et très jolie. Pour son malheur : elle sera égorgée après le départ des Français.

Napoléon, qui ne goûte guère cette main-d'œuvre étrangère, tourne alors les yeux vers une extravagante jeune femme, épouse d'un de ses officiers qui, contrairement aux ordres, l'a suivi, travestie en hussard. Pauline Fourès. Ce romanesque a déjà de quoi allumer l'imagination d'un homme qui aimera toujours le fantasque, l'imprévisible, le théâtral.

Ce n'est pas de gaieté de cœur que Napoléon s'embarque dans cette aventure amoureuse. Son cœur blessé ne peut écarter la pensée de l'infidèle Joséphine qui le lancine. Sa trahison l'obsède. Elle le hante. Si peu d'illusions qu'il ait jamais nourries sur sa fidélité, il voudrait croire à son amour. En vain. Il n'y croit plus. Il en souffre. Il voit se profiler devant lui la longue suite des tortures qu'il a endurées en Italie, les affres de l'absence et de la jalousie. Et tout cela pour quoi ? Pour qui ? Tant qu'il éprouvait des hésitations sur sa destinée, ses souffrances d'amoureux trahi le laissaient désemparé. Désormais, il doit se hisser au-dessus des faiblesses communes.

Il faut bien meubler ses nuits pour échapper à la solitude.

Quel plus joli meuble alors que Pauline Fourès, ancienne modiste de Carcassonne que tout le monde va bientôt surnommer Bellilote. Amusante, gaie, un peu fofolle, elle n'a pas froid aux yeux. C'est une proie facile pour le général en chef. Elle ne lui offre qu'une résistance symbolique au cours d'un dîner auquel il l'a conviée seule au palais de la place Esbekieh.

Un seul inconvénient : elle a un mari. Qu'à cela ne tienne, il sera promu capitaine et envoyé dare-dare porter des messages sans importance au Directoire. Mais la frégate qui éloigne le mari gênant est arraisonnée par les Anglais qui, au fait des raisons de son éloignement – décidément, ils sont très bien renseignés –, le débarquent à Alexandrie.

C'est trop tard : l'irréparable est commis, l'adultère consommé. Pauline se pavane au bras du général en chef, humant avec lui le parfum de la gloire, et congédie définitivement son mari.

On quitte l'histoire romaine de César et de Cléopâtre pour le vaudeville, et même l'opérette : tout est réuni, l'Orient, les pyramides, les savants qui s'égaillent dans les ruines des temples à la recherche des papyrus, et la jeune maîtresse du général en chef travestie en hussard.

Installée luxueusement dans une maison qui jouxte le palais d'Elfy-Bey, Pauline Fourès s'adapte très vite à ce rôle de maîtresse officielle. Elle participe à toutes les cérémonies en compagnie du général en chef qui a pour elle beaucoup d'égards. Elle est à ses côtés, avec le pacha Abou-bokir, lors de la magnifique fête qui célèbre chaque année la crue du Nil. Très vite, Napoléon s'est attaché à elle avec ce caractère sentimental, affectueux et enjoué qui sera toujours le sien avec ses maîtresses. Seule Joséphine lui a fait éprouver une passion dévorante et exaltée. Mais, désormais, ce fil-là est rompu – du moins il le croit. À vingt-neuf ans, il s'est résigné à ne plus vivre l'amour absolu, à la manière des héros de Jean-Jacques Rousseau. Il accepte avec fatalisme que les femmes lui soient infidèles, puisque, si ce n'est dans leur nature – *così fan tutte* –, c'est dans l'essence même de l'amour, volage et volatil. Il n'en reste pas moins tendre, jaloux, très généreux et presque espiègle : comme si une part d'enfance subsistait dans les jeux amoureux. L'amour sera désormais pour lui un délassement, un moment d'abandon et de tendresse qui le distrait un instant – un court instant – de la tension du pouvoir. L'amour est aussi l'occasion pour ce curieux insatiable d'observer les femmes dans l'infinie variété de leurs caractères, de leurs attachements et de leurs émois. Toujours ce goût pour l'irrationnel, le magique, l'inexplicable, le merveilleux qu'elles lui procurent avec la beauté de leurs corps. Cet homme fidèle, ce mari à principes, a été rejeté presque malgré lui par l'inconduite de Joséphine dans l'infidélité perpétuelle.

Pauline Fourès était aussi, de la part de Napoléon, l'objet d'une autre sorte d'expérimentation : il voulait voir s'il pouvait avoir un enfant. Ce fut un échec. Sinon, son sort eût pu être bien différent. Stérile, il n'hésita pas à rompre avec elle dès son retour en France, craignant les commérages dont les journaux s'étaient fait déjà l'écho. Il la dédommagea fastueusement. Elle poursuivra sa vie d'aventurière, toujours charmante, toujours fofolle, s'entichant d'un certain Ranchoup, qu'elle épousa et que Napoléon nomma consul quelque part en Espagne. Elle le quittera, gardant son patronyme comme un nom de guerre. Elle s'adonnera à la peinture, tiendra un salon et aura une multitude d'amants avant de mourir, ruinée, en 1869, à quatre-vingt-dix ans. Quelle carrière !

Le procédé employé par Napoléon pour se débarrasser d'un mari gênant montre à quel point il avait pris les méthodes des potentats orientaux. Même si cette conduite est moins condamnable que celle de David qui, pour éloigner un général qui gênait ses amours, l'avait envoyé à une mort certaine, elle témoigne d'un singulier mépris et d'une exorbitante indulgence pour ses propres faiblesses. Car le malheureux Fourès risquait de passer des années dans les pontons anglais et, qui sait ? d'y laisser la peau. Cette perspective n'arrêta pas un instant Napoléon. Tel était son bon plaisir…

Cet excès de pouvoir paraît évidemment bien bénin en comparaison du crime commis sur les Turcs prisonniers à Jaffa. Deux mille d'entre eux – les plus optimistes disent mille – furent mitraillés dans le désert puis passés au fil de l'épée ou de la baïonnette au cours d'une boucherie qui écœura les vétérans les plus aguerris aux horreurs de la guerre. Chateaubriand, dans ses *Mémoires*, en fait l'acte d'accusation le plus grave contre Napoléon. Stendhal, lui, considère cet épisode plus froidement : comme la conséquence implacable des lois de la guerre. Il excuse de la même façon l'effroyable répression qui a suivi les insurrections de Pavie.

Napoléon manque de près la réalisation d'un projet qui, pourtant, lui tenait à cœur : le percement du canal de Suez afin de relier la mer Rouge à la Méditerranée. Il se rend sur place en compagnie de l'indispensable Monge, de Berthollet, de Costaz et Lepère. S'étant aventuré trop avant, il s'en faut de peu qu'il ne soit englouti avec sa suite dans les eaux de la mer Rouge comme, jadis, l'armée de Pharaon. Il reconnaît les vestiges de l'ancien canal et donne des ordres afin que les scientifiques puissent se livrer à des mesures et à des opérations de restauration. Il prononce alors ces paroles prophétiques : « Les restes du canal sont parfaitement conservés. Il n'y a aucune espèce de doute qu'un jour, les bateaux ne puissent transporter des marchandises de Suez à Alexandrie. » Il tenait là le moyen d'asphyxier le commerce anglais. Nul besoin d'aller jusqu'aux Indes.

Si l'on juge l'expédition égyptienne et syrienne du seul point de vue militaire, c'est un échec. Entre le désastre d'Aboukir, le recul devant Saint-Jean-d'Acre et le sort futur qui attendait l'armée, l'assassinat de Kléber, la reddition de Menou, la question est réglée. Si, en revanche, on la regarde de plus haut, avec le recul, elle apparaît comme une fabuleuse épopée, sans précédent dans l'histoire. Elle aurait manqué à notre patrimoine de rêves, d'exotisme, de magie dont la France s'est nourrie. A-t-on jamais vu une expédition militaire embarquer avec elle la moitié de l'Institut, des savants, un Monge, un Berthollet, un Geoffroy Saint-Hilaire ; Vivant Denon pour l'illustrer par ses dessins ; un poète pour en être le Homère ? Avouons que, pour une fois, avec le fade Parseval-Grandmaison, Napoléon n'a pas eu la main heureuse. Il ne sera pas son Xénophon. Ne manque que le peintre David qui, au dernier moment, s'est dérobé, provoquant la colère du général en chef privé d'une grande fresque historique.

La légende habilement mise en scène l'a finalement emporté sur les tristes réalités des revers militaires d'une expédition dont le but était chimérique. Certes, il y a eu les victoires, les pyramides, Jaffa, Aboukir, avec lesquelles Napoléon a eu l'habileté, en génial escamoteur, de camoufler ses échecs.

L'expédition d'Égypte est peut-être le projet de conquête le plus caractéristique de Napoléon : à la fois inutile et essentiel. Ses dividendes se peuvent mesurer non en traités commerciaux, en avantages territoriaux, mais dans une monnaie beaucoup plus rare, celle de l'ineffable. Elle montre qu'à l'évidence il n'est ni un chef de guerre, ni un homme d'État comme les autres. Là où les politiques travaillent dans la matière de la réalité, il sculpte dans le rêve. Mais ce rêve, par une étrange transmutation, devient réalité. Le faux devient vérité.

Pour comprendre un tel homme, il faut admettre que c'est un poète en action.

Ce que n'a certainement pas compris le courageux, mais limité, Kléber. Abasourdi par le départ à la sauvette du général en chef, dont il n'a eu connaissance que par une lettre dans laquelle il lui confiait le commandement de l'armée, il fulmine : « Notre homme est parti comme un sous-lieutenant qui brûle sa paillasse après avoir rempli du bruit de ses dettes et de ses fredaines les cafés de la garnison. » Fatale opposition entre un militaire un peu borné et un artiste de la politique.

Est-ce en songeant à ce pays, aussi soudainement conquis qu'il serait rapidement perdu, laissant dans l'ombre de sa vie un parfum ensorcelant, que Napoléon s'exclamait : « Je fais mes plans de bataille avec les rêves de mes soldats endormis » ? Ces soldats rouspéteurs, criailleurs, mauvais coucheurs, qui n'ont pas cessé de maudire ce pays magnifique mais ingrat, une fois rentrés dans leur contrée humide, des images plein les yeux, mettront du temps à s'éveiller de leur rêve : le chant du muezzin et les houris alanguies les hanteront longtemps. Comme si, en une seule année, par la grâce de ce diable d'homme, ils avaient vécu dix vies.

X

24 août 1799

Un pari fou au cœur d'une entreprise qui est elle-même un coup de folie : Napoléon abandonne l'Égypte, ses généraux, ses soldats, ses rêves. Il s'embarque avec son état-major dans deux frégates vénitiennes baptisées du nom de deux officiers morts glorieusement : *La Carrère* et, surtout, *La Muiron*, du nom de son aide de camp qui s'est sacrifié pour lui à Arcole. C'est à son bord qu'il va effectuer le voyage en compagnie de Monge et de Berthollet. La plus incroyable aventure qui se puisse imaginer commence : un général en chef abandonnant son armée pour se jeter avec deux navires peu rapides et à peu près désarmés dans une Méditerranée infestée d'Anglais. Quasiment dans la gueule du loup : Nelson qui le guette avec son œil d'oiseau de proie et sir Sidney Smith au large du cap Bon. De n'importe qui d'autre, on crierait à l'inconséquence, à la déraison suicidaire. Mais Napoléon ne serait pas lui-même sans ce culot diabolique qui n'est que le reflet de son fatalisme : il croit en son destin. Et cela seul répond à toutes les objections. Comme en Corse, à Toulon, à Arcole, à Rivoli, comme avec les pestiférés de Jaffa, il s'expose aux plus grands dangers en toute sérénité. Qu'est-ce que la vie pour lui, sinon une perpétuelle ordalie dont il est certain de sortir vainqueur ?

Cette navigation périlleuse va durer plus d'un mois. Elle se déroule dans une ambiance de mysticisme et d'occultisme, de dialogue avec les ombres qui lui donne l'allure d'une expédition aux frontières du réel. On pense à la course du *Pequod* du capitaine Achab. Est-ce le danger, l'extravagance du pari, l'exotisme, l'invraisemblable accouplement de savants, de généraux et d'artistes ? Tous les personnages de cette aventure semblent se transmuer en allégories ou en zombis. On n'est plus entre ciel et mer, mais entre rêve et magie, abandonné à ces puissances des ténèbres qui paraissent tirer les fils du monde réel.

Et d'abord *La Muiron* ! La superstition qui a conduit Napoléon à baptiser cette frégate du nom de son ami mort et à la choisir comme embarcation fait peser sur elle une ombre étrange et funèbre. Comment ce jeune et beau mort, emporté dans la fleur de l'âge, dans les boues de l'Alpone, ne serait-il pas étrangement présent ? D'autant qu'ils sont nombreux, sur le navire, à l'avoir fréquenté et aimé.

Dans la nuit, et dans une incertitude plus oppressante que cette nuit, *La Muiron* attend la brise qui l'éloignera des côtes où croise l'escadre de sir Sidney Smith. L'amiral Gantheaume, au moment où Napoléon montait à son bord, lui a dit : « Je gouverne sous votre étoile. »

Au cours de cette traversée hérissée de périls, de menaces, d'alertes, Napoléon se livre à des rêveries éveillées qui, toutes, reviennent sur un sujet essentiel : la destinée. Il n'est préoccupé que de cela, de ce lien magique qui le relie aux étoiles, aux mystères de la vie, aux décrets de la Providence. Est-ce parce qu'il ne cesse de se faire relire par Lavalette, son aide de camp, les *Vies des hommes illustres* de Plutarque ? Ce livre, il le connaît par cœur. Il semble ne chercher qu'une confirmation de l'intuition qui le domine : l'existence des grands hommes est tracée d'avance. Ils sont prédestinés. Pour lui, cela n'a fait aucun doute : il est de leur race et sur leurs traces.

À Berthollet qui l'interroge sur les dangers qu'ils courent, il confie : « Il faut savoir oser et calculer, et s'en remettre du reste à la fortune... Oser... calculer... ne pas s'enfermer dans un plan arrêté... se plier aux circonstances, se laisser conduire par elles. Profiter des occasions comme des plus grands événements. Ne faire que le possible et faire tout le possible. »

Un autre soir, toujours devant Berthollet, il laisse voir son surprenant mysticisme : « J'ai une âme de marbre que rien ne trouble, un cœur inaccessible aux faiblesses communes. Mais vous, Berthollet, savez-vous assez ce qu'est la vie et la mort ? En avez-vous assez exploré les confins pour assurer qu'ils sont sans mystère ? Êtes-vous sûr que toutes les apparitions soient faites des fumées d'un cerveau malade ? Pouvez-vous expliquer tous les pressentiments ? »

Et le voilà qui cite les exemples d'officiers ayant eu l'intuition de leur mort prochaine : le général La Harpe à Fombio, le capitaine Aublet surnommé Minerve pour sa beauté et sa vertu, tué à Mantoue après une apparition funèbre de son ami, le capitaine Demarteau. Tous deux étaient inséparables. « Aublet était l'esclave sublime du devoir, Demarteau, l'amant joyeux de la gloire. »

Il poursuit : « Certains des faits attestés dans ce rapport sur la mort des deux hommes tiennent du prodige. Il faut en rattacher la cause soit à des facultés inconnues que l'homme acquiert en des moments uniques, soit à l'intervention d'une intelligence supérieure à la nôtre. »

Bourrienne, son secrétaire, donne plusieurs exemples de son extraordinaire don de prémonition en Égypte. Un jour qu'il lui confiait que l'adjudant-général Gresieux avait refusé de lui serrer la main par peur de la peste, Napoléon s'était exclamé : « S'il a peur de la peste, il en mourra. » L'officier était mort trois mois plus tard. Même prescience lorsqu'une djerme, une grande barque armée par les Français qui l'avaient surnommée « l'Italie », s'était échouée sur un banc de sable du Nil : tous les soldats qu'elle transportait avaient été massacrés par les Arabes. À cette nouvelle, Napoléon s'était écrié : « L'Italie est perdue ; c'en est fait, mes pressentiments ne me trompent jamais. » Trois mois plus tard les Français étaient chassés d'Italie par les Autrichiens.

Lui qu'on imagine un monument de volonté laisse apparaître encore son fatalisme : « Misérables que nous sommes, nous ne pouvons rien contre la nature des choses. Les enfants sont volontaires.

Un grand homme ne l'est pas. Qu'est-ce qu'une vie humaine ? La courbe d'un projectile. »

Le soir, il se promène en silence sur le pont, méditant sous la voûte étoilée. Pas difficile d'imaginer où le mènent ses pensées. Désormais, il ne s'en cache même plus. S'il rentre à Paris, c'est que sa décision est prise. Il doit prendre le pouvoir, chasser la « bande d'avocats » qui mène le pays à la ruine :

« Il faut balayer ces fripons et ces incapables, et mettre à leur place un gouvernement compact, de mouvements rapides et sûrs comme le lion. Il faut de l'ordre. Sans ordre, pas d'administration. Sans administration, pas de crédits ni d'argent, mais la ruine de l'État et celle des particuliers. Il faut arrêter le brigandage et l'agio, la dissolution sociale. Qu'est-ce que la France sans gouvernement ? Trente millions de grains de poussière. Le pouvoir est tout. Le reste n'est rien. De peur des jacobins, des émigrés et des chouans, la France se jettera dans les bras d'un maître.

— Et ce maître ? demande Berthollet, avec cet à propos de courtisanerie dont les grands savants ne sont pas exempts. Ce sera sans doute un chef militaire ?

— Non pas, réplique Napoléon avec vivacité. Non pas. Jamais un soldat ne sera le maître de cette nation éclairée par la philosophie et par la science. Dans l'État, la prééminence appartient aux civils. »

L'auditoire se tait, chacun cherchant à deviner quel est ce civil prestigieux auquel songe le général en chef.

Rompant le silence, Napoléon laisse tomber :

« Je suis membre de l'Institut. »

Plusieurs fois, la petite escadre composée de deux frégates et de deux avisos voit apparaître des navires de guerre battant pavillon anglais, mais ceux-ci, soit négligence, soit vent défavorable, dédaignent de leur faire la chasse. Pourtant, il y a là toute l'intelligence française et une demi-douzaine de futurs maréchaux de l'Empire.

L'amiral Gantheaume a mis le cap sur la Sardaigne afin de débarquer à Toulon. Mais le vent contrarie ce projet – ce vent qui semble accompagner toujours la destinée de Napoléon – et voilà que le seul port qu'on peut atteindre est Ajaccio. Les symboles, décidément, s'attachent à ses pas. On débarque au milieu des acclamations. Les oncles, les tantes, les cousins, et même la vieille nourrice, Camille Ilari, tous lui font fête. Napoléon fait les honneurs de la casa Buonaparte, rue Malerba, à ses compagnons. Puis, à cheval, il les entraîne aux Milelli.

Pendant sept jours, l'escadre est immobilisée. Puis le vent favorable se lève. Et le 17 vendémiaire, *La Muiron* mouille dans la baie de Saint-Raphaël, accueillie par une foule en délire. Pas question d'un séjour au lazaret. Les embrassades des admirateurs qui se sont rués sur le navire ont rendu cette formalité inutile. Et puis l'homme qui débarque, on le sent, n'est plus astreint aux lois communes. Dans peu de temps, il sera la loi.

La ferveur qui l'accueille va s'amplifier jusqu'à Paris. Dès lors, ce général en chef, qui débarque auréolé d'une gloire acquise dans un pays lointain, escorté par de prestigieux savants, encore tout ébaubis de leurs aventures, de généraux bronzés par le soleil de la gloire et d'un détachement de mamelouks à l'accoutrement bizarre qui ajoutent encore aux exploits une touche d'orientalisme, oui, ce général en chef de trente ans, on se dit qu'il ne peut être un homme comme les autres.

XI

16 octobre 1799

Comme si son destin n'était pas assez romanesque, Napoléon va se payer le luxe d'une faiblesse à laquelle on s'attend le moins de la part d'un héros : le désespoir amoureux. Le bâtisseur hors catégorie qui a mis à genoux les armées ottomanes et mameloukes, créé l'Institut d'Égypte, jeté les bases de la construction du canal de Suez, que tout Paris acclame avec un formidable élan de liesse, est touché au cœur. On pensait l'affaire Joséphine enfin terminée ; la belle créole évanouie comme un mirage dans le désert. C'était compter sans le cœur inflammable et enflammé du général en chef qui, parti pour lui annoncer un divorce, ne trouve rue Chantereine, rebaptisée en son honneur rue de la Victoire, qu'une maison vide. À 6 heures du matin, il pensait la surprendre au lit – avec quelle angoisse ! Mais non. Au lieu d'une femme sur laquelle il aurait pu assouvir sa fureur, son mépris à force d'insultes et de reproches : l'absence. Une absence toute parfumée de robes, de châles, de souvenirs, d'un lit qui lui rappelle tant de voluptés. Que dire de la jalousie ? Sans doute, ce lit a vu passer nombre d'amants. Et cette idée ravive encore le désir chez cet amoureux. Il pensait affronter une femme adultère et, dans ce matin sale d'octobre, il est condamné à se battre contre lui-même. Il erre de pièce en pièce, avec pour seul compagnon le mamelouk Roustam dans son accoutrement extravagant qui le suit comme son ombre.

Joséphine, pour une fois, n'est pas partie avec un amant. Apprenant que son mari a été mis au courant de ses frasques, elle s'est précipitée à sa rencontre avec sa fille Hortense. Mais ils n'ont pas emprunté le même chemin. Elle a pris la route de la Bourgogne alors que lui a emprunté celle du Bourbonnais. Ce malentendu va la sauver.

Que fait alors Napoléon, le soir de son arrivée, après avoir trouvé la maison vide ? Qui va-t-il voir pour se faire consoler ? Le mot n'est pas trop fort : Barras ! On croit rêver. L'épopée redescend dans le vaudeville. Ce n'est pas pour lui parler de l'abaissement de l'État, de la ruine de la France ou de ses exploits en Égypte qu'il se rend chez l'homme fort du Directoire – autant qu'il peut y avoir un homme fort dans ce régime d'impuissance –, mais de Joséphine. Uniquement de Joséphine. Il se plaint devant lui. Il s'humilie dans une scène qu'on a peine à croire. Cette dernière grande faiblesse dans une âme aussi forte inspire un malaise. Comme il a dû souffrir pour en arriver là !

Voilà Barras, le viveur, l'homme des parties fines, qui, de surcroît, en sait très long sur les débordements de Joséphine, transformé en conseiller conjugal. Quels sont ses sentiments tandis qu'il voit ce général que tout Paris acclame en héros, presque en sauveur, venir devant lui, fragile et désemparé comme un adolescent à sa première amourette ? Est-il attendri par le témoignage de cette passion, lui, le sceptique revenu de tout qui traite les femmes comme des objets de plaisir sans jamais compromettre son cœur ? Peut-être cette faiblesse le rassure-t-elle ? Ce général qu'il craint ne lui apparaît plus d'une étoffe si dangereuse. Comment pourrait-il se douter que Napoléon possède sur ce point un cœur double ? Il l'a déjà montré en Italie. Au plus profond du désespoir amoureux, il n'était pas moins capable d'accumuler les victoires, d'écrire vingt rapports au Directoire et de négocier avec les Autrichiens. Barras se laisse prendre à cette apparente faiblesse. Il ne peut ôter de sa tête l'idée que Napoléon est son protégé, qu'il l'a découvert, promu. Il ne peut s'empêcher de le regarder comme sa marionnette, une marionnette parfois récalcitrante, désobéissante mais sur laquelle il garde un ascendant. Sans doute aussi dans son orgueil de mâle se dit-il qu'il sera toujours le plus fort, quels que soient leurs affrontements, tout comme dans la vie privée : n'a-t-il pas dominé Joséphine et tant d'autres alors que ce frêle amoureux transi s'est laissé dominer par elle ? Barras, dans ses fielleux *Mémoires*, rapporte cet échange pathétique sans doute pour jeter une ombre de discrédit sur un homme dont il n'a pas soupçonné la force.

La scène se passe dans le palais du Luxembourg, face à la rue de Tournon, où Barras a ses appartements richement décorés.

« Soyez philosophe, lui conseille Barras.

— Cela est bien aisé à dire », répond Napoléon en poussant de gros soupirs.

Puis il déballe tout à trac ce qu'il a sur le cœur.

« Lors de mon mariage, je n'ai point ignoré que Mme de Beauharnais, séparée de son premier mari, avait vécu avec Hoche, avec ses aides de camp et même avec des inférieurs. Mais, en l'épousant, j'ai cru qu'au moins tout cela était fini et qu'elle ne recommencerait plus. Elle a été une veuve. Eh bien, une veuve, c'est comme une fille libre : l'une et l'autre sont maîtresses de leurs actions. Il n'en est pas de même lorsque l'on a convolé en mariage : il faut s'y soumettre. Il y a une discipline obligée par l'ordre social. Après tout ce que j'ai pardonné à ma femme de ses antécédents, j'étais en droit de croire à une meilleure conduite. Je croyais qu'elle aurait fait balai neuf. Au lieu de cela, ses débordements n'ont pas eu un moment de repos. »

Il se tait. Puis il reprend, comme s'il cherchait à approfondir encore sa blessure :

« À l'armée d'Italie même où je l'avais fait venir pour l'avoir près de moi, c'était tantôt un officier de cavalerie ou d'infanterie. C'étaient des conscrits. C'était, dernièrement encore, ce petit Charles pour lequel elle a fait toutes sortes de folies et à qui elle a donné des sommes énormes, jusqu'à des bijoux, se conduisant comme une fille. »

Et la conclusion tombe.

« En fait de folie, il n'y a que les plus courtes qui sont les plus excusables. Aussi je veux en finir avec celle de mon mariage. Je divorcerai. »

Barras plaide non pas la cause de Joséphine, dont il admet les erreurs, mais celle du mariage. En homme du XVIIIe siècle, attaché aux principes – c'est bien le seul auquel il soit resté fidèle –, il se donne en exemple :

« Je ne connais pas dans la société de personnes se respectant un peu qui ont usé du divorce et veulent en user encore, à commencer par moi, et je ne suis pas un saint. »

Ces propos raisonnables ont-ils convaincu Napoléon ? Il lui revient en mémoire les paroles d'apaisement prononcées par Collot, un fournisseur des armées qui défendait Joséphine : le secret de la politique, c'est de savoir transiger. Et l'opinion est reconnaissante à l'homme qui montre qu'il est aussi capable de transiger dans sa vie privée.

Revenu pour prendre le pouvoir, il sait que les commérages et la désapprobation qui suivront son divorce nuiront à sa réputation. N'est-il pas incongru de se préoccuper de sa vie privée quand on attend de vous de sauver l'État ? Oscillant entre la fureur et les appels à la raison, il lutte avec lui-même. Au fond, il aime la vie confortable et bourgeoise que lui a aménagée Joséphine. Elle a décoré avec beaucoup de goût la maison de la rue de la Victoire et le choix de la Malmaison le ravit. Le train de maison, avec son parfum aristocratique, ses manières, les usages qu'elle pratique à merveille, tout cela lui plaît. Il n'a à lui reprocher que ce qui touche au cœur : son infidélité. Elle a la tromperie dans le sang.

Le lendemain, à son retour, il ordonne qu'on lui ferme la porte. Elle brave l'interdiction. Elle supplie à la porte de leur chambre. Il reste inébranlable. Elle revient avec ses enfants, Eugène et Hortense, qui joignent leurs lamentations aux siennes.

Finalement, à l'aube, la porte de la chambre s'ouvre. Napoléon est en larmes. Il la prend dans ses bras. Qui pourrait croire en voyant cette étreinte du général en chef et de sa femme infidèle qu'il est à quatre semaines du jour où il va prendre le pouvoir ?

Avec ce pardon, un chapitre se clôt : le cœur aimant de Napoléon se referme à jamais. Revenu à une attitude plus philosophique en songeant aux leçons de l'histoire, il s'exclamera : « Les guerriers d'Égypte sont comme ceux du siège de Troie : leurs femmes ont gardé le même genre de fidélité. » Il connaîtra d'autres amours, plus jamais de délires. Plus jamais la folie.

XII

Le 18 brumaire 1799

Le Napoléon du grand jour est en petite forme. Fébrile, nerveux, les traits tirés, plus jaune et bilieux que d'ordinaire sous son teint hâlé, il paraît encore plus petit et chétif au milieu du vaste hémicycle. Engoncé dans son uniforme brodé de général en chef, le chapeau à la main, on dirait un enfant malingre déguisé en militaire de parade. Le visage bourgeonnant de boutons de fièvre qu'il triture nerveusement, il fait face à la tribune où Lemercier, le président du Conseil des Anciens, l'invite à prêter serment. Il monte à la tribune d'un air rogue. Soudain, cet homme qui n'a jamais eu peur de rien, qu'aucun danger n'impressionne, est étreint par l'appréhension. Le trac le paralyse. Son esprit s'obscurcit. Se sent-il écrasé par la solennité de l'instant et le poids des symboles ? Tout autour de lui semble faire vibrer l'histoire de la France comme un résumé de gloires et de crimes : le palais des Tuileries, symbole de la royauté, cette salle qui fut le siège de la Convention ornée de statues antiques et du drapeau national. C'est dans ce lieu où flotte encore l'ombre de Robespierre que furent prises tant de décisions sanglantes. Derrière lui, la houle des députés du Conseil des Anciens qui, debout, l'acclament du haut des travées, affublés de leur toge et de leur toque, un accoutrement inspiré au peintre David par l'histoire romaine. Dans les tribunes, une quarantaine de généraux et officiers supérieurs en tenue, la plupart évoquant des heures glorieuses : Moreau, Macdonald, Lefebvre. Beaucoup de civils qui, tous, font partie de la conjuration et sont tenus en haleine devant la partie qui se joue. Du dehors, dans le froid matinal que réchauffe à peine un timide soleil, parviennent les clameurs de la foule qui, devant les grilles du palais, scande « Vive le sauveur ! ». Dans les jardins, dix mille grenadiers excités, l'arme au pied, piétinent dans le froid, attendant avec ferveur leur nouveau chef.

À la tribune, d'un ton cassant beaucoup trop impérieux, il prête le serment de fidélité à cette Constitution qu'il va faire voler en éclats. Soudain, entraîné par son mauvais génie, il improvise une tirade emberlificotée et fumeuse, semblable à cette phraséologie qu'il déteste chez les « idéologues ». Sait-il vraiment ce qu'il veut dire ? Il n'a rien préparé. Comme toujours, il a fait confiance à l'inspiration. Il se raccroche désespérément à des phrases pompeuses qu'il débite d'une voix hachée, de manière trop rapide. Ces vérités premières, assenées d'un ton martial, ne sont pas du goût des députés. Ils ont beau être acquis à l'idée de sa prise du pouvoir, ils aimeraient qu'il y mette au moins quelque forme.

« La République périssait, vous l'avez reconnu. Vous avez rendu un décret qui va la sauver. Aidé de tous les amis de la liberté, de ceux qui l'ont fondée, de ceux qui l'ont défendue, je la soutiendrai. Le général Berthier, le général Lefebvre et les braves qui sont sous mes ordres partagent mes sentiments. Vous avez rendu la loi qui promet le salut public : nos braves sauront l'exécuter. Nous voulons une République fondée sur la liberté, sur l'égalité, sur les principes sacrés de la représentation nationale. Nous l'aurons, je le jure. »

Les tribunes applaudissent. L'état-major du général en chef crie d'une seule voix : « Nous le jurons. »

Mécontent de son piètre discours et s'en apercevant trop tard, il s'arrache aux acclamations et, accompagné de ses principaux généraux, remonte sur son cheval gris à tête blanche. Il se dirige vers les jardins où l'attendent les dix mille grenadiers impatients de l'acclamer.

Soudain, au milieu des soldats, il aperçoit Bottot, le secrétaire de Barras venu aux nouvelles. Serrant son cheval contre lui, il l'interpelle avec véhémence, comme s'il s'adressait à Barras lui-même et non à un sous-fifre qui n'en peut mais. Théâtral, il s'exclame d'une voix forte, de manière à être entendu de la foule des soldats :

« Qu'avez-vous fait de cette France que je vous avais laissée si brillante ? Je vous ai laissé la paix, j'ai retrouvé la guerre. Je vous avais laissé des victoires, j'ai trouvé des revers. Je vous ai laissé les millions d'Italie, j'ai retrouvé partout des lois spoliatrices et la misère. »

Il continue sur ce ton exalté qui enthousiasme les grenadiers, toujours satisfaits de voir vilipendé le pouvoir civil. Ayant terminé sa harangue, il demande leur soutien aux soldats qui l'acclament de plus belle puis, tournant bride, il abandonne Bottot qui, heureux de s'en tirer à si bon compte, s'éclipse pour aller informer Barras au Luxembourg.

La première matinée du coup d'État s'achève. Plutôt bien. Même s'il a été marqué par des maladresses oratoires de Napoléon qui n'a pas su trouver le ton approprié : il s'est adressé aux députés des Anciens comme à des soldats. Des vétilles en comparaison des bévues qui vont émailler son discours du lendemain. Même si le principal intéressé ne s'est pas montré à la hauteur des circonstances, en revanche, la conjuration qui visait à mettre fin au régime du Directoire a été exécutée de main de maître dans les coulisses.

Sieyès a bien travaillé. Expert en manœuvres politiciennes, il a fait voter le matin même par le Conseil des Anciens une motion qui convoque cette assemblée ainsi que le Conseil des Cinq-Cents pour le lendemain au château de Saint-Cloud afin de tenir séance. Pour obtenir ce déplacement hors de Paris, on a allégué la menace d'une conjuration de l'extrême gauche. Pour plus de sûreté, Sieyès a négligé d'adresser leur convocation aux députés jugés trop turbulents ou peu sûrs. Puis, pour mettre fin au Directoire, il a donné sa démission de directeur, entraînant avec lui son inséparable ami Ducos. Ne reste plus qu'à attendre celle de Barras. Bonaparte s'est assuré de son retrait. Les deux Directeurs restants, Grohier et Moulin, mis devant le fait accompli, n'ont d'autre ressource que de démissionner à leur tour. Faute de Directeurs, le Directoire n'existe plus.

Napoléon, ne pouvant s'allier à Barras qui, décidément, le regarde de trop haut et qui a d'autres projets souterrains, s'est résolu à le rendre passif, c'est-à-dire inoffensif. Il l'a pris par son point faible. Il a carrément acheté sa démission grâce à des subsides fournis par les financiers Collot et Perregaux qui seront eux-mêmes largement dédommagés de leurs avances. Tandis que Napoléon harangue ses troupes dans les jardins des Tuileries, Talleyrand, autre acteur très agissant de la conjuration, est allé dans l'appartement de Barras au palais du Luxembourg, muni d'une lettre de démission en blanc et, surtout, d'une somme d'argent rondelette : « D'une main, il signa et, de l'autre, il palpa », comme l'écrit l'historien Albert Vandal. Un escadron de dragons, commandé par le général Sébastiani, un Corse d'une fidélité sans faille à Napoléon – comme il le sera à tous les régimes qui suivront –, l'escorte jusqu'à son magnifique château de Grosbois et l'y protège de tout acte de malveillance, y compris de lui-même. Une protection ressemblant à s'y méprendre à une assignation à résidence qui n'a pas d'autre but que de l'empêcher de nuire. Désormais, Barras est exclu de l'histoire. Par sa faute : il n'a pas eu assez de talent pour être le premier ; il a trop d'orgueil pour être un second. Condamné à l'oisiveté, confit dans l'aigreur, il n'aura plus comme ressource pour exercer son pouvoir de nuisance que d'écrire ses Mémoires.

C'est donc sur le ci-devant abbé Sieyès que Napoléon a jeté son dévolu. Il l'utilise comme un marchepied, un marchepied certes mou, mais nécessaire. Non qu'il ait la moindre estime pour le personnage prétentieux et fourbe dont les idées lui paraissent fumeuses. « Il siège sur un nuage. » Il incarne le type même de l'idéologue qu'il déteste. Mais, comme il le dit lui-même, « en politique, on ne peut pas être trop difficile ». On est donc loin d'un mariage d'amour. C'est la raison, la raison seule, qui les conduit irrésistiblement à s'entendre. Napoléon a besoin de Sieyès comme Sieyès a besoin de Napoléon. Ils sont en la circonstance indispensables l'un à l'autre. Napoléon, pour réussir son coup de force, en ménageant les formes légales – il y tient beaucoup –, doit avoir avec lui un homme habile, manœuvrier, très au fait des questions institutionnelles pour habiller l'opération d'une réforme constitutionnelle et y faire adhérer, autant que faire se peut, les membres du corps législatif. Or Sieyès, surnommé « la taupe de la Révolution », est un intrigant-né, un homme de couloir, spécialiste des manœuvres torves. Il l'a prouvé à maintes reprises depuis dix ans dans les circonstances les plus ardues en sauvant sa peau et en sacrifiant sans remords celle des autres. Cet homme serpent, insinuant, n'a pas son pareil pour réunir des majorités par de subtiles tractations. Lui, qu'on dit dominé par la peur, est redouté pour sa discrétion et son fameux silence. Déjà Mirabeau s'exclamait : « Le silence de M. Sieyès est une calamité publique ! »

Pour faire sa conquête, Napoléon n'y va pas par quatre chemins. Le point faible de Barras, c'était l'argent ; le talon d'Achille de Sieyès, c'est la vanité, une vanité immense et enfouie sous son air de ne pas y toucher ; son amour-propre s'est gonflé depuis dix ans de toute frustration de n'avoir pas été hissé au premier rang, lui qui avait obtenu en 1789 la célébrité pour son opuscule *Qu'est-ce que le tiers état ?* dans lequel il proposait de réunir les trois ordres. Aussi est-ce sans précaution oratoire que Napoléon, qui, quand c'est nécessaire, ne lésine pas sur la flatterie, lui déclare : « Citoyen, nous n'avons pas de Constitution. C'est à votre génie de nous en donner une. » Comme le corbeau de la fable, Sieyès se met à trouver soudain du charme à ce militaire qu'il jugeait un peu brutal.

Lui-même était en quête depuis quelque temps d'un allié, forcément un général, qui lui eût permis de liquider ses collègues qu'il méprise – hormis Ducos, son âme damnée – et de donner enfin le jour à cette Constitution qu'il porte en lui douloureusement sans pouvoir en accoucher et qui devrait rester son grand œuvre. Il la dorlote, dans son esprit encombré de spéculations chimériques, comme un futur nouveau-né.

Sieyès disait : « Je cherche une épée, la plus courte qui se pût être. » Il a d'abord placé son espoir dans un général qui correspondait en tout point à ses vues, à la fois ambitieux mais accommodant : Joubert. Peu connu, il ne lui manquait pour faire l'affaire qu'un petit surcroît de gloire. Qu'à cela ne tienne, il l'avait fait nommer en Italie. Au lieu de la gloire espérée, c'est la mort qu'il avait trouvée sur le champ de bataille, le 15 août 1799. Tout était à recommencer. Moreau lui parut ensuite un candidat possible : mais celui-ci était hésitant, velléitaire, et ne se sentait pas l'étoffe d'un politique. Ne restait que Bonaparte.

Une fois l'accord conclu avec l'impétueux général, Sieyès qui ne néglige aucun détail se met en tête d'apprendre à monter à cheval. Il veut être à la hauteur de la situation flatteuse qui se dessine devant lui et ne pas faire trop piètre figure à côté de son martial associé. Aussi est-ce à cheval, un peu courbatu, qu'il se rend ce matin du 18 brumaire du palais du Luxembourg au Conseil des Anciens. Il a prévu d'être escorté par un escadron de dragons. Mais, en fait d'escadron, ne restent plus que deux dragons. Les autres ont filé rejoindre Napoléon au jardin des Tuileries. Sieyès y voit-il un présage ? Déjà !

Mais la conjuration ne se limite pas aux amis de Sieyès. Elle est beaucoup plus vaste. Napoléon a réussi à obtenir le soutien de Fouché, ministre de la Police, qui déteste Sieyès depuis toujours. Il est là pour veiller au grain en cas de soulèvement populaire en fermant les portes de la capitale. Le général Lefebvre, gouverneur de Paris, a lui aussi été gagné à la cause. Les frères de Napoléon ne sont pas non plus restés inactifs : Lucien, qui a réussi à se faire nommer malgré son jeune âge président du Conseil des Cinq-Cents, et Joseph, l'artisan du rapprochement avec Sieyès, tentent de rallier leurs amis parlementaires.

Toute la famille, jusqu'à Joséphine qui accepte de se prêter au jeu en invitant Grohier, le président du Directoire, à déjeuner chez elle pour l'attendrir. En vain. Il ne viendra pas. Il a flairé le piège.

Tout est prêt pour la journée décisive du lendemain. Napoléon, comme à son habitude, est optimiste. Sieyès, lui, est inquiet : c'est son tempérament. Il a aussi une plus grande habitude que son « associé » des aléas des complots parlementaires. En pratiquant réaliste de la démocratie, il voudrait se prémunir contre toute éventualité fâcheuse en faisant arrêter une quarantaine de députés des Cinq-Cents parmi les plus récalcitrants. Refus de Bonaparte qui souhaite obtenir le consensus. L'avenir montrera que c'est Sieyès qui a raison. Mais quel argument opposer à un homme qui croit en son étoile ? À Sieyès qui lui demande : « Mais dans tout cela, où est la garantie du succès ? » ; il répond sans trahir le moindre doute : « Nulle part, mais dans une grande affaire, on est toujours forcé de donner quelque chose au hasard. »

Il ne mesure pas à ce moment – mais le mesurera-t-il jamais ? – l'abîme qui sépare le pays réel, l'opinion, l'armée, qui veut en finir avec ce régime d'impuissance qu'est le Directoire et la représentation parlementaire, le pays légal. Certes, à force de diplomatie, d'habileté, il pourrait rallier les députés qui, dans leur majorité, ne voient pas d'autre issue que de faire appel à lui. Il n'en a pas le goût. Il ne l'aura jamais.

Au fond, il méprise la représentation nationale, les avocats beaux parleurs, les coupeurs de cheveux en quatre, les idéologues qui votent des lois tout aussi fumeuses qu'inapplicables.

Et lui, qui est pourtant capable de dissimulation quand c'est nécessaire, n'est ce jour-là pas d'humeur à faire le sacrifice de la franchise.

Plutôt que de quêter sagement une adhésion, il va se lancer dans l'arène parlementaire comme un taureau furieux.

XIII

Le 19 brumaire

Saint-Cloud s'éveille ce dimanche dans un froid sec mais ensoleillé. Les pelouses et les alentours du château sont jonchés de feuilles mortes. Les ouvriers ont préparé fébrilement la grande salle de l'orangerie qui doit abriter les délibérations du Conseil des Cinq-Cents. Ils ont eu beau travailler toute la nuit, ils ont pris du retard. Les députés convoqués pour 11 heures ne pouvant entrer en séance se réunissent par petits groupes selon leurs affinités devant le château et se livrent à d'infinies palabres. Accoutrés de leur toge et de leur toque rouge qui leur donnent l'impression d'être des héros de la Rome antique, ils se montent la tête : ils se croient face à un nouveau César. Plus les heures passent et plus les esprits s'échauffent. D'autant que les plus virulents des députés du Conseil des Anciens, que Sieyès avait « oublié » de convoquer la veille aux Tuileries, font éclater leur colère et se répandent en propos alarmistes. Un frisson de révolte commence à se faire jour chez ces juristes qui proclament à tout vent que la démocratie est en danger. Certains partisans du changement, dûment chapitrés par Sieyès, commencent à hésiter à franchir le pas. Les prudents et les peureux, sans compter les opportunistes, s'interrogent. Personne n'a envie d'être du mauvais côté du manche.

Même un militaire fervent de Bonaparte comme le colonel Thiebaut, humant une atmosphère de coup d'État raté – mais songeant plus à sa carrière qu'à l'État –, prend un coup de sang et rentre chez lui. Un bien mauvais calcul car Napoléon l'avait à la bonne. Voilà une belle occasion manquée de devenir maréchal d'Empire.

Des militaires, heureusement, il en reste. Hormis tous les fidèles de Bonaparte, Murat, Augereau, Berthier, Lefebvre, Leclerc, près de cinq mille grenadiers sont en position aux abords du château. Formant le gros de la troupe, la fameuse 92e division de ligne, qui a suivi Bonaparte en Italie et qui l'adule. Elle attend son chef, la détermination chevillée au cœur et l'arme au pied.

Enfin, à 1 h 30 de l'après-midi, la séance du Conseil des Cinq-Cents peut enfin s'ouvrir sous la présidence de Lucien Bonaparte. Dès les premiers instants, c'est le tumulte. L'assemblée est en effervescence. Lucien est pris à partie. Les députés hurlent : « Pas de dictature ! À bas les dictateurs ! La Constitution ou la mort ! Les baïonnettes ne nous effraient pas ! » Paroles… paroles… Mais ces grands mots sonores enivrent les députés qui se croient revenus au bon vieux temps du 9-Thermidor. La contagion des protestations se propage contre le général séditieux.

Soudain, le député du Lot, Delbrel, demande que tous les parlementaires renouvellent solennellement leur serment de fidélité à la Constitution. On applaudit à tout rompre sa proposition. Chaque député, à l'appel de son nom, monte à la tribune pour prêter serment. À 4 heures, l'appel est terminé.

Au Conseil des Anciens, la contestation est également virulente. L'annonce de la démission de Barras, de celles de Sieyès et de Roger Ducos soulève un tollé. Un député propose la nomination de Bonaparte au Directoire. Il est hué.

Le principal intéressé attend, lui, dans une pièce nue, glacée, en compagnie de Sieyès, avec pour tout mobilier deux fauteuils. Sieyès allume du feu dans la cheminée. Sans doute se demande-t-il s'il a choisi le bon cheval. Il se rappelle son judicieux conseil, hélas non suivi, de faire arrêter les députés trop turbulents. Décidément, la véritable tête politique, c'est lui, se dit-il, et cette idée lui procure une nouvelle bouffée d'orgueil.

Napoléon marche de long en large avec les signes de la plus grande agitation. Il triture nerveusement ses boutons de fièvre qui commencent à saigner. Sur son pantalon jaune, en haut de la cuisse gauche, s'étale une large tache de vin qui témoigne de son agitation. Augereau et Bernadotte lui demandent ses intentions. Il s'exclame : « Le vin est tiré, il faut le boire ! » Puis, avec précipitation, il quitte la pièce, rameute ses généraux et se rend dans la salle des Anciens, dans la galerie d'Apollon. Il se place debout au milieu de l'assemblée et harangue les députés d'une voix hachée. Il se montre tout aussi confus que la veille.

« Vous êtes sur un volcan… Permettez-moi de parler avec la franchise d'un soldat et… suspendez votre jugement jusqu'à ce que j'aie achevé… Le Conseil des Cinq-Cents est divisé ; il ne reste plus que le Conseil des Anciens. C'est de lui que je tiens mes pouvoirs. Qu'il prenne des mesures ! Qu'il parle ! Me voici pour exécuter. Sauvons la liberté ! Sauvons l'égalité ! »

Un député l'interrompt :

« Et la Constitution ? »

Napoléon explose :

« La Constitution ? Vous l'avez vous-mêmes anéantie. Au 18 fructidor, vous l'avez violée. Vous l'avez violée le 22 floréal. Vous l'avez violée le 30 prairial. Elle n'obtient plus le respect de personne. Je dirai tout… »

Face à la meute des contestataires, il perd les pédales. Il s'égare dans des phrases ronflantes :

« Si je suis un perfide, soyez tous des Brutus. »

Puis, ne parvenant pas à dominer l'orage, il se fait menaçant :

« Souvenez-vous que je marche accompagné du dieu de la victoire et du dieu de la guerre. Et si quelque orateur, payé par l'étranger, parlait de nous mettre hors la loi, qu'il prenne garde de porter cet avis contre lui-même. »

Sur cette apostrophe, creuse, digne de l'antique, il se retire avec ses généraux, laissant les députés abasourdis. Comme s'il n'avait pas subi son compte d'avanies, il se dirige vers l'orangerie où siègent les Cinq-Cents. Autant dire dans la fosse aux lions. Car il sait que la majorité non seulement lui est hostile, mais qu'elle s'encourage de la nouvelle réprobation des Anciens. Entrant dans l'assemblée, escorté par quatre grenadiers, il est accueilli par des cris :

« À bas le dictateur ! Hors la loi ! Vive la Constitution ! »

On l'insulte, on le menace. L'un des députés, un géant, le prend au collet et le secoue. Les grenadiers parviennent à le dégager. Une bagarre générale s'engage. Il est bousculé, malmené. Son visage ensanglanté par ses boutons de fièvre donne l'impression qu'il a été frappé. Aussitôt court la rumeur qu'il a été poignardé à coups de stylet. Toujours les folles réminiscences antiques !

Enfin ramené dans son appartement par les grenadiers, il prononce des paroles insensées. À croire qu'il a perdu la tête. Ainsi, il dit à Sieyès d'un air contrit :

« Ils m'ont mis hors la loi. »

Le vieux conspirateur, qui en a vu d'autres, garde la tête froide :

« Ce sont eux qui s'y sont mis. »

Et il conseille de faire marcher la troupe. Cette fois, Napoléon lui obéit. Enfin ! Il monte sur son cheval, mais, dans sa nervosité, manque de choir. Il se redresse et harangue les troupes, prétendant que les députés ont voulu l'assassiner. Une fable que clame également de son côté Murat à ses soldats.

Au même moment, Lucien, pour gagner du temps, jette avec lenteur sur la tribune les insignes de sa fonction, sa toque, son écharpe. Puis il se précipite pour retrouver son frère. Montant à cheval à ses côtés, il s'exclame de manière théâtrale, tout en prenant une épée et en la tendant vers la poitrine de Bonaparte, qu'il préférerait « tuer son frère si celui-ci prétendait attenter à la liberté ». Des mots, encore des mots dans cette journée folle qui ressemble au plus mauvais théâtre parlementaire ; un théâtre sans metteur en scène, sans auteur, avec des acteurs qui improvisent à leur fantaisie dans le désordre le plus complet.

Enfin, il y a des actes.

« Foutez-moi tout ce monde dehors », ordonne Murat à ses grenadiers.

Les soldats pénètrent dans l'orangerie, malmènent les députés qui s'enfuient en sautant par les fenêtres, terrorisés à la vue des baïonnettes dont ils n'avaient pas peur quelques heures auparavant. C'est la débandade générale. Le sauve-qui-peut dans ces accoutrements anachroniques prend une allure ridicule. La peur s'installe chez les députés. Ils s'enfuient. Ils se mettent à courir dans les jardins, se dissimulant dans les bosquets. Certains regrettent un geste qu'ils risquent de payer cher. Maintenant que le coup d'État est un succès, beaucoup aimeraient ne pas avoir l'air d'y être hostiles. La nuit commence à tomber sur cette tragi-comédie. Au matin, on retrouvera autour du château les toques et les toges abandonnées par les députés dans leur fuite.

Le coup d'État a réussi. Reste à le légaliser. Sieyès en a l'habitude. C'est même un maître dans l'art d'habiller de formes légales les viols les plus patents de la Constitution.

Sur sa suggestion, les Anciens sont les premiers à rentrer dans l'ordre. Ils votent la constitution d'une « commission exécutive provisoire » composée de trois membres, trois consuls, pour rester dans la phraséologie de Rome qui, décidément, inspire cette époque *ad nauseam* : Bonaparte, Sieyès et son homme lige, Roger Ducos. À sept heures du soir, le projet est voté.

Sieyès, qui est un perfectionniste, veut en rajouter encore dans la fausse légalité. Il demande à Lucien de rameuter les débris de ces députés fugitifs. On en rattrape une trentaine, morts de frousse, qui se réunissent à 11 heures du soir sous la présidence de Lucien. Cette assemblée croupion ne peut que constater la disparition du Directoire et crée à son tour, ainsi que l'ont suggéré les Anciens, une commission consulaire composée de Bonaparte, Sieyès et Ducos, puis, pour éviter tout désagrément ultérieur, conformément aux habitudes des « démocrates de la Révolution », on purge à tout va les deux assemblées : cinquante-quatre députés des Cinq-Cents et sept des Anciens parmi les plus remuants sont démis de leurs fonctions. Seuls deux parlementaires voteront contre l'exclusion de leurs soixante et un collègues. Ce qui en dit long sur le mûrissement rapide des esprits au cours de cette tumultueuse journée. Puis, estimant qu'il a assez œuvré pour le bien de l'État, le corps législatif tout entier décide de se mettre en veilleuse jusqu'à des jours meilleurs. Il sera remplacé, en attendant, par une commission de vingt-cinq membres. On peut jurer qu'ils n'ont pas été choisis parmi les plus contestataires.

En attendant ces sages mesures, les Anciens, qui ne sont plus que quelques dizaines, s'empressent de voter une résolution contre les fournisseurs. C'était le prix à payer aux financiers du coup d'État, les Perregaux et les Ouvrard, pour les rembourser de leurs avances.

Enfin, pour parfaire encore cette fiction de légalité – décidément, Sieyès est un puriste –, les trois nouveaux consuls, Bonaparte, Sieyès et Ducos, doivent venir prêter serment devant les résidus des deux assemblées de rester fidèles « à la République une et indivisible, à la liberté, à l'égalité, au système représentatif ». De la Constitution, il n'est plus question, et pour cause : elle est morte et enterrée. Personne ne songe à la pleurer.

Les trois consuls prêtent serment. Les députés applaudissent. L'assistance descend des tribunes pour féliciter les vainqueurs. Le moins que l'on puisse dire, c'est qu'ils l'ont échappé belle. Quel « ouf » de soulagement ils doivent pousser ! Sieyès se pourlèche les babines en pensant à sa Constitution qu'il va pouvoir enfin enfanter. Dix ans, c'est long pour une grossesse ! Il congédie la berline chargée de bagages qu'en manière de précaution il avait prévue pour le cas où les choses tourneraient mal. Ducos se réjouirait s'il avait conscience d'exister. Mais il sait qu'il n'a aucun rôle que celui que lui concède Sieyès : il se contente de jouer les utilités. Pour l'instant. Il surprendra.

Napoléon, qui vient d'échapper de justesse au peloton d'exécution prévu dans la plaine de Grenelle pour les apprentis dictateurs, peut encore une fois remercier son étoile. A-t-il jamais douté d'elle ? En tout cas, un miracle a bel et bien eu lieu. Il n'a pas de quoi être fier. Même réussie, l'opération a été en tout point cafouilleuse. Pas du travail de professionnel, du vrai bricolage. C'était bien la peine d'être un familier de l'histoire romaine pour exécuter une prise de pouvoir aussi approximative. Même Tocqueville, bon démocrate, peu suspect de sympathie pour les entorses aux règles constitutionnelles, sera écœuré par son amateurisme. « Un des coups d'État les plus mal conçus et les plus mal conduits qu'on puisse imaginer, réussissant par la toute-puissance des causes qui l'amènent, l'état de l'esprit public et les dispositions de l'armée. »

C'est là le paradoxe de Napoléon. En la circonstance, il a été au-dessous de tout et surtout de lui-même, de son génie : il a failli faire rater un coup d'État que la France entière souhaitait et qui était, dans les esprits, aux trois quarts fait. Toute la différence avec de Gaulle en 1958 qui – sans qu'on puisse comparer les deux hommes, si dissemblables – a réussi à concilier une prise de pouvoir dictée par les circonstances et l'opinion sans pour autant violer les règles constitutionnelles. Différence aussi avec le coup d'État de son neveu, Louis-Napoléon, formidablement réalisé – Morny y a largement contribué –, mais qui, lui, ne pouvait, et pour cause – il était issu d'un bras de fer avec le législatif –, recevoir aucune onction légale. D'où sa fragilité.

Jamais sans doute dans l'histoire de France un homme n'a été à ce point ardemment désiré. Non seulement sa popularité avait atteint un point difficile à imaginer, mais il apparaissait comme le seul chef capable de résoudre les maux multiples dont souffrait le pays. Après dix années de Révolution, on avait beaucoup détruit, mais peu construit. Il régnait une sorte d'anarchie légale : l'autorité publique était en lambeaux ; partout le brigandage, l'arbitraire régnaient. Aucune route n'était sûre. Dans toutes les provinces, des rébellions sporadiques sévissaient avec leur cortège d'exactions. Pas seulement en Vendée. Les finances publiques étaient délabrées. L'administration de l'État allait à vau-l'eau. Les contributions ne rentraient plus. La corruption, à son comble, enrichissait une classe cynique qui profitait de la déliquescence générale. Les agioteurs se frottaient les mains. L'esprit public était déchiré en factions irréconciliables. Les jacobins voulaient la peau des royalistes qui, eux, n'aspiraient qu'au retour de la monarchie pour se venger de leurs humiliations et de leurs souffrances. Ces deux France-là se regardaient avec haine. Tout comme les athées militants et les catholiques privés de leur culte.

Le Directoire, impuissant à lutter contre ces maux endémiques, ne trouvait aucun défenseur. Sa politique de l'« escarpolette » lui avait aliéné tous les camps. Car, loin, dans sa mollesse, d'avoir montré de la mansuétude, il a fait preuve, comme tous les régimes faibles et peureux, de proscriptions brutales et n'a pas lésiné sur les exécutions capitales comme avec Gracchus Babeuf et ses partisans. Pour toutes ces raisons, cette fois, « la poire est mûre », pour reprendre l'expression favorite de Napoléon. Elle désirait être cueillie. Sans doute eût-elle souhaité l'être avec seulement un peu moins de rudesse, pour ne pas dire de maladresse.

Évidemment, Napoléon aurait pu prendre le pouvoir par la force sans s'embarrasser des criailleries des légistes. Mais il ne voulait à aucun prix se mettre hors la loi d'une façon qui l'aurait ravalé au rang d'un despote oriental ou barbare. Dans le pays de Montesquieu, un honorable membre de l'Institut, de surcroît disciple des philosophes des Lumières, ne peut heurter l'esprit national en se comportant comme un vulgaire acteur de pronunciamiento. Sa légitimité était en jeu. Et, sans légitimité, on ne fonde rien. Et Dieu sait qu'il veut fonder. En fait, il ne pense qu'à ça.

XIV

Le 10 décembre 1799

Il est imperturbable. Ses yeux bleu foncé sont plus impénétrables que jamais. Il écoute sans broncher Sieyès sortir de son fameux silence. Ce soir-là, dans les appartements du Luxembourg, le pontife accouche enfin de sa fameuse Constitution. Ça n'a pas été sans mal. Car lui, qui en parle sans cesse, il n'en a pas rédigé un traître mot. Son projet est resté à l'état gazeux. C'est ce qu'ont découvert avec stupéfaction ses amis. Depuis le temps qu'il en parlait, qu'elle était l'objet de sa constante préoccupation, ils pensaient que l'œuvre était prête. Mais Sieyès a sans cesse remis le travail à plus tard. En fait, l'intrigue a rongé son esprit jusqu'à la moelle, le vidant de toute aptitude à concevoir un grand projet. À force d'avoir critiqué, chipoté, traficoté, grignoté les œuvres et les actions des autres, il n'est plus capable de rien construire. Il ne faut pas moins que l'aide d'un de ses amis, Boulay de La Meurthe, mué en accoucheur, pour, pendant dix jours et dix nuits, lui arracher laborieusement, feuillet par feuillet, bribe par bribe, ce qui était censé être un monument constitutionnel. Sieyès est usé. Dix ans de Révolution joints à l'abus de ses randonnées dans les abstractions métaphysiques ont rendu sa pensée vague, chimérique et nuageuse. Ce familier de Spinoza ne parvient plus à redescendre les marches de l'empyrée pour aborder les réalités.

Napoléon est loin d'être surpris par cette montagne accouchant d'une souris. Depuis longtemps, il a jugé l'homme impitoyablement. Un idéologue, un esprit fumeux. Mais il sait habilement plier à ses intérêts ce philosophe qui bizarrement est surtout excellent dans les manœuvres de couloir. Maintenant, le temps n'est plus de le bazarder. Le capital moral qu'il représente peut encore servir. Il faut presser ce vieux citron. Et avec cette aptitude vraiment géniale à profiter des circonstances, à exploiter les ressources qu'elles lui offrent, il réfléchit à la manière dont il va pouvoir transformer ce fatras constitutionnel, fruit d'une âme chimérique, en efficace instrument de pouvoir.

Personne n'est dupe. Les membres des commissions qui assistent aux débats, Daunou, sorte de moine soldat du droit, rédacteur du projet, tous se demandent comment va réagir l'impulsif consul tandis que la nuit se prolonge et que le père de la Constitution ratiocine autour d'un grand principe, « la confiance doit venir d'en bas et le pouvoir d'en haut ». Grâce à un subtil alambic, digne enfant de son esprit tortueux, Sieyès a réussi à conjurer les débordements de ce qu'il appelle la « démocratie brute », c'est-à-dire le suffrage universel direct. Il faut que le système représentatif, au moyen d'un écrémage, soit ramené à la désignation de quelques milliers de notables. Les soixante mille notables départementaux devront désigner six mille « notabilités nationales ». C'est parmi celles-ci que seront choisis les membres des assemblées législatives : le Sénat, le Corps législatif, le Tribunat et le Conseil d'État. La particularité de ce système, c'est qu'il élève le suffrage universel au rang d'un principe sacré mais ôte toute possibilité d'action à ses élus. Quant aux chambres, elles ont des fonctions distinctes les unes des autres. Le Tribunat s'exprime mais ne vote pas. Le Conseil d'État élabore les lois et le Corps législatif les vote.

Napoléon semble assez satisfait de ce système qui, en instaurant le principe de la représentation nationale, la purge de ses principaux poisons ; de plus elle en élimine les extrémistes.

Le débat en revanche s'anime dès qu'il est question de l'exécutif. Au sommet de sa pyramide, Sieyès a imaginé, pour tenter de caser dans une fonction prestigieuse et fictive l'incasable Bonaparte, ce qu'il appelle « le Grand Électeur ». Celui-ci, absurde monarque proche des rois fainéants, confit dans les avantages matériels, serait chargé de désigner ses deux consuls ; doté d'un traitement de six millions, il aurait sa résidence au château de Versailles. Pour éviter toute dérive dictatoriale, il pourrait être « absorbé » par le Sénat à la moindre incartade.

Napoléon se lève, furieux. Il éclate d'un rire sardonique. Il s'empare du cahier que tenait Sieyès et barre d'un trait de plume ce qu'il nomme des « niaiseries métaphysiques ». Et il s'emporte.

« Est-ce que je vous entends bien ? On me propose une place où je nommerais tous ceux qui auraient quelque chose à faire et où je ne pourrais me mêler de rien. Cela est impossible ! Je ne ferai pas un rôle ridicule. Plutôt rien que d'être ridicule. »

Puis, s'adressant avec dédain à Sieyès, humilié devant son grand œuvre mis en pièces, il l'accable de son mépris.

« Comment avez-vous pu croire, citoyen Sieyès, qu'un homme d'honneur, un homme de talent et de quelques capacités dans les affaires, voulût jamais consentir à n'être qu'un cochon à l'engrais dans le château royal de Versailles ? »

Les rires fusent. Ils emportent à jamais cette fiction de Grand Électeur dans les limbes où reposent les projets de Constitution mort-nés et les rêves des utopistes.

On se sépare fraîchement. Dans la nuit lugubre de décembre, Sieyès a compris qu'il a perdu la partie. Même s'il le pressent depuis longtemps. Il ne s'avoue pas vaincu. On se retrouve le lendemain. Mais qui doute encore de l'issue de ce bras de fer ? Napoléon veut un exécutif à sa mesure, qui évite en tout point la paralysie calamiteuse du Directoire. Sieyès mène sans y croire un combat d'arrière-garde. Il sent que plus personne ne le soutient. Même Ducos – le fidèle Ducos –, las de ces atermoiements, est passé dans le camp de Napoléon.

Il se rebelle une dernière fois, décochant une ultime flèche.

« Vous voulez donc être roi ? »

Napoléon hausse les épaules et, l'abandonnant à sa bouderie, fait mine de jeter son dévolu sur Roederer afin qu'il prépare une autre Constitution selon ses vœux. Sieyès, qui est malin, comprend aussitôt le danger : être jeté définitivement aux oubliettes de l'histoire. Il risque de disparaître avec cette Révolution dont il a été l'initiateur. Il fait aussitôt machine arrière. Il accepte sans broncher de voir son œuvre dénaturée et mise à la sauce de Napoléon. Il y aura désormais un Premier consul doté de tous les pouvoirs exécutifs et deux consuls pour l'aider, n'ayant qu'une voix consultative.

Pour faire avaler cette pilule amère à Sieyès, Napoléon emploie alors toutes les ressources de son charme. Il adresse à son constitutionnaliste métaphysicien, meurtri dans son amour-propre, de vibrants éloges auxquels celui-ci, morfondu, ne s'attendait certainement pas :

« Cette Constitution assure au peuple une représentation toujours honorable ; jusqu'à présent, il n'y a pas eu de véritable représentation nationale. Cette seule idée du citoyen Sieyès a plus fait pour la République que plusieurs victoires. »

C'est en touchant la fibre sensible de sa vanité qu'il s'était déjà fait un allié pour mettre en œuvre le 18-Brumaire. C'est encore sur cette fibre qu'il joue pour lui faire avaler son chapeau.

Il va beaucoup plus loin pour l'inféoder. Il sait, comme chacun se le répète plaisamment, que Sieyès « n'aime ni les hommes, ni les femmes, mais seulement lui et l'argent ». Aussi lui accorde-t-il la présidence du futur Sénat, avec le privilège d'en composer la majorité. Ainsi il pourra bourrer cette assemblée de la clientèle de comparses, de séides, d'obligés que la « taupe de la Révolution » traîne derrière elle depuis dix ans.

Pour lui rogner définitivement les ailes, il va satisfaire son esprit de lucre en lui accordant une donation nationale juteuse, le château de Crosne, ce qui achève de le déshonorer en montrant publiquement à quel point cette haute conscience de la République n'est en fait, comme tant d'autres, qu'un homme vénal. Devant le tollé qui suivra l'annonce de cette donation, Sieyès acceptera en échange l'hôtel de Monaco. Napoléon a ainsi fait coup double : il a discrédité non seulement un possible opposant, mais le Corps législatif tout entier que Sieyès semble incarner.

Pour parfaire ce scénario machiavélique et donner à la Constitution une onction légale, en compromettant encore Sieyès, si cela était possible, il lui demande solennellement de nommer lui-même les membres du Consulat.

Sieyès s'exécute. D'une voix blanche, il nomme Bonaparte Premier consul, puis Cambacérès et Lebrun deuxième et troisième consuls. Inutile de dire qu'il n'a guère le choix. Avec Cambacérès, Napoléon s'est flanqué d'un légiste de gauche et, avec Lebrun, d'un homme de lettres classé comme un ami des royalistes. Talleyrand, prompt à la caricature et latiniste distingué, les croque d'un mot : « *Hic, haec et hoc* », « Celui-ci, celle-là (allusion aux mœurs de Cambacérès) et cette chose ».

Les finasseries constitutionnelles achevées en un temps record, il est temps de passer aux actes. Il y a du travail pour tout le monde. La France est entièrement à reconstruire. Toutes les bonnes volontés, sans esprit de parti – c'est une grande nouveauté –, vont être requises.

Sans renier les principes de 1789, Napoléon, en quelques mois, instaure un nouvel état d'esprit et une véritable remise sur pied de l'État en ruine. L'énervé se calme. Il prend de la hauteur. Avec un très sûr instinct de ce que désire l'opinion, qui correspond d'ailleurs assez exactement à ses propres vœux, il veut « dessouiller la Révolution ». Garder le positif, le principe d'égalité devant la loi, et se débarrasser de la haine, du sectarisme. Il fait rapidement et de manière drastique le tri de ce vieux bazar de bondieuseries idéologiques qu'ont laissé dix ans de Révolution. Et d'abord les commémorations coûteuses qui célébraient les jours de proscriptions et de meurtres. Ainsi la mort de Louis XVI. On ne fêtera que le 14-Juillet. L'odieux Manin, qui se vantait d'avoir assassiné la princesse de Lamballe et porté sa tête au bout d'une pique, est arrêté et déporté. Il supprime d'un trait de plume la loi sur les otages et va lui-même à la prison du Temple ouvrir les portes des malheureux qu'il libère en leur disant :

« Une loi injuste vous a privés de la liberté ; mon premier geste est de vous la rendre. »

Dans un même esprit de mansuétude, il supprime la prison pour dettes. Mieux, il va visiter les prisons pour voir comment y sont traités les prisonniers de droit commun. Il faudra attendre deux siècles et Valéry Giscard d'Estaing pour voir se reproduire un tel geste.

Même mansuétude vis-à-vis des émigrés : il atténue les rigueurs des lois implacables dont ils sont l'objet. Compréhension aussi vis-à-vis des catholiques. Ceux-ci sentent aussitôt que l'heure de la tolérance a sonné. Partout, il proclame :

« Les places seront ouvertes à tous les Français, de toutes les opinions, pourvu qu'ils aient des Lumières, de la capacité et des vertus. »

Sur le conseil de Sieyès, il a choisi un technicien, Gaudin, pour remonter les finances. Il récompense Talleyrand en le nommant au ministère des Relations extérieures. Fouché, qui s'est illustré à Lyon sous la Convention dans des répressions effroyables, a la charge de la police.

Loin de tenter de se venger de ses adversaires, notamment les opposants au 18-Brumaire et les députés récalcitrants, il leur offre des places. Pour lui, « il n'y a ni vainqueurs, ni vaincus ». L'heure est à la réconciliation nationale avec, comme ciment, le culte de la gloire. Ainsi distribue-t-il prébendes, postes honorifiques à tous ceux qui, l'ayant combattu, acceptent de le rejoindre. Même Barras est l'objet de ses avances. Mais celui-ci ne peut vaincre son orgueil : il refuse tout ce qu'il lui propose, le commandement d'une armée, une ambassade. Voyant que, décidément, il ne peut rien en tirer, Napoléon l'abandonne aux tracas et aux mesquineries de Fouché qui le déteste et lui fera payer son intransigeance en humiliations sans nombre.

La France a enfin trouvé son « sauveur ». Elle le lui prouve en votant le plébiscite qui ratifie la nouvelle Constitution et la nomination du Premier consul pour dix ans. 3 012 569 « oui » contre 1 562 « non ». On respire : la Révolution, commencée dans l'idéalisme, poursuivie dans le despotisme pour s'enliser dans l'affairisme, est finie. Fini aussi son cortège d'horreurs, d'actes arbitraires et de proscriptions. On n'en a conservé que le principe fondateur. Et on fait toute confiance à un homme pour reconstruire un État digne de ce nom. Les Français ont, avec un instinct assez sûr, choisi le chef le plus capable de leur redonner de l'espérance.

Pour bien montrer qu'il n'est pas issu d'un coup d'État de hasard, mais qu'il s'inscrit dans une tradition ancienne, le Premier consul s'installe au palais des Tuileries. D'abord ému, il confie à Bourrienne :

« Comme les Tuileries sont tristes. Tristes comme la grandeur. »

Le soir, avec cet humour dont il ne se départ jamais – signe de la distance qu'il conserve toujours vis-à-vis des bienfaits du destin –, il s'exclame devant Joséphine :

« Petite créole, venez dormir dans le lit de vos maîtres. »

XV

Le 20 mai 1800

Habillé en bourgeois d'une simple redingote grise, sans que rien ne puisse trahir son identité, il progresse dans un magnifique paysage de montagnes couvertes de neige, dominé par le mont Blanc et le Gran Paradiso. Parti le matin même de Martigny, chevauchant un méchant mulet, tenu par la bride par un jeune guide valaisien, nommé Nicolas Dorsaz, le tout frais Premier consul gravit incognito le chemin pierreux qui surplombe les abîmes au fond desquels coule la Drance et conduit à Aoste par le col du Grand-Saint-Bernard. Le temps est clair, ensoleillé mais froid. Entre les plaques de neige à demi fondue, on commence à voir poindre des crocus et des edelweiss. Peut-être cette randonnée lui rappelle-t-elle la Corse, le Monte Rotondo et la simplicité des mœurs pastorales ? Devant la mise simple et l'apparente bonhomie de son client, le jeune guide pense avoir affaire à un capitaine rejoignant son régiment. Jamais il ne pourrait imaginer qu'il est en présence du Premier consul de la France, commandant en chef des armées, allant rejoindre ses troupes en Italie : le fameux Bonaparte qui, récidivant l'exploit d'Hannibal et de ses éléphants, va arriver sur les arrières des Autrichiens pour les surprendre et couper la retraite du général Melas.

Une partie du chemin se fait sans qu'il sorte de son silence. Soudain, sur le sentier de Saraire, particulièrement abrupt à cet endroit, le mulet trébuche, fait un écart et envoie promener son cavalier vers l'abîme. Nicolas Dorsaz le rattrape in extremis et l'aide à se remettre en selle.

« N'ayez pas peur, capitaine, je suis là. Un bien mauvais endroit. Allez, ceux qui descendent au fond n'en reviennent pas. Dieu vous garde d'y aller, capitaine ! »

Il l'a échappé belle. Il regarde le gouffre, étonné de ce danger auquel il était loin de s'attendre. Soudain, comme si le geste secourable de son guide lui faisait prendre conscience de sa présence – et de son importance dans l'ordre du destin –, il l'interroge, le presse de questions sur sa vie, sa famille, ce que lui rapporte son métier, les accidents qui se produisent. Celui-ci lui avoue que le comble de son ambition serait d'avoir les moyens d'acheter une ferme et de pouvoir se marier. Deux jours plus tard, le guide éberlué recevra, pour satisfaire son rêve, une gratification de deux cents francs et apprendra du même coup l'identité de son prestigieux client auquel il a sauvé la vie.

Tout en parlant avec le jeune guide, Napoléon ne laisse pas d'être préoccupé. Depuis plusieurs jours, le fort de Bard qui garde le col du Grand-Saint-Bernard résiste et empêche le passage des troupes. Ce bastion imprenable dont il a, sur un rapport erroné, mésestimé la capacité de défense risque de tout faire manquer. Il enrage devant cet obstacle inopiné. Lui qui a si minutieusement étudié toutes les éventualités de cette campagne éclair, le voilà mis en échec par un ridicule bastion. Les rapports qu'il a reçus de Lannes, puis de Berthier, font le même constat pessimiste. Il sait l'importance de ces grains de sable importuns capables d'enrayer la machine la mieux huilée des préparatifs militaires. Il a connu la même mésaventure cuisante devant Saint-Jean-d'Acre.

Cet insolent fort de Bard, érigé sur un rocher, domine le défilé qui donne accès à l'Italie par Aoste. Lannes a tenté en vain de le réduire. Rien à faire. Le petit fort, commandé par un major intraitable, qui abrite cent Croates et dispose de dix-huit canons, continue de narguer l'armée française, bloquée dans le défilé. Plus de cinquante mille hommes et toute l'artillerie attendent qu'on leur ouvre le passage.

L'affaire est grave. Tout l'énorme dispositif militaire est stoppé par ce ridicule trublion. Napoléon a adressé le matin même à Berthier un ordre comminatoire. « Faites sentir au général Lannes que le sort de l'Italie et peut-être de la République tient à la prise du fort de Bard. »

La résistance de ce fort est d'autant plus irritante que tout le reste du dispositif a parfaitement fonctionné : la division Chabran a franchi sans encombre le Petit-Saint-Bernard ; la division Thureau a passé aisément le mont Cenis ; la division Lecchi a gravi le Simplon et commence sa descente en Italie ; enfin, la division Moncey a atteint le col du Saint-Gothard. Il imagine déjà l'ensemble de ses troupes jaillissant des montagnes comme autant de fleuves et jetant le désarroi dans les arrières des lignes autrichiennes.

Napoléon exagère-t-il lorsqu'il s'exclame que « le sort de la République est en jeu » ? Ne cherche-t-il pas plutôt à justifier une idée folle, téméraire en diable, dont on se demande comment elle a pu germer dans sa tête pour le conduire à un pari aussi aventureux ? Veut-il encore une fois tenter le sort ? Pourquoi risquer ainsi un boulet, une balle, un biscaïen alors que son assise politique est bien loin d'être affermie ? Veut-il, par un exploit militaire, en remontrer à ses généraux, les Moreau, les Augereau, les Bernadotte, qui sont toujours rétifs à se soumettre à sa férule et leur montrer qu'il leur est encore supérieur ?

Non. Rarement une campagne militaire aura été conçue avec autant d'arrière-pensées de politique intérieure et extérieure. Cette apparente folie du Premier consul nommé depuis cinq mois, qui semble remettre en cause son pouvoir et met sa vie en péril alors que toute la France – et Paris au premier chef – bruisse de conspirations, d'agitations et d'intrigues, a été mûrement réfléchie. C'est par une victoire en Italie qu'il compte reprendre la main en France.

En effet, le pays, à peine sorti de l'anarchie, du marasme dans lequel il a failli sombrer, ne rêve que de recommencer les jeux délétères auxquels s'adonnent avec délices les factions et les ambitieux. Ce pouvoir encore instable suscite de nombreux appétits : Moreau, Bernadotte, Jourdan, Sieyès, le vieux matou qui a encore toutes ses griffes, espèrent qui rétablir le trône au profit du comte de Lille, qui s'en emparer à son propre compte. Mais la plupart s'agitent sans véritable objet précis, pour le plaisir de s'ébrouer dans la contestation, comme Germaine de Staël ou son immarcescible amant, Benjamin Constant. Advienne que pourra. La grande agitation de la Révolution, comme une forte houle qu'on ne peut plus calmer, continue de mettre les esprits en effervescence. La gent politique, de gauche comme de droite, des excités du jacobinisme, les « exagérés » comme on les appelle, aux ultraroyalistes, espère qu'un boulet ennemi la délivrera de ce maître qu'elle s'est choisi mais dont, déjà, elle ne supporte plus la poigne.

C'est pour raffermir son autorité sur ces turbulentes têtes chaudes qu'une victoire sur les Autrichiens est indispensable au Premier consul. D'autant plus que celui-ci sait qu'aucune négociation avec les puissances européennes n'aura de chance d'aboutir tant que son pouvoir n'aura pas été consolidé par une victoire éclatante. Bien sûr, il risque de tout perdre. Mais il ne serait pas lui-même si ce souci l'eût jamais effleuré. De comptes il n'a à rendre qu'à son étoile.

Alors, c'est vrai, à sa manière, le fort de Bard compromet le sort de la République. Napoléon va pouvoir se rendre compte par lui-même de son invincibilité. Après avoir passé la nuit à l'hospice de haute montagne, enseveli sous la neige, où il a été accueilli par les chanoines et a dîné en leur compagnie dans le réfectoire, on lui fait visiter la chapelle et la morgue où les corps des voyageurs égarés gisent, momifiés dans la glace. Que lui inspire le spectacle de ces morts ? Songe-t-il que, à la suite de sa chute de mulet, quelques heures plus tôt, il aurait pu être l'un d'eux ? Mais ce n'était pas son heure.

Les nouvelles du fort de Bard sont toujours aussi mauvaises. Berthier commence à s'alarmer et, par courrier, lui demande s'il ne faut pas changer le dispositif. Napoléon s'impatiente. Même s'il a toute confiance en son chef d'état-major, il pense que celui-ci, pour une fois, n'est pas à la hauteur de la situation.

Après une nuit au hameau de Saint-Rhémy et une autre à Aoste, il retrouve Berthier à Verrès. De là, ils se rendent à cheval au défilé qu'obstrue l'invincible fort de Bard. Napoléon est impressionné par les imposantes défenses de ce bastion. Il ordonne à son escorte de se mettre au galop afin d'atteindre un sentier qui grimpe sur le mont Albaredo. Là, il abandonne sa monture et le franchit à pied, prenant soin de se cacher derrière les rochers et les broussailles afin d'éviter le feu des défenseurs du fort qui sont à peine à une centaine de mètres. Après avoir examiné la position et ausculté les points faibles de ce « vilain castel », il fait mettre en place plusieurs batteries. Elles vont bombarder la forteresse qui résistera encore quinze jours.

On finit par découvrir un sentier enneigé entre Verrès et Donnas. L'infanterie, plus de cinquante mille hommes, réussit à l'emprunter. Quinze canons seulement parviennent à être acheminés. Leurs fûts sont fixés sur des troncs d'arbres évidés servant de traîneaux et tirés par les grenadiers. Le gros de l'artillerie reste immobilisé. Lourd handicap au moment décisif. En face, l'armée autrichienne dispose de trois cents pièces d'artillerie.

Maintenant, il peut mettre en œuvre son plan d'invasion de la Lombardie. Il s'agit de couper la retraite du général Melas qui attend les Français au sud, sur la Riviera, imaginant qu'ils vont se porter au secours de Masséna, assiégé dans Gênes. La surprise est complète et, partout, c'est le désarroi. Les Français surviennent là où on ne les attendait pas, débouchant des montagnes. Les Autrichiens désemparés, qui vont de surprise en surprise, apprennent bientôt que ces armées ont à leur tête le Premier consul lui-même. Ils l'imaginaient à Paris, requis par d'autres responsabilités. C'est l'affolement.

L'armée française accumule les succès. Un courrier de Murat lui annonce que la citadelle de Milan vient de capituler. Autre bonne nouvelle : le fort de Bard est enfin tombé. Napoléon peut faire une entrée triomphale à Milan, en carrosse, dans son costume de Premier consul, sous une pluie battante.

Pour fêter cette victoire, on organise un concert à la Scala où Napoléon entend chanter la belle et illustre Grassini. Ils s'étaient déjà rencontrés trois ans auparavant, lors de la première campagne d'Italie. Leurs retrouvailles sont chaleureuses. Ils sont si heureux de se revoir qu'ils passent la nuit ensemble au palais Serbelloni. Berthier les retrouvera au matin, enlacés, en train de prendre leur petit déjeuner. La Grassini sera si satisfaite de leur rencontre qu'elle prendra bientôt le chemin de Paris où leur liaison se poursuivra encore quelques années.

Le jour même, Napoléon réunit deux cents prêtres. Avec stupéfaction ils l'entendent proférer des paroles qu'ils n'attendaient pas dans la bouche d'un jacobin.

« Persuadé que la religion catholique, apostolique et romaine est la seule qui puisse procurer un bonheur véritable à une société bien ordonnée et affermir les bases d'un bon gouvernement, je vous assure que je m'appliquerai à la protéger et à la défendre dans tous les temps et par tous les moyens. »

Et il ajoute :

« Nulle société ne peut exister sans morale ; il n'y a pas de bonne morale sans religion ; il n'y a donc que la religion qui donne à l'État un appui ferme et durable. »

Et, comme pour mettre ses actes en accord avec ses paroles, il assiste à un *Te Deum* au Duomo. Là, il rencontre le cardinal Martiniana qu'il charge de communiquer au pape « son ardent désir d'arranger les choses ecclésiastiques de la France ».

Décidément, c'est en Italie que se règlent beaucoup de questions françaises.

Ne manque plus qu'une dernière victoire pour mettre les Autrichiens à genoux. Mais Gênes vient de tomber aux mains des Autrichiens et le général Melas n'a pas dit son dernier mot.

XVI

Le 14 juin 1800

Après les pluies diluviennes de la veille, c'est un petit matin clair qui s'installe sur la vaste plaine de Marengo. Le soleil se lève sur un paysage planté de vignes et de champs de mûriers que traverse la Bormida, un affluent du Pô. Ce devrait être un jour paisible, car les troupes autrichiennes ont installé leur bivouac bien au-delà du fleuve. Napoléon a dormi dans le petit village de Torre di Garofalo. Il est réveillé en sursaut par le tonnerre des canons. Lui qui a si souvent surpris le vieux général comte de Melas par ses manœuvres inattendues, c'est à son tour de l'être par les Autrichiens. La veille, pourtant, il a pris la précaution d'envoyer un de ses aides de camp inspecter la Bormida afin de s'assurer que l'ennemi n'a pas jeté un pont pour franchir le fleuve. L'aide de camp a été formel : pas d'ennemi en vue. C'est à partir de cette fausse information d'un aide de camp trop prudent ou trop peureux pour remplir scrupuleusement sa mission que Napoléon a envoyé Desaix à Novi chercher le contact avec Melas. Il s'est également séparé de la division Lapoype qu'il a chargée de se rendre sur la rive gauche du Pô.

Il vient de commettre une faute contraire à tous ses principes stratégiques : au lieu de concentrer ses forces, il les a disséminées. Il comprend aussitôt la gravité de la situation. Dans cette plaine de Marengo où il aperçoit les maisons blanches du petit village de San Giulano, il va devoir affronter un ennemi très supérieur en nombre et qui, surtout, possède une artillerie largement plus importante que la sienne. Elle dispose de cent canons et de trente mille hommes alors que les Français ne sont que vingt-deux mille hommes soutenus par seulement quinze canons.

Il adresse à Desaix un message désespéré : « Je croyais attaquer l'ennemi ; il m'a prévenu ; revenez, au nom de Dieu, si vous le pouvez encore. »

L'offensive autrichienne va durer cinq heures. Le corps d'O'Reilly a attaqué la division Gardanne, bientôt appuyé par la division Haddick et par un feu nourri d'artillerie. Gardanne se replie. Le général Victor, à court de munitions, doit également battre en retraite, entraînant le corps du général Lannes. Les Français reculent, laissant une partie de leur artillerie aux mains de l'ennemi.

Il sent qu'il est au bord de l'abîme. Seul le retour de Desaix et de ses six mille hommes peut encore éviter le désastre. Mais a-t-il reçu son message ? En attendant, il fait appel à Monier et à la garde consulaire. Il est 2 heures de l'après-midi. Grâce à la garde, qui approvisionne en cartouches le corps de Victor, la cavalerie d'Ott est repoussée. Mais ce n'est qu'un répit. La garde doit à son tour reculer : elle a perdu deux cent soixante hommes sur huit cents. Toute la ligne française se retire sur San Giulano.

La défaite est dans toutes les têtes. Elle semble irrésistible. Napoléon, assis sur un chemin de terre, au milieu des boulets qui roulent à ses pieds, fouette le sol de sa cravache. Seul un miracle peut le sauver.

L'armée autrichienne avance inexorablement. Loin de profiter de son avantage en chargeant les Français en déroute, elle se déplace avec lenteur, en bon ordre, comme à la parade. Déjà, les fanfares jouent les airs de victoire tant la partie semble définitivement jouée. Le comte de Melas, qui n'est plus un jeune homme – il a soixante et onze ans – et a fait deux chutes de cheval, abandonne le champ de bataille pour aller à Alexandrie adresser une dépêche à l'Empereur et lui annoncer la victoire. Il confie le commandement au général Kaim.

Ce répit permet aux forces françaises de se retirer en ordre, sans céder à la panique. Napoléon, qui observe le champ de bataille du haut du clocher de San Giulano, n'a plus d'espoir qu'en l'arrivée de Desaix. Il est 4 heures. Soudain, au bout de sa lorgnette, il aperçoit le scintillement des baïonnettes et des sabres dans le fond de la plaine. Desaix arrive et aussi la division Boudet. Aussitôt, il crie aux soldats :

« Les réserves arrivent. Tenez bon ! »

Il monte à cheval et rejoint Desaix, flanqué de Berthier, Murat et Marmont. Il tient un rapide conseil d'état-major. C'est alors que Desaix aurait prononcé la fameuse phrase :

« Cette bataille est perdue, mais il n'est que 4 heures et il nous reste encore le temps d'en gagner une autre. »

La contre-offensive s'opère : Marmont, à la tête de son artillerie, et Kellermann, le fils du vainqueur de Valmy, chargeant avec sa cavalerie, vont jouer un rôle déterminant. Sans doute sont-ils loin d'imaginer pouvoir changer le cours de la défaite. Du moins, ils peuvent porter de sérieux coups à l'ennemi qui ne s'y attend pas et permettre aux troupes françaises de se reformer. Mais leurs assauts conjugués, renforcés par l'attaque héroïque de Desaix à la tête de la 9e demi-brigade légère, sèment le désarroi chez l'ennemi.

La charge de Kellermann qui, avec ses quatre cents cavaliers dissimulés derrière les vignes, enfonce les colonnes autrichiennes décide soudain de la victoire. Près de deux mille Autrichiens mettent bas les armes. Le général Zach est fait prisonnier.

Quand la nuit tombe, tous les Autrichiens ont retraversé la Bormida. La défaite s'est métamorphosée en victoire.

Une grande ombre pèse sur ce tableau : Desaix, le grand compagnon, l'ami de Napoléon, frappé d'une balle, est mort sur le coup. On cherche longtemps sa dépouille sur le champ de bataille. Savary le reconnaît grâce à la longue chevelure qu'il portait depuis l'Égypte où il avait reçu le surnom de « sultan juste ». Son corps, enveloppé dans un manteau de hussards, est transporté dans une villa de San Giulano où on l'installe dans un fauteuil. Il a l'air de dormir. Napoléon perd avec lui l'un de ses amis les plus chers. Il soupire :

« Pourquoi ne m'est-il pas permis de pleurer ? »

Il se reprend et laisse tomber :

« Ah, que la journée eût été belle si, ce soir, j'avais pu l'embrasser sur le champ de bataille. »

Il écrit aux consuls : « Je suis dans la plus profonde douleur de la mort de l'homme que j'aimais et que j'estimais le plus. »

Les généraux silencieux veillent la dépouille de Desaix. Cette mort d'un héros, cette bataille gagnée, mais si près d'être perdue, la peine de Napoléon à laquelle s'ajoute son agacement de devoir la victoire à ce jeune Kellermann qu'il n'aime pas, tout cela crée une atmosphère électrique entachant la joie qui suit d'habitude les victoires. On a gagné, mais à quel prix ! Napoléon, si sûr de son étoile, n'est pas loin de douter de lui-même. Cet épisode l'obsédera toute sa vie. Au point que, pendant son agonie à Sainte-Hélène, ses derniers mots, dans son délire, seront :

« Desaix ! Desaix ! Ah, la victoire se dessine. »

Pour honorer la mémoire de son ami, il fera construire un monument dans la chapelle de l'hospice du Grand-Saint-Bernard où sera inhumée sa dépouille. Sachant son attachement à la franc-maçonnerie, il demandera aux bernardins de l'hospice que, dans la tombe, soient également scellés des symboles de son affiliation : un mortier, un tablier de franc-maçon et une truelle.

Le lendemain, des parlementaires autrichiens demandent l'armistice. Le Piémont et la Lombardie sont libérés. La victoire est totale.

Aussitôt, il part pour Milan où il assiste à un *Te Deum* au Duomo, entouré de tout son état-major, ainsi qu'il l'écrit aux consuls : « Aujourd'hui, malgré ce que pourront dire nos athées de Paris, je vais en grande cérémonie au *Te Deum.* »

Provocation ? Non, tout le contraire ! Par cet acte symbolique qui fait suite à ses déclarations aux prêtres italiens lors de son précédent séjour à Milan, il veut refonder les relations de la France avec l'Église catholique. Peut-être aussi ce superstitieux renoue-t-il secrètement avec la religion de son enfance, avec ce Dieu qui lui a permis ce miracle de Marengo, grâce auquel désormais l'avenir s'ouvre grand devant lui.

Car toute la France acclame la victoire de Marengo. Les divisions s'effacent comme par enchantement ; les intrigues, les ambitions s'apaisent ; les poignards tirés rentrent au fourreau comme par magie. Les plus farouches opposants sont entraînés dans la liesse populaire. Même Germaine de Staël, si critique, si peu portée à admirer un homme peu sensible à son charme, s'exclame :

« Rien n'a l'éclat de Marengo, mais il faut convenir que s'exposer, sa fortune faite, est plus brillant que de s'exposer pour la faire ! »

Napoléon, renforcé par son succès, rentre rapidement à Paris. Mais il ne se leurre pas. Il sait combien la chance est capricieuse. S'il a voulu gagner la partie en Italie, c'est surtout pour pouvoir avoir les mains libres en France et faire taire les opposants. Aussi est-il indifférent à toutes les manifestations, les pompes officielles. Elles n'effaceront pas la mort de Desaix. Elles ne le consoleront ni de la perte de son ami, ni de cet abîme qui s'est ouvert soudain sous ses pas lorsque, à 2 heures, ce 14 juin 1800, il a cru la bataille définitivement perdue. Son destin a tenu à un fil.

Aussi, de Lyon, écrit-il aux consuls : « J'arriverai à Paris à l'improviste… Ni arc de triomphe, ni aucune espèce de cérémonie… Je ne connais pas d'autres triomphes que la satisfaction publique. »

Ces paroles, pleines de simplicité, montrent soudain un homme à nu, plus attaché à la vérité qu'aux flonflons et à la grandiloquence des reconnaissances officielles. Sans doute porte-t-il un deuil secret. Il sait que désormais la tâche qui l'attend est immense. L'heure n'est plus à l'autosatisfaction, à l'encens bon marché. Il est seul face à l'histoire. Avec, devant lui, une France déchirée à refonder.

Deuxième partie

LE POÈTE DE L'ACTION

Je fais mes plans de bataille avec les rêves de mes soldats endormis.

N.

I

Le 3 juillet 1800

Il est revenu aux Tuileries. Le canon l'a annoncé aux Parisiens qui se sont rués en masse aux portes du château. Ce retour a toutes les apparences d'un miracle. Certains vont jusqu'à y voir la main de la Providence. La foule est en délire. On l'acclame. On le réclame. Soudain, il apparaît au balcon. La musique de la garde se fait entendre. Manifestement, il est ému. Cette liesse populaire verse un baume sur son cœur blessé. Car quelque chose en lui est mort à Marengo. Est-ce parce qu'on a colporté la nouvelle de sa disparition – confondue avec la mort de Desaix –, parce qu'on a annoncé sa défaite en Italie, ce qui a failli être une réalité ? Il se sent prématurément vieilli, usé. Comme s'il avait perdu cette illusion de jeunesse éternelle qui accompagnait ses rêves.

Soudain, il se dit que le temps lui est compté. Au sommet du pouvoir, il en mesure la fragilité. Ayant vaincu par un pari fou ses ennemis à l'extérieur mais aussi à l'intérieur, il sait que, derrière la joie apparente qui se lit sur les visages, il n'y a que bassesse, hypocrisie. Combien sont-ils autour de lui à le féliciter qui, pendant son absence, ont misé sur son échec et sa mort ? Ne se rendent-ils pas compte, ces esprits légers, prompts aux cabales, qu'il a sauvé l'État ? Que, sans lui, cet édifice fragile s'écroulerait, les entraînant dans sa perte ? Qu'il est le seul à pouvoir réunir les Français instables prêts à s'égorger à nouveau au premier prétexte ? Ces politiques rongés d'ambition n'ont eu en tête que leur intérêt. Il ne doit attendre d'eux aucune reconnaissance. Il a tenté de les réunir dans un grand projet de réconcilier tous les Français qui ne s'aiment pas. Et ils veulent revenir à leurs factions, à leurs haines, comme si cette Révolution sanguinaire ne leur avait pas suffi. Un voile noir devant ses yeux obscurcit la foule qui l'acclame. Le peuple ! Lui le comprend ! Mais, entre eux, étrangement, il perçoit un vide. À qui se fier ? À ses amis ! Il n'en a plus. Muiron, mort ! Desaix, mort ! Il n'est pas dupe de ceux qui l'entourent : Bourrienne, ce compagnon d'enfance, un concussionnaire dans le sang, avec « son œil de pie », que ses trafics vont bientôt éloigner de lui pour toujours ; Joséphine, il sait combien son amour est fragile et lié aux aléas de sa fortune. Ses frères, il ne leur fait guère confiance. Il n'en trouve aucun digne de lui succéder. Il le dit à Roederer :

« Je n'ai point l'esprit de famille. Ce que j'ai craint le plus pendant que j'étais à Marengo, c'était qu'un de mes frères me succédât si j'étais tué. »

Au sommet du succès, il éprouve un sentiment nouveau pour lui : le désenchantement. Bien sûr, la mort de Desaix est pour beaucoup dans ce climat moral. Il ne cesse d'y penser. Elle lui semble annoncer pour lui une ère nouvelle, la fin de la jeunesse, de leur rêve commun qui a eu son apogée en Égypte. Auprès de quel ami désormais pourra-t-il s'épancher ? Pour vaincre sa tristesse, il imagine les funérailles qu'il organisera pour lui au sommet du Grand-Saint-Bernard, dans ce paysage qui n'inspire que de grands sentiments, la pureté, l'infini. Il rêve d'offrir à sa dépouille les funérailles de Patrocle. C'est à son ami Vivant Denon, compagnon de l'aventure égyptienne, qu'il a demandé de dessiner un tombeau digne de lui.

Mais il faut s'arracher aux acclamations de la foule. Cambacérès l'attend dans son bureau. C'est le retour à la réalité des affaires. Celui-ci ne lui cèle rien des intrigues qui ont prospéré pendant son absence. Sans doute les exagère-t-il pour se donner de l'importance et prouver qu'il a su rester maître de la situation.

Napoléon montre son écœurement :

« Eh bien, on m'a cru perdu et on voulait essayer encore du Comité de salut public ! Je sais tout ! Et c'était des hommes que j'ai sauvés, que j'ai épargnés ! Me croient-ils un Louis XVI ? Qu'ils osent et ils verront ! Qu'on ne s'y trompe plus : une bataille perdue est pour moi une bataille gagnée. Je ne crains rien ; je ferai rentrer tous ces ingrats, tous ces traîtres, dans la poussière. Je saurai bien sauver la France en dépit des factieux et des brouillons. »

Puis il interroge l'ondoyant Cambacérès, essayant de sonder sa fidélité.

« N'avez-vous pas été embarrassé dans l'intervalle qui s'est écoulé entre les premières nouvelles de Marengo et l'annonce officielle de la victoire ?

— J'ai eu de vives inquiétudes et peu d'embarras.

— Comment donc ? Et si j'avais été tué ?

— J'aurais considéré le malheur comme irréparable. Après avoir cédé à une juste douleur, je me serais occupé de donner au gouvernement, à la République, un autre chef. N'ayant pas la prétention de vous succéder, j'aurais eu toute liberté dans ma manière d'agir.

— Qu'auriez-vous fait ?

— Sur le compte rendu au Sénat de votre mort, je lui aurais proposé de nommer votre frère Joseph Premier consul.

— Je sais, laisse tomber Napoléon, que vous êtes un homme de ressources. »

Sous l'ironie, il sent que sa mort, pour tous ceux qui l'entourent, ne sera pas la fin du monde. Une péripétie de plus. En prononçant ces paroles assorties d'un sourire, il a soudain pris conscience de cette éventualité qu'il n'a au fond jamais envisagée : sa mort. Jusqu'à quand sera-t-il protégé par son étoile ? Et, soudain, la mort qu'il n'a jamais crainte sur le champ de bataille lui apparaît comme la véritable défaite : elle seule peut interrompre l'œuvre qu'il se sent né pour accomplir. Cette pensée l'obsède désormais. Et comme si d'en avoir conçu l'idée donnait une réalité à cette menace, les projets d'assassinats vont se multiplier.

La haine qui l'entoure est comme une hydre aux mille visages. Les rapports qu'il reçoit de Fouché lui révèlent une fermentation inouïe des esprits. Tant de têtes brûlées veulent sa perte. Des républicains excités qui voient en lui un tyran à abattre. À l'autre extrême, les ultraroyalistes et les chefs chouans qui, désespérant de faire de ce jacobin un autre général Monk, ne voient d'issue que dans sa mort. Malgré ses efforts, il n'a pas réussi à les convaincre de l'inutilité de leur combat. Il les a reçus aux Tuileries en pure perte : Hyde de Neuville, Bourmont et, surtout, Cadoudal – Georges, comme on le surnomme –, un ours mal léché, un colosse au front têtu de bas-Breton. Il lui a même proposé le commandement d'une division pour prix de son ralliement. Mais aucun de ses arguments n'a porté, « il a épuisé le clavier sans produire aucune vibration ». Il n'a fait qu'exalter sa haine. À la sortie des Tuileries, Georges confiera à Hyde de Neuville qu'il aurait dû en profiter pour tuer le Premier consul.

« J'aurais dû prendre ce gringalet dans mes bras et l'étouffer. »

Comme ce retour au château des Tuileries, l'ancestral palais des rois, siège de la Convention honnie et maintenant demeure d'un Premier consul intraitable, a dû échauffer leurs têtes déjà brûlantes.

Georges n'a plus qu'une idée dans une tête qui n'en contient pas beaucoup : préparer « son coup essentiel ».

Napoléon sait la force de leur détermination. Loin d'être intimidé par sa puissance, de vouloir composer avec elle, elle justifie leur crainte de le voir durer. Quoi qu'il fasse, ils le poursuivront de leur vindicte. C'est une fureur sacrée qui s'est emparée de ces illuminés. Il ne peut les raisonner. Le feu qui brûle en eux ne pourra s'éteindre que par sa mort ou la leur. La Corse lui a beaucoup appris dans le domaine des passions furieuses. Il retrouve chez ces « Marat blancs » la fièvre idéologique qu'aucun argument ne peut apaiser. Si enclin qu'il soit à réconcilier les Français, il sent que ceux-là sont irrécupérables.

Ce qui aggrave ses craintes, c'est que ces exaltés n'hésitent pas, pour arriver à leurs fins, à trahir leur pays. Ils ont partie liée avec les Anglais, avec les Autrichiens, avec les Russes. Comme si la haine leur faisait oublier leur patrie. Le scandale de l'agence anglaise que vient de révéler Fouché éclabousse même ses proches : le prince de Coigny, pris en flagrant délit de conspiration en faveur des Anglais, est un ami de Joséphine.

Les désillusions n'entament pas sa détermination de faire face aux ennemis attachés à sa perte. Il veut leur prouver qu'il sera plus fort qu'eux parce qu'il a le peuple derrière lui. Ce peuple qui en a assez de la guerre civile.

Pour commencer, un geste magnanime : il choisit le lieu symbolique des discordes, de la haine, du sang : la ci-devant place Louis XV, ex-place de la Révolution, où s'élevait la sinistre guillotine, et rebaptisée place de la Concorde. Là, pour le 14-Juillet, en compagnie des deux consuls à cheval, a lieu une des rares commémorations de la Révolution qu'il a tenu à conserver. On n'y prend pas garde, mais on a placé une statue de Charlemagne rapportée d'Italie. Un symbole aux allures de présage.

Puis, toujours à cheval, il conduit jusqu'aux Invalides un long cortège composé de députés, de sénateurs, de maires, de préfets, de magistrats, de membres de l'Institut, tous ceux dont il veut faire les cadres de la reconstruction nationale. À voir l'attention qu'il prête à ses collègues de l'Institut, aux savants, aux hommes de lettres, la foule comprend que plus jamais on n'entendra ce blasphème prononcé à la Convention qui poussait avec mépris Lavoisier vers l'échafaud : « La République n'a pas besoin de savants. »

Lucien prend la parole dans l'église des Invalides, devenue le temple de Mars. On entend s'élever *La Marseillaise* chantée par la Grassini : elle semble s'adresser avec ferveur à son amant qui « a libéré l'Italie ».

Le soir, aux Tuileries, au milieu d'un Paris en liesse, des illuminations, des feux d'artifice, Napoléon lève son verre :

« Au 14-Juillet, au peuple français, notre souverain à tous. »

Sous l'emphase, il y a la même obsession : la concorde, réunir, fusionner. « Que je me trouverais heureux si je parvenais à voir tous les Français revenir à une même opinion ! »

II

Le 22 septembre 1800

Un char funèbre traverse Paris avec lenteur. Avec solennité. Sur le catafalque tiré par un cheval bai, semblable à celui qu'il montait à Saspach quand la mort l'a emporté, s'avancent lentement sur les pavés les restes d'une gloire de la France : Henri de La Tour d'Auvergne que l'histoire a retenu sous le nom de Turenne. À côté du cercueil, sur un brancard, sont exposés son épée et le boulet qui l'a frappé. Le cortège pénètre dans la cour des Invalides, où un tombeau est préparé. Un roulement de tambour. Le Premier consul, immobile, écoute Carnot prononcer l'éloge funèbre. Deux symboles : un héros incontestable de la République salue un autre héros incontestable de la monarchie.

La voix de Carnot résonne sous la voûte des Invalides.

« Ce temple n'est pas réservé à ceux que le hasard fit naître sous l'ère républicaine, mais à ceux qui, dans tous les temps, ont montré des vertus dignes d'elle. »

L'ancien régicide, membre du Comité de salut public, l'artisan de la victoire de Fleurus poursuit dans un silence impressionnant :

« Ce ne fut point au maintien d'un système politique alors dominant qu'il consacra ses travaux, qu'il sacrifia sa vie, mais à la défense de son pays, indépendante de tout système. L'amour de la patrie fut son mobile, comme il fut, de nos jours, celui des Dampierre, des Dugommier, des Marceau, des Joubert, des Desaix, des La Tour d'Auvergne. Sa gloire ne doit pas être séparée de celle de ces héros républicains. »

Et il conclut :

« Citoyens, vos yeux sont fixés sur les restes du grand Turenne. Voilà le corps de ce grand guerrier, si cher à tout Français, à tout ami de la gloire et de l'humanité. »

Qui ne pourrait souscrire à cet hommage ? Quelques grincheux, quelques idéologues jacobins ? La foule, elle, se sent remuée dans ses entrailles. Elle est émue. Elle comprend. Elle sent qu'une ère nouvelle se lève, enfin délivrée de ce poison qui a fait tant de mal : l'esprit de parti. Cet éloge funèbre, si beau dans sa forme, si noble dans ses intentions, c'est du pur Napoléon. Il n'y a pas une phrase qu'il peut renier, pas une idée qui ne lui soit chère. Il a bien choisi son porte-parole. Chaque mot prononcé est un programme. Derrière cette vibrante symbolique, c'est une société nouvelle qui se dessine.

Pour réconcilier les Français, Napoléon n'a pas recours à des raisonnements secs ou à des théories abstraites. Il a décidé d'employer l'arme qui touche leur cœur : les symboles. Il a compris que ce peuple est ultrasensible à l'évocation de ceux qui ont illustré la grandeur de la France. Quelles que soient leurs opinions, à quelque parti qu'ils appartiennent, il faut parler à leur cœur et à leur imagination.

C'est aux hommes illustres qu'il va faire appel pour réconcilier les Français déchirés par dix ans de guerre civile. Il sait que la grande majorité le suivra. Ne resteront insensibles que les irréductibles. Ces extrémistes avec lesquels il sera sans pitié. Les deux France séparées par un fossé plein de cadavres doivent réapprendre à vivre ensemble en dépassant leurs haines et leurs idées de vengeance. Et pour que ce geste de la translation des restes de Turenne soit sans ambiguïté, il signe un arrêté quelques jours plus tard : le jeune Horace Camille Desmoulins dont le père, membre de la Convention, est mort sur l'échafaud est nommé élève au Prytanée français.

Comme on est loin de la politique de « la balançoire » de Barras et des Directeurs : alors, il s'agissait de frapper tantôt à droite, tantôt à gauche, d'exclure, de proscrire, d'anathémiser. Maintenant, l'heure est à la réconciliation.

Dans cette entreprise, il n'hésite pas à faire parler les morts. Leurs fantômes glorieux doivent montrer le chemin aux vivants. N'a-t-il pas lu et relu au point de la connaître par cœur *La Vie des hommes illustres* de Plutarque ? L'enthousiasme que ces destins ont suscité en lui, il parie qu'il élèvera aussi l'âme de chaque Français. D'où le reproche qu'on lui fera, notamment l'abbé de Pradt, d'être « tout d'illusion, comme on peut l'être quand on est tout d'imagination » et d'avoir voulu créer une « France imaginaire ». Ce réaliste rêve d'une France, non pas surgie de rien, comme une création spontanée, mais reconstruite à partir de son passé, de ce patrimoine exceptionnel que constitue son histoire. « De Clovis jusqu'au Comité de salut public, je me tiens solidaire de tout. Ceux qui n'aiment pas la France ne m'aiment pas. » Et, dans ce « tout », il va jusqu'à inclure – même s'il se garde de l'avouer en public – certains héros du camp adverse : Charette, qu'il admire, ou La Rochejaquelein, morts héroïquement pour leurs idées.

Dans cette appropriation des morts, il va très loin. Jusqu'à corriger leur vie et leurs paroles afin que la légende s'en empare. C'est ce travail sur la réalité qu'il a opéré dans la rédaction des bulletins de la Grande Armée qui ajuste le récit des batailles et permet, en les stylisant, de les installer dans l'épopée. Ainsi fait-il dire à Desaix mourant à Marengo cette parole : « Va dire au Premier consul que je meurs en regrettant de ne pas avoir fait assez pour la postérité. » Phrase apocryphe mais qui sonne d'un ton si juste qu'elle sera abondamment citée, colportée par ceux même qui savent que le héros foudroyé par une balle n'a pas eu le temps de la prononcer. Mais elle embellit la légende ! Elle cisèle le personnage mieux que ne le ferait une statue à sa gloire.

Aussi bien Desaix que Kléber, que pourtant Napoléon n'aimait guère et qu'il jugeait sévèrement, vont lui servir pour créer une idéologie et une mythologie de la gloire. Ne sont-ils pas morts le même jour, le ci-devant vicomte des Aix et le fils de maçon, l'un mort en Italie, l'autre en Égypte, l'un cultivé et méditatif, l'autre d'un caractère rustique et emporté, mais tous deux frappés par le destin dans deux grandes aventures guerrières de l'épopée napoléonienne ?

C'est à leur illustration que va s'employer le sénateur Dominique Joseph Garat, professeur à l'École normale supérieure, quelques semaines plus tard, place des Victoires, en présence du Premier consul :

« Kléber et Desaix, si dignes tous les deux d'entrer dans ces parallèles qui enseignent aux nations à apprécier les vertus, à distribuer la gloire, sont appelés bien plus naturellement à être rapprochés, à être comparés l'un à l'autre dans cet hommage solennel qu'ils reçoivent ensemble. »

Et Garat poursuit :

« La nation ouvre à ceux qui reçoivent ces éloges cette espèce de temple de mémoire, ce panthéon de tous les peuples et de tous les siècles qui existe partout où ce qui est sensible honore ce qui a été grand. »

Pour incarner encore plus profondément cette idée, Napoléon demande à Girodet un tableau qui pourrait l'illustrer. Le peintre s'exécute et brosse une fresque proprement délirante, intitulée *L'Apothéose des héros français morts pour la patrie pendant la guerre de la Liberté*. On y voit le vieux barde aveugle Ossian, figure chère au Premier consul, accueillir aux Champs-Élysées les grands héros français : de Charlemagne et de Turenne à Desaix, Kléber, Dugommier, Hoche, Joubert, La Tour d'Auvergne.

Dans ce tableau de Girodet, comme dans le discours de Garat, tout imprégnés des idées de Napoléon, on peut déjà préjuger de la suite. Ces héros, érigés au rang de symboles, dessinent la politique de l'avenir que le Premier consul construit avec autant de circonspection dans le détail que d'obstination : la radiation des émigrés. Cent mille hommes et femmes attendent de regagner leur patrie : avec quel soulagement ils doivent entendre ces paroles annonciatrices de leur réintégration dans la communauté nationale. « Une des plaies de la République, il faut nous en guérir le plus tôt possible. » En filigrane, on peut presque y lire la création de la Légion d'honneur. Et, point d'orgue de cette tolérance nouvelle, le rétablissement du culte catholique. Sur ce point, Napoléon n'a pas dissimulé en Italie que l'ostracisme a assez duré.

Il veut donner à la société des bases solides, « des masses de granit ». Quand on veut réconcilier ceux qui se sont haïs, qui se haïssent encore, pourquoi les priver de se réconcilier aussi avec Dieu, le chef des puissances invisibles qui gouverne tout, y compris la mort ?

III

Le 25 octobre 1800

Dans une cellule de la prison de la Conciergerie, un homme somnole. C'est un des rares moments où cet Italien agité, bavard, demeure silencieux. Seul dans son cachot, orgueilleusement seul, il échafaude encore des projets fumeux où l'histoire romaine se mêle à l'époque présente. Il pense à son œuvre, à son buste de Washington, à la fameuse statue de Michel-Ange, *Brutus*, étrangement inachevée et qu'il rêve de terminer. Cet artiste empli de tant de rêves a-t-il eu le temps d'être dégrisé par les interrogatoires de la police, les tortures, par ce coup de massue de la réalité qui l'a conduit dans cette cellule au milieu des rats et des immondices ? Non. Il fait partie de ces hommes de feu et d'imagination que rien ne terrasse. À moins que ce ne soit la folie ? Une folie qui lui a toujours fait mêler rêve et réalité et donne à son talent d'artiste un accent original. Canova, dont il a été l'élève, l'apprécie. David, son ami, l'aime jusque dans ses foucades qu'il ne prend pas au sérieux. Ce sculpteur, c'est Giuseppe Ceracchi.

Soudain, il entend du bruit dans le couloir. La clé grince dans la serrure, on tire le verrou. Pénètre alors près de lui un homme qu'il connaît bien – mieux que beaucoup d'autres – puisqu'il a sculpté ses traits pour un buste qu'il n'a pas eu le temps d'achever. Ceracchi frémit. L'apparition de cet illustre visiteur à cette heure tardive lui paraît aussi irréelle qu'une hallucination. C'est le genre d'épisode romanesque que son imagination, pourtant fertile, n'aurait jamais pu enfanter. L'homme devant lui est celui qu'il a le plus aimé, le plus admiré avant de le haïr au point d'avoir voulu le tuer. Le jacobinisme a mis le feu à la cervelle fragile de Ceracchi. Il est devenu un mystique de la Révolution, un illuminé du robespierrisme. Pour lui, les membres du Comité de salut public étaient des saints. À Rome, à Naples, comme républicain, il a connu la prison et la proscription pour ses idées. Il est toujours prêt à mourir pour elles.

Entre les deux hommes s'instaure un étrange dialogue.

« Que me veux-tu ? demande Ceracchi.

— Je veux te sauver.

— Toi ! Et pourquoi ?

— Parce que je vaux mieux qu'un insensé qui immole son ami à sa fantaisie.

— À son devoir.

— Ce n'est pas vrai : qui t'a chargé parmi mes compatriotes de les sauver malgré toi ? Toi, italien, ne devais-tu pas rester à Rome, combattre en franc républicain ou mourir pour la liberté, et non pas céder et fuir en lâche ?

— Tu as raison, mais la France est ma patrie adoptive et si ma faute m'a déshonoré en Italie, l'amour pour la liberté me réhabilitera en France.

— Tu peux vivre encore : il m'est pénible de laisser éteindre un beau génie, d'enlever aux arts un homme tel que toi ; change de façon de penser, Ceracchi, ou, si tu y persistes, va, fuis des terres soumises à mon autorité et jure de ne plus rien entreprendre à mon désavantage.

— Ma destinée est accomplie.

— Sois raisonnable. Procure-moi le plaisir de faire une belle action.

— Et mes amis ?

— Tes complices ? Songe à toi, pas à leur sort.

— Il sera le mien.

— C'est une folie.

— Les fous comme moi sont rares.

— Ceracchi, tu aimes tes amis, il dépend de toi de les arracher au supplice : abjure tes sentiments régicides.

— Régicides ! Es-tu donc déjà roi ?

— Silence, malheureux, tu joues avec la hache tranchante.

— L'arrêt rendu, comment me sauveras-tu ?

— Tu t'adresseras à moi, tu me demanderas ta grâce.

— Je la demanderai à l'Être suprême… à un homme, jamais. Si, pour vivre, il faut m'avilir, ne t'en flatte point. Tu ne flétriras point ceux que tu veux pardonner pour éblouir par une fausse clémence. Adieu, Bonaparte.

— Adieu, Ceracchi. »

Quel sentiment traverse à cet instant les deux hommes qui se sont aimés et que la mort va séparer à jamais ? Celui que Ceracchi admirait et qui était son ami, et que pourtant il a voulu tuer, lui offre un pardon qu'il refuse avec orgueil. L'un et l'autre doivent se souvenir de leur première rencontre à Milan, pendant la première campagne d'Italie, dans la liesse de la victoire, de leurs retrouvailles à Paris après l'aventure égyptienne, de leurs discussions aux Tuileries dans cette langue italienne qui les rendait si proches, presque familiers tandis que Ceracchi tentait de sculpter la figure de son illustre modèle que, déjà, il projetait de tuer.

Cette « conspiration des poignards », dont Ceracchi a été l'âme avant d'en être le bras armé, cela fait près d'un mois qu'elle a été découverte au cours d'une soirée à l'Opéra où on jouait *Les Horaces et les Curiaces*.

Ceracchi et son principal complice, le peintre Topino-Lebrun, bon peintre d'histoire, ami de David, fiévreux conventionnel, auteur d'un fameux tableau, *La Mort de Caius Gracchus*, s'étaient abouchés avec un Corse nommé Arena pour tuer le Premier consul dans sa loge. La police avait éventé le complot. Tous les conspirateurs armés de poignards avaient été arrêtés au moment où ils allaient accomplir leur crime à l'Opéra.

Mais rien n'est très clair dans cette affaire. Ceracchi et Topino-Lebrun sont entrés en contact avec un ancien capitaine à la retraite, un certain Harel, qui, selon toute vraisemblance, était un agent provocateur. N'est-ce pas lui qui les a poussés à commettre un crime, projet dont il a immédiatement rendu compte au général Lefebvre ? Fouché lui-même n'y croyait pas. Il y voyait des propos d'après boire de rapins excités par l'alcool.

Mais les conjurés appréhendés en flagrant délit, rien ne peut plus arrêter le bras de la justice. Peut-être une grâce serait-elle intervenue de la part du Premier consul pour épargner au moins la mort à son « ami » Ceracchi. Sans doute. Mais une affaire autrement grave devait très rapidement l'écarter de toute idée de mansuétude.

IV

24 décembre 1800

En ce début de soirée brumeux de la veille de Noël qu'on continue de célébrer en catimini en dépit de tous les oukases révolutionnaires, il fait un froid sec sur Paris. L'atmosphère est aux réjouissances. Dans les Tuileries, « tristes comme la grandeur », il somnole, allongé sur un sofa, près d'un grand feu dans la cheminée monumentale, entouré de ses compagnons d'armes préférés et de sa famille. Il aime cette atmosphère bourgeoise, détendue, où il peut, pendant quelques brefs instants, se délasser loin des fracas du monde, des intrigues et oublier la haine de ses ennemis. Mais cette quiétude est troublée par un léger tracas domestique : Joséphine, qui aime sortir, et Hortense, surtout, qui adore la musique, veulent l'entraîner à l'Opéra où l'on joue *La Création du monde* de Haydn. Cette idée de sortir dans le froid pour aller à un concert et renouer avec son personnage officiel ne le réjouit pas. Il renâcle. Peut-être sent-il, avec cette force si puissante chez lui de l'intuition, qu'il ne doit pas y aller. Il doit suivre son inclination de rester au chaud avec sa famille. Une discussion s'engage. Hortense, à laquelle il résiste difficilement, tente de le persuader de sortir.

À un jet de pierre des Tuileries, dans une petite rue marchande, un homme vêtu d'une blouse bleue, petit, plutôt chétif, qui conduit une carriole bâchée, attelée à une jument noire, s'adresse à une toute jeune fille de quatorze ans, les cheveux roux, le visage marqué par la petite vérole. Transie de froid, elle vend des petits pains que confectionne sa mère, une marchande de quatre-saisons de la rue du Bac. Il lui propose douze sous pour garder sa carriole. Il lui confie un fouet. C'est presque une scène des *Misérables*. Mais il ne s'agit nullement de Jean Valjean et de Cosette. Celle-ci s'appelle Marianne Peusol. L'histoire ne la retiendra pas. En revanche, le nom de la petite artère encombrée où se déroule cette scène deviendra célèbre : la rue Saint-Nicaise.

Dans le salon des Tuileries, les femmes se liguent pour le pousser à se divertir.

« Tu travailles trop, Bonaparte », lui lance Joséphine.

De son sofa, il répond qu'après tout, les femmes peuvent se rendre seules au concert. Joséphine s'obstine : pas question d'y aller sans lui.

La tendre pression d'Hortense finit par emporter sa décision. Il se lève brusquement.

Tous ceux qui ont assisté au dîner, Berthier, Lannes, Lauriston, se préparent à le suivre. Joséphine est en retard. Elle est allée chercher un châle. Le balourd général Rapp, en manière de moquerie, critique la couleur de son châle. Alors s'engage une petite dispute amicale. Joséphine dit plaisamment à Rapp qu'il s'y connaît autant à critiquer une toilette qu'elle à attaquer une redoute. On perd du temps.

Toujours pressé et peu disposé à écouter ce genre de futilités, il a filé, suivi de Berthier et de Lannes. Un carrosse les attend. Un escadron de grenadiers à cheval de la garde consulaire leur fait escorte. Les grilles des Tuileries s'ouvrent. La garde présente les armes.

À deux cents mètres de là, un homme vêtu d'une blouse bleue, qui surveillait la grille des Tuileries, court avertir un autre homme en blouse bleue. La petite jeune fille rousse joue avec le fouet qu'on lui a confié, attentive à remplir sa mission et à mériter ses douze sous. Bientôt, un grondement se fait entendre sur les pavés qui résonnent dans la rue étroite. Les badauds s'arrêtent, habitués à voir passer le cortège. Les curieux se massent. Au Café d'Apollon, les dîneurs ont pris place pour le réveillon. Dans la boutique d'un chapelier, Ometz, une jolie fille en jupe de nankin rayé se demande si sa tenue convient pour le réveillon. Les boutiquiers sont affairés : il y a toujours des retardataires qui viennent faire leurs dernières emplettes ou se faire une beauté. Le perruquier Vitry, le costumier Buchener, l'horloger Lepeautre, surtout le marchand de vins Armet se félicitent de voir que les affaires reprennent.

Au moment où le grondement de la cavalerie et des carrosses résonne plus fort sur le pavé à l'entrée de la rue, un des hommes en blouse bleue s'affaire fébrilement sous la bâche de la carriole et s'éclipse prestement, laissant la jeune fille rousse jouer avec son fouet. Elle admire les beaux grenadiers à cheval qui passent au grand trot. Des curieux se portent aux fenêtres et crient :

« Vive Bonaparte ! »

À cet instant, une déflagration épouvantable retentit. Une lueur aveuglante éclaire la rue, comme si la foudre venait de tomber. Une pluie de débris blesse les passants : pierres, verre brisé, vitres, tuiles dégringolant des toits, suivie par une clameur de hurlements et d'appels au secours.

Dans ce hourvari de plaintes et de gémissements, au milieu de cet encombrement d'objets et de détritus, après un sentiment d'effroi, succède un autre sentiment : celui du miracle. La voiture du Premier consul a passé sans encombre. Les trois voitures qui suivent, stoppées à l'entrée de la rue, empruntent un autre chemin.

Sur le pavé, c'est un spectacle de désolation : des morts, des blessés qui agonisent, des bras, des cuisses, des têtes arrachés jonchent le sol au milieu des débris. De la jeune fille rousse, il ne reste plus qu'un tronc ; ses bras ont été projetés à trente mètres. Du cheval qu'elle gardait, il ne subsiste que la tête et un côté du poitrail. Quant à la carriole, elle est réduite à un fragment d'essieu projeté à une centaine de mètres. Toutes les vitres des Tuileries ont été brisées.

Les trois hommes en blouse bleue ont disparu. Ils se sont mêlés à la foule et ont profité de l'affolement pour s'enfuir.

Arrivé indemne à l'Opéra, les vitres de sa voiture ayant volé en éclats, le rescapé encore éberlué par ce qui vient d'arriver est accueilli par des acclamations. Au moment de l'explosion, il le racontera, il a cru qu'il était subitement transporté sur le fleuve Tagliamento en Italie où, la montée des eaux ayant emporté sa berline, il avait été très près de se noyer.

Après plusieurs ovations, il se retire. Le cocher, un certain Germain surnommé César, par sa présence d'esprit, a contribué à lui sauver la vie. Aux Tuileries, à son retour, tout le monde est en émoi. Souriant, presque joyeux, il dit à ses officiers :

« Eh bien, messieurs, nous l'avons échappé belle. »

Plus tard dans la soirée, Fouché, le ministre de la Police, arrive. On réunit un comité de crise. Le Premier consul lui reproche d'avoir ignoré ce complot. Pour lui, les coupables sont désignés : les jacobins extrémistes, les *exagérés*. Les émules de ceux-là mêmes qui, deux mois plus tôt, ont organisé la conspiration des poignards, les Ceracchi, les Topino-Lebrun, les Arena. Tous ont avoué leur tentative d'homicide.

Fouché, impavide, laisse passer la tempête. Il connaît trop l'irascibilité du Premier consul et ses réactions impulsives pour tenter de le raisonner. Les ennemis de Fouché – et Dieu sait qu'ils sont nombreux – profitent de l'occasion pour tenter de l'éliminer. On le suspecte de vouloir protéger ses amis jacobins, les complices de ses exactions quand il était à Lyon. Celui-ci préfère se taire. Il n'a pas dit son dernier mot.

Dès le lendemain, la police fait des prodiges. On identifie la jeune fille rousse, la petite Marianne Peusol. Un maquignon se présente spontanément à la police et reconnaît les restes de la jument noire qu'il a vendue quelques jours plus tôt. Un loueur de carrosses vient à son tour apporter des précisions sur l'un des hommes en blouse bleue. Leur signalement est diffusé. Il correspond en tout point aux portraits de trois chouans surveillés par la police : le chevalier de Limoëlan, un gentilhomme breton, Carbon et Saint-Régent. Tous trois sont activement recherchés. Rapidement, deux d'entre eux sont arrêtés. Le chevalier de Limoëlan s'enfuit en Amérique. Il deviendra prêtre et passera sa vie dans la dévotion à expier son crime.

Ses complices seront jugés et guillotinés, suivis de près par les branquignols de la conspiration des poignards : Ceracchi, Topino-Lebrun et Arena, condamnés autant par le tribunal que par l'opinion qui réclame vengeance pour la mort de la malheureuse Marianne Peusol.

Si ces tentatives d'assassinat ont manqué leur but, elles provoquent un étrange ébranlement moral sur celui qui en était la cible. Cette haine sourde autour de lui, ces hommes prêts à tout pour le tuer, il sait qu'ils ne sont pas des individus isolés. Des hommes, derrière eux, tirent les ficelles. Il les connaît. Il sait que la vie militaire, où l'on s'expose sans cesse, exige deux choses : la foi en la vie et le mépris de la mort. Ce qu'il a peur de perdre, c'est la foi en la vie.

Désormais, il sait que la partie engagée avec ses ennemis sera une lutte à mort. Les monarques en exil ont compris qu'il ne sera jamais un général Monk. Il est un obstacle sur le chemin de leur trône. Et rien ne leur fera lâcher prise. Ni à eux, ni à ceux qui les entourent, leurs conseillers que la haine a poussés à s'engager dans les armées des ennemis de la France.

Entre eux, il y a du sang. Celui indélébile de la Révolution. Désormais, c'est son sang à lui qu'ils veulent faire couler. Et le Corse qu'il est, se mêlant à l'homme qui déjà se sait indispensable à la cohésion française, décide en son for intérieur qu'il ne sera pas le dernier à tirer l'épée contre ses agresseurs en mal de couronne.

V

6 février 1801

Il marche à grands pas dans son bureau des Tuileries. Il relit la lettre que lui a fait parvenir Louis XVIII. Il en pèse chaque mot, analyse chaque phrase en les répétant à haute voix devant Roederer, un conseiller d'État avec lequel il aime penser tout haut. Il mesure ce qu'il a dû en coûter à l'orgueilleux Louis XVIII d'écrire une pareille lettre. Ces compliments, ces flatteries, comme il a dû courber sa vanité pour donner à son style un ton aussi suave. Quel effort pour dompter sa haine ! Il ne se trompe pas. Louis XVIII, en confiant sa missive au duc d'Avaray, a laissé tomber ces mots amers :

« C'est un billet bien cher joué à une loterie de peu d'espérance. »

« Dès longtemps je me suis dit que le vainqueur de Lodi, de Castiglione, d'Arcole, le conquérant de l'Italie, de l'Égypte sera le sauveur de la France ; amant passionné de la gloire, il la voudra pure et préférable à une vaine célébrité. Nous pouvons assurer le repos de la France. Je dis "nous" parce que j'ai besoin de Bonaparte pour cela et qu'il ne le pourrait sans moi. Il est temps que je vous montre les espérances que j'ai fondées sur vous. Un grand homme doit lui-même fixer son sort, celui de ses amis. Dites ce que vous désirez pour vous, pour eux, et l'instant de ma restauration sera celui où vos vœux seront accomplis. »

Il n'est pas dupe du contenu de ce message, même si sa forme flatte agréablement son amour-propre. Ce qu'il en aime surtout, c'est le style marqué du sceau de la grandeur. Peut-être se dit-il que c'est le genre de lettre qu'il aurait pu écrire. Et puis elle le conforte dans son rôle historique. Oui, il est en lieu et place des rois de France. Leur époque a passé. Ils sont réduits à n'être que des quémandeurs.

« Cette lettre est fort belle, dit-il à Roederer, mais ma réponse ne l'est pas moins. Ce serait une belle chose à mettre dans le *Journal de Paris* : "J'ai reçu, Monsieur, votre lettre ; je vous remercie des choses honnêtes que vous me dites. Vous ne devez pas souhaiter votre retour en France : il vous faudrait marcher sur cent mille cadavres. Sacrifiez votre intérêt au repos et au bonheur de la France : l'histoire vous en tiendra compte. Je ne suis pas insensible aux malheurs de votre famille : je contribuerai avec plaisir à la douceur et à la tranquillité de votre retraite."

— Cela me fait frissonner.

— Vous avez tort. Livrer la France à Louis XVIII serait l'action d'un traître. »

C'est que le prétendant au trône s'agite beaucoup depuis son exil de Mitau, en Lettonie. Il a fait parvenir des lettres à Lebrun, le deuxième consul ; plusieurs émissaires ont pris contact avec Talleyrand ou même avec Joséphine dont on sait qu'elle a gardé une faiblesse pour l'aristocratie. Ces manœuvres l'agacent sans entamer sa résolution :

« Les Français ne peuvent être gouvernés que par moi. Je suis dans la persuasion que personne d'autre que moi, fût-ce Louis XVIII, fût-ce Louis XIV, ne pourrait gouverner en ce moment la France. »

Joséphine ne serait pas hostile à ce qu'il accepte du roi un rôle de connétable. Cette idée l'exaspère :

« Je pourrais rappeler le roi et le faire monter sur le trône. Mais à quoi cela servirait-il ? La difficulté n'est pas de rétablir le roi et la royauté. »

Et il ironise :

« Si je restaure les Bourbons, ils m'élèveront une statue et mettront mon corps dans le piédestal. »

Ce qui l'amène à mépriser les Bourbons, c'est leur lâcheté. À leur place… Il ne l'a pas dissimulé à d'Andigné et à Hyde de Neuville quand il les a reçus aux Tuileries.

« Les princes n'ont rien fait pour la gloire. Ils sont oubliés. Que n'étaient-ils dans la Vendée ? C'était là leur place.

— Le cœur les y a toujours appelés ; la politique des puissances étrangères les en a toujours éloignés, répond d'Andigné.

— Il fallait se jeter dans un bateau de pêche », dit Bonaparte avec mépris.

Il ne se dissimule pas plus que, sous son discours aux dehors pleins de noblesse et d'esprit chevaleresque, le monarque en exil, dans le même temps où il lui fait des propositions de conciliation, ourdit des machinations contre lui, des projets d'invasion, y compris des tentatives d'assassinat.

Tandis que, d'une main, il tend au Premier consul un rameau d'olivier, de l'autre, il garde sous le coude son projet du « grand assaut », imaginé par Hyde de Neuville. Il s'agit de combiner un débarquement anglais sur les côtes bretonnes, le soulèvement des provinces de l'Ouest, de Lyon, de la Provence et l'intervention des Autrichiens. Le commandement de ce projet est confié au général Willot. Évidemment, la défaite autrichienne à Marengo oblige à modifier ce plan et à l'ajourner. Reste l'assassinat. Cadoudal se fait fort d'y parvenir, en dépit de l'échec de la rue Saint-Nicaise. Louis XVIII, trop prudent pour donner son approbation, laisse faire ses sbires. Ils ont trouvé un nom de code à l'usurpateur : Félix.

Pour contrer les menées du monarque en exil, Napoléon a de nombreux atouts : le temps travaille pour lui. Les Français, dans leur grande majorité, ont accepté la République. Et ils veulent le calme, non des bouleversements. Son pouvoir, Napoléon ne l'a pas arraché contre la volonté des Français, il correspond à leurs vœux.

Autant par bon sens que par stratégie politique, il décide de faire revenir les émigrés. Dans la masse des cent mille réfugiés à l'étranger, on ne compte pas que des monarchistes purs et durs. Beaucoup d'entre eux sont même disposés à rallier le nouveau régime.

Il est prêt à accueillir les rejetons de familles de l'aristocratie qui accepteront de collaborer avec lui, non seulement en amnistiant leur passé, mais en l'oubliant. Connaissant mieux que personne les ressorts de l'âme humaine et combien est cruel de vivre loin de sa patrie, dans la nostalgie et le regret, d'être pauvre, incompris, il est sensible à la situation de ces émigrés qui se sont laissés égarer par la passion, les influences, les amis et qu'on condamne à rester prisonniers de leurs erreurs de jeunesse. Cette expérience d'exilé, ne l'a-t-il pas connue lui-même quand il a quitté la Corse ? Suffisamment pour savoir ce qui se passe dans la tête d'un jeune homme fier qui veut servir son pays, qui a de l'ambition, qui veut acquérir de la gloire ou, du moins, une place ; et imaginer les affres d'un père qui veut vivre avec décence et nourrir sa famille.

Il a compris que l'ancienne monarchie a perdu de son prestige pour beaucoup de jeunes aristocrates. Eux aussi, s'ils ont un peu d'intelligence et de sens des réalités, ont été contaminés par les idées nouvelles. Comme le jeune Chateaubriand qui, à Londres, a publié un essai sur les révolutions.

Il n'ignore pas non plus les vertus des héritiers de la classe dirigeante de l'Ancien Régime : « Seuls ces gens-là savent servir. » Et il pressent que ceux-ci peuvent rapidement retrouver dans son règne, fondé sur le mérite, la bravoure, l'honneur militaire, la gloire, des valeurs qui sont en sympathie avec celles de l'aristocratie et avec son origine même. N'a-t-il pas honoré Turenne, Charlemagne et chanté les louanges d'Henri IV ? Déjà dans son entourage le plus proche, on trouve des hommes et des femmes qui ont appartenu à l'ancienne noblesse : à commencer par Joséphine dont le mari est mort sur l'échafaud, Desaix ci-devant comte Des Aix, le ci-devant Marmont, Charles-François d'Andigné, son compagnon du régiment de La Fère qui l'a suivi en Égypte, Joseph-Ange d'Hautpoul qui dirige la cavalerie, Talleyrand qui descend d'une des plus illustres familles de l'Ancien Régime, Jean-Jacques de Cambacérès, fils d'un conseiller à la Cour des aides.

Il ne se trompe pas. Dès que les décrets autorisant le retour des émigrés sont publiés, les enfants de l'ancienne aristocratie se précipitent pour servir auprès de lui : Charles de Flahaut, fils naturel de Talleyrand, est très vite récupéré comme officier de cavalerie à l'état-major de Murat ; Philippe de Ségur et son frère Octave font des offres de services aussitôt acceptées ; Philippe de Ségur, petit-fils du maréchal, n'entre pas sans arrière-pensée au service du Premier Consul. Il espère ainsi faire de l'« entrisme » avec ses amis aristocrates et transformer peu à peu le régime en le grignotant de l'intérieur. Mais il ignore encore les pouvoirs de séduction de Napoléon et la solidarité que crée le compagnonnage des armes. Très vite, la conversion sera complète. Et sa fidélité sans faille.

Au fur et à mesure que les émigrés reviennent en France, ils désertent les rangs des royalistes ultras qui rêvent de revanche. Louis XVIII voit les troupes de ses partisans diminuer à vue d'œil. Ne lui restent fidèles que quelques fanatiques ou d'irréductibles chouans comme Cadoudal, qui ne désespère pas de pouvoir renverser le nouveau régime au moyen de ce qu'il appelle son « coup essentiel ».

VI

10 juillet 1801

La Malmaison. Il marche dans une allée du parc. Soudain, il entend les cloches de Rueil qui sonnent à toute volée. Ces cloches qui s'éveillent après un si long silence, c'est aussi son œuvre. Que de sentiments le traversent alors ! N'a-t-il pas passé son enfance à l'ombre d'une cathédrale à Ajaccio ? Et le son des cloches a bercé ses jeunes années. Il est sensible à ces émotions qui réveillent sa nostalgie. Pourquoi ces cloches s'étaient-elles tues ? La Convention avait voulu éradiquer le pouvoir religieux, comme si une nation pouvait se passer de religion. Et la remplacer par quoi ? Le culte de l'Être suprême, si abstrait, si peu conforme à ce besoin de sentiment et d'image auquel aspire le peuple français ? Pourquoi aller contre la nature humaine, ses penchants fondamentaux, ses coutumes, ses traditions ancrées dans le passé ? Quelle perversité de l'intelligence peut-elle conduire à voir dans les cloches des ennemies ? Il se souvient de sa discussion avec Treilhard, un jacobin borné :

« Oh, vous aussi, vous êtes contre les cloches religieuses ! Et pourquoi, s'il vous plaît ? Ce son est doux dans les campagnes ; lorsqu'il arrive de loin à l'oreille, il invite à la réflexion, à la mélancolie ; il avertit que l'homme songe à quelque chose de plus relevé que les affaires ordinaires. Les cloches et les canons sont les plus grandes voix de la civilisation ; elles luttent avec le tonnerre, cette voix terrible de la nature. Je vous en prie, ne brisez pas les cloches. »

Ce n'est nullement une pose chez lui, ni une attitude de circonstance. Au cours de ses promenades à cheval, ses amis l'ont vu, chaque fois que parvenait le son d'une cloche, ralentir son pas, s'arrêter. Il se taisait et semblait enseveli dans ses pensées. Il l'avoue à l'ancien conventionnel Thibaudeau :

« À chaque fois, je suis ému tant est forte la puissance des premières habitudes. Quelle impression cela ne doit-il pas faire sur les hommes simples et crédules ? Que vos idéologues, vos philosophes répondent-ils à cela ? Il faut une religion au peuple ! »

Ses convictions en matière religieuse sont bien floues. Certes, il croit en son étoile. Mais il n'a jamais dit qui avait créé cette étoile ni qui protège sa destinée prodigieuse. Il n'est pas athée et l'incrédulité lui déplaît comme toutes les certitudes matérialistes des esprits qui se croient forts. Il y voit une mode héritée de ce XVIIIe siècle qui a confondu la lutte contre le cléricalisme et celle contre la foi religieuse dans une même aversion. Il n'est pas loin de partager les idées de Voltaire qui, tout en pourchassant l'infâme, faisait construire une église à Ferney. Au fur et à mesure qu'il se rapproche des idées de Voltaire, il s'éloigne de Rousseau qui a tant marqué son adolescence. Maintenant, il le juge néfaste. Mais il lui garde une tendresse comme à une passion de jeunesse. D'ailleurs, il vient de se rendre en pèlerinage sur sa tombe, dans l'île des peupliers, au château d'Ermenonville. Après avoir longuement médité, il murmure :

« Peut-être eût-il mieux valu pour le bonheur des peuples que lui et moi n'eussions jamais existé. »

L'esprit philosophique a créé un terrain moral favorable au protestantisme. Il le sait. Mais il se refuse à l'instituer comme religion nationale, par crainte de créer des divisions religieuses. Pour lui, le catholicisme correspond mieux au génie français :

« En relevant la religion qui a toujours dominé dans le pays et qui domine encore dans les cœurs, et en laissant les minorités célébrer librement leur culte, je suis en harmonie avec la nation et je satisfais tout le monde. »

Ce combat pour rétablir le culte et trouver un accord avec le pape par un concordat, il ne se dissimule pas qu'il va soulever bien des oppositions. Mais le bon sens le lui impose s'il veut opérer la réconciliation nationale.

« Je ne suis pas dévot et j'avoue que je préfère après une victoire le *Te Deum* chanté dans une église à la plus belle promenade civique sur les quais et les boulevards de Paris. Qu'est-ce qu'un État sans religion, sans rapport intime entre Dieu et le peuple ? D'ailleurs, est-ce de la liberté que de ravir à vingt-six millions de Français ce qui fait leur consolation ? Je crois le concordat nécessaire, je le signerai. »

Aucun cynisme dans cette approche réaliste de la question religieuse. La raison l'y conduit autant que le cœur. Même si, quand il se laisse aller aux confidences, il semble plus opportuniste que vraiment attaché à la foi de sa mère qui, elle, ne cache pas qu'elle regrette les bonnes vieilles messes d'autrefois :

« Ma politique est de gouverner les hommes comme le plus grand nombre veut l'être. C'est, je crois, la manière de reconnaître la souveraineté du peuple. C'est en me faisant catholique que j'ai gagné la guerre en Vendée, en me faisant musulman que je me suis établi en Égypte, en me faisant ultramontain que j'ai gagné les esprits en Italie. Si je gouvernais le peuple juif, je rétablirais le temple de Salomon. »

Cette liberté de culte que consacre le Concordat, c'est autant sa volonté que le désir du peuple. Et l'hostilité qu'il rencontre vient de ses éternels adversaires : les idéologues, les philosophes à la petite semaine qui n'ont pas dépassé le matérialisme du siècle des Lumières. Les excès de la Révolution, les sacrilèges, les persécutions ont plus choqué les Français qu'ils n'ont arraché des cœurs la croyance catholique. Le clergé a eu ses martyrs qui ont fait oublier les tartuferies et les capucinades du clergé de l'Ancien Régime.

Comme négociateur auprès des émissaires du Saint-Siège, l'archevêque Spina et le père Caselli, il choisit un personnage dont le moins que l'on puisse dire est qu'il est haut en couleur : un prêtre fanatique, un chouan illuminé converti par les circonstances à la modération et à une onctueuse duplicité ecclésiastique, l'abbé Bernier. Il traîne une mauvaise réputation : on dit qu'à l'époque où, véritable moine soldat, il affrontait les armées de la République, il célébrait la messe sur les cadavres des bleus.

Quand le cardinal Caprara demande au Premier consul si cette rumeur est fondée, celui-ci répond qu'il n'en a pas la preuve mais que cela est tout à fait possible.

« Ce n'est pas un chapeau rouge qu'il faut à cet homme, mais un bonnet rouge ! s'exclame le cardinal.

— J'ai bien peur que cela ne nuise à l'abbé Bernier pour la barrette. »

Cela ne lui nuira pas. En récompense de ses estimés services, il obtiendra l'évêché d'Orléans.

Alors qu'un de ses émissaires, envoyés à Rome pour négocier, demande au Premier consul comment il doit traiter le pape, celui-ci lui répond :

« Traitez-le comme s'il avait deux cent mille hommes. »

Enfin, le jour de la proclamation du Concordat, un *Te Deum* est célébré à Notre-Dame en présence du Premier consul, entouré des principaux dignitaires du régime. À l'issue de la cérémonie, le Premier consul demande à Augereau, connu pour son jacobinisme et son caractère bourru, ce qu'il pense de la cérémonie.

« Très belle, répond le général. Il n'y manquait qu'un million d'hommes qui se sont fait tuer pour détruire ce que nous rétablissons. »

Il s'attendait à cette mauvaise humeur. Il sait qu'elle passera avec les années tant les anciennes mœurs sont indéracinables.

Lui qui n'aime rien tant que de voir son œuvre, qu'elle soit militaire ou politique, illustrée par les arts de son époque, ainsi que l'a fait Girodet avec son tableau sur la translation des cendres de Turenne aux Invalides, avec quelle avidité se fait-il lire par Hortense à la Malmaison des passages du nouveau livre de celui qui est devenu la coqueluche des salons : Chateaubriand. *Le Génie du christianisme* lui apparaît comme un ouvrage hautement salutaire. Il va non seulement apporter au Concordat sa consécration artistique, mais aussi sensibiliser les esprits, détruire les préjugés des sceptiques, déjouer les arguments de ce qui reste du parti philosophique. Quant à la dédicace de Chateaubriand, comment ne chatouillerait-elle pas son amour-propre ? Il l'avouera : « Je n'ai jamais été mieux loué. » Le jeune homme qui a vécu au milieu des sauvages dans les steppes d'Amérique a vite compris les ficelles de la nouvelle société, peu différente en cela de l'ancienne. Avec cette dédicace, il se surpasse dans l'art de la flagornerie : « On ne peut s'empêcher de reconnaître dans vos destinées la main de cette Providence qui vous avait marqué de loin pour l'accomplissement de ses desseins prodigieux. »

Et Chateaubriand signe avec cette formule de politesse aux termes de laquelle il allait si peu souscrire : « Votre très humble et très obéissant serviteur. » Chateaubriand ne sera ni humble, ni obéissant, ni serviteur de Bonaparte.

Quand Hortense lui lit des passages du *Génie du christianisme*, il est sous le charme d'un style qui lui rappelle le meilleur Rousseau auquel se mêlerait le délire opiomane d'Ossian, bien loin des fadaises de Bernardin de Saint-Pierre qu'il déteste. Il y retrouve son déisme en même temps qu'une critique du rationalisme de l'Encyclopédie, « cette Babel des sciences et de la raison ». Face aux savants, il s'est toujours montré plus proche des spiritualistes que des matérialistes, plus proche de Monge que de Berthollet. Il se fait répéter cette phrase par Hortense : « La religion chrétienne est la plus poétique, la plus humaine, la plus favorable à la liberté, aux arts et aux lettres. »

Comme il est sensible à cet éloge des cloches qui, grâce à lui, retentissent à nouveau librement dans toutes les églises de France après ce long et absurde silence dicté par le dogmatisme idéologique : « Cette cloche, agitée par les fantômes dans la vieille chapelle de la forêt, celle qu'une religieuse frayeur balançait dans nos campagnes pour écarter le tonnerre, celle qu'on sonnait la nuit dans certains ports de mer pour diriger le pilote à travers les écueils. »

Il aime ce style qui porte des vérités avec tant de mélodieux accords. Il pressent dans ce jeune homme ambitieux et fier, aristocrate mais ouvert à la marche de son temps, un talent qui siérait bien à son règne, lui qui se désespère de n'avoir pas Corneille pour contemporain. « Je l'aurais fait prince. » Son rêve serait de pouvoir compter, à côté de David pour la peinture, de Canova pour la sculpture, des frères Jacob-Desmalter, de Percier et Fontaine pour les arts décoratifs, un écrivain qui ait le sens du sublime pour chanter son épopée et sa gloire. Il sait qu'il ne peut compter ni sur Mme de Staël avec sa fatigante logorrhée et sa manie du dénigrement, ni sur le sec, froid, calculateur Benjamin Constant, et encore moins sur le fade Parseval-Grandmaison, l'avantageux poète officiel, auteur d'un *Philippe-Auguste* en douze chants, auquel sa participation à l'expédition d'Égypte n'a pas plus enflammé le style désespérément fadasse que son entrée à l'Académie française ne lui a donné de modestie.

Alors qui d'autre pour avoir une chance qu'il porte son éloge à la postérité, sinon ce jeune homme au verbe magique qui serre les poings d'ambition rentrée, faisant sa cour à sa sœur, Élisa Bacciochi, avec une ardeur qui ne trompe pas sur la place à laquelle il aspire ? N'est-il pas le protégé de ce gros butor de Fontanes à tête de sanglier, l'amant d'Élisa qui, lui aussi, se pousse sans vergogne vers les ors du pouvoir ? Tant de choses les portent l'un vers l'autre : l'amour de la France, la fascination pour son histoire, l'aspiration à la grandeur, le goût de l'ordre, la conscience que la Révolution a engendré une société nouvelle ; et aussi peut-être un même caractère : ce mélange d'indépendance et d'ambition, d'habileté et d'intransigeance, le mépris de l'argent et aussi des hommes. Et un orgueil faramineux. Un orgueil de montagne.

Chateaubriand décèle au premier coup d'œil que Napoléon est lui aussi, d'une certaine manière, un confrère. Un poète. « Une imagination animait ce politique si froid : il n'eût pas été ce qu'il était si la muse n'eût été là ; la raison accomplissait les idées du poète… Il mêlait les idées positives et les sentiments romanesques, les systèmes et les chimères, les études sérieuses et les emportements de l'imagination, la sagesse et la folie. » Un véritable autoportrait.

Plus tard, il poussera la comparaison jusqu'à ce ridicule qu'il frôle parfois, mais que rattrape son génie, en intitulant un chapitre de ses *Mémoires* « Napoléon et moi, sous-lieutenants ignorés » et en brossant un audacieux parallèle entre leurs deux destinées : « Nous partions l'un et l'autre de l'obscurité à la même époque, moi pour chercher ma renommée dans la solitude, lui sa gloire parmi les hommes. »

Napoléon, son concurrent à la gloire, ne nourrit pas beaucoup d'espoir de dominer ce génie orgueilleux. Non qu'il n'aime pas les écrivains, bien au contraire. Il ne les confond pas avec les idéologues, les songes creux, mais il les considère comme des « coquettes ». Avec eux, il faut « entretenir un commerce de galanterie et ne jamais songer à en faire sa femme ni son ministre ». Et, dans ce domaine, Chateaubriand l'enchanteur est un maître enjôleur ; il use de la flatterie, du dithyrambe, de l'intrigue par l'intermédiaire de Fontanes et d'Élisa Bacciochi tout en prenant la pose hautaine de l'homme intransigeant. Un jeu qui exaspère Napoléon. Il le dira plus tard à Metternich : « Il s'est offert vingt fois à moi ; mais pour me faire plier à son imagination, qui toujours le conduit à faux, et non pour m'obéir. Je me suis refusé à ses services, c'est-à-dire à le servir. » Jugement qui fait écho à celui recueilli par Mme de Rémusat : « Mon embarras n'est pas d'acheter Chateaubriand, c'est de le payer le prix qu'il s'estime. »

Néanmoins, même lorsque leurs rapports s'aigriront, il s'efforcera de le protéger en sous-main, heureux au fond que sa jeune gloire éclaire son règne d'une belle lumière. Il veillera même à ce que, dans son opposition à fleuret moucheté – nous n'en sommes pas là –, il ne manque pas d'argent. C'est un de ses grands soucis que le talent ne soit jamais réduit à la misère. Ainsi, avec la petite fortune qu'il lui fera verser lors de la suppression du *Mercure de France*, il sera outrageusement dédommagé, au dire même de Joubert. « L'or a plu sur les déplacés. Je ne vous conseille pas de les plaindre. » Un pactole qui permettra à ce fier opposant d'acheter le domaine de la Vallée-aux-Loups et d'y vivre une retraite dorée à planter des arbres rares et à écrire *Les Martyrs*.

On a parlé d'un rendez-vous manqué. Non, c'est peut-être mieux ainsi. Le Premier consul, en étant prudemment économe de ses bienfaits, a évité à Chateaubriand le piège de la courtisanerie, l'émolliente facilité des faveurs, les illusions du pouvoir où sa vanité aurait pu s'enfler et s'égarer tandis que leur mésentente, en renforçant son orgueil granitique, lui a permis de se construire en rival symbolique : l'esprit invaincu face à la force. Et sa tombe sur le Grand-Bé n'est que géographiquement située devant l'océan : c'est en fait face au tombeau des Invalides qu'il l'a érigée, conscient que son œuvre ramerait ainsi dans l'éternité à l'unisson du seul contemporain taillé à la mesure de son génie.

En attendant, Napoléon donne sans trop d'illusions à Chateaubriand un os à ronger : un secrétariat d'ambassade à Rome auprès de son oncle, le cardinal Fesch, dont le peu de lustre ne conviendra pas à l'insatiable amant de la gloire. Il le repêche en lui accordant une ambassade dans le Valais que celui-ci accueille sans plus d'enthousiasme : « Qu'irais-je faire dans ce trou perdu ? » Heureusement, l'histoire, dans un de ses sanglants accès, lui fournit bientôt un prétexte pour se soustraire à cet exil au milieu des moutons et, surtout, trop loin, bien trop loin, des jeunes beautés, les Delphine de Custine, les Natalie de Noailles, que sa jeune gloire de fiévreux apôtre du catholicisme attache à ses pas.

VII

1er mai 1803

Le soleil couchant enveloppe le château de Saint-Cloud d'une lumière dorée. Allongé sur son lit étroit dans sa chambre, respirant les effluves de l'eau de Cologne dont on vient de le frictionner vigoureusement, il s'abandonne à un étrange sentiment de lassitude. Comme toujours lorsque la mort vient de lui rappeler sa présence. Encore une fois, il l'a vue de près. Pas sur le champ de bataille, comme il en a l'habitude, pas à cause d'un attentat, mais par sa faute. La scène est encore dans son esprit. Le ridicule le dispute au tragique, comme c'est le cas pour les accidents domestiques. Quelques heures plus tôt, il a voulu faire une promenade en calèche dans le magnifique parc qui domine Paris. Les pièces d'eau, agencées avec tant d'art par Le Nôtre, où se reflètent les arbres du parc, l'éclaboussent de soleil. Il invite Joséphine, Hortense et Cambacérès à se joindre à lui. Quelle lubie le prend alors de saisir les rênes des mains de César, son cocher ? La calèche attelée à six chevaux, jeunes et ardents, se trouvait dans l'allée du Fer-à-Cheval qui mène du pavillon de Breteuil à Ville-d'Avray. Ne sentant plus la poigne de leur maître à laquelle ils sont habitués, les chevaux partent au galop. Cambacérès se met à crier :

« Arrêtez ! Arrêtez ! Vous allez nous briser ! »

Mais la calèche folle poursuit sa course jusqu'à la grille du parc où elle heurte une borne en pierre à pleine vitesse : ses occupants sont projetés violemment sur le sol. Les chevaux s'arrêtent. On se précipite vers lui. Il est évanoui. Les passagers n'ont que des contusions. Très pâle, il se relève et tente de faire de l'humour :

« Il faut rendre à César ce qui est à César : qu'il garde son fouet et que chacun fasse son métier. »

Mais, en rentrant vers le château, il dit :

« Je ne me suis jamais vu plus près de la mort, ce sommeil sans rêves. »

Maintenant que le soir tombe, emplissant la chambre d'ombres, il est envahi par un sentiment de lassitude. Tout ce qu'il a édifié lui paraît si fragile. Ces masses de granit dont il a réussi, au prix d'un effort herculéen, à lester le corps social instable de la France, il suffit qu'il disparaisse pour que tout s'effondre. Ce consulat à vie qu'on lui a conféré, en quoi le protège-t-il de la mort ? Quel poignard cela conjure-t-il ? Cette disposition ne dissuadera aucun assassin. La haine en politique rend aveugle. Il l'analyse lucidement :

« C'est une sorte de lunette à facettes à travers de laquelle on ne voit les individus, les opinions et les sentiments qu'avec le verre de la passion. Il s'ensuit que rien n'est mal ni bien en soi, mais seulement selon le parti dans lequel on est. »

Cette paix européenne qu'il a si ardemment et laborieusement construite à force de négociations et de traités, à l'abri de laquelle il imaginait pouvoir poursuivre son œuvre de reconstruction nationale, il sait maintenant qu'elle n'est qu'un rêve qui se dissipe. Il l'a compris quand le tsar Paul Ier a été assassiné. La main de l'Angleterre était si visible. La paix dont il a rêvé est donc impossible. Le traité d'Amiens n'a pas été respecté. L'Angleterre se refuse à rendre Malte.

Alors il y aura la guerre. Il s'y résout avec une sorte de tristesse. Mais comment y échapper ? C'est l'Angleterre qui la veut, elle qui ne supporte pas une France forte dans l'échiquier européen. Jamais il ne s'est soustrait à cette nécessité de se battre mais, cette fois, il pressent que le conflit sera long et sans merci face à un adversaire acharné et déloyal. Lui qui a pris tant de goût à la paix, cette paix sans laquelle il n'aurait pu assouvir sa passion de bâtisseur, il s'interroge : quel démon l'entraîne contre son gré à faire cette guerre qu'il n'aime pas ? « De toutes les calamités qui peuvent survenir au peuple français, il n'en est point de comparable à celle-là. »

Pourtant, il aura tout fait pour l'éviter. N'a-t-il pas été jusqu'à écrire au roi George une lettre où, invoquant « le bonheur du monde », il l'adjurait de terminer la guerre ? « Depuis huit ans, elle ravage les quatre parties du monde. Doit-elle être éternelle ? N'est-il donc aucun moyen de s'entendre ? » Ses adversaires ne contestent pas sa volonté de faire la paix. Pas même le duc d'Enghien qui, de sa retraite allemande, écrit à son grand-père : « Positivement, Bonaparte est désolé de la guerre et ne la veut pas. »

Jusqu'au dernier moment, il tente de l'éviter. À bout d'arguments, il explose devant le corps diplomatique en s'en prenant avec violence à lord Whitworth, l'ambassadeur d'Angleterre :

« Vous voulez la guerre. Nous nous sommes battus pendant quinze ans. C'est déjà trop. Vous voulez la guerre quinze années encore et vous m'y forcez. Nous nous battrons dans quinze jours. Vous m'entendez : Malte ou la guerre. »

Sa fureur passée, il charge Talleyrand de proposer à l'ambassadeur, qui a déjà demandé son passeport, une ultime concession : que l'île de Malte soit au moins remise entre les mains d'une des puissances signataires du traité d'Amiens. Mais cette dernière preuve de bonne volonté se heurte à l'intransigeance de l'Angleterre. Pitt, qui dirige le cabinet anglais, est intraitable. Son rival, le sympathique et débonnaire Fox, qui a tout fait pour éviter le conflit, ironise avec tristesse à la Chambre des communes sur la mauvaise foi de Pitt et les motifs égoïstes qui alimentent son bellicisme :

« Alors tout progrès que fera la France au-dehors et même à l'intérieur, commerce, manufacture, sera une cause de guerre, une injure pour nous. »

Mais, tandis que, poussé à bout, Napoléon se prépare à cette guerre qu'il dit ne pas aimer, une autre pensée le trouble. Autant il échafaude froidement les moyens à mettre en œuvre pour vaincre l'Angleterre, autant l'idée que celle-ci puisse trouver des complices parmi les Français suscite en lui un sentiment de fureur. Comment peut-on trahir son pays ? Quelle idéologie peut-elle pervertir à ce point l'esprit d'un homme au point de lui faire oublier sa fidélité nationale ?

Et cette guerre, il est clair que c'est une belle occasion pour ses ennemis d'offrir leurs services aux Anglais ! Ceux-ci ont déjà montré qu'ils ne lésinent sur aucun moyen pour l'abattre : la ruse mais aussi la corruption. Cet argent anglais, il pleut déjà sur les Bourbons, sur Louis XVIII, sur le duc d'Enghien, sur les chouans. Mais pourquoi ne corromprait-il pas aussi ses proches, ses ministres, jusqu'à ses amis ? Jurerait-il que Talleyrand y est insensible ? Il n'a pas oublié la trahison de Dumouriez, celle du général Pichegru, ces fiers républicains passés avec armes et bagages du côté de l'ennemi.

Et, à ce nom de l'ex-général Pichegru, qui continue de fomenter à Londres des complots avec des subsides anglais, il ne peut s'empêcher d'associer aussitôt un autre général, autrefois sous ses ordres dans l'armée du Nord : le général Moreau. Celui-ci fut proche de l'ancien vainqueur de la Hollande ; proche au point d'avoir dissimulé sa trahison au Directoire. Un terrible soupçon l'assaille. Il voudrait le chasser de son esprit comme une mauvaise pensée. Mais l'idée l'obsède. Ce rationnel a des intuitions fulgurantes : et si souvent elles se sont révélées justes ! Il a beau se raisonner, chercher des arguments pour se convaincre qu'il est le jouet de son imagination qui s'emballe, le doute s'est installé. Certes, il s'est toujours méfié de Moreau – mais de qui ne faut-il pas se méfier quand on sait ce que sont les hommes ? – en raison de son caractère velléitaire, un peu mou, influençable, de ses fréquentations. Cependant il n'a jamais suspecté son amitié ni sa fidélité. S'agissant d'un autre, il balaierait ce soupçon comme une question oiseuse, mais pas de Moreau. L'incertitude le blesse parce qu'il l'admire, parce qu'il le considère comme un ami et aussi parce qu'il est influent.

Certes, leurs relations n'ont jamais été simples. Comment pourrait-il en être autrement entre deux généraux aussi également choyés par la gloire, qui ont parcouru un long chemin ensemble, connu la disgrâce, côtoyé le danger tout en nourrissant l'un pour l'autre un mélange d'estime et de circonspection ? L'histoire qui aime les parallèles les a mis trop longtemps en concurrence pour ne pas avoir suscité entre eux des blessures d'amour-propre très sensibles, qui sont les petits travers des grands ambitieux. Sans compter les mesquines rancœurs envenimées par les racontars et les médisances de leur entourage. Ainsi, il arrive aux fidèles de Bonaparte de se gausser de Moreau qu'ils surnomment Xénophon, allusion à sa retraite en Allemagne en 1796 qui lui fut longtemps reprochée. Mais les officiers de Moreau ne se privent pas non plus de clabauder contre le « déserteur » Bonaparte qui a fui l'Égypte en abandonnant son armée.

Moreau n'est-il pas le général, la fameuse « épée », qu'avait pressenti Sieyès après la mort de Joubert pour renverser le Directoire ? Ce n'est qu'après son refus qu'il avait jeté son dévolu sur Bonaparte. Il est probable que Moreau ne dissimule pas à ses amis que c'est grâce à sa défection que le Premier consul est là où il est, que, s'il avait voulu… Mais que fidèle, lui, à ses principes républicains, il a répugné à jouer ce rôle de César.

Napoléon sait que Moreau, comme tous les velléitaires, reste un aigri, une âme trouble, insatisfaite ; toujours mécontent de lui-même, il est de ces ambitieux inaboutis qui, manquant d'audace, rêvent à des fortunes impossibles. Pourquoi manifeste-t-il tant de réprobation devant ce qu'il entreprend ? Il a boudé le Concordat, traité de « capucinade » ; il s'est moqué de l'institution de l'ordre de la Légion d'honneur lors d'une réception en accordant à son cuisinier qui venait de régaler les convives une « casserole d'honneur ». Et son hôtel particulier de la rue du Faubourg-Saint-Honoré n'est-il pas un haut lieu de la contestation, le rendez-vous des mécontents et des envieux, où les républicains prétendument purs et durs n'hésitent pas à s'acoquiner avec les habitués des salons royalistes, comme celui de Mme Récamier qui, bizarrement, le porte aux nues ?

Moreau croit-il qu'il est dupe de ses agissements ? Qu'il est assez naïf pour ne pas voir sa main dans les libelles qui courent dans les garnisons, les inscriptions tracées sur les murs comme à Rennes : « Vive la République ! Mort à ses ennemis ! Vive Moreau ! Mort au Premier consul et à ses partisans ! » Et quand un de ses amis, le général Decaen, conseille à Moreau de mettre ses critiques en sourdine, celui-ci s'indigne :

« Je suis trop vieux pour me courber. »

Mais lui-même se sent-il vraiment exempt de tout reproche ? Certes, il a proposé à Moreau d'épouser sa sœur Pauline, il lui a offert le commandement de l'armée du Rhin qui lui a permis de conquérir la gloire à Hohenlinden. Mais est-ce vraiment assez pour le considérer comme un ami ? Il lui a fait jouer un rôle assez médiocre de geôlier des Directeurs lors du 18 Brumaire et il lui a toujours fait sentir, comme si cela allait de soi, que le premier rôle lui revenait et que Moreau devait non seulement se contenter de ses miettes, mais en plus paraître satisfait et, surtout, ne pas manifester un esprit d'indépendance – ce qui s'apparente, pour Napoléon, à une forme de rébellion. Sinon, pourquoi aurait-il interdit aux membres de sa famille de se rendre à la réception que Moreau a donnée trois mois auparavant dans son hôtel de la rue du Faubourg-Saint-Honoré ? Défection qui a fait l'effet d'un camouflet.

L'amitié entre les deux hommes est infiniment susceptible et le Premier consul, environné d'ennemis, a tendance à juger les hommes de manière trop tranchée : on est pour lui ou contre lui. Qu'il nourrisse un peu de jalousie pour ce général glorieux est d'autant moins impossible que celui-ci ne lui manifeste pas la moindre déférence. On peut faire des reproches à Moreau, il n'a pas l'esprit courtisan. Et la dérive personnelle que prend le pouvoir du Premier consul lui déplaît.

Quoi qu'il en soit, dans le jugement ambigu que Napoléon porte sur Moreau, il y a plus d'agacement que de véritables inquiétudes. Certes, il est exaspéré par son double jeu : ce parangon du jacobinisme, ce pur républicain qui ne répugne pas à faire patte de velours aux royalistes qui, de leur côté, louent son courage et sa probité. Mais ce qui le rassure, c'est son caractère velléitaire. Il pense que sa faiblesse le dissuadera toujours de prendre le risque d'une franche opposition ou de s'engager fortement dans un complot. Au fond, Moreau est comme tant d'autres, il attend son heure. Mais combien sont-ils dans ce cas, à espérer qu'un miraculeux poignard les délivrera de celui qui leur bouche le chemin de l'avenir ? Bernadotte est-il plus sûr ? Augereau moins suspect ? Sans parler de ses propres frères, Lucien et Joseph ? Tous, dans les eaux grises où macère leur ambition, n'aspirent-ils pas à sa succession ? Pourtant, Moreau reste en première ligne parmi ceux qu'il suspecte. S'il lui en veut plus qu'aux autres, c'est parce qu'il l'a admiré, parce qu'il l'a aimé.

VIII

13 janvier 1804

Les Tuileries. Tôt le matin. On procède à sa toilette. Toujours impatient, le visage couvert de mousse, il se rase. Constant, son valet de chambre, se tient à côté de lui, une serviette à la main. Soudain, le conseiller d'État Réal fait irruption dans la pièce. Pâle, agité, il prononce distinctement deux noms :

« Pichegru… Moreau… »

D'un bond, bousculant Constant, Napoléon se jette sur Réal et lui met la main sur la bouche pour le faire taire. Puis il congédie Constant. L'affaire est trop grave. Personne ne doit l'ébruiter. Tout en essuyant son visage avec une serviette, il écoute le rapport de Réal. Celui-ci, d'une voix blanche au débit saccadé, lui révèle la stupéfiante nouvelle qu'il vient d'apprendre de la bouche d'un chouan emprisonné au Temple, un nommé Bouvet de Lauzier. Cet acolyte de Georges Cadoudal a tenté de se pendre pendant la nuit à l'aide de sa ceinture. Les gardiens l'ont ranimé in extremis. Dès qu'il a repris connaissance, sous l'effet du choc nerveux, « encore couvert des ombres de la mort », selon son expression, il s'est mis à déballer tout ce qu'il savait : non seulement il confirme la présence de Cadoudal à Paris, mais aussi celle de l'ex-général Pichegru venant d'Angleterre. Plus grave encore, il affirme que celui-ci a vu le général Moreau à plusieurs reprises et que l'un et l'autre ont partie liée avec un prince de la maison de Bourbon qui doit arriver incessamment à Paris.

L'affaire ne se limite plus à une simple tentative d'attentat ourdie par des chouans comme on en découvre tous les jours. Avec Pichegru et Moreau, elle prend des proportions plus vastes : c'est une conspiration.

« Je vous l'avais bien dit, Réal, que vous ne teniez pas le quart de cette affaire-là ! »

D'où lui est venue l'idée qu'une conspiration se tramait ? Pas seulement parce que Fouché l'avait averti : « L'air est plein de poignards ! » C'est son intuition qui l'a poussé à demander à Réal, chargé des affaires de police depuis la dissolution du ministère de Fouché, de faire passer en jugement plusieurs chouans suspects.

Un certain Querelle a permis de remonter la filière. Voyant qu'il allait être exécuté, il a demandé à parler : il avait d'importantes révélations à faire. Napoléon, dès qu'il a sa supplique entre les mains, se montre d'abord dubitatif :

« Voilà un pauvre diable qui veut gagner une heure de vie. N'importe, Réal, allez lui parler. »

Réal se rend à la prison de l'Abbaye où Querelle, terrorisé, attend l'heure de son exécution. Tout de suite, il passe aux aveux :

« J'ai conspiré avec Cadoudal. J'ai assisté à son débarquement et à celui de ses complices sur la côte, près de Dieppe. Cadoudal est à Paris. »

Incapable de dire où il se cache, il donne néanmoins le nom de ses complices. C'est ainsi qu'on arrête Picot, le domestique de Cadoudal. L'inspecteur Bertrand, qui l'interroge, lui propose de l'argent et même la liberté en échange de l'adresse de son maître. Picot refuse. L'inspecteur introduit alors l'index de Picot sous le chien d'un fusil dont il serre les vis. La souffrance est atroce. Le doigt broyé, Picot accepte de parler. Il donne l'adresse de la dernière cachette de « Georges ». Les policiers se précipitent, mais celui-ci, prévenu, s'est éclipsé.

Aussitôt, un avis de recherche est diffusé : « Cinq pieds quatre pouces, extrêmement puissant : épaules larges, tête effroyable par sa grosseur, cou très raccourci, doigts courts et cuisses peu longues, le nez écrasé et comme coupé dans le haut, yeux gris dont l'un est sensiblement plus petit que l'autre, teint coloré, dents blanches, favoris roux : marche en se balançant, les bras tendus. »

On placarde également le signalement de Pichegru : « Visage un peu basané, figure un peu large, le nez large, à peu près comme un mulâtre, l'œil très vif, cheveux châtain-brun. »

Tandis que l'on recherche fébrilement les deux principales chevilles ouvrières de la conspiration, Napoléon, resté seul, est envahi par des sentiments contraires. Ainsi, son intuition ne l'a pas trompé. Moreau conspire bien contre lui. Il a beau avoir pressenti sa trahison, l'idée qu'un homme tel que Moreau ait pu perdre tout sentiment de dignité au point de s'acoquiner avec un traître comme Pichegru et un illuminé comme Cadoudal pour servir la cause d'un prince de la maison de Bourbon lui est douloureuse. Il lui cherche une excuse. Il n'en voit qu'une : la jalousie. Cette passion de faible qui fait oublier tout : les marques d'amitié, son devoir.

À la blessure personnelle, s'ajoute un dilemme d'ordre politique. Comment agir avec Moreau ? Doit-il ou non l'arrêter et le faire passer en jugement ? Son arrestation va mettre tout Paris en émoi. Encore auréolé par la gloire que lui vaut sa victoire de Hohenlinden, il a de chauds partisans chez les jacobins et même chez les royalistes qui voient en lui un recours au cas où... On va interpréter son arrestation comme un mouvement de jalousie vis-à-vis du seul héros qui lui fasse encore de l'ombre.

Pour une fois – la première peut-être –, il hésite. Quel que soit le parti qu'il va prendre, il en mesure les inconvénients. Il ne peut épargner Moreau. De toute façon, le voudrait-il, l'affaire est trop ébruitée pour pouvoir être étouffée.

À cela s'ajoute une difficulté d'ordre pratique : comment étayer solidement un acte d'accusation sans aucune preuve tangible et sans avoir procédé au préalable à l'arrestation de ses deux principaux complices, Pichegru et Cadoudal, toujours dans la nature ? Pendant deux jours, il pèse le pour et le contre. Comme s'il se méfiait de son impulsivité autant que pour impliquer dans sa décision plusieurs ministres, il réunit un conseil extraordinaire aux Tuileries. Cambacérès, Lebrun, les deux consuls, Fouché qui n'est plus que sénateur et qui ronge son frein, et plusieurs ministres y participent. Ils se prononcent tous pour l'arrestation. On se demande si leur avis n'est pas surtout dicté par le désir de flatter leur maître. Ils seraient infidèles à leur métier de courtisan s'ils ignoraient que c'est la décision qu'il attend d'eux.

Il se range donc à leur avis, c'est-à-dire au sien. À cet instant sans doute, il est égaré par son imagination chevaleresque : il imagine une scène grandiose, théâtrale, belle comme l'antique, au cours de laquelle Moreau s'excusant publiquement de ses mauvaises fréquentations, il lui pardonnerait tel un nouvel Auguste en raison des éminents services qu'il a rendus à la nation.

Cette scène émouvante va être réduite à néant par l'attitude intransigeante de Moreau. L'orgueilleux général, qui a déjà un compte personnel à régler avec le Premier consul, n'a aucune envie de s'humilier devant lui.

Arrêté le 15 février au pont de Charenton, alors qu'il revient de son château de Grosbois, acheté à Barras, il nie avec hauteur toute idée de conspiration. Fort de son soutien dans l'opinion publique qui voit aussitôt dans son arrestation le désir du Premier consul de se débarrasser d'un rival en instruisant contre lui un procès monté de toutes pièces, il se raidit et se drape dans sa dignité offensée.

Napoléon s'en inquiète auprès de Moncey qui a procédé à l'arrestation.

« Il n'a fait aucune résistance ?

— Aucune.

— Il n'a pas demandé à m'écrire ?

— Non !

— Il n'a pas demandé à me voir ?

— Non !

— Moreau me connaît mal : il veut être jugé, il le sera. Puisqu'il ne veut pas s'ouvrir à moi, il faudra bien qu'il s'ouvre à la justice. »

Frustré d'une explication d'homme à homme, il comprend alors qu'il a commis une erreur. L'arrestation de Moreau a provoqué un tollé. Elle n'a réussi qu'à rendre celui-ci encore plus populaire. On crie à l'arbitraire, au despotisme. La Bourse s'effondre. La révélation de la prétendue conspiration trouble tous les partis : les soutiens du Premier consul s'inquiètent de l'étendue des complicités dans une affaire qui montre surtout la précarité d'un régime que l'on croyait enfin stable. Les opposants trouvent, eux, des raisons de s'en réjouir : si tant d'hommes se trouvent compromis, c'est donc que les heures du Premier consul sont comptées.

Le voilà revenu à l'époque d'avant Marengo. La leçon qu'il tire aussitôt de cette désastreuse affaire, c'est l'extraordinaire fragilité de son pouvoir. Non pas qu'il découvre que les Français sont un peuple versatile, léger, qui est déjà las de la stabilité, cela il le sait, ils l'ont toujours été. Mais s'ils sont prêts à se jeter dans les bras du premier aventurier venu, ce n'est pas parce que l'organisation politique qu'il a mise en place manque d'autorité, c'est parce que le terrain sur lequel elle repose est instable. L'esprit public, depuis la disparition de la monarchie, n'est plus qu'un marécage boueux sur lequel aucune construction ne peut avoir de fondation solide. Son pouvoir manque de ce qui a fait la force de la monarchie : la légitimité. À quoi lui a servi de se faire proclamer Premier consul à vie si on considère sa personne comme aléatoire et éphémère ? Il le sait depuis longtemps : il doit s'ancrer plus profondément dans l'histoire, dans sa continuité et sa pérennité ; et se mettre ainsi à l'abri de l'écume des événements.

Dans ces circonstances, c'est donc un procès à l'issue bien aléatoire que l'on instruit. On va juger un général qui a une grande réputation d'indépendance et de loyauté sur la foi de rumeurs, d'aveux extorqués sous la torture à des hommes menacés de mort. Tel qu'il se présente, le dossier est cruellement vide. L'opinion le voit. Moreau le sait.

Heureusement pour l'accusation, Pichegru est appréhendé le 27 février. Il était temps. Son arrestation bientôt suivie de celle de ses complices, les frères Polignac et Rivière, donne enfin à la conspiration un commencement de réalité. L'opinion, toujours versatile, commence à admettre que si Pichegru et ses acolytes sont venus d'Angleterre, ce n'est pas pour des prunes. On continue néanmoins de penser que Moreau est abusivement mêlé à cette affaire et qu'il n'a commis qu'un seul crime : celui de faire de l'ombre au Premier consul.

Réal se précipite à la prison du Temple pour interroger Pichegru. En vain. L'ancien répétiteur de mathématiques de Napoléon au collège de Brienne est à la fois dépressif et coriace. Il nie tout ce dont on l'accuse : d'avoir vu Moreau, de connaître « Georges ». Il nie qu'il y ait eu la moindre conspiration. Ces dénégations accréditent encore l'idée de l'innocence de Moreau.

Enfin, le 9 mars, le gros poisson est repéré. Cadoudal, « Georges », est localisé. C'est vrai qu'avec sa trogne, il ne passe pas inaperçu. Et les promesses de récompense juteuse ont alléché les mouchards. On ne lésine pas : cent mille francs ont déjà été accordés pour la capture de Pichegru.

À la nuit tombante, près de la place Maubert où ses amis lui ont aménagé une cachette, un cabriolet portant le numéro 53, conduit par un certain Leridant, est signalé à la police comme devant être emprunté par le fugitif. La police cerne le quartier et suit de près la voiture. Place Saint-Étienne-du-Mont, un homme se précipite dans le cabriolet. C'est « Georges » déguisé en fort des Halles. L'arrestation est mouvementée. L'un des policiers s'accroche au cabriolet qui est stoppé à la hauteur de la rue Voltaire. « Georges » fait feu sur les policiers : il en tue un et en blesse un autre. Mais il est finalement maîtrisé.

Comme on lui reproche d'avoir tué un policier père de famille, il a cette repartie qui restera fameuse : « La prochaine fois, faites-moi arrêter par des célibataires. »

« Votre plan a donc été conçu avec un ci-devant prince français ? demande le policier.

— Oui », répond Cadoudal, qui dément avoir eu le moindre contact avec Moreau.

Pendant toute l'instruction de son procès, il se maintiendra sur la même ligne de défense, sachant à quel point elle embarrasse le pouvoir : Moreau n'est pour rien dans l'affaire. Qu'importe si c'est faux, si Moreau a bel et bien rencontré Pichegru et « Georges », l'opinion ne demande qu'à croire cette version qui abonde dans le sens du préjugé collectif. Reste le fameux prince de la maison de Bourbon. Les supputations commencent. Napoléon, qui sent que le procès Moreau va tourner à son désavantage, cherche un moyen de reprendre la main. Il lui faut un coupable. S'il ne peut châtier l'un des principaux acteurs de la conspiration, son commanditaire doit, lui, rendre des comptes.

IX

20 mars 1804

La Malmaison est plongée dans la nuit froide. Il pleut. Tout le monde dort depuis longtemps. Sauf lui. Il marche de long en large dans son bureau situé dans le pavillon d'angle, une pièce aménagée par Jacob-Desmalter qui a habilement dissimulé sous les boiseries le disgracieux conduit de cheminée remontant des cuisines. Un feu crépite dans l'âtre. Parfois, il s'arrête, tisonne les bûches et contemple les flammes. Mille pensées l'assaillent. Il possède cette faculté rare de diviser sa réflexion en plusieurs compartiments. Son esprit opère un va-et-vient constant entre le présent et l'avenir.

Il sait que, cette nuit-là, va se produire un événement décisif. En connaît-il exactement l'issue ou la laisse-t-il filer entre les mains du destin, son seul maître ? Il n'a pas de mal à imaginer la scène qui se déroule à l'autre bout de Paris, au fort de Vincennes : le duc d'Enghien est face à ses juges. Les sept officiers qui composent le conseil de guerre observent avec un sentiment de gêne et de curiosité mêlées ce beau jeune homme de trente ans aux longs cheveux châtains qui les affronte en les fixant de ses yeux bleu clair. Avec son visage émacié que coupe un nez en bec d'aigle, il ressemble étrangement à son ancêtre, le Grand Condé. Ce qui accroît encore la gêne des officiers.

Le général Hulin, commandant des grenadiers de la garde consulaire, un brave soldat plus sensible qu'il ne paraît sous son air bougon, préside le conseil. Il n'a jamais rechigné devant un ordre. Mais, cette fois, l'obéissance lui coûte. Derrière lui, en civil, assis sur une chaise, Savary, commandant de la gendarmerie d'élite, un habitué des missions délicates, chauffe son dos à la cheminée où brûle un grand feu. Cet aide de camp du Premier consul ne dissimule à personne la conscience qu'il a de son importance. Le rapporteur, le capitaine Dautencourt, tripote avec nervosité la feuille d'interrogatoire. Sous leurs airs bravaches, leur componction, les officiers tentent de dissimuler leur profond malaise. Tous échangeraient volontiers leur place pour n'importe quelle autre mission. Habitués à affronter l'ennemi, il leur répugne de devoir se glisser dans la peau d'un juge. A fortiori pour juger un civil dont ils viennent seulement d'apprendre l'identité et sur des accusations qui outrepassent leurs compétences.

En vertu de la loi révolutionnaire toujours en vigueur sur les émigrés qui ont porté les armes contre la France, l'accusé ne dispose pas d'un avocat. Mais cette loi ne devrait s'appliquer qu'à ceux qui ont pénétré en France les armes à la main, ce qui n'est nullement le cas du duc : il a été appréhendé, ou plutôt enlevé, à Ettenheim six jours plus tôt dans les États du grand-duc de Bade par le général Ordener à la tête de trois cents dragons.

L'interrogatoire commence.

Le capitaine Dautencourt, d'une voix qu'il s'efforce de rendre ferme, demande à l'accusé :

« Avez-vous pris les armes contre la France ? »

Le duc d'Enghien, qui n'a pas conscience du danger qui pèse sur lui, se drape dans sa dignité. Il répond avec hauteur :

« Regardez-moi. Je suis un Bourbon : c'est vous qui avez tiré les armes contre moi. J'ai soutenu les droits de ma famille. Un Condé ne peut entrer en France que les armes à la main. Ma naissance, mon opinion me font à jamais l'ennemi de votre gouvernement. »

Le capitaine Dautencourt l'interroge alors sur ses liens avec Georges Cadoudal.

« Aviez-vous connaissance du complot dont les conséquences devaient être capitales pour vous ?

— Mon intention n'était pas d'y rester indifférent. J'avais demandé à l'Angleterre du service dans ses armées, et elle m'avait fait répondre qu'elle ne pouvait m'en donner, mais que j'eusse à rester sur le Rhin où j'avais incessamment un rôle à jouer. Monsieur, je n'ai plus rien à vous dire. »

Le général Hulin fait alors évacuer la salle. Les gendarmes entraînent le duc dans la pièce voisine pour laisser le tribunal délibérer.

La délibération dure plus d'une heure. Le général Hulin demande aux officiers, en commençant par le grade le moins élevé, si l'accusé est coupable. Tous répondent par l'affirmative. Le général Hulin dicte le jugement au greffier : « Le conseil délibérant à huis clos, à l'unanimité des voix, a déclaré l'accusé coupable et, en conséquence, l'a condamné à la peine de mort ; ordonne que le présent jugement sera exécuté de suite à la diligence du capitaine rapporteur. Le rapporteur fera exécuter la sentence dans les vingt-quatre heures. » Cette dernière précision laisse la porte ouverte à une mesure de clémence.

Le général Hulin, mal à l'aise, conscient du poids de la responsabilité qu'il porte, prend sa plume et commence une missive pour demander au Premier consul l'audience que le condamné a sollicitée.

« Que faites-vous là ? lui demande brutalement Savary.

— J'écris au Premier consul. »

Savary le rabroue avec agacement.

« Votre affaire est finie. Le reste me regarde. »

Le gouverneur de Vincennes, Harel, rejoint alors le duc qui attend dans une pièce attenante. Il porte une lanterne.

« Monsieur, veuillez me suivre et rassembler tout votre courage. »

Le duc appelle son chien, Mohilof, qui ne l'a pas quitté depuis Ettenheim. Les gendarmes n'ont pas eu le courage de les séparer. Après un dédale de couloirs et d'escaliers, on parvient dans les douves du château. Il pleut toujours. Un petit jour sale éclaircit le ciel sombre. Le condamné, escorté par ses gardes, contourne la tour de la Reine. Le duc aperçoit à ce moment la masse des soldats qui, l'arme au pied, attendent dans leurs uniformes luisants de pluie. Puis, plus près de lui, dans l'ombre, le peloton d'exécution composé de seize gendarmes. Alors seulement il comprend ce qui l'attend. Jusqu'alors il a espéré qu'on le conduirait dans une geôle pour attendre l'éventuelle grâce du Premier consul.

Le duc exprime une dernière volonté : qu'on lui coupe une mèche de cheveux qui, jointe à l'anneau en or qu'il porte au doigt, sera adressée, avec une lettre qu'il vient d'écrire, à sa maîtresse, la princesse de Rohan-Rochefort.

Un sous-officier s'avance, une lanterne à la main, et lui lit le jugement : « A prétendu se nommer Louis Antoine Henri de Bourbon, duc d'Enghien, né à Chantilly le 2 août 1772. » Suit l'arrêt de mort.

Le duc demande un prêtre.

« Pas de capucinade », s'agace Savary, jamais en veine de délicatesse.

Le duc repousse alors son chien, qui le suit toujours de près, et s'agenouille sur la terre trempée. Il se recueille un moment. Il se relève.

« Il faut donc mourir et de la main des Français ! »

Savary donne un ordre sec.

« Adjudant, commandez le feu ! »

Le sous-officier lève son chapeau. C'est le signal convenu. La salve éclate. Le duc d'Enghien a cessé de vivre. Son corps est enterré à la va-vite dans une fosse fraîchement creusée. Les gendarmes refusent de se saisir des objets du mort, comme c'est la coutume. Bientôt, ne reste plus dans les douves désertes que le chien Mohilof qui hurle à la mort devant la fosse. Une cloche sonne six heures à l'église de Vincennes.

À la Malmaison, devant la cheminée, Napoléon observe toujours le feu. À cette heure, le procès – si on peut appeler ainsi cette parodie de justice – doit être terminé. Il ne doute pas un instant que les instructions qu'il a données à Murat et à Savary ont été suivies : la condamnation à mort du duc. Mais son exécution ? L'ignore-t-il ? Cette question nous fait entrer dans les arcanes de son âme complexe : tout en semblant avoir confié une mission précise à Savary – « tout doit être fini dans la nuit » –, il a fait porter à Réal, le chef de la police, agent plus subtil que le rustre Savary, un ordre de mission qui semble contredire le premier en laissant une porte ouverte à la clémence. Dans cette lettre, il demande à Réal de poser plusieurs questions au duc concernant les soupçons qui pèsent sur lui.

Ce billet, porté en urgence à son domicile, Réal, qui a donné des ordres pour ne pas être dérangé, prétendra n'en avoir eu connaissance que le lendemain matin à son réveil. Cette excuse laisse perplexe. S'il n'y a aucun doute sur l'existence de cette lettre, on voit mal comment un ordre exprès du Premier consul à son chef de la police ne lui a pas été remis aussitôt. Les proches collaborateurs de Napoléon savent par expérience qu'ils sont à son service de jour comme de nuit.

Alors, duplicité de Réal ou double jeu du Premier consul ? On entre dans le domaine des suppositions.

En donnant deux ordres contradictoires, Napoléon a-t-il voulu laisser au hasard le choix de décider de la vie ou de la mort du duc d'Enghien ? A-t-il voulu lui accorder une chance ? Ce qui est singulier dans cette ténébreuse affaire, c'est que, s'il est avéré que Napoléon souhaitait une condamnation à mort, il ne semblait nullement hostile à l'idée de faire preuve de clémence, au cas où le duc exprimerait un repentir et solliciterait sa grâce. Une manière pour lui de sévir tout en se donnant le beau rôle. Une manœuvre qu'il tentera deux mois plus tard de réitérer, mais en vain, lors du procès du général Moreau. N'affectionne-t-il pas ce genre de scène à l'antique où il peut faire preuve de magnanimité ? Il est d'autant plus porté à la clémence qu'il sait qu'on a arrêté le prince sur la foi de deux accusations qui se sont révélées totalement fausses : celui-ci n'est jamais venu à Paris, le fameux « prince » que rencontrait Cadoudal n'était autre que l'ex-général Pichegru ; d'autre part, à Ettenheim, il n'a jamais été en contact avec l'ex-général Dumouriez ; on s'est aperçu que le maréchal des logis Lamothe a fait une confusion au cours de son enquête entre le nom de Dumouriez et celui de marquis de Thumery.

En fait, beaucoup d'éléments tendent à accréditer la version qu'il penchait plus pour la clémence que pour la sévérité et qu'il a, en réalité, dû assumer les erreurs de ses exécutants. Au premier chef, Savary. Tout le monde s'accorde sur l'insigne maladresse dont celui-ci a obstinément fait preuve tout au long de sa carrière, du Premier consul qui répétait : « Il ne faut pas lui laisser entrevoir l'opinion que j'ai de son incapacité », ou, autre jugement sans illusion : « Si on le laissait faire, il mettrait bientôt le feu à la France » ; jusqu'à son ami Pasquier qui fut son subordonné : « Savary avait un besoin d'agir qui ne lui laissait pas toujours le temps de réfléchir. »

Il y a une sorte d'unanimité sur son incompétence. Mais pourquoi, dans ces conditions, avoir confié une mission aussi délicate à ce soldat d'une grande fidélité mais que chacun considérait comme un éléphant dans un magasin de porcelaine ?

Ce qui renforce l'idée d'une monumentale bourde, c'est l'accueil que lui réserve le Premier consul quand il vient lui rendre compte de sa mission au petit matin à la Malmaison. Scène rapportée par Savary lui-même dans ses *Mémoires* : « Il parut m'écouter avec la plus grande surprise. Il ne concevait pas pourquoi on avait jugé avant l'arrivée de Réal. Il me fixait avec ses yeux de lynx et disait : “Il y a quelque chose que je ne comprends pas. Que la commission ait prononcé sur l'aveu du duc d'Enghien, cela ne me surprend pas… mais, enfin, on n'a eu cet aveu qu'en procédant au jugement qui ne devait avoir lieu qu'après que M. Réal l'aurait interrogé sur un point qu'il nous importe d'éclaircir.” Puis il répétait encore : “Il y a quelque chose qui me dépasse. Voilà un crime qui ne mène à rien.” »

Savary, toujours dans ses *Mémoires* publiés en 1829, à une date où il lui était facile, comme tant d'autres, d'imputer l'entière responsabilité de l'affaire à Napoléon qui, de plus, l'avait revendiquée, semble avouer carrément sa formidable bévue. « Ses instructions avaient été transgressées ; et il était mécontent de ce qui avait été fait, mais il ne voulait pas sévir contre des hommes qui avaient péché par excès de zèle et qui, sans doute, avaient cru le servir. »

Cette erreur ou, plutôt, cet énorme cafouillage est d'autant plus vraisemblable que, devant Joséphine, il s'exclamera : « Les malheureux ont été trop vite ! » Napoléon se doit maintenant de l'assumer. Deux voies s'ouvraient à lui : l'exécution de la sentence ou la clémence. Désormais, il n'a plus le choix : il a un mort sur les bras. Et quel mort ! En en faisant porter la responsabilité sur l'incompétence des agents d'exécution, il risquerait de déstabiliser son pouvoir qu'il veut au contraire affermir. Son parti est donc pris : se justifier. Et, certes, les arguments ne manquent pas contre les Bourbons qui n'ont cessé de tramer des complots et d'armer des assassins pour le tuer.

Quant au fond de l'affaire, s'il est entièrement responsable de l'enlèvement du duc, mais sans doute beaucoup moins – peut-être même pas du tout – de son exécution, cette idée n'a pas germé toute seule dans son cerveau. On la lui a subtilement glissée à la faveur de la conspiration de Cadoudal et de Pichegru. Cette nouvelle tentative d'assassinat, de grande ampleur, venant après trois autres, dont l'attentat de la rue Saint-Nicaise, échauffait sa bile contre les Bourbons.

C'est alors que le diable boiteux est entré en scène. Talleyrand, de manière insidieuse, lui a suggéré le nom du duc d'Enghien. On s'est longtemps demandé pourquoi. D'autant plus que le doucereux diplomate n'y allait pas par quatre chemins : non seulement il fallait l'enlever, mais aussi le « fusiller ».

Était-ce pour apparaître aux yeux des Bourbons, avec lesquels il restait en contact par l'abbé de Montesquiou et d'autres agents plus obscurs, comme un modéré par rapport à son maître aux mains désormais pleines de sang ? S'agit-il d'un calcul encore plus tortueux ? Louis XVIII et son frère, le comte d'Artois, n'aimaient guère le duc d'Enghien en qui ils voyaient un jeune et beau rival, propre à contrarier leurs ambitions.

Bien sûr, avec toute son intelligence et son entregent, l'ancien évêque d'Autun va effacer toutes les traces de ses turpitudes, surtout lorsqu'il voudra retrouver grâce auprès des Bourbons à la chute de Napoléon. Cette affaire du duc d'Enghien lui collait à la peau comme une tunique de Nessus. Mais, s'il a soigneusement toiletté les archives de son ministère et racheté à prix d'or des documents compromettants dérobés par Gabriel Perrey, un ancien secrétaire indélicat – il avait trop appris de son maître –, une lettre à Bonaparte a échappé à sa vigilance. Celle du 8 mars 1804 publiée par son biographe, Emmanuel de Waresquiel : « Des intrigants mal intentionnés vont jusqu'à donner à entendre que vous pourriez vous contenter du rôle de Monk. Cette supposition répandue avec une grande perfidie fait le plus grand mal. Voilà qu'une occasion se présente de dissiper toutes ces inquiétudes. Elle vous est offerte par l'affaire qui doit amener ses auteurs devant les tribunaux (Cadoudal, Pichegru). Un prince de la maison de Bourbon les dirige. Le but est également l'assassinat de votre personne. Vous êtes dans le droit de la défense personnelle. Si la justice doit punir rigoureusement, elle doit aussi punir sans exception. Réfléchissez-y bien. »

Comme, chez Talleyrand, les plus sordides calculs se mêlent aux plus intéressantes considérations dans l'intérêt de l'État, il allègue habilement qu'ainsi Napoléon acquerrait un moyen de renforcer son pouvoir en évoluant vers un système monarchique. C'était d'autant plus habile qu'il rejoignait exactement ce que pensait Napoléon.

Quant à Fouché, lui aussi partisan pour toutes les raisons évoquées par Talleyrand de l'enlèvement et de l'exécution, il avait un double motif personnel : associer le Premier consul à un crime pour faire oublier le régicide qu'il était ; et rentrer en grâce, retrouver son ministère en plaidant pour l'institution d'une monarchie, lui qui avait été si défavorable à l'institution du consulat à vie.

Alors la fameuse phrase attribuée tantôt à l'un, tantôt à l'autre : « C'est pire qu'un crime, c'est une faute », n'est qu'une reconstitution imaginaire de leur rôle à partir de la Restauration. S'il est avéré, et pour cause, que ni l'un ni l'autre ne l'ont prononcée au moment des faits, il est fort probable qu'ils l'ont employée l'un et l'autre pour se disculper à la Restauration. Ils l'ont en fait empruntée à son véritable auteur, Boulay de La Meurthe.

En attendant de devenir blanc comme neige des crimes de l'ogre qu'il a contribué à lui faire commettre, Talleyrand a la charge d'affronter des chancelleries européennes après le tollé universel qui suit l'annonce de l'exécution du duc d'Enghien.

Il faut admettre que l'on se trouve dans une situation paradoxale. On s'insurge parce qu'un Bourbon vient d'être appréhendé en territoire étranger et exécuté, mais personne ne proteste quand des chouans, payés par des Anglais, tentent à plusieurs reprises d'assassiner le Premier consul. Il y a là deux poids, deux mesures. On devrait, en bonne logique, englober les deux « crimes » dans la même réprobation. C'est loin d'être le cas. En France, toute la bonne société royaliste et libérale est en émoi. Le salon de Mme Récamier porte le deuil. Tout comme la cour de Russie qui fait célébrer une messe à la mémoire de la victime.

Chateaubriand a saisi ce prétexte pour démissionner de son poste d'ambassadeur dans le Valais, « ce trou horrible » ; un poste honorifique dont il ne savait comment se dépêtrer, qui l'éloignait de ses amis et de sa maîtresse, Delphine de Custine. Il s'est plu en adressant alors sa démission à Talleyrand à s'imaginer un courage de Romain. Un geste qu'il va, au cours des années, styliser, théâtraliser jusqu'à en faire dans ses *Mémoires* le point d'orgue de son héroïsme dans une carrière d'intrépide opposant, « le lion avait goûté le sang, ce n'était pas le moment de l'irriter ».

Au milieu de la désapprobation générale, un seul résultat positif pour le Premier consul : cette affaire dissuade toutes les tentatives d'attentat. On rengaine les poignards et on range les explosifs.

Quant aux cours européennes, après les solennelles protestations de rigueur, elles prennent vite le parti du réalisme. Un mort de plus ou de moins, cela n'a jamais ému très longtemps les chancelleries.

Ne reste plus que la cour de Russie pour continuer de porter le deuil et d'orchestrer le chœur des lamentations. Napoléon adresse alors au chancelier russe une lettre assez cocasse qu'il fera imprimer dans *Le Moniteur*. « On peut se demander si, lorsque l'Angleterre méditait l'assassinat de Paul Ier, on eût connaissance que les auteurs de ces complots se trouvaient à une lieue des frontières, on n'eût pas été empressés de les faire saisir. » Une lettre qui doit rester en travers de la gorge du tsar Alexandre Ier, complice au premier chef de l'assassinat de son père commis avec l'aide du cabinet anglais.

Napoléon n'exprimera jamais ni de remords ni encore moins de repentir : « Si c'était à refaire, je le referais. »

Apercevant à Saint-Cloud dans le couloir conduisant à son cabinet de travail un buste du Grand Condé, il a un haut-le-cœur :

« Qu'on porte ce buste ailleurs. »

Il a beau aimer les gloires qui ont illustré la France, ce buste-là lui rappelle, quoi qu'il en dise, un mauvais souvenir.

Mais ce mort, unanimement pleuré, a un autre avantage que lui avait signalé Talleyrand : désormais, les jacobins ne peuvent plus le soupçonner d'être un nouveau Monk. Il les a rejoints dans le régicide. Désormais, la porte est grande ouverte à la réalisation du projet qu'il caresse pour renforcer son pouvoir : sa proclamation comme empereur des Français.

X

Le 2 décembre 1804

Quelles sont ses pensées au cours de cette époustouflante cérémonie ? À quoi songe-t-il dans ce matin glacé, sous un ciel d'acier où brille un beau soleil lorsque, sortant d'un carrosse étincelant d'or, surmonté d'une couronne soutenue par quatre aigles et tiré par huit chevaux couleur isabelle, il franchit le porche de la basilique Notre-Dame de Paris, le front ceint d'une couronne de laurier, vêtu d'un long manteau de velours cramoisi doublé d'hermine et semé d'abeilles et d'aigles, les symboles sous lesquels il a décidé de placer son règne ? Il se dirige vers le maître-autel où l'attendent le pape Pie VII et une assistance nombreuse, scintillante de bijoux et d'habits de cérémonie, qui se lève quand il apparaît sous la nef et crie « Vive l'empereur ! ». À cette apothéose, manquent sa mère, Letizia, partie pour Rome rejoindre Lucien qui boude, et Jérôme, toujours en Amérique. Les autres membres de la famille sont là : Joséphine, toute parée, dont la traîne est soutenue avec un dédain visible par ses belles-sœurs qui, humiliées, n'arrivent pas à faire bonne figure : elles la détestent depuis toujours, mais avec une particulière ardeur à cet instant où convergent vers elle toutes les lumières de la consécration ; les beaux-frères, comme Murat, jamais en reste de travestissement grandiose. Sont là également les consuls, Cambacérès devenu archichancelier, Lebrun, architrésorier, et les maréchaux nouvellement institués ; bien sûr, les ministres Fouché et Talleyrand, tous deux anciens ecclésiastiques, qui se vouent une haine inexpiable, se demandant qui aura la peau de l'autre et sûrement étonnés de retrouver dans une basilique ces parfums désuets de leur ancienne appartenance.

Comme on semble loin de l'époque – si proche pourtant – où Notre-Dame de Paris était un temple consacré à la déesse Raison ! Avec leurs costumes chamarrés, ces figurants du sacre rivalisent dans la somptuosité. Ce sont les peintres Isabey et David qui, en dessinant leurs habits, ont laissé libre cours à leur imagination débridée, frisant le carnavalesque et souvent le ridicule. Quant aux symboles qui illustrent la cérémonie et tentent de l'ancrer dans l'histoire, ils participent d'un salmigondis baroque où se télescopent les réminiscences de la République romaine et les souvenirs de Charlemagne.

À quoi songe-t-il tandis qu'il pose la couronne d'impératrice sur la tête de Joséphine agenouillée ? À leur mariage religieux célébré la veille, dans la nuit, à la sauvette, sans témoins, par le cardinal Fesch ? Ou aux trahisons de cette épouse qui l'a si souvent déshonoré au point qu'il songeait au suicide en Italie lorsqu'elle le trompait, quasiment sous ses yeux, avec un jeune mirliflore, Hippolyte Charles ?

Quels souvenirs lui reviennent-ils à l'instant où il s'empare de la couronne des mains du pape, moins stupéfait qu'on ne l'a dit, et la place lui-même sur son front afin de bien signifier que, s'il fonde une quatrième dynastie, celle-ci n'est pas de la même essence que les précédentes ? Ce n'est plus le droit divin qui lui confère le sceptre du pouvoir : il l'a conquis par son mérite personnel. Revoit-il comme dans un songe sa maison de Corse, pillée, sa fuite éperdue avec sa famille pour échapper à la vindicte des partisans de Paoli ? Les heures sombres qu'il a connues à Marseille où il a vécu dans la plus extrême pauvreté, dont l'a sauvé le frère de Robespierre ? Ses années noires où, proscrit, songeant au suicide, il ne voyait d'autre issue que de s'expatrier en allant organiser l'artillerie du sultan de Constantinople ? Toutes les blessures que la vie lui a infligées ? La mort de ses amis sur le champ de bataille, Muiron qui, en se sacrifiant, lui a sauvé la vie à Arcole, Desaix ?

Pense-t-il à cette mort qu'il a croisée si souvent, à ces tentatives d'assassinat auxquelles il a échappé par miracle ? Que de péripéties, d'aventures, de risques pour en arriver là ! « Quel roman que ma vie ! » Cette exclamation, il n'a cessé de la pousser. Mais, en ce jour de gloire, dans la basilique illuminée, ressuscitée par la pompe catholique, il peut mesurer le chemin parcouru. Il a trente-cinq ans. Et, derrière lui, un sillage lumineux, mais parsemé de tant d'échecs et de trahisons, l'Égypte, ce grand rêve évanoui dont le regret le blesse encore. Son regard se dirige vers les voûtes de la basilique où brille l'étoile invisible que lui seul voit. Mais, maintenant, jusqu'où le conduira-t-elle encore ?

Lui que rien n'étonne laisse échapper un aveu espiègle et attendrissant comme un cri du cœur. Il se penche vers Joseph :

« Si notre père nous voyait. »

Et c'est vrai, le malheureux Charles, dévoré par les ennuis d'argent, comment aurait-il pu imaginer pour ce fils et pour sa famille une aussi fabuleuse prospérité ?

Cette cérémonie grandiose qui éblouit les Français sans désarmer leur ironie – ne sont-ils pas toujours ainsi, entre l'enthousiasme et le sarcasme ? –, il sait tout ce qu'elle dissimule. Les déchirements de sa famille qui, longtemps soudée par l'adversité, la proscription, la pauvreté, a soudain du mal à affronter sa fortune nouvelle. Le succès a inoculé en elle ses poisons : la jalousie, l'envie, les rivalités. Entre ses frères et lui, ses sœurs entre elles, c'est une guérilla sans merci. Il a dû « se mettre en bataille rangée » pour faire accepter par ses sœurs de porter la traîne de Joséphine. Il l'avoue : « J'en ai perdu le sommeil. » Il soupçonne Lucien et Joseph de mener de sombres tractations pour hériter du pouvoir au cas où il lui arriverait malheur. Cette querelle de sa succession a gâché les mois qui ont précédé son sacre. Et quand il ne s'agit pas de sa succession, ce ne sont entre frères et sœurs que querelles de protocole, de titres, d'avantages. Il s'exaspère de leurs prétentions : « Ne dirait-on pas que je frustre ma famille de l'héritage du roi notre père ? »

Et il n'a pas plus de soutien auprès des maréchaux, ces vieux compagnons d'armes qu'il a hissés sur un prestigieux pavois. Ils se préparaient, dit avec esprit Louis Madelin, à faire trente mécontents et seize futurs ingrats. À commencer par le plus hypocrite, Bernadotte, qui ne cesse de conspirer contre lui.

À tous ces aigris ou futurs traîtres parmi ses proches, il doit ajouter la foule de ses ennemis que ce couronnement porte au plus haut degré de l'exaspération. De ceux qui, comme Louis XVIII – c'est de bonne guerre –, évoquent la mascarade du sacre ou, comme le comte d'Artois, « l'horrible farce du couronnement ». Ou Sieyès qui, vieille taupe enfouie au Sénat, rancit dans la rancœur. Le parti des mécontents baisse la tête mais attend l'heure de la revanche. Ses adversaires pressentent dans ce triomphe une logique de conquête que le terme même d'« Empire » implique et, dans l'ambition sans limites du nouvel empereur, quelque chose qui s'apparente à la folie.

Monsieur de Frénilly, un royaliste, vitupère une mascarade, « véritable forfanterie catholique qui fit plus de persifleurs que de dupes » où « chacun essayait son habit, où personne n'avait encore étudié son rôle », « depuis les trois sœurs impériales qui avaient quitté le savonnage de leur chemise à Marseille pour venir, empanachées et couvertes de diamants, porter la queue de la vieille maîtresse de Barras jusqu'à la petite culotte de peau du 13-Vendémiaire qui figurait dans sa voiture de sacre en dalmatique et manteau blanc ».

Quant à Barras, dans son exil de Provence, il étouffe de rage. Comment son « protégé » a-t-il pu atteindre une fortune aussi insolente ? Lui qui l'a connu pauvre, abandonné, honteusement trompé par son ancienne maîtresse, par quel prodige a-t-il réussi à se hisser aussi haut ? Il n'a d'autres ressources que de vomir sa bile dans ses *Mémoires* sur cette « famille composée de gardes-magasins voleurs, sauvés de la flétrissure et du supplice par ma protection ; un prêtre fournisseur non moins voleur, de plus renégat ; et plusieurs filles prostituées qu'on pourrait appeler publiques, connues et repoussées par le scandale dans plusieurs villes du midi de la France ».

La pompe, le cérémonial clinquant, la débauche ornementale dont beaucoup dénoncent la démesure, il serait le premier à les juger ridicules s'il ne les estimait pas indispensables pour donner du lustre à son pouvoir. À commencer par sa tenue de grand mamamouchi préconisée par le Conseil d'État. Il a d'abord regimbé : « Quand vous m'emmailloterez de tous ces habits-là, j'aurais l'air d'un magot. Avec vos habits impériaux, vous n'en imposerez pas au peuple de Paris qui va à l'opéra. » Finalement, il a cédé. A-t-il été repris par son goût du travestissement qui lui faisait endosser en Égypte des habits de prince oriental ? Plus vraisemblablement, il a voulu frapper l'imagination en forçant sur la symbolique. Il ne s'est pas trompé. Le sacre est entré de manière fracassante dans l'histoire, avec ce mélange d'exagération et de théâtre à l'usage du peuple plus sensible aux images qu'aux idées, aux émotions qu'aux abstractions. À chaque étape de sa conquête du pouvoir, il s'attache à marquer les esprits.

Point d'orgue de cette cérémonie, le grand tableau de David, accompagnement artistique propre à diffuser la légende aussi obligatoire que le sont les fresques qui immortalisent ses grands gestes comme les pestiférés de Jaffa ou le franchissement du Grand-Saint-Bernard. À l'inverse des régimes soviétiques qui opéraient des soustractions de personnages disgraciés, il a fait ajouter Letizia en bonne place. Le peintre a soigneusement gommé de sa toile les luttes sourdes et les affrontements familiaux. Il y manque les hurlements, l'hystérie, les rancœurs qui, en coulisse, avaient précédé cette représentation idyllique. Cette fresque, c'est la pose pour l'histoire et la postérité.

Autant il s'était montré discret à propos du 18-Brumaire, dont la légalité laissait à désirer, refusant obstinément de le célébrer, autant il veille à faire abondamment commémorer son sacre qui ouvre une quatrième dynastie dont il ne souffre pas qu'on puisse mettre en cause la légitimité.

Mais ce faste, quasiment oriental, qu'accentue la folklorique présence des mamelouks et de Roustan, caracolant avec son cheval autour du carrosse, n'a qu'un objet politique : au contraire de son beau-frère Murat aux tenues extravagantes, il aime surtout la sobriété, la simplicité. Son plat préféré, ce sont les pommes de terre cuites avec des oignons. Ce monarque empanaché ne se sent vraiment à l'aise que dans sa vieille redingote ou sa tenue de capitaine de chasseur, avec son vieux chapeau en castor. Il a des habitudes spartiates. Il ne rechigne jamais quand il s'agit de dormir à la dure, sous la tente ou dans des abris de fortune. Il a des goûts rustiques de berger corse.

Ce sont les nécessités de la monarchie et non ses goûts personnels qui lui ont dicté ce décorum et le protocole qu'il va instituer pour sa cour. Et, s'il rétablit la monarchie avec un nom nouveau au parfum romain, c'est pour ancrer les institutions françaises et son pouvoir – si fragile – de manière stable. L'idée a germé dès la proclamation du consulat à vie. Mais, même s'il se considère comme l'illustration de la Révolution, le principe monarchique qu'il incarne va le faire entrer dans une contradiction, puisqu'il se veut de plain-pied avec les familles royales européennes. Ces monarchies avec lesquelles il va d'abord nouer des relations rien moins que cordiales, puisque la France étant en guerre avec l'Angleterre, elles vont, par le jeu des alliances, se retrouver contre lui. De quel côté est-il ? Des rois ou du peuple ? Cette ambiguïté ontologique va miner son règne comme un poison à progression lente.

Bien loin de là, en Autriche, il va subir une de ces défaites imperceptibles à l'œil nu, mais qui laissent des traces profondes, comme toujours lorsqu'on blesse un cœur sensible. À Vienne, l'enthousiaste et génial Beethoven qui, jusque-là, l'avait porté aux nues, déchire la dédicace de la *Symphonie héroïque* qu'il lui avait dédiée. Il s'exclame :

« Ce n'est donc rien de plus qu'un homme comme les autres ! »

Et c'est vrai, ce titre d'empereur, qui claque comme un défi, va nourrir les malentendus : Napoléon n'a-t-il donc poursuivi ce chemin de gloire que pour devenir le Monk, non de Louis XVIII, mais de lui-même ? Certains se posent la question. Ce fou de Cadoudal ne s'y est pas trompé. Montant sur l'échafaud quelques mois plus tôt, ce comploteur professionnel, sympathique au fond dans ses emportements, que Napoléon, qui admirait son courage, regrettait de n'avoir pu gracier – il pensait que, sous ses ordres, il aurait fait des prodiges –, s'est exclamé avec superbe :

« Nous avons réussi ! Nous pensions faire un roi ! Nous avons fait un empereur ! »

Mais le sacre, cette marche de plus, qui devrait être ultime, vers l'imperium, n'est pas encore suffisant tant est fragile l'esprit public en France. Il sait qu'il lui faudra encore et toujours, comme avec

Marengo, se faire confirmer son pouvoir par une victoire éclatante. Il semble entraîné dans une spirale infernale. Comme si, dans son ascension pourtant civile, il était condamné à devoir sans cesse se faire légitimer par la guerre.

XI

Le 1er décembre 1805

La nuit tombe. Il fait froid. De la neige mouillée blanchit par plaques le sol gelé. Déjà, des feux de bivouac s'allument. Les deux armées ont pris position dans ce vaste paysage vallonné au fond de la Moravie, coupé par deux cours d'eau. Plus de deux cent mille hommes fourbissent leurs armes dans l'attente de la bataille du lendemain. On affûte les baïonnettes ; on met des pierres neuves dans les fusils ; on s'assure de ses réserves de poudre. Chacun cherche sa pitance où il peut. On a pillé les fermes et les villages avoisinants. Il ne reste plus une poule ni un lapin entre Brünn et Sokolnitz. Des grenadiers chanceux égorgent des cochons sous le regard envieux de hussards qui inspectent la buffleterie et les sangles de leurs chevaux.

Et lui ? De quoi s'entretient-il pendant cette veillée d'armes tandis qu'il soupe de manière frugale dans une salle de ferme délabrée située à une centaine de mètres de la baraque faite d'un assemblage de branchages et de vieux volets arrachés où il passera la nuit ? Des ultimes préparatifs de la bataille ? Des rapports de ses estafettes ? Des instructions données aux maréchaux ? Évoque-t-il la formidable manœuvre qu'il a opérée en faisant pivoter une armée de cent mille hommes qui se préparaient à envahir l'Angleterre pour l'entraîner ici, au cœur de l'Europe – une extraordinaire « pirouette » qui fascinera Paul Valéry ? Non. Il s'est abstrait des contingences de la guerre, de la stratégie. Il ne pense ni à Alexandre Ier, ni à François II, les deux empereurs qui lui font face et qui ont installé leur camp non loin du village d'Austerlitz, ni à la menace que fait peser sur lui la coalition des forces russes et autrichiennes. Ce soir-là, dans cette chaumière perdue dans les brouillards de Bohême, entouré de quelques proches, Philippe de Ségur, son jeune aide de camp, Junot, vieux camarade de Toulon, Yvan, son chirurgien, le général Rapp, Murat, son beau-frère, tumultueux et mirobolant, le beau Caulaincourt, il surprend les convives. Eux qui s'attendaient à des commentaires sur la bataille du lendemain, à des éclairages sur les forces en présence, ils en sont pour leurs frais. Il interroge Junot sur le sujet le plus éloigné qui puisse être de leurs préoccupations du moment. Abasourdis, ils l'entendent lui demander :

« Que donne-t-on au théâtre ces temps-ci à Paris ?

— On joue *Les Templiers*, la pièce de Raynouard, au Théâtre-Français, répond Junot.

— Cette pièce est manquée. Je l'ai dit à son auteur. Je sais bien que ce poète ne me le pardonnera pas ; l'amour-propre des auteurs est inexorable. Il faut louer ces messieurs pour en être loué. Il y a dans cette pièce un seul caractère tant soit peu suivi : celui d'un homme qui veut mourir. Mais cela n'est pas dans la nature et ne vaut rien. Il faut vouloir vivre et savoir mourir. »

Il se tait un instant. Puis il se reprend en s'échauffant.

« Voyez Corneille. Quelle force de conception ! C'eût été un homme d'État. Mais *Les Templiers*, cette pièce manque de politique ! Il eût fallu mettre Philippe-Auguste dans la nécessité de les détruire. Il fallait, en intéressant le public à leur conservation, faire sentir fortement que leur existence était incompatible avec celle de la monarchie – ils étaient devenus dangereux par leur nombre, leur richesse et leur puissance –, que la sûreté du Trône exigeait leur destruction. »

Il se tait un instant. Chacun se demande quelle allusion se dissimule sous le propos. Quels sont ces nouveaux Templiers dont l'Empereur a pris ombrage ? Mais il poursuit son monologue.

« Aujourd'hui que le prestige de la religion païenne n'existe plus, il faut à notre scène tragique un autre mobile. C'est la politique qui doit être le grand ressort de la tragédie moderne ! C'est elle qui doit remplacer sur notre théâtre la fatalité antique ; cette fatalité qui rend Œdipe criminel sans qu'il soit coupable ; qui nous intéresse dans *Phèdre* en chargeant les dieux d'une partie de ses crimes et de ses faiblesses. Il y a de ces deux principes dans *Iphigénie* ; c'est le chef-d'œuvre de l'art, le chef-d'œuvre de Racine qu'on accuse bien à tort de manquer de force : c'est une erreur de croire que les sujets tragiques sont épuisés. Il en existe une foule dans les nécessités de la politique. Il faut savoir sentir et toucher cette corde. Dans ce principe de la politique, source abondante d'émotions fortes, germe fécond des situations les plus critiques, autre fatalité aussi impérieuse, aussi dominatrice, que la fatalité des Anciens, on en retrouvera les avantages. Ainsi, tout ce qu'on appelle coup d'État, crime politique devient un sujet de tragédie où l'horreur étant tempérée par la nécessité, un intérêt nouveau et soutenu se développera. »

À ces expressions de « coup d'État » et de « crise politique », les convives, gênés, baissent les yeux vers leur assiette. S'agit-il d'une allusion à lui-même, au 18-Brumaire, à l'exécution du duc d'Enghien ?

Sur une question de Junot à propos des tragédies de Voltaire, il s'enflamme à nouveau. Il montre les défauts et le manque de couleur locale de *Zaïre,* d'*Alzire* et de *Tancrède* :

« C'est peu de chose en comparaison de Racine : voyez *Bajazet, Mithridate, Britannicus.* »

Un convive vante les mérites du *Mahomet* de Voltaire. Il refuse d'en convenir. Mais ce thème lui donne l'occasion d'évoquer ses souvenirs d'Égypte qui lui tiennent toujours tant à cœur. Devant l'assistance étonnée de le voir prolonger si longuement un repas, alors qu'il ne s'attarde jamais plus d'un quart d'heure, le voilà plein de nostalgie qui évoque ses campagnes sur le Nil.

« Si je m'étais emparé d'Acre, je prenais le turban : je faisais mettre de grandes culottes à mon armée ; je ne l'exposais plus qu'à la dernière extrémité ; j'en faisais mon bataillon sacré, mes immortels ! C'est par des Arabes, des Grecs, des Arméniens que j'eusse achevé la guerre contre les Turcs ! Au lieu d'une bataille en Moravie, je gagnais une bataille d'Issus. Je me faisais empereur d'Orient et je revenais à Paris par Constantinople. »

Le jeune Ségur fait observer qu'il pourrait être ici sur le chemin de Constantinople :

« Non, répond l'Empereur. Je connais les Français. Ils ne se croient bien que là où ils ne sont pas. Avec eux, les longues expéditions ne sont point faciles. Et tenez : rassemblez aujourd'hui les voix de l'armée, vous les entendrez tous invoquer la France. Tels sont les Français ! C'est leur caractère. La France est trop belle ; ils n'aiment pas s'en éloigner autant et à rester si longtemps séparés d'elle. »

Le général Mouton ajoute que l'armée est fatiguée et que, si elle montre tant d'ardeur à la veille de la bataille, c'est dans l'espoir d'en finir et de retourner chez elle. L'Empereur acquiesce. Puis, rompant l'entretien, il se lève :

« En attendant, allons nous battre ! »

Dehors, dans la nuit glacée, il peut distinguer à sa droite le plateau de Pratzen où les Russes sont en position et, en contrebas, les lacs gelés alimentés par des ruisseaux venant des villages de Bellowitz et de Ghirzikowitz. Après avoir renouvelé ses instructions et s'être assuré que toutes les dispositions sont prises, il monte à cheval pour visiter les parcs et les ambulances. Il vérifie que tous ses ordres ont bien été exécutés. Les troupes russes continuent à se déplacer sur ce plateau de Pratzen. Elles commencent leur descente vers Satschan et les étangs dans le dessein de couper la route des Français vers Vienne. Tout heureux, il s'exclame devant Ségur :

« Ils donnent dans le piège. Ils se livrent. Avant demain soir, cette armée sera à moi ! »

En face, dans le lointain, il voit briller des feux de bivouac autour du village d'Austerlitz où Alexandre Ier et François II ont établi leur quartier général. Rassuré il regagne sa cahute, s'allonge sur des bottes de paille et s'endort aussitôt, comme à son habitude, d'un sommeil profond.

La même confiance dans la victoire règne dans le camp ennemi. Alexandre Ier s'imagine déjà que la victoire sur un adversaire légendaire va auréoler son jeune règne d'un formidable prestige, d'autant plus grand que la majorité des troupes est russe. Quant à François II, il est également certain de l'emporter : il veut prendre sa revanche après la chute de Vienne et la honteuse capitulation du général Mack à Ulm. Sans tenir compte des désaccords et des critiques, ils ont l'un et l'autre accepté le plan de Weirother qui proposait d'attaquer sans attendre. Ils sont confortés dans leur désir d'en découdre rapidement par les généraux courtisans, tous abusés par le mouvement de retraite de Napoléon qui, en réalité, n'est qu'une feinte pour les contraindre à engager le combat sur le terrain qu'il a lui-même choisi. Après avoir fait part de sa désapprobation, que personne n'a semblé entendre, l'énorme et imposant général Koutouzov bougonne en mâchonnant un cigare. Son adjoint, le général Alexandre Louis de Langeron, un Français émigré, homme de guerre expérimenté, partage son avis :

« Mieux vaudrait, pour attaquer, avoir réuni l'ensemble des troupes de la coalition. »

Personne de plus dissemblable que les deux hommes : le Russe est un énorme poussah aux yeux mi-clos, borgne, égoïste et libertin, traînant derrière lui une cohorte de femmes perdues ; de plus, d'une propreté discutable aux yeux de l'élégant Français, faiseur d'épigrammes qui brosse de lui un portrait sans flatterie : « Il était sale dans ses goûts, sale dans ses habitudes, sale sur lui, sale dans ses affaires. » Langeron, tout au contraire, est le prototype de l'aristocrate de l'Ancien Régime, caustique, brillant, de l'esprit à revendre. C'est un officier chanceux : courageux, toujours exposé en première ligne, il n'a jamais eu, selon son expression, qu'« un cheval et deux redingotes de blessés ». Bien que très différents, les deux hommes s'accordent pour déconseiller ce plan d'attaque trop téméraire qu'ils estiment un véritable suicide. On impute leur prudence à un manque d'audace dû à l'âge. Les deux généraux frisent la soixantaine. Devant leurs critiques qui ne suscitent que des haussements d'épaules, on lève les yeux au ciel. Les deux monarques ont placé trop d'espoirs dans cette victoire pour qu'on les contrarie par des raisonnements défaitistes ; et celle-ci est assurée puisque leurs majestés l'ont décidé ainsi.

Dans sa hutte de branchages, Napoléon dort à poings fermés. Il est réveillé en sursaut par Savary, son aide de camp qui le prévient d'une attaque des Russes à la droite des Français, à proximité des lacs. Aussitôt, il monte à cheval, accompagné d'une petite escorte, et se rend dans la direction du plateau de Pratzen. Il s'aventure trop près des cavaliers cosaques qui s'élancent sur lui. Ses chasseurs d'escorte volent à son secours et il revient précipitamment à l'intérieur des lignes. Là, il abandonne son cheval et regagne à pied son bivouac. Cherchant un chemin dans les broussailles, il heurte un tronc d'arbre renversé et manque de chuter. Un grenadier se précipite pour éclairer sa marche : il allume une brassée de paille en manière de flambeau. Ce geste du grenadier fait l'effet d'un signal. Quelqu'un crie :

« C'est l'anniversaire du couronnement ! Vive l'Empereur ! »

Aussitôt, partout, chaque soldat, saisissant la paille ou le branchage qu'il a sous la main, y met le feu. Certains vont même jusqu'à arracher les branches avec lesquelles ils avaient confectionné leur cahute pour participer à cet immense feu de joie. Bientôt, c'est un embrasement général. Des milliers de gerbes de flammes illuminent les camps sur une distance de deux lieues. Les collines sont éclairées par une myriade de brasiers qui dansent comme des lucioles dans la nuit. Partout, la même exclamation : « Vive l'Empereur ! »

Napoléon, d'abord contrarié, est vite gagné par l'émotion. Il va maintenant de bivouac en bivouac pour remercier les soldats qui l'accueillent par des ovations. Tard dans la nuit, il revient vers sa cahute pour y prendre un peu de repos. Tandis qu'il se fait servir un punch par Constant, il dit à Ségur :

« Cette soirée est la plus belle de ma vie. »

Dans le camp adverse, c'est la stupéfaction. Les soldats russes se demandent ce que signifient tous ces feux allumés. Les généraux, certains de leur victoire, imaginent que c'est le signe que les Français brûlent leurs bagages pour mieux préparer leur retraite. Cela les renforce dans l'idée que la panique s'est installée dans le camp des Français. Ceux qui ont des lettres trouvent dans ce spectacle des réminiscences antiques : le départ des Achéens mettant le feu à leur camp devant les invincibles murs de Troie. Tolstoï dans *Guerre et Paix* a traduit l'impression d'étrangeté et de magie que suscite cette scène dans le camp russe au cours d'une des veillées d'armes les plus mémorables de l'histoire.

À la pointe du jour, Napoléon prend un rapide repas, debout avec ses aides de camp. Tandis qu'il ceint son épée, il s'exclame :

« Maintenant, messieurs, nous allons commencer une grande journée ! »

Presque aussitôt, sortant de la brume, arrivent à cheval les maréchaux qui vont participer au combat, accompagnés de leurs aides de camp. Ils viennent recevoir les derniers ordres. Il y a là, devant lui, toute la fine fleur de l'armée : Murat, Lannes, Soult, Bernadotte, Davout. Après un rapide conseil de guerre au cours duquel il renouvelle ses instructions, il dit à chacun d'eux :

« Allez ! »

Ils repartent tous au galop rejoindre leur corps respectif. Seul Soult demeure près de lui. Celui-ci, voyant les Russes dégager le plateau de Pratzen et tomber dans le piège, veut donner à ses divisions l'ordre d'attaquer. Napoléon lui demande d'attendre encore un moment. Puis, désignant le plateau de Pratzen :

« Combien vous faut-il de temps pour couronner ce sommet ?

— Dix minutes !

— Partez donc, mais vous attendrez encore dix minutes et, alors, il sera temps. »

C'est alors que le soleil, perçant la brume, montre aux troupes russes le piège dans lequel elles se sont engagées témérairement et dont elles ne pourront plus sortir. Le gros de leur armée va être coupé en deux. Bientôt, comme autant de torrents furieux, les corps de Lannes, de Murat, de Bernadotte, de Rapp bousculent l'ennemi.

À 4 heures, la bataille d'Austerlitz est gagnée. Langeron, qui remâche son amertume de n'avoir pas été écouté, écrit dans son journal : « J'avais vu des batailles perdues, je n'avais pas l'idée de pareille défaite. »

Les Russes cherchent à fuir sur les lacs gelés. Ils sont canonnés et subissent de lourdes pertes. La glace qui cède sous leurs pas les entraîne dans les eaux glacées où ils se noient.

Seul le général Koutouzov, toujours avisé, a réussi à se tirer du piège. Il décroche dans la nuit, son armée à peu près intacte, et prend le chemin de Moscou.

La nuit tombe sur le champ de bataille jonché de cadavres, de chevaux morts, de boulets, d'affûts de canon abandonnés. Les ambulanciers cherchent les blessés pour leur porter secours à la lueur des torches éclairant des maraudeurs qui, dans l'ombre, s'acharnent sur les cadavres pour leur arracher leurs bottes et leur ceinturon.

Dans le brouillard, tandis que tombe une pluie fine, Napoléon, à cheval, traverse le champ de bataille avec Yvan, son chirurgien, et le mamelouk Roustam, chargé de distribuer de l'eau-de-vie aux blessés. Il impose le silence afin de pouvoir entendre les plaintes des grenadiers estropiés. Pendant quatre heures, à l'écoute du moindre gémissement, sa redingote trempée de pluie, il va de l'un à l'autre, réconfortant, encourageant ses soldats à l'agonie.

Regagnant le logis qu'on lui a préparé dans une auberge dévastée, il chevauche dans la nuit noire. Il regarde le ciel sombre. Son étoile ne brille pas. Et, pourtant, il la sent étrangement présente. Jusqu'à quand le protégera-t-elle ? Quel prodige lui permettra-t-elle encore d'accomplir ?

Deux jours plus tard, dans le val de Žarošice, sous un tilleul, devant un grand feu allumé par les sapeurs, l'empereur d'Autriche vient demander la paix.

XII

26 octobre 1806

Il se tient debout dans la crypte obscure ; le halo lumineux d'une lanterne sculpte son visage. On distingue le simple cercueil en bois recouvert de cuivre où, sur des dalles noires et blanches, repose la dépouille du grand Frédéric. La scène a des allures fantomatiques. Le regard fixé sur le cercueil, il est plongé dans une longue méditation. Il aime parler avec les morts illustres. Ce sont ses dialogues préférés. Il croit à la fraternité des grandes destinées, à leur union sacrée dans un registre secret de l'au-delà. Rassemblés autour de lui, quelques proches l'observent en silence. Ils ont le sentiment d'assister à une cérémonie secrète.

Deux grands symboles sont en présence : l'un mort qui a incarné la gloire militaire et l'esprit des Lumières ; et l'autre vivant, porteur du souffle de la Révolution et des temps nouveaux. Il y a là Duroc, Berthier, Ségur et Geim, le sacristain qui porte la lanterne. Comme ils aimeraient pouvoir s'immiscer dans sa réflexion silencieuse, lire dans des pensées qui doivent voler bien loin de ce caveau voûté enveloppé dans les ombres de la mort ! Songe-t-il au vainqueur de Rossbach qui a plongé les Français dans la plus profonde consternation, ces Français, légers mais si spirituels, qu'il aimait au point de les préférer à ses Prussiens trop rustiques ? Au chef de guerre dont il a passionnément étudié les plans de bataille ? Ou à l'homme d'État, ce Salomon du Nord qui écrivait dans le meilleur français qui soit de mauvais vers et de pompeux essais auxquels Voltaire, son conseiller littéraire, ne parvenait pas à insuffler de la grâce ?

Visiblement ému, il quitte la crypte de la *Garnisonkirche*. Chacun attend son commentaire : cette pensée aiguë qui, en un éclair, cisèle la vérité d'un homme. Il laisse tomber :

« Il a été grand dans les moments critiques. C'est le plus bel hommage que l'on puisse faire à son caractère. »

La veille, avec Ségur, au château de Sans-Souci à Potsdam, il s'est longuement attardé dans la chambre de Frédéric. Les lieux sont intacts. Aucun objet n'a été déplacé depuis sa mort en 1786. Même ses lunettes de myope sont encore sur son bureau. Il s'empare du grand cordon de l'Aigle noir et de son épée qu'il étreint :

« Que d'autres saisissent d'autres dépouilles. Voici, pour moi, qui est supérieur à tous les millions. Je les enverrai à mes vieux soldats des campagnes de Hanovre. J'en ferai présent au gouverneur des Invalides qui les gardera comme un témoignage mémorable des victoires de la Grande Armée et de la vengeance qu'elle a tirée des désastres de Rossbach. »

Apercevant le réveil de Frédéric, il s'en empare également. Jusqu'à sa mort, il le conservera auprès de lui, comme s'il voulait entendre toujours sonner l'heure de l'histoire. Quant à l'épée, les Prussiens la récupéreront en 1814. Devant Las Cases, à Sainte-Hélène, qui lui fera part de ses regrets de voir ce symbole quitter la France, Napoléon se contente de répondre en lui pinçant l'oreille :

« J'ai la mienne ! »

Que valait la perte d'un trophée, si prestigieux soit-il, après la perte d'un empire ?

Le lendemain, à cheval, sous un soleil qui brille dans le ciel bleu, il fait son entrée à Berlin par la porte de Brandebourg. Des Berlinois l'acclament. Ils sont sensibles à la force victorieuse et aussi à l'éclat de ce défilé militaire qui a été minutieusement préparé.

C'est d'abord Davout, le vainqueur d'Auerstaedt à la tête des troupes du 5e corps qui, la veille, a défilé sur l'avenue Unter den Linden au son d'un orchestre jouant la musique des *Euménides* de Gluck.

Au petit galop, sur un cheval gris, l'Empereur apparaît, vêtu de son habit vert de colonel des chasseurs de la garde, barré par le grand cordon de la Légion d'honneur, coiffé de son chapeau légendaire orné de la cocarde d'un sou. Il est précédé par un détachement de mamelouks et de grenadiers. Derrière lui, Roustam suivi de la gendarmerie d'élite et de la garde. Puis, dans leurs tenues de parade chamarrées, les maréchaux, les généraux et trente mille grenadiers, tous les vainqueurs d'Iéna. Des applaudissements crépitent. Les Berlinois sont aux fenêtres, curieux de voir les soldats qui ont vaincu leur armée que ses généraux proclamaient invincible.

Devant la statue du grand Frédéric, l'Empereur décrit un cercle au galop et salue d'un large coup de chapeau.

Il est accueilli au château de Charlottenbourg par le prince de Hatzfeld, gouverneur de la ville qui, par sa proclamation apaisante aux Berlinois, semblait nourrir des dispositions favorables vis-à-vis des Français.

L'Empereur le cingle.

« Ne vous présentez pas devant moi, monsieur. Je n'ai pas besoin de vos services. »

Il le fait arrêter et traduire devant un conseil de guerre. C'est la mort assurée.

En effet, le prince, plein de duplicité, a adressé la veille au comte de Hohenlohe une lettre dans laquelle il décrivait par le menu l'état des troupes, leur position, le nombre des caissons de munitions.

Son épouse, une jeune et jolie femme enceinte de huit mois, éclate en sanglots. Ses larmes émeuvent les aides de camp de l'Empereur qui interviennent auprès de lui pour qu'il la reçoive.

Il accepte. Le soir, on introduit la jeune femme auprès de l'Empereur qui attend devant une cheminée où brûle un grand feu.

Elle s'exclame :

« Sire, mon mari est incapable de déloyauté ! »

Il lui montre la lettre pour preuve de sa trahison. Naïve, elle s'exclame :

« C'est bien son écriture ! »

Malgré tout, il est ému par sa détresse. Il lui dit :

« Eh bien, madame, jetez cette lettre au feu. Je ne serai plus assez puissant pour faire punir votre mari. »

Ce bon mouvement de clémence, qu'il rapporte aussitôt à Joséphine dans une lettre pour lui montrer son humanité, ne l'empêche nullement de se montrer impitoyable avec la Prusse. Il en veut au roi Frédéric-Guillaume et à la belle reine Louise de l'avoir entraîné dans une guerre qu'il ne souhaitait pas et qu'il a tout fait pour éviter. Maintenant, il veut l'anéantissement de l'armée prussienne. C'est bientôt chose faite : après le prince de Hohenlohe, le prince Auguste de Prusse, c'est au tour du fameux Blücher, qui voulait aiguiser son sabre sur les marches des Tuileries, de capituler près de Lübeck.

C'est alors que germe une idée qui va se concrétiser ici : pour en finir avec l'Angleterre, il imagine le blocus continental qui répond au blocus des Anglais. Asphyxier l'Angleterre par là où elle est le plus sensible, son point vital : le commerce. Ce n'est pas de gaieté de cœur qu'il a renoncé à une paix qu'il a entrevue quelques mois plus tôt avec Fox après la disparition de Pitt, littéralement mort de rage après la victoire d'Austerlitz. Mais Fox est mort à son tour. Et l'Angleterre, après avoir fait mine de vouloir mettre fin à une guerre qui lui coûte cher, a repris les hostilités. Renonçant définitivement à son projet d'invasion, rendu impossible par la défaite de Trafalgar, il va mettre sur pied une politique qui vise à ruiner l'Angleterre.

Mais ce projet de blocus continental, pour être efficace, doit contraindre tous les pays européens à fermer leurs portes au commerce anglais. Comment leur imposer de rompre leurs relations commerciales avec Londres ? Ce blocus continental contient en germe la poursuite infinie de la guerre. Car aucun pays ne doit faire défection. Mais comment réagiront les populations des ports qui seront ruinées par cette politique impitoyable ? Le 22 novembre, il signe le décret de Berlin qui met en place le blocus continental contre l'Angleterre : « Je veux conquérir la mer par la puissance de la terre », écrit-il à Joseph.

Paradoxe des paradoxes, pour faire la paix, une paix avec l'Angleterre qui s'éloigne toujours, il va devoir encore faire la guerre. Comme si son démon refusant de le laisser en repos voulait le maintenir toujours sous le feu des armes. Et commence à cette date la folle aventure qui va le conduire, à travers l'Europe, à vaincre sans cesse un ennemi qui, comme l'Hydre, est toujours renaissant.

Ce blocus continental qui le contraint à la guerre perpétuelle, n'est-il pas la devanture politique d'une nécessité qui tient à la nature même de son pouvoir – un pouvoir qui, faute de légitimité dynastique, doit toujours être confirmé par les armes ? Il le sentait déjà avec sa clairvoyance habituelle en 1802 : « Mon pouvoir tient à ma gloire et ma gloire aux victoires que j'ai remportées. La conquête m'a fait ce que je suis, la conquête seule peut me maintenir. »

Mais pressent-il aussi que, dans cette logique de la fuite en avant dans les victoires, s'inscrit sa perte ? L'accepte-t-il comme une fatalité qui l'unit aux plus grands : à Alexandre et à César dont le destin d'exception est d'avoir été finalement vaincus au sommet de leur gloire ?

À peine a-t-il soumis la Prusse que la Russie relève la tête. Le tsar Alexandre, qui est toujours prisonnier de l'alliance anglaise, n'a pas oublié la cuisante défaite de ses troupes à Austerlitz. Il a envoyé contre lui un de ses plus prestigieux généraux, Bennigsen, qui se vante de réussir là où Bagration et Langeron ont échoué. Alexandre, personnage complexe, éprouve vis-à-vis de Napoléon un mélange d'admiration et de jalousie. Il voudrait lui ressembler et, en lui infligeant une sévère défaite, se parer de sa lumière de conquérant invincible. Il finira par y parvenir. Mais beaucoup plus tard et à quel prix ! En attendant, avec une témérité qu'il partage avec le présomptueux Bennigsen, lui aussi voudrait, bien qu'héritier du trône – dans des conditions certes obscures et criminelles puisque son père, Paul Ier, a été assassiné avec la complicité des Anglais, et peut-être la sienne –, trouver par une victoire éclatante sa légitimation auprès des cours européennes.

Mais il faut un peu plus qu'un Bennigsen pour venir à bout de Napoléon.

XIII

8 janvier 1807

Elle est blonde, farouche, passionnée : polonaise. Cette très belle jeune femme de dix-neuf ans à la carnation rose et dorée, comme celle des enfants, est d'autant plus attirante qu'elle est pure et fidèle à ses devoirs d'épouse. Cette chasteté qui l'auréole, comme les madones peintes et surdorées des églises de Cracovie, on sait qu'il est, hélas, dans son destin de lui faire subir d'irréparables accrocs. L'histoire l'a vouée à l'adultère. Et non pas d'une manière discrète, propre à protéger sa vertu d'un voile de pudeur et de discrétion. Non ! De manière tonitruante, scandaleuse. Telle une héroïne de la tragédie grecque, tout l'y prédestine : l'état pitoyable de son malheureux pays, son mariage sans amour avec un vieil aristocrate qui a l'âge d'être son grand-père. Son nom dit tout : Marie Walewska. Pour l'instant, sans savoir qu'elle est condamnée à commettre une faute qu'elle se refuse même à imaginer – peut-être le pressent-elle, en jeune femme experte à jouer à cache-cache avec ses désirs profonds –, elle résiste. Ou feint de résister, comme Napoléon à Austerlitz devant les Russes pour mieux les prendre au piège. Tout cela de manière inconsciente, car il serait dommage d'abîmer l'une des rares icônes de cette épopée – elle compte tant de femmes peu scrupuleuses qui, sur le modèle de Joséphine, ne brillent ni par leur vertu, ni par leur désintéressement.

Dans son palais de Varsovie, on vient de lui apporter un magnifique bouquet de roses. Elle lit fébrilement la lettre qui l'accompagne : « Je n'ai vu que vous. Je n'ai admiré que vous. Je ne désire que vous. Une réponse bien prompte pour calmer l'impatiente ardeur de… N. »

« Le messager attend une réponse », dit la femme de chambre.

Ce messager n'est autre que le prince Jozef Poniatowski, chef du gouvernement provisoire polonais.

« Il n'y a pas de réponse », déclare avec hauteur la jeune femme, tout à la fois flattée par la passion qu'exprime cette lettre et froissée de ce ton trop direct, impératif, ne s'embarrassant pas de fioritures, si peu attendu de la part d'un homme qui incarne une nation réputée pour son art de la galanterie.

Quelle femme du monde, appartenant à la meilleure société de Varsovie, pourrait répondre autrement à une injonction aussi comminatoire ? Sans doute, dans son esprit romanesque, attendait-elle d'un héros aussi légendaire plus de poésie dans l'expression de ses sentiments. Certainement autre chose que cette rudesse militaire à peine digne d'un Murat.

Avec ce refus pourtant, une histoire d'amour commence. Un roman passionné, pur, douloureux, pathétique, qui va unir une douce jeune femme idéaliste et un conquérant qui semblait avoir renoncé aux feux de l'amour. Une liaison amoureuse qui forme une parenthèse sentimentale de quelques mois entre deux batailles décisives et où se mêlent, de part et d'autre, des sentiments sincères et des arrière-pensées politiques. Napoléon, en séducteur sans scrupules, profite des espoirs que nourrit la jeune femme – et tous les Polonais – de voir restaurer le royaume de Pologne. Un projet propre à contrecarrer totalement ses visées en matière européenne qui nécessitent à long terme de ne mécontenter ni la Prusse ni la Russie ni l'Autriche, trois prédateurs intéressés au premier chef à se partager la dépouille de la malheureuse Pologne. Mais n'est-ce pas le propre des séducteurs pour arriver à leurs fins de prodiguer des paroles qui font rêver et de se sentir rarement tenus de les confirmer par des actes ?

C'est pourtant elle qui, la première, s'est jetée à sa tête, quelques jours plus tôt, au relais de poste de Blonie enfoui sous la neige, le 1er janvier 1807. Elle s'était approchée de sa voiture grâce à l'entremise de Duroc et lui avait adressé, avec l'audace des timides, une fervente supplique :

« Soyez le bienvenu, mille fois le bienvenu, sur notre terre. Rien de ce que nous ferons ne rendra de façon assez énergique les sentiments que nous portons à votre personne et le plaisir que nous avons de vous voir fouler le sol de cette patrie qui vous attend pour se relever. »

Napoléon, séduit, prend alors un bouquet dans sa voiture et le lui donne :

« Gardez-le comme garant de mes bonnes intentions. Nous nous reverrons à Varsovie, je l'espère. Et je réclamerai un merci de votre belle bouche. »

La jeune femme, éberluée comme si elle sortait d'un rêve, regarde sa voiture s'éloigner. Elle place le précieux petit bouquet dans un mouchoir de batiste. Elle ne s'en séparera jamais. Pour une femme mariée, scrupuleusement attachée à son devoir d'épouse, c'est un mauvais présage.

Comment une jeune femme éperdue d'amour pour sa patrie et admirant l'homme qu'elle imagine pouvoir la sauver pourrait-elle résister longtemps à tous ceux qui la sollicitent et lui demandent d'une manière à peine voilée de se sacrifier pour cette cause sacrée ? Pendant huit jours, à Varsovie, va se nouer une intrigue digne des romans du XVIIIe siècle, experts en rebondissements polissons, pour mettre la jeune femme dans le lit du conquérant. Jozef Poniatowski, le chef du gouvernement provisoire, soutenu par tous les responsables des grandes familles, l'adjure de suivre l'exemple d'Esther avec Assuérus « qui s'est sacrifiée pour sauver sa nation et a eu la gloire de la sauver ». Et même son propre mari, le vieux Walewski, qui, en apprenti sorcier, joue les maris complaisants.

Mais plus dangereux encore est l'inexorable désir de l'Empereur qui use de tous les stratagèmes pour arriver à ses fins : fleurs, cadeaux, bijoux, lettres, déclarations passionnées et, de guerre lasse, les menaces.

Plus elle se dérobe, plus il insiste : « Vous m'ôtez tout repos. Ô, donnez un peu de joie, de bonheur à un pauvre cœur tout prêt à vous adorer. »

Cette passion monte tellement à la tête de Napoléon qu'il en devient fou de jalousie : Louis de Périgord et Bertrand faisant un brin de cour à Marie et l'ayant invitée à danser, il les fait envoyer sur-le-champ par Berthier l'un en première ligne, l'autre au quartier général de Jérôme à Breslau.

Mais elle-même ? Sans doute, en dépit de ses refus et de ses airs effarouchés, se sent-elle envahie par le sentiment que cet amour a quelque chose de fatal, que le sacrifice qu'on lui demande répond aussi à un irrésistible appel de son cœur. À quel moment les deux sentiments se confondent-ils ? Ils se seraient sûrement rejoints. Mais elle a affaire à un séducteur pressé qui ne lui laisse pas le temps de mûrir l'inclination qu'elle a pour lui. Il ordonne qu'on la lui amène au grand palais ducal en pleine nuit. Elle s'y résout.

Bientôt, il est à ses pieds. Suppliant. Ce soir-là, vaincu par ce qu'il distingue en elle de pureté et de chasteté, il respecte sa volonté et l'épargne, mais il lui fait promettre de revenir le lendemain. Au matin, elle reçoit des fleurs entremêlées de diamants qui, loin de la ravir, l'humilient et lui rappellent cruellement qu'il veut acheter sa vertu comme celle de la première gourgandine venue.

Mais, le soir, ayant surmonté son humiliation, elle est à nouveau au grand palais ducal. Après le dîner, on l'introduit dans l'appartement de Napoléon.

« Vous voilà enfin, dit-il. Je n'espérais plus vous voir. »

Il lui enlève son manteau, son chapeau, et l'installe dans un fauteuil devant lui. Il est encore plus empressé que la veille.

« Je veux, entends-tu bien, je veux te forcer à m'aimer. J'ai fait revivre le nom de ta patrie. Mais songe que, comme cette montre que je tiens à la main et que je brise à tes yeux, c'est ainsi que son nom périra si tu me pousses à bout en repoussant mon cœur et en me refusant. »

Et, dans un geste théâtral, il jette sur le sol la montre qui se brise. Marie s'évanouit ou c'est tout comme. Elle abandonne toute résistance. Il en profite aussitôt. Ils sont amants.

Désormais, chaque soir, ils dînent en tête à tête. Elle continue à plaider la cause de son pays. Il la réconforte avec de bonnes paroles, jurant de faire tout son possible pour restaurer le royaume de Pologne. De pieux mensonges destinés à l'entretenir dans un rêve, mais qui sont d'autant plus nécessaires à cette âme scrupuleuse qu'ils apaisent son sentiment de culpabilité. Être fourbe ne l'empêche pas d'être amoureux : « Comment ferais-je, lui écrit-il, quand la foule nous observe pour te dire : “Marie, je t'aime.” Et toutes les fois que je te regarde, j'ai cette envie-là. »

Bientôt, il part pour la campagne d'Eylau. Il tente d'agir avec Bennigsen comme il a agi avec Marie. En faisant reculer les troupes de Bernadotte, il le trompe sur ses intentions réelles et le conduit dans un piège. Mais l'estafette qui porte ses ordres à Bernadotte est faite prisonnière par les cosaques. Bennigsen, détrompé, fait faire demi-tour à ses quatre-vingt mille hommes et les jette sur le village d'Eylau où ils vont donner du fil à retordre aux Français.

Au milieu de la neige et du sang, il continue à lui écrire des lettres enflammées. Quand il s'installe au château de Finkenstein après la demi-victoire d'Eylau, en avril, il appelle Marie auprès de lui.

Elle se résout alors, avec combien de scrupules et d'hésitation, à abandonner pour lui sa famille, son enfant, sa réputation et à dévoiler sa liaison au grand jour. Cette amoureuse sacrifie tout pour le rejoindre. Là, au printemps, ils vont vivre deux mois quasiment comme mari et femme, dînant chaque soir ensemble. Puis il doit repartir pour achever de remporter une victoire décisive sur les Russes. Ce sera Friedland puis la paix de Tilsit. Elle le rejoint à Königsberg. Ils passent trois jours ensemble, conscients que la vie va les séparer. Il veut qu'elle l'accompagne à Paris. Elle refuse. Elle refuse de jouer ce rôle de maîtresse officielle. Elle juge plus convenable de se retirer chez sa mère à la campagne. Il insiste. Ses supplications la touchent :

« Je sais que tu peux vivre sans moi, je sais que ton cœur n'est pas à moi. Mais tu es bonne, douce ; ton cœur est si noble et si pur ! Pourrais-tu me priver de quelques instants de félicité passés chaque jour près de toi ? Je n'en puis avoir que par toi et l'on me croit le plus heureux de la terre. »

Comment pourrait-elle résister ? Elle promet de venir le retrouver à Paris. Napoléon ne tiendra aucune de ses promesses. Mais Marie, elle, tiendra la sienne.

Bientôt elle sera enceinte. Est-ce de cette époque que lui est venue l'idée de divorcer de Joséphine qui n'a pu lui offrir un héritier ? Un an plus tôt il a eu un garçon, fruit d'une liaison avec une jolie lectrice de Caroline – ce sera le futur comte Léon. Cette naissance l'a rassuré sur sa capacité génitrice. Marie Walewska lui apportera une deuxième preuve. En fait cette pensée ne cesse de le préoccuper depuis le sacre. À quoi cela lui sert-il de créer une nouvelle dynastie s'il n'a pas d'héritier légitime ? Toutes les formules auxquelles il a songé pour éviter un divorce ont échoué : que ce soit la transmission dynastique aux aînés de ses frères, notamment Louis, ou l'adoption d'un enfant comme le suggérait Joséphine. Cette nécessité d'un enfant légitime s'impose d'autant plus à lui qu'en assurant sa dynastie il dissuadera du même coup ceux qui espèrent que sa mort mettra un terme à l'Empire. Cet enfant lui servira de bouclier.

Joséphine a beaucoup changé depuis l'époque pas si lointaine où elle le trompait avec le premier sabre venu. Est-elle plus fidèle ? Sinon par goût du moins par prudence, elle se tient à carreau. Napoléon la fait surveiller étroitement. Lui-même se fait remettre le registre aux Tuileries et à Saint-Cloud où sont notées les visites qu'elle reçoit. Lorsqu'il s'agit d'un visiteur suspect l'Empereur lui demande des comptes. Leur couple a pris sa vitesse de croisière. Un jour, se promenant incognito avec Duroc sur les boulevards, celui-ci le voit pâlir, vaciller au point de se trouver mal, au passage d'un cabriolet : c'était Hippolyte Charles, le mirliflore, amant de Joséphine en Italie, qui passait. Tout empereur qu'il fût, la blessure n'était toujours pas refermée.

Joséphine a beau faire du charme aux années, celles-ci y sont insensibles. Elle vieillit. Rien n'y pourra faire, elle peut toujours se mentir à elle-même, falsifier son état civil comme au moment de son mariage avec Bonaparte, elle aura toujours six ans de plus que lui. Follement dépensière, elle ne s'est pas assagie. Mais Napoléon l'aime pour ce qu'elle est. Il s'est habitué à son caractère de fille des îles, à sa prodigalité. Sensible au bon ton qu'elle donne à sa cour, cet air d'Ancien Régime qu'elle a su lui imprimer, elle flatte son goût des manières et du raffinement aristocratiques que les Madame Sans-Gêne de son entourage ont bien du mal à adopter. Au fond, il la trouve confortable : que ce soit au lit, au salon ou en famille. Elle a l'art de donner de la grâce au train-train de la vie quotidienne. Certes il la trompe. Ce qui est une manière de lui rendre la pareille, mais sans jamais vraiment engager son cœur.

Aussi l'idée d'un divorce ne repose-t-elle nullement sur une mésentente ni sur la lassitude. Elle est strictement politique. Et dans les scènes qui ne manqueront pas d'avoir lieu lorsqu'il lui fera part de sa décision, il ne cessera de lui répéter que l'amour n'est pas en cause. Seule la raison d'État justifie sa conduite. « Ne cherchez pas à m'émouvoir. Je vous aime toujours, mais la politique n'a pas de cœur, elle n'a que de la tête. »

Car chez lui bizarrement coexistent le joueur adonné à tous les paris aventureux et l'homme presque pantouflard qui se réchauffe dans la vie de famille, la tranquillité studieuse ou futile de la Malmaison. À son attachement pour Joséphine s'ajoute l'affection qu'il nourrit pour ses enfants Hortense et Eugène qu'il a élevés. S'il ne tenait qu'à lui, il ne romprait pas cette union qui lui procure les plaisirs de la vie de famille, le charme des habitudes, le confort d'un foyer, auxquels il est d'autant plus sensible qu'il ne cesse de courir les bivouacs et les champs de bataille. Après le tumulte, il aime le calme ; après la violence des armes, il se repose en se laissant bercer par les insignifiants papotages.

Le nouveau mariage qu'il envisage, il faut bien sûr qu'il serve sa politique autant qu'il renforce son trône. Vers quelle grande famille régnante vont ses vœux ? Quelle sera celle qui acceptera de livrer sa princesse à l'ogre révolutionnaire ?

XIV

Jeudi 25 mai 1807

Un radeau ! Un esquif un peu instable pour édifier une paix durable. Les férus de symbole, pour une fois, n'auront pas tort. C'est sur un radeau improvisé, somptueusement paré de fleurs et de guirlandes, amarré au milieu du fleuve Niémen, qu'il a décidé de rencontrer le tsar après l'avoir battu à plate couture à Friedland. Les pontonniers y ont construit une maisonnette composée d'un grand salon, joliment meublé, et d'une antichambre. Il n'y a que lui pour avoir des idées pareilles ! Quel théâtre ! Toujours frapper les imaginations, donner des sujets aux peintres et aux commentateurs, épater l'assistance. Les grognards ébahis n'oublieront pas de sitôt ce spectacle, une belle occasion de faire provision de souvenirs, ces cartes postales de la mémoire qu'ils ressortiront longtemps après, à la veillée, devant un public incrédule, bouche bée devant leurs récits qui semblent sortis d'un rêve.

Il attend Alexandre avec impatience. Le temps manque toujours à cet homme pressé. Galopant déjà loin dans l'avenir, échafaudant des plans sur la comète, il se réjouit à l'avance des fructueux dividendes que sa magnanimité envers le vaincu de la veille va lui rapporter. Le tsar le rejoint bientôt avec sa suite, débarquant sur le radeau dans un habit somptueux qui fait contraste avec la simple tenue de colonel de la garde de son interlocuteur : uniforme noir, un parement rouge, culotte blanche, chapeau orné de plumes blanches et noires.

Les deux empereurs s'embrassent.

« Sire, déclare Alexandre, je hais les Anglais autant que vous.

— En ce cas, répond Napoléon, la paix est faite. »

Ainsi commencent, dans un climat de séduction et de mauvaise foi, les pourparlers qui aboutiront aux traités de Tilsit. Une paix radieuse conclue sous un soleil triomphant dans une chaleur accablante, au cours d'une de ces journées interminables du septentrion où le soleil ne se couche pas et semble éterniser sa clarté au pays des nuits blanches. Un accord de paix propre à décourager à jamais ceux qui croient à la validité des traités et à la sincérité de ceux qui les concluent. S'il est bien un moment où la politique ressemble à l'amour, c'est ce jour-là : on joue à être heureux, à se croire sincère, à se promettre une fidélité impossible, autant de serments qui ne feront que des dupes ou de futurs parjures.

Les deux empereurs sont jeunes : Alexandre a vingt-neuf ans, Napoléon trente-huit ans. Le premier, en dépit de sa peau trop blanche qui inspire un malaise, est beau, élégant avec un sens exquis des usages ; le second, qui commence à s'empâter, a des manières plus rudes. Entre ces deux experts en séduction, c'est un concours à qui va charmer l'autre. Alexandre, dans ce domaine, tient la palme : pour plaire, il n'hésite pas à dire le contraire de ce qu'il pense. Leur amitié, sur ce radeau, doit tout aux circonstances, rien à l'inclination réciproque. Tout les oppose : la naissance, l'éducation, le caractère, les visées politiques. Seuls les événements leur ont imposé ce moment de réconciliation auquel ils se prêtent avec des arrière-pensées différentes.

Le plus désireux de conclure une paix durable est certainement Napoléon : son système du blocus continental, si contraignant, rend nécessaire une alliance avec la Russie. Elle seule lui permettra de tenir l'Europe sous sa coupe et d'amener l'Angleterre à la paix. Il désire tellement cette alliance avec la Russie que, déjà, germe dans son esprit l'idée de divorcer et d'épouser une des sœurs du tsar. Lien de parenté qui affermirait leur alliance. Dans la corbeille de mariage, il est disposé à céder les dépouilles de l'Empire ottoman, à permettre à la Russie de s'accroître de la Finlande. Il est même prêt à accueillir le roi de Prusse, très lié avec Alexandre, à la table des négociations. Il se fait d'abord prier, employant une expression qui sent son corps de garde :

« J'ai souvent couché à deux, jamais à trois. »

Mais c'est bon, Frédéric-Guillaume est admis aux discussions. Ce qui ne l'empêche pas d'être le grand perdant de l'opération.

Ce que Napoléon ne voit pas, tant est grand son désir d'aboutir, c'est le caractère d'Alexandre, ni le monde dans lequel il évolue. Il pense le tsar plus puissant qu'il ne l'est en réalité. Il minimise les pesanteurs russes : l'influence de la cour, de l'impératrice douairière, Maria Féodorovna, le type même de la mère castratrice, les généraux hostiles à la France. Il ne tient aucun compte du peuple russe. Enfin, il ignore tout du caractère ondoyant, complexe, tortueux d'Alexandre qui est un tissu de contradictions. À la fois entêté et influençable, aspirant sur le modèle de son ancêtre Catherine II à jouer le libéral auprès des Européens, l'homme est ouvert aux idées nouvelles, mais, en même temps, il a conscience d'être un Romanov, fier des privilèges de sa caste. On a dit de lui « trop faible pour régir, trop fort pour être régi ». Il oscille sans cesse entre le libéralisme et un penchant héréditaire vers l'autocratie. Une part de lui-même, idéaliste, est attirée par l'Europe, ses arts, ses écrivains, ses Lumières, une autre reste obstinément enlisée dans la féodalité du monde russe, l'archaïsme de ses traditions, le conservatisme des boyards, le refus de l'Occident et du monde moderne. Il est double : il va l'être avec Napoléon. Comme il a deux ménages, l'un officiel avec l'impératrice Élisabeth, l'autre dissimulé avec sa maîtresse Marie Narychkine, il a également deux politiques.

À ce caractère tout en contradictions et en duplicité, il faut ajouter les ravages de la culpabilité liée à l'assassinat de son père, Paul Ier, et son inclination pour le mysticisme. Récemment encore, il a été marqué par la prédiction d'un starets qui, avant Austerlitz, l'avait adjuré de ne pas affronter les Français.

Comment, dans ces conditions, négocier durablement avec ce caractère de sable mouvant qui dit oui quand il pense non, subit des influences contraires et vit dans une perpétuelle quête d'absolu qui, plus tard, le jettera dans les bras d'une sorcière mondaine, Mme de Krudener ? Un homme tantôt trop hésitant, tantôt trop sûr de lui, que ronge l'angoisse d'un complot. Il est bien placé pour savoir qu'on se débarrasse facilement d'un tsar. Le clan anglais, très puissant à la cour, qu'il arrose de subsides, ne se prive pas de lui rappeler, chaque fois qu'il est tenté de faire un pas vers la France, le sort de son père lorsqu'il a voulu s'allier avec Napoléon.

Tandis que, tout sourire et tout charme dehors, il prodigue des amabilités à Napoléon, ce velléitaire se demande s'il a raison de négocier. Peut-être aurait-il dû suivre les conseils du général Bennigsen qui l'encourageait à résister, à laisser Napoléon franchir le Niémen et s'épuiser dans l'immensité russe en détruisant son armée à coups de guérilla. Entre la négociation et la résistance, comme toujours, il a hésité, comme il hésite en matière gouvernementale entre les réformes et l'immobilisme, et, plus tard, hésitera entre les ors du trône et l'obscurité de la vie monastique.

Mais, puisqu'il a choisi de discuter, autant en profiter pour tirer le maximum d'avantages de Napoléon quitte, plus tard, si les choses tournent mal, à se défaire de cet allié encombrant. Peut-être imagine-t-il déjà avec effroi le tollé que va provoquer à Moscou cet accord avec le parvenu corse, comme l'appelle avec mépris sa mère, l'impératrice douairière. Dans la bonne société, on se gaussera des négociateurs de Tilsit, disant qu'ils auraient dû revenir sur des ânes. Mais le peuple aussi, remonté par ses popes et le parti religieux, risque de s'insurger contre ce compromis avec un homme notoirement antireligieux. Enfin, les marchands craignent d'être ruinés par la paralysie du commerce et les propriétaires terriens s'alarment de ne plus pouvoir exporter leurs céréales. Le blocus continental, qui va mettre en émoi la classe dirigeante, soulève une opposition virulente de tous les commerçants, pas seulement russes, mais européens, lésés dans leurs profits quand ils ne sont pas mis en faillite.

En attendant cet orage qui va grandir, l'atmosphère est au beau fixe.

Napoléon, étendant devant son interlocuteur une carte de l'Europe, allume la convoitise et les rêves du jeune empereur.

« Nous pouvons nous partager tout cela. »

Comment Alexandre n'éprouverait-il pas un moment d'ivresse à l'idée d'agrandir son empire ? Le petit-fils de Pierre le Grand, qui doute de lui, commence à faire ses emplettes dans le grand bazar de ces pays qu'on lui propose de satelliser. Mais cette ivresse ne l'empêche pas de tenir un double langage. Dans le même moment où il donne l'impression à Napoléon d'être subjugué par ses vastes projets, il écrit à sa mère : « Il faut que la France puisse croire que son intérêt est de s'allier avec la Russie. »

Quant à Napoléon lui-même, il se grise de sa propre puissance. Il se prend pour le maître du monde. À cet instant, il l'est… sur le papier. Il dépèce l'Europe à sa guise, se gardant les bons morceaux. Surtout, il voit son obsession devenir une réalité : l'Angleterre, qu'il n'a pu vaincre par la mer, va, grâce à l'entremise d'Alexandre, être contrainte de négocier. Une longue paix s'ouvre devant lui ou plutôt devant son rêve. Avoir réussi à associer la Russie à la lutte contre l'Angleterre juste après l'avoir vaincue à Friedland, c'est l'éclatant succès de Tilsit. Un succès brillant qui dissimule un gouffre.

Hormis le roi de Prusse, dépossédé et humilié, Tilsit ne fait que des heureux. Le seul malheureux, bien trop poli non seulement pour être honnête, mais pour montrer sa réprobation et ses craintes, c'est Talleyrand. Dans une lettre où il félicite Napoléon de son succès de Friedland, au milieu de compliments hyperboliques derrière lesquels il dissimule ses froides pensées secrètes, il ose une phrase qui, dans son style onctueux, sonne presque comme un avertissement : « J'aime à considérer cette victoire comme la dernière que Votre Majesté sera forcée de remporter ; c'est par là qu'elle m'est chère. » Dire crûment à Napoléon, qui vient de procéder à de nouvelles conscriptions en vue de l'application par la force des dispositions du blocus, de cesser de faire la guerre, c'est prendre des risques…

Avec Tilsit, donc, les craintes de Talleyrand culminent. C'est tout le contraire de la politique qu'il préconisait : l'alliance russe au lieu de l'alliance avec l'Autriche. « J'étais indigné de tout ce que je voyais, de tout ce que j'entendais, mais j'étais obligé de cacher mon indignation. » En privé, il n'a pas de mots assez durs pour stigmatiser le « gigantesque et désastreux » blocus continental dont il prévoit que, comme la boîte de Pandore, il va libérer sur l'Europe tous les maux possibles et imaginables. C'est un système admirable dans sa conception, mais qui, dans sa réalisation, réunit toutes les conditions d'une explosion générale. Quant à Marie Walewska qui a fait retraite dans son domaine, la création du grand-duché de Pologne ne lui fournit pas matière à vraiment se réjouir : tout au plus à nourrir un espoir. Désormais, de quoi d'autre vivra cette femme aimée, mais tout aussitôt sacrifiée à la raison d'État ?

Pourtant, tout le monde à Paris accueille la paix de Tilsit avec des ovations et des délires de joie. Comme jadis la victoire de Marengo. On ne trouve plus de mots pour saluer le génie de l'Empereur. La rente qui, à l'époque du Directoire, était à 11, fait un bond à 61 pour atteindre 93 le jour du retour de l'Empereur. La finance est tout aussi aveugle que l'opinion. Talleyrand est le seul à pressentir la tragédie qui se met en place, le seul à soupçonner que cet apogée marque le début de la fin.

XV

Mardi 4 octobre 1808

Devant un parterre de rois, d'altesses, anciennes et nouvelles, de diplomates, de jolies femmes, de chambellans, on célèbre en grande pompe, dans le théâtre d'Erfurt, une entente entre les deux puissances de la terre, esquissée à Tilsit il y a un an : le point d'orgue des festivités brillantes dont Talleyrand est le maître de cérémonie, une pièce de Voltaire, *Œdipe*, interprétée par les plus grands acteurs du Théâtre-Français. Le célèbre Talma dans le rôle-titre prend son temps et, avec tout le sentiment dont il est capable, dit ce vers en détachant les syllabes :

« L'amitié d'un grand homme est un bienfait des dieux. »

À ces mots, Alexandre se lève, serre la main de Napoléon assis à côté de lui dans la loge. Une ovation salue ces paroles. Le public, debout, applaudit longuement les deux empereurs qui se portent mutuellement un toast.

Tout cela a évidemment été mis en scène par Napoléon qui n'a rien à envier à Talma. Tandis que les applaudissements crépitent à tout rompre, les deux empereurs, amis pour la vie, doivent chacun à part soi se demander si tout le monde est vraiment dupe de la comédie qu'ils jouent. Essaient-ils de se persuader eux-mêmes de la réalité d'une entente qui prend eau de toutes parts et qui, quelles que soient leurs volontés respectives, ne peut pas durer ? Elle est contre nature. Mais ce parfum de paix est si délicieux à respirer ! Comme ils aimeraient l'un et l'autre éterniser cet instant d'harmonie où tout semble possible avant que la réalité ne vienne fracasser leurs rêves… L'impitoyable *fatum* comme dans *Œdipe*.

Mais le sombre horizon de l'avenir n'empêche pas de savourer le présent. Les deux empereurs s'empressent de jouir de la fête. Ils ont entre eux des relations familières, trop familières peut-être au goût d'Alexandre. Ainsi, apprenant que le tsar a beaucoup apprécié le jeu de Mlle Antoinette Bourgouin, « la déesse de la joie et des plaisirs », et pas seulement son jeu, Napoléon lui donne des conseils :

« Je ne vous conseille pas de lui faire des avances.

— Vous croyez qu'elle refuserait ? » demande le tsar, interloqué.

L'autocrate n'a pas l'habitude de voir une actrice lui résister.

« Oh, non, mais c'est demain jour de postes et, dans cinq jours, tout Paris saurait des pieds à la tête comment est faite Votre Majesté… Et puis votre santé m'intéresse. Aussi je souhaite que vous puissiez résister à la tentation. »

Sous ces dehors de la plus franche camaraderie, chacun des deux empereurs se défie de l'autre. Ils savent que leur entente est condamnée. Napoléon s'en aperçoit lorsque ses demandes d'épouser une des sœurs d'Alexandre sont accueillies froidement par la cour de Russie. Quant au tsar, il est déçu que Napoléon ne tienne pas sa promesse concernant Constantinople. « Constantinople, jamais. C'est l'empire du monde. » Rarement autant de fastes déployés, de congratulations, de démonstrations d'amitié n'ont sonné aussi faux que durant ces journées d'octobre, rendez-vous des élites européennes.

Tilsit, c'était l'ivresse. Erfurt, un an plus tard, la gueule de bois. Mais, loin d'arrêter les frais, Napoléon, qui sans doute s'illusionne encore, veut donner le change. En prodigieux artiste des événements, il veut persuader le tsar qui prend ses distances que rien n'a changé. Ce prestidigitateur voudrait qu'aux yeux de l'Europe, on ne retienne que le succès de la rencontre car tant qu'on croira à la solidité de l'alliance, personne n'osera rien tenter contre lui. C'est vouloir faire passer une souris pour un lapin, un divorce pour un mariage, un échec pour un succès.

Non seulement Napoléon a rameuté le ban et l'arrière ban des cours allemandes mais, fidèle à sa marotte qui est de séduire les grands esprits quand ils ne sont pas trop indociles comme Mme de Staël ou Chateaubriand, il a tenu à se faire présenter à Goethe. Rencontre qui, pour l'un comme pour l'autre, revêt une grande importance car ils communient dans une même conception exprimée par Goethe : « Un grand homme ne peut être reconnu que par ses pairs. » Et ce qui frappe dans leur échange, c'est ce sentiment que, soudain, par la grâce et la puissance de l'esprit, on n'est plus à Erfurt, dans le royaume de Saxe, mais dans des hauteurs qui placent les deux interlocuteurs loin des contingences politiques et presque hors du monde. Nul mieux que Goethe n'a compris Napoléon : « Il vivait toujours dans l'idéal et n'en avait cependant pas conscience ; il niait l'idéal et lui refusait toute réalité tandis qu'il en poursuivait avec ardeur la réalisation. Mais sa raison, si lucide, si incorruptible, ne pouvait supporter perpétuellement cette contradiction intérieure. »

Voici les deux hommes face à face. Ils se parlent. Talleyrand saisit tout le sel de ce prodigieux échange.

« Vous êtes un homme, monsieur Goethe. »

Goethe s'incline.

« J'ai lu sept fois votre *Werther* et toujours avec un nouveau charme. Je ne vous ferai qu'un reproche ; vous avez représenté Werther poussé au suicide autant par les chagrins de l'ambition froissée que par sa passion pour Charlotte. Ce n'est pas naturel, vous avez affaibli chez le lecteur l'idée qu'il s'était faite de l'immense amour que Werther éprouvait pour Charlotte. Il y a là une discordance.

— C'est une remarque très juste, sire. »

Goethe est si sensible à cette critique qu'il corrigera cette « discordance » dans les prochaines éditions de *Werther*. Napoléon ne lui adresse aucun reproche sur le suicide dont lui-même a subi la sombre attraction dans sa jeunesse mais qu'il ne perd jamais une occasion de condamner. Pourtant, *Werther*, comme dit Mme de Staël, est « responsable de plus de suicides que la plus belle des femmes du monde ».

Napoléon poursuit :

« Je sais que vous êtes le premier poète tragique de l'Allemagne.

— Sire, nous avons en ce moment Wieland qui est connu dans toute l'Europe.

— Je serais bien aise de voir M. Wieland ! Parle-t-il français ?

— Il le sait, il a lui-même corrigé plusieurs traductions de ses ouvrages faites en français.

— Pendant que vous êtes ici, il faut que vous alliez tous les soirs à nos spectacles. Cela ne vous fera pas de mal de voir représenter les bonnes tragédies françaises. Vous n'êtes pas si rigoureux que nous dans les règles du théâtre.

— Sire, les unités chez nous ne sont pas essentielles.

— Monsieur Goethe, vous devriez rester ici et écrire l'impression que vous fait le grand spectacle que nous vous donnons.

— Ah, sire, il faudrait la plume de quelque écrivain de l'Antiquité pour entreprendre un travail semblable.

— Êtes-vous de ceux qui aiment Tacite ?

— Oui, sire, beaucoup.

— Eh bien ! Pas moi ! Mais nous parlerons de cela une autre fois. Écrivez à M. Wieland de venir ici. Venez ce soir à *Iphigénie*. C'est une bonne pièce. Elle n'est pas une de celles que j'aime le mieux, mais les Français l'estiment beaucoup. »

Goethe assiste à la représentation de *Mahomet* que Napoléon a voulu faire jouer afin de savourer toutes les allusions qui pourraient être faites à sa personne :

Les mortels sont égaux, ce n'est point la naissance
C'est la seule vertu qui fait la différence
Il est de ces esprits favorisés des cieux
Qui sont tout par eux-mêmes et rien par leurs aïeuls.

Trois jours plus tard, à Weimar, dans une salle de bal, après une représentation de *La Mort de César* de Voltaire, Napoléon reprend la conversation interrompue. Il s'adresse à Goethe en présence de Wieland.

« Il faudrait que la tragédie fût l'école des rois et des peuples. C'est le point le plus élevé auquel un poète puisse atteindre. Vous devriez, par exemple, écrire *La Mort de César*. Mais d'une manière plus digne et plus grandiose que ne l'a fait Voltaire. Dans cette tragédie, il faudrait montrer au monde comme César aurait pu faire le bonheur de l'humanité si on lui avait laissé le temps d'exécuter ses vastes plans. Venez à Paris, je l'exige de vous. »

Puis, se tournant vers le vieux Wieland :

« Tacite ne m'a jamais rien appris. Connaissez-vous un plus grand et souvent plus injuste détracteur de l'humanité ? Aux actions les plus simples, il trouve des motifs criminels : il fait des scélérats profonds de tous les empereurs pour faire admirer le génie qui les a pénétrés. On a raison de dire que *Les Annales* ne sont pas une histoire de l'Empire, mais un relevé des greffes de Rome. Ce sont toujours des accusations, des accusés et des gens qui s'ouvrent les veines dans leur bain. Lui qui parle sans cesse de délation, il est le plus grand délateur. Et quel style ! Quelle nuit toujours obscure ! Je l'ai entendu louer de la peur qu'il fait aux tyrans ; il leur fait peur des peuples et c'est là un grand mal pour les peuples. N'ai-je pas raison, monsieur Wieland ? Mais je vous dérange. Nous ne sommes pas ici pour parler de Tacite. Regardez l'empereur Alexandre, comme il danse bien. »

Martin Wieland qui se moque bien du tsar et de sa manière de danser reprend le fil de la conversation.

« Sire, Suétone et Dion Cassius racontent un bien plus grand nombre de forfaits que Tacite, mais ils les racontent dans un style sans énergie, tandis que rien n'est plus terrible que le pinceau de Tacite.

— J'ai affaire à trop forte partie, monsieur Wieland. Je ne me tiens pas pour battu, je consens à cela difficilement. Je retourne demain à Erfurt, nous y reprendrons notre conversation. J'ai dans mon arsenal une bonne provision d'armes pour soutenir que Tacite n'est pas assez entré dans le développement des causes et des mobiles intérieurs des événements et qu'il n'a pas assez fait ressortir le mystère des actions qu'il raconte. »

Cette apparente disponibilité de Napoléon dissimule les plus grandes préoccupations. Si attentif soit-il à resserrer les liens qui l'unissent au tsar afin d'inspirer à l'Europe une crainte salutaire, il sent que quelque chose lui échappe. Au fur et à mesure que les festivités se poursuivent – le Théâtre-Français représente quatorze tragédies –, son humeur se fait plus sombre. Il pressent que le tsar s'éloigne et que ses protestations d'amitié deviennent purement formelles. Ce qu'il ne voit pas, c'est le double jeu de Talleyrand. Celui-ci n'a jamais cru à l'alliance russe, sinon comme à une chose « fantasque ». Il la juge néfaste : la Russie est un monde barbare. Il ne l'a pas caché au tsar, esquissant cette trahison qui est l'expression d'un désaccord profond sur la politique menée :

« Sire, dit Talleyrand au tsar, que venez-vous faire ici ? C'est à vous de sauver l'Europe et vous n'y parviendrez qu'en tenant tête à Napoléon. Le peuple français est civilisé, son souverain ne l'est pas. Le souverain de Russie est civilisé, son peuple ne l'est pas. C'est donc au souverain de Russie d'être l'allié du peuple français.

Le Rhin, les Alpes, les Pyrénées sont les conquêtes de la France. Le reste est la conquête de l'Empereur. La France n'y tient pas ! »

Même s'il n'est plus ministre – il a été remplacé au ministère des Relations extérieures par le fade Champagny –, Napoléon continue à l'employer pour être son représentant auprès des grandes puissances et, paradoxalement, défendre une politique qu'il désapprouve quand il ne la torpille pas. Encore pourrait-il être loyal. Mais cela n'a jamais été son point fort. Il en serait capable – il est capable de tout –, cependant il sent que la période de grande complicité entre Napoléon et lui s'achève. Ivre de sa puissance après Tilsit, l'Empereur veut tout décider par lui-même. Il ne supporte plus la contradiction, ni même les avis. Il ne veut plus de conseillers, mais des commis aussi obéissants et aveugles que ses préfets. Son autoritarisme ne connaît plus de bornes. À Erfurt, devant une assistance stupéfaite, on l'a entendu admonester le roi de Bavière qui parlait trop fort :

« Roi de Bavière, taisez-vous. »

En trahissant Napoléon, Talleyrand ne fait que prendre ses distances – en en tirant, selon son habitude, de substantiels profits – avec la politique du blocus continental qui ne peut mener qu'à l'abîme, à la guerre ou au malheur des peuples. Il accompagnait l'Empereur tant que celui-ci lui donnait l'impression qu'après avoir jeté sa gourme guerrière, il s'assagirait. Il ne le croit plus. Aussi ce n'est pas un rat qui quitte doucement le navire, plutôt un chat angora, voluptueux et indépendant, qui a un instinct très sûr non seulement de son intérêt mais des conditions qui permettent à cet intérêt de s'épanouir. Les époques de guerre ne sont pas favorables au plaisir. Et ce plaisir, c'est le seul maître auquel l'ancien évêque d'Autun ait jamais été fidèle. Pour que ce plaisir soit complet, il lui faut le charme de la civilisation, le délice de vivre au milieu des jouissances et l'argent sans lequel rien n'est possible. Il n'aime pas l'aventure. Il déteste le drame, la violence, le risque. Il l'a prouvé en quittant prudemment la France en 1792 pour se réfugier le plus loin possible de la barbarie des conventionnels. Aussi, à Erfurt, avec le tsar, avec Metternich qui représente l'empereur d'Autriche, il ne craint pas de desservir les projets de Napoléon en découvrant ses desseins. En homme avisé et cynique, il prépare sa reconversion dans une Europe enfin devenue raisonnable après le passage de ce génie qui ressemble par trop à une tornade.

À Erfurt, il y a une question dont personne n'a parlé alors que tout le monde y pensait : l'Espagne. La capitulation des Français à Baylen a fait l'effet de la foudre. Elle a révélé l'étendue du piège dans lequel Napoléon s'est laissé enfermer.

Sitôt les lampions de la fête éteints à Erfurt, les théâtres démontés, les actrices parties, Napoléon monte à cheval. Sans perdre de temps, il se précipite en Espagne pour tenter de conjurer le désastre.

XVI

Le 30 novembre 1808

Il est arrivé tard dans la nuit, escorté par les grenadiers de la garde. Le pas des chevaux a retenti lourdement sur le pavé de la ville de Buitrago. Les ordres brefs ont claqué dans un cliquetis de mors et d'éperons. On lui a déniché la moins mauvaise chambre dans la maison de l'alcade. À l'ombre du vieux château, elle donne sur la rivière, la Lozoya, dont les eaux sombres serpentent autour de la ville. Au loin, on distingue, éclairées par la lune, les montagnes enneigées de la Sierra de Guadarrama. Devant un feu dans la cheminée, il se prépare à passer une nuit un peu moins mauvaise que celle de la veille à Boceguillas : faute de logis convenable – toutes les maisons avaient brûlé –, il n'a eu d'autre ressource que de se réchauffer à un bivouac avec les grenadiers, enveloppé dans la pelisse que lui a offerte le tsar Alexandre. Maintenant, les yeux fixés sur ce feu qui chauffe mal cette grande chambre humide blanchie à la chaux, ornée de meubles noirs, il ressasse des pensées amères : cette Espagne l'exaspère. Une sottise ! Un chancre qui va empoisonner toute son œuvre. Il s'y est fourvoyé. Elle lui échappe toujours. Il aura beau gagner des batailles, c'est un pays qui se dérobe. Il n'offre pas de véritables fronts. L'ennemi est partout et nulle part. Quand il aura vaincu les troupes anglaises du général Moore ou les forces de la junte, il n'aura pas pour autant abattu cette guérilla de paysans qui s'allume à l'improviste comme un feu de maquis. C'est tout un peuple qui prend les armes, exalté par des moines fanatiques. À quoi bon rétablir Joseph sur son trône si le peuple ne veut pas de lui ? L'imbroglio créé par l'abdication forcée du roi Charles IV, qu'on a installé à Compiègne avec son épouse Marie-Louise flanquée de son amant inséparable, Godoy, le prince de la paix, et la mise en résidence surveillée à Valençay, chez Talleyrand, de leur fils, Ferdinand VII, n'ont pas pour autant rendu Joseph populaire auprès des Espagnols. C'est contraint et forcé que celui-ci est passé du royaume de Naples à celui d'Espagne, d'où l'insurrection de Madrid vient de le chasser. L'Espagne tout entière se lève contre les Français. Pourtant, il doit tenter, toujours tenter, même quand il sait que cela ne mène à rien. Dans deux jours, il sera devant Madrid. Les insurgés devront rendre les armes. Sinon… Mais ils les rendront. Et le feu reprendra ailleurs.

Il a beau avoir durci son cœur, les témoignages qu'on lui rapporte chaque jour lui inspirent un insurmontable dégoût. Jamais les récits des tortures infligées aux soldats par les partisans n'ont atteint ce degré d'atrocité. Ceux-ci ne respectent personne, ni les femmes, ni les officiers. Les représailles de la troupe sur les populations civiles sont tout aussi cruelles. Les atrocités s'engendrent les unes les autres. On ne peut en venir à bout. C'est un engrenage infernal. Quelle inhumanité peut habiter ce peuple capable de martyriser à ce point les officiers ? On a retrouvé un général attaché à un arbre encore vivant. Ses tortionnaires lui avaient scié les bras et les jambes. Ce qu'il craint, ce ne sont pas tant les atrocités, il y en a toujours – peut-être pas à ce degré d'abomination ? –, c'est leur généralisation et sa conséquence : la démoralisation de la troupe. Pour faire la guerre, il ne faut pas se laisser contaminer par le désespoir. Comment les soldats n'y céderaient-ils pas devant ces spectacles qui s'étalent chaque jour sous leurs yeux ? On ne compte plus les grenadiers qui se suicident. Partout, comme à Burgos d'où il vient, on sent l'odeur des incendies, une fumée empuantie qui suit les saccages et qui se mêle aux effluves nauséabonds du vin répandu sur le sol. C'est une odeur de terre brûlée qui suit l'armée. Une odeur de défaite. Depuis la capitulation du général Dupont à Baylen, qui a provoqué l'évacuation de Madrid et l'exaltation du peuple espagnol, on ne peut plus reprendre les choses en main. La situation se délite.

On frappe à sa porte. C'est Yvan, son chirurgien, qui lui apporte des nouvelles de Philippe de Ségur, son aide de camp, gravement blessé dans la matinée au cours de l'assaut dans la Sierra.

« Alors ?

— Il y a peu de chances, dit Yvan en hochant la tête.

— Encore une mauvaise nouvelle ! »

Celle-là le touche particulièrement. Il s'est attaché à ce jeune aide de camp. Petit-fils du maréchal de Ségur, à qui il doit son brevet d'officier, il fait partie de ces rejetons des grandes familles de l'aristocratie qui l'ont rallié. En matière de bravoure, il a fait ses preuves. Il l'a vu à l'œuvre à Austerlitz, à Iéna, à Posen où il a eu un cheval tué sous lui avant d'être blessé et fait prisonnier par les Kalmouks du général comte Ostermann-Tolstoï. C'est à peine revenu de captivité qu'il est arrivé en Espagne.

L'attaque du col de Somosierra a commencé au petit jour.

C'est un ciel brumeux et glacé qui enveloppe la Sierra de Guadarrama, dernier verrou montagneux sur la route de Madrid. Dans cette formidable forteresse naturelle, réputée inexpugnable, qui forme l'épine dorsale de l'Espagne, douze mille hommes, sous les ordres du général Benito de San Juan, se sont établis. Celui-ci a organisé sa défense en échelons le long de la petite route qui monte vers le col à mille cinq cents mètres d'altitude. Les batteries sont installées à chaque coude de la route, derrière de solides parapets en pierre ; une batterie de dix-huit pièces défend le sommet du col. Partout sur la montagne, des tirailleurs sont embusqués. Ils sont d'autant plus braves qu'ils se sentent invincibles.

La division Ruffin a tenté l'escalade du col. Les fantassins, foudroyés par la mitraille, ont dû battre en retraite. Napoléon s'exaspère de ce retard imposé à ses plans. Il demande au colonel Piré d'aller lui rendre compte de la situation. Celui-ci part au galop. Quand il revient une demi-heure plus tard, son visage porte toutes les marques de l'effroi.

« Sire, dit-il, c'est impossible. Nous ne passerons pas. »

Napoléon s'énerve. Décidément, l'Espagne ne lui apporte que des contrariétés.

« Comment ? Impossible ! Je ne connais pas ce mot-là. Il ne doit y avoir pour mes Polonais rien d'impossible. »

Et, de fureur, il fait siffler sa cravache, frappant le pommeau de sa selle.

Le général Walter, commandant de la garde, tente de le calmer.

« Sire, un moment de patience ; l'infanterie monte sur le flanc ; l'ennemi va être abordé de plain-pied sur ses deux ailes ; c'est alors qu'une charge au centre l'achèvera. »

Napoléon, mécontent, bougonne.

« Impossible ! Quoi ! Ma garde arrêtée par des paysans, des bandes armées ! »

S'adressant à Philippe de Ségur :

« Partez, Ségur, allez ! Faites charger mes Polonais ! Faites-les tous pendre ou ramenez-moi des prisonniers. »

Ségur se précipite au milieu des baïonnettes dressées des fantassins et rejoint Kozietulski. Il lui transmet l'ordre :

« Commandant, l'Empereur nous ordonne de charger à fond et sur-le-champ. »

Le colonel Piré s'interpose. Il s'exclame :

« Je lui ai dit que c'était impossible !

— Il n'en croit rien, répond Ségur.

— Eh bien, dit Piré, viens donc regarder toi-même et vois si le diable, tout à fait au feu qu'il doit être, pourrait mordre là-dessus. »

Et il l'entraîne devant un rocher : une grêle de balles et un feu de mitraille s'abattent aussitôt sur eux.

« C'est égal ! s'exclame Ségur. L'Empereur est là et il veut qu'on en finisse ! Alors, commandant, à nous l'honneur. Rompez par pelotons et en avant ! »

Devant ce déluge de feu, toute autre troupe aurait hésité. Pas les Polonais. À peine Ségur a-t-il dégainé son sabre que l'escadron des chevau-légers s'est lancé à l'assaut, poussant son cri de guerre.

Enfiévrés par l'ordre de l'Empereur qui stimule leur bravoure, les lanciers, coiffés de leur fameuse chapka rouge à plumet noir, éperonnent leur monture et affrontent un feu roulant qui se déchaîne sur eux. Mais, déjà, la brume se dissipe et ils offrent une cible de choix aux tireurs espagnols qui les mitraillent. À la première défense, un tiers s'effondre ; leur commandant Kozietulski est blessé. Les lanciers repartent à l'attaque : ils sabrent les servants sur leurs pièces et parviennent au sommet du col. Leur apparition, blessés, couverts de sang, mais toujours animés d'une bravoure inouïe, sème la panique chez les Espagnols qui lâchent prise et se débandent, abandonnant leurs caissons et leurs canons.

Ségur, au cours de la charge, est touché par plusieurs balles qui ne font que l'érafler. Mais un biscaïen le frappe en pleine poitrine. Un nouveau coup de feu le blesse au côté droit. Il arrive jusqu'à la redoute, suivi par le lieutenant Rudowski : celui-ci, foudroyé à son tour, tombe raide mort, comme le lieutenant Rowicki et le capitaine

Dziewanowski. Quarante sous-officiers et lanciers jonchent le sol. Une vingtaine ont échappé au massacre. Niegolewski, l'un des rares officiers survivants avec Kozietulski, est frappé à son tour. Grièvement blessé, on le ramène à l'entrée du défilé où l'Empereur attend les résultats de l'assaut. Celui-ci fixe sa lorgnette sur les cimes tenues par les lanciers polonais soutenus par les fantassins du général Ruffin. En voyant l'état pitoyable de Niegolewski, Napoléon détache sa Légion d'honneur et la lui accroche sur la poitrine. Les Polonais ont bien mérité cette distinction. L'escadron des chevau-légers a perdu dans l'assaut la quasi-totalité de ses officiers.

Un jeune trompette aide Ségur, titubant, à remonter sur le cheval d'un lancier mort et ils parviennent, sous une pluie de balles, à rejoindre la tête de la colonne d'infanterie. Là, le colonel de La Grange lui donne les premiers soins et le fait transporter par quatre grenadiers sur un brancard. Ils passent devant l'Empereur :

« Ah, pauvre Ségur ! s'écrie-t-il. Yvan, allez vite et sauvez-le-moi ! »

Devant le feu qui brûle dans la cheminée, sa pensée se fixe un instant sur le destin tragique qui s'acharne sur la famille Ségur. Il y a quatre ans, le frère aîné de Philippe, Octave, a mystérieusement disparu. Jeune sous-préfet de Soissons promis à un bel avenir, ayant épousé sa cousine, Félicité d'Aguesseau, une très jolie femme, il s'est subitement volatilisé. Les bruits les plus fous ont couru. On a dit qu'il avait été enlevé par les royalistes, comme le sénateur Clément de Ris, pour punir les familles de l'aristocratie qui se ralliaient au nouveau régime. On a évoqué un suicide. Puis les soupçons se sont tournés vers sa ravissante épouse qui n'était pas d'une fidélité à toute épreuve. Un message d'Octave à la volage Félicité a apporté la preuve qu'il était toujours vivant. Où se cachait-il ? Tout portait à croire qu'il s'était engagé dans l'armée sous un faux nom. Pour permettre à Philippe de le retrouver, Napoléon l'avait envoyé en inspection au camp de Boulogne. En vain. Ses recherches avaient été infructueuses. Mais il ne renonçait pas. Partout où le conduisait son service, il se renseignait, enquêtait afin de réunir les indices qui le mettraient sur les traces de ce frère parti par désespoir amoureux pour cacher son douloureux secret. Il finira par le retrouver blessé dans un hôpital en Allemagne. Puis

Octave trompé à nouveau par son épouse volage se suicidera. Mais ceci est une autre histoire...

Après chaque bataille, lorsque l'excitation de l'action peu à peu retombe, le mystère de la destinée humaine ne cesse de le troubler. Pourquoi le brave Rudowski a-t-il été frappé, lui et non un autre ? Se sent-il responsable du massacre de ces lanciers qui ont payé cher leur folle intrépidité, toute cette jeunesse polonaise fauchée dans le défilé de Somosierra ? Pourtant, à travers eux, se dessine l'image d'une femme aimée, Marie Walewska, qui l'attend dans sa retraite de Walewice. Non, il ne ferait pas la guerre s'il se montrait accessible à la pitié. Il a chassé ce sentiment de son cœur. Ces jeunes lanciers n'ont fait que rencontrer leur destin, un destin à l'image de la Pologne, fait d'espoirs déçus et de sacrifices, tout comme Philippe de Ségur qui lutte contre la mort. Il ne lui appartient pas de savoir qui doit ou non mourir. C'est une question qu'il n'a pas le droit de se poser. Ni pour les autres ni pour lui-même. Et, soudain, à lui qui affronte si souvent le danger, à lui qui, ce matin même, sous la mitraille, dans le défilé de la Sierra, aurait pu être la cible d'un tireur embusqué, s'impose cette idée lancinante qu'il ne peut laisser son œuvre à la merci du hasard. Il lui faut un héritier. Ne serait-ce que pour arrêter le bras d'un assassin ou les incessantes manœuvres des traîtres qui ourdissent des complots.

Un mois plus tard, à Astorga, après avoir libéré Madrid, mais n'ayant toujours pas pu affronter le général Moore, qui évite le combat, il reçoit une dépêche venue de France contenant une nouvelle alarmante : l'Autriche a formé deux armées qu'elle dirige aux frontières de la Bavière et vers la Lombardie, sous le regard indifférent d'Alexandre, son fourbe et versatile allié. Tout aussi alarmant, Fouché et Talleyrand se sont réconciliés et complotent contre lui avec la complicité de Murat.

C'est décidé : il va quitter l'Espagne, abandonnant son armée démoralisée comme autrefois l'Égypte, comme plus tard la Russie.

Le 17 janvier, à 6 heures du matin, à cheval, il part secrètement de Valladolid. Le 19, il est à Bayonne. Le 23 janvier, à 8 heures du matin, il apparaît aux Tuileries où sa présence soudaine frappe comme la foudre.

D'abord, en plein conseil, il règle son compte à Talleyrand dont la trahison est maintenant avérée :

« Vous êtes un voleur, un lâche, un homme sans foi. Vous ne croyez pas en Dieu. Vous avez manqué toute votre vie à vos devoirs. Vous avez trompé, trahi tout le monde. Il n'y a rien pour vous de sacré. Vous vendriez votre père. Je vous ai comblé de biens et il n'y a rien dont vous ne soyez capable contre moi. »

Il le rend responsable de toutes les erreurs qu'il a commises sur son conseil : la guerre d'Espagne, l'exécution de ce « malheureux » duc d'Enghien. Et il conclut :

« Vous mériteriez que je vous brisasse comme verre, mais je vous méprise trop pour en prendre la peine. Vous êtes de la merde dans un bas de soie. »

Talleyrand accoudé à la cheminée reste imperturbable. Son masque blême ne trahit aucune émotion. L'humiliation ne semble pas l'atteindre. Les membres du Conseil ont piqué du nez dans leurs dossiers, trop heureux que l'orage ne s'abatte pas sur eux. Surtout Fouché, le visage aussi fermé et inexpressif que celui de son collègue, et qui s'attend à avoir sa part de la fureur impériale. Napoléon s'exaspère de l'impassibilité de son ancien ministre. Ce n'est pas tout de le blesser, il voudrait voir le sang couler, sentir l'homme atteint dans la chair sensible de son orgueil. N'y parvenant décidément pas, excédé, il décide de l'humilier en le frappant dans sa vie intime : « Vous ne m'aviez pas dit que le duc de San Carlos était l'amant de votre femme ? » Talleyrand alors sort de son silence. Il cisèle une de ces reparties de grand seigneur dédaigneux dont aucune insulte ne peut entamer la dignité : « En effet, Sire, je n'avais pas pensé que ce rapport pût intéresser la gloire de Votre Majesté et la mienne. » Furieux d'avoir le dessous, Napoléon quitte la pièce.

S'il trépigne devant Talleyrand avec toutes les manifestations d'une fureur impuissante, c'est qu'il se sent trahi certes par lui, trahi par l'Espagne qui a saccagé ses espérances, trahi surtout par ses rêves.

Cette paix de Tilsit, suivie de l'hypocrite embrassade d'Erfurt, aussi trompeuse et illusoire que l'alliance russe, n'était qu'une duperie. Le désastre espagnol a détruit cet édifice de mensonges. Tout est à recommencer, y compris la guerre.

XVII

Le 12 octobre 1809

« Quel âge avez-vous ?
— Dix-huit ans.
— Que vouliez-vous faire de ce couteau ?
— Vous tuer !
— Vous êtes fou, jeune homme ; vous êtes illuminé.
— Je ne suis pas fou.
— Vous êtes donc malade.
— Je ne suis pas malade. Je me porte bien.
— Pourquoi vouliez-vous me tuer ? »

Pour une fois, il est devant un comportement qui échappe à son intelligence. Face à ce jeune homme qui a l'air d'un enfant si convenable, si banal, et qui l'affronte avec une incroyable assurance, il se sent désarmé. Aurait-il affaire à un de ces étudiants exaltés du Tugenbund, l'« Union de la vertu », un idéologue fanatique, il comprendrait, mais celui-ci ne se réclame d'aucun parti, d'aucune doctrine. Il ne ressemble en rien aux affiliés des sociétés secrètes aux revendications et aux pensées obscures : il est clair, candide, plein de l'innocence et du charme naïf de la jeunesse. Fils de pasteur, il a une fiancée qu'il aime, Marguerite Stiler, et qu'il compte épouser. Il n'a rien, absolument rien, d'un terroriste. Il s'appelle Friedrich Staps.

Devant ce jeune homme, lui qui se vante de connaître tous les ressorts de l'âme humaine, il bute sur un mystère. Il voudrait à tout prix trouver une explication logique. La folie ! Ce serait tellement rassurant de se dire que seul un fou peut avoir le désir d'attenter à sa vie. Et là, dans son cabinet surdoré du palais de Schönbrunn, il poursuit avec une curiosité avide cet invraisemblable dialogue que traduit le général Rapp qui parle couramment l'allemand.

« Pourquoi vouliez-vous me tuer ?
— Parce que vous faites le malheur de mon pays.
— Vous ai-je fait quelque mal ?
— Comme à tous les Allemands !
— Par qui êtes-vous envoyé ? Qui vous pousse à ce crime ?

— Personne ! C'est l'intime conviction qu'en vous tuant, je rendrai le plus grand service à mon pays et à l'Europe, qui m'a mis les armes à la main.

— Est-ce la première fois que vous me voyez ?

— Je vous ai vu à Erfurt, lors de l'entrevue avec le tsar.

— N'avez-vous pas eu l'intention de me tuer alors ?

— Non. Je croyais que vous ne feriez plus la guerre à l'Allemagne ; j'étais un de vos plus grands admirateurs.

— Depuis quand êtes-vous à Vienne ?

— Depuis dix jours.

— Pourquoi avez-vous attendu si longtemps pour exécuter votre projet ?

— Je suis venu à Schönbrunn il y a huit jours avec l'intention de vous tuer, mais la parade venait de finir. J'avais remis l'exécution de mon dessein à aujourd'hui.

— Vous êtes fou, vous dis-je, ou vous êtes malade.

— Ni l'un ni l'autre.

— Qu'on fasse venir Corvisart !

— Qui est Corvisart ?

— C'est un médecin, dit Rapp.

— Je n'en ai pas besoin. »

Corvisart arrive et tâte le pouls du jeune homme.

« N'est-ce pas, monsieur, que je ne suis pas malade ? lui demande Staps.

— Monsieur se porte bien, constate Corvisart.

— Je vous l'avais bien dit ! s'exclame Staps, avec une exaltation presque joyeuse.

— Vous êtes une tête exaltée, vous ferez la perte de votre famille. Je vous accorderai la vie si vous me demandez pardon du crime que vous avez voulu commettre et dont vous devez être fâché.

— Je ne veux pas de pardon. J'éprouve le plus vif regret de n'avoir pu réussir.

— Diable ! Il paraît qu'un crime n'est rien pour vous ?

— Vous tuer n'est pas un crime, c'est un devoir.

— Qu'est-ce, ce portrait qu'on a trouvé sur vous ?

— Celui d'une jeune personne que j'aime.

— Elle sera bien affligée de votre aventure !

— Elle sera affligée de ce que je n'ai pas réussi ; elle vous abhorre autant que moi.

— Mais, enfin, si je vous fais grâce, m'en saurez-vous gré ?
— Je ne vous en tuerai pas moins. »

Ceux qui assistent à cette scène, Rapp, Corvisart, le fade Champagny qui a remplacé Talleyrand aux Relations extérieures, éprouvent un sentiment d'irréalité. Quel spectacle déroutant que celui de ce jeune homme entravé, si frêle, aux bonnes joues roses, devant un Empereur si puissant qui semble, pour une fois, déconcerté ! Ils ont l'impression que plus rien ne compte pour lui que d'entrer dans les raisons de ce jeune illuminé, habité par la passion de le tuer, que Rapp, le matin même, lors du passage en revue des troupes, trouvant son comportement bizarre, a fait arrêter par les gendarmes qui l'ont trouvé porteur d'un couteau. A-t-il déjà oublié tous les morts laissés sur les champs de bataille d'Eckmül, d'Essling, de Wagram, dont le sacrifice ne semble plus susciter sa sollicitude ? Des questions se bousculent dans leur esprit : pourquoi cet acharnement à épargner la vie d'un assassin ? Quel étrange prix il accorde soudain à la vie humaine alors que, sur le champ de bataille, ce genre de scrupule ne l'embarrasse guère ? Lui qui se sent invincible au milieu des balles et des boulets, au point que ses grognards doivent le ceinturer pour qu'il ne s'expose pas au feu – c'est arrivé récemment encore à Ratisbonne où il a été blessé par une balle au talon d'Achille –, il semble étonnamment vulnérable en face de cet assassin. Les questions dont il harcèle Staps témoignent du trouble qu'il éprouve, comme si ce jeune homme lui paraissait soudain un messager du destin. Quand il lui demande « Par qui êtes-vous envoyé ? », ce n'est pas tant aux commanditaires de son crime qu'il pense, que, au-delà, à cette puissance invisible dont il paraît être le bras armé. Que lui veut-elle ? Quel temps lui laisse-t-elle ? Que veut-elle lui signifier ? En criblant de questions le naïf et candide Staps, c'est un signe venu des ténèbres qu'il cherche. Tout comme, quelques semaines plus tôt, enfermé à la *Kaisergruft*, la crypte des capucins, dans une confrontation avec les tombeaux de la famille impériale autrichienne, hérissés d'allégories macabres, d'ossements, de têtes de mort, il s'interrogeait sur le mystère de la destinée.

Le 17 octobre, à 5 heures du matin, au moment où il quitte Vienne, toujours préoccupé par le cas de Staps, il fait appeler Rapp. Tous les deux, à pied, regardent passer la garde impériale qui retourne en France. La pluie tombe.

« Il n'y a pas d'exemple qu'un jeune homme de cet âge, allemand, protestant et bien élevé, ait voulu commettre un pareil crime. Sachez comment il est mort. »

Le lendemain, Rapp lui rend compte de sa mission. Staps, passé devant une commission militaire qui l'a condamné, a été exécuté à 7 heures du matin sans avoir pris aucune nourriture depuis son arrestation. Quand on lui a annoncé que la paix était faite, il a tressailli. Devant le peloton d'exécution, son dernier cri a été :

« Vive la liberté ! Vive l'Allemagne ! Mort au tyran ! »

Il charge Rapp de conserver le couteau. Et il écrit à Fouché : « J'ai voulu vous informer de cet événement afin qu'on ne le fasse pas plus considérable qu'il ne paraît l'être. S'il en était question, il faudrait faire passer cet individu pour fou. »

« Considérable », l'événement l'est pour lui. Car il ne cesse d'en reparler. À Sainte-Hélène, il dira qu'il n'a jamais été aussi près d'être tué. Sur la balance de ses préoccupations, Staps semble peser étrangement lourd. C'est pourtant une époque où, coulant des jours heureux avec Marie Walewska, venue le rejoindre à Schönbrunn – c'est là qu'elle va concevoir leur futur fils –, il peut mesurer à quel point son empire est fragile. Bien sûr, il a vaincu les Autrichiens après les combats incertains d'Eckmül et d'Essling, la rupture des ponts de l'île de Lobau, mais au prix de quelles pertes ! Plus de quarante mille hommes hors de combat, la perte du général Lassalle ; celle encore plus douloureuse de Lannes. Et sa Grande Armée n'est plus l'instrument efficace qu'elle a été à Austerlitz. Des troupes expérimentées enlisées en Espagne lui ont fait défaut. Quant au blocus continental, il lui aliène les peuples dont ses frères et beaux-frères, Louis, Joseph, Jérôme, Murat, rois d'opérette, non seulement ne parviennent pas à juguler les revendications, mais les soutiennent, devenant presque des ennemis de leur propre frère à qui ils doivent tout.

Ses yeux se sont enfin dessillés devant la fourberie d'Alexandre qui, tout en fausses promesses, en amitié feinte, en douceur empoisonnée, a pris soin de n'engager aucune de ses troupes contre les Autrichiens. Contrairement aux assurances données, il n'a entrepris aucuns pourparlers pour amener l'Angleterre à la paix. Devant la mauvaise foi d'un allié aussi peu sûr, il décide de changer du tout au tout sa politique d'alliances. Une « pirouette » diplomatique digne du revirement militaire opéré de Boulogne au Rhin : il va abandonner l'allié russe pour le vaincu de la veille, l'Autriche. Il échange en un clin d'œil Alexandre contre François Ier d'Autriche qui, terrorisé à l'idée de voir l'empire des Habsbourg au bord de s'effondrer, n'espérait pas s'en tirer à si bon compte. Le nouvel allié est-il plus sûr que le précédent ? Non ! Mais il ne peut être plus déloyal qu'Alexandre qui, dans ce domaine, n'a pas de rival. De toute façon, il n'a pas le choix.

C'est alors qu'entre en scène un personnage ultraséduisant, un de ces hommes ambitieux, fastueux et cyniques qui fascinent les femmes et les écrivains : le jeune Metternich arrive aux affaires grâce à la défaite de Wagram, après avoir quitté son poste d'ambassadeur à Paris six mois plus tôt, au moment de la déclaration de guerre.

Metternich, c'est la séduction faite homme. Il a séduit l'empereur François qui en fera l'indéracinable maître d'œuvre de sa politique, comme il a séduit sa première femme, la fille du chancelier Kaunitz, mariage très profitable à sa carrière, et mettra dans son lit toutes les plus belles femmes de Paris, à commencer par Caroline Murat. Fin politique au-dessus des conventions, amant adulé, il était prévisible que Stendhal tombe lui aussi sous son charme. Il s'en est inspiré pour créer le personnage du comte Mosca dans *La Chartreuse de Parme*.

Metternich se livre à un calcul très simple – ce qui prouve encore une fois à quel point une grande politique n'est en fait que du bon sens appliqué aux affaires de l'État – dont il fait part à l'empereur François Ier : qu'a rapporté à l'Autriche son opposition affirmée depuis plus de dix ans à Napoléon ? Non seulement d'importantes pertes en vies humaines mais, de défaite en défaite, de Marengo en Austerlitz, l'abandon de l'Italie et une notable perte d'influence européenne. Pour quel gain ? Sinon d'avoir risqué la fin de l'empire d'Autriche et la destitution de son empereur, sauvé au fond grâce à la perfidie d'Alexandre vis-à-vis de Napoléon. Alexandre se fût-il montré un allié exemplaire, c'en était fait de l'empire d'Autriche.

Alors naît de la part de ces deux empiriques, Napoléon et Metternich, l'idée d'une alliance copiée en tout point sur celle nouée avec Alexandre à Tilsit et à Erfurt. Cette fois, seul le dindon de la farce a changé : ce devait être l'Autriche, ce sera la Russie. On renouvelle les promesses, les gestes d'amitié, les signes de réconciliation. Et Metternich, qui a su par Talleyrand tous les secrets de Napoléon

– il a acheté le vieux traître ecclésiastique pour 400 000 francs –, a connu également les projets matrimoniaux avortés avec les sœurs d'Alexandre Ier, qui soulevaient le cœur de l'impératrice douairière. Metternich conçoit le projet d'amadouer le Minotaure en lui sacrifiant une vierge, une Iphigénie. Après tout, l'empire d'Autriche ne s'est-il pas constitué plus par des mariages que par des conquêtes militaires ? Et, à la cour de Vienne, ce ne sont pas les archiduchesses qui manquent. C'est un véritable poulailler de princesses en mal de maris. Mais Metternich, plus cynique que Napoléon, ne se croit pas pour autant engagé pour toujours par ce projet matrimonial que Napoléon, au fond idéaliste, ainsi que le voyait Goethe, regardera, lui, comme une alliance sacrée et indestructible. Napoléon quitte Vienne plein d'espoirs. Les Autrichiens le regardent partir pleins d'arrière-pensées. Si intelligent qu'il soit, son expérience politique ne date que de vingt années, les Habsbourg ont dix siècles de savoir-faire derrière eux.

XVIII

Le 27 mars 1810

Il a beau apprendre la valse, s'inonder d'eau de Cologne, avoir fait décrocher dans ses palais tous les tableaux qui illustrent les défaites de l'Autriche, ces délicatesses n'empêchent pas son naturel de revenir au galop : il ne sera jamais l'homme des longs préliminaires avec les femmes, le galant qui attend que le fruit soit mûr pour le cueillir. Récemment encore à Schönbrunn, on l'a entendu ordonner :

« Vite, un bain, un souper et Mme Walewska. »

Il a mené la conquête de Marie-Louise à la hussarde et son mariage tambour battant. En trois mois, l'affaire – car c'est bien de cela qu'il s'agit de part et d'autre – est réglée. Quant à la jeune fiancée qui, après un voyage harassant, arrive morte de fatigue sous une pluie battante près de Compiègne, il monte dans sa voiture sans crier gare, la couvre de baisers – les Anglais diront qu'il l'a violée – attentat consenti qui aura lieu la nuit même sans que la victime se montre offusquée, tant est grande la complaisance des archiduchesses autrichiennes pour les devoirs de l'État. Elle se dit contente, ravie d'avoir franchi allégrement le pas, enchantée de son mari, tout autant que des merveilleux cadeaux qu'il lui a fait porter : un précieux nécessaire de toilette en or de mille trois cents pièces, acheté au Singe Vert, le plus célèbre orfèvre de Paris.

Son empressement n'est pas dû seulement à la nécessité d'avoir au plus vite un héritier : grande, une tête de plus que lui, des yeux un peu asiates, légèrement globuleux, des pommettes saillantes, une orgueilleuse poitrine, même si elle ne brille pas par son intelligence – qualité qui ne court pas les rues à la Hofburg –, c'est une proie des plus appétissantes. Et puis elle a dix-huit ans, lui quarante.

Le lendemain de cette nuit de noces qui précède le mariage officiel, tandis que Marie-Louise paresse dans son lit jusqu'à midi, après avoir bien mérité de sa patrie, il est vite repris par ses habitudes de rusticité militaire. Il clame autour de lui :

« Elle était vraiment vierge… elle a fait cela en riant. Messieurs, épousez des Allemandes, elles sont bonnes, naïves et fraîches, et ce sont les meilleures femmes du monde. »

On comprend les préventions de François Ier qui considérait déjà que son futur gendre était vulgaire et qu'il ressemblait à un tailleur.

Il voulait épouser un « ventre ». C'est chose faite dans tous les sens du terme. Non seulement sa famille a donné des preuves de ses dispositions à produire de bonnes pondeuses – elle fera vite honneur à cette réputation qui était la clause pour ainsi dire essentielle du contrat –, mais elle montre très vite d'appréciables aptitudes à l'amour. Cette jolie et affriolante femme gardera la réputation d'avoir toujours été docile au mâle. Elle obéit à son père, à son mari, plus tard à son amant, Neipperg, qu'elle épousera, comme à beaucoup de ceux qui convoitent cette proie facile. Ses sens sont toujours prêts à accueillir l'homme. S'il l'a culbutée à Compiègne sans de longs préambules, c'est que la conscience de la jeune femme ne voit pas dans la chair autre chose qu'une simple formalité. Ni la culpabilité ni le remords ne semblent avoir jamais traversé ce cœur simple à la sensualité gourmande.

La jeune fille facile à prendre deviendra, avec l'âge – toute révérence gardée –, une ogresse goulue. Il lui faudra toujours un homme à portée de la main. À la mort de Neipperg, ce sera le comte de Bombelles, puis un médiocre chanteur d'opéra mais escroc célèbre, Jules Leconte. C'est la réputation des Autrichiennes : quand elles ne sombrent pas dans le romantisme morbide, elles ont un penchant pour les pâtisseries du plaisir qu'elles dégustent sans plus d'états d'âme qu'une friandise. Il suffit à Marie-Louise qu'un verre de vin colore ses joues pour que son cœur s'ouvre à la volupté. Un de ses biographes écrira : « Marie-Louise était sans défense devant les entreprises galantes. » Son mari, qui s'en est vite aperçu, maintient autour d'elle une surveillance digne d'un harem. Quand il s'absente pour une longue période, il ne laisse pas d'être inquiet. Dans sa correspondance avec Fouché, il laissera voir ses soupçons d'une possible liaison entre elle et Joseph, son propre frère, qui a entrepris sa conquête.

Elle a évidemment un défaut : elle n'a pas conscience du génie qu'elle a épousé et lui préfère au fond son père, le besogneux et conventionnel empereur François. Son fils, le duc de Reichstadt, en conviendra : « Certes, ma mère est bonne, mais elle est sans force, elle n'était pas la femme que mon père méritait. » Ce à quoi un courtisan, Prokesch, lui répondra : « La femme que méritait votre père n'existe pas. »

Il a été naïf, étrangement naïf. Il a été roulé par des hommes d'État sans scrupules envers ce parvenu qui a cru les éblouir par ses mérites alors qu'ils appartiennent à un monde où rien ne compte hormis la naissance et le sang. Il fera son mea culpa : « Ma seule faute dans cette alliance a été d'y avoir apporté un cœur trop bourgeois. » Tout comme l'alliance avec Alexandre était impossible en raison de l'hostilité profonde de la société russe, l'alliance autrichienne est contre nature. Comment pourraient s'entendre deux pays dont les régimes diffèrent à ce point ? L'un est issu de la Révolution et le reste dans son principe, même revêtu de la pourpre et de l'étiquette impériales ; l'autre est ancré par son histoire dans une caricature de système monarchique quasiment de droit divin.

L'ancien jacobin qui a restauré la notion de mérite s'allie à une dynastie fondée sur les privilèges ; l'homme des Lumières avec François Ier, un monarque confit dans l'obscurantisme et le conservatisme les plus surannés. Cette contradiction interne, qui mine son pouvoir, du moins pourrait-il la dépasser en administrant avec sagesse, avec prudence – des mots qui lui conviennent bien peu –, son empire. Ce serait compter sans son démon. Il lui reste une dernière faute à commettre, qui lui sera fatale. Un rêve peut-il être considéré comme une faute ? Il ne serait pas lui-même s'il avait agi autrement.

Marie-Louise se sent évidemment dépaysée dans une cour dont les deux piliers, Fouché et l'archichancelier Cambacérès, sont des régicides notoires. Quand elle regarde leurs mains, comment n'y verrait-elle pas le sang de son oncle et de sa tante ? Mais on s'habitue à tout. Ce qui l'étonne peut-être le plus, c'est la zizanie qui règne dans cette famille où, en dehors de l'imperturbable et très digne Letizia, les frères et sœurs trépignent d'ambition, se chamaillent et s'insultent pour des questions de préséance. L'avantage des anciennes familles régnantes – on ne peut pas être plus anciens que les Habsbourg –, c'est que le protocole est immuable. Il n'y a aucune place pour les tiraillements d'amour-propre. Chez les Bonaparte, c'est une cacophonie de prétentions refoulées et humiliées. Joseph est considéré par l'Empereur comme un monarque insuffisant et peu sûr ; Jérôme ne se montre pas plus efficace en Westphalie où il mène une vie de patachon qui fait scandale ; Louis, ombrageux, soupçonneux, jaloux de sa femme Hortense qui le trompe et va le quitter, est incapable de se faire respecter par les Hollandais dont il voudrait se faire aimer. Murat, son beau-frère, est compétent, mais son ambition insatiable le rend insupportable. Reste Lucien, le plus doué. Il s'est retiré à Rome, après un mariage qui a déplu, pour ne plus être en butte à l'autoritarisme tatillon de l'Empereur. Quant aux sœurs, Pauline, Caroline et Élisa, il semble qu'en matière de dotations comme sur le chapitre des hommes, elles n'en aient jamais assez.

Marie-Louise apporte en dot à son mari, après son difficile divorce d'avec Joséphine, une vie conjugale apaisante et une union prestigieuse qui le flatte dans son rêve d'égaler Charlemagne. Son empire n'atteint-il pas le double de celui de l'empereur carolingien ? Si l'affaire espagnole qui se dégrade de jour en jour n'était pas pour lui une source permanente d'inquiétude, il pourrait croire qu'il a réalisé un rêve inouï. Mais cet empire si beau sur le papier craque de partout : il faut le maintenir et parer les coups portés par l'Angleterre qui exploite le mécontentement provoqué par le blocus continental.

Marie-Louise, que les Français n'aimeront jamais – « L'Autrichienne porte malheur », disait Napoléon –, sera dénigrée. Plus que Joséphine qui, pourtant, a multiplié les frasques et rôti le balai plus allégrement qu'elle. Quand l'Empereur connaîtra des revers – ils surviendront vite –, elle lui sera plus attachée qu'on ne l'a dit. Elle pensera le rejoindre à l'île d'Elbe sans pour autant oser braver les ordres de son père. Elle n'est ni rebelle ni emportée par la passion amoureuse : sa seule passion, c'est l'obéissance à son père. Elle y met une application fervente. Elle reste une petite fille conventionnelle dans le drame épique de l'Empire. Ce drame, elle n'en mesure ni l'ampleur ni encore les dangers, pas plus qu'elle ne prend conscience de l'âpreté des intrigues. Toutes les taupes sont au travail.

En effet, la plupart des acteurs de cette extraordinaire aventure, comme s'ils étaient lassés de grandeur, exténués de rêves, conspirent et se préparent à trahir. Après Talleyrand, c'est Fouché qui a pris langue avec les Autrichiens, sans doute pour faire oublier qu'il fut un régicide. Il soigne particulièrement Metternich lors de son ambassade à Paris. Il ne craint pas d'ironiser devant lui sur les ambitions folles de son maître : « Quand on vous aura fait la guerre, il restera la Russie… et puis la Chine. »

Pour l'Autriche, c'est chose faite. Reste la Russie. Si Fouché avait évoqué l'Inde au lieu de la Chine, il n'aurait pas été très éloigné des pensées secrètes de celui qu'il trahit. Napoléon n'a jamais imposé de limites à son action. Il méprise les réalités quand elles ne s'alimentent pas à la source de son imagination. À Smolensk, Bacler d'Albe, son géographe, stupéfait, le verra, allongé sur les cartes de la Russie, planter des repères qui, après avoir indiqué le chemin de Moscou, bifurquent vers le sud, la mer Caspienne, pour rejoindre l'Inde.

Ce que Fouché ne voit pas, pas plus que Talleyrand et tous les raisonnables qui voudraient que le conquérant s'endorme sur ses lauriers, jouissant de la vie de famille, afin qu'eux-mêmes puissent profiter confortablement de leurs rentes de situation, c'est qu'il est condamné à l'action par son système même. Celle-ci est toujours un défi et un risque, mais l'inaction serait tout autant dangereuse. Ses ennemis n'ont pas désarmé. Ils ne font qu'attendre le moment propice. S'il cesse d'agir, Alexandre, François Ier et Frédéric-Guillaume se coaliseront contre lui, soudés par une solidarité de monarques, menacés dans leur être par le monde nouveau qu'ils ont vu se lever avec la Révolution. Et c'est vrai, un siècle plus tard, leurs descendants auront tous perdu leur trône. Il voit clair dans leur jeu : « Ils se sont tous donné rendez-vous sur ma tombe, mais ils n'osent pas s'y réunir. »

C'est donc son destin de devoir encore une fois s'engager dans une guerre qu'il a tout fait pour éviter. Il ne prend le chemin de Moscou que contraint et forcé par un Alexandre cauteleux et hypocrite qui l'oblige à le combattre en se donnant le beau rôle de la victime agressée. Le paradoxe, c'est que cette épreuve terrible, son plus brûlant échec, n'entamera pas sa légende. Les eaux glacées de la Bérézina qui vont engloutir son armée, l'effroyable retraite sous les assauts des Cosaques jettent sur elle les lumières noires de la tragédie. Elles ne ternissent pas son image, incroyablement tenace. En dépit de la réalité qui le soumet, il reste ce qu'il a toujours été : le général de l'armée des rêves.

XIX

Le 8 décembre 1812

C'est un traîneau qui file à toute allure dans la neige. On dirait qu'il vole sur les chemins glacés. Dans ce paysage monotone de forêts de bouleaux endormis sous l'hiver, seuls les grelots des chevaux qui tintent apportent un peu de vie dans le silence de la steppe. Les arbres dressés, décharnés, couverts de givre faisant face au blizzard pourraient figurer une armée morte. Dans ce véhicule bizarre, une berline montée sur des patins, un froid polaire s'insinue par les glaces et les portières gelées. Emmitouflé dans un énorme sac en peau d'ours endossé sur sa pelisse en loup, chaussé de bottes de fourrure, il grelotte. Des glaçons se forment sur ses sourcils et sous son nez. Si surprenant que cela paraisse, il est de bonne humeur. Parfois, il plaisante. S'il n'y avait pas ce froid mordant, il montrerait presque de l'allégresse, comme s'il se sentait libéré du poids des responsabilités. Une page de tournée ! Ne l'agace que la lenteur des palefreniers aux relais quand on change les chevaux. Toujours l'impatience ! Il a hâte de regagner Paris où sa présence, après le coup d'État manqué du général Malet, fera un nouveau miracle.

L'homme le plus puissant d'Europe traverse des pays contre lesquels il était il y a peu en guerre avec une folle inconscience. Son escorte fond à chaque étape. Il n'a plus, pour le protéger, que deux grenadiers napolitains, un garde du corps, le mamelouk Roustam assis à côté du cocher, et, à côté de lui, dans le traîneau, Caulaincourt, vêtu d'une tenue tout aussi extravagante, armé jusqu'aux dents, qui vérifie que leurs pistolets sont bien chargés. Dans cet équipage de fortune, on dirait un négociant de Wilna fuyant avec ses comparses de mauvaises affaires. Certainement pas l'empereur des Français, roi d'Italie, protecteur de la Confédération du Rhin.

Rien dans ses propos ne le montre abattu, ayant atteint le fond du gouffre. Personne ne pourrait imaginer que ce brillant causeur a perdu ce à quoi il tient le plus : son armée, la prestigieuse Grande Armée, objet de constante sollicitude. Elle n'est plus qu'un souvenir. Elle a sombré dans les glaces de la Bérézina. Seuls des fantômes de soldats, assaillis par les hourras de Cosaques, cherchent à tâtons sous la neige le chemin du retour. Mais, déjà, cette réalité-là ne l'intéresse plus. Il a besoin de croire que son armée s'est reformée à Wilna, même s'il vient de dicter à Smorgoni ce vingt-neuvième *Bulletin de la Grande Armée* qui, pour une fois, laisse entrevoir sous les flonflons de la fanfaronnade militaire un immense désastre.

Si difficile qu'il soit pour lui de l'admettre, il a accumulé les erreurs. D'abord celle de s'être laissé entraîner par le tsar dans cette steppe russe où il s'était juré de ne pas s'aventurer. Il avait trop médité le funeste exploit de Charles XII de Suède dont l'armée s'était enlisée dans les marais de Poltava pour envisager de rééditer sa folle aventure. Il pensait n'avoir qu'à apparaître sur le fleuve Niémen flanqué de son armée de six cent mille hommes pour qu'aussitôt Alexandre prenne peur. D'autant que se profilait pour le tsar la menace de voir ressusciter le royaume de Pologne. Tout au plus serait-il contraint de s'aventurer jusqu'à Minsk ou Smolensk. Il lui suffirait de montrer les dents pour qu'on s'empresse de lui faire des offres de paix. Il se flattait de connaître la personnalité bravache d'Alexandre qui s'effondrerait au premier engagement sérieux.

Il s'est trompé sur toute la ligne : trompé sur la stratégie d'Alexandre, trompé sur son caractère beaucoup plus tenace qu'il ne l'imaginait, trompé sur le peuple russe qu'il pensait avachi dans la vodka et la servitude et dont il a réveillé l'orgueil national ; trompé enfin sur les classes dirigeantes qui ont préféré brûler leurs palais de Moscou plutôt que de les livrer aux envahisseurs. Il était certain de l'emporter par une bataille frontale décisive mais les armées de Bagration et de Barclay de Tolly ont toujours évité le contact. Le seul engagement sérieux a eu lieu près de la Moscova devant Moscou et n'a été qu'une boucherie indécise (cinquante-cinq généraux de la Grande Armée tués). Il s'y est montré un chef très au-dessous de lui-même comme tout au long de cette campagne désastreuse : engourdi dans une torpeur dont il ne sortait que par des accès de mauvaise humeur, il n'a été qu'atermoiement, tergiversation, hésitation, irrésolution.

L'homme à la pensée précise et à l'exécution juste s'est pour une fois laissé imposer la stratégie d'évitement de son adversaire. Loin de le surprendre, c'est lui qui a été surpris. Loin de diriger les événements, ce sont eux qui l'ont conduit dans le piège de Moscou. Rien ne s'est déroulé comme il l'avait prévu : non seulement il ne songeait pas à s'aventurer jusqu'à la ville sainte, mais Moscou une fois atteinte il lui semblait inconcevable que ses habitants pousseraient le fanatisme du sacrifice jusqu'à la brûler. Il avait imaginé une guerre courte, politique, sorte de duel chevaleresque entre les deux empereurs, suivie d'une victoire rapide comme à Friedland qui ramènerait à résipiscence le docile Alexandre. De Wilna, le 22 juin, ne lui avait-il pas adressé un message rempli de bons sentiments et d'esprit d'accommodement : « Si la fortune devait encore favoriser mes armes, Votre Majesté me trouvera comme à Tilsit, comme à Erfurt, plein d'amitié et d'estime. » Étrange naïveté qui l'a leurré sur le caractère faussement inconsistant d'Alexandre. Celui-ci, décidé depuis longtemps à ne pas se laisser emprisonner dans la servitude du blocus continental, se préparait à un conflit inévitable, écrivant au roi de Prusse, un an auparavant, qu'il emploierait vis-à-vis de la Grande Armée la tactique de la guérilla qui avait si bien réussi en Espagne. En tout point Napoléon a été dupe du tsar, un homme certes moins génial que lui mais dont la ténacité ajoutée au fanatisme national du peuple russe a eu raison d'une armée de six cent mille hommes ; celle-ci désormais disloquée, réduite à des fantômes en guenilles, les membres gelés, emmitouflés dans les brocarts précieux dérobés dans les palais moscovites, est en déroute dans la neige, harcelée par les Cosaques et le blizzard.

Pourquoi avoir choisi Armand de Caulaincourt, duc de Vicence, son ancien aide de camp dont il a fait un ambassadeur à Saint-Pétersbourg, pour l'accompagner dans cette fuite en traîneau ? Certes, celui-ci connaît bien le tsar Alexandre dont il a exploré la psychologie labyrinthique. Et c'est un ami personnel de Talleyrand. Surtout, pour un long périple – quinze jours entre Smorgoni et Paris –, il a tenu à s'adjoindre un compagnon avec lequel la conversation sera la plus excitante. Pas un fade courtisan flagorneur. Il veut un interlocuteur qui n'ait pas peur de l'affronter dans la discussion, car, s'il est un temps pour agir, il est aussi un temps pour parler, s'épancher, remuer des idées, ressaisir par la pensée en marche l'action incertaine. Aussi a-t-il abandonné sans scrupules le lourd et besogneux Berthier, pâle de colère, qui se ronge les ongles de dépit. Un maréchal chef d'état-major général n'est pas forcément un bon compagnon de voyage. Son choix s'est aussi porté sur un homme qui a du sens pratique, de l'entregent, parle couramment le russe et l'allemand, avec suffisamment d'autorité pour lui faciliter une expédition dangereuse qui doit demeurer secrète. L'incognito est sa sauvegarde. Les chevaux des relais sont réservés au nom de Caulaincourt, et l'illustre personnage qui l'accompagne se fait passer pour son secrétaire. Étant donné la nature hostile des pays à traverser, surtout la Prusse, une publicité donnée à ce voyage risquerait de susciter des tentatives d'attentats, d'enlèvements et autres désagréments.

Cette perspective lui donne l'occasion de montrer son flegme et son humour.

« Si on nous arrêtait, Caulaincourt, que nous ferait-on ? Croyez-vous qu'on me reconnaisse, qu'on sache que je suis ici ?

— Personne ne se doute que c'est l'Empereur qui chemine si modestement dans ce mauvais équipage. Quant au grand écuyer, il n'a pas assez d'importance pour que les Prussiens se compromettent en l'enlevant.

— Si les Prussiens nous arrêtaient, que nous feraient-ils ?

— Ne sachant que faire de nous, ils nous tueraient. Il faut donc nous défendre jusqu'à la dernière extrémité. Nous pouvons avoir une bonne chance, nous sommes quatre.

— Mais enfin, si on vous prend vivant, que fera-t-on de vous, monsieur le duc de Vicence ? dit l'Empereur sur le ton de la plaisanterie.

— Si on me prend, ce sera à cause de mon secrétaire. Alors on me fera un mauvais parti.

— Si on nous arrête, on nous fera prisonniers de guerre comme François Ier. La Prusse se fera rendre ses millions et en demandera même d'autres.

— Sire, nous n'en serions pas quittes à si bon marché.

— Vous avez raison. Ils ont trop peur de moi. Ils voudront me garder !

— C'est fort probable.

— Craignant que je ne m'échappe ou de terribles représailles pour me délivrer, les Prussiens me livreraient aux Anglais.

— C'est possible.

— Vous figurez-vous, Caulaincourt, la mine que vous feriez dans une cage de fer sur la place de Londres ? La figure que vous feriez dans cette cage enfermé comme un nègre condamné à être mangé par les mouches parce qu'on l'enduit de miel ? »

Et l'Empereur, à cette idée, rit aux éclats.

Ce qui frappe au cours des premières étapes du périple de Smorgoni à Wilna, puis sur la route de Varsovie, c'est la grande illusion dans laquelle il s'enferme. Il croit non seulement que la Grande Armée va se reformer à Wilna, mais qu'elle va recevoir bientôt de formidables renforts de toute la Pologne, soulevée contre l'ennemi héréditaire russe. Il rêve. Il imagine Alexandre Ier au bord de la négociation. Son comportement continue cependant de le dérouter :

« L'incendie des villes, celui de Moscou sont des bêtises. Pourquoi brûler s'il comptait tant sur l'hiver ? On a des armes et des soldats pour se battre. C'est de la folie de dépenser tant d'argent et de n'en pas tirer parti. Il ne faut pas commencer par se faire plus de mal que l'ennemi ne pourrait vous en faire. La retraite de Koutouzov est le comble de l'ineptie : c'est l'hiver qui nous a tués. Nous sommes victimes du climat. Le beau temps m'a trompé. »

Il croit que son passage à Varsovie va électriser les Polonais :

« S'ils veulent être une nation, ils se lèveront en masse contre leurs ennemis. Alors j'armerai pour les défendre. Je pourrai faire par la suite à l'Autriche les cessions qu'elle désire tant et nous proclamerons alors le rétablissement de la Pologne. »

À chaque étape, il ouvre un nouveau chapitre de sa vie. Tantôt c'est pour s'en prendre au caractère « faible et faux » d'Alexandre, tantôt pour vitupérer l'ennemi.

« Les Russes doivent paraître un fléau à tous les peuples ; la guerre contre la Russie est une guerre toute dans l'intérêt bien calculé de la vieille Europe et de la civilisation. L'empereur d'Autriche et M. de Metternich le sentent si bien qu'ils me l'ont souvent répété à Dresde. »

Qu'il est loin, et pourtant proche, le temps où, allié d'Alexandre, il voulait épouser une princesse russe !

Devant la steppe monotone qui défile sous ses yeux, son esprit s'évade des contingences. Il rêve à l'homme qu'il aurait été si l'Angleterre s'était résolue à conclure la paix :

« Après Austerlitz, après Tilsit, c'est l'Angleterre qui m'a poussé, forcé à tout ce que j'ai fait. Si elle n'avait pas rompu le traité d'Amiens, je serais resté tranquille chez moi. La crainte de compromettre les capitaux de mon commerce m'eût maintenu. Je n'aurais rien entrepris au-dehors, car ce n'était pas dans mon intérêt. Je me serais rouillé, accoutumé au repos. Rien n'est plus doux. Je ne suis pas plus ennemi qu'un autre des douceurs de la vie. Je ne suis pas un Don Quichotte qui a besoin de quêter les aventures. La seule différence entre moi et les autres souverains, c'est que les difficultés les arrêtent et que j'aime les surmonter quand le but est grand et noble, digne de moi et de la nation que je gouverne. »

Après un moment de silence, il reprend :

« On se trompe. Je ne suis pas ambitieux. Les veilles, les fatigues, la guerre ne sont plus de mon âge. J'aime plus que personne mon lit et le repos. »

Le traîneau s'arrête à l'aube au relais de poste de Pultusk. Toujours affublé de sa peau d'ours, il descend et se dégourdit les jambes. Puis il monte chez le maître de poste et commande du café et du lait. Une jeune et jolie servante, à moitié habillée, réveille un mauvais feu dans l'âtre tandis que la femme du maître de poste prépare une soupe et du café. Après s'être lavé les yeux et le visage, les jambes allongées sur un divan, il s'informe de ce que gagne la pauvre servante. Devant la modicité de la somme qui peut à peine suffire à l'entretien de ses vêtements, il lui fait donner par Caulaincourt quelques napoléons pour lui servir de dot. Ému par la pauvreté de la jeune fille, il se fait sentimental :

« Il me tarde bien que la paix soit générale pour me reposer et pouvoir faire le bon homme. Nous voyagerons dans l'intérieur. J'irai à petites journées avec mes chevaux. Je verrai l'intérieur des chaumières de cette belle France. On a beau faire, c'est moi qui ai créé l'industrie en France. Dans dix ans, on me bénira autant qu'on me hait peut-être aujourd'hui. »

Déjà, il faut repartir. Il pénètre dans l'abri gelé de son traîneau. Le postillon siffle et fait claquer son fouet. Les chevaux ont les naseaux qui fument. La berline s'envole sur la glace et reprend sa course folle dans un tintement de grelots. Les voyageurs frigorifiés se remettent à leur discussion. Sans cesse, il revient sur l'affaire espagnole.

« Sans doute, il aurait mieux valu finir la guerre d'Espagne avant de se lancer dans cette expédition de Russie. La guerre d'Espagne n'existe plus que dans les guérillas. Le jour où les Anglais seront chassés de la péninsule, ce ne sera plus que de la chouannerie. »

Il se tait un instant et s'enflamme à nouveau :

« L'héroïsme que l'on prête maintenant à la nation espagnole en haine de la France ne tient qu'à l'état de barbarie de ce peuple demi sauvage et à la superstition que les fautes de nos généraux ont encore surexcitée. C'est par paresse et non par égoïsme que le paysan espagnol préfère les dangers des contrebandiers et des guets-apens de grand chemin à la fatigue du cultivateur. »

Nouveau relais de poste. On change de chevaux. Une soupe, du café. C'est encore long. Impatience ! On repart. La conversation roule sur les Bourbons. Il parle du duc d'Enghien :

« Quoique l'on ait beaucoup bavardé à Paris sur cet événement, je ferais la même chose si la même circonstance se représentait. Cependant, il est possible que j'eusse fait grâce si Murat m'eût fait connaître ce désir du prince qui demandait à me voir. Certes, il n'aurait pas péri si je l'avais reçu. Excité par les révolutionnaires, Murat a agi avec précipitation en le faisant passer devant une commission militaire sans que je lui donne un consentement positif. »

Il médite en silence. Il regarde la neige qui tombe en lourds flocons. Le givre rend opaques les vitres de la berline qui file à toute allure. Il reprend :

« J'ai toujours regardé la mort de Louis XVI comme un crime, et j'avais cette opinion avant d'être roi. J'ai assez montré, depuis que je le suis, que je veux fermer la porte aux révolutions. Les souverains me doivent d'avoir arrêté le torrent de l'esprit révolutionnaire qui menaçait leurs trônes. Ce n'est pas à moi, ce n'est même pas aux hommes de la Révolution que les Bourbons doivent s'en prendre de leur expulsion : c'est Coblentz qui a été la cause de la mort du roi. Il y a aux Archives des pièces qui dévoilent les intrigues qui compromettent la haute immigration. On a sans doute commis un grand crime en faisant périr le roi. Étranger à cette catastrophe, les Bourbons n'ont pas le droit de conspirer contre ma vie. Je n'occuperais pas le trône qu'il serait occupé par un autre, car la nation ne veut pas d'eux. »

Poursuivant toujours sa course à une folle allure, la berline montée sur des patins traverse la Pologne. Au fur et à mesure qu'on approche de Varsovie, sa colère monte contre l'ambassadeur, l'abbé de Pradt, archevêque de Malines :

« J'ai été mal servi à Varsovie. L'abbé de Pradt a eu peur, a fait l'important et le vilain au lieu d'être un grand seigneur. Il s'est occupé de ses intérêts et a fait du bavardage de salon et de gazette. Rien pour les affaires. Il n'a pas donné d'élan aux Polonais. Les levées ne sont pas effectuées. Tous les moyens sur lesquels je devais compter m'ont manqué. Bassano (Maret, duc de Bassano, le ministre des Relations extérieures) a manqué l'affaire de Pologne, comme celle de Turquie, comme celle de Suède. J'ai eu bien tort de me fâcher contre Talleyrand. »

Son jugement sur Bassano recoupe celui de Talleyrand qui ironisait : « Personne n'est plus bête que M. Maret, si ce n'est le duc de Bassano. »

Sa fureur est telle contre l'abbé de Pradt qu'il refuse de loger à sa résidence et préfère s'établir à l'Hôtel d'Angleterre – ce qui est un comble ! – dans une mauvaise chambre : une petite salle basse, glacée, les volets à demi fermés pour protéger son incognito. Une vieille servante polonaise souffle sur un mauvais feu de bois vert qui enfume la pièce.

Il fulmine à l'arrivée de l'abbé de Pradt que Caulaincourt a fait chercher. Celui-ci surprend les paroles de l'Empereur qui parle de lui sans aménité :

« Il a gâté toutes mes affaires par son farniente. Il bavarde comme un régent de collège, et voilà tout. Talleyrand m'a bien manqué ici. »

L'abbé de Pradt est pâle. Caulaincourt veut s'éclipser pour éviter à l'ambassadeur l'humiliation de la présence d'un tiers, mais l'Empereur le retient. Il décharge alors sa hargne contre lui. Il l'assomme de griefs, il lui reproche de faire des plans de campagne et de jouer le militaire alors qu'il n'y entend rien :

« Vous deviez vous borner à faire de la politique et à dire votre messe au lieu de ne faire que des bêtises. »

L'abbé de Pradt se défend autant qu'il peut. L'ecclésiastique, aussi fourbe que talentueux mémorialiste, emmagasine sa rancune.

Il se défend comme un beau diable, ne réussissant qu'à redoubler la colère de l'Empereur.

Excédé par la présence de l'ambassadeur, il remarque une carte sur la cheminée, la prend avec vivacité et écrit rapidement quelques mots. Puis il la tend à Caulaincourt. Celui-ci lit : « Délivrez-moi de ce faquin. » Suit l'ordre à donner à Maret de destituer immédiatement l'abbé de Pradt de son ambassade.

L'abbé de Pradt, après avoir vainement tenté de se justifier, est congédié.

« Exécutez sur-le-champ l'ordre que je vous ai donné », dit l'Empereur à Caulaincourt.

Les voyageurs remontent dans leur traîneau. À nouveau, les grelots, l'impatience au relais de poste et tous les risques que comporte un itinéraire qui passe par la Prusse.

Maintenant, il jette sa bile sur Fouché :

« Ce n'est qu'un intrigant. Il a prodigieusement d'esprit et de facilités pour écrire. C'est un voleur qui prend de toutes mains. Il doit avoir des millions. Il a été un grand révolutionnaire, un homme de sang. Il croit racheter ses torts ou les faire oublier en cajolant les parents de ses victimes et se faisant en apparence le protecteur du faubourg Saint-Germain. Il est très capable, mais je ne puis jamais avoir confiance en lui. »

Puis, évoquant ses manigances et ses complots :

« Quelle imprudence ! Les hommes sont-ils assez fous ! Je n'ai pas assez d'estime pour eux pour être, comme on le dit, méchant et me venger. »

Le 18 décembre, à minuit, la folle équipée se termine. La berline s'arrête devant les marches des Tuileries après être passée sous l'arche de l'Arc de Triomphe.

Un des suisses qui gardent le palais sort de sa somnolence en voyant apparaître deux fantômes qui boitent et s'appuient l'un sur l'autre. Ils ont une barbe de quinze jours et dégagent un fumet sui generis pas très ragoûtant. Éberlué, il s'écrie :

« C'est l'Empereur ! »

XX

Le 29 juin 1813

Un chapeau. Le fameux bicorne gît sur le tapis au milieu de la galerie, sur un tapis d'Aubusson. Il l'a jeté sur le sol avec rage, une humeur sans doute feinte pour impressionner Metternich qui conserve un air impassible. Il veut l'éprouver : le chancelier autrichien va-t-il le ramasser comme il l'aurait fait dans d'autres circonstances ? Le ministre s'en garde bien. Il se contente, mi-sérieux, mi-goguenard, d'observer le chapeau du coin de l'œil tandis que l'orage éclate sur sa tête. Mais il en faut beaucoup plus pour que Metternich perde ses moyens. Les a-t-il jamais perdus ? Cet homme froid, calculateur, tout en contrôle de soi et en duplicité, a beaucoup appris de Talleyrand lors de son ambassade à Paris. Il reste imperturbable devant les reproches qui le cinglent.

« J'ai promis à l'empereur François de rester en paix avec lui tant que je vivrais. J'ai épousé sa fille. Je me disais alors : tu fais une folie. Mais elle est faite. Je la regrette aujourd'hui. »

Son intention n'est pas d'émouvoir Metternich – on ne réchauffe pas un marbre –, mais de mettre devant ses responsabilités politiques celui qui a contribué, plus qu'un autre, à cette union. D'autant qu'il reste persuadé que l'empereur François et la cour de Vienne n'auront pas le cœur d'ouvrir les hostilités contre lui. Il s'illusionne encore. Il croit que la fibre paternelle de l'empereur autrichien finira par jouer en sa faveur.

Il insiste pourtant :

« J'ai commis une faute impardonnable. En épousant une Autrichienne, j'ai voulu unir le présent et le passé, les préjugés gothiques et les institutions de mon siècle. Je me suis trompé et je sens aujourd'hui l'étendue de mon erreur. Cela me coûtera peut-être mon trône, mais j'ensevelirai le monde sous mes ruines. »

Metternich, sans s'émouvoir, réitère les conditions que les alliés lui proposent. En fait, un piège qui consisterait à lui faire abandonner toutes les possessions françaises en dehors des frontières naturelles. Il s'insurge :

« Quoi ! Non seulement l'Illyrie, mais la moitié de l'Italie et le retour du pape à Rome ! Et la Pologne, et l'abandon de l'Espagne !

Et la Hollande, et la Confédération du Rhin, et la Suisse ! Voilà ce que vous appelez l'esprit de modération qui vous anime ! Vous ne pensez qu'à profiter de toutes les chances. Vous n'êtes occupé qu'à transporter votre alliance d'un camp à l'autre pour être toujours du côté où se font les partages, et vous venez me parler de votre respect pour les droits des États indépendants ! Ah, Metternich, combien l'Angleterre vous a-t-elle donné pour vous décider à jouer ce rôle contre moi ? »

Nous sommes à Dresde, le 29 juin 1813. Napoléon a été de déconvenue en déconvenue. Et ce n'est pas fini. À Königsberg, il a retrouvé ce qui reste de la Grande Armée dans un état pitoyable. La Prusse, son alliée, après la trahison du général prussien Yorck qui a rallié les Russes, se retourne à nouveau contre lui. La défaite en Russie, le désastre espagnol qui s'esquisse et sera bientôt total, la conspiration avortée du général Malet ont redonné à Frédéric-Guillaume du poil de la bête. Celui-ci, exalté par l'esprit de revanche du peuple prussien, veut se venger de son humiliation.

Mais le vieux lion a encore des griffes et il sait mordre. Même si une partie de la Grande Armée s'est évanouie en Russie, et qu'une autre partie est enlisée en Espagne, il dope la conscription de nouvelles recrues et réussit à battre les Prussiens à Lützen où il a le malheur de perdre Duroc, emporté par un boulet. Celui-ci, en guise de testament, laisse ces paroles qui ont démoralisé une armée qui se bat déjà sans illusions : « Nous y passerons tous. » Il gagne encore la bataille de Bautzen et s'arrête sur l'Oder où, faute de cavalerie pour exploiter sa victoire, il signe l'armistice de Pleiswitz.

Cet armistice est une erreur. L'illusion d'une paix possible va donner aux Alliés le temps d'organiser leur coalition contre lui. Leur plan est simple. Gagner du temps en lui faisant des propositions de paix comme gage de leur bonne volonté, mais des propositions qu'ils savent inacceptables. Ainsi, devant son refus, il apparaîtra aux Français comme un incorrigible fauteur de guerre qui se moque de faire couler le sang des Français et dont ceux-ci doivent se débarrasser s'ils veulent enfin vivre en paix.

Dans la galerie, le chapeau est toujours par terre. Napoléon finit par le ramasser d'un geste agacé. La discussion repart. Metternich, qui ne se prend pas pour une queue de cerise, est flatté d'être en face d'un homme qu'il admire et redoute à la fois. Sans doute est-il beaucoup moins sévère dans ses jugements que son maître, l'empereur François, qui n'a pas beaucoup d'idées à longue portée sous sa casquette ; pour lui, Napoléon est toujours le boutefeu de la Révolution, un Robespierre à cheval avec des mains rougies par le sang de son oncle et de sa tante. Metternich voit beaucoup plus loin. Il commence à être inquiet du réveil des nationalités, du bouillon de culture des idées démocratiques. Napoléon lui apparaît comme l'homme qui a su au contraire maîtriser les poisons de la Révolution, restaurer l'Église, la monarchie, « conjurer cet esprit de nouveauté qui parcourait le monde ».

Mais Metternich est d'abord un ambitieux qui doit, pour plaire à l'empereur François, entrer dans ses vues étroites. Il n'aime la paix que parce qu'il aime ses plaisirs et que la guerre n'est propice ni aux fêtes ni aux amours. Plein de duplicité, ce n'est pas un homme qui, comme Alexandre Ier, change de politique parce qu'il est mû par des aspirations contradictoires. Metternich, lui, n'a aucune démangeaison progressiste, c'est un pur conservateur, convaincu que, si on change une seule pièce à l'édifice vermoulu, tout va s'effondrer. Sa duplicité colle très bien à la politique autrichienne ultra-conservatrice et ultraprudente que ses alliés lui reprochent : tirer les marrons du feu sans jamais prendre de risques militaires. Tout se passe dans les chancelleries, en accords secrets, en trahisons, en sournoiseries, en faux-semblants, en fils invisibles que ces lilliputiens nouent autour du géant pour l'entraver. Napoléon a compris ce jeu des Autrichiens. Il le dégoûte. Il n'aime pas les peuples sans courage.

En face de Metternich, il ne perd rien de sa superbe.

« Pensez-vous me renverser par une coalition ? Plus vous serez nombreux, plus je serai tranquille. J'accepte le défi. Au mois d'octobre prochain, nous nous verrons à Vienne. »

Puis il use de sa botte secrète, le charme.

« Savez-vous ce qui arrivera ? Vous ne me ferez pas la guerre ! »

Le pire, c'est qu'il le croit. D'ailleurs, il va s'empresser de faire venir Marie-Louise à Mayence pour qu'elle attendrisse son père.

Metternich revient sur ses offres de paix.

« Sinon ?

— Vous êtes perdu, Sire. »

Il ignore que les Alliés ont scellé son sort : quelles que soient ses propositions, l'Autriche lui déclarera la guerre. Les Alliés n'admettent aucun contre-projet. Ce qu'ils veulent, c'est attacher au cou de l'Empereur un grelot : celui de l'homme qui refuse de négocier et veut toujours faire la guerre. C'est son départ et rien d'autre qu'exigent les Alliés. À partir de là, les avis divergent : le tsar voudrait mettre sur le trône Bernadotte ; les Anglais sont favorables au retour des Bourbons ; quant à Metternich, il voudrait imposer une régence de Marie-Louise. Ainsi l'emblème de l'Autriche pourrait devenir une aigle à trois têtes.

Le 10 août, à minuit, Russes et Prussiens reprennent les hostilités. L'Autriche se joint à eux. Elle feint d'y être contrainte par un traité d'alliance et d'avoir tout fait pour sauver la paix. Et, pour comble, Bernadotte apporte à la coalition le renfort de ses Suédois. Il donne aux Alliés un conseil de traître : attaquer les troupes de Napoléon partout où il ne sera pas là en personne. Même le général Moreau vient rejoindre la coalition. C'est l'hallali.

Le 26 août, à Dresde, il repousse encore les ennemis. Avec un curieux pressentiment, il fait pointer son artillerie sur l'état-major russe. Un boulet vient frapper directement le général Moreau. Le pur jacobin tombe raide mort à côté du tsar, au milieu des rois.

Mais la chance a tourné. Définitivement. L'état-major est en rébellion. À Leipzig, le 16 octobre, c'est le début de la débâcle. Le grand Empire s'effondre. Il est comme indifférent au désastre. Il écrit à Cambacérès : « Je suis fâché de ne pas être à Paris. On m'y verrait plus tranquille et plus calme que dans aucune circonstance de ma vie. »

C'est avec un calme olympien, en effet, qu'il voit s'écrouler son œuvre. Toute son ingrate famille est entraînée avec lui : Joseph, après la défaite de Vitoria, abandonne une nouvelle fois Madrid pour n'y plus jamais revenir ; Jérôme est chassé de Westphalie ; Murat, qui vient de quitter la Grande Armée vaincue pour assurer son trône de Naples, va essayer de tirer son épingle du jeu en entrant en négociations avec l'Angleterre sans savoir que, malgré sa trahison, il va à sa perte ; Eugène, le fils adoptif, perdu dans ses tergiversations, espère conserver sa couronne d'Italie, se gardant bien de courir le moindre risque en apportant le soutien de ses troupes à son beau-père. Les trahisons commencent. Elles ne s'arrêteront plus.

Quelques jours plus tôt, après une énième déconvenue, il déclarait : « Eh bien, voilà la guerre ! Bien haut le matin et bien bas le soir. »

Et il se met à réciter un passage de *La Mort de César* de Voltaire. Quelles que soient les circonstances, il ne peut renoncer au seul bien qui lui importe : sa place dans l'histoire ; sa véritable généalogie : les hommes illustres.

XXI

Le 7 février 1814

La nuit est tombée. Il arrive à Nogent. On lui a trouvé un logis Grand'Rue-Saint-Laurent, en face de l'église. À l'épuisement s'ajoute l'écœurement : il vient d'apprendre la trahison de Murat. Quelle atmosphère lugubre ! Il pleut. Un froid humide glace les os. Une odeur de bois brûlé et de poudre flotte sur la ville avec des relents de défaite. On s'empresse de créneler les maisons qui donnent sur la campagne. Les sapeurs s'affairent autour des arches du pont qui enjambe la Marne pour les miner. Dans la ville, les soldats affamés errent en quête de pitance. Ils ont le regard vide et douloureux des futurs vaincus. C'est une atmosphère de déroute. Le pays alentour est ruiné. Les troupes n'ont pas le moral. Comment l'auraient-elles dans cet inexorable mouvement de retraite ! Les armées de Blücher et de Schwarzenberg les enserrent dans un étau. Que peuvent quarante mille hommes devant des forces trois fois supérieures ? Et des soldats dont beaucoup n'ont pas l'expérience du feu : ceux qu'on surnomme les « Marie-Louise » ont à peine dix-huit ans et, pourtant, ils font les braves à côté des vieilles moustaches. Mais les uns et les autres le sentent : s'ils y croient encore, les généraux, eux, n'y croient plus. Ils sont arrivés à une bien compréhensible, mais bien funeste, conclusion quand il s'agit de se battre : ils n'ont plus envie de mourir.

Il est dans la bibliothèque, toujours au travail. Il confère avec ses deux plus proches collaborateurs : Maret pour la négociation, Berthier pour la guerre. M. de Rumigny est introduit. Il apporte une dépêche de Caulaincourt qui poursuit les tractations avec les Alliés à Châtillon. Il ouvre l'enveloppe avec fébrilité, la parcourt et la froisse rageusement. Le visage sombre, il se retire sans un mot dans sa chambre.

Après un moment d'hésitation, Maret et Berthier décident de le rejoindre. Ils le trouvent plongé dans une sombre méditation, le coude appuyé sur la table, le front comprimé par une de ses mains, l'autre tombante, tenant la dépêche froissée. Ils l'interrogent.

« Quoi ! Quoi ! Vouloir que je signe un traité pareil ! Que je foule aux pieds mon serment ! Des revers inouïs n'ont pas pu m'arracher la promesse de renoncer à mes conquêtes ; mais que j'abandonne celles de la République ! Que je viole le dépôt qui me fut remis avec tant de confiance ! Que je laisse la France plus petite que je l'ai trouvée ! Jamais. Le pourrais-je sans trahison, sans lâcheté ? Si nous renonçons à la limite du Rhin, ce n'est pas seulement la France qui recule, c'est l'Autriche et la Prusse qui avancent… »

Pourtant, les deux hommes insistent pour qu'il accepte les conditions qu'on lui propose. Eux aussi en ont assez de la guerre, de l'aventure, des gîtes de fortune, de cette existence de bohémiens impériaux. Berthier voudrait retrouver Mme Visconti, sa terre de Grosbois, ses chasses, et Maret aimerait bien profiter des fabuleux profits qu'il a réalisés. Alors la guerre…

« Répondez ce que vous voudrez. Moi, je ne signerai jamais ! Dites à Caulaincourt que je rejette ce traité. Je préfère courir les chances les plus rigoureuses de la guerre. »

Et il se jette sur un lit de camp. Maret et Berthier se retirent.

Il a compris que les Alliés exigeront toujours plus. Leurs conditions s'accroîtront au fur et à mesure. Ils n'ont qu'une idée en tête : son éviction du pouvoir. En fait, c'est la Révolution honnie qu'ils rejettent et ses conquêtes. Ils veulent effacer vingt années d'un coup de plume. L'heure de la revanche a sonné pour eux. Cette France insolente et conquérante qui a semé des ferments de désordre et d'anarchie dans leurs royaumes, ils veulent la punir en la réduisant à sa plus simple expression géographique. Et c'est ce patrimoine qu'il veut défendre envers et contre tous, contre ses généraux qui, eux aussi, comme Maret et Berthier, comme tous les Français, n'en peuvent plus de la guerre et en sont presque à souhaiter le grand repos de la défaite, quel qu'en soit le prix.

Alors commence une nuit terrible. Il se débat avec ses erreurs et ses fautes qui l'accusent. Bien sûr, il a pris trop de risques, mais, sans ces risques, aurait-il été lui-même ? À partir de quand la machine a-t-elle commencé à se détraquer ? L'affaire d'Espagne, l'affaire russe ? L'erreur de Tilsit, d'Erfurt, son inexplicable confiance dans le fourbe tsar Alexandre ? Sa non moins naïve confiance dans l'alliance autrichienne ? Et commencent à défiler les visages de ceux qui l'ont trahi ou sont en passe de l'abandonner : Bernadotte, Murat, le « Bernadotte du Sud ». Il se murmure à lui-même :

« C'est dans ma destinée de me voir constamment trahi par l'affreuse ingratitude des hommes que j'ai le plus comblés de bienfaits. »

Mais, au-delà de lui-même, c'est surtout son œuvre qu'il lui importe de sauver. Pourquoi le destin le punit-il ? N'a-t-il donc fait monter la France aussi haut que pour assister à sa descente au plus bas ?

Cette nuit où cet homme lucide se livre à son autocritique, Louis Madelin l'appelle l'heure de la Némésis : l'heure fatale de la déesse de la compensation où tous les succès, la gloire sont balayés en un instant par la conjuration des malheurs. Tout ce qui a été donné est repris. La chance, cette grâce, se retourne en malchance. La lumière est réinvestie par l'ombre.

Pourtant, l'esprit de la lutte ne l'abandonne pas. Dix fois au cours de cette nuit, il fait éteindre les lumières, puis les fait rallumer. Le sommeil l'a fui. Il réunit toutes les forces de son intelligence pour trouver le point faible de son ennemi. Que de combinaisons il échafaude ! Il cherche une faille dans la coalition des forces alliées contre lui. Il doit la trouver.

Il écrit à Joseph, dont il se méfie : « S'il arrivait bataille perdue et nouvelle de ma mort, vous en seriez instruit avant les ministres. Faites partir l'impératrice et le roi de Rome pour Rambouillet. Je préférerais que l'on égorgeât mon fils plutôt que de le voir jamais élevé à Vienne comme un prince autrichien. Je n'ai jamais vu représenter *Andromaque* que je n'aie plaint le sort d'Astyanax survivant à sa maison et que je n'aie pas regardé comme un bonheur pour lui de ne pas survivre à son père. »

Au matin, une nouvelle dépêche arrive. Il la lit. Son visage s'éclaire. Son regard s'enflamme. C'est comme s'il voyait son étoile réapparaître. Il crie :

« Mes cartes… mes cartes ! »

Il vient d'apprendre par Marmont que Blücher et Schwarzenberg ont commis la faute de séparer leurs armées. Les zizanies, en effet, se font jour dans le camp des Alliés : le tsar veut que Blücher investisse Paris le plus vite possible afin d'installer Bernadotte sur le trône et faire capoter une régence de Marie-Louise, solution qui a la faveur de Metternich qui, lui, au contraire, veut ralentir l'armée de Schwarzenberg afin de ne pas effrayer les Parisiens. L'un va donc vers Paris par la Seine, l'autre par la Marne. C'est la faute qu'il attendait.

Berthier et Maret font un long nez. Décidément, il est incorrigible ! Adieu la paix, adieu Grosbois, adieu la Visconti !

Lorsque Maret vient lui apporter la réponse qu'il a rédigée pour Caulaincourt, il le trouve plongé dans ses cartes. Et plein d'entrain.

« Ah, vous voilà. Il s'agit maintenant de bien autre chose. Je suis en ce moment en train de battre Blücher à l'œil. Je le battrai demain, je le battrai après-demain. La face des choses va changer. Ne précipitez rien. Il sera toujours temps de faire une paix comme celle qu'on nous propose. »

C'est le sursaut du fauve traqué. Aussitôt les ordres crépitent. Les estafettes partent au galop sous la pluie. Dans les pires conditions – des troupes démoralisées, de jeunes soldats inexpérimentés, des généraux qui regimbent –, il insuffle aux soldats une formidable énergie. Il retrouve sa détermination d'Arcole, de Marengo, de Wagram, ces victoires construites sur des défaites. Sa première proie : Blücher qui, dans sa hâte d'atteindre Paris, a étiré son armée comme un long serpent. Il va lui assener « trois grands coups de hache ». C'est Champaubert, c'est Montmirail, c'est Vauchamps et, en prime, Château-Thierry. Dans la boue, les marais glacés, il surprend et défait les six mille hommes du général Ousulfuev qui, culbuté, est fait prisonnier avec ses officiers. Il se tourne dans la direction de Montmirail et inflige une défaite aux vingt mille hommes du général Sacken qui manque d'être capturé et s'enfuit, son corps à moitié détruit ; les quatre mille cavaliers de Grouchy se jettent sur les vingt mille Prussiens de Blücher qui abandonnent le terrain. Les troupes de Sacken mettent bas les armes. En cinq jours, il a renversé la situation. L'ennemi a subi de lourdes pertes. Le moral des soldats remonte.

Champaubert, Montmirail, Vauchamps, comme ces victoires brillent d'un éclat particulier dans la nuit de la défaite ! À quelle mystérieuse ressource de l'âme les soldats vont-ils puiser leur bravoure ? On est avec eux, on les soutient, on les applaudit. Leur combat est tellement inégal ! Et ce sacrifice pour l'honneur ne leur accorde même pas la gloire qu'ils méritent. Qui, hormis de vieux stratèges et quelques colonels à la retraite, connaît encore ce prodigieux déploiement d'héroïsme qui a eu lieu en dehors des grandes avenues de l'histoire ? Quel génie militaire il déploie ! C'est vraiment l'énergie du désespoir. Le pire, c'est que la victoire sur l'ennemi devient subitement possible. Il suffirait que les maréchaux et les généraux aient encore envie de gagner. Mais leur corps est absent et leur esprit ailleurs. Loin de lui.

Sans se laisser abattre, il écrit à Augereau qui commence à flancher. Pour lui faire honte. « J'ai détruit quatre-vingt mille ennemis avec des bataillons composés de conscrits n'ayant pas de gibernes et mal habillés… Soyez le premier aux balles ! Il faut reprendre ses bottes et sa résolution de 93. » Mais ni Augereau ni Clarke ne se pressent pour lui apporter les renforts dont il a besoin pour son ultime coup de boutoir. Il est seul avec Mortier, la vieille garde, Oudinot, Victor, Marmont.

Dans le camp des Alliés, c'est l'affolement. Ils prennent peur. Ce n'est pas à un homme qu'ils ont affaire, c'est au diable. D'autant qu'il continue à les culbuter. C'est Montereau. Il balaie les sept mille Wurtembourgeois de Blücher qu'il refoule jusqu'à Langres. Schwarzenberg demande un armistice. De la poudre aux yeux ! En fait, les Alliés, sonnés, veulent un moment de répit pour se réorganiser. Ils signent entre eux le traité de Chaumont. Ils se déclarent « liés pour vingt années contre la France ». Désormais, il n'y a plus de discorde chez l'ennemi. C'est un front uni, un énorme mur, qui s'ébranle pour en finir avec cet homme que rien ne peut abattre.

Schwarzenberg décide une contre-offensive. Il lance ses cent mille hommes contre les vingt-trois mille soldats de l'Empereur, décidé à l'écraser sous sa masse.

À Torcy-le-Grand, Napoléon entend la canonnade. Il se précipite à Arcis-sur-Aube où la bataille fait rage. Un incendie s'est déclaré. La ville est en feu. Il se retrouve au milieu de la mêlée, l'épée à la main. Les Français se battent avec une énergie folle. La ville est reprise deux fois. Les boulets pleuvent, la mitraille crépite. Un obus tombe à côté de son cheval et explose. Il est couvert de sang, mais indemne. On se bat au milieu des flammes. Un mouvement de panique se produit. Il se précipite sur un pont pour arrêter la débandade.

« Qui de vous passera devant moi ? »

C'est Arcole qui recommence !

La Garde parvient à contenir le flot des fuyards. L'épée toujours à la main, il continue à se battre. Tant de gens qui ne veulent pas mourir tombent autour de lui. Il reste épargné au milieu de la mitraille. Les balles, les boulets semblent vouloir l'éviter.

Exelmans, le voyant assailli de toutes parts au milieu de sa garde, veut aller l'avertir du danger qu'il court. Sébastiani le retient :

« Laissez-le donc ! Vous voyez bien qu'il le fait exprès. Il veut en finir. »

XXII

12 avril 1814

Une fenêtre faiblement éclairée. Le château de Fontainebleau est plongé dans la nuit. Étendu sur son lit, il se tord de douleur. Il est en sueur, agité de spasmes, le ventre en feu. Il sent sa fin proche. Sur la table de chevet, un verre d'eau et un sachet de papier vide. Il vient d'avaler du poison. Une dose d'opium mêlé de belladone capable de tuer deux hommes. La préparation que lui a concoctée Yvan, son chirurgien, en Russie après le hourra de Malojaroslawetz au cours duquel il a failli être pris par les Cosaques. Depuis, il la portait suspendue à son cou dans une enveloppe de taffetas noir. Puisqu'il n'a pas trouvé la mort à Arcis-sur-Aube, il a choisi de mourir en Romain. Il n'a pas voulu se servir d'une arme à feu, moyen plus expéditif. Il a craint d'être défiguré. Il veut que son visage reste intact dans une expression impassible, tel que ses soldats l'ont vu si souvent au milieu du champ de bataille et tel qu'il souhaite qu'ils le voient une dernière fois quand ils viendront saluer sa dépouille. C'est à eux que va sa dernière pensée : ses grenadiers, sa garde. Eux qui lui sont restés fidèles. Les seuls qui ne l'aient pas trahi.

Son pouls est de plus en plus faible. Les accès de fièvre alternent avec les sueurs froides. Une grimace de souffrance déforme son visage. Il fait appeler Caulaincourt par le valet de chambre.

« Approchez-vous, Caulaincourt, asseyez-vous, dit-il d'une voix faible. Donnez-moi votre main, embrassez-moi ! »

Caulaincourt a compris. Il veut aller chercher du secours, mais Napoléon le serre fortement contre lui pour l'en empêcher.

« Je ne veux que vous, Caulaincourt. »

Les hoquets augmentent. Ses membres se raidissent. Tout son corps semble vouloir se soulever pour vomir. Les spasmes se calment. Il dit d'une voix faible :

« Qu'on a de la peine à mourir ; qu'on est malheureux d'avoir une constitution qui repousse la fin d'une vie qu'il me tarde tant de voir finir. »

Les nausées deviennent plus violentes. Il finit par vomir un liquide blanchâtre. Une odeur âcre emplit la chambre. Les vomissements se succèdent.

« Qu'il est donc difficile de mourir dans son lit quand si peu de choses tranchent la vie à la guerre. Dans peu, je n'existerai plus. Portez alors ma lettre à l'impératrice. Gardez les siennes avec le portefeuille qui les renferme pour les remettre à mon fils quand il sera grand. »

Constant, le valet de chambre, a prévenu Yvan, le chirurgien, qui lui prend le pouls. Il lui réclame une dose plus forte afin d'en finir plus vite. Le médecin s'insurge, disant qu'il est près de lui pour le soigner, non pour remplir le rôle d'un assassin.

Les nausées redoublent. Yvan, bouleversé, fond en larmes. Il quitte la chambre pour éviter d'être sollicité à nouveau. Il descend quatre à quatre l'escalier du château, monte sur un cheval et s'enfuit dans la nuit.

Dans la chambre, les hoquets reprennent. À nouveau, les sueurs froides. Caulaincourt, brisé par l'émotion, pleure. Ses larmes coulent sur les mains de l'Empereur.

Ce suicide, qui n'est pas dans son caractère, il a fallu des circonstances folles pour l'amener à s'y résoudre. L'idée n'est pas nouvelle chez lui. À vingt-cinq ans, à Paris, il envisageait de se jeter devant la première voiture venue ; en Italie, au plus fort des infidélités de Joséphine, il aspirait à la mort. Maintenant, ce n'est pas seulement une femme qui l'a trahi, c'est la vie. L'Europe conquise a cédé sous ses pieds. En six mois, il a tout perdu. Comme si le destin avait décidé de lui reprendre tout ce qu'il lui avait donné. Quelle brutale dépossession ! L'Empire s'est effondré comme un château de cartes. Son règne lui semble aussi éphémère qu'une « monarchie de huit jours ».

Ce n'est pas le désastre qui le décide à mourir. Il lui en faut plus que l'effondrement de son empire pour entamer son caractère d'acier. Les échecs, loin de le décourager, l'ont toujours stimulé. Il n'a jamais cru les défaites définitives. Il est toujours resté serein, même devant ces engrenages de malchances qui semblent s'enfanter les unes les autres. Il s'est prémuni d'avance contre les aléas du destin : que les humiliations succèdent aux moments de gloire, son ignominieuse déchéance proclamée par le Sénat après son sacre, la Bérézina après Austerlitz, tout cela lui semble appartenir à un ordre des choses contre lequel il serait vain de s'insurger. Seuls le ciel et l'étoile qui le protège en connaissent les raisons.

C'est la trahison qui a eu raison de lui. Elle seule a atteint son principe vital. Faire face à ses ennemis, vaincre l'adversité, c'est dans la nature de son génie. Être trahi par ses proches – Murat, son beau-frère, Caroline, sa sœur, Marmont, dont il a fait la fortune –, cela le laisse désemparé. Et que dire de ces hommes, maréchaux, généraux, qui sont venus ici lui extorquer son abdication ? Et tous ceux qui, derrière eux, ministres comme Cambacérès, se sont déjà abouchés avec les Alliés pour sauver leur carrière ! Lui qui ne s'est jamais fait d'illusion sur la nature humaine a cependant cru à ce minimum vital de dignité de ceux qui lui doivent tout.

Dans son agonie, comme elle le hante, cette scène au cours de laquelle Ney, Lefebvre, Moncey et Macdonald, faisant irruption dans son cabinet, sont venus lui porter le coup de grâce.

Ces hommes devant lui, qu'il a connus obséquieux, quémandeurs de prébendes, flatteurs, semblent le défier. Il sent leur arrogance nouvelle. Il feint de n'en rien voir et les rappelle à leur devoir.

« Les Alliés ! Je vais les écraser dans Paris. Il faut marcher sur la capitale sans tarder.

— Nous ne pouvons pas exposer Paris au sort de Moscou, rétorque Macdonald.

— Je ferai appel à l'armée, dit l'Empereur d'un ton cassant.

— L'armée ne marchera pas, dit Ney.

— L'armée m'obéira ! crie Napoléon.

— Sire, l'armée obéit à ses généraux », déclare Ney.

Devant ces paroles insolentes, Napoléon est décontenancé. Autant que César au Capitole devant les stylets de ses amis soudain levés contre lui.

« Enfin, que voulez-vous donc, messieurs ?

— L'abdication ! » disent d'une même voix Oudinot et Ney.

Si prompt à la fureur qu'il soit, Napoléon semble sonné. Sa voix est maintenant empreinte de douceur. Il parle avec calme, comme si ce qu'on lui proposait était la chose la plus naturelle du monde. Mais les maréchaux s'accrochent à leur résolution. Ils ont décidé de ne plus céder devant son charme. À cet instant, ils partagent la pensée vulgaire de Lefebvre qui rabâche : « Croit-il donc que, lorsque nous avons des titres, des hôtels, des terres, nous nous ferons tuer pour lui ? » Comme si ces terres, ces hôtels, ces titres, ce n'est pas à lui qu'ils les doivent ! Mais c'est aussi tout un passif de rancœurs, de jalousies, d'envies, d'humiliations qui remontent à la surface et s'aigrissent en ingratitude. Combien de fois dans leur for intérieur ou en face de leurs épouses ambitieuses n'ont-ils pas avoué que, s'il n'avait tenu qu'à eux, ils auraient pu être à sa place ! Oui, Premier consul et, pourquoi pas ? empereur ! N'avaient-ils pas autant de mérites militaires que lui, autant de courage, de savoir-faire, d'intelligence ? Il y a tout cela dans leur silence.

« Eh bien, messieurs, puisqu'il en est ainsi, j'abdiquerai. »

Mais, devant ces maréchaux désormais décontenancés par son attitude, il change soudain de ton. Il se jette sur un canapé et, se frappant la cuisse de la main, il lance, comme s'il ne se sentait nullement lié par ce qu'il vient de dire :

« Bah, messieurs, laissons cela. Notre situation n'est pas mauvaise. Marchons demain. Nous les battrons devant les murs de Paris ! »

Sa dernière botte secrète : faire appel à leur instinct de soldat, à leur devoir, à des sentiments qui ne peuvent être complètement éteints dans leur cœur.

Mais ils restent de marbre. Ils lui soutirent l'abdication conditionnelle en faveur de son fils. Deux jours plus tard, ils reviennent pour lui arracher l'abdication sans condition. Il n'a plus le choix : Marmont est passé avec son armée du côté des Alliés.

Les maréchaux sont à nouveau devant lui. Une aube sale blanchit les vitres. Il leur propose de continuer la résistance dans la vallée du Rhône et, pourquoi pas ? en Italie. Il tente de réveiller l'ardeur de leur jeunesse. Aucune réponse. Seulement le mur d'un lourd silence.

Alors il lance :

« Vous voulez du repos ? Eh bien, ayez-en ! »

Et il écrit à la plume le texte de son abdication : « Les puissances ayant déclaré que l'Empereur Napoléon était le seul obstacle au rétablissement de la paix en Europe, l'Empereur Napoléon, fidèle à ses serments, déclare qu'il renonce pour lui et ses enfants au trône de France et d'Italie, et qu'il n'est aucun sacrifice, même celui de sa vie, qu'il ne soit prêt à faire à l'intérêt de la France. » Il signe puis murmure :

« Je suis humilié que des hommes que j'ai élevés si haut se ravalent si bas. »

Et encore ne sait-il pas tout de l'ampleur des défections, des reniements, des trahisons ! Il ignore que Joséphine et Hortense fêteront à la Malmaison le tsar et le roi de Prusse ; qu'aucun de ses ministres ne se déplacera pour lui dire un dernier adieu ; que Berthier, le fidèle Berthier, va l'abandonner, pressé comme tous les autres purs jacobins d'aller faire ses dévotions aux Bourbons. Oui, même le mamelouk Roustam, qui dormait sur le seuil de sa porte. Il s'en va. Constant, son valet de chambre, le quitte aussi.

Et encore, il n'a pas eu connaissance de ce que disent de lui ses proches. Murat : « Il n'est que trop juste qu'il soit rayé de la liste des souverains, enfermé et réduit à ne plus être en état de faire le malheur du monde entier. » Ou son frère Jérôme : « L'Empereur, après avoir fait notre malheur, se survit. »

Alors la mort ! Mais elle ne veut pas de lui. À 7 heures du matin, il finit par s'assoupir. Puis il s'éveille et montre les signes du plus profond accablement. Caulaincourt l'aide à se lever et le soutient jusqu'à la fenêtre ouverte. La brise fraîche lui fait du bien. Il dit :

« Puisque la mort ne veut pas de moi, j'écrirai l'histoire de mes braves. »

Cinq jours plus tard, depuis le grand escalier en fer à cheval du château, il fait ses adieux à ses soldats. Ils sont en larmes. Ces hommes endurcis par les combats sentent monter en eux une tendresse infinie pour cet homme qui a toujours su leur parler, qui a su les faire rêver, qui a su les aimer. Ils se sont battus pour l'accompagner dans son exil. Aucun ne veut l'abandonner dans son malheur.

À 8 heures, par un temps brumeux, le général Drouot crie d'une voix de stentor :

« L'Empereur ! »

Il apparaît en haut de l'escalier. Le 1er régiment de grenadiers à pied et les marins de la jeune garde sont alignés sur deux files.

Il descend l'escalier dans un roulement de tambours. Puis il s'adresse à eux.

« Officiers, sous-officiers, soldats de ma vieille garde, je vous fais mes adieux. Depuis vingt ans, je vous ai constamment trouvés sur le chemin de l'honneur et de la gloire. »

Sa voix s'enroue sous l'émotion.

« Je pars. Vous, mes amis, continuez à servir la France. Ne plaignez pas mon sort. Adieu, mes enfants. Je voudrais vous presser sur mon cœur. Que j'embrasse au moins votre général et votre drapeau. »

Le général Petit, qui commande la garde, s'avance. Ses yeux sont noyés de larmes. Napoléon l'étreint.

« Qu'on m'apporte l'aigle. »

Des grenadiers de la garde d'honneur s'avancent, portant le drapeau du 1er régiment. On y lit, brodés en lettres d'or, des noms de légende : Marengo, Austerlitz, Iéna, Eylau, Wagram, Moskova…

Napoléon embrasse longuement le drapeau.

« Chère aigle, que ce dernier baiser retentisse dans le cœur de tous mes soldats. »

Dans le silence, on entend des reniflements, des bruits de gorge, des sanglots étouffés.

Napoléon, ému, reprend d'une voix qui se veut ferme :

« Adieu. Encore une fois, mes vieux compagnons, que ce dernier baiser passe dans vos cœurs. »

Dans un silence funèbre, chargé d'émotion, les soldats regardent leur Empereur gagner la voiture qui l'attend, suivi du général Petit, secoué par les sanglots. La voiture s'éloigne. Ils demeurent immobiles, comme s'ils ne voulaient pas croire à la scène à laquelle ils viennent d'assister. Soudain, les grognards brisés par l'émotion pleurent à chaudes larmes. Ils ont tellement vécu pour la guerre, l'excitation, la fièvre, la fraternité, transportés par l'enthousiasme dans un monde imaginaire. Qui désormais les aidera à porter leur gloire ? C'est lourd, la gloire ! Lourd de souvenirs, d'orgueil, de joies, de blessures. C'est un sentiment trop fort pour la solitude. On ne peut le partager qu'avec ceux qui comprennent. Ils savent qu'ils vont maintenant mourir à petit feu dans la paix. Des demi-solde ! Des demi-vivants !

D'un même élan spontané, les soldats brûlent leurs drapeaux et leurs aigles afin que personne ne s'approprie jamais cette gloire qui n'appartient qu'à eux, cette part ineffable de leur vie. Certains mettent les mains dans le brasier et en avalent les cendres. Dernière image de Fontainebleau tandis que l'Empereur s'éloigne : ces grands bougres de soldats qui pleurent comme des enfants devant des feux où se consument leurs drapeaux, la moustache maculée de cendres.

Troisième partie

PROMÉTHÉE ENCHAÎNÉ

Je me sens poussé vers un but que je ne connais pas. Quand je l'aurai atteint, un atome suffira à m'abattre.

N.

I

1er septembre 1814

Il a tourné la page. En apparence. Il est gai. Tout porte à croire qu'il s'est résigné à son sort. Soulagé d'être délivré du poids d'une énorme responsabilité. Les douze mille habitants de l'île d'Elbe pèsent d'un poids bien léger en comparaison des quatre-vingts millions d'Européens qui étaient sous sa férule. C'est aussi dans son caractère de savoir s'adapter aux circonstances. Si le destin l'a décidé, pourquoi ne pas accepter une pause ? Un moment de repos après tant d'orages. Et puis il est revenu dans un pays de soleil, une île qui ressemble à celle de son enfance. La Corse, il l'aperçoit de la terrasse de sa résidence des Mulini à Portoferraio, à l'ombre de la citadelle. Par temps clair, elle émerge de la brume de chaleur. Il peut imaginer Bastia, sa forteresse génoise, San Martino di Lota où le comte de Marbeuf, protecteur de sa famille, possédait un relais de chasse. En quelques heures, un voilier pourrait l'y porter. Dans cette île, il retrouve tout ce qui fait le charme de la Corse, de beaux paysages, une population pastorale, une rusticité patriarcale et des habitants aux mœurs plus dociles, moins enfiévrés par les passions politiques, qui l'ont accueilli avec des marques de vénération. Ce qui manque à Elbe, c'est l'odeur de la Corse. Elle n'a pas de parfums. Lui fait défaut une autre qualité : elle n'est pas la France. Et, pour lui, cela n'est pas rien.

Pourtant, il s'est ménagé une existence qui pourrait faire croire qu'elle lui donne toute satisfaction. Il organise, réforme, administre son île avec le soin qu'il donne à toutes choses, entrant dans les détails de la gestion, du salaire des jardiniers à la plantation des mûriers, à la limitation des chèvres. D'abord parce que l'inactivité n'a jamais été son fort, mais aussi parce qu'il entre dans son jeu politique de faire croire aux Alliés, qui vont se réunir en congrès à Vienne, qu'il s'est assagi, qu'il n'est plus une menace pour eux. Il a beau faire, ceux-ci ne le croient pas. Tant qu'il vivra, ils ne seront pas en paix. Quelque chose leur dit que ce diable d'homme n'est pas de la nature dont on fait les retraités.

Côté femmes, il s'est aménagé des liaisons avec deux dames peu farouches, Bellina et Lise Le Bel, facilement éblouies par sa gloire. Mais ces relations, quasi ancillaires, ne le satisfont pas. Après avoir tenu Marie-Louise à distance pour qu'elle plaide sa cause auprès de son père, l'empereur François à Vienne, il a réitéré des demandes pour qu'elle vienne le rejoindre. La chaleur des lettres de Marie-Louise a beaucoup baissé : passionnées et enflammées au printemps, elles sont devenues raisonnables et tièdes avec l'été. Elle qui jurait n'avoir pas d'autres désirs que celui de le rejoindre au plus vite : « Tourmentée, t'aimant plus tendrement que jamais, je passe des journées entières à me désespérer de ne pas te voir » ; elle emploie maintenant des formules dilatoires. Entre-temps, un homme, chargé à la fois de la protéger et de l'espionner, est entré dans sa vie : le général comte de Neipperg, un borgne, séducteur professionnel qui ne compte plus les bonnes fortunes. Metternich l'a choisi ès qualités pour détourner Marie-Louise de Napoléon. Dans quelques petites semaines, l'irréparable sera consommé. Elle deviendra sa maîtresse. Pour l'instant, elle penche irrésistiblement vers lui pendant sa cure à Aix-les-Bains. Dès qu'il la touchera, après une course romantique en montagne sous l'orage et la pluie, il ne sera plus question d'aller à l'île d'Elbe. Mais cette trahison, après combien d'autres, il ne la connaît pas encore. Il espère.

Ce jour-là, pourtant, il est soucieux. Si l'impératrice ne se montre pas empressée de venir, en revanche, une autre visiteuse ne s'est pas fait prier. Tout en passion, en élan, véritable Polonaise, Marie Walewska arrive pour une visite incognito. Il l'attend avec une fébrilité et l'angoisse d'un homme marié sur qui les yeux de l'Europe sont fixés et qui craint que la cour d'Autriche n'en profite pour avertir l'impératrice de cette visite galante.

Aussi a-t-il pris mille précautions pour que les habitants de l'île ne s'aperçoivent pas de l'arrivée de la visiteuse étrangère. C'est bien difficile dans une île cancanière où il ne se passe désespérément rien et où la venue du moindre visiteur suffit à remplir la chronique locale.

Marie Walewska, accompagnée de sa sœur et de son fils, débarque de nuit d'un brick qui mouille dans une baie isolée. Escortée par le général Bertrand, elle se rend en calèche à l'ermitage de la Madone, un lieu isolé sur le mont Giove. Des porteurs de torches l'éclairent. Ce n'est qu'à minuit que, tantôt à cheval, tantôt à pied, la petite troupe parvient devant un ancien couvent où la tente impériale a été dressée au milieu des châtaigniers. Un souper les attend.

Puis les deux femmes et l'enfant regagnent le couvent tandis que le ciel s'obscurcit. Le vent souffle, la tempête se déchaîne, une pluie diluvienne se met à tomber. Napoléon, en robe de chambre, rejoint Marie Walewska. Au petit matin, il regagne sa tente.

La journée s'annonce belle. Le vent a chassé la pluie. Marie Walewska et Napoléon se promènent autour de l'ermitage, dans les forêts de châtaigniers. Rien ne doit signaler la présence de la belle étrangère aux habitants de l'île qui attendent la venue de l'impératrice.

Le soir, nouveau dîner. Marie Walewska détache le magnifique collier de perles qu'il lui avait offert pour la naissance de leur fils Alexandre.

« Je sais que vous avez besoin d'argent. Acceptez que je vous rende tous les bijoux. »

Il refuse. Il est ému. Cette fidélité, après tant de trahisons, le touche. Mais il y a longtemps qu'il a cessé d'écouter son cœur. Il la rejoint encore dans la nuit. C'est pour lui annoncer qu'elle doit partir le lendemain. Les habitants de l'île commencent à jaser. Les domestiques ont parlé. Pour Marie Walewska, c'est une nouvelle humiliation. Elle devra quitter l'île, la nuit, à la sauvette.

Le lendemain soir, ils se disent adieu. Par crainte des racontars, il renonce à l'accompagner jusqu'au brick qui mouille au large de Marciana Marina. Elle part dans la nuit. Le vent se lève à nouveau. Le ciel s'obscurcit. Une violente tempête commence à se déchaîner. Pris de scrupules, assailli de remords, il lui fait porter un message : « Ne partez pas ! » Et il se précipite à cheval sous l'orage vers Marciana Marina sans savoir que le capitaine du brick a décidé d'abriter son navire à Porto Longone. Quand, à l'aube, trempé, il arrive en face du mouillage, c'est pour voir le bateau secoué par les vagues écumantes s'éloigner, ballotté par la tempête au milieu des éclairs. Il la reverra une dernière fois à la Malmaison, dans huit mois. Deux ans plus tard, elle épousera le général Philippe d'Ornano, comte d'Empire, et mourra l'année suivante des suites d'un accouchement, à trente et un ans. Maurice Barrès aurait pu la réunir à ses grandes héroïnes d'*Amori et dolori sacrum* : vouée à l'amour et à la douleur.

Bien sûr, la cour de Vienne est aussitôt prévenue de l'escapade de Marie Walewska. On s'empresse d'en informer Marie-Louise, ce qui accélère son penchant, déjà vif, pour le général de Neipperg.

Resté seul, il médite. De toutes parts, surtout de Vienne où les puissances alliées s'apprêtent à tenir conclave, lui viennent des propos alarmants. Seul le tsar reste fidèle à sa promesse de le maintenir à l'île d'Elbe. Les Autrichiens et les Anglais, et même Talleyrand, craignent son retour et veulent l'éloigner de Naples où il pourrait rejoindre Murat. On parle d'un exil aux Açores et même, déjà, de Sainte-Hélène.

Mais Louis XVIII, lui aussi, a des idées sur son avenir qu'il aimerait bien raccourcir : fidèle à ses anciennes marottes, il juge, lui, plus expéditif de le faire assassiner. De nombreux sicaires se proposent pour remplir la besogne. On a nommé en Corse comme administrateur un certain chevalier de Bruslard, ami de Cadoudal, qui se fait fort de réussir là où son complice a échoué. Un Corse nommé Mariotti a également proposé ses services à Talleyrand pour enlever l'Empereur : il communique avec son agent, un marchand d'huile d'olive qui le tient au courant de tous ses faits et gestes. Napoléon a lui aussi ses espions. Les uns l'informent des bruits qui courent à Vienne sur le sort que les Alliés lui réservent. D'autres le renseignent sur la situation en France où l'image des Bourbons se dégrade de jour en jour. Ce n'est plus Louis XVIII qui règne, c'est le mécontentement.

Avec un art consommé de la dissimulation, Napoléon feint de n'être au courant de rien de ce qui se trame. Surtout il s'ingénie à paraître content de son sort afin d'endormir les soupçons. Ainsi il abuse le colonel Campbell, un des commissaires alliés chargé de l'escorter à l'île d'Elbe et qui reste dans l'île officiellement comme correspondant des Alliés mais, en fait, pour le surveiller.

« Je n'existe plus pour le monde. Je vous l'ai dit et je vous le répète, je suis un homme mort. Je ne m'occupe plus que de ma famille et de ma retraite, de ma maison, de mes vaches et de mes mulets. »

Et, pour mieux tromper son monde, il organise lui-même les festivités du carnaval qui doit avoir lieu le 13 février. Le 26 de ce même mois, il prendra la poudre d'escampette.

Dans la préparation de sa fuite, il a trouvé un allié de poids. Un allié inattendu : l'amour. Et un allié plus inattendu encore, bien qu'involontaire : le colonel Campbell chargé de le surveiller. Cet Écossais à l'âme romanesque, gravement blessé lors de la campagne de France, dont il a fait la conquête en lui parlant des poèmes du barde Ossian, n'a pas décidé de rester en poste à l'île d'Elbe uniquement pour les beaux yeux de Napoléon. Ce rouquin aux yeux bleus est tombé follement amoureux d'une séduisante et fastueuse Florentine, la comtesse Miniaci, qui a des résidences à Lucques, à Livourne et un palais à Florence. Elle y accueille volontiers son amant qui partage sa vie entre son devoir et de folles escapades qui peuvent durer jusqu'à un mois. On comprend que le colonel ait tenu à donner des nouvelles rassurantes à son gouvernement et à son chef, le suspicieux lord Castlereagh. Il se serait bien vu passer de longues années voluptueuses, réchauffé par le soleil et par l'amour.

C'est le 18 février que débarque à l'île d'Elbe un curieux personnage déguisé en marin, un ancien sous-préfet un peu infatué et mythomane sur les bords, qui se présente comme venant de la part de Maret, duc de Bassano. Napoléon le reçoit avec un peu d'appréhension. N'est-il pas un de ces assassins qui ont reçu la mission de le tuer ? Mais l'ancien sous-préfet montre patte blanche : la preuve de ses relations étroites avec Maret. Napoléon l'écoute alors.

Fleury de Chaboulon brosse un portrait de la déliquescence du règne de Louis XVIII. Le mécontentement grandit. Les acquéreurs de biens nationaux sont inquiets. La France est dégoûtée des Bourbons, de leurs perruques poudrées, de leur étiquette d'Ancien Régime.

Napoléon l'écoute en silence, ne laissant rien voir de ses projets. Sa résolution est prise. Depuis longtemps. Pas besoin des conseils de Fleury de Chaboulon qui se vantera d'être son inspirateur.

Une semaine plus tard, les ordres claquent. Le millier de soldats sous les ordres de Bertrand et de Drouot embarque sur le brick *L'Inconstant* et trois autres navires de moindre importance. À la nuit tombée, Napoléon monte à bord. On hisse les voiles. Les vents sont favorables. Sir Neil Campbell, à Livourne, file le parfait amour. Il ne se doute de rien. Quand il revient enfin, c'est pour découvrir que l'aigle s'est envolé.

Napoléon, à bord de L'*Inconstant*, est d'humeur joyeuse. Il joue aux échecs. De l'île d'Elbe, il n'a emporté que deux uniformes, un de chasseur, un de grenadier, des chemises, et rien d'autre. Sinon une cocarde tricolore. Tandis que la petite flotte a mis le cap sur Golfe-Juan, elle aperçoit au loin deux frégates françaises, La *Melpomène* et La *Fleur de lys*, chargées de la surveillance de l'île, qui ne prêtent pas attention à la flottille. Mais, à ce moment, un autre navire de guerre français, Le *Zéphyr*, fonce droit sur L'*Inconstant*. Aussitôt Napoléon ordonne aux cinq cents grenadiers, facilement reconnaissables à leur bonnet à poil en ourson, de s'allonger sur le pont.

Les deux capitaines qui se connaissent se hèlent avec leur porte-voix. Le capitaine de L'*Inconstant* répète les paroles que lui souffle Napoléon, caché derrière la dunette.

« Où allez-vous ?

— À Livourne ! Et vous ?

— À Gênes. Avez-vous des commissions ?

— Non ! Et comment se porte le grand homme ?

— À merveille ! »

Et Le *Zéphyr* s'éloigne. Après une chance aussi insolente et d'aussi heureux présages, comment pourrait-il ne pas y croire ? Son étoile est revenue.

Dans sa cabine, il prépare la proclamation qui sera diffusée dès son débarquement à Golfe-Juan. Rarement il a été autant inspiré.

> Soldats, nous n'avons point été vaincus. Deux hommes sortis de nos rangs ont trahi nos lauriers, leur Prince, leur bienfaiteur.
>
> Soldats, dans mon exil, j'ai entendu votre voix. Je suis arrivé à travers tous les obstacles et tous les périls.
>
> Reprenez ces aigles que vous aviez à Ulm, à Austerlitz, à Iéna, à Eylau, à Friedland, à Tudela, à Eckmühl, à Essling, à Wagram, à Smolensk, à la Moskowa, à Lützen, à Wurchen, à Montmirail. Pensez-vous que cette poignée de Français aujourd'hui si arrogants puisse en soutenir la vue ?
>
> Soldats, venez vous ranger sous les drapeaux de votre chef. Son existence ne se compose que de la vôtre, ses droits ne sont que ceux du peuple et les vôtres. La victoire marchera au pas de

charge, l'aigle avec ses couleurs nationales volera de clocher en clocher jusqu'aux tours de Notre-Dame.

Les mots qui lui viennent flambent sur le papier. C'est du feu qu'il rapporte de l'île d'Elbe. Un feu qui embrasera le cœur des Français. Ceux-ci sentent à quel point l'histoire de cet homme exceptionnel, c'est leur propre histoire. Ils ne peuvent l'en retrancher sans se renier.

II

1er avril 1815

Les Tuileries. Un palais à demi déserté par le faste impérial que la nuit et la pluie rendent fantomatique. Dans le bureau, deux hommes les plus dissemblables qui soient, que seules des circonstances exceptionnelles peuvent faire se rencontrer. Tout les sépare, le caractère, les idées, les ambitions. L'un a dominé le monde ; l'autre a une pathétique incapacité à se dominer lui-même. Et il le sait. Il n'est que contradictions, velléités, rêves inaboutis. L'un est un monstre de cohérence entre l'action et le rêve, l'autre un phénomène d'incohérence proche de la dislocation mentale. Et pourtant, folie de l'histoire, ils ont rendez-vous ensemble. Le despote a besoin du libéral, l'homme d'action du légiste. Napoléon fait face à Benjamin Constant.

L'inconséquence pathologique de Benjamin Constant est dans sa nature. Il n'a jamais pu prendre un parti sans voir les avantages du parti opposé. Il est aussi volage dans ses idées que dans ses amours, véritable marqueterie de qualités et de défauts, de vices et de vertus, dont il est lui-même l'observateur curieux et fataliste. C'est un psychologue à la pointe acérée qui s'adonne à l'autoportrait sans pitié. Nature femelle, ondoyante, tendre sous le cynisme, toujours en recherche d'une volonté forte qui puisse dominer ses épuisantes contradictions, il était naturel que sa complexion de mollusque s'attachât à un rocher. Et quel rocher plus solide que Napoléon ! Du basalte chauffé au feu du volcan.

Mais le Napoléon qui est en face de lui n'est plus celui d'Austerlitz et de Tilsit. C'est un Napoléon à la fois volontaire et désemparé en proie – et cela le rapproche de Benjamin – à de terribles contradictions qu'il est trop intelligent pour ne pas voir. Revenu de l'île d'Elbe en trombe, il a vu se rallumer sur son passage les foyers mal éteints de la Révolution. À travers lui, c'est la cocarde tricolore qu'on acclame, le Robespierre à cheval, le continuateur. Certes, il y a les inconditionnels, ses soldats, qui l'aimeront toujours. Surtout, on le préfère à l'impotent Louis XVIII qui a rétabli l'étiquette et les insupportables prétentions de l'ancienne cour. C'est la France républicaine qui l'a acclamé de Grenoble à Lyon, de Fontainebleau à Paris. Tout cela dans des relents de *Carmagnole*, de « Ça ira » qui l'inquiètent. Même s'il admet cette part révolutionnaire de lui-même, d'où il tire son origine, il ne peut ni ne souhaite tirer un trait sur son couronnement, son titre d'empereur, ses prérogatives monarchiques.

Comment, avec tant d'aspirations contraires, rédiger une Constitution qui ait l'air libérale sans être un frein à son pouvoir ?

Car il ne s'agit entre les deux hommes de rien de moins que cela : faire une Constitution adaptée à la situation nouvelle. On est revenu à l'époque de Sieyès. Sauf que Benjamin Constant a des idées très arrêtées sur le sujet. C'est bien le seul domaine, d'ailleurs, où ses convictions soient invariables.

En face de lui, il y a un homme qui a le despotisme éclairé dans le sang. Mais qui a toujours su s'adapter à son seul maître : les circonstances. Au « Paris vaut bien une messe » de son lointain prédécesseur, ce génial opportuniste répond « Paris vaut bien une Constitution ». Quitte à abjurer cette manie démocratique à la première occasion en réduisant autant que faire se peut cette représentation nationale à laquelle – il faut lui rendre justice – il a toujours tenu. À condition que ce soit à très petites doses. Et avec une discrétion de bon aloi.

Les deux hommes pourraient parler de littérature si les circonstances s'y prêtaient mieux. Mais, alors, Benjamin n'est connu que comme un idéologue fumeux qui a traîné son insatisfaction et son caractère velléitaire de Mme de Staël en mauvais lieux, jusqu'à sa récente passion rédemptrice pour la froide Juliette Récamier qui le regarde avec indifférence brûler d'amour à ses pieds.

Entre ces deux joueurs, c'est une partie de poker qui commence. Napoléon veut une Constitution, à laquelle Benjamin Constant apporte sa garantie de libéralisme, pour apparaître comme un homme qui a renoncé au despotisme. Il accepte le frein d'un régime représentatif à son arbitraire. C'est bien le moins qu'il puisse faire puisque Louis XVIII lui-même a accordé une charte. Même si la représentation nationale est en l'occurrence lilliputienne : quinze mille électeurs composent le collège électoral.

Benjamin voudrait, lui, convertir Napoléon au régime libéral, à une sorte de démocratie à l'anglaise.

La première rencontre se passe bien : il s'agit de généralités. Napoléon veut montrer sa figure de démocrate tandis que Benjamin est trop heureux de voir que l'Empereur ne lui tient pas rigueur de l'article assassin qu'il a publié deux semaines plus tôt où, entre autres amabilités, il le comparait à Attila et à Gengis Khan. Il se voyait fusillé à Vincennes il y a quelques jours. Maintenant, il se voit ministre. Conseiller d'État pour commencer ! Et, pour lui montrer à quel point il l'a bien compris, Napoléon lui verse trente mille francs d'acompte sur son futur traitement de conseiller, exactement la somme que Benjamin vient de perdre au jeu. Napoléon tient l'information de Fouché lui-même qui a servi d'intermédiaire pour leur rencontre. C'est tout Benjamin : la vertu du démocrate et les vices du joueur inextricablement mêlés.

Qu'on trouve la patte de Fouché dans cette abracadabrante association entre le despote et l'idéologue, voilà qui aurait dû inquiéter le principal intéressé. Il est en train de sauter à pieds joints sur la plus grossière erreur qu'il pouvait commettre en prenant les rênes du pouvoir : se mettre entre les mains des adversaires qui l'ont toujours combattu, moins les royalistes que les idéologues, les « avocats », qui tentent d'instaurer une démocratie à l'anglaise.

Cette erreur, parmi tant d'autres à la même époque, il la reconnaîtra à Sainte-Hélène devant Montholon :

« J'ai fait une faute en ne prenant point la dictature. Le peuple me l'offrait lorsqu'il m'accompagnait aux cris frénétiques de "À bas les traîtres ! À bas les nobles !". Les souvenirs de ma jeunesse m'effrayèrent. Je ne vis de freins possibles aux rancunes populaires que dans le règne des idées constitutionnelles et libérales. »

Ce n'est évidemment pas ce discours qu'il tient avec Benjamin, le soir de leur première rencontre. Il veut désamorcer ses préventions :

« Je serai l'homme du peuple. Des discussions, des élections libres, des ministres, je veux tout cela, la liberté de la presse surtout : l'étouffer est absurde. Je vous charge de me rédiger un projet de Constitution. »

Benjamin rentre chez lui en effervescence. Il note dans son journal intime : « C'est un homme étonnant. » Peut-être se dit-il en commençant à rédiger sa Constitution que la gloire s'offre à lui, qui va lui permettre peut-être de forcer le cœur de l'imprenable Juliette Récamier. Car, chez lui, tout se mêle dans un salmigondis de désirs : l'amour, les idées libérales, les dettes de jeu. Et, pour ne rien simplifier, sa passion pour l'histoire des religions. Deux mois plus tôt, il n'en avait que pour Bernadotte. Le voilà, sans transition, devenu Aristote auprès d'Alexandre.

Quand Constant revient le lendemain aux Tuileries, portant fièrement son projet, il ne suscite pas l'enthousiasme escompté. Il a négligé une toute petite chose, rien, une broutille : l'Empire. Le malentendu commence.

L'Empereur est mécontent :

« Ce n'est pas là ce que j'entends. Vous m'ôtez mon passé, je veux le conserver. Que faites-vous donc de mes onze ans de règne ? J'y ai quelques droits, je pense. Il faut que la nouvelle Constitution se rattache à l'ancienne. Elle aura la sanction de la gloire.

— Votre Majesté a plus besoin de popularité que de gloire », rétorque Constant.

Un mot d'auteur. Napoléon hausse les épaules.

Ce n'est plus le chef décidé, péremptoire, sûr de lui comme de l'univers qu'a devant lui Benjamin, mais un homme que les abandons et les trahisons ont miné. Son audace, qui lui a si bien réussi, s'effiloche en velléités et en indécisions. S'il a quitté l'île d'Elbe, c'est parce qu'il n'avait pas le choix : l'épée dans les reins, la menace de l'empoisonnement ou d'une déportation dégradante. Mais, maintenant, qui est-il ? Vers qui se portent les acclamations, les applaudissements, l'espoir ? L'Empereur ? Rien n'est moins certain : en dehors de ses grognards, le monarque rappelle trop la guerre meurtrière et porte avec lui des relents d'Ancien Régime qui agacent. La nomination de frères plus ou moins incapables, portés arbitrairement sur des trônes, se concilie mal avec la religion du mérite. On aspire à retrouver le Premier consul : l'Empereur, mais mis à nu, débarrassé de son étiquette de pacotille, de sa cour d'opérette, de ses mômeries de monarchie qui choquent la fibre républicaine.

Si Napoléon penche maintenant vers les libéraux, quitte à se dénaturer, ce n'est pas par goût, c'est par peur de réveiller l'hydre révolutionnaire, les démons de la guerre civile. Il le dit lui-même : c'est par peur de la populace et de ses furies.

S'il était toujours lui-même, d'abord, il n'aurait pas vu Benjamin Constant. Il aurait compris que cette cuisine aux ingrédients contradictoires entre son passé, l'Empire, l'autoritarisme et ce libéralisme de façade, ne le menait à rien. Après avoir été tant trahi, le voilà qui se trahit lui-même. En fait, il essaie de se servir de ce trop corruptible Benjamin pour corriger son image de despote, mais celui-ci est lui-même manipulé par un intrigant hors pair : Fouché.

Serait-on dans une époque paisible, sans menaces extérieures, il pourrait donner le change en se déguisant en libéral. C'est tout le contraire. Les Alliés menacent. La coalition s'est reconstituée. La situation est critique. C'est dans ce contexte terriblement périlleux que Napoléon se lie les mains et demande des conseils au moins doué des hommes d'action, au plus désorganisé des idéologues, à une intelligence ultrabrillante mais spéculative en proie à une anarchie intérieure permanente. Benjamin, si romanesque que soit leur rencontre, ne peut dans ces circonstances que rajouter des problèmes et de la confusion, comme s'il n'y en avait pas déjà assez.

Benjamin au comble de ses contradictions se sent tellement déchiré qu'il confie sa tempête intérieure à La Fayette, « l'homme de France dont l'amitié lui est la plus précieuse ». Et ce qu'il lui avoue dans ces circonstances est proprement affolant : on dirait qu'il se caricature à plaisir, empêtré dans les scrupules, rongé par l'irrésolution, faisant le pathétique aveu de la faiblesse de son caractère et de son affligeante carence comme homme d'action. « Je suis dans une route sombre et douteuse et je crains d'avoir conçu une entreprise au-dessus de mes forces. Je vois l'Empereur revenir par moments à d'anciennes habitudes qui m'affligent. Il a pour moi de la bienveillance. Peut-être ne serai-je pas toujours impartial. On ne peut guère auprès du pouvoir répondre de soi-même. Souvenez-vous de ce que je vous dis maintenant : surveillez-le et si jamais il vous paraît marcher au despotisme, ne croyez pas ce que je vous dirai dans la suite. Ne me confiez rien ; agissez sans moi et contre moi-même. » Napoléon est bien mal parti avec un tel conseiller d'État emberlificoté dans ses états d'âme ! Quant à La Fayette il n'entendra que trop bien le propos de Benjamin.

Ces Cent-Jours ne sont qu'une inexorable suite d'erreurs commises par un génie qui a cessé de croire en lui-même et se raccroche aux illusoires leviers d'un pouvoir qu'il a perdu. Homme de guerre déguisé en homme de paix, despote grimé en démocrate, empereur sans empire, se défiant de ses soutiens révolutionnaires qui voudraient faire de lui le « roi de la jacquerie », tiraillé par des partis opposés, submergé de conseils contradictoires, craignant de faire une guerre qui est plus que jamais nécessaire, qui plus est malade, attristé par l'infidélité de Marie-Louise et la captivité de son fils, c'est désormais un joueur décavé qui n'a plus pour perspective que de miser son va-tout avant de se tirer une balle dans la tête. Ce n'est pas par hasard s'il trouve en Benjamin, autre joueur déboussolé, un complice.

Après plusieurs entrevues et une foule d'amendements, la « Constitution » est enfin sur pied. Elle s'appellera Acte additionnel aux Constitutions de l'Empire. Le pouvoir exécutif appartient à l'Empereur qui exerce le pouvoir législatif avec deux chambres : une Chambre des pairs, nommés par Napoléon, une Chambre des représentants, qui est élue au suffrage censitaire et renouvelable tous les cinq ans. Le collège électoral passe de quinze mille à cent mille électeurs. L'Empereur aura le droit de dissoudre la Chambre des représentants. La liberté de la presse est consacrée.

Napoléon renâcle à se voir bridé par une assemblée délibérante.

« On me pousse dans une voie qui n'est pas la mienne. On m'affaiblit, on m'enchaîne. La France me cherche et ne me trouve plus. La France se demande ce qu'est devenu le vieux bras de l'Empereur, ce bras dont elle a besoin pour dompter l'Europe. Que me parle-t-on de bonté et de justice abstraites, de lois naturelles. La première loi, c'est la nécessité ; la première justice, c'est le salut public. »

Finalement, mécontent, il cède. Personne n'est satisfait. Tous les partis jugent cette « Constitution » inepte. On l'appelle la « benjamine ». C'est un journaliste, Montlosier, qui lui a trouvé ce nom. Fureur de Benjamin qui le provoque en duel. Voilà l'ambiance ! Benjamin Constant, qui passe sa vie à harceler Juliette Récamier de protestations d'amour, menace de se suicider ou de se faire tuer en duel, tout en défendant tant bien que mal une Constitution qui frustre tout le monde. « Je suis dans un véritable désespoir. Je vous conjure de me dédommager et de me dire quand je pourrais vous voir », écrit-il à Juliette après son entrevue avec l'Empereur. Lui qui, pour plaire à Mme Récamier, a publié quinze jours plus tôt un article dans *Le Journal des débats* où il proclamait son ralliement aux Bourbons ne sait plus où donner de la tête pour se faire pardonner son revirement. Dans son affolement, il écrit aussi à l'Empereur pour s'excuser de son duel : « Je regrette, Sire, d'avoir eu si peu de temps pour vous prouver mon zèle. J'emporte au tombeau une profonde reconnaissance et mes derniers vœux sont pour deux choses inséparables : la gloire de Votre Majesté Impériale et la liberté de la France. » Trois jours plus tard, chez Juliette, il lit pendant trois heures, adossé à la cheminée, son roman *Adolphe*, qui émeut tellement Juliette qu'elle éclate en sanglots, suivie bientôt de toute l'assistance.

Une atmosphère qui n'est pas propice à résoudre une situation politique dramatique. Un amoureux qui menace de se suicider et ajoute un duel à sa situation confuse de farouche opposant fraîchement rallié, auteur d'une Constitution hybride qui ne suscite que des mécontentements, décidément, en Benjamin Constant, Napoléon n'a pas choisi l'homme le plus propre à le rassurer sur son avenir. Il n'a pas tort de penser qu'il a commis une erreur : personne autant que ce subtil écrivain n'est plus apte à le guider vers la catastrophe.

III

1er mai 1815

Napoléon, en l'anoblissant, lui avait confectionné un blason qui le dépeint bien : un serpent enroulé autour d'une colonne d'or. Fouché, duc d'Otrante, est au meilleur de sa forme dans cette période déliquescente. Cette atmosphère de fin de règne, de trahison, de double jeu, de manœuvres, de complots est de celles qui aiguisent son sens inné de l'intrigue. Traître, il ne l'est pas puisqu'il reste fidèle à lui-même : à ce goût du pouvoir qui est sa drogue, à l'amour de l'argent, sa passion. Il est ce qu'on pourrait appeler au vu de ses agissements un animal nuisible. Sauf que ces bêtes de mauvaise réputation ont dans l'ordre naturel une grande utilité. Elles s'attaquent aux plus faibles, aux blessés dont elles accélèrent l'inéluctable trépas.

Comme si Napoléon n'était pas dans une situation assez confuse, il fait appel à Fouché comme ministre de la Police. Emploi où il excelle à la condition qu'il y trouve son intérêt. Or, avec son flair infaillible, Fouché a senti que le retour de Napoléon serait de courte durée. Il lui donne trois mois d'existence. Trois mois qu'il va pourrir de son pouvoir de nuisance pour se ménager un refuge du côté des Bourbons. On n'a jamais trahi avec plus d'impudeur, presque de franchise – si ce n'était pas le mot le plus impropre pour le qualifier – et surtout avec autant d'impunité.

Napoléon le connaît mieux que personne. Il le pratique depuis plus de quinze ans. Il sait sa compétence et ses turpitudes, son intelligence et ses abîmes. Il ne se fait aucune illusion sur lui. Pas plus que sur Talleyrand. Alors pourquoi le prend-il à ses côtés à un poste clé ? Parce que régicide, il incarne comme Carnot le vieux fonds révolutionnaire qui le soutient. Mais il y a belle lurette que Fouché a abjuré sa foi républicaine. Combien sont-ils d'ailleurs à lui être restés fidèles ? Tous ces fiers jacobins, Moreau et Augereau en tête, ont fait allégeance aux Bourbons.

L'explication, c'est la fatigue qui le rend influençable. La paresse à chercher des têtes nouvelles. Au moins celui-là, il l'a sous la main. Quant à le suspecter de le trahir, depuis Fontainebleau, c'est un procès qu'il n'a l'idée de faire à personne tant la trahison lui semble ancrée dans la nature de l'homme faite de boue comme son corps. Fouché lui est indispensable car, comme une araignée, il a tissé une immense toile qui va des anciens révolutionnaires jusqu'aux libéraux et même aux royalistes, à qui il a rendu des services – en évitant que certains complices des attentats contre l'Empereur ne soient fusillés, un service appréciable qu'on n'oublie pas.

En cas d'insuccès, cette toile patiemment constituée à coups de secrets de famille, de dossiers d'alcôves et de finances qu'un ministre de la Police sait collectionner à toutes fins utiles, pourrait contribuer à le maintenir au pouvoir. En cas d'échec du « fou furieux », comme il l'appelle, qui est son hypothèse de travail, elle lui permettra de se mettre à son compte. Elle peut même servir de marchepied pour rabibocher ce régicide avec Louis XVIII. Ce n'est pas une entreprise des plus faciles. Mais cette difficulté même excite l'habileté manœuvrière de cet inlassable nageur en eaux troubles.

Pour commencer, il feint de sauver la vie du marquis de Vitrolles, ami personnel du roi, emprisonné à Vincennes. D'après la rumeur, on prétend que Napoléon va le faire fusiller comme un nouveau duc d'Enghien. Cette rumeur, Fouché l'accrédite, l'amplifie pour se rendre indispensable auprès de Mme de Vitrolles et gagner ainsi la faveur de Louis XVIII. La manœuvre réussit parfaitement, même si Napoléon n'a jamais songé à faire fusiller le marquis de Vitrolles.

Non content de prendre des assurances à Gand où le roi s'est réfugié, il entretient une correspondance secrète avec Metternich qui a compris depuis longtemps qu'il a affaire à un autre Talleyrand dans un avatar encore moins sentimental. L'ennui, c'est que le messager de Metternich se fait prendre par la police personnelle de Napoléon après avoir déposé un message de son maître au ministre de la Police.

Après des scènes rocambolesques au cours desquelles on fait intervenir Fleury de Chaboulon, Fouché, placé en face de son forfait, apporte de lui-même la lettre de Metternich à Napoléon dont il avait « oublié de parler à Sa Majesté ». C'est alors qu'a lieu la scène de rage impuissante qui fait pendant à celle qu'il a eue avec Talleyrand cinq ans plus tôt.

« Vous me trahissez, Monsieur le Duc d'Otrante, j'en ai les preuves. »

Et, lui tendant un couteau à papier :

« Prenez plutôt ce couteau et enfoncez-le-moi dans la poitrine. Ce sera plus loyal que de faire ce que vous faites ; il ne tiendrait qu'à moi de vous faire fusiller et tout le monde applaudirait à un tel acte de justice. Vous vous demandez peut-être pourquoi je ne le fais pas ? C'est que je vous méprise, c'est que vous ne pesez pas une once dans ma balance. »

Colère pathétique puisqu'elle n'est suivie d'aucun effet. Fouché reste à son poste et continue à trahir avec maintenant l'assurance de ne rien risquer. Napoléon finit même par accepter le double jeu de son ministre avec un fatalisme presque amusé. Un jour que l'on évoque les possibles personnalités qui vont composer le ministère fantôme que le roi est en train de constituer à Gand en prévision d'un retour prochain, il s'exclame, presque goguenard :

« Quant au titulaire du ministère de la Police, ne cherchez pas, c'est sûrement Fouché ! »

Comment douter alors de l'issue de cette aventure politique minée si profondément de l'intérieur par celui qui devrait en être le principal soutien ?

Pire que la trahison de Fouché – et peut-être même en est-elle une des causes ? –, l'indécision de l'Empereur qui n'est plus le même. L'œil de l'aigle ne semble plus rien voir ; son instinct aux intuitions fulgurantes s'est assoupi. Cette machine à décider s'égare dans des querelles subalternes avec Lucien, dans des questions d'étiquette, dans d'incessants allers-retours d'une pensée qui n'a plus de fulgurance.

Pathétique illustration d'un homme qui ne sait plus où il va, la cérémonie qu'il organise au Champ-de-Mars et qu'on va appeler le « champ de mai ». Trente mille personnes sont réunies pour le voir proclamer la Constitution adoptée par plébiscite. Il arrive en carrosse devant le vaste amphithéâtre qui a été dressé. Dès qu'il apparaît sous un beau soleil, les spectateurs n'en croient pas leurs yeux : ils s'attendaient à voir surgir le légendaire Napoléon dans son habit vert de colonel de la garde, la tête couverte de son chapeau de castor, le voilà dans une tenue carnavalesque semblable à celle qu'il avait revêtue pour le sacre à Notre-Dame : le manteau et la tunique nacarat, des culottes de satin blanc et une toque de velours noir surmontée de plumes blanches. Intensément ridicule ! Tel est l'avis unanime des spectateurs, venus pour voir une légende, qui se retrouvent en face d'un homme travesti pour une mascarade.

Tout le reste de la cérémonie est à l'avenant. Serment sur l'Évangile de respecter la Constitution, discours dans lequel il proclame son amour pour la France, puis défilé des troupes et distribution des aigles. Serments divers des soldats de servir la patrie jusqu'à la mort qui retentissent comme autant de promesses de malheurs.

La cérémonie, où le ridicule l'a disputé à la grandiloquence, n'a pas produit l'effet escompté. Il a déçu l'attente des Français.

Un nouveau camouflet lui est infligé dès le lendemain. Les chambres élues en vertu de la Constitution sont le théâtre de bagarres, de chamailleries et de mouvements d'opposition. La représentation parlementaire offre, dans une circonstance grave, son pire visage : les intrigues s'y déchaînent, orchestrées en sous-main par Fouché à propos d'une éventuelle présidence de Lucien à la Chambre des représentants. Celui-ci est écarté au profit de Lanjuinais, un opposant à l'Empereur qui a voté sa déchéance et soutenu Louis XVIII. Les bonapartistes n'obtiennent sur leur candidat que quarante et une voix sur une chambre composée de six cent trente-neuf membres. Voilà l'ancien despote mis en minorité par son Parlement. Pour des raisons différentes, Fouché et Benjamin Constant peuvent être satisfaits. Ils ont rendu la France ingouvernable. Le cafouillage ne serait qu'une péripétie si les Alliés n'étaient aux frontières, réunissant leurs troupes entre la Sambre et la Meuse.

La défaite est là. Napoléon s'est vaincu lui-même bien avant d'aller affronter l'ennemi. La suite est une formalité. Il ne lui reste plus qu'un geste symbolique, forcément militaire, à accomplir pour parapher le désastre.

La veille de son départ, il donne un dîner à ses proches au palais de l'Élysée. Il parle de littérature, son sujet préféré dans les grandes circonstances. Il prend à part Mme Bertrand, la femme du général, et lui murmure avec un humour grinçant :

« Pourvu que nous ne regrettions pas l'île d'Elbe. »

L'esprit est toujours là. Mais plus la volonté de vaincre.

IV

18 juin 1815

Des cadavres. Il y en a partout. Ils jonchent la route, les fossés, les champs. À demi nus : les paysans du Brabant les ont détroussés. Certains bougent encore et gémissent. Les autres, raides, le visage grisâtre, nus et impudiques, luisent dans la clarté froide de la lune. De toutes parts, les soldats fuient pour ne pas leur ressembler, pour ne pas devenir eux-mêmes des cadavres. Une terrible frousse s'est emparée d'eux depuis qu'ils ont vu, oui, de leurs yeux vu, cette chose impossible se produire : la Garde qui recule. La Garde, les immortels, ces hommes invincibles ont battu en retraite sous la mitraille des habits rouges de Wellington. Ils refluent. Eux non plus n'ont pu dépasser le chemin creux d'Ohain où l'élan des deux charges de cavalerie de Ney s'est brisé. Seules quelques troupes formées en carré continuent de résister, immense radeau immobile au milieu du fleuve tumultueux des fuyards. Le deuxième bataillon du 1er chasseurs de la Garde, sous les ordres du général Cambronne, qui, haché par la mitraille, refuse de se rendre. Cambronne lance son fameux « merde » avant d'être frappé par une balle en plein front et d'être laissé pour mort. Victor Hugo l'immortalise : « Foudroyer d'un tel mot le tonnerre qui vous tue, c'est vaincre. »

Napoléon, à cheval, avec son état-major, semble défier la mort. Peut-être l'attend-il comme à Arcis-sur-Aube ? Cette fois encore, les boulets et les balles qui pleuvent semblent l'éviter. Une muraille d'hommes le protège. Ce carré formé par le 1er régiment des grenadiers de la Garde, immuables, figé entre Plancenoit et la ferme de Rossomme, est l'un des rares à tenir au milieu de la débâcle. Autour de lui, c'est la débandade. Les fuyards décampent, abandonnant leur fusil pour échapper à la cavalerie prussienne de Blücher qui les poursuit et les moissonne à coups de sabre. Bientôt, le flot de ce torrent d'hommes pris de panique est si fort qu'il risque d'emporter le carré. Napoléon ordonne au général Petit de battre en retraite vers Genappe. À minuit, la troupe atteint le village. L'Empereur prend place dans sa berline de voyage lorsque des cris retentissent :

« Les Prussiens ! Les Prussiens ! »

Napoléon sort en hâte de sa voiture et monte à cheval. Escorté de quelques cavaliers, il s'enfuit dans la nuit. Il fuit Waterloo comme il a fui l'Égypte, comme il a fui la Russie. Ce n'est pas manque de courage. Personne ne lui a fait ce procès. S'il s'en va si précipitamment, c'est qu'il craint d'avoir à affronter maintenant un autre ennemi. L'ennemi intérieur toujours prêt à relever la tête à la faveur d'une défaite. Cet ennemi, il a un inspirateur, Fouché ; un porte-parole, La Fayette ; des soutiens, la quasi-totalité des parlementaires.

Dans la nuit claire de Waterloo, sous la pleine lune, le paysage donne tous les signes de la dévastation ; des feux brûlent, Hougoumont et la Haye-Sainte sont la proie des flammes. Les bivouacs des soldats anglais, au-delà de la fatigue, s'allument sur les collines et à Mont-Saint-Jean. Mais tous ces feux peu à peu s'éteindront : il n'y aura plus que les cendres et l'oubli. Sauf que ce feu en a allumé un autre qui brûle encore et, celui-là, à jamais : c'est ce long passage des *Misérables* où le cœur de Hugo s'enflamme. Pourquoi ce météorite en fusion est-il tombé au milieu de ce sublime roman-feuilleton sans aucune nécessité romanesque ? Pour offrir le plus bel hommage qui soit à la défaite. De toutes les émotions, les souffrances, les rages, de ces hommes vaincus, blessés, humiliés, cette part humaine, émouvante mais si éphémère, il va brosser un morceau épique.

Soudain, on est saisi par le sentiment de la grandeur. Des larmes viennent aux yeux. Quelque chose de beau, d'infini, agrandit le cœur. On est dans la défaite : on la respire, on la boit, elle vous étouffe. Et, miracle de l'art, elle se transforme en beauté tant elle traduit l'inéluctable destin humain qui est de perdre, de souffrir, de périr. On n'a jamais rendu ainsi justice au courage des soldats quand ils sont dans la situation la plus humaine des hommes : vaincus. Hugo donne aux combattants de Waterloo une éternité aussi belle que celle du ciseau de Rude dans les bas-reliefs de l'Arc de Triomphe. Il nous entraîne dans la cavalcade des cuirassiers de Lefebvre-Desnouettes, sur le chemin d'Ohain, quand, soudain, frappés par la mitraille, ils découvrent avec horreur le ravin dans lequel ils s'abîment dans un épouvantable méli-mélo de chevaux, de ruades, de cavaliers ; on est avec eux au fond du gouffre sous les sabots ferrés des chevaux qui déchirent le visage du cavalier, brisent ses dents, lui volent sa vie : « Si quelque chose est effroyable, s'il existe une réalité qui dépasse le rêve, c'est ceci : vivre, voir le soleil, être en pleine possession de la force virile, avoir la santé et la joie, rire vaillamment, courir vers une gloire qu'on a devant soi, éblouissante, se sentir dans la poitrine un poumon qui respire, un cœur qui bat, une volonté qui raisonne, parler, penser, espérer, aimer, avoir une mère, avoir une femme, avoir des enfants, avoir la lumière, et tout à coup, le temps d'un cri, en moins d'une minute, s'effondrer dans un abîme, tomber, rouler, écraser, être écrasé, voir des épis de blé, des fleurs, des feuilles, des branches, ne pouvoir se retenir à rien, sentir son sabre inutile, des hommes sous soi, des chevaux sur soi, se débattre en vain, les os brisés par quelque ruade dans les ténèbres, sentir un talon qui vous fait jaillir les yeux, mordre avec rage des fers de chevaux, étouffer, hurler, se tordre, être là-dessous et se dire : “Tout à l'heure, j'étais un vivant !” »

Sur son cheval gris, Wellington parcourt le champ de bataille. Il sait ce que cela signifie d'avoir vaincu un tel adversaire. Il est mélancolique. C'est le destin de l'homme après l'amour, après la guerre. Il laisse tomber :

« Rien n'est plus triste qu'une bataille gagnée, si ce n'est une bataille perdue. »

Napoléon est rentré à l'Élysée à l'aube. Caulaincourt l'attend sur le perron.

« Eh bien, Caulaincourt, voici un grand événement : une bataille perdue. Comment la nation supportera-t-elle ce revers ? Les Chambres me seconderont-elles ? »

Toute la question est là. Étrange qu'un homme aussi lucide se fasse autant d'illusions ! Il commande un bain bouillant et s'y jette, perdant un temps précieux à délibérer alors qu'il faut agir vite dans une course contre la montre pour ne pas laisser l'initiative à l'Assemblée.

Il a convoqué le conseil des ministres pour 10 heures. Comme s'il pouvait attendre le moindre soutien de ce côté-là ! Il prend la parole :

« J'ai besoin, pour sauver la patrie, d'être revêtu d'un grand pouvoir, d'une dictature temporaire. Dans l'intérêt de la patrie, je pourrais me saisir de ce pouvoir, mais il serait utile et plus naturel qu'il me fût donné par les Chambres. »

On est au cœur de sa contradiction. Ce Parlement qu'il a créé, pourquoi a-t-il confié à Fouché la charge de le composer ? Celui-ci, depuis le début, mène son propre jeu et s'est empressé de faire élire des députés à sa botte et, pour la plupart, hostiles à l'Empereur.

Les ministres sont divisés. Carnot veut déclarer la patrie en danger et mettre Paris en état de siège. Caulaincourt ménage la chèvre et le chou, la résistance et le Parlement. Davout est pour la dissolution des Chambres :

« En de pareils moments, il ne faut pas deux pouvoirs. Il n'en faut qu'un seul, assez fort pour mettre en œuvre tous les moyens de résistance. »

Fouché sort alors de son long silence. Sans qu'il en laisse rien paraître, il est inquiet. Il craint de voir son plan s'effondrer. La dissolution des Chambres, c'est la guerre qui reprend et le risque de voir l'Empereur l'emporter sur les Alliés. Que deviendra-t-il, lui, Fouché ? N'a-t-il pas déjà pris langue avec Louis XVIII qui lui a promis de l'employer ?

« Pourquoi tant de paroles ? Ne vaut-il pas mieux faire tout simplement confiance à l'Assemblée ? Les élus ne refuseront certainement pas de soutenir la politique de l'Empereur. »

Jamais mensonge n'a été prononcé d'une voix plus doucereuse et faussement confiante.

Mais le ministre d'État Regnaud de Saint-Jean d'Angély, lui, n'y va pas par quatre chemins. Il dit carrément que le Parlement considère que l'Empereur n'est plus en état de sauver le pays. Cette déclaration sans ambages jette un froid.

« Parlez franchement ! C'est mon abdication qu'ils veulent ?

— Je le crains, Sire. Et je crois que, si vous n'offrez pas votre abdication de votre propre mouvement, c'est la Chambre qui vous la demandera. »

Un silence de plomb s'installe. Chacun regarde ses souliers. Les regards coulissent vers Fouché, impénétrable. Lucien s'exclame :

« Puisque la Chambre ne paraît pas disposée à se joindre à l'Empereur pour sauver la France, il faut qu'il la sauve seul ! »

Napoléon opine :

« La présence de l'ennemi sur le sol national rendra, je l'espère, aux députés le sens de leurs devoirs. La nation ne les a point envoyés pour me renverser, mais pour me soutenir. Je ne les crains point. Quoi qu'ils fassent, je serai toujours l'idole du peuple et de l'armée. Si je disais un mot, ils seraient tous assommés. Notre cause n'est pas désespérée. Voici mon plan : avec cent mille hommes, je me fais fort de contenir les coalisés à peine plus nombreux qu'ils ne sont maintenant. Dans quelques jours, j'irai en personne prendre le commandement de l'armée à Laon. Paris sera fortifiée. »

Et le voilà qui brosse un extraordinaire panorama des actions à entreprendre. Les ministres sont médusés. Tous se reprennent à y croire tant le magnétisme de l'Empereur a d'emprise sur eux. Tous sauf Fouché qui, absorbé dans ses pensées, compte les minutes.

Soudain, un aide de camp survient. Il apporte un pli officiel du Palais-Bourbon. Napoléon lit : « Toute tentative pour dissoudre la Chambre est un crime de haute trahison. Quiconque se rendrait coupable de cette tentative serait traître à la patrie et jugé comme tel. »

Napoléon jette le pli sur la table.

« Ah, j'aurais dû congédier ces gens-là avant mon départ. C'est fini. Ils vont perdre la France. »

Un instant de silence. Il reprend :

« J'abdiquerai s'il le faut. La séance est levée. »

Il se dirige vers la fenêtre. Aux grilles du palais, la foule s'est amassée et crie :

« Vive l'Empereur ! »

Il l'entend, mais il n'est plus lui-même : le ressort est cassé. Il ne veut pas finir en hors-la-loi, en séditieux. Rattrapé par son erreur, il doit boire la coupe jusqu'à la lie. Pourtant, comme un mourant, il a des mouvements convulsifs de résistance. Il envoie Lucien pour tenter de convaincre les représentants. C'est le 18-Brumaire qui recommence à l'envers. Lucien est éloquent : il prêche l'unité nationale devant l'ennemi.

La Fayette lui répond avec morgue :

« Depuis plus de dix ans, trois millions de Français ont péri pour un homme qui veut lutter encore contre l'Europe. Nous avons assez fait pour lui. »

Le lendemain, un orateur propose de demander à l'Empereur d'abdiquer.

« Non, s'exclame La Fayette, pas d'abdication, la déchéance ! »

Finalement, on vote pour l'abdication.

Dans le crépuscule, il se promène dans le jardin du palais de l'Élysée en compagnie de Benjamin Constant. Napoléon n'est pas un lion que l'on met en cage, cette cage serait-elle une Constitution. Les odeurs d'été se diffusent dans l'air tiède. De l'autre côté de la grille du Coq, montent des acclamations :

« Vive l'Empereur ! »

Spontanément, le peuple sillonne les Champs-Élysées pour lui exprimer son soutien.

« Vous les entendez ? Ce ne sont pas ceux-là que j'ai comblés d'honneurs et de richesses. Je les ai trouvés pauvres, je les ai laissés pauvres. Mais l'instinct de la nationalité les éclaire, la voix du pays parle par leur bouche. Mais non, je ne suis pas revenu de l'île d'Elbe pour que Paris soit inondée de sang. »

Constant note sa répugnance pour les moyens extrêmes et, plus encore, « un sentiment intérieur d'épuisement et de lassitude ». Benjamin s'est maintenant sincèrement attaché à ce grand vaincu. Lui qui n'a jamais cru à rien a trouvé dans cet empereur auquel il s'est opposé toute sa vie l'homme auquel il aurait pu se dévouer sans limites. Trop tard.

Deux jours plus tard, il signe l'acte d'abdication en faveur de son fils. Il le tend à Fouché qui, avec une politesse glacée, s'incline. C'est ce qu'il attendait depuis trois mois. Le complot sournois qu'il a ourdi se termine à son avantage. Il est désormais l'homme de la situation.

La veille, Napoléon a de nouveau reçu Benjamin Constant. Décidément, ces deux-là ne peuvent plus se séparer. Benjamin devient sentimental. « Je crois que je porte malheur au parti que j'embrasse. » Son attachement à l'Empereur l'enflamme, comme s'il ne pouvait se résigner à abandonner cette belle cause perdue. Il note dans son journal intime où, comme à son habitude, tout se mêle dans une atmosphère d'échec politique et amoureux : « Dîner chez Juliette. L'Empereur m'a fait demander. Il est toujours calme et spirituel. Les misérables, ils l'ont servi avec enthousiasme quand il écrasait la liberté, ils l'abandonnent quand il l'établit. Fini la soirée chez Juliette. Elle a été bien tendre parce qu'elle prévoit que je vais être malheureux. À demain, 1 V.D.D.S.F. »

Ces signes cabalistiques montrent le désarroi de Benjamin. « V.D.D.S.F. » signifie « la volonté de Dieu soit faite ». Le chiffre 1 est un des dix-sept nombres qu'emploie Benjamin pour dissimuler sa vie cachée à un lecteur indiscret : 2 signifie « désir de rompre mon éternel lien avec Mme de Staël » ; 4 : « travail » ; 6 : « attendrissement sur mon père » ; 10 : « retour d'amour vers Mme Lindsay » ; 12 : « amour pour Mme du Tertre » ; 13 : « incertitude sur tout », c'est le chiffre qui revient le plus souvent avec ce chiffre 1 mystérieux en tête des préoccupations de ce séducteur fou amoureux de Juliette et prêt à mourir pour elle. 1 signifie : « jouissance physique ». Ce chiffre révèle tout simplement qu'après avoir vu l'Empereur, dîné en amoureux frustré avec Juliette, Benjamin est allé noyer son désespoir au bordel.

Napoléon s'est réfugié à Malmaison auprès d'Hortense et des souvenirs du passé. L'ombre de Joséphine, morte six mois plus tôt, flotte dans le parfum des glycines et des héliotropes. Mais il n'est plus l'Empereur, et pas seulement parce qu'il vient d'abdiquer. Il n'est même plus Napoléon. Il n'est plus qu'un homme qui hésite, qui tergiverse, prend tantôt un parti, tantôt un autre, ballotté entre deux conseils, deux résolutions : se rendre aux Anglais, partir en goélette pour l'Amérique ? À Rochefort puis à l'île d'Aix, il continue à virevolter sans savoir ce qu'il veut vraiment. Une sorte d'aboulie, d'à quoi bon a rongé son caractère d'acier. À force d'hésitations, il s'approche dangereusement de la cage que les Anglais lui ont préparée. Ce sont eux qui, finalement, choisissent pour lui, ou le destin qui veille : ce sera Sainte-Hélène. Une malchance pour l'homme, une chance pour le héros. Le rocher du martyre pour Prométhée.

V

20 novembre 1815

L'air est tiède et langoureux quand le soleil des tropiques ne fait pas régner une chaleur despotique. La propriété des Briars, achetée par William Balcombe, un brasseur, jouit d'une vue magnifique : située sur une colline qui prolonge la vallée de Jamestown, la capitale de l'île, elle fait face à un gigantesque rocher, semblable à une énorme molaire aux parois abruptes, sur lequel l'océan vient se fracasser. En attendant que sa résidence de Longwood soit remise en état, il a loué un cottage à M. Balcombe. Celui-ci a une fille de quatorze ans qui a appris le français. D'abord impressionnée, elle s'amuse à le taquiner. Il se prête de bonne grâce à son jeu. Plus tard, elle ne résistera pas, elle non plus, à la manie de publier ses souvenirs qu'elle intitulera avec un peu de présomption *Une idylle de Napoléon à Sainte-Hélène*. Elle le décrit ainsi : « Je n'ai connu personne qui se prêtât mieux que Napoléon à la plaisanterie. Il avait le laisser-aller, l'espièglerie, la simplicité d'un enfant. »

Chaque matin, quand il n'est pas l'objet des farces et des facéties de Betsy Balcombe, il fait sa promenade dans le petit jardin en compagnie du comte de Las Cases, son interlocuteur préféré dont il apprécie les travaux historiques, notamment son *Atlas*. Celui-ci, un petit homme fluet que les compagnons de l'Empereur surnomment « le jésuite » en raison de ses manières doucereuses et cauteleuses, manifeste avec un peu trop de zèle sa dévotion. Il boit ses paroles. Il ne se contente pas de l'écouter, il l'interroge et note toutes les précieuses confidences que lui fait l'illustre proscrit. Il n'est pas le seul à tenir un registre des propos de l'Empereur déchu. Tout le monde vit la plume à la main dans son entourage : le pompeux maréchal Bertrand, le comte de Montholon, flanqué de sa pimpante et ambitieuse épouse Albine, l'irascible et querelleur général Gourgaud. Et même le médecin O'Meara qui, en bon Irlandais, a pris fait et cause pour cette victime emblématique de l'arrogance anglaise. Tous ont conscience de la chance qu'ils ont d'être les derniers témoins de l'exil d'un grand homme que le monde continue de craindre ou de vénérer et qui reste une énigme.

Ces petits cahiers où ils notent à la lueur des chandelles ses moindres faits et gestes, ses reparties, ses souvenirs de campagne, ses jugements à l'emporte-pièce sur ses contemporains, ses méditations philosophiques, puis, sur la fin, les misères de son agonie, ils savent qu'ils vaudront de l'or, qu'ils leur rapporteront fortune et célébrité. Aussi se disputent-ils comme des chiens la faveur d'un entretien. Si Napoléon croyait avoir enfin trouvé la paix dans sa relégation aux confins des terres habitées, il s'est bien trompé. C'est la guérilla qui règne entre ses évangélistes qui, dans ce huis clos tropical, pourrissent sa vie d'intrigues, de commérages, de médisances. Comme s'il n'avait pas assez à faire de lutter pied à pied contre les autorités anglaises mesquines et tatillonnes – et encore le pire est à venir avec le nouveau gouverneur Hudson Lowe –, il doit à chaque instant calmer une jalousie, apaiser une querelle, rabibocher entre eux ses compagnons d'infortune qui s'insultent, se calomnient et sont même prêts à se battre en duel. Cette petite cour du bout du monde, au fond, ne le dépayse pas trop. C'est la réplique en minuscule de ce qu'il a connu sous les ors du pouvoir : des proches qui se déchirent dans son intérieur sans égard pour la menace de l'ennemi extérieur. Mais lui-même n'est pas exempt de responsabilités : il excite les chamailleries en feignant de vouloir les calmer. Les rivalités domestiques, les luttes d'influence pour obtenir sa faveur, se faire coucher sur son testament, c'est l'atmosphère dans laquelle il a toujours vécu. Une médiocrité qui le réchauffe comme la vie même.

Chaque fois qu'il se promène avec Las Cases dans le petit jardin des Briars, il croise Tobie, le jardinier, un vieil esclave métis d'Indien et de Malais qui semble gaiement résigné à son sort. Il a été enlevé par des marins anglais et vendu à Sainte-Hélène. Débonnaire et fataliste, le menton appuyé sur le manche de sa bêche, il ignore qui est cet homme corpulent au large chapeau de planteur dont on semble faire tant de cas et qu'il appelle « *the good man* » car, chaque fois qu'il le voit, il lui fait remettre un napoléon en or. S'il ne s'interroge nullement sur l'identité de son bienfaiteur, celui-ci en revanche s'intéresse beaucoup à lui. À chaque rencontre, il le harcèle de questions – que Las Cases lui traduit : il veut savoir d'où il vient, comment il vit, ses origines, la manière dont il a été enlevé, s'il est content de son sort, s'il regrette sa terre natale. Il semble insatiable comme si les douloureuses péripéties de la vie de cet esclave étaient pour lui une énigme qu'il veut à tout prix résoudre. S'il l'interroge avec une telle acuité, ce n'est pas par hasard. Le sort de cet esclave alimente sa réflexion sur la question essentielle qu'il n'a cessé de se poser : la destinée. Pourquoi est-il lui et non Tobie ? Qu'eût-il fait s'il avait été à sa place ? Qui décide au-delà du visible de ce que nous sommes, de ce que nous faisons ?

« Ce pauvre Tobie que voilà est un homme volé à sa famille, à son sol, à lui-même, et vendu : peut-il être de plus grand tourment pour lui ? et de plus grand crime dans d'autres ? Si ce crime est l'acte du capitaine anglais tout seul, c'est à coup sûr un des hommes les plus méchants ; mais s'il a été commis par la masse de l'équipage, ce forfait peut avoir été accompli, après tout, par des hommes peut-être pas si méchants que l'on croirait ; car la perversité est toujours individuelle, presque jamais collective. Les frères de Joseph ne peuvent se résoudre à le tuer ; Judas, froidement, hypocritement, avec un lâche calcul, livre son maître au supplice. »

Il se tait un instant, plongé dans sa méditation, et reprend devant Tobie qui le regarde en souriant :

« Ce que c'est, pourtant, que cette pauvre machine humaine ! Pas une enveloppe qui se ressemble ; pas un intérieur qui ne diffère ! Et c'est pour se refuser à cette vérité que l'on commet tant de fautes ! Faites de Tobie un Brutus, il se serait donné la mort ; un Ésope, il serait peut-être aujourd'hui le conseiller du gouverneur ; un chrétien ardent et zélé, il porterait ses chaînes en vue de Dieu et les bénirait. Pour le pauvre Tobie, il n'y regarde pas de si près, il se courbe et travaille innocemment… »

Et, comme si cette réflexion l'incitait à s'élever plus haut encore dans les sphères où s'élabore le destin, il s'enflamme :

« Arrivé au pouvoir, on eût voulu que j'eusse été un Washington, disant cela sans connaissance des temps, des lieux, des hommes et des choses. Si j'eusse été en Amérique, volontiers, j'eusse été un Washington. Mais si lui se fût trouvé en France, sous la dissolution du dedans et sous l'invasion du dehors, je lui eusse défié d'être lui-même ou, s'il eût voulu l'être, il n'eût été qu'un niais et n'eût fait que continuer de grands malheurs. »

La brise se lève. Des bateaux apparaissent à l'horizon, traversant la brume de chaleur. Il s'éloigne en murmurant :

« Il est sûr qu'il y a loin du pauvre Tobie à un roi Richard. »

Las Cases baisse les yeux. Et, comme s'il devinait sa pensée secrète, il le prend par le revers de sa redingote :

« Mais je lis dans vos yeux ; vous pensez que Tobie n'est pas le seul de sa sorte à Sainte-Hélène. Mon cher, il ne saurait y avoir le moindre rapport ; si l'attentat est plus relevé, les victimes offrent bien d'autres ressources. On ne nous a point soumis à des souffrances corporelles et, l'eût-on tenté, nous avons une âme à tromper nos tyrans. L'univers nous contemple... Nous demeurons les martyrs d'une cause immortelle... Des millions d'hommes nous pleurent ; la patrie soupire et la gloire est en deuil... Les malheurs ont aussi leur héroïsme et leur gloire... L'adversité manquait à ma carrière... Si je fusse mort sur le trône dans les nuages de ma toute-puissance, je serais demeuré un problème pour bien des gens ; aujourd'hui, grâce au malheur, on pourra me juger à nu. »

Et il regagne sa « hutte » où il retrouve ce qu'il n'a jamais connu : la médiocrité. Médiocrité d'un gîte mesquin, médiocrité d'une petite société provinciale et médisante ; médiocrité d'un geôlier vulgaire et tatillon, Hudson Lowe ; médiocrité d'une île cancanière, médisante, puritaine, hostile aux étrangers, qui vit sur elle-même avec, pour seule distraction, la chronique funèbre, le récit des cocufiages, la venue des navires qui viennent mouiller à quelques encablures de Jamestown et débarquent leurs marchandises : des nouvelles défraîchies, des soldats, et des rats qui ont choisi là leur terre d'élection.

Il a trouvé un nouveau compagnon dont il avait jusqu'alors ignoré l'existence : l'ennui. Qu'elles sont longues à sonner, les heures de l'horloge du salon de Longwood qui découpe dans le vide des tranches de temps mort.

Le génial stratège a compris comment vaincre son vainqueur. De la prison qu'on lui a assignée, il prend à témoin la postérité de l'injustice qui lui est faite au mépris du droit des gens. D'oppresseur, il devient victime. On craignait le despote, on va plaindre le détenu. Il va opposer à la coalition des principes réactionnaires la guérilla des idées libérales. Toujours cet art de profiter des fautes de l'adversaire, de faire une force de sa faiblesse.

Alors qu'importent les minuscules péripéties de cette existence réduite aux papotages, aux commérages. Que Mme Bertrand découche pour passer la nuit dans le lit de l'amiral Cockburn ; qu'Albine de Montholon se livre à l'adultère avec le lieutenant Jackson ; que l'Empereur lui-même soit soupçonné d'entretenir un flirt avec Betsy Balcombe, fille de son hôte aux Briars, ou avec Mary Ann Robinson, « la nymphe de la vallée », une jolie fille de pauvres métayers âgée de seize ans ou, plus sérieusement, une liaison avec Albine de Montholon ; les crises de jalousie de Gourgaud vis-à-vis de Las Cases ; l'expulsion inexpliquée du même Las Cases de Sainte-Hélène ; la mystérieuse mort subite du maître d'hôtel Cipriani qui ressemble à un empoisonnement…

Sur son rocher perdu au milieu de nulle part, il est devenu aussi lointain qu'une étoile. La distance et l'océan forment la nuit où il brille. Il obsède l'Europe de toute la force de son silence. La moindre rumeur venant de Sainte-Hélène agite les chancelleries. Tout contribue à la fermentation des esprits : l'île tout en escarpements, en masses basaltiques, le climat insalubre confèrent à cet exil les dimensions d'une relégation d'exception. Comme si les puissances de la terre s'étaient liguées pour repousser aux frontières du monde habité un des leurs, coupable d'un crime de lèse-petitesse : avoir trop aimé la grandeur. Comme si, aucune prison n'étant assez sûre, aucune chaîne assez solide, sa singularité exigeait qu'il fût exilé à la limite des ténèbres. C'est ainsi qu'on crée un mythe. La peur des puissances alliées a sculpté la statue du surhomme. Maintenant, plus qu'un homme, il est devenu un drapeau, une idée : la liberté dans les chaînes.

Tout conspire à magnifier sa légende, même son geôlier. Hudson Lowe, par sa médiocrité même, va exalter sa noblesse. Les Anglais qui n'ont jamais eu de chance avec Napoléon vont devoir, à travers lui, subir la honte de l'histoire. À cause d'Hudson Lowe, c'est le monde entier qui se sent coupable de maltraiter un homme pour le punir. De quoi ? D'être trop grand ?

Hudson Lowe n'a pas le caractère, ni l'éducation qui lui eussent permis de faire face honorablement à son rôle. Ni l'humour, ni l'astuce, ni l'intelligence ne l'ont aidé. Les directives de son gouvernement sont pour lui les tables de la loi. Il veille avec un sot scrupule à leur application à la lettre. Wellington l'enterrera d'un mot : « Je l'ai bien connu : c'était un imbécile. » Outre sa peur panique d'une évasion, il craint plus que tout que l'Europe ne soit renseignée sur ce qui se passe à Sainte-Hélène. Il redoute avec raison que les humiliations qu'y subit l'Empereur ne ternissent sa réputation et celle de son pays. Mais, peu à peu, il s'aperçoit qu'en dépit des précautions prises, il y a des fuites d'information : des marins, des voyageurs se chargent de messages qui passent en contrebande. Hudson Lowe devient fou à force de vouloir fermer hermétiquement l'île. Tout écrit, toute correspondance lui sont suspects. Le moindre cahier lui semble un brûlot. Les mots deviennent ses ennemis. Il en rêve la nuit. Il n'en dort plus. Cette passoire de mots qu'est devenue son île le rend malade. Il ne peut voir une plume et une bouteille d'encre sans y suspecter la malveillance ou une atteinte à ses ordres.

Les cahiers de ses évangélistes noircis, les mots ayant succédé à l'action, les lumières de Sainte-Hélène faiblissent dans le crépuscule. Lui-même dit en parlant de soi, de sa lassitude, de sa maladie : « La lampe n'a plus d'huile. »

Il n'a plus qu'à mourir.

VI

Le 15 avril 1821

Ce jour-là, affaibli par l'ulcère à l'estomac qui le ronge, ne se nourrissant quasiment plus, il écrit son testament.

> Ce jourd'hui, 15 avril 1821 à Longwood, île de Sainte-Hélène.
>
> Ceci est mon testament ou acte de ma dernière volonté.
>
> Je meurs dans la religion apostolique et romaine, dans le sein de laquelle je suis né il y a plus de cinquante ans.
>
> Je désire que mes cendres reposent sur les bords de la Seine, au milieu de ce peuple français que j'ai tant aimé.
>
> Je recommande à mon fils de ne jamais oublier qu'il est né prince français, et de ne jamais se prêter à être un instrument entre les mains des triumvirs qui oppriment les peuples de l'Europe. Il ne doit jamais combattre ni nuire en aucune manière à la France. Il doit adopter ma devise : tout pour le peuple français.
>
> Je meurs prématurément, assassiné par l'oligarchie anglaise et son sicaire ; le peuple anglais ne tardera pas à me venger.
>
> À mon fils, je lègue mes armes ; savoir mon épée, celle que je portais à Austerlitz, mon poignard, mon glaive, mon couteau de chasse, mes deux paires de pistolets de Versailles, mon nécessaire d'or, celui qui m'a servi le matin d'Ulm, d'Austerlitz, d'Iéna, d'Eylau, de Friedland, de l'île Lobau, de la Moskowa et de Montmirail ; les remettre à mon fils lorsqu'il aura seize ans avec ma lunette de guerre, mes ordres, mes lits de camp, mes uniformes,

le grand collier de la Légion d'honneur, mes éperons, le glaive de consul, le collier de la Toison d'or, mes trois flacons d'argent où l'on mettait mon eau-de-vie, que portaient mes chasseurs en campagne, le réveille-matin de Frédéric II que j'ai pris à Potsdam, le sabre de Sobieski.

Personne n'est oublié, ni les domestiques, ni les amis, ni ceux qui, tout au long de sa vie, lui ont rendu service :

> « Nous léguons au fils ou au petit-fils du baron du Teil, lieutenant général d'artillerie, ancien seigneur de Saint-André, qui a commandé l'école d'Auxonne avant la Révolution, la somme de cent mille francs comme souvenir de reconnaissance pour les soins que ce brave général a pris de nous lorsque nous étions lieutenant et capitaine sous ses ordres. Nous léguons cent mille francs au fils ou au petit-fils du conventionnel Gasparin, représentant du peuple à l'armée de Toulon, pour avoir protégé et sanctionné de son autorité le plan que nous avons donné, qui a valu la prise de cette ville et qui était contraire à celui envoyé par le Comité de salut public. Nous léguons cent mille francs à la veuve, au fils ou petit-fils de notre aide de camp Muiron, tué à nos côtés à Arcole, nous couvrant de son corps. »

Il semble fouiller dans son passé pour ne pas oublier tous ceux envers qui il a une dette ; la liste s'allonge, démesurément. Enfin, après avoir rajouté codicille sur codicille et légué tout ce qu'il possède, l'humour lui revient, il s'efforce de sourire :

> « Maintenant, je suis sur la paille. »

Il lui reste trois semaines à vivre. Vingt et un jours de vomissements, de souffrances, de tracas domestiques, d'agonie. La veille de sa mort, la tempête fait rage. Une bourrasque a déraciné le saule à l'ombre duquel il aimait s'asseoir pour y relire les tragédies de Corneille.

Il meurt le samedi 5 mai à 5 h 49 de l'après-midi. Il fait beau. Un grand soleil règne sur l'île. On l'enterre enveloppé dans le manteau qu'il portait à Marengo, sous un saule, dans un vallon solitaire. Sur sa tombe, une dalle très simple sur laquelle, en raison des tracasseries d'Hudson Lowe, aucune inscription ne sera gravée.

VII

1823

Bientôt les mots vont vaincre. Ils seront la revanche de Waterloo. Ils réduiront en poussière les petits arrangements de la Sainte-Alliance. Déjà, ils s'évadent de Sainte-Hélène discrètement, en contrebande, sous forme de lettres, de missives, de racontars qu'Hudson Lowe, en dépit de son zèle, de ses canons, de ses rondes, enrage de ne pouvoir stopper. L'Europe se nourrit de ce feuilleton où un gouverneur de comédie chicane ses droits à un empereur, l'humilie, ouvre sa correspondance, surveille ses promenades, chipote à propos de ses visites. L'idée s'ancre que l'Angleterre manque singulièrement de fair-play ; que les princes européens, ses complices, doivent être singulièrement peureux pour avoir relégué aux confins de la terre la cage du lion.

Napoléon lui-même, sous les dehors de l'orgueil outragé et d'un auguste laconisme, actionnait en sous-main les protestations sur l'injustice qui lui était faite par le « sicaire de l'oligarchie britannique » occupé à le « tuer à coups d'épingle ». Lui qui prônait en tout le mépris des humiliations et des offenses – « Les plaintes sont en dessous de mon caractère : j'ordonne ou je me tais » –, il n'a cessé d'adresser ses griefs à l'Angleterre, prenant à témoin le monde et la postérité des conditions de sa relégation.

Chez un homme tout politique, habité par les principes de la stratégie, ce n'était évidemment pas sans arrière-pensée. Il avait suffisamment vécu à la dure dans des huttes, partageant la gamelle du grenadier et sa botte de paille, pour ne pas souffrir exagérément de l'inconfort de Longwood.

Il s'efforce d'effacer l'image du monarque, la toute-puissance de l'Empereur vêtu d'hermine, pour que la postérité ne retienne que le petit tondu vêtu de sa redingote verte de colonel de la Garde et de son chapeau en castor. Il veut qu'on le considère désormais comme le petit qui s'est hissé à l'égal des grands, l'homme du peuple détenteur des principes sacrés de la Révolution que les monarchies ont voulu abattre comme un intrus.

Cette image n'aurait pu être durablement enregistrée par l'opinion si elle n'avait pas contenu un grand fond de vérité. Vérité politique, vérité humaine : aucun monarque n'a été plus proche du peuple – sinon Henri IV –, de ses soldats qu'il chérissait comme s'ils étaient sa véritable famille. Il suffisait pour s'en convaincre d'ouvrir ses oreilles : partout en France, le soir, à la veillée, un grognard, un officier, mis en demi-solde et exilé de Paris sur l'ordre du gouvernement de Louis XVIII racontait ses campagnes, ses victoires. Il était intarissable sur les gestes d'affection, de fraternité que l'Empereur témoignait au bivouac où il partageait le pain et les pommes de terre cuites sous la cendre. Ces demi-solde humiliés, blessés dans leur âme après l'avoir été dans leur corps, ne possédant plus rien que leur fierté et leur gloire, n'avaient plus qu'un dieu – la Révolution en liquidant les prêtres avait tué l'autre –, un dieu qu'il leur était arrivé de maudire dans les déserts de l'Égypte ou les plaines glacées de Russie, mais qui, désormais, était la meilleure part de leur vie, de leur jeunesse. Grâce à leurs mots maladroits, leurs histoires fabuleuses qui tenaient en haleine leurs auditeurs, ils créaient une légende qui, partie des paysans, allait faire rêver les écrivains frustrés de vivre dans un monde qui avait perdu son soleil.

Le travail des mots sur une société, d'abord, ne fut pas visible à l'œil nu. Il fut accéléré par la maladresse de Louis XVIII et de Charles X qui transformèrent chaque soldat porteur d'un morceau de la gloire nationale en exilé de Sainte-Hélène. Chacun d'eux pouvait, devant les humiliations de la Garde nationale, s'identifier au séquestré de Sainte-Hélène. Chacun avait sa manière d'exil ; chacun son Hudson Lowe ; chacun sa perfide Albion, sauf que, pour ces malheureux, c'était, ingrate, leur propre patrie.

Alors se produisit un phénomène véritablement chimique en matière politique et morale. Le bonapartisme cessa d'être une conviction banale, moutonnière, opportuniste. Il devint subversif. Comme si la poudre et le feu, d'où il était né, en imprégnaient l'idée même. Il devenait une secte noire dont les affiliés réchauffaient leur ferveur dans l'adversité ; une religion de catacombes, de secrets, de mots de passe, avec des adeptes prêts au martyre qui, par de mystérieux circuits, retrouvaient les anciennes voies désaffectées du christianisme, mais en laïcisant son messianisme et son espérance. Henri Heine, le grand poète allemand, le sentit aussitôt : « Sainte-Hélène sera le Saint Sépulcre où les peuples de l'Orient et de l'Occident viendront en pèlerinage et leur cœur se fortifiera par le grand souvenir du Christ temporel qui a souffert sous Hudson Lowe. »

Il manquait à cette religion une Bible, des Évangiles. Deux ans après la mort de l'Empereur, elle fait son apparition. Le *Mémorial de Sainte-Hélène* de Las Cases déchaîne les passions, réveille les culpabilités, stimule les ferveurs.

L'habile mémorialiste sert admirablement les desseins du grand mort : il réorchestre son calvaire et son existence en en faisant le drapeau du peuple en marche vers la liberté. L'image du despote laisse la place à celle d'un homme malheureux et compatissant, celle de l'ogre à un père de famille débonnaire, plein de mansuétude, qui pardonne à ceux qui l'ont offensé.

Ce livre, ce brûlot, pas un lecteur qui ne le lise sans que les larmes lui viennent aux yeux, pas un adolescent qui ne le chérisse sur son cœur comme un modèle d'existence, véritable antidote de la médiocrité. Il produit, dans la morne société de la Restauration, une extraordinaire fermentation des esprits. Les éditions se multiplient.

C'est alors que les écrivains s'en emparent. Toute la littérature du XIXe siècle va décliner à travers ses héros de roman des aventures calquées, inspirées par le grand homme qui a poussé le destin humain au-delà de ses limites. « Il faut être le Napoléon de quelque chose », proclame Balzac dont tous les héros puisent leur énergie dans son exemple. *La Comédie humaine*, elle-même si peu militaire dans son idéal, si civile dans ses héros, semble avoir tiré son feu, son ambition démesurée au volcan de Sainte-Hélène. Elle devient la Grande Armée du roman avec les Austerlitz de Rastignac et les Waterloo de Rubempré. Le critique Albert Thibaudet la retrouve même dans le style de Balzac qui « s'avance dans un piétinement de chevaux et d'hommes puissant et non musical. Et l'oreille elle-même reconnaît enfin que c'est la Grande Armée qui passe ».

Chateaubriand comprend, mais un peu tard, à la lecture du *Mémorial* qu'au lieu d'être le Tacite du tyran, il eût pu être l'Homère d'une formidable épopée moderne. La légende est en marche. Trop indépendant pour se laisser enfermer dans l'esprit de parti, très sensible à l'évolution des mentalités, il ne veut pas être le dernier à se convertir à cette nouvelle idolâtrie qu'il résume d'une phrase magnifique : « Après avoir subi le despotisme de sa personne, il nous fait subir le despotisme de sa mémoire. Vivant il a manqué le monde, mort il le possède. » Ses déconvenues avec Louis XVIII et le comte d'Artois ne sont sans doute pas étrangères à ce sensible revirement. Il valait mieux rêver les monarques que de les voir de près et mesurer l'ingratitude de ces deux grands infatués qui n'ont même pas pris la peine de lire *Le Génie du christianisme.* Un reproche qu'il ne peut pas faire à l'exilé de Sainte-Hélène qui a clamé son admiration à Gourgaud : « Chateaubriand a reçu de la nature le feu sacré : ses ouvrages l'attestent. Son style n'est pas celui de Racine, c'est celui du prophète. Si jamais il arrive au timon des affaires, il se peut qu'il s'égare tant d'autres y ont trouvé leur perte. Ce qui est certain, c'est que tout ce qui est grand et national doit convenir à son génie. » Des compliments qui, il l'avoue, « chatouillent de son cœur l'orgueilleuse faiblesse ».

Par amour-propre, par une paresseuse fidélité au boulet de la légitimité, Chateaubriand a laissé passer l'histoire. « Pourquoi ai-je été royaliste contre mon instinct, dans un temps où une véritable race de cour ne pouvait ni m'entendre ni me comprendre ? » Qu'à cela ne tienne, il entreprend la biographie du héros national qu'il va insérer dans ses *Mémoires* afin que les deux gloires, la sienne et celle de l'Empereur, soient tissées à jamais dans les pages d'un même livre. « Napoléon et moi », dit-il dans une justification de son rôle d'opposant. « Mon ouvrage *De Buonaparte et des Bourbons* a fait plus pour la monarchie qu'une armée de cent mille hommes. » Ce libelle, il doit maintenant regretter sinon de l'avoir écrit du moins de s'être laissé aller à des excès de plume du genre : « Napoléon est un faux grand homme », « Buonaparte n'a rien de français ni dans les mœurs ni dans le caractère », « Il a fait plus de mal au genre humain que tous les tyrans de Rome ensemble depuis Néron ». Outrance aussi son autoportrait en victime du despotisme : « menacé tous les six mois d'être fusillé, sabré, emprisonné, pour le reste de mes jours, je n'en faisais pas moins ce qui me semblait être mon devoir ». Le temps est venu pour lui d'admettre que le tyran, pour punition de son talent, ne lui a infligé comme prison perpétuelle que d'entrer à l'Académie française. Il y a pire geôle ! Désormais la boucle est bouclée : opposant à son pouvoir, il a fini par se rallier à sa gloire. Les deux hommes ont fini par se réconcilier au nom de leur croyance commune en leur survie dans la postérité. Une amnistie de tombeau à tombeau.

Stendhal, dans la ferveur de son admiration, renonce à une biographie de son grand homme, mais il inocule à Julien Sorel le poison du *Mémorial* ; Fabrice del Dongo est l'enfant des campagnes d'Italie. Vigny, Hugo surtout – « Napoléon domine l'horizon de son époque comme le Vésuve domine la baie de Naples » – s'enivrent des exploits de cet « homme miracle ».

Cela ne s'arrêtera plus. Dostoïevski n'a pas seulement mis un couteau dans la poche de Raskolnikov, mais aussi le *Mémorial*. Barrès s'enflamme à son tour. Puis Aragon. La littérature classique avait deux bibles : les Évangiles et Homère. Les écrivains romantiques ont choisi Napoléon comme inspirateur. Et comme la littérature en France est constitutive de la nation, celle-ci intègre Napoléon à la substance profonde de son être. Lui revendiquait d'être le peuple ; maintenant, par un phénomène de transsubstantiation, le peuple à son tour revendique d'être Napoléon.

VIII

15 décembre 1840

Il fait beau. Très froid. Quelques brumes dans le ciel. Toutes les boutiques sont fermées. Quelque chose d'étrange flotte sur Paris. Les hommes et les femmes se sont mis sur leur trente et un. La foule converge vers les Invalides, les soldats aussi. Il y a dans l'air une étrange gaieté, presque de l'allégresse. Partout, les drapeaux pavoisent ; place de la Concorde, des statues de figures héroïques en plâtre se dressent autour de la place. Sur l'esplanade des Invalides, on a construit d'immenses gradins. La foule des spectateurs les remplit et tape du pied sur les planches pour lutter contre le froid. Des nuages noirs chargés de neige traversent le ciel clair.

À midi, le canon de l'Hôtel des Invalides tonne. Traversant la Seine, une double rangée de grenadiers à cheval apparaît. Puis on voit luire des casques de la garde municipale. Ensuite, les lanciers au milieu de la fanfare et des tambours. Et le cortège s'avance : en tête, une mêlée de généraux et de maréchaux étincelants de décorations. On aperçoit le vieux général Bertrand, tout cassé.

Enfin, dans un tonnerre de coups de canon, le char funèbre qui ressemble à une montagne d'or. Une immense clameur retentit. Des maréchaux et des généraux tiennent les cordons du poêle impérial, suivi d'une délégation d'officiers venus de tous les départements.

Un cheval blanc couvert de crêpe violet figure symboliquement le cheval de l'Empereur. Il porte la selle de velours cramoisi du Premier consul à la bataille de Marengo.

Suivent les cinq cents marins de la *Belle-Poule*, le navire du prince de Joinville chargé de la translation des cendres de Sainte-Hélène.

Le char est surchargé d'un salmigondis de symboles impériaux : des abeilles, des aigles recouvertes de dorures et d'or. Sur le sarcophage, sont posés les insignes de l'Empereur : sa couronne, son épée, son sceptre, son manteau. Des drapeaux, trophées des victoires prestigieuses, flottent à l'arrière du char traîné par seize chevaux empanachés de plumes blanches.

Derrière le corbillard, suivent les domestiques de l'Empereur et les soldats de la Garde engoncés dans leurs vieux uniformes, vieillards ayant endossé leurs tenues militaires de jeunes hommes. Ils regardent la foule d'un regard fier et méprisant comme s'ils estimaient qu'eux seuls sont dignes d'être présents à cette cérémonie ; que cette foule, ces officiels ne sont composés que d'opportunistes, de renégats, de traîtres. À 3 heures, le cercueil est déposé dans la chapelle des Invalides. Le prince de Joinville dit au roi :

« Sire, je vous présente le corps de l'empereur Napoléon. »

Le roi lui répond :

« Je le reçois au nom de la France. »

Le *Requiem* de Mozart retentit sous les voûtes de l'église. Le vieux maréchal Moncey, perclus de rhumatismes, s'est fait porter aux funérailles qu'il a suivies sur une chaise roulante. Refusant de faire partie du cortège officiel, il a prié le ciel de lui accorder, dans sa maladie, assez de répit pour pouvoir être présent à ce moment qu'il a tant attendu. Tandis qu'on le reconduit chez lui, il murmure :

« Maintenant, rentrons mourir. »

La foule se disperse. Les cafés des alentours se remplissent. Les conversations vont leur train. Un événement vient de se passer dont on a du mal à mesurer la nature et l'ampleur. C'est comme si une bouffée d'émotion forte, venue du temps passé, venait d'être transportée intacte dans les cœurs. On rit trop fort. On boit trop. Des hommes ont les larmes aux yeux. Ils essuient leurs moustaches et reniflent en murmurant « crénom ».

Les tribunes démontées, la nuit enveloppe Paris, une nuit froide et claire. Un peu partout, des petits groupes se forment aux alentours de l'esplanade des Invalides et dans les jardins avoisinants. On reconnaît à leurs uniformes défraîchis les soldats de la vieille garde, des grenadiers. Ils tapent du pied sur le pavé pour se réchauffer. Ils retrouvent de vieux camarades, se tirent des bourrades dans les côtes. Certains sont encore vaillants, d'autres s'appuient sur des cannes. Il y a des manchots, des unijambistes. Ils n'en reviennent pas de se retrouver dans une circonstance qu'ils n'espéraient plus. Ç'aurait été idiot de mourir avant d'avoir vu ça. Quelle revanche ! Toutes les souffrances, les humiliations qu'ils ont vécues s'effacent, non pas celles du champ de bataille – ça, ce sont les bons souvenirs –, non, après, celles qu'ils ont essuyées comme demi-solde, comme rebuts de la société. Ces soldats, beaucoup d'entre eux ont monté la garde, la veille, avec d'autres compagnons d'armes au pont de Neuilly lorsque la *Belle-Poule* a accosté à Courbevoie. Jusque tard dans la nuit, devant des feux improvisés, en se frottant les mains, ils ont communié avec le passé.

Ce soir encore, ils se retrouvent. C'est comme s'ils ne pouvaient plus se quitter. Cette fraternité, c'est toute leur fortune, toute leur vie. Sans rien dire, ils refont les gestes d'autrefois : ils vont ramasser des morceaux de bois et des vieux papiers qu'ils posent sur les pelouses couvertes de givre, ils sortent quelques pommes de terre de leur besace et les voilà qui reconstituent leur bivouac. Enroulés dans leurs vieux manteaux, les flammes dansent sur leurs visages ridés, leurs yeux délavés par la vieillesse. Ils retrouvent dans ces feux ce qui leur manquait depuis si longtemps : une raison de vivre. Dommage que ce soit si tard, au moment de dévisser sa rondelle.

Ils parlent, ils parlent. Ils se répètent dix fois les mêmes choses. S'écoutent-ils même ? Par moins de dix degrés, ils se réchauffent simplement. Ils pensent à ceux qui y sont restés là-bas à Austerlitz, à Wagram, à la Bérézina, à ceux qui n'auront pas eu la chance de respirer à pleins poumons une journée comme celle-là.

Les conversations peu à peu s'éteignent comme les feux dont les braises continuent de rougeoyer dans la nuit. Certains se sont assoupis, enroulés dans leur manteau, à même le sol gelé. D'autres, assis, méditent comme s'ils continuaient de monter la garde. Plusieurs vont mourir. De froid, de bonheur. On retrouvera leurs corps gelés à côté des cendres de leur dernier bivouac.

IX

11 décembre 1969

Il fait froid. Il a neigé sur la morne campagne, cette Champagne pouilleuse, betteravière, déshéritée, qui n'a jamais produit aucun vin de fête ni aucune bulle de gaieté. Une DS noire à pneus cloutés, légendaire symbole du pouvoir ministériel, glisse sur la route enneigée comme le traîneau de l'Empereur à Smolensk. Elle s'arrête dans la cour d'une gentilhommière à tourelles sans style et sans charme. Un homme vêtu de noir, la mèche plaquée sur le front, le visage agité de tics, en descend. Il est aussitôt accueilli par un vieil homme voûté par le poids de l'histoire. Ils passent dans son cabinet de travail ; un feu brûle dans la cheminée. Malraux est chez de Gaulle. À la Boisserie. Mais, entre les deux hommes, il n'est pas question de détente. Depuis le début entre eux, ils jouent une partie serrée avec l'histoire. Pas question de mettre des pantoufles à la conversation, encore moins des serpentins de Noël qui, pourtant, approche. Aucun témoin : seulement un chat.

Mme de Gaulle passe la tête. Le déjeuner est servi. Deux bonnes en tablier blanc. Aucun tableau sur les murs. Aucun luxe. Des photos souvenirs.

Yvonne de Gaulle a sûrement le trac. Déjeuner avec Malraux l'impressionne. Elle craint de ne pas saisir tout ce qu'il dit, même si, avec son bon sens, elle pense que, chez cet obscur discoureur, il n'y a parfois rien à comprendre. C'est peut-être ça le génie, être le seul à pouvoir se comprendre. Son mari, lui, a l'art de déchiffrer les énigmes : il a même su comprendre la France. Prise entre les deux, elle sent poindre la panique. D'autant qu'elle n'a pas la ressource de se raccrocher aux phrases banales : on ne peut tout de même pas demander à Malraux s'il va aux sports d'hiver pour Noël. Il n'a pas vraiment de famille, pas de femme. Plus rien de normal.

Le Général, heureusement, n'a pas ce genre de préoccupation. Il va directement à l'essentiel. Au pic. Par la face nord.

« Où en êtes-vous avec l'Empereur ?

— Un très grand esprit et une assez petite âme », répond Malraux d'une voix sifflante.

La question ne vient pas par hasard : Malraux devait prononcer à Ajaccio un discours pour commémorer la naissance de l'Empereur tandis que le Général devait, aux Invalides, célébrer l'anniversaire du retour des cendres.

Tout cela a été envoyé aux oubliettes pour cause de référendum et de démission.

Malraux poursuit :

« Il me semble qu'il n'a jamais été en face de l'interrogation métaphysique ou, si vous préférez, religieuse. Lisez le *Mémorial*. On nous parle de ses superstitions comme si les plus grands esprits religieux n'avaient pas été superstitieux ! Mais sa religion, sa vraie religion, n'était sans doute pas très différente de celle de sa mère. Les grands conquérants sont rarement interrogés par le sens de la vie. Alexandre, César, Gengis, Timur… quand ils sont venus devant Dieu, je suppose qu'il les a tous envoyés au catéchisme. »

Mme de Gaulle grimace un sourire de politesse. Ça, elle a compris, mais elle n'aime pas tellement qu'on plaisante avec les affaires de la religion.

« Pour l'âme, il n'a pas eu le temps… Voyez à Sainte-Hélène…, dit le Général. Quand dit-il la phrase que j'ai citée : “Oui, c'est triste comme la grandeur” ?

— Quand il retrouve les Tuileries après l'île d'Elbe.

— Elle n'est pas d'une âme commune.

— C'est vrai. La spiritualité a toujours été étrangère à Napoléon, mais sa relation avec la vie n'est pas à Sainte-Hélène ce qu'elle était à Austerlitz.

— Et puis, dit le Général, chez les personnages historiques, le pouvoir de création légendaire – vous voyez ce que je veux dire ? – prend la place de l'âme.

— Qu'auriez-vous dit aux Invalides ?

— Il a laissé la France plus petite qu'il ne l'avait trouvée, soit ; mais une nation ne se définit pas ainsi. Pour la France, il devait exister. C'est comme Versailles : il fallait le faire. Ne marchandons pas la grandeur. »

Le Général se tait et reprend :

« Et puis, vous savez, le destin historique de Napoléon n'est pas le seul destin historique tissé de beaucoup d'erreurs.

— Tout homme de l'histoire rassemble ses armes avant de choisir celle qu'il emploiera, dit Malraux.

— Encore faut-il qu'il choisisse. Napoléon n'a pas su choisir entre le généralissime et l'empereur. Avant Leipzig, il a passé des heures à signer des décrets. Et, pourtant, son armée n'était plus l'armée française. Comment les choses commencent-elles ? Comment basculent-elles ? Jusqu'en 1811, son génie ne faiblit pas. La composition de tous les efforts en un seul, l'obstination à doubler la mise, la passion du risque, c'est l'essence de la stratégie. Et, dans le combat, il sait comme aucun autre faire naître la rupture d'équilibre, l'exploiter aussitôt. Sa volonté ne subit l'éclipse ni dans le triomphe ni dans le désastre. La sérénité dans la peine est le premier don pour le commandement, dit Voltaire. Dans chaque destin historique, il y a le moment où tout commence. Tout a commencé à Lodi. »

Il poursuit :

« Mais Napoléon prétend toujours forcer la fortune. Pourtant, les armes comme les choses ont des limites. À partir de 1813, à force de frapper, il avait brisé l'épée de la France. Quand la proportion est rompue entre le but et les moyens, les combinaisons du génie sont vaines. Ce qu'a fait le chef de guerre de la première partie de sa vie est admirablement prémédité. Tout ce qu'il a fait après la retraite de Russie a l'air d'une aventure. »

Malraux fait une drôle de comparaison.

« Joséphine Baker dit qu'il est plus facile de redevenir une star que de le devenir.

— À condition de ne pas se croire une star. Si Napoléon n'avait pas gagné tant de batailles, qui sait s'il ferait celle de Waterloo comme il l'a faite… Mais voyez comme les défaites ont peu atteint la gloire de Napoléon. Voyez la force de son nom, pas seulement pour les Français. Il remue les âmes. Vous connaissez son tombeau. Où avons-nous vu la foule sentir davantage le frisson de la grandeur ?

— Malgré l'indignation de Tolstoï. Après la défaite à Carcassonne, on a fait un énorme bûcher de tout : on est allé chercher un aigle dans une cage pour le brûler vivant sur le bûcher. »

De Gaulle murmure :

« Combien d'hommes sont dignes qu'on brûle un aigle parce qu'on les hait ? »

De Gaulle semble s'abîmer dans une méditation intérieure.

« Il a fait régner l'ambition sur la France. La Révolution avait été un conte fantastique ; il a transformé les conventionnels en préfets.

Professeur d'ambition, comme Barrès disait : professeur d'énergie. Mais beaucoup plus d'ambition que d'énergie. »

On a desservi les assiettes à soupe. Les bonnes au tablier blanc empesé servent le sauté de veau et les pommes de terre. Le soleil qui se reflète sur le jardin couvert de neige inonde la nappe blanche et incendie la carafe de bordeaux. Mme de Gaulle est rassurée. Elle s'attendait au pire avec Malraux : ce télescopage de Goya, de Picasso, des grottes de Lascaux et de Michel-Ange qui donne le tournis. Napoléon, c'est un sujet pour les garçons. Mais on peut suivre.

De Gaulle repique dans son sujet préféré. Napoléon, ça permet de parler de tout ce qu'il aime : l'armée, la France, la grandeur. Difficile de quitter un thème comme celui-là.

« Il ne s'agissait aucunement de la passion des grades et des honneurs, mais de l'espérance d'agir sur les grands événements. Mais je crois qu'il a conçu son destin, même à Sainte-Hélène, comme celui d'un individu extraordinaire. Pourtant, c'est peu de chose, un individu en face d'un peuple. »

Malraux l'interroge.

« Ses fervents, je voudrais comprendre pourquoi ils le créditent de ses victoires et ne le débitent pas de ses défaites.

— Il n'a pas toujours été à sa propre hauteur, je sais. Mais il a toujours eu contre lui les pantoufles. Ce n'est pas rien ! Et par qui a-t-il été aimé sinon par le peuple ? Je ne crois guère à la loi du nombre. Les passions collectives existent aussi dans les minorités. Je préfère les passions de la France à celles du Conseil économique ou de l'Académie française. Les corps constitués sont indispensables, mais les passions ne leur valent rien : ils les confondent avec la raison. Napoléon est devenu un homme de génie pour presque tous ses ennemis étrangers. Pour nous, je comprends : il affirme à la France qu'elle vaut mieux que ce qu'elle croit. Et nous, qu'avons-nous fait d'autre ? »

Il se tait et reprend.

« Aucune de ses batailles n'a l'importance de Rocroi. Maurice de Saxe qui n'a pas perdu un seul combat n'égale pas Napoléon qui a fini vaincu. Les victoires qui ne sont que des victoires ne mènent pas loin. Il faut qu'autre chose entre en jeu. Voyez-vous, la France lui est reconnaissante, sans bien le savoir, de ce qu'il a fait des Français. Croyez-moi, la France n'a pas oublié, quoi qu'elle en pense. En 1940, il disait aux Français avec moi qu'ils n'étaient pas ce qu'ils semblaient être. »

On sert de l'île flottante. La conversation vole vers d'autres sujets, forcément plus futiles. Malraux, à la stupeur de Mme de Gaulle, se lance dans une explication psychanalytique de *La Joconde*, expliquant qu'il est le seul portrait de femme auquel les fous s'identifient. Puis il passe en trombe à l'art grec et à la bataille de Salamine, à Jacky Kennedy, à Mao. De Gaulle, qui a l'habitude, laisse passer cette averse de mots, cette tourmente d'idées paradoxales et obscures qui forment l'idiosyncrasie de son génial ami.

Puis, tandis qu'on passe au salon, avec timidité, il l'interroge.

« Vous avez eu l'occasion d'assister aux grandes fêtes des hippies en Californie. La chose m'intéresse, figurez-vous ! Que veulent-ils réellement ? »

Les hippies – qui ont fait mai 68 ! –, c'est un peu comme si, après Waterloo, Napoléon interrogeait quelqu'un sur Wellington. C'est un drôle de mystère quelqu'un qui vous a vaincu !

L'après-midi a passé. Mme de Gaulle a repris son tricot abandonné sur un fauteuil. De Gaulle donne des signes de fatigue. Malraux, ivre de mots, ne sent pas qu'il est temps de prendre congé. Mais la nuit tombe tôt. Elle s'annonce au-dessus des champs de neige. La DS noire réapparaît dans la cour de la Boisserie. Malraux s'en va. De Gaulle salue son vieux compagnon. Ils ne se reverront plus. La DS noire disparaît dans le crépuscule. De Gaulle se remet devant sa table à jeux. Est-ce que cela se lit dans les cartes, la destinée ? Quelle est cette part qui chez certains hommes ne meurt jamais ? Le général murmure : « Nous allons – même quand nous mourons – vers la Vie. »

REMERCIEMENTS

Même si je me suis senti tenu de respecter scrupuleusement les faits, mon but en écrivant cet essai biographique n'était nullement de rivaliser avec l'histoire universitaire. Je ne crois donc pas utile de citer la liste des ouvrages que j'ai consultés. Quatre livres remarquables m'ont cependant aidé à nourrir mon travail et ma réflexion : l'*Histoire du Consulat et de l'Empire* de Louis Madelin, œuvre magistrale quasiment inégalée ; les *Études napoléoniennes* de Frédéric Masson ; le *Napoléon* de Jacques Bainville et bien sûr le *Dictionnaire Napoléon* de Jean Tulard, grand maître des études napoléoniennes. Je remercie également pour leur aide Mme Mireille Pastoureau, conservateur général de la bibliothèque de l'Institut de France ; Mme Sylvie Biet, conservateur en chef de la Fondation Thiers ; et Thierry Lentz, directeur de la Fondation Napoléon. Enfin je remercie Jean-Claude Lachnitt, vice-secrétaire général du jury de la Fondation Napoléon, qui m'a fait l'amitié de me prodiguer de précieux conseils.

BERNIS,
LE CARDINAL DES PLAISIRS

À Maurice Rheims

« Il avait l'art de dorloter l'amour. »
CASANOVA

« On dit que l'abbé de Bernis va ambassadeur à Venise. Je plains le procurateur de Saint-Marc s'il a une jolie femme. »
VOLTAIRE

« Ses actions imprudentes l'élevèrent : ses vues sages le perdirent. Il fut disgracié pour avoir parlé de paix. »
FRÉDÉRIC II

1

LA BIBLIOTHÈQUE DE QUASIMODO

C'est Venise qui m'a donné Bernis. J'avais enfin obtenu ce rendez-vous attendu depuis si longtemps. Je m'y rendis sous une petite pluie hargneuse d'avril qui douchait ma fièvre. J'éprouvais l'enthousiasme qui précède les grandes rencontres dont on pressent qu'elles vont changer notre vie. Dans l'austère bibliothèque Marciana sur la Piazzetta, face au palais des Doges, d'où Casanova avait pris une fameuse poudre d'escampette en faussant compagnie à ses geôliers de la terrible prison des Plombs, j'attendais devant une sorte de pupitre d'écolier l'ouvrage que j'avais commandé. Un étrange commissionnaire s'approcha de moi en claudiquant : ce bossu, qui semblait vivre dans les rayons des bibliothèques comme Quasimodo dans les tours de Notre-Dame, avait fini par ressembler aux incunables poussiéreux et dépenaillés qu'il fréquentait. Il posa devant moi un vieux livre. Je l'ouvris avec ferveur. Aussitôt la bibliothèque Marciana disparut ; Venise s'estompa. J'oubliai la solitude luxueuse et sinistre de la Locanda Cipriani à Torcello, où j'avais croisé le fantôme de Hemingway ; oubliée aussi la Pensione Seguso sur les Zattere, aux murs humides exsudant le salpêtre, derrière lesquels devait transir l'âme de Ruskin. Je quittai tout. Venise n'existait plus. Je plongeai au cœur d'un XVIIIe siècle voluptueux, intelligent, dévergondé, suivant les pas d'un jeune abbé pauvre, plein de feu, qui cherchait la gloire.

Bernis en donnait les clés. Ses Mémoires, le moins ecclésiastique des bréviaires pour un ambitieux, parsemés de maximes morales, de réflexions, pourraient en faire un anti-Machiavel. L'important pour lui n'est pas cette réussite carnivore, saignante, à tout prix, que prône le Florentin aux préceptes glacés, qui ne vise qu'au but, à la carrière, dût-elle être assaisonnée du cadavre des amis trahis, des femmes abusées, de la confiance et de l'honneur dûment malmenés ; non, le propos de Bernis n'est pas comment réussir, mais comment bien réussir, sans victimes inutiles, sans parjures ou vilenies superflus. C'est un projet d'homme simplement civilisé. Des principes que certains trouveront peut-être démodés. Bernis n'est pas fait pour eux.

Le cardinal s'adresse aux ambitieux de qualité, qui, bien que tenaillés par la passion du pouvoir, en ont une conception douce et sentimentale ; c'est le lieu où ils rêvent de rassembler harmonieusement les mouvements forts de leur âme : l'amour, la gloire, l'amitié. Il nous parle familièrement, du haut de son échec qui jette sur le pouvoir un halo mélancolique. Sa chute l'a humanisé. Il nous entretient, après une forte fièvre qui a mis sa raison en péril et a été bien près de l'emporter, avec une sagesse de convalescent. Il l'a échappé belle… Il a échoué. Mais pour un empire il n'échangerait pas sa place avec Choiseul, son ami-ennemi, qui, lui, a réussi. Ses qualités d'homme privé l'ont plus gêné que servi dans la vie publique : maniaque de la fidélité, obsédé par la grandeur de son pays, prêt à lui sacrifier ses intérêts et sa carrière, d'une honnêteté scrupuleuse à une époque où l'on trouvait commun, bourgeois, de payer ses dettes, il lui manquait la rapacité des arrivistes de haut vol. Il ne s'en est pas si mal trouvé : il s'est ménagé une position à part, un peu en marge, dans ces franges que délaissent les historiens mais qu'affectionnent les écrivains. Aussi occupe-t-il une petite place dans les livres d'histoire et un bastion légendaire dans la littérature. Bien qu'ayant renoncé très tôt à la carrière des lettres, après quelques recueils de poèmes dans le goût de Gresset, qui à eux seuls n'auraient pas suffi à installer durablement sa mémoire, les écrivains l'ont adopté comme l'un des plus séduisants héros du roman de la vie réelle. De son temps, Voltaire, Casanova, Vivant Denon lui parlaient déjà de pair à compagnon, et aucun d'entre eux n'avait pu lire ses passionnants Mémoires qui enchanteront, par leur ton libre, Barbey d'Aurevilly, Sainte-Beuve et bien sûr Roger Vailland.

L'Éloge du cardinal de Bernis de Roger Vailland, dans la collection « Libelles » de Jean-Claude Fasquelle, a fait beaucoup pour réactualiser son souvenir. L'auteur de *La Loi*, militant communiste, ayant appartenu dans sa jeunesse au mouvement du Grand Jeu avec Roger Gilbert-Lecomte et René Daumal, qui célébrait l'hindouisme, le yoga, l'éthéromanie et la roulette russe, apportait à Bernis la caution sulfureuse de l'avant-garde et les lecteurs syndiqués des comités d'entreprise étonnés sans doute de cette apologie par un des leurs d'un ministre du Bien-Aimé, qui avait fait deux papes et participé bien malgré lui à la dissolution de la Compagnie de Jésus.

Cet éloge par un marquis talon rouge du marxisme-léninisme, dont les provocations semblent aujourd'hui un peu outrées, on en aime le ton qui caracole, même si on ne souscrit pas à son anticléricalisme. Il a tendance à enrégimenter le cardinal du côté des athées, des libertins, de Valmont, du duc de Richelieu. On peut être un voluptueux sans être irréligieux ; on peut céder à la douce passion des femmes et rester un esprit libre sans blasphémer, cracher sur un crucifix et participer à des messes noires. Mais ce ne sont que de minces réserves, et je reste reconnaissant à Vailland de m'avoir fait découvrir Bernis.

À la bibliothèque Marciana où, sous le regard impatient de mon Quasimodo, je dévorais les Mémoires, je m'étais absenté durant des heures qui m'avaient semblé des secondes : j'avais fréquenté la cour de Louis XV, la marquise de Pompadour, les frères Pâris, le séduisant Choiseul, le comte d'Argenson, le sympathique et balourd comte de Marigny, le frère de la marquise, cette peste de Mme d'Estrades. Et puis à nouveau, j'étais à Venise, non dans ma Venise, dans celle de Bernis, à l'époque où le Conseil des Dix feignait de faire régner la terreur, où chaque jour, à quelques mètres de l'endroit où je me trouvais, les *confidenti*, les espions, ramassaient dans la Bocca di Leone, la gueule des deux lions en marbre qui défendaient l'entrée du palais des Doges, leur provende de dénonciations et de calomnies. C'était, bien éloignée de la ville mise en perce par les tour-opérateurs, la Venise glorieuse du *Bucentaure*, de Vivaldi, du carnaval qui durait six mois, des noces du doge et de la mer.

Je la quittai avec ce trésor : un nouvel ami. À Paris, je tentai de communiquer mon enthousiasme aux éditeurs qui me regardaient avec l'air de commisération qu'ils réservent à ces chercheurs de perles dont les découvertes sont vouées à des tirages dérisoires. Pourquoi republier Bernis dont les Mémoires somnolaient depuis l'édition en 1878 de Frédéric Masson dans les caves de la respectable maison Plon et Nourrit ? Il ne possédait pas les qualités littéraires du cardinal de Retz ; il n'avait pas la réputation sulfureuse de Casanova ; il révélait très peu de choses scandaleuses sur la marquise de Pompadour contrairement à Mme du Hausset. Enfin ses Mémoires avaient contre eux d'être un texte parfaitement authentique, auquel aucun mercenaire de la plume dans le genre de Soulavie n'avait mis la main pour y rajouter les ingrédients sexuels, les confidences apocryphes et autres racontars d'alcôve sans lesquels les productions du XVIIIe siècle paraissent fades, presque dénaturées. C'est là le paradoxe : à force de faux XVIIIe, le vrai semble trop sage. Après avoir pâti de son vivant de sa réputation d'auteur polisson, Bernis se voyait reprocher de n'être pas assez dévergondé. Les éditeurs se renvoyèrent la balle et je finis par me résigner à garder ce trésor pour moi seul.

Un jour, je vis apparaître devant moi Michel Mohrt au carrefour de la Croix-Rouge (là où avait habité chez un perruquier, plus de deux siècles plus tôt, mon jeune abbé impécunieux). Il m'aborda à la manière chaleureusement bourrue des cavaliers ; me fixant dans la lumière de ses yeux céruléens, il me convia sur un ton vigoureux à déjeuner chez lui pour le lendemain.

C'est chez Michel Mohrt, dans cet appartement de la rue du Cherche-Midi où chaque chaise Directoire a des allures graciles et haut perchées de hérons et de flamants roses que je fus présenté à Simone Gallimard. Elle dirigeait le Mercure de France avec un mélange de poigne, de dilettantisme, de coups de cœur, de naïveté roublarde, de copinage, d'astuce, et surtout de bon sens, avec le désir d'aller, toujours contre vents et marées, vers la qualité ; elle ne voulait pas que le nom qu'elle portait, sans vanité mais avec orgueil, risquât de déroger. D'apparence futile, elle avait un fonds de sérieux, un entêtement de Bretonne, un flair de Mélisande pour découvrir un futur auteur, un enthousiasme formidable pour le talent, une force de conviction auprès des journalistes.

Les choses avec elle se déroulèrent comme dans un rêve. À un moment où un ange passait dans la conversation, j'avançai le nom de Bernis. Elle le saisit au vol. Michel Mohrt maugréa un avis favorable. Et dès lors tous les obstacles disparurent : deux mois plus tard le texte méconnu des Mémoires paraissait au Mercure de France dans la prestigieuse collection « Le Temps retrouvé ». Simone Gallimard m'en confia la préface. C'était il y a vingt ans.

Je m'étais promis de consacrer au cardinal de Bernis une biographie, dans les heures lentes et inoccupées de l'âge canonique, quand on commence à emprunter le chemin du renoncement ; on ne va plus au bureau ; la question des femmes a perdu de son actualité ; l'ambition ne vous tourmente plus. J'ai avancé ce délai : j'ai offert à Bernis des heures encore vertes.

2

UN MOT QUI FAIT FUREUR

Un jeune homme d'une belle stature, les joues rebondies, le teint rose, l'œil ardent. Il a un sourire irrésistible, de belles manières, de l'esprit comme quatre, tout ce qu'il faut pour réussir auprès des femmes, donc pour réussir tout court dans ce siècle qu'elles mènent par le bout du nez. Son petit collet d'abbé ne lui donne pas l'air ecclésiastique, c'est une livrée qu'on s'est habitué à voir si souvent dans les allées du pouvoir et à la porte de tant d'alcôves, qu'on n'y prête presque pas attention. Il aurait d'ailleurs plutôt le maintien décidé d'un militaire que l'onctuosité des futurs prélats. On est à Versailles, au château, en 1741. Il fait antichambre, on le regarde, on l'épie, on le guette car cette pièce ouvre sur ce dont rêve un ambitieux : l'argent, le pouvoir, les places et tout ce qui va avec. Derrière cette porte à double battant, protégée par deux laquais, se tient l'un des hommes les plus redoutés de France, le cardinal de Fleury. Dans ce bureau tout se décide ; là les faibles volontés du roi sont interprétées, retardées, ajustées ou subtilement paralysées. Impossible d'éviter ce centre nerveux des décisions. Ceux qui ont voulu le contourner s'y sont cassé les dents. Leurs sollicitations dorment dans les limbes des ministères.

François Joachim de Pierre de Bernis attend que la porte s'ouvre. Son destin en dépend. Car ce jeune abbé a des ambitions. Il sait les cacher. Mais elles lui étreignent le cœur. Ce n'est pas drôle d'avoir plus de vingt ans, de plaire à tant de jolies femmes, d'être la coqueluche des salons, l'habitué des soupers les plus huppés et de n'avoir pas un louis, pas un sou, pas un liard en poche, d'avoir des habits usés qu'on doit parfois à la générosité de ses protecteurs. Il lui arrive de rentrer à pied le soir au sortir des fêtes les plus magnifiques et de s'en remettre à la bienveillance de ses prestigieuses connaissances pour payer son logis et son couvert. Cet aristocrate a l'âme fière et n'aime pas quêter les subsides. Il croit que son mérite doit être récompensé. Il veut obtenir cette justice du cardinal de Fleury dont la réputation de caractère intraitable donne du piquant à son attente. François de Bernis sent les yeux fixés sur lui, ces yeux avides des courtisans si sensibles à la météorologie des faveurs. La population désœuvrée et futile qui hante Versailles n'a d'autre occupation que le papotage, la flatterie, le dénigrement. C'est un bien curieux ballet de toutes les vanités aigries, de vieux combattants aux ambitions déçues, de rescapés des cabales avortées, de paresseux et d'hommes d'esprit sans emploi. Ils guettent dans l'antichambre du pouvoir pour y surprendre sur le vif un visage épanoui ou abattu, l'esquisse d'une victoire, les symptômes d'une défaite. Et celui qu'ils observent en ce moment est peut-être promis à des charges importantes, à des emplois fortunés, ou, comme la plupart des gens de sa sorte, à une fin de non-recevoir qui vous renvoie au lot commun : ceux qui sortent sans avoir rien obtenu.

La porte s'ouvre. Le jeune abbé est introduit dans le vaste bureau du Premier ministre du roi. Le cardinal de Fleury, vieillard toujours vif, assis à une petite table, un grand chapeau sur la tête, l'accueille d'une manière brusque en songeant peut-être que l'amabilité ou trop de courtoisie l'éloignerait de ce modèle d'intransigeance qu'il copie sans plus s'en rendre compte : il se prend tout simplement pour Richelieu. Sec, impatient, il ne perd pas de temps en préambules. Il ne déteste pas susciter chez ses visiteurs un sentiment de crainte. C'est ainsi qu'il éprouve son immense pouvoir. À quatre-vingt-huit ans, ce sont les derniers plaisirs qu'on peut se donner. Peut-être est-il un peu agacé de ne pas sentir chez son visiteur l'air démuni, offert, le regard inquiet des quémandeurs, le maintien engoncé par la timidité : le jeune homme évolue avec grâce et arbore le sourire que l'on réserve à un égal. Il a ce fameux ton du monde que le vieillard exècre particulièrement chez les jeunes abbés. Il y décerne la désinvolture propre aux poètes, rimailleurs, écrivains qu'il fréquente à l'Académie. N'a-t-il pas écrit des poèmes qui fleurent la licence, l'alcôve, et qui ont porté jusqu'à lui sa réputation d'homme léger, aux convictions religieuses évanescentes. Ironie du sort, le vieux cardinal ignore qu'un jour ce jeune abbé occupera sa place.

Bernis, dans ses Mémoires, relatera cet entretien qui devait établir sa réputation d'homme d'esprit, face à l'intraitable Premier ministre : « En m'entendant nommer, il me salua, et me dit en branlant un peu la tête : "Ah ! Ah !" Je m'avançai avec une contenance modeste, mais assurée, et je lui dis : "Monseigneur, tant que j'ai été dans l'âge de l'enfance, j'ai respecté les préjugés de Votre Éminence ; je suis aujourd'hui dans l'âge d'essayer de les détruire, l'honneur même m'en fait un devoir ; je viens demander à Votre Éminence comment, si jeune, j'ai pu démériter au point de déplaire au roi. De quoi suis-je accusé ? Ai-je manqué à la religion, à mon devoir de sujet, ou à la probité... ? — Monsieur, interrompit le cardinal, vous le prenez là sur un ton bien grave : on ne vous reproche rien qui attaque les principes. Mais vous n'avez point de vocation. — Vous me rassurez, répondis-je, Dieu seul lit dans les cœurs ; et puisque Votre Éminence n'a rien d'essentiel à me reprocher, j'ose réclamer les bontés dont elle honore mon père : si je ne suis coupable, Monseigneur, que des étourderies de jeunesse, je vous en apprendrai plus qu'on ne vous en a dit, et je ne croirai pas me faire tort dans votre esprit : tout le monde a été jeune : aussi je supplie Votre Éminence de venir à mon secours..." Je vis vers la fin de ma harangue que le front du cardinal s'obscurcissait ; il m'interrompit avec humeur, et me dit avec dureté : "Oh ! Monsieur, tant que je vivrai, vous n'aurez point de bénéfices. — Eh bien, Monseigneur, j'attendrai", répondis-je, en lui faisant une profonde révérence[1]. »

Ce *j'attendrai* assura à Bernis une réputation d'homme d'esprit. Au XVIIIe siècle, cela ouvrait toutes les portes. Le vieux cardinal, ayant savouré la repartie impertinente, la divulgua. Tous ceux qui avaient à se plaindre – ils étaient nombreux – des rigueurs du Premier ministre firent du jeune abbé une manière de héros. On était curieux de voir un homme qui avait donné un coup de patte à un ministre absolu. On le fêta, on l'applaudit, on le caressa de mille façons. Quant à lui, il dut encaisser cette rebuffade avec le sourire qui lui tenait lieu de viatique. Sa situation était presque désespérée. Son appui principal se dérobait ; sans argent, couvert de dettes, il était condamné à vivoter.

1. Mémoires du cardinal de Bernis.

Comme dans toutes les circonstances graves de son existence, il réfléchit froidement à la situation. Si sa position financière était fâcheuse, ses espoirs de carrière ecclésiastique très incertains, il lui restait à établir solidement ses avantages : des amis fidèles et prestigieux, des femmes dévouées, une excellente image mondaine et, comme poète, une réputation d'écrivain léger, facile, à la lisière de la licence, d'habile faiseur d'épigrammes et de suaves élégies. C'est à de tels signes que l'on mesure le chamboulement du XVIIIe siècle. Le descendant des comtes de Toulouse, dont le rigoureux Moreri faisait remonter la généalogie aux premières croisades, apparenté aux familles les plus illustres, se voyait obligé d'emprunter l'aléatoire métier des lettres comme un vulgaire abbé Prévost.

Cette carrière des lettres devenue sa seule issue, le jeune abbé décida, faute de mieux, d'en tirer, tous les bénéfices possibles. Il rimailla jusqu'à épuiser les ressources de son imagination et celles des imprimeurs. Et le temps qu'il ne consacrait pas à la poésie, il le dilapida auprès des femmes et de ses amis, qui constituaient son seul capital. La poésie, une vocation ? Plutôt un divertissement agréable au service de son ambition. Plus tard, il dira en parlant de ses vers : « C'était mon bâton pour franchir les fossés. »

3

CONTRE MAUVAISE FORTUNE BON CŒUR

C'est bien beau de faire rire aux dépens de ses malheurs ; dans la solitude l'esprit a un goût amer et ne nourrit pas son homme. S'en revenant à son logis, chez le perruquier de la place de la Croix-Rouge, à une portée d'eau bénite de ce séminaire de Saint-Sulpice où il a fait d'excellentes études mais a acquis une fâcheuse réputation d'esprit libre, François de Bernis en a gros sur le cœur. Il pense à son père, à sa famille qui ont placé en lui leurs espoirs et leur confiance. Ils doivent se lamenter devant ce brillant sujet incapable de se faire une place, n'ayant de réputation que dans la chronique galante ou littéraire. On doit être maussade à Saint-Marcel, dans cet austère village du Vivarais, blotti contre son château lui-même arc-bouté, faisant le dos rond pour se protéger du mistral qui scie les oreilles et les nerfs. De la terrasse, au loin, on voit le Rhône et Pont-Saint-Esprit.

Le château vu de l'extérieur n'a pas dû beaucoup changer depuis la jeunesse de Bernis. Même si le mobilier a été dispersé au gré des pillages et des successions, si la rigueur des temps a dépeuplé le lieu de ses servantes, couturiers, palefreniers, maréchal-ferrant, cuisinières, valets, qui animaient les couloirs, frais dans la canicule, glacés en hiver, ce château a belle allure. De grands salons, des boudoirs, dont l'ombre l'été est propice à la rêverie, des caves voûtées où apparaissent les fondations de l'ancien château fort familial, un parc à la française, des vergers, des vignes.

La châtelaine d'aujourd'hui, Carmen de Zayas, descendante des Bernis par sa grand-mère maternelle, et dont la mère est née d'Harcourt, affronte l'époque moderne et ses vicissitudes avec la même vaillance dont sa demeure a fait preuve face aux révolutions, aux dévastations, aux envahisseurs. Elle vit seule avec son fils. Sans personnel de maison, elle subvient à tout, armée du fatalisme des aristocrates qui sont conscients d'appartenir de toute façon à l'histoire, quels que soient les accidents pécuniaires qu'ils subissent. Le verbe haut, la cordialité espagnole, Carmen de Zayas ignore superbement l'absence de chauffage central avec la même équanimité qu'elle opposerait à la fortune, si d'aventure celle-ci tombait du ciel. De ces ancêtres croisés, les Pierre de Bernis, elle a hérité un caractère rude, peu compréhensif aux maraudeurs tentés de dérober les objets rescapés des temps prospères. Ne lésinant pas sur les moyens, elle a acquis une mitraillette Kalachnikov, dont elle ne s'est séparée à regret qu'à cause de ses petits-enfants. Mais elle demeure parfaitement outillée pour décourager l'intrépide cambrioleur qui se risquerait au château. Les gendarmes de Saint-Andéol ont d'ailleurs surnommé cette championne de l'autodéfense « Ma Dalton ».

C'est dans ce vaste château, sans grandes ressources, où il est né le 22 mai 1715, que François de Bernis a passé son enfance et a forgé ses ambitions. Un père austère, à l'affection parcimonieuse, ennemi des effusions, qui fait penser au futur père de Chateaubriand. Ruiné, ayant gardé le ton du monde dans sa retraite « gai chez les autres, de mauvaise humeur chez lui », il traite durement ses filles et ses fils et leur refuse aide et subsides. Une mère qui a de l'esprit et du goût pour les lettres. Le jeune François vit au contact de la nature, des paysans et de leurs superstitions. Il en gardera une attirance pour les voyantes et les cartomanciennes : « J'ai plus craint, pendant vingt ans de ma vie, les morts que les vivants. » Il est abandonné à des précepteurs médiocres et à des femmes de chambre qui exciteront ses sens et éveilleront sa sensualité. Témoin ce curieux aveu qui apparaît dans ses Mémoires : « Rien n'est plus dangereux pour les mœurs et peut-être pour la santé que de laisser les enfants trop longtemps sous la tutelle des femmes de chambre ou même de la société des demoiselles élevées dans les châteaux [...] les plus sages d'entre elles ne sont pas toujours les moins dangereuses. On ose avec un enfant ce qu'on aurait honte de risquer avec un jeune homme. J'ai eu besoin de tous les sentiments de piété que ma mère avait gravés dans mon âme pour préserver ma jeunesse d'une trop grande corruption de mœurs. »

Il ne faut pas prendre au pied de la lettre le commentaire un brin moralisateur de Bernis. Peut-être même doit-on le lire comme une antiphrase – ce sera souvent le cas d'un certain nombre de passages des Mémoires touchant à sa vie privée. N'oublions pas qu'il a dicté ce texte à sa nièce pendant son exil à Vic-sur-Aisne pour l'édification de sa famille. Il n'y apparaît jamais prude, ni moralisateur mais il a souvent le souci de désarmer ceux qui, dans l'avenir, voudraient souligner ses frasques. En réalité il faudrait ajouter : « C'est là que j'ai contracté le goût des femmes et des voluptés que j'ai poursuivies toute ma vie. »

Avec l'amour de la nature, son autre penchant, c'est la lecture. Sa mère l'y encourage. Elle a pour lui les attentions qu'on réserve à un enfant un peu chétif – sa naissance a d'ailleurs failli lui coûter la vie. Elle lui récite des poèmes qui frappent sa jeune oreille par leur mélodie. Bientôt les rimes viendront sous la plume du jeune garçon aussi facilement que la prose. Il lit Ronsard dans un volume qu'il cache sous son lit et s'enivre de parfums mythologiques et d'évocations lascives. Puis il est livré aux précepteurs : un excellent éducateur d'abord, un nommé Lejeune, auquel il devra de bons principes en langue latine, puis un séminariste sadique et illuminé qui le contraint à des macérations et à des disciplines de trappiste. On le renvoie et il est remplacé par d'autres précepteurs aussi mauvais, tous adeptes du coup de verge dont Bernis demeurera un adversaire résolu. Après une correction particulièrement sévère, n'y tenant plus, il cherche même dans un ouvrage de sciences occultes,

Le Comte de Gabalis, un appui auprès des puissances de l'enfer pour faire disparaître son tortionnaire. Mais c'est lui-même que ses invocations aux anges des ténèbres terrorisent. Elles le guérissent à jamais d'avoir recours à ce genre de pratique.

À dix ans, on l'envoie au collège voisin de Bourg-Saint-Andéol, tenu par des barnabites. Il y est vite premier de sa classe grâce à une méthode qu'il emploiera ensuite pendant toutes ses études : la stimulation par l'amour-propre. « Toutes les fois que, dans le cours de mes études, je trouvais des égaux, des rivaux et des supérieurs, je travaillais sans relâche nuit et jour, jusqu'à ce que je fusse parvenu à les mettre derrière moi ; alors satisfait d'avoir la première place, je me contentais de la conserver par un travail facile, sans m'occuper d'en mériter une plus élevée. »

Un jour, n'ayant plus d'espoir d'obtenir la croix de Malte, qui mène à la carrière militaire, sur un coup de tête, il opte pour celle des évêques. À quoi tient le destin ! Cette foucade va l'entraîner dans la carrière ecclésiastique. À douze ans, il est tonsuré ; à quatorze, son père l'envoie au collège des jésuites de Paris avec pour tout bagage des paroles qui se gravent à jamais dans son âme : « Mon fils, vous allez dans un pays où j'ai beaucoup vécu ; je ne vous y serai pas inutile encore. J'aurais bien voulu vous y conduire, mais je suis trop vieux. Souvenez-vous que, dans ce pays-là, vous trouverez beaucoup d'égaux et un grand nombre de supérieurs. Faites-vous aimer des premiers, et ne soyez jamais familier avec les autres : sachez les respecter, mais ne soyez jamais leur complaisant. Apprenez à obéir, mais souvenez-vous que vous n'êtes pas fait pour être le valet de personne. Si la crainte de Dieu ne vous éloigne pas du commerce des femmes, craignez au moins d'y perdre votre santé. »

Grâce à une recommandation du cardinal de Fleury, auquel son père a été lié dans sa jeunesse, François de Bernis est accepté au collège de Clermont, futur lycée Louis-le-Grand, en août 1729. À force d'obstination, il est admis en rhétorique. On se moque de son accent languedocien. En trois mois, en multipliant les exercices, il le perd et gagne les premières places. Là sous la férule du père Porée et du père La Santé, il poursuit d'excellentes humanités, sachant se faire apprécier de ses camarades plus fortunés et de ses professeurs. Il lie connaissance avec le fameux père de Tournemine, ami de Voltaire et des philosophes avec lesquels il discutait âprement sans parvenir à les convertir. Il achève sa classe de rhétorique par un coup d'éclat : un discours latin dans lequel il essaie de prouver combien l'éloquence est au-dessus de la philosophie. L'orateur obtient un grand succès mais provoque une dispute générale. De son expérience, il conservera une profonde reconnaissance envers les jésuites qui regardèrent cet élève comme un des meilleurs produits de leur éducation.

Au séminaire de Saint-Sulpice, les choses vont se gâter. Toujours brillant, appliqué, respectueux, Bernis révèle les premiers symptômes d'une liberté de penser qui, en lui assurant une réputation de lettré, de bel esprit, lui ouvrira les portes du monde mais va nuire à sa carrière dans l'Église. On ne décèle chez lui aucune vocation religieuse. Il est vrai qu'après une crise intense de mysticisme, excitée par des privations volontaires, des abstinences, où il a approché l'exaltation enflammée des saints, son bon sens l'a vite ramené à la raison. Ces divagations résultaient en réalité d'un vif besoin d'amour, propre à son âge et à son tempérament. Le mysticisme ne sera plus jamais son fort. Il ne cherche ni à s'en faire gloire, ni à camoufler ses doutes, s'il en a, sous des mômeries. Il n'est dans ce domaine ni arrogant ni dissimulé. Comme à son habitude, il ne prend pas les choses au tragique, certain que Dieu, à l'image de ses meilleurs ministres, est certainement quelqu'un avec lequel on peut trouver des accommodements. Mais une vie dissolue peut être compatible avec une foi sincère.

Le supérieur général du séminaire, l'abbé Couturier, à qui le cardinal de Fleury accorde sa confiance dans le choix des carrières religieuses, apprécie le jeune homme mais craint qu'avec tant d'intelligence il se montre trop indépendant. Bref, il préfère donner leur chance à des sots, à des cagots, et lui barre la route des promotions tout en l'assurant de son estime et de ses meilleurs sentiments. Il l'invite à aller voir sa famille en Languedoc en lui faisant la promesse de l'accepter à son retour. Bien sûr il ne tiendra pas parole. D'atermoiements en manœuvres dilatoires, il offre au jeune Bernis un beau spécimen de duplicité ecclésiastique. Mais celui-ci, méfiant, a prévu le coup.

Première époque vraiment noire. Logeant au collège de Bourgogne dans l'attente d'un hypothétique retour au séminaire ou d'une abbaye, il apprend bientôt que le cardinal de Fleury est décidé à ne rien lui accorder. Le prélat en a averti sa famille, qui en manière de rétorsion lui coupe les vivres. Du même coup, les parents et les amis qu'il voyait à Paris ferment leurs portes à ce garçon de dix-neuf ans sans avenir, dont on répète qu'il a gâché ses chances par son esprit frondeur et ses mœurs sans piété.

C'est dans ce genre de circonstances que Bernis nous plaît. Il tire le meilleur parti de l'adversité. Il ne se plaint pas, ne gémit pas, ne fait de reproches à personne. Il se forge le caractère, et son esprit lucide élabore des plans pour se sortir d'affaire. Sa traversée du désert sera longue. Mais il s'arme de patience et résiste à la mélancolie, au désespoir. Ce n'est pas un esprit chagrin. Pour survivre, il tente de jouer avec les seules cartes qu'il ait en main : son esprit, son talent littéraire, sa réputation, son nom : « J'ai su toute ma vie mieux qu'un autre apprécier le mérite fortuit de la naissance. » Il adopte, face aux circonstances défavorables, une disposition enjouée et positive qui lui gagne toutes les amitiés : « Ma situation m'humiliait, j'en dévorais l'amertume ; mais je savais bien qu'un visage triste intéresse peu de temps et fatigue bientôt. J'eus donc la force de garder mes chagrins pour moi, et de ne faire briller aux yeux des autres que mon imagination et ma gaieté. »

Grâce à la littérature, considérée comme un agrément providentiel et lucratif, il ne sombre pas : au contraire il se maintient dans un monde où confluent les gens de lettres et la meilleure société. Cette société intermédiaire gouvernée par les femmes, qui pousse ses racines dans les domaines les plus variés, des plus futiles aux plus sérieux, la mode, la galanterie, les idées, la politique, c'est celle des salons. Bernis va y faire des ravages. Faute de mieux.

4

UNE DÉLICIEUSE SALLE D'ATTENTE

Provincial sans vraies relations, abbé sans bénéfices ecclésiastiques, n'ayant pour tout bagage qu'un nom, sa bonne mine et de la gaieté, Bernis part à la conquête des salons. Dans ce domaine, son coup d'essai est un coup de maître : le premier qu'il fréquente, celui de la duchesse du Maine à Sceaux, éclipse tous les autres par son prestige. Modèle des salons qui vont fleurir et se multiplier tout au long du XVIIIe siècle, il sera beaucoup imité. Quand on a le bonheur d'y être apprécié, on n'a aucun mal à être reçu partout ailleurs. Pour y pénétrer, il faut être parrainé, avoir un introducteur. Le jeune abbé nécessiteux a eu la chance de plaire à un de ses parents éloignés, le cardinal Melchior de Polignac. Fin politique, érudit, ancien ambassadeur, courtisan jusqu'au bout des ongles, le vieux cardinal – il a soixante-quinze ans lorsque Bernis fait sa connaissance – se prend d'affection pour ce jeune homme en qui il retrouve, en plus d'une vocation ecclésiastique hasardeuse, à la fois sa jeunesse, ses ambitions, son goût des lettres ; peut-être aussi devine-t-il chez lui quelques sympathiques faiblesses du côté du cœur. Amant de la duchesse du Maine, « par qui il s'était laissé aimer toute sa vie », il avait acquis toutes les connaissances et toutes les expériences. Personne ne pouvait être mieux placé que lui pour guider un jeune abbé ambitieux dans les dédales de la société et lui en éviter les embûches.

On sait à quel point les impressions de la vingtième année sont importantes. Nul doute que le jeune Bernis n'ait subi du vieux cardinal une influence marquante. Il a certainement rêvé de suivre ses traces et modelé selon ses conseils sa conception de la vie. C'est auprès de lui qu'il a contracté le goût de la chose publique et l'ambition d'entrer dans la diplomatie. Il y a tant de points communs entre leurs deux existences : la vie publique de Melchior de Polignac semble préfigurer celle de Bernis.

Il avait commencé sa carrière en Pologne, envoyé par Louis XIV comme ambassadeur extraordinaire. Nommé ensuite ministre plénipotentiaire à Utrecht, il s'était révélé un excellent négociateur. Il avait connu la disgrâce et l'exil : on l'avait soupçonné d'avoir trempé dans la fameuse conspiration de Cellamare ourdie par sa maîtresse, la duchesse du Maine, en 1718, avec l'aide de la cour d'Espagne, pour chasser le Régent et installer sur le trône son mari, le duc du Maine, bâtard légitimé de Louis XIV. Revenu en grâce par l'entremise du duc de Bourbon, on le retrouvait ministre à Rome où, pendant six années, il éblouit les Italiens par de magnifiques fêtes et par l'intérêt de ses recherches archéologiques. Ami du pape Alexandre VIII qui le tenait en particulière affection, celui-ci lui disait : « Je ne sais comment vous faites, vous paraissez toujours être de mon avis, et c'est moi qui finis par être du vôtre. » Élu à l'Académie française au fauteuil de Bossuet, nommé archevêque d'Auch, il s'était consacré à un poème fleuve qui ne fut publié qu'après sa mort, *L'Anti-Lucrèce*, qui comptait deux volumes et pas moins de dix mille vers. Cette réfutation de la philosophie d'Épicure passait pour assez indigeste. Mais l'homme recueillait tous les suffrages. On l'aimait, on l'adorait pour son esprit, sa culture, sa bonté. Dès l'âge de douze ans comme on le présentait à la fameuse courtisane Ninon de Lenclos, celle-ci avait émis un jugement prémonitoire : « Il aura un jour plus d'esprit qu'il ne lui en faudra et c'est bien dommage. » Mme de Sévigné, également subjuguée par son charme, écrivait : « C'est un des hommes du monde dont l'esprit me paraît le plus agréable, il sait tout, il parle de tout, il a toute la douceur, la vivacité, la complaisance qu'on peut souhaiter dans le commerce. »

Bernis, qui passait chaque jour deux heures à s'entretenir de politique et de littérature avec le vieux cardinal, n'a manqué aucune occasion de lui marquer sa reconnaissance : « C'était un dictionnaire universel, écrit-il, je dois à la confiance de cet homme célèbre et au plaisir qu'il avait de m'instruire une infinité de connaissances de détail qu'on ne trouve pas dans les livres. » Pourquoi cet homme si exceptionnel n'avait-il pas donné toute sa mesure comme homme d'État ? « Il ne lui a manqué pour être grand qu'un peu plus de nerfs dans le caractère », conclut-il. Avec l'âge le vieux cardinal devenu très bavard était prétexte aux moqueries. Voltaire, un jour qu'on le voyait levé dès l'aube et qu'on lui demandait où il allait, répondit : « Je vais entendre un monologue du cardinal de Polignac. » M. de Mairan, un bel esprit du temps, ami de Bernis, avait imaginé un tableau représentant le vieux cardinal assis dans un fauteuil avec une expression de profond ravissement, entouré d'une infinité d'oreilles : petites oreilles de femmes, grandes oreilles de philosophes, oreilles de théologiens ; et ce tableau s'intitulait *Le Paradis du cardinal de Polignac*.

La duchesse du Maine, petite-fille du grand Condé, est une personnalité tout aussi exceptionnelle que son amant le cardinal. Ce petit bout de femme d'une extraordinaire agilité d'esprit, remuante, intrigante, extravagante, réunit autour d'elle les esprits les plus remarquables du temps. Elle passe si facilement du sérieux à la bagatelle que son amie lady Sandwich dit d'elle : « Si madame la duchesse avait eu le sceptre du monde, elle aurait trouvé le moyen d'en faire un hochet. » C'est au château de Sceaux que Bernis rencontre le déjà vieux Fontenelle, Mme du Deffand, Montesquieu, le chancelier d'Aguesseau et deux hommes d'État qui vont faire sur lui une grande impression : Bolingbroke, le grand ministre et écrivain anglais qui a connu l'exil et que Voltaire porte aux nues : « J'ai trouvé dans cet illustre Anglais toute l'érudition de son pays, et toute la politesse du nôtre ; cet homme, qui toute sa vie a été plongé dans les plaisirs et dans les affaires, a pourtant trouvé le moyen de tout apprendre et de tout retenir », et Torcy, le neveu de Colbert qui, après une belle carrière dans la diplomatie, a été le ministre des Affaires étrangères de Louis XIV. Il se consacre à cette époque à ses Mémoires. Tous ces hommes que Bernis rencontre et admire ont réussi à mêler les plaisirs, parfois une vie amoureuse bien remplie, le service de l'État et le goût des lettres. Il retient la leçon.

Les salons attirent Bernis comme une phalène fascinée par la lumière. Difficile d'imaginer une plus délicieuse salle d'attente pour un ambitieux. Aristocratiques comme celui de la duchesse de Luynes ou bourgeois comme celui de Mme Geoffrin, les salons, par leur variété, les distractions qu'ils apportent, sont le paradis de l'agrément et des talents. L'intelligence, le génie, la beauté, l'originalité, le savoir-vivre y sont également prisés. À condition d'avoir de l'esprit, de bonnes manières, on vous tient quitte de tout, on peut s'amuser, s'instruire et recomposer une société meilleure en dénigrant allègrement celle dans laquelle on vit. Les arts s'y déploient avec une profusion aujourd'hui difficile à imaginer. Tout y est conçu pour charmer les yeux, les oreilles, les sens. Ce plaisir qui prend tant de masques, y compris celui des carnavals et des bals costumés, dissimule l'ennui d'une société atteinte d'une mystérieuse consomption. On s'enivre d'amour, de bons mots ; on se toque de nouveautés, d'originaux, d'écornifleurs, d'illusionnistes qui promettent la pierre philosophale ou l'eau de jouvence. On aime les irréguliers mais à condition qu'ils y mettent des formes. On adore les systèmes, la réforme, le progrès. On est très émotif et très peu sentimental. C'est le siècle du « tout est possible ». Paul Valéry évoque, dans sa préface aux *Lettres persanes*, les conditions de cette efflorescence des plaisirs : « L'individu recherche une époque tout agréable, ou il soit le plus libre et le plus aidé. Il la trouve vers le commencement de la fin d'un système social. Alors, entre l'ordre et le désordre, règne un moment délicieux. Tout le bien possible que procure l'arrangement des pouvoirs et des devoirs étant acquis, c'est maintenant que l'on peut jouir des premiers relâchements de ce système. Les institutions tiennent encore. Elles sont grandes et imposantes. Mais sans que rien de visible soit altéré en elles, elles n'ont guère plus que cette belle présence ; leurs vertus se sont toutes produites ; leur avenir est secrètement épuisé ; leur caractère n'est plus sacré ou bien il n'est plus que sacré ; la critique et le mépris les exténuent et les vident de toute valeur prochaine. Le corps social perd doucement son lendemain. C'est l'heure de la jouissance et de la consommation générale. » Le seul risque des salons, pour un ambitieux, c'est d'y laisser fondre ses résolutions dans la mollesse d'une existence suave et dissipée. Quand on se réveille, il est trop tard. La fête va se terminer. Qu'a-t-on fait de sa vie ?

Les salons tels qu'ils apparaissent dans les années 1740, un peu avant la naissance de l'*Encyclopédie*, sont un lieu de brassage social intense : les bourgeois s'efforcent d'acquérir les manières aristocratiques, et les aristocrates s'embourgeoisent. Ce sont les femmes qui les dirigent. Elles appartiennent de plus en plus à la bourgeoisie riche et l'art de vivre qu'elles diffusent est bourgeois. Elles ont mis des fanfreluches et des agréments douillets au grand style austère qui régnait dans les vastes salons hantés par les courants d'air de l'ancienne noblesse. Le siècle se mignardise, se dorlote ; ces hôtesses raffinées et ambitieuses vont mettre à la mode la toile de Jouy, les damas, tout un luxe de meubles, de tentures, de sofas qui épousent délicieusement l'échine et adaptent au raffinement de l'esprit, l'opulence et l'agrément des mœurs.

Pour montrer patte blanche dans les salons, il faut plaire à la maîtresse de maison : un talent, une belle figure, un nom, une réputation suffisent. À la condition d'être amusé, on n'y est pas très difficile sur le pedigree : Casanova qui s'est promu comte de Seingalt, Beaumarchais, le comte de Saint-Germain, Cagliostro auront leur entrée tout comme Jean-Jacques Rousseau, fils d'un horloger de Genève, et un grand nombre d'irréguliers d'un bien moindre talent. Les femmes ont introduit une nouvelle mode : penser. On joue à penser comme on jouait autrefois à colin-maillard, à la main chaude. Les amuseurs ont été remplacés par des philosophes, des savants : Voltaire, Diderot, d'Alembert apportent la matière première, les connaissances variées, que les maîtresses de maison assaisonnent.

Cela devait être un spectacle souvent passionnant et parfois un peu ridicule de voir ces femmes, entichées de leur philosophe comme d'un toutou, s'embarquer sans grand bagage dans des querelles savantes sur le molinisme, le quiétisme, la philosophie de Leibniz, le système de Hobbes. Certaines discussions devaient être cocasses. Mais ces femmes ont beau jouer les savantes, elles n'en oublient pas pour autant leurs préoccupations de cœur – de cœur d'artichaut même – et leur inguérissable frivolité. Bernis, qui ne fut jamais dupe de leurs manèges, s'amusait de leurs faiblesses : « Je ne veux pas laisser croire à la postérité que la marquise du Châtelet, tant chantée par Voltaire qui commentait Newton et Leibniz, fût un grave personnage ; je l'ai vue occuper des heures entière à ordonner des ajustements d'une robe et à mettre en mouvement une armée de pagodes dont son appartement était couvert. »

Ces bourgeoises policées, ambitieuses, obstinées, qui de plus en plus occupent le devant de la scène, ont modelé leur corps grâce au maître de ballet et comblé vaille que vaille les lacunes de leurs connaissances en se goinfrant d'indigestes traités sur les sciences et la morale. Elles ont acquis de l'esprit par tous les moyens auxquels il vient aux jeunes filles : des amants, des amis, des fréquentations choisies. Reines du siècle, elles vont imposer l'ordre, les valeurs et les agréments de la bourgeoisie avec un ton de caprice, mine de rien, comme en se jouant. Quant à leurs maris à qui elles doivent si souvent l'insouciance et la fortune, c'est à se demander s'ils existent. Leur maintien raide, gauche, l'air austère que donne la pratique des affaires, un changement de statut social trop rapide ne les prédisposent pas à acquérir ce ton du monde qui s'épanouit en feu d'artifices dans les maisons dont ils sont les banquiers honteux. Tout juste si on les accepte à la fête. Mme Geoffrin, à qui l'on demandait : « Qu'est-il arrivé à ce vieux monsieur qui se tenait toujours en bout de table et qui ne parlait jamais ? », répondit froidement : « C'était mon mari, il est mort. »

Insidieusement un poison est versé dans ces salons sans qu'on y prenne garde. La confrontation quotidienne entre des gens devant tout à leurs œuvres, grands financiers, écrivains, philosophes, et ceux qui ne doivent d'être ce qu'ils sont qu'à leur nom révèle soudain une évidence ravageuse : le mérite ouvre difficilement le droit à des carrières ; appartenir à une lignée aristocratique vous vaut tous les privilèges. Autrement dit, travailler à illustrer les arts et les métiers de son pays apporte moins de considération et de revenus que vivre désœuvré en tirant des rentes sur un patronyme qui au mieux s'est illustré à l'époque des croisades. Cette injustice ne frappe pas seulement les victimes de cet état de fait mais aussi nombre de ses bénéficiaires : ceux-ci sentent en eux une sourde honte, un malaise. Une injustice aussi patente ne peut durer bien longtemps. Les fondements de la société sont mal assurés sur leurs bases. Les plus avisés s'en moquent ; la majorité préfère se distraire, jouir de l'instant en priant un Dieu bien malmené auquel on ne croit plus guère, afin qu'Il vous épargne par un de ses miracles tant décriés par les philosophes. Là encore les salons agissent comme les révélateurs de l'esprit nouveau.

Bernis a vu tout de suite le parti qu'il pouvait en tirer. Ils réunissent ce qui fait pour lui l'intérêt de la vie : l'amitié, l'amour, les plaisirs, l'ambition. Cela ne l'empêche pas de se méfier de leur futilité et de leurs engouements. Il est toujours sur ses gardes. Affable mais critique vis-à-vis des hommes de lettres, il les fréquente sans se départir de sa prudence : « Le caractère essentiel et distinctif des gens de lettres, c'est l'amour-propre. C'est aussi ce qui rend quelquefois leur commerce fatigant et dangereux : fatigant parce qu'il faut se résoudre à les louer sans cesse, ou à les entendre se donner des louanges ; dangereux parce que la moindre égratignure faite à leur vanité allume leur haine, excite leur vengeance. Aussi je conseillerai toujours à un homme sensé de ne jamais se brouiller avec les auteurs, et d'éviter leur commerce. »

Le jeune Bernis des années 1740 ne se contente pas de conquérir les salons, il court les théâtres. Il voit *Zaïre* de Voltaire, les opéras de Lulli. « Je fus à peine sorti du séminaire que la tentation d'aller au théâtre me prit, et j'y succombai. La Comédie-Française attendrit mon cœur, l'opéra séduisit mes sens. Dès lors, il s'alluma en moi une passion si vive pour les spectacles que le plus grand sacrifice que j'aie fait dans ma vie a été d'y renoncer. La fréquentation des spectacles produisit en moi une espèce de révolutions d'idées et de sentiments d'où je dois conclure qu'elle est toujours dangereuse pour les jeunes gens. Je crois même que l'opéra ne doit être permis à aucun âge. »

Il omet de dire qu'il fréquente, tout autant, les coulisses que le spectacle, car il aime les actrices avec passion. Dommage que nous n'ayons sur ce chapitre rien à nous mettre sous la dent, hors des suppositions. Quels noms, quels visages d'actrices se dessinent sous cet aveu pudique : « Je passai trois mois dans le combat de l'innocence et des passions. » Dans les salons, son physique, sa prestance, son esprit séduisent. Il s'attache les cœurs des jolies femmes : « Je trouvai parmi elles beaucoup d'empressement et de préventions très favorables. Ce serait ici la place de l'histoire de mes erreurs, mais la peinture en serait peut-être plus dangereuse qu'utile. Heureux ceux qui n'éprouvent pas l'action de l'âme sur les sens, des sens sur l'âme ! Il est bien difficile d'être jeune et sage. » Faute d'aveux précis, on ne peut qu'imaginer des visages. Et on les imagine très bien.

Sa situation matérielle est toujours des plus médiocres. Une époque de vache enragée. Il vit de dettes, de travaux chez les libraires, notamment chez François Didot, rue Pavée, ainsi que de divers expédients. Sénac de Meilhan témoigne des aléas de son existence à la fois brillante et désargentée : « L'abbé dînait, soupait avec les plus grands seigneurs, et n'avait pas de quoi payer le soir une voiture. Il était dans une telle détresse, que M. de Ferriol, retiré de l'ambassade de Constantinople, lui prêtait les housses de ses mulets pour lui servir de couvertures ; enfin quand l'abbé allait souper en ville, on lui donnait trois livres en sortant pour lui payer son fiacre. »

5

LA SEULE FAIBLESSE D'UNE FEMME FIDÈLE

Louise Dupin était l'une des plus belles femmes de Paris et aussi la plus riche. Fille adultérine du financier Samuel Bernard, elle avait épousé à l'âge de dix-sept ans Claude Dupin, fermier général de quarante-deux ans, veuf, qui s'était rendu propriétaire de ce fameux hôtel Lambert, à la pointe de l'île Saint-Louis. Il avait également acquis le château de Chenonceaux. Son fils, né d'un premier mariage, Dupin de Francueil, épousera sur le tard Aurore, fille du maréchal de Saxe : de cette union naîtra Maurice Dupin, le père de George Sand.

Mme Dupin ne se contente pas d'être belle. Généreuse, nullement prude, gaie, avenante, sans prétention, elle n'est ni bas-bleu ni médisante. On ne lui connaît aucune liaison. C'est une perle. Seule la perfide Mme du Deffand lui trouve des défauts, mais on peut mettre sa sévérité sur le compte de la jalousie : « C'est la sublimité du galimatias que l'esprit de cette femme », écrit-elle entre autres amabilités. Elle est bien la seule à ne pas être sous le charme. Jean-Jacques Rousseau, dès qu'il lui est présenté, tombe éperdument amoureux d'elle : « Elle me reçut à sa toilette. Elle avait les bras nus, les cheveux épars, son peignoir mal arrangé. Ma pauvre tête n'y tint pas ; je me trouble, je m'égare et bref me voilà épris de Mme Dupin. » D'abord ce trouble ne le desservit pas, puisqu'il devint le précepteur de son beau-fils, mais il lui écrivit des déclarations si brûlantes et si compromettantes que les choses se gâtèrent, malgré la meilleure volonté de M. Dupin.

Aristocrates et écrivains fréquentent l'hôtel Lambert. On y croise Voltaire, Montesquieu, l'abbé de Mably, Fontenelle, Duclos, l'abbé de Saint-Pierre et bien sûr Mme de Tencin et son frère le cardinal, la duchesse de Mirepoix, la marquise du Châtelet, la princesse de Rohan. Ce sont deux hommes de lettres, le vieux Fontenelle et Mairan, qui introduiront Bernis chez Mme Dupin.

Bernis a vingt ans quand il la rencontre ; elle vingt-huit. Mariée depuis onze ans, elle a montré une vertu qui étonne dans des temps où l'infidélité conjugale est de bon ton, où l'on raille même ceux qui ne badinent pas avec les sacrements du mariage. Bernis trouve ce préjugé solidement installé dans le grand monde : « J'y trouvai établi qu'il était ridicule à un mari d'aimer sa femme et à une femme d'aimer son mari ; les mœurs à cet égard étaient si générales, que La Chaussée se crut permis d'attaquer ce préjugé dans une comédie qui eut du succès. La foi conjugale n'était alors une vertu que dans l'esprit de la bourgeoisie. Cette dépravation de mœurs n'est plus aujourd'hui si à la mode : on n'est peut-être pas plus sage mais on est plus décent. » D'ailleurs à cette époque, les femmes sortent ordinairement sans leurs maris et vont à des parties de plaisir sans se gêner. Comme l'écrit Crébillon fils : « Comme on s'est pris sans s'aimer, on se sépare sans se haïr, et l'on retire au moins du faible goût qu'on s'est inspiré l'avantage d'être toujours prêt à s'obliger. » Tous les Mémoires du temps s'accordent sur ce point et mille anecdotes l'attestent : Mme d'Oberkirk raconte l'histoire d'un duc dont la femme venait de faire scandale en prenant ostensiblement un amant et qui se plaint à sa belle-mère : « Celle-ci lui a répondu avec le plus grand sang-froid : Eh ! monsieur, vous faites bien du bruit pour peu de chose. Votre père était de bien meilleure compagnie. »

Sénac de Meilhan évoque, lui, ce mari qui autorisait à sa femme toutes les incartades : « Hors les princes et les laquais. Il était dans le vrai, ces deux extrêmes déshonorent par leur scandale. » Enfin on citait en exemple de bon ton et de sang-froid un mari qui surprenant sa femme dans les bras d'un amant s'exclamait : « Quelle imprudence, madame ! Si c'était un autre que moi ! »

Le cocufiage est donc un art majeur. Les liaisons hors mariage sont fréquentes. Toutes les femmes, quasiment, ont leur amant attitré – parfois deux comme Mme du Châtelet se partageant entre Voltaire et Saint-Lambert, cause de la grossesse funeste qui l'emporta. Tous deux la pleurent de conserve avec le marquis du Châtelet. Lauzun, connu, il est vrai, pour sa débauche, écrit ingénument : « J'étais d'une manière fort honnête et même recherchée avec Mme de Lauzun ; j'avais très publiquement Mme de Cambis dont je me souciais fort peu ; j'entretenais la petite Eugénie que j'aimais beaucoup. » La galanterie devient le passe-temps favori de ces dames. Elles y trouvent le piquant qui manque à leur existence oisive et fade. La galanterie ajoute de la fantaisie et du romanesque à ces soupers, ces bals, ces fêtes, ces spectacles qu'on joue et qu'on se joue pour fuir l'ennui dont la grande ombre plane sur le XVIIIe siècle. Comme si les ressources de l'amusement étaient épuisées, que la société dans son extrême raffinement arrivait à son terme : on a l'impression d'avoir tout compris, d'avoir connu tous les plaisirs et de n'avoir plus d'avenir. Étrange langueur qui perce sous la vie de fêtes, jetant les femmes dans les bras d'un amant, cette éternelle illusion d'un ailleurs.

Louise Dupin a beau avoir une vertu de Romaine, tout laisse supposer qu'elle a succombé au jeune abbé, plein d'esprit, discret comme un chanoine, avec lequel elle a de si fréquents entretiens. Il a tout pour lui plaire : sa jeunesse l'émeut, son dénuement orgueilleux l'apitoie ; son esprit a de la fantaisie ; de plus il est doué d'un caractère franc et honnête, et il montre un goût du secret qui la rassure. Non seulement il écrit de délicieux poèmes, mais il les lui consacre :

La finesse sans fausseté,
La sagesse sans pruderie,
L'enjouement sans étourderie,
Enfin la douce volupté
Et la touchante rêverie.

Un geste, un sourire, un regard,
Ce qui plaît sans peine et sans art,
Sans excès, sans airs, sans grimaces,
Sans gêne, et comme par hasard.

Louise ne peut pas mieux… tomber. Nul plus que le jeune abbé n'est digne de bénéficier de ses faveurs. Elle trouve dans la pauvreté du jeune homme, qu'elle allège de cadeaux, un motif pour émouvoir son cœur généreux. Bonne elle est, bonne elle restera, faisant sans cesse le bien autour d'elle, en cachette. Cette belle âme que l'esprit du monde n'a nullement abîmée découvre en Bernis un être vrai, au milieu d'une société frivole et frelatée ; instinctivement elle lui fait confiance ; elle passe des apartés aux confidences, puis aux aveux. Dans les tièdes soirées d'été du parc de Chenonceaux, alors qu'on entend au loin les mélodies que diffuse l'orchestre de trente musiciens entretenu par Dupin de Francueil, on abandonne par mégarde une main, un baiser vous fait frémir ; on voudrait s'enfuir ; déjà il est trop tard ; on s'abandonne au feu qui vous dévore.

Il faut croire que n'avoir eu qu'un seul amant était assez rare et original au XVIIIe siècle pour ne pas suffire à ternir une réputation. Du moins, c'est ce qu'on peut supposer, car si les familiers de Louise s'accordent à considérer Bernis comme son amant, personne cependant ne voit dans cette faiblesse un manquement à la fidélité conjugale. Mme de Tencin écrit à Louise des lettres qui en disent long ; il est vrai que la sœur du cardinal n'est pas précisément un prix de vertu : elle a accumulé les amants, du cardinal Dubois à Law en passant par Fontenelle – on dit même que cette ancienne chanoinesse défroquée a couché avec son frère : « Vous êtes une petite friponne, ma petite dame ; vous savez bien en votre conscience que cet abbé ne sera ni à moi ni à personne qu'autant que vous le voudrez. Le voilà attaché à votre char ; il est vrai que les chaînes sont de roses, ce sont cependant des chaînes, et je ne sais pas ce que dit la philosophie de voir un de ses plus chers nourrissons garrotté de cette sorte. Je n'ai pas besoin de vous vanter les douceurs de son commerce, vous le connaissez encore mieux que moi : il vous apprendra à maintenir votre âme en paix ; voilà une des grandes marques de sa bienfaisance, c'est à la lettre de rendre le bien pour le mal, puisque vous avez un peu troublé la tranquillité dont il avait toujours joui. »

Passés les premiers moments de son coup de cœur pour le jeune abbé, Louise dut avoir des remords. Son âme n'était plus en paix ; la jalousie, le feu de la passion la torturaient en secret. Cet écart la mettait en contradiction avec ses principes. D'ailleurs, chez elle, à l'hôtel Lambert ou à Chenonceaux, le sujet favori de la conversation était la difficulté de faire coexister l'amitié et l'amour. Elle prétendait que la passion et l'amour étaient nuisibles au bonheur, que seule l'amitié pouvait y conduire. Extrait des quinze cents textes que Louise dictera à Jean-Jacques Rousseau, un recueil, *Le Portefeuille de Mme Dupin*, contient un grand nombre d'aphorismes sur ces questions si légères et si graves ; des pensées qui expriment un délicat marivaudage ; on avoue les sentiments sans risque, on tente le diable en cachette. Ainsi écrit-elle : « L'amitié tendre va communément jusqu'à l'amour… et rarement l'amour s'élève jusqu'à l'amitié, il est enfermé dans son propre intérêt. » Ou bien : « Il n'y a dans le monde que de l'amitié et des désirs. » À quels recoins dissimulés des combles, à quels tiroirs cachés des salons du délicieux hôtel Lambert ou de Chenonceaux, Louise a-t-elle confié les aveux pleins de fièvre de Bernis ? Peut-être qu'un jour ces démonstrations d'amour et ces serments réapparaîtront dans un vieux coffre, à moins qu'ils n'aient pour toujours rejoint les cendres des cœurs qui les ont prodigués.

Bernis, lorsqu'il évoquera cet épisode délicieux de sa vie, et l'aimable femme qui aida ses commencements et l'aima de tout son bon cœur, aura des mots d'une dureté inhabituelle : « Mme Dupin qui a été fort jolie, et qui a toujours eu plus envie de penser qu'elle n'a pensé en effet, a travaillé dix ans de sa vie pour prouver que les hommes n'ont aucune supériorité, même corporelle, sur les femmes. Je ne crois pas que son ouvrage, s'il paraît jamais, change les idées reçues. » On s'attendrait à une autre épitaphe pour un tel amour. Le dépit, l'aigreur qu'on lit sous la plume du cardinal, qui écrit trente ans après leur rencontre, laissent entrevoir que cette liaison ne s'acheva pas en douceur. Il dut y avoir de part et d'autre des rancœurs, des tiraillements, des blessures trop longues à guérir. N'est-ce pas pour soigner les plaies de son cœur que Bernis, à cette époque, saisit le premier prétexte pour quitter Paris en cette fin novembre 1739.

Il a vingt-quatre ans. Il est nommé par protection au canonicat de Brioude en Auvergne, « une place convenable pour un gentilhomme, mais dont les revenus étaient fort insuffisants ». Atteint d'un mal dont les médecins n'arrivent pas à diagnostiquer la cause, las de la vie des salons, inquiet pour son avenir et certainement malheureux dans son amour pour Louise, Bernis s'exile pour plus d'une année. Il aime la vie à la campagne. Sa poésie s'enchante des thèmes bucoliques. Un peu plus tard dans ses *Réflexions sur le goût de la campagne*, il reviendra sur cette époque : « J'ai la sottise de croire qu'assis sur mon rocher, je goûte plus de plaisirs que dans le salon le plus délicieux de Paris. Je suis donc à moi, je puis même sentir renaître au fond de mon cœur cette paix, compagne de l'innocence, dont je commençais à perdre le souvenir. » Il rêve de s'y fixer, de faire venir des livres afin de ne pas « rompre entièrement commerce avec les hommes ». Il songe aux gentilles bergères avec lesquelles « il amusera son cœur », à l'une d'elles qui « vient de lui faire, en ramenant son troupeau, une révérence si naturelle et si profonde ». Mais un bruit de carrosse le tire de sa rêverie : dans la voiture, il y a une femme qu'il reconnaît : « C'est Thémire, oui Thémire, la plus aimable de toutes les femmes ; elle me reconnaît, elle m'appelle. Quel souper nous ferons ensemble ce soir à Paris ! Adieu mon rocher ! Adieu ma bergère ! Adieu mes prés, mes fontaines ! Vous pouvez émouvoir un cœur qui n'a point de passion, mais j'aime mieux renoncer à vos délices que d'étouffer le goût qui m'entraîne. Et d'ailleurs, je crois que la vie champêtre, si elle dure plus de huit jours, n'est belle qu'en peinture. »

Par tempérament et par philosophie, Bernis tire toujours profit des expériences nouvelles. Il observe une petite ville de province, les rouages ecclésiastiques, les minuscules intrigues politiques, avec la même pénétration qu'il a su employer dans la connaissance des usages de l'aristocratie et des salons. Il ne perd pas son temps. Il rencontre Massillon, le grand prédicateur, évêque de Clermont : « Je n'ai point connu d'hommes, écrira-t-il, qui avec l'extérieur le plus simple, inspirait plus facilement que lui la vénération et l'amour. » Il confie au vieil évêque ses déceptions. Celui-ci lui conseille de prendre les ordres. Mais Bernis lui répond que, par honnêteté, il répugne à s'engager dans l'Église.

Pendant les longues soirées de solitude, sa fièvre poétique le reprend. Il compose un long poème qui doit s'intituler *La Religion vengée* et s'attaque au pyrrhonisme. Il termine son poème chez ses parents à Saint-Marcel où il reste trois mois. L'accueil que lui réserve son père n'est pas très chaleureux. Ce fils comblé de dons a tout l'air d'un futur raté. Il doit encaisser les humiliations sans broncher et son amour-propre, à vif, en est écorché. Lorsqu'il rentre à Paris, sa résolution est prise : il va réussir coûte que coûte. Il s'y sent prêt. Son arme, la seule qu'il possède, tient tout entière dans un portefeuille de cuir renfermant les manuscrits de plusieurs poèmes. Il va se faire un nom et chercher la fortune par la littérature.

6

RÉUSSIR PAR LES FEMMES

On imagine bien le jeune Bernis retrouvant la dureté du pavé parisien. Bruni par le soleil, l'esprit enflammé par des plans de conquête, il brûle de les mettre en œuvre. Lucide, il décide de contraindre sa mollesse naturelle, son inclination à une vie douce et insouciante. Du côté des bénéfices ecclésiastiques, la voie est coupée par l'intransigeance du vieux cardinal de Fleury. Il ne doit donc compter que sur ses propres moyens. Faisant une analyse exacte de sa position, Bernis sait que sa faveur auprès des dames ne durera pas toujours. Il cessera de plaire. Après les ivresses de la jeunesse, il risque d'être condamné à une vieillesse indigente. Un de ses protecteurs, Bussy-Rabutin, évêque de Luçon, l'en a averti : « Tant que vous êtes jeune, vous supporterez aisément la situation où vous êtes. Vous êtes aimable, vous serez recherché ; l'amour-propre et le plaisir vous tiendront lieu de tout. Mais souvenez-vous que rien n'est plus triste ni plus humiliant à Paris que l'état d'un vieil abbé qui n'est pas riche. » Cette exhortation l'a glacé. Son amour-propre piqué au vif, il se réveille de son indolence. Il a déjà trop perdu de temps : désormais, il faut réussir.

Il a connu des petits succès d'estime. La mode est aux abbés qui écrivent des vers plaisants, frisant la galanterie. Ce siècle décadent se donne des frissons avec des histoires de nonnes en sabbat, de moines paillards, de curés libertins. L'exemple du cardinal Dubois avec ses maîtresses et ses nombreux émules, joint au mouvement d'anticléricalisme sur lequel soufflent les philosophes en fait un thème d'actualité. On cherche dans les vers d'un abbé des tentations, des confessions, des allusions scabreuses, des pensées lestes et grivoises. L'interdit donne du piment, même si cet interdit n'en est pas un pour la plupart des abbés qui n'ont pas prononcé leurs vœux. Dans la littérature licencieuse, il faut toujours en rajouter si l'on veut continuer à émoustiller des lecteurs blasés.

L'œuvre poétique de Bernis va connaître un beau succès. Les recueils de ses poésies auront, au cours du XVIIIe siècle, onze éditions successives. On les citera encore souvent au XIXe siècle, au point que la réputation de leur auteur intéressera Sainte-Beuve et Barbey d'Aurevilly. Certes Sainte-Beuve ne porte pas précisément aux nues le poète des *Épîtres aux dieux pénates*, même s'il décèle chez lui des accents préromantiques : « Une certaine langueur harmonieuse qui a un faux air du premier Lamartine en ses plus faibles moments. Mais la note tendre se perd vite et se noie dans un gazouillement brillant et insipide. » Son style, il faut l'admettre, est peu original. Ses vers, souvent doucereux, ont parfois du charme, mais ils sont menacés par la mièvrerie des églogues mythologiques, des clichés bucoliques. Il y a trop de nymphes, de faux lacs, de frondaisons en carton-pâte et de chèvre-pieds bêlant des épithalames pour qu'on puisse le considérer comme un grand poète. Il n'atteint pas au génie de Parny même s'il ne souffre pas de la comparaison avec Gresset, dont il avoue s'être inspiré. En effet, en 1734, avaient paru les premiers ouvrages de ce poète, *Ver-Vert* et surtout *La Chartreuse* qui rencontra un grand succès. C'est en voulant l'imiter que Bernis écrit « en se jouant » l'*Épître sur la paresse* qu'on crut de Gresset et qui fut imprimée avec l'accord de son auteur. Vient ensuite l'*Épître aux dieux pénates* qui porte sa réputation hors de France, puisque Frédéric II émettra sur ses vers un jugement sévère. Certains sont empreints d'une fadeur qui est dans l'esprit du temps. Ils ne sont pas plus mauvais que ceux de Voltaire. Qu'on en juge :

Mais qu'une sagesse stérile
N'occupe jamais mes loisirs,
Que toujours ma muse fertile
Imite en variant son style
Le vol incessant de Zéphyre
Et qu'elle abandonne l'utile
S'il est séparé des plaisirs.

À cette épître succèdent le fameux poème commencé à Brioude *La Religion vengée* puis les *Quatre Saisons*. On y trouve ces vers qui n'installeront sans doute pas durablement son nom dans le Parnasse :

Auprès d'un foyer magnifique
On bénit le farouche hiver
Qui dans un salon pacifique
Respecte la douceur de l'air.

Si l'on en croit Diderot, la femme de son libraire, François Didot, rue Pavée, avait pour Bernis un vif penchant : tandis que le mari publiait ses ouvrages, elle subvenait aux dépenses de l'abbé, allant même jusqu'à lui payer son fiacre. Ses vers ont contribué à établir sa réputation auprès des dames du monde. Son esprit, sa belle apparence lui avaient déjà ouvert la voie. Mais on ne peut pas dire que le monde des lettres s'extasia devant ses productions. Marmontel, dans ses Mémoires, le traite avec la plus grande désinvolture : « L'abbé de Bernis, échappé au séminaire de Saint-Sulpice où il avait mal réussi, était un poète galant, bien joufflu, bien frais, bien poupin, qui amusait de ses jolis vers les joyeux soupers de Paris. » Quant à Voltaire qui le rencontre chez Mme Dupin, il ne paraît pas voir en lui en rival : « J'ai lu les *Saisons* de M. de Bernis, que cela est plein de verdure, de roses, de lis, de pivoines ! Cet homme est Babet la Bouquetière. » Babet était une fameuse marchande de fleurs qui exerçait son commerce au Palais-Royal, sur les marches de l'Opéra. Ce surnom devait lui rester.

L'amitié qui commence à se nouer entre Voltaire et Bernis fut l'occasion entre eux d'une joue amicale qui faillit mal tourner. Un soir qu'ils soupent en compagnie de l'écrivain Duclos, on vient leur apprendre la mort du cardinal de Fleury. Les trois compagnons décident de célébrer cet événement par un quatrain. Chacun propose le sien. Celui de Bernis est jugé le meilleur. L'épigramme n'est pourtant pas du meilleur goût :

Ci-gît qui, loin du faste et de l'éclat,
Se bornant au pouvoir suprême
N'ayant vécu que pour lui-même
Mourut pour le bien de l'État.

L'ennui, c'est que la nouvelle est fausse : Fleury est bien vivant. Il ne mourra que deux ans plus tard. L'épigramme circula, eut un grand succès, et Bernis craignit qu'on ne l'envoya à la Bastille.

Si Bernis n'est pas un immense poète, il faut lui rendre cette justice qu'il n'a jamais été la dupe de son talent. Il a écrit des vers d'abord pour s'amuser, ensuite pour réussir dans le monde. Il a très vite abandonné un genre qui ne le satisfait pas. Il confiera à Voltaire qu'il y a renoncé quand il connut qu'il ne pouvait être supérieur dans un genre qui exclut la médiocrité. Il lui dira encore : « J'aime toujours les lettres : elles m'ont fait plus de bien que je ne leur ai fait d'honneur. » Comme on les aime, cette simplicité et cette modestie de Bernis qui lui font écrire : « La carrière des lettres où j'étais entré plutôt en amateur qu'en écrivain. » Il se plaît, quoi qu'il en dise, au milieu des écrivains. Outre Duclos, son ami, Voltaire, avec qui il restera lié toute sa vie et échangera une longue et belle correspondance, il rencontre Montesquieu, qui avait « toutes les apparences de la modestie ; on le voyait si simple qu'on cherchait toujours en lui le grand homme ». Il voit également d'Alembert, Marivaux, Crébillon, père et fils, se lie avec le vieux Fontenelle. Peut-être déjà commence-t-il à nourrir une petite arrière-pensée académique : cette Académie que l'abbé de la Bletterie avait désignée comme « le tabouret de l'esprit. » La déjà vieille coquette ne fera pas beaucoup languir cet impatient.

Bernis tente, à la mort du cardinal de Fleury, une nouvelle démarche pour obtenir un bénéfice. On lui ménage une audience avec Boyer, l'évêque de Mirepoix, qui détient la feuille des bénéfices ecclésiastiques. Le jeune poète imagine que son poème *La Religion vengée* et ses attaques contre le pyrrhonisme vont lui valoir la bienveillance de l'évêque. Celui-ci le reçoit comme s'il avait fait les *Contes* de La Fontaine, et lui met le marché en main : « Sous-diacre, une abbaye ; prêtre, deux ans grand vicaire ; et puis évêque. » Quoique cette proposition nous paraisse aujourd'hui assez honnête – c'est bien le moins de proposer à un abbé qui souhaite faire carrière d'avoir les apparences de la foi – Bernis réfléchit et refuse. Il ne veut pas se déshonorer en feignant de prononcer des vœux auxquels il lui paraît difficile d'être fidèle. C'est un nouvel échec. Bernis préfère « une pauvreté noble à une opulence mal acquise ».

Il ne reste donc au jeune abbé d'autre issue que de réussir dans les lettres. Il s'emploie à se faire une place avec une ardeur redoublée. Objectif : l'Académie ; les moyens : les salons. Son petit collet voltige de souper en souper, de fêtes en bals, des mercredis de Mme Geoffrin, rue Saint-Honoré, aux réjouissances de Mme de Tencin. Les maîtresses de maison vont le choyer, le chouchouter : Mme de La Ferté-Imbault, fille de Mme Geoffrin, Mme de Forcalquier, Mme de Lauragais, la très belle et très imposante princesse de Rohan-Courcillon qui anonymement lui adressera 12 000 livres pour payer ses dettes, et dont il devient l'amant, la duchesse de Brancas, la duchesse de Nivernais. C'est en pensant à ces protectrices qui furent bonnes et généreuses pour lui que Bernis aura plus tard, dans ses Mémoires, ce commentaire mélancolique : « L'amitié des femmes est toujours jalouse ; mais il faut convenir aussi qu'elle est plus tendre, plus délicate, plus essentielle, plus généreuse et souvent plus fidèle que celle des hommes. Que d'exemples j'en pourrais citer ! Les amies que j'ai perdues et celles que je conserve font également le malheur et le bonheur de ma vie. » Ces femmes et aussi nombre de leurs amants et de leurs maris sont de la petite conspiration académique. Et ils mettent tout leur cœur dans cette campagne.

Rivale de Mme de Tencin et adversaire irréconciliable de Mme du Deffand, Mme Geoffrin occupe un bastion académique important. Mme Geoffrin, c'est la Mme Verdurin des Lumières. Mme du Deffand pourrait en être la duchesse de Guermantes. La première est « l'expression de l'ascension de la bourgeoisie éclairée, impatiente de faire valoir ses titres culturels », l'autre « l'expression du repliement sur elle-même de la noblesse la plus fermée, qui ne reconnaît qu'un impératif, la sauvegarde de son style et de son langage », écrit Benedetta Craveri[1]. Tenant salon dans son « royaume » de la rue Saint-Honoré, Mme Geoffrin est à la fois fine, bonne et pleine de bon sens. À la différence de Mme Verdurin. Elle est prodigieusement inculte ; la fréquentation de tant de beaux esprits ne lui a pas donné une orthographe élémentaire. Sainte-Beuve s'amuse dans ses *Lundis* à la citer. Jamais grande prêtresse des lettres n'a été aussi brouillée avec les règles de la syntaxe. Même si on était à cette époque moins à cheval qu'aujourd'hui, cela étonne de la voir écrire des phrases de ce genre : « Adieu, n'écrivé plus et allé a tous les diables : les pauvres Jésuites y sont. » Mais Sainte-Beuve, qui s'amusait à taquiner la malheureuse épistolière, lui rend justice : il considère qu'elle a créé l'un des plus remarquables salons du XVIIIe siècle.

1. *Madame du Deffand et son monde.*

Elle reçoit tous les lundis les peintres, Van Loo, Vernet, Boucher, La Tour, Lagrenée, et quelques protecteurs des arts ; les mercredis sont consacrés aux gens de lettres, d'Alembert, Marivaux, Mairan, Marmontel, Morellet, d'Holbach, Grimm. Aucune femme n'était tolérée parmi les philosophes : « Ce sont, dit-elle, des éparpilleuses de conversations. » Seule Julie de Lespinasse est finalement admise après sa brouille avec Mme du Deffand, mais il est à craindre que ce soit au moins autant par désir de jeter une pierre dans le jardin de sa rivale que par charité qu'elle accueille la souffreteuse orpheline. Horace Walpole, si envoûté par sa rivale, Mme du Deffand, dont il est une sorte d'amant platonique, reconnaît ses mérites. Il écrit à son amie lady Hervey : « Je n'ai jamais vu, depuis que j'existe, personne qui atteigne si au vif les défauts, les vanités, les faux airs d'un chacun, qui vous les développe avec tant de netteté, et qui vous en convainque si aisément. Je n'avais jamais aimé à être redressé auparavant ; maintenant vous ne pouvez vous imaginez combien j'y ai pris goût. Je la fais à la fois mon confesseur et mon directeur. » Elle dit elle-même qu'elle détient son grand bon sens de sa grand-mère qui l'a élevée : suppléer avec de l'adresse et du sentiment à ce qu'on ne sait pas. Seul irréductible à ne pas être sensible à son charme, Paul Guth ; dans sa pétillante *Histoire de la littérature française*, il est franchement sévère avec elle : « Elle a la passion bourgeoise d'amasser. Elle amasse des gens célèbres. Elle ne voit rien, n'a rien lu. Elle écrit des lettres de cuisinière en rupture de fourneaux. »

Marmontel admire la science avec laquelle Mme Georgin sait amadouer et dompter les plus difficiles caractères de sa ménagerie illustre : les principaux collaborateurs de l'*Encyclopédie*, c'est-à-dire presque toute l'intelligence du siècle, prendront pension chez elle : « Elle avait le bel esprit de ne jamais parler que de ce qu'elle savait très bien, et de céder sur tout le reste la parole à des gens instruits, toujours poliment attentive, sans même paraître ennuyée de ce qu'elle n'entendait pas ; mais plus adroite encore à présider, à surveiller, à tenir sous sa main, ces deux sociétés naturellement libres ; à marquer des limites à cette liberté, à l'y ramener par un mot, par un geste, comme un fil invisible lorsqu'elle voulait s'échapper. » Grimm ironise sur tous les interdits qu'elle impose à la conversation. Il l'écrit avec drôlerie : « Mère Geoffrin fait savoir qu'elle renouvelle les défenses et les lois prohibitives des années précédentes ; et qu'il ne sera pas plus permis que par le passé de parler chez elle ni d'affaires intérieures, ni d'affaires extérieures ; ni d'affaires de la cour, ni d'affaires de la ville ; ni d'affaires du Nord, ni d'affaires du Midi ; ni d'affaires d'Orient, ni d'affaires d'Occident ; ni de politique, ni de finance. »

Cette femme s'habille sans grande recherche et se vieillit même. Certains en plaisantent : « Toutes les femmes se mettent comme la veille, il n'y a que Mme Geoffrin qui se soit mise comme le lendemain. » Elle a un cœur d'or. Elle donne une somme très importante pour renflouer l'*Encyclopédie* et dispense à ses amis dans la gêne la générosité la plus attentive. Dans ce milieu de libres-penseurs, d'agnostiques, d'athées, elle garde une âme pieuse : elle se rend à la messe en cachette. Marmontel dit d'elle : « Elle va à la messe aussi secrètement que l'on va en bonne fortune. » C'est grâce à sa voisine de la rue Saint-Honoré, Mme de Tencin, que Mme Geoffrin, fille d'un domestique de la Dauphine, certes mariée avec un très riche industriel en verrerie, a réussi à créer son salon. Son apogée a été de devenir assez intime avec Catherine II pour lui donner des conseils en matière d'éducation et de voir un des familiers de son salon, Stanislas Poniatowski, monter sur le trône de Pologne. Elle a la joie de recevoir de lui une lettre où il s'exclamait : « Maman, ton fils est roi. » Cela comme le reste ne lui tournera pas la tête.

Sa fille, Mme de La Ferté-Imbault, avec qui elle ne s'entend pas, est une des meilleures amies de Bernis. Elle a des foucades, un tempérament à l'emporte-pièce, mais elle a aussi des élans de générosité. C'est elle qui montre au jeune abbé le vide de la vie mondaine qu'il mène et le pousse vers les affaires publiques. En réaction contre sa mère si entichée des philosophes, elle va créer « le sublime ordre des Lanturelus », une société parodique qui tourne en dérision les spéculations philosophiques des Encyclopédistes, les Cacouacs. Sur le modèle de la franc-maçonnerie, elle suscitera des loges de Lanturelus qui essaimeront à travers l'Europe : Grimm et Catherine II y seront initiés.

La campagne de Bernis pour l'Académie part donc de ce salon. Bernis se montre lui-même assez modeste sur ses titres à être accepté par l'illustre compagnie : « Je désirais y prendre place plus en homme de condition qu'en écrivain. » C'est bien ainsi que les académiciens vont l'entendre. Pendant cette campagne il doit affronter les intrigues de Mme de Tencin qui soutient la candidature d'un concurrent, l'abbé Girard. L'ancienne abbesse, bien que sensible au charme de Bernis, lui reproche d'avoir été l'ami du cardinal de Polignac. Elle réussit à convaincre son frère le cardinal ainsi que les nombreux habitués de son salon : Marivaux qu'elle vient de faire élire contre Voltaire qu'elle n'aime pas, Montesquieu, Helvétius, Marmontel, Piron. Le duc de Richelieu reste partagé entre sa vieille maîtresse et son jeune ami. Quant à Fontenelle, il répond à Bernis lorsque celui-ci lui rend visite : « Vous savez combien je vous aime et vous estime, mais j'ai prêté serment entre les mains de ma patrie de ne dire jamais ni oui ni non. » Finalement l'abbé Girard l'emporte. Mais un autre abbé étant mort, l'abbé Gedoyn, Bernis se présente et cette fois est élu. Il est reçu solennellement le 29 décembre 1744 par Crébillon le Tragique qui prononce un discours glacial, dépourvu du moindre éloge ; qu'importe, le plus dur est fait. À vingt-neuf ans, le voilà immortel. Voltaire, lui, devra attendre encore bien des années avant de pouvoir rejoindre Babet la Bouquetière.

« C'est avoir bien jeune les Invalides », s'écria drôlement Piron le jour de l'élection de Bernis. Celui-ci ne cède ni à la vanité ni à la forfanterie. Il sait qu'il a simplement eu de la chance et que de cette chance il doit tirer parti : comme à son habitude, ce succès est pour lui l'occasion de définir un nouveau plan de vie : « J'en remplis les devoirs [de l'Académie], avec exactitude et assez d'éclat. Je devins bientôt l'ami de mes confrères et le bienfaiteur de ceux qui m'avaient été opposés. Content de m'être fait un nom dans les lettres, je ne voulus pas qu'on crût que je m'étais borné à les cultiver. Une assiduité trop grande aux séances de l'Académie aurait été nuisible aux vues que je commençais à avoir… » Il était temps de passer aux choses sérieuses.

7

AMOUR RIME AVEC POMPADOUR

Une jeune femme en rose sur un phaéton couleur d'azur ou alors vêtue d'azur sur un phaéton rose ; pimpante avec un air plein de grâce tout à la fois badin et respectueux, elle joue négligemment avec un éventail sur lequel on aperçoit une scène suggestive représentant Henri IV au pied de Gabrielle. Elle attend le passage du roi, retour de la chasse, à la lisière de la forêt de Sénart. Ce spectacle ravissant qui se reproduit souvent égaie la suite royale. Quel contraste : les équipages, les meutes, les chasseurs épuisés par une journée passé à buissonner le cerf et le daim dans les futaies, le visage fouetté par les branches et le grand air, le sang remué par la course, les suées, les hourvaris, les cavaliers possédés d'une fièvre de chasse à mort que rafraîchit le crépuscule, après les clameurs et les sons des cors ; et cette apparition sur le bord du chemin, dans le cliquetis des éperons et des mors ; ce sourire qui a le charme d'une énigme, les séductions d'une galanterie raffinée.

C'est l'ébauche d'un de ces romans dont la cour raffole. L'amour serein qui s'épanouit sur le front de la dame en rose pique la curiosité car elle est de celles qui pourraient plaire au monarque. Le roi passe. Il la remarque et s'amuse de ce manège dont les courtisans s'empressent de tirer matière à flatteries. On jase. On se renseigne. On veut faire l'informé. Le mirage intermittent qui se produit à la forêt de Sénart devient peu à peu une anecdote plaisante ; puis à force d'en parler, les mots, toujours les mots, le cristallisent et le roi se prend à songer à la dame en rose.

La dame en rose se nomme Mme Le Normant d'Étiolles. Née Jeanne Antoinette Poisson, elle est la femme d'un de ces fermiers généraux, fers de lance d'une bourgeoisie conquérante. Elle a vingt ans. Elle est d'une beauté sur laquelle tout le monde s'accorde. D'une élégance rare, tous les perfectionnements de l'éducation et de l'art de vivre lui ont été inculqués. Elle joue à merveille la comédie, touche le clavecin, a appris le chant avec Jélyotte, la danse avec Guibaudet, la déclamation avec Crébillon et Lamour ; elle sait dessiner et graver sur la pierre fine. Elle a des lettres. Son esprit a été formé auprès de l'élite intellectuelle la plus raffinée, Voltaire, Montesquieu, Fontenelle, Marivaux fréquentent son salon et celui de son oncle. Elle possède tous les talents, toutes les grâces, celles qui s'apprennent et celles qu'on n'apprend pas.

Elle n'a, à dire vrai, qu'un handicap dans cette course vers le pouvoir auquel elle aspire de tout son être : sa mère. Mme Poisson, fille d'un boucher des Invalides, a d'abord un nom qui ne sonne pas agréablement dans une société où l'on veut se dessouiller de ses origines populaires. L'ennui, chez Mme Poisson, c'est que, malgré ses prétentions et ses efforts, elle reste Poisson : manières vulgaires, esprit terre à terre, arrivisme voyant. Sûrement une brave femme, mais elle en fait trop. Elle répète inlassablement que sa fille est « un morceau de roi » : son brillant mariage avec M. Le Normant d'Étiolles, neveu de M. Le Normant de Tournehem, n'a pas contenté ses ambitions. Ce dernier qui a été l'amant de Mme Poisson, et son bienfaiteur, est peut-être aussi le père de Jeanne Antoinette. Mme Poisson a l'excuse, il est vrai, d'avoir eu bien des malheurs. Son mari a fait faillite dans des conditions douteuses – détournement de vivres aux armées, indélicatesses diverses – qui lui ont valu d'être condamné par contumace à la pendaison. Il en a réchappé dans l'exil. Heureusement M. Le Normant de Tournehem a été l'homme providentiel, il a élevé Jeanne Antoinette et son frère, tous deux beaux comme s'ils étaient sortis du ciseau de Phidias.

Jeanne Poisson, Mme Le Normant d'Étiolles, incarne la nouvelle bourgeoise, impatiente, ambitieuse. Ce siècle va assurer son triomphe, non pas seulement à elle, future Mme de Pompadour, mais à ses congénères, qui chaque jour devant leur coiffeuse, enveloppées de mousselines raffinées, rêvent de conquérir la société, d'y imposer leur empreinte, d'y jouir de tous les avantages et des privilèges qu'elles attendent depuis tant de siècles qu'elles piétinent dans la roture. Ces belles chrysalides espèrent le miracle qui fera d'elles des papillons. Mme d'Étiolles va leur ouvrir la voie. Une voie qui passe par la couche royale.

Bourgeoise, Mme d'Étiolles l'est par toutes ses fibres, son tempérament, son histoire. Les femmes forment l'avant-garde de cette bourgeoisie conquérante, les hommes les suivront lourdement avec les bagages ; ils mettront plus de temps à se décrasser. Les femmes ont perçu les avantages qu'elles pouvaient tirer de ce siècle commerçant : les babioles, ornements, perruques, robes, toilettes, tous les agréments, les pommades, les parfums n'ont aucun secret pour ces Aspasie, qui n'ont point connu le mauvais lieu mais la boutique prospère, une morale stricte comme un livre de comptes bien tenu, le couvent. Elles vont apporter dans les mœurs une mesure, un côté douillet, propret, une gentillesse, une sincérité pas encore gâtée par la mondanité, un cœur qui bat sous leur mignonne poitrine. Ces qualités si fraîches vont émouvoir les vieux aristocrates dépravés ou confits dans les généalogies. Elles vont être les rivales des belles aristocrates fatigantes à force d'arrogance, de bon ton, de grand style, mondaines, sèches, vivant dans une chinoiserie de préséances et d'égards qui lasse leur entourage. La jeune bourgeoise apparaît comme un produit frais.

L'année 1745, celle du triomphe du roi à Fontenoy, marque aussi le triomphe de Jeanne. Comment est-elle parvenue de ce chemin forestier, en bordure de la forêt de Sénart, jusque dans le lit du roi et, ce qui est moins facile, jusqu'à son cœur ? Ce qui l'a guidée, maintenue en haleine dans cette patiente quête de la couche royale, c'est la conviction. Une voyante, Mme Lebon, dont une rente sur la cassette royale récompensera plus tard les mérites, lui avait prédit, alors qu'elle n'était qu'une enfant, qu'elle serait « non pas reine mais presque reine ». Voilà de quoi enflammer une imagination de jeune fille. Ajoutons une mère à l'ambition enragée ; le père, qui a risqué les galères et la corde, lui inspire le désir de revanche qui aiguise la volonté. Mais ce désir de la jeune Jeanne Antoinette, toute l'époque le porte. La bourgeoisie est déjà presque reine. Il lui faut consommer sa victoire en entrant dans le lit du roi.

On a dit que Binet, le valet de chambre de Louis XV, vaguement apparenté avec elle, ménagea la rencontre de Jeanne Antoinette et de son maître. Celui-ci, désespéré à la mort de sa maîtresse, Mme de Châteauroux, s'ennuie. Des passades qui ne l'amusent guère ne font qu'accroître son désarroi. Il a remarqué la belle dame en rose dans la forêt de Sénart ; il l'a revue masquée à un bal, à Versailles, pour le mariage du Dauphin et de l'infante Marie-Raphaëlle ; revue encore à un autre bal donné à l'Hôtel de Ville de Paris où, en domino noir, elle aurait échangé avec lui un premier baiser.

Alors intervient Binet. Il introduit sa belle parente dans les Petits Appartements du roi pour le souper. Ensuite, tout va très vite : lorsque Mme d'Étiolles apparaît dans une loge à la Comédie-Italienne, proche de celle du roi, la cour prend feu ; on parie sur les chances de la Poisson. Son mari, alerté par les commérages, s'inquiète. Ce mari, si amoureux d'elle, Jeanne Antoinette n'éprouve désormais pour lui que l'aigreur que mérite un fâcheux. Alors qu'elle est tout près d'atteindre son but, il la gêne, l'ennuie de ses plaintes, de ses démonstrations de tendresse qui la laissent froide. En désespoir de cause, il lui adresse une lettre où s'exprime le chagrin d'un cœur malheureux qui tente de forcer le destin. Cet appel désespéré à faire frémir une pierre n'émeut pas sa destinataire. Soit politique, soit perversité, elle se contente de la montrer au roi qui, après l'avoir lue, la lui rend avec ces mots : « Vous avez, madame, un mari bien honnête homme. »

Le 15 juin 1745, une ordonnance sépare les biens des époux. Mme d'Étiolles reçoit 30 000 livres de dot sur sa rente et conserve la garde de sa fille Alexandrine qu'elle adore. Mme d'Étiolles, outre le titre de marquise de Pompadour que le roi lui accorde, est vite installée à Versailles comme maîtresse officielle. Pour marquer solennellement son nouveau statut, elle est présentée à la reine. Marie Leszczynska la reçoit selon l'usage, au cours d'une cérémonie où chacun épie les erreurs que va commettre la nouvelle favorite. Lorsqu'elle paraît dans l'appartement du roi, vêtue d'une robe de cour à traîne, magnifique de beauté et de grâce, il y a un mouvement d'admiration. Elle exécute plusieurs révérences dont une près du roi qui rougit et murmure des paroles embarrassées. Enfin, elle s'incline devant la reine : elle accomplit les trois révérences protocolaires et fait le geste de baiser le bas de sa robe. Au lieu de la morgue et de l'aigreur attendues de la part de la souveraine, celle-ci lui sourit et, loin de se contenter d'un compliment banal, elle entame une conversation à propos d'une de leurs connaissances communes, Mme de Saissac. Émue par un accueil si simple, Mme de Pompadour murmure : « J'ai, madame, la plus grande passion de vous plaire. » Le public des courtisans reste sur sa faim. On se contente, faute de mieux, de noter que l'entretien a été de « douze phrases ».

Trois mois plus tôt, lorsque le roi et le Dauphin sont partis aux armées en Flandre, Jeanne a dû se retirer dans sa propriété d'Étiolles, près de Fontainebleau. Pour meubler une solitude exigée par le roi, qui lui écrit chaque jour, elle a demandé l'autorisation d'inviter deux amis : le duc de Gontaut et l'abbé de Bernis. Cela lui a été accordé.

8

LE FAVORI DE LA FAVORITE

La fortune a enfin un visage : il ne pouvait avoir plus de grâce et un plus beau sourire. Quand Bernis rencontre Jeanne Antoinette d'Étiolles, au début de 1742, il est loin d'imaginer qu'elle deviendra la marquise de Pompadour et qu'elle sera l'agent du destin.

C'est encore une jeune femme chaperonnée par sa mère, la redoutable et ambitieuse Mme Poisson, qui tente de s'introduire avec une implacable obstination dans les salons. Émerveillée par tant de talents, Mme de Tencin protège la jeune beauté de vingt et un ans : elle l'a entendue chanter le grand air d'*Armide* de Lulli à l'hôtel d'Angervilliers et l'a présentée à sa voisine Mme Geoffrin. Là, dans le « royaume » de la rue Saint-Honoré, Bernis fait sa connaissance. Il est séduit par sa beauté et ses charmes, beaucoup moins par son milieu d'origine où elle continue d'évoluer : ces financiers, fermiers généraux qui tentent de se donner des airs de la noblesse, ne l'attirent pas. Elle, au contraire, s'entiche du jeune abbé sans restriction. Beau, d'une ancienne famille, il écrit des vers qu'elle adore ; il a de l'esprit et non seulement du vif-esprit mais du fond, de la réflexion. Et Mme d'Étiolles, en plus de tous les arts d'agrément qu'elle affectionne et pratique avec des dons évidents, a du goût pour le sérieux, la politique notamment l'intéresse. Elle y deviendra experte.

Voyant que Bernis refuse obstinément les invitations chez son oncle de Tournehem, le fermier général, elle confie sa déconvenue à Mme de La Ferté-Imbault, grande amie de l'abbé. Mme d'Étiolles ne désespère pas de faire la conquête de Bernis. Il est pour elle l'homme idéal (après le roi bien sûr, objet de sa passion et qu'elle est résolue à rencontrer). Bernis peut également l'aider à pénétrer à la cour. Il représente l'intercesseur parfait. Mme d'Étiolles fréquente une cousine de son mari, la comtesse d'Estrades, qui semble lui vouer une amitié passionnée ; en réalité, aussi laide de visage que d'âme, elle l'utilise pour attirer dans son salon les amateurs de jeunes beautés. Cette préfiguration de la cousine Bette profite de Mme d'Étiolles – et elle en profitera au-delà des bornes – tout en songeant au meilleur moyen de la poignarder.

Chez elle, Mme d'Étiolles retrouve Bernis, qui est toujours dans les mêmes dispositions : ravi de badiner avec elle – même si sa coquetterie l'exaspère –, enchanté de pousser plus loin ses avantages, si possible dans le boudoir, mais toujours décidé à ne pas la fréquenter chez son oncle de Tournehem, ni chez elle à Étiolles ou à l'hôtel de Gesvres. Bernis est on ne peut plus clair sur les raisons de sa résistance aux invitations de Mme Poisson et sa fille : « parce que la compagnie qu'elles voyaient ne me convenait pas ». Donc, son attrait pour elle l'amène à composer des vers galants dans lesquels il la célèbre sans obtenir ses faveurs. Mme d'Étiolles se considère exclusivement comme « un morceau de roi ». N'ayant apparemment rien obtenu de ce qu'ils attendaient l'un de l'autre, leurs relations se refroidissent quelque peu.

Cette rencontre entre l'abbé de Bernis et la future favorite a suscité maintes versions. La légende est allée bon train. On a dit que le jeune abbé nécessiteux avait dû emprunter des culottes à un de ses amis pour se rendre à Étiolles. On a aussi laissé entendre que c'est en allant voir une lingère dont il était amoureux dans la région, qu'arrivant par le coche d'eau, avec un petit paquet sous le bras, il se serait retrouvé chez elle. On n'a pas cessé de broder sur cet épisode, qui a intrigué beaucoup de mémorialistes et de curieux.

Pendant deux ans, Bernis et Mme d'Étiolles suivent chacun le chemin de leur ambition, par des voies différentes. Vers 1745, ils connaissent l'un et l'autre la consécration de leurs efforts : Bernis entre à l'Académie et Mme d'Étiolles dans le lit du roi. Celle-ci voit alors l'occasion de renouer avec le jeune abbé : il lui apparaît comme un appui indispensable dans sa nouvelle fonction ; on hésite à employer ce mot mais le rôle de maîtresse du roi, reconnu par l'étiquette, étant donné le caractère particulier du monarque et les circonstances, est devenu aussi important que celui d'un Premier ministre occulte.

C'est Mme d'Estrades qui sert d'intermédiaire. Elle invite Bernis à dîner et lui dit tout à trac que Mme d'Étiolles est la maîtresse de Louis XV, qu'elle désire que Bernis devienne son ami et qu'il partage sa retraite à Étiolles pendant les campagnes du roi dans les Flandres. Le roi, lui-même, approuve ce projet. Bernis manifeste à Mme d'Estrades la plus grande répugnance à se prêter à un arrangement qui paraît peu compatible avec son état. Elle insiste, lui accorde un délai de réflexion et l'invite à souper huit jours plus tard chez Mme d'Étiolles pour sceller leurs retrouvailles.

Bernis, manifestement, hésite. Il réfléchit et consulte ses amis. Mme de La Ferté-Imbault balaye ses scrupules de manière amusante : « Je lui dis que passant sa vie avec des femmes galantes et fort galant lui-même, je trouvai qu'il y avait plus à gagner pour lui d'être le confident du roi et de sa maîtresse que de l'être de tous les beaux messieurs et belles dames à la mode. Personne, au reste, n'avait alors l'idée du rôle que Mme d'Étiolles jouerait à la cour et je me mettais en fureur quand on me disait qu'elle en jouerait un grand. » Ainsi se noue cette alliance. Bernis soupe avec Mme d'Étiolles qui lui explique l'importance de son rôle, le bien qui peut en résulter pour les affaires du pays et pour lui-même : « Je me déterminai donc. On me promit et je promis une amitié éternelle. On verra que j'ai tenu parole. »

Aucun pacte ne connut des commencements aussi idylliques. Les deux nouveaux amis donc se retrouvent au château d'Étiolles en compagnie du duc de Gontaut. C'est l'été. Il faut imaginer ce magnifique château sur les bords de la Seine, près de la forêt de Sénart, que l'oncle de Mme d'Étiolles a conçu comme un chef-d'œuvre architectural et un sommet de l'art de vivre : un théâtre où les invités peuvent jouer la comédie ; une profusion de tableaux des plus grands maîtres ; des meubles magnifiques ; une table somptueuse et pour parfaire tout cela, Mme d'Étiolles. Quand elle ne grave pas sur la pierre fine, elle chante, danse, joue du clavecin ; elle écoute avidement ses deux invités qui rivalisent d'esprit et de galanterie. Ils lui composent des madrigaux. Sans doute Bernis l'aide-t-il également à rédiger la correspondance qu'elle entretient quotidiennement avec le monarque. Elle reçoit plus de quatre-vingts lettres du roi cachetées avec la devise : « discret et fidèle ». Bernis est le premier à lui offrir des vers, lorsqu'elle reçoit du roi une lettre adressée « à la marquise de Pompadour » :

Ainsi qu'Hébé, la jeune Pompadour
A deux petits trous sur la joue,
Deux trous charmants où le plaisir se joue
Qui furent faits par la main de l'Amour.

Voltaire vient souvent à Étiolles faire sa cour. Il les égaie de ses facéties, de ses méchancetés, de son esprit et de ses ragots. Lui non plus ne lésine pas lorsqu'il parle de la nouvelle favorite. Il lui écrit :

Sincère et tendre Pompadour
Car je peux vous donner d'avance
Ce nom qui rime avec Amour.

Dans son roman *L'Amour et le Pouvoir*, Pierre Kast a imaginé une liaison à cette époque entre les deux reclus volontaires d'Étiolles. Les circonstances s'y prêtent : l'été, la clarté et la douceur des nuits ; la jeunesse, la beauté et le charme des deux nouveaux amis. Il est difficile cependant de les imaginer l'un et l'autre jouant avec le feu, même si aucun d'eux n'a une conception étroite de la morale et si la galanterie ne fait peur ni à l'un ni à l'autre. La Pompadour, puisqu'il faut l'appeler désormais ainsi, touche au but ; son rêve inouï se réalise ; Bernis voit se profiler enfin l'occasion d'une fortune considérable. Pourquoi auraient-ils pris le moindre risque ? L'amour ! Un abandon subit est toujours possible. Mais si aucun des deux amants – s'ils le furent – n'a laissé la moindre trace, le moindre aveu sur cet épisode brûlant, il est loisible de croire à des péripéties galantes. En l'occurrence, elles ne paraissent guère plausibles, même si Bernis, au cours de son existence, n'a guère manifesté beaucoup de scrupules en matière amoureuse : cette fois-là, le danger est vraiment trop grand. Il a beaucoup trop à perdre. Cela refroidit les tempéraments les plus combustibles.

Avec le retour du roi à Versailles, après la victoire de Fontenoy, l'installation de la favorite dans les appartements du château, commence pour Bernis une période qui, si elle marque pour lui le début de la faveur et de la fortune, ne lui est pas forcément agréable. Ami intime de la favorite, il se sent humilié : le nom qu'il porte, la famille à laquelle il appartient, son état ecclésiastique, ainsi que son caractère franc et honnête, toutes ces conditions le rendent impropres au rôle qu'on lui fait jouer. Il décide de prendre son mal en patience. Il n'imagine pas que cette situation à la fois incertaine et malséante va durer six années ; six années à tenter de conjurer les intrigues, à faire face à la malveillance, à être la cible des courtisans qui le jalousent. Rien ne le prédispose à affronter ce monde vide de la cour, en proie aux intrigues, au désœuvrement, à une médiocre galanterie. L'oisiveté lui pèse ; il ne rêve que de s'illustrer. Mais les occasions tardent à venir.

Analysant sa situation sans s'illusionner, Bernis en mesure la précarité et les dangers. Il en voit également les avantages. Il obtient un logement au Louvre et une pension de 1 500 livres provenant de la cassette royale. Mais sur Mme de Pompadour, son amie et sa protectrice, il a un jugement qui ne trompe pas : « Un amour-propre trop aisé à flatter et à blesser, et une défiance trop générale, qu'il était aussi facile d'exciter que de calmer. » Connaissant son caractère, il décide d'être avec elle sur le pied de la plus grande franchise, de ne rien lui cacher de ce qui peut lui être désagréable, de lui être fidèle mais sans bassesse, ni esclavage, de ne lui sacrifier aucun de ses amis même s'ils lui déplaisent : « Pour ne lui point donner d'ombrage, je résolus de n'être attaché qu'au roi, qui était mon maître, et de n'employer pour ma fortune, qu'elle seule, qui était mon amie. » Pendant cette longue et harassante période, Bernis montre beaucoup d'habileté et de diplomatie pour désarmer les préventions sans pour autant renier Mme de Pompadour. Au contraire en la servant avec loyauté. Ainsi, a-t-il à cœur de dissiper les inévitables malentendus qui peuvent surgir entre la favorite et la reine, le Dauphin, les filles du roi. Il sait vite se faire apprécier de la famille royale.

Le génie de Mme de Pompadour va consister à durer. Il n'y a pas d'emploi plus précaire que celui de maîtresse du roi. Surtout d'un roi au tempérament à la fois voluptueux et casanier, et qui a tendance à s'ennuyer à la cour, malgré les tentations qu'offrent mille jeunes femmes ardentes à lui plaire. Il ne trouve pas plus de ressources auprès de la reine : Marie Leszczynska, femme intelligente, lettrée, mais ingrate, bigote et triste, s'entoure de la compagnie la plus grisâtre et la moins affriolante. Son époux, après lui avoir témoigné une certaine ardeur amoureuse, l'a délaissée. Elle est confite en dévotions, s'amuse à de petits jeux de société plus assommants les uns que les autres. Elle passe ses soirées à ses appartements ou avec des familiers, comme le duc et la duchesse de Luynes. Il y a là le président Hénault, le cardinal de Luynes, qui s'assoupit devant le feu ; le chien de la reine ronfle également sur un coussin. On papote, on parle de l'éducation des enfants royaux. Il y a de longs, d'interminables silences, « comme chez les Anglais ». Avec une femme aussi revêche, il aurait fallu que le roi fût un saint pour ne pas avoir de maîtresse, et Dieu sait que Louis XV n'est pas un saint. Sa fidélité conjugale aura tenu neuf ans. S'il a décidé de ne plus toucher les écrouelles – ces scrofules que les rois avaient le pouvoir de guérir –, il envisage plus allègrement de caresser les jolies femmes. C'est, avec la chasse, la seule vraie passion qu'on lui connaisse.

La marquise de Pompadour réveille son ardeur amoureuse qui s'étiole depuis la disparition de Mme de Châteauroux, la précédente maîtresse en titre ; elle réveille aussi sa curiosité et sa bonne humeur. Elle règne peu à peu sur sa vie privée : son domaine, ce sont les Petits Cabinets, ces appartements qu'elle meuble et orne avec un goût rare et qui, derrière la façade majestueuse du palais, ménagés à l'écart des grands salons surdorés, des fastes et des pompes, permettent au roi et à ses familiers de se retrouver dans un décor sans solennité, et d'avoir une vie à peu près normale autant que cela est permis à un roi.

Louis XV découvre avec ravissement les plaisirs et les agréments d'une liaison bourgeoise. L'humanité, la bonhomie, la simplicité apparaissent comme des délices à ce monarque, las du faste et de la grandeur. Grâce à sa maîtresse, il oublie l'angoisse devant les tâches à accomplir, les périls qui menacent le trône, à l'intérieur et à l'extérieur, les intrigues de la cour, les querelles des ministres. Bien sûr la marquise n'a pas le ton du monde de ses précédentes maîtresses. Elle emploie des expressions qui sentent encore la roture. Elle n'a pas percé tous les secrets de la bienséance. Loin de s'en offusquer, le roi s'en réjouit : « C'est, dit-il, une éducation à faire dont je m'amuserai. »

9

LES SABLES MOUVANTS DE LA COUR

Louis XV, en cette année 1745, qui marque la faveur de Mme de Pompadour, a trente-cinq ans. Il mérite alors en tout point son surnom de « Bien-Aimé ». Il est beau : il a une allure virile adoucie par des traits fins, des lèvres sensuelles, de grands yeux noirs naturellement tristes, un regard un peu langoureux. Il est aussi populaire. Sa maladie en 1744 a suscité la consternation générale et la liesse qui a accueilli son rétablissement a montré la faveur dont il jouissait dans le pays. La victoire de Fontenoy, dernier triomphe de la monarchie, lui a apporté cette gloire militaire sans laquelle le règne d'un grand roi est incomplet. Sur le plan intérieur, il a des difficultés avec le parlement de Paris, animé par l'influence gallicane et janséniste qui tente de rogner son autorité.

Si la situation du royaume est apparemment bien assise, le roi ne semble pas jouir du pouvoir qu'il a reçu. Il le ressent comme une lourde charge, ennuyeuse, solennelle. Le comte de Kaunitz assure qu'il s'ennuie à périr au cours des conseils, qu'il y bâille beaucoup et que « pour lui faire sa cour, à force d'abréger les affaires, on les y étrangle communément. Incapable d'application, il n'a aucune idée de ce qui s'appelle gouvernement ». Ces conseils deviennent plus courts. On l'entend dire, par exemple, que les affaires du parlement « l'ennuient plus qu'elles ne le chagrinent ». Pierre Gaxotte, réagissant contre les excès de l'histoire républicaine, a tenté de réhabiliter Louis XV avec talent et beaucoup d'arguments pertinents : il a mis en relief sa sagacité politique et ses capacités de travail. Mais sur ce dernier point il ne réussit pas à nous convaincre.

Ce que le roi aime vraiment, c'est sa famille et la chasse, le grand air, l'exercice physique qui fouette son sang, donne un dérivatif à son tempérament. Il aime aussi les femmes, mais s'il prend des maîtresses c'est à condition qu'il n'ait pas de grands efforts à faire, et qu'on les mette dans son lit : comme les trois sœurs Nesle, Mme de Mailly, Mme de Vintimille et la dernière, la duchesse de Châteauroux, dont la mort l'a si durement frappé. Parlant avec justesse de sa liaison avec ces trois sœurs dont il a été successivement l'amant, Sainte-Beuve note un manque d'impétuosité, « tant l'habitude et une sorte de routine le dominaient jusque dans l'inconstance ». Ses maîtresses affichées, frivoles et dépensières, ont parfois porté atteinte à la popularité du roi. Encore ne se mêlaient-elles que de très loin de politique. C'est à partir de 1749, à cause des excès de dépenses de Mme de Pompadour, que l'impopularité rongera la monarchie.

Jusqu'en 1743, le gouvernement a été conduit par le cardinal de Fleury. Cet ancien précepteur du jeune roi dont il a su se faire aimer a fait peser sur lui une sorte de tutelle dont on dit que celui-ci a souffert. Peut-être. Néanmoins, ce grand Premier ministre s'est montré très habile tant en politique extérieure que dans ses relations avec le parlement de Paris qu'il a réussi à apaiser. La mort de ce Premier ministre tout-puissant, qui a exercé le pouvoir jusqu'à quatre-vingt-dix ans, a laissé le roi à la fois soulagé et secrètement désemparé. Il voudrait prendre les rênes, mais il se sent mal à l'aise pour affronter directement les ministres. Le roi est timide. À la fois entêté et irrésolu, il ne supporte pas qu'un homme, un ministre lui impose sa manière de voir. Il veut être le maître, mais, en même temps, être dirigé, secrètement orienté. Il doute de lui-même et reste prisonnier des principes et des idées qu'il a reçus : « Je n'aime pas défaire ce que mes pères ont fait. » Curieusement, il se sent moins en état d'infériorité devant une femme. Une autorité féminine ne blesse pas son amour-propre. C'est dans cette faille de caractère que va s'engouffrer l'ambitieuse Pompadour.

Pour Mme de Pompadour, les Petits Cabinets ne sont pas seulement une distraction, c'est une politique. Rarement femme aussi frivole, aussi douée pour les enchantements de la parure, les agréments de la société, d'un goût aussi sûr et raffiné pour les arts de la maison, aura eu une tête aussi politique. Bernis l'avait noté : elle a l'âme froide, et tous les autres sentiments très enflammables. Cette froideur n'est pas seulement dans son âme, elle est au cœur de sa vie intime. Elle est froide comme une « macreuse », aurait dit le roi peu galamment, en la comparant à un palmipède qui donne une viande maigre.

Même si son manque de tempérament ne comble pas les exigences voluptueuses du roi, celui-ci se montre très attaché à elle. Sans doute apprécie-t-il son caractère fort. Et comme les autres hommes, il est sensible à sa beauté qui fait d'elle le joyau de la cour. Le lieutenant des chasses, Le Roy, a laissé d'elle un portrait qui la peint dans tout son éclat : « D'une taille au-dessus de l'ordinaire, svelte, aisée, souple, élégante ; son visage était bien assorti à sa taille, un ovale parfait, de beaux cheveux plutôt châtains clairs que blonds, des yeux assez grands, ornés de beaux sourcils de la même couleur, le nez parfaitement bien formé, la bouche charmante, les dents très belles et le plus délicieux sourire ; la plus belle peau du monde donnait à tous ses traits le plus bel éclat. Ses yeux avaient un charme particulier qu'ils devaient peut-être à l'incertitude de la couleur ; ils n'avaient point le vif éclat des yeux noirs, la langueur tendre des yeux bleus, la finesse particulière aux yeux gris : leur couleur indéterminée semblait les rendre propres à tous les genres de séduction et à exprimer successivement toutes les impressions d'une âme très mobile. »

Le portrait moral est plus complexe. On ne peut lui contester une vive intelligente, mais sans envergure, bornée au détail. Elle ne voit jamais au-delà de ses intérêts. L'abnégation n'est pas son genre. Dotée d'un orgueil toujours sous les armes, elle n'a pas conscience de ses limites. Généreuse autant par caractère que par politique, elle est capable d'élans envers ses amis qui profitent de ses largesses. Pour eux, pour sa famille, ses protégés, ses obligés, elle accapare tout : cadeaux, argent, places, prébendes. En revanche elle exige de leur part une fidélité sans faille. Au moindre manquement, elle les passe à la trappe. Malheur à qui s'oppose à elle : il devient aussitôt un ennemi. Trop sensible à la médisance, elle s'entoure d'espions qui avivent sa méfiance et la font vivre dans une atmosphère oppressante de complot. Son plus grand défaut est un amour-propre maladif. Elle est prête à toutes les indulgences dès qu'elle croit qu'on est amoureux d'elle. Sous la douceur des apparences, elle offre un caractère tranché, sans nuance, intraitable. Ses défauts, son avidité se dissimulent encore sous sa beauté, les charmes de la jeunesse, les illusions de l'amour et des commencements. Elle cache une détermination d'acier sous un masque de frivolité. Elle veut tout. Mais elle sait attendre. Pour l'instant, son objectif est d'enchanter le roi, de s'en faire aimer avant de l'enchaîner.

Elle y réussira fort bien. Son seul échec sera de ne pouvoir inviter à Versailles les artistes et les écrivains dont elle admire le talent et qu'elle aurait aimé rassembler pour la plus grande gloire du roi. Elle se heurtera au refus de Louis XV. C'était pourtant la seule, comme le dit Sainte-Beuve, qui « pût diminuer le désaccord criant entre le moins littéraire des rois et la plus littéraire des époques ». Lorsqu'elle posera pour son fameux portrait par La Tour, celui-ci la représentera avec à ses pieds le tome IV de l'*Encyclopédie*, *L'Esprit des lois* et *La Henriade*. Faisons confiance à Pompadour, ces livres ne se trouvaient pas là par hasard. Elle avait dû mûrement réfléchir avant de les choisir. « "Comment était fait François Ier ? demandait-elle un jour au comte de Saint-Germain, qui avait la prétention d'avoir vécu plusieurs siècles ; c'est un roi que j'aurais aimé". Mais Louis XV ne pouvait s'accoutumer à l'idée de compter les gens de lettres et d'esprit pour quelque chose, et de les admettre à la cour : "Ce n'est pas la mode en France, disait ce monarque de routine, un jour qu'on citait devant lui l'exemple de Frédéric ; et, comme il y a ici un peu plus de beaux esprits et plus de grands seigneurs qu'en Prusse, il me faudrait une bien grande table pour les réunir tous." Et puis il comptait sur ses doigts : "Maupertuis, Fontenelle, La Motte, Voltaire, Piron, Destouches, Montesquieu, le cardinal de Polignac. — Votre Majesté oublie, lui dit-on, d'Alembert et Clairaut. — Et Crébillon dit-il, et La Chaussée ! — Et Crébillon Fils, dit quelqu'un, il doit être plus aimable que son père ; et il y a encore l'abbé Prévost, l'abbé d'Olivet. — Eh bien ! dit le roi, depuis vingt-cinq ans tout cela aurait dîné ou soupé avec moi !"[1] » « Tout cela » : Voltaire, Diderot, Fragonard, Montesquieu, Rousseau, Boucher, La Tour, Van Loo, oui, tout cela ne méritait pas ce qu'obtenait si facilement son entourage, qui, quelques éminentes personnalités exceptées, comptait tant de nullités.

Cependant grâce à sa politique des Petits Cabinets, la marquise va conquérir Versailles, puis la France. C'est avec sa beauté et son charme dont elle connaît le caractère éphémère, son arme pour s'attacher le roi, la clé de son maintien au pouvoir. Elle a compris que le roi aime la vie de couple illégitime, à la fois conjugale et libre, bourgeoise, raffinée, pleine d'esprit et de gaieté. Avec intelligence, elle lui ménage ces instants où il peut cesser d'être le monarque pour être un homme : les Petits Cabinets, ce sont les pantoufles royales, confortables, coquettes, douillettes, qu'on chausse au coin du feu au retour de la chasse ou de la guerre, qui est une chasse un peu plus longue, un peu plus dangereuse. Peu à peu Louis XV se laisse prendre à ce charme engourdissant. Après avoir excité ses sens, Mme de Pompadour devient un besoin, une habitude. Il ne pourra plus s'en passer.

Un tel résultat ne s'obtient pas sans une volonté de fer et une attention de tous les instants. La marquise s'épuise pour la tranquillité et l'agrément du roi. Elle lui consacre toutes ses forces, n'apparaissant jamais ni fatiguée, ni lasse, ni malade, ce que déteste le monarque. Car il faut une énergie incessante pour sortir le roi de cet ennui qui le ronge comme il ronge le siècle. Tout le monde, et le souverain en tête, est blasé ; on a l'impression d'être arrivé à la fin d'une époque, d'avoir joui de tout et de ne pas avoir en soi de ressources pour se renouveler. Un sentiment qui a l'air d'une prémonition. Il explique cette sorte de suicide qui conduira les élites et le régime à leur perte.

Pour durer, Mme de Pompadour doit être une Schéhérazade et maintenir toujours le roi en haleine. Elle a l'idée d'agrémenter l'époque maussade du carême en la mettant en scène à la manière d'un opéra ; elle donne des concerts spirituels où elle chante elle-même avec Mme Marchais, Mme de La Salle, le vicomte de Rohan et bien sûr quelques jolies cantatrices, Mlle Fel ou Jélyotte, qu'accompagnent les musiciens attitrés des Petits Cabinets. Elle

1. Sainte-Beuve, *Causeries du lundi.*

raconte au roi des livres à la mode, fait construire de délicieux petits châteaux autour de Paris afin qu'il puisse être sans cesse dépaysé : ainsi naissent Bellevue, les ermitages de Compiègne et de Fontainebleau, les résidences de Crécy et de La Celle. Quand elle inaugure le « petit château », au mois d'août 1748, elle organise une fête nocturne d'un grand raffinement : sur le canal, des gondoles sont illuminées ; les bois qui entourent la demeure sont éclairés par des lanternes ; les quelques invités, triés sur le volet, ont reçu des billets ainsi libellés : *Bon pour entrer*. Au dessert, alors que le roi est toujours à table, la marquise de Pompadour apparaît dans le costume de la Nuit et chante : « Venez, venez, suivez-moi tous ! » Les invités sont conduits dans les bois illuminés où un ballet est représenté par de petits enfants ; M. de La Salle, habillé en berger, fait l'éloge du roi qu'il compare au soleil ; enfin on offre aux invités des dominos et des masques et on se disperse sous les frondaisons.

C'est par un subterfuge aussi fort que l'amour, qui donne comme lui des émotions fortes, vives, des extases, des larmes, des attendrissements, qu'elle va s'attacher son auguste amant : par le théâtre. Dans le ménage bourgeois qu'elle forme avec le roi, le théâtre ajoute le sel, le poivre, les condiments qui commencent à manquer. Là aussi, c'est l'époque, elle-même folle de théâtre, qui, grâce à la marquise de Pompadour, pénètre dans une cour confinée, où l'on ne s'amuse plus. Et le spectacle apporte au roi un remède à l'ennui, le divertit de ses lourdes charges, excite sa nature apathique. Ce théâtre n'est rien d'autre que la transposition à Versailles des plaisirs et des jeux qui faisaient le ravissement des habitués du château d'Étiolles. On y joue la comédie entre soi : les rôles n'y seront plus tenus par tel ou tel financier ou fermier général, tel avocat au parlement, par des bourgeois, tout juste débarbouillés de leur roture, mais par Mme de Pompadour et ses amis. C'est un petit club très chic, très amusant et très fermé. Au point qu'il y aura souvent plus d'acteurs titrés que de spectateurs pour les admirer.

Ainsi naît, dans une galerie attenant au cabinet des Médailles, une scène que l'on appelle le théâtre des Petits Appartements. La marquise de Pompadour l'inaugure avec *Tartuffe*, une vieille bombe mais qui possède encore assez de poudre. Le 17 janvier 1747, quatorze personnes sont assises autour du roi sur de simples chaises. Il y a là la crème de la crème de la cour : selon les critères de la marquise qui a sélectionné ses invités avec la plus insolente partialité.

Ainsi le prince de Conti, le maréchal de Noailles, le comte de Noailles qui avaient manifesté leur souhait d'assister au spectacle n'ont pas été admis. Certains acteurs sont d'anciens habitués du théâtre d'Étiolles : Mme de Sassenage, la duchesse de Brancas, Mme de Pons, le duc de Nivernais, qui dame le pion aux plus grands acteurs professionnels, le duc d'Ayen et bien sûr la marquise de Pompadour, éblouissante dans le rôle d'Elmire. Louis XV, à la fin de la représentation, lui fait un beau compliment : « Vous êtes la plus charmante femme qu'il y ait en France. »

Forte de ce succès, Mme de Pompadour joue un mois plus tard dans *Le Préjugé à la mode* de La Chaussée, puis en présence du Dauphin et de la Dauphine, dans *Les Trois Cousines* de Dancourt où elle tient le rôle de Colette. Elle interprétera ensuite Lise dans *L'Enfant prodigue* de Voltaire, Lisette dans *Le Méchant* de Gresset. Les représentations se multiplient sur un rythme trépidant pour les spectateurs, certainement épuisant pour celle qui les organise. On inaugure un nouveau théâtre sous l'escalier des Ambassadeurs, où l'on joue *Les Surprises de l'amour*, des opéras, *Acis et Galatée*. Puis le spectacle est transporté au château de Bellevue à Meudon pour couper court à la médisance des jaloux. C'est peine perdue : les courtisans, humiliés de n'être pas invités, se vengent par des épigrammes et dénoncent les fortunes englouties dans ces plaisirs futiles. Il est vrai que la troupe des Petits Cabinets entretient à plein temps plusieurs chanteurs, des danseurs, un copiste de musique, un perruquier, sept tailleurs, des habilleuses, des magasins d'habillement. On a fait dessiner par Cochin de spirituels billets d'entrée. Cette cour dans la cour, organisée par la marquise de Pompadour, exaspère ses détracteurs. Ce caprice coûteux excite leur envie, leur haine, leurs sarcasmes. Car pour être admis aux spectacles des Petits Cabinets, il ne suffit plus d'avoir un nom, d'être riche mais il faut aussi bénéficier de la faveur de la maîtresse du roi. Dans ce domaine, elle règne. Et le roi lui délègue le pouvoir sur ses plaisirs et ses émotions.

Mme de Pompadour a eu tout de suite deux sortes d'ennemis, que son caractère entier et son goût du faste ne contribuèrent pas à désarmer : les grands et le peuple. Les grandes familles avaient pris l'habitude d'avoir le roi pour elles seules : il choisissait ses maîtresses parmi elles. Soudain il a rompu ce pacte occulte, prenant une maîtresse officielle dans la bourgeoisie, non pas la parlementaire, pire, la bourgeoisie d'argent. Même Bernis, si attaché à la faveur de sa protectrice, ne pouvait, lui, descendant des Pierre de Bernis, dissimuler complètement un haut-le-cœur – le roi acceptait de fréquenter une femme et un milieu que lui-même, tout provincial et jeune abbé qu'il était, jugeait médiocre.

Si l'aristocratie méprisait Mme de Pompadour, le peuple, lui, la détestait. Dans les milieux populaires, les maîtresses n'ont jamais eu la réputation de faire diminuer les impôts, comme le disait un contemporain avec humour. Celle-ci avait en plus un goût immodéré du faste ; il lui fallait bâtir sans cesse. Chez elle c'est une manie, presque une folie : ainsi naîtra l'École militaire, dont elle voulut faire un pendant architectural aux Invalides. À ces griefs, le peuple ajoute le reproche d'immoralité : cette société qui donnait le ton, si méprisante, si hautaine, menait une vie de bâton de chaise. Pourquoi le roi, qui avait reçu l'onction de la sainte ampoule, offensait-il par un adultère voyant les principes sacrés de la religion ? Le peuple aime qu'on donne le bon exemple. Une maîtresse discrète ne l'eût pas choqué : une maîtresse affichée, régnante, lui semblait une provocation.

Sur ces braises de rancœur et de haine, le clergé jetait de l'huile. Mme de Pompadour représentait la pécheresse, la Bethsabée, la femme adultère. Le parti janséniste se voilait la face d'horreur ; les jésuites, qui auraient pu s'accommoder – une seconde nature chez eux – de ce manquement aux principes, ne lui pardonnaient pas de soutenir et de subventionner le parti des philosophes, qui voulait la dissolution et l'anéantissement de leur ordre. Au Conseil du roi, plusieurs ministres exaspérés par ses interventions ont juré la perte de la marquise : Maurepas, qui, sous un sourire de façade, l'humilie à chaque occasion, fait circuler sur elle des chansons malveillantes et lui répond un jour avec hauteur : « J'ai toujours respecté les maîtresses du roi de quelques espèces qu'elles fussent. » C'est lui qui alimente les « poissonnades », des libelles diffamatoires qui circulent à la cour et à Paris. Autre ennemi de taille : le comte d'Argenson, grand ministre jaloux de ses prérogatives, qui enveloppe le roi d'une « tyrannie doucereuse ». Il sait le flatter et, cynique, considère qu'il n'y a que deux sortes de gens, « les fripons spirituels et les honnêtes imbéciles ». Pour perdre la Pompadour, il ira jusqu'à s'allier avec la comtesse d'Estrades, la perfide cousine de la marquise dont il devient l'amant et qu'il fait entrer dans son jeu.

Enfin plus redoutable encore, le duc de Richelieu. Grand seigneur, don Juan, ami du roi, mais aussi de Voltaire, qui, entre les guerres, les parties de plaisir et quelques séjours à la Bastille, notamment pour avoir participé à la conspiration de Cellamare, veut chasser la « grisette » pour mettre à sa place une maîtresse sur laquelle il ait barre. Il agace le roi qui lui demande avec un air plein de sous-entendus : « Depuis quand date votre dernier séjour à la Bastille ? » Magnifique soldat – il a été avec le maréchal de Saxe l'artisan de la victoire de Fontenoy et sera celui de la prise de Minorque –, il est d'une vénalité légendaire, qui se révélera fatale dans les circonstances graves. L'endroit où il fait le plus de victimes, en dehors du champ de bataille, c'est l'alcôve. Tout lui est bon : de la duchesse à la femme de chambre jusqu'à la prostituée. Ce pervers jouit du mal qu'il fait. On dit que Choderlos de Laclos s'est inspiré de lui pour le personnage de Valmont. Mais Valmont apparaît comme un adolescent naïf et un sentimental en comparaison de ce corsaire de l'amour sans foi ni loi. Il aime les bourgeoises, qui, elles, ne sont pas libertines ; il aime violenter leurs principes, vaincre leurs scrupules, attiser leurs remords. Les frères Goncourt ont finement noté : « Ce que l'adultère fait perdre à la bourgeoisie, ce n'est pas ce que les grandes dames appellent de ce grand mot : l'honneur ; c'est ce que les petites gens appellent de ce mot étroit mais précis : l'honnêteté. » Ainsi agit Richelieu avec la délicieuse femme d'un miroitier de la rue Saint-Antoine, Mme Michelin. Elle est blonde, elle a dix-huit ans. C'est une toute jeune mariée qu'il croise à la messe. Il va dans sa boutique, endort le mari avec de bonnes paroles et, par un subterfuge, fait venir la jeune femme dans un lieu discret. Il la séduit sans peine. Elle pleure, elle s'attache à lui. Elle essaie de le quitter. Elle s'écrie : « Ah ! c'en est fait, je suis malheureuse. » De ce combat avec elle-même, elle va mourir. Deux jours après son enterrement, Richelieu croise le mari en deuil ; il le fait monter dans sa voiture pour l'écouter pleurer. Voilà l'homme qui exprime toute la noirceur de ce siècle d'or des amours. De lui, la Pompadour ne parviendra pas à avoir la peau. Il est beaucoup trop coriace.

Face à tant d'ennemis déclarés ou sournois, sur qui la marquise peut-elle s'appuyer ? Le roi, bien sûr, mais avec le temps leur amour devient une habitude et de l'amitié. Elle fait surtout confiance à son petit groupe d'amis, que l'on voit jouer sur le théâtre des Petits Cabinets, à Bernis et aux frères Pâris, les financiers qui tirent les ficelles du règne. Ils sont quatre, originaires de Moirans, dans le Dauphiné, où leur grand-père était hôtelier. Ils doivent leur fortune à la fourniture des vivres aux armées. Antoine a été directeur général des vivres ; le Régent a fait de ses trois frères ses conseillers pour les affaires financières. Outre Claude, dit La Montagne, patronyme de sa mère, le plus connu, le plus intéressant des frères Pâris, c'est Joseph, dit Pâris-Duverney. Le ministre Maurepas l'appelait « un vaurien de belle stature ». Il a eu une jeunesse encore plus orageuse que celle de Richelieu : ses frasques ont obligé ses frères à le faire engager dans les gardes de Villars. Il doit son élévation à la Régence et au cardinal Dubois : de 1736 à 1757, il sera contrôleur général de l'extraordinaire des guerres. Très lié avec Bernis, et, comme lui, arrivé par les femmes, Mme de Prie, Mme de Châteauroux, la Pompadour. Son alliance avec la favorite se révélera bénéfique et solide. Il patronnera et dirigera le fameux projet de l'École militaire, si cher – dans tous les sens du terme – à la marquise, qui se verra obligée de le payer sur sa cassette personnelle. Ce Pâris-Duverney a toutes les séductions de l'esprit et les agréments de l'argent, instruit, il aime les arts, et n'a qu'un seul défaut bien pardonnable : une indulgence coupable envers ses amis.

Autre appui de la Pompadour, plus aléatoire celui-là, les philosophes, Voltaire, Diderot, Marmontel, d'Alembert. En dépit de leurs sourires, de leurs compliments, les philosophes ont pour la marquise une passion tout à fait intéressée : ce qu'ils flattent en elle, c'est le mécène, la distributrice de prébendes royales, l'amie compréhensive qui les reçoit chez elle à Versailles aux soirées de l'Entresol et fait lever l'interdiction pesant sur l'*Encyclopédie*. Comme beaucoup de mondaines de l'époque, la marquise voue aux philosophes, particulièrement à Voltaire, une admiration qu'ils ne lui ont pas rendue. Pauvre marquise, qui avec beaucoup d'intelligence, a parfois peu de jugement : elle croit s'attacher ses amis et ses relations par des bienfaits. Naïveté émouvante chez ce cœur sec qui explique sa déception et sa rancœur dès qu'elle a le sentiment qu'on l'a trompée.

Et Bernis ? Que devient celui que la marquise appelle familièrement « mon pigeon pattu » –, allusion à ses longues jambes et à son abdomen prospère. Ce rôle de favori l'exaspère. Il a hâte d'être jugé enfin non plus sur sa réputation mais sur ses mérites. Il ronge son frein, las des fêtes, des bals, des soupers, écœuré par les intrigues, les cabales, la médisance. Aspirant à l'air pur de l'action, il attend qu'on lui donne sa chance. Elle tarde à venir. Car il a beau être officiellement le confident et le conseiller de la marquise, il n'a aucun emploi important, ni aucun bénéfice.

On lui trouve d'abord un logement au Louvre, caravansérail encombré de toutes sortes d'artistes et de bohèmes, qu'il échange vite pour un autre dans une dépendance des Tuileries, cul-de-sac Saint-Vincent (aujourd'hui rue Saint-Roch) ; enfin il emménage dans un bel appartement aux Tuileries que Voltaire lui envie. Certes, les avantages pleuvent : il a un habit à brevet qui lui permet d'être des voyages de la marquise avec le roi au cours des excursions dans leurs résidences autour de Paris. Il est présent à toutes les chasses ; il a une place réservée au théâtre des Petits Appartements ; il est invité à tous les bals masqués. À défaut de l'action à laquelle il aspire, sa vie amoureuse est agitée : il y a au moins deux femmes dans sa vie, appartenant aux horizons sociaux les plus opposés. D'abord la princesse de Rohan-Courcillon, qui lui est venue en aide pour payer ses dettes : cette femme magnifique, belle, généreuse ne s'entend plus avec son mari dont elle vit séparée. Il a également une liaison avec la délicieuse Éléonore Guichard, une Normande qui lui adresse des lettres tendres et émouvantes. Elle a vingt ans lorsqu'il la rencontre. Cette jeune maîtresse aimante lui inspire des vers passionnés. Elle lui répondra par un madrigal triste :

Vous m'aimez, dites-vous : ah ! votre cœur volage
N'est pas assez sensible à mes vœux empressés :
Vous pourriez m'aimer davantage ;
Vous ne m'aimez donc pas assez.

Elle mourut en 1751, à trente et un ans. Cette mort, qui désola Bernis, attendrit Voltaire : « Voilà cette pauvre petite fleur, si souvent battue par la grêle, à la fin coupée pour jamais… Cette pauvre petite Guichard valait mieux, la mort ravit tout sans pudeur. »

Toujours timide devant les beaux esprits, le roi a fini par s'habituer à Bernis. Mis en confiance, il lui parle et c'est le début de la faveur. Un jour que le jeune abbé sort de chez la Pompadour avec une précieuse toile de Perse qu'elle lui a donnée pour meubler son appartement des Tuileries, il rencontre le roi dans l'escalier. Celui-ci lui demande ce qu'il porte et Bernis doit exhiber la tapisserie. Le roi, à la fois amusé et attendri par l'impécuniosité de l'abbé, lui tend un rouleau de louis en lui disant : « Voilà pour les clous. »

Mme de Pompadour lui obtient en plus une pension de 1 500 livres sur la cassette royale.

Quelle place lui donner ? On pense à la direction de la *Gazette de France*, mais le projet échoue. La Pompadour s'en désole et confie sa déception à Pâris-Duverney : « Je n'ai encore pu faire de bien à l'abbé, c'est le seul de mes amis qui soit dans le cas. »

Faute de recevoir le salaire de la faveur, Bernis s'efforce de faire fortune par ses propres moyens dans la carrière ecclésiastique. Il pose sa candidature au chapitre de Lyon, en apportant les preuves d'une filiation sans mésalliance depuis quatre cents ans, c'est-à-dire jusqu'en 1316, et d'une parenté avérée avec le roi rapportée dans le procès-verbal. Le 18 juillet 1749, au cours d'une cérémonie magnifique, coiffé de la mitre, il reçoit la croix émaillée, attachée au cordon rouge, liséré de bleu, symbolisant les ordres du Saint-Esprit et de Saint Louis. Un honneur insigne, qui le fait entrer dans un des corps prestigieux de l'Église, et qui s'accompagne en outre d'une rente de 5 000 livres. Cette promotion lui coûte une passion qui lui était chère : il renonce aux spectacles. Un cruel sacrifice. L'évêque de Mirepoix, qui a la haute main sur les bénéfices, ayant toujours refusé ses requêtes, il décide d'agir en faisant intervenir son ami le duc de Nivernais, ambassadeur à Rome, qui obtient du pape un bénéfice en Bretagne. Ce qui permet à Bernis de fanfaronner et de dire à l'évêque de Mirepoix : « Le pape vient de lever l'interdit que vous avez mis sur moi. » Un mot, qui, lorsqu'il est connu de la cour, ridiculise Mirepoix.

Un jour que Bernis rencontre le cardinal de Tencin, ministre d'État, celui-ci en apercevant sa toute nouvelle croix de Saint-Louis, lui déclare : « Vous serez ambassadeur ! » Bernis ne répond pas. C'est aussi la pensée qui l'agite et qu'il s'empresse de confier à sa chère amie, Mme de La Ferté-Imbault : « Je ne veux point rester le confident complaisant de la marquise, me donner l'air d'un intrigant et d'être responsable vis-à-vis de la cour et de la ville des effets de son crédit qui seront peut-être très condamnés et très condamnables… Je veux entrer dans les Affaires étrangères ; si je fais bien, je mériterai des récompenses pour ma besogne, et si je réussis, ce sera ma faute si je ne fais pas une petite fortune. Je ne pourrai m'en prendre qu'à moi… Je ne veux faire de fortune que par des moyens honnêtes, et je veux, avant tout, l'estime des honnêtes gens. »

En quittant la marquise au faîte de la faveur, il veut montrer à la cour qu'il n'est pas un intrigant et qu'il a des ambitions raisonnables. Ce parti digne, courageux, prudent également, n'empêche pas les envieux de se réveiller. Ils se déchaînent contre cet homme jeune, beau, aimé des femmes, académicien à vingt-neuf ans, favori de la favorite, apprécié par le roi et promis aujourd'hui à une carrière flatteuse. Bernis note : « La jalousie a marqué tous les pas que j'ai faits vers la fortune et la réputation. » Le roi lui fait savoir qu'il est prêt à lui accorder un poste diplomatique. Bernis demande l'ambassade de Pologne. Le roi la lui refuse. On lui fait miroiter l'ambassade de Suisse, mais elle va finalement à M. de Chavigny. Le 31 octobre 1751, le roi lui accorde l'ambassade à Venise. On imagine l'enthousiasme avec lequel Bernis apprend cette nomination. Enfin on lui rend justice. Il sort de la condition infamante, pour lui, de courtisan. C'est le pied à l'étrier, le premier pas vers la gloire dont il rêve.

10

L'AMANT DE VENISE

Venise ! Quelle belle proie on donnait à dévorer à sa jeune ambition. Devant la cité des Doges, Bernis dut avoir un moment d'ivresse. À la beauté somptueuse du spectacle qui s'offrait à ses yeux, en ce mois de novembre 1752, s'ajoutait le grand pari qu'il se lançait à lui-même. Et si l'envie le prenait de distraire son ambition dans les voluptés, mille courtisanes se tenaient prêtes à le délasser, sans compter les patriciennes, dont la vie dissolue était proverbiale, et les belles religieuses qui jetaient si facilement leur cornette aux orties. Venise offrait un luxe de plaisirs faciles, au dire du président de Brosses, qui en revenait : « Il n'y a pas de lieu au monde où la liberté et la licence règnent plus souverainement qu'ici. Ne vous mêlez pas du gouvernement et faites d'ailleurs tout ce que vous voudrez. Je ne parle pas de la chose dont nous tirons notre plaisir et notre origine, de la chose proprement dite par excellence. On ne s'en choque pas plus ici que de toute autre opération naturelle. »

En effet si l'on acceptait de respecter un certain nombre de règles qui fixaient les apparences, on était parfaitement libre.

Le carnaval durait six mois, avec tous les débordements possibles. Les périls que l'on courait à Venise ne tenaient pas aux voleurs – la peur panique de la police du Conseil des Dix faisait régner la sécurité. Il ne fallait pas s'exposer à contester le pouvoir, à importer des idées philosophiques, à jouer les esprits forts. Mais le véritable danger que représentait Venise, c'était d'y attraper la vérole : elle y sévissait et punissait les excès plus sévèrement que le Conseil des Dix.

Bernis, lui, pour l'instant, songeait à autre chose : « Le seul risque que je courais était d'y être oublié », dit-il plaisamment. On lui fait confiance : il n'a pas si ardemment attendu cette place pour laisser filer sa chance. Il sait qu'à Versailles ses ennemis ne laisseront passer aucune de ses erreurs, que celles-ci seront exploitées pour discréditer sa protectrice. M. de Puysieulx, ancien ministre des Affaires étrangères, qu'il est allé consulter avant son départ, ne lui a pas dissimulé qu'il s'était opposé à sa nomination à tous les postes qu'on lui proposait ; et il n'avait donné son accord pour Venise que parce que, s'il y commettait des erreurs, les conséquences n'en seraient pas trop graves.

La position de Venise entre Vienne et Rome lui apparaît stratégique. Il a lu les dépêches diplomatiques, interrogé les compétences, consulté des ouvrages politiques, des mémoires. Quand il est arrivé à Venise, près d'un an après sa nomination, il a eu le temps de comprendre son organisation politique, sa position commerciale ainsi que les attentes, les aspirations, les craintes, les intérêts de la Sérénissime République. Il a un grand avantage : les précédents ministres, envoyés par le roi, M. de Froulay, notamment, ont considéré ce poste comme une sinécure ; ils ont passé plus de temps avec les voluptueuses religieuses de Murano qu'à écrire des dépêches et à réfléchir à la situation politique.

Pour séduire Venise et ses dirigeants, Bernis ne lésine pas. Il s'installe à la Madonna dell'Orto, au nord de la ville, face à Murano. Sans doute se souvient-il du judicieux conseil que lui a donné avant son départ le cardinal de Tencin, qui l'a pris en affection : « Dans la carrière où vous entrez, souvenez-vous qu'on ne fait pas tout avec du talent. » Il faut frapper les imaginations, se faire une légende, sculpter une réputation. Son palais ne vise qu'à cela : en mettre plein la vue aux Vénitiens. Jamais jeune homme démuni n'a fait étalage de plus de faste, de goût de la décoration. Il y apporte un soin particulier, en bon élève de la marquise de Pompadour. Son fidèle secrétaire, l'abbé Dehaizes, et Chatillon, son valet de chambre-tapissier, qui l'ont précédé, ont, selon ses directives, donné la plus belle allure à sa résidence. Les appartements sont tendus de damas vert et bleu et de velours de Gênes. Une antichambre, décorée d'une toile de Vienne à fond bleu, ouvre sur une salle qui comporte un billard de douze pieds sur six. Dans la salle à manger, la table peut accueillir trente convives. Partout des lustres en cristal de Bohême ou en verre de Murano dont les lumières se reflètent sur de grandes glaces. « La chambre du roi » est d'un luxe inouï : le garde-meubles lui a prêté quatorze pièces de tapisseries en soie de Bruges. Dans le jardin, le pavillon d'été, le Cazin, est orné de tableaux et de statues. Bernis a planté des orangers et des lauriers-roses. Ses gondoles, amarrées derrière le palais à des pieux peints, décorés de fleurs de lys, témoignent de la même recherche fastueuse.

Le train de maison est à l'avenant : un valet de chambre, sept valets de pied, un premier gentilhomme, un boulanger, un suisse, cinq gondoliers, un garçon rôtissier, des lingères. Mais celui que Bernis a choisi avec une attention extrême, c'est le cuisinier. La table de l'ambassadeur sera l'objet des appréciations les plus flatteuses de tous les gourmets de passage à Venise, notamment Algarotti, l'un des esprits les plus brillants du siècle. Où qu'il aille, Bernis ne lésinera jamais sur la qualité de la chère. Ce sera chez lui une préoccupation constante autant par plaisir que par intérêt bien compris : un estomac satisfait incite à la confidence, à l'indulgence, à la louange. Il faut des mets exquis pour conjurer, auprès des nombreux convives venus de toute l'Europe, cette malveillance qu'on ne cesse de semer sous ses pas, notamment en publiant et en estropiant ses anciens vers un peu lestes. Les cabales de ses ennemis le font souffrir, même s'il tente de les accueillir avec philosophie : « Il faut que l'envie ronge toujours quelque chose ; j'aime mieux qu'elle ronge mes vers que mes os. » Cette dépense excessive est une politique : il considère les étrangers de passage comme « ses trompettes » qui vont semer ses louanges à travers l'Europe et jusqu'à Versailles ; il espère que tout cela lui reviendra en abbayes et en dignité : « Je place mon argent à fond perdu à un denier fort avantageux. »

Ce faste a pour conséquence immédiate de faire apprécier le nouvel ambassadeur par l'aristocratie vénitienne, qui finit par le saluer, faveur qu'elle n'accorde pas aux autres diplomates. Les Français ne sont pas aimés à Venise. On lance des insultes et des quolibets sur leur passage. On leur reproche d'être arrogants, méprisants. Une rixe ayant éclaté entre ses valets et des gondoliers, Bernis congédie les domestiques coupables. En outre, il met fin à la contrebande plus ou moins discrète à laquelle se livrait le personnel diplomatique, ministres y compris. Aucun laisser-aller. La réputation de l'ambassadeur avant tout.

Ainsi s'efforce-t-il de déjouer les pièges : on imaginait un homme jeune qui, sans fortune, aurait une représentation médiocre ; sa réputation d'auteur licencieux laissait supposer qu'il allait s'adonner à la vie galante et scandaleuse et délaisser une charge dont il n'avait aucune expérience. Il s'efforce de faire le contraire de ce qu'on attendait de lui. Il est chaste – du moins au début pour installer son crédit : « On fut fort étonné de me voir insensible au charme des femmes dans un pays où cette faiblesse n'est pas regardée comme un vice. » Il montre une grande application dans son travail diplomatique qui ne péchera jamais ni par le dilettantisme ni par l'amateurisme.

Cette aptitude aux choses sérieuses qu'on lui contestait, il va montrer à quel point il peut y exceller. Il s'empresse de conclure de main de maître les affaires les plus délicates, restées pendantes depuis de longues années. Ainsi, il règle dès son arrivée la question des sucres provenant de nos colonies que les Vénitiens taxaient de manière excessive pour favoriser le sucre portugais. Son prédécesseur, M. de Chavigny, n'avait pu obtenir aucune amélioration. C'était une affaire délicate où l'ambassadeur jouait gros : à la moindre erreur, le Sénat de Venise pouvait exprimer son mécontentement et le ministre des Affaires étrangères, M. de Saint-Contest, qui n'aimait pas Bernis, aurait été enchanté de prendre ce prétexte pour le rappeler et mettre fin à sa carrière. Le mémoire que Bernis adresse au Sénat est un petit chef-d'œuvre d'habileté et de diplomatie. Il a pris garde de ménager l'amour-propre chatouilleux des Vénitiens. Contre toute attente, il obtient gain de cause. Cette première victoire assoit sa réputation de négociateur. Bien entendu, M. de Saint-Contest se gardera bien d'évoquer ce succès du jeune ambassadeur au Conseil du roi.

Ministre incompétent et sans bienveillance, il dissimule les dépêches politiques perspicaces du jeune ambassadeur et ne fait état que de ses arides mémoires techniques, ce qui ne tarde pas à exaspérer Bernis impatient de montrer ses mérites. Mais on lui fait confiance pour tenir Mme de Pompadour informée de ses succès et rétablir ainsi l'équilibre auprès du roi ! Heureusement pour lui, cette situation désagréable ne durera pas. M. de Saint-Contest, après lui avoir donné pendant un an et demi bien des désagréments et lui avoir gâché son travail, fait ce qu'il avait de plus utile à faire : il meurt subitement, au soulagement de tous les ambassadeurs en poste. Il est remplacé par M. Rouillé, qui agit avec plus d'intelligence : soit honnêteté, soit intérêt, il révèle au Conseil du roi la substance des dépêches et des vues politiques enterrées à dessein par son prédécesseur. Cet excellent procédé envers le protégé de la favorite ne nuisit certainement pas à sa carrière.

La grande idée politique que Bernis veut faire connaître au Conseil, c'est d'amener la République de Venise à demander la protection du roi, afin d'assurer la domination française sur l'un des « portiers », un des verrous de l'Europe : Venise est le passage obligé de l'Allemagne et de l'Autriche vers l'Italie. Mais il faut réussir à convaincre les Vénitiens à la fois peureux et d'une susceptibilité exacerbée par le sentiment de leur décadence. Pour parvenir à ses fins, il agit en sous-main, suggérant habilement cette idée au Sénat. Quand elle aura fait son chemin dans la tête des sénateurs, Bernis, sans en avoir l'air, les épouvante lors du mariage projetée de l'archiduc d'Autriche avec la princesse héréditaire de Modène, en leur brossant un tableau effrayant des menaces qui pèsent sur la République. Le Sénat finit par lui demander d'intercéder auprès du roi afin d'obtenir la protection de la France. Mais le ministre des Affaires étrangères, Rouillé, ne jugera pas bon d'y répondre favorablement. C'était sans doute une erreur de la part de la France, mais incontestablement un succès pour Bernis. D'ailleurs ses talents de négociateur sont suffisamment appréciés pour que le Sénat le choisisse comme arbitre dans un différend l'opposant à Gênes, au sujet d'une rixe sanglante entre matelots. Bernis arrange l'affaire à la satisfaction de toutes les parties.

Que ce soit par le faste qu'il déploie, par son intelligence, par son talent, il excelle à se forger une solide réputation, condition de toute réussite diplomatique, surtout à Venise. Pour cela il va particulièrement choyer les visiteurs de marque, ainsi le duc de Penthièvre, petit-fils de Louis XIV et fils du comte de Toulouse. Bernis le fait accueillir par la République de manière somptueuse, contrairement à tous les usages en vigueur. Deux nobles sont mis à sa disposition ; logé dans la résidence de Bernis, il est reçu, honneur insigne, par le Grand Conseil au palais des Doges. Cette visite spectaculaire d'un prince du sang est une réussite. Le prince quitte Venise ébloui et plein d'estime et de reconnaissance pour le fastueux ambassadeur. C'est certainement grâce à l'amitié du procurateur Emo et de Mme Barbarigo que Bernis a réussi à obtenir ces dérogations et ces faveurs marquées, en violation de toutes les lois de la République.

Il entretient également les meilleurs rapports avec ses collègues. Ainsi, ce qui se révélera très important dans la suite de sa carrière, il se lie avec l'ambassadeur de la cour d'Espagne, M. de Montalègre, duc de Salas, ancien Premier ministre à Naples : « Pour son plus grand agrément et pour mon plus grand profit », note Bernis sans modestie. C'est un proche de M. de La Ensenada, qui joue à Madrid un rôle de premier plan et n'a aucun secret pour lui : camarades de classe, les deux hommes sont restés amis « autant que peuvent l'être des ministres ambitieux ». Bernis apprend de sa bouche des secrets concernant les affaires d'Espagne, ignorés par le représentant de la France à Madrid, le duc de Duras. Il en fait part à Rouillé. Et on prend l'habitude à Versailles de considérer l'ambassadeur à Venise comme très au fait des intrigues de la cour d'Espagne. Encore un mérite à ajouter à son crédit.

Ses succès ne sont pas de trop pour désarmer ses ennemis, qui à Paris continuent de tenter de le discréditer. Chaque jour lui apporte son lot de dénigrements, de libelles, de diffamations. Mais Bernis ne s'abuse pas : il sait qu'à travers lui, c'est la marquise qu'on vise : « Jamais persécution ne fut plus marquée. Je sais bien que ce n'est pas à moi tout seul à qui on veut nuire et qu'on poursuit de si loin ; mais c'est moi qui en souffre. » Heureusement ses amis ne l'oublient pas. Rien de plus tendre que les lettres qu'il échange avec le financier Pâris-Duverney ou avec le comte des Alleurs, ambassadeur à Constantinople, et avec sa charmante épouse ; la Pompadour ne manque aucune occasion de marquer son affection à ce protégé qu'elle couve afin de le transformer un jour en protecteur. De toutes les façons Bernis sait que, quoi qu'il fasse, Venise ne sera jamais le théâtre de grands exploits diplomatiques. Même s'il peut donner la preuve de ses compétences, ce n'est pas là qu'il obtiendra la gloire. Aussi dans ses lettres à Pâris-Duverney passe-t-il souvent de l'enthousiasme au découragement : « Je vois clairement que par ces artifices on trouvera le secret de me faire rester les bras croisés dans mon cul-de-sac. » Il se plaint de l'inaction des bureaux de Paris : « Ma plus grande peine n'est donc que d'aspirer à être utile, d'en ouvrir modestement les voies, et d'être toujours renvoyé à l'inaction et à l'inutilité : voilà pour le moral. »

Mais il a des compensations. Au milieu de ce dédale d'intrigues, Bernis a recours à divers expédients. Il décide d'acheter des renseignements confidentiels. Rien de plus facile car, avec les courtisanes, ce qu'il y a de moins rare à Venise, ce sont les espions : ils pullulent malgré les risques ; toutes les cours d'Europe ont le leur ; parfois – le plus souvent – celui-ci travaille également pour le Conseil des Dix, agent double, triple… Les archives du Grand Conseil accumulent les renseignements les plus indiscrets sur chaque citoyen. Tout le monde est fiché, suivi, espionné depuis le lever du jour jusqu'au coucher compris. Mais là encore avec un peu d'entregent, de la discrétion, quelques pièces sonnantes, on peut n'être pas vu.

Pour savoir ce qui se trame entre les différentes cours, surtout celle de Vienne, l'ambassadeur fait appel à un homme d'une rare perspicacité. D'une moralité plus que douteuse, aimant le luxe, les jolies femmes, le jeu comme un démon, snob, se vantant de ses relations autant que de ses succès féminins et de son érudition, c'est un de ces aventuriers qui courent les rues à Venise. Celui-ci a une stature exceptionnelle : exceptionnellement hâbleur, exceptionnellement vénal, si l'on en croit les demandes de subsides de l'ambassadeur au ministre pour payer les renseignements de son coûteux indicateur. Il arrive de Vienne où il s'est fait des relations fructueuses dans l'aristocratie. Bernis apprend par lui que l'Autriche cherche à s'agrandir en Italie. La politique des Habsbourg n'a, grâce à ses renseignements, plus de secrets, pour le plus grand bénéfice du Conseil du roi.

Cet espion est lui-même espionné par un *confidente* des Inquisiteurs, un certain Manuzzi, qui, dans un de ses rapports, trace ce portrait de lui : « Il s'est fait prêtre mais a quitté l'habit. On le dit lettré mais on dit aussi que son esprit est fécond en cabales ; qu'il s'est introduit chez *ser* Bragadin et qu'il lui a mangé beaucoup d'argent ; qu'il a voyagé en Angleterre ; qu'il a été à Paris où il s'est poussé auprès des cavaliers et des femmes dont il a retiré des profits illicites car ce fut toujours sa coutume de vivre aux dépens d'autrui et de cultiver les gens crédules ou qui se livrent au libertinage en secondant leurs passions déréglées. Il est joueur. C'est un hyperbolique [un bluffeur] qui a extirpé beaucoup d'argent à *ser* Bragadin en lui faisant croire qu'il ferait apparaître l'Ange de la Lumière[1]. » Bien sûr, derrière le masque de ce personnage énigmatique, grand amateur de romanesque, grand tricheur devant l'Éternel, on n'a aucun mal à découvrir un homme à la figure plaisante dont les yeux noirs sont dardés en permanence vers les jolies femmes ; ce flibustier de l'amour, le domaine avec l'espionnage où le mensonge est le plus utile, on l'a reconnu : c'est Giacomo Casanova.

La rencontre à Venise entre deux séducteurs de haute volée, réunis par les nécessités du renseignement diplomatique, ne pouvait que déboucher sur des terrains plus lascifs. On commence par écouter aux portes et on finit dans un lit. L'alcôve, chez ces deux séducteurs qui luttent à armes égales, n'est jamais loin. L'un et l'autre ignorent que ce rendez-vous va asseoir leur légende dans les annales du libertinage.

11

LES VOLUPTÉS MASQUÉES DE MURANO

Au XVIIIe siècle, Venise, c'est le plus délicieux des lupanars. Pour lutter contre la mélancolie de la décadence, qui perce sous l'opulence économique, la terreur de l'avenir, comme s'ils pressentaient la fin de leur splendeur et bientôt de leur indépendance, les Vénitiens s'adonnent à un remède qui tient de la panacée : l'amour. Une farandole masquée par les travestissements du carnaval autorise les plaisirs : courtisanes, femmes de patriciens, habituées des parties fines dans leur casino – comme la procuratesse Venier dans sa garçonnière du Rio dei Barratei, qui existe toujours – bourgeoises

1. Giovanni Comisso, *Les Agents secrets de Venise au XVIIIe siècle.*

en goguette, religieuses aux sens exaltés par une clôture bien symbolique, femmes du peuple qui dans cette chaude ambiance prennent elles aussi du plaisir, quitte à y trouver quelques avantages en argent. Sous le masque, la licence se donne libre cours. *Carnavale* : la chair prévaut. L'amour rôde incognito sous la *bauta*, le domino. La moralité n'étouffe pas Venise. On se demande si les Inquisiteurs du Conseil des Dix qui espionnent les Vénitiens et les nobles étrangers ne sont pas plus à la recherche de ragots et de potins salés pour distraire les dignes magistrats que réellement intéressés par les délits de mœurs, les divers trafics et la divulgation des secrets d'État.

Tout à Venise incite à la volupté ; la religion n'est plus un frein à la débauche. Des oratoires, des chapelles servent de lieu de rendez-vous et parfois même de lieu de plaisirs. Même Dieu et ses saints semblent s'en mêler. Lorsque le président de Brosses, incapable de résister au charme d'une ravissante courtisane, lui demande si elle n'est pas vérolée, elle lui répond des conséquences en jurant par la Beatissima Madonna di Loretto. La volupté éclate sur les murs des palais, des églises et des *scuolas* comme celles des Carmini à San Barnaba où Tiepolo, pour peindre l'Assomption de la Vierge, a fait figurer sa maîtresse connue pour avoir été une fameuse courtisane. Elle s'étale dans les boudoirs surdorés, se rafraîchit à la campagne dans les luxueuses villas de la Brenta où, l'été, les patriciens ont l'habitude de se délasser. Tout y suggère les caresses, les baisers, les idylles : sur les murs peints à fresque, ce ne sont que nymphes, satyres, cupidons qui se poursuivent sur fond d'azur.

La volupté est au théâtre, ces théâtres qui naissent chaque jour comme des champignons après la pluie et se multiplient avec leurs actrices volages, comme la célèbre Cécilia Tron. Des figurantes raccompagnent après la représentation tel patricien ou tel procurateur dans son casino. Mais les loges des théâtres parfois suffisent. Elles sont très appréciées : mal éclairées parce qu'on craint le feu autant que la peste, elles sont propices à des conversations un peu poussées. Quelquefois après le spectacle, on y a même surpris des orgies. Oui, la volupté règne en maître, de San Marco à Sainte-Alvise, du Rialto à San Barnaba, avec ses deux complices, le carnaval et l'obscurité voulue qui enveloppe les Vénitiens et leur permet le secret, ami des plaisirs.

Les ambassadeurs de France et leur personnel ne sont pas en reste : la débauche ne leur a jamais fait peur, même si Paris semble austère par rapport à Venise. En France, seule l'aristocratie de la cour a tendance à se dévergonder ; la bourgeoisie y est plutôt sage. À Venise, aucune catégorie sociale n'est épargnée par ce vent chaud qui exaspère les nerfs et les sens. M. de Montaigu et surtout son secrétaire, Jean-Jacques Rousseau, ont succombé au charme des fameuses courtisanes : Rousseau a d'abord eu une aventure avec la Paodana dont il crut avec une frayeur imaginaire qu'elle l'avait « poivré » ; puis ce fut au tour de la fameuse Zulietta, une brunette de vingt ans, éblouissante, qui l'embrasse à pleine bouche et l'appelle bizarrement « mon cher Brémond ». « Ces grands yeux noirs à l'orientale lançaient dans mon cœur des traits de feu. » On sait qu'après avoir aperçu son « téton borgne », l'affaire se termina assez mal, la virilité de Jean-Jacques n'étant pas à la hauteur des exigences d'une grande courtisane vénitienne : après un piteux échec, celle-ci s'exclama d'un air dédaigneux en faisant claquer son éventail : « Zanetto, lascia le donne e studia la matématica. »

M. de Froulay, un des ambassadeurs qui avait précédé Bernis, s'était montré, lui, plus actif. Outre deux religieuses du monastère de San Lorenzo, il était un familier des entremetteuses et des proxénètes qui lui fournissaient un important contingent de filles. Grâce aux rapports des espions des Inquisiteurs, nous n'ignorons rien de ses faits et gestes. Un dénommé Caimo Antonio rapporte en détail au Conseil les turpitudes de cet ambassadeur au couvent de San Lorenzo, avec une certaine Zuane, une certaine Zanetta et une certaine Rina, qui, en punition, ont « été privées des sacrements ». Un autre espion raconte les frasques du même ambassadeur avec une autre Zanetta qui demeure au Rialto : elle feint de le prendre pour un cavalier allemand et lui procure trois filles qu'elle prétend être des femmes de qualité et qui en réalité ne sont que des gourgandines. Le diplomate, cependant satisfait, quitte les trois coquines à l'aube après avoir distribué un bon nombre de sequins. Enfin il s'éprit follement d'une religieuse de San Lorenzo, Maria da Riva, qu'il avait remarquée au parloir du couvent. Elle le rejoignait chaque nuit dans sa gondole et ne revenait au couvent qu'à la pointe du jour. L'affaire devint bientôt publique, d'autant plus que la malheureuse religieuse tomba enceinte. Le tribunal ecclésiastique se vit obliger de sévir. Reléguée dans un couvent de Ferrare, la coupable se jeta dans les bras d'un colonel Moroni qui l'enleva et l'épousa à Bologne. Ignorant cette infidélité, l'ambassadeur alla jusqu'à Paris pour faire intervenir le garde des Sceaux qui fit des remontrances au gouvernement de Venise. C'est dire si Venise n'impressionnait plus les cours étrangères. Cette lâcheté, cet oubli de toute dignité suscitaient les lamentations du doge, Paolo Renier : « Nous n'avons plus de forces terrestres, plus de forces maritimes, plus d'alliances ; nous vivons au gré du destin et par accident ; nous n'avons plus qu'une pensée : prudence ! »

Sainte-Beuve, très gêné dès qu'il aborde ce sujet à propos de Bernis, s'entête à ne rien vouloir savoir : « On a écrit et imprimé bien des choses plus ou moins romanesques, où l'on a mêlé le nom de Bernis à la date de cette ambassade : nous nous en tiendrons à ce qui est l'usage des honnêtes gens. » Il est non moins certain que, devant la licence générale, Bernis a eu bien du mal à rester chaste. Mais la véritable question n'est pas de savoir s'il le demeura jusqu'à la fin de son séjour – nous savons que non – mais combien de temps durèrent ses sages et prudentes résolutions ? Dans ses Mémoires, qui se veulent édifiants, évoquant les débuts de son ambassade il confesse : « Je n'avais point de maîtresse et les soirées étaient longues. » Dans une lettre à son ami, le comte des Alleurs, ambassadeur à Constantinople dont la jeune femme deviendra sa maîtresse si elle ne l'est déjà, il a ce mot, parlant de sa continence : « J'ai plus fait pour le roi à Venise que je n'aurais fait pour Dieu à Paris… Je mène la vie d'un chartreux et j'y ai d'autant plus de mérite qu'il s'en faut bien que j'en aie la sainteté. » Mais faut-il le croire ? Bernis sait que ses amis parlent, que sa réputation est entre leurs mains. Or il doit à tout prix avoir une image sérieuse. D'où quelques pieux mensonges. Ainsi après nous avoir dit, lorsqu'il a été admis au chapitre de Lyon qu'il renonçait à son goût pour les spectacles, il nous avoue qu'à Venise, il est presque tous les soirs au théâtre ou à l'opéra. Et s'il ne l'avait pas avoué, les rapports des espions l'attestent.

Une réputation se joue toujours sur la première impression. Dans ses débuts à Venise, Bernis a voulu se montrer austère, se donner une image de travailleur acharné, inaccessible aux tentations. Il a ainsi impressionné favorablement, comme il le souhaitait, les nobles vénitiens, un peu lassés des turpitudes des ambassadeurs que la France leur envoyait. Comme si Venise avait si peu d'importance politique que les seules lettres de créance qu'on y exigeait consistaient à être un fieffé débauché.

La discrétion de Bernis plut. Il traita les Vénitiens avec une considération à laquelle ils n'étaient plus habitués et qui fut un baume pour leur amour-propre. En outre le jeune ambassadeur était capable de plaider leur cause et de leur rendre des services non négligeables. Il fallait donc tout faire pour garder ce Français comme on n'en avait pas vu depuis longtemps. Et comme, en plus du carnaval, Venise excellait dans l'art de l'hypocrisie, Bernis comprit vite qu'à la condition d'y mettre des formes, d'être discret, il avait toute licence de s'adonner à la vie voluptueuse ; on feindrait de ne s'apercevoir de rien. Pourvu qu'il consacrât ses jours à redorer la gloire de Venise, on fermerait pudiquement les yeux sur ses agissements de la nuit. Inutile de dire que Bernis ne se le fit pas dire deux fois : on n'avait pas besoin de lui accorder des permissions : il connaissait le chemin des plaisirs. C'est même un chapitre sur lequel il était difficile de lui en remontrer.

Dans une lettre à sa chère Mme des Alleurs, la pétulante comtesse née Lubormirska, il lui parle d'une religieuse qu'elle connaît, qui vient de sauter les murs de son couvent pour se réfugier à Padoue. Il lui avoue que non seulement il a été la voir mais qu'elle viendra le soir même dîner dans la maison des champs qu'il loue sur la Brenta. Ces entretiens en tête à tête entre la religieuse en rupture de ban et le jeune abbé ne furent pas forcément très catholiques.

Sur le chemin du plaisir – un peu encombré à Venise – il a rencontré, on l'a vu, un autre grand amateur : Casanova. On peut d'ailleurs supposer que c'est au cours de parties fines que Bernis a décidé d'employer son partenaire pour des tâches d'espionnage. Par quelle porte Bernis est-il entré dans ce monument de libertinage que sont les Mémoires de Casanova ? Si l'on en croit le Vénitien, un soir, une belle religieuse qui venait de succomber dans ses bras, une certaine M. M. (Maria Madgalena Pasini), appartenant à l'une des plus anciennes familles de Venise, lui avoue qu'elle est depuis un an la maîtresse d'un étranger qui a tout pour être aimé : « beauté, esprit, douceur dans le caractère et les procédés ». Casanova ne tarde pas à deviner le nom et les qualités de son prestigieux rival qu'il convie à souper avec M.M. dans son casino de Murano. Les deux hommes se reconnaissent : ils ont eu l'occasion de se rencontrer à Paris. Au cours de la conversation brillante et piquante, M.M. parle avec chaleur de sa délicieuse amie de couvent C.C. (Cattarina Capretta), âgée de quinze ans, dont Casanova est amoureux et qu'il veut épouser. Bernis manifeste beaucoup d'intérêt pour C.C. Et bientôt tous les quatre se retrouvent dans le casino de Murano pour souper à nouveau. Bien entendu C.C. plaît beaucoup à Bernis, ce qui enchante Casanova en qui l'amoureux le dispute toujours à l'entremetteur : « C.C. parut un prodige à Bernis, et contradiction du cœur humain, j'en jouissais et pourtant je tremblais qu'il n'en devînt amoureux. » Il sent que la jeune fille n'est pas insensible au charme de l'ambassadeur qui possède « au suprême degré l'art de dorloter l'amour ».

La suite que conte Casanova va tourner à son désavantage. Un prochain souper est fixé dans un casino que Bernis loue pour M.M., mais au dernier moment les invités reçoivent un billet de l'ambassadeur retenu par la réponse qu'il doit donner à un courrier extraordinaire. Dépités, les convives n'en passent pas moins une excellente soirée : Casanova invite les jeunes femmes à se mettre nues dans le grand lit. Il les y rejoint prestement et, leur montrant une gravure licencieuse, il propose de copier la scène au naturel. Elles acceptent de bon cœur : les voilà l'une et l'autre enchevêtrées de la manière la plus délicieuse : « D'abord simple spectateur du combat stérile que se livraient mes deux bacchantes, je jouissais de leur effort et du contraste des couleurs, car l'une était blonde et l'autre brune ; mais bientôt irrité moi-même par tous les feux de la volupté, je me jetais sur elles, et tour à tour je les fis expirer d'amour et de bonheur. »

Le lendemain Casanova, toujours curieux, se rend à l'ambassade de France. Il interroge le concierge : pas le moindre courrier extraordinaire n'est parvenu de France ; Bernis a soupé la veille chez l'ambassadeur d'Espagne. Tout s'éclaire : il comprend le piège où il est tombé ; et le lendemain, où rendez-vous a été pris pour remettre le souper de la veille, Casanova, pour ne pas être en reste d'élégance, se décommande à son tour. Au cours de ce souper, comme une lettre de M.M. le lui apprendra, l'ambassadeur se livre au même jeu que Casanova qui enrage de dépit. Car C.C. est tombée amoureuse du Français. Le récit que fait M.M. à Casanova de sa nuit d'orgie achève de le désespérer : voilà le séducteur en face de plus séducteur que lui. Le stratège de l'amour a trouvé son maître en érotisme dans un futur cardinal, qui ne se contente pas de ces parties fines : Casanova nous apprend également qu'il est voyeur. Un œil-de-bœuf astucieusement dissimulé dans la cloison lui permet d'assister aux ébats de M.M. Mais Casanova ignore là aussi qu'il a affaire à plus roué que lui, que l'ambassadeur a largement profité des charmes de celle-ci avant son arrivée.

Ces égarements des sens n'empêchent pas l'amitié. Bernis aide financièrement les deux amis et leur donne avant son départ son casino de Murano. Ils se reverront encore souvent, et Bernis partant pour Parme invite Casanova et M.M. à la prudence : « J'ai de fortes raisons de soupçonner que notre commerce est connu des Inquisiteurs d'État qui dissimulent par politique, mais je ne répondrai pas que ce secret ne soit bientôt dévoilé quand je ne serai plus ici. » Il faut croire que Casanova ne suivit pas ces conseils. En juillet 1755, deux mois après le départ définitif de Bernis, les archers de Messer Grande vinrent l'arrêter. On l'accusait d'avoir fait circuler des livres interdits par la censure et d'avoir créé une loge maçonnique. Il fut transféré dans la fameuse prison des Plombs d'où il s'échappera un an et demi plus tard de façon rocambolesque. Quant à la fameuse M.M., Maria Madgalena Pasini, qui avait vingt-deux ans à l'époque, elle deviendra abbesse du couvent de San Giacomo di Galitzia à Murano en 1785.

Cette rencontre entre Casanova et Bernis, si polissonne et si amusante, n'a pas été du goût des austères commentateurs de Bernis. Frédéric Masson, qui a publié les Mémoires, est tellement choqué dans son amour aveugle pour le cardinal qu'il ne veut pas l'imaginer se livrant à de telles turpitudes. Serge Dahoui, dont la biographie de Bernis est remarquablement documentée, voit dans cet épisode « un fatras d'invraisemblances » et refuse lui aussi de croire que l'ambassadeur a eu des fréquentations amoureuses douteuses. Un autre biographe de Bernis, René Vaillot, partage cet avis. Tous manifestent la même pruderie. Charles Samaran, éminent casanoviste, également. Et pourtant ! Comme sonne juste le portrait brossé par Casanova du sémillant ambassadeur ! Il faut l'avoir bien connu pour le décrire ainsi. Et comment expliquer les rapports d'espionnage avec le cabinet de Vienne dont justement Casanova revenait ? Enfin pourquoi se serait-il à ce point démené pour lui lorsqu'il sera ministre des Affaires étrangères, afin de lui obtenir un poste lucratif auprès de son ami Pâris-Duverney ? Roger Vailland a raison de penser contre les érudits que sur ce point les Mémoires de Casanova ne s'éloignent pas beaucoup de la réalité. Et franchement, y a-t-il là de quoi fouetter un chat ? On voyait au

XVIIIe siècle ce genre d'amusement un peu épicé avec moins de pudibonderie qu'aujourd'hui.

Avant de quitter définitivement Venise, Bernis va à Parme en février 1755 faire sa cour à l'infante Louise-Élisabeth, cadette des filles de Louis XV, qui a épousé l'infant d'Espagne. L'infante Louise-Élisabeth n'était pas ce que l'on peut appeler une jolie femme, mais elle plaisait malgré un gros nez, un visage grêlé par la petite vérole et un air un peu hommasse. Brune piquante, intelligente, elle avait hérité de son père un tempérament de feu. Son énorme poitrine excitait l'imagination de Voltaire. Cette grande et forte femme avait du charme : généreuse, franche, sans détour, il émanait d'elle une chaleur qui réchauffait les visiteurs ; son mari, l'Infant, bien que très épris de son épouse qui le méprisait, avait au su de tous une maîtresse attitrée, mais on le disait surtout porté sur les garçons.

L'Infante succombe à l'irrésistible Bernis : elle trouve enfin en lui l'homme viril qu'elle peut admirer. Il lui plaît tant que ses lettres à sa famille, au roi, ne cessent de chanter les louanges de l'ambassadeur. Elle voudrait le garder à Parme ou dans sa délicieuse résidence de Colorno. Bernis va demeurer près de quatre mois auprès d'elle. Tout sera bon pour l'empêcher de partir. Faute de prétexte, elle invoque la maladie de ses enfants. Enfin, lorsqu'il la quitte en mai pour fermer son ambassade, elle lui demande de repasser quelques jours à Parme avant de partir pour Paris. Inutile de dire que cette liaison amoureuse prestigieuse avec la fille du roi ne nuira pas à la carrière du jeune ambassadeur. C'est son côté Bel-Ami.

Les adieux de Bernis aux Vénitiens furent émouvants. Le Sénat, le Conseil des Dix, les patriciens lui témoignèrent toutes les marques les plus appuyées de leur estime et de leur reconnaissance. Ils perdaient un grand ambassadeur fait pour les comprendre, les aimer, les aider. Lui-même, toujours sensible à l'affection, dut retenir ses larmes. Son départ, dit-il, causa « une désolation universelle ». « Je fus tellement attendri des larmes que je voyais couler que je ne pus en soutenir le spectacle et que j'ordonnai à mes gondoliers de gagner les derrières de la ville, pour cacher une sensibilité dont je sentais que je n'étais plus le maître. Je ne me pique pas d'avoir un cœur de bronze, ni des entrailles de fer, et je ne connais le prix de la vie que par le bonheur d'aimer et d'être aimé. »

Sur le chemin du retour, il savait qu'il allait retrouver la faveur, les bénéfices d'une ambassade fructueuse, mais aussi les ennemis qui l'attendaient à la cour, les intrigues, la malveillance qui poussaient sous chaque pavé de Versailles. Mais il avait pris confiance en lui-même ; il savait que s'il le voulait rien ne pouvait lui résister : « J'ai toujours obtenu ce que j'ai désiré fortement. » L'ambition de faire de grandes choses qui le tenaillait l'emporterait-elle sur ce dégoût qu'il éprouvait de la médiocrité ? Pouvait-il imaginer à quel sommet du pouvoir il allait accéder mais aussi à quelles affres et à quelles humiliations ? Cet habitué des voyantes et des cartomanciennes de Venise était-il initié aux arcanes de son destin ?

12

LE BALLET DES AMBITIONS

Pas encore le tumulte du triomphe, mais tous les agréments d'une reconnaissance éclatante. À son arrivée à Versailles, en ce mois de juin 1755, Bernis goûte un moment exquis : on l'applaudit, on le fête, on lui tresse des couronnes. Son absence de deux années l'a servi à la cour où ses mérites ont été magnifiés par l'éloignement. Il bénéficie du double avantage d'être à la fois un visage connu et d'apparaître comme un homme neuf, qui n'a trempé dans aucune intrigue. En plus, il apporte le dépaysement de l'étranger et les charmes mystérieux de Venise.

Le roi l'accueille chaleureusement. Louis XV a toutes les raisons d'apprécier Bernis : aux avantages de la naissance, le jeune ambassadeur ajoute maintenant des preuves incontestables de son mérite. Il s'est très convenablement sorti de la charge diplomatique qu'on lui a confiée. Le roi est également sensible à l'affection que lui témoigne sa fille, Madame Infante, à laquelle il est si tendrement attaché. Bernis lui apparaît donc comme un excellent élément, capable d'apaiser les malentendus et les querelles qui opposent sans cesse le clan de la Pompadour à celui de la Reine. Un climat d'agressivité qui semble au roi d'autant plus vain que depuis 1751 il n'a plus avec la favorite que des relations d'amitié.

Ils connaissent désormais une douce entente de vieux couple après les orages de la passion.

Bernis est reçu d'une manière plus ambiguë par son ministre, M. Rouillé, qui lui adresse un étrange compliment, mélange de flatterie et de menace : « Je ne cesserai jamais de convenir que vous êtes le meilleur des ambassadeurs employés, quand même vous devriez être mon successeur. » Bernis comprend le message : plus que jamais il doit se tenir sur ses gardes.

Mme de Pompadour lui témoigne, elle, toute sa satisfaction. Son retour est un soulagement ; enfin un appui, un ami solide pour lui servir de rempart et la conseiller dans la guerre impitoyable qu'elle livre à ses ennemis qui ne l'épargnent pas non plus. Elle se réjouit du succès de Bernis comme s'il était le sien ; n'est-il pas son protégé, son « pigeon pattu » ? Déjà elle nourrit pour lui les plus hautes ambitions. Bernis sent que la position de sa protectrice est devenue fragile. Elle n'est favorite qu'en titre. Le roi la délaisse. Du jour au lendemain, il peut s'enticher d'une autre maîtresse ; et la nouvelle venue ne manquera pas d'éliminer les amis de Mme de Pompadour pour favoriser les siens. Quel sera alors le sort de Bernis ? L'estime du roi, l'amitié passionnée de l'Infante suffiront-elles à le maintenir en place ? Il en doute.

À trente-trois ans, Mme de Pompadour est usée, physiquement et moralement. On le serait à moins. Son existence depuis dix ans n'est qu'un combat. Elle n'a pas cessé de se battre avec une obstination, un courage qui forceraient l'admiration si elle manifestait un amour plus désintéressé pour le bien de l'État au lieu de cette politique toute personnelle, souvent maladroite, qui ne vise qu'à flatter son amour-propre et sa passion frénétique du pouvoir. Que de chausse-trappes elle a dû éviter ! Sans compter les rebuffades qu'elle doit subir de la part du roi qui ne l'épargne pas. Il prend parfois un plaisir cruel à la remettre à sa place. Il la rabroue. Ainsi un jour qu'elle se plaignait de sa situation et regrettait de n'être pas née garçon car, disait-elle : « Je voyagerais, j'irais à la guerre, je ferais enrager les femmes », le roi la reprit sèchement : « Vous n'auriez rien fait de tout cela, car vous seriez resté un petit poisson. » Elle a affronté les campagnes de dénigrement – pas toutes injustifiées – mais aussi la médisance, la calomnie, les avanies conjuguées du parti religieux, de la famille royale, des ministres, du duc de Richelieu. À ce mépris que lui voue la cour, s'ajoute la haine du peuple pour la favorite, la Poisson, traînée chaque jour dans la boue. On fait circuler sur elle d'ignobles libelles, les « poissonnades », qui pullulent malgré les lourdes peines d'emprisonnement à la Bastille que risquent leurs auteurs. La cour, bien entendu, se régale de voir la favorite humiliée et insultée par la rue.

Le roi a beau s'être lassé du corps de sa maîtresse, il lui garde son affection. Ses sens ont trouvé le chemin du fameux Parc-aux-Cerfs, un logis discret de Versailles, véritable garçonnière où règne pour l'instant une délicieuse rousse d'origine irlandaise, Mlle O'Murphy, dite Morphise, âgée de vingt ans. La pensionnaire de cette maison changeait fréquemment. Mais on est loin de la légende du Parc-aux-Cerfs, lupanar royal que le valet de chambre du roi, aidé de Mme de Pompadour, aurait pourvu en nombreuses jeunes filles galantes. Cette légende tenace repose surtout sur le témoignage de Mme du Hausset ; dans ses Mémoires, celle-ci dénonçait la complaisance de la marquise – dont elle était la gouvernante – vis-à-vis des pensionnaires de ce harem. Il s'agit probablement d'une exagération : tel est en tout cas l'avis autorisé de Pierre Gaxotte qui a examiné de près l'histoire de ce manuscrit et de son auteur présumé. On ne prête qu'aux riches. Mais de là à prêter à Louis XV un harem, il y a une exagération manifeste. Le Parc-aux-Cerfs n'était bel et bien qu'une garçonnière garnie de jeunes maîtresses successives que le roi visitait discrètement.

Mme de Pompadour consulte Bernis sur la conduite à tenir : doit-elle renoncer, se retirer de la cour, écrire au roi pour l'avertir de ses intentions ? Bernis l'en dissuade. Il lui conseille d'éviter avec le monarque toute récrimination d'ordre amoureux mais de continuer à lui adresser des lettres sur ce qui touche aux affaires de l'État, domaine pour lequel elle manifeste beaucoup de goût même si elle n'y fait pas toujours preuve de clairvoyance. Bernis la convainc qu'elle peut jouer encore un grand rôle, qu'elle ne doit pas se soustraire à cette mission qui peut être l'occasion de rendre de grands services au roi. Renoncer ! Mais pour quel profit ? Ce langage amical – sans doute intéressé de la part de Bernis – c'est celui que Mme de Pompadour souhaitait entendre. Elle fut certainement heureuse de vérifier que son protégé lui restait fidèle et se souciait de son sort.

On peut comprendre le mouvement de lassitude de Mme de Pompadour. Sa défaveur amoureuse auprès du roi n'a été qu'une blessure d'amour-propre de plus. Elle a été durement éprouvée dans ses affections les plus chères : après sa mère, son jeune fils puis la petite Alexandrine, qu'elle adorait, sont morts. Ces deuils l'ont laissée désemparée même si elle s'efforce de n'en rien montrer. Quelques jours après la mort de sa fille, on la voit souriante au cours des soirées dans les Petits Cabinets, badiner avec le roi sans rien laisser paraître de son chagrin ; là est toute sa force. Mais cette contrainte permanente qu'elle exerce sur elle-même la mine.

Ses seules compensations, Mme de Pompadour les tire de ses ambitions politiques et architecturales. Elle espère que ses constructions, les embellissements de ses demeures, comme Bellevue, Choisy, ou son projet d'École militaire parviendront à assurer sa gloire. Sa position lui permet également d'assouvir une autre de ses passions : l'amitié. Dans ce domaine, elle n'a pas toujours des choix heureux. Trop sensible à la flatterie, elle a connu bien des déconvenues. Beaucoup de ceux qu'elle a aidés la remercient en malveillance et en trahison. Le coup le plus douloureux lui est venu de sa propre cousine, Mme d'Estrades, dont elle a fait la fortune et qui cherche par tous les moyens à l'abattre. Ce complot de Mme d'Estrades contre sa bienfaitrice est un prodigieux résumé des mœurs de la cour. Le plus futile s'y mêle au plus sérieux. Les jalousies et les perfidies féminines côtoient les austères réalités de l'État. Le goût du pouvoir, la trahison, l'ambition vont se déchaîner dans une sorte d'opéra-bouffe qui se déroule à quelques pas du bureau où se tient le Conseil du roi.

Depuis longtemps la comtesse d'Estrades voulait perdre sa cousine, Mme de Pompadour, dont les bienfaits pour elle et pour sa famille avaient été innombrables et donc impardonnables. Après avoir longtemps joui et profité du succès de Mme de Pompadour, Mme d'Estrades commença son lent et sourd travail de démolition : il n'était vraiment pas difficile pour une telle besogne de trouver des alliés et des complices. Les ennemis de la favorite couraient les rues à Paris et à Versailles ; on en trouvait derrière chaque paravent chinois. C'est ainsi que Mme d'Estrades devint l'amie puis la maîtresse de M. d'Argenson, le ministre, solide adversaire de la favorite, intelligent, compétent mais infatué de sa puissance et s'imaginant indestructible. Mme d'Estrades avait, bien sûr, d'abord tenté de travailler directement pour elle-même en séduisant le roi : sa laideur étant un lourd handicap, elle avait profité d'une soirée où le roi était ivre pour parvenir à ses fins. Un reste de lucidité du roi fit échouer ce projet. C'est alors qu'elle pensa pour assouvir ses desseins à une délicieuse créature, très belle celle-là, mais toute aussi ingrate, Mme de Choiseul-Romanet.

Cette jolie personne de vingt ans, nièce de Mme d'Estrades, était mariée depuis un an avec le comte de Choiseul, cousin du futur ministre, grâce à la bienveillance de Mme de Pompadour qui l'avait généreusement dotée et lui avait prêté son château de Bellevue pour y passer sa lune de miel. Elle avait assuré ensuite sa position et celle de son mari à la cour. Charlotte de Choiseul-Romanet s'amusa d'abord à aguicher le roi, c'était assez banal à la cour. Elle agissait autant par coquetterie que pour obtenir en passant quelques avantages ; ainsi fit-elle nommer son mari maréchal de camp. Le roi se prit au jeu. Il écrivit des lettres enflammées, promit ce que l'on voulut, jura tout ce que l'on peut jurer, bref, se comporta comme beaucoup d'hommes dans les mêmes circonstances. Ce qu'il ignorait, tout roi qu'il fût, c'est que les péripéties les plus intimes de ce roman étaient rapportées à son instigatrice, Mme d'Estrades, qui, avec le comte d'Argenson, examinait attentivement les progrès de la passion royale et subséquemment leurs chances d'avoir une nouvelle favorite à leur dévotion. Chaque jour, les comploteurs en haleine tenaient conseil et encourageaient la coquette à faire monter plus haut les enchères. Il y eut des épisodes plus proches du vaudeville que du marivaudage : ainsi le roi se foula le genou en empruntant un escalier dérobé, mal éclairé, pour rejoindre la jeune femme dans son appartement.

Enfin le jour tant attendu arrive : le roi donne un rendez-vous sans ambiguïté à la jeune femme dans ses Petits Appartements. Celle-ci accepte de s'y rendre. Et les conjurés, Mme d'Estrades et M. d'Argenson, attendent dans la fièvre les résultats de cette coucherie de la plus haute importance. Après une longue attente, beaucoup d'angoisse, Mme de Choiseul-Romanet apparaît, échevelée, les vêtements en désordre, montrant les signes de sa défaite qui est aussi son triomphe. Mme d'Estrades se précipite vers elle et lui demande abruptement : « C'en est fait ? — Oui, c'en est fait, répondit la jeune femme en soupirant, je suis aimée, il est heureux. Elle va être renvoyée, il m'en a donné sa parole. » On boit du champagne, communiant dans cette liesse que procure aux ingrats une vilaine action envers qui leur a fait du bien. Comme les deux femmes doivent se sentir enfin délivrées du poids insupportable de la reconnaissance ! D'Argenson, qui a plus de hauteur de vue, ne songe pour sa part qu'à éliminer la marquise dont les interventions et l'influence sur le roi l'exaspèrent.

Un ennui cependant : Charlotte de Choiseul-Romanet a beau être ravissante, c'est une gourde, disons une tête d'oiseau pour ne pas être trop désobligeant. Elle veut en faire trop. Folle de vanité, elle a confié son bonheur à un cousin de son mari : le comte de Stainville, futur duc de Choiseul ; or c'est une maladresse. Choiseul, appelons-le ainsi désormais, même s'il ne prendra le titre de duc de Choiseul qu'en 1758, comprend l'avantage que la connaissance d'un tel secret peut avoir pour sa carrière. Car si Choiseul a beaucoup de qualités et même un certain génie, ce n'est pas l'abnégation qui l'étouffe. Il se fait confier par elle les lettres que lui a adressées le roi dans lesquelles celui-ci lui promet de chasser Mme de Pompadour de la cour. Il veut les étudier plus attentivement. Avec une grande ingénuité, Mme de Choiseul-Romanet les lui prête. Dès lors, elle est perdue.

L'ambitieux et cynique Choiseul est au plus mal avec Mme de Pompadour. Mais ce rapace a compris d'un seul coup d'œil où se trouve son intérêt. Futile et maladroite, sa cousine ne réussira jamais à asseoir durablement sa position auprès du roi. Le monarque, ses sens rassasiés, se débarrassera d'elle comme des autres. En revanche, beaucoup plus forte, Mme de Pompadour a des chances de durer longtemps. Choiseul n'hésite pas : il va tout de go lui porter les lettres de sa cousine. Cette félonie va lui assurer l'amitié reconnaissante de la favorite qui fait immédiatement bon usage de cette correspondance. Résultat : dix jours plus tard, le roi élève la marquise de Pompadour au rang de duchesse avec les prérogatives et les avantages attachés à ce titre. Quant à la petite intrigante naïve, elle est rejetée dans les bras de son mari. La malheureuse accouchera six mois plus tard d'une petite fille et mourra en couches. Les conjurés doivent ravaler leur rancœur. Mme de Pompadour leur mitonne une vengeance à sa façon : elle les fera exiler.

Un nouvel astre se levait sur Versailles. Bien sûr le roi n'a pas apprécié le procédé de Choiseul mais Mme de Pompadour a réussi à lui arracher sa nomination comme ambassadeur à Rome. Là, son entregent et ses compétences feront bientôt oublier son inélégance. On ne peut pas dire qu'à cette occasion il a été ravagé par les remords : « À Dieu ne plaise, dira-t-il, que je désavoue que cette circonstance de ma vie a été l'occasion qui m'a fait connaître Mme de Pompadour, qui m'a lié avec elle de l'amitié la plus tendre, et qui l'a intéressée à tout ce qui m'est arrivé[1]. »

Cet homme redoutable de trente-quatre ans, choyé par Mme de Pompadour, sera bientôt un rival, c'est évident, pour Bernis. Comme à son habitude, il va tenter de s'en faire un ami. Continuant de donner des conseils à sa protectrice, il s'efforce de la réconcilier avec d'Argenson, Machault et le maréchal de Richelieu. En vain. Mme de Pompadour a trop d'amour-propre pour s'abaisser à faire des concessions.

Puis après avoir rempli ses devoirs envers celle à qui il doit tant, Bernis s'occupe de lui-même. Miracle de la faveur : il obtient ce qu'il demande et même au-delà ; ses appointements d'ambassadeur sont doublés ; on lui donne la première place de conseiller d'Église ; le roi lui promet le cordon bleu le jour où il sera nommé ambassadeur en Espagne ; enfin l'abbaye royale de Saint-Arnould, près de Metz, étant vacante, il la demande. Boyer, l'intraitable évêque de Mirepoix, qui lui avait toujours tout refusé, la lui accorde avec mille politesses. Tant de chances, tant de faveurs ne peuvent que provoquer la jalousie et aiguillonner les haines. Bernis le sait. Il a hâte d'aller digérer ces solides avantages financiers loin de la malveillance et à l'abri des intrigues, dans une confortable ambassade. En ce mois d'août 1755, il est prêt à repartir pour Venise, l'ambassade d'Espagne ne semblant plus vacante. Dès qu'il rend publique la date de son départ, il voit les visages se rasséréner : les ministres sont enchantés de voir ce rival s'éloigner ; la jalousie des courtisans s'apaise comme par enchantement. Sa carrière apparaît désormais tracée : Venise puis, selon le projet secret du roi, l'ambassade d'Espagne pour remplacer le duc de Duras.

Bernis sent qu'en ayant pris le parti de s'éloigner, il l'a échappé belle : il aurait été à Versailles la proie des intrigues. Même sa protectrice commence à prendre ombrage de la faveur dans laquelle le tiennent non seulement le roi, mais la famille royale. Un malentendu peut suffire à le brouiller avec elle. Pris de vertige au vu des avantages dont il est comblé, il a un mot plein de saveur : « Jamais situation aussi dangereuse n'a été aussi brillante. »

1. *Mémoires du duc de Choiseul.*

Se préparant à partir pour Venise, Bernis imagine les agréments qu'il va y retrouver : ses amis, les Vénitiens qui l'adorent, ses religieuses polissonnes, C.C. et M.M., les gros seins de Madame Infante à Parme, le soleil, les arts de l'Italie, le bonheur, quoi ! Pourtant il est inquiet. La situation extérieure de la France est lourde de menaces. De tous les dangers, le plus grave, c'est la guerre avec l'Angleterre qui se profile sans qu'on y soit préparé. Bernis est effaré de l'incurie qui règne au Conseil du roi : « Il avait suffi de trois ans d'ambassade pour me faire regarder comme le ministre du roi le plus habile, et sa plus grande ressource : cela prouvait la disette d'hommes. » Ce qu'il craint au fond, c'est de devoir être entraîné un jour au cœur de ce pouvoir dans les conditions les plus catastrophiques. Aussi préfère-t-il fuir la tentation qui s'offre à lui. À quoi bon une gloire qu'on doit payer de désillusions et de souffrances ? Venise, C.C., M.M. et le petit casino de Murano ont plus de douceur et des attraits moins dangereux.

Et puis, à Versailles, les meilleures volontés se diluent ; le courage s'étiole après avoir été rabroué ; la médiocrité prospère ; les courtisans règnent ; de prétentieux inutiles se sont insinués dans les rouages d'un gouvernement qui offre tous les symptômes de la paralysie générale ? Bernis n'est pas loin d'approuver le diagnostic du marquis d'Argenson : « La cour, la cour, la cour ! Dans ce mot est tout le mal. La cour est devenue le seul sénat de la nation, le moindre valet de Versailles est sénateur, les femmes de chambre ont part au gouvernement, si ce n'est pour ordonner, c'est du moins pour empêcher les lois et les règles, et, à force d'empêcher, il n'y a plus ni lois, ni ordres, ni ordonnateur. La cour empêche toute réforme dans la finance… la cour corrompt l'état militaire de terre et de mer par des promotions de faveur… la cour empêche le mérite, l'autorité et la permanence des mérites[1]… »

Les bagages de Bernis sont faits quand soudain le roi change d'avis : ce ne sera pas Venise mais finalement Madrid. La menace anglaise est si forte qu'il faut à la France un ambassadeur d'une grande habileté pour convertir la cour d'Espagne à notre cause. Le ministre francophile La Ensenada était tombé en 1754 ; c'était un signe que l'influence anglaise redoublait. Deux ans auparavant, Louis XV a essayé de convaincre Ferdinand VI à des avantages

1. D'Argenson, *Journal et Mémoires*.

d'une alliance entre les deux royaumes contre l'Angleterre, le grand prédateur des empires coloniaux. Le roi d'Espagne a lâchement éludé cette proposition. Il a peur de l'Angleterre. Louis XV espère-t-il que l'entregent de Bernis fera des miracles ? Va pour l'Espagne ! Peut-être, là-bas, de délicieuses religieuses et des nuits tièdes lui apporteront-elles des consolations et ne lui feront pas trop regretter les chères C.C. et M.M. Le départ est fixé pour dans huit jours.

Un soir, alors qu'il sort de chez le ministre, M. Rouillé, Bernis reçoit un billet de Mme de Pompadour dans lequel elle lui demande de venir d'urgence chez elle le lendemain pour une affaire importante. Lorsqu'il s'y rend à 10 heures, il ne sait pas qu'il a rendez-vous avec l'Histoire.

13

LES VIOLONS DE VIENNE

Jamais, même dans ses rêves les plus fous, Bernis n'aurait pu imaginer l'incroyable nouvelle que lui annonce Mme de Pompadour. Assise dans son boudoir qui exhale une luxueuse frivolité avec ses meubles en bois de rose, ses ravissantes toiles de Perse, ses indiennes chatoyantes, elle lui propose tout bonnement d'être l'artisan du bouleversement de la politique européenne élaborée par Richelieu et par Mazarin. Un projet qui ne vise pas moins qu'à rompre le système d'alliances qui nous protège de la maison d'Autriche, notre ennemie continentale depuis trois cents ans, et à nous allier avec l'ennemie d'hier.

Mme de Pompadour explique à Bernis les circonstances de cette prodigieuse affaire : elle avait reçu de l'ambassadeur d'Autriche à Paris, M. de Starhemberg, au nom de l'impératrice, une lettre qu'il lui demandait de transmettre au roi. Celle-ci contenait une proposition d'alliance entre les deux royaumes jusqu'alors hostiles. Contre toute attente, Louis XV n'avait pas repoussé cette offre. Il s'y montrait même favorable et était prêt à engager des pourparlers qui risquaient de nous brouiller avec notre allié, Frédéric II de Prusse. Pour mener à bien cette négociation aussi délicate que dangereuse, il avait besoin d'un homme habile, en qui il eût toute confiance ; et c'est lui, Bernis, que le roi avait choisi pour mener cette œuvre immense.

On imagine la stupéfaction de Bernis lisant la lettre de Starhemberg. Il y avait là de quoi ébranler la tête la mieux faite. Le roi mettait sur les épaules d'un ambassadeur de quarante ans, qui n'avait que trois années d'expérience dans la carrière, le poids d'une politique majeure. Bernis est à la fois flatté de la confiance du roi et effrayé par l'ampleur et la difficulté de la tâche. Il lui revient d'être le fossoyeur de la politique de Richelieu et Mazarin qui ont axé le système d'alliances de la France autour de la lutte contre la maison d'Autriche, et de reconstruire sur les ruines une politique solide et durable. C'est une gageure accablante.

Bernis expose alors son point de vue. Il montre à Mme de Pompadour tout ce qu'il y a à craindre d'une négociation avec la cour de Vienne, soit que celle-ci fût sincère ou qu'elle voulût nous abuser : « Dans le premier cas le roi risquait deux choses, la première de changer son système politique, mais encore celui de toute l'Europe, ce qui ne manquerait pas de révolter les esprits et de causer peut-être un ébranlement général. J'ajoutai que dans ce même cas il ne fallait pas douter que la cour de Vienne ne nous entraînât dans une guerre avec le roi de Prusse, et que cet embrasement ne devint peu à peu général, par la frayeur que causerait aux princes protestants une union des deux plus grandes puissances catholiques. Je fis sentir aussi que cette guerre, étrangère aux intérêts de la nation, déplairait à toute la France ; que le roi n'avait point de généraux doués pour conduire ses armées, ni des finances en assez bon ordre pour soutenir le poids d'une double guerre de terre et de mer. » Pour un jeune ambassadeur, c'était sagement vu. C'était même prémonitoire.

Soudain le roi entre dans la pièce. Il demande brusquement à Bernis son avis sur la lettre de M. de Starhemberg. Le jeune ambassadeur répète ce qu'il vient de dire à la favorite. Louis XV lui rétorque avec colère : « Vous êtes, comme les autres, l'ennemi de la reine de Hongrie. » Bernis se justifie et propose au roi de consulter ses ministres dans lesquels il a le plus confiance. Le roi prend un air de dépit : « Eh bien, il faut donc faire un beau compliment à M. de Starhemberg, et lui dire qu'on ne veut rien écouter. » Bernis propose au contraire d'entendre l'ambassadeur d'Autriche mais de faire montre d'une grande prudence dans la réponse qu'on lui apportera. Le visage du roi se détend. Il lui ordonne de rencontrer l'ambassadeur d'Autriche en présence de Mme de Pompadour et de continuer la négociation seul, étant entendu que personne au Conseil du roi ne sera dans la confidence. Bernis à ce moment commence à prendre peur. Et si le roi meurt ? Et si on l'accuse de trahison ! Pour se garantir, il demande à Louis XV un pouvoir écrit de sa main qui l'autorise à entendre l'ambassadeur d'Autriche. Le roi passe dans son cabinet, en revient le visage épanoui et lui remet le pouvoir qui désormais sera sa seule sauvegarde. « Je lui déclarai, dira Bernis, que j'agirais dans cette affaire avec les mêmes précautions que si je devais être arrêté dans trois mois et qu'on dût nommer des commissaires pour juger ma conduite. »

Le lendemain, à la sortie du Conseil, le roi s'approche de Bernis et lui dit qu'il a suivi son avis : il a interrogé de manière détournée deux de ses principaux ministres sur le danger d'une négociation avec la cour de Vienne. « Vous allez être bien content, ils ont pensé comme vous. »

Pourquoi le roi tient-il tant à cette nouvelle alliance, lui qui avait toujours « détesté défaire ce que [ses] pères avaient fait » ? C'est d'abord parce que les circonstances ont changé. L'Autriche n'est plus une puissance dangereuse pour la France comme elle l'a été autrefois. En revanche la Prusse de Frédéric II doté d'un chef d'exception, grand stratège et grand diplomate, aventurier, et commandant la meilleure armée d'Europe, se révèle beaucoup plus menaçante. Louis XV en outre se méfie de Frédéric II qu'il n'aime pas. Même si le roi de France n'a pas une conduite exemplaire au regard de la religion, il reste profondément chrétien, et l'athéisme que professe le roi de Prusse lui est insupportable : « Le cynisme du philosophe de Sans-Souci offusquait la dévotion agitée du roi Très-Chrétien. Louis était simoniaque à sa manière, et cherchait à couvrir par son orthodoxie le crédit illimité qu'il demandait à la morale[1]. » D'autre part Louis XV est agacé par le génie fantasque et turbulent du Prussien, par son caractère imprévisible. Dans son irritation entre peut-être aussi un peu de jalousie vis-à-vis d'un monarque si exceptionnel dont Michelet dit que « s'il n'eût été ni roi, ni général, il resterait encore un des premiers hommes du siècle ». Il n'apprécie pas plus son ironie surtout lorsqu'elle s'acharne dans des

1. Albert Sorel, *Éssais d'histoire et de critique.*

épigrammes d'un goût douteux sur la Pompadour. Il sait que le pacte d'alliance qu'ils ont conclu arrive à expiration. Pourquoi ne pas profiter de l'occasion pour choisir un partenaire moins incertain ?

Surtout, plus encore que la Prusse, c'est l'Angleterre qui est menaçante. À cette époque, écrit Albert Sorel : « La France avait tourné son activité vers le commerce et vers les colonies ; la rivalité des nations anglaise et française s'était réveillée, par-delà les océans, aussi ardente et aussi implacable qu'aux temps héroïques de la guerre de Cent Ans. C'était, en réalité, la souveraineté des mers et l'empire des Indes que l'on se disputait en Europe. » En juin 1755, la flotte anglaise a arraisonné des vaisseaux français dans l'Atlantique provoquant la rupture des relations diplomatiques entre les deux pays.

Or l'Angleterre a une position importante en Allemagne, le Hanovre. L'alliance avec la Prusse ne se concevait que comme un moyen de la harceler sur ce territoire auquel les souverains anglais étaient attachés comme « à la prunelle de leurs yeux ». Mais pour cet usage, les Autrichiens pouvaient tout aussi bien faire l'affaire. Il ne s'agissait en tout état de cause que d'une alliance secondaire uniquement pour contenir le Hanovre, l'ennemi primordial restant l'Angleterre.

Beaucoup de motifs poussaient Louis XV à s'allier avec une impératrice catholique. L'influence de Mme de Pompadour est également appréciable ; celle-ci a été courtisée par Kaunitz maintenant chancelier lorsqu'il était ambassadeur à Paris. Cet homme séduisant a su habilement la flatter et l'a convaincue de l'estime que lui porte l'impératrice Marie-Thérèse. La reine de Hongrie pour obtenir ses services poussera la flatterie jusqu'à l'appeler dans ses lettres « mon amie, cousine ». Mme de Pompadour qui rêve de jouer un grand rôle politique voit dans ce renversement des alliances une occasion inespérée de sortir de l'état de semi-disgrâce dans lequel la tient le roi et d'assurer son pouvoir sur lui, mais aussi de se venger des moqueries du roi de Prusse. Le roi est poussé par sa maîtresse et il l'est aussi par sa fille, l'infante Louise-Élisabeth, dont les intérêts en Italie sont menacés par les Autrichiens. Elle rêve d'un établissement plus prestigieux en Flandres.

Quant à Bernis, après avoir fait taire ses craintes et ses préventions, il voit dans cette œuvre une occasion inespérée de gloire tout en conciliant la synthèse sentimentale à laquelle il aspire : quelle plus belle occasion lui sera jamais offerte de servir le roi, d'être utile à Mme de Pompadour à qui il doit sa fortune, d'être hautement apprécié de son amante l'Infante dont il défend les intérêts ? Enfin il pense pouvoir parvenir en négociant ce premier traité de Versailles à une paix continentale qui permettra à la France d'avoir les mains libres pour se défendre des mauvais procédés de l'Angleterre touchant notamment à nos colonies. Mais tout à son enthousiasme Bernis ne mesure sans doute pas la contradiction fondamentale qui sépare les deux royaumes qu'il veut unir par une alliance : « Il y avait un antagonisme à peu près absolu entre les intérêts de la France et ceux de l'Autriche, écrit Albert Sorel ; non seulement il était impossible aux deux États de s'entendre sur le système général de l'Europe, mais, dans l'alliance même qu'ils essayaient de nouer, ils avaient en vue des objets trop opposés pour qu'une équitable transaction pût les concilier. La France ne poursuivait que l'Angleterre, il lui fallait la paix sur le continent ; l'Autriche ne poursuivait que la Prusse, il lui fallait la guerre continentale. C'était une idée fixe chez Marie-Thérèse de reconquérir la Silésie. »

Tout cela Bernis ne l'ignore pas. Ne cède-t-il pas lui aussi à « l'envie qu'on avait d'embarquer une grande affaire au hasard de ce qui arriverait » ? Trop de violons, de facteurs sentimentaux l'entraînent dans cette aventure viennoise. Désormais les dés sont jetés. Il va se contenter de limiter les dégâts. Les pourparlers avec le comte de Starhemberg commencent au mois de septembre 1755 en présence de Mme de Pompadour au château de Bellevue dans un pavillon prévu pour les apartés que le roi appelait le « taudis » et la marquise « Brimborion » ou « Babiole ». On ne peut imaginer un cadre plus adorable que cet ermitage amoureux, orné des portraits de Van Loo, de Mignard, de Boucher pour entreprendre une négociation qui allait aboutir à la guerre de Sept Ans, à tant de malheurs pour les peuples. La guerre est souvent conçue dans des cabinets austères, là on la préparait à deux pas de l'alcôve royale qui avait scellé le destin de la favorite.

Écoutant l'ambassadeur d'Autriche, sans manifester aucune émotion, ni aucun signe d'approbation, Bernis et Mme de Pompadour prennent connaissance des propositions de Marie-Thérèse. Celle-ci suppose d'abord la France mécontente de la Prusse qui est en train de s'allier avec l'Angleterre. Cette nouvelle qu'elle croit connue à Paris provoque chez les négociateurs français une véritable stupéfaction. Starhemberg développe ensuite le plan d'alliance proposé par l'impératrice mais qui est en fait l'œuvre de Kaunitz. On contente d'abord en Louis XV le père de famille : l'Autriche promet pour l'Infant d'Espagne, gendre du roi de France, l'échange de ses petits duchés insignifiants, Parme, Plaisance, Guastella, contre un établissement important près des Pays-Bas, dans le périmètre de l'actuelle Belgique. C'était assurer et élargir notre frontière du nord, comme nous venions de procéder avec la Lorraine, grâce à Stanislas Leszczynski. En gage de sa bonne foi, l'Autriche donnerait immédiatement les ports de Nieuport et d'Ostende qui permettent de menacer ou du moins d'intimider les Anglais. Les amis de la France, le Palatinat, la Suède, la Saxe, ne sont pas oubliés dans le marché. Enfin on proposait d'aider le prince de Conti à obtenir le trône de Pologne. En échange, l'impératrice demandait, outre d'importants subsides, la rupture du traité qui unissait la France à la Prusse. Car l'Autriche voulait récupérer la Silésie que Frédéric II avait conquise en 1740.

Bernis conseille au roi dans sa réponse (toujours indirecte) la plus grande prudence. Louis XV ne s'engage pas à rompre avec Frédéric II : « Fidèle aux engagements et aux lois de l'honneur, le roi ne peut sans les motifs les plus graves et les preuves les plus claires, non seulement rompre avec ses alliés, mais mettre leur bonne foi en doute et les croire capables d'infidélités et de trahison. » Cette position fait l'effet d'une douche froide. Marie-Thérèse, déçue, demande au roi ce qu'il propose. Ce que souhaite Bernis, toujours conciliateur, c'est un ménage à trois : Louis XV, Marie-Thérèse et Frédéric II s'entendant par traité pour maintenir la paix en Europe. Une proposition difficile à réaliser étant donné l'opposition d'intérêts et les griefs entre les deux puissances germaniques. Mais la défection subite de Frédéric II, qui, le 16 janvier 1756, signe avec l'Angleterre le traité de neutralité de Westminster, change totalement les termes de la négociation avec les Autrichiens. Soudain la France n'a pas d'autres solutions que de s'allier avec eux ; ils n'ont plus aucune raison de lui apporter des cadeaux. Elle n'est plus en position de force pour négocier.

C'est sur ce fond de trahison de Frédéric II que doit jouer Bernis. On comprend ses sueurs froides, ses insomnies, ses angoisses. En quatre mois, depuis le début des pourparlers, on passe de l'enthousiasme à la peur panique. L'Autriche a sollicité l'aide de la France ;

désormais c'est la France isolée qui a besoin de l'Autriche. Bernis demande au roi d'associer quelques ministres de son Conseil à la négociation. Celui-ci accepte. On imagine ces vieux ministres chevronnés apprenant de la bouche du roi qu'une négociation de la plus haute importance s'est ouverte depuis près de quatre mois, qu'on n'a pas cru bon de les tenir au courant et que le négociateur choisi est un ambassadeur sous leurs ordres. Cette nouvelle a dû faire grincer quelques dents. Bernis, sans aide, sans secrétaire, doit recopier de sa main tous les mémoires ; il passe ses nuits au travail tout en feignant d'être oisif pour ne pas alerter la cour. Il vit dans les transes d'une trahison et des chausse-trappes que peut lui tendre la cour de Vienne.

Le premier traité de Versailles est signé en mai. Ce traité purement défensif et de garantie scelle l'alliance de la France et de l'Autriche. Bernis obtient du roi que tout le Conseil soit mis au courant de la négociation afin qu'on ne puisse l'accuser « d'avoir conclu un traité d'alliance avec nos anciens ennemis sous le manteau de la cheminée et sans la coopération de tout le Conseil de Sa Majesté ». Bernis a pu obtenir du roi que ce traité soit non offensif. Il a également réussi à limiter l'apport du contingent français à vingt-quatre mille hommes. Un an plus tard, quarante-cinq mille hommes seront engagés. Puis cent mille…

La plupart des ministres se félicitent de cet accord et chacun tirant la couverture à soi tente d'en tirer des bénéfices. Rouillé, Mme de Pompadour s'en font une gloire. En réalité, c'est bien l'œuvre du roi comme concepteur et de Bernis comme négociateur. Si la France avait été capable de s'en tenir là sans s'engager plus avant dans l'aventure militaire contre la Prusse, ce traité aurait été regardé comme un acte plein de sagesse. Bernis, qui n'a pas toujours négocié de bon cœur et qui commence à entrevoir la duplicité des Autrichiens, reçoit la récompense de ses efforts : il entre au Conseil du roi, et on lui accorde une très importante abbaye, Saint-Médard de Soissons, dotée d'un ravissant château à Vic-sur-Aisne, qui lui permettra de prendre l'air et de restaurer sa santé. Ironie du sort, ce château deviendra le lieu de son exil trois ans plus tard.

Le traité est diversement commenté. L'Angleterre estime qu'il s'agit « d'une union monstrueuse et contre nature » ; Frédéric II feint de ne pas en mesurer l'importance. Ceux qui y voient une condition de la paix applaudissent. Les deux vainqueurs paraissent être les deux amis : « On vit dans cette affaire l'affermissement du crédit de Mme de Pompadour et mon élévation, écrit Bernis. Dès lors on commença à altérer notre union ; on n'y réussit que dix-huit mois après. »

Des notes discordantes apparaissent. Toutes intéressées. Trop de gens ont à cœur de faire échouer cette alliance. D'abord les Anglais et Frédéric II qui alimentent une campagne de calomnies contre la Pompadour et Bernis. On dit que la favorite a été grisée par les avances de l'impératrice, que sa vanité a été flattée par des lettres personnelles et par les cadeaux de Marie-Thérèse. Quant à Bernis, on le soupçonne d'avoir voulu se venger d'une épigramme de Frédéric II qui s'était moqué de ses vers de jeunesse : « Et je laisse à Bernis sa stérile abondance ». Anglais et Prussiens en rajoutent : cette alliance conclue par une amante voluptueuse et un abbé auteur de vers licencieux dans un château nommé Babiole ou Brimborion a un air de vaudeville et de légèreté bien dans le tempérament futile et inconséquent des Français.

Les critiques ne viennent pas seulement du parti étranger. En France où les Encyclopédistes comme Voltaire ou d'Alembert, qui ont reçu des pensions de Frédéric II, admirent le « roi-philosophe » et révèrent l'Angleterre comme le pays des libertés constitutionnelles, ce traité est mal jugé. On le trouve rétrograde. Pourquoi faire la guerre à ces grands protecteurs des *Lumières* que sont les Anglais et Frédéric II, pour l'impératrice d'Autriche qui n'a pas la faveur de l'opinion ? Les Encyclopédistes, qui professent l'incrédulité, préfèrent un prince protestant ou athée à une impératrice catholique.

Dans ses Mémoires, Choiseul laissera percer un profond mépris devant l'œuvre de Bernis : « Je ne laissais pas d'être inquiet qu'une besogne aussi vaste fût confiée à une tête aussi enivrée que l'était celle de l'abbé de Bernis. Je n'ai jamais vu personne aussi enthousiaste de son ouvrage que l'abbé de Bernis me le parut ; il avait l'air de me dire en me remettant ses papiers : Allez, vous conviendrez, quand vous l'aurez lu, que je suis le plus grand homme en politique qui ait jamais existé. » Et Choiseul continue de se moquer du maréchal de Belle-Isle qui applaudit en frappant le sol de sa canne à toutes les louanges que Bernis se donne à lui-même en se caressant le ventre, tandis que Mme de Pompadour lui fait sentir sa chance d'assister à un moment historique. Il passe la nuit à lire le traité. Voilà l'essentiel de son jugement : « Quel fut mon étonnement de voir tous les moyens que l'on avait entassés les uns sur les autres dans cette pièce ! Il y en avait d'impossibles, d'autres étaient contradictoires ; mais ce qui était le plus sensible était comment la France était sacrifiée dans tous les points pour une illusion. Il paraissait que ce traité, immense par le nombre d'engagements, n'avait d'objet réel que le sacrifice de presque toute l'Europe à l'agrandissement de la maison d'Autriche. »

Son jugement est si sévère qu'il prétend avoir hésité à accepter le poste d'ambassadeur à Vienne qu'on lui proposait afin de ne pas être l'« ambassadeur de la duperie ». Choiseul n'était pas homme à hésiter longtemps entre ses convictions et les intérêts de sa carrière. Ce jugement paraît assez cocasse venant d'un homme qui cédera tant à l'Autriche. Mais Choiseul n'était pas à une contradiction près. Sa sévérité est partagée par d'Argenson qui note dans son journal que ce traité peut se résumer à une affaire de femmes et de cour ; on a surtout pensé aux intérêts de la famille royale et pas du tout à ceux de l'État.

Y a-t-il eu de la légèreté dans la négociation ? On a peut-être été imprévoyant sur les moyens à mettre en œuvre ; on a mal mesuré l'état de l'opinion. Surtout on n'a pas voulu voir les conséquences que ce premier traité de Versailles si beau sur le papier allait entraîner. On a, dans l'enthousiasme, mésestimé les risques d'un affrontement avec la Prusse. Et les guerres se gagnent avec de bons généraux, des finances prospères, des parlements qui montrent leur bonne volonté, une opinion publique pacifiée. Rien de tout cela n'existait alors en France. Et Pâris-Duverney avait raison de répéter que, si l'on voulait engager des guerres avec quelques chances de les gagner, il fallait changer l'esprit public. Malgré cette carence, la France n'en gagne pas moins une première bataille.

Bernis propose de répondre à la saisie par l'Angleterre, en violation du droit, de deux de nos vaisseaux, l'*Alcide* et le *Lys*, au large de Terre-Neuve, le 10 juin 1755. Jusqu'à présent cet outrage n'avait suscité aucune réaction. Le Conseil du roi était partagé entre ceux qui voulaient répondre à l'Angleterre par terre et ceux qui voulaient lui répondre par mer, bref, on louvoyait et on ne faisait rien. Bernis prend l'initiative. Certain que l'Angleterre va déclarer la guerre (ce qui arrivera le 18 mai), il veut qu'on ne se laisse pas humilier. Il propose au roi un mémoire qui vise à toucher l'Angleterre dans ses forces vives à Minorque. Grâce aux frères Pâris, Duverney et

Montmartel, il obtient des moyens militaires et financiers. Le roi adopte ce projet avec son préalable : une réquisition qui demande à l'Angleterre la restitution des vaisseaux, condition nécessaire au maintien de la paix entre les deux nations.

Le plan de Bernis consiste, en cas de guerre avec l'Angleterre, à leurrer celle-ci en massant des troupes dans la Manche pour lui faire craindre une invasion, tout en armant une flotte, qui, elle, envahirait Minorque que les Anglais n'auraient plus les moyens de couvrir. L'Angleterre refuse de céder : elle veut la guerre. Le maréchal de Belle-Isle et le maréchal de Richelieu, à la tête d'une expédition française, abordent l'île. Richelieu, avec une témérité qui le sert, ordonne un assaut général contre le redoutable fort de Saint-Philippe qui est enlevé le 28 juin 1756. Ce succès, dès qu'il est connu à Paris, provoque l'enthousiasme de l'opinion et consterne les Anglais.

Pour Bernis, en dépit des intrigues du maréchal de Belle-Isle qui s'attribue les mérites et l'initiative de l'expédition, c'est un succès. Jamais sa faveur auprès du roi n'a été aussi éclatante. Il fait une nouvelle proposition au conseil ; il suggère d'engager avec l'Angleterre des pourparlers de paix sur les conditions suivantes : restitution des vaisseaux arraisonnés et liberté de circulation pour le port de Dunkerque en échange de Minorque. Le Conseil ne le suivra pas. Le roi et le Conseil vont peu à peu se désintéresser de la lutte si nécessaire contre l'Angleterre ; ils vont se laisser absorber par le combat stérile avec la Prusse : quand ils s'éveilleront de ce mauvais rêve, il sera trop tard.

14

UN COUTEAU DANS LE CŒUR DE LA MONARCHIE

Ce n'était qu'un banal couteau de Namur, un vulgaire canif. Rien du poignard assassin dont usent les régicides qui ne travaillent pas dans l'approximatif. Sa lame mesurait trois pouces, environ huit centimètres, une taille bien suffisante pour tailler des plumes d'oie, mais inopérante pour un crime de sang qui se respecte. Ce canif de Damiens a pourtant atteint les œuvres vives de la monarchie. Ce n'est pas tant le roi qui est touché physiquement que le système dont il est l'incarnation et le symbole. Une chiquenaude bien ajustée dans un moment de moindre résistance peut faire plus de dégâts qu'un coup d'arquebuse. La lubie sanglante du rouquin illuminé éclaire soudain d'une lumière violente la ruine qui menace de toutes parts ce grand vaisseau vermoulu, prenant l'eau, en proie aux vents contraires. Le coup de couteau, à cette date, agit comme un révélateur. Il pourrait être un avertissement salutaire, l'occasion d'une prise de conscience. Car à ce moment où vient de commencer une guerre qui va durer sept ans, rien ne va plus dans le royaume. Va-t-on tenter de comprendre la signification du geste d'un esprit follet, qui étrangement exprime la voix de l'opinion publique, ou va-t-on s'entêter dans les erreurs ?

Donc ce 5 janvier 1757, il fait très froid à Versailles. La nuit tombe. À six heures du soir, le roi, venu rendre visite à sa fille malade, se prépare à repartir pour Trianon où il doit fêter les Rois. Heureusement pour lui, il est chaudement vêtu. Au moment où, précédé par les porteurs de torches, il passe entre une haie de gardes pour rejoindre son carrosse, un homme coiffé d'un chapeau le bouscule. Il lui porte un coup de couteau entre la quatrième et la cinquième côte. Le roi s'exclame : « On vient de me donner un coup de poing. » Puis ayant porté la main à son côté et s'apercevant qu'elle est pleine de sang, il désigne l'homme au chapeau sur la tête, immobile : « Je suis blessé. Et c'est cet homme qui m'a frappé. Qu'on le garde et qu'on ne le tue pas. »

Le roi refuse l'aide du duc d'Ayen qui veut le soutenir. Il emprunte l'escalier qui mène à sa chambre. On l'allonge à même le matelas, enroulé dans une robe de chambre – toute la literie est à Trianon. Il demande un prêtre et un médecin. Il perd beaucoup de sang : « Je n'en reviendrai pas », dit-il. Après s'être confessé à un aumônier de fortune – on n'a pas réussi à prévenir son confesseur, le père Desmarets – il s'évanouit. Le chirurgien, La Martinière, sonde la blessure. Elle n'est pas mortelle. Aucune trace de poison. Mais ce diagnostic ne semble pas rassurer le roi, plongé dans des pensées moroses. Abattu, mélancolique, il semble moralement atteint. À un courtisan qui tente de le rasséréner en lui disant qu'il sera bientôt sur pied, que sa blessure n'est pas profonde, il répond gravement : « Elle l'est plus que vous croyez, car elle va jusqu'au cœur. »

À quoi songe ce roi qui vient de se confesser et à qui la crainte de mourir inspire le désir d'exprimer à la reine un profond repentir ? Profondément catholique, il est assez superstitieux pour interpréter ce parricide comme une punition divine. Sans doute aussi pense-t-il à toutes les lettres de menaces qui depuis quelque temps inondent Paris, certaines parvenant même jusqu'à Versailles, et sur lesquelles sont dessinés un poignard et un balai. Deux symboles qui parlent clairement : on y mêle l'assassinat du roi et le départ de la favorite exécrée. De semblables lettres avaient circulé avant le crime de Ravaillac. Damiens n'a réalisé que la moitié de la prédiction menaçante. Reste le balai. Que va-t-il advenir de la favorite ? Les augures de Versailles ne donnent pas cher de son maintien. De toute évidence, elle doit partir.

Mais le renvoi de Mme de Pompadour ne règle pas tous les problèmes du royaume, tant s'en faut, même si elle concentre sur elle les passions et les haines. Elle n'est que le symbole d'une politique qui depuis dix ans, date de l'entrée de la marquise dans le lit du roi, a comporté quelques bonnes intentions et beaucoup d'erreurs. Le résultat le plus visible, c'est l'amoindrissement de l'autorité royale, les mouvements de mauvaise humeur des parlements : ceux de Bretagne et de Paris notamment connaissent une fermentation dangereuse. Et si l'acte criminel de Damiens n'a pas été commandité, il en est l'expression. D'ailleurs Louis XV ne tarde pas à être informé des paroles prononcées par l'assassin au cours de son interrogatoire : Damiens dit avoir agi « pour que Dieu puisse toucher le roi et lui remettre toute chose en place et la tranquillité dans ses États ». Et il ajoute : « Il n'y a que l'archevêque de Paris qui est la cause de tous ces troubles. » Allusion aux billets de confession exigés par Mgr Christophe de Beaumont afin d'extirper les derniers germes du jansénisme qui s'expriment dans le refus de la bulle *Unigenitus*. Cette affaire avait gravement aigri les relations entre le parlement qui avait condamné l'archevêque de Paris et le roi qui l'avait soutenu avant de se résigner à l'exiler à Conflans.

Cette opposition du parlement au pouvoir royal avait son origine dans la promulgation par le pape Clément XI, à la demande de Louis XIV, de la bulle *Unigenitus Dei Filius*, qui condamnait cent propositions jansénistes. Le parlement de Paris l'avait enregistré sans l'approuver. Ce fut Louis XV qui, en 1730, l'imposa comme loi du royaume. Mais cela ne diminua pas pour autant l'agitation religieuse. Depuis cette date les prêtres pouvaient priver de l'extrême-onction les agonisants qui ne pouvaient produire un billet de confession signé par un prêtre approuvé, c'est-à-dire non suspect de jansénisme. Mais le roi avait sur ce point fini par céder au parlement en décembre 1756 dans une déclaration qui retirait à la bulle *Unigenitus* la « dénomination, le caractère et les effets de règle de foi ».

Ce qui est suspect, ce sont les relations de Robert François Damiens. Il a servi chez plusieurs magistrats du parlement de Paris, notamment chez le conseiller Bèze de Lys, qui se montre un des plus enragés contestataires. Même si on ne peut retenir l'idée d'un complot, c'est bien au sein du parlement que le régicide a puisé l'esprit de fronde et de violence qui a armé son geste. Voltaire résume parfaitement la genèse du crime : « Le monstre est un chien qui aura entendu aboyer quelques chiens des Enquêtes et qui aura pris la rage. »

Cette fermentation du parlement, qui s'amplifie au fil des années, va constituer une opposition de plus en plus forte au pouvoir royal. Entre le roi et le parlement, le bras de fer est permanent. Pourtant le roi a trouvé un homme ayant suffisamment d'envergure pour mater la sédition des parlements et leur imposer des réformes, notamment fiscale, qu'ils regimbent à enregistrer : Machault d'Arnouville, fils d'un lieutenant de police à poigne qu'on surnommait « Machault coupe-tête ». Le roi s'est entiché de cet intendant de Valenciennes pendant la campagne de Flandre en 1745. Ce travailleur austère, dur à la tâche, mauvais caractère, bougon, taciturne, mais formidablement tenace et efficace, a entrepris une réforme fiscale qui est la grande idée de Louis XV. Mais le nouvel impôt, le vingtième – un prélèvement de 5 % sur les revenus nets –, révolutionnaire dans son principe puisqu'il établit l'égalité fiscale, a été torpillé par les parlements et par le clergé qui refusait de s'y soumettre. Le roi excluant les revenus du clergé de l'impôt, Machault, contrôleur général des Finances, a vu sa politique fiscale vidée de son contenu : et faute d'être menée à bien, elle n'a pour résultat que d'aigrir le parlement et de provoquer contre le clergé incivique une rancœur qui laissera des traces. Après avoir soutenu et encouragé Machault, le roi l'a vite abandonné. En 1754, celui-ci perd le contrôle général des Finances pour devenir secrétaire d'État à la Marine.

Louis XV aurait voulu faire de ce ministre son Colbert. Sans doute en avait-il l'étoffe. Mais Colbert avait pour le soutenir un roi résolu, opiniâtre, ferme dans ses desseins, alors que Machault ne trouve qu'un appui épisodique de la part d'un monarque irrésolu, craintif, qui cède toujours devant une volonté forte. Machault passant pour être le protégé de la marquise de Pompadour a un ennemi irréductible au Conseil du roi : le comte d'Argenson, secrétaire d'État des Armées ; un ministre brillant, pétillant d'esprit, politique habile, ouvert aux idées nouvelles, les philosophes lui ont dédié l'*Encyclopédie*. Rival de Machault, ennemi farouche de la favorite, il voudrait devenir le maître du jeu. Il a failli y parvenir grâce à l'intrigue fomentée par sa maîtresse, Mme d'Estrades. Mais le complot a raté. L'attentat de Damiens rallume ses espoirs : les très peu fiables Mémoires de Mme du Hausset font état d'une lettre qu'il aurait adressée à sa maîtresse et qui aurait été saisie par les services secrets de Mme de Pompadour : « L'indécis [le roi] est enfin décidé. Le garde des Sceaux [Machault] est renvoyé. Vous allez revenir, ma chère comtesse, et nous serons les maîtres du Tripot. » D'Argenson n'a sans doute jamais écrit une telle lettre ; mais il y a de fortes chances pour qu'il en ait pensé tous les termes.

À ce climat délétère, s'ajoute le vent de contestation que font souffler les philosophes. L'*Encyclopédie*, dont les deux premiers tomes ont paru en 1751, n'attaque pas directement le principe de l'autorité monarchique, mais chacun de ses articles sape le terrain sur lequel il repose : Dieu, l'Église, les miracles, les articles de la foi, la religion, sont malmenés avec jubilation. L'esprit du temps va à l'incrédulité. La cour, l'entourage du roi, la Pompadour, le roi lui-même semblent contaminés par les idées philosophiques : Louis XV, on l'a vu, a renoncé à toucher les écrouelles. Prenant ses distances avec les rois thaumaturges, il s'écarte des sources religieuses qui fondent et confortent son pouvoir. Cette contestation philosophique des Encyclopédistes, les « Cacouacs », comme les appellent leurs ennemis, en développant l'esprit d'examen, isole encore un peu plus la monarchie, qui n'apparaît plus que comme un grand vaisseau enlisé au milieu des sables. Elle n'est plus adaptée aux éléments au milieu desquels elle évolue. Faute d'un plan de réforme d'ensemble et d'une volonté de le faire aboutir, chacun se dit que le geste de Damiens aura peut-être au moins un mérite : celui de crever l'abcès ; de donner une brève satisfaction à l'opinion publique en sacrifiant celle qui depuis dix ans incarne aux yeux de tous, peuple, clergé, parlement la déficience monarchique : la Pompadour. Chacun attend la décision du roi avec une curiosité, un intérêt souvent teinté de malveillance.

Bernis apprend la nouvelle de l'attentat contre le roi par l'huissier de M. Rouillé – il vient de faire son entrée deux jours plus tôt au Conseil : « Mon sang se retira tout entier ; dans mon cœur je fus un moment en silence ; je le rompis pour demander au suisse si le roi était mort ; il me dit que non, mais qu'il était bien mal. Je montai chez le roi, après avoir fait toutes les réflexions que peut faire un ministre attaqué par la jalousie, chargé d'affaires importantes, qui a beaucoup d'ennemis, et pour seule amitié celle d'une femme. Et cette femme devait être chassée de la cour, selon les apparences, dans peu d'heures. » En quelques minutes, il examine tous les aspects de la situation. Quoi qu'il arrive, ses résolutions sont prises : il restera fidèle à la marquise de Pompadour à qui il doit son élévation. N'est-il pas à quarante-deux ans ministre d'État, pourvu d'une abbaye qui lui procure 30 000 livres de rente : « C'en était assez pour un cadet du Languedoc. » À quoi bon trahir sa bienfaitrice, pour quel profit ? L'idée ne lui vient même pas. Après avoir pris des nouvelles du roi dans sa chambre et trouvé la cour beaucoup plus préoccupée du renvoi de la marquise que de la santé du roi, c'est chez elle qu'il se rend.

Aussitôt la marquise se jette dans ses bras « avec des cris et des sanglots qui auraient attendri ses ennemis mêmes, si les courtisans pouvaient être touchés ». Il la réconforte et l'encourage à ne pas se laisser aller à l'abattement. N'est-elle pas l'amie du roi et la dépositaire d'importants secrets qui la rendent nécessaire à l'État ? Il lui promet de ne pas l'abandonner et de la tenir au courant heure par heure de tout ce qui se passe dans la chambre du roi et à la cour. Et il n'y manque pas.

Pendant onze jours, la marquise est sur des charbons ardents. Elle n'a reçu aucun signe du roi. Son désespoir laisse peu à peu place à la fermeté d'âme. Elle attend. Si son sort ne peut être comparé à celui du malheureux Damiens qu'on a mis à la question, il n'en est pas moins pathétique. Elle sent gronder la haine ; elle voit ses amis l'abandonner. Elle connaît l'amertume de la faveur qui s'éclipse. Quel ballet d'ingratitudes se déroule devant elle ! Tant de masques tombent ! Avec heureusement de rares exceptions :

Soubise, Pâris-Duverney et bien sûr Bernis. Onze jours riches en péripéties et en coups de théâtre. Mme de Pompadour se terre dans ses appartements comme une bête blessée. Elle sait que le moindre de ses gestes sera mal interprété et risque d'entraîner sa perte. Elle fait la morte. Par l'intermédiaire de Bernis, très actif durant cette période, le Dauphin est pressenti pour présider le Conseil du roi, qui prend aussitôt des mesures concernant l'ordre public.

Une récréation cependant dans ces jours graves : Casanova ne trouve rien de mieux à faire que de débarquer à Paris. Il s'est évadé de la fameuse prison des Plombs à Venise. Même s'il n'a pas bien choisi son moment pour demander audience à Bernis, celui-ci le reçoit. Le séducteur à bout de ressources cherche un emploi rémunérateur. En souvenir de M.M. et de C.C., Bernis le recommande avec chaleur au contrôleur général des Finances qui le met en contact avec l'indispensable Pâris-Duverney. Et voilà Casanova chargé séance tenante d'organiser avec un de ses compatriotes, Calzabigi, une loterie pour sauver l'École militaire, qu'on a bien du mal à financer. Bernis en profite pour employer également son ancien espion de Venise : il lui confiera plusieurs missions secrètes en Hollande.

Peu à peu le roi se rétablit. Il appelle Bernis près de son lit. Mais à aucun moment il ne lui parle de Mme de Pompadour. Bernis a d'ailleurs scrupuleusement fixé sa conduite sur ce chapitre et n'a pas dissimulé sa position à sa bienfaitrice : « J'avais déclaré à Mme de Pompadour que si le roi me parlait d'elle et me demandait mon avis, je me défendrais de le donner ; mais si le roi l'exigeait de ma probité, je ne pourrais m'empêcher de lui représenter qu'il devait la regarder et la traiter éternellement comme son amie, et qu'il devait faire cesser le scandale en ne vivant plus avec elle dans la familiarité. Elle ne m'aima pas sans doute davantage de penser ainsi, mais elle ne put s'empêcher de m'estimer beaucoup. » Ce langage franc ne plaît sans doute pas autant que Bernis se l'imagine. La Pompadour au bord de la disgrâce attend de ses amis des engagements plus fermes en sa faveur. Car la menace qui pèse sur elle risque de plus en plus de l'anéantir et de la rejeter loin du pouvoir.

Dès qu'il commence à se rétablir, le roi de toute évidence penche pour son éloignement. La peur de son confesseur, la crainte superstitieuse d'une punition divine l'amènent à prendre une décision qui a l'avantage de rétablir la paix dans sa conscience et de satisfaire sa famille. Quant à ses ministres, il n'ignore pas que la majorité est favorable à son éviction. Sa décision arrêtée, le roi se demande comment procéder. Songe-t-il vraiment à demander au comte d'Argenson, ennemi déclaré de la marquise, d'aller l'informer de son renvoi ? En courtisan consommé et en habile politique celui-ci fait remarquer au roi « qu'ayant eu le malheur de déplaire à la maîtresse, il y aurait une sorte de barbarie à lui faire porter cet ordre par une bouche ennemie ; il lui conseillait d'en charger Machault qui adoucirait la sévérité de la mesure par les consolations de l'amitié. Le madré ministre pensait avec justesse que, si la maîtresse se maintenait, tout son ressentiment se tournerait vers Machault ».

Machault est également consulté par le roi. Il commet la maladresse de ne pas tenir informée la marquise de la teneur de l'entretien. On imagine la fureur de la malheureuse devant le procédé d'un ministre qu'elle a protégé en maintes circonstances. Le pire ne se produit que le lendemain : après un nouvel entretien avec le roi, Machault se fait annoncer chez la marquise l'air plus sinistre que d'habitude. Il dit d'un ton glacial : « Comment se porte Mme de Pompadour ? » Quand il sort de son cabinet une demi-heure plus tard, la marquise est en pleurs : « Il faut que je m'en aille, mon cher abbé », dit-elle à Bernis entre deux sanglots. Elle claque des dents de manière si violente qu'on doit lui administrer de l'eau de mélisse.

Tandis qu'elle donne l'ordre à son écuyer de préparer son départ et de prévenir les cochers, on annonce la maréchale de Mirepoix qui s'exclame : « Qu'est-ce donc, madame, que toutes ces malles ? Vos gens disent que vous partez ! — Hélas, ma chère amie, répond Mme de Pompadour, le maître le veut, à ce que m'a dit M. Machault. — Et son avis à lui, quel est-il ? — Que je parte sans différer. — Il veut être le maître, votre garde des Sceaux, et vous trahit… qui quitte la partie la perd. » Le ton assuré de la maréchale de Mirepoix convainc la marquise de demeurer en place en attendant un ordre formel du roi. C'est du moins la version de Mme du Hausset dont le récit trafiqué est sujet à caution. Mais l'important, c'est qu'après tant d'hésitations Mme de Pompadour décide finalement de rester et garde, vis-à-vis de M. Machault, qui lui a manqué, une rancune qu'elle ne va pas tarder à assouvir.

Enfin, après onze jours d'attente pour Mme de Pompadour et d'hésitations pour le roi, Louis XV descend dans les appartements de la marquise. Lorsqu'il en revient, son humeur maussade a disparu.

Elle a réussi à le réconforter, à le distraire de ses pensées moroses. Plus question pour elle de partir. Non seulement elle est maintenue en place mais elle sort renforcée. Maintenant va sonner l'heure des règlements de comptes. D'abord ce sera le tour de Machault. Devant la façon dont le traite Mme de Pompadour, on comprend vite à la cour que le garde des Sceaux et secrétaire d'État à la Marine n'en a plus pour longtemps. Lui-même montre le visage triste d'un homme qui se sait perdu.

Bernis profite de cette occasion pour tenter de réconcilier Mme de Pompadour avec son vieil ennemi, le comte d'Argenson. Il a de bonnes raisons pour cela : d'abord assurer la position de sa protectrice qui, chassant Machault, perd le soutien d'un des plus influents ministres du Conseil. De plus ce ministre ayant l'oreille du roi et la charge de la guerre, il y va de l'intérêt de l'État d'assurer leur bonne entente. N'oublions pas que la France est en guerre sur mer avec l'Angleterre et sur terre avec la Prusse. Mme de Pompadour accepte de rencontrer le comte d'Argenson. Mais au lieu de saisir cette offre de réconciliation, le ministre de la Guerre y voit au contraire un aveu de faiblesse et, comme dit Bernis, « les derniers efforts d'une personne qui se noie et s'accroche où elle peut ».

L'entretien se passe mal. D'Argenson, hautain, méprisant, plein d'ironie et de sarcasme, accueille avec une mauvaise volonté évidente les offres de paix de la marquise. Celle-ci, exaspérée d'être humiliée sans succès, laisse éclater sa rancœur contre ce ministre qu'elle exècre car il n'a jamais voulu entrer dans son jeu : « Il y a longtemps, monsieur, que je connaissais vos dispositions pour moi, je vois bien que rien ne peut les faire changer. J'ignore comment tout ceci finira, mais ce qu'il y a de certain, c'est qu'il faudra que vous ou moi nous nous en allions. » Mme de Pompadour, après avoir décidé l'éviction de Machault, est désormais déterminée à écarter le comte d'Argenson. Mais, dit Bernis, « en prenant cette résolution, elle consultait plus l'intérêt de sa vengeance que celui de l'État ».

Deux jours plus tard, le roi renvoie les deux ministres. Machault, dont pourtant Louis XV avoue à sa fille qu'il est « l'homme selon son cœur », est évincé parce qu'on a jugé qu'il agaçait les parlements. Pour d'Argenson, on prend prétexte des agitations de Paris qui sont sous son contrôle. Mais peut-être le roi veut-il éloigner un homme qui a été le témoin de sa faiblesse pendant sa maladie au moment où il voulait se séparer de la marquise. Contre toute attente, Mme de Pompadour est sortie victorieuse de l'intrigue qui visait à l'écarter. Mais à quel prix ?

Cette crise, provoquée par le coup de couteau de Damiens, a pour conséquence d'affaiblir considérablement la royauté. La fermentation des parlements n'a pas diminué ; aucune solution n'est en vue pour régler les questions en litige et clamer les esprits surchauffés. La haine que suscite Mme de Pompadour n'a jamais été aussi vive dans l'opinion et pourtant la favorite sort avec un pouvoir renforcé de cette épreuve. Deux ministres essentiels chargés l'un, Machault, de la Marine, l'autre, d'Argenson, de la Guerre, ont été écartés sans motif valable alors que le pays s'est lancé dans une guerre impopulaire, dont la justification nationale n'apparaît pas évidente. C'est dans ces conditions désastreuses que s'engagent les campagnes militaires. On comprend les angoisses de Bernis.

Au moins, ce moment difficile aurait-il pu rapprocher Mme de Pompadour de son fidèle protégé. Il n'en est rien. Le caractère de la favorite s'est aigri. Elle est atteinte de la maladie de la persécution. Elle a tendance à voir la trahison partout. Au cours de ces onze jours où elle s'est crue perdue, elle a été agacée de voir Bernis au comble de la faveur, recueillant les suffrages du roi, du Dauphin, de la famille royale, tout en demeurant son ami. Elle lui fait grief de son succès : « Elle me dit un jour que j'étais bien fin, puisque j'avais trouvé le secret, en lui donnant les marques les moins équivoques d'attachement, d'enchanter la famille royale. Cette réflexion toute d'aigreur, de jalousie, d'inquiétude, me remplit d'indignation. Je lui répondis que cela prouvait que plus on était honnête homme, plus on était sûr de plaire à la famille royale. Elle sentit son injustice et chercha à la réparer. »

En réalité, il y a une grave fêlure dans cette association entre la protectrice et son protégé. D'abord parce que Bernis pense que la présence de la favorite, son influence nuisent à l'État. Mme de Pompadour l'a senti. Désormais Bernis n'est plus sa créature. Il a pris trop d'indépendance par rapport à elle. Il peut faire cavalier seul. Or à ce moment de son existence, devant les périls qu'elle doit affronter, ses ennemis n'ont jamais été aussi nombreux, elle se sent abandonnée. Il lui faut un homme tout à elle, sans les scrupules de Bernis ; un dur, un joueur, avec lequel elle puisse s'associer pour cette partie d'enfer qu'il va falloir jouer. Finie l'époque des attendrissements, des ambitions sentimentales, des facilités du pouvoir qui donnaient à Bernis tant de séduction. Aujourd'hui pour se soutenir face à la dureté des temps, elle a besoin d'un allié plus sûr, plus coriace, d'un ambitieux dépourvu d'états d'âme.

Bernis a conscience de cette menace. Il n'ignore pas qu'un grand prédateur, dans l'ombre, attend son heure. Sa position est d'autant plus fragile qu'avec le départ de deux poids lourds du Conseil du roi, aussitôt remplacés par des hommes liges de Mme de Pompadour, il n'y a plus de ministre d'envergure. Il va devoir être en première ligne et supporter le poids de la charge. C'est seul, accablé de responsabilités, qu'il affronte la poursuite de la guerre, alors que monte l'étoile irrésistible d'un rival.

15

L'AMI, LE FRÈRE, LE TUEUR

Ce prédateur redoutable, ce rapace de haut vol, c'est Choiseul. Il ne paie pas de mine. Avec ses petits yeux porcins, brillants de malice, ses lèvres épaisses, ce fameux nez au vent aux narines retroussées qu'on lui voit dans son portrait par Van Loo, il a une physionomie de chérubin lubrique ; court de taille, le front large et dégarni, ce rouquin ne s'embarrasse pas beaucoup de sa laideur – et ce handicap ne semble guère l'avoir gêné auprès des dames. Il aime le beau sexe à la folie. Les femmes pullulent autour de lui : il les chérit, pour les caresser, assurer sur elles son pouvoir, les humilier, les faire souffrir. Il les conquiert avec volupté et les trompe avec délice, leur joue mille comédies. Homme propre à se délecter de tout, du mal, du bien, de la trahison, de la bassesse, des beaux sentiments, des haines qu'il assouvit, des bienfaits qu'il prodigue généreusement, il s'adapte aux terrains les plus variés. Délicat et raffiné dans le monde, il se montre grossier, brutal, sans pitié, dès que son intérêt ou celui de sa politique l'exigent. Son principal défaut est l'indiscrétion. Garder un secret lui coûte : il trouve trop de volupté à le publier quelles qu'en soient les conséquences.

Travailleur infatigable ou plutôt infatigable pour faire travailler les autres – une leçon dont le jeune Talleyrand tirera profit –, prodigieusement intelligent, il se repose en s'amusant. Après une nuit passée à jouer, à faire la fête, on trouve ce débauché frais et dispos à son bureau examinant les dossiers. Il est très riche. De l'argent, il se soucie « comme de colin-tampon ». Il estime que le meilleur moyen d'en user est de le jeter par les fenêtres. Il y réussira si bien qu'il finira à demi ruiné. Un de ses amis, le baron de Gleichen, a bien décrit les attraits de ce grand séducteur : « Jamais je ne connus un homme qui ait su comme lui répandre dans son entourage la joie et le contentement ; quand il entrait dans un salon, il fouillait dans ses poches et semblait en tirer une abondance intarissable de plaisanteries et de gaieté[1]. »

D'une ancienne lignée originaire de Lorraine, il a fait un formidable mariage d'argent en épousant une ravissante jeune fille de quinze ans, Mlle du Chatel, dont le grand-père est le richissime Crozat. Petite, menue (Voltaire l'appelle « une Vénus en abrégé »), cette femme de poche, ce tanagra, ce colibri, l'aime en dépit de ses infidélités. Il la trompe avec tout ce qui passe, sans vergogne, et même, dit-on, avec sa propre sœur, la comtesse de Gramont. Cet inceste vrai ou faux fait parler et amuse la cour et la ville.

Parvenu à la direction des affaires, il trace de lui-même, dans une lettre à Voltaire, un portrait qui montre sa désinvolture et les distances qu'il sait prendre avec les événements les plus graves : « J'ai la réputation d'avoir de l'ambition et je n'en ai pas l'ombre, je hais les affaires à mort. En revanche, j'aime mon plaisir à la folie ; j'ai une très belle et très commode maison à Paris ; ma femme a beaucoup d'esprit ; ce qui est fort extraordinaire, elle ne me fait pas cocu ; ma famille et ma société me sont agréables infiniment ; j'aime à faire enrager d'Argental, à boire et dire des folies jusqu'à quatre heures du matin avec M. de Richelieu. On a dit que j'avais des maîtresses passables, je les trouve, moi, délicieuses ; dites-moi, je vous prie, quand les soldats du roi de Prusse auraient douze pieds, ce que leur maître peut faire à tout cela[2]. » Évoquant déjà avec Voltaire les soucis que lui donnait Frédéric II, il avait eu cette exclamation, allusion à sa folle passion pour la princesse de Robech : « Le cul de ma maîtresse me fait oublier tous ces objets. »

1. Jacques Levron, *Choiseul, un sceptique au pouvoir.*
2. Pierre Gaxotte, *Le Siècle de Louis XV.*

C'est un cynique. Il ne risque pas de tomber dans les pièges du sentimentalisme : ni l'amitié ni la reconnaissance ne freinent sa course vers le pouvoir qui est, au milieu de tant de passions frivoles, le seul but qu'il vise. Qu'importe si Gresset s'est inspiré ou non de lui pour créer son personnage du Méchant : tous les contemporains l'ont cru, ce qui en dit long. Il possède les avantages et les défauts d'une longue lignée aristocratique : la conscience de sa valeur, le sens du monde, des manières exquises ; le courage, le goût de la guerre – il a été officier et s'est bien battu pendant la guerre de Succession d'Autriche. Il est aussi à l'aise à la cour que sur le champ de bataille. Politique dans l'âme, aventurier du grand monde, ce joueur sait que sa place doit être quoi qu'il arrive au-dessus de celle des autres. Pour l'instant, à trente-quatre ans, il est au second plan. Il piaffe. Cela ne saurait durer bien longtemps.

Entre le doux et sentimental Bernis et ce carnassier sans scrupules, la partie semble jouée d'avance. Ce pourrait être un jeu assez piquant si les pions n'étaient pas figurés par nos armées et les points perdus par nos défaites. Mais cette lutte pour le pouvoir n'est pas qu'âpreté et férocité ; les deux hommes s'estiment, et d'une certaine façon se comprennent : ils ne manquent aucune occasion de se dire qu'ils s'aiment, de se témoigner des marques d'attachement, de complicité et même de tendresse. Ce n'est qu'insensiblement que Choiseul passe avec Bernis du rôle d'ami, presque de frère, à celui de tueur.

Sans illusion sur les délicatesses du personnage, Bernis sait qu'il ne faut s'attendre de sa part à aucun cadeau. Tout lui sera bon pour atteindre son but. Mais on a beau l'avertir des risques qu'il court en favorisant le redoutable protégé de la marquise, il n'en a cure. A-t-il vraiment le choix ? Ainsi on le prévient des propos tenus par Choiseul au maréchal de Luxembourg qui évoquait la préférence donnée par Mme de Pompadour à Bernis sur les autres ministres : « Oh ! pour celui-là, il ne m'embarrasse pas, je le perdrai auprès d'elle quand je voudrai. » Bernis a soutenu sa candidature à l'ambassade de Vienne, poste éminemment stratégique : Vienne est la clé de la nouvelle politique. Et il le croit capable d'occuper cette place importante.

Ce rival qui dissimule sa jalousie sous des airs de franche amitié, Bernis a vu clair dans son jeu : « Le plus sûr pour lui, comme le plus utile, était non seulement de ne pas traverser ma fortune, mais de se donner le mérite à mes yeux d'y avoir contribué : il connaissait mon caractère ; il savait avec quelle bonne foi je rendais justice à ses talents, et ferais volontiers valoir ses services au Conseil. Il fit son plan d'avancer sa fortune en élevant la mienne et en travaillant à l'assurer ; si les circonstances changeaient, il se crut en état d'employer pour la détruire les moyens qu'il avait employés pour l'établir. On verra combien il fut fidèle à ce système. »

Avant de partir pour Vienne Choiseul a trouvé une occasion rêvée de mettre ce plan à exécution. Il refuse d'occuper son poste et menace de démissionner si on ne remplace pas M. Rouillé, le secrétaire d'État aux Affaires étrangères, vieux et incapable qui dort au Conseil. Mme de Pompadour déclare que le roi ne se résoudra jamais à renvoyer le vieux ministre de peur de déplaire à sa femme. Choiseul va trouver Mme Rouillé et, en une heure, réussit à la convaincre de décider son mari à quitter son poste. Deux jours plus tard, grâce à l'extraordinaire entregent et à l'habileté manœuvrière de Choiseul, la place de ministre est vacante. Or, cette place, Bernis ne la souhaite pas. Très satisfait d'être au Conseil du roi, sans la charge d'un ministère, il sait qu'il assure ainsi sa sauvegarde. Ayant la responsabilité d'un département, il entrera forcément en conflit d'intérêts avec Mme de Pompadour qui aime agir par-dessus la tête des ministres et procède à des nominations sans leur demander leur avis. Il ne veut pas ajouter cette pomme de discorde entre lui et sa bienfaitrice. Mais Choiseul a habilement agi : c'est le roi lui-même qui adjure Bernis d'accepter les Affaires étrangères. Bernis est dans la nasse. Choiseul peut partir tranquille pour Vienne. Il laisse derrière lui entre Bernis et Mme de Pompadour une bombe à retardement. À la première occasion, le couple ne va pas manquer de se brouiller.

Il n'aura pas beaucoup à attendre. La guerre va en fournir le prétexte. Jusqu'à présent, les choses n'ont pas trop mal tourné sur le front continental. Bernis a si souvent coutume d'annoncer des victoires au roi qu'en le voyant passer, le peuple s'exclame : « Tiens, le voilà ! il a l'air d'une bataille gagnée. » Après le deuxième traité de Versailles, signé en mai 1757, qui conduit la Saxe, la Suède et la Russie à rejoindre la France et l'Autriche, la situation reste favorable. Cela ne durera pas. Mme de Pompadour, requinquée par sa nouvelle faveur, ne veut pas être en reste. S'étant occupée de beaux-arts, d'architecture, de politique, il lui prend maintenant le caprice de vouloir nommer les chefs de guerre. Sa nouvelle coqueluche : le général de Soubise, un de ses amis qui s'est montré particulièrement fidèle au cours des heures sombres. Elle a la lubie d'en faire un maréchal de France.

La première victime de la cabale qu'elle ourdit en faveur de son nouveau favori est le maréchal d'Estrées. Le roi l'a pourtant choisi pour commander les forces en Allemagne. Mais il a contre lui des défauts de vieux soldats, son mauvais caractère, sa hauteur, son manque de souplesse et de diplomatie avec le munitionnaire général de l'armée, l'habile et indispensable Pâris-Duverney. Il ne s'entend pas bien non plus avec le ministre de la Guerre qu'il appelle « cet excrément de Paulmy ». Alors qu'il faudrait agir avec finesse, il se raidit, rue dans les brancards et ne perd aucune occasion d'humilier ce Soubise dont les prétentions l'exaspèrent – lui qui ne commande qu'une division timbre ses lettres : Armée de Soubise. Enfin, pour comble de malchance, sa femme se lance dans des intrigues maladroites qui ne réussissent qu'à irriter le roi. Ses jours sont comptés.

Comme il n'est pas possible d'imposer ce mirliflore de Soubise à la tête des armées sans offenser gravement les maréchaux de France et les officiers généraux, plus anciens que lui, la clique de Mme de Pompadour, habilement conseillée par Pâris-Duverney, avance le nom du maréchal de Richelieu, le vainqueur de Minorque. Celui-ci pourrait ainsi remplacer le maréchal d'Estrées en attendant que Soubise ait gagné quelques batailles. Mme de Pompadour se fait tirer l'oreille : elle déteste Richelieu depuis toujours ; surtout elle ne lui pardonne pas son attitude condescendante lors de sa récente disgrâce. Finalement Choiseul emporte la décision en lui montrant que cette nomination sert le mieux les intérêts de son protégé.

D'Estrées rappelé, Richelieu, flanqué du jeune Soubise, se voit placé à la tête d'une armée de trente mille hommes. Après quelques batailles prometteuses, qui lui permettent de s'emparer du Hanovre et de s'assurer la basse Saxe, le fastueux maréchal commet une énorme bourde : le 8 septembre, il signe avec le duc de Cumberland, qui sera désavoué deux jours plus tard, la convention de Closterseven. Au lieu d'exiger une capitulation sans conditions, il offre généreusement aux soldats des princes alliés à la Prusse de s'en retourner dans leur pays à la seule condition de prêter serment qu'ils ne porteront plus les armes contre la France.

Bernis est à son bureau le jour où il apprend la nouvelle de la convention de Closterseven. Il est d'humeur méditative. Il songe, nous dit Loménie de Brienne, aux circonstances qui l'ont porté à une si grande élévation et en même temps à la politique qu'il mène, aux intrigues, aux chances, aux victoires de Mahon et d'Hastembeck, à cette imbrication mystérieuse des événements et des hommes dont l'Histoire le rendra responsable ; ce jeu de la politique où se mêlent le talent et le hasard, les passions et les mesquineries, l'amour-propre, la vanité agitant des personnages si variés, Mme de Pompadour, le maréchal de Richelieu, Soubise, Choiseul. Ce mélange de gravité et de comédie lui inspire des idées mélancoliques : « Pauvre postérité ! Que sauras-tu ? Et comme la vérité, au fond, pourrait se moquer de toi. » Et soudain, il entend un fouet claquer à sa porte. C'est l'officier qui lui apporte le texte de la convention. Bernis ouvre la dépêche ; dès qu'il la lit, il en prévoit les suites catastrophiques : « Le rêve est fini… Ah ! parbleu ! La postérité n'est pas si à plaindre, elle ne sera pas dans le cas de s'étonner si mal à propos […] Jamais, surprise ne fut égale à la mienne ; elle augmenta en voyant la manière dont cet acte était dressé. J'y vis à l'instant tous les malheurs qui devaient naître d'une si grande imprudence. »

Une candeur aussi imbécile de la part d'un chef militaire aussi roué que Richelieu se prêtait à des interprétations diverses : des plus grotesques aux plus déshonorantes. Son ardeur belliqueuse avait-elle été sapée par les flatteries de Frédéric II qui ne perdait aucune occasion de lui rappeler qu'un aussi grand capitaine ne pouvait ruiner la politique d'alliance de son grand-oncle, le cardinal de Richelieu ; ou plus ignominieusement a-t-il reçu du roi de Prusse des compensations financières importantes pour prix d'un accommodement qui avait toutes les apparences d'une trahison ?

Richelieu ajoute à « ce chef-d'œuvre de la maladresse et de l'imprudence » une autre faute : au lieu d'anéantir l'armée hanovrienne acculée à l'Elbe, il se dirige sur Halberstadt afin de torpiller l'offensive préparée par Soubise et lui souffler la gloire d'une conquête de la Saxe et d'une probable défaite du roi de Prusse. Puis, sans doute mécontent des commentaires sévères qu'inspire à la cour sa pitoyable convention, il décide de se désolidariser de Soubise. Celui-ci plein de dépit devant les occasions manquées, ne songeant qu'à se couvrir de gloire pour gagner les faveurs que sa protectrice lui fait miroiter, abandonne toute prudence. Il s'avance en Saxe et, obéissant à l'ordre pressant de Choiseul qui veut plaire à la fois à l'impératrice et à Mme de Pompadour, commet l'erreur fatale d'attaquer Frédéric II qui feint d'opérer une retraite. Celui-ci fait subitement volte-face et provoque la débandade des troupes. Le 5 novembre, c'est la catastrophe militaire de Rossbach. Frédéric II met en pièces l'armée du malheureux Soubise. Le soir même de la bataille, nous dit Michelet : « Par l'ordre exprès du roi de Prusse, les blessés furent recueillis et soignés. Il fit manger les officiers avec lui, à sa table, leur en fit les honneurs, s'excusant de n'avoir pas mieux. "Mais, messieurs, je ne vous attendais pas sitôt, en si grand nombre." Il dit encore : "Je ne m'accoutume pas à regarder des Français comme ennemis." Et en effet, entre nos officiers, tous enthousiastes de lui, il avait l'air du roi de France. » Au lieu d'un bâton de maréchal, Soubise, général défait, doit subir toutes les insultes : rarement un militaire vaincu aura été l'objet de tant de moqueries et d'avanies. Cela aussi est nouveau : quand un pays commence à s'amuser des défaites de ses troupes, c'est que quelque chose en profondeur ne va plus.

Mme de Pompadour est en pleurs. Elle a perdu le sommeil. Mais on ne sait pas si c'est la défaite de Rossbach qui lui cause tant de peine ou les malheurs de Soubise. Elle s'entête à soutenir le général malchanceux. Elle veut à tout prix qu'on puisse lui donner l'occasion de gagner son bâton de maréchal. Lorsque Bernis propose de réunir des troupes de Soubise à celles de Richelieu, elle se fâche. « Elle m'en témoigna son indignation, écrit Bernis ; je lui répondis que j'étais le serviteur de M. de Soubise, mais que ses intérêts m'étaient encore moins chers que ceux de l'État. Voilà l'époque où l'amitié de Mme de Pompadour pour moi commença à se refroidir, elle se ranima un peu la campagne suivante, quand je fus d'avis qu'on donnât à M. de Soubise vingt-quatre mille hommes à commander et à joindre aux Autrichiens. »

On comprend que de telles considérations en pleine guerre atterrent Bernis. Tant de frivolité, tant de puérilité dans des circonstances aussi graves le convainquent qu'on ne peut qu'aller au désastre. Peu à peu en lui se forge une conviction : il faut à tout prix arrêter la guerre, cette guerre coûteuse, impopulaire qu'il n'a pas voulue et à laquelle l'impératrice l'a contraint – « J'ai été trompé, écrira-t-il, sur l'espérance que tout serait fini en une campagne. » Il sait que la France n'a pas les moyens de la gagner, qu'elle l'affaiblit, tout en la détournant de ses véritables intérêts. Cette politique, c'est l'Angleterre qui en profite : elle a désormais quartier libre pour faire main basse sur nos colonies. Bernis comprend également qu'il ne faut pas négliger le rôle de l'opinion publique. Même si cette opinion le malmène en l'associant à Mme de Pompadour, il ne peut lui donner complètement tort. La monarchie est en train de ruiner son crédit auprès du peuple.

Pour limiter le désastre, Bernis décide d'en finir avec cette organisation néfaste où tout le monde commande à tout le monde, où personne n'est responsable de rien.

Il joue franc jeu avec la marquise. À quoi bon cette guerre qui la discrédite dans l'opinion et risque d'entraîner l'État à sa perte ? Il lui brosse un tableau prémonitoire des catastrophes qui s'annoncent et lui donne des moyens d'y remédier : « Je lui représentai que nous n'avions rien encore perdu dans la guerre maritime, mais qu'à la longue il était possible que les Anglais supérieurs en forces maritimes, ne vinssent à bout de nous enlever nos colonies, source et fondement de notre commerce extérieur ; qu'il n'était pas dans la puissance de nos alliés de nous dédommager de cette perte… Que nous n'avions plus de général, que la finance ne pouvait plus porter le poids des dépenses ; que nous devions nous occuper sérieusement de la paix de concert avec nos alliés ; que la reine d'Espagne, si opposée à entrer dans nos querelles, commençait à sentir combien il importait à cette monarchie que nos colonies ne tombassent pas dans les mains de l'Angleterre. »

Ces considérations, dit Bernis « ne persuadèrent pas Mme de Pompadour qui voyait en enfant les affaires de l'État ». S'il y avait quelque chose que venait de comprendre cette femme attachée à l'alliance autrichienne comme à son unique chance de survie politique, et qui s'étranglait à l'idée de la paix, c'est bien que Bernis se séparait d'elle : il n'était plus son homme. Dès lors elle prépare sa perte. N'a-t-elle pas un pion de rechange, Choiseul, qui à son ambassade de Vienne se tient tout prêt à remplir le rôle qu'elle voudra ? La paix qu'il conseille, Bernis tente de la mettre en œuvre en montrant au roi les avantages d'une concentration des responsabilités sur le modèle de la cour de Vienne qui a accordé à Kaunitz les pleins pouvoirs pour tout ce qui touche à la guerre. C'est encore une pierre dans le jardin de Mme de Pompadour qui ne veut pas de Premier ministre pour une raison très simple : il ne peut y avoir qu'un Premier ministre de fait ; et c'est elle.

La France avait déjà une guerre sur les bras. Elle doit aussi affronter un conflit entre Bernis, ministre des Affaires étrangères, qui attend du roi qu'il rende justice à la raison, et Mme de Pompadour, qui met autant de passion à perdre son ami maintenant qu'il la déçoit, qu'elle en avait mis à l'élever quand il servait ses desseins. Si la politique consistait à se ranger nécessairement du côté du bon sens et de l'intérêt national, Bernis aurait été nommé Premier ministre, aurait fait la paix avec la Prusse, la guerre contre les Anglais, et avec l'aide de l'Espagne la France aurait gardé ses colonies. Mais c'est tout le charme vénéneux de la politique d'être rarement raisonnable.

16

L'IMPOSSIBLE MÉNAGE À TROIS

Imperturbable, Louis XV montre un visage serein dans ces jours si sombres. Il ne semble pas être éprouvé outre mesure par nos défaites, ni « embarrassé de nos embarras », ni inquiet des menaces qui pèsent sur le royaume. Il est toujours tel que l'a décrit Mme de Tencin dans une lettre au maréchal de Richelieu : « Ce que mon frère a pu lui dire a été inutile : c'est parler aux rochers. Je ne conçois pas qu'un homme puisse être nul, quand il peut être quelque chose. Ce qui se passe dans son royaume ne paraît point le regarder : il n'est affecté de rien ; dans le Conseil il est d'une indifférence absolue ; il souscrit à tout ce qui lui est présenté. Son goût apathique le porte du côté où il y a le moins d'embarras, dût-il être le plus mauvais. »

Mme de Pompadour l'a rassuré en minimisant la portée du geste de Damiens, celui d'un fou auquel il ne faut attacher aucune signification. Elle lui fait un tableau enjolivé de la situation. C'est sans doute la principale raison pour laquelle il tient tant à elle et ne peut s'en séparer : elle sait lui donner le sentiment apaisant que tout va bien, que les seuls problèmes à régler sont des questions de personnes. Grâce à elle, protégé de la rumeur qui gronde par cet écran de dentelles que forme la cour, le roi vit dans un monde irréel d'une douceur irénique ; un théâtre où de temps en temps des personnages trop bruyants, trop agités, passent à la trappe qu'ouvre Mme de Pompadour aux ministres qui lui déplaisent ou ne se sont pas montrés assez reconnaissants. Cette trappe de la disgrâce, de l'exil, où sont tombés successivement Maurepas, le comte d'Argenson, Machault. Si le roi a quelques inquiétudes, il recourt en guise de tranquillisant au remède qui lui convient le mieux : il prend une nouvelle maîtresse.

C'est ce qu'il fait en cette fin d'année 1757. Son béguin s'appelle la marquise de Coislin. La jeune personne, qui s'est monté la tête, se verrait bien en remplaçante de la Pompadour. Beaucoup d'autres avant elle s'y sont cassé les dents. L'intrigue bat son plein. Mme de Pompadour se sent menacée. Elle confie sa détresse à Bernis qui promet aussitôt d'intervenir auprès du roi ; la nouvelle prétendante risque en effet de ruiner la politique de l'alliance – aurait-ce été un si grand mal ? Il obtient gain de cause : le roi abandonne la malheureuse à ses illusions perdues. Entre Bernis et la marquise, ce sera la dernière embellie d'une longue amitié.

L'année 1758 va les voir se déchirer. C'est une lutte à mort qui les oppose. À ceci près que Bernis se bat à la loyale : loin de lui l'idée de l'évincer de la cour et du jeu politique. Il ne veut que la fin de la politique belliqueuse de Mme de Pompadour et espère la persuader à force d'arguments que son intérêt véritable est dans la paix, une paix qui seule permettrait une politique financière d'austérité pour sauver les finances de la banqueroute. Pour parvenir à cette paix, il faut abroger le traité de 1757 et renoncer à l'idée de « partager la peau d'un ours qui sait mieux se défendre qu'on a su l'attaquer ». Bernis souhaite convaincre la marquise qu'en œuvrant à son élévation suprême au poste de Premier ministre, ou à un rôle équivalent, elle aura en lui la meilleure garantie contre les vicissitudes et les aléas du règne : le roi à tout moment peut trouver une nouvelle inspiratrice ou simplement mourir. Il veut faire son bonheur, la protéger, malgré elle. S'il agit ainsi, c'est par reconnaissance, par cette fidélité qu'il lui a implicitement jurée. Il ne cherchera jamais à l'évincer quoi qu'il pense de sa politique puérile, de ses caprices ruineux, de sa personnalité mouvante qu'il décrit à merveille : « La marquise n'avait aucun des grands vices des femmes ambitieuses, mais elle en avait toutes les petites misères et la légèreté des femmes enivrées de leur figure et de la prétendue supériorité de leur esprit ; elle faisait le mal sans être méchante et du bien par engouement ; son amitié était jalouse comme l'amour, légère, inconstante comme lui et jamais assurée. »

Ce combat douteux que mène Bernis bien à sa manière, pacifique, diplomate, ennemi de la violence, des coups, tout en ménagements, en conciliation affectueuse, il le fonde sur un idéal : il n'y a d'épanouissement des intérêts privés qu'en accord avec le bien de tous (en l'occurrence celui de l'État). Ce projet suppose que chacun abdique sa part d'ombre, de passion, de vice, de folie pour se soumettre à l'intérêt général. Si le roi avait montré un minimum de caractère et de résolution, sans doute Bernis aurait-il réussi. Mais il était dans son destin d'être le ministre qui incarne le bien et qui perd, comme il était dans celui de Choiseul d'incarner le cynisme et de paraître gagner.

Usée, despotique, devenue méchante, maladivement méfiante et égoïste, la Pompadour persévère dans son erreur avec une obstination rageuse. Malgré la réalité militaire qui met en pièces son rêve de gloire, elle s'accroche à sa lubie guerrière avec l'énergie du désespoir. Rigide, aveuglée, elle place sa vanité dans ce qu'elle croit être sa grande œuvre politique. Michelet a bien analysé la folie d'entêtement qui s'empare d'elle : « Nul homme n'aurait osé, dans une telle extrémité, prendre la responsabilité énorme de s'opposer à la paix. Il y fallait une audace d'ignorance que n'eût pas eue un homme. Ce fut un crime de femme. Elles osent moins dans la vie commune, vont moins devant les tribunaux. Mais, dans la haute vie d'intrigue, rien ne les fait reculer. Avec un sens, souvent fin et délicat, des personnes, elles ont une ignorance terrible des choses, qui fait leur intrépidité là où tous les hommes ont peur. » Rien ne la fera changer d'avis. Ni les défaites qui vont s'accumuler après Rossbach, Mimden, Warbourg, Filhingshausen, et qui terniront pour longtemps la réputation des soldats français, ni non plus les malheurs des peuples, les finances épuisées, toute cette lutte inutile aboutissant à l'humiliation du traité de Paris qui marquera la perte de notre empire colonial ; non, aucun de ces malheurs n'a pu la faire douter d'elle-même et de la certitude inébranlable qu'elle avait raison. Parfois on trouve de sa part de la lucidité sur les événements ; mais elle ne s'exerce jamais sur elle-même : « Être battu n'est qu'un malheur, ne pas se battre est une opprobre, écrit-elle au duc d'Aiguillon. Qu'est devenue notre nation ? Les parlements, les Encyclopédistes l'ont changée absolument. Quand on manque assez de principes pour ne pas reconnaître ni divinité ni maître, on devient bientôt le rebut de la nature, et c'est ce qui nous arrive. Je suis mille fois plus effrayée de notre avilissement que je ne l'aurais été de la perte de toute l'escadre. Il faut renoncer à toute gloire. » Bon diagnostic ! Mais qu'a-t-elle fait pour remédier à tous ces maux qu'elle dénonce ? Jamais nous n'entendrons d'elle l'aveu d'une erreur. Elle condamne un monde coupable de ne pas avoir cédé devant ses caprices. Que ne se repent-elle des occasions qu'elle a manquées, des fautes graves qu'elle a commises en faisant congédier de grands serviteurs de l'État, des ministres compétents, pour les remplacer par des médiocres utilités à sa dévotion – comme ce Berruyer, ancien lieutenant général de police, l'homme le plus haï de France, (le peuple l'accuse d'avoir procédé à des enlèvements d'enfants), son espion qu'elle emploie pour ses basses besognes, à rapporter ce que l'on dit d'elle, les ragots qu'on colporte, les propos imprudents. De cet homme grossier, vulgaire, indélicat, incompétent, elle n'a pas hésité à faire un ministre d'État, un ministre de la Marine, hautement déficient, et enfin un garde des Sceaux. Heureusement, comme dit Bernis, « une mort prématurée en délivra la France ».

Face à ce roc d'amour-propre, à cet entêtement si passionnel de la favorite, Bernis tente de ruser, de contourner l'obstacle. Que de talent, d'énergie, il emploie sans pouvoir y parvenir. La moitié de l'année 1758 il la consacre à parer l'influence de Mme de Pompadour, à tenter de l'amener en douceur à résipiscence. C'est mal la connaître. Pour atteindre son but Bernis essaye aussi de gagner Choiseul à sa cause. Pendant plus de six mois, Bernis entreprend avec lui une danse de la séduction telle qu'on en a jamais vue entre un ministre des Affaires étrangères et son ambassadeur. Mû sans doute à l'origine par l'intérêt de la cause qu'il défend, Bernis se prend à son propre jeu : il se met à aimer correspondre avec le brillant et ondoyant Choiseul. Il veut le convaincre que leurs intérêts sont liés, que leurs personnalités sont complémentaires, qu'ils peuvent faire route ensemble pour le bien de l'État. Rien de plus sentimental que cet échange qui éclaire l'un des moments clés de la politique de la France sous le jour inattendu de la tendresse.

En voici des exemples : « Je vous embrasse de tout mon cœur », « Je vous suis dévoué pour la vie », « Vous connaissez mon inviolable attachement pour vous », « Aimez-moi toujours, et soyez bien sûr du plaisir que j'ai à vous rendre justice au Conseil », « Je vous aime, et vous suis attaché de tout mon cœur pour la vie », « Pour mon cœur, il est à vous entièrement ». Ces effusions n'empêchent pas Bernis de reprendre sa vieille marotte : il veut convaincre Choiseul de la nécessité d'un Premier ministre. Sans cesse, sous diverses formes, il tente de le convaincre.

« J'ai parlé avec la plus grande force à Dieu et à ses saints. J'excite un peu d'élévation dans le pouls, et puis la léthargie recommence ; on ouvre de grands yeux tristes et tout est dit... Il me semble être le ministre des Affaires étrangères des limbes... Ou faire de grandes choses ou planter mes choux. Voilà ma devise, je n'en prendrai point d'autre. Il faudrait un débrouilleur général, je me suis proposé moi-même jusqu'à la paix... Où est le remède ? Il n'y en a qu'un seul, c'est un Premier ministre qui soit capable. » Premier ministre, la paix : c'est trop. Mme Pompadour va en prendre ombrage.

Il recommence le 22 novembre 1757 après la défaite de Rossbach : « Il faut un gouvernement, et il n'y en a pas plus que par le passé. Actuellement on craint que je ne devienne Premier ministre. Cette belle idée me cantonne dans mes limites, et j'en suis aux jérémiades auxquelles on est accoutumé depuis longtemps et qui ne font plus sensation. Je meurs sur la roue et mon martyre est inutile à l'État. »

Il insiste le 22 décembre : « Il n'y a pas d'exemple qu'on joue si gros jeu avec la même indifférence qu'on jouerait une partie de quadrille, et qu'on ne laisse pas au moins à l'architecte, en lui donnant le droit, de conduire les bâtiments qu'on l'a chargé de construire. L'idée de Premier ministre fait peur à tout le monde et moyennant cela il n'y a pas de ministère. »

Peu à peu, vers le mois de janvier, Bernis comprend que le titre de Premier ministre fait peur au roi qui ne veut pas subir une nouvelle tutelle comme au temps du cardinal de Fleury. Commence alors une nouvelle tactique : avoir la place, le rôle d'un Premier ministre, sans le titre. Pour y parvenir en douceur, il y a un moyen auquel Bernis pense sans doute depuis longtemps : être créé cardinal par le pape avec l'accord du roi. Ainsi, la première place parmi les ministres lui reviendrait-elle par préséance. Désormais, il mène de front auprès de Choiseul sa double entreprise. Mais soudain la haute politique laisse la place à des questions de chiffons. « N'oubliez pas, je vous prie, ma commission pour un grand habit de femme fond bleu brodé en soie blanche sur une étoffe de printemps », écrit-il le 20 février. Apparemment Choiseul met une certaine négligence dans cette mission importante car Bernis répond un mois plus tard : « J'ai reçu hier au soir, monsieur le comte, vos dépêches avec le grand habit brodé. Il est fond blanc et les fleurs bleues ; on me le demandait fond bleu avec les fleurs blanches, mais on l'aimera autant qu'il est. C'est une commission ; aussi il faut que je vous paye promptement. » On ne saura jamais à quelle belle dame chère à Bernis était destiné ce cadeau. Et on revient aux grandes affaires.

Recul stratégique le 17 mars 1758 : « Il ne s'agit que de me donner plus de crédit et de consistance. Retrancher tout ce qui à l'air de Premier ministre, mais qu'on m'accorde assez de confiance pour adopter et faire adopter tout ce que je proposerai. » Le 24 mars, Bernis revient à la charge : « Pour remédier à nos maux présents et à venir, il faudrait qu'une même tête conduisît tous les ressorts de la machine. » Le 31 mars, il insiste encore : « Tout le monde s'adresse à moi pour redresser les torts : j'en ai la volonté : est-ce ma faute si je n'en ai pas le pouvoir ? Il faut un maître ici, j'en désire un et je n'ai garde de désirer que ce soit moi. »

Le 21 avril, il rassemble tous ses atouts et abat son jeu. Pour faire basculer définitivement Choiseul dans son camp, il lui montre la confiance que lui témoigne le roi : « On dit depuis assez longtemps pour me nuire que je vais être Premier ministre, pour que si cette idée avait dû faire impression au roi, cela fût fait. Mais le roi n'a jamais été plus à son aise avec moi que depuis la première explication sur le chapeau [de cardinal] et que depuis le consentement qu'il a donné à mon chapeau. » Bernis rassure également Choiseul sur l'intérêt qu'il a à le suivre. Et il le lui dit de manière détournée et sentimentale : « Votre fortune ne dépend pas de moi, et je serais volontiers jaloux de Mme de Pompadour qui s'en charge, si elle n'était pas autant mon amie. » Il lui confie une mission auprès de Mme de Pompadour : « Le service essentiel que vous pouvez me rendre et aux affaires, c'est de lui faire sentir combien on chercherait à la tromper, si on réussissait à lui persuader que mon influence nuirait à la sienne. Que peut désirer Mme de Pompadour, si ce n'est que son ami soit celui qui gouverne les affaires ? Au reste, il n'est pas question ici du titre odieux de Premier ministre. Il est question que le roi ait assez de confiance en quelqu'un pour suivre son avis et le faire suivre aux autres. »

Au mois de juin, ses lettres se font de plus en plus pressantes : « Quand la république romaine était dans l'embarras, elle nommait un dictateur. Mais nous ne sommes pas la république romaine, mon cher comte, et nous aurions grand espoir de l'être. » Enfin le 29 juin, on sent que Bernis est prêt à renoncer. Sans doute la défaite de nos armes le 23 juin à Crevelt n'est-elle pas étrangère à ce nouvel accès de pessimisme : « Peut-être que l'excès du mal produira enfin le bien qui n'est autre qu'un gouvernement ferme et économe. Ne parlez plus de moi pour la première influence. Vous me faites tort. J'ai l'air de me pousser et de n'être qu'un ambitieux, lorsque je ne suis que citoyen et homme de bon sens. » Faute d'être entendu, Bernis propose un plan de gouvernement qui permettrait une meilleure coordination. Ce plan s'établit autour d'un centre qui pourra recevoir les informations et donner des impulsions. Nul doute qu'il ne pense encore à lui pour être ce centre qu'il propose. Le plan institue des comités qui devront se tenir trois fois par semaine chez le ministre « le plus constitué en dignité ». Ces mots pouvaient désigner le maréchal de Belle-Isle, mais en réalité ce serait Bernis dès qu'il aurait obtenu son chapeau de cardinal. Il en profite pour revenir sur ses deux obsessions : la paix, les économies.

L'été va mettre ce bel édifice en pièces. Bernis est écœuré. Il sent que la marquise, loin d'être entrée dans ses vues, commence à le haïr. Elle lui prépare un mauvais coup. Il a également l'impression que désormais Choiseul fait cause commune avec Mme de Pompadour. Un ministre, le marquis de Puysieulx, l'en a averti : « Vous apercevez-vous que depuis quelque temps le ministère des Affaires étrangères est à Vienne ? » Bernis lui répond : « Sans doute, je m'en aperçois ; je me tirerai de ce mauvais pas le plus tôt que je pourrai. »

Désormais il ne s'agit pour lui que de diminuer la voilure, d'éviter le déshonneur qu'il aurait à être jugé responsable d'une politique désastreuse qu'il n'a cessé de combattre. Il ne veut pas conserver ce poste de ministre des Affaires étrangères qui ne signifie plus rien puisqu'on refuse de l'écouter. Il est prêt à céder la place à Choiseul et la lui propose dès le 1er août : « Réfléchissez mûrement à une idée que j'ai depuis longtemps : je crois que vous seriez plus propre que moi aux Affaires étrangères en le considérant sur le point de vue de l'alliance. Vous auriez plus de moyens que moi pour faire frapper de grands coups par notre amie. Unis comme nous sommes, nous deviendrions les plus forts. Ne croyez pas que je veuille me débarrasser du fardeau sur vous. » Malgré son pessimisme, Bernis continue de voir les rapports humains de manière idyllique. Il ajoute, comme si cette idée pouvait séduire Choiseul : « Nous serons deux têtes dans un bonnet. Notre union à tous trois n'en sera que plus forte, plus douce et plus solide. » Il va bientôt déchanter de son rêve d'un ménage à trois.

Afin de persuader le roi et Mme de Pompadour de confier les Affaires étrangères à Choiseul, il prétexte la maladie – « ma bile est mêlée avec mon sang, lequel se porte à la tête ». Il les harcèle de ses plaintes et de ses gémissements – « je vous avertis, ma tête est malade. Avec du repos et espérant ne pas me déshonorer, je me rétablirai ». Enfin le 9 octobre, il obtient gain de cause : on accepte sa démission ; Choiseul le remplace le 3 décembre. Mais connaissant la cruauté de la marquise dont elle a donné de si nombreux exemples, Bernis s'efforce de désamorcer sa haine. Il lui parle franchement : « Nous séparer, lui dit-il, à la bonne heure ; rien de plus simple et de plus facile. Mais pourquoi porter la chose à l'extrême ? Pourquoi un coup de poignard ? »

Comme garantie de ce qu'il imagine être son immunité, il reçoit le 25 novembre son chapeau de cardinal. Il écrit aussitôt à la marquise : « Le courrier de Rome m'a apporté cette nuit la calotte rouge. Je vous la dois, puisque je vous dois tout. Soyez bien sûre que je ne perdrai jamais le souvenir, ni de votre amitié, ni de mes obligations. Je vous demande pardon de tous les tourments que je vous donne pour le bien de l'État. » Mais leur mésentente n'en subsiste pas moins : Un jour que, dans un moment d'exaspération contre lui, elle lui lance : « Je vous ai tiré de la poussière », il se contente de répondre avec calme : « Madame, on ne tire jamais un comte de Lyon de la poussière. »

Le roi lui remet le chapeau de cardinal dans la chapelle de Versailles au cours d'une cérémonie célébrée avec une pompe extraordinaire, comme s'il éprouvait un plaisir cruel à voir honorer l'homme qu'il va bientôt exiler. Il lui fait un compliment à haute voix de manière à être entendu des courtisans rassemblés : « Je n'ai jamais fait un aussi beau cardinal. »

Bernis doit être soulagé : du poids des affaires et aussi de la crainte d'une perfidie. À un courtisan qui le félicite : « Monsieur le cardinal, voilà un beau jour ! », il réplique : « Dites plutôt que voilà un beau parapluie. » Il n'en continue pas moins d'exprimer sa gratitude à Mme de Pompadour : « Quoiqu'on ait bien fait de part et d'autre tout ce qu'il fallait pour nous brouiller, je compte toujours sur votre amitié et votre estime, et vous pouvez être bien sûre que jusqu'à ma mort vous aurez, sur mon cœur qui est honnête, des droits bien étendus. »

Mais ce nouveau témoignage de reconnaissance ne lui évitera pas le coup de poignard qu'il redoute. Le roi hésitait à se défaire d'un ministre auquel il était attaché. Pourquoi finit-il par s'y résoudre ? Michelet suppose que la Pompadour et Choiseul ont eu recours, pour en décider, à une intrigue d'alcôve : « Cependant il n'était point dans l'intérêt de l'Autriche, dans les vues de la Pompadour, que Bernis restât là à côté de Choiseul, embarrassant celui-ci dans la trahison hardie qu'on tentait au profit de Vienne. On n'agit pas directement, mais bien plus habilement, en employant la cabale, la petite cour du Dauphin. On prit un moyen brutal, simple et sûr, de les assommer. On prétendit que l'Italienne [Madame Infante], étant au lit après souper, aurait appelé Bernis, lui aurait dit : "Mettez-vous là." Et ce n'était pas Bernis qui entrait ; c'était un homme du Dauphin qui redit tout. On fit grand bruit de l'affaire. Et pourtant ce mot jeté ainsi sans précaution, portes ouvertes, pouvait fort bien signifier : "Mettez-vous à cette table, écrivez pour moi ceci." Le roi était fort jaloux. Quand la chose lui fut rapportée, il en voulut cruellement à l'infante et à Bernis. Il ne put se rétracter, il lui donna le chapeau (30 novembre), mais il le jeta plutôt "comme on jette un os à un chien." »

Quinze jours plus tard alors qu'il s'entretient avec l'ambassadeur d'Autriche, M. de Starhemberg, Bernis reçoit un courrier extraordinaire du roi. C'est la lettre d'exil.

> Mon cousin, les instances réitérées que vous m'avez faites pour quitter le département des Affaires étrangères m'ont persuadé qu'à l'avenir vous ne rempliriés pas bien des fonctions dont vous désiriés avec tant d'ardeur d'être débarrassé. Et c'est d'après cette réflexion que je me suis déterminé à accepter votre démission de la charge de secrétaire d'État. Mais j'ay senti en même temps que

vous ne répondiés pas à la confiance que je vous avais marquée dans des circonstances aussy critiques, n'y aux grâces singulières que je vous ay accumulées en si peu de temps. En conséquence je vous ordonne de vous rendre dans une de vos abbayes à votre choix, d'icy à deux fois vingt-quatre heures, sans voir personne, et ce jusqu'à ce que je vous mande de revenir. Renvoiés moy des lettres que vous avez gardé de moy dans un paquet cacheté. Sur ce je prie Dieu qu'il vous ait, mon cousin, en sa sainte et digne garde.

À Versailles, ce 13 décembre 1758.

Signé : Louis.

Cet ordre d'exil tombe comme la foudre. Bernis écrit au roi une lettre pleine de respect et de reconnaissance où il n'exprime aucune plainte, ni aucun ressentiment. Il part le lendemain pour le château de Vic-sur-Aisne, qui dépend de son abbaye de Saint-Médard de Soissons. La nuit suivante, soulagé, il dort deux heures de plus qu'à son habitude. Dans la matinée, il se promène dans son parc et chasse les oiseaux. Quelles pensées l'agitent encore ? Songe-t-il à son fabuleux parcours, au destin qui l'a entraîné, lui un cadet du Languedoc, au sommet du pouvoir pour mieux l'abaisser dans l'exil ? Tant de chemin parcouru alors qu'il est encore jeune, il n'a que quarante-trois ans. D'acteur de la grande histoire, il en devient désormais simple spectateur.

17

LA MÉLANCOLIE DU POUVOIR ÉVANOUI

Bernis ne règne plus que sur une abbaye. Le pouvoir s'éloigne comme un mauvais rêve. Sa passion s'est éteinte. Les grandeurs, les responsabilités écrasantes ont cédé la place à la solitude et à la méditation. Il a chassé les regrets. Mais la blessure de son échec sera lente à cicatriser. Il n'a de consolation que d'avoir fait scrupuleusement son devoir, de ne s'être jamais departi des principes qui ont guidé sa vie. Ni infidèle, ni ingrat, ni malveillant, on ne peut reprocher à sa conduite aucune de ces vilenies dont s'absolvent si aisément les hommes de pouvoir. Il n'a eu en vue que le bien de l'État, pour lequel il a sacrifié sans hésiter la faveur insolente à laquelle il était parvenu. Seul le désir de la gloire l'animait. Si d'autres aspirent au gouvernement pour servir leurs intérêts, s'y bâfrer de privilèges, de passe-droits, il le leur laisse de bon cœur. Ce que la marquise et le duc ont immolé à travers lui, c'est le témoin de leurs faiblesses, leur conscience.

Après les feux de la grandeur, il éprouve une grande douceur dans cette sagesse dont il trouve le chemin tout naturellement. C'est une grâce qui émane de son beau caractère ; il ne s'aigrit pas, n'incrimine personne. Au contraire, il pardonne ; non pas seulement pour être en accord avec l'essence de ses principes religieux, mais par une sorte d'instinct du bonheur, de la paix intérieure, pour ne pas garder un goût de fiel dans la bouche. Rarement un ministre disgracié aura trouvé des mots aussi justes pour exprimer une âme sereine : « Je ne suis monté en grandeur que par la force des circonstances ; mon goût, mon caractère m'en éloignaient ; aussi je suis rendu à la vie qui m'est propre, et éloigné d'un pays où je n'étais pas né. Nul désir d'y retourner ne me tourmente. Quand je pourrai revoir mes amis, je serai content, autant qu'un bon citoyen peut l'être au milieu d'une guerre fâcheuse. Depuis que j'ai pris le parti de pardonner de bonne foi à quiconque m'a nui ou a voulu me nuire, le calme est entré dans mon âme. […] L'honneur est le plus grand mobile que je connaisse pour les âmes honnêtes, c'est de lui que j'ai été successivement le martyr et enfin la victime ; mais s'il fait souffrir, il donne aussi bien des consolations. »

Ainsi s'épanche-t-il auprès de son vieil ami Pâris-Duverney, qui s'est lui aussi éloigné des joutes du pouvoir et se consacre à son magnifique jardin de Plaisance – il fait cadeau à Bernis d'une multitude de graines. Après le tumulte de la cour et des hommes, les deux amis trouvent une paix singulière dans les joies du jardinage. Songe-t-il parfois à lord Bolingbroke, le grand ministre anglais rencontré dans sa jeunesse chez la duchesse du Maine, et qui plus qu'un autre a connu l'injustice de l'exil sans en retirer d'amertume : « Loin que le bannissement, avec les maux qui l'accompagnent, soit un sujet de mépris pour celui qui le supporte avec courage, tandis que d'autres y succombent, il devient pour lui un sujet de triomphe. »

Bernis pousse-t-il la force d'âme jusqu'à ignorer les commentaires perfides qui ont accompagné sa disgrâce ? Ce n'est pas certain.

Rien ne l'agace plus, et on le comprend, que de voir qu'on lui fait porter la responsabilité des erreurs politiques qu'il a si ardemment combattues. Ainsi d'Alembert n'hésitera pas plus tard à écrire à Voltaire : « Nous avons perdu le Canada. Voilà le fruit de la besogne de ce grand cardinal dont j'osais dire autrefois, en lui entendant lire ses poésies, que si on coupait les ailes aux zéphirs et à l'amour, on lui couperait les vivres. Nous ne nous attendions pas, vous et moi, qu'il nous prouverait un jour, par le traité de Versailles, que sa prose vaudrait encore moins que ses vers. On dit qu'il a la permission d'aller se promener dans ses abbayes. On aurait dû l'envoyer promener quatre ans plus tôt. »

Quant aux autres esprits malveillants, Marmontel en tête, Bernis connaît trop la nature humaine pour ne pas s'en émouvoir outre mesure. Ainsi qu'il l'écrivait à Mme de Pompadour : « J'ai trop vécu et trop réfléchi pour ne pas m'attendre à la noirceur de mes ennemis ; je n'en ai mérité aucun que par la fortune trop rapide que j'ai faite : je ne veux pas les connaître, et je leur pardonne de tout mon cœur. » Curieusement c'est Frédéric II qui rend le mieux justice à Bernis, dans une lettre publiée en Hollande : « Tant qu'il s'est agi d'établir sa fortune, toutes les voies lui furent égales pour y parvenir ; mais sitôt qu'il se vit établi, il songea à se maintenir par des principes moins variables et plus conformes aux intérêts permanents de l'État. Ses actions imprudentes l'élevèrent ; ses vues sages le perdirent. Il fut disgracié pour avoir parlé de paix. »

Nul doute que Bernis ne repense à Choiseul, ce rapace insensible qu'il a cru pouvoir domestiquer. Lui au moins ne sera pas troublé par les scrupules, il les ignore superbement. Certes la situation difficile du royaume lui importe, mais moins que le souci d'établir sa célébrité à tout prix. N'a-t-il pas pris comme devise : « Tout va mal, tout va de plus en plus mal, tout ne peut qu'aller mieux ? » Après l'idéaliste sensible, le joueur qui joue avec l'État. Sans doute Bernis regrette-t-il malgré tout de s'être laissé berner, d'avoir été la dupe d'une amitié de façade, de circonstances. A-t-il présumé de sa séduction sur une âme aussi froide.

Sans se démonter, Choiseul, deux jours après la disgrâce de Bernis, tente de se disculper auprès de lui : « Soyez persuadé, monsieur le cardinal, que j'ai pris toute la part possible à ce qui est arrivé hier. Peut-être dans le premier moment d'un événement pareil, vous n'avez pu préserver votre cœur d'injustice. Je serais très affligé si ma façon de penser pour vous et mon caractère eussent été en butte à un pareil sentiment ; mais j'espère que le temps effacera ce tort et que Votre Éminence, mieux informée, rendra justice à mon amitié et à mon dévouement pour vous. »

Bernis répond avec une politesse glacée, presque menaçante : « Mme de Pompadour, monsieur le duc, a dû vous dire la façon dont j'ai pensé sur votre compte au premier moment de ma disgrâce. Nous nous sommes donné réciproquement les plus grandes marques de confiance et d'amitié ; nous ne saurions donc nous soupçonner l'un et l'autre sans une très grande témérité. Je ne juge pas comme le peuple, et je n'ai jamais soupçonné mes amis. Il faut, puisqu'ils n'ont pu empêcher ma disgrâce, qu'il ne leur ait pas été permis de s'y opposer. » Quant aux offres de service de Choiseul : « Je sens le plaisir que vous aurez à m'en faire part par celui que j'éprouverais moi-même si j'étais dans les circonstances où vous vous trouvez. Soyez sûr, monsieur le duc, que je ne manquerai jamais à l'amitié que je vous ai promise, et que je mériterai toujours celle que vous me promettez de nouveau. » Parmi ces services, Bernis est particulièrement attaché au sort de ses deux secrétaires, Brun et Dehaizes, qui l'avaient fidèlement servi. Il se démènera pour leur trouver un établissement convenable en rapport avec leur mérite.

Évidemment, connaissant Choiseul, redoutable et roué, on ne peut s'empêcher de soupçonner la franchise et la sincérité de ses démonstrations. Est-ce vraiment l'amitié qui l'anime ? Ou une crainte diffuse, celle de ne pas tarder à échanger sa place avec celle de l'ami dont il a si bien endormi la confiance pour mieux le torpiller ? Ne redoute-t-il pas un retour en grâce de Bernis ? Le roi peut mourir ; Mme de Pompadour peut être chassée ; la guerre, une révolte populaire peuvent changer la donne. Mais pourquoi trancher ? Peut-être au fond l'aime-t-il, surtout maintenant qu'il ne le gêne plus. L'amitié est si complexe. N'essayons pas d'y voir trop clair. Ne gardons que les témoignages.

Comme si une amitié passionnée couvait encore sous la cendre, en dépit des meurtrissures, des trahisons, des coups bas, la correspondance reprend entre les deux amis, barbelée de sous-entendus, de non-dits qui grincent entre les lignes.

Les lettres de Bernis expriment insensiblement un retour aux anciennes formes d'affection. Tout semble oublié, comme si l'amitié, au fond, valait mieux que le pouvoir. Le 28 décembre, il n'a déjà plus le cœur d'en vouloir à Choiseul : « Vous savez ce que je pense à votre égard ; je serais mille fois plus malheureux si je soupçonnais les personnes en qui j'ai le plus de confiance ; aussi j'ai écarté dès le premier instant de pareilles idées, et je ne permets pas qu'on les présente. » Le 7 janvier, plus la moindre trace d'amertume : « Je crois, monsieur le duc, que vous trouverez dans cette lettre mon ancien style avec vous. Vous avez mis mon cœur à son aise, et je puis vous assurer qu'il vous en coûtera un peu cher, car vous serez le protecteur de mes plus proches parents : heureusement ils servent tous avec distinction et ont des noms faits pour les grâces. »

Six mois plus tard, Choiseul songe déjà à envoyer Bernis comme ambassadeur à Rome. Le projet n'aboutira que plusieurs années plus tard ; Bernis lui écrit : « Rien n'est plus sensé que tout ce que vous me dites sur l'idée que vous avez de m'envoyer à Rome après le retour de M. de Laon ; je sens la solidité de vos raisons et vos motifs sont très honnêtes pour moi ; aussi je n'ai qu'à vous remercier de tout mon cœur de ce que vous jugerez à propos de faire à cet égard quand le temps sera arrivé. »

L'idylle continue l'année suivante : « J'ai bien des grâces à vous rendre, monsieur le duc, pour l'amitié avec laquelle vous vous chargez d'obtenir toutes les permissions dont j'aurai besoin par rapport à ma santé et à l'agrément de ma vie. Je vous dois encore plus de reconnaissance sur les autres objets que vous traitez. »

Avec Mme de Pompadour à qui il a témoigné, en dépit des griefs légitimes qu'il pourrait nourrir contre elle, toutes les marques de gratitude, les relations s'estompent. La marquise a trop d'amour-propre pour concéder qu'elle s'est mal conduite – et pour quel profit ? – envers un homme qui l'a loyalement servie. Bernis la juge maintenant sans complaisance. Mais il garde prudemment ses pensées pour lui. Sans oublier ce qu'il lui doit, il songe à ce gâchis dont elle est responsable. Porte-t-il sur elle, sur son rôle, un jugement analogue à celui que Diderot exprimera le jour de sa mort quelques années plus tard : « Eh bien, qu'est-il resté de cette femme qui nous a épuisés d'hommes et d'argent, laissés sans honneur et sans énergie, qui a bouleversé le système politique de l'Europe ? Le traité de Versailles qui durera ce qu'il pourra, l'*Amour* de Bouchardon qu'on admirera à jamais, quelques pierres gravées de Gay qui étonneront les antiquaires à venir, un bon petit tableau de Van Loo qu'on regardera quelquefois, et une pincée de cendres. »

Les frères Goncourt qui lui ont consacré un livre, véritable bijou d'érudition et de sensibilité ne sont pas moins sévères avec elle. Pour eux, l'explication de sa mesquinerie tient à ses origines : c'est une bourgeoise qui n'a ni les instincts de grandeur, ni les insolences de domination d'une Montespan ou d'une Châteauroux : « Fille de bourgeoise, elle fait son règne et son rêve à l'image et à la mesure de la bourgeoisie. Toute-puissante, sa volonté ne peut se façonner au grand ; et le gouvernement de son caprice laisse percer les misères et les petitesses de l'ordre dont elle sort. Ce n'est le plus souvent qu'une direction chipotière et touche à tout, qui, ne pouvant s'élever plus haut que le tripotage, se rabat sur le détail, et descend en se ramifiant jusque sur la moindre lieutenance. Elle ne gouverne pas, elle accapare. La monarchie n'est entre ses mains qu'une feuille de bénéfices. » Tant de qualités, un goût si sûr pour les arts ne peuvent balancer un caractère mesquin, une âme froide, intéressée, vaniteuse, qui a traité les affaires de l'État à un moment crucial avec la légèreté que l'on met dans l'acquisition d'un bibelot.

Bernis reste un an à Vic-sur-Aisne. Il lit, jardine, reçoit ses amis, sa famille. Sa correspondance l'occupe. Il reprend contact avec Voltaire, avec Pâris-Duverney, avec son ami Duclos qui deviendra secrétaire perpétuel de l'Académie française. Sa principale décision dans cette période, c'est de prendre les ordres majeurs auxquels, par scrupules, il s'est toujours refusé. Désormais cardinal, sa place serait singulière dans l'Église sans la prêtrise. Il s'y prépare avec peut-être quelques scrupules : sa passion des femmes ne s'est pas éteinte, il a du mal à la concilier avec sa foi. Mais il juge ce parti à la fois raisonnable et décent. Il chasse, monte à cheval régulièrement. Dans son écurie, il a fait graver sur une stèle le nom de sa jument : Marquise. Peut-être parfois, en souvenir d'une autre marquise, la cravache-t-il avec un certain plaisir.

Au bout d'un an, il s'ennuie. Il harcèle Choiseul pour obtenir l'autorisation de voyager. Elle lui est accordée. Bernis part aussitôt avec une fringale de dépaysement. On le trouve quelques mois chez des amis en Champagne, puis à Lyon, et enfin il revient dans son pays natal. Il retrouve avec joie Saint-Marcel, le château familial ; il séjourne à Montélimar chez sa sœur, la marquise de Puy-Montbrun. Là, il s'attache particulièrement à une de ses nièces, âgée de vingt-trois ans, ravissante, à qui, à son retour à Vic-sur-Aisne, où il passe encore deux longs hivers, il dictera ses Mémoires, deux heures par jour revivant les épisodes de son ascension au pouvoir.

Au début de janvier 1764, il peut enfin écrire à Voltaire : « Le roi m'a donné pour mes étrennes le premier de tous les biens, la liberté, et la permission de lui faire ma cour. » Le 9 janvier, Bernis arrive à Versailles où il est reçu par la famille royale avec des démonstrations d'affection. Il reprend le cours de sa vie mondaine, ayant accordé une amnistie générale à ceux qui l'ont renié dans sa disgrâce et qui lui reviennent comme par enchantement. En effet, son retour fait naître les bruits les plus divers. On imagine qu'il va occuper un ministère important. Devant ces rumeurs, le ministre des Affaires étrangères, le duc de Praslin, cousin de Choiseul auquel il doit sa carrière, se voit obligé d'envoyer un démenti aux ambassadeurs qui commencent à s'agiter. Mais c'est ignorer à quel point Bernis est éloigné de vouloir revenir aux affaires. Il est définitivement guéri de ce genre d'ambition. Les plaisirs et les charmes de la vie privée lui suffisent amplement. Bientôt, il apprend la mort de Mme de Pompadour. Cette disparition lui inspire des réflexions mélancoliques.

Depuis de longues années, elle était minée par la maladie. Sans doute aussi le traité de Paris qui avait sanctionné la ruine de son rêve de gloire continuait-il de l'accabler. Elle était au bout du rouleau. Déjà d'Argenson notait en 1749, sa mine « sucée et malsaine » : les fausses couches, les avortements, les diverses médications aphrodisiaques qu'elle avait employées pour redonner à ses sens une chaleur qui avait disparu tout autant que la fraîcheur de sa beauté, tout cela avait ébranlé sa santé. Sujette à des palpitations, amaigrie, au point d'avoir perdu la belle gorge dont elle était fière, elle dépérissait à vue d'œil. Elle n'avait jamais pris aucun repos. Vivant dans la crainte obsessionnelle d'être supplantée par une nouvelle maîtresse, elle consacrait toute son énergie à plaire au roi, à le rassurer, à lui donner les plaisirs et les satisfactions que son corps ne pouvait plus lui offrir. Pour finir, elle connaissait de sérieux tracas d'argent.

En avril 1764, son état empira subitement au cours d'une partie de campagne à Choisy. Elle revint à Versailles et s'alita pour ne plus se relever. Elle étouffait, crachait le sang, incapable de trouver le sommeil, brûlante de fièvre. Voyant venir la mort, elle resta fidèle à elle-même : se poudrant, dissimulant sa pâleur sous le rouge à joue et se préparant à son agonie avec le même sens du théâtre, le goût du détail et de la perfection qu'elle mettait à organiser les soirées dans les Petits Cabinets du roi. Elle qui avait soutenu les Encyclopédistes, elle appela un confesseur, le curé de la Madeleine, et fit rajouter à son testament des formules chrétiennes. Peut-être imaginait-elle qu'un autre roi, là-haut, pouvait être aussi sensible à ses charmes et qu'elle pourrait le gouverner ? Jusqu'au dernier instant, elle travailla avec Janelle, l'intendant des postes qui violait pour elle le secret des correspondances que recueillait le Cabinet noir – « ses mains à demi froides serraient encore le pouvoir », écrivent les Goncourt. Elle remit les clés de son coffre au fidèle maréchal de Soubise et resta seule avec son confesseur. Elle eut la force de lui adresser un mot d'esprit aux résonances macabres : « Un moment, monsieur le curé, nous nous en irons ensemble. » À sept heures et demie, elle mourut. Elle avait quarante-deux ans.

Le roi, de son balcon, regardant le convoi funèbre qui emportait son amie dans le crépuscule noyé de pluie, murmura à son valet de chambre : « Voilà les seuls devoirs que j'aie pu lui rendre. » Quelques jours plus tard, la reine Marie Leszczynska laissa tomber en guise d'oraison funèbre des paroles qui exprimaient un grand pessimisme sur les engouements de la cour : « Au reste, il n'est plus question ici de ce qui n'est plus que si elle n'avait jamais existé. Voilà le monde, c'est bien la peine de l'aimer. »

Bernis devait songer lui à la dame en rose sur le phaéton bleu qui avait incarné toutes les belles promesses de la jeunesse et de l'amour, dont il ne restait plus qu'une morte emportée de nuit par le corbillard. Les sentiments contraires qui se partageaient le cœur de Bernis sont faciles à imaginer : il lui devait trop pour pouvoir la haïr ; elle lui avait fait trop de mal à lui, au royaume, pour qu'il lui fût possible de continuer à l'aimer.

18

VOLTAIRE TAQUINE L'ARCHEVÊQUE D'ALBI

Le retour en grâce de Bernis, sa présence à Versailles ne durent pas enchanter Choiseul qui pourtant en avait été l'un des artisans. Peut-être ne prévoyait-il pas que sa popularité conservait autant d'éclat. Le prestige du cardinal s'était accru pendant son exil tandis que les mérites du duc se ternissaient à l'épreuve des réalités. Mme de Pompadour disparue, tout redevient possible. La famille royale garde à Bernis une affection à laquelle le roi peut devenir sensible. Bref, il est urgent d'éloigner cette figure séduisante dont trop de monde recommence à s'engouer. Choiseul, comme à son habitude, agit en remarquable stratège : il feint de venir en aide à son rival en le proposant comme archevêque d'Albi. Bernis peut-il refuser une si prestigieuse faveur ?

Six mois plus tard le voilà à nouveau exilé de la cour, mais cette fois c'est un exil doré, fastueux, dans une ville magnifique sur laquelle il va régner. La tête du nouvel archevêque résonne encore des fastes qui ont accompagné son élévation : à Compiègne où il a prêté serment devant le roi en présence du grand aumônier de France, au cours d'une cérémonie solennelle devant la noblesse assemblée ; à Sens où il a été sacré dans la cathédrale au milieu d'une multitude de chanoines, tandis que la foule en liesse applaudissait ; enfin son entrée à Albi qui le fête et l'honore avec toutes les démonstrations de la pompe ecclésiastique. Il détient désormais d'immenses pouvoirs spirituels et temporels et la charge de nombreuses paroisses.

Bernis s'emploie, dans ses nouvelles fonctions, à recréer ce mélange de faste, de représentation et de confort qui a présidé à toutes ses installations, que ce soit à Paris ou à Venise. Son train de maison allie la décence, l'austérité au goût des belles choses. Il installe une magnifique bibliothèque et distribue dans ses diverses résidences sa collection de tableaux. L'inventaire de son mobilier après sa mort montrera que le cadet du Languedoc, s'il n'aimait pas l'ostentation, ne détestait pas le luxe. Son existence désormais, il la partage entre ses résidences, la Besbia, le palais épiscopal et le château du Petit Lude situé en dehors de la ville où il retrouve les plaisirs de la campagne. Enchanté de détenir enfin un véritable gouvernement sur les choses et sur les âmes, il se met à l'œuvre. Sur le plan religieux, il manifeste toujours le même esprit de tolérance et de tradition qui s'exprime dans le catéchisme qu'il distribue aux prêtres de ses paroisses. Il a l'œil à tout : il réorganise l'instruction publique qui est un de ses principaux soucis et réforme les impôts dans le sens de l'impartialité et de la justice.

Frédéric Masson cite à ce propos les recommandations données aux collecteurs d'impôts, habitués à épargner les riches qui essayaient par toutes sortes d'influences de se soustraire aux contributions. Le bon sens, l'esprit d'équité qui en émanent semblent étonnamment modernes : « N'oubliez jamais dans la répartition des charges publiques que l'homme aisé ne met dans la balance économique que son argent tandis que le laboureur et l'artisan mettent leur sueur ; que de ménager la richesse seule, c'est dépouiller le pauvre. » Quel dommage que Bernis n'ait pas eu l'occasion de mettre en pratique des vues aussi sages dans tout le royaume !

Il s'occupe d'aménager le réseau routier, fait canaliser le Tarn. Il crée enfin des ateliers de charité pour donner asile aux pauvres et leur venir en aide. Il prêche d'exemple : chaque jour deux cents pauvres sont accueillis dans son palais où ils sont soulagés et nourris. Quand viendra une crise économique particulièrement sévère, il restreindra sa domesticité afin de pouvoir distribuer plus largement ses revenus aux nécessiteux. Enfin il s'occupe également de planter des vignes et ne néglige rien de ce qui a trait à l'élevage et à l'agriculture. Cette administration fait merveille, au point que les évêques lui proposent bientôt la charge de présider l'Assemblée du clergé. Mais il refuse cette nouvelle responsabilité en des termes qui expriment bien son nouvel état d'esprit : « Je ne désirerai jamais et j'éviterai toujours, autant qu'il me sera possible, de jouer les grands rôles. Le mieux quand on est évêque, dans des circonstances orageuses, est de n'être chargé que des seuls soins de son diocèse. »

Il mène ainsi une vie active, entouré de sa famille, de ses amis. Il a interrompu, on ne sait pourquoi, les Mémoires qu'il dictait à sa nièce. Sans doute le souvenir des cruautés du pouvoir, des intrigues et des erreurs qu'il avait en vain tenté de combattre, et dont les conséquences se révélèrent si néfastes au royaume, le dissuade-t-il de poursuivre cette œuvre. Il reste un grand blessé. Il a cru se distraire de son ennui et il y est parvenu. Mais les souffrances attachées à cette vieille passion toujours sensible sont trop vives. Mieux vaut l'oubli. D'ailleurs à quoi bon ressasser qu'il a eu raison ? À quoi cela le mènera-t-il ? À l'amertume. Et ce sentiment, il fait tout pour le chasser de son cœur.

Pour éclairer son existence, autant que pour sortir des cercles étroits de la vie culturelle provinciale, même si Albi est relativement riche sur ce point, il reprend sa correspondance avec Voltaire, ébauchée à Vic-sur-Aisne. Entre les deux hommes de lettres, confrères à l'Académie française, l'échange prend les allures d'un jeu où chacun joue, tantôt au chat, tantôt à la souris. Rien de plus amusant que les piques qu'ils s'adressent, l'esprit qu'ils déploient. Duel amical de deux séducteurs acharnés à affûter leurs traits, à se tendre des pièges, à se titiller, à se provoquer. Voltaire a trouvé en Bernis un prêtre tel qu'il les rêve, tolérant, ouvert, ennemi des faux-semblants et de l'hypocrisie qui pour un peu lui ferait oublier son anticléricalisme enragé.

Celui que Voltaire appelle « Babet la Bouquetière » lorsqu'il s'adresse à lui, ou « la grosse Babet » avec ses autres correspondants, n'est pas dupe de la malice et de la perfidie du grand écrivain. Mais il aime son talent, son esprit tout en fantaisie et en gambades qui le délasse si agréablement des lourdeurs de la théologie et des ressources limitées de son bas clergé. Voltaire n'a-t-il pas déjà feint de se réjouir de son chapeau de cardinal : « Je dois prendre plus de part qu'un autre à cette nouvelle agréable, puisque vous avez daigné honorer mon métier avant d'être de celui du cardinal de Richelieu. » Un peu plus tard, faisant allusion aux constructions qu'il entreprenait à Ferney, il en rajoute : « Je me sens plus digne que jamais des bontés d'un cardinal depuis que je me suis mis à bâtir une église. »

Bernis se méfie cependant de son prestigieux correspondant. On le sent sur ses gardes : « Je ne suis point ingrat, mon cher confrère, j'ai toujours senti et avoué que les lettres m'avaient été plus utiles que les hasards les plus heureux de ma vie. Dans ma plus grande jeunesse, elles m'ont ouvert une porte agréable dans le monde ; elles m'ont consolé de la longue disgrâce du cardinal de Fleury et de l'inflexible dureté de l'évêque de Mirepoix. Quand les circonstances m'ont poussé comme malgré moi sur le grand théâtre, les lettres ont fait dire à tout le monde : au moins celui-là sait lire et écrire. Je les ai quittées pour les affaires sans les avoir oubliées, et je les retrouve avec plaisir. » Il revient dans une autre lettre sur ce thème : « On a cru me perdre, en prouvant que j'avais fait des vers jusqu'à trente-deux ans : on ne m'a fait qu'honneur, et je voudrais de tout mon cœur en avoir encore le talent, comme j'en ai conservé le goût : mais je suis plus heureux de lire les vôtres, que je ne l'ai été d'en faire. Si vous voulez que je vous dise mon secret tout entier, j'y ai renoncé quand j'ai connu que je ne pouvais être supérieur dans un genre qui exclut la médiocrité. »

L'admiration que Bernis voue à Voltaire ne l'empêche pas d'employer avec lui un ton sans complaisance lorsque celui-ci lui demande de faire la critique de ses ouvrages. Ainsi à propos de sa tragédie *Cassandre*, qu'il se vante d'avoir écrit en six jours : « Je vous envie, mon cher confrère, votre ouvrage de six jours ; je crois que, quand vous en aurez employé six autres à soigner un peu le style de cette pièce, à mettre, à la place des premières expressions qui se sont présentées dans le feu de la composition, des expressions plus propres ou moins générales, cet ouvrage sera digne de vous et de l'amour que vous aurez pour lui. » Il profite de l'occasion pour lui donner un conseil : « Riez de tout cela et faites-nous rire, mais il est digne du plus beau génie de France de terminer sa carrière littéraire par un ouvrage qui fasse aimer la vertu, l'ordre, la subordination, sans laquelle toute société est en trouble. Ce n'est pas une pédanterie que je vous demande, ni une capucinade, c'est l'ouvrage d'une âme honnête et d'un esprit juste. »

Voltaire qui aime provoquer le cardinal ne réussira jamais à le prendre en défaut sur le chapitre de la foi et de la conduite pastorale. Celui-ci lui répond d'Albi : « Quand on vous a mandé que je m'occupais à rendre heureux deux cent mille ouailles dont mon bercail est composé, on vous a dit la vérité. Cette occupation me satisfait plus que le ministère, où je n'avais que des intentions et point de moyens. L'homme n'est heureux que par le bien qu'il fait aux autres. » « J'espère que vous me ferez part de tous les petits ouvrages qu'il sera convenable d'envoyer à un cardinal archevêque. » Une autre fois, à Voltaire qui lui demande sa bénédiction, il répond : « À l'égard de ma bénédiction, je crois que je ne suis guère digne de vous la donner ni vous de la recevoir. » « Si vous m'envoyez des vers, faites en sorte que je puisse m'en vanter ; je ne suis ni pédant, ni hypocrite ; mais sûrement vous seriez bien fâché que je ne fusse pas ce que je dois être et paraître. »

Voltaire n'hésite pas à faire appel à Bernis pour obtenir la copie d'un jugement à propos de l'affaire Sirven, un protestant au Sud-Ouest accusé d'avoir tué sa fille. Le cardinal lui vient en aide et en profite pour exprimer sa haine du sectarisme : « J'aime en vous de préférence (même à vos talents que j'admire) le penchant qui vous porte à protéger le faible et à secourir l'opprimé. Je suis tout disposé à trouver innocents les malheureux ; on ne peut d'ailleurs être plus éloigné que je le suis du fanatisme en tout genre. J'aime l'ordre et la paix. Vous avez beau être profane, je vous aime toujours et je me réserve pour votre conversion. Je ne veux pas croire, comme la plupart de mes confrères, que votre projet soit de bannir la religion de la surface de la terre : vous avez toujours été l'ennemi du fanatisme, et vous pensez sûrement que si le fanatisme qui s'arme en faveur de la religion est dangereux, celui qui s'élève pour la détruire n'est pas moins funeste. »

On aimerait tout citer de ces lettres, à la fois légères et graves, dans lesquelles Bernis est loin de faire pâle figure face au plus bel épistolier du siècle. On n'y décèle aucun pédantisme. C'est le sel de l'esprit français, agrémenté de toutes les ressources de l'intelligence et de la fantaisie.

Bernis s'ennuie-t-il à Albi ? Sans doute un peu. La Providence, qui l'a toujours favorisé, lui prépare un de ces changements d'air, de climat, de société, que cet homme curieux affectionne. Ce n'est pas cette fois Choiseul qui le trouvant encore trop près de Paris décide de l'éloigner, c'est la mort du pape. Cardinal archevêque, il se devait de participer au conclave à Saint-Pierre de Rome.

19

LES JÉSUITES SUR LE GRIL, UN PAPE EMPOISONNÉ

Un conclave, l'élection d'un nouveau pape, les intrigues ecclésiastiques : au premier abord cela n'apparaît pas comme l'époque la plus palpitante dans l'existence de Bernis. Pourtant l'enjeu rend cet épisode passionnant. Car ce qui va être au cœur de cette élection, c'est la suppression de l'ordre des jésuites. Et puis, à Rome, même les questions les plus graves – et celle-ci ne touche pas moins qu'à l'unité de l'Église, à la souveraineté du Saint-Père, aux liens qui l'unissent avec les monarchies catholiques, imbrication du spirituel et du temporel – prennent des perspectives plus lumineuses, plus alertes, plus pimpantes. Le soleil de Rome, son histoire, l'allégresse de l'Italie en tempèrent la gravité.

Dans cette ville devenue le mausolée de la gloire et de la beauté, où des vaches à longues cornes et des moutons vont paître au pied des obélisques du Trastevere et des ruines du Colisée, flotte une atmosphère de douce et souriante tolérance. Comme si Rome, endormie dans les souvenirs de sa grandeur, de ses vestiges hantés, gorgée à satiété des fastes de l'histoire, n'aspirait plus qu'au repos et au plaisir ; accablée de passé, elle ne désire plus que jouir du présent. Une ville de palais et de masures misérables où grouille une population dont l'indigence n'entame pas la bonne humeur, des places tout éclaboussées et chantantes de fontaines et de jets d'eau, des avenues presque champêtres qui inspirent une langoureuse nonchalance aux amateurs de sorbets. Le climat moral y est paisible ; les esprits y sont beaucoup moins échauffés qu'ailleurs. Une administration libérale et indulgente, des mœurs douces, une population gaie, expansive et chaleureuse, cela fait du bien quand on vient de quitter Paris empoisonné par les querelles religieuses et la guerre des idées qui bat son plein. Alors qu'en France on vient de rouer Calas et d'exécuter le chevalier de La Barre, on s'occupe à Rome de procès moins cruels et beaucoup plus divertissants : les femmes de la meilleure société n'hésitent pas à traîner leurs maris devant les tribunaux en cas d'impuissance. Ces procédures menées à l'encontre des malheureux Babilans sommés de se justifier avec preuves et pièces à conviction à l'appui, réjouissent les Romains à l'affût des scandales. Le président de Brosses, qui se délecte de ce genre d'anecdotes, raconte qu'une dame Lanfreducci, « faite au tour et belle comme un ange », a fait casser son mariage pour cette raison dirimante. Elle vient de se remarier non sans avoir pris la précaution d'envoyer son prétendant chez un chirurgien qui après l'avoir dûment examiné lui a certifié que son choix était bon et que avec ce mari en état de marche une semblable mésaventure ne lui arriverait plus.

« Ici la chasteté absolue est regardée comme une abomination devant Dieu » poursuit le très lubrique président de Brosses. Quant aux maris, ils ne se signalent pas par leur jalousie : « Ils paraissent souffrir d'assez bonne grâce qu'une femme choisisse un amant, pourvu qu'elle s'y tienne ; de sorte qu'elles ont plutôt deux maris qu'un galant, car il est pareillement malhonnête et hors d'usage ordinaire d'un galant de quitter sa maîtresse. » Cette situation n'est pas sans inconvénient pour les étrangers de passage. De Brosses raconte combien il lui est difficile de parvenir à ses fins avec une princesse dont il s'est amouraché : il doit déjouer la vigilance jalouse de deux cerbères au lieu d'un). Cet usage confère aux mœurs romaines, malgré leur immoralité, une grande décence. Mais Bernis, avant de céder à ces douceurs érotiques, doit par priorité s'intéresser à la vacance pontificale.

Ce conclave apparaît comme l'un des plus politiques, un de ceux qui aura à résoudre le plus de difficultés. Aussi Bernis se rend-il avec une certaine excitation dans cette ville qu'il aime et où il espérait être ambassadeur. N'avait-il pas écrit à Voltaire à l'époque de son exil : « Une main invisible m'a conduit des montagnes du Vivarais au faîte des honneurs ; laissons-la faire, elle saura me conduire à un état honorable et tranquille ; et puis, pour mes menus plaisirs, je dois, selon l'ordre de la nature, être l'électeur de trois ou quatre papes, et revoir souvent cette partie du monde qui a été le berceau de tous les arts. »

Bernis sait que le roi et Choiseul attendent beaucoup de lui, de son entregent et de sa subtilité dans une affaire complexe et embrouillée.

L'hostilité contre les jésuites couvait depuis longtemps. Leur orgueil, le mépris dans lequel ils tiennent les autres congrégations, la haine dont ils ont poursuivi les jansénistes, joints aux énormes profits qu'ils ont tirés des colonies, en Amérique latine, notamment au Paraguay, ont monté l'opinion contre eux. On caricature un ordre dont on exagère les méfaits, les tractations secrètes, les pouvoirs occultes, l'affairisme, l'esprit de complot, sans pour autant rendre justice à ses mérites qui sont nombreux, particulièrement en matière d'enseignement. Ennemis jurés des Encyclopédistes sur lesquels ils tirent à boulets rouges dans leur *Journal de Trévoux*, les jésuites se sont attiré la haine du clan philosophique, qui les pourfend en toute occasion comme les représentants de toutes les superstitions et de tous les vices ecclésiastiques.

Le parlement de Paris, traditionnellement gallican et qui, sous l'influence des jansénistes, les déteste pour avoir été les artisans de la destruction de Port-Royal, prend prétexte de la banqueroute d'un des leurs pour exercer sa vengeance. En l'occurrence, le père La Valette n'est pas un exemple de vertu religieuse : outre qu'il se livre à la Martinique, dans une propriété appartenant à la Compagnie, à la traite des Noirs et à l'exploitation de la canne à sucre, il ne paye pas ses dettes. Ce litige, jugé par le parlement, est l'occasion de dénoncer les agissements de la Compagnie, les opinions pernicieuses que contient sa constitution. Le roi, qui ne souhaite pas la condamnation des jésuites, ne peut que prendre acte de l'arrêt du parlement. Enfin la tentative d'assassinat de Damiens sert également de prétexte : les membres du parlement qui ont eu des relations avec l'assassin cherchent à se disculper en faisant porter la responsabilité de ce crime sur les jésuites que protège le Dauphin. On fait courir le bruit que la Compagnie a voulu la mort de Louis XV afin d'asseoir son pouvoir grâce à l'accession de celui-ci sur le trône. Cette fable s'accrédite dans une opinion crédule.

Une affaire de cocufiage à la cour du Portugal met le feu aux poudres ; un épisode qui aurait été banal s'il n'avait abouti à une tentative d'assassinat sur la personne du roi Joseph II. Celui-ci a manqué de respect à la jeune comtesse Ataïde d'Ataugia, son mari, son oncle, ses parents, toute la famille Tavora, croyant avoir reçu du roi un outrage irréparable, veulent se venger en l'assassinant. Et comme l'écrit Voltaire : « La vengeance s'accorde très bien avec la superstition », ils cherchent des casuistes pour justifier leur forfait. Ils les trouvent, hélas pour les jésuites, en la personne de trois des leurs, les pères Malagrida, Alexandre et Mathos, qui décident que ce n'est pas même un péché véniel que de tuer le roi. La cour, plutôt que d'incriminer la jalousie, et les folies de l'honneur portugais, en profite pour accuser les jésuites qui sont expulsés du Portugal. Le roi d'Espagne à son tour, les considérant comme responsables des troubles qui ont éclaté à Madrid, prend les mêmes mesures.

En France, les jésuites ne peuvent résister longtemps à la coalition de leurs ennemis : le roi les abandonne ; le parlement de Paris veut leur extinction ; la marquise de Pompadour ne leur pardonne pas de l'avoir humiliée et déçue à l'époque où, à la fois pour plaire à la prude impératrice d'Autriche et pour entrer en grâce auprès du parti dévot et de la reine dont elle aspirait à devenir la dame de compagnie, elle a eu la lubie de se mettre en bon ordre avec l'Église, espérant trouver auprès des jésuites la mansuétude qui leur est habituelle. Mais le père de Sacy, un saint homme, bien que « faible aux faiblesses du siècle », a refusé d'être son confesseur, estimant indigne le rôle qu'elle voulait lui faire jouer et jugeant plus sage et plus en accord avec sa dignité de préférer à la protection de la maîtresse celle du Dauphin. Berruyer, l'âme damnée de la marquise, les exècre également. Quant à Choiseul, loin des querelles théologiques, en ministre pragmatique, il souhaite donner simplement des satisfactions à la cour d'Espagne avec laquelle il veut conclure un pacte d'alliance. Il espère en outre se concilier ainsi les membres du parlement en les aidant à assouvir leur haine.

Par arrêt du parlement, la Compagnie de Jésus est dissoute en 1763, arrêt confirmé par décision royale un peu plus tard. « Les jésuites, écrit Bernis, avaient traité leurs ennemis sans miséricorde ; ils furent traités de même, et les pierres de la maison de Port-Royal qu'ils avaient détruite leur tombèrent sur la tête. » La plupart des cours catholiques – celles d'Espagne et du Portugal se montrent les plus enragées – demandant depuis longtemps au pape Clément XIII l'abolition de la Compagnie, celui-ci conscient de l'importance que revêt cet ordre, bras armé de la papauté, dont la devise est *perinde ac cadaver*, se fait tirer l'oreille, en dépit des admonestations et des menaces des rois. Au moment où il va enfin se résoudre, bon gré mal gré, à céder aux pressions et à sacrifier la Compagnie, l'apoplexie le frappe et il meurt le 2 février 1769. On parle aussitôt de poison, un poison versé, bien sûr, par les jésuites.

C'est donc dans une atmosphère empestée par les rumeurs et les intrigues que les deux cardinaux français, Bernis et Luynes, qui porte vertement ses soixante-dix ans, arrivent à Rome au mois de mars. Bernis, s'il retrouve la Ville éternelle avec plaisir, ne voit pas de gaieté de cœur la mission dont le roi et Choiseul le chargent : choisir parmi les cardinaux celui qui donnerait la ferme assurance que l'ordre serait enfin dissous. Dès que les deux cardinaux entrent au conclave, le 25 mars, cette question va très vite les opposer à Choiseul et à l'ambassadeur de France, M. d'Aubeterre, qui se pose en zélé défenseur de la thèse de son ministre. Ce qui les sépare, c'est la méthode à employer. Que demande Choiseul : « Je voudrais s'il est possible d'y parvenir et l'Espagne le désire ainsi, qu'avant que l'élection fût décidée, on tachât d'engager le sujet qui devrait être élu à donner une promesse par écrit que, dans un temps limité, il séculariserait en entier et par toute la terre la Société des Jésuites. C'est là le moment le plus favorable pour obtenir d'un pape ce que l'on veut. »

Bernis, d'accord avec Luynes, répond aussitôt que cette exigence est une violation des règles canoniques : « Si un cardinal est capable de faire un tel marché, on devrait le croire encore plus capable d'y manquer. Un prêtre, un évêque instruit ne peuvent accepter, ni proposer de pareilles conditions. »

Choiseul qui a beau se vanter de ne connaître que « la théologie naturelle » cède assez vite aux raisons des deux cardinaux français. Il renonce à l'idée d'un pacte illicite et simoniaque et, d'accord avec Bernis, estime que « les cardinaux qui sont les plus dignes de la tiare le refuseraient si on la leur offrait qu'à cette condition qu'ils regarderaient comme une tache originelle qui déshonorerait leur personne et leur règne ».

D'Aubeterre, l'ambassadeur de France, continue pour flatter son ministre de croire qu'on peut mettre en œuvre ce pacte auquel sont tant attachés les cardinaux espagnols, qui eux ne désespèrent pas de parvenir à le conclure. Le conclave se partage en deux clans, les Zelanti, les cardinaux italiens qui voient d'un mauvais œil l'invasion des cardinaux étrangers représentant les « Couronnes ».

Quand l'été arrive, tout le monde continue de camper sur ses positions. Les Espagnols, obsédés par leur pacte simoniaque, multiplient les exclusions au point qu'il ne reste quasiment plus de cardinaux qui puissent avoir une chance de l'emporter. Bernis dans sa correspondance avec Choiseul, en dépit de la gravité de la situation et de la solennité des lieux, ne perd pas le sens de l'humour. Il lui écrit que l'atmosphère du conclave devient irrespirable, que l'air dans les cellules s'épaissit et que « la clôture devient chaque jour plus pénible pour les vieillards et plus encore pour les jeunes cardinaux ». Quant à l'issue, il ne la voit pas : « Un peu plus ou un peu moins de fanatisme en faveur des maximes ultramontaines est la seule nuance qui distingue les acteurs du conclave. Ils ne veulent pour pape ni des jeunes gens, ni des vieillards, ni des imbéciles. Cette volonté arrêtée de leur part rend l'élection du pape fort difficile. »

Les cardinaux espagnols, Solis et La Cerda, trouvent un candidat qui leur paraît en accord avec leur projet : c'est Ganganelli, un ancien moine cordelier. Tout prêt à accepter ce choix, Bernis reste néanmoins prudent : « Nous seconderons son élection, mais comme aussi nous devons la vérité au roi, nous ne pouvons lui cacher que ce cardinal par sa vie mystérieuse nous a donné des soupçons, et qu'il est impossible non seulement de répondre affirmativement de ses principes, mais même de deviner quel serait son système de gouvernement [...] nous aurons une règle infaillible pour juger si le cardinal Ganganelli est lié avec nos ennemis. »

Bernis se doute que les cardinaux espagnols ont réussi à faire signer à leur candidat une forme de promesse. Il le soupçonne mais il ne veut à aucun prix connaître la teneur du pacte pour ne pas en devenir le complice. En réalité la promesse que les Espagnols ont réussi à arracher au cardinal n'engage nullement le pape.

Le 17 mai, Bernis adresse à Ganganelli son conclaviste, le fidèle abbé Dehaizes, qui est à son service depuis Venise ; celui-ci reçoit du cardinal l'assurance que les vœux de la France concernant les jésuites seront satisfaits s'il est élu. Le candidat donne également satisfaction à la France à propos du duché de Parme. Dès lors il n'y a plus aucune raison de s'opposer à Ganganelli. Bernis l'écrit sans modestie à Choiseul : « J'ai trouvé comme vous le voyez, monsieur le duc, dans un espace de temps très court, le moyen d'annoncer et de préparer les affaires recommandées par nos instructions. » Bernis considère alors qu'il a suffisamment convaincu Ganganelli que c'est à la France qu'il devra son élection ; certain de s'être ainsi assuré sa reconnaissance, il s'emploie à convaincre les cardinaux réticents. Il se montre très efficace. Il se rend à 1 heure du matin dans la cellule de Pozzobonelli où se trouve aussi Rezzonico, et réussit à obtenir leur soutien. Il rend compte de son succès aux Espagnols et excite tout le monde afin que l'élection soit conclue dans la nuit et qu'aucune intrigue ne puisse la traverser. Sortant bruyamment de leur cellule, les cardinaux vont baiser la main du pape désigné. Le scrutin du lendemain ne déçoit pas Bernis. Sur quarante-sept bulletins, Ganganelli l'emporte par quarante-six suffrages, lui-même a donné sa voix à Rezzonico.

Le pape se dépouille alors de son habit de cardinal et revêt la soutane de sergette blanche, la ceinture blanche à glands d'or, la mosette de soie rouge et l'étole ; il chausse les bas blancs et les souliers de velours rouge et se coiffe de la calotte blanche : Ganganelli est proclamé pape sous le nom de Clément XIV par le premier cardinal diacre qui l'annonce par la fenêtre grande ouverte au pied de laquelle la foule laisse éclater sa joie.

Aussitôt Bernis rend compte de sa victoire à Choiseul, mais reste circonspect : « Nous avons le marteau qui démolit, mais nous n'avons pu saisir encore l'instrument qui édifie. » Le lendemain il reçoit une lettre du roi qui lui accorde le poste si longtemps attendu d'ambassadeur à Rome : « Mon cousin, celle-cy sera différente de la dernière que je vous ai écrit [la lettre d'exil]. Le bien de mon service et celui de la religion exigent que vous restiez à Rome où vous seaurés concilier le sacerdoce et l'Empire, puisque vous avez été ministre de l'un et que vous estes celuy de l'autre. Je vous permets aussi de m'écrire, et je serai très-aise d'avoir un commerce de lettres avec vous. Je ne vous laisserai pas mourir banqueroutier : reposés vous en sur moy. »

Bernis sait ce que signifie cette nomination flatteuse qui est accompagnée de revenus substantiels. On attend de lui qu'il aille jusqu'au bout de la mission qu'on lui a confiée : la destruction des jésuites. Mais le nouveau pape ne se montre pas pressé de procéder à la dissolution de la Compagnie si chère à la papauté. Et Bernis encore une fois est contraint de naviguer au plus près entre les nécessités de la politique qui l'obligent à contraindre son esprit tolérant et conciliant. Lui-même n'a jamais détesté les jésuites, s'il critique leur infatuation, leurs méthodes cassantes. Aussi pour la France juge-t-il qu'ils pourraient se relever un jour de leur destruction : « Serait-ce un bien, serait-ce un mal ? C'est ce qu'on ne peut pas décider encore ; ils ont été utiles et nuisibles, ils peuvent l'être encore l'un et l'autre. Cependant, si au lieu de les laisser gouverner, on les avait gouvernés, on peut dire hardiment qu'on aurait pu les rendre plus utiles que nuisibles à la société. » Les dangers résultant du triomphe du parti janséniste lui paraissent plus redoutables encore. Il sait la théologie janséniste hostile au principe monarchique, leur politique est « de tendre à la République en rendant les parlements trop puissants et le clergé de second ordre l'égal des évêques ». Et sur ce point, il rejoint curieusement Voltaire qui se montre beaucoup moins hostile aux jésuites qu'on aurait pu le croire. N'écrit-il pas en 1761 à propos de la campagne menée pour faire interdire le théâtre dans les écoles tenues par la Compagnie : « Les jansénistes ont tant fait par leur clabauderie que les jésuites ont fermé leur théâtre. On dit qu'ils fermeront bientôt leurs écoles ; ce n'est pas mon avis. Je crois qu'il faut les soutenir et les contenir ; leur faire payer leurs dettes quand ils sont banqueroutiers ; les pendre même, quand ils enseignent le parricide ; se moquer d'eux quand ils sont d'aussi mauvais critiques que le père Berthier. Mais je ne crois pas qu'il faille livrer notre jeunesse aux jansénistes, attendu que cette secte n'aime que le traité de la grâce de saint Prosper et se soucie peu de Sophocle, d'Euripide et de Térence. Malheur aux barbares qui disent : “On ne doit enseigner la vertu qu’en monologue, le dialogue est pernicieux.” »

La négociation dont Choiseul charge Bernis porte principalement sur la dissolution des jésuites mais comprend également le maintien définitif de la possession du Comtat Venaissin et de la ville d’Avignon, que Louis XV va saisir en 1768, un arrangement satisfaisant concernant l’infant de Parme (petit-fils de Louis XV) ainsi que la réunion de Bénévent et de Ponte-Corvo au royaume des Deux-Siciles.

Ganganelli, cet ancien moine cordelier, n’est pas facile à manier. Ambitieux, secret, duplice, on ne peut percer à jour ses desseins. Tantôt il paraît enclin à la dureté vis-à-vis de la Compagnie en refusant de recevoir son général, tantôt il semble accommodant en accordant des indulgences aux jésuites missionnaires. La cour d’Espagne fulmine. Ses représentants à Rome, échauffés de nature et stimulés par l’ambition de plaire à leur cour, assaillent le pape de récriminations, de menaces. Quant à Bernis, sa modération jugée du haut de leur exaltation leur apparaît comme un secret désir d’atermoiement, voire une secrète complicité avec la Compagnie. Le pape ne se laisse pas intimider. Il promet. Mais son bref se fait attendre. En réalité, il ne veut pas céder au chantage que lui fait la cour d’Espagne qui, dans sa fureur, menace de publier le fameux pacte, la promesse qu’il a faite de détruire les jésuites. Les Espagnols font courir le bruit que Bernis est de mèche avec Mme du Barry, la nouvelle favorite depuis le printemps 1768, pour torpiller la politique romaine de Choiseul afin de prendre sa place. C’est un moyen d’inquiéter et d’exiger de lui plus de fermeté et d’intransigeance avec son ambassadeur.

Le pape pour gagner du temps met en balance la restitution d’Avignon que la France veut à tout prix conserver et la destruction de la Compagnie.

En pleine négociation, Choiseul, l’homme fort, semble s’abandonner au découragement : « La machine va mal, écrit-il à Bernis, je trouve qu’elle va ignominieusement, ce qui est pire selon moi que d’aller mal, et quelquefois cette situation me révolte parce que je suis dans la machine. » Bernis lui répond avec un secret plaisir de revanche – le duc ne s’est-il pas moqué de ses plaintes et de son pessimisme lorsqu’il lui tenait le même discours ? — « Il est impossible d’avoir un amour-propre honnête et de partager sans beaucoup souffrir la honte d'une mauvaise conduite. Je me souviens d'avoir été près d'en mourir en 1758. Soyez moins sensible que moi et rappelez-vous que les États, comme les hommes, sont sujets à des maladies violentes : mais quand la constitution est bonne, ils s'en tirent les uns et les autres. »

Choiseul revient sans cesse aux griefs qu'il suppose Bernis de nourrir vis-à-vis de lui ; il imagine qu'il le tient toujours responsable de son exil. Il tente de s'en disculper en l'assurant de son attachement « très tendre, très ancien et très vrai, que Votre Éminence a méconnu longtemps, et que j'aurai toute ma vie pour elle ». Bernis doit sourire de ce remords qui pointe. Quant à lui, s'il n'oublie pas, il a depuis longtemps pardonné. Et il lui écrit qu'il renouvelle « bien volontiers et de tout [son] cœur un bail d'amitié qui ne finirait qu'avec la vie. »

Enfin arrive le jour fatal où Choiseul, après s'être lamenté comme Bernis, est chassé à son tour, le 24 décembre 1771. Bernis lui témoigne aussitôt sa sympathie. Peut-être ne peut-il s'empêcher de savourer le mystère de ce retournement de situation : « Si vous avez bien connu mon caractère, monsieur le duc, vous serez persuadé que personne n'a pris un intérêt plus sincère à ce qui vient d'arriver. Vous avez du courage et des ressources dans l'esprit ; je suis sûr que vous en ferez usage et que vous serez aussi tranquille et heureux que je le désire. » Choiseul lui répond aussitôt de son exil de Chanteloup : « Votre Éminence n'aura pas de reproches de ma part de m'avoir engagé, il y a plus de douze ans, d'occuper un emploi qui conduit à l'exil. Je ne regrette rien, et je crois que si je recommençais avec l'expérience que j'ai, je me conduirais encore de même. Je demande à Votre Éminence de me conserver son amitié. Si j'ai jamais l'honneur de la revoir, nous parlerons d'exil, car nous sommes profès dans cette matière. »

La disparition de Choiseul de la scène politique doit inspirer à Bernis des pensées mélancoliques. Comme leurs relations ont été bizarres, tout à la fois confiantes dans la forme et prudentes au fond. Ils s'aiment et s'épient. Eux qui auraient pu si bien s'entendre et se compléter, pourquoi l'ambition les a-t-elle séparés pour le plus grand détriment de l'État ? Aussi, en dépit de tant de démonstrations d'affection, Bernis reste-t-il sur ses gardes. Choiseul l'a trop abusé pour qu'il ne garde pas vis-à-vis de lui la défiance d'un ami échaudé. Ce Choiseul si brillant dont il admire l'intelligence et l'entregent, tout en méprisant son inconséquence et son goût de la publicité, l'a pourtant séduit. Peut-être même le regrette-t-il, lui qui ne souhaite plus revenir aux affaires pour y connaître à nouveau les affres du pouvoir et qui préfère être le premier à Rome que le second à Versailles ? Pourra-t-il jamais retrouver un ministre à qui l'unit malgré tout tant de complicité ? Son successeur lui écrira-t-il avec cette liberté de ton, qui fait le charme du duc, des lettres telles que celle-ci : « Les jésuites me persécutent depuis dix ans, j'en ai par-dessus la tête. On dit en France que l'on est persuadé que je les ai fait chasser. En Espagne, on publie que je les aime, que je les soutiens ; on croit même que j'y suis affilié. Je les donne à tous les diables ; j'y joindrai notre pape s'il ne m'en débarrasse pas. »

Choiseul parti, que va faire son successeur, le duc d'Aiguillon, qui passe pour favorable à la Compagnie ? Les Espagnols et les Français à force de menaces sont parvenus à obtenir une promesse écrite du pape. Mais ils sont payés pour savoir ce que vaut ce genre de chiffon de papier de la part d'un homme qui n'a pas tenu parole. Jamais les fureurs de la cour d'Espagne n'ont atteint ce degré de violence et Bernis, toujours accusé de mollesse, risque d'en faire les frais et d'être rappelé à Versailles.

C'est alors que les Espagnols prêts à jouer le tout pour le tout dépêchent à Rome un ambassadeur redoutable, tant par son physique imposant de tueur que par la dureté de ses propos : Joseph Monino, un avocat qui a juré la destruction des jésuites. Celui-ci dès son arrivée traite Bernis avec la plus grande dureté. Quant au pape, il n'hésite pas à le menacer d'une manière si vive que le souverain pontife part en vacances à Castel Gandolfo. Le malheureux Clément XIV, terrorisé par les pressions qu'on exerce sur lui, craint d'être empoisonné ; on lui fait parvenir des prophéties qui annoncent sa mort prochaine. Pour tout compliquer, la position de la France se modère peu à peu. On propose aux jésuites de se réunir en congrégation. Bernis, qui craint l'influence pernicieuse des jansénistes, plaide auprès du duc d'Aiguillon pour une solution de compromis.

Enfin le pape se résout à signer le bref de la dissolution de l'ordre. Clément XIV, en proie à des terreurs perpétuelles, malade, ne survit pas à la décision qu'on lui a arrachée avec tant de violence. Il meurt le 22 septembre 1774. Bien sûr tout le monde accuse les jésuites de l'avoir empoisonné : l'état du cadavre qui s'est subitement décomposé ouvre la voie aux suspicions. Bernis, s'il penche pour l'empoisonnement, juge qu'un scandale ne servirait pas les intérêts de l'Église : « Les médecins qui ont assisté à l'ouverture du cadavre s'expriment avec prudence, et les chirurgiens avec moins de circonspection. Il vaut mieux croire à la relation des premiers que de chercher à éclaircir une vérité trop affligeante et qu'il serait peut-être fâcheux de découvrir. » L'ambassadeur du Danemark, le baron de Gleichen, commente cette mort d'une manière qui absout tout le monde. Il écrit que cet empoisonnement n'aurait été que « moutarde après dîner » et que « Clément XIV était mort de la peur de mourir ».

Même si Bernis au fond de lui-même ne souhaite pas la dissolution de la Compagnie de Jésus, celle-ci est pour lui un soulagement. C'est un problème politique épineux en moins. Reste l'inconvénient d'un nouveau conclave, et de cette clôture que supporte si difficilement le cardinal, car il a trouvé à Rome des voluptés qui, l'âge venant – il approchait de la soixantaine –, sont certes moins épicées qu'à Venise mais qui lui permettent de passer le temps très agréablement.

20

POUR L'AMOUR D'UNE PRINCESSE ROMAINE

Bernis l'éternel amoureux n'a pas perdu de temps à Rome. Son cœur, qui ne cesse de battre pour le beau sexe, s'enflamme pour une jeune femme de vingt-quatre ans ; lui vient d'avoir cinquante-quatre ans, et, même s'il s'est beaucoup empâté, il reste toujours vert. Menue, mignonne, futile, la princesse de Santa-Croce, mariée à l'un des princes les plus en vue de l'Italie, Julienne de son petit nom (nous ne savons pas celui que le cardinal lui donnait dans l'intimité), était l'une des plus jolies femmes de Rome. Cette liaison, d'abord discrète, s'installe avec l'accord du prince lui-même infidèle qui doit y trouver son compte ; et sur ce chapitre les convenances mondaines se montrent à Rome on ne peut plus flexibles.

En Italie, ce n'est un crime pour personne que d'aimer l'amour. Le jansénisme n'a pas atteint Rome. L'aurait-il touché, il se serait lui-même transformé, adouci et devenu suave. Nous ne pouvons faute de place – et il en faudrait beaucoup – évoquer les frasques des nombreux cardinaux qui, à cette époque, alimentèrent la chronique galante sans y causer, pas plus d'ailleurs qu'à Paris, le moindre scandale. Seule l'irreligion manifeste choque chez les prêtres. C'est ainsi que l'on fit reproche au cardinal de Tencin, qui n'était pas précisément un exemple de vertu, alors qu'il quittait Rome, d'avoir écrit à sa maîtresse qu'il adorait : « Adieu, ma chère princesse, je vous aimerai toute ma vie et même par-delà si tant est qu'il y ait un par-delà. » Ce qui indigna les Romains quand cette lettre interceptée fut divulguée, ce n'était pas l'amour, c'était l'incrédulité du prélat.

Montesquieu note dans ses *Pensées* ce paradoxe de la cité du pape : « Quand je vois Rome, je suis toujours surpris que des prêtres chrétiens soient parvenus à faire la ville du monde la plus délicieuse, et qu'ils aient fait ce que la religion de Mahomet n'a pu faire à Constantinople, ni à aucune autre ville, quoique celle-ci ait pour base les plaisirs, et l'autre, la contradiction des sens. »

Rieuse, passionnée, « parlant toujours, interrogeant et n'ayant pas la patience d'attendre la réponse et de l'écouter tout entière », la princesse de Santa-Croce aime Bernis à la folie. Malgré la différence d'âge, elle se montre jalouse et ne supporte pas les rivales qui cherchent à lui arracher son cardinal. Bernis se défend d'avoir des intentions coupables : « Qu'importe les desseins de la princesse Palestrina. Je vous ai dit et je vous jure que je ne veux pas me lier avec elle, ni avec aucune autre femme, et tant qu'il vous conviendra que je vienne passer mes soirées chez vous, je n'aurai pas de plus grand plaisir. » À de nouveaux griefs de la princesse, il répond : « Vous me faites les reproches les plus injustes et les moins mérités. Vous êtes la seule à Rome qui ne voyez pas combien je suis sensible à vos peines. Je vous cache ma sensibilité pour ne pas augmenter la vôtre ! De bonne foi, me convient-il de faire des imprudences comme un jeune homme ! » Ces imprudences pourtant, il n'hésite pas à les commettre : « Je désire beaucoup que vous veniez souper chez moi, ma chère princesse, mettez-vous à votre aise, sans panier, et ne soyez pas serrée dans vos habits. »

Chaque soir, il est chez la princesse, après l'avoir vue dès le matin à son lever et avoir pris le café avec elle après le déjeuner, et fait une partie de piquet dans laquelle il se montre si volontairement malhabile qu'il perd six sequins romains. Cette perte assure à la jeune femme une véritable rente dont le prince ne semble pas prendre ombrage. Cette liaison est affichée, à la mode romaine. On peut d'ailleurs admirer dans le salon du palais de Santa-Croce un tableau représentant Bernis et la princesse dans un décor de partie de chasse.

Au cours du conclave de 1769 qui a vu l'élection de Clément XIV, la princesse correspond avec Bernis et s'inquiète des rumeurs de son départ. Il la rassure : « Mon séjour ici ne dépend nullement de l'affaire qui vient de finir [l'affaire des jésuites]. Je ne vois aucune raison pour craindre mon départ ; tant que votre amitié pour moi durera, je ne songerai pas à quitter Rome. »

Cette amoureuse, Bernis l'aime jusque dans les excès de sa passion. Elle le rajeunit, l'enchante, l'arrache à l'ennui des corvées diplomatiques : « Je sais bien que vous êtes un peu folle, quelquefois », lui écrit-il avec tendresse.

On ne peut pas dire que la vie du cardinal à Rome est placée sous le signe de l'austérité. Il aurait pu s'exclamer comme plus tard le docteur Véron : « Je manque de privations. » Ni le faste, ni le luxe, ni la dépense ne lui ont jamais fait peur. Que serait la vie sans le plaisir ? répète-t-il. Il s'est installé à Rome dans le splendide palais Carolis, sur le Corso, avec une magnificence qui enchante les Italiens. Il sait qu'avec un peu de théâtre mondain, un grand train, de la représentation, de la générosité, il se fera apprécier. Il agit par politique autant que par goût. Il représente un grand royaume et ne doit pas lésiner pour exalter sa grandeur : « Je tiens, disait-il, l'auberge de la France à l'un des carrefours de l'Europe. » Le palais ne compte pas moins de quatorze carrosses dont plusieurs, dorés et ornementés, sont garnis de velours cramoisi, de broderies, de galons d'or. Sa domesticité se monte à cent quarante-cinq personnes, trente-deux valets de pied, huit coureurs, huit pages, dix suisses, quatorze cochers, quatre postillons, huit palefreniers, un écuyer à cheval, un maître de chambre, deux chapelains, huit valets de chambre. Le palais abrite également la nombreuse famille que Bernis a fait venir, notamment ses nièces, sans compter le personnel de l'ambassade dirigé par le fidèle abbé Dehaizes.

Bernis a ouvert largement sa table, l'une des meilleures de toute l'Europe. Son cuisinier réputé régale chaque jour non seulement les personnalités de Rome, mais les étrangers de marque. Il y a un jour pour les princes romains, un autre pour le corps diplomatique, un autre encore pour les cardinaux. Jamais la table de l'ambassadeur ne compte moins de quarante couverts pour le déjeuner. Et il faut ajouter des dîners presque quotidiens. Bernis pourtant, s'il a été autrefois porté sur la bonne chère, se contente, en raison de ses crises de goutte, de deux plats de légumes bouillis. Il fait une exception pour les vins de Bourgogne qu'il adore et dont il reçoit les plus grands crus. C'est d'ailleurs du meursault, qui lui sert de vin de messe : « C'est, dit-il, que je ne veux pas que mon Créateur me voie faire la grimace au moment de la communion. » Un autre de ses fameux mots circule à Rome. Il aurait dit : « Si je préfère aller au ciel pour son climat, je préférerais l'enfer pour ses fréquentations. »

Au palais Carolis, les fêtes succèdent aux fêtes. La conversation est brillante. On peut entendre la voix enchanteresse de fameuses cantatrices comme la Babbini ou la Gabrielli. Bernis engloutit dans ce luxe environ 150 000 livres par an. Mais il ne se contente pas de ses activités de représentation : il se montre le protecteur des arts et des lettres et s'intéresse particulièrement à l'Académie de Rome qui reçoit des peintres, des sculpteurs. Ainsi il accueille Fragonard et sa jeune épouse. Il achète des tableaux aux jeunes peintres et s'efforce de rendre leur séjour le plus agréable possible.

Une nouvelle le frappe : le 10 mai 1774, le roi est mort à Versailles de la petite vérole après une longue agonie. Son corps purulent, l'odeur abominable qui se dégage du cadavre ont semblé une punition de ses vices. Le plus grave, c'est qu'il laisse la monarchie bien malade. En apprenant sa mort, Bernis doit voir apparaître le cortège des souvenirs. Malgré les ombres, il garde pour le roi une affection profonde.

Reste une autre épreuve pour Bernis, le nouveau conclave de 1775 qui doit élire le successeur de Clément XIV. Une double épreuve : les tracasseries infinies sur la question des jésuites vont reprendre et la clôture va l'éloigner pour longtemps de la délicieuse princesse. Il doit échanger son agréable palais pour une cellule à l'air fétide qu'il appelle tantôt sa « prison », tantôt son « tombeau ». Il ignore que son calvaire va durer près de quatre mois et demi.

À nouveau c'est la guerre entre les Zelanti et les Couronnes, les Italiens et les étrangers, qui bien sûr mettent du temps à arriver. C'est pourquoi les Zelanti veulent à leur habitude précipiter l'élection. Il s'agit d'élire un pape favorable aux jésuites. Tout le jeu consiste pour Bernis à les en empêcher. Cette fois-ci il a réussi à convaincre son ministre Vergennes, nommé en 1775 – tout comme il a réussi, à force de séduction, à amadouer le terrible Monino, l'ambassadeur d'Espagne – que le pape ne pourra être choisi que parmi les Zelanti. Il faut donc faire élire le plus modéré sur la question des jésuites. Les cardinaux à exclure sont Torregiani et Rezzonico.

Le conclave se passe dans une atmosphère pénible, d'intrigues, de coups fourrés, de campagnes de médisance, de calomnies : rien n'y manque, ni même les injures. Le cardinal Albani lance à Bernis : « La famille Albani ne doit pas sa fortune, comme les Bernis, à la faveur d'une putain royale. » Fidèle à sa politique, celui-ci laisse les passions s'exprimer, les haines et les rancœurs se déchaîner. Il attend son heure en se contentant de rassembler autour de lui, dans la cellule 46, les cardinaux alléchés par les plats délicieusement cuisinés qui arrivent du palais Carolis. Il leur offre en abondance des friandises, des gaufres, de la limonade à la glace. Sa cellule devient un véritable salon.

Tout à coup les Zelanti semblent l'emporter : leur candidat, le cardinal Colonna, monte à dix-sept voix. Il en faut vingt pour être élu. Bernis fait échouer la manœuvre. Et il propose un Zelanti modéré, le cardinal Braschi. On discute sans fin entre partisans de l'exclusive et de l'inclusive. Le parti des jésuites se déchaîne à Rome. On veut à tout prix discréditer Bernis dont on sent l'influence prépondérante. Tout est bon. On publie même une pièce : « *Le conclave de 1774*, drame en musique pour être représenté sur le Théâtre des Dames pendant le carnaval de 1775 ». Ce placard est affiché pendant la nuit. On y voit le cardinal serrer tendrement la sainte croix, allusion qui ne trompe personne à la princesse de Santa-Croce. Bernis fait brûler ce texte par le bourreau sur la place publique. Or, à ce moment, la princesse est tombée gravement malade. On croit qu'elle va mourir. Bernis se tient chaque jour informé de sa santé. Il demande à l'abbé Dehaizes de lui interdire de lui écrire tant qu'elle ne va pas mieux : « Dites-lui de ma part que je ne la reconnaîtrai plus pour ma fille si elle m'écrit deux lignes tant que la fièvre subsistera, et que je ne lui ferai de réponse que quand elle sera sans fièvre. » Enfin le 31 janvier, la fièvre baisse : la princesse est sauvée.

Pour abattre Bernis, on fait alors circuler le bruit qu'il a creusé un trou dans le mur de plâtre de la clôture pour rejoindre sa maîtresse. Un passage a en effet été découvert au bout du « couloir de Cléopâtre ». Cette calomnie a un effet dévastateur. On soupçonnera toujours Bernis de cette escapade romanesque. Il est vrai que l'idée en est plaisante. On imagine ce cardinal corpulent se lever dans la nuit et, se glissant par le trou de la clôture, aller retrouver son amante puis rentrer par le même chemin rassasié d'amour et de tendresse, dans l'austère cellule 46. Bernis qui ne manquait ni de culot ni de courage dans sa recherche du plaisir – il l'avait prouvé surabondamment à Venise – aurait-il risqué avec autant de témérité de mettre en péril sa carrière, son existence confortable et surtout de s'attirer le déshonneur ? Ne bridons pas les imaginations qui veulent gambader sur les traces nocturnes du cardinal dans les couloirs glacés de Saint-Pierre et se plaisent à l'idée d'un prélat éperdu d'amour au cœur de la basilique de Rome. Tout le monde est libre de rêver.

Le conclave se poursuit. Après une période où l'on désespère de conclure, chaque parti excluant l'autre, Bernis relance la candidature de Braschi qu'on a abandonnée et se met à l'œuvre pour la faire aboutir. Il réussit à convaincre les cardinaux autrichiens, réconcilie son candidat avec les frères Corsini auxquels il s'est opposé. Il fait tant et si bien que, le 14 février, les cardinaux viennent baiser la main de Braschi. Le lendemain, élu pape, il prend le nom de Pie VI.

Cette victoire de Bernis, personne ne tente de la lui contester. C'est lui qui a inventé Braschi, l'a soutenu, encouragé et enfin mis, grâce à son habileté, sur le trône pontifical. Son esprit de conciliation a fait merveille. Bernis respire, il reste prudent quant au résultat : « Le règne du nouveau pape fera juger si, avant son élection, on avait vu son visage ou son masque. » Cette victoire, qui sert les intérêts de la France, le protège des ennemis qui à Versailles cherchent tous les moyens de lui nuire. Cette ambassade demeure la plus convoitée. Louis XVI le remercie dans des termes chaleureux pour son action : « Notre bien-aimé cardinal de Bernis à qui nous protestons avoir les plus grandes obligations. »

Mais c'est la lettre de Vergennes, son nouveau ministre des Affaires étrangères, qui doit verser sur le cœur du cardinal un baume particulier : « Vous devez être content de la justice qu'on vous rend ici ; ce succès en imposera aux contradicteurs dont vous savez que les cours ne manquent jamais, et vous ne pouviez détruire plus victorieusement tous les abominables pamphlets dont on a inondé le public et qui ne pouvaient que faire gémir la raison et l'honnêteté. »

On imagine avec quel délice, après plus de quatre mois de séparation, il retrouve la petite princesse. Tous deux reprennent leur liaison comme par le passé. La médisance n'a pu l'atteindre. La querelle autour des jésuites ne diminue pas. Mais la pression de la cour se fait moins forte, et Bernis, rassuré sur ses appuis, au mieux avec Vergennes, partageant avec lui des vues larges et de bon sens, se contente de rappeler assez mollement le pape à sa parole qu'il semble à son tour avoir oubliée. Décidément les papes n'ont aucune envie de détruire la Compagnie de Jésus.

Des étrangers de marque affluent à Rome. Bernis les reçoit avec plaisir. Mme de Genlis, venue avec la duchesse de Chartres, est à son tour éblouie : « Je vous prie, lui écrit-elle, de ne pas oublier entièrement une personne qui vous conserve l'attachement le plus vrai et le plus tendre que vous ayez jamais inspiré. » Conquise, elle écrit encore : « Il y avait en lui un mélange de bonhomie et de finesse, de noblesse et de simplicité, qui le rendait l'homme le plus aimable que j'aie jamais connu. Je n'ai point vu de magnificence surpasser la sienne. On l'appelait le roi de Rome et il l'était en effet. » Comment le cardinal avait-il réussi à réchauffer cette femme si froide ?

Bernis rencontre également Vivant Denon à Naples. Sculpteur, celui-ci a servi à Louis XV d'agent à la cour de Frédéric IV, roi des Deux-Siciles. Le futur auteur de *Point de lendemain* guide le cardinal dans la région et lui fait visiter des chantiers archéologiques. Bernis, passionné par ce personnage, par son intelligence et son érudition, lui fera attribuer par le roi une rente substantielle.

Mais que peut encore attendre Bernis à Rome ? Fastueux, aimable et aimé d'une délicieuse maîtresse de trente ans de moins que lui, glorieux, ayant été à la tête de la politique de la France, s'étant acquis la reconnaissance d'un pape qu'il a fait, il peut jeter sur sa vie un regard satisfait ; cette carrière éblouissante, il l'a menée sans se départir de ses principes ; ses ennemis lui ont nui mais ils ne sont jamais parvenus à l'abattre. Une grâce mystérieuse le protège. Oui, que manque-t-il à cet homme comblé, vivant dans cet esprit de liberté, de tolérance et d'amour qui a soutenu sa vie ? Peut-être un témoin de ses jeunes années, à l'époque où ardent, ambitieux, il rêvait de conquérir le pouvoir ; un de ces hommes dans le regard desquels on mesure le chemin parcouru, la gloire amassée, et avec qui on peut ressusciter ces silhouettes fugitives, ces fantômes de femmes qui hantent le souvenir. Et cet homme arrive justement à Rome : vieilli lui aussi, n'ayant en véritable aventurier rien amassé, toujours prêt à tomber les dames, toujours beau parleur, toujours écornifleur, changeant de pays pour changer de dupes et de créanciers, usant tous les crédits et toutes les crédulités : l'aventurier des aventuriers, Casanova.

Voilà les compères de Venise à nouveau réunis, avec entre eux ces braises toujours brûlantes dans leurs souvenirs : le petit casino de Murano, les voluptueuses M.M. et C.C., la vie qui passe, la vieillesse qui est venue, les illusions, l'amour. Et à la croisée ouverte sur le parfum de l'été, Rome qui donne à ces retrouvailles un air de théâtre, comme s'ils figuraient une dernière fois sur la plus belle scène du monde avant de disparaître à leur tour.

Comme on aurait voulu entendre leur conversation : la litanie des « vous souvenez-vous » entre ces deux séducteurs. Casanova nous a laissé un récit de cette rencontre. Il nous parle bien sûr de la princesse de Santa-Croce, du prince, du rôle qu'a joué Bernis pour la raccommoder avec son mari qui l'avait surprise au domicile conjugal en compagnie galante. Il nous dit de la princesse qu'elle « était un bijou fait pour rendre heureux un amant voluptueux et philosophe, comme l'était le cardinal ». Il admire ce bonheur au-delà des préjugés et de la morale commune que constitue le ménage à trois : « Je voyais dans le cardinal, dans ce prince et sa belle femme trois êtres aimables, assez sages, assez libres de préjugés pour se rendre la vie heureuse par des moyens innocents, sans préjudicier en rien à la paix et aux bonnes lois de la société générale. » Des anecdotes en somme ! Casanova ne nous rend pas le côté « Vingt ans après » de ses retrouvailles avec Bernis. Peut-être le cardinal est-il sur la réserve. Avec un tel homme, il y a en effet de quoi se méfier. Bernis confie cependant à Casanova qu'il est toujours en correspondance avec M.M. : décidément il ne changera jamais.

Bernis vieillit aussi bien qu'il a vécu. Son âme est en paix. Il a toutes les satisfactions que peut espérer un cardinal, plus l'amour. Sa seule blessure qui lui fait toujours mal, c'est la France. N'ayant pu la sauver, il gémit pour elle. Il a de sombres pressentiments qu'il confie à Vergennes en février 1787 : « Je suis bien vieux, mais je voudrais l'être davantage. L'avenir me fait peur. »

21

UN DERNIER SOURIRE DANS LES RUINES

Aimant la paix, la tolérance, la conciliation, l'harmonie personnelle et sociale, ayant toujours combattu les excès et les violences, Bernis voit le monde entrer en ébullition. De France lui parviennent des nouvelles annonciatrices d'une catastrophe qu'il prévoyait depuis longtemps. Inutile Cassandre, on ne l'avait pas écouté. Les remèdes qu'il avait proposés pour sauver la monarchie, la rendre moins injuste, plus humaine, plus accordée aux réalités nouvelles, sont devenus désormais inutiles. Le pays est attiré inexorablement vers l'abîme de la guerre civile. Ce siècle, si brillant, talentueux, raffiné, comme s'il aspirait au suicide de ce bonheur qu'il a illustré avec un éclat inégalé, va s'enfoncer pour réaliser un idéal de justice, dans la barbarie et le chaos. Les têtes poudrées, ornées de mouches, mises en valeur par des jabots de dentelle dont les nuques scintillent de colliers délicieusement ouvragés, finiront au bout des piques ou dans le panier de son du bourreau. Ce n'est pas seulement le siècle qui s'achève dans des soubresauts sanglants, c'est un monde.

Personne moins que Bernis n'est fait pour affronter une révolution. Il n'a plus ni l'âge ni l'optimisme nécessaire. D'avoir eu raison ne lui procure qu'une tristesse supplémentaire. Ce gâchis inéluctable, peut-être nécessaire, il le voit se produire de Rome, dans cette lumière de l'été qui projette les derniers rayons d'or sur le crépuscule d'une société. Les échos lui en parviennent. Lucide mais impuissant, que peut-il faire ? Son parti est vite pris. Devant l'agitation des esprits, la surenchère des ambitions, le ballet des opportunismes, il ne tentera rien qui soit contraire à sa règle de conduite. Ce n'est pas à soixante-quinze ans qu'il va se trahir. A-t-il d'autres choix que de rester fidèle à ses principes ? La vie ne lui a pas été ingrate. Pourquoi risquer ce déshonneur qu'il a toujours su éviter, même dans les circonstances les plus scabreuses ?

L'anticléricalisme monte jusqu'au sommet de l'État. Protestant, Necker a toujours montré son hostilité à la papauté. Les délégués aux États généraux se déchaînent contre un clergé qui, pour avoir voulu se soustraire à l'impôt, se voit la cible désignée de toutes les rancœurs. Bernis prévoit le pire. Il a suffisamment connu les échauffements du parlement de Paris, il sait à quels excès il pouvait se porter : « Plus on connaîtra le caractère de notre nation, plus on craindra l'inconvénient et le danger de l'Assemblée. »

Bientôt dans la folle escalade qui suit la nuit du 4 août, on commence à abolir les privilèges de l'Église. Après la suppression de la dîme du clergé, c'est au tour des annates, les bénéfices qui revenaient au pape, puis avec la constitution civile du clergé, c'est la confiscation des biens d'Église et par conséquent la fin des revenus dont Bernis tire l'essentiel de ses ressources : soudain il est ruiné. Seul lui reste son traitement d'ambassadeur qui se monte à 20 000 livres : « J'ai supporté la disgrâce dans ma jeunesse, et dans un âge plus avancé avec courage et sans ostentation ; la fermeté d'âme ne me manquera pas dans les derniers jours, et je ne regretterai de ma fortune que le bonheur de faire le bien à un grand nombre de personnes que je faisais vivre et qui vont être dans la misère. À l'égard de ma fortune, je ne la regretterai pas si elle était sacrifiée au bien de l'État. »

On a tenté de l'impliquer dans les événements en lui demandant de présider le clergé aux États généraux. Montmorin, son ministre, et même le roi essaient de le convaincre. En vain. Tous les prétextes lui sont bons pour éluder cette proposition qui le met en avant trop tard. On cherche un paratonnerre, c'est un rôle qu'il n'a aucune envie de tenir. Il le dit clairement à Montmorin : « Je suis de niveau avec les affaires de Rome, qui peuvent devenir embarrassantes, mais je suis fort au-dessous de celles qui occupent aujourd'hui le Conseil du roi et la nation entière. Les maximes à la mode ne sont pas les miennes, et comment espérer de ramener tant de têtes égarées aux anciens principes, quand l'autorité et la bonté du roi n'ont pu jusqu'ici opérer ce miracle. »

Bernis, au bord de la ruine, voit affluer peu à peu les premiers immigrés. Il accueille nombre d'aristocrates, venus chercher refuge à Rome : la duchesse de Polignac, la princesse de Monaco, le vicomte de Vaudreuil, la duchesse de Guiche. Il regrette de ne pouvoir les traiter avec la magnificence d'autrefois. Parmi ses invités de marque, Bernis découvre une femme qui provoque chez lui un dernier coup de foudre : la duchesse de Polignac, Yolande, la ravissante amie de la reine Marie-Antoinette, qui s'affiche avec le vicomte de Vaudreuil. L'ancienne gouvernante des enfants de France a quarante ans. Sa beauté, sa douceur, son charme font dire au baron de Besenval qu'elle est « la plus jolie femme de son temps ». Le cardinal, un peu las de la princesse de Santa-Croce, envers laquelle il est moins assidu, s'enflamme à nouveau. À soixante-quinze ans, son cœur bat comme celui d'un jeune homme pour la belle exilée. Il lui rend visite chaque jour au palais Stoppani, qu'elle a loué. À cause d'elle, on le voit renoncer à ses habitudes et même se soustraire à ses obligations pour un moment d'entretien avec la duchesse. Elle le maintient dans la fièvre, dans l'espoir. Il tente par mille moyens de lui assurer, ainsi qu'à sa nombreuse parentèle, tous les agréments possibles. Obtient-il d'elle d'autres marques que celle de l'affection la plus tendre ? Le malheur qui les réunit, l'abîme qui s'ouvre sous leurs pas les autorisent à toutes les folies du cœur qui semblent bien sages en face de la déraison destructrice des temps. S'aimèrent-ils dans quelques lieux retirés du palais Carolis ou dans quelques boudoirs discrets du palais Stoppani ? Ce dernier amour du crépuscule aide Bernis à affronter la ruine de tout ce qu'il aimait. La duchesse de Polignac incarne avec tant de grâce ce faste, cette grandeur et ce raffinement de la cour de Versailles, transplantée par la disgrâce du temps dans la ville des arts et du soleil. À travers elle, il retrouve sa jeunesse. Bientôt elle part pour Venise. Il ne sait pas qu'elle va y mourir l'année suivante. Ce sont des adieux déchirants. Il demeure seul, condamné à assister à la disparition de tant d'êtres chers. Il la voit s'éloigner, dernier sourire dans les ruines. Aucun visage désormais ne peut atténuer sa tristesse ni le distraire des événements : la violence, le fanatisme qui règne en France le déchirent.

Le 23 décembre 1790, Bernis reçoit le décret exigé par l'Assemblée selon lequel tous les fonctionnaires, les évêques et les prêtres devaient prêter serment à la Constitution civile du clergé. Il tente d'échapper à ce piège, en faisant des restrictions qui ne réussissent qu'à retarder son inéluctable éviction. Ainsi écrit-il le 23 février au ministre des Affaires étrangères, Montmorin, le père de Pauline de Beaumont qui devait venir mourir à Rome près de Chateaubriand :

« Quoique soumis plus que qui que ce soit à tous les décrets de l'Assemblée nationale sanctionnés par le roi, je ne puis me dispenser de professer dans un acte authentique et public la religion catholique, apostolique et romaine, au sein de laquelle je suis né, j'ai vécu, et je veux mourir. » Sa destitution devient inéluctable. C'est le roi lui-même, dans un geste de pathétique abaissement, qui la lui signifie. Bernis répond à Montmorin : « Il doit vous coûter beaucoup d'être obligé de réduire à l'aumône le plus ancien des ministres du roi, le plus fidèle de ses sujets, et certainement le meilleur citoyen qui existe en France. Je ne me plaindrai pas de la rigueur exercée contre moi. Il fallait trahir mes anciens serments. J'ai tout sacrifié à la foi de mes pères et à l'honneur dont ils ont toujours été jaloux. L'indigence, quelque affreuse qu'elle soit pour un homme de mon état et de mon âge, ne m'a pas épouvanté, et sans savoir ce que la Providence me destine au bout de ma longue carrière, je me jette dans son sein, et je m'y trouve heureux et tranquille. »

Un peu plus tard tous les biens qu'il détient à Albi vont être confisqués et dispersés aux enchères, le château de Saint-Marcel livré au pillage. Bernis subit la suprême humiliation de voir arriver son successeur à l'ambassade de Rome, le comte de Ségur. Il l'accueille néanmoins avec sa bienveillance coutumière.

Il voit disparaître un à un tous les vestiges du monde qu'il a connu. Vestige lui-même d'un temps révolu, l'heure approche pour lui de les rejoindre. Après la mort sur l'échafaud du roi, puis de la reine, il se sent le survivant d'un siècle englouti. Évitant l'indigence grâce à une pension que lui accorde la cour d'Espagne par l'entremise de son ami Monino, devenu Premier ministre, il n'a plus de liens avec cette France qui n'est plus la sienne. Il dérive comme une épave glorieuse de l'Ancien Régime, dans les ors du crépuscule romain. Le 31 octobre 1794, il rédige son testament. Le 3 novembre, il s'éteint. Son corps est transporté à Saint-Louis-des-Français, dans cette église où une stèle rappelle encore son souvenir. Elle fait face au monument érigé un peu plus tard par Chateaubriand à Pauline de Beaumont ; ce Chateaubriand qui, plus tard revenant à Rome à son tour comme ambassadeur, rêvera d'égaler son prédécesseur dont la légende survivait.

Bernis, l'homme des plaisirs, l'homme du pouvoir, le grand serviteur de l'État, disparaissait en montrant un ultime visage, celui du chrétien, du pécheur certes mais du chrétien qu'il n'avait jamais cessé d'être. Les faiblesses n'entamaient en rien la fermeté des convictions d'un homme fidèle à sa foi, à son roi, à ses serments. Ne l'avait-il pas écrit à Vergennes, comme s'il prévoyait les temps futurs : « J'ai deux maîtres, dont l'un est Dieu, l'autre le roi, et je n'en aurai jamais d'autres. »

22

LES AILES DE LA LÉGENDE

Mort, Bernis échappait enfin à la malveillance. Étrangement elle l'avait harcelé. Sans doute pour apporter un contrepoids à cette chance qui l'avait toujours favorisé. Que serait une vie sans les ombres ? Désormais la jalousie ne pouvait plus l'atteindre. Il entrait dans un monde éclairé par un ciel plus pur. Même s'il gardait des détracteurs, justice lui était rendue ; il survivait par sa légende ; une légende entretenue par une élite : des happy few qui, à chaque génération, se repassent le flambeau et entretiennent son souvenir toujours vif, presque rajeuni, de cardinal atypique. Sainte-Beuve, si curieux et pertinent dans ses découvertes des gloires du passé, lui consacre trois articles des *Lundis* : Bernis, catholique voluptueux, pécheur tiraillé entre l'alcôve et l'autel, éveille un écho de sympathie dans l'âme tortueuse de l'auteur de *Volupté*. Les frères Goncourt le trouvent sur le chemin de la Pompadour et s'attachent à brosser de lui un portrait sensible et juste. Barbey d'Aurevilly, tout à sa détestation du « méprisable » XVIIIe siècle, le salue comme un homme en marge de la politique, de la religion, de son siècle même. Enfin, en pleine guerre froide, Roger Vailland, son moins prévisible thuriféraire, voit Bernis comme un révolutionnaire sans révolution, un Julien Sorel, qui, à notre époque, aurait troqué la soutane pour la panoplie de l'intellectuel et le bréviaire pour *Le Capital*.

Le politique a ses détracteurs. Sainte-Beuve, que séduit le personnage mondain, lui conteste un véritable tempérament de chef : « Il n'avait pas la trempe d'un homme d'État, et après l'entrain des premiers succès, son organisation, mise à trop forte épreuve, a manifestement fléchi. Il n'est pas de ceux à qui on reconnaît le droit de dire : c'est moi ! La nature ne l'a point marqué au front du sceau du commandement et de l'autorité. Il ne sut point conquérir sur ses alentours cet ascendant qui ne s'accorde jamais à ceux à qui on peut le refuser. » Et Sainte-Beuve, qui n'a pas d'opinion originale sur cette frontière indécise, qui partage l'échec et la réussite sociale, préfère comme toujours s'en tenir avec prudence au verdict de la société. Il n'aime ni les atypiques ni les marginaux. C'est sa limite. Acceptons-la : « Bernis ne sera jamais un grand ministre dirigeant. Aurait-il pu l'être ? Je l'ignore. Le sort ne lui a pas laissé le temps de réparer ses fautes, ni de corriger ses hasardeuses entreprises : mais Bernis sera un excellent ambassadeur. Il sera le modèle d'un ambassadeur de France à Rome pendant vingt ans. »

« Modèle d'ambassadeur » ! Est-ce une qualité vraiment intéressante à retenir du point de vue *sub speciae aeternitatis* où se place Sainte-Beuve ? Comme l'a si bien noté Proust qui s'exaspérait à son propos, il y a des moments où le critique, si intelligent, si large par ailleurs, prononce des phrases étroites et conventionnelles qui aplatissent les plus grands enjeux de la vie humaine et les ramènent au niveau des convenances mondaines.

Le jugement de Sainte-Beuve sur la faiblesse de caractère de Bernis a été assez couramment repris. Barbey d'Aurevilly, dressant la liste de tous les contemporains qui ont déchiqueté à cœur joie le cardinal dans leurs lettres ou dans leurs Mémoires – Marmontel, Barbier, d'Argenson, le maréchal de Richelieu, Sénac de Meilhan, Choiseul, Palissot –, donne la palme à Soulavie « qui fut à l'histoire ce que Fouquier-Tinville fut à la justice ». Soulavie, anticlérical, hostile à la monarchie, hait Bernis comme l'incarnation d'un XVIIIe siècle qu'il exècre. Dans tous les ouvrages apocryphes qu'il a concoctés, il y a toujours un coup de griffe pour le cardinal. Barbey d'Aurevilly, si séduit pourtant par Bernis, s'attriste sur « les forces perdues qu'il y avait dans cet homme qui ne fut, après tout, qu'un impuissant de plus, dans un gouvernement impossible ». Il ajoute un reproche : sa liaison d'amitié avec une indigne favorite : « Le fard de la marquise lui tache la joue et il ne s'essuiera jamais de ce rouge-là. »

Bernis fut-il une grande tête politique, était-il fait pour l'action ? On ne peut dissimuler que beaucoup d'historiens le jugent sévèrement, parfois injustement, en le rendant responsable des erreurs qui non seulement n'étaient pas les siennes mais qu'il a lui-même combattues, notamment celles dues à l'entêtement de Mme de

Pompadour. Ils ont tendance à l'associer aux fautes du règne, à sa coupable futilité. Sa réputation de galanterie, ses vers faciles prêtent évidemment le flanc aux reproches de superficialité, de mondanité. Il est facile de le caricaturer en ne mettant en relief que le rimailleur, l'abbé voluptueux qui a profité de la faveur de la favorite pour tirer tous les bénéfices possibles d'un pouvoir dont la charge l'a finalement écrasé. Ce portrait s'explique aussi par les préjugés : on fait de cet aristocrate, cardinal sans grande conviction religieuse, le prototype du courtisan arriviste de l'Ancien Régime.

Mais Bernis a aussi ses partisans parmi les historiens. Outre Frédéric Masson qui a publié ses Mémoires, Jacques Bainville a pris sa défense et justifié la politique de renversement des alliances qui, loin d'être selon lui une intrigue de cour, un caprice, « fut une opération sérieuse et réfléchie ». Ce que Bainville admire chez Bernis, c'est d'avoir été le premier à signaler le danger que représentait la Prusse pour la France : « En 1756 et 1757, Bernis a donc compris que le danger en Allemagne était prussien. Il a vu aussi combien notre tâche devenait lourde puisque au moment où l'Angleterre nous provoquait à une lutte redoutable, nous étions engagés par Frédéric dans une guerre continentale. » Et ce satisfecit donné à Bernis lui offre l'occasion d'étriller les Encyclopédistes : « Le fait que les écrivains émancipateurs du XVIIIe siècle n'ont pas vu, ont refusé de voir le péril prussien est écrasant pour leur philosophie politique. Leur erreur prouve leur inaptitude à comprendre la marche des choses et à servir le progrès dont ils s'étaient réclamés. En se retournant contre la Prusse et en se rapprochant de l'Autriche, la monarchie française avait représenté qu'il importait de s'élever au-dessus d'un préjugé de trois siècles. Les philosophes ont montré la servitude de leur pensée, leur goût de la routine. Ils ont été au niveau de la foule ignorante et sans critique. » Pierre Gaxotte, qui partage la plupart des thèses de Jacques Bainville, n'a pas moins d'estime pour le cardinal : « Bernis est le grand homme au Conseil mais Bernis, usé, passera vite. »

On trouve déjà chez Albert Sorel un jugement sur Bernis qui tient à la fois de celui de Sainte-Beuve pour le caractère et de celui de Bainville pour la divination politique : « Toute l'urbanité et toute la politesse du monde ne font pas un homme d'État. Il n'avait ni la tenue d'esprit, ni la trempe, ni le caractère qu'il faut aux meneurs d'hommes et à ceux qui négocient les grandes affaires dans les crises de l'État. » Sorel concède cependant que l'idée de Bernis de laisser les États allemands se déchirer entre eux au lieu d'intervenir était « formidable » : « L'Allemagne, dit Bernis, qui est la seule puissance par qui la France ait à craindre un envahissement de ses frontières, se serait épuisée contre elle-même. » « C'était, ajoute Sorel, un plan à la Pitt : Bernis n'avait point l'étoffe nécessaire pour l'exécuter, et Louis XV n'était capable ni de soutenir un dessein de ce genre, ni de supporter un ministre qui l'aurait conçu. » Ce jugement jette une lumière inquiétante sur le règne. Il n'y avait donc rien à faire !

C'est aussi ce que pense Barbey d'Aurevilly : « Il n'eut pas, avec toute sa supériorité incontestable, empêché de crouler ce gouvernement qui lui croulait sur les mains, quand il voulait le soutenir, et qui aurait croulé de même sur les mains, pour la première fois vainement toute-puissantes, du cardinal de Richelieu. » Mais un Richelieu était-il concevable avec Louis XV qui avait déjà difficilement supporté la tutelle pourtant douce et accommodante du cardinal de Fleury ? La monarchie n'a pas connu de grands ministres sans de grands rois qui les inspiraient ou bien les laissaient libres d'agir : on a pu voir un Louis XIII faible accepter de confier le pouvoir à l'homme de caractère dont sa politique avait besoin ; Louis XIV, lui, inspirait des forces et de grands desseins à ses ministres : un Colbert, un Louvois sont des grands exécutants aux ordres du roi. L'ennui avec Louis XV, c'est qu'il tient de ses deux ancêtres : faible comme Louis XIII, il refuse comme Louis XIV de déléguer le pouvoir. De tutelle, il ne supporte que celle d'une femme : c'est ce qui donne à son règne ce côté bancal, ce goût de gâchis, d'occasions manquées. S'il avait confié la totalité du pouvoir à Bernis, celui-ci aurait-il pu remettre la France sur pied ? Qui peut le dire ?

La grande difficulté quand on veut juger l'action de Bernis au pouvoir, c'est qu'il ne l'a jamais détenu totalement : il a toujours dû le partager avec d'autres ministres, avec le roi, avec Mme de Pompadour. Cette façon de gouverner sans un responsable capable de donner des impulsions, et d'arrêter les moyens, devenait débilitante et, à la longue, catastrophique.

Avec le recul, on s'aperçoit que le plus grand obstacle qui s'est trouvé sur le chemin de Bernis pour lui barrer toute possibilité d'accomplir la grande œuvre politique qu'il était certainement capable de concevoir et sans doute d'exécuter, c'est Mme de Pompadour elle-même. D'où la difficulté pour lui : il lui devait tout, sa carrière, son ambassade, sa nomination au Conseil du roi. L'amitié, la reconnaissance l'ont emporté chez lui sur l'ambition de la gloire. Il n'a pas franchi le pas de l'ingratitude nécessaire. Manque d'audace, scrupules, religion de l'honneur, dégoût des basses manœuvres et de l'intrigue ? Tout cela a joué. Il a attendu en vain du roi qu'il se montrât roi, qu'il eût plus qu'un autre le souci de son royaume, de son honneur, du bonheur de son peuple. Mais, alors que tant d'occasions se présentaient, il aurait fallu agir avec plus de cynisme, selon la formule : *ad augusta per angusta* (à la gloire par des voies sinueuses). Oui, il fallait sacrifier Mme de Pompadour. Non pas seulement pour son propre intérêt, mais pour celui de l'État. Faute d'avoir pu la convaincre de faire la paix, il fallait la tuer… politiquement bien sûr, l'éloigner. Bernis ne put jamais s'y résoudre. L'idée ne lui en vint même pas. Il n'était pas homme à commettre une vilenie envers une femme à qui il devait tout ; c'est sa grandeur comme homme, c'est peut-être sa faiblesse comme homme d'État. Richelieu, c'est vrai, n'aurait pas hésité, ni Mazarin. Bernis n'était pas de cette race-là. Tant pis et tant mieux.

Si on y regarde de près, Choiseul a repris certains des plans politiques de Bernis. Il les a appliqués trop tard en faisant la part trop belle aux Autrichiens : paix sur le front continental, alliance avec l'Espagne pour contrer l'Angleterre – ce qui deviendra le pacte de Famille – essai de restauration des finances. Le prix à payer en a certes été très lourd : l'expulsion des jésuites par démagogie envers le parlement de Paris et, faute d'avoir fait la paix continentale à temps, le désastreux traité de Paris qui consacrait la perte de nos colonies. Reste la question : pourquoi Bernis n'a-t-il pas pu appliquer ce plan lui-même ? N'avait-il pas toute la confiance du roi ? Il n'a pas su dominer la Pompadour comme a réussi à le faire Choiseul, qui avait sur lui l'avantage de coucher avec la favorite. Choiseul cependant n'a pas tenté de la contrer franchement. Il a agi en sous-main. Et un an presque jour pour jour après le départ de Bernis en décembre 1759, il écrivait à son cousin Choiseul-Praslin, ambassadeur à Vienne, d'avertir l'impératrice que les dispositions de la France étaient changées : « Nous ne sommes point dans l'intention de sacrifier les intérêts de la France à ceux de la maison d'Autriche, de même que cette maison ne sacrifierait pas les siens aux nôtres, ainsi qu'elle le prouve. » C'est pour avoir proposé cette paix, un an plus tôt, que Bernis avait connu la disgrâce.

Sans doute a-t-il été trop sensible au déshonneur qu'il risquait en cas d'échec – et le régime était au bord de la faillite. Lui d'habitude si conciliant a voulu brusquer la paix pour éviter des sacrifices inutiles. Bernis n'a pas accepté de faire la part du feu, de laisser filer les événements et les catastrophes jusqu'au point où ils amènent une prise de conscience. Il lui a manqué cette faculté si importante en politique qui consiste à savoir attendre les moments favorables au lieu de vouloir forcer l'adversité. Mais il n'avait pas tort de croire que sur le long terme ces atermoiements, cette politique capricieuse faite pour complaire à Mme de Pompadour, ruinaient définitivement le prestige et les finances de la monarchie.

C'est l'ambition qui donne au personnage de Bernis sa véritable ampleur. Cette passion qui le tracasse, le tourmente, le pousse à réaliser de grandes choses, et que sa délicatesse l'a empêché de mener à bien, dessine son véritable portrait, complexe, contradictoire. Des ambitieux, cela court les rues ; les ambitieux sentimentaux sont une espèce plus rare. Car s'il y a mille raisons de s'intéresser à lui, qui offre tant de facettes – le poète, l'académicien, l'homme à femmes, le cardinal qui jette sa soutane pardessus les conclaves pour rejoindre sa maîtresse, l'ambassadeur à Venise qui passe allègrement du Conseil des Dix à la partie carrée –, Bernis attache surtout par la qualité de son désir de gloire. Et la postérité de ses admirateurs ne s'explique pas autrement. Personne n'a plus médité que lui sur la réussite ; personne n'incite autant que lui à réfléchir sur la grande et douloureuse passion du pouvoir.

« Le bonheur du cardinal de Bernis, écrit Robert Mauzi, tient au surprenant équilibre entre l'intensité de ses désirs et la froideur des plans dont il les enveloppe, à son aptitude à attendre quand il bouillonne d'impatience, à sa manière de se servir des autres tout en se divertissant, à son pouvoir de soumettre toute tentation – tendresse ou libertinage – à un dessein capital, ne faisant jamais rien, fût-ce un mauvais vers, qui n'ait son utilité. Mais cette ascèse de l'arrivisme, remplie de luttes et de temps morts, ne reste pas sans récompense : "J'ai réussi à obtenir tout ce que j'ai désiré fortement ; mais la fortune m'a toujours disputé ses faveurs, il m'a fallu les lui arracher[1]". »

---

1. Robert Mauzi, *Le Bonheur au XVIIIe siècle.*

Que sont d'ailleurs ses Mémoires sinon un bréviaire à l'usage des ambitieux de qualité, autant dire ceux qui ont peu de chances d'arriver. Dans le fauteuil où tisonnant les braises de la cheminée, les amants déçus du pouvoir méditent sur leur chute, leur échec, leur disgrâce, Bernis apparaît comme un prodigieux réconfort. Il inverse les données du jeu social qui stipule que le gagnant est forcément le meilleur. Il nous glisse à l'oreille que c'est le contraire, que l'échec est la patrie d'une aristocratie à qui l'on rendra justice un jour. Sa philosophie sur le sujet tient en une phrase : le pouvoir est le pire ennemi du bonheur. Et avec lui, avec ses leçons de stoïcisme épicurien, on se prend à le croire. Son livre est certainement le meilleur remède que l'on puisse administrer aux convalescents, aux gueules cassées, estropiés, accidentés divers, à tous ceux que l'ambition des places ou des honneurs a fait retomber le nez sur le pavé.

De ses Mémoires autant que de ses lettres à son vieux complice Pâris-Duverney, le grand financier, créateur de l'École militaire, devenu ermite et amateur d'horticulture, on pourrait extraire un savoureux florilège de maximes, d'aphorismes et de réflexions qui toutes ont trait à l'ambition. Du lever au coucher du grand soleil qui éclaire sa vie, Bernis médite sans cesse : il y a l'ambition avant le pouvoir, l'ambition quand il le tient et l'ambition refroidie du recalé.

Ce qu'il a d'original dans son ascension, c'est qu'elle a été lente à se décider, comme si sa volonté à ses débuts s'enlisait dans une sorte de paresse. On pense au mot de son ami Duclos qui disait de lui avec humour à l'époque où, jeune abbé et poète désargenté, il se fixait modestement comme but 6 000 livres de rente : « Voyant qu'il avait tant de peine à faire une petite fortune, il résolut d'en tenter une grande. »

À son impatience à réussir, succède après le pouvoir une douce philosophie de la vie. Sans doute songeait-il souvent aux conseils que lui donnait Pâris-Duverney lorsque, jeune ambassadeur à Venise, il se plaignait de stagner dans un cul-de-sac. Le vieux financier philosophe calmait son ardeur avec des propos d'une grande sagesse : « Tout ici-bas dépend des circonstances, et ces circonstances ont des révolutions si fréquentes que ce que l'on peut faire de plus sage est de se préparer à les saisir au moment qu'elles tournent à notre point. Il est presque toujours dangereux de vouloir les forcer ; on n'y gagne que des tourments qui s'accroissent à mesure que nos espérances semblent s'éloigner, et c'est ainsi que l'on passe sa vie, sans y trouver un moment de satisfaction. Agissons donc toujours, mais ne forçons rien. » Et Bernis lui répondait avec fougue qu'il était d'accord : « À l'égard des places, il faut savoir lever le siège quand elles se défendent trop longtemps. » Et il se montrait déjà accommodant : « Ne pas prendre les places d'assaut et ne point refuser celles qui veulent se rendre d'elles-mêmes. »

Cette fièvre de l'ambition, analysée avec une froide intelligence, a imposé sa légende. Surgissant des décombres de l'Ancien Régime, fantôme plein de grâce d'une monarchie honnie et discréditée, il a accompli un autre destin, posthume celui-là. Les virtualités de sa vie s'y sont épanouies ; sa séduction, l'honnêteté de son caractère ont projeté dans l'avenir une lumière qui fascine. Il donne à l'échec, à la disgrâce, à l'exil une dimension philosophique et morale. Tomber du pouvoir, connaître l'ingratitude des princes ou du suffrage universel, n'est plus grâce à lui une infamie mais la chance d'une méditation. Dans l'obsession générale d'arriver, de gagner, il figure un contre-exemple : le perdant qui gagne après coup et prend sa revanche sur des terrains moins éphémères que la réussite.

Beaucoup d'hommes célèbres à leur époque, glorieux même, disparaissent sans laisser de traces ; l'empreinte de leur vie se résume à quelques dates, à des emplois, à des grades, à des victoires, et puis c'est tout. Comme si leur existence ne contenait aucune leçon à l'usage des générations futures ; comme si leur vie dévorée par la nécessité, les circonstances, bornée par les appétits, n'avait pas eu accès aux sources vives de l'esprit. On a l'impression qu'ils n'ont pas eu d'âme, même ce petit bout d'âme qu'on peut se bricoler avec un peu d'élan généreux, de bonté, de grandeur dans les desseins, d'élévation. Vivants, ils pouvaient donner le change ; morts, la lumière est éteinte ; aucun témoignage ne leur survit, rien qui venant d'eux puisse éclairer si peu que ce soit la grande famille humaine si avide pourtant de décrypter les signes que nous adressent les hommes du passé.

D'où vient que Bernis vaincu nous fasse rêver, nous intéresse plus que Choiseul, son ami ennemi, son faux frère, qui pourtant lui a ravi la gloire politique ? Choiseul a épuisé dans l'action, dans les plaisirs, ce qu'il avait à dire. Sa statue est bien établie à un carrefour de l'histoire, mais il ne viendrait à personne l'idée de méditer sur sa vie, d'y chercher une sagesse : homme de plaisir, d'ambition, de jeu social, il s'est éteint avec les feux qui le brûlaient. Sympathique, enjoué, d'une intelligence prodigieuse sur les tréteaux du pouvoir, l'exil l'anéantit ; il ne trouve pas à Chanteloup un terrain pour cultiver sa vie intérieure, approfondir le sens de ses actes ; il dépérit loin de l'intrigue et, subitement enragé, se met à mordre, dans ses ébauches de Mémoires, tout ce qui s'offre à sa rancune. Son bonheur de vivre se mue en aigreur ; la haine a dévoré la bonhomie ; il jette rageusement sur le papier des renvois de bile et de mépris. Personne ne trouve grâce à ses yeux : ni le roi, traité de despote velléitaire, esclave de ses sens, ni Mme de Pompadour, à qui il doit sa carrière, réduite au rôle de courtisane vaniteuse.

Ce projet de Mémoires qui se nourrit de basses et d'aigres rancœurs finit par le dégoûter lui-même ; il l'abandonne. Au fond, il n'a rien à nous confier. Et c'est bien étrange de voir la mort éteindre si définitivement la flamme d'un personnage qui a eu tant de traits d'esprit, de l'humour et de l'ironie à revendre. Aucune phrase ne nous attache à l'homme, aucune expression, aucun style ne traduit un monde intérieur digne de lui survivre. Ne reste qu'une image du grand seigneur de la politique, en dentelles ou en cuirasse, tel qu'il apparaît dans les tableaux de Van Loo et de Rigaud. Mais l'homme Choiseul ? Ce monstre d'énergie, de pétulance, d'activité s'est vidé de sa substance et s'est dissous dans ses actes.

Bernis est son contraire. Le cardinal s'est plu à lancer dans l'avenir des graines fécondes – pas seulement ses Mémoires qui n'appelaient pas forcément la publication –, tout juste une bouteille jetée à la mer pour dire et rétablir quelques vérités. Il craignait la malveillance par-delà la mort. Deux mots, deux lignes suffisent : le personnage s'anime, l'homme vit, nous l'entendons, nous le voyons. Jamais de bavardage. Avec lui on va tout de suite à l'essentiel, il ignore le banal, l'anecdote insignifiante. À travers son expérience du pouvoir, Bernis a tenté de comprendre quelque chose de plus grand que lui : sans cesse il cherche à interpréter les signes qui font que sa vie est en résonance avec l'avenir et, qui sait, reliée par des voies obscures à l'éternité.

Bernis fait mentir La Bruyère : « Les ambitieux dégoûtent de l'ambition. » Il a réussi ce prodige de nous faire aimer l'une et les autres quand ils lui ressemblent. Il a peut-être seulement dessouillé l'arrivisme en le purifiant de l'immoralité, du cynisme, qui dissimulait le grand et beau principe de l'ambition chevaleresque. Il l'a anobli. Il a restitué à la réussite son véritable enjeu sans lequel elle n'est qu'une course illusoire : réussir, mais pas à n'importe quel prix.

Sans cette noblesse, Bernis resterait-il une figure aussi lumineuse ? Sa vie habitée par l'esprit n'est qu'une source de méditation qu'auprès de ceux qui ont l'ambition de s'accroître non pour gagner mais pour s'épanouir. C'est une idée neuve – ou très ancienne – que Bernis nous apporte et lègue à nos temps de froids carriérismes, d'ennuyeux management et d'impitoyables contrôleurs de rentabilité : le bonheur. Qu'est-ce qui demeure de la réussite quand on a laissé échapper le bonheur ? Une tombe stérile et indistincte où s'anéantissent les passions évanouies.

REMERCIEMENTS

Je remercie particulièrement Georges Liebert et Jean Haechler qui ont accepté de relire mon manuscrit et d'y apporter leurs lumières.

Merci à Aliénor de Sigalas qui a effectué les recherches de documentation.

BIBLIOGRAPHIE

Parmi tous les ouvrages que j'ai consultés, je cite ceux envers lesquels j'ai une dette particulière.

FRÉDÉRIC MASSON : *Les Mémoires et les lettres du cardinal de Bernis*, Plon et Nourrit, 1878. C'est d'après cette remarquable édition que j'ai republié et préfacé les *Mémoires du cardinal de Bernis* en 1980 avec des notes de Philippe Bonnet au Mercure de France.

SERGE DAHOUI : *Le cardinal de Bernis ou la royauté du charme*, Éditions Lienhart, 1972.

RENÉ VAILLOT : *Le cardinal de Bernis, la vie extraordinaire d'un honnête homme*, Albin Michel, 1985.

PAUL HAZARD : *La pensée européenne au XVIIIe siècle*, Paris, 1946.

EDMOND et JULES DE GONCOURT : *Madame de Pompadour*, Paris, 1878. *La Femme au XVIIIe siècle*, Paris, 1903.

JEAN DE VIGUERIE : *Histoire et dictionnaire du temps des Lumières*, Bouquins, Robert Laffont.

ROGER VAILLAND : *L'éloge du cardinal de Bernis dans le Regard Froid*, Éditions Grasset.

JEAN HAECHLER : *L'Encyclopédie : les combats et les hommes*, Les Belles Lettres, 1998.

PIERRE GAXOTTE : *Le siècle de Louis XV*, Fayard.

MICHEL ANTOINE : *Louis XV*, Fayard.

EMMANUEL LE ROY LADURIE : *Histoire de France. L'Ancien Régime* (vol. 3), Hachette Littérature.

MORNY,
UN VOLUPTUEUX AU POUVOIR

À Jean d'Ormesson

Viveur, tueur, ayant toute la frivolité conciliable avec l'assassinat, pouvant être esquissé par Marivaux, à la condition d'être ressaisi par Tacite, aucune conscience, une élégance irréprochable, infâme et aimable, au besoin parfaitement duc : tel était ce malfaiteur.

VICTOR HUGO

Il était l'incarnation la plus brillante de l'Empire, la flèche dorée et fine, brodée, découpée à jour, ajoutée pour la satisfaction du coup d'œil.

ALPHONSE DAUDET

C'est un bandit tombé dans la peau d'un vaudevilliste.

ZOLA

J'ai approché ou étudié de près les ministres illustres de mon temps : aucun ne lui fut comparable. Il ne fut pas un homme d'État. Il était l'homme d'État.

ÉMILE OLLIVIER

J'ai rencontré Morny à vingt ans. Sous les traits de Marsay, il laissait le sillage sulfureux d'un grand seigneur érotomane et sans scrupules qui dépravait la « fille aux yeux d'or ». Balzac dans sa première esquisse de transfiguration littéraire n'avait retenu de son modèle que le cynisme, les appétits glacés, les ombres d'un destin où s'alimentaient un arrivisme implacable et des vices mystérieux. Partout où il passait dans *La Comédie humaine*, Marsay imprimait sa marque d'élégance et de sadisme distingué. Son nom claquait comme un coup de fouet. L'adolescence aime se rassurer avec ces héros qui maîtrisent la vie, ces géants de la volonté qui gagnent le pouvoir, l'amour des femmes, à coups de reins, armés seulement de quelques principes stratégiques, sans s'embarrasser de morale toute faite. Cet écumeur de plaisirs, ce séducteur sans illusion cherchait dans la conquête une clé qui lui échappait toujours. Ni l'alcôve, ni le tapis vert, ni les duels n'avaient épuisé sa quête de sensations fortes. Il ne lui restait que l'expérience du pouvoir pour résoudre le compte qu'il avait à régler avec lui-même. Sous le jouisseur, l'arriviste, je percevais une faille. Cette blessure secrète, elle m'intéressait chez Morny.

La bâtardise m'a toujours paru non un inconvénient mais un avantage. C'est le premier handicap psychologique à surmonter dans une existence : chacun a le sien. Elle me semble à tout prendre une de ces fantaisies de la destinée qu'on peut préférer à l'asphyxie familiale et au confinement génétique. Elle crée un accident, une rupture, une inadéquation dans la routine trop programmée des filiations et oblige à se remettre en cause. Elle lance un éclat de passion dans le morne paysage du mariage. Ce fruit noir et délicieux de l'adultère, de l'amour illégal, qui introduit dans le rituel social trop convenu des ingrédients épicés de rêve et de fièvre, a un parfum d'insoumission à la conscription conjugale. Le bâtard n'est pas le légataire d'un ordre à sauvegarder, il est l'héritier d'une forme de rébellion. Il ne peut être tout à fait comme les autres. Né dans la marge, c'est un paria. Tant de gens naissent dans la norme, s'y endorment et y meurent sans s'être réveillés.

La bâtardise de Morny me plaisait. Elle correspondait à mon idée du héros et nourrissait ma réflexion. Je pensais à Jack London, à Wagner, à Balzac, à Maupassant, à Delacroix, à Napoléon, à Alexandre, que ce sujet avait tracassés. Car il n'y a pas que la déviation génétique, somme toute banale. À mes yeux, toute personne intéressante, exceptionnelle, de celles qui ouvrent des voies nouvelles, les créateurs, les artistes, manifeste des symptômes de bâtardise. Ils n'appartiennent pas – sinon dans les apparences – à leur milieu d'origine ; ils lui échappent ; une semence étrangère les a conçus qui les rendra toujours différents de leur famille biologique : l'esprit. Et cet esprit ne naît que d'une fervente et féconde remise en cause de ses origines. De là naissent les légendes ; de là naît le roman. De cette impression d'être venu d'ailleurs.

Donc c'était le bâtard que j'aimais en Morny plus que le dandy, le froid mécanicien du coup d'État. C'était aussi le jouisseur, le voluptueux. Comme si l'acte sexuel indéfiniment recommencé, répété avec tant de femmes, ne visait qu'à explorer avec avidité l'énigme de son origine ; comme si son appétit insatiable de corps n'était qu'une manière de retrouver la douceur et les tendresses d'une mère absente. Je voyais dans ses amours un dérivatif au grand amour qui lui avait manqué.

Le vrai Morny, il fallait le chercher derrière le masque historique. Son rôle est loin d'avoir été négligeable, même s'il a paru parfois mis en scène par Offenbach sur un livret de Tacite. Le contexte du Second Empire a édulcoré le personnage. On a du mal à imaginer que c'est dans cette atmosphère de corruption décontractée, de galanterie, de vaudeville, que s'est élaborée la France moderne, et que ce jouisseur en fut un des plus brillants artisans.

Mon intérêt pour Morny avait aussi une autre cause : il ressemblait aux personnages qui, comme romancier, m'ont toujours fasciné. Je n'ai jamais cessé de vouloir percer l'énigme de ces ambitieux dévorés par la passion malheureuse du pouvoir dont l'attrait, aussi fort et illusoire que l'amour, semble comme lui le prétexte moins à des joies brèves qu'à des rêves et à des souffrances. Même désir d'illuminer sa vie par une source aléatoire, de s'y donner follement, de s'y consumer. Car ce qui m'attirait chez le cardinal de Bernis, Choiseul, Fouquet, Pierre Pucheu, Prévost-Paradol, ce n'était pas leur face glorieuse, mais leur envers d'échecs et d'insatisfactions. Jouant gros jeu, prenant les plus grands risques, avec pour seul va-tout cette mise importante et dérisoire : soi-même.

La politique m'a surtout passionné sous le jour sombre et romantique de l'échec. C'est dans cet instant où se dessine toute l'architecture brisée d'un grand rêve que se révèlent le mieux les hommes de pouvoir. Ils apparaissent alors comme les cousins des artistes, des écrivains qui eux aussi rêvent leur vie et se redistribuent des rôles dans l'imaginaire ; eux aussi essayent de justifier leur vie par un projet qui les dépasse et parfois les écrase.

Ces grands ambitieux malmenés, trahis, pathétiques à force d'échecs secrets, de dépassements, qu'ont-ils finalement trouvé dans leur quête de suffrages, leur course vers la Chambre, vers un ministère ? Moins la vérité sur eux-mêmes qu'ils cherchaient qu'un opium qui les isole. Morny est de leur race : un homme blessé qui dans les ivresses de la puissance et des plaisirs cherche à fuir l'échec inexorable dans lequel s'inscrit toute vie.

1

C'est un fauve en habit de soirée, prêt à bondir vers le plus excitant des festins nocturnes : le pouvoir. Dans sa loge de l'Opéra-Comique, l'air impassible, il feint d'être absorbé par le spectacle. Ce soir du 1er décembre 1851, on y joue *Les Châteaux de Barbe-Bleue*, une fadaise lyrique d'Henri de Saint-Georges. Tout le monde l'observe. On scrute son visage, on épie ses réactions. On y cherche un signe. En vain. Il ne livre rien des pensées qui l'agitent. Pas un muscle ne le trahit. Du félin, il a le regard qui enjôle et qui glace, les appétits fougueux, les nonchalances suivies de détentes foudroyantes, la patte de velours et la griffe mortelle. Il est frileux comme s'il était en exil d'un pays chaud, toujours emmitouflé dans des fourrures ; chez lui, il vit dans une permanente chaleur de serre. Il est voluptueux, indolent, carnassier. Balzac ne s'y est pas trompé. Il l'a placé en tête de ses fauves. Il a tiré de lui Marsay, le premier « lion » de *La Comédie humaine*, « un regard fixe, calme, fauve et rigide comme celui d'un tigre ». Alphonse Daudet, qui sera son secrétaire, éprouve de l'appréhension en sa compagnie, « pas plus qu'on ne se sent à l'aise en face d'un lion ou d'une panthère qui fait patte de velours ».

Il n'est à l'Opéra-Comique que pour donner le change. À ses pieds, dans la salle, tous les personnages d'une société pour laquelle il a peu d'indulgence. Derrière ces masques composés de toutes pièces, ces allures respectables, ces Légions d'honneur, ces cordons, que de notoriétés frelatées, d'impostures en tous genres : hommes d'affaires à la réussite rapide et fragile, aristocrates de fraîche date, fausses valeurs, fausses vertus, faux noms, fausses respectabilités, politiciens nourris au lait de la trahison. Une époque où l'opportunisme et la palinodie ont fleuri comme jamais. Qui n'a pas trahi ? Quel théâtre d'apparences, le plus faux des faux théâtres ! Une société où depuis longtemps il n'y a plus de règle du jeu. Où est la légitimité ? Chez les républicains ? Chez les légitimistes, les orléanistes, les bonapartistes ? Ces hommes qui ont accumulé au gré des événements les serments de fidélité et les apostasies, il les méprise mais, curieusement, se plaît en leur compagnie. Ce cynique ne déteste pas chez ses semblables une certaine dose de corruption. Il se méfierait plutôt des purs et des moralisateurs. Le faisandé ne lui fait pas peur.

L'entracte. Il quitte rapidement sa loge. Quelques paroles aimables dans les couloirs. Il croise lord Normandy, l'ambassadeur d'Angleterre, qui l'interroge : « Rien de nouveau ? — Absolument rien que je sache ! » Signe de tête aux généraux Cavaignac et Lamoricière. À l'aube, sur son ordre, ils seront arrêtés. Il croise Mme de Liadières. Elle aussi à l'affût des nouvelles : « Il paraît qu'un coup de balai se prépare. De quel côté serez-vous ? — Rassurez-vous, quoi qu'il advienne, madame, je serai toujours du côté du manche. » Sur cette pirouette, il s'éclipse.

Sa voiture l'attend. Il s'y installe. Direction le palais de l'Élysée. Les conjurés doivent être déjà dans le salon d'argent. Louis-Napoléon Bonaparte, Saint-Arnaud, Mocquard, le préfet Maupas : un idéologue embrumé, une vieille culotte de peau, un comploteur en peau de lapin, un jeune préfet timoré. Il n'a en eux qu'une confiance relative. Ce n'est pas une équipe très solide. Des amateurs. Des songe-creux. Louis-Napoléon est un abonné des complots qui échouent. Strasbourg, Boulogne se sont terminés dans le ridicule. Cette fois les choses sont plus graves, elles se termineront dans le sang. En ont-ils conscience ? Il va essayer de les ramener aux réalités : « Il est bien entendu, messieurs, que nous jouons tous ici notre peau. »

Toutes les dispositions du coup d'État ont été arrêtées avec le Prince-président : proclamation de l'état de siège à Paris, dissolution de l'Assemblée nationale, rétablissement du suffrage universel, annonce d'un plébiscite. Louis-Napoléon a choisi le nom de code de l'opération : Rubicon. Quelle mauvaise littérature ! De quoi avoir froid dans le dos. Une aventure où il y a autant à gagner qu'à perdre. Précaution ou coquetterie de dandy, il songe à se munir d'un revolver et d'une dose mortelle d'acide prussique pour le cas où les choses tourneraient mal. Ce raffiné n'envisage pas de moisir dans un cul-de-basse-fosse. Pour un professionnel du risque calculé, ce n'est pas une affaire jouée d'avance. Alors pourquoi y aller ? Pourquoi s'être engagé complètement dans une aventure aussi aléatoire ? Il n'éprouve ni réelle sympathie, ni admiration pour Louis-Napoléon ; politiquement, ses convictions (comme ce mot lui va mal), son penchant, ses amitiés le pousseraient plutôt du côté des orléanistes. Alors ?

Sans doute y songe-t-il dans sa voiture qui cahote sur les pavés. Dans ce choix il faut faire la part de l'orgueil d'être l'homme indispensable. Mais il y a plus. À cet instant décisif du destin, c'est toute sa vie qui pèse de son poids pour l'inciter à agir. Bien sûr il peut justifier son engagement par des raisons objectives : les risques d'une guerre civile, la paralysie de l'État. Mais ce ne sont là que des arguments de surface. Il obéit à des impératifs plus forts, à une impulsion violente. Cet homme à la naissance improbable, dont les origines font l'objet de mille romans, qui s'est construit un nom, n'a aucune légitimité. Sa vie repose sur un état civil falsifié. Il ne peut officiellement rien revendiquer. Il a dû s'accommoder des mensonges. Il n'est pas seulement le fruit d'un adultère, mais d'une chaîne d'adultères. Il a baigné dans l'illégitimité.

Quand on a des racines et des traditions, il est peut-être difficile de se lancer dans une aventure dangereuse, hors de la protection des lois. L'illégitimité a préparé Morny à entrer sans complexe dans l'illégalité. C'est presque le même mot qui dans un glissement de sens va résoudre en politique une question toute personnelle. Ce coup d'État nocturne va être consommé dans une ambiance poivrée d'adultère.

À quarante ans, Morny est prêt pour sa véritable naissance.

2

L'adultère a d'abord les yeux noirs. Adélaïde Filleul, puis de Flahaut, puis de Souza, en a emprisonné plus d'un dans ses prunelles sombres. Avant de devenir une grand-mère gâteau, elle sera longtemps une pâtisserie galante de premier choix. La taille fine, un peu potelée, le cheveu qui ondule, l'air tout à la fois convenable et canaille, elle possède ce piquant des femmes de belles manières et de peu de principes. Née en 1761, elle a hérité des dispositions galantes de la société la plus raffinée mais aussi la plus légère du XVIIIe siècle. On frise délicieusement le dévergondage. Une mère, Irène, née de Longpré, qui a fréquenté les petits cabinets de Versailles et le parc aux Cerfs ; une sœur d'une beauté extraordinaire, Julie, mariée avec le frère de la marquise de Pompadour, Abel Poisson, marquis de Marigny, comte de Ménars, un viveur assez médiocre mais qui offre un mariage inespéré. Elle se lasse vite de ce mari tant désiré et le quitte pour le cardinal de Rohan. Adélaïde Filleul élevée par cette sœur a dû ronger son frein de roturière. Pas longtemps. À l'âge de dix-sept ans, on la marie en 1779 avec un vieux marcheur, ami de Marigny, le comte Charles-François de Flahaut de La Billarderie. Il a cinquante-quatre ans. Il n'est ni beau ni riche. D'ancienne noblesse d'épée, maréchal de camp, il vit d'une pension du roi. Qu'importe, c'est un excellent passeport pour échapper à cette roture qu'Adélaïde goûtera toujours très modérément. Snob elle est, snob elle restera. En dépit de tout. Elle aura beau traverser la Révolution, l'exil, son snobisme ne désarmera pas ; elle dénichera toujours pour le satisfaire quelques noms ronflants, un comte, un lord, et même un duc qui deviendra roi. Faiblesse sociale, faiblesse de cœur, cela ne l'empêchera pas d'être une femme de caractère, de ressource dans l'adversité, et une mère de famille exemplaire.

Adélaïde est ainsi armée pour la carrière mondaine qu'elle ambitionne. Le frère de son mari, le comte d'Angiviller, ayant procuré au couple un appartement au Louvre, elle va tenir un salon dans les trépidantes années qui précèdent la Révolution. Plusieurs fois par semaine, elle accueille une société très mélangée mais très amusante, gens de lettres, noceurs de la bande à Marigny, soupirants de sa sœur, aristocrates dissolus, bons vivants, jolies femmes pas trop farouches. On ne s'ennuie pas. Dans ce salon pénètre en boitillant un jeune abbé aux yeux bleu délavé et au visage blême qui va devenir un habitué, Charles-Maurice de Talleyrand-Périgord. Ce jeune homme a tout pour séduire Adélaïde : un nom, de belles manières et il pétille d'esprit. Bel homme, il n'a aucun principe. Son infirmité attendrit. Adélaïde hésite-t-elle ? Pas très longtemps.

Leur liaison devient vite une habitude. Le 21 avril 1785, la future grand-mère de Morny accouche d'un garçon : Auguste-Charles-Joseph qui doit tout à Talleyrand et rien au comte de Flahaut, sauf son nom. Celui-ci ferme les yeux. Il se console en jetant du pain aux animaux exotiques. Il a été nommé intendant du Jardin du roi, l'actuel Jardin des Plantes.

Gouverneur Morris fréquente le logis. Il est ministre représentant de la jeune République américaine pour l'indépendance de laquelle il a perdu une jambe. Bien que marié, il a soupiré lui aussi pour Adélaïde. Supplanté, il ironise sur la présence de l'abbé qui se croit chez lui. La belle-famille n'apprécie pas. Le comte d'Angiviller laissera plus tard percer sa hargne envers la mère et le fils : « Un enfant qui, joint à la certitude qu'il ne m'est rien, a le tort, très étranger à lui sans doute, d'être le fils d'une femme pour laquelle mon mépris est sans bornes. » Et il s'indigne « de la méchanceté et de la perfidie de la dame et de ses liaisons avec le monstre mitré qui fut son amant et qui est le père de son enfant ».

La Révolution va tomber comme une douche froide sur ce plaisir de vivre. Le ménage voit ses pensions supprimées une à une et connaît la gêne. Quand le petit Charles contracte la rougeole, sa mère hésite à faire venir le médecin. Avec beaucoup d'autres habitués du salon, M. d'Angiviller émigre. Le dernier soutien disparaît. Après la gêne, la peur. Talleyrand sera toujours de peu de ressource dans les époques difficiles. Il délaisse Adélaïde. Mme de Staël règne, moins sur son cœur que sur ses ambitions. L'ancien évêque d'Autun s'efforce de sauver sa mise dans le désastre.

Le 10 août 1792, les Tuileries sont envahies par l'émeute. Le roi trouve refuge à l'Assemblée. Mme de Flahaut se réfugie chez Gouverneur Morris qui ne se départit pas de son flegme dans la tourmente : « J'ai du monde à dîner mais beaucoup d'invités ne viennent pas. Les nouvelles sont bien tristes. Il continue de faire très chaud, ou pour mieux dire brûlant. »

Adélaïde aide d'abord son mari à partir pour le Boulonnais, province d'origine de sa famille. Elle se rend chez Mehée de la Touche, secrétaire adjoint de la Commune, pour lui demander un passeport. Celui-ci le lui refuse. Elle parvient à le soustraire en cachette. On la découvre. Finalement on la laisse partir avec son passeport. Elle aura toujours de la chance. Il faut dire qu'elle est pimpante et qu'elle sait y faire. Le 2 septembre 1792, lorsque commencent les massacres, elle décide de quitter Paris avec son enfant. Sans argent, elle se débrouille tant bien que mal pour atteindre Boulogne ; de là, elle gagne l'Angleterre. Toujours optimiste, elle n'a emporté que « les robes d'une saison ». Son exil durera cinq ans.

Dans le malheur et dans l'exil sa force de caractère se révèle. Elle n'a pas l'intention de se laisser mourir de faim. La mère de famille déploie tous ses talents pour que le petit Charles ne manque de rien. D'abord elle va au plus simple : elle use de son charme et aussi, quand il le faut, de ses charmes. Il y a sur place un lord Lansdowne, père de lord Wycombe qui a été son admirateur à Paris. Elle renoue avec Talleyrand, qui vient d'arriver grâce à un passeport que lui a fourni Danton et que les événements ont séparé de Germaine de Staël, espérant faire jouer sa fibre paternelle. Elle n'en obtiendra aucun soutien : il prétexte de mauvaises spéculations. Il vit sur l'argent que lui a procuré la vente à Londres de sa superbe bibliothèque. Il passe son temps en mondanités et à... pêcher à la ligne. Elle ne se décourage pas pour autant ; elle va confectionner des chapeaux, des robes. Et, comme elle est très active, elle se met à écrire de petits romans à l'eau de rose, larmoyants, qui connaîtront un grand succès. Son roman, *Adèle de Sénanges*, rédigé en six mois, corrigé par Talleyrand, publié avec l'aide d'une souscription organisée par lord Wycombe, lui rapporte 40 000 francs. Mais ça ne lui tourne pas la tête. Elle ne devient pas un bas-bleu et n'ouvre pas un bureau d'esprit. Elle reste lucide sur son modeste talent de romancière en chambre. Plus tard elle confessera : « Quand je pense que j'ai fait des livres imprimés, moi qui sais à peine combien il y a de lettres dans l'alphabet. » Le succès, avec d'autres romans, ne l'abandonne pas. Sainte-Beuve comparera l'un d'eux à *La Princesse de Clèves*. Elle a dû sourire. Son ambition n'était pas de faire carrière dans les lettres mais de ne pas crever de faim.

Talleyrand voyant arriver Germaine de Staël à Londres délaisse à nouveau Adélaïde, avant de l'abandonner tout à fait en partant pour l'Amérique. Le gouvernement ne trouve pas souhaitable la présence sur le sol anglais de ce personnage encombrant et détesté par les émigrés. Adélaïde tire un trait définitif sur cette liaison : « Je le vis s'éloigner sans regret ni amertume. Il n'existait désormais pas plus pour moi que je n'existais pour lui. »

Pourquoi décide-t-elle subitement de quitter l'Angleterre pour la Suisse ? Soi-disant parce que le climat anglais ne convient pas à la santé fragile de son fils ou parce que la vie y est moins chère. Je ne serais pas étonné qu'il y ait une petite idylle là-dessous. Elle obéit à un conseil du général de Montesquiou qui lui demande de venir le rejoindre. Elle arrive en octobre 1794 à Bremgarten. Dans cette petite ville suisse, elle apprend la mort de son mari. Le comte de Flahaut est mort dans des conditions chevaleresques. Arrêté pour une affaire trouble de trafic d'assignats, il avait réussi à s'évader avec l'aide de son frère, en achetant ses geôliers. Les juges arrêtèrent son avocat et menacèrent de l'exécuter. Refusant l'idée de laisser périr un innocent à sa place, il s'était rendu devant le tribunal révolutionnaire d'Arras. Quelques jours plus tard, le 2 octobre, il était guillotiné.

Une époque se termine pour Adélaïde. Veuve, avec un enfant à sa charge, elle cherche un soutien. Elle jette son dévolu sur un émigré de marque qui tantôt sous le nom de M. Chabot, tantôt sous celui de M. Corbie donne pour survivre des leçons de français et de mathématiques. Sous ces noms d'emprunt se cache mal le jeune duc de Chartres, fils de Philippe-Égalité, le futur Louis-Philippe. Il a dix ans de moins qu'elle et vit sous la tutelle de Mme de Genlis, son ancienne gouvernante, qui s'est réfugiée dans un couvent. À trente-deux ans, Adélaïde fait toujours des ravages. Le duc de Chartres succombe. Mais – décidément une véritable manie chez ses amants – lui aussi rêve d'émigrer en Amérique. Elle va l'aider en faisant appel à Gouverneur Morris réfugié à Hambourg. Celui-ci se laisse attendrir, il lui adresse cent louis et la promesse d'un passeport en échange de solides garanties : il ne perd pas le sens des affaires. Elle accompagne le duc de Chartres à Hambourg. Peut-être espère-t-elle qu'il l'emmènera avec lui en Amérique ? En attendant, elle fait un voyage pénible dans une Allemagne peu accueillante. Il pleut, il fait froid en ce mois de mars 1795, la population est on ne peut plus hostile aux émigrés. Elle peut lire sur les portes des villes cet écriteau sympathique : « On ne laisse séjourner ici ni juifs, ni vagabonds, ni gens sans aveu, ni émigrés. »

À Hambourg, nouvelle déception : le duc s'embarque sans elle. Peut-être trouve-t-elle une consolation auprès de Gouverneur Morris. Consolation sans lendemain car il est marié. Elle retrouve sa sœur Julie, et quelques-uns des habitués de son salon, Alexandre de Tilly, Chênedollé, Mme de Nadaillac, son admirateur lord Wycombe dont elle essaie en vain de se faire épouser. Son beau-frère, le comte d'Angiviller, lui bat froid. Sans ressources, devant inscrire son fils à l'académie de Celle dans le Hanovre, elle se remet à l'ouvrage : comme à Londres, elle va faire des chapeaux et des romans.

Mais sa chance insolente ne la quitte pas. Un jour, au cours du printemps 1796, elle déjeune en compagnie de son fils dans une auberge des environs d'Altona où elle réside. Un homme timide et distingué se présente à elle : il a lu son livre, *Adèle de Sénanges*, et lui voue depuis une profonde admiration. Il s'appelle José-Maria de Souza-Botthello. Ambassadeur du Portugal au Danemark, fin lettré, on lui doit une remarquable traduction des *Lusiades* et une biographie de Camoens. Début d'une nouvelle idylle. Adélaïde se reprend à espérer. Il est temps de faire une fin. Le comte de Souza est le parti idéal : intelligent, aristocrate, diplomate, il a bon cœur et éprouve de l'affection pour le petit Charles. Surtout il est libre. Elle se met à rêver : femme d'ambassadeur ! Finies la misère, les privations, les humiliations !

Hélas, au beau milieu de ses rêves matrimoniaux, elle apprend une nouvelle qui la fait frémir : Talleyrand, retour d'Amérique à bord du *Ny Proeve*, s'apprête à débarquer à Hambourg. Elle connaît sa perfidie. Elle n'ignore pas non plus les commérages que le nouveau venu va susciter au sein de la petite société des émigrés. Si M. de Souza a vent de sa liaison avec l'ecclésiastique, il ne l'épousera pas. Elle envoie un émissaire pour supplier son ancien amant de ne pas venir gâcher son bonheur. Son bonheur ! Talleyrand s'en fiche bien. Il n'est pas homme à changer ses plans pour si peu. Dans ses Mémoires, le seul passage qui concerne Adélaïde évoque justement cet épisode et la requête de la malheureuse. Froideur, absence de cœur, on dirait qu'il se caricature lui-même : « Je voulais, avant de rentrer en France, savoir ce qui s'y passait. Mme de Flahaut, qui était à Hambourg, me parut peu disposée à me l'apprendre, car elle m'envoya, lorsque j'étais sur l'Elbe, un message dont M. de Riccé eut la simplicité de se charger, pour m'engager à ne pas descendre à terre et à retourner en Amérique. Son motif, disait-elle, était qu'elle passait pour m'avoir été fort attachée et elle craignait que pour cette raison je ne fusse un obstacle à son mariage avec M. de Souza. Je crus pouvoir sans indélicatesse résister aux singulières raisons que me faisait valoir M. de Riccé et je restai un mois à Hambourg, entouré de personnes qui ne nuisirent pas plus que moi au mariage qu'elle contracta depuis avec le bon M. de Souza. »

Se virent-ils à Hambourg ? Le baron de Maricourt l'affirme. Mais cette fois encore la chance servit Adélaïde. Talleyrand ne put colporter son fiel et sa médisance dans la petite société des émigrés : malade, il fut contraint de garder la chambre quinze jours.

Le climat moral d'Altona n'est pas bon pour Adélaïde. Deux personnes importantes, très en vue dans le milieu qu'elle fréquente, la détestent : son beau-frère, le comte d'Angiviller, et Mme de Genlis qui lui voue une rancune tenace depuis sa liaison avec le duc de Chartres. Autour de cette dernière évolue le clan des « orléanistes » : Henriette de Sercey qui épousera un banquier de Hambourg, Conrad Mathiessen, Charles et Alexandre de Lameth, le duc d'Aiguillon. Dans une lettre à Germaine de Staël, Talleyrand ironise sur les visées politiques de la petite société : « On parle d'un parti d'Orléans, dont le chef, à ce que me disait ces jours-ci mon médecin, ne pense qu'à aller en Amérique ; d'un parti Lameth, qui est composé de deux personnes, dont l'impotent d'Aiguillon se trouve être une ; d'un parti Dumouriez, formé de son valet de chambre et de son chirurgien-major : les trois partis ensemble font bien à peu près huit ou neuf personnes. Si votre Suisse ne fournit pas de rassemblement plus dangereux, je vois que nous serons, cet hiver, fort tranquilles à Paris. »

Adélaïde entreprend de pénibles démarches pour rentrer en France. Elle s'y emploie avec son entêtement et son obstination habituels. Talleyrand, qui l'y a précédée et qui est nommé le 18 juillet 1797 ministre des Relations extérieures, facilite ses démarches. À Paris elle rencontre des difficultés sans nombre pour obtenir sa radiation de la liste des émigrés. Elle produit de faux certificats, des attestations de complaisance, et remue ciel et terre. Avec un tel acharnement, elle finit par réussir. Mais tout est à recommencer. Elle renoue avec M. de Souza devenu ambassadeur à Paris qui fait un pas de plus vers le mariage. Elle retrouve sa belle-sœur, la comtesse d'Angiviller, et essaie tant bien que mal de reconstituer un salon tout en essayant de se faire bien voir par les maîtres en place. Elle ne perd pas son temps. Elle écrit un nouveau roman, *Émilie et Alphonse* (Talleyrand n'est plus aussi disponible pour le corriger mais faisons confiance à M. de Souza pour s'en charger). Elle consolide ses relations. Et avec tout cela elle ne perd pas de vue son trésor, l'amour de sa vie, le jeune Charles, à qui, en dépit de l'adversité, elle a réussi à donner une éducation parfaite. Il parle l'anglais et l'allemand couramment, il monte à cheval, joue du piano et chante à ravir. Bientôt elle fera de son petit prodige l'ornement de son salon. Consécration après tant d'efforts, elle épouse enfin, en 1802, M. de Souza. Talleyrand, pour cadeau de mariage, fera bientôt pression sur Napoléon pour éloigner le couple et faire nommer l'ambassadeur à Saint-Pétersbourg. M. de Souza préfère donner sa démission en 1805. Désormais riche, titrée, Adélaïde est à l'abri du besoin. Son sens de l'intrigue, elle va le mettre au service de son fils qu'elle adore et pour lequel elle a une grande ambition. Il ne la décevra pas. Il retiendra la leçon familiale : ce que sa mère et sa grand-mère avaient obtenu des hommes, fortune et considération, il l'obtiendra lui souvent par les femmes.

3

Une voix qui ensorcelle. Pendant un demi-siècle, elle va faire des ravages. Combien de femmes tomberont sous son charme ? Ces cœurs qu'Adélaïde de Flahaut avait conquis par ses yeux noirs, son fils, Charles, va les charmer avec sa belle voix de ténor. Il ajoutera à ce talent d'autres vertus plus viriles. Cet éternel séducteur, faiseur de chansons, mondain parfait, policé, diplomate, est aussi capable de courage. Et Dieu sait que les occasions ne lui manqueront pas d'en faire preuve. Entre Talleyrand, son père, et Morny, son fils, « c'est le maillon faible », dit un peu sévèrement sa biographe, Françoise de Bernardy. Il y a chez lui, c'est vrai, un peu de légèreté, pas mal de vanité mais aussi une grande bravoure et une vraie noblesse de cœur : il restera fidèle à l'Empereur dans l'adversité ; il préférera l'exil au reniement. Aimé de toutes les femmes, il mettra, en homme pratique, ses sentiments en accord avec ses intérêts en faisant un mariage d'argent. Militaire à la carrière éclatante, puis diplomate, il subira l'influence successive de son père nourrissier et de son père réel.

En attendant Charles est un adolescent charmant, élancé, avec des jambes immenses. Il est gâté et adulé par sa mère, à qui il doit d'avoir reçu, en dépit des circonstances les plus défavorables, la meilleure éducation. Il lui est aussi redevable de cette inaltérable confiance en soi que donne la certitude d'être idolâtré par sa mère. Il a hérité d'elle une habileté souriante, un esprit qui sans en avoir l'air ne perd jamais le nord, et l'art de caresser les puissants qui peuvent servir, jusques et y compris en se mettant dans leur lit. Le souvenir de son père nourricier, le maréchal de camp, la tradition familiale, les débuts de l'épopée de Bonaparte ont enflammé son imagination guerrière. Talleyrand qui se sent soudain la fibre paternelle s'occupe de lui. Il organise une soirée au ministère des Relations extérieures (sûrement à la demande d'Adélaïde qui cherche toutes les occasions de pousser son enfant prodige) au cours de laquelle le jeune Charles de Flahaut, qui a quatorze ans, chante accompagné par son maître de piano, Jadin. On a d'abord assisté à une curieuse exhibition : le sénateur Garat dansant le boléro avec Mme Tallien. Germaine de Staël est là avec d'autres égéries plus discrètes. C'est la moindre des choses, le ministre lui doit sa nomination par Barras après un chantage au suicide. Il la menaçait de se jeter dans la Seine s'il n'obtenait pas le poste. (Benjamin Constant usera du même stratagème avec elle pour obtenir ses faveurs. Avec succès.) Sa reconnaissance n'ira pas plus loin. Encore quelques mois et Germaine se lamentera sur son ingratitude : « M. de Talleyrand avait besoin qu'on l'aidât pour arriver au pouvoir ; mais il se passait ensuite très bien des autres pour s'y maintenir… » Talleyrand, après avoir fait chanter le jeune Charles, le place en stage au ministère de la Marine où il ne tarde pas à être titularisé, le 2 septembre 1799. Bourdon, le ministre de la Marine, écrit à Charles pour lui annoncer sa nomination. On sent au ton de la lettre que celui-ci a été l'objet d'une chaude recommandation : « Je suis persuadé que, flatté de ce titre dont j'ai cru devoir récompenser votre application, vous sentirez qu'il vous impose l'obligation d'accroître vos connaissances. Livrez-vous donc avec un zèle nouveau à l'étude ; et si vous vous distinguez dans la carrière que vous suivez, ce sera une véritable satisfaction pour moi de vous procurer les encouragements et l'avancement que vous aurez mérités. »

Mais Charles ne se sent pas le cœur de moisir dans la peau d'un gratte-papier. Il a l'âme militaire. Il veut renouer avec la tradition familiale. Le retour d'Égypte de Bonaparte, puis le 18-Brumaire lui soufflent sa véritable vocation. Il a trouvé son héros. Il aurait pu plus mal choisir. Quelques mois plus tard, il a quinze ans à peine, avec un beau culot, il écrit à Bonaparte pour lui faire des offres de service :

> Général, je n'ai que seize ans, mais je suis fort. Je sais trois langues assez bien pour que, plusieurs fois, il ait été impossible de deviner, dans les différents pays, si j'étais anglais, allemand ou français.
>
> Trop jeune pour être soldat, j'ose vous demander d'être votre aide de camp. Soyez sûr que je serai tué ou que j'aurai justifié votre choix à la fin de la campagne.
>
> Pour que vous croyiez à mon dévouement, j'invoquerai près de vous un exemple qui réglera ma vie entière.
>
> Mon père a été condamné à mort sous la Terreur. Après son jugement, ma mère obtint du geôlier de le laisser échapper de prison. Le lendemain, mon père apprit qu'on avait arrêté son défenseur officieux, accusé d'avoir facilité son évasion. Il quitte son asile, se rend à la Commune, disant qu'il ne veut pas qu'un innocent souffre pour lui, et il a péri deux heures après. Croyez-vous, mon général, qu'après un pareil exemple, je serai fidèle à l'honneur et à vous ?
>
> Salut et respect.
>
> Charles Flahaut

La lettre ne laisse pas Bonaparte indifférent. Il aime l'audace. Il veut aussi rallier l'ancienne aristocratie à sa cause. La lettre est donc transmise au général Dumas. Et une semaine plus tard, le 25 mars 1800, Charles est admis à s'engager dans les hussards volontaires de la garde d'honneur de Bonaparte. On les surnomme les canaris. Le voilà arborant un uniforme jaune vif, prêt pour la grande aventure qui va mener la jeunesse en armes aux quatre coins de l'Europe. Pendant quinze ans, il va connaître la rude vie militaire, les réveils dans le petit matin froid sous la tente, les bivouacs, les chevauchées. Excellent cavalier, sachant plaire à ses supérieurs et à ses camarades, ses promotions seront toujours facilitées par sa chance et par ses recommandations : sa mère et Talleyrand agissent en coulisse. Adélaïde n'a pas perdu de temps. Elle s'est liée avec les nouvelles puissances du jour, et, bien sûr, avec Joséphine de Beauharnais. Elle présente vite Charles à tous ceux qui peuvent devenir des amitiés utiles et des appuis : Eugène de Beauharnais, Jérôme Bonaparte, et surtout Louis Bonaparte, le jeune frère du

Premier Consul. Cette dernière rencontre est décisive. Le rugueux et ombrageux Louis s'entiche de Charles et le prend sous sa coupe. Sans doute ce taciturne a-t-il été séduit par le caractère gai et positif de son « jeune ami », comme il l'appelle, dont il ne peut bientôt plus se passer. Fraîchement nommé colonel du 5e dragons, il forme le jeune homme à la vie militaire. À ses côtés, Charles reçoit le baptême du feu à Marengo.

Généreux mais aussi habile, Charles propose à son chef de lui offrir un de ses chevaux, la Belle Normande. Celui-ci refuse. Adélaïde de loin encourage son fils à soigner son protecteur : « Continue à être aux petits soins avec Louis. Qu'il comprenne ce que pourrait être l'amitié d'un homme bien élevé. Jérôme et Mme Bonaparte m'ont dit, tous deux, qu'il t'aime beaucoup et chante perpétuellement tes louanges. »

Quand Louis part pour la Prusse où il est reçu par Frédéric-Guillaume III, Charles l'accompagne. Il le suit également en Espagne dans l'armée de Leclerc où il reçoit rapidement le salaire de son savoir-faire : brigadier, puis sous-lieutenant en mars 1801 (il a seize ans), le début de ces promotions qui ne s'arrêteront plus. Il a toujours la cote d'amour avec Louis. On le sent dans les lettres qu'il adresse à sa mère de Ciudad Rodrigo : « Le colonel me témoigne toujours de l'intérêt. Je dîne avec lui ce soir. Il me met parfois aux arrêts, mais il le fait très amicalement… » « Enfin j'ai vu un camp, j'ai été au bivouac, j'ai commencé à faire connaissance avec les petites douceurs du métier. » Il n'oublie pas M. de Souza : « Dis à papa que je ne peux pas concevoir quelquefois quand je suis secoué, ballotté dans ma charrette, comme un rat dans une souricière, et qu'il pleut à verse, comment lui, appuyé contre sa colonne et souriant à Mlle Mars (…) n'est pas le plus joyeux du monde. »

De son côté, Louis Bonaparte, son colonel, écrit à la maman : « Votre dragon est officier depuis un mois. Je l'ai fait passer dans une compagnie dont le capitaine est très sévère, mais mon intention n'a nullement été remplie ; au lieu de maîtriser le novice, c'est celui-ci qui s'est emparé de l'esprit du capitaine ! Je ne vois pas votre dragon plus souvent qu'un autre officier. Quand il a tort, je le gronde et le punis comme un autre. J'ai été traité ainsi à son âge, et je crois que cela lui est aussi nécessaire (…) Pour de l'argent, vous lui en donnez trop. »

On imagine la satisfaction d'Adélaïde. De tels compliments de la part du frère du Premier consul laissaient bien augurer de l'avenir. Elle a dû beaucoup circuler, cette lettre, et certainement finir sur le bureau de Talleyrand. Ce dernier s'est décidé à se marier : il épouse Catherine Grand, une femme venue des Indes, dont la vie amoureuse agitée fait beaucoup jaser. Adélaïde elle aussi se marie avec M. de Souza : à force de le faire rire, elle est parvenue à ses fins. La voilà riche avec une position importante qu'elle va faire fructifier, on lui fait confiance. Amasser n'est pas dans son caractère. C'est un panier percé. Prodigue avec son fils, elle a un vice qui va lui coûter cher : elle joue. Elle engloutira des fortunes à la table de whist, à l'écarté, à la bouillotte… tout lui est bon pour se donner des frissons. Pour les autres frissons, elle s'est assagie, semble-t-il, l'âge venu. On dit qu'elle a tenté de séduire Louis Bonaparte qui a près de quinze ans de moins qu'elle. En tout cas les apparences sont sauves. Ce qui, avec elle, n'a pas toujours été le cas. Pour en finir avec les mariages, Louis aussi convole : le 3 janvier 1802, sans grand enthousiasme, il a fini par accepter d'épouser Hortense de Beauharnais, qui a longtemps hésité. Pas assez. Le mariage sera catastrophique ; mariage de convenance suggéré par Joséphine, puis imposé par Napoléon Bonaparte, entre deux personnes qui ne se conviennent pas, qui ne s'entendront jamais et qui feront réciproquement leur malheur. Hélas pour eux ; heureusement pour nous et notre futur héros, sans cette mésentente il n'aurait jamais vu le jour.

Flahaut, en la circonstance, se montre bien désinvolte avec son protecteur qui l'a tant choyé. Il tarde à lui écrire. Et quand il s'exécute, il le fait par-dessous la jambe. Louis, qui, sous son apparence brutale, garde en amitié une âme de midinette, s'en attriste : « Je n'ai pas été fâché de votre silence, mon cher Flahaut, il n'y avait là qu'un peu de négligence à accuser ; mais ce qui m'a peiné, c'est que vous avez écrit que vous ne saviez que me dire, par où commencer. J'ai pour vous une amitié vraie fondée sur vos qualités. Vos défauts passent aisément avec elles, j'en suis sûr (…) parce que ce ne sont pas eux qui frappent le plus en vous (…) Adieu, mon jeune ami. Vous n'avez plus quinze ans, mais j'ai et j'aurai toujours pour vous les mêmes sentiments. » On aimerait que la négligence de Charles n'ait pour excuse que la distraction. En réalité, il songe déjà à se trouver un protecteur d'une autre envergure : Murat. Le 21 octobre 1802, il devient son aide de camp. Finie la vie de garnison. Louis, aussi jaloux en amitié qu'en amour, a dû en être meurtri. Fanny Burney, une Anglaise qui les verra ensemble au château de Césy, près de Joigny, un peu avant cette nouvelle promotion, remarque l'affection passionnée de Louis pour son jeune protégé : « il ne pouvait le perdre de vue ».

Ce pas important dans sa carrière, il le doit certainement aux efforts conjugués de Talleyrand et d'Adélaïde. On sent qu'ils ont dû intriguer ferme dans les salons du Premier consul. Désormais, à dix-sept ans, Charles va partager l'existence dorée de Murat, son nouveau chef, et se lancer dans une vie de fêtes et de plaisirs. Les femmes vont se succéder. Il va vite faire ses premières armes de butineur professionnel. Il passe de l'une à l'autre sans véritable attachement. Il est volage comme sa mère, comme sa tante, comme Talleyrand, comme toute la famille Filleul qui s'est adonnée sans frein à son inclination pour la sensualité tout en en faisant une occupation assez rentable, mais il n'a pas le cynisme, ni l'absence de scrupules du grand boiteux. C'est un cœur d'artichaut, sensible, doux et bien élevé. Il ne prend aucun goût à torturer ses victimes. Comme en plus il chante à ravir, il devient vite la coqueluche des salons à la mode. On se l'arrache.

Bien sûr auprès de Louis, il a remarqué sa femme, Hortense. Comme à toutes les femmes, il lui a fait un brin de cour. Même si elle n'est pas d'une beauté irrésistible, elle a du charme. Et Flahaut, qu'on commence à connaître, a dû se dire aussi que l'affection d'une femme si bien en cour ne pouvait pas nuire à sa carrière. S'il n'y a pas pensé tout seul, sa mère n'a certainement pas manqué de le lui souffler. Il lui faudra encore six années pour parvenir à ses fins. Entre-temps il aura l'occasion de collectionner les passades, notamment une célèbre Polonaise, la princesse Czartoryska, Caroline Murat, sœur de Bonaparte, une autre Polonaise, Anna Potocka, et de se couvrir de gloire.

Conséquence de la rupture de la paix d'Amiens en 1804, Napoléon, devenu Empereur, concentre ses forces à Boulogne dans le projet d'envahir l'Angleterre. On sait comment, en septembre 1805, il change ses plans après l'échec de l'amiral de Villeneuve devant Cadix : il dirige la Grande Armée vers le Rhin. Flahaut suit Murat à la tête d'un des « sept courants » qui submergent l'Allemagne. Il se distingue à Augsbourg. Dix jours plus tard il est gravement blessé à Lambach, ce qui lui évite de participer à la bataille d'Austerlitz et lui sauve peut-être la vie.

Après la paix de Presbourg, Murat promu maréchal, grand-duc de Berg, qui ne semble pas garder rancune de la liaison de son aide de camp avec sa femme, Caroline, demande à l'Empereur, en janvier 1806, l'avancement au grade de capitaine du lieutenant de Flahaut (celui-ci a vingt et un ans). La vie du jeune capitaine va suivre le rythme endiablé de la cavalerie de Murat qui se couvre de gloire. Le roi de Prusse allié de l'empereur de Russie envahit la Saxe, le 12 septembre 1806. Le 14 octobre, les armées prussiennes sont vaincues à Iéna et à Auerstaedt. Le 27 octobre, Napoléon entre à Berlin. Murat poursuit Blücher vers la Baltique où il le contraint de capituler à Lübeck. La ville de Magdebourg capitule. La cavalerie se jette sur la Pologne. Le 22 novembre, Murat et son état-major entrent dans Varsovie. Ils vont y faire un long séjour pour y savourer leur gloire au milieu des Polonaises. Avoir un amant français sera vite une mode très prisée, avant de devenir le comble du chic lorsque l'Empereur donnera lui-même l'exemple avec Marie Walewska.

Murat et son état-major s'installent bruyamment dans l'hôtel du comte Potocki (c'est devenu aujourd'hui le siège du ministère de la Culture). Flahaut ne perd pas de temps. Le soir même, il se présente chez son hôte qui est en famille. Il a déjà rencontré à Paris cet homme d'une cinquantaine d'années, froid, positif, assez égoïste. Sa jeune femme, nièce du dernier roi de Pologne, Stanislas Poniatowski, née Anna Tyszkiewicz, est ravissante. Passionnée, romantique, littéraire, elle s'ennuie avec son vieux mari qui ne cherche pas à la comprendre. Son cœur déborde d'amour et de romanesque dont elle ne trouve aucun emploi dans sa morne vie conjugale. Situation trop attendue, trop prévisible. Dès ce premier soir, le roman se noue. Anna Potocka a raconté cette rencontre dans ses délicieux souvenirs. Elle nous avoue qu'elle était défavorablement prévenue contre Charles à cause de sa réputation d'homme à bonnes fortunes. De plus elle est agacée d'être surprise à l'improviste sans avoir pu soigner sa toilette. Aussi quand elle entend son mari prononcer le nom de Charles décide-t-elle de ne pas lever la tête de son ouvrage et de se comporter comme s'il n'existait pas. Anna va jusqu'à s'interdire de le regarder : « Mais un son de voix comme je n'en avais jamais entendu vint ébranler cette résolution, et je levai les yeux pour voir quelle figure pouvait avoir un homme qui parlait si harmonieusement (…) Charles avait vingt ou vingt-deux ans ; sans être régulièrement beau, il avait une figure charmante. Son regard était voilé d'une mélancolie qui semblait trahir une peine secrète. Ses manières étaient élégantes, sans fatuité, sa conversation spirituelle, ses opinions indépendantes ; jamais personne n'a mieux réalisé l'idée qu'on se fait d'un héros de roman et d'un preux chevalier (…) Vers la fin de la soirée, la causerie m'entraîna ; je crus m'apercevoir qu'il m'écoutait avec plaisir, et j'avoue que j'en fus flattée. » En dépit de la fermeté d'âme qu'elle manifeste, Anna ne nous laisse guère de doute sur ce qui va suivre. Mais il lui faudra du temps. Que de mensonges cette délicieuse personne se fera à elle-même ! Que d'hésitations, de retraites stratégiques qui ne feront que nourrir ses regrets !

Charles habite dans les dépendances de l'hôtel qui abritent également le fils d'Anna. Un soir que l'enfant est souffrant, il le veille toute la nuit. Le lendemain matin, il rend compte à la mère de l'état du petit malade. Anna est touchée au cœur. Charles lui baise la main et s'enfuit en courant. Quelle délicatesse, quel bon cœur, quel romantisme ! Le piège se referme sur Anna. Va-t-elle céder ? Non, pas encore. Elle va jouer longtemps avec ses frissons.

Flahaut n'a pas perdu la tête au point d'oublier sa carrière. Celle-ci connaît pourtant des vicissitudes. Il ne supporte plus les extravagances de Murat. La dernière en date est de faire porter à ses aides de camp comme tenue de fantaisie sa livrée aux couleurs amarante, blanc et or. Une lubie mal acceptée de ces officiers d'ordonnance qui ne veulent pas être considérés comme des domestiques. Flahaut refuse. Heureusement Talleyrand vient d'arriver à Varsovie. Il va l'aider à sortir de ce mauvais pas. Renvoyé par Murat dans un régiment, Flahaut est nommé chef d'escadron, le 15 janvier 1807, et affecté peu après au 13e chasseurs à cheval.

Les combats reprennent. Avant de partir, Flahaut demande à Anna un ruban rose pour qu'il lui serve de porte-bonheur en gage d'une « amitié sainte » et détourne ainsi les balles : « Cette idée fit taire mes scrupules, les gens qui vont à la guerre ont le droit de tant exiger. » Charles demande aussi la permission de lui écrire. Anna en réfère à son mari qui accepte. « Je promis, et l'on partit », écrit-elle joliment dans ses *Mémoires*.

Charles connaît bientôt l'enfer de la bataille d'Eylau. Il en réchappe. Malgré le froid, les intempéries, il continue d'écrire à Anna. Après la bataille, il lui demande l'autorisation de venir la voir. Elle hésite et confie son trouble à une amie qui lui déconseille de le recevoir. Elle tient Charles à distance. Elle a tort. Elle ne se le pardonnera jamais. Le regret la minera longtemps.

En 1809, elle viendra à Paris enfin décidée à s'offrir à lui. Ce sera au tour de Charles, engagé envers Hortense, de la dédaigner. Il lui écrira : « Voici qu'aujourd'hui vous voulez bien m'accorder quelque tendresse : vous me l'avez écrit, vous me le dites (…) Hélas la voix sévère de l'honneur se fait entendre, elle m'ordonne de vous fuir ! Je vous place trop haut pour oser vous offrir un cœur enchaîné par le devoir à une autre existence. Pourriez-vous sans indignation voir une seconde femme réclamer sa part de mon affection (…) Ah si seulement en Pologne, j'avais eu l'audace d'espérer ! »

Au printemps, Charles participe à la bataille de Friedland. Son comportement est héroïque. Il charge à la tête de son escadron qui sera quasiment anéanti. Cet acte de bravoure lui vaut d'être nommé chevalier de la Légion d'honneur. Napoléon a fini par se laisser convaincre de ses mérites. Pourtant ses préventions ont mis longtemps à se dissiper. Flahaut l'agaçait avec sa haute taille et il n'a jamais aimé les hommes qui plaisent aux femmes. Il le dira à Joséphine un jour qu'elle plaidait sa cause : « De l'esprit ? dit Napoléon ; brtt ! Qui n'en a pas comme cela ! Il chante bien ? Belle qualité pour un soldat qui, par état, est presque toujours enroué. Ah il est joli garçon, voilà ce qui vous touche, vous autres femmes (…) Eh bien je ne lui trouve rien du tout d'extraordinaire. Il ressemble à un faucheux avec ses éternelles jambes… » L'Empereur ne devait pas apprécier non plus l'assiduité de Flahaut auprès d'Hortense, ni sa liaison avec Caroline.

Flahaut va moisir plus de six mois en Prusse. Il s'ennuie dans la vie de garnison. Pas de jolies femmes à courtiser pour passer le temps, et accessoirement faire avancer sa carrière, pas de bals, pas de fêtes brillantes. Il harcèle sa mère de demandes d'intervention auprès de Joséphine et d'Hortense. Il faut le sortir de ce trou. Il lui écrit en langage codé : « Parle de moi à Sophie [il s'agit d'Hortense], offre-lui un peu de cet ambre que je t'ai envoyé et donne-moi de ses nouvelles (…) Si tu pouvais m'assurer de l'intérêt de ta tante [Joséphine] par l'intermédiaire de sa fille [Hortense], cela me serait très utile. Mais ne le tente que de cette manière, car si ton oncle [Napoléon] apprenait que toi et moi avons rien à y voir, il serait aussitôt hostile. » Langage assez clair en dépit du charabia. Ces manières d'agent secret appartiennent presque à la tradition familiale. Déjà Adélaïde en usait lorsque, émigrée, elle évoquait dans ses lettres des personnages importants. Françoise de Bernardy le note assez drôlement : « Hortense fut tour à tour ma cousine, Sophie, Henriette de Capellis ou ma tante, Napoléon mon oncle, Joséphine ma tante. Lorsque Morny fut né, Flahaut parlera d'Henri, puis plus tard de ma nièce, de ma petite filleule ou de ma famille. » Morny agira de même dans sa correspondance avec Flahaut.

Charles a vu Talleyrand à Varsovie. Le ministre des Relations extérieures s'est subitement pris d'affection pour son fils. Lui qui aurait tant aimé la carrière des armes, si son infirmité n'avait été un obstacle, il admire le beau courage dont son fils a fait preuve. Il lui témoigne une tendresse bien rare sous sa plume : « Tu es un des premiers intérêts de ma vie, et quand je dis cela, je les réduis à deux ou trois. Je t'embrasse et te presse contre mon cœur. » Lettre que Charles s'empresse d'envoyer à sa mère. Talleyrand intervient chaudement auprès de Murat pour qu'il garde Charles dans son état-major. Il le lui demande « comme une des choses qu'[il] souhaite le plus ».

En mars 1808, enfin, les efforts conjugués de ses protecteurs aboutissent : Charles est nommé auprès de Murat en Espagne. Et un décret impérial lui accorde une dotation de 2 000 francs. Mais le retour à l'état-major de Murat n'est qu'un pis-aller. Les protecteurs de Charles ont obtenu mieux encore pour lui : le 9 août, il est nommé aide de camp du maréchal Berthier en remplacement de Charles de Périgord, neveu de Talleyrand, mort au combat. C'est Hortense qui a obtenu cette formidable promotion. Charles, fou de joie, le reconnaît dans une lettre qu'il écrit à sa mère : « Je suis fier d'obtenir ce poste et de le devoir à celle à qui déjà je dois tant. »

Auprès du maréchal Berthier, chef d'état-major de l'Empereur, Charles ne va pas démériter. Il se comporte bravement au combat meurtrier du col de Somosierra qui ouvre la route de Madrid. Puis à nouveau en Allemagne et en Autriche où la guerre s'est rallumée. Napoléon gagne la bataille d'Eckmühl, reprend Vienne et se retrouve dans son petit lit du château de Schönbrunn. Charles est blessé à Enns, le 4 mai. Il est nommé colonel. Peu après il s'illustre à la bataille de Wagram ; un décret impérial fait de lui un baron d'Empire. Il reçoit une nouvelle dotation de 4 000 francs. Sa carrière est fulgurante. Napoléon lui confie des missions diplomatiques à Vienne. Désormais il est en contact direct avec l'Empereur. Il ne le quittera plus. Napoléon a porté sur lui un jugement qui peut s'entendre de deux manières : « C'est un homme bon pour aller à tout. » Un bon point quand même de la part d'un chef qui ne devait pas apprécier exagérément les caractères trop indépendants. L'Empereur se laisse même aller à lui faire des confidences au retour d'une de ses missions. Évoquant ses ambitions déçues en Espagne, il laisse tomber : « Je ferai donc la paix – j'ai tort, mais je la ferai –, d'ailleurs c'est du laisser-aller, cela convient aux Français. »

Pendant toutes ses campagnes, Charles n'a pas cessé de correspondre avec Hortense et de la voir lors de ses rapides passages à Paris. Il l'aime, à sa façon, faite de sincérité et d'arrière-pensée de carrière. Il l'a écrit à sa mère, le jour de sa nomination comme aide de camp de Berthier : « Je ne pourrai jamais vivre sans ma tante [Hortense] et toi. Fais-lui faire un petit cachet, gravé d'une feuille d'aloès, avec autour cette devise : "*Praemium aevi aurea dies* – Un jour d'or est la récompense d'un siècle d'attente." »

Sont-ils déjà devenus amants ? Sans doute pas ! En tout cas ils n'ont pas beaucoup à attendre. Certainement pas un siècle !

4

Belle ? Non ! Séduisante ! À la fois coquette, mélancolique, sportive, frivole, courageuse, cet assemblage de qualités et de défauts dessine sa personnalité attachante. Le destin d'Hortense fera rêver les nombreux biographes qui se pencheront sur sa légende romanesque. Henry Bordeaux, Pierre de Lacretelle seront séduits par les malheurs de ce cœur à la fois trop plein et trop vide. Il y a chez elle une âme sensible, déchirée entre les devoirs que l'élévation de sa famille et son mariage lui ont imposés (« J'ai tant souffert au milieu des grandeurs ») et les penchants secrets de la femme. Éternelle insatisfaite, elle a prêté le flanc à beaucoup de médisances. On lui a attribué un nombre astronomique d'amants. Parfois pour des raisons politiques : Fouché, associé aux frères et sœurs de Napoléon, l'a discréditée pour tenter de limiter son influence et celle du clan Beauharnais ; Hugo, plus tard, suspectera sa vertu pour mettre en doute la légitimité de son fils, Napoléon III. Ainsi on a mis généreusement dans son lit à peu près tous les hommes qu'elle a été appelée à fréquenter, à commencer par Napoléon lui-même, mais aussi Élie Decazes, l'amiral Verhuell, Hippolyte de Charette. On a voulu faire d'elle une Messaline sur le modèle de Joséphine. Sensuelle sans doute, mais sans aucun dévergondage, elle apparaît surtout comme une romantique. Elle n'appartient pas comme sa mère au demi-monde frelaté du Directoire mais à l'univers chaste des héroïnes de Chateaubriand. Elle est sujette à une mélancolie qui assombrira sa vie. Le malheur s'acharne sur elle : son père guillotiné, elle perdra deux de ses fils qu'elle adorait ; elle sera condamnée à ne jamais voir l'enfant que lui a donné Flahaut, le seul homme qu'elle ait aimé ; son amie d'enfance, Adèle de Broc, mourra sous ses yeux dans un accident de montagne. Elle-même périra encore jeune d'un cancer, dans d'atroces souffrances.

Elle n'est pas belle, elle le sait. Si « ses yeux bleus reflètent une âme aussi tendre que poétique », son nez est long, ses lèvres épaisses. Elle a d'autres atouts : une voix magnifique, de belles manières d'Ancien Régime préservées religieusement dans l'institution pour jeunes filles de Mme Campan. Elle danse à merveille. Surtout elle est bonne, généreuse, compatissante. Ce qui, avec une totale absence d'ambition, se remarque dans cette cour où sifflent les médisances des sœurs Bonaparte et des dames en place. Jouissant d'un inaltérable crédit auprès de l'Empereur qui l'a élevée et l'aime comme sa fille, elle intercède toujours auprès de lui : elle aime faire le bien.

Son destin plonge sa racine profondément dans le malheur. À sa naissance, en 1783, son père, Alexandre de Beauharnais, engage contre sa mère, Joséphine, un procès en désaveu de paternité. Il l'écrit dans une lettre qui frise la démence : « Que penser de ce dernier enfant survenu après huit mois et quelques jours de mon retour d'Italie ? Je suis forcé de le prendre ; mais j'en jure par le ciel qui m'éclaire, il est d'un autre. C'est un sang étranger qui coule dans ses veines ! Il ignorera toujours ma honte (...) il doit le jour à un adultère. » Atroce ironie du sort, Louis, futur mari d'Hortense, lui adressera les mêmes reproches lors de la naissance de deux de ses enfants.

Dès le mariage de sa mère avec Bonaparte en 1796, elle devient la préférée de son beau-père. Elle va lui devoir son élévation, sa fortune et aussi son malheur conjugal. Conseillé par Joséphine qui veut consolider son pouvoir chancelant, il lui impose en 1802 un mariage catastrophique avec son jeune frère, Louis (alors qu'elle est amoureuse de Duroc et que Louis aime sa cousine Stéphanie). Dans leur union vont s'entremêler de manière inextricable les raisons du cœur et la raison d'État. L'Empereur surveille étroitement leur vie ; il se prend à la fois pour le père de Louis et pour celui d'Hortense. Rarement couple aura eu une existence aussi pathétique. Ils ne connaîtront même pas l'armistice d'une paisible lune de miel. Six semaines à peine après leur mariage, Louis en apprenant que sa femme est enceinte a un terrible accès de jalousie ; la maligne Caroline Murat lui ayant monté la tête, il soupçonne l'enfant d'être de Napoléon. Ce dernier est obligé de le raisonner. « Vous n'êtes pas digne d'avoir une femme comme celle-là ! Vos reproches la touchent : elle pleure ; et loin d'en être ému, vous en êtes irrité. Vous ne sentez donc pas le bonheur de devenir père. »

On est sévère pour Louis. Il n'a pas le beau rôle. C'est Alceste. Grincheux, atrabilaire, jaloux, il est surtout malade. À sa manie de la persécution s'ajoute une mauvaise santé que Napoléon attribuait à une maladie vénérienne contractée pendant la campagne d'Italie. Des rhumatismes le font terriblement souffrir ; il sera l'abonné de toutes les stations thermales françaises et européennes. Peut-être auprès d'une femme aimante eût-il trouvé ce bonheur pour lequel son caractère ne semble pas le prédisposer ? Sans doute Hortense ne lui manifeste-t-elle pas les signes d'un amour qu'elle n'éprouve pas. Il le lui dira dans un de ses rares moments de calme et de lucidité : « Hortense, vous seriez parfaite si vous m'aimiez. »

En 1806, Napoléon porte le couple sur le trône de Hollande. Cet honneur insigne ne les rend pas plus heureux. Hortense fait tantôt l'enfant gâtée : « J'aurais préféré le royaume de Naples. J'aurais rallumé la flamme des beaux-arts en Italie », tantôt la désabusée : « C'était en montant sur le trône que je croyais entrer en esclavage », « Il y a tant de personnes qui seraient contentes d'être reines ! Pourquoi ne pas leur donner ce bonheur-là qui me rendrait si malheureuse ? » Contrairement à ses belles-sœurs qui ne rêvent que de « couronnes fermées », elle se contenterait d'un petit bonheur sage et douillet dans son bel hôtel de la rue Cerutti. Elle l'avoue à l'Empereur : « Vous aurez beau faire, Sire, j'aurai toujours des sentiments bourgeois, s'il faut appeler ainsi l'attachement à son pays, à ses amis, à sa famille. »

Elle arrive à La Haye le 23 juin 1806, mais c'est pour repartir un mois plus tard faire une cure à Wiesbaden. Elle est ensuite à Mayence avec sa mère, Joséphine, et ne revient dans sa capitale qu'à la fin janvier et parce que Louis l'exige. Elle affronte alors pis que les brumes, le froid, l'éloignement de sa famille : un mari malade de jalousie, névropathe, qui entretient autour d'elle un climat de suspicion permanente. Elle est perpétuellement en butte à ses interrogatoires, aux espions qu'il multiplie autour d'elle, à des reproches humiliants. Un soir qu'elle danse au cours d'un bal, Louis s'emporte et confie à un témoin : « Voyez cette sorcière, montrant ses jambes jusqu'aux cuisses comme la comédienne Clotilde de l'Opéra de Paris. » Bientôt on frise le scandale. Napoléon morigène Louis : « Les querelles avec la reine percent dans le public. Ayez dans votre ménage ce caractère paternel et efféminé que vous montrez dans le gouvernement ; et ayez dans les affaires ce rigorisme que vous montrez dans votre ménage. Vous traitez une jeune femme comme on mènerait un régiment. »

Cette lettre, loin d'apaiser le malheureux mari, va le conduire à rédiger un projet de traité conjugal en huit articles où éclate de manière manifeste sa folie possessive. N'en retenons que l'article 6 qui donne à lui seul une idée des ravages de la jalousie dans l'esprit de Louis : « Nous promettons solennellement et sur l'honneur de ne recevoir personne, de n'aller faire aucune visite sans nous le dire réciproquement, promettant en outre de ne recevoir moi, Louis, aucune femme, et moi, Hortense, aucun homme et aucune femme sans le consentement de mon mari. » Toute l'étendue du malheur d'Hortense est perceptible dans ces quelques lignes. Que faire avec un tel malade ? Comment se comporter pour apaiser cet écorché vif ?

Un terrible malheur s'abat sur le couple ; leur fils, Napoléon-Charles, atteint de diphtérie, meurt en quelques jours, le 5 mai 1807. Hortense est folle de douleur. On craint pour sa vie. Elle-même écrit à son mari le 20 mai : « Louis, je sens que je vais mourir ;

je veux vous assurer, avant, que je vous pardonne : je meurs aussi pure que l'enfant que je viens de perdre. »

Les deux époux pour échapper à la souffrance fuient vers la France. Ils passent le printemps dans des stations thermales des Pyrénées à quelques kilomètres l'un de l'autre. Hortense est à Bagnères-de-Bigorre, puis à Cauterets où Louis finit par la rejoindre, le 2 juin. Ils se retrouvent fin juillet à Toulouse. Cette dernière date a son importance. Car est alors conçu le troisième fils du couple, Charles-Louis-Napoléon, futur Napoléon III, qui naîtra le 21 avril 1808. Louis, toujours prêt à croire que sa femme le trompe, puis, plus tard, les ennemis de Napoléon III et plusieurs historiens choisiront l'hypothèse la plus romanesque : Hortense a eu un amant à Cauterets.

À la fin de l'été, le couple est à Saint-Cloud. Hortense paraît rassérénée. Elle écrit à son frère Eugène : « Je suis avec le roi, bien ensemble : je ne sais pas si cela durera ; je l'espère, car il a le désir d'être mieux pour moi, et tu sais que je n'ai jamais rien fait de mal. » Hortense demeure à Paris, rue Cerutti, jusqu'à son accouchement. La naissance de l'enfant est pour Louis le prétexte à de nouvelles crises de jalousie et de persécution.

Napoléon doit à nouveau intervenir : « Le bonheur vous devez le trouver principalement dans votre famille. Je suis fâché de voir le peu d'harmonie qui y règne. Avec un peu d'égards et de prévenances, et en écartant des soupçons injurieux qui outragent et indignent la plus vertueuse des femmes, vous seriez heureux. Un caractère soupçonneux et un peu trop impérieux dans votre intérieur détruit votre tranquillité. J'espère, cependant, qu'avec la raison que vous avez vous redeviendrez juste, bon et sensible pour votre femme. »

Deux semaines plus tard, Louis écrit à Hortense une lettre de rupture : « Adieu pour toujours. Soyez contente et heureuse. » Pendant un an, ils vont vivre dans l'atmosphère empoisonnée d'un divorce que chacun souhaite mais que Napoléon refuse de leur accorder. Une réconciliation de forme a même lieu. Et sur l'insistance de son frère Eugène, Hortense se résout à repartir pour la Hollande, le 6 avril 1810. Elle n'y restera que deux mois – une parenthèse avant la rupture qui, cette fois, sera définitive.

On comprend aisément que, dans une situation conjugale aussi pitoyable, Hortense ait été tentée de chercher ailleurs un peu de compréhension et de tendresse. Depuis longtemps cette romantique n'a pas manqué de remarquer dans son entourage le jeune homme le plus chevaleresque et le plus digne d'être aimé : Charles de Flahaut.

Elle l'a rencontré en 1802, à l'époque de son mariage avec Louis.

Au cours d'une soirée en 1803, Charles, admirant Hortense qui danse, se laisse aller à l'applaudir. Cela produit un petit scandale. Choquée – mais sans doute pas si mécontente au fond – Hortense se plaint à Mme de Souza. Le lendemain, la mère et le fils se présentent chez elle, rue Cerutti, pour s'excuser. Hortense n'a pas dû se sentir si outragée par l'inconvenance du jeune homme. Son accueil est si peu courroucé, si peu désagréable que Charles y voit une invite à revenir. À dater de ce jour, il devient plus assidu auprès de Louis dont il a été l'aide de camp avant de devenir celui de Murat. Il lui rend souvent visite… et ne manque pas de se faire annoncer chez Hortense. Ensemble ils chantent des romances à la mode. Naît une délicieuse complicité. Un jour Flahaut cesse de se présenter chez elle. Elle s'inquiète et s'aperçoit que son nom est pourtant inscrit chez le portier. Louis, jaloux, lui a fait interdire la porte de sa femme.

Un geste maladroit. La suspicion fait naître l'inclination, ou en l'occurrence la renforce. Il n'en faut pas plus pour dessiller les yeux d'Hortense pas si aveugle qu'elle se plaira à le faire accroire à la postérité : « Sa légèreté malgré ses talents et son extérieur prévenant ne me l'avait fait remarquer que comme un jeune homme agréable mais pas du tout dangereux. (…) Cette jalousie me parut encore plus bizarre que les autres : un jeune homme si peu fait pour me plaire. »

Désormais sur ce terrain si bien préparé par la maladresse de Louis, il n'arrive rien que de trop attendu. Flahaut donne à Hortense toutes les raisons d'être jalouse, et, partant, de l'aimer. On le voit en compagnie des plus jolies femmes, dont une Polonaise, la sœur du prince Adam Czartoryski, célèbre pour sa beauté, qu'il exhibe en avril 1804 au cours d'un déjeuner chez Eugène de Beauharnais, à Bougival. Hortense continue dans ses Mémoires à se montrer d'une hypocrisie tout à fait digne d'une élève de Mme Campan. « Son chagrin [de la Polonaise] ne se pouvait cacher ; elle aimait M. de Flahaut et le quittait. Elle paraissait au désespoir. Lui-même, les larmes aux yeux, ne pouvait renfermer sa peine. J'en fus attendrie (…) Il est susceptible d'aimer, il souffre, il m'intéresse (…) amoureux d'une autre, il est sans danger pour moi. »

Elle se montre moins placide devant une autre rivale : Caroline Murat, sœur de Napoléon, dont Flahaut devient l'amant en 1805, avec toujours ce sens opportun des amours qui servent sa carrière. Au cours d'une soirée au château de Neuilly, en les surprenant dans le jardin tendrement enlacés, Hortense, devant la souffrance qu'elle éprouve, découvre ce que nous n'ignorions plus : elle est amoureuse de Flahaut. Il faudra pourtant des années d'intrigues et de nombreuses péripéties pour parvenir au dénouement prévisible.

La guerre en effet va les séparer. Hortense va vivre dans l'angoisse en sachant Flahaut exposé au danger. La veille de son départ pour la Hollande dont elle est devenue reine, au début du mois de juin 1806, elle le reçoit en tête à tête dans son hôtel de la rue Cerutti ; elle lui ouvre son cœur : « Avec la plus grande simplicité, je lui avouais que je l'aimais, mais que la vertu m'était encore plus chère que lui. » Elle le revoit à la fin de l'été à Aix-en-Savoie. Sans doute a-t-elle été avertie de sa nouvelle passion pour Anna Potocka à Varsovie. Elle met tout son crédit en œuvre pour le faire revenir. Grâce à elle, enfin, il est nommé aide de camp du maréchal Berthier, chef de l'état-major de Napoléon. Flahaut, dans une lettre à sa mère, semble apprécier modérément la naissance de Charles-Louis-Napoléon, le dernier fils de Louis, en 1808.

Est-ce vers cette époque qu'il devient son amant ou seulement en 1810, comme elle le laisse entendre dans ses Mémoires ? Les biographes sont partagés. Françoise de Bernardy penche pour 1808, tandis que Françoise Wagener, à la suite d'Henry Bordeaux et de Pierre de Lacretelle, se rallie à l'aveu d'Hortense – hypothèse plausible qui a l'avantage de choquer le moins les convenances : en 1810 les époux se sont séparés définitivement.

Seule certitude : en cet été 1810, Charles et Hortense coulent des jours heureux à Aix. Hortense habite la maison Chevalley, un lieu on ne peut plus romantique, avec une vue magnifique sur le lac du Bourget. Une promenade en barque avec Joséphine que vient troubler la tempête a failli tourner à la tragédie. Quelles émotions ! Elles seront suivies de bien d'autres, tendres celles-là, avec la bénédiction de la mère d'Hortense ravie de voir sa fille enfin épanouie. Hortense écrira dans ses Mémoires : « Je me suis rappelé ce mois passé si doucement comme le temps le plus heureux de ma vie. » Ce qui laisse entendre que les autres moments passés avec Flahaut n'ont pas été aussi parfaits. Valérie Masuyer, sa confidente et dernière dame d'honneur, le confirme : « Un amour exalté a rempli la vie de la reine ; cette passion longtemps contrariée, trop tard satisfaite, n'a été marquée que par de courtes joies suivies de regrets sans fin. »

Ils se retrouvent à Paris où Charles devient l'habitué de l'hôtel de la rue Cerutti. L'hiver se passe en romances, en chansons, en bals. Bientôt c'est Hortense qui laisse percer sa jalousie devant les succès féminins du volage Flahaut : « Plus animé du désir de plaire que pénétré du besoin d'être aimé, tout entier à ce qu'il faisait en charmant celle dont il fixait l'attention, il troublait souvent celle qu'il semblait oublier. Si son empressement était extrême pour me voir, il mettait le même feu pour tous les plaisirs qui l'en éloignaient. » Soudain une ombre dans ce bonheur : Hortense, officiellement séparée de Louis Bonaparte, est enceinte. On imagine son désarroi. Que faire ? La fin de l'hiver et le printemps vont être consacrés à préparer en cachette la naissance de l'enfant adultérin.

5

Voilà une vie qui commence sans trop s'embarrasser d'exactitude. D'abord un état civil où tout est faux. Ce point d'ancrage fondamental, qui définit une place dans la société, est fabriqué de toutes pièces. Cette falsification première comment ne retentirait-elle pas dans la psychologie de celui qui l'a subie ? Les notions de justice et de légitimité gardent-elles quelque valeur quand on prend sa source dans le mensonge ? Quand on sait que, dès le départ, les cartes qu'on vous a données ont été biseautées ?

> L'an mille huit cent onze, le vingt-deux octobre, à midi sonné, par-devant nous, maire du IIIe arrondissement de Paris, soussigné, faisant fonction d'officier d'état civil :
>
> Est comparu le sieur Claude-Martin Gardien, docteur en médecine et accoucheur, demeurant à Paris, rue Montmartre, n° 137, division du Mail, lequel nous a déclaré que le jour d'hier, à deux heures du matin, il est né, chez lui, un enfant de sexe masculin, qu'il nous présente et auquel il donne les prénoms de Charles-Auguste-Louis-Joseph, lequel enfant est né de Louise-Émilie-Coralie Fleury, épouse du sieur Auguste-Jean-Hyacinthe Demorny,

propriétaire à Saint-Domingue, demeurant à Villetaneuse, département de la Seine. Lesdites présentations et déclarations faites en présence des sieurs Alexis-Charlemagne Lamy, cordonnier, âgé de quarante-deux ans, demeurant à Paris, rue Buffaut, n° 25, ami, et de Joseph Manch, tailleur d'habit, âgé de quarante-cinq ans, demeurant à Paris, rue des Deux-Écus, n° 3, ami.

Lequel déclarant et les témoins ont signé avec nous, après lecture faite.

Signé : Gardien, Lamy, Manch, Cretté, adjoint.

L'enfant est baptisé le jour même en l'église Notre-Dame-des-Victoires. L'acte de baptême reproduit à peu près les mêmes données erronées. Une seule différence, Demorny est devenu « de Morny ». À ce genre de détail, je ne sais pourquoi, on sent la main de cette bonne Adélaïde de Souza qui verse une goutte de snobisme dans l'eau bénite : une façon de ménager l'avenir.

La réalité – tentons d'y revenir – est bien différente. M. Demorny est un prête-nom (ce petit service lui vaudra une rente de 6 000 francs jusqu'à sa mort, en 1814), faux témoin probablement aussi l'accoucheur, Gardien, tout comme les signataires du registre d'état civil. D'où viennent-ils, comment les a-t-on recrutés pour cette fausse attestation ? On ne sait pas grand-chose. Demorny semble un triste sire, vaguement officier de santé, dont la domiciliation à Saint-Domingue pourrait laisser croire à de vagues liens avec les Beauharnais ou les La Pagerie, famille maternelle de Joséphine. Pure supposition ! Comme tout le reste, d'ailleurs. Quand les registres de l'état civil n'ont pas opportunément disparu, des pièces manquent ; on a déchiré des pages. Tout a été fait, et bien fait, pour entourer la naissance du fils de Flahaut et de la reine Hortense du plus grand secret. Les limiers de l'histoire reviendront bredouilles de leurs chasses ; à défaut de preuves, ils devront se contenter d'intuitions, d'hypothèses. Bref ils construiront des romans sur cette naissance déjà passablement romanesque.

Où est né Morny ? Qui faut-il croire ? Maxime Du Camp situe l'accouchement rue des Filles-du-Calvaire, « dans une maison entourée d'un jardin clos de murs et que l'on avait louée pour la circonstance. Les joueurs d'orgue, postés dans les environs, n'auraient point permis d'entendre les cris et les gémissements ». De nombreux biographes croient à une naissance à Aix-en-Savoie.

Bernard Gavoty, Adrien Dansette, Françoise de Bernardy penchent, eux, pour Saint-Maurice, dans le Valais. Maurice Parturier place l'événement à Paris ; il estime que l'accoucheur – réputé, paraît-il – n'a pas pu présenter comme de la veille un enfant né depuis un mois. C'est aussi l'avis du principal intéressé, Morny lui-même, qui écrira : « Je suis né à Paris, rue Cerutti, dans la maison occupée maintenant par le baron Salomon de Rothschild ; elle appartenait alors à la reine Hortense. »

Un seul fait certain : Hortense regagne son domicile parisien le 10 octobre.

Elle l'avait quitté après le baptême du roi de Rome à Notre-Dame, où elle avait remplacé Caroline Murat comme marraine. Aussitôt après, le 4 juillet, elle était partie pour Aix sous prétexte de voir son frère Eugène, probablement dans la confidence. Elle descend ensuite vers le lac Majeur avec Flahaut. Elle écrit à la gouvernante de ses enfants, Mme de Boucheporn, qu'elle se prépare à rejoindre son frère : « Je serai à Paris du 10 au 15 octobre. Ne m'écrivez plus à partir du 20 de ce mois, car je serai toujours en course. »

Le couple fait une halte à Saint-Maurice-en-Valais. Le préfet, le comte de Rambuteau, est un ami de Flahaut. Les pages du registre d'état civil pour le mois de septembre 1811 ont disparu bien à propos. Une main complaisante a effacé toute trace. Cet excès de zèle suspect pourrait nous faire croire que c'est bien là qu'est né Morny. Mais, au fond, quelle importance ?

Mme de Souza n'est pas restée inactive pendant ces événements. On l'imagine aisément, tout à la fois grisée de snobisme – son fils a fait un enfant à une reine, qui plus est toute-puissante à la cour – mais aussi inquiète – quel drame si la vérité finissait par être découverte ! Cela pourrait nuire à la carrière de son fils. En femme qui a vécu et qui s'est toujours sortie avec esprit des situations les plus scabreuses, son optimisme l'emporte. Ses lettres à une amie, la comtesse d'Albany, à la fois enjouées et cachottières, l'attestent : « Votre penchant [Hortense] vient d'être bien malade. Mais j'espère que ce sera un mal pour un bien, et il paraît que l'humeur s'est déplacée de la poitrine pour se jeter dans un lumbago qui lui fait jeter de hauts cris ; mais on ne meurt point d'un lumbago, et, depuis qu'il la tient, elle ne tousse plus. Cependant, elle est toujours d'une maigreur affreuse. Dieu veuille la conserver, car c'est un ange… »

Quant à Flahaut, il a pris, le 28 juin, un congé de maladie de trois mois pour soi-disant faire une cure aux eaux de Bourbonne ; ses lettres à sa mère le montrent préoccupé. Il lui écrit, le 19 juillet, à propos de l'enfant qui va naître : « Je pense comme toi quant au Premier. Quelque difficile que ce puisse être, je serais très heureux de l'avoir dans ma maison. » Puis le 20 août : « À partir du 23, écris-moi chez ma cousine [Hortense] en te servant de la même adresse. À moins d'une occasion exceptionnelle, ne prends pas d'arrangement définitif pour la châtelaine [la nourrice] avant mon retour… »

Une naissance dont on ne sait, au fond, pas grand-chose, sinon que tous les ingrédients du meilleur feuilleton y sont réunis : le secret, les fausses pistes, les faux témoins stipendiés, le prête-nom un peu louche. Morny arrive au monde libre, sans famille, sans bagage et sans rien devoir à personne.

Que faire de cet enfant né en fraude ? On le met en nourrice. D'abord à Chaltrait près d'Épernay, où il reste quinze mois, puis on le confie à Madeleine Rousseau, la propre nourrice d'Hortense, mariée à un cultivateur de Noisy-le-Grand. À la fin de 1815, celle-ci qu'on surnomme « Tété » ou « Maman de Vienne » tombe malade, atteinte de fièvre bilieuse. L'enfant âgé de quatre ans est ramené à Paris où Adélaïde de Souza décide de le garder près d'elle. Elle réalise ainsi un vieux projet que la chute de l'Empire a facilité. Ni Flahaut, ni Hortense n'ont plus à craindre les foudres de Napoléon. Le bambin arrive donc rue Verte dans une belle maison au magnifique jardin et s'ébroue au milieu des roses cultivées par le bon M. de Souza qui, tout comme Adélaïde, est enchanté de sa présence.

Adélaïde a dû vaincre les réticences de Charles. Elle lui écrit : « Je vis presque seule, tu devines combien il m'est nécessaire d'avoir Auguste et comme je l'aime (…) Quand tu reviendras, nous le mettrons en pension. D'ici là, comme dit papa [M. de Souza] avec raison, le mal, si tant est qu'il y en ait, est fait et il n'y a plus que la consolation d'avoir auprès de moi un petit être qui m'aime et que j'aime. » Charles de Flahaut est loin d'être insensible aux sollicitations de sa mère. Il se montre très attaché à l'enfant. En juin 1812, il écrit de Königsberg : « Tout ce que tu me dis de ma petite nièce [Auguste] me touche. » Cependant il hésite. Il craint la médisance : « Malgré tout ce que tu me dis du plaisir que te procure ce goût pour les enfants, il y a trop d'inconvénients (…)

Comment te refuserais-je ce plaisir, si je ne croyais pas que c'est une nécessité (...) J'aimerais beaucoup faire ce que tu souhaites, mais je crois qu'il faut attendre encore un peu (...) Tout le monde ne sait pas le degré de parenté et d'intérêt qui t'attache à lui et on peut supposer et inventer des rapports auxquels la méchanceté serait charmée de donner de la publicité. » Craintes qui ne sont pas vaines, beaucoup de familiers de la rue Verte croiront que le petit Auguste est en réalité le fils de la maîtresse de maison. Mais la ténacité d'Adélaïde finit par l'emporter. Flahaut, en exil à Londres, avait, il est vrai, à cette époque bien d'autres préoccupations plus graves concernant son propre avenir.

C'est donc de cet enfant aux yeux bleus et aux cheveux blonds bouclés qu'hérite le couple de Souza. Son naturel doux et enjoué ainsi que ses reparties ravissent Adélaïde qui l'appelle « mon Auguste ». Elle en est aussi fière qu'elle l'était autrefois de son fils. Sans doute est-ce elle qui le mène chez Talleyrand. Celui-ci s'adressant à M. Martin, précepteur de ses neveux, aurait dit, selon le Dr Véron qui rapporte la scène : « Avez-vous vu ce gamin qui sort d'ici ? On l'avait amené pour me rendre visite. Eh bien, il est d'une intelligence inouïe. Plus tard, il se jouera des hommes ; il fera ce qu'il voudra ; tenez, il sera ministre ! »

Flahaut, guerroyant à l'autre bout de l'Europe, ne cesse pas de s'intéresser à son fils, « M. Auguste », ainsi qu'il l'appelle. Il s'inquiète des incessantes demandes d'argent de Demorny. Il encourage sa mère à plus de fermeté avec lui : « Ne revois pas le gros père, ce serait une erreur et rien de bon n'en sortirait pour toi (...) Cent dix francs sont tout à fait suffisants pour le gros père (...) Je n'ai aucune confiance en lui, il t'a complètement enjôlée. » Ces soucis ne prendront fin qu'en 1814 avec la mort de Demorny. Celui-ci, dans son testament, confie la tutelle de son prétendu fils aux Souza et à Flahaut.

La tutelle financière sera exercée par un banquier, Gabriel Delessert, le futur ami de Maxime Du Camp. Il gère les fonds importants – 400 000 francs – qu'Hortense, sous le nom d'emprunt de comtesse de Morny, lui a fait remettre pour l'éducation de son fils. Cette petite fortune sera, quelques années plus tard, réduite à néant par Adélaïde, reprise par le démon du jeu, qui la perdra à la loterie. « C'est encore cette funeste passion qui l'a entraînée dans l'abîme », écrira Flahaut à Hortense quand il découvrira l'étendue de la ruine. « Vous devez sentir, mon amie, ce que je souffre pour ce pauvre Auguste, en voyant ses espérances détruites, et, ce qui est pire, le sachant dans des mains qui ont prouvé être incapables de l'élever dans de vrais principes d'honneur. Il est donc important de l'en retirer. »

Auguste n'en resta pas moins à la garde de la peu scrupuleuse mais si aimante Adélaïde. Il grandit sans montrer des dispositions exceptionnelles pour le travail, d'abord à la pension Muron, puis au collège Bourbon (futur lycée Condorcet). À travers les lettres d'Adélaïde on commence à voir se dessiner son caractère : « Il maigrit, il est triste ; nous n'avons eu ni prix ni accessit, mais lui n'a gagné qu'un affreux mal de tête en allant au concours assister au triomphe des autres (…) Auguste est dans les tribulations du latin. De là, il passera au grec, à l'algèbre, et puis Dieu sait ! Jusqu'à ce que l'étude soit devenue pour lui le plus grand des plaisirs, il a en perspective bien des chagrins, bien des pensums (…) Je lui envoie des gâteaux lorsque son maître lui impose des pénitences (…) Enfin le pauvre enfant travaille, gémit et je le console ; mais, au fait, on en est content. (…) Il a beaucoup d'esprit naturel. En tout la nature l'a bien doué, mais je ne lui vois pas de disposition pour entrer dans la Compagnie de Jésus, et c'est cependant la seule route ouverte aujourd'hui (…) Toutes les notes de ses chefs sont pleines d'éloges de sa bonne conduite et de sa capacité, mais il faut un nom plus brillant que le sien pour parvenir actuellement. Je ferai comme en Suisse, je crois qu'il sera bon de le livrer à un cours d'agriculture rurale, et si je puis transformer sa petite rente en une bonne petite ferme, je lui dirai de chercher quelque dindonnière et de vivre ses pauvres jours sans les compter et du moins sans avoir à en rendre compte à personne. » Pour la rente, on a vu le résultat ! Les autres prévisions agricoles d'Adélaïde ne furent pas meilleures.

Auguste semble s'améliorer au cours de ses études, sans doute piqué par l'amour-propre. Bientôt il obtient d'assez bonnes notes : souvent premier de sa classe, il se voit décerner un 2e prix de thème latin. En 1828, il est reçu au baccalauréat.

La qualité dominante du jeune Auguste est de ne pas douter de lui-même, de ses dons, de sa chance, c'est de s'aimer soi-même : « J'étais le plus paresseux des enfants, mais d'une intelligence merveilleuse. Je ne pouvais m'appliquer un quart d'heure de suite ; je n'étudiais rien à fond ; je devinais tout ; j'écrivais facilement, je faisais des vers, des historiettes, des fables, des comédies, de la musique. J'étais cité, vanté, choyé, mais affreusement puni et jamais récompensé. » Avec une telle autosatisfaction, on peut certes mal tourner, mais aussi forcer aisément la porte de tous les succès.

6

Que d'événements en si peu d'années ! De sa naissance à son adolescence, Auguste va vivre une époque de bouleversements. Né à l'apogée de l'Empire, son enfance est secouée par les soubresauts et les trahisons qu'entraîne la chute de Napoléon, une ère d'instabilité marquée par les retournements et les opportunismes qui sera sans doute à l'origine de son scepticisme en politique. Toute sa famille en subit les conséquences. Et d'abord bien sûr son père. Charles de Flahaut, à sa naissance en 1811, n'a que vingt-six ans ; Hortense vingt-huit. Durant l'année qui suit la naissance de leur fils, ils se voient régulièrement. Flahaut est un habitué de la rue Cerutti. Il papillonne toujours. C'est à Hortense de connaître à son tour les affres de la jalousie, cette jalousie qui lui avait rendu si insupportable la vie conjugale. Il semble qu'à cette époque elle ait pensé à divorcer pour vivre avec Charles. Elle mène une vie libre entre ses diverses résidences, Saint-Leu, Aix, en Savoie, et l'existence dorée de la cour. Elle compose des chansons, dont l'une, *Partant pour la Syrie*, inspirée par le caractère chevaleresque de Flahaut qu'on reconnaîtra dans le personnage du beau Dunois, deviendra l'hymne national sous le Second Empire. Elle participe aux réjouissances de la cour impériale. Mais ces fêtes ne durent pas.

En juin 1812, l'invasion de la Russie lui arrache Flahaut, toujours aide de camp de Berthier, que Napoléon a envoyé en mission à Varsovie. C'est un crève-cœur pour Hortense qui n'ignore pas que son amant va y rencontrer son ancienne rivale, Anna Potocka. Ils se voient en effet. Flahaut éprouve le besoin d'écrire à sa mère pour se justifier : « J'ai été chez Mme Alexandre Potocka qui m'a reçu avec une bonne et franche amitié. Elle a été à merveille et vous auriez été parfaitement contente, je vous l'assure. Il y a une autre amie à moi, ici, mais je ne la verrai pas. Ce n'est pas par rapport à moi, ni à elle, mais toutes mes actions, mes pensées n'ont qu'un but. Si je l'obtiens, ma vie sera remplie. »

Rien ne nous oblige à croire que sa conduite a été à ce point impeccable. Le temps passé, la distance, la nostalgie des rendez-vous manqués, la crainte de ne plus se revoir ont créé un climat on ne peut plus propice à un bref abandon. Ces retrouvailles avec Anna Potocka dans cette ville où il lui avait avoué son amour six ans auparavant ont fortement déplu à Hortense. Pendant toute la campagne de Russie, les lettres de Flahaut tenteront d'apaiser les soupçons de la Reine. Celle-ci, toute à son égoïsme d'amoureuse, semble moins songer aux désastres de l'armée et aux périls que court son amant qu'à la menace que représente sa rivale. Ainsi, quand elle apprend la retraite de Russie, tremble-t-elle à l'idée que l'armée en déroute ne passe par Varsovie et que Flahaut n'ait une nouvelle occasion de voir Anna, dans ce cas « l'hiver sera d'un triste effrayant », écrit-elle à son frère Eugène de Beauharnais. Anna Potocka dans ses Mémoires reste muette sur ce fameux séjour. Un silence qui laisse songeur.

Flahaut a connu, lui, des drames un peu moins imaginaires pendant cette campagne. Il participe à la prise de Smolensk et à la bataille de la Moskova. Ses lettres à sa mère le montrent indigné devant l'incendie de Moscou : « Les Russes viennent de nous donner un des spectacles les plus affreux qu'il soit possible de voir, et de commettre un crime inouï jusqu'à présent. Le gouverneur de Moscou a laissé en partant un nombre considérable de brigands, armés de fusées incendiaires, et leur a laissé l'ordre de mettre le feu partout. Ils l'ont si bien exécuté que la moitié de cette superbe ville est maintenant la proie des flammes. Ils voudront sûrement nous charger de cette infamie et cela me fait une peine affreuse, c'est une horreur dont nous ne sommes pas capables. » Il lui fait part de son dénuement : « Je n'ai plus qu'un gros cheval chargé de chemises et de lin mais n'ai pas de bottes (...) il faut pelisse, dolman, habit etc., etc. ah ma pauvre mère, je te ruine. »

Trois fois blessé, il se conduit avec héroïsme au combat de la Bérésina où il a la tristesse de perdre son ami, Alfred de Noailles, dont il retrouve le cadavre mutilé sur le champ de bataille. En janvier à Posen, il est nommé général de brigade, puis quelques jours plus tard aide de camp de l'Empereur, qu'il suit pendant la campagne de France. Napoléon, qui a discerné chez lui des qualités de diplomate, l'emploie dans ses négociations avec les Alliés. Présent auprès de l'Empereur, il assiste à la trahison des maréchaux et en gardera un invincible dégoût : « On ne peut plus dire : "J'ai l'honneur d'être Français." Aussi suis-je bien décidé à n'en conserver que la naissance, mais à n'occuper aucun emploi dans un pays aussi avili. » Mais sur les conseils de sa mère, il se ravise et, deux jours plus tard, renonce à accompagner l'Empereur à l'île d'Elbe, qui pourtant souhaitait l'emmener avec lui. Il écrit même à Talleyrand devenu tout-puissant pour qu'il arrange ses affaires, tout en doutant, lui qui connaît bien son père, que sa démarche ait quelque chance d'aboutir : « Le bonheur n'éveille pas beaucoup sa sensibilité pour les autres. »

La chute de Napoléon aurait pu rapprocher Hortense et Flahaut, personne ne s'opposant plus désormais à leur union. Pourtant le contraire va se produire. Flahaut semble avoir désiré sincèrement ce mariage. Hortense, elle, refuse sa proposition. On s'est beaucoup interrogé sur son refus de s'unir à l'homme qu'elle aimait. On a avancé un certain nombre de raisons : crainte de perdre son statut de reine et tous les apanages qui s'y rattachaient ; appréhension devant un nouveau mariage ; désir de sauvegarder les droits dynastiques de ses fils légitimes ; peut-être aussi se méfiait-elle de la sincérité et de la constance d'un amant qu'elle savait volage. Durant cette époque, plus que de son avenir avec son amant, Hortense semble se soucier avant tout de sa situation matérielle. Elle n'hésite pas à accueillir le Tsar à la Malmaison, et après l'avoir charmé avec un grand art du marivaudage – qu'on a dit assez poussé –, elle obtient, grâce à son entremise auprès de Louis XVIII, d'être faite duchesse de Saint-Leu. Son opportunisme dans cette période – elle sera reçue deux fois par le roi –, ses intrigues – sur le perfide conseil de Fouché, elle tentera au moment du débarquement de Napoléon à Golfe-Juan de pousser son frère Eugène sur le trône – ne la montrent pas sous son meilleur jour. Cette attitude sans noblesse déçoit même le Tsar. Il comprend qu'il s'est laissé prendre au piège de son charme et que sa conduite pseudo-amoureuse envers lui n'a été inspirée que par l'intérêt. Cet esprit d'intrigue a été bien décrit par Charles de Rémusat qui en retrouvera des traits dans le caractère de Napoléon III : « Sa morale, sa littérature, sa politique étaient de celles qui défrayent l'opéra-comique. Elle avait appris à donner une teinte chevaleresque, un vernis troubadour aux calculs et aux menées de la coquetterie ambitieuse. »

Cette conduite lui vaudra de la part de l'Empereur, lors de leur première entrevue après son retour, une mercuriale cinglante : « Vous ne deviez pas demeurer en France. Un morceau de pain noir eût été préférable. Quand on a partagé l'élévation d'une famille, on doit en partager le malheur. » Mouvement de mauvaise humeur qu'il conclut devant ses larmes par un : « Allez, je vous pardonne ! » Mais après avoir entendu chez elle, rue Cerutti, l'annonce de la défaite de Waterloo, tandis que Benjamin Constant finissait de lui lire son roman *Adolphe*, elle dut, privée de ses appuis, prendre le chemin de l'exil. Elle se fixa en Suisse à Arenenberg, au bord du lac de Constance, où elle acheta une maison. Là elle découvrit avec stupeur, en décachetant un paquet de lettres adressées à Flahaut, la liaison passionnée de son amant avec Mlle Mars.

Cette époque troublée et si agitée n'avait pas empêché Flahaut de reprendre son existence de séducteur. D'abord il avait consolé la comtesse de Noailles, femme de son ami Alfred, mort à la Bérésina. Puis Mlle Mars, la grande actrice, était entrée dans sa vie. Il l'avait rencontrée alors qu'elle était la gloire du Théâtre-Français, avant de devenir plus tard l'actrice favorite des romantiques, avec Marie Dorval. Elle créera *Henri III*, la première pièce d'Alexandre Dumas, l'*Othello* de Vigny, d'après Shakespeare, puis *Hernani*. Stendhal a déliré à son propos : « Elle donne l'idée de l'amour le plus sublime (…) Sa physionomie rendrait amoureux de l'amour (…) J'avais besoin de ne pas la regarder pour n'en pas devenir amoureux. » L'Empereur lui-même a été sous son charme. À Dresde, en 1813, il l'invite à sa table et l'interroge sur ses débuts : « Sire, j'ai commencé toute petite. Je me suis glissée sans être aperçue. » Elle le reverra pendant les Cent-Jours et portera sous la Restauration des bouquets de violettes pour marquer son attachement à l'Empire.

En 1815, au moment de sa liaison avec Flahaut, elle a trente-sept ans. Elle aussi fille naturelle, elle sort d'une vie amoureuse passablement agitée : entretenue par le banquier Perrégaux, puis par un Russe richissime, le prince Gagarine, elle semble à la même époque déjà très liée avec le colonel Brack, un bellâtre, « un Adonis sous l'armure », qui profitera d'elle, de sa fortune, et l'abandonnera dix ans plus tard pour conclure un mariage plus avantageux. Il se conduira d'une manière particulièrement cynique en jetant dans ses bras un jeune homme de vingt-cinq ans, M. de Mornay, afin de trouver un prétexte à la rupture. Puis il réunit chez Mlle Mars une trentaine de personnes et s'exclama devant cette assemblée qu'il connaissait un homme de trente-cinq ans qui avait fait la folie de s'attacher depuis neuf ans à une vieille cocotte qui l'avait trompé pour un jeune blondin. « Que pensez-vous, ajouta-t-il, que cet homme doive faire ? » Et devant l'assistance interloquée, il s'exclama : « Je crois qu'il doit s'en aller, et comme cet homme c'est moi, ce que je conseille je l'exécute et me retire. » Sur ces mots, il sortit et disparut à jamais. Mais ce butor avait, disait-on, une telle séduction qu'on soupçonna même la reine Hortense de ne pas y avoir été insensible. Celle-ci s'en défendra dans ses Mémoires. Ajoutons pour l'anecdote que le jeune Mornay était le fils d'une proche de la même Hortense. Ce nom pour elle devait en évoquer douloureusement un autre. Et Balzac, nous le verrons, en créant le personnage de Marsay inspiré de Morny, mêlera les deux patronymes. C'est donc cet insupportable colonel Brack, compagnon de tant d'aventures de l'Empire, que Flahaut eut quelques mois comme rival dans le cœur de Mlle Mars.

L'inconstant Flahaut devait bien se comporter pendant les Cent-Jours. Ralliant l'Empereur dès l'annonce de son retour, il lui reste fidèle jusqu'à la fin, chevauchant « botte à botte » avec lui dans la nuit qui suit la défaite de Waterloo. Des Quatre-Bras, il a écrit à Hortense : « Jamais je n'ai rien vu de pareil (...) cela approche de la folie. » N'eût été l'intervention de Talleyrand auprès de Louis XVIII, il aurait probablement subi le sort de son ami La Bédoyère condamné à mort et exécuté.

Désormais désabusé, Flahaut, à trente ans, a l'impression d'avoir tout vécu. Il n'a plus d'illusions et ne se voit plus d'avenir. Il n'éprouve que du dégoût pour ce ballet des trahisons dont il a été le témoin et rêve de finir sa vie ailleurs. Certes il rejoint quelques jours la reine Hortense en Suisse, mais entre eux quelque chose s'est irrémédiablement cassé. L'épisode des lettres de Mlle Mars va n'être que le prétexte à une rupture bientôt définitive.

Hortense a évoqué dans ses Mémoires le choc que produisit en elle la découverte de ces lettres : « Que devins-je, grand Dieu !, en lisant les expressions passionnées d'une femme qui paraissait liée avec lui et qui se vantait de posséder son amour (...) Je réunis le peu de forces qui me restaient et je parvins à lui écrire (…) Après je tombai dans le plus grand anéantissement. »

Flahaut dans sa réponse s'enlise dans les mensonges. Selon lui il n'a poursuivi cette passade que parce que l'actrice se livrait sur lui à un chantage : elle menaçait de tout révéler à Hortense. Le ton de la lettre pleine de demandes de pardon, et dans laquelle il dit « regretter de n'avoir pu trouver, avec tant de braves, la mort à Waterloo », dut paraître assez sincère car, dit-elle, « son désespoir [l']effraya ». Mais le charme était détruit, conclut-elle : « J'avais été trompée ! Je voulais bien pardonner, mais je ne pouvais oublier. »

Flahaut choisit bientôt l'exil. Il écrit à sa mère : « Si j'arrive sain et sauf en Angleterre, je me jette dans le premier fauteuil à bras que je rencontrerai et je n'en bouge plus. » À Londres, il est fêté par le parti whig favorable à Napoléon. Il rencontre Miss Margaret Mercer Elphinstone, lady Keith, une très riche héritière écossaise qui s'éprend du « Français malheureux ». Hésite-t-il tant que cela à rejoindre Hortense ? Très mollement. Quel avenir peut-il encore trouver auprès d'une reine déchue, jalouse, vivant à l'écart de toute société, et qui refuse de divorcer pour l'épouser ? Poussé par sa mère, il prend le parti le plus raisonnable qui s'offre à lui : il décide de convoler avec les sept mille livres de rentes et les belles espérances de l'Écossaise qui, de son côté, brave le veto de son père. Lord Keith emploie tous les moyens pour la dissuader d'épouser le Français, y compris la menace de la déshériter. Lord Byron, ancien soupirant de Margaret, et qui vit en exil, reçoit d'un de ses amis, Scrope Davies, des échos de la fureur du père : « Lord Keith déteste tous les étrangers – de tous les étrangers, c'est un Français qu'il déteste le plus – de tous les Français, un compagnon de Bonaparte – et de tous les compagnons de Bonaparte, c'est Flahaut qu'il déteste le plus. »

Les intrigues de l'ambassadeur de France, le marquis d'Osmond, père de Mme de Boigne, personnage aigre et mesquin, pour faire échouer le mariage auront été également inutiles. Désormais dans son château écossais, Flahaut mènera une vie paisible, attendant des jours meilleurs en France, entre une femme sans beaucoup d'attraits, mais forte, intelligente et dévouée, qui lui donne sa fortune et une kyrielle de filles. De loin, mais avec régularité, il mande à sa mère des nouvelles du petit Auguste. Après une existence trépidante et héroïque, Flahaut goûte les plaisirs d'une vie sédentaire dans une époque qui semble, succédant à tant de glorieuses années, avoir épuisé toutes ses virtualités d'aventures. L'amant peu à peu – il faudra encore beaucoup de temps pour assagir tout à fait ce volage constitutionnel – cède la place au père, celui légitime des cinq filles de lady Keith, celui du jeune Auguste, son seul fils.

7

Auguste est maintenant un adolescent. Intelligent, charmeur, curieux de tout, mais peu travailleur, qui excelle dans les exercices physiques, escrime, natation, équitation, doué surtout pour les plaisirs. Son éducation n'a pas été marquée par trop d'exigeantes leçons de morale, ni Mme de Souza, ni Talleyrand, ni les amis de sa famille, Benjamin Constant, Montrond, ne s'en préoccupant. Il a été à l'école du plus grand scepticisme et de l'amoralité la plus avouée. L'époque d'ailleurs ne peut guère inculquer des principes bien rigides. Ces héritiers des Lumières n'auront guère trouvé dans le nouveau siècle de quoi se guérir de leur incrédulité en matière politique. Quels modèles suivre ? Quelles fidélités ont résisté à l'attrait des places ? Le temps empoisonné du *Dictionnaire des Girouettes*. Personne n'est sorti indemne des événements. Ceux qui ont été épargnés sont morts, notamment le plus grand, Napoléon, dont l'ombre grandit chaque jour.

Comme tuteur d'Auguste, Flahaut et Hortense ont choisi, on l'a vu, Gabriel Delessert qui va jouer un grand rôle dans la formation et dans la vie de son pupille – il sera un peu son second père. Charles de Rémusat le décrit comme un homme de « grande taille et une grande figure grave et gauche au premier rang du commerce à Paris pour la considération et la fortune (…) un très brave homme, bienfaisant, instruit, ami du bien public. » Il est le fils d'un grand banquier suisse installé à Lyon ; son frère, Benjamin, a été l'un des premiers à créer, en 1801, une raffinerie de sucre de betterave à Passy (détail qui aura son importance dans les orientations futures de Morny). Son activité industrielle lui a valu de devenir baron d'Empire puis de siéger à la Chambre pendant les Cent-Jours. Assez érudit, bon collectionneur de tableaux, son salon se ressent de sa raideur protestante. « On ne s'y amusait même pas à penser », écrit drôlement Charles de Rémusat. Banquier jusqu'en 1830, Gabriel Delessert réorganisera alors la garde nationale avant d'entrer dans la carrière préfectorale : il sera préfet de police en 1836, puis pair de France. Beaucoup moins austère que son frère, c'est un homme aimable, tolérant, à qui on reconnaît une grande noblesse d'âme. À trente-huit ans, il a épousé une jeune fille de dix-huit ans qui a connu de graves revers de fortune, Valentine de Laborde, dont la vie amoureuse sera passablement agitée. Elle a de qui tenir : la sœur de son père, la ravissante et volage Natalie de Laborde, épouse de Charles de Noailles avant de devenir duchesse de Mouchy, est restée célèbre pour avoir inspiré une terrible passion à Chateaubriand qui l'avait retrouvée à l'Alhambra de Grenade. Elle s'était jetée ensuite dans les bras de Molé qu'elle fit également souffrir avant de devenir folle. Pour en finir avec toutes les imbrications mondaines et sexuelles de cette famille, rappelons que la fille de Natalie, Mme Alfred de Noailles, avait été la maîtresse de Flahaut à son retour de Russie.

Le salon des Delessert accueille la plupart des hommes politiques et des écrivains les plus influents. Tout le monde vante le charme, la beauté, mais aussi la bonté de Valentine. Douée pour tous les arts, elle dessine à merveille. Elle a un air de tristesse qui assombrit ses beaux yeux d'un bleu pâle et qui n'est pas sans charme. Elle aime plaire et son âme sensible se grise d'amours romanesques. C'est ce qui explique peut-être qu'après avoir été une épouse exemplaire, elle devint dans son âge mûr la maîtresse de Mérimée, puis de Maxime Du Camp, qui en fera Viviane, l'héroïne de son roman autobiographique *Les Forces perdues*. Elle a également donné beaucoup de ses traits au caractère de la Mme Dambreuse de *L'Éducation sentimentale*.

À quinze ans, donc, en dépit de quelques succès scolaires dus à sa facilité, Auguste fait preuve d'une grande nonchalance. Son père s'en inquiète. Il le traite de « flâneur, de lambin, d'incorrigible paresseux ». Mais déjà le jeune homme impressionne ses condisciples du collège Bourbon. L'un d'entre eux, Auguste Villemot, le décrit ainsi : « Son intelligence active et éveillée semblait avoir d'autres ambitions, et franchissait le programme des études pour entrer de plain-pied dans la vie sociale. »

Un jour que Gabriel Delessert, tentant de l'inciter à se ressaisir, fait allusion aux principes d'éducation laxistes de Mme de Souza, Auguste prend sa défense et revendique ses erreurs : « Pardon. On ne m'a nullement donné de mauvais conseils, j'ai suivi de mauvais exemples, c'est bien différent. » Mais à qui donc pensait-il, sinon à l'influence de Mme de Souza, lorsqu'il écrira beaucoup plus tard : « Le monde ancien sacrifiait tout à la forme ; pour lui, le fond était peu de choses. On eût alors préféré un coquin avec de bonnes manières à un honnête homme mal élevé. On m'a trop inoculé ces idées. Pour vivre avec les autres, pour redresser mon jugement, il m'a fallu refaire mon éducation. »

L'installation à Paris, en août 1827, de Flahaut, de sa riche et un peu rude femme, lady Keith, et de leur cinq filles, va être l'occasion d'une reprise en main d'Auguste. Lady Keith, qui est large d'esprit et a bon cœur, le traite comme son propre fils. Mme de Souza ne regarde pas cette invasion sans quelque inquiétude. Elle sait qu'on va arracher à son influence son pupille qu'elle adore : « Ils arrivent tous, mon fils, ma bru, leurs filles, leurs gouvernantes, leurs gens ! C'est une vraie tribu – je dirai même une vraie tribulation ! »

Après sa réussite au baccalauréat ès lettres, Auguste, qui n'a pas de vocation bien précise, exprime, « Dieu sait pourquoi, le désir d'être militaire ». Flahaut décide alors de l'inscrire à la pension Guérard pour préparer son entrée à l'École polytechnique. On le bourre de mathématiques, ce qui inquiète Mme de Souza : « On a mis toutes choses à l'envers pour ce pauvre Auguste. Ce n'a pas été de ma faute. Je souffre pour lui. D'Alembert disait : "Qu'on me donne un bœuf, j'en ferai un mathématicien", mais encore faut-il être un animal ruminant et le pauvre Auguste n'est rien moins que cela. » Cette pension Guérard où il va se lier avec certains de ses condisciples, d'Alton-Shée, Paul Daru, Félix de La Valette, ne va pas vraiment contrecarrer ses penchants pour la vie dissolue. Il le reconnaîtra plus tard dans ses ébauches de Mémoires : « En sortant du collège, j'étais mis en pension avec le fils du maréchal Ney, Edgar, chez un professeur nommé Guérard. Cet homme était une vraie canaille qui jugeait qu'il avait affaire à des parents faibles et à des vauriens déterminés, qui nous garda sans nous obliger à rien faire. À l'âge où les jeunes gens travaillent, nous allâmes au café, au spectacle, à l'école de natation, d'équitation, à la femme, à la fille (…) Nous nous perfectionnâmes dans un sens : nous n'apprîmes pas les lettres, mais nous apprîmes le monde (…) Sans le bon naturel qui m'éloignait de la mauvaise compagnie et me faisait rechercher la bonne, la conversation distinguée et délicate, ce qui rectifia mon esprit durant les deux années suivantes, j'aurais très mal tourné. »

Mme de Souza, à son habitude, ne prend pas cette dissipation au tragique. Au contraire, en femme du XVIIIe siècle, elle semble heureuse de retrouver chez son petit-fils son goût du plaisir et de la galanterie : « Auguste danse et me paraît fort occupé par les femmes. Cela sied mieux à son âge que la politique. Mais les mathématiques s'en ressentiront un peu. »

En 1829, au cours de l'été, à la veille de son entrée à la pension Guérard, Flahaut a emmené Auguste avec lui à Aix-la-Chapelle, où ils passent un mois avant de repartir pour l'Écosse. De manière certainement pas fortuite, même si tous les protagonistes feignent de suivre une cure thermale, ils y retrouvent Hortense, désormais duchesse de Saint-Leu, et Talleyrand, qui dut savourer sous cape les retrouvailles de sa famille par la main gauche. On sait peu de chose de cette unique rencontre entre la mère et le fils.

Auguste sait-il qu'Hortense est sa mère ? Que soupçonne-t-il exactement de sa naissance ? Pour son père, il n'a aucun doute. Et sur ce point, il a dû être renseigné très tôt. Pour sa mère, il semble probable qu'il ait très vite aussi découvert le pot aux roses. Mme de Souza n'était pas une grand-mère capable de garder longtemps un secret qui devait, étant donné son snobisme, lui brûler les lèvres ; un secret que les proches amis avec lesquels elle correspond, la comtesse d'Albany et M. Le Roi, avaient percé depuis longtemps. Auguste, avec son intelligence précoce et singulièrement affûtée, n'a pas dû avoir grand mal à deviner la vérité. En a-t-il été attristé, ému, flatté ? On imagine l'émotion d'Hortense face à ce fils qu'elle n'avait jamais vu et devant lequel elle ne peut manifester aucun des sentiments qui l'assaillent. Ce fut certainement pour elle, pour sa sensibilité si facilement écorchée, un moment bouleversant. Que de souvenirs, que de nostalgies, l'adolescent devait réveiller : sa grande passion malheureuse pour Flahaut, les angoisses lors de sa naissance, la tristesse de n'avoir pu le garder près d'elle.

Cette rencontre ne semble pas avoir mis Auguste d'humeur morose. Les lettres qu'il écrit à Mme de Souza sont plutôt enjouées : « Nous avons à dîner tous les jours le prince de Talleyrand et la princesse Tyszkiewicz. Je les aime vraiment beaucoup tous les deux.

Ils sont pleins de bonté pour moi. Je vais les voir tous les matins séparément, et j'ai quelquefois avec M. Martin et M. de Talleyrand des conférences littéraires dans lesquelles j'écoute deux hommes dont le premier est instruit et sérieux et l'autre, instruit, gai et aimable. Je lis l'*Essai sur les mœurs* de Voltaire ; je n'aurais pas cru que la science et la métaphysique pussent autant m'intéresser. Je me baigne et j'espère beaucoup de la douche pour mon bras. Je m'amuse doucement. Je lis plus volontiers et je me sens plus disposé au travail que l'année passée. Nous partirons pour l'Angleterre le 20. » Sur Hortense, pas un mot. Un silence de plus dans cette vie déjà pleine de tant de secrets.

Il se réjouit d'avance du voyage qu'il va entreprendre en Écosse. « Je n'en dors plus. » Là-bas, il a l'occasion de mieux faire connaissance avec les filles de son père qui deviendront ses meilleures amies. Il écrira plus tard à l'une d'elles, Émilie : « Je n'aime rien plus en ce monde que mon père et mes sœurs. » Il se tire avec honneur de sa première apparition sur un terrain de chasse écossais. On ne sait comment Flahaut appelle son fils lorsqu'il le présente au cours de leur tournée des châteaux écossais. L'appelle-t-il « mon cher ami », alterne-t-il le vouvoiement et le tutoiement, comme dans sa correspondance avec lui ? En tout cas Auguste est très bien accepté dans la nouvelle famille de son père. Lady Keith le traite comme son fils et les cinq filles tombent sous le charme de cet adolescent aimable et enjoué.

De retour à Paris, après une année à la pension Guérard, Auguste, admis à l'École polytechnique, entre dans l'armée. Et à la faveur de la révolution de 1830, Flahaut, réintégré par Louis-Philippe dans son grade de lieutenant général des armées, nommé pair de France, obtient pour lui un grade de sous-lieutenant « à titre de récompense nationale » pour son rôle pendant les journées de Juillet. Auguste a rompu très simplement avec son patronyme roturier, Demorny : il s'appelle le comte Auguste de Morny, et a fait graver sur son papier à lettre sous une couronne comtale deux M entrecroisés. Il entre à l'École d'état-major de Sens où il ne travaille guère. Mal noté, souvent puni, il en sort à vingt et un ans dans un rang très médiocre, mais portant beau le superbe uniforme, coiffé de la chapska pourpre des lieutenants de lanciers. « Voilà Auguste casé. C'est important pour lui. C'est une carrière », s'exclame, heureuse, Mme de Souza. Appartenant à une famille très bien en cour auprès du nouveau régime – son père vient d'être nommé ambassadeur à Berlin –, Auguste ne voit dans la vie militaire de garnison qu'une occasion de brimades et un ennui pesant. Il va jouer sa partie ailleurs : dans le monde, dans l'univers de la noce, où il va devenir, aidé par sa prestance, ses talents, et déjà la légende qui s'attache à lui, la coqueluche des jolies femmes. Ce sont les années insouciantes et dorées qui feront sa durable réputation de viveur, d'homme à bonnes fortunes et de dandy.

Par son entourage, Auguste a très tôt accès à trois milieux différents qui se croisent : par Adélaïde de Souza, par Flahaut, par Delessert, le monde des lettres ; par Talleyrand, le monde politique ; et par tous la meilleure société, la nouvelle aristocratie, celle de l'Empire et l'ancienne, surtout la libérale, liée aux Orléans. Il est au confluent du nouveau et de l'ancien monde. Cela lui donnera une aisance parfaite partout où il se trouvera. De Mme de Souza, il gardera le goût des œuvres d'art et celui du jeu. Enfin il eût été bien étonnant avec une telle parentèle qu'il n'eût pas contracté le goût du plaisir. Il est l'héritier des sangs les plus voluptueux.

Gabriel Delessert, parlant de cet entourage, dira plus tard à Maxime Du Camp : « Ce n'est point en telle compagnie qu'il se forgea des principes bien rigides, mais il y apprit la science du monde, à laquelle il excella. »

8

La monarchie de Juillet, pauvre terrain pour un ambitieux de haut vol, une époque paisible en surface, menaçante et grondante dans ses profondeurs, où se rassemblent et convergent les prudences et les médiocrités d'une classe politique timorée, installée dans ses prérogatives et qui a trouvé dans la monarchie constitutionnelle un compromis douillet pour dissimuler ses contradictions et ses lâchetés. Un faux roi, une fausse démocratie. Comme si le souffle brûlant de la gloire napoléonienne avait dispensé ce régime de songer à toute idée de grandeur. Comme si Waterloo avait à jamais vacciné la France contre l'esprit d'aventure. L'aristocratie légitimiste du Faubourg Saint-Germain boude cette monarchie tricolore qui a mis en place un pseudo-roi, fils de régicide ; les bonapartistes pansent leurs blessures à la faveur d'un régime bonasse qui recherche leur faveur ; la jeunesse s'étiole dans une société brouillée avec tout idéal non monnayable. La France des Molé, des Thiers, des Guizot, des Casimir Perier, des Laffitte et de tous les besogneux artisans du Juste Milieu ne soulève pas son enthousiasme.

Le monde ouvrier, prolétarisé, sans moyen d'expression, s'enfonce dans un désespoir dangereux, prêt à s'enflammer au premier brûlot révolutionnaire. Seuls les commerçants, les entrepreneurs et les hommes d'affaires trouvent leur compte dans cette époque faussement paisible où bruit un prodigieux essor industriel. Les écrivains, eux, pour échapper à la morosité se livrent à une débauche de rêves et de créations. Ils s'adonnent avec fièvre à toutes les excitations de l'esprit, s'entichent de tous les exotismes qui peuvent mettre en branle leur imagination : dépaysement historique à travers le Moyen Âge ou la France de Louis XIII ; dépaysement géographique : les regards se tournent vers l'Orient, destination favorite de Nerval, de Gautier, de Flaubert sur les traces de Chateaubriand ; dépaysement social : l'arrivisme. De ce bric-à-brac, auquel il faut ajouter la nostalgie napoléonienne, va naître le romantisme, puissante vague de fond surgie de l'ennui d'une époque sans horizon.

Ce régime bâtard de la monarchie de Juillet ne déplaît pas à Morny. Il y fera sa place, et sans doute l'estime-t-il, dans son souci de compromis, le seul système politique capable de réconcilier la monarchie avec la république et aussi avec l'Empire. Or les influences qui se mêlent en lui par sa famille proviennent de l'aristocratie libérale et de l'Empire – sans parler de son grand-père Talleyrand qui a successivement servi les trois régimes. Morny peut reconnaître dans la monarchie de Juillet la synthèse de la diversité des courants de son histoire familiale.

Mais quelle ambition s'offre alors à lui, militaire sans vocation véritable ? L'état d'esprit dans l'armée n'est guère flamboyant depuis 1815. Vigny l'a montré dans *Servitude et grandeur militaires*. On dépérit dans l'ennui de la vie de garnison. Les âmes les mieux trempées s'étiolent. Seule la conquête de l'Algérie entreprise à la fin du règne de Charles X offre le stimulant de la nouveauté et le piquant de l'orientalisme. Et encore ! À dire vrai on ne sait pas ce qui a poussé Morny dans la carrière des armes. Disons que, faute d'une vraie vocation, il a été à ce qui se présentait. Mais quand on a eu son enfance bercée par les aventures héroïques d'un père placé au premier rang de la gloire napoléonienne, comme les petits enjeux de la carrière militaire doivent paraître médiocres. À défaut d'autre chose, il tente de faire bonne figure. On ne l'aime guère à l'armée. Il ne cherche pas à s'adapter au moule. Ce soldat protégé, qui toise ses supérieurs d'un air ironique, fait figure de dilettante, de raffiné. On le sent hostile aux besognes ingrates et ne cherchant que le panache et les occasions de gloriole pour parader dans les salons. Et avec cela cet orgueil des jeunes hommes qui n'ont encore rien fait mais qui se croient indispensables. Seule Mme de Souza est capable d'en sourire : « Auguste est avec son régiment au camp de Compiègne. Il commande un peloton et je suis bien sûre qu'il croit que sans lui l'armée ne marcherait point. »

Les débuts sont difficiles. Après un passage à l'école de cavalerie de Saumur, il a suivi les cours de l'École d'état-major de Sens : « Ces deux années me furent salutaires. Mon intelligence se régularisa. Je me souviens encore du plaisir que j'avais à apprendre certaines sciences ; mais travaillant par foucades, n'étudiant que la partie des études qui convenait à mon esprit, rentrant trop tard, souvent puni, je fus classé dans un mauvais rang. J'étais le plus fort dans les sciences importantes, et j'avais des zéros pour des niaiseries qui néanmoins m'obligèrent à quitter l'École, ne voulant pas faire une année de plus. » Il demande son rattachement au 1er régiment de lanciers, le régiment à la mode. Mais on l'affecte au 2e dragons. Il refuse, prend un congé et réitère sa demande pour le 1er lanciers. Ce qu'on finit par lui accorder après les interventions du duc de Nemours et du général de Flahaut. Enfin il endosse, à Fontainebleau, le bel uniforme garance au collet bleu. Il a vingt-deux ans. Ces hautes interventions, on l'imagine, ont dû passablement agacer ses chefs, qui ne verront pas d'un meilleur œil ses incessantes demandes de congé pour des maladies plus ou moins imaginaires, sauf ces « gastrites », réelles celles-là, qu'il va soigner pendant trois mois aux Eaux-Bonnes en 1834.

Fontainebleau va être sa base de départ dans sa conquête de Paris. À partir de cette époque, il forge sa légende. Autant qu'il le peut, et même un peu plus, il rejoint les salons de la capitale. Tout concourt à faire de lui un chouchou du nouveau régime : sa séduction, ses yeux clairs un peu voilés, son intelligence, sa prestance à cheval. Surtout la position forte de ses parents à la cour : son père, le général de Flahaut, nommé contrôleur général des armées, pair de France, puis ambassadeur à Berlin ; son grand-père, Talleyrand, est un des principaux soutiens de la monarchie de Juillet, qui fait également de lui un ambassadeur à Londres ; sa grand-mère, Mme de Souza, a ses grandes entrées aux Tuileries : n'a-t-elle pas été autrefois la maîtresse de Louis-Philippe, alors duc de Chartres alias M. Corbie, lors de son séjour à Bremgarten pendant l'émigration ; il n'est pas jusqu'à son tuteur, Gabriel Delessert, fervent partisan du roi-citoyen, qui ne devienne préfet de police en 1836. Avec de tels atouts, comment Morny n'aurait-il pas la cote d'amour dans le monde orléaniste ? Tous les salons s'ouvrent au bel officier sûr de lui, que sa naissance illégitime de haute volée, bien loin de lui nuire, enveloppe d'une aura de légende romantique.

Lors de ses séjours à Paris, depuis que Mme de Souza devenue veuve a pris un logement plus exigu rue Saint-Florentin – à quelques mètres de l'hôtel où réside Talleyrand –, il loge dans la superbe maison de son père, l'hôtel de Massa, qui se trouvait alors à l'angle des Champs-Élysées et de la rue d'Angoulême, aujourd'hui rue La Boétie après avoir été rue Morny sous le Second Empire. Cet hôtel chargé d'histoire, conçu par Chalgrin, offert par le comte d'Artois à sa maîtresse, l'actrice Louise Contat, devenu plus tard le siège de la Société des gens de lettres, connaîtra entre les deux guerres une étrange destinée : menacé de démolition, il sera, grâce à l'intervention d'Édouard Herriot, transporté pierre par pierre à son emplacement actuel, rue du Faubourg-Saint-Jacques. Dans cet hôtel, Flahaut et sa femme reçoivent. Leur salon est l'un des plus prisés de Paris. Delphine de Girardin l'évoque comme l'un des hauts lieux des manœuvres politiques. Lady Keith est connue pour être une épouse complaisante mais qui nourrit pour son mari une ambition toujours insatisfaite.

À cette époque, en compagnie d'Édouard d'Alton-Shée, Fernand de Montguyon, Félix de La Valette, le prince Belgiojoso qui fera bientôt scandale en enlevant la duchesse de Plaisance, la fille du maréchal Berthier, et d'une bande d'élégants bambocheurs, Morny se lie avec le duc d'Orléans, qui a le même âge que lui, et installe sa réputation de viveur et de séducteur. Il est de toutes les fêtes aux Tuileries, de tous les bals, et mène une existence très au-dessus de ses moyens. Il a des chevaux, il joue gros jeu et s'habille avec les raffinements d'un dandy chez les tailleurs à la mode, anglais bien sûr dans cette époque d'anglomanie frénétique, les Humann, les Becker. Les dettes s'accumulent. Qui les paye ? Delessert pour une part et surtout Flahaut qui commence à trouver l'addition un peu lourde : « La folie des grandeurs dont tu sembles atteint t'empêchera de faire carrière. Comment t'y prendras-tu quand tu n'auras plus que ta solde pour vivre ? » Et un peu plus tard d'un ton pincé : « Je suis bien aise de ce que tu me dis de ta résolution de ne plus faire de dettes. »

Morny est un « lion », pour employer une expression qui fait fureur à l'époque et que Balzac retiendra dans sa zoologie humaine. L'expression est venue bien sûr d'Angleterre par allusion aux lions en pierre de la Tour de Londres que l'on venait admirer. À partir de 1830, le mot désigne les jeunes gens riches, élégants et à la mode, ceux qu'on a appelés les fashionables, les dandies, et qu'on désignera sous le Second Empire sous le nom de gandins. Il y a également le « gant jaune » qui semble être un sous-lion. Le lion se démodera vers 1840. Delphine de Girardin, dans les chroniques qu'elle publie sous le pseudonyme du vicomte de Launay, écrit alors : « Il est de très mauvais goût de dire nos lions et nos lionnes ; un homme qui, en parlant d'une femme à la mode, s'écrie : c'est une lionne ! est un homme jugé ; on devine tout de suite qu'il appartient à un monde commun. » En 1833, on pouvait le dire de Morny sans passer pour un homme commun. C'était même le chic du chic.

Le dandysme, importation anglaise également en vogue, est un véritable état d'esprit consacré au culte d'un maître révéré à l'égal d'un dieu, Brummell. Une façon d'être où se mêle la coquetterie de ne rien faire comme tout le monde, d'être extravagant, hautain, dédaigneux, en adoptant en toute occasion un ton méprisant et railleur. C'est le symptôme d'une société qui s'ennuie depuis qu'elle n'a plus de grande ambition. On met à choisir une cravate une énergie que l'on ne sait à quoi employer. Les dandies fréquentent ces clubs qui naissent un peu partout, leur lieu de rendez-vous avec le Café de Paris, Tortoni, la loge infernale de l'Opéra. On les voit en tilbury dans les allées du bois de Boulogne. Et s'ils sont à court d'idée, ils peuvent même consulter le *Manuel du fashionable* d'Eugène Ronteix.

Les écrivains se font l'écho de cette mode. Stendhal dans *Le Rouge et le Noir* par la bouche du prince Korassoff donne des conseils de ce nouveau savoir-vivre à Julien Sorel : « Faites toujours le contraire de ce qu'on attend de vous ; la grande affaire est de clouer une affectation à l'acte le plus simple. » Balzac, avec sa meute avide de jeunes gens ambitieux, n'est pas en reste de leçons. Tous ses insupportables lions plein de morgue, les Marsay, les Rubempré, les Rastignac, les Montriveau, ont été à l'école du dandysme. Le vieux Chateaubriand, confit de plus en plus dans la fatuité morose, n'a pas une grande indulgence pour les excentricités de cette nouvelle génération où il ne voit qu'un signe de mauvaise éducation. Il grince, grinche et trace au vitriol le portrait du jeune homme à la mode : « Il décèle la fière indépendance de son caractère en se roulant sur les sofas, en allongeant ses bottes au nez des vieilles ladies assises avec admiration sur des chaises devant lui ; il monte à cheval avec une canne qu'il porte comme un cierge. »

Édouard d'Alton-Shée, autre lion, partagé, lui, entre son amour pour les belles cravates et sa passion pour les idées avancées de Proudhon, décrit ainsi son ami Morny : « Sans être véritablement beau, il avait la physionomie fine et bienveillante, de l'élégance, de la distinction ; il était admirablement proportionné, fort adroit à tous les exercices, un de nos meilleurs gentlemen-riders ; ami, parfois rival heureux du duc d'Orléans, il avait obtenu auprès des femmes de nombreux et éclatants succès ; instruit pour un mondain, ayant le goût de la paresse et la faculté du travail, une foi absolue en lui-même, de l'audace, de l'intrépidité, du sang-froid, un jugement sain, de l'esprit, de la gaieté ; plus capable de camaraderie que d'amitié, de protection que de dévouement, amoureux du plaisir, décidé au luxe, prodigue et avide, plus joueur qu'ambitieux ; fidèle à un engagement personnel, mais n'obéissant à aucun principe de politique ou d'humanité, rien ne gênait la liberté de ses évolutions ; certaines qualités princières, la dissimulation, l'inconscience, le mépris des hommes et pourtant le besoin de leur plaire ; il pratiquait la souveraineté du but, non au profit d'une religion, d'un système ou d'une idée, mais dans son propre intérêt. »

Il manque à ce portrait la touche tendre, affectueuse, héritée d'Hortense, qui existe elle aussi chez cet enfant gâté : son affection attentive pour Mme de Souza qui aura été sa vraie mère et qui l'idolâtre. « Auguste m'a donné son portrait ; cela m'a causé un vrai battement de cœur. »

Le Morny de cette époque, qui va de divertissement en divertissement, de femme en femme, ni vraiment militaire dans l'âme, ni satisfait par les paillettes de la mondanité, est trop lucide pour ne pas voir la vanité et la précarité de l'existence dispendieuse qu'il mène ; il se cherche à travers ces expériences. Il est certes enchanté de plaire, d'être à la mode et de cueillir tous les fruits de la réussite. Parmi ses conquêtes flatteuses, on évoque déjà une des plus belles femmes de l'époque, la comtesse Le Hon, une ravissante blonde, épouse de l'ambassadeur de Belgique, dont on a dit le duc d'Orléans amoureux. Morny est également fier de ses liens d'amitié avec les membres de la famille royale et notamment le duc, avec lequel on le dit en rivalité amoureuse. On parlera même d'un duel entre eux à cause d'une femme. Était-ce la comtesse Le Hon ou une autre ? Cet intérêt que lui manifestent les grands est une forme de reconnaissance dont Morny aura toujours besoin. Cet homme sans origines avouées, paria doré mais paria quand même, veut être accepté autant qu'il aime être aimé. Mais après ? Sans doute y songe-t-il souvent dans le petit matin de l'après-débauche quand il regagne au galop sa garnison de Fontainebleau. Que va-t-il faire de sa vie ? Tant de dons gaspillés pour le plaisir factice d'amuser des comparses dont au fond de lui-même il a vite jugé l'insignifiance ! La vie qui s'enfuit si rapidement entre ses doigts, comme ces flots d'or qu'il dilapide au tapis vert, cela risque de le mener tout droit à une existence gâchée de brillant raté. Il a besoin d'une discipline pour dompter ses forces et ses dons et les appliquer à un but à sa mesure. Il la cherche.

Le général de Flahaut, las d'être le banquier de sa vie dissolue, va lui en fournir l'occasion : il demande au duc d'Orléans, chargé du commandement en chef d'une expédition en Algérie, d'emmener Morny avec lui. Le duc dans une lettre à son frère, le duc de Nemours, semble n'y voir qu'un épisode mondain de plus : « À propos de femmes éplorées, Morny part pour l'Afrique. » On pourrait croire alors que la vie de Morny va s'ancrer dans une existence vouée à la gloire militaire. Même si l'expérience s'avère positive, il ne prendra pas goût au métier de soldat. Mais il va y perdre ses poses de dandy et ses préoccupations futiles. Sans abandonner son humour, il va gagner en gravité.

9

La poursuite de la conquête de l'Algérie s'effectue sous les plus mauvais auspices. Après les occupations d'Alger en 1830, puis difficilement d'Oran, de Mers el-Kébir et de Bône, de sanglantes insurrections ont éclaté dans la Mitidja. Politiquement cette guerre coloniale est loin de faire l'unanimité. La Chambre compte de nombreux partisans de l'abandon de « ce legs onéreux de la Restauration », d'une conquête dont le coût exorbitant en argent et maintenant en hommes n'est contrebalancé par aucun avantage. Un député, Desjobert, se montre singulièrement perspicace : « Notre caractère national est essentiellement démocratique. Or toute démocratie est impropre à la colonisation. Les résultats qu'on escompte sont illusoires. L'Algérie est pour nous une cause de faiblesse ; elle démoralise nos soldats ; elle coûte quarante millions par an. Il faut évacuer l'Algérie. » Le maréchal de camp Bugeaud, lui aussi député, appuie ce point de vue de toute la force de son prestige de militaire : « Ah misérable Afrique, tu as toujours été un embarras, maintenant tu es un immense danger. » Il ne tardera pas à changer d'avis. Une commission d'enquête est nommée qui conclut son rapport en se prononçant pour la poursuite de la colonisation : « L'honneur et l'intérêt de la France lui commandent de conserver ses possessions sur la côte septentrionale de l'Afrique. » En réalité, sous prétexte d'honneur on veut satisfaire les aspirations d'une armée qui s'ennuie dans ses garnisons et redorer le blason d'une monarchie qui, malgré ses efforts pour paraître bonasse et populaire, ne suscite l'enthousiasme de personne : un peu de gloire ne lui ferait pas de mal. Accessoirement, l'expédition permet de ménager quelques intérêts privés qui y trouvent l'occasion d'affaires lucratives. Le trafic d'armes, organisé parfois avec la complicité d'hommes d'affaires proches du gouvernement, donnera lieu à quelques scandales lorsqu'on ramassera des fusils français sur des cadavres arabes.

Comment se présente cette conquête du Constantinois, commencée en 1831, qui va subir le contrecoup des incohérences de la politique gouvernementale ? Les gouverneurs se succèdent – on en comptera huit en sept ans –, souvent trop autoritaires ou sanguinaires comme Savary, duc de Rovigo, ancien ministre de la Police, qui fort de son expérience d'aide de camp de Desaix en Égypte, a emmené avec lui des mameluks qui, selon le futur maréchal Canrobert, « avaient gardé quelques-unes des fâcheuses habitudes contractées dans les campagnes lointaines de leur jeunesse, principalement celle de faire couper des têtes à tout propos ». D'autres sont des incapables comme Drouet d'Erlon qui devient le jouet d'un grand marchand, Juda Ben Durand, de mèche avec Abd el-Kader.

Le mouvement d'insurrection contre les Français a pris en effet une grande ampleur sous l'influence de ce nouveau chef qui va fédérer les tribus et les coordonner au nom de la Djihad, la guerre sainte contre l'infidèle. Abd el-Kader, né à Mascara en 1807, jeune marabout de trente et un ans, proclamé sultan, titre qu'il décline, lui préférant celui d'émir, va mener contre le corps expéditionnaire un combat sanglant et sans merci. Sa devise est : « À moi la terre, aux Français la mer. » Il bénéficie de nombreux avantages : connaissance du terrain, sympathie de la population, mobilité de ses troupes fanatisées. Le corps expéditionnaire, loin de ses bases, sans matériel adapté, sans équipement, sans tentes, déchante vite. Aux rêves de l'orientalisme de carte postale, à la magie des femmes voilées, aux espoirs de chevauchées épiques sous un soleil triomphant et de siestes sous les palmiers dattiers, a succédé le cauchemar : un pays glacial en ce début d'hiver où l'on est confronté chaque jour à la pluie et à la boue. Certains soldats, note Canrobert, ressemblent à des statues de terre glaise. L'ennemi qu'on poursuit est invisible et surgit à l'improviste. Aux pertes des combats s'ajoutent les victimes des maladies. Le typhus, la dysenterie sont meurtriers.

Morny, affecté comme officier d'ordonnance du général Oudinot, accompagne le duc d'Orléans. Ils parviennent le 28 novembre 1835 au camp du Figuier, près d'Oran, où est massé le corps expéditionnaire, qui compte plus de 10 000 hommes placés sous le commandement du maréchal Clauzel. Une troupe hétéroclite qui n'a pas l'habitude de la discipline, où règne un terrible laisser-aller. Aucun règlement n'est appliqué. « On eût pris les soldats de la ligne pour des brigands, s'indigne Canrobert, ils ne faisaient point leur barbe, leurs capotes étaient souvent déchirées ; ils les laissaient déboutonnées par le haut, le cou nu, sans cravate ; enfin leurs gigantesques képis de drap, défoncés par la pluie et le soleil, ayant perdu toute forme, mettaient le comble à leur attitude débraillée. La cavalerie ne valait guère mieux. »

Avec son chef direct, Lamoricière, coiffé de sa légendaire chéchia, Morny participe aux combats sur les bords du Sig et de l'Habra, avant de se diriger vers Mascara, la capitale d'Abd el-Kader. Une randonnée semée d'embuscades. Les soldats en alerte perpétuelle ne peuvent dormir. Aucun service d'ambulance n'a été prévu. Dans la journée, pendant la marche, ils doivent soutenir les malades et les blessés qui, s'ils sont pris par l'ennemi, ont la tête coupée. Chaque homme abandonné est un homme mort, répète-t-on dans les rangs.

Lorsque les troupes françaises entrent enfin dans Mascara, le 9 décembre 1835, celle-ci a été abandonnée. Seuls des Juifs y errent au milieu des décombres et de la boue. Les lieux ont un tel aspect lugubre que le maréchal Clauzel décide de quitter la ville après l'avoir incendiée. La retraite vers Oran est pénible et meurtrière. L'armée qu'accompagne la foule des civils de Mascara a piètre allure. Des cavaliers cèdent leurs chevaux à des femmes et à leurs enfants et les conduisent par la bride. Les soldats sous une pluie diluvienne souffrent de la dysenterie et sont talonnés par des hordes arabes qui ne font pas de quartier et se livrent sur les traînards à d'épouvantables actes de cruauté. Impossible de faire du feu, le bois est aussi rare que les victuailles. Le duc d'Orléans va de bivouac en bivouac essayant de remonter le moral de la troupe et distribuant généreusement des cigares, les fameux *londrès* du prince royal. Certains soldats épuisés se tuent pour ne pas tomber vivants aux mains des Arabes.

Morny, que le capitaine Canrobert décrit « emmitouflé dans d'énormes manteaux », lui aussi atteint par la dysenterie, est retrouvé épuisé, gisant sur le bas-côté de la route au milieu des traînards, par le futur général Changarnier, alors commandant, dont les fameux gants blancs parfumés ne devaient plus être très frais dans ces circonstances. « Je m'en approchai. Je lui donnai une orange et des encouragements dont il avait évidemment besoin. Le voyant hésiter à se remettre en marche, je lui dis que les Arabes nous suivaient de près. Il remonta aussitôt à cheval et gagna la tête de la colonne. » L'expédition se révèle un échec pour les Français qui ont perdu trois mille hommes.

Morny parvient finalement à Oran d'où, à cause de son état de santé, il est rapatrié en France en compagnie du duc d'Orléans, également malade, qui s'est distingué par son courage. Morny n'est pas seulement atteint physiquement, il l'est aussi moralement. Il a connu la défaite, et il a pu mesurer à quel point le personnage qu'il représente est mal vu de ses chefs. Ses hautes recommandations, ses puissants appuis, ses passe-droits déplaisent. On prend son assurance pour de la morgue. Sourdement les officiers cherchent toutes les occasions de lui nuire pour rabattre ses prétentions. Cette hostilité qu'il ne comprend pas le blesse. Lui qui a toujours eu l'habitude d'être aimé et fêté, il est cette fois en butte aux mauvais procédés de ses compagnons. Il en gardera de l'amertume : « Je m'exposai deux fois dans cette expédition, avec un courage que je me rappelle avec bonheur ; mais tous les rapports qu'on fit sur moi furent annulés. Je revins sans être décoré et très malade. »

Y a-t-il eu un épisode scabreux durant cette campagne ou est-ce encore une médisance qui fera écrire à Mme de Rémusat une lettre à Guizot pour lui reprocher son indulgence envers Morny dans ses Mémoires ? « En Afrique, les Orléans avaient sur lui des histoires plus ou moins honteuses. » De quoi s'agit-il ? On trouve le même ton désagréable, sans plus de preuves, chez le futur maréchal Canrobert, alors capitaine, qui cite Morny comme faisant partie d'« un grand nombre de malins, je n'ose pas dire de fricoteurs, qui suivaient les grands chefs venus en Afrique comme à une promenade militaire où l'on pourrait facilement conquérir sans grand danger des citations, des avancements et des décorations ». En l'occurrence, on l'a vu, Morny, lui, n'a rien obtenu.

À Paris, Mme de Souza attend son retour avec attendrissement. Elle a éprouvé bien des angoisses, qui ont réveillé celles qu'elle a connues pendant les campagnes de son fils Charles, vingt ans plus tôt. La pauvre femme, vieille et affaiblie, trouve dans ce retour une dernière consolation : « Je suis dans la joie de mon cœur, écrit-elle le 29 décembre, parce que j'attends Auguste après-demain. Ce pauvre enfant a cruellement souffert, dans cette triste et courte campagne, d'une dysenterie affreuse. Ce n'est pas commode quand on bivouaque dans la boue. Enfin je le verrai et votre cœur comprendra ma félicité. » Courte joie : un mois plus tard elle apprend la mort d'une de ses petites-filles, Clémentine de Flahaut. Désormais pour elle, c'est la fin. Elle meurt au mois de mars. Jusqu'à ses derniers instants, Morny aura été auprès d'elle. Elle avait soixante-quatorze ans.

Coup terrible pour Morny. Il perd celle qui l'a élevé et lui a servi de mère. Il lui doit beaucoup. En plus de cette confiance en lui-même que lui a donnée à force d'amour cette femme qui l'idolâtrait, lui pardonnait tout, elle lui a inculqué une philosophie de la vie héritée du XVIIIe siècle, mélange d'élégance, de savoir-vivre, d'extrême raffinement, d'esprit critique et de sens du relatif ; des principes qui permettent d'affronter les circonstances de la vie avec du recul et de belles manières ; ainsi qu'une invincible défiance envers la morale toute faite. Elle ne laisse que des dettes ; joueuse dans l'âme, elle a dilapidé son reste de fortune. Flahaut sera contraint de renoncer à la succession. Elle ne laisse à Morny que son portrait et une bague qu'il conservera toute sa vie.

Cette mort, ajoutée à sa courte mais éprouvante expérience de la guerre, a mûri Morny. Il continue de soigner sa dysenterie. Sans doute la soigne-t-il un peu plus qu'il n'est nécessaire, car ses chefs se plaignent de ne pas l'avoir revu. Le ministre de la Guerre s'en inquiète auprès du duc d'Orléans. Celui-ci, toujours bienveillant envers Morny, se déclare « on ne peut plus satisfait de ses services » et le recommande chaleureusement au ministre. Au mois de juillet, il est promu lieutenant.

Il profite de ces quelques mois pour renouer avec la comtesse Le Hon qui ne semble pas lui avoir été très fidèle pendant son absence. Il retrouve ses amis. Mais avec ces derniers le fossé se creuse : ils appartiennent à un monde de la noce que Morny, fort d'expériences graves, commence à juger insuffisant.

En novembre, il repart pour l'Algérie où le corps expéditionnaire que dirige le maréchal Clauzel se prépare à attaquer Constantine. Encore une fois grâce à l'entremise du duc d'Orléans qui a demandé sa mutation comme officier d'ordonnance du général Trézel. Très vite Constantine se révèle imprenable. On tente en vain de forcer les portes de la ville. Les combats sont toujours très meurtriers. Les Arabes placent les têtes coupées des soldats français sur des pieux en haut des remparts.

Un jour que le général Trézel s'aventure trop près de ces remparts, il est frappé d'une balle. Morny, qui a essuyé le feu à ses côtés avec beaucoup de courage, le porte à l'abri des tirs. Le général survivra et, dans son rapport au maréchal Clauzel, il décernera un vibrant hommage à cet officier d'ordonnance qui lui a sauvé la vie. Dans ce style noble avec lequel on rédige les citations militaires, Clauzel écrit à Flahaut pour le féliciter de la conduite de son fils : « Dans des circonstances critiques, il a montré non seulement le courage brillant de la jeunesse, mais encore une entente de la guerre, une présence d'esprit qui n'appartient ordinairement qu'à un âge avancé. Pendant la retraite, malade lui-même, il a été prodigue pour les blessés de ses chevaux et de ses ressources en aliments que chacun cherchait à conserver pour soi. » En récompense, à son retour, en janvier 1837, Morny est fait chevalier de la Légion d'honneur. Clauzel aura moins de chance. On lui fera porter la responsabilité de l'échec de la campagne. Bugeaud prendra Constantine l'année suivante.

L'expérience militaire n'a pas été concluante pour Morny. Il a compris qu'il n'a pas le goût de risquer sa peau dans des guerres qui n'apportent aucune gloire ; aucun désir non plus d'affronter la mesquinerie tatillonne des bureaux et la jalousie des officiers. C'est décidément un monde trop imperméable à la fantaisie. Pendant près d'un an il trouve tous les prétextes pour ne pas rejoindre son régiment en garnison à Nevers. Mme Le Hon de son côté l'encourage à quitter le métier des armes. Elle a trop craint pour sa vie et nourrit pour lui d'autres ambitions. Depuis la mort de Mme de Souza, Morny est de plus en plus sous sa coupe. Insensiblement cet homme de caractère semble éprouver le besoin de suivre les conseils d'une autre femme.

Il demande au ministre de la Guerre sa réforme temporaire pour soigner ses maladies gastriques. On ne lui accorde que cinq mois de repos. Ses supérieurs commencent à trouver qu'il a déjà assez tiré sur la corde des congés : « On ne voit pas, dit l'un d'eux, ce qui empêcherait M. de Morny de rejoindre son régiment, sa santé lui permettant de figurer dans tous les bals. » Morny, agacé, finit par adresser sa démission. Elle est aussitôt acceptée.

10

Elle est belle, elle est blonde, elle est riche, elle a de l'influence, tout Paris est à ses pieds. Quand Morny rencontre Fanny Le Hon vers 1833, il a vingt-deux ans, elle vingt-cinq. Il n'est qu'un jeune et séduisant sous-lieutenant qui n'a jamais vu la poudre et elle occupe déjà un vaste champ social. C'est Fernand de Montguyon, sorte de Leporello aristocrate, qui emmène le jeune « héros de Juillet » à une réception de l'ambassadrice aux yeux bleus et aux cheveux d'or. Fut-ce le coup de foudre ? Au premier regard les deux félins ont compris qu'ils sont de la même race. Le lion a trouvé sa lionne. Leur liaison durera vingt-cinq ans. Maîtresse, conseillère, confidente, mentor, négociatrice, associée, banquière : elle sera pour lui la femme stable, le port d'attache sentimental, repère affectif de ce volage toujours en quête de voluptés nouvelles. Maîtresse officielle, elle est celle qui sait qu'il faut parfois fermer les yeux devant les frasques d'un amant qui lui revient toujours, trop attaché à elle par ces mille liens tissés par la tendresse, les intérêts, l'habitude et plus tard un enfant. Fanny Le Hon était consciente de tout ce que lui devait son amant. Lorsque viendra la rupture entre eux, une rupture sanglante où la lionne blessée se révélera agressive et dangereuse, elle dira, superbe : « Je l'ai pris lieutenant, je l'ai quitté ministre. »

Françoise-Zoé-Mathilde, dite Fanny, est la fille d'un riche banquier, Mosselman, originaire d'Anvers, qui possède en Belgique de nombreux intérêts, notamment les mines de la Vieille-Montagne. Ce brasseur d'affaires qui a réussi fastueusement deviendra l'amant de la fameuse présidente Sabatier, dont Baudelaire fut l'amoureux transi et avec laquelle il a connu un célèbre fiasco. Il a acheté au banquier Récamier, mari de Juliette, après sa retentissante faillite, le bel hôtel particulier qu'ils occupaient rue de la Chaussée-d'Antin. Fanny a été élevée dans la chambre où Mme Récamier se reposait sur la fameuse méridienne rendue célèbre par le portrait de Gérard. À dix-neuf ans, en 1827, elle a épousé Charles Le Hon, ancien bourgmestre de Tournai devenu ambassadeur de Belgique à Paris. Il a été l'un des artisans de l'établissement de la monarchie en Belgique. L'amour ne semble pas avoir été la principale raison de ce mariage. Fanny a choisi un homme sur lequel elle exerce un grand ascendant et qui la laisse libre de ses mouvements et surtout de son cœur. Il ne sera pas gênant. Ils ont deux enfants, Eugène, né en 1828, et Léopold, né en 1832.

Avant Morny on lui a prêté plusieurs amants, notamment le duc d'Orléans qui, dit-on, l'a follement aimée. La correspondance assez tendre qui a existé entre eux laisse supposer qu'elle lui plaisait, mais rien n'y confirme une liaison. Il devait pourtant être assez difficile de résister à cet héritier du trône, dont tout le monde s'accordait à reconnaître la belle allure et l'intelligence. Mais pourquoi pas !

C'est lorsqu'elle rencontrera Morny qu'on parlera assez sérieusement d'un duel entre le jeune sous-lieutenant et le duc. Quelques balles auraient été échangées dans le petit matin qui se perdront dans les frondaisons. Si mauvaise humeur il y a eu, elle s'est vite dissipée car, on l'a vu, le duc d'Orléans ne cessera d'intervenir durant la campagne d'Algérie en faveur de son ancien rival, qu'il a même emmené avec lui dans la campagne de Mascara. Cette affaire de cœur, comme cela arrive parfois, les aurait plutôt rapprochés. Comme autre amant putatif, Charles de Rémusat signale aussi Bresson, un diplomate à la carrière mouvementée qui se suicidera à Madrid – il serait le père de Léopold.

Tout ce qui compte à Paris est conquis par la belle ambassadrice. On voit défiler dans son salon les membres de la famille royale, des hommes politiques influents, des journalistes en vogue, et bien sûr des écrivains. Balzac l'appelle « Iris au regard bleu, l'ambassadrice aux cheveux d'or ». Un autre témoin s'émerveille : « Je ne crois pas avoir vu une plus belle taille, mince comme d'une guêpe, ni de plus splendides épaules. Elle est blonde, non de ce blond audacieux et risqué qui, chez les femmes du midi, tourne quelquefois au roux, mais d'un blond pâle, cendré et contenu, que nous ne saurions comparer qu'au blond de l'épi. Les yeux sont bleus, non de cet azur opaque et fulgurant que donne le ciel d'Italie, mais d'un bleu tendre, quoique vif et passionné. La main que nous avons toujours vue gantée nous a paru adorablement mignonne. Une jambe fine profite des indiscrétions de la robe pour se montrer de temps en temps aux regards séduits et curieux. Tout cela forme un ensemble d'une harmonie parfaite. »

Charles de Rémusat, qui dit de Fanny : « Elle avait l'esprit d'une grande grisette, avec une certaine intelligence des affaires et de l'intrigue », note qu'elle affiche sa liaison avec Morny dans les dîners qu'elle organise chez elle. « Morny y avait l'attitude d'un maître de maison, silencieux et presque morose. Il n'avait nul esprit de conversation ; sa voix et son accent étaient vulgaires, sans expression, sans facilité, ni grâce ; et quoique ses manières rappelassent Flahaut, il était commun. »

Fanny est liée avec Hortense, la duchesse de Saint-Leu. Elles s'écrivent, et Hortense lui fait de nombreuses confidences sur ses enfants, notamment sur une certaine « sœur Augustine », qui n'est autre que Morny. Mme Le Hon s'est mis en tête d'obtenir la légitimation de son amant par sa mère. Est-ce elle qui a conçu ce projet ou Morny ? Il semble bien qu'à cette époque celui-ci ait éprouvé le désir de rompre avec sa situation désagréable de bâtard. Peu à peu Hortense se fait à cette idée, elle la caresse, espérant peut-être ainsi se libérer du poids de sa culpabilité envers ce fils qu'elle n'a vu qu'une fois. Elle est sur le point de se décider lorsque Fanny Le Hon lui rend visite à Arenenberg en octobre 1836. Ses lettres à Fanny témoignent de son souci de réparer l'injustice commise : « Pour votre sœur [Morny], je veux qu'elle se trouve heureuse et si son amour-propre a été souvent trahi, qu'elle se place, bon gré mal gré, comme ne croyant à rien de ce qu'on débite, et qu'elle en impose par là. Je sens que c'est de la fortune qu'il faut pour cela et de l'indépendance, et c'est à quoi il faut travailler (...) Il eût été plus heureux d'insinuer, puisqu'on a voulu absolument qu'il y eût mystère pour votre sœur, qu'elle était plutôt de mon frère l'aîné [Eugène de Beauharnais ?]. Sa ressemblance eût été fort simple ainsi que l'intérêt que l'on aurait pu avouer hautement. Mais je persiste encore à dire qu'il est préférable de la faire légitimer (...) Vous direz à Augustine que, lorsqu'elle aura bien réfléchi et qu'elle sera décidée à vouloir l'adoption, elle me l'écrive. J'en parlerai franchement à M. Dunant [Flahaut] ; il faudra bien qu'il me dise ce qu'il veut faire. »

Mais les événements ne vont pas être propices à ce projet. Un autre enfant va monopoliser les soucis d'Hortense. Le 30 octobre, Louis-Napoléon, que Fanny avait rencontré à Arenenberg, tente de soulever la garnison de Strasbourg avec quelques complices, parmi lesquels un vieux sabreur de l'Empire, le commandant Parquin, marié à une dame d'honneur de la reine Hortense. Le complot échoue lamentablement. Hortense intervient auprès de Louis-Philippe qui joue alors la carte de la magnanimité. On se contente de faire peur au jeune factieux inexpérimenté. On le conduit à Paris et, à la préfecture de police, on fait mine de le passer en jugement : on l'introduit dans une pièce sombre où il se retrouve en face d'un brave homme qui lui fait les gros yeux. Ce fonctionnaire n'est autre que Gabriel Delessert, le tuteur de Morny, qui est préfet de police. Après avoir été admonesté, Louis-Napoléon est conduit sous bonne escorte au port de Dunkerque où on l'embarque pour l'Amérique.

Morny était-il au courant de la tentative de son demi-frère ? Maxime Du Camp prétend dans ses souvenirs, d'après les confidences d'un certain Oppermann, qu'il aurait participé au complot de Strasbourg. Muni d'un passeport volé à un camarade, officier dans son régiment, le fameux Oppermann, il se serait rendu en Alsace puis aurait filé rejoindre son régiment qui embarquait à Toulon. La police a en effet retrouvé à Strasbourg le fameux passeport. Personne hormis Maxime Du Camp n'a vraiment cru à cette histoire rocambolesque. Morny a toujours affirmé n'avoir jamais rencontré son demi-frère avant qu'il ne soit élu président de la République. Et pourquoi aurait-il menti ? Il n'aurait eu que du mérite à avoir été un fidèle de la première heure. D'autre part, à cette époque, Morny est orléaniste. Ses relations avec la famille royale sont excellentes, il est même l'ami personnel du duc d'Orléans, qui est promis à régner. Ni son intérêt, ni ses affections ne le poussaient donc vers Louis-Napoléon.

Un an plus tard, le 5 octobre 1837, Hortense meurt à cinquante-cinq ans, d'un cancer. Morny, accompagné de Flahaut, assiste aux obsèques à Rueil. Valérie Masuyer, dernière dame d'honneur d'Hortense, ne les trouve pas suffisamment émus. L'un et l'autre se gardent en effet des effusions. Mais sous leur masque de circonstances le père et le fils ne peuvent être insensibles à cette disparition.

Désormais s'envole le dernier espoir d'une légitimation. Morny a compris qu'il ne doit plus compter que sur lui-même. Faisons-lui confiance, il le savait déjà depuis longtemps. La légitimation – outre le baume sur une blessure affective – aurait été une arme de plus dans le combat qu'il est prêt à mener pour maîtriser sa vie. Que faire ? D'abord il lui faut de l'argent : ce jeune homme sans fortune a de gros besoins.

L'industrie à cette époque connaît un essor considérable. Il suffit d'une bonne idée, et de quelques fonds pour faire rapidement fortune. Les entrepreneurs sont les gens à la mode. Le roi lui-même ne dissimule pas qu'il est un excellent homme d'affaires. L'anglomanie qui sévit montre à l'aristocratie qu'elle doit sortir de ses anciens préjugés et suivre le modèle des aristocrates anglais qui ne dédaignent pas se livrer au commerce.

Comment est venu à Morny l'idée de se lancer dans l'industrie sucrière ? Benjamin Delessert, frère de Gabriel, son tuteur, avait créé, on s'en souvient, à Passy une raffinerie prospère. D'autre part, à Clermont-Ferrand, où son régiment avait été en garnison, il avait noué des relations avec des industriels qui se lançaient dans la raffinerie du sucre indigène, le sucre de betterave par opposition au sucre de canne d'importation. C'est sous l'Empire, pour pallier les conséquences du Blocus continental, que s'était développée cette industrie.

Pour toutes ces raisons, Morny se porte acquéreur des vingt-trois hectares de la sucrerie de Bourdon, à proximité de Clermont-Ferrand, pour le prix de 183 000 francs. Il paie 44 000 francs comptant le jour de l'acte. Aussitôt il va déployer une extraordinaire énergie aussi bien à développer son entreprise qu'à asseoir son implantation personnelle dans la région. Pense-t-il déjà à une carrière politique ? Il veut aller loin et certainement il a pensé à cela aussi. Il se ménage les notables, et avec son entregent infaillible entreprend la conquête des fabricants de sucre des environs. Il fait tant et si bien que, un peu plus d'un an après l'achat de la raffinerie, les professionnels du sucre lui demandent de représenter leurs intérêts à Paris dans les négociations qui s'engagent avec le gouvernement qui veut remettre en cause le statut privilégié des producteurs de sucre de betterave.

Morny profite aussitôt de ses relations dans la capitale pour défendre la cause qu'on lui a confiée. Grâce à son ami d'Alton-Shée qui écrit des chroniques dans *Le Messager*, journal racheté par un autre de ses amis, Walewski, fils naturel de Napoléon et de Marie Walewska, son compagnon d'armes de l'expédition algérienne, il écrit plusieurs articles sur la question du sucre et s'y révèle un véritable expert. Il publie ses articles réunis en brochure afin de leur donner plus de retentissement. Déjà Morny est tout entier dans cette façon d'agir : il a su exploiter avec un grand sens de la stratégie toute la gamme financière, mondaine, humaine, politique d'une question. Certes à son profit, mais sans perdre de vue des intérêts généraux. Sans compter, à plus longue échéance, les arrière-pensées électorales. En fin joueur il a plusieurs coups d'avance. Il agira ainsi toute sa vie, avec un regard, qui, au contraire de la myopie des spécialistes, englobe tous les aspects d'un problème et projette des ambitions dans le long terme.

Morny ne se contente pas de la raffinerie de Bourdon. Le 2 mai de la même année, il entre comme administrateur dans les affaires familiales de Fanny Le Hon : la société de mines et de fonderie de la Vieille-Montagne fondée par Dominique Mosselman. Déjà actionnaire, il ne cessera d'augmenter sa participation dans cette affaire florissante. Avec quel argent ? A-t-il reçu des avances de

Fanny ou un don d'Hortense ? Ou de l'une et de l'autre ? D'autant plus que Morny ne se contente pas d'investir dans des affaires industrielles, il continue à mener grand train. Son existence de dandy, ses goûts qui le portent au jeu et au faste lui coûtent cher. Il possède plusieurs chevaux de course qu'il monte lui-même. Il finira par devenir propriétaire d'un haras très important. Il ne néglige pas non plus l'aspect mondain des courses, puisque, après être entré au Jockey-club, il appartient à tous les cercles importants. Il a commencé aussi une assez belle collection de tableaux dont plus tard il se montrera très fier.

Physiquement, il a changé : devenu chauve comme Flahaut, il porte un collier de barbe et une moustache en brosse, derrière laquelle il dissimule des dents mal rangées. Toujours d'une élégance recherchée, il continue à passer pour un arbitre de la mode. Ses redingotes, ses gilets violets, sa façon de se coiffer d'un chapeau haut de forme bien en arrière sont imités par les élégants. Il donne le ton. À Paris, il habite encore chez son père, rue d'Angoulême. À Clermont-Ferrand, il a loué un appartement où Fanny vient souvent le rejoindre. Il mène une vie trépidante sans négliger ses plaisirs. Son ambition, c'est sa marque dès le début, n'est pas de celle qui monopolise son énergie ; elle n'exclut rien de ce qui fait la saveur de la vie : la fête, les mondanités, les maîtresses, le jeu, les amis. Si mentalement il se prépare à la seconde étape de sa carrière, il veut la mener elle aussi sans rien sacrifier.

11

Dans sa fièvre de conquête, l'argent ne lui suffit pas. Il n'est qu'un moyen. Ce que Morny veut, c'est le pouvoir. Et à travers lui, la reconnaissance. Il voit tous les avantages d'une carrière politique, elle n'exclut pas les affaires, et même les favorise. Déjà, insensiblement, il a changé son image : le dilettante commence à être pris au sérieux. Il s'applique à conforter cette impression. Désormais à trente ans – l'âge minimum légal – il peut se présenter aux élections. Sa réputation est bien installée à Clermont-Ferrand. Il espère l'aide du gouvernement et demande au ministre de l'Intérieur, le comte Tanneguy Duchâtel, de le soutenir comme candidat officiel. Celui-ci refuse, estimant que Morny n'obtiendra pas dix voix. En réalité sa jeunesse, ses liens avec Thiers, auquel il est lié par son père, ont déplu au ministre.

Malgré cet avis défavorable, il se présente aux élections du 9 juillet 1842 et mène campagne. Le suffrage censitaire a considérablement restreint le collège électoral – il faut payer au moins 200 francs d'impôt pour être inscrit. Il n'y a que 497 électeurs à Clermont-Ferrand. Morny entreprend leur conquête. Il se montre actif, séduisant et persuasif. Il ne lésine pas. Il n'est avare ni de son temps, ni de son argent. On l'accusera d'avoir acheté son élection. Acheté sans doute pas, mais il a entrepris une coûteuse campagne de déjeuners, de banquets et de festivités. Dans son élégant tilbury, il parcourt infatigablement l'arrondissement, prodiguant beaucoup de sourires et autant de promesses. Son programme électoral n'est ni très original, ni très élaboré : il se présente en défenseur des intérêts matériels de Clermont-Ferrand, et comme l'homme le plus apte à obtenir le maximum de subventions pour le département et d'avantages pour ses électeurs. Il n'affiche aucun grand principe autre que « l'amour de [son] pays et l'intérêt du département ». Sa ligne politique : la défense de l'ordre. Une profession de foi qui n'est qu'un vaste filet destiné à ramasser le plus de voix possible en ne choquant les opinions de personne. En réalité Morny se montre tel qu'il sera toujours en politique : méfiant vis-à-vis des grandes idées qui dissimulent des intérêts cachés. Il préfère, lui, avec une franchise qu'on qualifiera de cynisme, annoncer la couleur.

La campagne qu'il mène ne vole donc pas haut. Mais elle est gaie, détendue, aussi peu collet monté que possible afin de désamorcer les préventions contre l'aristocrate-dandy. Il l'émaille de quelques bons mots qui ne sont pas impérissables. Plutôt en rase-mottes. Ainsi, au Cercle du Commerce, devant un adversaire qui, s'adressant à l'assemblée, ironise sur son titre : « Quel honneur, messieurs, un comte parmi nous ! — Oui, rétorque Morny, les bons comtes font les bons amis. » On rit. Bon ! Il est vrai qu'en campagne électorale on n'est pas trop exigeant. Une autre fois, un nouvel adversaire l'interpelle : « Les paysans sont pour vous. Que diable avez-vous bien pu leur promettre ? — Une éclipse pour le 10 juillet… et même deux en comptant la vôtre. » Ce n'est pas du niveau de Talleyrand, mais le prince de Bénévent avait aussi un autre public, il ne se fourvoyait pas dans les comices agricoles. Morny doit éprouver une certaine jouissance à s'être si facilement adapté à un autre milieu social que le sien. Ce snob a une réelle curiosité humaine. On peut le taxer d'égoïsme, parfois de sécheresse de cœur, il n'a aucun esprit de caste. Il le prouvera.

Contre toute attente, il est élu au troisième tour de scrutin par 251 voix contre 175 à Jouvet, le député sortant. Ce succès, il a dû le savourer. Député à trente ans ! Désormais l'avenir s'ouvre à lui. Quelle revanche !

Mais le 13 juillet, au lendemain de son élection, une nouvelle le glace : la mort du duc d'Orléans qui s'est fracturé le crâne dans un accident de voiture à la barrière du Roule sur la route de Neuilly. Il perd un ami et son principal soutien. Cette disparition d'un homme jeune, plein de qualités et de charme, est une catastrophe pour la monarchie de Juillet qui perd son héritier. Henri Heine écrit : « Il était une des plus nobles et magnifiques fleurs qui se soient épanouies dans le beau jardin qu'on appelle la France. »

Morny élu, on imagine qu'il va maintenant conquérir la Chambre, y briller des mille feux de son intelligence et de son esprit. Pas du tout. Étrangement, il va montrer un profil bas.

Lorsqu'on le voit apparaître dans l'hémicycle, son crâne chauve luisant sous l'éclairage des lampes à pétrole, toujours impeccablement habillé, un gilet de velours noir à liseré d'or sous la redingote, il se montre à la fois réservé et hautain. Ce n'est ni un tribun, ni un meneur d'hommes dans une Chambre où l'art oratoire est bien représenté. Dans des styles différents, Thiers, Victor de Broglie, Berryer, Odilon Barrot, Lamartine soulèvent les passions. Mal à l'aise avec ces idées générales qu'il n'aime pas, Morny semble redouter le débat public. Sa voix traînante sans grand timbre n'a pas d'éclat. Aussi intervient-il rarement à la tribune et presque toujours sur des questions techniques. Il s'exprime sur les fonds secrets, la conversion des rentes ou la légalité des marchés à terme : « Les marchés à terme, c'est le levier du crédit public ; il s'interpose entre l'offre et l'achat du titre réel : il soulève le crédit ; il joue en quelque sorte, si je puis emprunter une comparaison à la science, le rôle du volant dans la machine à vapeur, et s'interpose entre l'action et la réaction. » Ce n'est pas avec des déclarations aussi peu affriolantes qu'on devient populaire. Mais Morny le souhaite-t-il ?

Il est le contraire d'un démagogue, race qu'il abomine. Il veut convaincre, avec des arguments efficaces, sans avoir recours au pathos des assemblées. « Depuis que je suis dans cette Chambre, déclare-t-il en 1845, je résiste, je l'avoue, à l'abus de certains mots ; je me refuse à voir certain parti s'attribuer particulièrement le monopole du patriotisme, des sentiments nationaux et de beaucoup d'autres vertus civiques. » L'éloquence n'est pas son fort.

Parce qu'il le juge un peu hautain, Armand Marrast l'appelle « le plus jeune et le plus chauve des satisfaits ». Allusion à la motion proposée par Morny aux députés qui s'estimaient « satisfaits » de la position du gouvernement à l'occasion du débat houleux sur les fonds secrets.

Quand il répond aux attaques, il est ferme, mais sans véritable brio. Au cours d'un débat de politique étrangère, il apporte son soutien au gouvernement. Il commence : « Notre situation est bonne... » M. de Courtois l'interrompt : « Vous n'êtes pas difficile ! — Monsieur, répond-il sèchement, je ne vous demande pas si vous la trouvez bonne ; je la juge telle, moi, et je le dis. »

Il préfère œuvrer en sous-main. Plus homme d'influence, de couloir, de manœuvres sourdes, qu'orateur, il semble alors observer le terrain et se demander quel camp choisir parmi ceux des trois grandes figures qui dominent successivement la scène gouvernementale : Thiers, l'arriviste réformiste, Guizot, l'intellectuel puritain, Molé, l'aristocrate conservateur. Les principes politiques intéressent moins Morny que les individus. Il est orléaniste parce que c'est le régime en place, mais au fond une république bourgeoise et libérale lui conviendrait aussi bien. Ennemi des extrêmes, il se méfie autant de l'étroitesse de vue des légitimistes que des fureurs démagogiques d'un Garnier-Pagès et du clan républicain.

D'abord proche de Thiers comme Flahaut, il s'est finalement rangé à partir de 1843 dans le camp de Guizot, « l'intrigant austère », ainsi que l'appelle Tocqueville. Un programme pourtant guère enthousiasmant, celui d'un immobilisme serein, d'un complet aveuglement social et, en politique étrangère, du pacifisme à tout prix. Intelligent, d'une très vaste culture, brillant orateur dans le style noble et pompeux, Guizot a le bon sens et les œillères de la grande bourgeoisie. Lamartine s'insurge devant un tel esprit allergique à la moindre réforme : « Pour une pareille politique, il n'est pas besoin d'un homme, une borne suffit. » Mais Guizot est au pouvoir et sa politique d'ordre et de défense du libéralisme industriel semble pour l'instant convenir à Morny.

Celui-ci ne cessera de défendre la politique de Guizot, notamment pendant l'affaire Pritchard en 1844. Ce consul anglais malmené par les troupes françaises à Tahiti avait été à l'origine d'un grave incident diplomatique. On parlait même d'une menace de guerre entre les deux pays. Louis-Philippe et Guizot joignirent leurs forces pour désamorcer le conflit. On indemnisa Pritchard et on évita la guerre. Mais ce ne fut pas sans un houleux débat parlementaire.

Morny a une autre raison de soutenir Guizot : il entretient les meilleures relations avec sa maîtresse, la princesse de Lieven, d'origine russe. Cette liaison qui fait jaser est, selon Albert de Broglie, « une combinaison, une sorte de composé chimique d'affection et de politique dont il n'y a pas eu, je crois, d'autres modèles ». Guizot est follement amoureux de la princesse. Elle joue un rôle important auprès de lui. Son salon de la rue Saint-Florentin devient une dépendance officieuse du ministère. Elle y organise une rencontre secrète entre Guizot et Thiers. Elle soutient également avec efficacité son ami Flahaut pour qu'il obtienne l'ambassade à Vienne.

Morny commence à tisser un puissant réseau de relations à travers les trois mondes qu'il côtoie : la politique, les affaires, la presse.

Dans les affaires, après la sucrerie de Bourdon et sa participation dans la société de la Vieille-Montagne des Mosselman, Morny découvre un domaine nouveau pour lui : le chemin de fer, un secteur où va s'illustrer son souci de concilier ses intérêts, personnels et départementaux, avec le bien public. Dès sa campagne électorale, il s'est fait le champion de l'extension du chemin de fer à Clermont-Ferrand. C'est ainsi qu'il se lie avec les frères Pereire qui sont avec les Rothschild les promoteurs du réseau ferré. L'atmosphère de spéculation, de trafic et de corruption qui enveloppe l'installation des lignes empoisonne vite le climat politique. Mérimée s'indigne : « Quelle augmentation de dépravations nous ont apportée les chemins de fer et les grandes exploitations industrielles ! »

En 1846, il profite des débats parlementaires pour soutenir le projet d'une ligne qui, passant par la vallée de l'Allier, desservirait Moulins et Clermont-Ferrand. Ce soutien signifie-t-il qu'il a déjà des intérêts dans les chemins de fer ? Plus vraisemblablement ses liens avec les financiers ont dû lui permettre quelques bons coups à la Bourse. Il a compris qu'il s'agit là de la grande affaire industrielle de l'époque. Et s'il n'y participe pas encore directement, il est fort probable qu'il a conseillé à Fanny Le Hon et aux Mosselman de s'y associer activement. Très vite le bruit court qu'il est, à son tour, financièrement intéressé dans une compagnie ferroviaire. À Clermont-Ferrand, ses adversaires politiques tentent de le discréditer. En vain. Le 1er août 1846, il est réélu par 356 voix contre 140 à M. de Pontgibaud.

Guizot est sorti renforcé des élections. Morny continue à le soutenir. Mais le ministère va devoir affronter une terrible vague de scandales qui vont l'ébranler et avec lui la monarchie de Juillet.

L'influence de Morny augmente. Il intervient à la Chambre à plusieurs reprises, notamment à propos de l'affaire d'une promesse de pairie vendue 80 000 francs. Émile de Girardin lance l'accusation de corruption – car la victime n'est autre que son père, Alexandre de Girardin, dont il est le fils naturel. Mais le soutien de Morny en faveur de Guizot se fait de plus en plus critique. Il a compris la gravité de la situation. L'abîme se creuse entre le pays légal et le pays réel. L'atmosphère devient irrespirable. L'affaire Hourdequin et Mousset, deux hauts fonctionnaires convaincus de spéculation sur les grains avec les fonds de l'État ; le procès pour concussion du général Despans-Cubières, ancien ministre de la Guerre, et de Teste, son complice, ancien ministre des Travaux publics ; enfin l'assassinat par son mari de la duchesse de Praslin ; le suicide de Bresson, ambassadeur à Madrid, tout cela crée un climat de fin de règne, dont Hugo a été le grand chroniqueur dans *Choses vues*.

S'y ajoute un grave malaise social qui, en raison du suffrage censitaire, ne parvient pas à s'exprimer, sinon par une agitation incessante. Morny tente de fléchir Guizot au cours d'un entretien particulier. Celui-ci, dans ses Mémoires, rend d'ailleurs hommage à sa lucidité : « Morny vint me voir et me parla de la situation avec quelque inquiétude : "Prenez-y garde, me dit-il ; je ne dis pas que ce mouvement soit bon, mais il est réel ; il faut lui donner quelque satisfaction. Dans quelle mesure ? Je ne sais pas ; mais il y a quelques concessions à faire." » Guizot lui répond : « Je n'attache pas aux réformes dont on parle une importance capitale ; quelques électeurs de plus dans les collèges et quelques fonctionnaires de moins dans la Chambre ne bouleverseraient pas l'État. Mais ne vous y trompez pas ; l'affaire n'est plus dans la Chambre ; on l'en a fait sortir ; elle a passé dans ce monde du dehors, illimité, obscur, bouillonnant, que les brouillons et les badauds appellent le peuple. C'est là qu'elle se débat en ce moment, par les banquets et les journaux. Là, ce ne sont plus les réformistes, ce sont les révolutionnaires qui dominent et font les événements. » — « Je le sais bien, reprit Morny, et c'est à cause de cela que je suis inquiet ; si ce mouvement continue, si on va où il nous pousse, nous arriverons je ne sais où, à quelque catastrophe ; il faut l'arrêter à tout prix, et on ne le peut que par quelque concession. » Guizot s'obstine : « Retirez donc la question des mains qui la tiennent aujourd'hui ; qu'elle rentre dans la Chambre. »

Le président du Conseil est intraitable. Il rejette le suffrage universel comme « la mort de la liberté aussi bien que de l'ordre ». Il ira même jusqu'à déclarer dans le débat parlementaire sur la réforme électorale : « Le principe du suffrage universel est en soi-même si absurde qu'aucun de ses partisans même n'ose l'accepter et le soutenir tout entier. Personne ! — Son jour viendra, l'interrompt Garnier-Pagès. — Il n'y a pas de jour pour le suffrage universel », réplique Guizot.

Morny tente également de convaincre le roi. Mais, comme l'écrit Thiers : « Le roi n'est plus le même, il n'a plus ce regard lucide, cet esprit de décision qui lui ont permis de se maintenir. C'est un homme usé : comme la dynastie, il s'écroulera d'un seul coup. » Reçu en audience aux Tuileries par un Louis-Philippe fatigué mais optimiste, Morny n'obtient pour toute réponse que des paroles lénifiantes : « Rassurez-vous, jeune homme, et m'en croyez : la France est un pays qu'on mène avec des fonctionnaires ; les nôtres connaissent leur métier. »

Morny, qui sent venir la tempête, écrit dans *La Revue des deux mondes*, le 1er janvier 1848 : « À mes yeux la situation politique est plus grave et plus difficile qu'elle ne l'a été depuis longtemps. Du calme le plus parfait, le monde me semble passer à de grandes agitations. » Et il engage le ministère à saisir la chance de la réforme électorale. On ne l'écoute pas.

Cet article fournit à Émile de Girardin le prétexte à une réplique très vive dans laquelle il accuse Morny de jouer le double jeu et de ne pas voter de la même manière qu'il s'exprime. L'affaire s'envenime au point que Morny adresse ses témoins au journaliste. Mais celui-ci, depuis qu'il a tué Armand Carrel en duel, ne veut plus se battre. Les témoins finissent par arranger les choses. Morny se moque de la rétractation de Girardin : « J'ai l'avantage d'être de première force aux armes… Je l'aurais tué indubitablement. »

L'affaire des « banquets » va déclencher la crise. Morny tente d'apaiser les esprits en réconciliant habilement le gouvernement et l'opposition. Il croit avoir gagné lorsqu'il écrit, le 19 février, à sa demi-sœur, lady Shelburne, une lettre dans laquelle apparaît, avec un peu de vanité, une certaine sagesse dans l'ambition : « Je me suis attiré, je crois, l'estime des deux partis. On fait de moi déjà un ministre en perspective, mais Dieu me garde de faire rien de pareil dans un pays comme le nôtre ; une bonne indépendance vaut mieux que tout. Les honneurs sont trop chers dans un pays qui n'a pas le sens commun, qui ne respecte plus rien, qui abaisse tout ce qui est élevé… »

12

Un ventre ! un ventre qui digère tout : les avanies, les bienfaits, les reniements, la flagornerie, les combines, les soupers fins, les petites actrices en quête d'un protecteur. Oui, il digère tout, même le ridicule. Cet estomac protubérant, à l'appétit et à la vanité jamais satisfaits, c'est le Dr Véron, l'homme que Cham et Daumier ont le plus caricaturé après Louis-Philippe. Le personnage est surtout grotesque, avec sa bedaine triomphante, le cou emmitouflé dans de larges foulards pour dissimuler ses horribles écrouelles suintantes et sa prétention toujours sous les armes. À le regarder de plus près, on s'aperçoit que c'est un type, comme Homais, comme Turcaret, une figure à travers laquelle s'exprime toute une époque. Il incarne l'envers de la politique du Juste Milieu ; non pas la face noble, austère et policée qu'illustrent un Guizot, un Tocqueville, mais le monde grouillant des affairistes, de ces petits intrigants avides qui veulent la meilleure part du gâteau. Leur ambition n'a pas accès à une grande idée, à un projet qui les dépasse, elle se limite à eux-mêmes, à leur satisfaction la plus grasse. Ils ne veulent réussir que pour se pourlécher les babines. Véron ! un satrape issu du suffrage censitaire et de l'essor industriel. Passé la première impression de dégoût qu'il inspire, le personnage est passionnant. À travers lui se réfractent les désirs de la nouvelle bourgeoisie qui s'installe dans le confort louis-philippard. D'une certaine façon, il fait penser à Balzac, un Balzac d'un ordre certes très inférieur, réalisé dans la sensualité, l'appétit matériel, qui n'aurait jamais été effleuré par l'esprit créateur, comme si tous les lourds produits humains, la matière première vulgaire de *La Comédie humaine*, les bas appétits, l'arrivisme, les jalousies rancies, le journalisme frelaté, la galanterie stipendiée, nous étaient montrés à l'état brut avant la formidable distillation que va opérer sur eux le cerveau poétique de Balzac.

Que Morny, descendant de chez le duc d'Orléans au pavillon de Marsan et de ses fréquentations huppées du Jockey, soit devenu l'ami de cet individu important mais déconsidéré nous éclaire sur la partie la moins visible de sa vie, sur ses bas-fonds : domaine réservé, au lourd parfum de tractations louches et d'alcôve, qui attireront justement l'attention de Balzac sur ce jeune homme aux instincts déjà sauvages et au cœur noir. Morny dès qu'il s'agit de ses intérêts ou de ses plaisirs ne fait pas le délicat. Il est tout à fait capable de s'accommoder de gens dépourvus de scrupules. Il aime s'encanailler. Les forbans l'amusent plus que ses amis habituels, gandins sans saveur aux poses molles de dandys. On se demande parfois si cet amoral ne considère pas qu'il n'y a après tout entre un honnête homme et une crapule qu'une frêle barrière sociale, rien d'autre. Sinon on serait surpris de le voir si proche de tant d'aventuriers de la finance, comme Mirès, de la médecine comme le Dr Olliffe, le charlatan qui lui procure des pilules aphrodisiaques, de la presse comme Villemessant ou Véron, personnages pittoresques au lourd fumet de vulgarité.

C'est par la presse que Morny entre en relation avec Véron, principal actionnaire du *Constitutionnel*. Mais il l'a déjà rencontré lorsque celui-ci dirigeait l'Opéra et savait obligeamment orienter les danseuses vers des protecteurs de qualité discutable.

Véron en effet n'est pas seulement puissant, il est riche. Presque contemporain de Balzac – il est né en 1798 –, ce médecin a fait fortune en inventant une pâte contre la toux. Très jeune, comme journaliste, il s'immisce dans les milieux du théâtre et de la politique. Il finira par se faire élire député au Corps législatif. En 1829, il lance *La Revue de Paris* : il a deviné que la littérature allait devenir industrielle. En cela il précède Émile de Girardin. Acoquiné avec Thiers, dont il sert les intérêts, il est nommé directeur de l'Opéra en 1831, avant de faire renaître *Le Constitutionnel*, dans lequel Sainte-Beuve fera paraître ses fameuses « Causeries du lundi ». Curieuse collaboration de deux espèces d'hommes que rien ne réunit, hormis le cynisme. Sainte-Beuve parfois s'en amuse, ainsi lorsqu'il rapporte un de ses mots : « Véron, repu et gorgé de tout, disait spirituellement : je manque de privations. » Le ton devient plus aigre quand le médicastre publie ses *Mémoires d'un bourgeois de Paris* : « J'accorderais, certes, à Véron en bien des points ce qu'il voudra : d'être un homme d'esprit, même d'être un homme de goût, d'être un amphitryon modèle, d'être un impresario habile, un directeur de journal ou de théâtre comme il n'y en a pas… Mais il y a une chose que je ne lui délivrerai jamais, c'est un brevet d'écrivain pour lui et à son compte. Écrivain, il ne l'est à aucun degré ; il n'est, en ce genre, que ridicule. » À sa mort, il lui cisèle un éloge funèbre à sa façon, pour solde de tout compte, définitif comme la pierre tombale : « Il tenait plus de place qu'il ne fera de vide. »

Dans sa maison d'Auteuil, louée aux Montmorency (symbole des temps nouveaux) et gouvernée par Sophie, sa fameuse cuisinière que lui a donnée Fanny Elssler, la célèbre danseuse qui fut le grand amour de l'Aiglon à Vienne, Véron accueille le monde le plus mélangé pour des agapes qui, parfois, dit-on, tournent à l'orgie. Ainsi, un soir, au cours d'un souper, après les mets les plus délicats, les convives voient arriver, porté par quatre officiers de bouche, un énorme plat en argent. Ce menu inattendu consiste en une jeune danseuse du corps de ballet entièrement nue dont les charmes sont mal dissimulés par du cresson. C'est dans cette atmosphère pour le moins détendue, qui sent l'ancien carabin, qu'on rencontre pêle-mêle des ministres, Montalivet, Thiers, Achille Fould, des députés comme Morny, des préfets de police comme Delessert ou Carlier, des écrivains – Balzac, qui a collaboré à *La Revue de Paris* et au *Constitutionnel*, Eugène Sue dont Véron a publié en feuilleton *Le Juif errant*, Alexandre Dumas, Musset, Nestor Roqueplan, Alphonse Karr –, mais aussi Delacroix, son ancien condisciple au Lycée impérial, et toute une faune de clients, de séides, de banquiers, de chevaliers d'industrie. On y rencontre surtout des femmes légères et des actrices qui ne le sont pas moins, des plus belles et des plus fameuses. Beaucoup de ces malheureuses ont dû passer par son lit pour obtenir un rôle ou une recommandation. Rachel, qui pourtant n'a plus besoin de lui, est restée longtemps sa maîtresse. À quelle secrète dépravation obéissait cette actrice, la plus belle et la plus adulée de son temps, en rejoignant la couche de celui qu'on appelait le Minotaure ? Théodore de Banville s'en désolait : « Combien ne souffrira pas l'Histoire, forcée d'accoupler à son médaillon faunesque celui d'une muse adorable au pur profil de médaille syracusaine ! »

Quelle étrange dépravation en effet ! Horace de Viel-Castel raconte dans ses Mémoires : « Véron a été un des amants de Rachel, mais un des payants. C'est lui qui me disait qu'une nuit, après avoir témoigné comme il l'avait pu à la grande tragédienne son amour le moins pur, cette Hermione *nec lassata, nec satiata*, le voyant prêt de se livrer au sommeil, avait hurlé dans sa fureur messaline : VA CHERCHER TON FRÈRE. » Ce frère était la caricature de la caricature qu'était déjà Véron, en plus laid et en plus commun.

Les brouilles et les réconciliations entre Véron et Rachel faisaient l'amusement des invités. Un soir la comédienne se fit annoncer alors que les convives allaient se mettre à table. Véron d'un geste théâtral dit à son domestique : « Congédiez-la ! Je ne reçois que les honnêtes gens ! » On entendit Nestor Roqueplan dire mezza vocce à son voisin : « C'est donc un dîner d'adieu qu'il nous donne. »

Rachel restera dans l'entourage de Morny puisqu'elle deviendra bientôt la maîtresse de Louis-Napoléon, d'Arthur Bertrand, le fils du maréchal, de Walewski avec lequel elle aura un fils, et même de Léopold Le Hon, le fils de Fanny, qui laissera un témoignage assez curieux sur ses fureurs amoureuses : « Une nuit elle dit à Léopold Le Hon : "Je voudrais être b… sur le corps d'un homme qu'on viendrait de guillotiner." C'était un grand talent, conclut Viel-Castel confident de cette scène, mais la plus fieffée p… de la terre. »

On se moquait ouvertement de Véron et même de ses horribles écrouelles. Un jour qu'il racontait sa visite au comte de Chambord en Allemagne, disant que l'accueil du prince l'avait « touché », un des convives, faisant allusion au privilège des rois de France de guérir les écrouelles en les touchant, s'exclama : « Alors tu es guéri ! »

Le véritable rôle de Véron, outre celui d'avoir été le prototype de l'opportuniste débonnaire, on le comprend à la façon dont il conçut sa mission « lorsqu'il était satrape en titre du plus grand et du plus décolleté des théâtres lyriques », c'était d'organiser pour les ministres « en bon camarade, à huis clos des parties fines avec quelques beautés en renom de la danse et du chant ». Proxénète ! Non, entremetteur ! Avec tout ce que cela comporte de flagornerie, de complaisance, de sale médiocrité. Il ne touchait pas d'argent pour ce service, il touchait des places, des décorations. On n'ose pas croire que ce fut pour ce genre de service qu'il reçut la Légion d'honneur. Entremetteur en tout : en filles, en articles de journaux, en places, en réputations politiques, c'est l'homme indispensable.

En 1847, Morny entre au *Constitutionnel* en rachetant pour 100 000 francs des parts vendues par Véron au frère de Fanny Le Hon, Léopold Mosselman. Derrière Véron s'agite toujours Thiers. La position critique du journal vis-à-vis du gouvernement ne gêne pas Morny. Il en partage un bon nombre, notamment celles sur la nécessaire réforme parlementaire. Ce qui ne l'empêche pas de voter fidèlement pour le gouvernement. Nul doute qu'il ne compte sur ce journal pour accentuer son influence et devenir ministre. Il attend de Véron qu'il soit, après avoir été son entremetteur en galanteries diverses, son entremetteur auprès du pouvoir.

Est-ce le Dr Véron qui a présenté Balzac et Morny l'un à l'autre ? À quarante-huit ans, à la veille de son mariage avec Mme Hanska, Balzac doit sourire en regardant évoluer le modèle qui lui a probablement servi pour créer un de ses plus forts personnages : Henri de Marsay. Il le voit devenir peu à peu celui dont, avec un extraordinaire pouvoir de divination, il a pressenti les virtualités politiques. Il ne verra pas la réalité rattraper tout à fait le roman. Mort en 1850, il n'assistera pas à cette prodigieuse rencontre de la fiction et de l'histoire lorsque, un an plus tard, à l'instar de Marsay devenu président du Conseil, « le seul homme d'État de la monarchie de Juillet », Morny sera ministre et organisateur du coup d'État. Charles de Rémusat le regrette : « J'ai toujours pensé que si Balzac eût vécu, il aurait cordialement admiré le 2 décembre et particulièrement Morny. Le mépris de tout principe, l'indifférence absolue à la morale, relevée par une dose suffisante de dissimulation et de résolution, la confiance dans la force, la politique appuyée sur toutes les faiblesses et toutes les bassesses du cœur humain et réduite à la requête à tout prix, pour ceux qui la pratiquent, des extrêmes jouissances de la fortune et du luxe, tel est bien l'idéal de grandeur de ces sybarites, moitié crânes, moitié aigrefins, les héros du célèbre romancier. »

Marsay est-il Morny ? Félicien Marceau, dans *Balzac et son monde*, écrit : « Marsay, c'est l'horoscope de Morny. » Il démonte le faisceau de présomptions qui laisse supposer que l'écrivain s'est inspiré de lui. Un élément pourrait aller à l'encontre de cette thèse : les dates. Balzac publie *La Fille aux yeux d'or* en 1835. Morny n'a alors que vingt-quatre ans, il n'est encore qu'un lion à la réputation sulfureuse, un sous-lieutenant mal noté qui se prépare à participer à l'expédition d'Algérie. Mais entre Morny et Marsay, il y a beaucoup plus que des coïncidences. D'abord les origines. Ils sont bâtards tous les deux : Marsay, fils de lord Dudley ; Morny, fils de Flahaut. Marsay est élevé par la sœur de son père, une vieille demoiselle ; Morny, par la mère de Flahaut, Mme de Souza. Lord Dudley a constitué à Marsay une rente qui lui permet de vivre fastueusement, tout comme Morny reçoit de l'argent d'Hortense. Balzac redistribue différemment les origines : si le père de Marsay est anglais, le père de Morny, Flahaut, a épousé une Écossaise, lady Keith – celle-ci très riche, mais assez laide et hommasse, ressemble trait pour trait à la femme que va épouser Marsay, Miss Dinah Stevens, « une délicieuse vieille fille anglaise, riche de deux cent quarante mille livres de rente (...) seule et unique héritière d'un vieux podagre (...) qui dans un délai calculable doit lui laisser une fortune au moins égale (...) une fille de trente-six ans, ma foi (...) le nez rouge, des yeux de chèvre morte (...) ça mange, ça marche, ça boit, ça pourra faire des enfants, les soigner, les élever admirablement, et ça joue la femme à croire que c'en est une ».

Marsay s'exclame : « Je vogue dans les eaux d'un certain prince qui n'est manchot que du pied et que je regarde comme un politique de génie. » Tout le monde savait à l'époque que Morny était le petit-fils de Talleyrand par la main gauche, ce dernier étant d'ailleurs pour Balzac le seul grand homme politique issu de la Révolution.

Même infatuation : Marsay : « J'étais un des plus jolis jeunes gens de Paris. » Morny : « J'étais (...) d'une intelligence merveilleuse (...) je devinais tout (...) j'écrivais facilement. » Même donjuanisme : Marsay : « En fait d'amour, je devins athée comme un mathématicien. » Morny : « Il avait obtenu près des femmes de nombreux et éclatants succès », écrit son ami Édouard d'Alton-Shée. Même habileté aux armes et aux exercices physiques : Marsay : « Il coupait une balle à dix pas dans la lame d'un couteau (...) il montait à cheval de manière à réaliser la fable du centaure. »

Morny : « Je suis de première force aux armes. » Même portrait physique : Marsay : « une beauté de jeune fille, beauté molle, efféminée, mais corrigée par un regard fixe, fauve et rigide comme celui d'un tigre » ; Morny, d'après Corentin Guyot, « beau, mais d'une beauté où la grâce efféminée se raffermissait par quelque chose de militaire dans la taille souple et le visage mâle ».

On pourrait multiplier les coïncidences troublantes. *La Fille aux yeux d'or*, le plus fameux roman dont Marsay est le héros, nous le montre séduisant Paquita Valdès, dont l'amante est la marquise de San Réal. De nombreux témoignages, dont celui des frères Goncourt, attestent le goût de Morny pour les lesbiennes. Il dit même que c'est dans le lesbianisme que la femme atteint son ultime perfectionnement. D'autre part *La Fille aux yeux d'or* est dédié à Delacroix qui passe tout comme Flahaut pour être le fils naturel de Talleyrand.

Plus curieux encore : Balzac prête à Marsay toute une philosophie politique qui sera un jour celle de Morny. Ces deux opportunistes parviennent au pouvoir par un complot, l'un, Marsay, en 1830, l'autre, Morny, en 1851. « Il vient un âge où la plus belle maîtresse que l'on puisse servir est la nation, dit Marsay. Je me mets dans les rangs de ceux qui renversent le système aussi bien que le ministère actuel. »

Enfin il n'est jusqu'à la mort du jouisseur Morny, due en partie à l'abus des aphrodisiaques, qui ne soit esquissée dans le roman. « Le plaisir est comme certaines substances médicales : pour obtenir constamment les mêmes effets, il faut doubler les doses, et la mort ou l'abrutissement est contenu dans la dernière. »

Tant et tant de coïncidences font rêver. Évidemment la difficulté est de parvenir à savoir s'ils se sont rencontrés, où et quand. Ils ont fréquenté les mêmes salons, ceux de Fanny Le Hon, de Mme Gay, de la comtesse O'Donnell. Certes dans l'œuvre de Balzac et dans sa correspondance sont citées Mme de Flahaut, Fanny Le Hon (Balzac a même fait des placements dans la fabrique de zinc des Mosselman en 1847). Ils ont dû s'apercevoir au Café de Paris ou chez Tortoni. Beaucoup d'amis communs ont pu les présenter : Thiers, Delacroix, Véron, Lautour-Mézeray, le journaliste, futur préfet d'Alger, etc. On ne peut pas apporter la preuve d'une rencontre. Mais même si celle-ci n'a pas eu lieu, s'ils n'ont fait que se croiser, il est tout à fait possible qu'un ami de Balzac bien informé sur la société du temps lui ait désigné le jeune dandy qu'était Morny et raconté le roman de ses origines fabuleuses.

Quelques lignes de la préface de *La Fille aux yeux d'or* esquissent un aveu de paternité littéraire : « Assez de personnages dans Paris en ont connu les acteurs pour que l'auteur soit dispensé d'avouer ici que les écrivains n'inventent jamais rien (...) les détails appartiennent même rarement à l'écrivain qui n'est qu'un copiste plus ou moins heureux. »

On dira que, copie pour copie, Balzac a pu s'inspirer de bien d'autres dandies ; notamment du plus fameux d'entre eux, Alfred d'Orsay. Outre une quasi-homonymie, d'Orsay, comme Marsay avec lady Dudley, a été l'amant de sa belle-mère, lady Blessington, à qui il a fait deux enfants. D'autres fameux bâtards ont pu également lui servir de modèle, le jeune lord Seymour, fils de Montrond et de lady Yamourth, ou pourquoi pas Walewski. Aucune preuve ne pouvant être apportée, et Balzac n'étant plus là pour satisfaire notre curiosité, ne restent que l'intuition et la préférence de chacun. La légende dit Morny, pourquoi la contrarier ?

13

Les lourds nuages de la révolution de 1848, Morny les voit se profiler sans pouvoir rien faire pour les repousser. Les avertissements qu'il prodigue à Guizot et à Louis-Philippe, ou dans son fameux article prémonitoire de *La Revue des deux mondes*, ne rencontrent que l'indifférence. Il ne lui reste plus qu'à laisser passer l'orage. En ce début d'année qui précède tant de bouleversements, il peut mesurer le chemin parcouru. Il est riche, il est influent. À trente-sept ans, il s'est imposé aussi bien dans les affaires qu'à la Chambre, où il est devenu le chef de la fraction des conservateurs progressistes. Encore quelques mois et un ministère devrait lui être confié.

Morny habite un petit hôtel particulier qui jouxte celui de la comtesse Le Hon, au rond-point des Champs-Élysées, à deux pas de chez Flahaut. Dans cette maison qu'on a surnommé « la niche à fidèle », il a rassemblé une magnifique collection de tableaux, peu de contemporains, mais de remarquables toiles de l'école flamande.

Delacroix qui lui rend visite est ébloui : « J'ai vu là un luxe comme je ne l'avais vu encore nulle part. Ses tableaux y font beaucoup mieux. Il y a un Watteau magnifique. La Flandre et Venise y sont réunies, mais la vue de quelques Ruysdaël, surtout un effet de neige et une marine toute simple (…) m'ont paru le comble de l'art, parce qu'il y est caché tout à fait. »

Morny mène grand train. Il possède une écurie de chevaux de course à ses couleurs – casaque rose, toque rose –, de beaux équipages, un tilbury élégant avec lequel il se rend au bois de Boulogne, une voiture où sont gravées ses armoiries : un superbe hortensia et sa devise *Tace sed memento* (tais-toi mais souviens-toi), clins d'œil sur ses origines. Une nombreuse domesticité, un excellent cuisinier, évoluent dans un mobilier luxueux. C'est là qu'emmitouflé dans une robe de chambre fourrée de renard, Morny travaille avec ses secrétaires, se levant tôt et se couchant tard, après le spectacle, le cercle. Sa journée est bien remplie : outre le temps qu'il consacre à ses affaires, aux séances de la Chambre, il reçoit des marchands d'art, va aux courses et, entre tous ces rendez-vous, trouve le temps de recevoir un nombre appréciable de visiteuses parfumées. Que de femmes dans sa vie ! Fanny Le Hon semble ne pas trop se formaliser de ce défilé incessant de jeunes actrices, de femmes du monde, de demi-mondaines que ce voluptueux accueille avec son éternel sourire.

Un tel style de vie nécessite une véritable fortune. Il a fini par l'acquérir. Avec l'aide de son banquier, Armand Donon, il a fait de fructueux placements en Bourse. Il joue à terme. Mais il use et abuse du crédit. Il a des dettes, notamment auprès de Louis Hachette avec lequel il s'est associé dans la création d'une société civile des mines houillères et ferrifères de Cavaillac. Il vit au-dessus de moyens qui pourtant sont grands. En affaires, spéculateur dans l'âme, Morny reste un joueur. Il peut perdre, il sait se refaire – on le verra.

En Europe, le vent des révolutions s'est levé. Partout l'opposition libérale a secoué les chaînes du despotisme. La guerre civile a éclaté en Suisse où les troupes des cantons protestants ont écrasé celles des cantons catholiques. Des désordres ont secoué les possessions autrichiennes. Dès janvier 1848, Naples et Palerme se soulèvent. Le 14 mars le peuple renversera l'indéracinable Metternich. En France la situation se dégrade inexorablement dans un pays miné par la double action de la misère sociale et des idées révolutionnaires auxquelles le pouvoir de Louis-Philippe et de Guizot répond par la politique de l'autruche. Tous les mécontentements se focalisent sur la question de l'élargissement du suffrage censitaire qui exclut la petite bourgeoisie, pourtant soutien naturel du régime, qui fournit les cadres de la garde nationale. Guizot ne veut rien entendre. Un prétexte va mettre le feu aux poudres : l'interdiction d'un de ces pacifiques banquets qui, depuis le mois de septembre, drainaient les partisans de la réforme parlementaire, le seul moyen qu'avait trouvé l'opposition pour s'exprimer en tournant la loi sur la liberté de réunion.

Morny, partisan d'une réforme électorale modérée, était apparu comme un habile conciliateur entre l'opposition et le gouvernement. Tout le désignait, selon l'expression de d'Alton-Shée, « comme l'arbitre amiable pour éviter un coup d'État ou une révolution ».

Morny aime et aimera toujours la conciliation. Il y a du diplomate en lui, surtout il déteste les conflits violents, et ce qui risque de bouleverser l'ordre social. Il est convaincu que les révolutions entraînent des malheurs inutiles et qu'on peut toujours les éviter par la négociation. D'Alton-Shée raconte une anecdote qui illustre son absence de sectarisme. Chargé d'organiser le fameux banquet des délégués du XIIe arrondissement et ne trouvant pas de local en raison de l'intimidation que la police exerçait sur leurs propriétaires, il s'était, en désespoir de cause, décidé à aller voir Morny. Voici le savoureux dialogue qu'il eut avec son vieil ami.

« Eh bien, mon cher terroriste, fit-il en m'apercevant, que viens-tu me proposer ? — Mon cher satisfait, le gouvernement a trouvé un moyen simple d'empêcher le banquet, c'est d'épier nos démarches et d'effrayer par ses menaces tous ceux qui consentent à nous louer une salle de réunion. Tu possèdes une vaste étendue de terrains inoccupés dans le haut des Champs-Élysées, je t'en demande la location pour le dimanche 20 février. Nous y ferons dresser une tente, et le banquet aura lieu sur ta propriété privée. — Je le veux, mais laissons de côté la question d'argent. — C'est convenu. — Affaire conclue. »

Un autre local ayant été finalement trouvé, le banquet ne se déroula pas chez Morny. Mais l'anecdote montre, outre l'amitié dont elle témoigne, que celui-ci voyait le vent tourner et ne craignait pas de prendre des risques en faveur des opposants.

Curieux personnage ce d'Alton-Shée ! Dandy, bambocheur, ancien condisciple de Morny, ils ont même partagé les faveurs d'une maîtresse, puis failli partager une chronique dans *Le Messager*, le journal de Walewski. Le type de l'aristocrate converti aux idées révolutionnaires après un parcours en zigzag : d'abord légitimiste, puis partisan de Thiers avant de passer chez Guizot pour finalement se jeter dans l'extrême gauche. Membre du Jockey-club, pair de France, il se réveilla socialiste en 1847, à la stupéfaction de sa famille et de ses amis. C'est un de ces aristocrates déchirés entre leurs origines et leurs convictions de gauche.

Le refus du gouvernement de laisser se dérouler, le 22 février, une grande manifestation en faveur de la réforme, organisée par l'opposition, ayant à sa tête des députés et même certains pairs de France, comme Victor Hugo, et à laquelle participent aussi bien la garde nationale que des ouvriers, va créer l'affrontement. Morny, conscient du danger, tente au cours d'une ultime réunion d'infléchir Guizot et Duchâtel, le ministre de l'Intérieur. Guizot encore une fois ne veut rien entendre : « La manifestation n'aura pas lieu. On élève un gouvernement à côté du nôtre ; il n'y a rien de possible après cela. — Soit, dit Morny, nous allons tout faire pour éviter une collision que vous rendez inévitable. Permettez-moi un dernier avis. Vous ne répandrez pas une goutte de sang dans Paris, sans y périr. Si vous vous croyez sûr de l'armée, croyez-vous donc que la garde nationale soit déterminée à vous suivre ? » Une discussion s'élève. Le commandant de la garde nationale, le général Jacqueminot, beau-père de Duchâtel, convainc le préfet de police, Gabriel Delessert. Morny en désespoir de cause, sans doute par fidélité à son tuteur, se range à leurs vues. Désormais plus rien n'arrêtera la révolution. Cette campagne pour le suffrage universel va non seulement balayer la monarchie de Juillet mais aussi ouvrir la voie à Louis-Napoléon Bonaparte.

Deux jours d'émeutes suffisent. Guizot s'effondre, puis c'est au tour de Louis-Philippe de s'enfuir. La République est proclamée à la Chambre et un gouvernement provisoire est constitué qui comprend Lamartine, Arago, Ledru-Rollin. Tout le bouillonnement souterrain remonte à la surface : un mélange d'effusion, de lyrisme républicain, de mystique prolétarienne, dont Flaubert rend compte dans *L'Éducation sentimentale*. Un de ses héros s'écrie : « Tout va bien ! Le peuple triomphe ! Les ouvriers et les bourgeois s'embrassent ! Ah si vous aviez vu ce que j'ai vu. Quels braves gens ! La République est proclamée. On sera heureux maintenant (...) Plus de rois, comprenez-vous ? Toute la terre libre ! Toute la terre libre ! »

Un formidable élan dont les « rouges » et les agitateurs révolutionnaires vont tenter de profiter. Après la liesse et la fraternisation sociale, les inévitables débordements suivent. La gauche, dans ce climat, repousse sans cesse la date des élections dont elle sent qu'elles lui seront défavorables. En deux mois, la révolution, qui a montré son mauvais visage de violence et de pillage, a détruit la grande illusion qu'elle avait fait naître. Elle est devenue impopulaire. Paris et surtout la province commencent à avoir peur. Le pays menace ruine. Les affaires s'arrêtent ; les cotations à la Bourse sont suspendues ; les banques ferment ; la rente est tombée en dessous de 40 francs. Les faillites se multiplient, accroissant le nombre des chômeurs. La fermeture en juin des ateliers nationaux provoque une violente insurrection de quatre jours que le gouvernement réprime dans le sang. Dans ces journées se mêlent un généreux enthousiasme populaire, une révolte contre la misère, une lutte pour la République qu'on croit menacée et des exactions inutiles : la mort de Mgr Affre, venu en parlementaire et blessé sur une barricade, et l'exécution du général Bréa, qui entacheront le soulèvement populaire.

Le général Cavaignac, nommé chef du pouvoir exécutif, organise une répression sans pitié. Le chiffre des morts est de huit cent cinquante du côté des forces gouvernementales, dont six généraux. On a plus de mal à l'évaluer chez les insurgés. On parlera de deux mille, selon les estimations officielles, mais la presse anglaise avec un peu d'exagération avancera le chiffre de cinquante mille morts. On procède à vingt-cinq mille arrestations ; vingt mille « rouges » seront déportés en Algérie et aux colonies. La République a rompu définitivement avec les forces révolutionnaires. Plus gravement, elle s'est coupée des couches populaires et du monde ouvrier. Louis-Philippe, en exil, commente : « La République a bien de la chance, elle peut faire tirer sur le peuple. »

Fanny Le Hon a perdu une partie de sa fortune. Morny est au bord de la ruine. Il est écœuré : entre « la famille royale qui s'est conduite honteusement » et un pays « qui n'a plus d'esprit militaire ni d'honneur », il ne sait quel parti prendre. Dans son désarroi, il est à deux doigts de rejoindre les positions républicaines de d'Alton-Shée : « Le lendemain de la Révolution, j'ai cru à la

République. Elle était proclamée avec de telles assurances de fraternité, d'ardeur, de bien, de désintéressement que je me suis dit à moi-même : me serais-je trompé jusqu'ici ? Ces hommes que j'ai combattus voulaient-ils donc le bonheur du peuple, non plus sincèrement mais plus intelligemment que moi (...) j'ai attendu. » La réponse, le désordre, est loin de le satisfaire. Dans le désastre, il continue de voir clair et juste. Il pense que le bon sens public va régulariser et modérer les passions républicaines.

Il doit parer au plus pressé : sauver du désastre ce qui lui reste de fortune. Tout d'abord il fait mettre à l'abri ses tableaux en les envoyant à Londres. Il se voit bientôt contraint de vendre aux enchères publiques une bonne partie de sa collection, le 20 juin à New Bond Street. Mais le moment n'est pas favorable, et il doit retirer ses tableaux de la vente. À Londres, il a retrouvé Flahaut, qui a quitté son ambassade à Vienne, ainsi que son tuteur, Gabriel Delessert, qui, accompagné de sa femme, a suivi Louis-Philippe en exil. Il y voit également Metternich, lui aussi en exil, auquel il confie qu'il ne croit plus à un retour des Orléans. Pour lui, la seule solution serait d'appeler le comte de Chambord sur le trône. Il songe à aller voir l'héritier à Frohsdorf.

On le voit, il est on ne peut plus hésitant. En politique, il se veut réaliste. Il est prêt à adopter n'importe quel régime qui préserverait la France du désordre. Après une discussion à la Chambre, il dit à Mme de Rémusat : « Je ne sais pas si la République s'établira en France ; mais je sais que, si elle doit s'établir, c'est le général Cavaignac qui seul peut la fonder. » En trois mois, Morny est passé d'un orléanisme réformateur, puis d'un républicanisme de raison, au légitimisme. Il n'y a qu'un parti auquel il n'a pas encore songé, et c'est celui pour lequel il va, poussé par les circonstances, finalement opter : le bonapartisme.

Il n'a jamais rencontré le prince Louis-Napoléon Bonaparte. Il l'a seulement croisé, en compagnie de Flahaut, dans une rue de Londres.

Quelques mois vont suffire pour l'attacher à la cause du prince. Revenu à Paris en septembre, il va assister à son ascension. Louis-Napoléon est élu député par quinze départements après avoir démissionné une première fois. Le 4 novembre la Constitution est votée à une très large majorité : le président de la République sera élu au suffrage universel. La veille, après une intervention si peu brillante de Louis-Napoléon qu'elle a rassuré les parlementaires, on a repoussé un amendement excluant les membres des anciennes familles ayant régné sur la France. La voie du pouvoir lui est ouverte. Au contraire de Ledru-Rollin qui s'était exclamé : « Quel imbécile ! Il est coulé », Morny qui a retrouvé son siège de député, lui, ne s'y trompe pas : « Il me paraît évident qu'il sera président de la République, je dirais même que je vois que tous les partis s'accordent à le nommer, même les légitimistes. » Mais il assortit cette prédiction d'un jugement qui montre qu'à cette époque sa position n'a rien de sentimental, du réalisme à l'état pur : « Que l'ordre revienne donc dans notre pauvre pays, n'importe par qui. » Le 10 décembre, Louis-Napoléon est élu à une majorité écrasante, 5 434 000 voix ; Cavaignac n'en a obtenu que 1 448 000 ; Ledru-Rollin, 370 000 ; Raspail, 36 000 ; Lamartine, 17 000. Louis-Napoléon reste le seul président de la République, soumis au suffrage universel, à avoir été élu au premier tour.

Cette élection remonte loin, à « Austerlitz », s'était exclamé Victor Hugo dans un article de *L'Événement* en faveur de Louis-Napoléon : « Ce n'est pas un prince qui revient, c'est une idée. Depuis 1815 le peuple attend Napoléon. Celui que le peuple vient de nommer n'est pas l'héritier de l'échauffourée de Boulogne, c'est le vainqueur d'Iéna. Sa candidature date d'Austerlitz. »

En réalité ce bonapartisme que les circonstances ont favorisé, c'est la monarchie de Juillet qui, sans le vouloir, en a fait le lit. Bien sûr la nostalgie existait. Mais Louis-Philippe en essayant de séduire par tous les moyens les bonapartistes a peu à peu réveillé la légende. Il l'a même entretenue en faisant frapper par la Monnaie cent cinquante pièces rappelant les hauts faits de l'Empire, ainsi qu'en reprenant les travaux de l'Arc de Triomphe qui sera inauguré en 1836. Une ordonnance royale a fait replacer la statue de Napoléon au sommet de la colonne Vendôme d'où elle avait été retirée en 1814. Le point d'orgue a été atteint avec le retour des cendres de Napoléon en 1840, escortées par le prince de Joinville. Une cérémonie magnifique qui fait passer dans les fibres profondes de cette époque avachie et mercantile le frisson de la grandeur. Tous les mécontents trouvent un point de ralliement dans le souvenir du grand mort. Le mythe napoléonien se propage. Le vieux Chateaubriand n'y est pas insensible. Lui qui évoque « la grande ombre qui s'élève à l'extrémité d'un monde détruit (...) l'Hercule qui fut seul capable d'étouffer le monstre de l'anarchie (...)

Un de ces hommes fantastiques comme il n'y en a eu que cinq ou six dans l'histoire », semble, en 1832, au bord de faire des offres de service à Louis-Napoléon : « Si Dieu, dans ses impénétrables conseils, avait rejeté la race de Saint Louis, si les mœurs de notre patrie ne lui rendaient pas l'état républicain possible, il n'y a pas de nom qui aille mieux à la gloire de la France que le vôtre. » Dans un autre registre, Béranger, Victor Hugo chantent le grand homme et façonnent un mythe populaire. Balzac, qui, dans *La Comédie humaine*, fait de l'Empereur l'unité de référence de la grandeur, va jusqu'à s'exclamer : « Il faut être le Napoléon de quelque chose. » Même la mode s'en empare. Dans les théâtres, on joue des pièces qui rappellent des épisodes de la gloire napoléonienne, du pont d'Arcole à Sainte-Hélène, ce que Guizot a appelé « le napoléonisme dramatique ». Thiers a publié une monumentale *Histoire du Consulat et de l'Empire* qui a obtenu un grand succès. Les chansonniers, les colorieurs d'images transportent la légende dans les chaumières.

Quant au prétendant qu'est devenu Louis-Napoléon depuis la mort du duc de Reichstadt, si ses deux tentatives pour prendre le pouvoir par complot, la première à Strasbourg, en 1836, la deuxième à Boulogne, en 1840, ont échoué lamentablement, elles ont eu le mérite, surtout la seconde, suivie d'un procès retentissant, de faire connaître son existence. Une lente maturation des esprits a préparé son élection.

Ainsi Morny, qui n'est pas bonapartiste, bien que son père Flahaut ait participé avec passion, et de tant de façons, à l'épopée impériale, voit son demi-frère élu président de la République. Et ce demi-frère, il ne le connaît pas.

14

Une moustache énigmatique, la plus énigmatique du XIXe siècle. Qui se cache réellement derrière elle, derrière ces yeux ternes, ce visage un peu ingrat, ce maintien emprunté, cet accent tudesque qui exprime des propos embrouillés ? Qui est Louis-Napoléon ? Un génie, un idiot, un songe-creux, un visionnaire, un maladroit, un roué ? Jamais autant de qualificatifs opposés n'auront été employés pour désigner un même homme sans vraiment l'éclairer, n'ayant d'autre effet que d'obscurcir encore le mystère qui enveloppe sa personnalité composite. Victor Hugo, lorsqu'il est élu à la Chambre, le décrit « vêtu de noir, visage blême, un nez gros et long, des moustaches, une mèche frisée sur un front étroit, l'œil petit et sans clarté, l'attitude timide et inquiète ». Sans s'embarrasser de nuance ni de charité chrétienne, Lamennais l'exécute : « Louis Bonaparte est une sorte d'idiot. » Tocqueville, qui le juge « énigmatique, ténébreux, insignifiant et engourdi », note chez lui « ce goût naturel que les princes médiocres ont toujours pour la valetaille (...) lui-même, à travers ses bonnes manières, laissait percer quelque chose qui sentait l'aventurier et le prince de hasard (...) rien n'était en dessous de ses familiers, si ce n'est sa famille, composée en majeure partie de vauriens et de femmes galantes ». Chateaubriand en revanche parle « d'un jeune homme studieux, instruit, plein d'honneur et naturellement grave » et s'extasie sur la belle épître qu'il a reçue de lui : « Les Bourbons m'ont-ils jamais écrit des lettres pareilles. » C'est aussi l'avis de Montalembert : « Ses manières et sa conversation me plaisent beaucoup et je ne vois pas d'où lui vient sa réputation d'incapacité. » Personne ne s'accorde sur lui, sauf sur un point : il est indéchiffrable.

Qu'il ne soit ni simple ni d'une franchise à toute épreuve, c'est autant par caractère, par expérience que par politique. Cet éternel conspirateur est payé pour savoir qu'on ne peut se fier à personne. Il a vu trop de trahisons, de déceptions, de fausses amitiés, d'espions autour de lui pour n'être pas devenu méfiant. Son passé aux côtés des carbonari, les complots qu'il a ourdis, les leçons de la prison, l'« université de Ham », comme il disait avec humour, l'ont rendu prudent et dissimulé. Pourtant il a une nature douce, rêveuse, romanesque, mais les circonstances qui ont accentué son penchant pour le secret ont durci son caractère. Celui qu'Hortense appelait « mon doux entêté » est doué d'une obstination que l'adversité n'ébranle pas. Les échecs n'ont jamais fait naître aucun doute sur la mission qui l'habite. Rien ne l'abat. Ni la peur, ni les défections, ni le ridicule, ni sa condamnation à la prison à perpétuité n'ont entamé ses résolutions. Il a une foi indestructible en sa bonne étoile. Il l'écrit à sa cousine lady Douglas : « Parce que la fortune m'a manqué deux fois, ma destinée ne s'accomplira que plus sûrement. J'attends. »

Sentimental, adorant sa mère qui l'a élevé, et dont la perte lui a été très cruelle, il a été souvent rabroué par son père, Louis, au caractère difficile. À douze ans, on lui a donné comme précepteur le fils d'un ancien conventionnel, Philippe Le Bas, qui lui a inculqué son admiration pour Robespierre et Saint-Just, une imprégnation jacobine qui l'a ramené aux sources du bonapartisme. Ce sont ces principes républicains qui l'ont poussé à se battre en Italie au côté des insurgés contre les troupes du pape et les Autrichiens. Républicain de cœur, il aime l'ordre. Il aime aussi les idées utopiques. Il a écrit plusieurs ouvrages, un manuel d'artillerie qui lui a servi de prétexte pour nouer des contacts avec de nombreux officiers, un livre de rêveries politiques, un ouvrage sur les idées napoléoniennes, puis dans les loisirs forcés de Ham, son essai sur l'extinction du paupérisme. Plus tard, arrivé au pouvoir, il trouvera le temps d'écrire une biographie de Jules César. Intellectuel par tempérament, il a le goût de l'action et de son romantisme. Très superstitieux, il porte à son doigt comme un talisman l'anneau de mariage de Napoléon que lui a donné Hortense. Il imagine que l'aigle enfermé dans une cage qu'il a emmené avec lui lors du complot de Boulogne va lui porter chance. Il ne cesse d'être à l'écoute de la « voix secrète » qui lui promet le succès de ses projets.

On a été très sévère sur ses deux tentatives de prise de pouvoir qui ont échoué. On en a moqué l'impréparation, le manque de professionnalisme, la naïveté. Il est vrai que ces deux complots ont sombré dans le ridicule. Mais ces échecs n'en ont pas moins été politiquement féconds. Ils ont fait connaître Louis-Napoléon. Et même la réputation de maladresse, de sottise, qu'il en a personnellement retirée, lui servira. Cet apparent benêt aux discours fumeux rassure ceux qui craignent un nouveau César. Disons qu'il a eu une formidable intuition de son destin, qu'il a bien su camoufler ses ambitions. Contrairement à Louis-Philippe, il sait écouter ses interlocuteurs. Le maréchal Bugeaud racontera drôlement que, reçu en audience successivement, à deux ans d'intervalle, par le Roi puis par le Prince-président pour parler de l'Algérie, il avait, la première fois, été contraint d'écouter un monologue de Louis-Philippe, tandis que Louis-Napoléon n'avait pas proféré un seul mot. Et les deux entretiens s'étaient terminés par le même compliment : « J'ai été très heureux de notre conversation. »

Cette capacité de ne trahir ni ses pensées, ni ses émotions trouble ses interlocuteurs et ses ministres. Comme Tocqueville : « Les paroles qu'on lui adressait étaient comme des pierres qu'on jette dans un puits ; on en entendait le bruit, mais on ne savait pas ce qu'elles devenaient. » Apponyi se demande ce que dissimulent ses yeux « de fumeur d'opium ». Même ses proches s'interrogent : qui est-il vraiment ? Son cousin Napoléon (Jérôme), avec lequel il a partagé les faveurs de Rachel, reste perplexe : « Ce que je lui reproche le plus (si toutefois on peut reprocher à un homme ses défauts de nature) c'est d'avoir un caractère indéchiffrable. » Même écho du côté de Mme Dosne, la belle-mère de Thiers : « Cette neutralité de visage, d'humeur, est un de ses principaux inconvénients. »

Même s'il a été capable de s'attacher un grand nombre de fidèles, Persigny, Saint-Arnaud, le truculent et malheureux commandant Parquin, mort en prison, il ne séduit pas au premier abord. « N'ayant point de feu, il ne peut enflammer personne, écrit Charles de Rémusat, et l'on ne saurait guère être moins doué que lui du don d'agir sur les autres, de les entraîner et de les séduire. Il est singulier qu'un prétendant, un chef politique, un artisan de complot, ait été aussi complètement dénué de tout ce qui gagne les hommes, les persuade et en fait des partisans zélés et des instruments dociles. La facilité avec laquelle il enrôla dans sa bande, pour l'attentat de 1851, tous les gens dont il eut besoin n'en est que plus extraordinaire. »

Même Morny admet cette absence de charme : « À première vue, je suis sûr que nous ne plûmes guère l'un à l'autre. Si je n'avais suivi que mon goût, je n'y serais pas retourné. »

Entre les deux fils d'Hortense les rapports sont évidemment plus complexes. Avant janvier 1849, ils ne se sont jamais parlé. Ils n'ont fait que se croiser dans les couloirs de la Chambre. Morny, qui assiste à la première intervention de député de Louis-Napoléon, dit à Montalembert : « Si la France le voyait dans ce moment-ci, elle ne le craindrait guère. » Commentaire qui peut s'entendre de deux manières. Charles de Rémusat est plus sévère : « On ne voyait en lui qu'un conspirateur absurde, un émigré d'un nouveau genre, un dandy vieillot et libertin et dissipateur, et rien dans ses manières n'était fait pour en donner une autre idée. Son discrédit dans l'Assemblée était encore augmenté par la suspicion qui s'attachait à ses vues et à ses opinions. » Mais Charles de Rémusat, qui pourtant ne l'aime pas, donne de celui qu'on a longtemps à l'Assemblée considéré comme un « idiot » une explication intelligente qui rend justice à ce personnage malgré tout exceptionnel : « Cet idiot est doué d'une faculté rare et puissante, celle de mettre du sien dans les choses humaines. C'est un don que l'on ne rencontre guère chez les hommes d'État de ce siècle. L'esprit du temps, l'empire de l'opinion, la force des choses ne laissent à la plupart des hommes, qui se mêlent aujourd'hui du gouvernement, que la liberté de suivre le courant et de faire avec plus ou moins de talent ce que d'autres et quelquefois tous les autres ont pensé. Guizot et Thiers, Thiers moins que Guizot, mais Thiers aussi, ne savent guère que cela. Bien d'autres, avec moins d'esprit, moins d'éclat, auraient fait ce qu'ils ont fait. Il n'en est pas de même de Louis Bonaparte. Sa présence a changé le cours de l'histoire. On me dira que c'est à cause de son faux jugement, de ses idées aventureuses, de sa mauvaise tête enfin. Soit, mais ce n'est pas sa droiture de sens que je vante, je dis seulement que celui qui a fait intervenir son imagination dans les affaires du monde et produit ou modifié des événements en vertu de sa fantaisie possède je ne sais quel don de hardiesse et de force, qui le tire de la foule et le met au rang des personnages historiques. »

Instinctivement Louis-Napoléon n'aime pas Morny. Il lui rappelle désagréablement l'infidélité de sa mère. D'autre part son existence accrédite les médisances sur la vie amoureuse agitée d'Hortense, notamment sa liaison avec le frère de l'amiral Verhuell qui, présent à Cauterets en juin 1807, serait, selon Victor Hugo, le véritable père de Louis-Napoléon. On a parlé aussi d'épineuses questions d'héritage : un legs en faveur de Morny aurait été distrait de la succession d'Hortense par Louis-Napoléon. De nombreuses personnes, dont Valérie Masuyer, dame d'honneur d'Hortense, ont été témoins de sa tristesse en apprenant l'existence de ce demi-frère adultérin. Enfin Morny n'a jamais caché son attachement politique aux Orléans. On sait que lui-même, Flahaut et Fanny Le Hon ont été des amis personnels du duc d'Orléans.

Devant un climat politique confus, Morny hésite à s'engager en faveur de Louis-Napoléon. Il l'écrit à sa demi-sœur Émilie de Flahaut : « La Chambre future aura de grands dangers à courir ou un mensonge perpétuel à soutenir à la face du pays. Une chambre monarchique défendant et régularisant la République ou la trahissant par le milieu. J'y vais comme un chien qu'on fouette. Ajoutez à cela ma position particulièrement délicate par rapport au prince Louis et vous comprendrez mes répugnances. Cependant votre père me pousse à rentrer dans la vie politique. Tous mes amis m'y engagent. Je ne sais que vous dire du président. Les uns disent qu'il est médiocre ; d'autres qu'il s'ennuie, qu'il est faible et entêté, d'autres que c'est un très bon et très loyal garçon. Qui croire ? Il a fait des fautes de débutant. Il ne connaît pas les hommes, ni les affaires. Les légitimistes se rapprochent beaucoup de lui. Quel est leur projet, je l'ignore. Moi je ne l'ai pas encore vu, quoiqu'il m'ait fait dire qu'il aurait du plaisir à me voir. » Morny, pour rencontrer le président, va passer par l'entremise de son ami Baciocchi. L'entrevue a lieu, à l'Élysée, en janvier 1851. Le prince-président l'aurait accueilli en le serrant dans ses bras. Commencé à dix heures, leur entretien se termine à une heure du matin.

Selon Morny, ce rapprochement avec Louis-Napoléon était inévitable, en dépit de la promesse faite à sa mère de ne jamais chercher à le rencontrer, ni d'avoir d'explication avec lui : « Si je m'étais éloigné (…) j'aurais fait parler davantage. Il était plus naturel et plus convenable pour lui et pour moi de nous voir et de laisser aux circonstances le soin de nous lier davantage. Entre frères, la sympathie et l'affection s'établissent promptement. Je le sentis au moins pour ma part. J'étais merveilleusement placé pour être utile au prince. » De plus Morny ressemble de manière frappante à Louis-Napoléon : « C'était à lui tirer dessus », dira Villemessant avec humour.

Selon le mémorialiste Horace de Viel-Castel, Victor Hugo s'adresse à Morny pour faire des offres de service au président. « "Ceci ne peut pas durer, le pouvoir sera bientôt aux mains du prince Louis-Napoléon, vous savez mon dévouement à cette famille si éminemment populaire ; dites, je vous prie, au président que je crois pouvoir lui être utile en acceptant le ministère de l'Instruction publique, et que je suis à ses ordres. J'ai malgré moi sous le dernier règne accepté la pairie, mais j'étais poussé au Luxembourg par toute la littérature qui trouvait utile d'y avoir un représentant, mon dévouement n'était pas aux d'Orléans." Morny savait tout ce qu'avait remué Hugo pour revêtir l'habit de pair, en conséquence il dit au président : "Hugo fait un pas vers nous, ménagez-le, mais ne l'employez pas." Le président répondit : "Oh ! je le connais trop pour l'employer, c'est l'orgueil féroce." Le ministère n'arrivant pas, Hugo prononça quelque temps après à l'Assemblée un abominable discours démagogique. »

Louis-Napoléon qui a vécu en exil ne connaît ni la France, ni le monde politique. Son entourage, composé d'une bande de partisans, ne peut lui être d'aucun conseil utile. Il a besoin d'un guide dans le maquis parlementaire. Ce guide, ce sera Morny. Celui-ci a vite jugé les points faibles de son demi-frère : « Quand je vis le prince pour la première fois après son élévation à la présidence, je le trouvai imbu de préjugés, de faux systèmes, de défiances. Il avait les idées qu'on prend naturellement dans un exil prolongé, une espèce de libéralisme sentimental, naturel aux proscrits, mais avec lequel on ne conduit pas longtemps un gouvernement. Son entourage se composait d'une collection de niais ayant passé leur vie dans l'opposition ou en prison. » Parmi ces « niais » que Morny ne va pas tarder à supplanter dans les conseils du président, il y a Persigny, un compagnon de la première heure. C'est le début de la durable inimitié qui opposera les deux hommes.

Dès le départ se profile l'ombre du coup d'État. Comment pourrait-il en être autrement ? Il semble inscrit en filigrane dans la Constitution qui n'a rien prévu en cas de conflit entre le président de la République, élu au suffrage universel pour quatre ans – et non rééligible –, et l'Assemblée : aucun des deux pouvoirs n'ayant le droit de mettre fin au mandat de l'autre.

Jules Grévy, lors de l'adoption de la Constitution en novembre 1848, avait fait un discours prémonitoire : « Êtes-vous bien sûr que parmi les personnages qui se succéderont tous les quatre ans au trône de la présidence, il ne se trouvera jamais un audacieux tenté de s'y perpétuer ? Et si cet ambitieux est le rejeton d'une des familles qui ont régné sur la France, et s'il n'a jamais renoncé expressément à ce qu'il appelle ses droits ; si le commerce languit, si le peuple souffre, s'il est dans un de ces moments de crise où la misère et la déception se livrent à ceux qui cachent, sous des promesses, des projets contre sa liberté, répondez-vous que cet ambitieux ne parvienne pas à renverser la République ? » Crainte que Lamartine avait balayée par un acte de foi dans le suffrage universel : « On empoisonne un verre d'eau, on n'empoisonne pas un fleuve. Une assemblée est suspecte ; une nation est incorruptible comme l'océan… »

Dès le départ, Morny a compris, contrairement à son vieux penchant pour la négociation, qu'une politique de conciliation avec l'Assemblée ne servira à rien : « Le coup d'État était pour moi, depuis l'avènement du président, ma seule marotte. Je n'ai jamais eu d'autre idée en tête. Je n'ai jamais prévu aucune autre solution possible. Et je n'en ai jamais prêché d'autres. » Que le coup d'État soit inévitable, il n'est pas le seul à le penser. La question est seulement : quand ? Le prince-président espère, lui, trouver une solution dans la légalité. Il ne se résoudra au coup de force qu'à regret et juste avant l'expiration de son mandat. Il aura d'abord exploré toutes les voies possibles pour résoudre le conflit de pouvoir qui l'oppose à l'Assemblée. Mais les rapports entre le prince-président et l'Assemblée, pendant trois ans, ne vont pas cesser de se détériorer. Ils vont passer de l'hostilité larvée à la guerre ouverte.

C'est d'abord le général Changarnier, chef des troupes de Paris et des gardes nationales de la Seine, qui, après avoir réprimé, le 29 janvier 1849, une mutinerie de la garde mobile, propose à Louis-Napoléon un coup d'État contre la Constituante. Cette proposition aurait même été faite devant plusieurs témoins dont Molé, Broglie, Thiers et Morny. Le prince-président refuse.

L'expédition de Rome offre en avril un nouveau point de friction. Le Prince-président écrit une lettre de soutien au général Oudinot qui commande les troupes et l'engage à prendre la ville. Lettre habile qui provoque un tollé à l'Assemblée mais lui gagne le cœur de l'armée.

En mai, Louis-Napoléon est l'objet d'une mise en accusation émanant de la gauche de l'Assemblée. On est à la veille des élections législatives. Morny juge préférable de procéder au coup d'État contre une Assemblée « rouge » plutôt que d'attendre, et de risquer d'avoir en face de soi une Chambre à majorité modérée. Changarnier se déclare encore une fois prêt à en être le bras séculier. C'est sa dernière offre de service au prince-président, il va bientôt passer avec armes et bagages du côté de l'Assemblée.

Les élections du 13 mai marquent le retour en force des orléanistes et une forte poussée des socialistes au détriment des républicains modérés. Morny est réélu.

Le 13 juin, Changarnier réprime une nouvelle insurrection fomentée par Ledru-Rollin.

Maintenant la rumeur d'un coup d'État s'amplifie. Louis-Napoléon, fidèle à sa stratégie de la dissimulation, tient des propos qui après coup font sourire : « Les coups d'État n'ont aucun prétexte, les insurrections n'ont aucune chance de succès ; à peine commencées elles seraient immédiatement réprimées. » Il ne rassure qu'à moitié.

Le 29 octobre 1849, Morny et Flahaut sont chez Thiers. C'est Mme Dosne, sa belle-mère, qui raconte la scène. Les deux hommes défendent la solution du coup d'État. Thiers y est hostile. Le ton s'aigrit entre Flahaut et Thiers qui s'adressent des injures.

Mais la montée des socialistes fait peur à l'Assemblée. Celle-ci prépare un texte de limitation du suffrage universel qui sera adopté le 31 mai 1850. À cette occasion Thiers parlera de « la vile multitude ». Par un tour de passe-passe, l'Assemblée retire leur droit de vote à trois millions de travailleurs. L'Assemblée a commis l'erreur, face au prince-président élu au suffrage universel, de restreindre sa base électorale qui assurait sa légitimité.

Désormais c'est de Changarnier, qui a pris fait et cause pour l'Assemblée, que vont venir les principales attaques. Notamment le 2 janvier 1851 où le général entre en guerre ouverte avec Louis-Napoléon à propos de la réquisition des troupes. Le Prince-président destitue Changarnier. « L'Empire est fait », commente Thiers.

Peut-on encore éviter le coup d'État ? Il semble que Louis-Napoléon l'espère. Sa dernière chance de conserver un pouvoir qui arrive à son terme réside dans une réforme constitutionnelle. Des pétitions la demandent. Des conseils généraux, deux cent trente-trois députés y sont favorables. Le 19 juillet, la révision obtient 446 voix contre 278 : chiffre important mais insuffisant pour l'adoption. Il a manqué une centaine de voix. Il ne reste plus d'autre solution que le coup d'État. Louis-Napoléon reçoit Morny à l'Élysée. Ils se promènent dans le jardin : « J'entamai ainsi la conversation, écrit Morny. "Mon cher Prince, nous voici à notre dernière période. Il n'y a plus à hésiter. Je ne sais pas comment vous envisagez l'avenir, mais moi, je ne vois qu'une seule issue dans votre intérêt et dans celui du pays : celle d'un coup d'État." Ce fut la première fois où le prince me répondit : "Je suis de votre avis et j'y songe sérieusement." Je fis un "Ah ! Enfin !" avec une vive expression de bonheur, comme si on m'ôtait cent livres de dessus la poitrine, et, depuis ce moment, je ne me tins pas de joie : je voyais enfin le pays sauvé et l'avenir assuré. »

Ce coup d'État, on va le différer de semaine en semaine.

Le 20 août, Louis-Napoléon semble prêt. Un dîner qui a lieu au château de Saint-Cloud réunit les principaux conjurés : Persigny,

Rouher, le préfet de police Carlier, et bien sûr Morny. Le projet préparé par Carlier est mis en pièces par Morny qui s'exclame : « Mon pauvre Carlier, la situation est trop grave, trop sérieuse, pour se faire des politesses. Je dois vous dire que je trouve votre plan très vicieux et que, s'il doit être exécuté comme tel, je vous demanderai la faveur d'un passeport. » Cette critique sévère à laquelle viennent s'ajouter la défection de Saint-Arnaud et la démission de Carlier font reculer le projet.

Morny, afin d'accroître le fossé qui sépare l'Assemblée et le peuple, propose au prince-président de demander l'abrogation de la loi du 31 mai 1850 qui restreint le suffrage universel. L'Assemblée refuse. Elle est tombée dans le piège.

Tout le mois de novembre se passe à décider une date, chaque fois remise. D'abord c'est le 20 novembre, puis le 25, enfin le 2 décembre. Louis-Napoléon hésite encore. Enfin il se décide : la date, anniversaire du sacre de Napoléon et d'Austerlitz, paraît de bon augure à ce superstitieux.

C'est l'heure de Morny. Persigny vient lui annoncer que Louis-Napoléon l'a désigné pour mettre en œuvre le coup d'État. Il exulte : « J'ai conseillé à tout le monde dans l'intérêt du pays de faire un coup d'État. C'est la seule voie de salut qui existe. Je suis tout disposé à faire moi-même ce que j'ai conseillé aux autres. Je suis très fier du choix du prince. Dites-lui qu'il peut compter sur moi, sans aucune espèce de condition. »

Louis-Napoléon a bien choisi son homme. Esprit froid, déterminé, intelligent, sans scrupules, Morny remplit toutes les conditions requises pour mener à bien cette difficile opération. Lui-même, conscient de ses qualités, savait qu'il serait choisi : « Je suis d'un sang-froid inaltérable, ce qui fait que je ne m'ahuris pas et je n'ahuris pas les autres ; ensuite quand j'ai pris un parti, dans lequel ma tête est engagée, je ne m'arrête plus à aucun détail, et je vais droit au but, lui sacrifiant tout avec une insouciance complète. » Ces qualités dans l'action, même ses adversaires comme Émile de Girardin les lui reconnaissent : « Il pensait et voyait juste. Il considérait la vie comme une plaque de tir sur le centre de laquelle, si l'on a visé juste, tous les coups doivent porter. »

Le mécanisme implacable est enfin enclenché. La rumeur du coup d'État s'amplifie. Mais qui le fera ? Louis-Napoléon ou l'Assemblée avec le général Changarnier ? Les députés ne croient pas à la détermination du prince-président. Ils l'imaginent faible et irrésolu. Ils se croient naïvement protégés par ces forces populaires à qui ils n'ont pas hésité à retirer le droit de suffrage. « La sentinelle invisible, c'est le peuple », s'écrie Michel de Bourges. Berryer lui fait écho le 1er décembre : « Le prince n'osera jamais rien contre la Chambre. Les chefs de l'armée ne sont pas pour lui ; et quand il s'agira de faire mouvoir la troupe contre cette Assemblée, il ne trouvera pas quatre hommes et un caporal pour lui obéir. »

La seule protection de l'Assemblée : l'inconscience. Louis-Napoléon a les meilleures cartes en main : le soutien de la bourgeoisie qui vit dans la terreur du « spectre rouge », titre d'un ouvrage de Lucien Romieu ; le peuple dont il a défendu le droit au suffrage universel ; l'armée qu'il a su séduire et qui garde la nostalgie de l'Empire ; les puissances financières enfin, pour qui Thiers et Berryer ne sont, comme l'écrit l'*Economist* de Londres, que des « anarchistes », et le journal financier conclut : « Dans toutes les Bourses de l'Europe, le président est maintenant reconnu comme la sentinelle de l'ordre. »

L'Assemblée, pour se rassurer sur son inviolabilité, peut seulement croire que le président sera fidèle à son serment. En politique, c'est un rempart un peu mince. Surtout quand on a affaire à un homme qui a trop lu César.

15

Coup d'État ou coup de poker ? Morny a tout misé sur le complot du 2 décembre 1851 : sa réputation, son avenir politique, sa fortune. S'il échoue, il risque, au mieux la ruine complète, au pis le peloton d'exécution. Pourquoi cet homme avisé a-t-il choisi délibérément d'assumer la plus lourde responsabilité et les plus grands dangers ? Charles de Rémusat propose une explication un peu sordide : « Ce qui le soutenait, c'était un sentiment plus sérieux, la passion de l'argent. Il était ruiné, il voulait refaire sa fortune. » Cela a pu jouer. Mais rien ne l'y oblige, sinon la certitude que lui seul est capable de mener à bien cette entreprise hasardeuse. Défi, pari avec lui-même, goût du risque ? On est tenté de chercher une explication dans sa bâtardise qui, sous ses dehors de grand seigneur hautain et flegmatique, n'a cessé de le tracasser. L'impératrice Eugénie relèvera plus tard qu'un grand nombre des conjurés étaient en délicatesse avec leur état civil : outre Morny, Saint-Arnaud s'appelle en réalité Leroi, et Persigny est né Fialin. Le coup d'État est l'occasion de créer un ordre nouveau qui assoira leur légitimité. Pour Morny, cette nuit du 2 décembre est peut-être le moyen d'accéder, par la voie trouble de l'illégalité, à la reconnaissance : il ne sera plus vis-à-vis de Louis-Napoléon un demi-frère de hasard, caché et honteux. De par sa volonté, il aura conquis et imposé une légitimation de fait dans le clan Bonaparte. Et il y entrera de plain-pied, autant par sa filiation que par son mérite et son courage, qualités hautement prisées de la mythologie napoléonienne.

Cette légitimation par un coup de force, les deux frères vont l'atteindre chacun à sa façon. Louis-Napoléon redevient l'héritier légitime en effaçant la Restauration et la République. D'ailleurs son attitude pendant le coup d'État le révèle tout en expectative, impassible et immobile à l'Élysée, comme s'il s'agissait du dépouillement d'un scrutin céleste où la volonté personnelle n'a pas sa part. Tandis que Morny se démène avec les faits et les hommes pour exister, le prince, fataliste, attend le verdict des dieux.

Les deux frères ont du moins un point commun : ils excellent à donner le change. Comme tous les lundis, jour de réception à l'Élysée, Louis-Napoléon accueille ses invités dans les salons du rez-de-chaussée, une centaine de personnes en habit de soirée. Il y a là quelques militaires dans leur tenue rouge et bleue, des ministres, Saint-Arnaud, Turgot, des femmes parées, les familiers comme Mocquard ou la princesse Mathilde, des publicistes et des écrivains, le Dr Véron, Maxime Du Camp. Jamais Louis-Napoléon n'a été à ce point lui-même, c'est-à-dire retors, dissimulé, indéchiffrable. Pas un signe d'énervement. Dans son regard terne ne brille pas la moindre lueur d'inquiétude. Son maintien est toujours aussi gauche, ses mouvements aussi lents.

Vers dix heures, il s'approche du colonel Vieyra, chef d'état-major de la garde nationale.

— Colonel, êtes-vous assez fort pour ne rien laisser voir d'une émotion sur votre visage ?

— Je le crois.

— Eh bien, c'est pour cette nuit... Pouvez-vous m'affirmer que, demain, on ne battra pas le rappel ?

— Oui, prince, si j'ai assez de monde pour porter mes ordres.

— Voyez Saint-Arnaud.

Morny a choisi, lui, d'assister, à l'Opéra-Comique, à la première d'un opéra-bouffe. À l'entracte, il quitte sa loge d'avant-scène et se mêle à la foule des spectateurs. Puis il disparaît. À onze heures, il pénètre à l'Élysée qu'enveloppe la nuit froide et brumeuse. On l'introduit dans le salon d'argent – un symbole ! c'est là que Napoléon a signé sa seconde abdication après Waterloo. Un mauvais souvenir qu'on va tenter d'effacer. Les conjurés sont réunis sous les portraits de l'Empereur et de la reine Hortense. Ils grillent cigarette sur cigarette. Autour de Louis-Napoléon, son secrétaire, le vieux Mocquard, ancien secrétaire de la reine Hortense ; Saint-Arnaud, ministre de la Guerre, avec son profil d'aigle ; Persigny, ami, confident, âme damnée du prince ; Maupas, jeune préfet de police bellâtre et imbu de lui-même.

Le prince ouvre un tiroir de son bureau à l'aide d'une petite clé attachée à sa chaîne de montre. Il en sort un dossier sur lequel il a écrit en bleu RUBICON. Il l'ouvre et lit les décrets de dissolution de l'Assemblée ainsi que les proclamations au peuple et à l'armée. Morny, Saint-Arnaud et Maupas redéfinissent leurs rôles respectifs. Le prince tire une cassette de son bureau qui contient 60 000 francs et distribue l'argent.

— Mes dernières ressources, dit-il.

Saint-Arnaud en prend 10 000. Le reste est réservé pour les gratifications de la troupe.

Au moment de se séparer, Morny, qui a perdu son habituel sourire, dit :

— Messieurs, n'oubliez pas que nous jouons tous ici notre peau.

— La mienne est si usée, je n'ai pas grand-chose à perdre, ironise Mocquard.

Louis-Napoléon toujours impassible adresse aux conjurés une dernière parole de réconfort :

— J'ai confiance dans le succès ; j'ai toujours à mon doigt une bague de ma mère dont le chaton porte pour devise : *Espère.*

L'homme d'esprit reprend le dessus chez Morny. En quittant Louis-Napoléon, il lui lance :

— De toute façon, demain, vous aurez une sentinelle à votre porte.

Louis-Napoléon demande à être réveillé à cinq heures.

Morny, lui, se rend au Jockey-club. Il joue jusqu'à quatre heures du matin. Dans sa poche, un revolver, et même de l'acide prussique. Pense-t-il au suicide en cas d'échec ? Ce serait assez dans son style. On voit mal ce jouisseur orgueilleux accepter les humiliations d'un procès et les privations de la prison. Un suicide a plus d'allure. Il ne craint pas la mort. Il l'a prouvé en Algérie et au cours de ses nombreux duels où sa main n'a jamais tremblé. Que de visions doivent le traverser tandis qu'il aligne les cartes sur le tapis vert devant cet impressionnant quitte ou double ! Il ne joue rien de moins que son destin ! Ou il va naître glorieusement à une nouvelle vie, qui établira sa reconnaissance, ou il disparaîtra comme un héros romantique, son origine et sa fin mêlées dans un même mystère.

Il rentre chez lui, au rond-point des Champs-Élysées, et se change. Il met de l'ordre dans ses papiers. Un dernier coup d'œil sur ses tableaux. Les reverra-t-il ? Il passe prendre son père, le général de Flahaut, à une centaine de mètres, rue de la Charte, puis, en revenant au rond-point, Léopold Le Hon, le fils de sa maîtresse qui n'a que dix-neuf ans – celui-ci fera office à la fois de secrétaire et de chef de cabinet. La voiture les emporte rue de Grenelle, au siège du ministère de l'Intérieur. Il est un peu moins de sept heures du matin. Là, les versions diffèrent : est-il en retard, comme l'écrira Maupas, le préfet de police, qui ne l'aime pas, ou exact pour surprendre dans son lit Thorigny, le ministre, qui dort et ne se doute de rien ? En tout état de cause, il remet au ministre la lettre du prince-président qui lui annonce sa destitution et prend possession du ministère. Il installe Léopold Le Hon au télégraphe qui crépite.

Les choses sérieuses ont déjà commencé. À l'aube, la police a procédé à soixante-dix-huit arrestations, dont seize parlementaires. Changarnier, Cavaignac, Lamoricière, Thiers, qui n'ont opposé aucune résistance, sont en route pour la prison de Mazas.

À sept heures, les rues de Paris se couvrent d'affiches. On peut notamment lire le décret contresigné par Morny : l'Assemblée nationale est dissoute ; le suffrage universel est rétabli ; le peuple français est appelé à voter à partir du 14 décembre ; l'état de siège est décrété. Dans un appel au peuple, le président accuse l'Assemblée d'être devenue « un foyer de complots ». Il propose un plébiscite qui réaménage les pouvoirs publics : un chef responsable nommé pour dix ans ; des ministres dépendant du seul pouvoir exécutif ; un Corps législatif, élu au suffrage universel, qui vote les lois, et une seconde Assemblée, « formée de toutes les illustrations du pays ».

Saint-Arnaud n'est pas resté inactif. Cinquante-quatre mille hommes, une vingtaine de généraux ont été mobilisés. Le colonel Espinasse s'est rendu maître sans coup férir de l'Assemblée. Les questeurs sont arrêtés. À six heures, trois coups de clairon ont prévenu Persigny, qui surveille les alentours de la Chambre, que l'opération est terminée. Il se précipite à l'Élysée pour annoncer le succès au Président.

Maintenant c'est au tour de Morny d'entrer en action. Il a en face de lui deux sortes de menaces : l'une est représentée par les protestations platoniques des deux cents députés du parti de l'Ordre. Ceux-là, coupés des forces populaires, désavoués par la bourgeoisie qui se félicite du retour à l'ordre, il en fait son affaire. Ainsi pour les députés réunis à la mairie du Xe arrondissement, rue de Grenelle, et qui veulent proclamer la déchéance du Président : il se contente pour la forme de leur faire passer la nuit à la prison de Mazas et au fort de Vincennes puis de les renvoyer chez eux. L'opposition républicaine de gauche est plus dangereuse. Ses chefs, Baudin, Arago, Victor Hugo, Crémieux, Schoelcher, peuvent mettre le feu aux faubourgs et réveiller les ardeurs révolutionnaires. Ils organisent des foyers de résistance, rédigent des appels au peuple. Le soir du 2 décembre, ils élisent un comité. En réalité ils n'ont aucun moyens de se battre. Proudhon le dit à Victor Hugo, place de la Bastille, à la nuit tombée :

« Je viens vous avertir en ami. Vous vous faites des illusions. Le peuple est mis dedans. Il ne bougera pas. Bonaparte l'emportera. Cette bêtise, la restitution du suffrage universel, attrape les niais. Bonaparte passe pour socialiste. Il a pour lui la force, les canons, l'erreur du peuple et les sottises de l'Assemblée. Les quelques hommes de gauche dont vous êtes ne viendront pas à bout du coup d'État. Vous êtes honnêtes et il a sur vous l'avantage qu'il est un coquin. Vous avez des scrupules et il a sur vous l'avantage qu'il n'en a pas. Cessez de résister, croyez-moi. La situation est sans ressource. Il faut attendre, mais en ce moment la lutte serait folle. Qu'espérez-vous ? — Rien, lui dis-je. — Et que ferez-vous ? — Tout. »

Morny, au ministère de l'Intérieur, a l'œil sur chaque détail de l'opération en cours. Calme, lucide, il s'efforce de vérifier les nouvelles qui affluent sans céder à la panique. Le Dr Véron le trouve à son bureau « donnant des ordres et des signatures sans précipitation, avec la plus rassurante tranquillité ». Dans toute la France, les préfets reçoivent ses directives claires et énergiques. Rapidement, la mésentente s'installe avec Maupas, qui a tendance à s'affoler. En réalité les deux hommes s'opposent sur tout. Question de caractère et de conception. Morny, sûr de lui, impassible, n'est dupe de rien ; Maupas, inquiet, fiévreux, est dupe de tout. Le premier est partisan de procéder à un minimum d'arrestations ; le second voudrait envoyer tous les opposants à Mazas. Enfin une divergence fondamentale les sépare sur un point crucial. Maupas est d'avis de faire circuler la troupe dans les faubourgs pour faire peur et prévenir toute manifestation, alors que Morny, fort de l'expérience de 1830 et de 1848, craint de la fatiguer inutilement. Il préfère laisser se développer l'insurrection, quitte à mieux l'écraser par la suite. Le point de vue de Morny l'emportera, une stratégie brutale mais efficace. Thiers s'en inspirera pour écraser la Commune en 1871.

Morny avec Maupas se conduit en maître. Il dicte ses ordres de manière impérieuse.

« Il me revient que vos gens arrêtent légèrement. Faites un triage très sûr, pour ne pas retenir inutilement de pauvres diables. »

« Je viens de voir M. de Rovigo ; il a promis d'être tranquille. Je réponds de lui, ne cherchez pas à l'arrêter. De même pour M. Vidal. Pour M. Hugo, je le laisse à votre appréciation. »

« Le ministre a de graves raisons pour que l'on n'inquiète pas M. de Girardin. »

« Faites occuper militairement les réunions des représentants légitimistes des rues de Rivoli et de l'Université ; ne laissez entrer personne dans les lieux de séance. Que cet ordre soit exécuté avec beaucoup de politesse. »

Les divergences entre Morny et Maupas vont apparaître au fil des télégrammes ; certains, dit-on, un peu arrangés par le Dr Véron, présent au ministère de l'Intérieur. Ils donnent le ton et l'ambiance.

Maupas : « On dit que le 12e dragons arrive de Saint-Germain avec le comte de Chambord dans ses rangs comme soldat. J'y crois peu. »

Morny : « Et moi, je n'y crois pas. »

Maupas : « Rassemblement sur le Pont-Neuf, coups de fusil au quai aux Fleurs, masses compactes aux environs de la préfecture de police. On tire par une grille. Que faire ? »

Morny : « Répondez en tirant par votre grille. »

Même ton ironique à propos de Maupas lorsque Morny s'adresse au général Magnan : « Voici un avis du préfet de police, peut-être faux, car il s'alarme facilement (…) J'ai à rassurer bien du monde contre les faux bruits qui circulent et me viennent surtout de la préfecture. »

Les directives au général en chef expriment bien la stratégie de Morny. Le 2 décembre : « Les patrouilles de la nuit ne sont pas bonnes. Elles sont peu nombreuses, facilement entourées. Il vaudrait mieux ne pas voir de troupes du tout ou en voir davantage. Cela les fatigue inutilement. Je maintiens avec entêtement mon système : la police pour épier les projets ; la troupe pour agir violemment si ces projets s'exécutent. Mais de grosses patrouilles n'empêchent jamais rien ; elles rendent seulement l'usage des troupes moins efficace le lendemain. » Le 3 décembre : « De la préfecture on me mande que quelques troupes trop faibles sont cernées. Comment fait-on cette faute, au lieu de laisser les insurgés s'engager tout à fait et des barricades sérieuses se former, pour ensuite écraser l'ennemi et le détruire ? Prenez garde d'user la troupe à des escarmouches et de ne l'avoir plus à l'heure décisive. »

Tandis qu'il dicte ces ordres, surveille les dépêches, Morny voit défiler ses amis venus aux nouvelles. Le ministère de l'Intérieur se transforme en une ruche bourdonnante de visiteurs. Outre le Dr Véron, Turgot et des députés comme Montalembert et Léon Faucher venus protester et que Morny éconduit poliment, viennent même des écrivains et des actrices comme Arsène Houssaye et Rachel. Quand Morny reçoit ces derniers, il prend tranquillement son bain, ce qui ne l'empêche pas de dicter ses ordres à deux secrétaires. Houssaye raconte la scène : « "Et vous n'avez pas peur, lui dit Rachel, que je ne cache une Charlotte Corday ?" Il sourit et nous montra un revolver. »

Dans cette ambiance détendue, le nouveau pouvoir se met en place. Le 3 décembre au matin, le gouvernement est constitué ; l'après-midi les faubourgs commencent à s'agiter ; on renverse des voitures ; des coups de feu sont échangés avec la troupe ; on édifie des barricades à la Bastille et faubourg Saint-Antoine ; sur l'une d'elles, un député, Baudin, trouve la mort. La soirée va être chaude. Saint-Arnaud fait afficher un arrêté énergique : « Tout individu pris construisant ou défendant une barricade ou les armes à la main sera fusillé. » Saint-Arnaud avait conclu : « sera déféré à la justice militaire », phrase que Morny a biffée et remplacée par « sera fusillé ». Toujours sa politique d'action psychologique : menacer pour éviter de sévir.

Morny, inlassable, répète ses instructions : éviter les erreurs des révolutions de juillet 1830 et de février 1848. « Le plan des émeutiers est de fatiguer les troupes pour en avoir bon marché le troisième jour. C'est ainsi qu'on a eu le 27, 28, 29 juillet ; 22, 23, 24 février. N'ayons pas 2, 3, 4 décembre avec la même fin. »

Cette activité prodigieuse ne l'empêche pas de garder un œil bienveillant en faveur de ses anciens amis.

D'Alton-Shée l'en remerciera plus tard : « Mon cher Morny, je dois à ton ancienne amitié de n'avoir été encore ni arrêté, ni exilé, ni transporté. J'ai accepté sans peine un service que j'aurais trouvé tout naturel de te rendre si les rôles eussent été inversés ; et à présent que tu n'es plus au pouvoir, de bon cœur je te remercie. » Même gratitude chez un autre opposant, Bixio : « Merci de m'avoir traité comme je vous aurais traité, si les rôles avaient été intervertis, avec une courtoisie affectueuse, mais en ennemi politique qu'on respecte. » Autre élégance dans ce temps d'orage, il intervient pour faire libérer le général Cavaignac, emprisonné au fort de Ham, afin qu'il puisse voir sa fiancée.

Reste le plus dur : la répression. Le 4 décembre vers deux heures de l'après-midi, la troupe se met en mouvement. Lanciers, cuirassiers au galop déblaient les boulevards. Le canon tonne. Le boulevard Bonne-Nouvelle et le boulevard des Italiens sont à feu et à sang. On se bat le soir autour des Halles. L'insurrection est matée. Il y a eu beaucoup de victimes : 209 morts et 115 blessés, dira la préfecture de police, toujours soucieuse de minimiser. Il faut en rajouter un bon tiers. S'y ajouteront dans les jours qui suivent les longues listes de déportations : 26 642 personnes seront jugées par des commissions militaires ; 15 035 seront condamnées à la déportation en Algérie et à Cayenne. Morny organise la répression avec l'arrière-pensée de ménager l'avenir politique : des égards pour les opposants orléanistes, légitimistes ou républicains ; la manière forte et la déportation pour les révolutionnaires qu'il juge irrécupérables.

N'écrivait-il pas à Flahaut, un an auparavant : « Croyez-moi si vous voyiez un socialiste de près vous n'hésiteriez pas à lui préférer un Cosaque. »

Le coup d'État a réussi. Quinze jours plus tard, le plébiscite le justifiera par sept millions et demi de suffrages. « Une réussite matérielle mais un échec spirituel », commentera justement Pierre Gaxotte.

Une victoire payée cher. La mort de ces centaines d'insurgés sur les barricades et sur les boulevards était-elle vraiment nécessaire ? Rappelons pour fixer les idées que la répression par le général Cavaignac, en juin 1848, d'un soulèvement populaire justifié par la fermeture des Ateliers Nationaux, avait fait deux fois plus de victimes. Il y aura dix fois plus de victimes en 1871 lorsque Thiers et Jules Favre écraseront la Commune dans le sang. Ces morts en tout cas pèseront lourd dans la conscience de Louis-Napoléon. Ce sera le péché originel de son règne. « Tu portes le 2 décembre comme une tunique de Nessus », lui dira un jour l'impératrice Eugénie. Fallait-il ne pas écouter Morny ? La tactique préconisée par le peureux et brouillon Maupas était-elle meilleure ? La menace de la troupe le 2 et le 3 décembre aurait-elle suffi à disperser les insurgés ? Morny pour l'instant triomphe. Il est devenu, pense-t-il, l'homme indispensable. Il a apporté surabondamment la preuve qu'il est un homme d'État. En toute logique le plus brillant avenir politique devrait s'ouvrir devant lui. C'est compter sans la légendaire ingratitude des princes… du prince.

16

Enivré par le succès ? Morny en tout cas ne le montre pas. Il reste calme et maître de lui. Il est devenu le centre de tout, de l'action gouvernementale, de l'information. On le craint, on le flatte, on le sollicite. À partir de ce lieu névralgique qu'est le ministère de l'Intérieur, il veille au maintien de l'ordre, adresse des directives aux préfets et à la police, organise le plébiscite et prépare les élections de février. En réalité il a pris les rênes du pouvoir. Son action déterminante dans le coup d'État l'a mis en bonne place pour jouer un rôle capital lorsque le nouveau régime sera installé. Aussi se dépense-t-il sans compter. Il intervient dans tous les domaines, notamment en politique étrangère où, par l'entremise de Flahaut, il fait reconnaître le nouveau régime par le gouvernement anglais. Il surveille de près les proscriptions. Il le fait toujours à sa manière, avec des prévenances qui parfois font sourire. Ainsi lorsqu'il écrit à Mme Dosne, pour la prévenir de la libération de son gendre : « Après un douloureux devoir rempli, je suis bien heureux de pouvoir vous annoncer que M. le Président vient de me donner l'ordre de mettre en liberté M. Thiers. J'espère que ce triste et humide séjour n'aura pas altéré sa santé. »

Dans ses directives aux préfets, il montre un mélange de fermeté pour les agitateurs en même temps qu'un souci d'humanité : « Faites bien comprendre à tous les fonctionnaires qu'ils doivent s'occuper avec soin des intérêts de tous, et que celui qu'il faut accueillir avec le plus d'empressement et de bonté, c'est le plus humble et le plus faible. » Le même homme, le soir, convie les membres du Jockey-club afin de les rallier au nouveau régime.

Il n'oublie pas ses amis : à la faveur d'un décret sur les victimes du 2 décembre, il fait indemniser la comtesse Le Hon ; il tente d'obtenir pour Fernand de Montguyon, son vieux compagnon, la direction des beaux-arts. Il échouera : hormis l'amitié du ministre, Montguyon ne peut justifier d'aucun titre pour obtenir la place.

Morny s'agite. Il en fait beaucoup. Il en fait trop, sans voir les menaces qui le guettent. Son caractère ne le porte pas à la modestie. Il croit que son mérite s'imposera. L'encens des compliments qui viennent de toutes parts, de Flahaut, de ses amis, du monde politique, lui dissimule les hostilités et les jalousies qu'il suscite. Le plébiscite a été un succès. L'occasion pour Louis-Napoléon de déclarer : « La France a compris que je n'étais sorti de la légalité que pour rentrer dans le droit. Plus de sept millions de suffrages viennent de m'absoudre en justifiant un acte qui n'avait d'autre but que d'épargner à la France, et à l'Europe peut-être, des années de troubles et de malheurs. »

Morny voit le président chaque jour. Au cours de ces entretiens, fort de sa position, son ton a dû devenir un peu trop familier, trop directif. Ne va-t-il pas jusqu'à dire, un jour où il sent le Président tourmenté par le souvenir des inutiles victimes provoquées par l'affolement de la troupe lors du coup d'État : « Monseigneur, en matière de guerre civile, il n'est point défendu aux chefs de parti d'aller à la bataille avec des gants ; mais il ne faut pas, quand la nécessité le commande, que leurs gants empêchent le sang de rougir leurs mains et d'entrer un peu sous leurs ongles. »

Le Président auquel le plébiscite a donné un pouvoir quasi absolu ne doit pas aimer ce ton trop sûr de soi. Il sent peser sur lui une tutelle. Au moment où il s'est enfin libéré des contraintes de l'Assemblée, voilà qu'on tente de l'enchaîner par une nouvelle servitude : la reconnaissance. C'est mal le connaître. Sous ses dehors bonasses et hésitants, il a horreur d'être dirigé. Il déteste qu'on lui force la main. Et surtout pas Morny. On sent monter en lui une animosité contre son demi-frère qui n'a fait au fond, d'un point de vue de prince, que lui donner ce qui lui était dû. Ce frère trop brillant, trop à l'aise, l'agace. Ses sentiments pour lui insensiblement s'aigrissent. Il lui rappelle désagréablement ce qu'il ne parvient pas à oublier : l'adultère de sa mère et les malheureuses victimes du coup d'État. Surtout – lui qui se méfie de tout le monde – il craint d'avoir ouvert la voie à un Richelieu qui, s'arrogeant la réalité du pouvoir, voudrait le reléguer dans un rôle de représentation.

C'est sur un homme dont la disposition d'esprit est celle d'un Othello soupçonneux que vont agir les ennemis de Morny. Fould, Maupas, Persigny surtout vont mettre en œuvre tous les moyens pour donner des aliments à sa défiance. Ils choisissent l'angle d'attaque auquel Louis-Napoléon est le plus sensible : la supposée prétention de Morny à une éclatante légitimation. Selon eux, celui-ci saisit toutes les occasions de rappeler de manière insistante sa parenté avec le prince. La plus anodine petite phrase est retenue à charge contre lui. Ainsi on rapporte à l'Élysée qu'au cours d'une fête donnée au ministère de l'Intérieur, il se serait approché de Granier de Cassagnac et lui aurait dit : « Venez, je vais vous présenter à mon père, le comte de Flahaut. »

Mais c'est l'allocution prononcée par Morny, le 4 janvier, au cours d'un banquet donné à l'Hôtel de Ville par le préfet de la Seine, qui va être exploitée par Persigny : « Je ne puis, sans une profonde émotion, entendre des acclamations si vives s'adresser au prince Louis-Napoléon, car personne, plus que moi, ne sait combien il les mérite. Personne plus que moi n'a été à même d'apprécier sa longue patience, son abnégation, et enfin son courage et son dévouement au pays. »

Était-ce là une façon vraiment criante de suggérer sa parenté ? Il fallait être animé d'un singulier désir de nuire pour trouver dans ces propos quelque chose de choquant. Cela dit, y a-t-il eu inconsciemment de la part de Morny le désir de se prévaloir de sa parenté ? En tout cas il semble bien loin à cette époque de souhaiter une légitimation, sans doute flatteuse mais à laquelle il attache moins d'importance que la position qu'il a conquise par lui-même en étant reconnu comme un homme d'État. Sa situation de bâtard qui, dans le passé, lui a été certainement douloureuse a fini par l'amuser. On peut comprendre qu'il ait pu à l'occasion, moitié provocation moitié désinvolture, se laisser aller à faire des allusions à ses origines.

Ses ennemis vont employer d'autres armes pour tenter de l'abattre : il aurait profité du coup d'État pour s'enrichir à la Bourse. Maupas va faire rappeler à l'ordre un fonctionnaire qui refuse de citer dans son rapport au Président « le bruit d'opérations considérables faites par M. le ministre de l'Intérieur ». Le fonctionnaire se justifie en répondant « qu'attaché à la Bourse depuis vingt-sept ans, des bruits pareils ont toujours circulé contre ceux qui étaient au pouvoir ». Toutes ces intrigues, Morny n'y prend pas garde. Il a trop de mépris pour Persigny pour voir en lui un rival dangereux. Il a tort.

Persigny est l'opposé de Morny en tout. L'un est rugueux, intransigeant, emporté, sans humour ; l'autre policé, subtil, sceptique, ironique. Persigny a un avantage sur Morny : il est l'un des rares hommes à qui le Prince accorde sa confiance. Pourtant si Louis-Napoléon reconnaît sa vive intelligence, il n'est pas certain qu'il ait une très grande estime pour son efficacité. Il ne lui a donné aucun véritable rôle pendant le coup d'État. Mais il est sensible à sa fidélité. Il se sent proche de lui, de ses idées fumeuses en matière sociale. La foi inébranlable que Persigny manifeste depuis toujours pour sa personne et pour sa cause, en dépit de l'adversité, le rassure. Il sait qu'il peut compter sur son dévouement *perinde ac cadaver*. Persigny n'est pas un opportuniste comme Morny mais un homme qui très tôt a cru en lui, quand personne ne s'intéressait à une entreprise qui semblait perdue d'avance. Ils ont espéré, conspiré ensemble, connu l'échec, les désillusions, la prison, cela crée des liens.

Curieux personnage, ce Persigny ! De son véritable nom Fialin, il a eu une existence hasardeuse et pauvre. Hussard, puis journaliste, fervent adepte de la cause bonapartiste, il est allé voir le Prince à Arenenberg. Compagnon d'exil à Londres, confident des mauvais jours, il a participé activement aux deux complots qui ont échoué, ce qui lui a valu une lourde condamnation à vingt ans de prison. Il en fera huit dans la citadelle de Doullens et sera libéré en 1848. Très cultivé, honnête, assez bel homme, il devait faire un mariage tardif, à quarante-quatre ans, avec Eglé de la Moskowa, la petite-fille du maréchal Ney, âgée seulement de dix-huit ans. Elle est ravissante, mais ses frasques et ses infidélités tapageuses conduiront le mariage à la ruine. Il en souffrira. Comme il souffrira toujours de l'inconstance de l'amitié de Louis-Napoléon à son égard. Figure excessive et douloureuse, il est capable d'une grande fidélité en amitié ; avec Falloux par exemple dont la correspondance et l'affection ont adouci sa détention à Doullens. Quand ce sera au tour de Montalembert d'être arrêté, lors du coup d'État, il lui rendra la pareille : il ira lui rendre visite à la prison de Mazas.

Doué de qualités certaines, ses idées arrêtées et ses lubies le conduiront à commettre de graves erreurs. La principale sera son influence dans l'accentuation autoritaire du régime. Maupas, qui ne l'aimait guère, même s'il avait eu partie liée avec lui pour éliminer Morny, insiste sur son caractère excentrique : « Sa nature sortait à coup sûr de l'ordinaire ; mais elle offrait les bizarreries les plus étranges. Les grandes aspirations, les pensées lumineuses se révélaient en lui à côté des plus surprenantes utopies. C'était un conseiller souvent précieux à entendre, mais non moins périlleux à écouter. » Quant à Morny, il l'a exécuté avec humour : « Il a peut-être sur toutes choses le don de seconde vue ; mais la première lui fait toujours défaut. »

Les deux hommes sont comme chien et chat. Ils peuvent parfois s'entendre sur le plan personnel, leur tempérament, leur conception politique les rendent irréconciliables. D'ailleurs leur étoile politique ne luira jamais en même temps. Pour l'instant, avec la réussite du coup d'État, c'est au tour de Morny d'être au zénith. Mais l'heure de Persigny approche.

La confiscation des biens de la famille d'Orléans va fournir le prétexte à l'élimination de Morny. « Le premier vol de l'Aigle », ironisera Dupin. Sous l'Ancien Régime, la tradition voulait que tous les biens du nouveau souverain fussent considérés comme appartenant à l'État. Louis-Philippe, juste avant son accession au pouvoir, avait tourné cette tradition en faisant passer par donation son patrimoine considérable sur la tête de ses enfants. Il voulait ainsi se prémunir contre les aléas de la destinée monarchique. Était-ce légal ? Ce n'était pas faire preuve d'une grande délicatesse. Jules Favre, au début de la IIe République, avait essayé sans succès de les récupérer. Louis-Napoléon poussé par Persigny – tous deux avaient des comptes à régler avec la famille d'Orléans – décide de confisquer ces biens par décret et de faire verser le montant de leur vente à un certain nombre d'associations de bienfaisance. Ce décret, outre qu'il remettait en cause le droit de propriété et inquiétait les possédants, pouvait apparaître comme une vengeance mesquine de la part de Louis-Napoléon, une réponse aux spoliations diverses commises par la Restauration envers la famille Bonaparte. Sans doute le président obéit-il aussi à un autre motif : il veut saisir cette occasion pour que ceux qui le soutiennent brûlent leurs vaisseaux. Il veut mettre fin à un possible double jeu entre le bonapartisme et l'orléanisme, double jeu auquel la monarchie de Juillet s'était essayée avec les résultats que l'on sait. Cette confiscation des biens de la famille d'Orléans va être un test de fidélité au bonapartisme. On peut s'étonner de ce mauvais calcul de la part de Louis-Napoléon. Alors que plus rien ne le menace, il prend le parti de restreindre sa base politique plutôt que de l'élargir ; au lieu de tenter de rallier ses adversaires de la veille, il se les aliène.

Morny se rend chez le président, le 11 janvier. Il développe ses arguments contre le décret et menace de démissionner pour ne pas avoir à le signer. Les arguments de Morny n'ébranlent pas la résolution de Louis-Napoléon. Peut-être même trouve-t-il dans cette opposition une raison de plus de ne pas céder. La princesse Mathilde le supplie en vain de suspendre le décret : « N'accablez pas des proscrits ! Si nous n'avions pas été proscrits et pauvres nous-mêmes, je n'oserais pas vous parler ce langage (…) Au nom de notre vieille amitié, mon cher Louis, je vous en conjure, n'assumez pas sur vous une aussi formidable responsabilité. Si vous ne pouvez oublier, sachez au moins pardonner. »

Morny écrit à Flahaut qu'il a « des ennuis très graves ». En effet, une crise ministérielle s'est ouverte. Fould et Rouher font également part de leur intention de démissionner. Mais Persigny et Maupas maintiennent leur pression. Fanny Le Hon a vu clair dans leur jeu. Elle l'écrit à Flahaut : « Persigny et Maupas ruinent notre ami par tous les moyens possibles, tant auprès du Président que dans le public. Ce n'est pas seulement leur entrée au ministère qu'ils ambitionnent ; ils veulent le départ de Morny et le Président non plus n'en serait pas fâché (…) Son coup fait, il veut régner seul. »

Le 22 janvier, Morny donne sa démission. Un nouveau ministère est formé. L'intrigue a payé : Morny s'en va ; Maupas devient ministre de la Police ; Persigny obtient l'Intérieur.

Lorsque Persigny prend sa place au ministère de l'Intérieur, Morny lui écrit d'un ton de mépris : « Je vous la cède. Elle est faite pour vous. »

17

L'échec, l'ingratitude, l'amertume : ce sont des expériences que Morny n'avait encore jamais faites. La vie lui avait toujours souri. Son réveil est amer. La veille il croyait être parvenu au sommet, le voici déchu. Si encore il avait commis des erreurs ! Mais non, on n'a à lui reprocher que sa trop grande réussite. Voilà le salaire avec lequel on paye son dévouement et son efficacité. Il a risqué sa vie, sa fortune, pour un prince qui le congédie et le remplace par des médiocres. Ce sceptique est touché de plein fouet, pour une fois il s'est fait des illusions. Il a été naïf. On l'a joué. Il s'emporte, se plaint à son père. Le sourire avec lequel il accueillait les aléas de la vie a disparu. Il est atteint. En profondeur. Cet homme dont le caractère est tout en souplesse, qui s'est fait une philosophie de l'existence qu'il croyait à toute épreuve, est cassé dans son élan. Il ne sera plus jamais le même.

Bien qu'il ait souvent confié sa lassitude et son dégoût de la politique, il a fini par se prendre au jeu. Il a certainement caressé l'idée d'un grand ministère où il aurait pu déployer ses talents au service du nouveau régime. Même s'il n'a jamais perdu de vue ses intérêts, il n'a jamais été non plus indifférent au bien public. Et c'est au moment où il serait prêt à s'y consacrer avec toute son énergie et ses capacités qu'on le contraint à rentrer dans le rang.

Dans une lettre à Flahaut, à qui il confie sa déception, il ne dissimule pas sa rancœur envers le Prince : « Je le connais mieux depuis le 2 décembre. D'abord il n'a d'amitié vraie pour personne ; encore moins pour moi que pour quiconque, car ma position particulière l'embarrasse et la vôtre aggrave encore les choses (…) Il supportait ma présence à regret et mes services mêmes le gênaient (…) Il est méfiant et ingrat et n'aime que ceux qui lui obéissent servilement et le flattent (…) Il n'a pu trouver personne pour le 2 décembre, aussi s'est-il servi de moi. J'ai risqué ma vie ; j'ai accompli ma tâche (…) Je lui suis inutile, il me rejette (…) J'ai assez de la politique, surtout avec un homme comme le prince. »

Ce ton n'est pas seulement celui d'un ambitieux déçu ; on y sent une tristesse véritable, presque sentimentale, comme si sa famille réelle le rejetait pour la seconde fois dans l'illégitimité, en dépit de tous ses efforts pour la rejoindre.

Flahaut dans sa réponse tente de l'apaiser. Il craint que Morny ne se laisse aller à des propos violents qui nuiraient à sa carrière et qu'il pourrait regretter. Mais lui-même est déçu. En réalité il ne s'est associé au coup d'État que pour faire plaisir à son fils. « Si je pouvais effacer le 2 décembre, je le ferais volontiers, car au fond je n'y avais que faire et sans vous je ne m'y serais pas trouvé, parce que ce qui vient de se passer ne me laisse pas d'espoir que ce jour aura inauguré un avenir heureux pour mon pays. Mais vous n'aviez pas alors les opinions que vous m'exprimez aujourd'hui, et vos opinions ont eu une grande influence sur mon jugement et sur ma conduite. »

Morny s'empresse de rassurer son père sur ses rapports avec Louis-Napoléon : « Je ne compte, ni dans ma conduite, ni dans mon langage, lui donner le moindre sujet de mécontentement. »

Il semble hésiter encore sur le comportement à tenir. Il refuse sa nomination au Sénat. Soudain il se ressaisit. La perspective des élections au Corps législatif le stimule. Il se relance dans l'action. On le voit faire campagne à Clermont-Ferrand avec la plus grande énergie. Il s'est porté candidat dans deux circonscriptions, celle de Clermont et celle d'Ambert. Avec le suffrage universel, le collège électoral a été considérablement élargi. Les notables ne suffisent plus à faire l'élection, il doit gagner l'opinion, c'est une toute autre affaire. Il s'y emploie avec son habituelle maestria. Il rallie les catholiques en obtenant des crédits pour restaurer la cathédrale ; il se ménage la bienveillance du sous-préfet en lui faisant attribuer la Légion d'honneur. Habilement il contrecarre les mauvais procédés que ne manque pas de susciter Persigny contre lui. Il est élu dans les deux circonscriptions. À Clermont, il obtient 24 374 voix contre 797. Cette popularité loin de le faire rentrer dans les bonnes grâces du Président ne fait qu'indisposer un peu plus celui-ci contre lui. Morny connaît bientôt une seconde désillusion.

Louis-Napoléon lui avait promis la présidence du Corps législatif. Quelques jours seulement après l'élection, dans une lettre, il revient sur sa promesse. Les arguments qu'il emploie, qui révèlent sa défiance, ne peuvent que blesser Morny.

« J'ai lu une lettre interceptée adressée à la duchesse d'Orléans et écrite par une personne haut placée qui dit ceci : "Notre espoir est dans la nomination de M. de Morny à la présidence de la Chambre. Le président peut disparaître par accident de la scène politique, et alors nous sommes sûrs que toutes les sympathies de M. de M. seraient pour Votre Altesse Royale." Mon but est d'être, par tous les moyens honnêtes, l'espoir prochain de tous les partis, et je vois donc avec regret que votre nomination dans les temps actuels irait contre mes intentions. »

Le président conclut en lui proposant une ambassade, « à Saint-Pétersbourg, à Vienne, à Madrid ». Bien sûr on sent les manigances de Persigny et de Maupas dans cette lettre interceptée ou fabriquée. Mais ils ont rencontré un terrain on ne peut plus favorable avec l'esprit jaloux du président. Morny encaisse ce nouveau coup avec peine. Il avoue à Flahaut qu'il ressent « vivement cette injure et ce manque de confiance ».

Mais que peut-il faire ? Attendre le retour de la faveur du prince. On imagine ce qu'il éprouve devant tant d'ingratitude. Mais il n'est pas homme à ressasser son amertume. Puisqu'on ne veut plus de lui pour servir l'État, il se tourne vers les affaires dont il s'était un moment éloigné. Il va demander à l'argent de compenser le préjudice qu'il a subi. Quant à la politique, il s'en est dégoûté. Il ne la regardera plus que de loin, l'utilisant quand elle peut le servir. Son ambition s'est calmée ; il ne demande plus désormais à l'existence que les moyens de regagner la fortune qu'il a perdue et de renouer avec sa vie de plaisirs.

Son activité politique est mise en veilleuse. Il assiste aux séances de la Chambre, prend part aux votes, mais reste à l'écart des débats. Il ne se manifeste avec beaucoup d'autorité que dans la discussion qui a lieu à propos des fusions dans les compagnies de chemin de fer. Il plaide en faveur des grandes compagnies, seules capables de donner des garanties. Le projet est adopté à la quasi-unanimité.

Morny semble ne plus voir son mandat électoral et son crédit politique que comme des moyens de soutenir ses affaires. Il s'y jette avec une sorte de frénésie comme s'il voulait s'étourdir et oublier l'échec qu'il a subi. C'est à cette époque que va se répandre ce fameux bruit propre à donner confiance aux actionnaires des entreprises dans lesquelles on imagine qu'il a des participations : « Morny est dans l'affaire. » Cette rumeur est un gage de réussite. En Belgique au conseil d'administration de la société de la Vieille-Montagne dont il est administrateur, il surveille de près ses intérêts ainsi que ceux de Fanny Le Hon. À Clermont-Ferrand, il relance la raffinerie de Bourdon. Plusieurs augmentations de capital ont lieu. La raffinerie, bien gérée, se révèle une affaire prospère.

Certes Morny veut s'enrichir mais aussi mettre en œuvre ses idées sur la modernisation du pays. En réalité il veut accompagner la prospérité de la France ; il s'est notamment mis en tête de développer les lignes du télégraphe électrique. Il a compris que ce moyen rapide d'information sera très utile à l'essor de l'industrialisation et du commerce. Mais ce sont les chemins de fer qui vont lui permettre d'illustrer sa conception des liens étroits qui peuvent se nouer entre intérêts publics et intérêts privés. Il va participer à leur développement en en tirant le plus grand profit personnel. Il a partie liée avec les frères Pereire fondateurs du Crédit mobilier, au centre des grandes manœuvres industrielles et des spéculations. Cette banque va en effet être l'outil privilégié du nouveau régime. C'est elle qui se chargera de financer l'extension du réseau ferré et encouragera toutes les industries qui en dépendent.

Les frères Pereire justifiaient ainsi la création du nouvel organisme financier : « Il faut travailler au développement de l'industrie nationale, faciliter la création et l'exercice des grandes entreprises, s'intéresser aux affaires en cours déjà fondées par l'acquisition de leurs actions ou par la souscription de leurs obligations, s'attacher de préférence aux entreprises qui présenteraient un caractère d'utilité publique. Dans les temps prospères, la société doit être un guide pour les capitaux empressés de trouver un emploi productif ; dans les temps difficiles, elle peut offrir des ressources précieuses pour maintenir le travail et modérer les crises qui sont le résultat d'un brusque resserrement de capitaux. » Un projet, on le voit, teinté de cet idéalisme saint-simonien dont les frères Pereire avaient subi l'influence.

La banque, qui entre en rivalité avec les Rothschild, va étendre son influence de manière considérable. Elle ne tardera pas à contrôler de nombreuses sociétés de chemin de fer à l'étranger, aussi bien en Espagne qu'en Russie ou en Autriche.

Morny siège dans de nombreux conseils d'administration de sociétés ferroviaires. Vice-président du conseil de surveillance de la société Paris-Orléans, actionnaire de Lyon-Avignon, il est président de l'association des magnats du chemin de fer. Il souhaite bien sûr étendre le réseau ferré en Auvergne. Pour favoriser cette entreprise, le Crédit mobilier avec le renfort de capitaux anglais va créer la Compagnie du chemin de fer grand central de France. Le conseil d'administration est bien entendu présidé par Morny. Les actions du Grand Central connaissent un succès inouï. Près de neuf cents kilomètres de voies ferrées doivent être construites, apportant aux industries des régions du centre de la France des possibilités nouvelles. L'industrie lourde est la première bénéficiaire, mais aussi les usines de produits manufacturés.

En véritable novateur, Morny comprend que le chemin de fer va entraîner un changement profond dans les moyens de communication. Il cherche à associer l'extension du réseau ferroviaire à celle du réseau télégraphique. C'est également lui qui accorde une concession à l'éditeur Louis Hachette pour la création des Bibliothèques de gare.

Il est l'un des premiers à avoir vu l'intérêt des fusions afin de créer de puissants monopoles. Il a clairement exprimé sa pensée à la Chambre sur ce point : « Le chemin de fer par lui-même est un monopole ; il n'a de frein que son cahier des charges ou son propre intérêt : lorsqu'il est mal construit, mal entretenu, mal dirigé par une compagnie pauvre, écrasée par des frais généraux, alors il devient un véritable et dangereux monopole, car il lutte contre sa propre misère, cherche des bénéfices dans l'exagération de ses tarifs et nuit à l'intérêt général. Au contraire, si la compagnie est puissante, si elle jouit d'un grand crédit, elle peut librement tenter des améliorations, poursuivre ses embranchements, faire des sacrifices pour aller chercher au loin les voyageurs et les marchandises, et oser des réductions de tarifs dont les résultats lucratifs ne sont souvent à recueillir que plus tard pour elle-même. En redoutant les grandes compagnies dirigées par des hommes considérables, offrant à l'État et au public plus de garanties et de sécurité, les anciennes assemblées se sont effrayées d'un fantôme. » Avec une sorte de boulimie, Morny fait absorber par le Grand Central toutes les sociétés, mines, hauts-fourneaux, aciéries, nécessaires au développement ferroviaire. Mais le projet le plus ambitieux du Grand Central sera l'installation du réseau espagnol, projet qui sera contrecarré par les aléas de la politique.

Tout à sa fringale d'opérations financières et industrielles qui lui permettent de restaurer sa fortune mise à mal, Morny n'a pas tardé à retrouver le chemin de l'Élysée.

Le régime s'oriente peu à peu vers l'Empire. Louis-Napoléon semble d'abord s'accommoder de la République. Il hésite à franchir le pas. Persigny ne cesse de lui vanter les avantages du régime impérial et met tout en œuvre pour lui arracher la décision. Il confie à son ami Falloux : « Je le ferai empereur malgré lui ; je le ferai assourdir de tels cris de "Vive l'empereur !" qu'il lui faudra bien se rendre. » À la faveur d'un voyage officiel du Président dans les régions du centre et du Midi, Persigny suscite une véritable campagne en faveur de l'Empire. Partout le Président est accueilli avec des drapeaux et les cris de « Vive l'empereur ! Vive Napoléon III ! » Ces acclamations répétées finissent par avoir raison des réticences de Louis-Napoléon. À la fin de son voyage, à Bordeaux, il s'exclame dans un discours : « Certaines personnes disent : l'Empire c'est la guerre, moi je dis : l'Empire c'est la paix. » Cinq semaines après son retour, le pays est consulté par plébiscite : sept millions huit cent mille suffrages se prononcent pour l'Empire contre deux cent cinquante mille ; il y a eu deux millions d'abstentions.

Dans la foulée du plébiscite, Flahaut, bien que vivant retiré en Angleterre, est nommé au Sénat. Morny le pousse à accepter ce premier signe du retour de la faveur impériale. Persigny semble pourtant bien installé au pouvoir. C'est compter sans la lassitude et la versatilité de Napoléon III.

18

Une Espagnole à la beauté triomphante et au regard mélancolique va être l'instrument du destin. Elle est née à Grenade le jour d'un tremblement de terre et toutes les diseuses de bonne aventure ont lu dans sa main les signes d'une vie exceptionnelle. À seulement la regarder, on le devinerait. Blonde, d'un blond tirant sur le roux, un long col, des yeux bleus un peu tristes, un visage d'un ovale parfait, un maintien réservé, elle possède toutes les qualités pour s'imposer comme l'une des plus belles femmes de la cour de Napoléon III. Eugénie est de plus une cavalière hors pair. C'est cette belle prestance d'amazone qui, dit-on, attira sur elle l'attention de Louis-Napoléon, lui-même excellent cavalier, lors d'une revue à Satory. N'eussent été ces qualités, elle avait encore d'autres raisons de plaire à l'empereur, notamment ses origines. Son père, le colonel Portocarrero, futur comte de Montijo, fervent bonapartiste, avait perdu un œil et une partie de sa fortune au service de Napoléon.

Un séjour à Compiègne devait transformer cette inclination en véritable attachement. Un matin, au cours d'une promenade dans les jardins avec Louis-Napoléon, Eugénie découvrit une merveilleuse feuille de trèfle couverte de gouttes de rosée devant laquelle elle s'extasia. Le prince fit réaliser en secret par un joaillier un bijou représentant ce trèfle en émeraude : sur chaque feuille était incrusté un diamant. Le lendemain soir, à la faveur d'une loterie subtilement arrangée, Eugénie reçut le bijou. Ce signe de faveur ne trompa personne. Dès lors les intrigues se déchaînèrent entre partisans et adversaires du mariage de Louis-Napoléon avec la belle Andalouse.

Depuis le plébiscite, il était évident que le nouvel empereur devait se marier. Sa liaison avec une séduisante Anglaise, Miss Howard, qui avait en partie financé le coup d'État, était critiquée par son entourage. Mais si tout le monde se prononçait en faveur d'un mariage, des divergences se faisaient jour sur la nature de l'union que devait contracter le souverain. Devait-il choisir son épouse dans les familles royales européennes ou bien faire un mariage selon son inclination ? Eugénie entrait dans la seconde catégorie. On se partagea aussitôt en deux camps : le premier en faveur de l'union avec une princesse royale comptait Persigny, Drouyn de Lhuys,

Saint-Arnaud, la famille Bonaparte ; Morny se trouvait à la tête des partisans d'Eugénie qu'on appelait « le clan des chevaliers français et des amoureux » et qui comprenait Fould et le colonel Fleury.

Eugénie n'était pas une inconnue pour Morny. Il l'avait rencontrée chez son tuteur, Gabriel Delessert. Eugénie était la meilleure amie de la comtesse de Nadaillac, fille de Delessert.

À la cour, on cherchait à interpréter les signes qui pouvaient présager du choix de Louis-Napoléon. Les méchantes langues murmuraient qu'il se contenterait d'en faire sa maîtresse. Pour Eugénie, il n'en était pas question. Deux anecdotes – sans doute passablement apocryphes – illustrent sa résolution. L'Empereur, arrivant à cheval devant les Tuileries et la voyant à une fenêtre, lui aurait demandé : « Quel est, mademoiselle, le chemin qu'il faut prendre pour arriver jusqu'à vous ? » À quoi la jeune fille, désignant une direction sur sa droite, aurait répondu : « Sire, par la chapelle. » Une autre fois, à Compiègne, alors qu'au cours d'une partie de cartes elle lui demandait conseil, il lui répondit : « Tenez-vous-en au point ; il est très beau. — Non, répliqua-t-elle, je veux tout ou rien. »

Un jour, qu'elle se plaignait à l'Empereur des tracasseries et des humiliations qu'on lui faisait subir à la cour, il arracha quelques feuillages et lui tressa une couronne qu'il posa sur sa tête. « En attendant l'autre », dit-il.

Et le 22 janvier 1853, il annonça officiellement aux Tuileries devant les bureaux du Corps législatif, du Sénat et le Conseil d'État, sa décision de l'épouser : « Sans témoigner de dédain pour personne, je cède à mon penchant, mais après avoir consulté ma raison et mes convictions. En plaçant l'indépendance, les qualités du cœur, le bonheur de la famille au-dessus des préjugés dynastiques, je ne serai pas moins fort puisque je serai plus libre. »

Persigny employa toutes sortes d'arguments pour tenter de faire revenir l'empereur sur son projet. À bout de ressources, il alla même jusqu'à se confier à Morny. Mais celui-ci lui adressa une lettre dans laquelle il réitérait ses raisons en faveur de l'union avec Eugénie : « Encore s'il s'agissait de la fille de la reine d'Angleterre ou de celle de l'empereur de Russie, je serais peut-être de votre avis ; mais s'il faut traîner deux ans pour obtenir misérablement la main d'une princesse de dernier ordre (...) j'aime mieux cent fois une folie amoureuse, bien placée sur une noble et belle fille, que le misérable mariage allemand officiel, laid, sans excuse qui nous est réservé. »

Le mariage eut lieu le 30 janvier à Notre-Dame. Le clan des amoureux avait gagné, Morny en tête. Revenu en faveur auprès de Louis-Napoléon, il pouvait désormais compter sur le soutien de l'Impératrice. Un an allait lui suffire pour retrouver le pouvoir. La disgrâce de Persigny s'inscrivait dans l'ordre des choses.

La duchesse de Dino, nièce et maîtresse de Talleyrand, écrivait : « M. de Persigny qui s'est élevé fortement, et contre le mariage, et contre l'amnistie, est en froid avec les Tuileries. Le vent y est revenu à M. de Morny. » Et pour preuve de cette faveur retrouvée, quoi de plus explicite que la lettre de Napoléon III, le 3 février 1853, à son retour de voyage de noces : « Mon cher Morny, Eugénie et moi nous désirons beaucoup que vous vinssiez dîner demain samedi à six heures et demie afin que vous nous vissiez dans cette douce intimité à laquelle vous avez coopéré par votre amitié dévouée et éclairée. Croyez à ma sincère amitié. Napoléon. »

Persigny et Morny vont s'affronter sur le terrain de la politique étrangère, et notamment à propos des visées russes sur la Turquie, « l'homme malade de l'Europe », selon Palmerston.

Dans un premier temps, l'esprit conciliateur et pacifique de Morny semble l'emporter sur la hargne belliqueuse du ministre de l'Intérieur. Ainsi lorsque le Tsar adresse à Napoléon III les lettres de créances de son ambassadeur, en refusant d'employer la formule « Monsieur mon frère », remplacée par celle de « Sire et bon ami », Persigny engage l'Empereur à la plus extrême fermeté et lui conseille de refuser les lettres de créance de l'ambassadeur russe : « Si vous reculez, disait-il, votre prestige est détruit. »

Hübner, l'ambassadeur d'Autriche, raconte dans ses souvenirs que Morny se présenta alors chez l'Empereur. « Cet homme politique qui a toujours l'œil fixé sur la Bourse parvint, après une lutte acharnée, à produire dans l'esprit de son maître un revirement aussi inattendu que complet et, le lendemain 5, Napoléon surprit ses ministres réunis en conseil par la déclaration qu'il acceptait les lettres russes. »

Quelques semaines plus tard, en mars 1853, ce fut au tour de Persigny de faire la preuve de son influence sur l'esprit de l'Empereur, une influence qui allait entraîner la France dans la guerre.

Au cours d'un Conseil extraordinaire réuni aux Tuileries, le ministre des Affaires étrangères Drouyn de Lhuys fit un exposé sur la question d'Orient. La Russie confirmait ses visées sur Constantinople. L'Angleterre, dont le Premier ministre, lord Aberdeen, était un pacifiste notoire, ne semblait pas disposée à s'interposer dans le conflit. La France devait-elle seule se heurter à la puissance russe ? Le ministre ne le pensait pas, et c'était également l'opinion prudente du Conseil dans son ensemble.

Napoléon III donna alors la parole à Persigny. Celui-ci s'exprima avec sa véhémence habituelle : « Mon avis ? C'est qu'en entendant tout ce qui vient d'être dit au Conseil, je suis tenté de me demander en quel pays et sous quel gouvernement nous vivons. L'armée vit dans la pauvreté et s'en contente, mais à une condition, c'est qu'à défaut de richesses, elle reste en possession de l'honneur (...) Si par une faiblesse sans nom, nous laissions la Russie étendre la main sur Constantinople, un Napoléon régnant à Paris, alors tremblons pour la France, tremblons pour l'Empereur et pour nous-mêmes. Vous nous dites que l'Angleterre est prête à nous blâmer si nous résistons à la Russie (...) C'est une erreur complète. Le jour où l'Angleterre saura que nous sommes résolus à arrêter la marche des Russes, elle poussera un cri de joie et viendra se ranger à nos côtés. »

« J'en étais là, écrit Persigny dans ses Mémoires, lorsque l'Empereur, d'un ton ferme et convaincu, m'interrompit pour dire : "Décidément Persigny a raison", et au milieu de la stupéfaction du Conseil, il ajouta en se tournant vers le ministre de la Marine : "Monsieur Ducos, rédigez de suite la dépêche donnant l'ordre à la flotte de Toulon de partir pour Salamine." L'ordre fut expédié sans retard et, le 20 mars, l'escadre faisait voile vers la Grèce. »

Quelques mois plus tard, s'engageait la guerre de Crimée, à cause d'un échauffement de bile de Persigny. Sans véritable motif, on mettait fin à une promesse : « L'Empire c'est la paix. »

Morny ne ménage pas ses efforts pour tenter d'éviter le conflit. Dans une note, en juin, il souligne tous les inconvénients qui en résulteraient. « Ce qu'il peut y avoir de plus dangereux pour l'avenir de la Turquie, ce serait une guerre à son sujet entre la Russie d'un côté, la France et l'Angleterre de l'autre. La Russie a, en Orient, plus de ressources qu'aucune autre puissance et le temps serait pour elle. Puis l'histoire fournit maints exemples du déplacement des questions et des luttes. L'excitation de l'opinion publique transporterait peut-être la guerre en Belgique ou sur les bords du Rhin. On perdrait bientôt de vue en Europe les intérêts de l'Orient, et la Turquie serait sacrifiée pieds et poings liés à la Russie. »

Mais les visées russes, les maladresses turques, les intérêts commerciaux anglais en mer Noire, le bellicisme des généraux français, tout se conjugue pour pousser à la guerre. Le 25 mars 1854, Morny écrit à lady Shelburne : « On se lance en Orient dans une entreprise bien difficile et dont personne ne peut prévoir la fin. »

Inutile Cassandre, Morny se retire sur sa terre de Nades, près de Clermont-Ferrand, acquise en 1853 pour 400 000 francs, où il se fait construire une somptueuse demeure dans le style néogothique. Aidé de Fanny Le Hon, il y joue les architectes, les jardiniers et même les fermiers.

Mais durant ce séjour à la campagne, il tombe malade. Ses douleurs gastriques apparues pendant la campagne d'Algérie se sont réveillées. Bientôt les médecins lui conseillent une cure à Plombières. Il y finit l'été. Une rencontre va l'arracher à l'ennui et au désœuvrement. Annie Hutton ouvre soudain de nouvelles perspectives. Devant la jeune fille, ravissante et riche, le vieux célibataire – il a quarante-deux ans – se sent soudain délicieusement épris. L'idée du mariage commence à le hanter – et ce poison va faire lentement son chemin dans son esprit. Les deux jeunes Américaines, Annie Hutton et sa sœur, sont le premier symptôme de sa nouvelle intoxication, un rêve où se mêle le goût de l'homme mûr pour les jeunes filles, l'aspiration à la paternité, le désir d'une vie enfin stable qui le mettrait à l'abri de ses amours éphémères. Sa liaison avec Fanny Le Hon, qui dure depuis vingt ans, s'est muée en un compagnonnage sans ferveur. Le feu de la passion a disparu de ce qui fut son grand amour de jeunesse. Il reste l'attachement, l'estime, la reconnaissance, envers une femme pour laquelle, en dépit de tout, son cœur ne bat plus. Elle est devenue ce qu'une amoureuse ne peut jamais se résoudre à accepter : une habitude. Morny se monte la tête. Il invite Annie Hutton et sa sœur, chaperonnées par leur mère, à des thés dans les palaces de Plombières. Il les charme, les éblouit, habile à entretenir ce climat de badinage si propice à l'amour. La jeune fille commence à se prendre à un jeu qui va durer trois ans. Une correspondance s'établit. Annie est tombée dans un piège qui ne la mènera nulle part, sinon à la désillusion et à la souffrance. Elle n'aura servi qu'à préparer un terrain dont une autre profitera.

Car le séducteur ne tarde pas à se lasser d'une proie trop facile. Un an après la rencontre, il écrit avec une bonne dose de goujaterie à son amie la princesse de Lieven, la maîtresse de Guizot, à propos des « dames de Plombières » : « J'ai reçu encore une lettre de ma belle-mère (l'autre). Je vais me mettre sous la protection de la police, mais pas celle de Nassau ; elle serait insuffisante. Moi je réponds toujours des compliments comme on en trouve tout faits dans le livre de la civilité puérile et honnête. Rien ne les décourage. Elles finiront par l'emporter. »

Mais le marivaudage continue. L'année suivante il retrouve les jeunes filles à Ems. « Ces petites Américaines sont une grande ressource. » En septembre, il écrit à Annie : « Vous savez combien je désire augmenter votre amitié et votre confiance et je ferai tout pour les mériter. Adieu et pour vous mon souvenir tendre et respectueux. » Puis en octobre, il se plaint à la mère de n'avoir pas reçu de lettre de sa fille. Enfin la lettre arrive. « Chère Mademoiselle Annie, la vue de votre écriture m'a causé une vraie joie, car il y avait longtemps que je n'avais reçu de vos nouvelles. J'avais fait demander plusieurs fois si vous étiez de retour (…) enfin vous voyez que je m'étais occupé de vous plus peut-être que vous ne pensiez à moi de votre côté. » Soudain, alors qu'il fait route vers la Russie, le bruit de son mariage avec Miss Hutton provoque chez lui un mouvement de recul. Il écrit à Annie une lettre emberlificotée dans laquelle il prend ses distances. La malheureuse est accablée. Elle trouve le courage de répondre à sa lettre mesquine avec cette noblesse qui inspire les amoureuses blessées : « Votre lettre m'a glacée (…) Serait-il donc vrai que vous m'aimiez si peu (…) Non je ne puis croire que cette affection si pure que vous aviez éveillée dans mon cœur, vous vouliez la rejeter loin de vous (…) J'oublierai ce baiser que vous me donniez en m'appelant votre femme. »

Il continue pourtant à lui écrire comme s'il ne parvenait pas à se résoudre à lever l'équivoque. Puis après d'autres protestations d'affection, il lui donne le coup de grâce, lui « demandant pardon à genoux d'avoir cru un jour à un bonheur possible et d'avoir introduit dans [son] jeune et excellent cœur des idées qui ne pouvaient que lui causer des troubles et des chagrins ». Le cœur saccagé d'une jeune fille ne semble pas l'avoir beaucoup troublé.

En juin 1854, au moment où Morny songe le moins à revenir au pouvoir, la situation lui devient favorable. L'Empereur et l'Impératrice se décident à faire appel à ce grand talent politique inemployé. Quant à son ennemi, Persigny, la logique de son caractère excessif, borné, jaloux, le mène droit à la disgrâce. À la tête du ministère de l'Intérieur, il se montre arrogant, impulsif, s'aliénant peu à peu tous ses collègues du gouvernement par ses accès d'autoritarisme et ses interventions maladroites. Chaque jour il indispose un peu plus l'Empereur déjà tracassé par les aléas de la guerre de Crimée. Au point que celui-ci décide de s'en séparer. Il lui demande sa démission et lui propose un ministère sans portefeuille. Persigny refuse avec hauteur. L'Empereur le remplace à son poste par Billault.

Il propose à Morny cette présidence du Corps législatif qu'il lui avait fait miroiter deux ans plus tôt. Cette fois c'est Morny qui refuse : « Mon cher et bon Empereur, je suis, je vous le jure, profondément touché et reconnaissant de cette nouvelle marque de votre bonté et de votre confiance, mais je ne vous conviens nullement à cette place. Je ne la remplirais pas à votre satisfaction et je suis sûr d'avance que je m'y déplairais trop pour y rester ; permettez-moi donc de ne pas l'accepter. Mon ambition se borne à ce que je vous ai dit à Fontainebleau ; et si, en échange d'une préoccupation incessante de vos intérêts et d'un dévouement sans bornes à votre personne, vous voulez bien me conserver votre confiance et votre amitié, je ne désirerai rien de plus et me trouverai parfaitement heureux. Croyez, mon cher Empereur, à ma vive reconnaissance et à mon respectueux dévouement. »

Est-ce la maladie qui a éteint ses ambitions ? Ses ennuis de santé semblent en effet l'avoir détaché du pouvoir. Il croit la mort prochaine. Dans un moment d'épanchement, il écrit à la princesse de Lieven : « J'ai été très souffrant et j'ai même cru pendant deux jours que je ne m'en relèverais pas. Je trouvais que c'était un peu tôt. Je regrettais mes amis, j'emportais le regret de n'avoir pas assez fait pour eux, mais j'étais résigné. »

En novembre, Napoléon III revient à la charge. Il a besoin d'un homme à la fois habile et avec de la poigne pour dompter un Corps législatif qui regimbe. Morny accepte le pouvoir à son corps défendant.

19

Une ambassade extraordinaire en Russie va bientôt l'arracher à cet hôtel de Lassay, résidence du président du Corps législatif, dans lequel il vient d'emménager et de disposer sa fameuse collection de tableaux. La guerre de Crimée terminée, il faut panser les plaies et se faire de la Russie sinon une alliée du moins un partenaire compréhensif à la politique française en Europe – et cela sans pour autant rompre avec l'Angleterre. Le prétexte à une réconciliation avec la Russie est donné par le couronnement du nouveau tsar, Alexandre II. Pour représenter la France avec faste et prestige, Morny a évidemment toutes les qualités ; il a en outre l'avantage de s'être montré hostile à la guerre ; ami intime de la princesse de Lieven, fille du ministre russe Benkendorf, il a même entretenu une correspondance secrète avec l'ambassadeur de Russie à Vienne, le prince Gortchakov, par l'intermédiaire d'un banquier autrichien, le baron Eskeles. Sa parenté officieuse avec Napoléon III, ses belles manières, ses talents de conciliateur font de lui le meilleur ambassadeur possible. Lui seul possède à la fois le tact et la séduction qui seront nécessaires pour rétablir des relations si brutalement rompues par la guerre, et pour mener à bien les objectifs visés par Napoléon III. Car sous des dehors de prestige, cette mission revêt un aspect diplomatique important et s'y ajoutent des intérêts commerciaux non négligeables.

Morny ne lésine pas dans les préparatifs de sa mission. Rien ne lui paraît trop beau, trop somptueux, pour éblouir les Russes. Il se compose une suite nombreuse : quarante et une personnes, sans compter la domesticité. Parmi elles les généraux Lebœuf, Frossard, Dumont, qui se sont illustrés en Crimée, le baron d'Hunolstein, le marquis de Maussabré, le prince Paul de Bauffremont, le duc de Gramont-Caderousse, le marquis de Galliffet, un peintre, Sorieul, Jean-Jacques Meffre, l'expert chargé de la surveillance et de la conservation des tableaux, notamment le fameux Metsu, *La Chambre de l'accouchée*, que Morny veut comparer avec le prétendu original du musée de l'Ermitage, le bibliothécaire du Corps législatif, ses secrétaires, et les fameux cuisiniers chargés de faire les honneurs de la gastronomie française. Il y a aussi un bijoutier dans cette suite

– Morny l'a emmené pour apurer ses dettes envers lui en échange de fructueux bénéfices grâce au passage des bijoux sous couvert de la valise diplomatique.

Le 4 août, il arrive à Saint-Pétersbourg au palais Voronzov-Dachkov, siège de l'ambassade de France, qui ouvre sur la Neva. Deux jours plus tard, il présente ses lettres de créance à Alexandre II qui l'accueille avec la plus grande cordialité. Morny, à son habitude, ne montre aucune fausse pudeur à dire, tant à Walewski, ministre des Affaires étrangères, qu'à son amie la princesse de Lieven, tout le bien qu'on pense de lui : « Personnellement, j'ai été enchanté de lui [Alexandre II], je crois qu'il a été content de moi. (…) En tout bon accueil, satisfaction générale. » Seule déception, les femmes ! Elles lui paraissent laides. « Pas une jolie femme et si peu de dents. Où sont donc ces longues lianes orientales dont on m'avait fait le portrait ? Avec mes mauvais penchants, je ne ferai pas de vieux os dans ce pays. »

À Moscou où doit avoir lieu la cérémonie du sacre, Morny s'installe somptueusement. Négligeant l'hôtel qui lui a été préparé, il loue les hôtels Korsakov et Rachmanov. Il mène une vie trépidante. Bals, fêtes, réceptions se succèdent. Il assiste à la revue ; le monarque fait défiler les troupes de toutes les provinces de l'empire, les Tcherkesses, l'arc en baudoulière, les Cosaques qui caracolent sur leurs petits chevaux tatares, les boyards en costume traditionnel, et tous les représentants des lointaines régions d'Asie aux tenues bigarrées, plus de quatre-vingt mille soldats au total. Enfin il est invité aux agapes données par le Tsar pour toutes les classes de la société, les marchands, la bourgeoisie, le peuple, qui se terminent par des beuveries.

Le couronnement donne lieu à une débauche de luxe inouï. Morny y assiste dans son carrosse à roues dorées, attelé de six chevaux anglais sur lequel est gravé son blason, l'hortensia avec sa devise *Tace sed memento*. Le carrosse est précédé d'un piqueur, de valets de pied vêtus de la livrée à la française ; deux valets se tiennent derrière la voiture, tandis que le prince de Bauffremont et le marquis de Galliffet chevauchent aux portières. Une ostentation de luxe qui, bien sûr, alimente la jalousie et la médisance naturelles des représentants des chancelleries étrangères qui ont pourtant, eux aussi, rivalisé de somptuosité dans leurs tenues d'apparat et leurs équipages.

Le bal qu'il doit offrir le 28 septembre aux autres délégations reste la grande affaire de Morny. Il veut qu'aucune réception ne lui soit comparable. Pendant trois semaines, il le prépare avec fièvre. Bien sûr c'est un triomphe. Morny n'est pas le dernier à le proclamer à son amie la princesse de Lieven : « Comme avec vous je n'ai pas de modestie à faire, je vous dirai que mon bal a été le mieux réussi sous tous les rapports (...) tout le monde s'extasiait en entrant, en disant que c'était féerique (...) le souper excellent, très bien servi (...) L'Empereur, toute la famille impériale m'a accablé de compliments (...) Le bal anglais était assez laid, on ne tarit pas sur l'originalité du mien. » Il conclut : « L'Empereur et le prince Gortchakov ont en moi une grande confiance. »

De retour à Saint-Pétersbourg, Morny passe aux choses sérieuses. Les pourparlers s'engagent, en dépit de la malveillance des Anglais qui agissent sourdement pour les faire échouer : ils n'hésitent pas à lancer une campagne de calomnie dont Morny fait les frais. On dit que Persigny, alors ambassadeur de France à Londres, n'est pas étranger à ces rumeurs. On accuse Morny de spéculations frénétiques sur les tableaux parce qu'il a acheté à Moscou *La Sortie de cabaret* de Pieter De Hooch et *L'Enlèvement d'Europe* de Rembrandt. Il accueille ces attaques avec sa philosophie habituelle, ainsi qu'il le confie à la princesse de Lieven : « Les Anglais se conduisent avec la délicatesse qui les distingue. Nous leur passons cela comme autrefois M. de Talleyrand disait d'un monsieur bourgeois : "Que voulez-vous, il est si grossier." »

Les négociations avec les Russes pour résoudre leur différend avec la Turquie portent principalement sur des enjeux territoriaux. L'île des Serpents, à l'embouchure du Danube et la localité de Bolgrad, à la frontière bessarabique, sont l'objet d'un épineux litige. Les Anglais soutiennent sans démordre les revendications turques qui sont favorables à leurs intérêts commerciaux en mer Noire. Morny plaide avec énergie en faveur des exigences russes. À Paris, où l'on craint plus que tout une rupture de l'alliance anglaise, on tergiverse. Mais Morny, tant auprès de Walewski que de Napoléon III, fait valoir l'importance que revêtira l'appui de la Russie dans la politique européenne française. Il écrit à Napoléon III : « Mon opinion bien profonde est qu'il nous est plus possible et plus facile d'être bien avec la Russie qu'avec l'Allemagne qui nous déteste du fond du cœur. Cela veut tout dire à mes yeux pour l'avenir de n'importe quels projets que vous pouvez avoir (...) Si jamais on devait remanier pacifiquement la carte de l'Europe, il est bien clair qu'une modification au profit de la France ne se ferait pas avec l'assentiment de l'Allemagne et que ce ne serait possible qu'avec le concours de la Russie. »

Morny est d'ailleurs convaincu que l'Angleterre mène une politique hypocrite et qu'elle n'hésitera pas à « doubler » la France en signant des accords avec la Russie. Il en avertit l'Empereur avec beaucoup de sagacité : « Laissez-moi vous pronostiquer l'avenir : l'Angleterre se montre très rude, très brutale, mais, sous main, elle fait dire beaucoup de choses très amicales et promet de reprendre les vieux rapports qui existaient entre elle et la Russie dès que toutes les difficultés seront aplanies. Elle fait beaucoup travailler ses questions de commerce (...) De grâce, ne soyons pas dupes, et tâchons de nous conduire en gens habiles ; traitons chacun selon ses œuvres. Suivons, non pas une politique de sentiment, mais une politique dans l'intérêt français ; sinon je vous prédis qu'il arrivera que d'ici à deux ans nous ne serons plus bien avec l'Angleterre et nous serons mal avec la Russie. »

Ne voulant pas risquer de mettre à mal la sacro-sainte alliance anglaise, mais désireux aussi de ménager les Russes dont l'appui lui est indispensable pour mener à bien sa future politique européenne, Napoléon III décide de relancer sa proposition d'une conférence internationale chargée de régler toutes les causes de litige nées du traité de Paris.

Finalement on arrive à un arrangement satisfaisant pour les Anglais et pour les Russes : la Russie abandonne Bolgrad à la principauté de Moldavie, qui en échange lui offre un territoire de trois cent vingt-neuf verstes carrées. Morny a réussi sa mission. En dépit de sa satisfaction, il en tire des conclusions pleines d'ironie, dont il fait part à Walewski : « Voilà donc, grâce à Dieu, cette affaire terminée, et j'espère bien d'ici à la fin de mes jours ne plus entendre parler de Bolgrad. Je voudrais que vous en fissiez prendre une vue photographiée, et déposer une épreuve dans toutes les chancelleries et dans tous les ministères des Affaires étrangères de tous les pays du monde, afin que chacun pût juger, par ses yeux, de l'abominable trou, à propos duquel on a failli mettre à nouveau le feu à l'Europe. Ce serait une leçon bonne et peu coûteuse à donner à tous ceux qui ont en main les grands intérêts des peuples. »

Fort de ce succès, Morny s'empresse de conclure les accords industriels et commerciaux qui représentaient le second aspect de sa mission. Il s'y emploie, comme à son habitude, au mieux des intérêts français et de ses avantages personnels. Là encore il faut jouer serré avec les Anglais. D'abord il obtient la suppression des droits de douane spéciaux qui frappaient les vins français. Mais sur son rôle joué dans l'installation du chemin de fer russe, il se montre beaucoup plus discret. Il craint les médisances de Paris. Il ne veut pas que le succès qu'il a remporté soit terni par des soupçons – justifiés – d'enrichissement personnel. Pourtant c'est lui qui a conseillé à Isaac Pereire de venir le rejoindre, et il ne fait aucun doute qu'il a largement facilité des tractations dont, comme membre du conseil d'administration du Crédit mobilier, il a beaucoup à gagner. Les négociations aboutissent au grand dam des Rothschild et des Anglais qui ont été supplantés. Le Tsar, sur proposition de Gortchakov, approuve l'acte de concession signé entre le Crédit mobilier et la Société des chemins de fer russes. Autre satisfaction, d'amour-propre celle-là, il a persuadé les Russes que le Metsu en sa possession était bien l'original et celui de l'Ermitage une copie. Les experts qui ont comparé les deux tableaux avec soin ont fini par être convaincus par les arguments de l'ambassadeur. Napoléon III a toutes les raisons d'être satisfait d'une mission remplie à la satisfaction de tous : en décembre, il nomme à nouveau son demi-frère à la présidence du Corps législatif.

À tous ces succès, s'en ajoute un autre : Morny est tombé amoureux. Grisé par ce nouvel amour, et l'atmosphère romanesque qui l'entoure, il a même décidé de se marier.

20

Le vieux séducteur se range. L'homme aux innombrables conquêtes, aux liaisons entrecroisées, le voluptueux insatiable qui poursuit ses proies dans toutes les classes de la société, l'érotomane en qui conflue par héritage familial un sang riche en pulsions sexuelles, a subitement décidé de se marier. Il y pensait depuis longtemps. Son marivaudage avec Annie Hutton, leurs pseudo-fiançailles, le badinage en ont entretenu l'idée dans son esprit. Il a caressé toutes les prémices d'une union, il s'est monté la tête, il s'est grisé devant les promesses d'une vie nouvelle qui mettrait sinon un terme du moins apporterait une accalmie à son nomadisme sexuel. Le comte Fleury rapporte dans ses souvenirs qu'il lui aurait dit : « Êtes-vous heureux ! Que je voudrais pouvoir suivre votre exemple ! Le mariage me semblerait un paradis à côté de ce que j'endure : ni foyer, ni liberté, ni enfant ; c'est odieux. » À quarante-cinq ans, la galanterie commence à lui apparaître parfois sous un jour sinistre. Tant de corps et si peu d'amour ; tant de plaisirs éphémères et si peu d'affection vraie. Que reste-t-il de tous ces élans ? Poussières, lettres parfumées qu'on ne relit plus, instants de griserie qui ont un goût de lendemain de fête. Don Juan voit poindre la vieillesse, la solitude désenchantée du noceur sur le retour. Il se demande : qu'ai-je fait de ma vie ? La réponse n'est pas gaie : il n'a pensé qu'à lui. Il est temps de penser à une autre. Annie Hutton et quelques héritières empressées – Morny était un parti convoité – l'ont convaincu que son célibat a assez duré. Les prétendantes n'ont eu qu'un tort : elles l'ont laissé réfléchir. C'était donner à ce sceptique à l'esprit critique aiguisé le temps de peser le pour et le contre et de se déprendre. À Moscou, les circonstances ne permettent pas l'hésitation. Le temps manque. Pour se décider, Morny agit avec un vieux réflexe de joueur, il parie sur son intuition.

Elle s'appelle Sophie Troubetzkoï. Il l'a aperçue au milieu des dames d'honneur de l'Impératrice dans une soirée de gala à Saint-Pétersbourg. Elle faisait partie d'un tableau vivant intitulé *Le Triomphe de Bacchus*. Ravissante, blonde, avec des yeux noirs, Morny la distingue aussitôt. Il se renseigne sur elle et la revoit chez sa tante, la princesse Vóronzov. Elle a dix-huit ans et appartient à l'une des plus vieilles familles russes. Il n'a sans doute pas été indifférent aux rumeurs qui circulent sur la naissance de Sophie. On murmure qu'elle est la fille adultérine du tsar Nicolas, cette origine familiale aussi équivoque que la sienne a pu le toucher. Elle n'a aucune fortune. Morny, l'homme de toutes les intrigues financières, a décidé d'étonner son monde une nouvelle fois. Lui à qui les meilleurs partis d'Europe étaient prêts à offrir leur fille, il leur préfère une orpheline désargentée. Il choisit le mariage d'amour au lieu du mariage de raison qui semblait inscrit dans son destin.

Le 19 janvier, le mariage selon le rite orthodoxe est célébré dans la chapelle de la princesse Kotchoubey. L'acte rédigé en latin ne fait aucune mention des parents des mariés. Très vite la médisance se met de la partie : on parle d'une propriété offerte par le Tsar à la jeune femme, d'une dot de 500 000 francs et d'avantages divers. On évoque aussi les somptueux bijoux que Morny aurait offerts à Sophie, un collier de 150 000 francs, une croix en diamants. En réalité il semble que Morny ait épousé une femme sans dot. Trois jours après le mariage, Sophie, selon M. de Nesselrode, reçoit déjà en véritable ambassadrice : « Quelle métamorphose de la timide pensionnaire, échappée du couvent la veille, à la grande dame du jour ! Quel salmigondis de grâce juvénile et de dignité de commande, de souplesse native et d'étiquette de cour ! Avec cette finesse féminine qui tient de la divination, elle a bien saisi une nuance intermédiaire entre l'Excellence et l'Altesse. À voir une aptitude aussi précoce, on peut prédire à coup sûr qu'il y a en elle de quoi la mener loin. »

C'est à Paris que l'annonce de ce mariage est reçue comme un camouflet et va être pour Morny la cause d'ennuis sans nombre. Morny n'a pas pris de gants pour en faire part à Fanny Le Hon. Le message qu'il lui adresse pour la prévenir surprend de la part d'un homme d'habitude si habile et si raffiné. « Je me marie. L'Empereur le veut et la France le désire. Pendant que j'étais au pouvoir, les rapports de police me disaient toujours : Mariez-vous ! Mariez-vous ! J'espère et le désire, que ma femme n'aura pas de meilleure amie que vous, et que vous ne perdrez pas l'habitude du chemin de Nades. Ne me répondez pas ; seulement, par le télégraphe, le seul mot : j'approuve. »

On n'est pas plus goujat. Bien sûr, rompre une liaison de plus de vingt ans n'est jamais facile ; mais se justifier par un rapport de police, ne pas trouver des mots de tendresse, même d'une tendresse feinte, voilà qui étonne. Comme si Morny avait voulu se protéger de sa sensibilité par une volontaire sécheresse, comme s'il avait craint que des démonstrations d'affection ne l'entraînent à remettre sa détermination en cause. N'importe, on ressent un malaise devant tant de dureté. On comprend qu'en recevant une telle lettre Fanny Le Hon ait éprouvé un sentiment d'accablement ; un sentiment qui, malheureusement pour Morny, tourne rapidement à la haine et au désir de vengeance.

Fanny Le Hon montre la lettre à tous ceux qui lui rendent visite et les prend à témoin de son infortune. Elle se donne des airs de victime qui n'abusent pas ceux qui savent que depuis dix-huit mois elle a une liaison avec Rouher, ministre du Commerce et ami de Morny qui l'a fait élire à Clermont-Ferrand. En désespoir de cause elle va voir l'Empereur pour lui demander d'intervenir. En lisant la lettre de Morny à Fanny, Napoléon III se serait exclamé : « Le faquin ! » On peut imaginer que l'Empereur, qui a lui aussi connu de terribles démêlés avec sa maîtresse, Miss Howard, au moment de son mariage, est au fond de lui-même plus compréhensif vis-à-vis de Morny qu'il ne le laisse voir à Fanny. En tout état de cause, il juge préférable de se montrer prudent avec une femme délaissée qui a eu accès à trop de secrets d'État. Il promet son appui. Il l'aidera à récupérer ce qu'elle estime être la dette que Morny a envers elle : 4 millions.

N'ayant aucun autre moyen de se venger de son amant, elle a en effet décidé de lui faire rendre gorge. Ils avaient eu trop d'intérêts et de secrets en commun pour qu'une telle attitude n'exposât pas Morny à de grands risques. Sa position publique le rendait vulnérable au chantage. Devant cette situation explosive, Napoléon III considère qu'avec du temps et de l'argent la colère de Fanny s'apaisera. Il demande à Morny de demeurer en Russie encore quelques mois. Dans une lettre très bienveillante, il lui conseille de mettre ses affaires en ordre avant son retour à Paris afin de ne pas offrir de prise à un scandale : « Je suis heureux de votre mariage et je n'en ai rien dit. » Il propose même à son demi-frère de lui accorder le titre de duc de Nades.

Fanny Le Hon se déchaîne. En réalité l'espoir d'une substantielle indemnité de rupture n'a pas suffi à éteindre sa hargne. Elle se répand en calomnies et en menaces. Tout Paris s'agite à la perspective d'un règlement de comptes sanglant entre les anciens amants. Morny s'en inquiète auprès de l'Empereur : « Il me revient que Mme Le Hon perd toute mesure et débite sur mon compte des infamies. Elle m'ôtera la possibilité d'être généreux à son égard. Elle n'a pour elle ni le droit ni la vérité. Je vous en supplie, faites-la taire ; vous le pouvez en lui accordant votre appui à ce prix. »

L'Empereur accepte de jouer les arbitres et de devenir « juge du différend ». Morny se justifie dans une longue lettre, double de celle qu'il a adressée au fils de Fanny, Léopold Le Hon, avec lequel il demeure dans les meilleurs termes. Il y retrace un historique de ses relations d'affaires avec Fanny et un récapitulatif des fluctuations de sa fortune. Il ressort de cette comptabilité compliquée que Fanny et son frère, Alfred Mosselman, ont plus bénéficié de l'habileté financière et de ses conseils qu'il n'est leur débiteur. Morny dit assez crûment que s'il en eût été autrement sans doute n'aurait-il pas rompu : « Il est bien clair que si la situation avait été telle qu'elle la dépeint il aurait fallu que je fusse fou pour oser briser des liens dont la rupture eût entraîné pour moi de tels embarras. »

Dans un mémorandum à l'Empereur, dont elle fait parvenir une copie à Morny, Fanny Le Hon établit la dette de son amant à 7 680 000 francs et reconnaît avoir reçu de lui la somme de 2 millions.

Morny commence à perdre son calme. Il est outré : « Tout ce qui me revient est tellement odieux et ignoble que je n'ai plus de patience. J'aime mieux retourner à Paris et avoir un procès qui apprenne au public la vérité. »

L'Empereur intervient à nouveau pour apaiser Morny. Mais lui-même ne laisse pas d'être inquiet de l'utilisation des documents secrets que détient Fanny : lettres d'Hortense, correspondance de Morny au moment du coup d'État, etc. Il craint que dans sa fureur de femme blessée elle ne soit tentée de les divulguer ou de les communiquer à la famille d'Orléans avec laquelle elle est restée liée. Mocquard, son secrétaire, qu'il a chargé de résoudre cette délicate affaire, ne parvient pas à obtenir ces documents. Un agent secret, Griscelli, reçoit la mission de s'en emparer. Celui-ci a raconté la scène rocambolesque au cours de laquelle, grâce à Léopold Le Hon, il parvint à entrer en possession des papiers compromettants que Fanny conservait dans une commode. Il ne fallut pas moins de Piétri, le préfet de police, pour qu'elle consentît à les céder devant la force.

En réalité Léopold Le Hon s'efforçait d'amener sa mère à la raison. Il souhaitait conserver de bonnes relations avec un homme à qui il devait tant : « Le monde a fait plus de mal que personne. On vous exagère l'attitude de ma mère. Pas de violence, pensez à Louise [la fille de Morny et de Fanny qui venait d'épouser un Poniatowski]. Réglons au plus vite ce qui peut donner prise au scandale. Agissons avec le souvenir du passé – pour le bien et l'honneur de tous. Je veux être un tendre fils et un ami dévoué. »

Enfin les exigences de Fanny Le Hon sont ramenées à 3 500 000 francs grâce aux bons offices de l'Empereur. Celui-ci écrit une longue lettre pleine de sagesse à Morny où il lui conseille avec fermeté de renoncer à l'idée folle d'intenter un procès : « J'ai tenu à éviter tout scandale. C'est qu'il y a des situations où la publicité vous tue quand bien même l'adversaire aurait tous les torts. Ainsi quand on a vécu pendant vingt-cinq ans avec une femme, cette femme-là aurait beau être votre débitrice, le monde n'admet pas la discussion des comptes faite publiquement. »

Ce différend enfin réglé, on n'ose écrire à l'amiable, avec l'aide financière de l'Empereur qui accorde 1 200 000 francs à son demi-frère pour éponger sa dette, Morny prépara son retour à Paris. On était en juin. Il avait passé près d'un an en Russie. Morny emmena d'abord sa jeune femme à Nades, dans un train spécial où ils occupaient un magnifique wagon-salon.

À son retour à Paris, en octobre, toutes les péripéties de sa querelle avec Fanny sont oubliées. Chacun se montre curieux de voir la jeune mariée. Morny pavoise. Il exhibe sa femme avec un plaisir manifeste : « On eût dit Jason montrant la Toison d'or », écrit Maxime Du Camp.

21

Un grand seigneur habile et tolérant : tel apparaît Morny dans son rôle de président du Corps législatif. Toutes ses qualités manœuvrières, sa rouerie, sa compétence et ses vues originales à la fois en matière d'agriculture et de finances, mais surtout sa connaissance des hommes et l'art de les bien manier, vont trouver leur plein emploi. Le choix de l'Empereur est judicieux et opportun. Même si Morny va exceller dans toutes ses activités de représentation qui ne sont qu'une part de sa fonction, c'est dans le domaine politique, à un moment charnière de l'Empire, qu'il aura une action déterminante. Grâce à lui la Chambre des députés va peu à peu reconquérir ses prérogatives perdues et devenir la cheville ouvrière de l'évolution vers l'Empire libéral.

On a souvent décrit Morny pendant les séances de la Chambre où il règne avec un mélange de faste, d'astuce et de cordialité. Il a pris goût à ses nouvelles fonctions qui font de lui le deuxième personnage de l'État. Il ne dirait plus comme il l'avait écrit à lady Shelburne : « C'est une fière corvée dans laquelle j'ai bien peur de laisser ma peau », ou quand il se plaignait d'avoir accepté un rôle qui consistait à conduire « un troupeau de deux cent cinquante individus qui vont m'embêter depuis le matin jusqu'au soir ». Même s'il lui arrive parfois de s'endormir dans son fauteuil au beau milieu du discours d'un député ou d'un ministre, comme ce fut un jour le cas sous les yeux mêmes de Mme Baroche venue écouter les assauts d'éloquence de son mari ou de se montrer un peu méprisant en disant à quelqu'un qui lui énumérait le nom de ses nombreux chiens : « Quelle mémoire, je ne connais pas moi le nom de tous mes députés. » Pourtant il prend à cœur de diriger la Chambre avec souplesse et fermeté ; toujours maître de lui, on apprécie son aisance, sa courtoisie, son humeur égale, tel que l'a dépeint Alphonse Daudet dans *Le Nabab*, sous le nom du duc de Mora : « Nul mieux que lui ne savait se présenter dans le monde, traverser un salon gravement, monter en souriant à la tribune (…) Le résumé de son attitude dans la vie : une distinction paradoxale (…) Aisé dans ses moindres gestes, fort rares d'ailleurs, laissant tomber négligemment des phrases inachevées, éclairant d'un demi-sourire la gravité de son visage, cachant sous une politesse imperturbable le grand mépris qu'il avait des hommes et des femmes. »

Le portrait d'Hugo, dans *L'Histoire d'un crime*, est injuste mais plus corsé : « Qu'était-ce que Morny ? Disons-le. Un important gai, un intrigant, mais point austère, ami de Romieu et souteneur de Guizot, ayant les manières du monde et les mœurs de la roulette, content de lui, spirituel, combinant un certain libéralisme d'idées avec l'acceptation des crimes utiles, trouvant moyen de faire un glorieux sourire avec de vilaines dents, menant la vie de plaisir, dissipé, mais concentré, laid, de bonne humeur, féroce, bien mis, intrépide, laissant volontiers sous les verrous un frère prisonnier, et prêt à risquer sa vie pour un frère empereur, ayant la même mère que Louis Bonaparte, un père quelconque, pouvant s'appeler Beauharnais, pouvant s'appeler Flahaut, et s'appelant Morny, poussant la littérature jusqu'au vaudeville et la politique jusqu'à la tragédie, viveur, tueur, ayant toute la frivolité conciliable avec l'assassinat, pouvant être esquissé par Marivaux, à la condition d'être ressaisi par Tacite, aucune conscience, une élégance irréprochable, infâme et aimable, au besoin parfaitement duc : tel était ce malfaiteur. »

Attaché au décorum, son entrée dans l'hémicycle est réglée par un imposant cérémonial ; les gardes formant une double haie, il est accueilli par un roulement de tambour. Mais lui-même s'efforce de retirer aux séances toute solennité inutile. Il aime faire sourire, lancer de bons mots qui détendent l'atmosphère. Il réserve à tous un accueil cordial. Mais il n'est jamais dupe. Émile Ollivier se montre troublé par son pouvoir de scruter les âmes : « Son regard avait une force de réflexion pénétrante, qui accablait d'avance les à-peu-près et les arguties. Il écoutait ce qu'on pensait plus que ce qu'on disait, et des lèvres closes ne suffisaient pas à lui dérober un secret. (...) Il conduisait le Corps législatif par la seule autorité de sa personne, non par celle de sa fonction ; ne le régentant pas, le charmant. Il tenait si adroitement compte des sourdes susceptibilités qu'elles n'avaient pas le temps de se formuler. Il assurait à la minorité la plus large liberté de discussion. En abusait-elle, il la réprimait par une riposte poussée en pleine poitrine, et ne lui laissait pas d'illusion de croire que, parce qu'il se montrait tolérant, il deviendrait débonnaire. »

Il ne se fait aucune illusion sur les hommes. Même sur ses proches collaborateurs, ainsi que le montre l'anecdote rapportée par les Goncourt sur Ernest Lépine, son chef de cabinet. Celui-ci tout juste nommé s'était empressé d'annoncer la nouvelle dans une lettre à son beau-père en ces termes. « À nous le Grand Central ! À nous les mines de XXX ! À nous le chemin de fer de XXX ! » Le lendemain en arrivant à son bureau, il trouve sa lettre – sans doute décachetée par le cabinet noir – ouverte sur son bureau ; quelques instants après Morny entre dans son bureau et, désignant la lettre, lui dit : « Brûlez cette saleté. » Sans une parole de plus, il lui donne ses ordres. « Lépine demeura toute sa vie écrasé de dédain et n'osa jamais regarder en face Morny. »

Un député disait à ses collègues : « Je ne sais pas comment fait ce diable d'homme pour vous ensorceler, il n'accorde jamais rien et vous renvoie toujours content. » Il a l'art de soigner les journalistes. Après Véron, il s'est réconcilié avec Émile de Girardin. Son favori est Villemessant, le bouillonnant et peu scrupuleux directeur du *Figaro*. « Morny lui pardonnait tout, écrit Alphonse Daudet, grâce à sa souveraine protection *Le Figaro* pouvait se permettre mille frasques. Aussi quel respect, quelle vénération pour le président ! » Cette entente n'allait pas sans certaines frictions, ainsi lorsque *Le Figaro* publia un écho sur certaines tractations suspectes du président, allant même jusqu'à écrire la fameuse expression « Morny est dans l'affaire. » Celui-ci furibond, raconte Alphonse Daudet, convoqua Villemessant qui feignit la surprise : « "Comment ! monsieur le duc, ce n'est donc pas pour me décorer que vous m'avez fait appeler ? (…) Ce garde de Paris avec son pli cacheté, son casque, peut se vanter de m'en avoir donné une émotion (…) mes rédacteurs illuminent déjà (…) Cette fois, par exemple, elle est bien bonne !" Puis vite une histoire, une anecdote, un mot bien fin, bien parisien, enveloppé d'un gros rire ; avec cela des airs pénétrés, une joie intime et visible de dire : "Monsieur le duc !" et le grief était oublié. »

Quand il ne préside pas les séances de la Chambre, Morny reçoit les visiteurs à l'hôtel de Lassay, dans sa chambre tendue de damas rouge où il travaille. Le lit est dissimulé par d'épais rideaux. Un bureau occupe le milieu de la pièce. Le calorifère est chauffé à blanc et un feu de bois brûle en permanence dans la cheminée. Il règne une chaleur d'étuve. Sur une chaise est posé le dernier tableau qu'il vient d'acquérir et qui ira bientôt rejoindre sa magnifique collection que l'on peut admirer dans la galerie. L'hôtel est envahi par les animaux que Sophie adore. Les ouistitis en cage poussent des cris aigus dans l'antichambre ; Morny a surnommé l'un d'eux Glais-Bizoin, du nom d'un député de l'opposition particulièrement laid. Il y a aussi des perruches, des pékinois, des chats siamois. Les deux ours blancs rapportés de Russie ont fini au Jardin des Plantes.

Sophie fait figure d'originale. Excentrique, elle a du mal à se plier à cette vie ennuyeuse qui lui semble étriquée, petite-bourgeoise, en comparaison de celle de Saint-Pétersbourg. Les fêtes de la cour aux Tuileries, à Fontainebleau ou à Compiègne, aussi bien que les réceptions au Corps législatif, sont fréquentées par des gens qui lui paraissent communs, *prostoi*. La cour de Russie avait une autre allure. Sophie se réfugie dans ses appartements avec ses domestiques, ses enfants – elle en aura quatre, deux filles et deux garçons – et tous les Russes de Paris qu'elle peut dénicher. Ne jouant pas le jeu mondain, méprisante, elle sera vite en butte à la jalousie. Ainsi quand Mme Baroche la voit aux Tuileries, elle ne cache pas sa déception, ne la trouvant même pas belle : « Loin de là, blonde, les yeux noirs, petite et mignonne, elle ne possède qu'une partie des grâces que les fanfares de la renommée lui prêtaient avec tant de complaisance. »

Dans ses bagages, Sophie a emmené avec elle à Paris une amie d'enfance. Celle-ci, très jolie, ne va pas manquer de provoquer une première brouille dans le couple. En effet la comtesse avait l'habitude d'aller voir chaque semaine son premier enfant confié à une nourrice de Viroflay où Morny possède un haras. Un jour, rentrée plus tôt que d'habitude, elle eut la mauvaise surprise de trouver son mari dans la chambre de son amie dans une attitude qui ne souffrait aucune équivoque. Cris, larmes, scènes : la jeune fille fut renvoyée à Moscou et Morny dut attendre longtemps le pardon de sa femme.

En réalité le mariage avait changé peu de chose à la vie amoureuse agitée de Morny. Certes il avait moins de maîtresses en titre, mais il continuait à voir assidûment des actrices et quelques demi-mondaines.

L'actrice Alice Ozy était l'une d'elles. On sait peu de chose sur leurs relations faute de lettres qui ont toutes été brûlées. Alice Ozy devait sa renommée moins à son jeu sur les planches qu'à sa beauté, à son charme et à sa gaieté. On disait à son propos que c'était une Manon Lescaut corrigée par Praxitèle. Elle avait en effet un corps magnifique dont son amant, le peintre Chassériau, a immortalisé les formes voluptueuses dans sa *Baigneuse endormie*. Elle disait qu'elle descendait du chancelier Maupeou. Sa vie galante défrayait la chronique et lui donnait cette réputation sulfureuse que Théodore de Banville a suggérée dans un fameux quatrain :

Les demoiselles chez Ozy
menées
Ne doivent plus songer aux hy-
ménées !...

Parmi ses amants on comptait le duc d'Aumale, le duc d'Albe, Victor et Charles Hugo, Edmond About, Alphonse Daudet. De Théophile Gautier devant lequel elle s'était dévêtue pour prendre un bain et qui n'avait pas abusé de la situation, elle disait : « C'est normal, c'est un cérébral. »

Autre liaison : celle avec Mme Ernest Feydeau, Léocadie, la mère de Georges, dont le père fut probablement Morny, une superbe

Polonaise, brune, piquante, ambitieuse, qui avait épousé l'ami de Flaubert et de Théophile Gautier. Ernest Feydeau devait sa célébrité au succès de scandale de son roman *Fanny*. Dans un autre de ses livres, *Sylvie*, il avait caricaturé Baudelaire sous les traits du poète excentrique Anselme Schanfara. Les frères Goncourt, amis du couple, parlent de « la réputation de femme galante » de Léocadie et font de nombreuses allusions à ses mœurs légères. Ainsi quand ils décrivent leur habitation, située en face du parc Monceau : « C'est à la fois un appartement de grande courtisane et de grand faiseur, quelque chose de riche et de louche, qui, du lit de la femme au cabinet de l'homme, sent l'argent des autres. » Il est difficile de savoir si Ernest Feydeau était un mari naïf ou complaisant. Une lettre écrite à sa femme le montre dépourvu de la moindre jalousie : « Distrais-toi le plus possible en mon absence ! Quelles que soient les distractions que tu prennes, je sais que tu me regretteras. » En tout état de cause, le couple devait beaucoup à Morny. Celui-ci leur prêtait sa loge à l'Opéra et saisissait toutes les occasions de leur rendre des services. Cette liaison était apparue au grand jour lors d'une réception à l'hôtel de Lassay. Morny en grande tenue, arborant sa plaque de grand-croix de la Légion d'honneur, avait accueilli Léocadie et s'était isolé un instant avec elle dans une pièce du premier étage. Quel ne fut pas l'étonnement des invités de voir réapparaître Léocadie un peu plus tard, la plaque de grand-croix de Morny dépassant de son corsage. On murmura que c'était une façon bien originale de se faire décorer.

Après Morny, Léocadie deviendra la maîtresse du fils de Baroche. Grâce à sa protection, elle évitera d'être traduite en justice pour avoir dérobé 6 000 francs de dentelles au Bon Marché. Il est vrai qu'entre-temps son mari avait été ruiné et Morny n'était plus là pour éponger ses dettes et faire vivre fastueusement le couple. Georges Feydeau était-il le fils naturel de Morny ? En effet non seulement il lui ressemblait physiquement mais il avait étrangement hérité ses goûts pour le vaudeville, pour les collections de tableaux et pour les femmes. Par une tragique ironie du sort, Feydeau finira ses jours dans le sanatorium du Dr Bour à Rueil, situé dans le parc de la Malmaison où avait vécu Hortense de Beauharnais.

Morny fut également le protecteur des sœurs Bernard, Julie et Rosine, deux demi-mondaines très belles. Ce fut lui qui conseilla à la jeune Rosine, la fille de Julie, qui dans une crise de mysticisme voulait prendre le voile, de choisir la carrière théâtrale. Il intervint avec succès auprès d'Auber, le secrétaire général du Conservatoire, pour qu'elle y fût admise. Elle choisit alors d'orthographier son nom en Bernhardt et de se prénommer Sarah.

On compte également parmi ses protégées une jeune cantatrice, Bernardine Hamakers, qu'il fit entrer au Conservatoire, et Cora Pearl, une Anglaise, de son vrai nom Emma Cruch, qui fut l'une des courtisanes les plus en vue du Second Empire. Ses prouesses amoureuses étaient fameuses. Le prince Gortchakov l'avait baptisée : « le fin mot de la volupté ».

Aussi sa réputation de séducteur courait-elle les salons. On y faisait parfois aussi allusion au cours des séances du Corps législatif où quelques intrigues amoureuses avaient des prolongements financiers et politiques. Ainsi il poursuivit de sa vindicte un dénommé Jules Migeon, élu député à Colmar puis invalidé. Une séance publique eut lieu afin de régler le cas de cet homme qui avait eu le malheur d'exciter la hargne de deux ravissantes femmes très en cour et « jouissant de la protection particulière de M. de Morny ». Émile Ollivier, qui eut entre les mains toutes les pièces de cette affaire oiseuse, n'osa pas, par déférence pour Morny, faire état d'une lettre qui l'accusait gravement et qui montrait « un coin de ce monde officiel dont les mœurs ne sont pas aussi édifiantes que les principes qu'il professe ». Une autre fois, on soupçonnera Morny d'avoir brusqué l'intervention d'un député, Bernard Kolb, à cause d'un rendez-vous galant. Il aurait murmuré en arrivant : « Je me suis attiré bien des haines aujourd'hui pour être exact. »

Les frères Goncourt évoquent Morny, au cours d'un dîner chez Émile de Girardin, se livrant à une diatribe contre les femmes, assortie d'un éloge du lesbianisme, brossant « une audacieuse et originale apologie de la tribaderie, qui, selon lui, raffine la femme, la parfait, l'accomplit ».

Ils citent également une confidence d'Alphonse Daudet sur ses curieuses habitudes sexuelles : « Et Daudet me parlait de Morny, de ce singulier homme à femmes, qui ne couchait jamais avec une femme, mais qui tous les matins, sur un coin des divans officiels de l'appartement du premier au Corps législatif, sacrifiait à Vénus avec une visiteuse enjuponnée, pantalonnée, tout jouissant et tout satisfait de ce seul et unique frottement des parties naturelles. »

La vie amoureuse trépidante de Morny allait l'inciter à faire appel à toute une pharmacopée plus ou moins dangereuse : remontants, aphrodisiaques, *blue pills*, ce que Mérimée appelait les « absurdes remèdes anglais », que lui confectionnait son ami le Dr Olliffe. D'origine irlandaise, médecin de l'ambassade de Grande-Bretagne à Paris, celui-ci avait une clientèle mondaine importante. Morny le voyait presque chaque jour à l'hôtel de Lassay, partait avec lui pour ses cures à Plombières. C'est aussi grâce au Dr Olliffe qu'il découvrit un petit village insalubre près de Trouville, dont après une très juteuse opération immobilière, il allait faire Deauville. Ce médecin lui préparait des aphrodisiaques à base d'arsenic pour vivifier une virilité qui commençait à connaître des défaillances. Alphonse Daudet tracera de lui un portrait sévère sous le nom de Dr Jenkins dans *Le Nabab*. Il attribuera la mort précoce de Morny à l'abus des fameuses pilules.

22

Émile Ollivier apparaît. Cet homme jeune aux longs favoris en côtelettes, à la mode Charles X, est honnête, sincère, désintéressé, talentueux : il a toutes les qualités pour être trahi. Il le sera abondamment. L'histoire le malmènera ; ses amis l'abandonneront ; on lui fera porter la responsabilité du désastre de la défaite de 1870. Homme de convictions, on verra en lui un arriviste. Il montrera dans la réussite, puis dans l'exil, la même force de caractère. C'est un pur, un idéaliste, le type d'homme qui ne fait l'affaire de personne. À trente ans, les expériences ne lui ont pas manqué : la misère à Marseille, la charge d'un frère et de sœurs abandonnés par un père, Démosthène, qui est le prototype du quarante-huitard farfelu, plein de bons sentiments, de projets mirifiques, un républicain perdu dans des rêves égalitaires, franc-maçon généreux, mais qui n'a pas deux sous de bon sens. Émile Ollivier s'est élevé seul, boursier obstiné qui fait son chemin malgré les privations, à force de volonté, donnant des leçons particulières, maître d'internat. Cette existence difficile a forgé son caractère sans l'aigrir. Avocat, il a vingt-trois ans lorsque, à la faveur de la révolution de 1848, il est nommé commissaire de la République à Marseille, puis préfet de la Haute-Marne. Partout on apprécie son sens de la conciliation, sa culture. Convaincu sans être sectaire, il est lumineux, rayonnant. Il plaît. On l'aime. Il a épousé l'une des plus charmantes femmes de Paris, Blandine, la fille de Liszt et de Marie d'Agoult, mais, malade, elle mourra rapidement, le laissant désespéré. Bergson qui occupera son fauteuil à l'Académie française rendra justice à son idéalisme : « À aucun prix il n'eût utilisé, même pour les fins pratiques les plus hautes, les parties basses de la nature humaine : la cupidité, l'égoïsme, l'envie. Il était l'artiste qui voudrait, tout droit, sculpter son idéal dans le marbre sans passer par l'intermédiaire de la glaise où l'on se salit les mains. »

Il se fait remarquer au Corps législatif comme l'un des plus talentueux opposants républicains. Son éloquence, son intelligence précise le distinguent. Dès son élection en 1857, Morny détecte en lui un homme de l'avenir. Il pressent qu'il a l'envergure nécessaire pour être la cheville ouvrière du vaste projet qu'il médite en secret : faire évoluer l'Empire vers les libertés, le débarrasser des Persigny, des Rouher, que le mot réforme effarouche et qui n'ont pas compris que l'heure n'est plus au despotisme.

La situation du régime n'est pas pour Morny aussi satisfaisante qu'elle le paraît. La France connaît un extraordinaire essor industriel et une mutation. Le nombre des ouvriers s'est accru et leur condition lamentable les rend vulnérables aux idées révolutionnaires. La bourgeoisie satisfaite de l'ordre et du progrès est frustrée dans son désir de liberté : les lois sur la presse sont trop sévères ; politiquement le Parlement ne joue aucun rôle. Le mécontentement et les critiques n'ont aucun moyen pour s'exprimer. Le rétablissement du suffrage universel et le plébiscite ont donné à l'Empereur une illusion de démocratie qui est dangereuse.

L'Empereur subit les influences les plus réactionnaires : Baroche, Rouher, l'Impératrice, ainsi que tous les acteurs du coup d'État – Morny excepté – sont persuadés que l'Empire né de la force ne peut se maintenir que par la force. Pour eux les réformes ne sont que des marques de faiblesse et des encouragements donnés à l'opposition. Morny s'aperçoit avec appréhension que Napoléon III est en train de renouveler l'erreur de Guizot qui a été balayé pour n'avoir pas tenu compte de ses avertissements.

Morny rêve d'un Empire constitutionnel, réplique de la monarchie de Juillet sur le mode impérial. Il sait que le chemin sera long, qu'il faudra biaiser. Morny, libéral de tempérament et de raison, aime être de son temps. Moderne dans sa conception des affaires, de l'évolution industrielle, il veut l'être aussi en politique. Pour atteindre son but, pas question de se laisser arracher des réformes, il veut garder la maîtrise du jeu. Maxime Du Camp l'a très bien compris : « Il sentit, avec perspicacité, que tôt ou tard, des concessions seraient imposées au pouvoir ; il préféra les accorder de bonne grâce plutôt que de se les laisser arracher par la force (...) Volontiers il eût été le chef de cette révolution gouvernementale qui, tout en modifiant les conditions du pouvoir, n'eût rien enlevé à son autorité. »

Sa tactique avec Émile Ollivier pendant huit ans va être un chef-d'œuvre d'habileté. Il a perçu chez le jeune député une légère faille dans le caractère qu'il va exploiter. Il sent en lui, sous les apparences farouches de l'opposant irréductible, une nature fragile prête à s'abandonner devant une volonté forte. Maxime Du Camp le note sans pitié : « Morny était trop expérimenté pour n'avoir pas aperçu derrière la rigueur des opinions et la magnificence du langage quelque chose d'indécis et d'ondoyant, qui semblait l'indice d'une âme molle et d'un caractère toujours prêt à se guinder pour dissimuler sa faiblesse. » Il va le séduire comme il a séduit tous les parlementaires. Ludovic Halévy, qui en fut témoin, le notera : « La Chambre l'adorait, et elle était dans sa main. »

Au début, avec Ollivier, Morny fait montre de fermeté. Se plaint-il lors de son arrivée à la Chambre des irrégularités commises par le pouvoir, que Morny le remet à sa place : « Toutes les fois qu'il conviendra, à vous et à vos amis, de discuter, même à votre point de vue, les projets de loi qui vous seront soumis, vous pourrez compter sur la plus loyale impartialité de ma part ; mais quant aux attaques oiseuses, qui n'ont d'autre but que l'agitation et dont le pays ne peut tirer aucun profit, le Corps législatif n'est pas disposé à les tolérer, et je croirais manquer à mes devoirs en ne les empêchant pas de se produire. »

Bizarrement c'est la politique extérieure de Napoléon III qui va amener la libéralisation du régime. Et d'abord la politique italienne. Le 14 janvier 1858 une bombe lancée par Orsini sur le passage de l'Empereur tue une vingtaine de personnes. Morny en profite pour mettre en cause l'Angleterre, sa vieille ennemie, qui a donné asile aux conjurés. Venu avec les corps constitués féliciter l'Empereur aux Tuileries, il demande « comment des gouvernements voisins et amis sont impuissants à détruire ces laboratoires d'assassinats et comment les saintes lois de l'hospitalité peuvent s'appliquer à des bêtes féroces » ? Cet attentat a deux conséquences immédiates : l'institution d'un conseil privé, dont font notamment partie Morny, Baroche et Persigny, qui pourra se transformer, le cas échéant, en conseil de régence. La seconde mesure consiste en un projet de loi relatif à la sûreté générale – qu'on ne tarde pas à appeler la loi des suspects – et qui est soumis au Corps législatif. Ce projet restreint encore les maigres libertés en vigueur. Morny en est le rapporteur, mais au fond de lui-même il y est hostile. Émile Ollivier attaque la loi avec virulence : « Contre ceux qui conspirent, les armes ne manquent pas. Elles ne vous font défaut que contre ceux qui ne conspirent pas, mais dont les allures et le ton vous déplaisent ; contre ceux auxquels vous ne pouvez reprocher aucun délit ni aucune complicité et que, néanmoins, vous jugez coupables d'expectative. Ce sont les expectants que vous voulez atteindre. C'est vous qui l'avez dit, monsieur le rapporteur. Le mot est nouveau : il remplace avantageusement celui de suspects. » Morny bondit : « Il s'agit d'expectants en matière d'assassinat. »

La loi est adoptée par 126 voix contre 24. Émile Ollivier a ouvert une brèche dans cette assemblée toute dévouée à l'Empereur. Avec ses amis, ceux que l'on va appeler « le groupe des Cinq » – le publiciste Darimon, disciple de Proudhon, Hénon, un médecin, Jules Favre et Ernest Picard –, il va saisir toutes les occasions de l'élargir et de la renforcer.

Les derniers mots d'Orsini sur l'échafaud : « Vive l'Italie, vive la France ! » et sa mort courageuse ont troublé l'Empereur. Le cœur de l'ancien carbonaro a été touché. Peu à peu en lui se réveille le partisan de la cause de l'unité italienne qu'il a été dans sa jeunesse, le défenseur des nationalités. Il s'entretient en secret avec Cavour à Plombières et lui promet son appui. Dès lors un fossé se creuse entre l'Empereur et Morny ; leurs vues sont diamétralement opposées. Morny, partisan de la libéralisation du régime, est en revanche opposé à un bouleversement du statu quo européen de 1815 qu'entraînerait la politique des nationalités, et une intervention de la France dans la politique de réunification italienne qui, selon lui, risque d'avoir un effet de contagion sur les États germaniques.

L'avenir lui donnera raison. Mais il se garde bien de manifester son désaccord. Sa franchise lui a déjà coûté trop cher. Il agit en sous-main, sourdement.

Pacifiste de raison, Morny se voit peu à peu contraint de soutenir la guerre engagée par la France contre l'Autriche. Ne pouvant s'y opposer, obligé de faire au contraire semblant d'y souscrire, il va tenter de la limiter le plus possible. Ce n'est certainement pas un hasard si une légère indisposition l'empêche de présider le Corps législatif, le 3 mai 1859, et de lire la déclaration de guerre à l'Autriche. Il se fait remplacer par Schneider, son vice-président. Les victoires de Montebello, Magenta, Solferino, qui aboutissent à l'armistice de Villafranca, le 11 juillet, semblent donner raison à l'Empereur. Le Piémont obtient la Lombardie mais non la Vénétie promise. Dangereuse, et finalement fatale, sera l'illusion sur ses capacités guerrières que Napoléon III retire de ces victoires. Désormais on est bien loin de sa proclamation : « L'Empire c'est la paix. »

La crise de confiance qui se fait jour à la fois dans l'opinion catholique, à propos de la politique romaine, et dans la bourgeoisie, en raison du traité de libre-échange conclu avec l'Angleterre qui défavorise l'industrie textile, trouve un large écho à la Chambre. L'opposition augmente la pression. Morny sent que l'heure des réformes a sonné. Il montre le bout de l'oreille lorsqu'il déclare à ses députés : « Pour vous demander de soutenir la politique impériale, je m'adresse à votre jugement, à votre froide raison. » Ou lorsqu'il prononce cette phrase on ne peut plus explicite : « Il n'y a de vraie prospérité qu'avec une entière liberté civile. »

Désormais il s'agit pour lui d'avancer prudemment sans avoir l'air de céder devant les députés. Il le dit à Darimon : « Priez vos amis de ne pas trop me tracasser sur le règlement d'ici à la fin de la session. Je prépare de profondes modifications au régime de la Chambre dont je m'efforce d'accroître les prérogatives. Je ne voudrais pas qu'on m'objectât qu'on ne peut pas céder aux exigences de l'opposition. »

Et en effet, le 24 novembre 1860, un décret promulgué par l'Empereur accorde de nouveaux droits au Parlement : le Sénat et le Corps législatif sont autorisés à répondre par une adresse au discours de l'Empereur à l'ouverture de la session ; les comptes-rendus des deux chambres seront adressés aux journaux et publiés au *Journal officiel*. C'est une avancée prometteuse.

« J'aurais voulu obtenir mieux, dit Morny à Émile Ollivier... J'avais demandé le droit d'interpellation. On ne m'a accordé que le rétablissement de l'adresse... Êtes-vous content ?

— Si c'est une fin, vous êtes perdus ; si c'est un commencement, vous êtes fondés. »

Morny n'en continue pas moins d'essayer de convaincre Napoléon III des avantages de l'interpellation sur l'adresse. Dans une note, il lui résume sa position sur la question : « Votre majesté se rappellera que lorsqu'elle m'a témoigné son intention d'accorder au corps politique le droit de formuler une adresse, je lui ai dit que cette concession ne répondrait pas à son attente et aurait plus d'inconvénients que d'avantages. L'adresse n'ajoute rien à la liberté de discussion. Seulement il y a cette différence entre la discussion du budget et celle de l'adresse que la première est circonscrite au sujet et a pour but un vote, un motif positif, tandis que l'adresse admet sans réserve et sans limites toutes les chimères, toutes les fantaisies. L'adresse n'a ajouté que des discussions stériles et inquiétantes sans profit pour aucune amélioration. Le rôle du Corps législatif serait bien autrement fécond et important si en échange de ce semblant de liberté, il lui était accordé un droit d'initiative et un droit d'amendement plus équitablement réglé, et si la présence fréquente du ministre spécial dans chaque discussion introduisait dans la conduite des affaires la responsabilité morale qui sera toujours un stimulant sérieux. » Et Morny proposait la suppression de l'adresse et son remplacement par : le droit de déposer une proposition de loi dans la discussion en séance publique ; un droit d'amendement plus direct ; la désignation comme commissaires spéciaux des ministres pour toutes les discussions qui les concernent.

Émile Ollivier est tombé sous le charme du grand corrupteur. L'opposant n'est pas loin de se muer en flatteur ainsi que le montre ce dialogue avec Morny qu'il rapporte dans son journal à la date du 7 février 1861 :

Morny parlant de l'Empereur : « On ne sait pas qui lui succédera ; il faut créer des institutions ! — Du reste, monsieur le président, nous avons coutume de dire que, dans l'Empire, il n'y a que deux hommes politiques : l'Empereur et vous. — Il n'y en a qu'un, l'Empereur. — Nous sommes plus larges que vous, nous allons jusqu'à deux. »

L'année 1861 est décisive. Lors d'une discussion, en mars, à propos d'une proposition du groupe des Cinq visant à l'abrogation de la loi des suspects, Émile Ollivier, habilement travaillé par Morny, baisse la garde. Dans un discours qui va scandaliser ses amis, il se montre prêt à se rallier. « Quand on est maître d'une nation de trente-six millions d'hommes, quand on est acclamé par elle, quand, héros légendaire, on est sorti de prison pour monter sur le premier des trônes, quand on a connu toutes les douleurs et toutes les joies, il est encore une joie ineffable à goûter : c'est d'être l'initiateur courageux et volontaire d'un grand peuple à la liberté. J'en réponds, moi qui suis républicain, le jour où cet appel sera fait, le plus grand nombre admirerait et aiderait. »

Morny a réussi la conquête d'Émile Ollivier. Il y a employé tout l'arsenal de sa séduction : lettres, propos flatteurs, prévenances. Il est parvenu, comme l'écrira Juliette Adam, « à entamer les moralités politiques du parti républicain ».

À partir de 1863, Morny se montre de plus en plus en accord avec la Chambre qui souhaite instituer un contrôle réel de la politique du gouvernement. La chute de Persigny lui laisse le champ libre et marque l'abandon de la politique d'ordre menée depuis le coup d'État. Thiers, revenu au Palais-Bourbon et qui à nouveau « frétille dans l'intrigue », se dit prêt à collaborer si l'Empereur accorde « les libertés nécessaires » : c'est-à-dire la suppression de la loi des suspects, la liberté de la presse, la responsabilité des ministres devant le Parlement.

Les insurrections en Pologne et la répression russe vont servir de prétexte à une nouvelle grogne de la Chambre. Camille Pelletan relève en une formule toutes les éclatantes contradictions de la politique de l'Empereur : « Chaque jour la presse étrangère demande pourquoi notre politique est révolutionnaire à Turin, contre-révolutionnaire à Rome, réactionnaire au Mexique, libérale en Pologne, esclavagiste en Amérique, et mystérieuse partout. Voulez-vous faire cesser ces inquiétudes ? Donnez la liberté à l'intérieur ! »

Mais Morny craint que pour des raisons humanitaires et sentimentales en faveur de la Pologne révoltée contre le Tsar on ne mette à mal cette amitié franco-russe qui est notre seule garantie en face des menées hégémoniques de la Prusse. Là encore l'avenir lui donnera cruellement raison. Face à ceux qui veulent défendre la Pologne et donc la guerre, il oppose un argument de bon sens :

pourquoi aller se battre « pour une cause qui n'est pas la nôtre et où ne sont engagés ni notre honneur ni notre intérêt » ?

Morny voit avec tristesse la Russie conclure avec la Prusse la convention d'Alvensleben qui ferme aux insurgés polonais la frontière prussienne. Désormais la France a perdu ses principaux alliés : mal avec l'Autriche, mal avec Cavour, la Russie l'abandonne à son tour. Reste l'Angleterre qui ne lui est favorable que dans la limite où cette amitié ne gêne pas ses propres intérêts. C'est peu. Rarement la France n'a été aussi isolée.

Faible à l'extérieur, le pouvoir comprend qu'il doit se renforcer à l'intérieur en ne jugulant plus les libertés. Morny reçoit Émile Ollivier et lui annonce l'évolution de l'Empire vers un régime constitutionnel dont il pourrait former le premier gouvernement. Il lui demande son concours : « Consentiriez-vous à entrer avec moi dans une entente avec la démocratie pour organiser la liberté ? »

Dans cette perspective, à la fois pour désamorcer le mécontentement des ouvriers et montrer ses dispositions progressistes en matière sociale, Morny décide de frapper un grand coup : accorder le droit de coalition que la Révolution, puis l'Empire et les régimes qui se sont succédé ont toujours refusé aux ouvriers sous le prétexte hypocrite d'éviter la reconstitution des corporations ; en fait pour protéger la bourgeoisie possédante contre les revendications du prolétariat. Cette mesure équivaut à la légitimation du droit de grève. Morny le conservateur montre là qu'il est capable d'être un novateur en matière sociale. Émile Ollivier a raconté comment était née cette grande réforme. Morny lui aurait demandé quelles étaient les mesures les plus urgentes propres à satisfaire les classes populaires : « Une loi sur les coalitions, sur les associations et sur les réunions. » À quoi Morny aurait répondu avec son réalisme habituel : « N'entreprenons pas trop à la fois, car nous n'obtiendrions rien ; commençons par les coalitions ; l'Empereur est bon, il aime le peuple, il a déjà marqué son penchant par des grâces accordées à des ouvriers condamnés ; je crois pouvoir vous promettre la loi sur les coalitions. »

Morny prépare un projet de loi dont il souhaite qu'Émile Ollivier soit le rapporteur. En dépit de débats houleux et de l'opposition des républicains qui considèrent que ce droit n'est qu'une demi-mesure s'il n'est pas associé au droit de se syndiquer, le projet est finalement adopté à une large majorité, le 25 mai 1864.

Désormais Morny est devenu le symbole du grand mouvement libéral. Soutenu par les députés du Corps législatif, il apparaît comme le champion d'une politique de rechange. Ni l'expédition du Mexique, ni l'affaire du canal de Suez, où son nom est souvent cité, ne réussiront à diminuer son influence.

L'expédition du Mexique est une idée de Napoléon III (« la plus grande pensée du règne », selon Rouher), il porte l'entière responsabilité de cette funeste opération qui a été abondamment décriée. On y retrouve sa conception fumeuse d'une confédération de l'Amérique latine propre à contrebalancer l'influence américaine, ce principe avait déjà été défendu par Chateaubriand lors de son ministère des Affaires étrangères (1823-1824), des idées très éloignées du réalisme de Morny. Sans doute faut-il y ajouter l'influence de l'Impératrice qui soutenait les catholiques opprimés par le révolutionnaire et anticlérical Juarez. Ce n'est à l'évidence pas la créance des bons Jecker qui a suffi à provoquer l'intervention française. Que Morny ait cherché à tirer quelque profit en promettant d'intervenir dans une affaire qu'il était loin d'approuver et encore moins de soutenir, cela est en revanche possible. Jecker écrira en 1869, bien après la disparition de Morny, que celui-ci s'était engagé, « moyennant 30 pour cent des bénéfices », à faire respecter la dette du gouvernement mexicain. Mais il était alors facile d'incriminer la responsabilité d'un homme qui ne pouvait plus répondre à ces accusations. En tout état de cause, l'Impératrice s'est indignée des accusations portées contre Morny : « Quant à prétendre que l'expédition du Mexique ait été engagée à son instigation et pour des motifs inavouables, c'est une calomnie dont il faut le laver entièrement : la créance malpropre des “bons Jecker” n'a été pour rien dans notre intervention au Mexique. » L'affairisme incontestable de Morny avait cette fois bon dos. Persigny, toujours fielleux à l'encontre de son vieil ennemi, laissera entendre que Morny ambitionnait même le trône du Mexique.

En revanche l'affairisme de Morny paraît mieux établi dans l'affaire du canal de Suez. Bizarrement, et parce qu'il y avait des intérêts, il semble avoir soutenu le projet anglais contre celui de Ferdinand de Lesseps.

Le bilan législatif n'en demeure pas moins très important. En huit années, Morny a modifié profondément le régime. Il a œuvré pour l'arracher à sa tendance au despotisme et le doter d'institutions libérales modernes. On s'achemine sur la voie d'un Empire constitutionnel où les ministres seraient responsables devant le Parlement et où les députés auraient l'initiative des lois. Morny apparaît alors, à la fin de la session de 1864, comme l'initiateur et le maître d'œuvre d'une grande avancée politique et sociale. Émile Ollivier ne sera pas ingrat. Il rendra à l'auteur d'une politique qu'il sera bientôt appelé à incarner le plus vibrant hommage : « Homme de fer, sous un air de nonchalance dénouée ou indifférente ; toujours prêt à être héroïque en se jouant (…) J'ai approché ou étudié de près les ministres illustres de mon temps : aucun ne lui fut comparable. Il ne fut pas un homme d'État. Il était l'homme d'État. »

23

Un beau jeune homme à la crinière brune exubérante et à la voix chantante, vif, chaleureux, sympathique. En plus il est poète. Originaire de Nîmes dont il arrive, un petit recueil de vers, *Les Amoureuses*, lui a ouvert les portes des Tuileries. Il y a fait la connaissance d'une lectrice de l'Impératrice qui sera à la fois son ange gardien et son mauvais démon. Elle lui transmet la syphilis qui transforme vite son existence dorée en calvaire ; mais elle le présente à l'Impératrice et à la princesse Mathilde, qui demande à Morny de trouver un emploi à ce jeune homme talentueux et désargenté. C'est ainsi qu'Alphonse Daudet se retrouve secrétaire du Corps législatif.

Mais, au moment d'être engagé par Morny, il a manifesté des scrupules :

— Il y a un ennui.

— Lequel ?

— Je suis légitimiste.

— Rassurez-vous, s'exclama Morny, l'Impératrice l'est aussi.

Un mot tout à fait dans le même esprit que la fameuse repartie de l'Empereur à quelqu'un qui lui disait que tout allait mal en France : « Comment voulez-vous que les choses marchent dans ce pays ? L'Impératrice est légitimiste ; Morny est orléaniste ; moi-même je suis républicain ; il n'y a qu'un seul bonapartiste, c'est Persigny, et il est fou. »

Dans ce climat, imposant de l'extérieur, bon enfant à l'intérieur, va évoluer et prospérer le jeune Provençal qui rêve de conquérir Paris. Morny n'est pas exigeant ; il manifeste une grande mansuétude devant les retards du poète qui ne demande à le voir que « pour lui demander un congé ». Il ne parviendra même pas à obtenir de lui qu'il se fasse couper cette crinière si peu en accord avec l'austérité administrative. C'est un poète, et pour Morny cette qualité autorise toutes les licences.

Alphonse Daudet ajoute, dans une confidence aux Goncourt, une raison plus intime de leur complicité : « J'attrape la vérole avec une dame de haute volée, une vérole épouvantable avec bubons et tout (...) Cette vérole attache tout à fait Morny à ma personne ; et comme c'était chez moi doublé d'une affection de poitrine et que les remèdes que je prenais me faisaient cracher le sang, il me relève le moral et m'annonce qu'il fera de moi, dans le Midi, le plus jeune des sous-préfets. C'est à lui que je dois ce voyage en Algérie, en Corse, en Sardaigne, qui m'a remis sur mes pieds, voyage pendant lequel je n'ai eu qu'à lui adresser, tous les mois, une petite lettre reconnaissante. » Alphonse Daudet a rejoint au Corps législatif deux autres secrétaires, Ludovic Halévy et Quatrelles L'Épine, qui sont auteurs de comédies, et qui bénéficient de la part du président de la même bienveillance.

Morny à cette époque, tandis qu'il prépare en sous-main l'évolution libérale du régime, se grise de futilités. Il a attrapé le virus de l'opérette, ce genre nouveau lancé par son ami Offenbach qui lui doit sa naturalisation française. Il a une frénésie de distractions. Cet homme qu'on pourrait croire accaparé par son action politique, les soucis financiers, a besoin de se délasser en composant des chansons ou en écrivant des comédies sans prétention.

Offenbach doit beaucoup à Morny. Mais Morny a trouvé en Offenbach l'homme-orchestre qui pouvait le mieux exprimer sa conception d'une vie vouée aux plaisirs. Offenbach semble avoir à cœur de conjuguer les passions de Morny ; il leur donne un contenu artistique, un sens, un rythme, une atmosphère trépidante, loufoque, dans laquelle l'époque va se retrouver. C'est l'esprit du Boulevard, fait d'absence de sérieux, de mépris des préjugés, d'arrivisme et de galanterie, de combinaisons boursières et de sensualité ; un esprit qui flotte sur un univers dont les nouveaux héros sont les journalistes qui en un article peuvent tout aussi bien lancer une actrice, une danseuse, un jeune auteur, que monter une juteuse opération boursière, ou mettre à bas un homme politique. Ils deviennent les arbitres du jeu social. Ils détiennent les clés de la ville, une ville neuve, cosmopolite, bigarrée, accueillante aux étrangers qui amusent, à ces Juifs d'Europe centrale – Offenbach arrive de Francfort comme les Rothschild – qui apportent le goût de la fête, de nouvelles musiques. Ils vont éveiller cet esprit gai, primesautier et clair, qui survit sous la phraséologie pompeuse, la gravité solennelle, les grands sentiments emphatiques imposés par le romantisme. Il n'y a qu'à puiser dans « le filon inépuisable de la vieille gaieté française », dit Offenbach, qui révèle à la société du Second Empire son visage de fête. Il orchestre la musique de ses plaisirs et met en scène le théâtre de ses mœurs et de ses ridicules. Il a le génie de la parodie. Musset croyait qu'il avait le mauvais œil. Beaucoup de ses contemporains le verront comme un personnage satanique. Il n'avait que la religion du plaisir et une peur panique de s'ennuyer. Il l'avouera : « Mon rêve a toujours été de fonder une compagnie d'assurance mutuelle contre l'ennui. » Ce sera l'opérette.

Quand cet élève du vieux Cherubini, escogriffe efflanqué dont Nadar disait qu'il ressemblait au croisement « d'un coq et d'une sauterelle », a-t-il rencontré Morny, son protecteur et ami ? Sans doute dans l'entourage de Véron, de Villemessant, le directeur du *Figaro*, ou d'Arsène Houssaye, devenu administrateur général de la Comédie-Française, probablement vers 1854. Morny le soutiendra tout au long de sa carrière. Il le fera décorer de la Légion d'honneur et l'aidera à créer son propre théâtre, les Bouffes-Parisiens, où seront joués tous ses triomphes : *La Belle Hélène*, *La Périchole*, *La Vie parisienne*. En collaboration avec Ludovic Halévy, qui s'associe bientôt à Meilhac, ils vont occuper le devant de la scène pendant tout l'Empire, assurant la gloire de leur grande actrice, Hortense Schneider.

Par Offenbach, Morny a fait la connaissance de Ludovic Halévy, jeune rédacteur au ministère de l'Algérie, qui s'essayait au théâtre. Fils de Léon Halévy, auteur d'ouvrages historiques, neveu de Fromental Halévy, compositeur lyrique dont *La Juive* avait été le plus grand succès, il sera le père de l'historien Élie Halévy et de Daniel Halévy, mémorialiste et éditeur. Morny désirait avoir une pièce inédite pour la faire jouer devant ses invités de l'hôtel de Lassay.

Ludovic Halévy se souviendra avec émotion de cette première rencontre avec le président du Corps législatif qui semblait aussi gêné que lui : « J'eus l'idée de ce qui se passait ; j'étais fort intimidé, M. de Morny l'était aussi ; pour la première fois, j'avais affaire à un si haut personnage ; mais lui, pour la première fois, devait soumettre une idée de théâtre à un homme de théâtre (…) je compris, et je respirais librement. »

La pièce s'appelait *Un mari sans le savoir*. « Quand mercredi j'ai porté le scénario, M. de Morny m'a fait faire de grands changements. Il y avait deux rôles de femme. Il n'en a voulu qu'un, réunissant les deux, et il a eu cent fois raison. Il m'a donné une dizaine de mots qui sont vraiment comiques. Il m'a enfin demandé de lui apporter la pièce copiée à mi-page afin de pouvoir indiquer les changements, retranchements ou additions, qui lui paraîtraient utiles. Mercredi, pendant que je lui lisais, à lui, frère de Napoléon III, cette charge d'atelier, je pensais malgré moi au coup d'État, à Mme Le Hon, à l'ambassade de Russie, à tout ce qu'il y a d'étrange et de bizarre dans la vie de M. de Morny. Assurément je ne pouvais trouver de collaborateur plus original. »

Ce fut aussi de cette collaboration que naquit *Monsieur Choufleury restera chez lui le…* Halévy corrigea le texte, le retravailla avec Morny, Offenbach orna le tout de sa musique et la comédie obtint un tel succès à l'hôtel de Lassay qu'Offenbach la reprit aux Bouffes-Parisiens. Il fallut trouver un pseudonyme à son auteur : Morny prit celui de M. de Saint-Rémy. Ce fut un triomphe.

L'argument n'avait pourtant rien de très original, il reprend celui du *Bourgeois gentilhomme* et le transpose sous le Second Empire. Un riche bourgeois qui a fait fortune dans les spéculations immobilières et ferroviaires veut marier sa fille à un aristocrate. Il a préparé une réception où se produiront des chanteurs italiens. Il a rédigé l'invitation qui donne son titre à la pièce et qui est l'occasion de tous les quiproquos. La plupart des invités ne comprennent pas et restent chez eux. Le soupirant de la jeune fille, un jeune musicien pauvre, Babylas Chrysodule, intervient et tout se termine par des chansons et un mariage heureux.

Morny avait assisté aux répétitions. Si le public ne bouda pas son plaisir, la critique, elle, perça à jour le véritable auteur de la comédie et certains journalistes républicains saisirent l'occasion pour éreinter un proche de l'Empereur. Encouragé par ce succès,

Morny écrivit plusieurs comédies, *Les Bons Conseils*, *Pas de fumée sans un peu de feu*, *La Manie des proverbes*, *Les Finesses du mari*, *La Succession Bonnet*, *Le Comice agricole*, chaque fois plus ou moins aidé par Halévy. Pour l'avoir plus facilement sous la main il avait d'ailleurs fini par l'engager au Corps législatif.

Halévy a raconté la scène. La disparition du ministère de l'Algérie venait de supprimer le poste qu'il y occupait. Il se présente au Corps législatif et aperçoit Morny sortant de son cabinet et qui lui lance :

— Je ne veux pas vous faire attendre ; revenez dans la journée, je suis très occupé ce matin à cause d'un décret !

— C'est précisément à cause de lui que je viens.

— À cause du décret ?

— Il supprime le ministère de l'Algérie ; on m'offre des places qui ne me plaisent pas.

— Vous pensez bien que je vous en trouverai une qui vous plaise ! Au besoin je demanderai à l'Empereur !

— Il n'y a rien à demander à l'Empereur. Vous pouvez me donner la place que je désire.

— Quelle place ?

— Secrétaire-rédacteur ici.

— Vous êtes nommé. Et maintenant, sauvez-vous, je suis pressé.

Sous un règne aussi éclairé, l'ambiance au Corps législatif est rien moins que guindée. Alphonse Daudet a été le témoin de la manie de Morny de tout mettre en chanson. Il raconte qu'un jour qu'il l'accompagnait aux Tuileries en voiture, Morny lui dit : « Les musiciens se plaignent qu'ils ne trouvent pas de motifs, que tout a été dit avant eux. Eh bien ! moi, ce sont les motifs qui me poursuivent. Ils me traversent la tête comme des hirondelles. Il m'en vient. Il m'en vient ! » Et il se mit à chantonner quelques notes. Comme Daudet avait quelque talent au piano, il lui confia la mission d'arranger et de mettre en musique une chansonnette qu'il avait composée : « Voici quelques couplets, mon ami. Emportez-les. Soyez gentil de les compléter, de les mettre en musique sur ce motif ou quelque chose d'approchant : tra la la, tu tu, tra la la ; et tra la la, et tu tu tu. »

Daudet travaille toute la nuit et apporte la mélodie dans le bureau de Morny où un huissier s'empresse de l'introduire. « Au piano ! »

s'exclame Morny. Et Daudet se met à jouer et à chanter *La Chanson nègre.*

Bon p'tit nèg' du Congo
A deux amours dans l'âme
Il aime bon p'tite femme
Il aime bon p'tit gigot.

Avoir femme c'est bien joli
Mais c'est bien bon la viande
Bon p'tit nèg' se demande
Ce qu'il vaut mieux pour li.

Et pendant ce temps-là, raconte Daudet avec peut-être un peu d'exagération méridionale, l'huissier entrait et annonçait :

— M. le préfet de police.

— Qu'il attende !

Puis à nouveau :

— M. le ministre de l'Intérieur.

— Tout à l'heure !

Et pendant que le président du Corps législatif et le jeune poète poussaient la chansonnette « les antichambres étaient bourrées de solliciteurs en cravate blanche, et le ministre de l'Intérieur avec le préfet de police se promenaient de long en large dans un petit salon. Et tous ces gens se disaient : "L'administration est une chose terrible qui vous prend tous les instants." Et il y avait des hochements de tête, des bouches arrondies, des fronts chauves qui s'inclinaient, et tous les visages reflétaient : "C'est grave, très grave, excessivement grave", depuis la chaîne de l'huissier à tête blafarde jusqu'aux cavaliers tout équipés qui attendaient dans la cour, prêts à emporter les plis ministériels ».

Ce succès avec ses chansons et avec ses comédies, Morny le remportait jusque chez l'Empereur. À Compiègne, il fit représenter une petite comédie, *La Succession Bonnet*, qui fut jouée par des personnes de la cour. Il y ajouta une satire, dont Napoléon III lui avait donné l'idée, *La Corde sensible ou les dadas favoris*. Sous forme d'un dialogue entre un M. Durieu et un M. de Noroy, interprétés par M. de Saulcy et par Morny lui-même, il manifestait une causticité inoffensive, se moquant gentiment des travers de l'Empereur qui venait de terminer une *Histoire de Jules César* : « Trouvez une vieille paire de pincettes, et établissez par un mémoire que cette paire de pincettes a été l'épée de César pendant la guerre des Gaules (...) l'Empereur sera ému, il examinera les pincettes avec une attention gallo-romaine, et votre fortune sera faite. »

Puis ce fut le tour de l'Impératrice. Quel était son dada ? « Dites-lui [ici une énumération flatteuse de grâces et de vertus] tout cela passe et glisse. Mais que l'Impératrice ait un salon à arranger, et la voilà heureuse. Elle y met quatre canapés, huit fauteuils, vingt chaises, des étagères dans tous les coins, des tabourets et des poufs au milieu de la pièce, enfin on ne sait plus où se fourrer : entré, on ne peut plus sortir ; sorti, on ne peut plus rentrer. Voilà la corde sensible de l'Impératrice ! »

Morny lui-même ne s'épargnait pas. Il se moquait de son propre dada : son goût pour les courses et pour le vaudeville.

Halévy devient vite si indispensable à Morny qu'il l'invite durant les mois d'été en compagnie d'Offenbach dans sa propriété de Nades. Dans les lettres qu'il adresse à sa famille le jeune auteur a laissé une description de la bonne ambiance et de l'opulence qui y règnent : « Je suis traité ici comme un vieil ami de vingt ans (...) La population du château ne se compose pas seulement de monsieur, de madame et de moi. Une Mme Penot et un ménage Jauvin d'Attainville complètent un beau total de six personnes en proie à une quarantaine de domestiques, cochers et cuisiniers. Je dis en proie, car réellement on est si bien servi que c'en est gênant, et on mange tant que cela doit évidemment amener tôt ou tard des catastrophes. »

L'après-midi se passe à la chasse où une trentaine de paysans sont recrutés comme rabatteurs. Le soir, après le dîner, tandis que Morny s'assoupit doucement dans un fauteuil, Halévy participe à des jeux de société avec les jeunes femmes : « Questions, réponses, histoires, et on me demande d'être inconvenant et très décolleté, et je fais de mon mieux, mais je suis toujours dépassé par Mme de M... et MM. d'Attai... qui ont des audaces extraordinaires (ceci entre nous). »

Napoléon III a fini lui aussi par se laisser séduire par son demi-frère. Il ne se méfie plus de lui. Ses mérites, sa fidélité lui sont enfin apparus. L'Impératrice a joué un rôle dans ce changement d'attitude. Et puis insensiblement l'Empire, suivant l'impulsion de Morny, devenait plus libéral. Pour manifester sa satisfaction de manière éclatante, l'Empereur décida de lui accorder le titre de duc. Il choisit l'occasion d'un voyage officiel dans le centre de la France et le prétexte d'aller voir le site d'Alésia au moment où il terminait son *Histoire de Jules César*, pour se rendre à Clermont-Ferrand. Sans doute espérait-il aussi profiter de sa visite pour réconcilier Morny avec un autre pilier du régime, lui aussi élu fameux de la ville, Rouher – ils s'étaient brouillés lors du différend qui avait opposé Morny à Fanny Le Hon.

Le train impérial arrive à Clermont-Ferrand au mois d'août 1862. Après une visite à la cathédrale où ils sont reçus par l'évêque, Napoléon III et l'Impératrice se rendent à la préfecture. Morny, après avoir présenté les membres du conseil général qu'il préside, prononce un discours de bienvenue dans ce style courtisan, ciselé des plus mielleuses flagorneries, que ce cynique sait manier à merveille : « L'arrivée de Votre Majesté dans le Puy-de-Dôme n'est pas seulement la visite d'un souverain aimé et respecté ; l'enthousiasme qui vous accueille prend encore sa source en d'autres causes. Parmi ces populations laborieuses, vivant paisibles au cœur de la France, le sentiment napoléonien n'est pas une opinion, c'est un culte (…) Sous ces collines nombreuses, couvertes de vignes, le sol est traversé par des souterrains, immenses chais, qui la plupart datent de l'époque gauloise. Ces voûtes sombres, qui ont peut-être servi à organiser la résistance contre le César romain, ont abrité, depuis cinquante ans, le fanatisme pour le César moderne (…) Enfin pour n'excepter aucun sentiment populaire, les populations saluent avec attendrissement l'Impératrice, qui a fait monter la grâce sur le trône et en a fait descendre, chaque jour, la charité. »

Ce discours méritait bien de Napoléon III la récompense attendue : le titre de duc attribué à « ce parfait Français ». Ses armoiries : « d'argent à trois merlettes de sable (les armes de Charles de Flahaut) brisé d'une bordure componée de l'Empire français et des dauphins d'Auvergne ».

Mérimée ironisera : « Le duché de Morny ne me paraît pas faire un très bon effet. Ce pays-ci est trop démocratique pour ces façons-là. Je croyais que Morny était trop peu poétique pour faire cas d'un titre tout sec. »

L'autre passion de Morny, avec le vaudeville : les courses. Il avait toujours eu une écurie de pur-sang qu'il faisait courir sous ses couleurs. La mode venue d'Angleterre en était récente. Le premier

Derby datait de 1836. Les courses avaient lieu soit à Chantilly soit au Champ-de-Mars où se déroulait un certain nombre d'expositions. Le champ de courses était rudimentaire, peu pratique et dangereux, sans gazon, sans tribunes, avec une piste étroite où les chevaux galopaient dans un nuage de poussière. Morny eut l'idée de doter Paris d'un véritable hippodrome digne de concurrencer ses rivaux anglais et de populariser une passion réservée aux élites mondaines. Il jeta son dévolu sur un vaste terrain marécageux situé en bordure du bois de Boulogne, dans la plaine de Longchamp, où se dressait un petit moulin. On trouve son nom dès 1853 dans les procès-verbaux d'attribution des terrains à la Société d'encouragement : « Les commissaires sont chargés par le Comité de s'occuper de la question relative à la création d'un terrain de courses au bois de Boulogne ou dans les environs ; ils s'entendront à cet égard avec M. de Morny ou tout autre personne. » En 1856, un bail de cinquante ans est concédé par la Ville de Paris. Morny comme à son habitude a trouvé dans cette opération une nouvelle occasion de satisfaire sa passion pour les chevaux tout en faisant une œuvre utile à la collectivité et en en tirant des profits substantiels pour lui-même.

Le terrain fut mis en état et les courses commencèrent dès 1857. Morny, après avoir confié ses chevaux à l'entraîneur Tom Hurst, puis à Jennings, installa son haras à Viroflay ; dans ce même village, ses enfants étaient en nourrice et il y avait fait construire une belle villa qui tenait de l'isba et du chalet suisse. Il posséda jusqu'à dix-huit poulinières et trois étalons. Le plus grand succès qu'il connut à Longchamp, Morny ne le dut pas à ses chevaux qui furent rarement gagnants, mais à la création du Grand Prix de Paris, épreuve annuelle et internationale qui, à partir de 1863, attira la foule des étrangers. Le Grand Prix, doté grâce à Morny par la Ville de Paris et les compagnies de chemin de fer, se montait à 100 000 francs. Il devint rapidement le seul rival du Derby d'Epsom. Sa renommée ne s'interrompit jamais.

La création de Deauville fut la dernière toquade de Morny. C'est son médecin, le Dr Olliffe, le médicastre qui lui fournissait les pilules aphrodisiaques, qui attira son attention sur ce petit village de Normandie et lui fit entrevoir les perspectives d'une vaste opération immobilière. Mais là encore Morny dépassa les limites d'une froide spéculation. L'idée de créer une ville de loisir à partir de la nouvelle vogue pour les bains de mer enthousiasma ce bâtisseur qui avait toujours été un adepte de l'hydrothérapie. Il en conçut les plans, dessina un hippodrome, et alla jusqu'à prévoir la construction d'un port de commerce qui pût concurrencer les ports anglais. Il n'eut le temps de réaliser que la première partie de ce programme ambitieux.

Les travaux commencèrent en 1860. Morny fit construire une somptueuse villa, La Sergewna, du nom de son second fils (elle devait s'appeler plus tard La Louisiane avant d'être démolie en 1910 et se trouvait à l'emplacement de l'actuel Hôtel Royal). Ses associés l'imitèrent : le Dr Olliffe s'installa dans une maison baptisée Victoria Lodge, et le banquier Donon au Palais Elizabeth. Le 14 août 1864 on inaugura l'hippodrome conquis sur des landes et des marécages.

Tout réussit donc à Morny. Il est au sommet de sa gloire. Sa protection transforme ce qu'il touche en or. Même politiquement il semble au bord de recueillir le fruit de sa politique libérale : les temps sont mûrs pour un grand ministère d'ouverture, celui qu'illustrera Émile Ollivier, le disciple.

Il ne connaît que deux échecs. Près de l'hôtel de Lassay, sur les berges de la Seine, s'était installé un joueur de clarinette qui mendiait. Morny très sensible au bruit avait tout essayé pour le faire déguerpir. Il lui avait proposé de l'argent à plusieurs reprises ; il avait tenté de le convaincre en parlant longuement avec lui, mais le clarinettiste ne voulait pas entendre raison. Morny se refusait à employer la force contre le pauvre bougre. Quand le son de l'instrument se faisait entendre, Morny prenait ses visiteurs à témoin et ironisait sur les limites de son pouvoir.

L'autre échec l'irritait plus encore. Le responsable en était Henri Rochefort, critique, républicain et polémiste que Morny admirait. Cet esprit libre était aussi ingouvernable que le joueur de clarinette. Morny, toujours sous le pseudonyme de M. de Saint-Rémy, venait de faire jouer une de ses comédies, *Les Finesses du mari*, que le critique Albéric Second avait louée avec une complaisance un peu appuyée : « Ah ! qu'il est heureux pour nous, pauvres écrivains, que l'auteur de ce délicieux petit acte ait la majeure partie de son temps absorbée par les préoccupations de la haute politique ! Que deviendrions-nous, s'il avait assez de loisirs pour se consacrer entièrement aux choses du théâtre ? »

Henri Rochefort retourna à sa manière le compliment du « feuilletoniste décoratif plus décoré que convaincu » dans une mercuriale que publia *Le Figaro*, le 30 octobre 1864 : « Ah ! qu'il est heureux pour l'auteur que, ayant participé à un fructueux coup d'État, il n'ait pas besoin de sa plume pour vivre ! Il faut dire que si, nous autres, simples poètes, nous allions porter à un directeur, fût-ce celui du théâtre Déjazet, une pièce émaillée de calembredaines de cette force, il nous jetterait incontinent dans la fosse aux ouvreuses, donnant l'ordre à celles-ci de nous exterminer à coups de petits bancs. »

Morny prit très mal l'éreintement de Rochefort. Il écrivit une lettre à Villemessant pour se plaindre. Il reprit le vieil argument des auteurs maltraités : « Qu'a-t-il fait lui-même qui lui donne le droit de traiter les autres ainsi ? » Mais la phrase qui terminait sa lettre laissait percer son dépit : « Ce Rochefort est d'ailleurs spirituel, mais il manque de mesure et de bon goût. » Hippolyte de Villemessant, écrit Daudet, se défendit en feignant d'avoir été trahi par ses journalistes.

Morny n'eut dès lors de cesse de rencontrer Rochefort pour s'expliquer avec lui. Le polémiste en dépit de toutes les sollicitations se déroba. « Morny, ce Morny adulé, tout-puissant, se prit subitement, pour l'homme qui n'avait pas craint de le railler, d'une sorte d'affection craintive et rancunière. Il aurait voulu le voir, le connaître, s'expliquer avec lui, comme deux amis dans un coin (...) pareil à un amoureux qu'on dédaigne, il ne s'enfonçait que davantage dans l'idée de se faire aimer de Rochefort. Le caprice tournait en toquade d'autant plus obsédante que Rochefort, averti de la chose, mettait une sorte de coquetterie comique à ne pas vouloir connaître le duc. Je vois encore, à la première représentation de *La Belle Hélène*, Morny arrêtant Villemessant dans le couloir. "Cette fois, par exemple, vous allez me présenter Rochefort ! — Monsieur le duc... Oui, monsieur le duc !... Nous causions précisément il n'y a pas une seconde..." Et Villemessant courait après Rochefort, mais Rochefort avait disparu. »

Morny ne parvint jamais à rencontrer Rochefort. Sans doute le polémiste craignait-il à son tour d'être séduit ? On peut compter sur Morny, il serait parvenu à ses fins. La vie qu'il menait à grandes guides ne lui en laissa pas le temps.

24

La maladie le minait. Un appareil digestif fragile lui occasionnait de douloureux maux de ventre. Mais ses excès divers et sans doute les médications aphrodisiaques du Dr Olliffe avaient le plus mauvais effet sur une santé déjà délabrée. Personne ne parvenait à imaginer qu'un homme âgé de cinquante-trois ans, doté d'un tel appétit de vivre, pût être sérieusement atteint.

Le mal empire très vite à partir de la fin de l'année 1864. Halévy en est le témoin : « Depuis quatre ou cinq mois, Morny se plaignait de sa santé. Il dormait mal. Il n'avait plus d'appétit. Il se sentait faible le matin en se levant, ne se retrouvant lui-même que vers le milieu de la journée, et le soir, dès le dîner, tombait dans une sorte d'engourdissement. "Je suis malade, nous disait-il souvent, je suis malade, je vous assure." Personne autour de M. de Morny ne songeait à s'inquiéter et nous nous récriâmes tous quand, au commencement de janvier, il nous dit qu'il avait grande envie de donner sa démission afin de vivre tranquille au milieu de ses amis. On lui parla de son rôle si important, si nécessaire dans les affaires publiques, de la session qui allait s'ouvrir. "C'est précisément cela, nous répondait-il, je ne pourrai jamais, cette année, supporter la fatigue de la présidence." »

Le 10 février, recevant Villemessant, il se plaint de souffrir de la région du foie et lui annonce sa fin prochaine. Le 15, il ne peut se rendre aux Tuileries pour assister au discours de l'Empereur au Corps législatif. Le 23, un léger mieux se produit qui se poursuit jusqu'au 28. Il se décide même à prendre l'air en voiture. Mais une bronchite se déclare. Il a de la fièvre. Les médecins Rayer et Olliffe plus mondains que compétents, mais en qui Morny a toujours eu confiance, sont optimistes : ils attribuent le malaise à « un état névralgique ». La duchesse de Morny elle non plus ne prend pas la situation au tragique, elle pense que son mari s'écoute trop. Elle n'annule aucune fête et continue de recevoir et de s'amuser dans ses appartements. Pourtant, dans l'indifférence générale, seul conscient de la gravité de son état, Morny va vers la mort. Le 7 mars dans la soirée, il veut se lever mais s'évanouit. Dans la nuit, il est pris de délire. Les médecins comprennent enfin leur erreur de diagnostic.

Il est trop tard. Dans l'après-midi, il reprend conscience. Il dit à son valet de chambre : « Henri, il faut maintenant me laisser tranquille ; voici la fin qui arrive ; je n'ai que peu de temps à moi et il faut que je m'occupe de mon départ. » Il fait demander ses secrétaires. Ernest Lépine est chargé de vider les tiroirs de son bureau et de brûler les papiers compromettants.

Alphonse Daudet, dans ses souvenirs et dans son roman *Le Nabab*, donne une version un peu différente de celle d'Halévy.

On y voit Montpavon (en réalité Montguyon), le vieil ami du duc de Mora (Morny), s'approcher de son chevet. Le malade l'interroge : « Je suis bien bas, hein ? — Foutu, mon pauvre Auguste. Il faut mettre ordre à tes affaires. »

Puis selon Daudet, Morny confia à Montguyon une importante liasse de lettres avec mission de les brûler hors de la chambre. Ne trouvant pas de feu dans les cheminées, celui-ci finit par décider de les faire disparaître dans la fosse d'aisance. Tel fut le sort de sa correspondance galante : « Des lettres d'amour et de toutes les sortes, depuis le billet de l'aventurière : "Je vous ai vu passer au Bois hier, monsieur le duc..." jusqu'aux reproches aristocratiques de l'avant-dernière maîtresse, et les plaintes des abandonnées, et la page encore fraîche des récentes confidences (...) des paquets de lettres, satinées, nuancées, embaumées, parées de chiffres, d'armoiries, de banderoles à devises, couvertes d'écritures fines, pressées, griffantes, enlaçantes, persuasives ; et toutes ces pages légères tournoyaient l'une sur l'autre dans des tourbillons d'eau qui les froissaient, les souillaient, délayaient leurs encres tendres avant de les laisser disparaître dans un hoquet d'égout tout au fond de la sentine immonde. »

Morny voit ensuite sa femme, puis ses quatre enfants qu'il embrasse. Il leur dit adieu.

Il demande à voir ses amis : Paul Daru, Nestor Roqueplan, Paul Crémieux et Ludovic Halévy – ce dernier est au Sénat. Il dit à Daru :

— Eh bien, mon pauvre ami, vous ne vous attendiez pas à me voir partir si vite.

— Mais non, répond Daru, il ne s'agit pas de partir, vous êtes malade, vous guérirez.

— Non, non, c'est le départ. Que dit-on dans Paris ? Les journaux parlent-ils ?

Dans la soirée, Ludovic Halévy pénètre dans sa chambre, mais Morny ne le reconnaît pas.

L'Empereur et l'Impératrice arrivent à neuf heures, l'Impératrice, enveloppée dans une mantille noire ; l'Empereur, voûté, secoué par les sanglots. Halévy a noté la scène : « L'Empereur prit la main de M. de Morny ; il regarda l'Empereur et se mit à divaguer. L'Impératrice s'était jetée à genoux, au pied du lit et priait. L'Empereur et l'Impératrice sortirent au bout d'une demi-heure, M. de Morny délirant toujours. Ils s'arrêtèrent dans un petit salon, voisin de la chambre. Pendant ce temps, M. de Flahaut disait à M. de Morny : "L'Empereur est venu vous voir, il était là tout à l'heure. — L'Empereur, répondit M. de Morny, sortant un peu de son délire, j'espère bien qu'il ne doute pas de mes sentiments pour lui. — Il est encore là, continua M. de Flahaut, voulez-vous qu'il rentre ? — Mais certainement, certainement." L'Empereur rentra, tout le monde s'écarta, et il y eut quelques mots échangés entre lui et M. de Morny. Ce fut le dernier effort d'intelligence du duc. L'Empereur sortit et le délire recommença pour ne finir qu'avec la mort. » Dans son dernier moment de lucidité, Morny a-t-il réellement donné un dernier conseil à l'Empereur : « Sire, ne prenez pas vos idées dans le Faubourg Saint-Germain » ?

On fait venir l'archevêque, Mgr Darboy, qui assiste au délire du mourant et se retire. Il semble peu probable que Morny ait appelé de lui-même le prélat et « ait reçu de ses mains les sacrements de l'Église », comme l'indiquera le communiqué officiel.

Daudet écrit : « L'attendrissement et la pitié s'en vont par les chemins, les hautes portes-fenêtres. Il meurt seul. »

Au petit matin, le Dr Rayer veut le soulever pour lui retirer un vésicatoire. Morny a une syncope et meurt. La duchesse est près de lui. Elle coupe une mèche de ses cheveux.

Daudet : « Je n'ai jamais vu quelqu'un s'en aller de la vie aussi stoïquement que cet épicurien. Ce fut une vraie sortie d'homme du monde, imprévue, rapide, discrète. »

Le lendemain, dans la chambre mortuaire, on pratique l'autopsie. Les médecins légistes concluent dans leur rapport que la mort est due à une affection du pancréas. Le poids de l'encéphale atteint 1 520 grammes, alors qu'il est chez l'homme dans l'âge mûr de 1 320 grammes.

Le dimanche 12 mars, la foule défile devant le cercueil exposé sur un catafalque dans le vestibule de l'hôtel de Lassay. La duchesse a coupé ses cheveux et les a mis dans le cercueil.

L'Empereur ordonne des funérailles officielles. Elles sont célébrées le lendemain à midi.

La façade du palais Bourbon est revêtue de voiles noirs où s'inscrivent les armes de Morny. Une foule immense de curieux attend. À onze heures trente, une salve de quinze coups de canon annonce le départ du cortège funéraire qui s'ébranle sous une pluie fine et froide en direction de l'église de la Madeleine. Sur le parcours, le pont et la place de la Concorde, une double rangée de soldats sont au garde-à-vous. Trois carrosses où ont pris place les membres du haut clergé ouvrent le cortège. Puis les ministres ainsi que Rouher, Persigny, Royer, Schneider, vice-président du Corps législatif, tenant les cordons du char funèbre attelé de six chevaux noirs s'avancent lentement. Sur le cercueil sont disposés les insignes de sa fonction et son épée. Suivent des représentants de l'Empereur et de l'Impératrice, et les membres des corps constitués.

Au lieu du cheval favori qui suit le convoi funéraire des grands hommes de guerre, note Daudet, suit « le grand coupé de Morny, ce "huit-ressorts" qui le portait aux assemblées mondaines ou politiques, ses panneaux tendus de noir, ses lanternes enveloppées de longs crêpes légers flottant jusqu'à terre avec je ne sais quelle grâce féminine ondulante (...) le suprême chic du deuil (...) il seyait bien à ce dandy de donner une dernière leçon d'élégance aux Parisiens accourus à ses obsèques comme à un Longchamp de la mort ».

Dans l'église de la Madeleine drapée de noir, attend la famille. Mgr Darboy donne l'absoute.

Le cortège se dirige ensuite vers le cimetière du Père-Lachaise. La neige tombe sur les boulevards. Au cimetière, la duchesse de Morny jette son manteau sur le cercueil pour le protéger avant qu'on ne le descende dans le caveau. Quinze coups de canon retentissent. Puis Rouher et Schneider rendent un dernier hommage. La foule se disperse. Il n'y a plus rien à voir.

On vendit l'écurie de Morny et sa fameuse collection de tableaux. La vente produisit 1 million. L'ensemble de la succession fut évalué à moins de 4 millions. Ce qui était important, mais très inférieur aux rumeurs sur la colossale fortune du réputé frénétique spéculateur.

Walewski remplaça Morny à la présidence du Corps législatif. Cela donna l'occasion d'un bon mot qui circula dans le public : « Chassez le naturel, il revient au galop. »

Montguyon, qui souffrait depuis longtemps de la disparition de sa maîtresse, une jeune danseuse brûlée vive sur la scène de l'Opéra, alla se suicider dans un établissement de bains publics.

Ludovic Halévy ne voulut pas rester à la Chambre. « À la première séance, je me suis senti envahi par un tel sentiment de tristesse, d'ennui, de découragement, que mon parti a été pris en un quart d'heure. » Associé à Meilhac et à Offenbach, il connaît bientôt un grand succès avec *La Vie parisienne* et *La Périchole*. Élu à l'Académie française en 1884, ami de Degas, il mourra en 1908, sans avoir jamais renié son admiration pour Morny auquel il a consacré de belles pages dans ses carnets.

La duchesse de Morny semblait devoir rester inconsolable. Pendant quelques mois elle porta le deuil et manifesta tous les signes de la plus profonde affliction. « Elle passait ses journées en face du portrait de son mari, et dînait solitairement dans la grande salle où l'on mettait tous les soirs deux couverts. La canne, le chapeau du duc étaient posés dans l'antichambre à leur place habituelle, comme si le maître, parti pour toujours, venait de rentrer chez lui. »

Mais son comportement changea soudain du tout au tout : la découverte d'une correspondance amoureuse de son mari avec l'une de ses meilleures amies lui aurait dessillé les yeux. Apprit-elle par des indiscrétions l'existence de la fameuse cassette qu'évoquent les Goncourt : « Montguyon, l'intime de Morny, racontait que les amis du mort étaient très inquiets de la disparition d'une certaine cassette, que Morny avait toujours près de sa table de nuit, cassette renfermant le portrait de toutes ses conquêtes de tous les mondes, en photographie, nues, avec, généralement, des fleurs dans les parties génitales » ? Elle jeta ses voiles noirs, se remit à sortir dans le monde. Moins de deux ans plus tard, elle se remariait avec le duc de Sesto, un grand d'Espagne qui avait été un soupirant de l'Impératrice. Ses quatre enfants ne firent guère parler d'eux, à l'exception de Missy, devenue par son mariage la marquise de Belbeuf. Toujours habillée en homme, celle qu'on appelait « oncle Max » fera scandale en entretenant une liaison avec Colette et surtout en montant avec elle sur la scène du Moulin-Rouge pour interpréter une pantomime dénudée. Dans le journal *Fantasio* un article non signé la décrit ainsi : « cette désexuée au regard fixe d'éthéromane et de nyctalope, aux lèvres mortes et qui est invariablement coiffée d'un chapeau d'entraîneur et sanglée dans un veston de drap noir ». Colette s'en inspirera pour créer le personnage de la Chevalière dans *Le Pur et l'Impur*. Abandonnée, ruinée, Missy se suicidera dans les années 1940.

Charles de Flahaut survécut encore quatre ans à son fils. Il mourut le lendemain de la défaite de Sedan.

Fanny Le Hon vendit son hôtel particulier du rond-point des Champs-Élysées, ainsi que le mobilier et les tableaux, qui lui rappelaient des souvenirs désormais cruels. Elle alla habiter rue de Milan dans un immeuble qu'elle partagea avec sa fille et son gendre Poniatowski, ainsi que dans son château de Condé-sur-Yton en Normandie. Elle se rapprocha de son mari. Il mourut en 1868. Elle disparut à son tour en 1880.

Ami ou ennemi, personne ne contesta que le régime perdait avec Morny sa figure la plus prestigieuse. « Il était, écrivit Alphonse Daudet, l'incarnation la plus brillante de l'Empire. Ce qu'on voit de loin dans un édifice, ce n'est pas sa base solide ou branlante, sa masse architecturale, c'est la flèche dorée et fine, brodée, découpée à jour, ajoutée pour la satisfaction du coup d'œil. Ce qu'on voyait de l'Empire en France et dans toute l'Europe, c'était Morny. Celui-là tombé, le monument se trouvait démantelé de toute son élégance, fendu de quelque longue et irréparable lézarde. »

Juliette Adam, opposante farouche, cite une lettre d'Émile de Girardin : « L'influence de Morny était la soupape de sûreté. Devenu loyalement libéral, il voulait, répétait-il, faire oublier le 2 décembre. Lui seul était capable d'"imposer" un ministère libéral, un ministère Émile Ollivier, à la versatilité de Napoléon III, lui seul osait dire la vérité au milieu des mensonges de son entourage. C'est lui qui rectifiait les zigzags d'Ollivier. Morny comme conseiller journalier pouvait seul tirer parti à la fois de l'empereur et d'Ollivier pour le bien de la France. Ollivier, conduit par Morny, eût pu paraître un grand homme d'État. Sans Morny, comme sauvegarde, il n'échappera pas à l'accusation prochaine ou tardive d'avoir inutilement trahi son parti. »

À l'inverse de son ami le Dr Véron, dont Sainte-Beuve avait dit : « Il laissera moins de vide qu'il n'a occupé de place », la disparition de Morny, le viveur magnifique, le régulateur des incohérences de l'Empire, laissait un malaise. Il quittait la fête avant la fin. Et subitement une ombre se mit à planer sur cette société avide de jouissances qui avait perdu son guide. Ce régime d'arrivistes, de profiteurs, d'hédonistes était en deuil de son modèle : un aventurier d'une essence supérieure.

25

La légende prit son envol. La mort de Morny lui ajoutait des ombres. Il avait emporté avec lui ses mystères. Toutes les facettes de sa personnalité continuaient de briller. Pas un domaine de la société où il n'ait laissé son empreinte. Disparu, on ne pouvait éviter d'apercevoir partout son sillage.

Politiquement la mise en œuvre de l'Empire libéral apparut comme son héritage le plus positif. On le mit à son crédit. L'unité allemande contre laquelle il s'était battu montra la justesse de ses prédictions. On a dit qu'avec lui la guerre avec l'Allemagne n'aurait pas eu lieu. Sans doute s'y fut-il opposé. Aurait-il eu les moyens de l'empêcher ? Il avait eu une part essentielle à la création du régime, à sa consolidation – et aussi sans doute à sa mauvaise réputation –, il n'en eut évidemment aucune à sa chute. Même si on finit par admettre qu'il était un politique d'une autre étoffe que les Persigny, les Rouher, et même qu'Émile Ollivier, il était l'objet d'une rancune tenace. Il restait l'homme du coup d'État. La République dans le discrédit dont elle enveloppa durablement le Second Empire n'épargna pas Morny. Il avait fait tirer sur le peuple ; on lui devait la déportation des meneurs républicains. Du travail d'amateur en comparaison des massacres de communards organisés par Thiers. Mais c'était au nom de la République qui s'arroge le droit d'assommer le peuple dont elle procède, et qui ne manifeste pas d'états d'âme excessifs devant les exécutions sommaires et les déportations, quand c'est elle qui les décide.

Morny devint le prototype de ce que la République détestait : ses manières d'aristocrate offusquaient ; on vitupéra ses opérations financières douteuses ; sa vie privée scandaleuse fut la cible des nouveaux professeurs de morale. Pourtant on retrouva vite sous le nouveau régime autant d'affairistes, de prévaricateurs, de noceurs, et de guerres coloniales inutiles. On s'acharna à oublier que l'Empire avait rétabli le suffrage universel contre les républicains ; on préféra passer sous silence que Morny avait été à l'origine du droit syndical et du droit de grève dont les régimes précédents, y compris la République de 1848, n'avait pas vu l'urgente nécessité.

Émile Ollivier fut l'un des rares à rester fidèle à Morny.

Quelques années après la chute de l'Empire, en 1877, Alphonse Daudet publia en feuilleton dans *Le Temps* son roman *Le Nabab*. À travers le destin d'un certain Jansoulet, inspiré de François Bravay, fameux chevalier d'industrie, dont son frère, Ernest, avait été le secrétaire politique, et qui avait fait fortune en Égypte avant d'être élu au Corps législatif, pour Daudet il s'agissait de tracer un panorama des mœurs, des affaires et de la galanterie sous le Second Empire. Il y introduisit ses souvenirs de Morny qui apparaît sous le personnage transparent du duc de Mora. Il fait de lui un homme sans scrupules dominé par la passion des femmes et de l'argent, qui est la proie d'un médecin charlatan, Jenkins, charge du Dr Olliffe. Ce portrait sans complaisance fut assez mal reçu de ceux qui avaient été témoins des bienfaits de Morny pour Daudet. On lui reprocha son ingratitude. Il répondit à cette accusation dans une préface au *Nabab* : « C'est ainsi que je l'ai peint, tel qu'il aimait à se montrer, dans son attitude de Richelieu-Brummell. L'histoire s'occupera de l'homme d'État. Moi j'ai fait voir, en le mêlant de fort loin à la fiction de mon drame, le mondain qu'il était et qu'il voulait être, assuré d'ailleurs que de son vivant il ne lui eût point déplu d'être présenté ainsi. » En forçant la dose sur les turpitudes du règne de Napoléon III, Daudet voulait se dédouaner de ses anciennes attaches et se donner un brevet de républicanisme. Il avait déjà voulu écrire une pièce sur l'épisode du veuvage de la duchesse de Morny, son affliction ostentatoire, puis son soudain remariage lorsqu'on lui apporta les preuves de son infortune conjugale. La pièce resta à l'état d'ébauche car Daudet apprit que Ludovic Halévy préparait une comédie sur le même thème. De ce sujet, il fit une nouvelle qui parut en 1872 dans *L'Événement*, sous le titre *Un ménage de tourterelle*. Alphonse Daudet eut la satisfaction de voir son fils, Léon, épouser la petite-fille de Victor Hugo – un mariage qui se révéla catastrophique et contribua à éloigner à jamais le futur ami de Maurras des idées républicaines. Le fils de l'auteur du *Nabab* épousait la petite-fille de l'auteur de *L'Histoire d'un crime* : dans les deux livres, Morny était présent.

Un an auparavant, Zola avait publié *Son Excellence Eugène Rougon*, où il stigmatisait lui aussi (c'était décidément très à la mode) la corruption sous le Second Empire. Chambre des députés et boudoirs divers voient évoluer Rougon et son implacable arrivisme. Morny sous les traits du comte de Marsy n'apparaît qu'en profil perdu comme l'archétype du jouisseur. On retrouve son « mince sourire sceptique » et bien sûr ses appétits de spéculateur. Un personnage affirme « qu'il était entretenu par sa maîtresse, une baronne dont il avait mangé les diamants en trois mois ». Un autre prétend « que pas une affaire véreuse ne traînait sur la place de Paris sans qu'on trouvât dedans la main de Marsy ». Un autre affirme « qu'il venait d'offrir, le mois dernier, un hôtel, à la petite Florence, des Bouffes, une bagatelle de six cent mille francs, sa part d'un trafic sur les actions des chemins de fer du Maroc ». Il ajoute : « C'est un bandit tombé dans la peau d'un vaudevilliste. » Et Rougon lui-même se définit par rapport à lui : « Je ne suis pas né sur les marches d'un trône, ainsi que le comte de Marsy, et je n'ai pas grandi pendu à la jupe d'une femme savante, sous les caresses de Talleyrand. »

Après Balzac qui avait pressenti la destinée future de Morny avec Marsay, la boucle était bouclée. La légende de Morny était rattrapée par la littérature. Celle-ci comblait la faille que laissait son destin inachevé. Né avec tous les dons, quelque chose lui a manqué pour occuper une place de premier plan dans l'histoire. Ce voluptueux n'a pas voulu tout sacrifier au pouvoir. Il s'est contenté de s'en servir. Il ne s'y est consacré qu'en amateur, en amateur surdoué. Plutôt que d'imprimer durablement sa marque à son époque, il a joui de la vie. Il a préféré s'adonner à ces plaisirs éphémères que dispensent les femmes, les chevaux, les œuvres d'art. C'est un grand personnage inabouti. Tel le cardinal de Bernis auquel il fait penser, il s'est arrêté dans son ascension vers le pouvoir comme s'il était saisi soudain par la prescience de son inhumanité. Il appartient à cette race d'ambitieux qui se détachent de leur but après s'être prouvé à eux-mêmes qu'ils auraient pu y parvenir. Ces personnages font rêver les adolescents et les femmes qui aiment trouver quelques-unes de leurs faiblesses chez les hommes d'exception. Et aussi les écrivains qu'attire toujours le destin romanesque de ces belles épaves échouées nonchalamment sur les bords de l'histoire.

REMERCIEMENTS

Je remercie les Archives nationales, leur directeur M. Alain Erlande-Brandenburg, Mme Ariane Ducrot, et Mme Marie-Françoise Limon, qui m'ont permis de consulter le fonds Flahaut qui était jusqu'alors inaccessible en Angleterre et que la France vient d'acquérir. Je remercie également Jean-Claude Lachnitt, vice-président du Souvenir Napoléonien, et Benoit Yver, qui m'ont apporté leurs conseils.

PORTRAITS ACIDES

De de Gaulle à Macron, de Giscard à Mitterrand,
les hommes du pouvoir passés au crible

J'ai rencontré le journalisme par hasard. Je n'imaginais pas à vingt ans que j'y consacrerais tant d'heures et qu'il me procurerait tant de fièvres. Loin de m'avoir nui comme écrivain, il m'a apporté la liberté : liberté d'écrire mes romans sans autre considération que de suivre mon inspiration. Il m'a permis de rencontrer les hommes qui nous gouvernent, puisque dès le début j'ai choisi la politique comme domaine d'élection. Sans lui je n'aurais jamais eu la chance de rencontrer les grands personnages dont je brosse ici le portrait : de De Gaulle à Macron, de Mitterrand à Giscard, de Sarkozy à Hollande et à bien d'autres, ils m'ont tous été fournis par le journalisme. Mais je me suis un peu écarté du but premier de cette profession qui est de chercher à obtenir des informations des politiques, à les mettre sur le gril pour leur faire avouer leurs intentions. J'ai détourné l'instrument qu'elle me fournissait à mes propres fins. Cela tenait aussi à mes interlocuteurs qui, quand ils me recevaient, savaient qu'ils avaient affaire à un spécimen d'entomologiste un peu spécial. Je me souviens de Nicolas Sarkozy dans son bureau du ministère de l'Intérieur me disant : « Voyons, vous n'allez tout de même pas me poser des questions de journalistes. » Il m'avait bien compris. À travers lui, à travers eux, je cherchais autre chose. Je voulais dégager une vérité qui n'est pas forcément visible à l'œil nu.

Ce journalisme justement, quel ménage fait-il avec la littérature ? Font-ils chambre à part ? Je ne citerai pas la litanie de ceux qui considèrent avec Balzac qu'écrire dans les journaux est non seulement le plus bas des métiers mais qu'il est un obstacle à toute création. Tout simplement parce que je crois que le seul obstacle à l'art est personnel. Ni la prison, ni même le mariage, ni la vie militaire ou diplomatique, ni l'administration n'ont jamais empêché les artistes de s'exprimer. Pourquoi le journalisme ferait-il exception ? Malraux, Bernanos, Mauriac sont-ils moins grands parce qu'ils ont écrit dans les journaux ? Julien Gracq aurait-il perdu une partie de son grand talent s'il avait pris la peine de le mettre parfois au service des autres, de dénoncer la torture, de défendre dans la presse quelques victimes de l'injustice ou de mettre en lumière de jeunes écrivains laissés dans l'ombre ?

Je crois que les deux activités, si différentes soient-elles, ont néanmoins des points communs : l'amour de la vérité et le goût de la liberté. Au risque de paraître pompeux – ce qui est dommageable à toutes les activités et à la vie même –, je dirais que sans amour de la vérité on végétera dans le journalisme et certainement on n'atteindra jamais en matière d'art ce point cardinal qui donne à un texte sa valeur d'exception. L'opposition ou l'inadéquation entre les deux disciplines ne m'a jamais troublé. Le romantisme nous a amenés à idéaliser l'écrivain, à magnifier l'Artiste par rapport à l'artisan. Et puis nous avons en France la religion du style : on imagine que celui-ci se gâte dans des besognes moins nobles comme les mains d'un pianiste dans le travail du bûcheron. C'est ignorer son essence et son origine. Car ce style, ennemi de la fadeur et qui brûle d'une implacable nécessité, d'où vient-il sinon de cette ardente recherche de la vérité ? Sans passion de la vérité, en journalisme comme en littérature, on risque de se cantonner dans les enjolivures ou dans le bavardage. Bienheureux ceux qui y échappent.

Reste la question que je me suis posée, qui touche aux limites de l'art du portrait : n'ai-je pas trop souvent cédé à la tentation de la caricature ? Au risque d'apparaître sévère ou injuste ? À force d'avoir voulu combattre le penchant à la mièvrerie et à l'obséquiosité qui nous guette devant ceux qui incarnent la puissance du pouvoir, n'ai-je pas cultivé l'irrespect ? Et de l'irrespect à l'injustice, il n'y a qu'un pas. Ce grief, je me le fais. Mais pourquoi expurger la passion qui est la vie au profit de convenances qui ne sont pas de mise en face de l'Histoire ? Un portrait consiste certes à exprimer la vérité d'un modèle, mais il exprime tout autant la passion du portraitiste. Entre l'excès de fadeur et l'excès de sévérité, j'ai choisi de ne pas refréner mes élans. N'est-ce pas après tout le risque auquel s'exposent tous les hommes publics ? Si injustes que soient les volées de bois vert, elles sont à tout prendre moins trompeuses que l'encens de la courtisanerie.

Car l'enjeu est grave. Les politiques ne sont pas seulement des acteurs inoffensifs de la vie publique, ils peuvent se muer en destructeurs. Pas seulement par les guerres inutiles qu'ils peuvent susciter, mais aussi par leur intrusion malsaine dans l'agencement de nos libertés et le saccage de notre patrimoine. C'est le reproche que leur fait Péguy : « C'est nous qui fondons, c'est nous qui bâtissons, c'est eux qui démolissent. »

DE GAULLE, UN FOU QUI SE PRENAIT POUR LA FRANCE

On ne comprend rien à de Gaulle si on ne considère pas d'abord que c'est un fou. À quoi serviraient les gens raisonnables dans les époques folles ? Ni Jeanne d'Arc, ni Napoléon ne l'ont été. S'ils avaient été raisonnables, ils se seraient comportés comme tout le monde, ils seraient restés chez eux et ils auraient fait des enfants en attendant que ça passe. De Gaulle, donc, était un fou – un rêveur réaliste, comme le dit Gary – qui s'attendait à être pendu comme le lui avait prédit une vieille sorcière en Pologne. Mme de Gaulle croyait à cette prédiction. Y pensait-il en faisant ses réussites sur la table de bridge devant laquelle il a fini par s'effondrer ? Pendant la traversée du désert, enfermé à Colombey-les-Deux-Églises, dans un terrible huis clos, face à son épouse et au capitaine Guy, un bel officier qui l'interroge pour l'arracher au désespoir et qui prend des notes, de Gaulle enrage comme un fauve en cage. Sa « folie » a pris des proportions shakespeariennes dans cette bicoque bourgeoise ornée d'une tourelle qu'assombrit une vue déprimante sur les plaines grises de la Champagne pouilleuse. Il ressasse. Comme un joueur qui a perdu, il pense à des martingales. Tout de même, avoir conquis difficilement le pouvoir et l'avoir vu s'éloigner bêtement comme un rêve ! Et s'il ne décolère pas, c'est parce qu'il aime cette France, qu'il sait que lui seul est capable de la sortir de la gadoue où la IVe République s'enfonce. C'est l'amoureux fou séparé de la femme de sa vie qui fulmine et désespère. Soudain, sa voix s'élève au-dessus de la table de bridge : « Vous vous rendez compte, Guy, si Pétain en 1942 avait rejoint Alger avec la flotte, qu'est-ce que je serais devenu ? » Pour échapper au désespoir que lui inspire la situation présente, il imagine le pire.

Et il continue de macérer dans le bocal de ses aigreurs. À quoi doit-il sa force ? Quelle légitimité a-t-il jamais eue ? Tout ne tient qu'à cela, un fil, un principe, que la France est une idée, qu'elle peut à la limite se passer de son territoire pour quelque temps et que seul son principe la fait exister. Cette image universelle dont elle a besoin, mais dont les autres aussi ont besoin.

De Gaulle sent la province, les vieilles tantes dans la dèche, le saint-honoré qu'on achète après la messe le dimanche, le militaire en gants blancs, le chignon, les dentelles, les greniers où, dans des malles, on conserve les uniformes ; il a le style convenable d'un homme élevé dans les convenances : les gens comme il faut ; c'est la petite bourgeoisie qui ne pète pas dans la soie ; elle ne connaît pas le luxe, très peu les friandises – y compris sexuelles –, mais elle trouve dans cette austérité une certaine satisfaction. Cela lui évite les tentations de la dilapidation, du gâchis, de la dépravation. Son capital, pour les femmes, c'est la vertu ; pour les hommes, l'honneur. Le pire, une entorse faite à l'une ou à l'autre : sortir du droit chemin, se faire montrer du doigt. C'est aussi de la province qu'il tire cette élégance apprêtée, endimanchée, mais aussi toutes les expressions qui fleurissent dans son langage : le tracassin, avoir chat en poche.

Ce génial chef d'État aux vues prophétiques reste dans le domaine de la morale privée, enraciné dans ses origines étriquées de petit-bourgeois lillois. S'y ajoute une acrimonie, teintée de jalousie, envers ceux qui, contrairement à lui, s'adonnent à une vie sentimentale libre et voluptueuse. Les tortures de la libido, qu'il a dominées de son caractère de fer, le rendent arrogant envers les faiblesses communes. Qu'importe s'il accorde une licence particulière aux grands héros du passé qu'il admire, les César, les Napoléon, les Clemenceau, qui ne sont plus que des idoles symboliques aux passions consumées. Aux vivants, il ne pardonne rien.

Le catholicisme qui le baigne est de la même eau bénite. Il renforce la croyance dans des valeurs bourgeoises, mais son christianisme leur donne une issue spirituelle. Dieu, dans cette petite vie à l'horizon borné, apparaît comme une boule de feu. L'ambition n'y est pas une qualité très prisée, elle avoisine l'orgueil. C'est un catholicisme un peu janséniste, même s'il a des liens avec le catholicisme social du Sillon de Marc Sangnier.

Qu'est-ce qui, dans ce terrain humain un peu morne, a pu allumer un tel feu ? Voilà un homme élevé dans l'obéissance, le respect, la légalité républicaine, le qu'en-dira-t-on, et qui, à un moment crucial de l'Histoire, jette tout cela par-dessus bord. Ce sont les livres, sa tradition intellectuelle et morale qui ont incendié ses rêves. Son patriotisme, le nationalisme de son père et de sa mère, blessés par la perte de l'Alsace-Lorraine, il l'aiguise en lisant Barrès, Edmond Rostand, Péguy, Maurras. Ce qui reste inexplicable, c'est, dans la formation du caractère, cette disposition à se sentir capable de se soustraire aux courants, à s'opposer à ce qui va de soi, à l'ornière de la réalité. De même que ce militaire est indiscipliné, le politique n'aura que sarcasmes pour les professionnels de la politique qui, comme l'écrit Péguy, « saccagent l'idéal ». D'où vient que Pétain respecte la réalité et que de Gaulle s'en échappe ? D'où vient que, issu d'un monde confit dans le calme, la quiétude cantonale, la prudence paroissiale, tout chez lui n'est que bruit, guerre, conflit. Dans cette guerre permanente s'ajoutent les guerres civiles, les conflits internes, les séparations brutales, comme si sa personnalité ne pouvait être en paix, ne pouvait connaître que l'état de guerre : car tant d'autres conflits personnels se superposent aux grands conflits, avec Juin, avec Soustelle, avec Bidault, avec l'amiral Muselier.

Mais c'est au point de rupture que l'on revient toujours : ce coup de dés comme l'Histoire n'en a jamais connu en France. Un jeune général de brigade fraîchement nommé sous-secrétaire d'État à la Guerre qui n'a à son crédit qu'une victoire à Montcornet escamote à son profit par un génial tour de passe-passe la substance nationale de la France. Beaucoup plus fort que Bonaparte le 18 brumaire, revenant d'Italie et d'Égypte avec une gloire éclatante. Car s'il s'agit d'un coup d'éclat, c'est aussi une sorte de coup d'État, d'une essence singulière, puisque de Gaulle nie l'existence de cet État malmené par la défaite mais qui existe cependant en inventant un principe qui lui est supérieur : l'idée de la France ; un principe qui ne s'embarrasse pas de corps constitués, d'appareil administratif, de système parlementaire qu'on peut emporter dans ses bagages et qui tient moins de place qu'une brosse à dents. Il substitue au corps légal de l'État une donnée mystique. Puisque le corps défaille, il s'empare de l'âme.

Les ors et les pompes, les flonflons des discours, l'unanimité béate, qui accompagnent ses commémorations, dissimulent aujourd'hui ce que le 18 juin 1940 a comporté de folie et de prémonition de la part du général de Gaulle. Il fallait être un joueur, un aventurier pour se lancer à corps perdu dans un roman dont l'issue n'était rien moins que prévisible. C'est d'ailleurs en quoi de Gaulle n'appartient pas tout à fait à la gent militaire mais à la chevalerie des aventuriers, des écrivains, des poètes qui engagent leur destin dans des explorations hors cadre. Et dans l'avion du général Spears, qui décolle de l'aéroport de Mérignac pour l'emmener à Londres, il mesure tous les risques de ce saut dans l'inconnu. Son débat intérieur est terrible. « Ce fut épouvantable », confiera-t-il à Malraux. À cet instant, il sait qu'il n'est plus subordonné à rien ni à personne. Il va falloir tout inventer : créer une fiction dont il ne doute pas un instant qu'il soit le meilleur pour la mettre en scène, mais qui peut se terminer en tragédie. Il connaît assez notre histoire pour savoir le sort funeste de tous les soldats sortis des rails de la légalité : il prend le risque de finir dans un cul-de-basse-fosse, voire au peloton d'exécution, ou pis encore ridicule et oublié comme tous ces soldats perdus subjugués par leur rêve, qui ont voulu être rois et envers lesquels il saura se montrer, plus tard, beaucoup plus tard, impitoyable.

Ce départ pour Londres dans le petit matin blême est d'une audace incroyable. De Gaulle n'a comme viatique qu'une vague promesse de Winston Churchill avec lequel il a déjeuné à Londres, la veille, le 16 juin, pour organiser un projet d'union franco-britannique avorté aussitôt après avoir été conçu en raison de la démission de Paul Reynaud et de son gouvernement. Le président Albert Lebrun hésite encore à gagner Alger avec une partie des corps constitués et des parlementaires. Quant à l'armistice demandé par le maréchal Pétain dans la journée du 17 juin, c'est peu dire qu'il ne va pas soulever la réprobation générale : en dehors de quelques patriotes enfiévrés, il provoque dans l'opinion un lâche soulagement. La France après tout ne s'en tire pas trop mal. Certes, elle est coupée en deux, mais elle préserve son empire colonial. Rien dans ce contexte n'est favorable à de Gaulle qui peut voir débouler à Londres ou à Alger des hommes politiques d'une carrure plus emblématique que la sienne. Ce nouveau Charles le téméraire joue son va-tout : « À quarante-neuf ans, j'entrais dans l'aventure comme un homme que le destin jetait hors de toutes les séries. »

C'est là où de Gaulle a fait preuve d'une intuition géniale. Il a pressenti la future dérive déshonorante du pétainisme au plan national et l'inéluctable entrée en guerre des États-Unis aux côtés de la Grande-Bretagne. Mais pour l'heure rien n'obligeait le maréchal Pétain, icône guerrière révérée par la gauche, à entrer dans une active politique de collaboration avec l'Allemagne. Il fallait des dons de voyance pour comprendre à cet instant que Pétain, entraîné dans une logique malsaine, allait faire promulguer le décret sur les Juifs de septembre 1940, reniement des principes républicains fondamentaux, et plus tard soutenir la création de la milice. Un Pétain, tenant la dragée haute aux Allemands, restant ferme sur l'honneur de la France, était encore possible. Et possible aussi son départ de Vichy pour Alger en novembre 1942, comme le lui demandaient les Américains.

Pour les Anglais, il n'incarne pas la recrue idéale – et encore ne savent-ils rien de son caractère difficile de connétable. Qui le connaît ? Que représente-t-il ? Ils lui eussent de beaucoup préféré Georges Mandel, ministre de l'Intérieur, auréolé du souvenir de Georges Clemenceau. Quant aux Français tentés de l'approuver, voire de le rejoindre, ceux-ci ne le jugent pas d'un républicanisme très sûr. De Gaulle part donc le 17 juin avec un formidable culot, mais de lourds handicaps : c'est quasiment un inconnu. Et ce qu'on sait de lui ne laisse pas augurer une fibre républicaine chevillée au corps : saint-cyrien, barrésien, lecteur critique de *L'Action française*, enraciné dans le catholicisme imprégné de Péguy et de Marc Sangnier, il n'est pas vraiment l'homme idéal dans lequel peuvent se reconnaître ceux qui vont répondre à son appel : ceux-ci juifs, francs-maçons, radicaux comme Jean Moulin, ancien des Brigades internationales, regardent ce général rebelle avec une suspicion légitime. Qui leur dit qu'ils ne vont pas soutenir un futur général Franco ou peut-être une sorte de Pétain dans un avatar jeune, résistantialiste et pro-anglo-saxon ?

De Gaulle et Pétain se sont abreuvés à la même source de la droite traditionnelle et, pourtant, ils en ont tiré des leçons tout à fait différentes, voire opposées. De Gaulle est beaucoup plus barrésien que maurrassien. Il a lu et admiré Bainville. Sa famille a beau être monarchiste, elle accepte la République. Son christianisme se trouve à l'aise dans les droits de l'homme et de la personne humaine. Et ne nourrit aucun antisémitisme. Pétain, lui, a trop lu Renan. *La Réforme intellectuelle et morale*, écrite après la défaite de 1870, est un bréviaire de défaitisme à l'usage des militaires fatigués. Du mal vient le bien : déjà Joseph de Maistre avait développé cette idée à propos de la Révolution de 1789 ; Renan reprend une vieille idée qui somnole dans l'inconscient collectif : l'esprit et la force allemands redonnent une vigueur à l'âme française guettée par l'assoupissement comme le Bogomoletz ragaillardit les vieillards.

De Gaulle, fervent de Péguy, sait qu'il n'y a pas de politique sans mystique. Il va donner aux hommes qui le rejoignent un but à la hauteur de son rêve démesuré. Il y ajoute un moteur, le seul capable de conjurer le malheur et l'angoisse de la mort : l'espoir. À ces déçus de la IIIe République agiotante, trafiquante, impuissante, aux laïcards libres-penseurs, il offre le symbole d'une héroïne chrétienne, Jeanne d'Arc. À ces baroudeurs et têtes brûlées, pressés d'en découdre, il donne une devise tirée de Chamfort : « Les raisonnables auront duré ; les passionnés auront vécu. » Avec une telle devise, on peut mourir, on n'est jamais vaincu. Les hommes de Vichy ont beau ironiser sur la solitude de ce général condamné à mort par contumace, ils ont oublié un élément fondamental qui régit les hommes et l'Histoire par-delà les réalités changeantes : la force de l'esprit. La puissance d'un principe.

C'est sur ce principe que de Gaulle s'arc-boute contre vents et marées. Et aussi contre son allié anglais, notamment Churchill, avec lequel il se montre rouspéteur, querelleur, mauvais coucheur. Accroché à sa fiction nationale, il ne cède pas un pouce de terrain. Il sait que s'il transige, il n'est plus rien.

Là où intervient la grande chance de De Gaulle qui est une malchance pour la France, c'est que Pétain va s'acharner à dilapider un capital moral dont de Gaulle va profiter. L'État au sens physique dont Vichy possède l'apparence, certes tronquée mais légale, va de plus en plus perdre de sa substance au profit de l'idée gaulliste d'une France mystique, platonicienne, immaculée. Un tabernacle vide dont l'hostie consacrée a été emportée à Londres par ce nouveau Tarcisius.

« À l'heure du désastre, si j'ai pu relever la nation, c'est grâce au tronçon d'un glaive et à la pensée – je dis bien la pensée – française. » De Gaulle, homme d'action, a saisi l'esprit de la France qui anime et façonne, malgré les soubresauts, les reculs, les trahisons, toute son histoire. C'est armé de ce spiritualisme invincible que de Gaulle lance l'appel du 18 juin à la BBC. Il pressent que même s'il est seul, il incarne une idée à laquelle tôt ou tard tous les Français se rallieront, sauf à se renier, à renier leur histoire. Tous même les plus égarés, les plus apparemment opposés comme Pétain lui-même ainsi qu'il le laissait entendre avec un grain de facétie, le 10 mars 1952 : « Chaque Français fut, est ou sera gaulliste. Je ne jurerais pas qu'à quelques moments, malheureusement trop tard !, le maréchal Pétain lui-même ne l'ait pas été quelque peu. »

Maurras autrefois l'a séduit. Séduction réciproque puisque l'inspirateur de l'Action française se montrera lyrique, en 1940, dans un éditorial de *L'Action française* lors de sa nomination comme secrétaire d'État à la Guerre. Ce que de Gaulle retient chez lui, c'est le primat du politique, la religion de l'État sans laquelle il n'est pas d'ordre, la politique extérieure de non-alignement professée dans *Kiel et Tanger*, le refus du sentimentalisme humide hérité du romantisme, enfin sa cohérence logique impeccable : « Maurras a eu tellement raison qu'il en est devenu fou. » D'ailleurs, il lui évitera le peloton d'exécution à la Libération : « On ne peut pas faire la politique de Bainville et faire fusiller Maurras. » Et il lui gardera une sympathie affligée au-delà de ses erreurs. Cette sympathie dont il était capable à propos d'hommes qui avaient vraiment aimé la France, même s'ils ne l'avaient pas aimée de la même manière que lui. Cela est dit clairement dans une lettre qu'il adresse, après la Libération, au vieil Henry Bordeaux, très engagé auprès de Pétain : « Nous n'avons pas pensé de même au sujet des voies et des moyens à employer pendant la dernière guerre pour le salut de la France. Je tiens à vous dire cependant que, tout au long de ma vie, j'ai admiré votre magnifique talent. » Cela, il aurait pu aussi l'écrire à Maurras. Ce qui le sépare irréductiblement de l'Action française, c'est son refus d'une conception de la France amputée. Il comprend que, loin de rassembler, les idées de Maurras sont des ferments de division et d'irréalisme : monarchisme, antisémitisme, antiprotestantisme, haine de la Révolution, enfin le peu de respect pour la notion de liberté, tout cela l'éloigne.

Chez Bergson, chez Péguy, chez Barrès, il retrouve le grand souffle de la continuité et de l'unité de l'histoire de France : « Tant il est vrai que, dans la vie d'un peuple, chaque action du passé entre en compte pour l'avenir. Il n'y a qu'une histoire de France. » Il ne peut imaginer qu'on puisse en soustraire une de ses composantes.

La France est la France, de Clovis à Richelieu, de Louis XIV à Valmy. Comme Barrès, il mêle dans son panthéon aussi bien Jeanne d'Arc que Danton, Napoléon que Gambetta. Ce qui lui importe, c'est de rassembler les familles spirituelles, non de les opposer ni de les hiérarchiser, même si, pour lui, l'élément chrétien est fondateur – « Notre Dame la France » –, mais aussi ce qu'il contient : « l'Évangile de la liberté ». « Il y a un pacte vingt fois séculaire entre la grandeur de la France et la liberté du monde. »

De Barrès, il a retenu le culte des grands hommes, des « professeurs d'énergie » et des « excitateurs de l'âme », et aussi l'idée d'une éternité nationale. Le séduit dans le personnage une sorte de romantisme désabusé, « cette espèce de déchirement de l'âme, si l'on veut, ce désespoir qui m'ont toujours entraîné chez Barrès, qu'il a habillés d'une splendide désinvolture ».

De Péguy lui vient le message chrétien de la liberté : « C'est justement parce que, étant internationalistes, nous sommes encore français, parce que, dans l'internation, nous sommes vraiment la nation française… c'est parce que nous sommes bien français que les massacres coloniaux commis par de mauvais Français nous donnent comme un remords personnel. » Et cette autre pensée forte de Péguy : « L'ordre, et l'ordre seul, fait en définitive la liberté. Le désordre fait la servitude. »

Ainsi, le fils de petits-bourgeois de Lille devient l'homme de toutes les ruptures. Mais des ruptures apparentes. Car personne n'est plus solidaire que lui de la tradition culturelle, qui est la charpente invisible de la France. Il s'attache à des principes, tandis que les autres les abandonnent. Pétain avait bradé le sacro-saint principe de la liberté, et de l'unité de l'histoire nationale. Il les rappelle. En donnant l'indépendance à l'Algérie, il renoue avec le droit des peuples à disposer d'eux-mêmes. La grandeur de De Gaulle se forge dans cet attachement à des principes qui le dépassent.

Pour ces raisons, Bernanos, dès le début, en 1940, le compare à Jeanne d'Arc. L'auteur des *Grands Cimetières sous la lune*, que Mauriac appelle « le préposé au dégoût », est peut-être l'écrivain le plus proche de De Gaulle dans ses conceptions. Mais, après la guerre, ils se séparent. Bernanos, fou de solitude et de désespoir, se met à délirer contre ceux qui ont confisqué l'idéal de la Libération au profit de leur intérêt. Devant l'abaissement général, il en vient à trouver de Gaulle trop peu offensif et, en 1948, il rédige six messages imaginaires intitulés *De Gaulle vous parle*, dans lesquels il vocifère : « On ne sacrifie pas les dernières forces nerveuses d'un grand peuple à sa graisse. Les eunuques aussi sont gras. »

D'où vient que de Gaulle, l'homme qui a vécu au milieu de toutes les discordes, parvient à la fin des fins à faire l'unanimité chez les écrivains – en dehors de quelques irréductibles comme Jacques Laurent, Blondin, Nimier, Morand, Sartre qui ont une querelle personnelle avec lui, tous, Bernanos, Mauriac, Claudel, Montherlant, Valéry, Gide, Malraux, Gary, perçoivent en lui l'homme qui a sauvé les principes. Il y a une sorte de passage de témoin qui s'opère : car ces écrivains, ils sont nés de Barrès, de Péguy, de Michelet, qui eux-mêmes s'étaient nourris d'Hugo, de Chateaubriand, de Voltaire. Ainsi se produit autour de De Gaulle, grâce à sa personnalité hautement littéraire, pétrie de littérature, une sorte de communion posthume. Il est rejoint par la France de toujours, cette cathédrale construite avec les Français, mais imaginée par les écrivains et les poètes.

De Gaulle, tel qu'en lui-même enfin l'éternité le change, apparaît comme la référence, la Bible politique d'aujourd'hui. C'est fou ce qu'on se réfère à lui ! Les Européens vantent l'homme qui a permis le rapprochement franco-allemand : les souverainistes celui qui a exalté les valeurs nationales contre le volapük ; les antimondialistes révèrent l'homme qui a su s'opposer à l'Amérique et à la société marchande. Mais au fond, ce qu'on admire en de Gaulle, n'est-ce pas une France, une conception de la politique, de la grandeur, de l'État, qui a disparu ?

Ce que nous aimons en lui, c'est ce qui va s'effacer : un monde, une société politique qui nous semble aussi éloignée que celle de la lampe à huile et de la marine à voiles ; une époque où la France parlait encore au monde, où elle faisait entendre sa voix entre les deux blocs, où la politique ne se faisait pas à la corbeille et dans les instituts de sondages.

Dans son livre, Alain Peyrefitte a saisi de Gaulle aux prises avec ces événements de Mai 68, qui ont marqué la fin du gaullisme avec de Gaulle et la fin d'un certain ordre social. Après lui, peu à peu, tout a changé : l'école, l'université, la famille, les mœurs vont vaciller, ainsi que la vieille société d'ordre et de devoir fondée sur des valeurs chrétiennes et républicaines.

C'est donc une révolution que de Gaulle a dû affronter. Et c'est un paradoxe de voir que, cette révolution ayant donné ses fruits et épuisé ses virtualités, on revient à de Gaulle avec nostalgie. Évidemment, on pourrait se demander si les événements de Mai 68 n'ont pas hâté le processus de développement de la société de marché de la même manière que la Révolution française de 1789 a fait venir au pouvoir la bourgeoisie commerçante et affairiste qui piaffait aux portes du pouvoir. À lire Peyrefitte, on a l'impression que, de ce point de vue, de Gaulle, dans le combat qu'il mène contre l'hégémonie américaine, pourrait être aussi l'étrange compagnon de route des protestataires de l'altermondialiste : en tout cas, les gaullistes de gauche, les Capitant, les Wallon, ne voyaient pas sans crainte apparaître ces nouvelles formes de capitalisme qui risquaient de mettre en péril les valeurs culturelles européennes. Il n'est qu'à voir le désastre culturel européen à travers les télévisions pour se convaincre que de Gaulle n'avait pas tout à fait tort d'être inquiet.

Ainsi de Gaulle apparaît-il comme le héros d'une autre résistance : à travers Mai 68 surgissent à la fois un formidable mouvement de révolte contre la société de consommation et, contradictoirement, la destruction des digues qui pouvaient limiter sa progression. Les valeurs culturelles, nationales, familiales, religieuses dont de Gaulle était l'illustration, si démodées qu'elles aient pu paraître, préservaient cependant contre le déferlement de cette nouvelle barbarie moderne qui consiste à ne plus rien opposer à ce nouvel envahisseur, l'argent.

Un jour que Claude Mauriac lui disait son dégoût de la politique, de Gaulle s'était levé et, prenant le livre d'André Rousseaux sur Péguy, lui avait lu cette citation : « Les politiques se rattrapent, croient se rattraper en disant qu'au moins, ils sont pratiques et que nous, nous ne le sommes pas. Ici même, ils se trompent. Et ils trompent. Nous ne leur accordons même pas cela. Ce sont les mystiques qui sont même pratiques et ce sont les politiques qui ne le sont pas. C'est nous qui sommes pratiques, qui faisons quelque chose, et c'est eux qui ne le sont pas, qui ne font rien. C'est nous qui amassons et c'est eux qui pillent. C'est nous qui bâtissons, c'est nous qui fondons, c'est eux qui démolissent. C'est nous qui nourrissons et c'est eux qui parasitent. C'est nous qui faisons les œuvres et les hommes, les peuples et les races. Et c'est eux qui les ruinent. » Et de Gaulle regarde Claude Mauriac, l'œil brillant et comme victorieux. Celui-ci lui rappelle que, selon Péguy même, toute mystique dégénère obligatoirement en politique : « Je n'ai jamais fait de politique », répond de Gaulle avec orgueil. Mais il ajoute : « Il est vrai que j'ai dû quitter le pouvoir afin précisément de continuer à n'en point faire. »

Je me souviens de De Gaulle en 1969 au Trianon à Versailles. Il s'avançait dans la foule qui s'ouvrait devant lui comme la mer Rouge devant Moïse. Il ressemblait à un vieil éléphant dont les paupières auraient été peintes en bleu, blanc, rouge. Il marchait à l'aveugle, piloté par son officier d'ordonnance, s'arrêtait devant ceux qu'on lui présentait, leur disait quelques mots et poursuivait sa marche avec une sorte de lassitude grandiose. Soudain, son regard se posa sur moi. J'étais tétanisé, figé par la timidité. Il fit un pas dans ma direction comme s'il voulait me parler. Quelqu'un le tira par la manche et il fut emporté par la foule.

MITTERRAND, RAMINAGROBIS À L'ÉLYSÉE

Il neigeait à gros flocons. Le paysage de la Nièvre était uniformément blanc et j'avais tout le loisir de l'admirer : la voiture, un prototype conçu par Ligier, conduite par son créateur en personne, montrait des signes de défaillance. Une de ces pannes de circuit électrique devenues aussi légendaires que la marque elle-même. Mitterrand, près de qui j'étais assis sur la banquette arrière, ne prenait pas la chose au tragique. Ce grand flegmatique ne semblait s'apercevoir d'aucune anomalie : ni des essuie-glaces immobiles, ni du pare-brise dangereusement opaque, ni du bras que le conducteur, baissant sa vitre, était obligé de passer par-dessus la portière pour indiquer un changement de direction, ni de la bise aigre qui s'engouffrait alors dans le véhicule. Mitterrand en avait vu d'autres : c'était moins grave que de tomber aux mains de la Gestapo, moins inconfortable que de se jeter par-dessus une haie avenue de l'Observatoire, moins catastrophique qu'un échec au suffrage universel. Il n'avait aucun reproche à faire à Ligier qui se montrait plein de bonne volonté. Peut-être celui-ci avait-il seulement péché par excès de zèle : une banale voiture de série aurait aussi bien fait l'affaire. Quelle idée saugrenue d'être allé chercher un prototype dont la mise au point laissait à désirer. Mitterrand pardonnait tout à ses vieux amis. Il est vrai que sa position alors ne lui permettait guère de les rabrouer.

Il se montrait d'autant plus enclin à l'indulgence que cette panne mécanique l'incitait à une réflexion sur les inconvénients du progrès. Une antienne chez lui. Il appartenait par toutes ses fibres à la société rurale. Il gardait dans les narines le parfum des caves de cognac, l'odeur des barriques en chêne, les effluves sapides et aigrelets du moût. Ce monde-là, celui des vignerons, lui était beaucoup plus familier que l'univers de l'usine, des réunions syndicales, dans lequel sa conversion au socialisme l'obligeait à évoluer. L'occasion était propice pour raconter combien de temps mettaient ses grands-parents pour franchir en carriole la distance qui séparait Jarnac d'Angoulême ; puis la durée nécessaire aux paysans de Joigny, Charny, Daubigny, Eclevy (il savourait ces noms comme la litanie Beaugency, Vendôme), pour apporter les produits de leur ferme au marché de Nevers.

À l'avant de la voiture, à la place du mort, immobile et comme à l'affût, se tenait François de Grossouvre. Pas un mot inutile ne franchissait ses lèvres, aucun geste superflu ne trahissait sa présence. Tout en économie, en combustion lente et en réflexion occulte, seul son œil était en mouvement. Ancien agent double du Service d'ordre légionnaire de Vichy passé au BCRA et au SOE, agent en sommeil de divers services secrets et d'officines improbables, on sentait qu'il ne prenait pas à la légère cet exercice de surveillance rapprochée ; sa tension psychologique était extrême ; quelque effort qu'il fît pour paraître impassible, il semblait pressentir un inévitable piège invisible, un attentat. Et même l'espérer. Peut-être à cet instant où il considérait d'un impitoyable regard professionnel l'allume-cigares – défectueux lui aussi, cela va de soi – en tirait-il des conclusions sur un sabotage possible. Qui l'avait commandité ? Le PC, Giscard et Ponia, les RG, les gaullistes ? Tout de même cette panne avait l'air suspecte. Les garagistes de Ligier étaient-ils sûrs ? On sentait qu'à la prochaine étape il démonterait discrètement le plafonnier afin de vérifier qu'aucun gadget enregistreur ne s'y dissimulait. Son visage aigu, couleur de muraille, ayant la propriété d'adaptation du caméléon, prenait les teintes du paysage environnant : ainsi à ce moment était-il blanc comme la neige ; au feu rouge, il prendrait une teinte bistre ; avec les paysans nivernais, il deviendrait rubicond. Tout en écoutant sans en avoir l'air la conversation qui battait son plein entre le premier secrétaire et moi, son œil d'oiseau de proie, avec le mouvement régulier d'un phare, balayait de droite à gauche le paysage devant nous opérant une rotation de 180 degrés. Par moments poussant ce regard un peu plus avant que ne l'autorise à un homme normal le butoir des vertèbres cervicales, risquant un torticolis, il dardait vers moi un œil inquisiteur. On n'est jamais trop prudent : peut-être détenais-je un parapluie bulgare, une aiguille à tricoter empoisonnée au curare ? Qui sait si je n'étais pas un agent manipulé par Kim Il-sung, la CIA ? Grossouvre, lui aussi plein de bonne volonté, pouvait certainement se montrer un homme charmant quand il échappait à ses lubies paranoïaques contractées dans le monde de la barbouzerie. Était-il efficace ? En tout cas il apparaissait aussi tonitruant dans son affectation de discrétion que Dupond et Dupont déguisés en mandarins chinois.

Comment avais-je atterri aux côtés de Mitterrand, dans la Nièvre, sous la neige, à l'intérieur d'un prototype conçu pour aller à trois cents à l'heure mais que des séminaristes sur leur Solex dépassaient allègrement ? Comment étais-je sorti de mon obscurité et de mon indolence, pour me retrouver auprès du monarque du Parti socialiste ? Simplement j'avais été rattrapé par mon passé. Maurice Bennassayag, un socialiste, pour lequel j'avais collé des affiches au cours d'une de ses tentatives pour se faire élire député de Paris – j'avais agi moins par conviction que pour les beaux yeux d'une de ses amies –, m'avait téléphoné.

— Ça vous intéresse de rencontrer Mitterrand ? Venez demain à une de mes réunions électorales au restaurant Goldenberg. Je vous présenterai.

En 1978, une telle proposition n'avait pas de quoi vous empêcher de dormir. Mitterrand voyait n'importe qui. Je l'avais observé d'assez loin au congrès d'Épinay, avec son masque figé d'*imperator* martelant des discours assez ennuyeux.

Par curiosité, je m'y rendis. Mitterrand s'avança avec sa cour d'anciens gauchistes empruntant les escarpins de Rastignac.

Bennassayag, comme convenu, me présenta au futur président qui se montra enjôleur, charmant, disert, caustique. Il manifestait une vraie gourmandise à voir des écrivains, même en herbe, comme c'était le cas avec moi. La cour observait avec dédain ce temps précieux que l'apôtre du socialisme dilapidait en sornettes littéraires avec un individu qui ne votait même pas dans la circonscription. Mais comme Mitterrand était coutumier du fait, on prenait son mal en patience.

Puis, quand un de ses conseillers revint une nouvelle fois à la charge pour lui rappeler les exigences de l'horaire, il me susurra en papillonnant des yeux :

— Cela vous amuserait-il de venir passer la journée avec moi à Château-Chinon ? Nous pourrions poursuivre notre conversation plus à l'aise.

J'acceptai.

— Ma secrétaire vous appellera demain.

Elle appela en effet. Et c'est ainsi que je me retrouvai dès potron-minet à l'hôtel du Vieux Morvan.

Mitterrand dans le tête-à-tête se révélait aussi bonhomme, chaleureux, amusant que je l'avais trouvé, à la tribune, cassant, sérieux, dogmatique. Il s'agissait bien d'un tête-à-tête dans cette voiture car ni Ligier préoccupé par les bruits suspects qui se manifestaient dans les œuvres vives de son prototype, ni Grossouvre, tout à la détection d'un piège machiavélique, ne prenaient part à la conversation. Mitterrand avait l'art de perdre du temps. Nous étions bien, guère secoués à ce train de sénateur. Tout y passait : Hersant, Barrès, Chardonne, son morceau de bravoure, Drieu la Rochelle, Napoléon, Jules Renard, Hugo, la Résistance, Frenay, Giscard qui, au fond, l'épatait par son brio. Et puis les attaques de Giscard ne lui faisaient que des blessures d'amour-propre superficielles, tandis qu'avec de Gaulle, ça avait été un duel à mort, l'un des deux était de trop.

Dans mon for intérieur j'étais ravi d'être l'interlocuteur d'un personnage aussi célèbre, flatté de l'avoir pour moi seul écoutant d'un air intéressé mes banalités. Je le trouvais délicieusement accessible et spirituel. Comme c'était dommage qu'un homme aussi courtois et cultivé ait si peu de chances d'arriver au but qu'il s'était fixé : la présidence de la République semblait aussi lointaine, irréelle, et tragiquement impossible à atteindre, qu'un rêve d'enfant. Lui-même ne semblait guère y croire. Il en parlait avec une désinvolture barrésienne, comme d'un rôle obligé qui allait de pair avec son magistère de chef de l'union de la gauche : « Après tout, quoi qu'il arrive, je garderai le mérite d'avoir reconstruit un grand Parti socialiste, d'avoir fait l'union de la gauche. Vous êtes trop jeune pour avoir connu la SFIO, ce n'était pas très glamour. »

Cette excursion avait un sombre parfum de défaite annoncée qui me plaisait. C'était la retraite de Russie dans une berline cassée avec un Bonaparte qui ne serait même pas allé jusqu'au 18-Brumaire. Tout conspirait à donner cette impression de malchance : la dépression atmosphérique, la Ligier poussive, le visage morne des vieux compagnons, le fatalisme désabusé de Mitterrand.

De retour à Château-Chinon, nous gagnâmes l'hôtel du Vieux Morvan où on nous débarrassa de nos manteaux poudrés de neige. Mitterrand me prit à part.

— Je dois déjeuner avec des conseillers cantonaux. Ça ne va peut-être pas voler très haut. Mais cela est toujours intéressant pour un écrivain, n'est-ce pas ? Mieux vaut ne pas dire que vous êtes journaliste, cela les mettrait mal à l'aise. Je vais leur dire que vous faites partie de mon cabinet.

Et il m'installa à sa gauche. Nous étions huit autour de la table recouverte d'une nappe à carreaux, dans une salle isolée. La prédiction de Mitterrand se révéla juste. La discussion ne s'éleva pas dans les hautes sphères de la géopolitique. Mais Mitterrand éprouvait une sorte de délectation à désembrouiller les infimes intrigues de ces braves gens qui se colletaient avec les réalités quotidiennes. Il se montrait à l'aise avec ces bons gros chiens de garde socialistes, la trogne enflammée par le grand air et le vin blanc que Mitterrand repoussait avec sagesse : « Le vin blanc, c'est la mort de l'homme politique. » Il se contentait de vin rouge coupé d'eau. Il parlait du préfet avec considération : « Il ne m'est pas hostile. Mais il doit donner des gages. Je pourrais avoir pire que lui. Mais il est intelligent. Et un préfet intelligent sait bien qu'on ne sait jamais de quoi l'avenir est fait. » Ce fut son seul credo optimiste mais il est vrai qu'il devait remonter le moral de ses grognards.

Bien loin de ces conversations cantonales, c'est au personnage au destin hors série que je songeais assis à côté de lui dans l'arrière-salle du restaurant Le Vieux Morvan tandis qu'il présidait sans affectation ce déjeuner d'élus locaux. Ce visage à la fois familier et lointain, je tentais d'en déchiffrer l'énigme. Où étaient les cicatrices, les stigmates, que l'histoire n'avait pu manquer d'imprimer sur les traits d'un homme que la gloire et l'opprobre, l'admiration et la haine, avaient roulé dans leurs vagues successives ? Le signe mystérieux qui a placé le parcours de sa vie au cœur des orages, au nœud des passions déchaînées, m'échappait.

Il faudrait invoquer la fatalité ou les dieux contraires pour expliquer la trajectoire en ligne brisée de cet Ulysse de la politique qui n'a jamais connu que les sommets ou les abîmes et comme condamné à ne susciter que des sentiments excessifs et des opinions tranchées.

Comparées à la sienne, les biographies tourmentées d'un Clemenceau, d'un Caillaux, d'un Zola, d'un Blum paraissent presque bourgeoises. Ils n'ont pas été aussi continûment en butte à la calomnie et à la haine avec ces intenses trouées de lumière de la faveur populaire. Par son intempérance, seul le destin d'Alcibiade pourrait lui être comparable, mais à cela près que le pupille de Périclès aimait les délices de la provocation tandis que François Mitterrand n'a cessé de la désamorcer sous ses pas. Dans un de ces moments de grande marée basse de sa popularité, il a reconnu avec lucidité cet enchevêtrement de grâce et de maléfice qui donne tant de relief romanesque à sa vie : « Je suis aujourd'hui l'homme le plus haï de France. Cela me donne une petite chance d'être un jour le plus aimé. »

De ce passé lourd d'épreuves, je ne trouvais pas trace. Et c'est ce qui me frappa le plus : l'absence de ressentiment, d'amertume ou même de ce cynisme dont se protègent les grands désabusés. Mais à Château-Chinon, François Mitterrand est un peu dans sa famille. Il baisse la garde. Le personnage public, qui dans la houle parisienne paraissait hautain, sarcastique, impérial, ciselant les traits d'une ironie meurtrière, s'était métamorphosé en un homme simple, affable. En confiance, il s'abandonnait avec bonhomie à son rôle de notable cultivé présidant avec un soin méticuleux cette réunion du microcosme provincial avec le plaisir manifeste d'être dans le concret.

Au milieu d'élus locaux qui le connaissent de longue date, François Mitterrand se détend. De bonne humeur, il entrecoupe de digressions historiques des exposés parfois arides, racontant à propos d'un village une anecdote sur Vauban dont le château se trouve dans la région, parlant de Romain Rolland ou de Jules

Renard qui fut maire du village de Chitry ou bien encore ironisant sur Dupin, une célébrité de la Nièvre qui, président de la Chambre des députés lors du coup d'État du 2 décembre, se distingua par sa lâcheté. Ou bien il évoque ce « fameux » Bernard, chef d'un maquis du Morvan lors des invasions alliées qui suivirent la chute de l'Empire et qui est devenu dans la mémoire populaire locale aussi célèbre que Napoléon au point que certains en arrivent à les confondre.

Alors que la plupart des hommes politiques paraissent absents en dehors de leur rôle officiel, comme des colimaçons sortis de leur coquille, François Mitterrand existe singulièrement. On est étonné par l'étendue de l'arrière-pays de cultures diverses, d'intérêts pour les arts et les traditions populaires, de curiosités pour les monographies locales, engrangés hors de la vie publique. Tandis que chez de Gaulle le personnage officiel épuisait le personnage privé, avec François Mitterrand c'est la personne qui garde le dernier mot. De Gaulle était tout entier dans la statue qu'il aidait l'Histoire à ériger, tout entier dans les flonflons épiques et la grandiloquence, François Mitterrand en barrésien qui a pratiqué le culte du moi ne veut surtout pas être dupe.

D'où vient pourtant cette impression qu'entre les deux hommes la distance n'était pas si grande ? Il n'est pas rare que deux personnages qui se sont combattus longtemps, qui ont pris l'habitude de se trouver sur le même terrain, de pratiquer les mêmes armes, finissent par se modeler l'un sur l'autre. Et rien n'est plus curieux dans *La Paille et le Grain* que ces pages dans lesquelles François Mitterrand exprime les sentiments complexes de fascination et d'agacement qu'il éprouve pour son adversaire hors du commun.

Ce qui le tracasse sans cesse avec de Gaulle, c'est l'homme au-dessus des lois, le militaire qui ne s'embarrasse ni des textes législatifs, ni même d'une Constitution, ou encore le général qui s'approprie la Résistance et la confond avec la fidélité à sa personne. Il s'oppose à lui tout à la fois comme le défenseur de la règle du jeu démocratique et comme porte-parole de cette Résistance intérieure mal aimée de l'Histoire dont obstinément il veut faire entendre la voix couverte par l'orchestration officielle du gaullisme. Leur lutte par bien des aspects apparaît comme une querelle de famille de la Résistance.

Certainement François Mitterrand a mieux compris de Gaulle après sa chute : les agacements et la rivalité estompée, les passions décantées, restait la vieille fraternité d'avoir affronté un ennemi commun qui relevait la tête : la grande bourgeoisie d'argent. Celle qui déjà avait choisi Vichy et qui, à des époques différentes mais toujours pour les mêmes raisons, aura exécré ces deux apostats de la bourgeoisie considérés chacun leur tour comme des aventuriers, les bradeurs des colonies et les fourriers du communisme.

Ce parallèle n'a pu échapper au dirigeant socialiste. Et quand inlassablement dans ses chroniques il revient à de Gaulle, c'est pour atténuer un jugement, interjeter appel lui-même en faveur de son adversaire d'hier. On trouve alors de très belles phrases sous sa plume où perce parfois la tentation de l'identification : « La conviction qu'il avait d'être la France, d'exprimer sa vérité, d'incarner le moment d'un destin éternel, qui plus est immuable, m'émouvait plus qu'elle ne m'irritait. Je n'ai jamais trouvé risible cette appropriation. » Ou quand il évoque « l'homme qui se jette à travers la fatalité, la saisit aux naseaux, l'oblige à changer de route et crée par la vertu de son pressentiment et de sa volonté un cours nouveau des choses » ou encore « soldat méditatif, patriote intransigeant, de Gaulle a osé démentir par un acte initial d'indiscipline sa classe sociale ». Mais la phrase qui résume à elle seule toute l'ambiguïté d'une rivalité presque œdipienne est celle où, à propos du gaullisme sans de Gaulle, il stigmatise magnifiquement l'abandon de l'héritage de la Résistance : « Le délicieux 13 mai 1958 n'a pas effacé dans la mémoire bourgeoise la mauvaise manière du 18 juin 1940. Valéry Giscard d'Estaing, en estoquant le vieil homme lassé, ne fit qu'exécuter le verdict prononcé jadis à Vichy avec, cette fois, circonstances atténuantes. »

Que de révélations dans ce jugement ! On ne finit pas d'en savourer tous les sucs. Tout est dit : l'estime, la nostalgie, le constat désabusé de l'éternel retour des grands intérêts économiques devant lesquels les idéaux de la Résistance doivent une nouvelle fois s'avouer vaincus. Et François Mitterrand ne doit plus trouver la même saveur ni le même panache au nouveau combat qui l'oppose désormais à Giscard d'Estaing représentant d'une nouvelle génération d'hommes politiques, plus techniciens, surdoués, mais finalement hors de son système de valeurs, étrangers à sa filiation politique. Comment aimerait-il, après avoir été séduit par le général

« rebelle à sa classe » qui joue le coup de poker du 18 juin, un homme qui est pour lui l'expression conforme et docile d'une classe sociale arrogante dont il a toujours combattu l'égoïsme aveugle ?

Autre point commun, pourrait-on croire, entre Mitterrand et de Gaulle, l'écriture. Le goût, la révérence, la culture, c'est certain. À partir de là, ils divergent totalement. De Gaulle écrit ses mémoires pour imposer la version officielle des événements. Chef d'État en demi-solde, il se place de tout son poids dans la balance de l'Histoire pour réaffirmer impérieusement son rôle prééminent. Mitterrand, dirait-on, craint plus que tout de se perdre dans un rôle, une attitude grandiloquente, dans l'affectation d'un personnage. Il veut garder sa lucidité alors que de Gaulle sacrifie tout à la pose sublime, au drapé statufié. Le journal que tient Mitterrand à la manière du bloc-notes de Mauriac pourrait porter comme épigraphe une phrase du Barrès d'*Un homme libre* : « Le plus haut problème de méthode des hommes est de concilier la complexité des sentiments et leur unité. » C'est là qu'il épanche une sensibilité brimée par la vie publique, là que s'affrontent ses croyances et ses doutes, escarbilles brillantes échappées de la vie intérieure, du débat spirituel. Le polémiste impulsif s'efforce à plus de justice. Alors apparaissent des jugements d'une surprenante modération chez un homme dont on pourrait croire le cœur endurci, que ce soit pour plaindre « le pauvre Chaban » ou pour s'insurger contre les excès de la haine politicienne : « Beaucoup s'étonneront : Georges Pompidou et moi qui avons guerroyé pendant dix ans, chacun en première ligne de son camp, que tant de débats ont opposés, nous n'avons jamais parlé, jamais échangé un mot, qu'il fût de détente, de paix ou seulement de courtoisie. Les deux France ne se connaissent plus. »

Après le déjeuner, François Mitterrand me fait visiter la mairie de Château-Chinon, ville qu'il a jumelée avec Tombouctou par amitié pour Modibo Keita, le dirigeant africain mort depuis en prison. Puis de cet ancien palais de justice aménagé en édifice municipal et qui domine la région de son faux air de temple antique, nous partons bientôt en voiture vers Moulins. Pourquoi avoir choisi précisément de lui parler de littérature à si peu de temps des élections ? Peut-être parce que, quelques jours auparavant, nous avions déjà esquissé une conversation sur ce thème. Et il me paraissait passionnant de l'interroger sur une part moins connue de lui-même, au-dessous de la ligne de flottaison rebattue de la vie publique. N'est-ce pas d'ailleurs un trait constant et curieux du socialisme dans ses trois principaux avatars d'avoir été incarné par des hommes épris tout autant de justice que de culture ? Avec bienveillance, François Mitterrand répond à mes questions désordonnées qui tentent de cerner les rapports subtils, fugitifs, liés entre la littérature et le pouvoir :

« Je n'ai acquis la maîtrise de mon style que depuis une vingtaine d'années. Jusqu'alors j'éprouvais une sorte de contrainte dans l'expression, peut-être par amour-propre, par un souci mal placé de perfectionnisme. Le sentiment du définitif me glaçait. Jusqu'à vingt ans j'ai été très timide. Mais autant j'ai acquis rapidement la liberté d'expression orale, autant sur le plan du style écrit, je restais tendu. Pourquoi ? À quoi cela correspondait-il sur le plan personnel : c'est plus difficile à dire… Dans ma jeunesse, j'étais amoureux de Stendhal pour sa liberté d'écriture, un grand je-m'en-fichisme dans l'expression, une absence de purisme, tandis que Chateaubriand me paraissait trop drapé. J'ai aimé cette décontraction… Le style de Barrès m'a certainement influencé, mais le Barrès politique a eu un rôle indigne de son talent pendant la guerre… Drieu la Rochelle ? Je tiens *Gilles* pour un chef-d'œuvre ignoré. Le personnage de Drieu avait pour ma génération une grande séduction d'ange noir, le charme, la désinvolture de l'écrivain mondain. La déviation de son action pendant la dernière guerre n'ôte rien à son talent d'écrivain. Il possède lui aussi un ton très libre, même s'il écrit dans une langue très disciplinée… Si j'écris c'est parce que j'ai envie de m'exprimer, tout ce que je fais constitue les facettes d'un même instrument. C'est l'unité de l'esprit qui exige un temps de réflexion. Il ne faut pas de temps brisé, de cassure dans la création. C'est pourquoi je ne suis pas un écrivain. Même si mon action est celle d'un homme public, je ne me sens pas un homme politique. Je suis un homme qui a une certaine conception des rapports humains. »

Un long silence pendant lequel il observe le paysage de la Nièvre sous la neige. Il reprend :

« C'est vrai, je suis sensible aux formes de culture du passé mais la critique “homme du passé” n'a pas de sens : on est du passé par ses idées, par la structure de son langage. Je ne suis pas très sensible à la forme visuelle, télévisuelle de la culture actuelle. Mais cela ne m'empêche pas d'être un lecteur assidu de bandes dessinées. J'ai parfois tendance à m'inquiéter de voir à quel point la civilisation de l'image prend le pas sur la civilisation de l'esprit. Il y a des hommes politiques qui ont le style syncopé de l'image. Il y a de ce point de vue un déclin de la littérature politique sous l'effet de la mode technicienne. Je l'ai dit à propos de Chirac : il parle comme on tape à la machine.

« Giscard faisait de beaux discours parlementaires dans un style qu'il a porté à la perfection mais qui est le langage technicien : phrases courtes, affirmations précises et sèches. Au total, c'est une marqueterie administrative. Cela plaît à la télévision : par exemple quand Giscard s'exprime à propos de la hausse des prix de 15 % en 1974, il n'explique pas pourquoi il a échoué dans sa politique économique, il explique comment les prix ont augmenté de 15 %. Alors on oublie qu'il en est le responsable. Et les gens gardent la reconnaissance de la lumineuse explication. C'est la méthode que Barre continue avec moins de talent. L'éloquence technicienne ne cherche pas à démontrer par la rigueur interne d'un discours. Elle tire de son savoir un avantage qui suffit. Cela dit, l'éloquence parlementaire était arrivée à bout de souffle à force de rhétorique. Herriot me faisait sourire jadis. Maintenant il y a une nouvelle génération politique qui a l'ambition de l'écriture. Il y a aussi une mode qui veut qu'un homme politique soit capable de s'exprimer au moins sur lui-même : c'est ce que j'ai fait dans *Ma part de vérité*. Maintenant tout homme politique se croit obligé d'avoir son livre. Nouveau mirage de la littérature…

« Le pouvoir ? J'ai été entre trente et quarante ans, pendant sept ans au gouvernement. C'est l'absence du pouvoir qui m'a fait le quitter. J'avais tellement le sentiment d'être loin du pouvoir que cela ne m'intéressait plus. J'étais chef d'une administration dans le cadre d'un système où les décisions se prenaient hors de moi. J'ai préféré alors me passer des apparences. Je ne suis pas sensible à tout ce qui entoure le pouvoir. Le pouvoir véritable, c'est la décision qui fait l'événement. »

Difficile de restituer tout le charme de cette conversation à bâtons rompus tandis que la voiture roulait sur les routes enneigées de la Nièvre. L'ombre de Mauriac planait, trait d'union supplémentaire entre de Gaulle et lui. Je songeais au rôle magique de l'écriture dans la vie de François Mitterrand, surtout dans les périodes difficiles, en 1960 lorsqu'il écrivit *La Chine au défi*, ou plus tard, à un autre moment de désaffection populaire, après Mai 68, *Ma part de vérité*. Qu'il ait retrouvé dans la solitude nue des mots le courage de se relever après le feu meurtrier des attaques et de la calomnie, comme Antée reprenant de nouvelles forces en touchant la Terre, parait cette union des lettres et de l'action d'une aura singulière.

La voiture m'abandonna devant une gare. Je la regardai s'éloigner avec un mauvais pressentiment : Mitterrand serait battu aux présidentielles, cela ne faisait pas un pli, mais, en plus, dans cette voiture fantomatique, chancelante sous la neige, il n'arriverait jamais à Vichy.

Mitterrand ne se perdit pas dans la neige. Malgré la bourrasque, malgré les pannes de la Ligier, il finit vaille que vaille par atteindre Vichy. Cette victoire sur l'adversité aurait dû m'alerter : si ce diable d'homme était capable de se sortir d'une situation aussi funeste, pourquoi ne l'emporterait-il pas aussi à l'élection présidentielle ? Je reçus bientôt un appel de sa secrétaire, qui me conviait à déjeuner au restaurant Dodin-Bouffant, à deux pas de son domicile, rue de Bièvre. Il faut dire que je m'étais bien comporté : j'avais écrit pour *Le Quotidien de Paris* un récit qui valait la meilleure lettre de château. Sous le titre « Un homme libre aux portes de la légende », je ne lui lésinais pas mon admiration. Non seulement je le comparais à Victor Hugo, à Jaurès, à Blum, mais j'avais soigneusement évité le récit des pannes de la Ligier – comme s'il n'avait pas suffisamment la poisse ; je n'avais pas non plus ironisé sur les airs d'agent secret de Grossouvre. J'avais agi moins pour le flatter que parce que j'étais réellement séduit. Ce futur vaincu me plaisait.

Changement de décor, donc. Le restaurant où Mitterrand avait ses habitudes était bien différent de la table d'hôtes de l'hôtel du Vieux Morvan. Plus question d'édiles locaux et de nappes à carreaux : le premier secrétaire du PS avait haussé le niveau. Les invités avec lesquels il me conviait se recrutaient moins parmi les notables de la gauche que dans le clan de ses amis auquel il agrégeait des journalistes non hostiles. Nous n'étions pas plus de huit : les habitués étaient Robert, son frère, Roger Hanin, Jack Lang, Guy Claisse, directeur du *Matin de Paris*, et deux ou trois autres convives interchangeables. Mitterrand, immanquablement, arrivait en retard. Cela faisait partie de sa légende. Il vous prenait le poignet pour lire l'heure à votre montre. Tout de suite, bien qu'il eût des manières pleines de bonhomie, le pouvoir de fascination qu'il exerçait s'imposait. D'où lui venait cette autorité naturelle ? J'observais ce phénomène sans pouvoir en trouver l'explication. Pourtant il n'employait aucun truc, aucun artifice : il se montrait au contraire d'une simplicité désarmante. On ne décelait chez lui aucune trace d'affectation. Il ne pontifiait pas. Il évitait soigneusement les pièges de la vanité et de l'autosatisfaction dans lesquels tombent si souvent les hommes publics. De toute sa personne, il semblait dire : « J'ai toujours été le chef, c'est ainsi, ne m'en veuillez pas. » On ne lui en voulait d'ailleurs pas du tout tant il en avait le port, la sagesse, la distance, et même la pointe d'humour qui consiste à savoir ironiser sur ses erreurs et sur ses échecs.

Un jour qu'il venait de buter sur François Ceyrac, le président du CNPF qui déjeunait à la table voisine, et qu'il avait feint de ne pas reconnaître, il confiait sa gêne. Il nous prenait à témoin à voix basse, un peu retourné comme s'il avait croisé le diable en personne. « J'ai peut-être eu tort ? Qu'en pensez-vous ? Peut-être aurais-je dû le saluer, non ? Même s'il ne doit pas me porter dans son cœur. Maintenant, évidemment, c'est un peu tard. » Face à la présence impressionnante du grand patronat, les convives baissaient le ton. Ils chuchotaient. Je trouvais que la petite bande avec ses airs de conspiration faisait figure d'un groupe de lycéens fomentant un monôme à quelques mètres du proviseur.

Mitterrand aimait ce genre de déjeuners. À quoi lui servaient-ils ? Strictement à rien. Du moins si on se place du point de vue de l'utilité positive. Mais ce temps perdu consacré à l'amitié lui était aussi nécessaire que de respirer. Il n'y venait pas pour y recevoir un surcroît d'éloges ou des caresses courtisanes. Il en avait un lot suffisant au PS. Non, ici, Mitterrand baissait la garde ; il se laissait aller à bavarder sans crainte, dans un climat libre, détendu, bon enfant, pour le plaisir. Les conversations qui se déroulaient au cours de ces déjeuners qui précédèrent l'élection présidentielle roulaient rarement sur ce qu'il ferait au pouvoir. Aucune n'était de nature à bouleverser l'historiographie officielle. Mais, à l'époque, ce qu'il disait avait un parfum d'inédit. Il racontait ses évasions du stalag, son séjour à Londres et sa première prise de bec avec les gaullistes qui avaient voulu lui faire signer un engagement à la personne du chef de la France libre ; son entrevue orageuse à Alger avec de Gaulle à la villa Les Glycines : le général voulait qu'il soumette son organisation de prisonniers à celle de son neveu, Michel Caillau. Mitterrand l'avait pris de haut. De Gaulle de plus haut encore.

En sortant de l'entretien, un de ses amis l'avait prévenu qu'il allait recevoir un ordre d'affectation dans un régiment particulièrement exposé de l'armée d'Italie. Autant dire qu'on l'envoyait à une mort certaine. Il avait trouvé une place dans un Lysander et avait regagné la France. Mitterrand à cet instant laissait planer un silence lourd de sous-entendus. De Gaulle avait-il voulu réellement le supprimer ? Il ne lui déplaisait pas de le laisser entendre.

Robert Mitterrand s'indignait qu'avec de tels états de service dans la Résistance, on continuât à mettre en doute son engagement et la sincérité de son adhésion : « Il faudrait faire écrire un livre sur ce sujet pour qu'enfin la vérité soit dite. »

Mitterrand, placide, hochait la tête : « Je sais ce que j'ai fait. C'est ce qui m'importe. Le reste n'a pas d'importance. »

Je demeurais pensif. Je croyais à la sincérité de Mitterrand. Il avait risqué sa vie alors que d'autres n'avaient pas bougé. Mais né sous le signe de la contradiction, de l'ambiguïté, du déchirement, il ne s'était jamais engagé à fond parce qu'il voulait rester libre. Il considérait le manichéisme et l'esprit de parti comme des infirmités de l'intelligence. En face de De Gaulle, tout d'un bloc de certitude, il faisait figure de personnage barrésien à la recherche de lui-même, d'expériences, d'émotions. Il avait joué un grand rôle, joui de tout, mais un destin malin l'empêchait de profiter pleinement de ses actions les plus nobles, les plus courageuses, qui restaient toujours troubles et entachées de duplicité.

L'atmosphère de ces déjeuners était si bon enfant, si irréelle, qu'on se prenait à douter qu'un succès pût advenir. Tout cela semblait si loin. C'était comme un jeu à être président auquel on jouait sans y croire.

Parfois les convives dérapaient. Ils étaient tellement habitués à ce rôle d'enfants admiratifs qu'ils essayaient de se faire remarquer par un peu de turbulence. Mitterrand d'une patte ferme les ramenait dans le droit chemin. Que de projets fumeux, d'idées irréalisables, naissaient dans cette chaude ambiance. Comme c'était délicieux de proposer n'importe quoi, avec la quiétude de ne jamais être rabroué – ni par Mitterrand ni par un avenir aux contours éternellement platoniques. Chacun y allait de sa suggestion, de son délire, de l'idée qui lui passait par la tête. Un jour, Guy Claisse, d'ordinaire discret et placide, prenant soudain son rôle de conseiller au sérieux, se mit à houspiller le candidat et à lui dicter sa conduite. Ce n'étaient qu'injonctions, objurgations, des « Vous ne devriez pas faire ceci... Il faudrait que vous fassiez cela ». Mitterrand l'observait sans ciller. La bonhomie avait disparu. Son œil brillait d'une lueur féroce comme celui d'un fauve qui voit un prédateur se risquer sur son territoire.

D'un ton acerbe, il l'interrompit : « Vous avez raison. C'est très simple. Allez-y donc pour voir ! »

Cela jeta un froid. Il était rare de voir Mitterrand rompre avec son habituelle mansuétude.

Moi-même pour ne pas être en reste j'y allais de mes propositions. Je ne sais plus très bien quelle réforme je suggérais. Cela me paraissait très important à l'époque. Le pire c'est que je ne m'en souviens plus. En réalité je ne bâtissais l'avenir que pour me mettre à l'unisson de l'espérance et des rêves. Comme j'étais certain que rien de tout cela ne se réaliserait – et pour cause –, je préférais de beaucoup écouter.

Lorsqu'on entra dans la période agitée de la campagne présidentielle, les déjeuners cessèrent, ou ils devinrent alors suffisamment sérieux pour que ma présence n'y fût plus jugée indispensable.

Contre toute attente, Mitterrand fut élu. Cela m'attrista un peu : je sentis que rien ne serait pareil. Et là je ne me trompais pas dans mon pronostic.

Deux ans plus tard, je fus convié à un déjeuner à l'Élysée. On montait encore d'un cran dans le décorum. Nous étions dix appartenant au clan des saltimbanques : Hélène Cixous, tête de huppe naturalisée, François-Marie Banier, page vieillissant qui jouait les historiographes, l'acteur et metteur en scène Jérôme Savary, et trois autres personnes appartenant à ces professions incertaines de l'art et de la littérature.

Mitterrand n'avait pas changé, bonhomme, affable, il adressait à chacun un mot aimable, se préoccupait de faire remplir nos verres de jus de tomates. Il semblait avoir à cœur de rester simple et de montrer que le pouvoir ne l'avait pas, comme tant d'autres, rendu pompeux. Nous passâmes dans la salle à manger chromée, décorée par les Pompidou dans le plus pur style polystyrène compensé et tubulures étincelantes. Des chaises peu confortables et une table en verre, anachroniques sous les lambris, laissaient une impression de bric-à-brac ornemental.

L'atmosphère du déjeuner, en dépit de l'amabilité du président, restait froide, compassée. On sentait que chacun faisait des efforts pour trouver un sujet de conversation. On passait d'un thème à l'autre, sans conviction. L'ennui avec des personnalités si diverses, c'est qu'on ne pouvait trouver aucun terrain commun. Chacun voulait briller, plaire au président, et ce désir tuait toute spontanéité, tout agrément : on se serait cru au milieu d'une classe de bons élèves invités chez le directeur du lycée.

Mitterrand devait sentir que son déjeuner était raté, qu'il suait l'ennui, le formalisme, non par sa faute, le malheureux faisait de son mieux pour l'égayer et il possédait une inépuisable provision d'anecdotes. Mais elles aussi tombaient à plat. Ni les lieux ni les convives n'étaient propices à la réjouissance. Les invités se regardaient d'un air aigre comme des rivaux, chacun se demandant ce qui avait bien pu justifier l'invitation de son voisin, chacun soupçonnant l'autre d'intrigue, de courtisanerie.

Banier pointait sur moi l'œil agacé du chouchou du professeur qui voit celui-ci s'engouer d'un nouveau venu. Il me regardait d'un air dépourvu de franchise et de sympathie ; quant à Hélène Cixous elle semblait souffrir dans son amour-propre : avoir été conviée dans cette fournée qui la mêlait à des écrivains du second rayon, d'arrière-garde et, qui plus est, lisibles, humiliait son génie exigeant.

La conversation était cahotante. Il était aussi difficile d'en retirer des morceaux savoureux que d'extraire la chair de la carapace des homards que nous avions dans notre assiette. Mitterrand se livrait à son exercice favori qui consistait à dérouter ses interlocuteurs. Il prenait un malin plaisir à surprendre.

Cixous fixait la scène de son regard hautain. Banier écrivait sans relever la tête, les coudes sur la table, comme un écolier qui fait ses devoirs dans la salle à manger. Sans la moindre vergogne, il notait dans un carnet les propos qui s'échangeaient. Parfois on se demandait si notre conversation ne le dérangeait pas trop. Le président ne semblait pas s'offusquer de ce comportement : Banier n'était-il pas dans son personnage de vieil enfant terrible ?

J'avais beau être impressionné par le lieu – pas tellement par le décor – et par le président, je trouvais nos anciens déjeuners beaucoup plus sympathiques et amusants. D'où venait cette impression d'ennui, de componction ? Quelque chose était mort. La fantaisie, la gaieté, la bonne humeur ne fréquentaient pas les palais nationaux.

Mitterrand posa à ses invités une de ces questions pièges qu'il affectionnait :

— Que pensez-vous du *Figaro Magazine* ?

C'était l'époque où le journal d'Hersant tirait sur lui à boulets rouges. Chacun donna dans le panneau : « torchon infâme », « presse ignoble », Mitterrand écoutait les critiques méprisantes d'un air intéressé. Puis il dodelina de la tête.

— Moi je trouve que c'est un journal bien fait, dit-il, plutôt agréable à lire, un peu polémique bien sûr, j'en sais quelque chose. Mais c'est quand même moins ennuyeux que *Le Nouvel Obs*. Vous ne trouvez pas ?

Les convives déconcertés plongeaient le nez dans leur assiette. Mitterrand avait une lueur guillerette dans le regard. Il semblait content d'être là où personne ne l'attendait. Imprévisible, indéchiffrable. Libre.

Vers la fin du déjeuner, le nom de Malraux fut jeté en pâture. Tout le monde y alla de son coup de dent. Et cette fois sans crainte. L'aversion du président pour l'écrivain était notoire. Le président savourait cette mise en pièces. Il conclut :

— Ses livres sont un peu du toc, comme le personnage. Ça a vieilli. Je ne crois pas que les jeunes le lisent.

Je me récriai. Dans une ambiance glaciale, devant un auditoire consterné et méprisant, je m'efforçai tant bien que mal de défendre Malraux. Mitterrand m'observait avec amusement comme on regarde les efforts désespérés d'un insecte pour escalader un bocal.

On passa au salon. Mitterrand relança la conversation sur Malraux. Il lui injecta encore quelques piqûres de curare.

Soudain la tête d'oiseau d'Hélène Cixous s'agita. D'un ton péremptoire, elle laissa tomber son verdict :

— Le problème avec Malraux, c'est qu'il n'était pas très intelligent.

Je ne réagis pas. Il me semblait qu'il était impossible qu'on pût proférer impunément un propos aussi injuste, aussi faux. Quelque chose allait se passer : le lustre tomber en miettes sur le tapis ; la pendule exploser sur la cheminée ; la bergère Louis XVI se cabrer ; le maître d'hôtel renverser la cafetière en argent. Mais il ne se produisait rien. Mitterrand savourait comme un potentat cet excès de zèle d'un de ses courtisans. Il était trop fin pour partager l'opinion d'Hélène Cixous, mais il trouvait de l'agrément à ce que, autour de lui, on repeignît désormais le monde avec les couleurs qui lui plaisaient. Oui, cela le chatouillait agréablement. Qu'est-ce que la vérité après tout ? On lui avait tant de fois imposé une vérité qui n'était pas la sienne. Maintenant sa vérité régnait, c'était ce qui lui importait. Il avait attendu si longtemps ce moment.

Quand je me retrouvai dans la cour de l'Élysée, me tordant les chevilles sur les pavés disjoints, je continuai à suffoquer d'indignation. Comment Mitterrand avait-il pu changer à ce point, lui autrefois si libre dans ses propos ? Comment pouvait-il supporter cette atmosphère de mensonges ? Je fis le serment de ne plus jamais revenir. Le lendemain déjà je me calmai. Ma résolution de ne plus retourner à l'Élysée se dissipa. L'ennui, c'est que ce fut Mitterrand qui ne m'y convia plus. Certes il m'écrivit pour mes livres des mots affectueux. Je le revis deux ou trois fois, de loin, dans des inaugurations. Il me fit un sourire, un signe. Je me sentis triste et dépité comme une jeune fille qu'on a séduite et qu'on n'invite plus à danser.

LES RÉFORMATEURS MAL AIMÉS

GISCARD D'ESTAING, LE PHARAON EN QUÊTE D'AMOUR

J'ai souvent vu Giscard, je lui ai parlé à de nombreuses reprises, j'ai connu ses parents, je l'ai reçu à l'Académie, mais pour autant je ne suis pas sûr de l'avoir rencontré. Je n'ai croisé qu'un masque de politesse hiératique sur un visage parcheminé de pharaon de la IVe dynastie, époque où – cela va sans dire – le monarque n'éprouvait nul besoin de se contraindre à faire des simagrées démocratiques avec les inférieurs. Aussi glaçait-il mon admiration. Et je sortais des rares entretiens avec lui libéré d'un poids, heureux d'être vivant, d'être dans la rue au milieu de gens quelconques, d'enfants turbulents et criards, respirant à pleins poumons l'odeur du macadam et des tickets de métro, heureux de me mêler à cette bauge où s'ébrouent les êtres humains dans leur sympathique vulgarité. Tel un cosmonaute je revenais de loin, de beaucoup plus haut que les plus hautes cimes de l'Himalaya, de la stratosphère, d'un monde étrange et dématérialisé qui me semblait n'être habité que par lui. Je m'interrogeais sur ce phénomène d'intelligence qui semble avoir été conçu hors des normes humaines habituelles. Et qui sans doute a dû souffrir lui-même de son inadaptabilité profonde au monde que le destin l'a contraint à fréquenter et où il a pourtant réussi à occuper une place prééminente. Quel univers exige plus de souplesse et d'indulgence dans le contact et les fréquentations que la politique ? J'avoue qu'en face de lui je me suis toujours senti aussi perplexe et démuni d'un langage approprié que si je me trouvais en présence d'un extraterrestre.

Je pourrais écrire un roman sur mes relations avec Giscard. Un roman de l'incompréhension, rempli de non-dits, de silences, d'acrimonie rentrée, d'exaspérations, où fourmillent les malentendus. Rarement je me suis senti aussi frustré dans une admiration. Il me semblait – et je m'en désolais – que nous étions chacun branché sur deux circuits électriques qui offraient une forte différence de potentiel et rendaient les courts-circuits inévitables. Je m'interrogeais sur les raisons de cette relation barbelée. Je n'hésite pas d'ailleurs à me mettre en cause devant l'auguste malaise que j'éprouve en sa présence. Mais la réponse ne vient pas. Les atomes crochus n'ont pas été au rendez-vous. Pourquoi ai-je toujours eu l'impression qu'un mur infranchissable nous séparait, peut-être moins un mur qu'une paroi en verre comme celle qui existe dans le parloir des prisons derrière laquelle nous nous regardions, nous nous parlions, sans grand espoir de nous comprendre ? Nous appartenions à deux planètes différentes.

Sans doute ai-je eu le tort d'avoir usé d'ironie à son égard, comme je l'ai fait pour tous les hommes d'État dont j'ai brossé le portrait. Mitterrand, Sarkozy, en vieux routiers des débats publics, rodés aux attaques, l'ont accepté de bonne grâce. Giscard est peut-être le seul qui ressent la critique comme une impertinence et le persiflage comme une forme de lèse-majesté. C'est son côté monarchique : il voit dans toute opposition une offense. Cela tient autant à sa susceptibilité qu'à une sensibilité étrangement vivace quand on a choisi d'être un homme public appelé par essence à se mêler aux querelles violentes et aux joutes mortelles du Pouvoir.

J'ai beaucoup médité sur son cas avant de me rendre à une évidence : il existe entre nous une barrière des espèces qui risque de séparer presque toujours les hommes formatés par les sciences exactes – il ne faut pas minimiser le polytechnicien qu'il fut – et la gent littéraire, les écrivains qui s'arrogent le droit imprescriptible de jouer avec la vie des autres comme ils jouent avec leur propre vie. J'ai d'ailleurs connu la même incompréhension avec une autre très haute intelligence : Raymond Aron.

Reste la question qui pourrait m'éclairer : se prend-il pour un grand homme ? Son parcours, son œuvre pourraient l'inciter à le penser. Mais de là à le croire lui-même ? C'est un pas qu'il devrait hésiter à franchir. Non par excès de modestie, mais parce qu'on approche là d'un domaine impossible à mesurer de manière scientifique. Le positif n'est d'aucune aide en cette matière. On entre dans un territoire inexploré où il n'y a ni boussole, ni repère, ni signe, qui permettent de dire de quoi l'histoire sera faite et quelle place elle accordera à ceux qui y ont participé. C'est aussi vrai pour les acteurs de la politique que pour ceux qui ont tenté d'enrichir la vie de l'esprit, écrivains ou artistes. Bien malin qui pourra leur dire la place qui leur sera assignée dans l'avenir.

Je vais donc esquisser en quelques chapitres les grandes lignes de ce roman animé que constitue ma relation avec Giscard.

Le salut au vaincu

Tout d'abord en 1981, sous forme de condoléances pour la perte de sa magistrature suprême, je tentais de rendre justice au grand réformateur si mal récompensé, si mal aimé des Français. Les choses en bonne logique commençaient bien entre nous.

La plus grande douleur de ce long jeune homme aux yeux chinois, le front bombé comme une coupole, dont les Français ont fait le prisonnier « numéro un » du palais de l'Élysée, seul au milieu des ors avec ses rêves de fraternité, d'unanimité et de gloire, ce n'est peut-être pas tant, ce soir fatal, d'avoir perdu le premier rôle dans le grand théâtre du pouvoir, d'avoir été soudain dépossédé de ses motards à culottes rouges et des emblèmes de sa puissance, non, sa douleur est venue d'ailleurs, plus profonde, plus subtile : une peine d'amour perdu. C'est ce qui lui a fait crier ce mot « trahison » qu'on lui a reproché, mais qui est le mot que prononcent dans leur cœur tous les amoureux quand on les abandonne. Cette faiblesse sur laquelle des esprits secs ont ironisé m'émeut. Achille, le plus grand des héros, à deux reprises, quand il perd la captive Briséis, quand son ami Patrocle est tué, abandonne toute retenue. Il se jette sur le sol qu'il frappe de ses poings, il pleure, il appelle sa mère la déesse Thétis et enfouit son visage dans son giron.

Je l'imagine dans sa chambre de Chanonat devant un petit lit simple et étroit comme celui de Napoléon à Schönbrunn, tandis que ce soir-là l'orage s'entortillait aux arbres. À quoi pensait-il ? À ces blessures d'humiliation qu'infligent les examens ratés ? Non, il songeait à d'autres échecs oubliés que réveillait sa douleur. Il se revoyait adolescent dans sa chambre qu'il partage avec son frère dans un de ces vastes et tristes appartements des beaux quartiers dont les salons s'ouvrent sur les arbres et les chambres sur de lugubres cours de caserne. C'est un jeune homme, trop grand, avec des mains trop belles qui ne trouvent pas de destination sinon vers les touches d'ivoire d'un piano qui, seul, parvient à extorquer de son âme sa mélodie secrète et sensible.

Ce jour-là, il a mal, il souffre comme les amoureux des romans de Fromentin ou de Sainte-Beuve : il a attendu, cru, prié. Elle n'est pas venue. Et quand l'amour a fui, on se sent dépossédé du monde puisque l'on n'a plus de rêves.

Cet homme qui n'a dû être vraiment lui-même que dans l'amour et à la chasse, quand les instincts soulèvent la dalle de marbre des convenances, il ne peut être réellement compris que par le peuple qui sent d'instinct, au-delà des apparences, une vérité profonde de l'être et sa sincérité, et par un romancier qui reconstitue avec de maigres témoignages et de fugitifs pressentiments l'étoffe d'une personnalité.

Ni les bourgeois ni les intellectuels ne le peuvent.

« Ceux qui ne croient pas à l'immortalité de l'âme ne font que se rendre justice », écrivait Saint-Just. Pourquoi la dénier, cette âme, à de grands hommes politiques, fussent-ils perdants ?

On s'est moqué facilement de ses goûts littéraires sans voir qu'ils manifestaient avant tout le désir d'être compris pour ce qu'il était et aimé. Il a rêvé d'un monde stendhalien où l'on respire un air plus tonique, où les princes et les brigands parlent un même langage et se comprennent.

Il faut aujourd'hui relire « Adieu postérité », une chronique donnée au *Figaro* en 1974 : le seul vrai et beau texte littéraire qu'il ait jamais écrit. Il y évoquait la mort d'un grand frère, le général Desaix, foudroyé en pleine jeunesse sur la plaine piémontaise de Marengo, et qui trouvait la force de s'écrier : « Allez dire au Premier consul que je meurs avec le regret de ne pas avoir assez fait pour la postérité ! » Et le jeune ministre des Finances pressentait que non seulement de tels hommes n'existent plus, mais que s'ils existaient ils n'auraient que des témoins dédaigneux ou indifférents à leur bravoure : « Se souvenir de qui, être reconnaissant de quoi, alors que rien n'arrête le cours du fleuve, qu'il a déjà tourné et que son bras précédent est caché derrière les arbres. »

Accusé de sécheresse, d'égoïsme, de morgue, j'aime à croire pour le pur plaisir du rêve à l'existence d'un autre personnage qui, sous le glacis du prince polytechnicien, a senti parfois couler en lui le lait de la tendresse humaine.

Valéry Giscard d'Estaing a vu se fracasser ce soir-là son rêve fait d'amour, de libéralisme, de tolérance.

L'Histoire, plus généreuse que bien des hommes, ne retient pas seulement ceux qui gagnent la dernière victoire mais aussi ceux qui ont tenté sincèrement de faire fleurir dans le désert une belle espérance.

La nièce du président

Voici un épisode épineux de nos relations : sans doute n'aurais-je pas dû publier la relation d'une histoire d'amour avec la nièce du président. Longtemps je m'en suis voulu d'avoir dévoilé le secret d'une relation sentimentale : à mon crédit je ne révélais pas l'identité de la fameuse nièce, et comme Giscard doit avoir au bas mot une trentaine de nièces, son anonymat restait préservé. Mes scrupules volèrent définitivement en éclats lorsque j'appris que l'ancien président révélait dans un livre sa relation doublement adultérine avec Lady Diana. Je me sentis alors libéré de ma mauvaise conscience. Mon péché me parut bien véniel en comparaison de la tonitruante confession du Lovelace-President.

La nièce avait des yeux noirs brillant comme des cassis mouillés ; un air de malice en accord avec son comportement fantasque, on sentait sous la désinvolture de la jeunesse et de ses dix-huit ans le nerf tenace des résolutions. En révolte contre les siens, mais sans aller jusqu'à casser de la vaisselle, elle transgressait les tabous de son milieu autant qu'il est convenable de le faire et même souhaitable pour prouver un fier tempérament. Brune et passionnée comme une Espagnole qui dissimule toujours une dague sous son oreiller, elle paraissait moins que son âge, mais déjà elle jugeait le monde avec une belle assurance. Le doute n'était pas son fort. Elle tranchait toute question avec autorité. Sauf ce trait qui trahissait une origine régalienne, rien n'indiquait que son oncle était président de la République et que celui-ci s'appelait Giscard.

Cette position ne lui valait guère d'avantages. Le népotisme n'était pas le genre du président : celui-ci n'était pas loin de considérer qu'appartenir à sa race et porter son patronyme était déjà un honneur excessif. Elle s'amusait avec pas mal d'espièglerie d'un statut qui ne lui valait rien, sauf des égards et la faveur des snobs dont elle se fichait également.

C'était très romanesque d'être le chevalier servant de cette nièce. Le parfum du pouvoir qui se mêlait aux effluves de l'amour créait une atmosphère stendhalienne qui me plaisait. Il me semblait que Mosca nous surveillait.

Elle habitait près du golf de Saint-Cloud, dans une maison qui avait appartenu autrefois à une héroïne de la vie réelle qui m'était chère : Nina Dyer. Mannequin, courtisane de haute volée, ayant épousé successivement Sadruddin Khan et le baron Thyssen, elle avait fini là sa courte vie, dans ces lieux dont elle avait tendu les murs de soie noire et de miroirs. Elle vivait avec une panthère et, peut-être inspirée par ce félin, elle avait l'habitude de déchirer le dos de ses amants avec ses ongles. Je doute que, dans ces conditions, Rivarol eût pu continuer à résoudre ses exercices d'algèbre, lui qui se vantait de ses dons d'impassibilité au moment de l'instant le plus chaud du commerce avec les dames. Mais rien ne restait du souvenir de Nina Dyer : elle s'était suicidée, la panthère avait dû finir à la fourrière, et un aménagement très convenable avait recouvert les vestiges de cette inquiétante vie galante d'une sage toile de Jouy mais plus encore d'oubli.

La nièce me présenta à ses grands-parents qui habitaient avenue Henri-Martin : May et Edmond, les parents du président, délicieuses personnes âgées à la peau parcheminée, s'étiolaient dans un cérémonial suranné de vieilles manières. D'être les géniteurs d'un président de la République en exercice ne les troublait pas beaucoup. Le grand âge donne le sens du relatif. Edmond parlait le grec ancien avec autant d'aisance qu'on parle l'anglais aujourd'hui à HEC. Je voulais surtout voir la chambre de Giscard. Il y avait vécu toute son enfance jusqu'à son départ pour l'armée. Peut-être y trouverais-je un signe capable d'expliquer sa fabuleuse prospérité ? Un objet oublié, je ne sais quel jouet ou Rosebud symbolique qui traînait encore.

Cette pièce avait le dénuement austère de la chambre de Napoléon. Elle était occupée par un petit lit étroit, assez court – je me demande si les pieds du futur président ne dépassaient pas des draps. Nous nous assîmes sur cette couche un peu dure dont l'usager avait connu un si grand destin. Les ombres de la légende nous enveloppaient. Nous étions silencieux et immobiles. De la fenêtre qui ouvrait sur une cour grise, sans charme, tombait cette lumière triste qui sied si bien à la grandeur. Aucun objet ne témoignait des distractions et des amusements de l'auguste occupant des lieux : ni collection de timbres, ni soldats de plomb, ni vieux porte-plume qu'il aurait mâchonné en songeant à l'avenir. Pas même un livre de Maupassant corné ou annoté. Je cherchais en vain un Meccano, un train électrique. Une idée s'imposait à moi : Giscard n'avait pas eu de jeunesse. Ce lieu n'en était pas moins imposant. Certes ce n'était pas la grotte de Bethléem, ni le cachot de la Conciergerie, mais l'Histoire en passant ici avait laissé une impression froide, lugubre, propice au recueillement.

Je regardais la nièce. Quel contraste entre cette jeune fille désirable comme un abricot et cette atmosphère glacée de musée vide. C'était tentant de redonner un peu de vie et d'ardeur à cette chambre fossilisée par l'Histoire, de lui apporter les émois de la jeunesse et les sortilèges de l'amour. Je la pris dans mes bras. L'idée de commettre un sacrilège n'était pas absente de mes pensées. Au contraire elle donnait un étrange piquant à mon désir. Tandis que je caressais ses seins, j'imaginais Giscard en train de présider le Conseil des ministres ; il me semblait que l'orchestre de la garde républicaine qui jouait *La Marseillaise* accompagnait nos ébats. Comme cette jeune fille était belle et tendre : à travers elle, j'avais l'impression d'étreindre la légende de la République, le défilé du 14 Juillet. Tant de sensations contraires m'oppressaient. Soudain, au moment où le démon nous poussait à commettre l'irréparable, la voix de la grand-mère retentit dans le couloir. Nous nous levâmes précipitamment, évitant de justesse une impardonnable profanation.

Une rencontre pleine de promesses

Enfin je le vis en chair et en os si je peux dire car le président même rendu à la vie civile se promène toujours en compagnie de sa légende, comme la nuée qui enveloppe les dieux grecs avant d'apparaître aux hommes.

Quand je rencontrai Giscard à cette époque, il venait de faire une mauvaise chute : il était tombé de l'idée qu'il se faisait de lui-même. Il avait été au sommet, il n'était plus qu'un homme comme les autres. Il n'en revenait pas. On sentait en lui l'incertitude de ce prince de *La vie est un songe* qui ne sait plus ce qui est réel : le palais ou le cachot ? J'avais devant moi son visage luisant et épilé de pharaon de la IVe dynastie ; ses yeux légèrement bridés accroissaient l'illusion. Il s'appliquait à être drôle avec autant d'aisance que lorsqu'il présentait sans notes, les mains dans les poches, son budget aux députés médusés par un tel exercice de mémoire. Il s'acharnait à mettre du brio en tout. Même dans ce qui ne le mérite pas. Non tant pour séduire, ce qui impliquerait de sa part l'idée qu'il quête une reconnaissance, mais pour imprimer toujours et partout la marque de sa supériorité. C'est un exercice qui doit être lassant. D'autant plus que rien n'est plus glacial que ses pitreries, elles suscitent un rire coincé qui s'enroue dans la gorge et ne détendent nullement l'atmosphère. Au contraire, elles y raréfient l'air. C'est une drôlerie grinçante, une élaboration de farces aussi besogneuse et artificielle dans son genre que l'humour des gendarmes dans le leur. Ainsi pour détendre l'atmosphère faisait-il semblant de dérober une assiette plate en vermeil. Les convives riaient d'un rire pétrifié.

Je l'observais. Je m'efforçais de percer son énigme. Il y a chez tout personnage officiel un secret intime que dissimule l'image publique : ce moteur de la personnalité qui l'anime, le fait agir, que soudain, tandis qu'il baisse la garde, on peut espérer entrevoir. Je cherchais le cœur de Giscard. Mais la mécanique chez lui éludait le vivant. Il semblait construit non en chair humaine mais en tubulures d'acier chromé comme un mobile de Calder ou plutôt comme les époustouflantes machines grinçantes de Tinguely qui assemblent dans un mouvement compliqué de rouages, de mécanismes dentelés, une roue de bicyclette qui elle-même entraîne une pompe agissant sur une turbine pour, au bout du circuit, finir par un marteau qui frappe une casserole. Un maximum d'artifices fantastiquement agencés et des trésors d'ingéniosité pour un résultat dérisoire.

Pourtant j'avais devant moi un phénomène qui rassemblait en lui des qualités exceptionnelles : un prodige d'intelligence, un maître de séduction, un habile manœuvrier, un homme aux convictions politiques très respectables, et à l'action plutôt positive. Ce formidable capital propre à susciter l'admiration, ces qualités incontestables au lieu de s'harmoniser semblaient une marqueterie artificielle. Il leur manquait la vie. On avait affaire à un très brillant acteur de lui-même. Mais sous le jeu, on ne sentait personne. Cette simple vérité humaine qui existe chez des êtres beaucoup moins doués n'était pas perceptible chez lui. Peut-être la cachait-il ? Il la cachait bien, car même ses proches s'interrogeaient sur son existence.

C'était au cours d'un dîner chez la comtesse de Ribes, grande et belle femme à l'architecture délicate et au profil de flamant rose, qui incarnait un monde élégant, raffiné, irréel, tel qu'il n'existera plus jamais. Elle me manifestait cette bienveillance que les grandes dames des salons du XVIIIe siècle réservaient aux écrivains prometteurs. J'étais impressionné à l'idée de rencontrer l'ex-président. Quelle conversation pouvais-je espérer entamer avec lui ? Je le savais si compétent sur tous les sujets que je craignais l'inanité de mes questions. Car c'est un homme qui non seulement apporte la réponse adéquate à toutes les interrogations, mais qui pousse le zèle et l'obligeance à proposer de vous ciseler votre question de manière plus subtile et plus appropriée. Entre les questions qu'il allait se poser et les réponses qu'il allait se donner, ma marge de manœuvre était mince. Mon utilité se réduirait-elle à celui d'un pâle figurant, du courtisan qui se contente de sourire à propos et de ne pas faire trop de bruit avec sa fourchette ? Si modeste que je fusse, j'ambitionnais un autre rôle.

Je me souvenais de ce fameux texte de lui qui m'avait plu : une chronique intitulée « Adieu postérité », publiée dans *Le Figaro* en 1974. Il y évoquait la figure du général Desaix en termes émouvants. Je me procurai ce texte dont je n'avais qu'un souvenir flou. Puis je l'appris par cœur. N'était-ce pas grâce à sa mémoire que Julien Sorel avait conquis l'estime du marquis de La Mole ?

J'étais devant lui prêt à être conquis par ce personnage hors du commun. Tout de suite, à table, ce fut un feu d'artifice où se mêlaient à son humour grinçant des pitreries un peu forcées. Il entamait un monologue sur le gotha auquel je ne pipais pas un traître mot. Soudain tout cela s'évanouit, la table à la vaisselle en vermeil, le lustre, les convives huppés ; je voyais de loin Giscard s'agiter. Je m'évadais. J'étais transporté dans la chambre austère de l'avenue Henri-Martin, qui ouvrait sur une cour lugubre, dans le petit lit étroit du jeune homme qu'il avait été, là où il avait préparé l'École polytechnique. Je revoyais la charmante nièce aux yeux de cassis mouillé. Ses lèvres, le désir douché par le rappel à l'ordre de sa grand-mère. Une bouffée d'amour remontait de cet instant disparu. Il me semblait que je goûtais ses lèvres tandis qu'elle fermait ses yeux un peu bridés qui étaient le signe distinctif des Giscard.

Je revins m'immiscer dans la conversation, un peu grisé de mon escapade, avec sur les lèvres la saveur d'un baiser. À dire vrai ce dîner dont j'attendais tant commençait à m'ennuyer. Ce qui m'y paraissait le moins intéressant, c'était la conversation qui roulait sur des sujets banals, Giscard semblant signifier que ce soir-là il était en congé des choses sérieuses, qu'il ne fallait voir en lui que Giscard le Débonnaire, si ce terme ne lui était pas aussi inadéquat qu'une paire de sabots à un archevêque. Pour dire vrai, une seule question me semblait réellement intéressante : comment allait-il se comporter vis-à-vis de moi ? Allait-il enfin descendre de son piédestal moral où il semblait encore régner, et poser les yeux sur moi ? J'attendais donc le regard du monarque avec l'impatient frémissement de la jeune Jeanne d'Étioles, future marquise de Pompadour, guettant Louis XV revenant de la chasse, à l'orée de la forêt de Sénart.

Pour patienter, je me récitai la chronique de Giscard : « Dans la devanture d'un antiquaire du boulevard Saint-Germain, on pouvait voir une pendule en bronze noir et doré, reproduisant le monument que la reconnaissance publique avait élevé à la mémoire du général Desaix, tué à Marengo, et qui avait été provisoirement installé, je crois, place Dauphine. »

Ce début, ce n'était pas *La Chartreuse de Parme*, mais il y brillait le soleil de l'Italie et la mort. Le texte montait en puissance et prenait de l'émotion : « Les lettres soigneusement creusées dans le bronze faisaient jaillir le cri célèbre du général mourant : “Allez dire au Premier consul que je meurs avec le regret de ne pas avoir assez fait pour la postérité !” Dans le tumulte de la bataille finissante, la poisse du sang engluant son habit bleu, avec la lumière forte de la plaine piémontaise qui lui tournait la tête, que cherchait-il à exprimer ? Quel regret ? »

Je me disais qu'après avoir écrit « la poisse du sang engluant son habit bleu », Giscard n'avait pas dû être mécontent de lui. Je l'imaginais à son bureau du ministère des Finances en train de la relire tout haut. Tout de même cette phrase, c'était autre chose que le style platement administratif de Raymond Marcellin, de René Triboulet ou de Christian Fouchet. Il y avait du jus là-dedans ! De la grâce ! De la branche ! Peut-être, un instant, s'était-il imaginé qu'il avait écrit une phrase qui n'aurait pas déparé dans *La Semaine sainte* d'Aragon ; surtout cette opposition entre « la poisse du sang » et « l'habit bleu » et cette trouvaille : le participe présent

« engluant » venu tout droit de Flaubert qui usait et abusait de ce procédé. Évidemment qui pourrait jamais comprendre cela au Conseil des ministres ? Pompidou ! La jalousie ne rendait pas son jugement serein : il ne fallait pas plus attendre son approbation en matière de style qu'en matière financière ; Chirac ! Robert Boulin ! Alain Peyrefitte, oui, peut-être Alain Peyrefitte. Et soudain il mesurait sa solitude de créateur, une solitude que les grands maudits avaient dû éprouver avant lui, les Baudelaire, les Verlaine, ce sentiment d'injustice et d'incompréhension qui pénètre dans le cœur comme une lame glacée.

Soudain l'impensable se produisit. Le Prince posait les yeux sur moi ; plus prodigieux encore, il m'adressait la parole. Pressentant que son intérêt pour moi serait éphémère, je dégainai mon arme secrète. Je lui parlai de sa chronique. Son visage s'illumina.

— Vous êtes très érudit, me dit-il.

Dans ses yeux chinois passait une expression reconnaissante et désarmée d'auteur enfin reconnu. Ce sentiment de reconnaissance transperçait la carapace de l'homme de pouvoir, traversait le cuir tanné par tant de vilenies reçues, les attaques, les injustices, l'affaire des diamants.

Profitant de ce moment de faiblesse, j'assurai mon avantage en lui avouant que je connaissais son texte par cœur.

Son regard se durcit. Il me fixa avec une lueur d'inquiétude comme si je tendais un piège à sa vanité.

— Oui, répétai-je d'un ton pétulant, je le connais par cœur. Tenez : « Quel regret ? Celui de ne pas avoir suffisamment accompli au service de la postérité ? Ou celui de n'avoir pas eu le temps de s'acquérir un titre à la reconnaissance de la postérité ? Je crois à la deuxième interprétation. Dans une époque où coexistaient l'éternité et l'histoire, l'idée d'essayer de survivre en se surimprimant à la mémoire de la postérité était un des ressorts de l'ambition et de l'action. On gouvernait, commandait, inventait, et même aimait, pour le présent sans doute, mais aussi dans l'attente de l'inscription qui serait gravée plus tard à propos de vous, et fixerait à jamais votre existence dans la durée. »

Je l'avoue je préférais de beaucoup ce passage au précédent. Écrit dans un style moins forcé, il exprimait avec force une belle idée. Bien sûr on retrouvait encore l'influence de Flaubert : la succession des quatre verbes « on gouvernait, commandait, inventait, et même aimait » répondait comme un écho à la fin de *L'Éducation sentimentale* : « Il voyagea. Il connut la mélancolie des paquebots, les froids réveils sous la tente [...]. Il revint. Il fréquenta le monde. »

Giscard me regardait avec tendresse. Peut-être même une larme hésita-t-elle à se former dans un coin de son œil chinois.

De toute la soirée, il ne me quitta plus. Il me parla de Maupassant, de Flaubert. Mais, sur ce sujet, son discours est connu.

Quand il fut parti, l'assistance se réchauffa aussitôt. On avait l'impression d'une classe qui a fait un louable effort d'attention et qui soudain se relâche après le départ du proviseur.

La maîtresse de maison se précipita sur moi. Elle était ravie.

— Giscard vous a trouvé remarquable. Vous savez, chez lui, les compliments, c'est rare.

Je pris un air modeste. Bien sûr je tus l'artifice déloyal dont j'avais usé. Après tout, avais-je eu tort d'agir ainsi ? Ne sommes-nous pas tous faits de la même pâte : nous aimons que les autres reconnaissent cette part sensible et secrète que nous livrons dans nos écrits. Est-ce vanité ? Non, il s'agit d'un sentiment plus complexe qui touche l'être en profondeur, même s'il caresse sa surface.

C'est ainsi que ce dîner se termina à la satisfaction générale. Il entraîna un autre dîner à quelque temps de là, chez la même hôtesse, avec toujours l'ex-président, une soirée qui fut tout aussi réussie.

C'était l'idylle.

Hélas ! elle ne dura pas.

Car Giscard écrivit un roman. Notre amitié naissante ne devait pas résister à cet écueil.

Première brouille

Quelle drôle d'idée de la part d'un homme aussi raisonnable que Giscard, d'un polytechnicien, d'un inspecteur des Finances, de s'engager sans précaution sur les sables mouvants de la littérature ! Fût-il demeuré dans son domaine, je n'eusse jamais porté aucune critique contre lui. Mais écrivant un roman, *Le Passage*, il tombait sous ma juridiction. Je m'efforçai d'être impartial. Quelque indulgence que m'inspirât le bon souvenir de notre rencontre, je ne pouvais nier l'évidence : ce roman ne passait pas la rampe. Giscard s'était fourvoyé, pris à son propre piège. À force de se croire apte à répondre à tous les défis, à toutes les questions qu'il se posait – les seules intéressantes à ses yeux –, il était entré dans un syllogisme pervers : si seul un homme sur des millions détient la capacité de devenir président de la République, comment celui-ci ne serait-il pas en mesure d'écrire un roman aussi bien que ces dizaines de romanciers qui chaque année encombrent la devanture des libraires et reçoivent indûment les éloges de la critique ?

Après avoir reçu avec aisance toutes les distinctions réservées aux brillants sujets, Giscard voulait cette fois obtenir les récompenses réservées aux cancres. C'est ainsi qu'il lança à l'aventure sa cocotte en papier imprimé dans la rentrée littéraire avec la certitude et la candeur d'un enfant qui pousse son bateau à voiles dans le bassin des Tuileries et s'imagine qu'il va voguer jusqu'aux Amériques.

Je n'aime pas les bourreaux. Je ne voulais pas infliger de supplice à l'ancien président déchu. Mais je devais dire la vérité. Je regrettais que mes études chez les Jésuites aient été écourtées de leur fait : j'aurais certainement tiré de leur enseignement matière à me tirer d'affaire. Je fis de mon mieux. Au *Figaro*, je demandai à Renaud Matignon de m'aider dans cette besogne. Il résuma ainsi le roman : « C'est dans le meilleur des mondes que le narrateur fait la connaissance de Natalie sur le bord d'une route. En veste de chasse façon Hermès, il la séduit lentement jusqu'au moment où ils seront "enlacés dans la sensualité de la nuit", avant qu'elle reparte vers son destin. Ainsi s'évanouit un amour fou imaginé par Maupassant qui aurait fait la connaissance de la comtesse de Ségur ou par un Grand Meaulnes qui aurait croisé Bécassine. » Sous le titre « Périlleux », je me contentais d'adresser un conseil à l'ex-président : « La Rochefoucauld disait : "il y a des hommes qui n'auraient jamais aimé s'ils n'avaient jamais entendu parler de l'amour. Gageons qu'il y a aujourd'hui beaucoup de ministres qui n'auraient jamais écrit une ligne s'ils n'avaient jamais entendu parler de Pivot. Mais loin de nous l'idée de chercher à dissuader les politiques de faire une carrière littéraire – surtout s'agissant d'un ancien président de la République – ils en ont le droit autant que les autres. Du moins leur conseillerons-nous respectueusement l'emploi d'un pseudonyme. Sinon par décence, du moins par prudence. Surtout quand leur prend la lubie de publier leur *Monsieur Choufleury restera chez lui*" (titre d'un opéra bouffe écrit par Morny sous le nom de M. de Saint-Rémy). »

Ces clauses de style furent inutiles. La foudre présidentielle tomba. Robert Hersant, qui ne m'appelait jamais et qui, contrairement à sa réputation, répugnait à intervenir dans le travail des journalistes, me téléphona. Avec la douceur des boxeurs professionnels qui craignent toujours d'abuser de leur force, il usa d'un grand luxe de précautions pour me dire que cet article le mettait dans une situation embarrassante : Giscard était furieux, il demandait réparation de l'injure. Tout en admettant que nous n'avions fait que notre devoir, le patron de presse ne voulait pas être ingrat envers un homme qui lui avait rendu de grands services. Que faire ? On ne pouvait pas se déjuger, mais il était impossible de mécontenter Giscard. C'était une situation hautement figaresque. Après nous être enlisés pendant un bon quart d'heure entre ce qui était souhaitable et ce qui était réalisable, Hersant me dit : « Je vais réfléchir. » Formule qui visait à ménager mon amour-propre. Une semaine plus tard, il me rappela. « Décidément Giscard ne veut pas céder. Pourriez-vous lui accorder un entretien, quelque chose de gentil, vous voyez ce que je veux dire ? Ainsi nous aurons la paix. » Giscard obtint donc gain de cause.

Les années passèrent. Je ne pensais plus à Giscard, ni à son roman, encore moins à l'article.

Je reçus une nouvelle invitation de la comtesse de Ribes qui me précisa que le président serait à nouveau de la fête. J'y prêtai d'autant moins d'attention que j'avais alors d'autres préoccupations : la veille de ce dîner avait lieu à l'Académie une élection qui ne me laissait pas indifférent, j'étais candidat. Je fus élu. Fort de ce petit succès, je m'apprêtai donc à revoir Giscard. Je pressentais que cet homme à la longue mémoire et à la digestion lente n'avait toujours pas avalé ce malheureux article. Confiant dans son élégance, plus encore dans sa bonne éducation, je me rendis sans crainte au dîner. J'étais même assez émoustillé de connaître sa réaction tant la nature humaine m'intéresse, surtout chez ces spécimens de haute volée, quand bien même je devrais en faire les frais.

Dès que Giscard pénétra dans le salon surchauffé, avant même de le voir, je sentis passer un vent glacé qui me prévint de sa présence. Je levai les yeux : j'aperçus son œil noir qui, traversant la foule, me fixait ; un œil aussi noir que le canon du fusil de chasse avec lequel il foudroyait les éléphants, les lions, les hyènes et les phacochères dans la steppe africaine. De cet œil braqué sur moi, dans le repli de sa paupière asiatique, je n'attendis dès lors rien de bon. D'autant que cet œil noir comme le regard de Dieu le Père poursuivant Caïn ne cessait de me fixer, quelque effort que je fisse pour lui échapper dans les recoins du salon. Je sentais Giscard décidé à ne pas lâcher sa proie. J'espérais que le destin qui venait de me favoriser m'épargnerait encore une fois. « Pourvu que je ne sois pas à sa table », pensai-je lâchement.

Ma faveur même me condamnait au supplice. Je me rendis donc bravement à la place qui m'était assignée à la table de la maîtresse de maison. Je ne doutais pas que ce fût celle où se trouvait aussi Giscard. Ainsi l'heure des comptes allait sonner. Je saluai l'ex-président avec le bon dosage de respect, de dignité, sans en rajouter dans la courtisanerie. Il me rendit mon salut d'un air pète-sec.

Je m'installai donc en face de l'œil noir. J'étais résigné. Tout d'abord Giscard badina avec ses voisines. J'entamai de mon côté la conversation avec la jeune et jolie romancière qui se trouvait à ma droite – il s'agissait de Christine Orban – tout en avalant un consommé qui, soit carence du cuisinier soit appréhension de ma part, me sembla n'avoir pas plus de saveur que de l'eau tiède. À dire vrai j'attendais que la balle vînt me frapper. Ce n'était, je le sentais, qu'une question de minutes. Il me semblait entendre le bruit du fusil que l'on arme, le cliquetis du chargeur qui se referme, et cette étrange paix tendue qui sépare l'instant où le doigt appuie sur la gâchette et la détonation. Aussi ne puis-je rapporter aucun des propos de la jeune et jolie romancière.

Soudain Giscard se redressa et haussa la voix, signe qu'il s'adressait à la table tout entière. Je baissai la tête vers mon potage pour amortir le coup.

« Comme je suis heureux, s'exclama-t-il, qu'il y ait un écrivain à cette table… oui, une vraie romancière, Christine Orban, quel sera le titre de votre prochain roman ? »

Cette question si ostensiblement désagréable à mon égard fit passer sur la table un frisson de désarroi. Les convives qui ignoraient le lourd passif de mes relations avec le président ne comprenaient pas le motif de cette déclaration d'hostilité sans sommation. La maîtresse de maison, voyant s'effondrer ses efforts pour réunir harmonieusement les convives, s'étrangla. Elle poussa un cri :

« Mais Monsieur le Président, vous avez devant vous le plus jeune académicien… Il a été élu hier…

— Je sais, dit Giscard, de l'air joyeusement sadique avec lequel il devait dépecer ses proies avant de les livrer au taxidermiste, je sais que ce monsieur est écrivain. Je sais même que lui et ses confrères n'acceptent pas la concurrence des romanciers qui n'appartiennent pas au sérail. C'est une corporation de jaloux, d'envieux qui ne supportent pas que l'on chasse sur leur territoire. »

Je laissai l'ex-président assouvir sa rancœur. Elle le rendait soudain humain, certes un peu puéril, mais ce caractère d'écorché vif contrebalançait son déficit de chaleur. Cela m'inspirait des réflexions sur l'amour-propre hautement susceptible des présidents de la République. Les convives m'observaient avec des yeux prudemment circonspects : la bonne société ne se signale pas par son courage. Elle est du parti du plus fort. Elle ne déteste pas voir piétiner les faibles. Aussi mes voisins attendaient-ils avec d'autant plus de satisfaction mon écrasement définitif qu'ils se félicitaient dans leur for intérieur d'avoir échappé à la rogne dévastatrice de l'ex-président.

La volée de bois vert passée, je rassemblai mes forces pour lui répondre :

« Je vous trouve bien sévère, Monsieur le Président, envers la corporation des romanciers. Puis-je me permettre de vous poser une question que d'ailleurs je vous avais posée dans mon article : puisque vous considérez que les écrivains et les critiques sont jaloux et malveillants, pourquoi ne pas avoir pris un pseudonyme, oui, comme Morny quand il a écrit *Monsieur Choufleury restera chez lui* ? »

Le nom de Choufleury associé à Giscard fit naître des sourires qui eurent le don d'exaspérer mon irascible interlocuteur.

Il ne répondit pas, préférant engager la bataille sur d'autres terrains littéraires : nous nous disputâmes comme des chiffonniers qui se seraient arraché les vieilles hardes de Flaubert, de Maupassant et de Proust. Les convives regardaient ce match dont l'enjeu leur échappait. Décidément ils ne comprenaient pas ce qui pouvait à ce point tendre et aigrir une conversation sur des sujets aussi inoffensifs que Maupassant et Flaubert et lui donner ce ton de règlement de comptes.

Plus l'heure avançait plus je voyais dans l'œil noir de Giscard briller une lueur vengeresse : je le sentais nourrir des fantasmes de

Bastille. Comme il devait regretter de n'être pas Louis XV. Comme j'avais de la chance qu'il ne le fût pas !

Bien plus tard je revis Giscard. Nous nous étions amnistiés l'un l'autre. Nous reparlâmes de Maupassant avec cette courtoisie un peu forcée des anciens duellistes qui ont échangé deux balles au petit matin sans résultat concluant et à qui on demande de se serrer la main.

Veillée d'arme avant l'Académie

Pour une fois, j'avais quelque chose que Giscard n'avait pas. Certes, pour peu de temps. Cet avantage ne suffisait pas à me rassurer. Quand on va voir Giscard, on est toujours un peu anxieux. L'idée d'affronter ce champion du monde de l'intelligence toutes catégories, ça fait penser à la veille du bac d'autrefois (quand on n'avait pas toutes les chances de le trouver dans une pochette-surprise). On révise, on fait des impasses, on espère ne pas être interrogé sur des matières où on est faible. Une fois qu'on l'a passé, on se sent beaucoup mieux. Et c'est vrai, on n'a pas tous les jours l'occasion d'aller rendre visite à un homme qui a eu son bac à quatorze ans, qui a fait Polytechnique, l'Ena, qui a été le plus jeune ministre des Finances et le plus jeune président de la République. On a beau être blasé de tout, ne plus rien respecter, c'est un monument qui mérite le détour.

Donc j'étais enfin chez lui, dans le XVIe arrondissement, après avoir passé une nuit fébrile à relire ses livres. Pour être franc, je l'ai dit, je n'avais pas beaucoup aimé son roman *Le Passage*. J'avais un souvenir plus vague du *Pouvoir et la Vie*. À la relecture, je dois avouer avec la même franchise que le livre m'a paru passionnant. Bien sûr, il ne faut pas le comparer aux mémoires de De Gaulle, puisque c'est tout le contraire. De Gaulle écrit en style Empire, raide et majestueux ; Giscard en style Regency, souple, confortable et décontracté. Des antimémoires, pourrait-on dire. C'est le récit de Jonas à l'intérieur de la baleine, du président de la République se regardant comme un héros de roman au cœur du pouvoir et nous livrant l'itinéraire de ses décisions et le récit de ses émotions.

Enfin, la porte s'ouvre et je suis devant le Giscard nouveau. Il y a eu plusieurs Giscard : le Giscard candidat, il y a trente ans, qui avait un faux air à la Gary Cooper, le Giscard président entre raideur et décontraction, le Giscard le drapeau en berne, et voici le Giscard de l'Europe avec le vent en poupe. Ça fait toujours drôle de le voir. Il apparaît comme le paysage de notre jeunesse. Il a un peu vieilli et nous aussi. Il n'a pas beaucoup changé, mais le monde, lui, a changé. Il est assez juvénile d'allure et d'esprit. Son œil peut être malicieux. Rien à voir avec la marionnette des Guignols. On est bien chez lui. C'est douillet. On a l'impression qu'il y a du feu dans la cheminée, même s'il n'y en a pas. Seule concession à la mythologie giscardienne, deux défenses d'éléphant dans l'entrée. Son visage parcheminé ressemble à celui d'un très distingué pharaon de la IVe dynastie. Mais il a aussi quelque chose d'un grand lévrier afghan, à l'immense squelette, un côté animal de race, cette façon souple et élégante de se mouvoir et d'occuper parfaitement l'espace. Il remplit la pièce. Pas de temps mort avec lui. Pas de silence gênant. Des prolégomènes généraux pour jauger l'interlocuteur. Il tâte le terrain avant de s'engager en chasseur qu'il est. Peut-être se demande-t-il quel calibre il va utiliser ?

Alors l'Académie ! Ça agite le monde parisien. Pourquoi quand on a été le premier des Français a-t-on le désir de devenir l'un des quarante ? Certains y voient de l'orgueil, d'autres au contraire de la modestie. De Gaulle n'y serait pas allé. Sans doute. Mais Giscard a justement voulu décrisper la fonction présidentielle. De Gaulle non plus ne s'était pas montré en pull-over. Changement de style, voilà tout. Il en parle de manière détendue. En matière d'élection, il a dû connaître pire. Je n'évoque pas le Scud lancé dans le ciel littéraire par Maurice Druon, dernière foucade d'un immortel lieutenant de hussards. On a le sentiment que Giscard en a vu d'autres. Ce qui semble le séduire dans l'Académie, c'est son caractère stable, inchangé, immuable, dans la France qui a la bougeotte. « Une institution qui a traversé toutes les époques, je serais heureux d'être un des éléments de cette France qui se maintient à travers le temps. Maurice Schumann me l'avait proposé autrefois. »

Oui, répète-t-il, « une institution inchangée dans une France qui, elle, est très malade ». Je l'interroge sur son diagnostic : « La France actuelle n'est plus celle que j'ai dirigée. C'était une société ancienne avec des structures fortes. Ce n'est plus le cas aujourd'hui. On ne pourrait plus réformer comme je l'ai fait parce que nous avons changé de société : nous sommes passés d'une société de l'écrit, élitiste, à la société audiovisuelle et passive qui a tout bouleversé. C'est ce système de valeurs ancien mais fatigué que je voulais raviver et moderniser en essayant de conserver un patriotisme sous une autre forme. Tout ce système est aujourd'hui en voie d'effondrement. Alors que nous sommes confrontés à une immigration très nombreuse dans la société française avec toutes les références qu'elle apporte. »

Et le voile ! Est-il pour ou contre une loi ? « Je suis de culture libérale, ce qui veut dire que l'individu a le droit de faire ce qu'il veut tant qu'il ne contrevient pas à la loi et ne met pas en cause les intérêts des autres. Et puis la vieille méthode française qui consiste à tout résoudre par la loi ne me paraît pas, en l'occurrence, adaptée. »

Puisque nous sommes sur ce terrain délicat de l'intégration, je lui demande s'il ne se sent pas une part de responsabilité avec le « regroupement familial » instauré sous son septennat : « Oui. C'est un reproche justifié. J'ai eu tort de ne pas regarder le décret d'un peu plus près, de ne pas me méfier de ses applications et de ses dérives. C'était une mesure de générosité raisonnable qui s'est transformée en filière d'immigration. »

Quant aux « racines chrétiennes » que certains voulaient introduire dans le préambule de la Constitution européenne, lui y était favorable – en opposition sur ce point avec les deux anciens cohabitants, Chirac et Jospin. Sur l'Europe justement, comprend-il le désarroi de certains Français ? « Vous remarquerez qu'en cinquante ans, la remise en cause des identités nationales n'est pas le fait de l'Europe, mais de la mondialisation. On peut concevoir un système où nous conserverons l'exception française. Il faut que l'État, la nation, reste, que son organisation interne devienne plus flexible, mais sans dislocation du cadre. Simplement au-dessus du cadre, une dimension européenne sur des sujets de dimension européenne. »

Tandis que j'écoute Giscard, l'esprit bercé par cette belle intelligence, je réfléchis sur cette énigme que représente le caractère des Français. Ce qui frappe surtout, dans leur attitude vis-à-vis de Giscard, c'est leur versatilité. Mais qui n'en a pas subi les effets ? Même les Napoléon, l'oncle et le neveu, de Gaulle, Mitterrand. Les Français les ont traités au régime de la douche écossaise. D'où vient qu'avec Giscard, on est passé de cette adulation du jeune candidat à la présidence auréolé de tous les prestiges de la modernité au président percé de flèches comme un saint Sébastien, jusqu'à ce retour en grâce, aujourd'hui, à la faveur de l'Europe ? Dans une société qui voudrait ne révérer que le mérite, Giscard en a trop. Trop de mérites personnels que ne rachète aucune maladie, difformité, ou malheur privé, cela finit par ressembler à un privilège. Et cela renvoie dans notre inconscient à l'Ancien Régime. Ce syllogisme est peut-être dans la tête des Français. À travers les aléas de la représentation de Giscard, on pourrait psychanalyser pour le meilleur et pour le pire ce peuple de brûleurs d'idoles, et de champions de la récupération posthume.

Car même si on est allergique à la personne de l'ancien chef de l'État, on ne peut sans injustice refuser de mettre à son crédit un certain nombre de réformes qui auraient très bien pu figurer dans un programme de gauche, puisque c'est aujourd'hui le critère politiquement correct de la générosité politique : majorité civile à dix-huit ans, réforme du divorce, loi sur l'avortement qui était la plus courageuse car on y voyait une question religieuse et morale là où il ne s'agissait que de réparer une injustice sociale qui frappait les jeunes filles pauvres qui mouraient sans soins, dans des conditions d'illégalité atroces. Ou sa position sur les prisons.

Quand je lui pose la question « Qu'est-ce qui vous a fait le plus souffrir dans les jugements que l'on a portés sur vous ? », c'est précisément ce point qu'il aborde : « J'ai souffert de la caricature de mes intentions. J'accepte le jeu de la politique – même si je ne l'aime pas : j'aime gouverner, ce qui est différent –, je comprends les affrontements, mais c'est vrai, la caricature de mes intentions, ça m'a blessé. »

Et l'ingratitude ? « J'ai accepté les deux cousines germaines que sont la trahison et l'ingratitude. Ce sont des défauts qui font partie de la nature humaine. De Gaulle disait que cela fait partie du décor. »

De Gaulle, justement. « Il vous a hanté quand vous exerciez le pouvoir ? — Quand j'étais président, je n'ai jamais pensé qu'à lui. De Gaulle était ma seule référence. Il y avait des choses que je faisais différemment. Je n'ai jamais eu le sentiment, comme lui, d'incarner la France. Mais je n'ai pas non plus reçu comme lui le sacre de l'Histoire. »

Subitement j'ai envie de revenir à ce qu'il cache, au Giscard des profondeurs, à ce Nautilus nocturne qui descend en lui-même à des profondeurs abyssales là où aucun bathyscaphe ne peut le rejoindre : l'homme secret, solitaire, étonnamment sensible, sous la morgue que certains lui prêtent. À cette vie affective qu'il dissimule sous l'armure sociale bien huilée et qui perce dans son livre *Le Pouvoir et la Vie*. Je lui demande : « Est-ce que vous aviez bien mesuré le degré de souffrance que vous auriez à affronter en entrant dans la politique ? — Non. » Ce simple « non » claque dans la pièce comme une détonation dans le silence de la steppe africaine. Une détonation suivie d'un lourd silence. Ce « non » sans explication reste entre nous avec son cortège de non-dits. Et je vois défiler dans cette vie d'homme si exposée, la plus exposée qui soit, tout ce qui pour lui a pu être matière à souffrance.

Je parle d'autre chose. Puis je reviens à ce sujet qui chez lui me passionne parce qu'il est le moins visible. Je l'interroge sur ses sentiments après son échec de 1981 devant l'attitude des Français. « Si le monde politico-médiatique m'a souvent été hostile, pour les Français c'est différent. Mes relations avec eux ont toujours été bonnes. Bien sûr, ils n'aiment pas les vaincus. Ils se précipitent chez le vainqueur. C'est de tout temps. Un jour, Mitterrand m'a confié qu'il hésitait à se représenter : "J'ai vu ce qui vous est arrivé et c'est trop dur." » Giscard se tait. Il reprend, songeur : « C'est vrai, c'est dur. »

Deux heures ont passé, bien d'autres sujets ont été abordés. Nous nous levons. Il s'approche de la fenêtre et sourit : « Vous savez, il m'arrive quelque chose de très important et de très agréable aujourd'hui : je n'ai plus besoin de plaire. Vouloir plaire, c'est plutôt dégradant car cela consiste à se déterminer en fonction de la demande des autres. Et la démarche de plaire, c'est la nécessité actuelle de la politique. » Je lui lance : « N'est-ce pas la fin de la politique de la vérité ? » Il hoche la tête : « Je crains que oui. »

Il me raccompagne à la porte. Jamais Giscard n'a été plus séduisant que depuis qu'il ne veut plus plaire. J'ai une autre question à propos de la souffrance. Une citation que je ne retrouve pas dans *Le Pouvoir et la Vie*. Tout de suite il devine ce que je cherche : « Vous voulez parler de la phrase de Madame Louise, la fille de Louis XV, qui écrivait sur les murs du Carmel où elle s'était retirée : "Souffrir passe, avoir souffert ne passe pas" ? »

Cette citation, je sens qu'il l'a longuement méditée. Elle pourrait être placée comme l'exergue invisible de sa vie. Sous une énergie et une confiance que rien n'abat.

Sous la Coupole : Giscard à la torture

Enfin arriva l'heure où Hélène Carrère d'Encausse me confia la mission hautement délicate de recevoir Giscard sous la Coupole. Exercice flatteur pour moi mais périlleux. Sans doute Giscard aurait-il souhaité être reçu par un autre que moi : à l'évidence je ne présentais pour lui aucune des qualités requises pour l'accueillir avec la dignité due à son rang. Peut-être même étais-je le dernier dans la liste de ses souhaits ou le premier dans la liste de ceux qu'il appréhendait dans ce rôle. Il dut se sentir frustré : un personnage fameux lui eût mieux convenu. Mais il dut s'incliner. Je sentis tout au long de mon discours qu'il écoutait d'un air crispé qu'il tentait de faire contre mauvaise fortune bon cœur. Après tout même les cadors reçus aux grands concours ont droit à un bizutage. Il trouvait néanmoins la potion amère. Il me le témoigna par la suite en refusant que son discours soit publié en même temps que le mien. Ce qui est pourtant un usage immémorial à l'Académie. Je ne lui en voulus pas : peut-être aurais-je été moi aussi irritable si j'avais été président de la République. N'ayant jamais respiré à cette hauteur-là, je ne peux pas me prononcer. Le plus cocasse, c'est que dans la très intéressante biographie que lui a consacrée Éric Roussel, le chapitre relatant son entrée à l'Académie est amputé de cet épisode croustillant. Nulle mention n'est faite de mon intempestif discours. Giscard, dans le plus pur style soviétique, l'a gommé de sa biographie comme il aurait bien voulu l'effacer de sa mémoire. Quelle drôle de relation ce président a décidément avec la vérité !

Enfin voici les roulements de tambour de la garde républicaine, la Coupole est pleine à craquer, toute la Giscardie est au garde-à-vous, je prends la parole du haut de la tribune et je m'adresse à Lui. Au premier rang Raymond Barre s'endort. Il ne s'éveillera que grâce à un coup de coude de Mme Barre lorsque j'évoquerai son ministère. Je commence et ma voix résonne dans le silence de l'auguste Coupole devant un Giscard résigné au pire :

Monsieur,

Vous avez été brillamment élu dans notre Compagnie : vous avez obtenu seize voix de plus que Balzac. Voilà de quoi vous rassurer, ou peut-être vous inquiéter. Cette inquiétude, si vous l'aviez, nous ne la partageons pas. Car, depuis qu'elle existe, l'Académie a tenu à ne jamais éclaircir le mystère de ses choix. Aussi les individualités qui la composent, venues des horizons les plus divers, sont-elles incomparables, dans toutes les acceptions du terme.

On nous a parfois soupçonnés de montrer plus d'empressement envers les grandeurs d'établissement qu'à l'égard des écrivains. Ce soupçon est loin d'être infondé. Il est même parfaitement justifié. Les scrutins l'attestent. Les Premiers ministres, les maréchaux de France, les ducs et pairs n'ont pas eu à patienter longtemps dans notre antichambre, contrairement à certains poètes, talentueux certes, mais dont la réputation laissait un peu à désirer. Avec les poètes, on ne sait jamais. Ils ne marchent pas aux canons comme les maréchaux : ils sont incontrôlables. Et si l'Académie adore les poètes, elle n'a jamais beaucoup aimé l'aventure. Son goût la porte aux gens rangés. Aussi préfère-t-elle les écrivains policés plutôt qu'à l'état sauvage : Heredia et non Verlaine, Régnier et non Pierre Louÿs, Valéry plutôt que Rimbaud.

Ce préambule n'a pas pour objet de sacrifier à la repentance, mais de mettre en lumière une vérité trop souvent méconnue : l'Académie française, contrairement à l'idée reçue, n'a pas pour but de rassembler exclusivement en son sein les meilleurs écrivains d'une époque, mais de mêler un certain nombre d'entre eux à ceux qui ont honoré la France. Et particulièrement ceux qui l'ont servie. C'est à plus d'un titre votre cas.

C'est ainsi, Monsieur, qu'après avoir été le premier des Français, vous voici devenu l'un des quarante.

Il y a dans votre présence ici, aujourd'hui, une évidence ; une évidence qui, si elle n'est pas apparue à tout le monde, est néanmoins patente. On pourrait croire que le pouvoir et la littérature sont des lignes parallèles qui ne se rencontrent jamais. Mais justement, parce que nous sommes en France, elles se croisent toujours. Sans peut-être le savoir, vous veniez vers nous comme nous venions vers vous. La France est en effet le pays le plus littéraire qui soit au monde. À côté du pays réel, du pays légal, elle a constitué une patrie imaginaire, riche de toutes les alluvions du rêve et de l'art, où pouvoir et littérature sont inextricablement liés, tissés, pourrait-on dire, dans la même étoffe. À la fascination pour le pouvoir de Chateaubriand, de Hugo, de Lamartine, répond l'enthousiasme pour l'art d'écrire et pour les écrivains d'un Napoléon, d'un Blum, d'un de Gaulle. La plume et le sceptre ont écrit en France bien des pages d'une histoire commune. Il n'est pas un Français qui ne soit fier d'appartenir à un pays construit autant par Voltaire que par Richelieu, autant par Rousseau que par Bonaparte, tous créateurs ou inspirateurs d'institutions et de rêves devenus des lois.

Vous êtes, Monsieur, célèbre en France et en Europe, connu dans le monde entier. Votre portrait a orné toutes les mairies de France pendant sept ans. Vous êtes depuis quarante ans un des acteurs majeurs de la vie politique. Votre personnalité appartient au paysage familier des Français. Et pourtant, on serait tenté de vous poser la question : qui êtes-vous ? À quelle zone souterraine de l'âme avez-vous puisé votre inspiration ? Une part de l'intérêt que l'on vous porte s'explique par ce sentiment de mystère qui vous entoure. Ce mystère qui, s'il irrigue tout destin d'exception, vous rend parfois le plus clair des énigmatiques.

Cette énigme qui touche à votre personne a suscité tant de jugements contradictoires sur vous, sur votre action, qu'on ne peut l'escamoter. Voudrait-on ne s'en tenir qu'à votre œuvre politique, ce serait impossible tant votre personnalité l'irradie, lui donne son sens, son originalité. Rarement un septennat aura été autant marqué par le caractère du président de la République. Aussi étudier l'homme que vous êtes pour comprendre la politique que vous avez conduite est-il une nécessité qui ne relève nullement, comme l'a noté l'éminent politologue, notre confrère René Rémond, du « psychologisme de bazar ». Et, si on a pu parler à propos de De Gaulle de « pouvoir personnel », il faut convenir que vous avez introduit une autre conception : celle du pouvoir personnalisé.

C'est donc dans votre personnalité qu'il faut rechercher le nœud de ce qui a pu apparaître parfois comme une ambivalence, voire une contradiction. En effet, si vous êtes toujours resté fidèle au mode de vie du milieu conservateur dans lequel vous avez été élevé, votre état d'esprit vous a conduit à être un réformateur. Un réformateur radical et audacieux au point que l'historien Serge Berstein a pu qualifier votre action, pendant votre septennat, de « révolution manquée ».

Vous tirez vos origines d'une de ces dynasties bourgeoises qui ont constitué dans la société française une sorte d'aristocratie républicaine. Les Giscard, comme les François-Poncet, les Georges-Picot, les Fabre-Luce, ont fait partie de ces familles patriciennes nées avec la IIIe République, qui, en s'apparentant à l'ancienne aristocratie et à la bourgeoisie industrielle, ont constitué une élite orgueilleuse et entreprenante. Elles accumulent les conquêtes sociales comme autant de quartiers de noblesse. Ces familles donnent à la République nombre d'ambassadeurs, d'inspecteurs des finances, de grands administrateurs et, parfois, à l'Église, un prêtre, comme pour manifester que le mérite peut avoir un prolongement dans l'Au-Delà.

Votre père, Edmond, descend d'une vieille souche auvergnate de protestants de Marvejols, convertis à l'époque des camisards. Il incarne superbement des valeurs familiales faites de travail, d'ambition, d'austérité, assorties d'un certain goût pour les ornements sociaux et les distinctions. Sorti premier de l'Inspection des finances, grièvement blessé en 1916, il sera nommé directeur des finances du Haut-Commissariat français en Rhénanie. Ce qui explique votre naissance à Coblence, le 2 février 1926. Edmond Giscard, qui relèvera avec son frère René le patronyme des d'Estaing, poursuivra une brillante carrière dans l'administration, puis dans le privé où il sera administrateur de nombreuses sociétés. Homme cultivé, il a écrit plusieurs ouvrages, notamment un *Essai sur la monarchie de soi-même*, et sera membre de l'Académie des sciences morales et politiques.

Certes, votre père était maire de Chanonat où il avait acquis le château de Varvasse, mais c'est grâce à son mariage avec May Bardoux en 1923 que vous allez bénéficier dans votre ascendance d'une famille à la forte hérédité politique. Deux générations de Bardoux ont en effet régné politiquement sur le Puy-de-Dôme et Clermont-Ferrand. Votre arrière-grand-père, Agénor Bardoux, bâtonnier puis maire de Clermont-Ferrand, député, ministre de l'Instruction publique, laissera une marque profonde dans la région. Vous garderez de lui, par superstition ou par piété familiale, la fameuse pendule qui deviendra un ornement de votre table de travail à l'Élysée. Votre grand-père, Jacques Bardoux, sénateur puis député, jouera également un rôle important dans le Puy-de-Dôme. Par son épouse vous descendez en ligne directe de Jean-Pierre de Montalivet qui deviendra l'un des ministres de l'Intérieur de Napoléon Ier, et de son fils Camille qui sera ministre de l'Intérieur de Louis-Philippe.

C'est de May, votre mère, que viendra l'influence la plus déterminante. Cette femme, douée de grandes qualités d'intelligence et de cœur, vous éclaire de toute la force d'un amour absolu. C'est elle qui vous apprend à lire, elle qui, par son affection inconditionnelle, vous donnera cette force indomptable que Freud évoque à propos de la jeunesse de Goethe.

Quand votre mère parle de vous, c'est avec des superlatifs et un enthousiasme qui certainement vous protégeront contre les périls, contre le démon du doute et la défiance de vous-même. Le jour où vous êtes élu président de la République, elle exprime sa fierté avec des mots merveilleux. Je la cite : « J'ai toujours cru en lui dès le premier moment où je l'ai porté dans mes bras alors qu'il venait de naître. »

Avec une telle mère, un tel contexte familial, une telle hérédité de talents, comment ne pas être condamné à réussir ?

Très vite commence la liste impressionnante de vos succès. Scolaires, d'abord : brillantes études à Janson-de-Sailly, bachot avec mention. Puis vous préparez l'entrée aux grandes écoles, à Louis-le-Grand.

Mais, à dix-huit ans, interrompant ces études, vous vous engagez avec votre cousin François dans la 1re armée du général de Lattre de Tassigny, au 2e régiment de dragons. Votre char, le Carrousel, sera le premier à entrer dans la ville de Constance. Cité à l'ordre de l'armée, vous recevez la croix de guerre avec étoile de vermeil et la Bronze Star Medal.

Rentré à Paris pour le 14 juillet 1945, vous participez à la fête à votre manière, en subtilisant avec un camarade une jeep de l'armée américaine qui vous a tentés. Cet emprunt vous vaudra d'être arrêté par la police militaire et de passer deux jours à la prison des Invalides. Si j'insiste un peu sur cette incartade vénielle pour un homme qui vient de se comporter avec courage, c'est que, dans votre carrière, ce sera vraiment la seule.

Vous reprenez vite le cours des choses sérieuses : vos études. Reçu à l'École polytechnique, vous en sortez dans la botte et entrez à l'Ena qui vient d'être créée. Vous en sortirez inspecteur des finances dans la promotion baptisée « Europe ». Quel présage ! Après un passage dans le cabinet d'Edgar Faure, vous décidez de prendre votre envol politique, profitant du siège de député laissé vacant dans le Puy-de-Dôme par votre grand-père, Jacques Bardoux. Secrétaire d'État aux Finances, vous devenez bientôt ministre de l'Économie et des Finances. Nous sommes en 1962 : vous avez trente-six ans. Les quatre années que vous passerez à ce ministère seront marquées par la création de la TVA et par le plan de stabilisation, voulu par de Gaulle, qui met fin à l'inflation. Vous qualifierez cette époque comme la plus heureuse de votre existence. Non reconduit à ce poste en 1966 par Georges Pompidou, vous en éprouvez de la tristesse et un peu d'amertume. Vous retrouverez ce ministère en 1969 dans le gouvernement de Chaban-Delmas et le conserverez cinq ans, jusqu'à votre élection à la présidence de la République. Entre-temps, en 1962, vous avez créé le Mouvement des républicains indépendants et les clubs Perspectives et Réalités. Tout cela vous pose comme un des personnages qui, selon la formule employée à votre égard par le général de Gaulle, « promet beaucoup pour la République ».

Un jour qu'adolescent vous aviez demandé à votre mère, au cours de la cérémonie familiale de la tasse de thé : « Aurais-je un bel avenir ? », celle-ci avait répondu : « Je te le dirai le jour où je verrai ta femme. »

Vous vous êtes marié le 23 décembre 1952 avec une jeune fille qui comble les vœux de votre mère. D'une famille très comparable à la vôtre, Anne-Aymone Sauvage de Brantes est alliée aux Schneider et à Alfred Fabre-Luce. Son père, qui fut un grand résistant, a été déporté et est mort à Mauthausen. Vous aurez quatre enfants, deux garçons qui ont des prénoms de rois de France, Henri et Louis, et deux filles, Valérie-Anne et Jacinte.

Arrêtons-nous un instant sur l'homme que vous êtes alors. D'une jeunesse insolente, d'une intelligence prodigieuse, d'un brio étincelant, le monde politique n'est pas loin de porter sur vous le jugement de votre mère… la tendresse en moins. Mauriac vous observe avec ce frémissement qu'il porte aux Rastignac, à la jeunesse, à ses promesses. Parfois, il vous égratigne. Déjà dans *Le Figaro Littéraire* ! Je le cite : « Ce qui intéresse Giscard, c'est d'Estaing ; ce qui intéresse d'Estaing, c'est Giscard. » Mais c'est pour mieux user du compliment car vous le fascinez. Il revient souvent, comme vers une énigme, vers votre personnage qui réveille en lui « ce petit Bonaparte que nous avons tous été à vingt ans ».

Même François Mitterrand semble pressentir qu'il aura désormais un adversaire à sa mesure. Rien n'est plus intéressant que les jugements qu'il porte alors, qui vont au-delà de la passion politique. Il voit en vous « l'un des deux ou trois premiers orateurs parlementaires des vingt dernières années ». Il écrit encore dans sa chronique de *L'Unité* : « Giscard échappe, je ne sais comment, au galimatias de ses pairs. J'ai vécu sa présentation du budget 1971 comme un chef-d'œuvre. »

Tout le monde pense que la magistrature suprême fait partie de votre destin. Vous excepté, paraît-il. Vos évangélistes nous révèlent cependant qu'après une visite guidée de l'Élysée par le général de Gaulle qui vous aurait dit que vous seriez sans doute un jour l'hôte de ce palais, l'idée d'être candidat a plus d'une fois trotté dans votre tête.

Votre personnalité s'impose, faite de rigueur, de logique, de clarté et de rationalité. Vous êtes un libéral, un modéré, un centriste qui n'aime pas ruer dans les brancards. Vous ne laissez rien au hasard. Vous n'êtes pas du genre « Levez-vous, orages désirés ». Cet impeccable esprit de géométrie peut donner l'impression d'une certaine rigidité, ainsi qu'une apparence de hauteur et de condescendance n'aimant ni l'aventure ni les conflits, vous appréciez l'ordre dans un monde rangé qui ne prend pas au dépourvu. Déjà, vous voulez absorber les chocs et les tensions par votre méthode : le consensus. Modéré politique vous êtes, mais aussi Modéré philosophique : vos deux admirations, Confucius et Poincaré, font de vous un homme du juste milieu.

À cette époque, vous incarnez l'avenir, le changement. Vous avez beaucoup appris de De Gaulle que vous admirez, même si, déçu par votre éviction, il vous arrive d'avoir avec lui des désaccords politiques qui commenceront par le « oui, mais », se poursuivront avec la dénonciation de « l'exercice solitaire du pouvoir » pour s'achever avec votre refus d'approuver son référendum de 1969 ; une position d'abstention qui vous rangera cependant pour certains gaullistes dans le camp du non et qui fera dire à François Mauriac que vous avez fourni à de Gaulle l'occasion « de se suicider en plein bonheur ».

Certes, on vous reproche votre distance envers vos semblables et, en même temps, on critique les efforts que vous faites pour avoir l'air plus humain : l'accordéon, le pull-over.

On vous regarde comme un Mozart de la politique. Car vous avez toutes les qualités. Toutes… sauf une. En effet, au milieu des fées qui se sont penchées sur votre berceau – Dieu sait qu'elles étaient nombreuses et efficaces –, il s'est glissé une fée Carabosse ou plutôt un petit démon, un elfe, un ludion, un succube, un de ces personnages insaisissables que, dans les légendes juives, on appelle un Dibuk. Ce Dibuk vous jouera des tours, surgissant au beau milieu de vos succès, il les assombrira, tout comme il dénaturera certaines de vos intentions. Ce Dibuk a une traduction dans l'un de vos défauts que vous vous concédez, bien que vous ne soyez pas outrageusement porté à l'autocritique : l'absence de psychologie. Vous vous trompez rarement dans vos analyses, il vous arrivera de vous tromper sur les hommes.

Vous voilà donc armé de pied en cap pour la grande aventure. Elle arrive plus vite que prévu. Georges Pompidou meurt le 2 avril 1974. Candidat à l'élection présidentielle, vous affrontez les électeurs avec une image, celle de la modernité, un projet, la société libérale avancée, un slogan, le changement sans risque, et quelques belles formules comme : « Je voudrais regarder la France au fond des yeux. »

Vous voilà président de la République à quarante-huit ans. On assiste à un extraordinaire mouvement de liesse chez les Français, comme si vous étiez porteur des temps nouveaux de la modernité qui allait abolir les vieux clivages et transcender l'archaïque opposition entre gaullistes et communistes.

La France s'éveille avec un nouveau président qui ressemble à Gary Cooper et dont le style rappelle celui de Kennedy. Dans l'euphorie fiévreuse de la victoire, vous vous exclamez : « De ce jour date une ère nouvelle dans la politique française. »

Les Français qui vous ont porté au pouvoir, s'ils sont satisfaits d'avoir acquis des institutions stables, n'ont pas trouvé un modèle de société qui les satisfasse. Les aspirations nouvelles qui sont apparues en Mai 68 n'ont pas trouvé de traductions sociales et politiques. L'échec du référendum de De Gaulle et le torpillage du gouvernement de Jacques Chaban-Delmas ont empêché la naissance d'une nouvelle société. Il existe un malaise, une frustration qui s'expriment dans la France à la fois chansonnière et contestataire de Coluche, de Thierry Le Luron, de *Charlie Hebdo*, de Reiser, de Wolinski, de Cabu. La menace d'un autre Mai 68 vous inquiète. Cela expliquera en partie votre fringale de réformes. Votre politique va viser à conjurer cette menace par un autre style plus adapté aux temps nouveaux : ce que vous appelez la décrispation. Vous choisissez un Premier ministre plus jeune que vous, Jacques Chirac, et il forme un gouvernement qui comporte beaucoup d'hommes qui vous suivent depuis longtemps : Michel d'Ornano, Michel Poniatowski, Jean-Pierre Fourcade, René Haby ; quelques gaullistes et des personnalités, comme Jean-Jacques Servan-Schreiber et Françoise Giroud, venues de la société civile, de sensibilité plus progressiste et qui ont toujours marqué leur sympathie pour la gauche et leur hostilité au général de Gaulle. Ce gouvernement, qui symbolise une ouverture, ne traduit pas la composition de votre majorité. Aussi le journaliste Pierre Thibon a-t-il pu parler dans *Le Figaro* de « dissolution officieuse ». Car vous choisissez de ne pas dissoudre l'Assemblée nationale comme on vous le conseille, notamment votre ami l'historien Arthur Conte, afin d'avoir une majorité plus conforme à vos vœux. Un choix en accord avec votre conception politique qui est de ne pas interrompre le mandat des Assemblées mais qui se révélera lourd de conséquences. Les politologues, aujourd'hui encore, considèrent qu'il s'agit là d'une des clés de votre septennat.

Tout de suite, vous entreprenez une vaste politique de réformes. Leur importance et leur nombre sont impressionnants. Trente ans après, on peut apprécier leur efficacité et aussi leur indéniable nécessité qui n'étaient pas alors forcément visibles. On mesure aujourd'hui à quel point elles ont modifié notre paysage institutionnel et apporté une humanisation dans le domaine des mœurs. Ces réformes apparaissent comme une œuvre incontestable. Leur caractéristique, c'est l'inspiration qui les sous-tend : aller vers plus de démocratie, plus de libéralisme et faire entrer de plain-pied notre pays dans le monde moderne. On y trouve également votre marque qui est de vous attacher dans le même moment à l'essentiel et au détail, à la voûte et à la menuiserie. Ces réformes ont constitué un tournant dans la Ve République car, comme le remarque avec justesse le professeur de droit Jean-Pierre Dubois, elles sont issues de la conjonction d'un projet novateur et d'un contexte contraignant. On assiste donc à ce paradoxe : le giscardisme, souvent critiqué, continue de nous régir par les changements qu'il a opérés. On peut même dire qu'il a laissé des traces profondes et un parfum que l'on retrouve dans les mœurs politiques d'aujourd'hui, où l'on est passé de la décrispation à la décontraction. C'est également une leçon à méditer pour les réformateurs actuels qui voient leurs lois tantôt contestées comme dommageables, tantôt repoussées par le corps social. Ces réformes qui touchent tant de domaines, on ne peut les citer toutes. Je me contenterai d'évoquer les principales, même si leur énumération peut avoir des airs de litanie.

D'abord, pour signifier de manière symbolique un changement de style, l'injure au chef de l'État cesse d'être un délit. Une mesure qui porte la marque de votre idéalisme et qui ne vous vaudra aucune reconnaissance.

Élargissement de la saisine du Conseil constitutionnel, changement capital dont même le susceptible Michel Debré admet dans ses Mémoires le caractère positif.

Abaissement de la majorité à dix-huit ans.

Loi qui humanise le divorce en introduisant la notion de consentement mutuel.

Généralisation de la Sécurité sociale à tous les Français.

Revalorisation du travail manuel.

En matière d'éducation, la réforme Haby crée le collège unique.

Réforme de l'ORTF : création de TF1, d'Antenne 2, de FR3, de Radio France, de la SFP, de TDF ainsi que de l'Institut national de l'audiovisuel. Les organismes de radio et de télévision cessent, selon votre expression, d'être la voix de la France.

Loi « Informatique et libertés ».

Création d'un secrétariat d'État à la Qualité de la vie qui protège la nature et vise à endiguer l'urbanisation.

Loi « Sécurité et liberté » défendue par Alain Peyrefitte, réforme d'une autre inspiration puisqu'elle tente de rassurer une opinion publique inquiète des progrès de l'insécurité.

Création d'un nouveau statut de Paris qui sera dotée d'un maire. Vous évitez la destruction de la gare d'Orsay et jetez les bases d'un grand musée du XIXe siècle. Vous évitez à Paris nombre de destructions qui étaient prévues. Vous créez la Cité des sciences et de l'industrie de la Villette.

Vous prenez des mesures en matière d'immigration pour favoriser le regroupement familial, objectif humanitaire dont vous reconnaîtrez que l'application ne fut pas heureuse.

Non seulement vous créez un secrétariat d'État à la Condition pénitentiaire, mais vous vous rendez vous-même dans les prisons, ce que n'avait jamais fait un chef de l'État.

Vous prenez enfin un grand nombre de mesures en faveur des femmes. Création d'un Secrétariat d'État à la Condition féminine conduit par Françoise Giroud. La contraception devient libre et gratuite. Mais c'est avec la loi sur l'interruption volontaire de grossesse, défendue avec tant de noblesse, de courage par Simone Veil, que vous manifestez votre résolution et votre indépendance politique. En effet, chrétien vous-même mais à la tête d'un État laïc, vous choisissez de braver votre majorité, votre électorat qui se hérisse, pour venir en aide à tant de jeunes femmes victimes d'un calvaire secret. Grâce à vous, elles sont arrachées à la honte, à une situation d'autant plus tragique qu'on sanctionne sévèrement leur malheur. Décision philosophique politiquement grave qui vous vaudra quelques haines inexpiables.

Enfin, vous instituez à l'Assemblée les questions d'actualité. Aujourd'hui, elles semblent là de toute éternité.

Sans doute votre boulimie de réformes ne s'arrêterait-elle pas là si vous ne connaissiez des remous dans votre majorité. Éternelles divisions des droites. Celles-ci se révéleront particulièrement vives à propos de la mesure que vous prendrez de taxer les plus-values.

Le gouvernement de Raymond Barre succède à celui de Jacques Chirac. La situation économique, la lutte contre l'inflation et le chômage, né de la crise qui s'ouvre après le choc pétrolier et la fin des Trente Glorieuses, va alors, avec la politique étrangère, requérir votre attention.

L'Europe est bien sûr l'objet d'une préoccupation particulière. C'est la première fois qu'un Européen convaincu accède à la magistrature suprême. Soutenu par le chancelier allemand Helmut Schmidt avec lequel vous entretenez des relations amicales, vous relancez le processus européen. Vous allez, par plusieurs mesures, bouleverser l'architecture de la Communauté : vous contribuez à créer le Conseil européen qui permet aux chefs d'État et de gouvernement des neuf pays membres de la CEE de se réunir au moins trois fois par an pour un examen des dossiers communautaires. Et vous faites adopter le principe de l'élection au suffrage universel des députés au Parlement européen. Jean Monnet reconnaîtra que l'institution de ce Conseil européen a été la création la plus importante après le traité de Rome. C'est en effet ce Conseil qui décidera en 1978 la création du Système monétaire européen, de l'ECU, et la suppression des montants compensatoires. Vous soutenez la candidature de la Grèce, de l'Espagne et du Portugal dans la Communauté. La désignation de Simone Veil comme premier président de l'Assemblée européenne à Strasbourg concrétisera l'influence et l'action de la France. Le rôle décisif que vous jouerez dans la construction européenne vous vaudra plus tard d'être désigné comme président de la Convention qui proposera une Constitution pour l'Europe. Dans ce domaine, qui réunit à la fois votre réflexion et votre passion, vous aurez vraiment fait œuvre de visionnaire.

Cette politique européenne audacieuse ne sera pas sans susciter des tiraillements dans votre majorité, de la même manière que votre rapprochement avec les États-Unis vous fera taxer d'atlantisme. En matière de politique internationale, vous continuez dans ses grandes lignes la politique instaurée par le général de Gaulle tout en restaurant et en approfondissant le dialogue franco-américain. Vous menez avec l'Union soviétique une politique d'apaisement en rencontrant Brejnev à Moscou. Enfin, vous poursuivez une active politique africaine, marquée par de nombreuses interventions dont la plus courageuse sera celle de Kolwezi où, prenant beaucoup de risques, vous sauverez un grand nombre de Français et de Belges condamnés à une mort certaine. Par vos initiatives à la convention de Lomé, vous jetez les bases d'une coopération euro-africaine. Avec les accords d'Helsinki, le respect des droits de l'homme et celui des pays à l'autodétermination est concrétisé.

Mais ce septennat commencé dans la liesse va bientôt connaître ses revers et ses ombres.

Le style décontracté que vous avez imposé en refusant de porter le collier de grand maître de la Légion d'honneur, en vous rendant à pied à l'Élysée après votre élection ; vos initiatives de rencontrer les Français chez eux, de prendre un petit déjeuner à l'Élysée avec des éboueurs maliens, tout cela va être allègrement brocardé. Ces critiques vous viennent de toutes parts, même de vos amis, comme Raymond Aron qui parle, à votre propos, de l'alliance d'une pensée orléaniste et d'un style bonapartiste. Une des composantes de votre majorité ne vous épargne pas. Un canard s'est enchaîné à vos pas pour vous moquer. Certes, ce désir de vous rapprocher des Français est louable. Mais votre personne, pour des raisons à la fois claires et mystérieuses, irrite certains. Toujours le Dibuk ! Le jeune président porté sur un pavois et couronné de fleurs devient un saint Sébastien de l'Élysée. Tout le monde y va de sa flèche, tel Jean-Edern Hallier qui possède un carquois bien rempli.

C'est dans ce climat délétère qu'éclate l'affaire des diamants. On vous attaque là où vous n'aviez jamais offert la moindre prise : votre probité, votre honnêteté. Vous vous défendez mal. On vous reprochera le mépris que vous imposez aux insultes comme la marque d'une hauteur monarchique. Subitement, votre image va se ternir : le réformateur généreux sera oublié pour laisser la place à l'image caricaturale d'un monarque capricieux, dandy et infatué. Vous, le grand communicateur, vous vous emmurez dans le silence.

Pour le sentimental que vous êtes, cette désaffection de l'opinion, bien évidemment, vous atteint. Vous n'avez pas un cœur de pierre. Vous avez le sentiment que le monde vous échappe, que cet irrationnel, que vous avez toujours conjuré par votre intelligence, vous rattrape et vous vous trouvez aussi désarçonné que de Gaulle par l'irruption de Mai 68.

La campagne des présidentielles, loin de ramener les Français aux vrais problèmes, ne fait qu'envenimer les choses. Elle exalte les passions. Sans ce climat moral détestable, auquel s'ajoutent les divisions de la droite, votre candidature se présenterait bien.

Pourtant, c'est l'échec. François Mitterrand est élu. Vous faites vos adieux à la télévision en mettant en scène un scénario théâtral un peu funèbre. Vous étiez entré sept ans plus tôt à pied à l'Élysée sur un sol jonché de pétales de roses, vous en sortez de la même manière, mais sous les huées.

Le conte de fées s'est mué en cauchemar. Et vous n'êtes qu'au début de vos épreuves. Jacques Fauvet, dans *Le Monde*, écrira de manière très injuste à propos de votre défaite qu'il s'agit, je le cite, de la victoire « de tous ceux qui, las d'un pouvoir à court d'idées, aspiraient au changement. Cette victoire, poursuit-il, c'est enfin celle du respect sur le dédain, du réalisme sur l'illusion, de la franchise sur l'artifice, bref, celle d'une certaine morale ».

Jean d'Ormesson, qui est de vos amis et qui n'est pas suspect de vous avoir jamais été défavorable, dira « Giscard a fait battre nos idées sur sa personne », signifiant ainsi que c'est la caricature de votre personne, et non votre politique, qui vous a valu votre défaite ; défaite toute relative puisque vous avez obtenu plus de 48 % des voix et que près de quinze millions d'électeurs vous sont restés fidèles.

C'est l'exil de la gloire. Napoléon avait connu Sainte-Hélène. Pour vous, ce sera Chanonat. Vous apprenez à devenir un Français comme les autres : vous apprenez le chinois, vous vous passionnez pour les volcans, vous vous présentez aux élections cantonales.

En réalité, vous êtes beaucoup plus atteint par votre échec qu'on ne l'imagine. Plutôt que d'échec, il faudrait parler d'une remise en cause. Vous éprouvez un sentiment d'injustice. Vous décrirez dans *Le Pouvoir et la Vie* ce que vous ressentez. Vous ne pouvez plus lire votre nom dans les journaux, vous êtes devenu d'une sensibilité exacerbée. Le voile noir de la dépression vous enveloppe. Votre épouse, qui a toujours été présente avec charme et discrétion dans vos succès et qui vous soutient dans l'adversité, évoque un jour devant vous les enfants frappés par l'autisme. Soudain, vous vous apercevez que vous ressentez tous les symptômes de cette maladie de l'âme. De ce chapitre sombre de votre vie politique, vous avez tiré de belles pages de votre œuvre littéraire.

Vous revenez à l'Auvergne où vous allez gravir à nouveau les échelons de la vie politique, la députation et jusqu'à la présidence du conseil régional. Mais, surtout, il y a cette passion pour les volcans ! Elle intrigue. On se demande si, à travers les volcans endormis que vous auscultez, ce n'est pas l'amour des Français que vous souhaiteriez voir se réveiller, comme dans la chanson de Brel *Ne me quitte pas*. Mais ce volcan-là ne se réveillera pas. C'est par les mots, par les idées que vous poursuivrez votre règne sur les esprits et sur les cœurs qui vous sont restés attachés.

Avant d'aborder l'essayiste, le mémorialiste que vous êtes, il est nécessaire de se pencher sur votre conception politique, ce qu'on appelle le giscardisme. Rien n'est plus topique à cet égard que de l'éclairer à la lumière de la grande philosophie politique du XXe siècle qu'a été le gaullisme. Écartons tout de suite les problèmes de personne. Il y a eu entre de Gaulle et vous, de part et d'autre, une vive estime. Même si vous avez pu prendre vos distances avec sa politique, l'homme lui-même vous a inspiré une admiration qui n'a pas varié.

Il y a cependant entre de Gaulle et vous un fossé qui va au-delà des questions de génération, de tempérament et de formation. Nous avons affaire à deux conceptions qui, si elles peuvent trouver des points d'entente, sont néanmoins très distinctes. Distinctes comme le sont les deux courants de pensée auxquels elles s'alimentent : le bonapartisme et l'orléanisme. Bien sûr, ces deux sensibilités ont été réinterprétées par deux hommes d'État très différents à la fois par la personnalité, par le style et la position dans l'histoire.

De Gaulle, à tous les moments de sa vie, s'adosse à l'histoire de France. C'est une philosophie qui n'a rien à voir avec les circonstances.

Vous vous adossez, vous, aux réalités. Vous êtes plus un pragmatique, au sens anglais, un homme qui veut avant tout gérer le possible. Vous êtes un réformateur réaliste, là où de Gaulle est un visionnaire. Cette différence s'explique autant par vos formations et par vos goûts respectifs : de Gaulle est de toutes ses fibres un littéraire, vous êtes un scientifique épris de choses exactes. De Gaulle cherche à exalter l'âme de la France, il puise son inspiration dans les rêves qu'il nourrit pour elle. Vous croyez, vous, à une France objective dont le corps est malade et qu'il s'agit de soigner.

De Gaulle tient du chaman, du prophète, il pactise avec l'irrationnel, il se ressource dans ces zones où la mystique rejoint la politique et la porte à travers les ombres vers la lumière. D'où sa passion pour Jeanne d'Arc.

En tout, vous avez voulu agir raisonnablement. Alors qu'il y a un grain de folie chez de Gaulle : on n'imagine pas à votre droite, au Conseil des ministres, un écrivain aussi génial et aussi incontrôlable que le fut Malraux. En choisissant Michel Guy, remarquable ministre en tout point estimable, vous choisissez un spécialiste, non un oracle.

Enfin, vous croyez surtout au pouvoir de l'intelligence. Vous avez cru qu'elle pouvait être l'arme secrète pour conjurer les passions. Il y a en vous un idéalisme de l'intelligence, comme si, grâce à elle, l'humanité pouvait abdiquer ses passions nocives. Raymond Aron l'a écrit, vous ne croyez pas que l'histoire est tragique. De Gaulle a intégré la passion dans son projet politique. C'est elle qui l'insuffle, l'entraîne, lui fait renverser les montagnes. D'ailleurs, François Mitterrand, qui l'emporte sur vous, montre que l'enjeu n'a qu'un rapport lointain avec l'intelligence : c'est la victoire d'une fièvre confuse, irrationnelle, d'une passion rose et rouge qui saccage vos plans ordonnés et substitue la passion à la raison, le rêve à la réalité. Que valent la plus belle intelligence et un programme réaliste face à cette incantation envoûtante : changer la vie ?

Aussi le giscardisme, pour en venir à lui, tel qu'il s'exprime dans un de vos maîtres livres, *Démocratie française*, est-il une exhortation à l'apaisement politique par l'intelligence, un appel à substituer le dialogue au conflit, la négociation à la lutte. Cette inspiration qui vise à conjurer la fatalité de la bipolarisation est à l'opposé de la conception gaullienne du « moi ou le chaos ». D'où votre approche différente des notions d'alternance et de cohabitation ; d'où également des rapports nouveaux avec l'opposition. C'est une vision belle, généreuse et utopique qui porte peut-être en germe, selon certains, votre échec de 1981. Car en pacifiant le paysage par le dialogue, vous faites entrer la politique dans un état d'apesanteur irénique qui ne permet pas le sursaut, le coup de boutoir qui entraîne la victoire. En prônant l'œcuménisme en politique, vous vous condamnez à ne plus pouvoir rendre les coups que vous recevez.

Cela ne veut pas dire que le giscardisme soit une philosophie platonique qui ne donne pas de résultats. Loin de là. Même si vous avez dit que votre maître à penser était Confucius, le sage qui apaise les tempêtes et désarme les conflits, le giscardisme ne s'est pas contenté d'être un humanisme, il a été une action, il a aidé à dédramatiser et à détendre les mœurs politiques et, de ce point de vue, son influence dure toujours. Est-il adapté au tempérament français ? N'est-il pas une importation des mœurs politiques anglaises ? Vous vous pencherez longuement sur cette question dans *Les Français. Réflexions sur le destin d'un peuple*, votre enquête sur la France que vous entreprendrez après avoir lu l'historien Edmund Burke : on y sent une prédilection pour le tempérament anglais qui met toute sa fougue dans la chasse et dans la guerre et tant de modération en amour et en politique, devenue un jeu civilisé, courtois, qui n'ébranle pas les murs de la maison et ne casse jamais ni la vaisselle ni les vitres. Vous voudriez calmer le jeu en France en administrant des tisanes apaisantes à ce peuple français, tout en éruption, en passion, en sédition, en révolution, en lutte. Tocqueville, l'orléanisme et tous ses penseurs rêveront eux aussi à une France délivrée de sa fièvre révolutionnaire. Vous êtes dans cette ligne. Vos autres ouvrages, comme *Deux Français sur trois*, avaient déjà évoqué, peu ou prou, ce thème qui vous obsède : gouverner au centre avec les modérés, les gens sensés, en expulsant les énergumènes du jeu.

Mais venons-en à votre ouvrage le plus original qui, certainement, fera époque dans l'histoire déjà nombreuse des mémoires de chefs d'État : *Le Pouvoir et la Vie*. Dans ces deux volumes de souvenirs, vous êtes le journaliste de vous-même. Vous conduisez le lecteur dans les coulisses du pouvoir, au cœur des décisions et des rencontres. L'État n'est plus le monstre froid dont parlait Hegel, mais un lieu dont vous vous faites le guide, comme s'il s'agissait des catacombes ou du musée Grévin. Cette désacralisation de la fonction s'accompagne d'une désacralisation de l'homme qui gouverne : vous vous traitez avec sévérité, ne vous épargnant pas, évoquant les plis disgracieux qui montent à l'assaut de votre nombril et même ce que vous appelez votre laideur. Vous conduisez le lecteur aux premières loges du drame de Kolwezi et vous allez jusqu'à lui confier votre émoi sensuel devant les jambes d'une femme qui siège à vos côtés au Conseil des ministres. Enfin, vous vous livrez plus intimement encore en auscultant votre dépression, votre autisme, et c'est un des moments émouvants de cet ouvrage. Dans ce livre, vous nous ouvrez enfin votre cœur : on s'aperçoit qu'il est surtout peuplé par de tendres labradors et par ces somptueuses créatures que sont les grands animaux d'Afrique.

Votre roman, *Le Passage*, est d'une nature plus déroutante. Par son genre même qui n'est pas coutumier aux puissances du monde. Certes, Disraeli, en Angleterre, l'avait pratiqué avant d'être hissé à la première place. Ce roman montre, là encore, votre goût d'être un homme comme les autres, qui chante sa chansonnette si cela lui plaît. Mais, là encore, vous ne serez pas épargné. Dans *Le Figaro Littéraire* – décidément, ce journal ne vous aura pas délivré beaucoup de douceurs –, un article jugeait votre livre sans indulgence. Renaud Matignon comparait irrespectueusement son auteur à « un Maupassant qui aurait fait la connaissance de la comtesse de Ségur, ou à un Grand Meaulnes qui aurait croisé Bécassine ».

Rassurez-vous, Monsieur, vous n'êtes pas le premier de nos protecteurs à avoir reçu de la critique des volées de bois vert. Richelieu lui-même, pour sa tragédie de *Mirame*, et Bonaparte, pour son roman *Clisson et Eugénie*, furent descendus en flammes. Quant à nous, Dieu sait que nous avons eu notre part d'éreintements. Aussi notre compassion vous est-elle acquise. L'Académie est douce aux grands blessés de la critique. Le mystère, c'est qu'elle fait parfois entrer en son sein certains de ses tortionnaires. Je veux parler bien sûr de Sainte-Beuve.

Essayons de définir votre style. Votre plume est directe, élégante, acérée, d'une clarté française. Elle a du mouvement, elle sait débusquer les anecdotes et l'humour. Vos récits ont de l'allant, ils sont vivants. Vous êtes un adepte du petit fait vrai dont vous faites un usage constant comme si vous craigniez la morne plaine des développements abstraits et des récits linéaires. Vos interventions politiques, vos écrits d'essayiste sont de la même eau claire et vive. En revanche, vos images peuvent paraître, elles, plus apprêtées. Les déambulations et les vagabondages littéraires conviennent moins à votre style ; il vous faut aller vers un but, vers une démonstration pour lui donner du muscle et du jarret. Mais, dans votre catégorie, celle des chefs d'État à plume, qu'on peut considérer comme des amateurs hors norme, vous figurez à une place très estimable, très différent de nature et de culture de François Mitterrand, par exemple, mais de qualité et d'intérêt égaux.

Vous êtes, Monsieur, le premier protecteur de l'Académie après Colbert, qui en fit fonction, à avoir désiré siéger parmi ses membres et à y avoir été élu. C'est donc aujourd'hui une date.

Vous arrivez dans notre Compagnie alors que votre carrière a pris un nouvel envol dans cette Europe qui aura toujours été votre passion depuis que, jeune député, vous assistiez au traité de Rome. Après avoir été nommé président de la Convention européenne chargée de préparer la Constitution, vous en avez rédigé le texte qui, adopté par les États membres, sera soumis à référendum l'année prochaine.

Mais où ira l'Europe ? Quelle sera la place faite à la France ? à ses valeurs universelles ? Nul doute que les Français et les Européens attendent que vous soyez encore leur éclaireur.

De la vie publique, vous avez tout connu : l'encens et le fiel, les roses et les épines. Vous ne nous avez pas caché avoir souffert de la dureté des attaques dont vous avez été l'objet. Vous en avez retenu la belle phrase de Madame Louise, la fille de Louis XV, inscrite sur les murs de son couvent : « Souffrir passe, avoir souffert ne passe pas. » Vous trouverez ici, Monsieur, dans ce temple qui n'est peut-être pas encore tout à fait celui de la sagesse, mais des passions en voie d'apaisement, un climat de tolérance et de compréhension. C'est un lieu paisible même si la porte d'entrée vous a paru émettre quelques grincements. Vous pourrez y méditer avec nous sur ce phénomène de l'histoire qui, avec le temps, projette sur ses grands acteurs et sur leur œuvre une lumière sans cesse différente. Les opinions publiques varient. Les passions changent. Les chefs d'État et les écrivains sont soumis aux mêmes opérations chimiques qu'opère la postérité : les détails s'estompent, les lignes de force prennent du relief, une vérité nouvelle peu à peu se fait jour. Nous vous souhaitons, Monsieur, que celle-ci rende justice à ce moment de l'histoire de la France et de l'Europe que vous avez incarné.

On s'interrogera peut-être : que sont devenues mes relations avec l'ancien président après ce discours de réception au fond un peu académique puisqu'il contenait quelques vérités sur l'œuvre littéraire du nouvel académicien ? Nous étions par la force des choses destinés à nous côtoyer chaque jeudi pour les séances à l'Académie. Personnellement j'ai beaucoup d'admiration pour l'œuvre politique de Giscard, je ne conteste nullement sa grande intelligence, mais je ne peux m'empêcher de manifester avec lui un esprit taquin qu'il juge, lui, malséant, et même au bord de l'insolence. Cette opposition de caractère, de sensibilité, d'être nous condamne aux malentendus. Sous une forme ultracourtoise, comme il sied à des académiciens, nous nous livrons sous les augustes voûtes du Quai Conti à des échanges légèrement vinaigrés. Cela m'amuse plus que lui. J'ai l'impression d'être un gamin irrévérencieux – cela me rajeunit – qui joue à tracer des graffitis sur un monument historique. Sauf que le monument historique reste, lui, de marbre. Ce qui n'est pas le cas de Giscard. Aussi ce ne sont pas les anecdotes qui manquent.

Il y a quelques années, j'avais vu à la télévision le film que Patrice Duhamel a consacré à l'ancien président. Il s'y montrait comme toujours en grande forme. Mais quelle n'avait pas été ma surprise de l'entendre dire que le général de Gaulle avait des relations approximatives avec la vérité historique, notamment lorsque, en juillet 1944, il a félicité les Parisiens de s'être libérés du joug allemand et plus généralement les Français d'avoir participé à la libération du territoire. « C'est faux, disait-il, les Français n'ont libéré ni Paris ni le territoire national. » Mon sang n'a fait qu'un tour. Le jeudi suivant, j'attrapai Giscard par le bouton de sa veste – licence poétique bien entendu – et je marquai ma surprise devant ses propos. Il les réitéra. Je lui rétorquai : « Monsieur le Président, vous parlez en historien. De Gaulle, lui, s'exprimait en politique qui avait la charge de réconcilier les Français et de leur redonner confiance en eux-mêmes. » Giscard balaya mon objection d'un revers de la main. « Je maintiens mon jugement : c'était un mensonge. » Je n'insistais pas : ce n'était tout de même pas à moi d'expliquer à un ancien président de la République la différence qui existe entre un constat d'historien et un discours politique.

Un jour que nous venions de procéder à l'élection d'un nouveau membre de l'Académie, en l'occurrence le légèrement sulfureux Dominique Fernandez, grand zélateur de l'homosexualité, je me trouvais descendre l'escalier monumental ayant Giscard à ma gauche et Marc Fumaroli à ma droite. Nous descendions les marches dans un silence pesant. Giscard n'étant pas connu pour être un réchauffeur d'atmosphère, je décidai de l'entraîner sur le chemin de la plaisanterie : « Monsieur le Président, n'avons-nous pas pris des risques en élisant le nouvel élu ? Il y a des hommes encore jeunes et séduisants à l'Académie. Qu'allons-nous faire si le nouvel impétrant entreprend de les draguer ? » Marc Fumaroli, prenant un air faussement préoccupé, dit à son tour : « Oui, Monsieur le Président, il risque même de faire du prosélytisme. » L'ancien président parut soucieux. Il réfléchit et nous dit : « Vous avez tout à fait raison, il faudrait le lui dire. » En bons courtisans, Marc Fumaroli et moi nous récriâmes en nous inclinant : « Mais, Monsieur le Président, il n'y a qu'une personne qui ait assez d'autorité pour lui en parler : c'est vous ! » « Vous le croyez vraiment ? », nous demanda-t-il avec une lueur interrogative dans le regard. « C'est l'évidence même, vous seul, Monsieur le Président. » Puis nous nous séparâmes. J'accompagnais Marc Fumaroli rue des Saints-Pères afin de saluer Dominique Fernandez aux éditions Grasset. Notre savoureux échange avec le Président nous avait mis en gaieté. Ce que nous ignorions, c'est que le président nous avait précédés pour saluer le nouvel élu qui l'attendait en haut de l'escalier de la maison d'édition. « Bravo, lui dit Giscard en lui serrant (chaleureusement ?) la main. Toutes mes félicitations. Mais un bon conseil : pas de prosélytisme. » Dominique Fernandez demeura pantois.

Une autre fois Giscard, à la demande d'Hélène Carrère d'Encausse, fit dans la salle des séances du jeudi après-midi, sous le regard intéressé du Richelieu peint par Philippe de Champaigne, un assez long exposé sur l'Europe. Ce fut comme d'habitude une docte et froide intervention remarquable d'intelligence, de clarté, de précision. Bien sûr sans aucune note. Au bout de trois quarts d'heure, il termina son exposé et fut applaudi (ce qui n'est pas d'usage le jeudi). Voyant que personne ne lui posait de question, je jugeai courtois de l'interroger pour manifester mon intérêt envers son propos et afin qu'il ne mît pas fin à son intervention de manière trop abrupte. « Monsieur le Président, vous avez brillamment évoqué les grands enjeux européens (je gomme les autres compliments et superlatifs divers dont j'ornai gracieusement ma question : ils sont toujours de mise entre confrères lorsqu'un académicien s'exprime, même si celui-ci n'a pas capté son auditoire autant qu'il l'aurait souhaité), mais pourquoi l'Europe s'est-elle si peu préoccupée de questions essentielles comme la sécurité et l'immigration ? » En général dans cette compagnie confite dans l'urbanité, l'orateur – quoi qu'il en pense par ailleurs – feint de trouver la question qu'on lui pose pleine d'à-propos et de justesse. De ce point de vue Giscard n'est pas non plus un académicien comme les autres. Il s'adresse à moi avec le léger agacement d'un grand professeur vis-à-vis d'un élève inattentif : « Votre question est complètement hors sujet. » Manifestement Giscard n'était pas décidé à mettre de l'huile dans nos relations. Nous étions encore loin de fumer ensemble le calumet de la paix, si tant est que ce moment n'arrive jamais…

Enfin, un jour qu'il était d'humeur nonchalante et que nous patientions côte à côte dans un couloir avant l'ouverture d'une quelconque séance, il sembla vouloir me marquer – une fois n'est pas coutume – un semblant d'intérêt : « Alors, qu'est-ce que vous nous préparez en ce moment ? » Heureusement surpris de cette marque de faveur présidentielle, je me déboutonnai : « Monsieur le Président, je suis en train d'écrire un roman. Mais qu'est-ce que c'est difficile ! » Il me regarda avec une lueur d'étonnement dans les yeux : « Difficile, vraiment vous trouvez ? » Sans commentaire. Je demeurai sans voix. C'était du Giscard pur. Décidément, une énigme perpétuelle.

SARKOZY, L'HOMME QUI EN VOULAIT TROP

On imagine Nicolas Sarkozy, à l'Élysée, au soir de sa défaite : les maxillaires serrés, pâle, poignardé par un sentiment d'injustice. Quelle pitié de devoir rejoindre si tôt les fantômes qui hantent les salons surdorés du Palais. Cinq ans exactement après le jour de sa victoire, dont il a dit qu'il avait été le pire jour de sa vie. Son drame privé avec Cécilia l'endeuillait. Aujourd'hui, c'est l'inverse : ayant trouvé une douce harmonie sentimentale et familiale avec Carla, il est frappé non plus au cœur, mais dans son orgueil et son ambition. Comme si le destin, qui prend soin de mesurer les félicités qu'il concède, ne voulait jamais tout accorder à la fois. Nicolas Sarkozy est donc face à lui-même, étreint par cette main glacée de l'échec qui succède aux chaudes illusions du succès. Quelle chute ! À la mesure de ses rêves, à la hauteur de ses ambitions. C'est l'heure de la Némésis, comme l'appelaient les Anciens, l'heure de vérité. Soudain, les chances perdues et les erreurs l'assaillent. Il fait le compte, dans une folle arithmétique, des décisions qu'il aurait fallu prendre, des actes manqués, des faux pas, des mauvais choix qui apparaissent dans une lumière lugubre. Rien n'est pire pour un homme jeune comme lui, chanceux, amant heureux du succès, que de devoir se livrer à son autocritique. Et, pourtant, elle s'impose à lui. Est-ce sa politique que les Français ont rejetée, ou sa personnalité atypique et décoiffante ?

Ce politique qui comprend tout a-t-il jamais été capable de se comprendre lui-même ? Limite freudienne des hommes dont l'action dévore la faculté d'introspection. Accumulant les kilomètres, se grisant des obstacles, les suscitant, embrassant des objectifs illimités, il semble avoir plus cherché un prétexte à se fuir qu'à s'analyser. C'est ce qui donne à son personnage, doué d'autant de force pour franchir les difficultés que de faiblesse intime, quelque chose d'à la fois irritant et attachant. Osons la comparaison : Sarkozy a montré autant de passion dans sa conquête du peuple français que dans sa vie amoureuse. Et celui-ci s'est offert à ce séducteur avec autant de fougue qu'il s'est dépris de lui. Le couple qu'ils ont formé l'un et l'autre n'a pas d'exemple dans l'Histoire. Bien sûr, on évoquera la relation tout aussi passionnelle nouée par Valéry Giscard d'Estaing, élu dans la liesse et parti bien injustement sous les huées. Giscard avait tenté lui aussi d'introduire des rapports affectifs dans son exercice du pouvoir, autant pour réchauffer l'ère glaciaire du général de Gaulle que par sincère désir d'entretenir un lien charnel avec cette foule française, sujette aux engouements trompeurs. Nicolas Sarkozy a, lui, sentimentalisé à l'extrême sa fonction régalienne. Comme tous les amoureux, il a pu se montrer compréhensif, tendre, autant que jaloux, irritable, écorché vif quand les flèches de la presse – qui, il est vrai, ne l'a pas épargné – lui donnaient l'impression qu'il n'était pas aussi aimé qu'il le méritait. Ce sont les affres éternelles des amants épris d'absolu. D'où sa susceptibilité devant la critique, son irascibilité dans son ultime débat avec Hollande.

Ce couple tumultueux qu'il a formé avec le peuple français, fondé sur un malentendu, risquait de mal finir en occultant des enjeux essentiels. Commencé dans la passion, il a fini dans la passion. L'idylle a tourné à l'aigre, à la désillusion, au divorce. À qui donner tort ? À Nicolas Sarkozy qui a semblé attendre du pouvoir la résolution d'une blessure intime, ou aux Français qui exigeaient de lui une sérénité et un sang-froid d'arbitre que, par nature, il ne pouvait leur donner ? En dépit de sa fougue apparente pour conserver le pouvoir reste une dernière énigme sur sa personne, plus psychanalytique encore ou plus romanesque. A-t-il inconsciemment programmé sa chute, à la manière d'un suicide politique, parce qu'il ne parvenait pas à réussir un pari impossible : harmoniser ses rêves avec l'amour inconditionnel des Français ? Ce qui accréditerait cette supposition, ce sont ses propres propos à des intimes au début de son quinquennat, quand il caressait bizarrement devant eux l'idée de ne pas se présenter pour un nouveau mandat, ou ses propos en Guyane où il se préparait à son échec avec sérénité, et envisageait placidement de « retirer la seringue », manière un peu déroutante d'introduire la culture punk dans l'auguste débat présidentiel.

Enfin, outre la personnalité même de Nicolas Sarkozy, la personnification de son mandat ne lui a-t-elle pas nui ? Il est à craindre que le président n'ait pas mesuré le caractère religieux de sa fonction. Même s'il l'a mesuré, il a décidé de jouer les anticonformistes. Nous entrons là dans les arcanes de l'histoire française, où le religieux se mêle étroitement au politique. Voulant désacraliser la fonction, l'évoquant même en petit comité comme un « job », estimant qu'elle ne devait ni empiéter sur les exigences de sa vie privée, ni sur son droit imprescriptible au bonheur, ni l'amputer de quelque manière que ce soit des plaisirs de son art de vivre, qu'il pouvait associer allègrement l'austérité du fort de Brégançon et les escapades à bicyclette, faire du jogging à l'Élysée dans l'ancienne demeure de Mme de Pompadour qui, il est vrai, en avait vu d'autres, il a franchi une barrière sacrée qu'aucune Constitution ni aucun texte ne réglementent. Il a touché à l'intouchable arche d'alliance. Cette désinvolture dans les formes, outre qu'elle a choqué les intégristes républicains et les jansénistes gaullistes, l'a rendu politiquement plus fragile aux yeux de l'opinion qui ne l'a plus considéré comme un père, mais comme un grand frère turbulent. Ce n'est donc pas une critique formelle vis-à-vis de sa pratique du pouvoir, c'est une critique politique. Tout comme la question du fameux bling-bling qui fait partie du style Sarko : ce goût des paillettes, des Rolex, ses affinités électives avec les détenteurs de stock-options, de yachts et d'avions privés.

Catherine Nay, dans le passionnant livre qu'elle lui a consacré, *L'Impétueux*, n'est pas loin de hasarder une comparaison avec Napoléon. Pour le tempérament, l'impulsivité, plus que pour l'œuvre qui, concernant Napoléon, est proprement incomparable. L'écrivain anglais Chesterton éclaire ce rapprochement : selon lui, les dieux ne parvenant pas à vaincre Napoléon décidèrent, pour arriver à leurs fins, de l'employer afin qu'il se vainquît lui-même. Sarkozy qui aura, hormis la crise, peu connu l'adversité durant son mandat n'a-t-il pas été, au fond, son plus dangereux adversaire ? Par ce mélange pas toujours clair d'idéalisme et de réalisme, ce salmigondis de réformes où les plus essentielles côtoyaient les moins nécessaires, n'a-t-il pas offert non seulement des armes à ses adversaires mais un piège, où il s'est peu à peu laissé enfermer ?

Il est très facile de refaire l'Histoire. Les amateurs d'uchronie s'en donneront à cœur joie. Néanmoins, Nicolas Sarkozy aurait-il limité son ambition aux trois objectifs fondateurs de sa campagne de 2007 : résoudre l'épineuse question de l'immigration, celle non moins difficile de la sécurité, et revaloriser le travail, c'eût été déjà titanesque.

Quel gâchis ! C'est le sentiment qui domine. Tant d'énergie, d'intelligence, de capacités dilapidées pour parvenir à ce cruel désaveu de la majorité des Français. Beaucoup n'en reviennent pas qui croient un peu naïvement que les balances de l'Histoire pèsent avec exactitude les mérites et les erreurs des chefs d'État. C'est cette conviction qui a donné jusqu'au bout ce feu sacré à ses défenseurs. Ils n'imaginaient pas que leur champion, gagneur professionnel, doué plus qu'un autre pour le succès, puisse mordre la poussière avec un score aussi humiliant. N'avait-il pas contribué à dompter la crise financière qui risquait de nous entraîner dans l'abîme pour être ainsi récompensé par tant d'ingratitude. Jusqu'au bout, ils ont cru au miracle, à un ressort sacré qui permettrait à Nicolas Sarkozy de se hisser au-dessus de la fatalité des sondages et de conjurer les rumeurs délétères. Ils crieront à l'injustice, à la trahison, comme en

1981, lors de la défaite de Valéry Giscard d'Estaing, battu, malgré un bilan de réformes largement positif, par la défection affichée de Chirac passé dans le camp de l'adversaire. Même si Nicolas Sarkozy a connu les mêmes déboires avec les mêmes hommes – Chirac a beau avoir l'esprit déglingué, il a gardé ses vieux réflexes de Ganelon –, son échec n'est pas comme pour Giscard d'Estaing, imputable aux manœuvres torves de son propre camp. Sa majorité, pendant son quinquennat, ne l'a nullement gêné.

Reste ce mystère sur lequel gloseront les commentateurs aujourd'hui et les historiens demain : pourquoi cet échec ? Quel est le responsable ? La crise, le poids de l'alternance, les qualités de son adversaire, ou Nicolas Sarkozy lui-même qui, il faut l'admettre, a tricoté, durant son court règne, le meilleur avec le moins bon ? Bien sûr, dans ce moment où il est vaincu, on n'a aucune envie de se joindre à la cohorte de ceux qui vont cracher sur sa tombe politique, se prévaloir de leurs critiques prophétiques, tenter, à la faveur de la défaite, de tirer les marrons du feu. Cela ne va pas être un joli spectacle à droite que ce festin funèbre autour de la dépouille du lion mort. Aux abandons de dernière heure vont s'ajouter maintenant tous ceux que l'intérêt, l'ambition bâillonnaient et qui vont donner un libre vol à leur rancœur et à leur fiel. Pourquoi un tel échec avec un bilan pourtant positif ? Personne n'a nié sa compétence dans la crise financière. Nicolas Sarkozy, à qui l'on peut faire des reproches, est exempt de critiques sur sa capacité à faire front. Il s'est démené pendant cette période cruciale sans ménager son temps ni ses efforts. Que ce soit pour le sauvetage de la Grèce, la stabilité de la zone euro, les moyens de réguler le casino mondial de la finance, il s'est signalé par ses propositions. Les européistes ont été sensibles à ce qu'il a fait pour sauver une Europe qui semblait en perdition. Mais le soutien de Mme Merkel à sa campagne a-t-il été une arme à double tranchant ? L'intervention de l'Allemagne dans l'élection présidentielle a provoqué autant d'exaspération que d'approbation.

En fait, Nicolas Sarkozy a eu plusieurs adversaires à affronter : le premier, c'est l'alternance. Cela faisait bien longtemps que la droite était au pouvoir. Certes, elle n'a pas montré la même figure au cours des deux derniers quinquennats : Chirac a semblé flâner au-dessus des réformes que Sarkozy a prises à bras-le-corps. Il n'empêche, la tentation d'essayer autre chose, de changer les équipes, de céder au bovarysme de la nouveauté et du changement, habite le corps électoral comme les individus. D'autant que cette alternance avait un visage plutôt avenant, plus conciliant que rigoriste en la personne d'un homme à l'allure de prêtre jovial et caustique, toujours prêt à entonner des cantiques dans les grands-messes socialistes. François Hollande – c'est en cela qu'il était dangereux pour la droite – a fait de grands efforts d'œcuménisme. Son langage n'a pas été celui de la revanche mais de la réconciliation. Il a semblé plutôt distribuer des bénédictions que des anathèmes. En parlant de réenchanter le rêve français, il a fait appel à un vieux fond de culture commune, d'histoire héroïque, de communauté fraternelle toujours sensible dans l'âme française meurtrie par les chamboulements d'un libéralisme sans pitié. Aussi les ténors de l'UMP ont-ils été bien mal inspirés en attaquant *a priori* le candidat de la gauche sur sa prétendue « mollesse » et sur sa non moins prétendue « arrogance ». François Hollande était certainement de tous les prétendants de gauche le candidat qui semblait – apparence bien trompeuse – le moins enfermé dans une cage doctrinale et dans une prison idéologique. De ce point de vue, c'est vrai, le sarkozysme a pulvérisé les tabous idéologiques. Et, par un effet de boomerang, on peut dire que la désignation de Hollande est un signe de décrispation, d'acceptation de l'économie de marché et de la social-démocratie, auquel Nicolas Sarkozy n'a pas été étranger.

Les Français avec Sarkozy s'attendaient à avoir élu un Raymond Barre en jean, ils ont été surpris de voir apparaître sous le réformateur empressé, chantre du libéralisme, un abbé Pierre en Ray-Ban. Il y a eu mélange des genres et peut-être télescopage entre deux images. C'était déjà beaucoup de leur demander des sacrifices pour accepter la réforme des régimes spéciaux des retraites, le règlement des déficits publics, la réforme de la carte judiciaire. Fallait-il aussi qu'il les implique à ce point dans un droit-de-l'hommisme frénétique et médiatique : d'Ingrid Betancourt à Chantal Sébire, des infirmières bulgares aux marins du *Ponant*, il a un peu trop repeint la France aux couleurs de la Croix-Rouge ? Les Français avaient, certes, besoin d'un médecin urgentiste mais peut-être plus pour leur propre cause qui est loin d'être brillante et demande des remèdes immédiats comme l'emploi, le pouvoir d'achat, que pour des actions spectaculaires concernant des tragédies isolées. Sarkozy a du mal à concilier en lui-même le goût pour le sensationnel et le travail de fond.

Personne ne lui demandait de ressembler à de Gaulle. C'est un homme d'aujourd'hui qui a les qualités et les défauts de notre époque. Mais on exigeait de lui, comme de tout chef d'État, non qu'il s'implique dans tous les détails de l'action gouvernementale, mais qu'il en dégage mieux les grands principes et les priorités.

La fin de ce rêve sarkozien laisse un goût amer. Face aux surenchères socialistes, il n'est pas sûr que le pays ait beaucoup à gagner de l'élimination du président. L'homme Sarkozy, si décrié, est beaucoup plus intéressant qu'on ne l'a dit. Ses maladresses ont certainement dissimulé les richesses de l'homme, son idéalisme, son humour si peu perceptible, mais qui n'a rien à envier à celui de François Hollande. L'élan du candidat, dans ces derniers jours, pour conjurer le destin a forcé l'admiration. Reviendra-t-il sur la scène ? Ayant touché le fond, voudra-t-il prendre sa revanche ou, humilié, choisira-t-il de céder aux sirènes qui l'incitent à quitter la vie publique pour une existence confortable ? En tout état de cause, un grand pari manqué. Mais les combats politiques, à un certain niveau, ont ceci de commun avec les entreprises de l'esprit qu'on n'a jamais échoué quand on s'est battu pour ses idées. Sarkozy est jeune. S'il le veut il a encore des années pour les faire triompher. Ses ressources sont inépuisables. Il l'a prouvé. Ce n'est pas tant son aptitude à tenir fermement la barre de l'État qui est en jeu que sa capacité à dessiner une nouvelle fois un projet qui redonne de l'espoir aux Français. Oui, dans l'horreur et le cauchemar économiques, un coin de ciel bleu. Un rêve ! Les Français ont eu un coup de foudre pour Sarkozy. Sarkozy pourra-t-il ressusciter cette romance ? Ou, à défaut, proposer un jour, dans un avenir plus ou moins lointain, un mariage de raison ?

J'ai été amené, du fait des circonstances, à être malgré moi le témoin d'un épisode important et scabreux de la geste sarkozienne : l'affaire de la une de *Paris Match* qui publiait, dans un geste de provocation qui flirtait avec la déraison, la photo de Cécilia, alors l'épouse de Nicolas Sarkozy candidat putatif à l'élection présidentielle, et de son amant, Richard Attias, bras dessus, bras dessous dans les rues de New York. Rien ne justifiait dans l'histoire de ce journal une telle entorse à la déontologie, à la décence, au respect de la vie privée. Certes d'autres unes avaient fait l'objet de critiques, celle de Mitterrand avec Mazarine, ou celle qui le montrait sur son lit de mort. Autant je jugeais ces dernières photos non scandaleuses et justifiées journalistiquement, autant la publication de celle de Cécilia et de son amant m'apparut atteindre un sommet inégalé dans la vulgarité, indigne de ce grand journal qu'avait toujours été *Paris Match*. C'est un des rares moments où j'ai eu honte. D'autant qu'il ne fallait pas être grand clerc pour comprendre que le journal se prêtait à une manœuvre visant à disqualifier de la manière la plus déloyale le candidat de la droite à la présidentielle. La liberté d'expression alléguée par Alain Génestar dans sa justification avait bon dos. Il ne faut pas prendre les enfants du bon Dieu pour des canards sauvages. Il eut mieux fait de reconnaître l'évidence : il était tombé à pieds joints dans un piège.

Je ne connaissais alors Sarkozy que vaguement, ayant assisté à plusieurs de ses interventions dans des conférences organisées par maître Lombard. En revanche, étant nouvellement recruté par le journal comme éditorialiste, j'étais étroitement lié avec les autres protagonistes : Alain Génestar, sympathique, ambitieux, souple, chaleureux, faisait un directeur de journal avec lequel il était agréable de parler et de travailler. Il avait certes un ego qui le titillait mais ni plus ni moins que les autres responsables de journaux, qui se prennent rarement pour des queues de cerises. Mais la gent littéraire n'a de ce point de vue rien à redire. J'étais beaucoup plus lié avec Gérald de Roquemaurel auquel m'unissait une vieille amitié, que j'admirais pour son intelligence et sa vaste culture politique, et à qui je devais mon entrée au journal après mon éviction du *Figaro Littéraire* pour cause d'Omar Raddad.

Quand le journal parut, le 25 août 2005, avec sa déshonorante une, je compris immédiatement la catastrophe qu'elle allait entraîner. Pas seulement pour Génestar, qui à l'évidence allait payer cher ce coup de folie préparé en solitaire sans le minimum de garantie de sa hiérarchie – en l'occurrence Arnaud Lagardère, le propriétaire, et Gérald de Roquemaurel, le patron d'Hachette Filipacchi. Aucun de ces deux hauts responsables pour des raisons évidentes n'auraient donné leur accord pour la publication de cette photo avant tout indécente et politiquement suicidaire. D'autant que chacun savait dans ce groupe de presse les liens étroits de Sarkozy avec la famille Lagardère.

La foudre allait tomber. Je ne la craignais pas pour moi car j'étais resté à l'écart de cette publication nauséabonde, mais pour mon ami Gérald de Roquemaurel qui représentait un paratonnerre idéal. J'avoue que le sort de Génestar me préoccupait moins : en dépit de l'affection que j'éprouvais pour lui, il me semblait avoir commis une faute dont la gravité ne paraissait nullement l'effleurer. Mystère de l'âme humaine : cet ambitieux arrivé à un sommet de sa carrière, et promis à des espérances qu'il pouvait imaginer sans doute plus grandes encore – grâce à Gérald de Roquemaurel qui, tel Vautrin de Rubempré, l'avait arraché à l'*Écho de Chartres* pour le propulser à la tête du *Journal du dimanche*, puis de *Paris Match* –, sabordait sa carrière dans un geste suicidaire et portait en même temps un coup fatal à son protecteur dont il trahissait la confiance. J'étais en plein roman, mais hélas un roman navrant, sans art, un roman où se révélait la médiocrité de la nature humaine et qui n'apporterait aucune leçon, aucun enseignement.

On sait ce qu'il advint. Alain Génestar fut peu à peu poussé vers la sortie. Gérald de Roquemaurel, obligé d'assumer la responsabilité d'une publication qui heurtait ses principes et le plus élémentaire réalisme éditorial, fut déstabilisé et dut à son tour quitter le groupe. Nicolas Sarkozy, et c'est normal quand on ne connaît pas la presse de l'intérieur, ne pouvant imaginer qu'un grand patron ne soit pas tenu au courant par le menu de la publication d'une information aussi cruciale, crut sans doute injustement sinon à sa responsabilité, du moins à sa connivence passive. À l'évidence cette interprétation erronée se heurte à un argument majeur : on n'atteint pas ces hautes fonctions sans un minimum d'intelligence de son intérêt. Et là, où était-il cet intérêt pour Roquemaurel ? Celui-ci fut d'autant plus éprouvé par ce coup bas qu'il avait à cœur d'instaurer dans sa vie professionnelle des relations de confiance et d'amitié, et que, si instruit qu'il fût de la nature humaine, il pensait que les hommes sont sinon tenus à un minimum de reconnaissance dans leur comportement professionnel du moins sensibles à la loi d'airain de leur intérêt de carrière. En quoi il se trompait. Le démon de l'irrationnel égare les esprits et brouille les cartes de l'ambition.

Un mois après cette affaire épineuse, on me demanda de solliciter un entretien avec Nicolas Sarkozy alors ministre de l'Intérieur. Sans doute parce que ma qualité d'académicien me donnait un statut vaguement comparable à celui d'un casque bleu. Je ne peux pas dire que j'étais particulièrement à l'aise en me retrouvant en face de lui dans le jardin du ministère que caressait une brise parfumée, devant une apaisante tasse de thé. Je ne pouvais me désolidariser de mon journal ni approuver son indécente publication. En réalité Nicolas Sarkozy, qui ne manque pas de subtilité, fit tout pour me mettre à l'aise et gommer ce qu'il y avait de paradoxal dans cette interview. C'est alors que, tandis que je posais volontairement une question politique, il me fit cette réponse : « Vous n'allez tout de même pas me poser des questions de journaliste. » Il avait compris à qui il avait affaire. Je crois que c'est de ce jour qu'est née entre nous une forme de complicité autour de ce qui rassemble au lieu de diviser : la littérature.

Un an plus tard, Nicolas Beytout, alors directeur du *Figaro*, m'invita à déjeuner. Nous eûmes une agréable conversation sur cet étrange métier qu'est le journalisme, si riche en aventures et en déconvenues. Il aborda la question de la une de *Paris Match*. Je lui livrai mon interprétation.

— Savez-vous, me dit-il, qu'on m'avait proposé cette photo pour *Le Figaro* ?

— Qui vous l'avait proposée ?

— Dominique de Villepin. Je l'ai refusée. Savez-vous alors ce qu'il m'a dit en me raccompagnant ? « J'espère que vous n'aurez jamais besoin de la police. »

MACRON, LE SYNDIC DE FAILLITE DE LA Ve RÉPUBLIQUE

C'est un phénomène. Avec ce que ce terme peut comporter d'exceptionnel, d'irrationnel, d'imprévisible. Il restera probablement dans l'Histoire comme un hapax, produit unique d'une alchimie mystérieuse qui n'a ni prédécesseur ni imitateur. Rarement un météore est apparu dans le ciel politique français auréolé d'autant de qualités et d'espérances avant de perdre de sa substance et de risquer de se dissoudre dans l'atmosphère des réalités concrètes. À commencer par l'intelligence : mais ce don dans sa définition habituelle paraît faible tant il le pulvérise en l'exaltant, le surchauffant jusqu'à la fusion. Oui, une intelligence d'extraterrestre, car on a du mal à le ranger dans le lot commun. Prodigieuse dans son foisonnement, étrangement faible dans son application. Sa marque, ça a été son magnétisme. Un magnétisme de mage capable d'ensorceler ses auditoires. Car ce n'est pas précisément par son verbe que Macron a enflammé les Français, mais par sa personnalité. Ce verbe, en réalité, il le maîtrise moins qu'il n'est entraîné par lui, ce qui le rend souvent prolixe, abstrait, verbeux. Il s'embarque dans son verbe comme à bord du bateau ivre de Rimbaud, errant dans sa pensée qu'il a pourtant structurée, passant d'une idée à d'autres qui se bousculent à la manière des autotamponneuses, comme s'il cherchait en vain une conclusion. C'est un grand manieur de mots, de concepts subtils, mais en aucun cas un orateur politique efficace. L'homme d'État, en général, n'a que faire de jouer du violoncelle avec ses cordes vocales. Il n'a qu'un seul but : arracher le morceau, convaincre, sans se perdre dans de nuageuses divagations. D'ailleurs on garde des discours de Macron une impression de flou, de brillant exercice jaculatoire, dont le souvenir s'évapore. Le contraire donc d'un Napoléon, d'un de Gaulle, dont chaque mot est une balle visant une cible précise et qui atteint toujours son but.

Macron aime discourir. Une véritable addiction chez lui. Il aime sinon s'entendre parler du moins se sentir sculpter sa pensée en mots. Il ne s'en lasse pas comme s'il n'existait que par sa voix comme Antée au contact de la terre. C'est à se demander s'il n'a pas voulu le pouvoir pour avoir des oreilles disponibles, des milliers, des millions d'oreilles sensibles à son éloquence. Peut-être même aime-t-il parler autant qu'agir. Les mots sont plus dociles que les faits. On peut trouver dans leur maniement une forme de douce ivresse : les contradictions s'harmonisent, les ambivalences se fondent dans une exaltante musique, l'être s'y diffuse dans tous les méandres de sa complexité. Tandis que les faits sont balourds, ronchons, ingrats. D'ailleurs très vite, au premier coup dur, Macron a délaissé son poste de pilotage de l'Élysée pour se jeter à corps perdu dans cette occasion que lui offraient les Gilets jaunes : le grand débat. Débattre, se livrer à une débauche de mots avec n'importe qui durant des heures, des petits, des grands, des édiles locaux au plafond bas ou des intellectuels en mal de logomachie. Blablater, blablater sans fin, comme c'est reposant, grisant, à l'image de ces hommes qui, autrefois quand il y avait encore un café dans les villages, après un petit coup de trop, bavassaient sans fin jusqu'à la fermeture, avant de se résigner à rejoindre une mégère acariâtre. Cette mégère acariâtre en l'occurrence, c'est la gestion de l'État. Les corvées administratives, les corps intermédiaires récalcitrants, les représentations pompeuses, les solennelles remises de décorations. À moins que le récipiendaire ne soit un de ces écrivains qui procurent aux bons bourgeois un délicieux frémissement d'insolence et de pornographie : comme Houellebecq que Macron vient de décorer à l'Élysée sans qu'on comprenne bien pourquoi la Légion d'honneur honore un écrivain qui chante les orgasmes procurés par des fellations zoophiles. Où sont « les mérites éminents acquis au service de la nation » ? À moins qu'enfermé dans le slogan binaire du en même temps qui, tout en entretenant son irrésolution, le mettait de plain-pied avec un peuple déboussolé, il n'ait pas saisi la contradiction symbolique des obsèques quasi nationales accordées à Jean d'Ormesson célébrant l'accord traditionnel d'un écrivain porteur d'idéal avec la nation et un écrivain qui, pour talentueux qu'il soit, est aussi peu en accord avec notre sentiment de dignité nationale qu'un Sade ou un Céline. C'est bien de porter des valeurs, de parler de quête du sens, encore ne faut-il pas s'emmêler les pieds dans les repères.

Emmanuel Macron, avant de devenir un président hors-sol, était pourtant parti pour être par son intelligence et les valeurs qu'il semblait porter un des hommes d'État qui font l'Histoire. D'où vient que ce rêve tend à se dissiper ? Il semble créer bizarrement les conditions de son échec futur et s'exposer à une impuissance aussi définitive que celle qu'il avait stigmatisée chez François Hollande. Il risque de n'être que le syndic de faillite de cette Ve République qui lui conférait des pouvoirs et une autorité qu'il a mystérieusement mise à mal. On a rarement vu un président agir à ce degré contre lui-même (sauf Hollande qui était un cas pathologique). De ce point de vue la suppression de l'Ena apparaît comme un suicide symbolique. Et le signal donné un coup fatal porté à la méritocratie qui commettrait le péché de reproduire les avantages de la classe bourgeoise. Comme si cette classe, il était souhaitable de la détruire. Sous quel prétexte ? En quoi a-t-elle démérité ?

D'où vient que Macron s'est engouffré dans le piège du grand débat comme ces héros mythologiques qui surestimant leurs forces veulent défier les dieux de l'Olympe au risque de subir un châtiment à leur orgueil démesuré ? Cherchait-il à éprouver sa limite dans un pari fou ? Ou bien, mû par une force démoniaque, détruire le principe de démocratie représentative qui l'a porté au pouvoir ? Après avoir ravagé l'ancien monde vermoulu a-t-il voulu reprendre pied en s'installant au cœur d'une révolution culturelle en se faisant ainsi le champion d'une démocratie participative ? C'est Louis XVI se coiffant du bonnet révolutionnaire. Ou Mao applaudissant les Gardes rouges. Le succès qu'il en a retiré en lui permettant de se remettre à flot avec l'opinion n'est-il pas une victoire à la Pyrrhus ? Sa conférence de presse n'a que très peu répondu à l'attente que suscitait ce fumeux grand débat : le « après plus rien ne sera comme avant » a accouché d'une souris. Le président n'a révélé qu'une forme d'ingénuité dans l'exercice du pouvoir en même temps qu'il se livrait à une autocritique non sur sa politique mais sur son manque de compassion envers les Français défavorisés. On voit mal comment étant entré dans le labyrinthe infernal du grand débat il pourra désormais en sortir. La démagogie a un point commun avec la drogue : ses exigences sont sans fin, sans apaisement, sans conclusion.

Comment cette romance avec les Français – non pas une romance sans paroles comme celle de Verlaine, car des paroles il y en a eu beaucoup, il y en a eu trop – a-t-elle si vite tourné à l'aigre ? On est passé de la félicité béate et un peu niaise des fiançailles à la procédure de divorce annoncé, un divorce qui risque de ne pas être à l'amiable car il y a eu trop de passion de part et d'autre, trop d'illusions déçues, trop de malentendus. Le bien-aimé s'est mué pour beaucoup en homme à abattre. Injustement.

Dès le début Macron a incarné le prototype de cette figure que les Français, qui se lassent vite de leurs dirigeants, portent aux nues : l'homme nouveau. Avec un visage d'ange, un sourire de gentil carnassier, des dents de loup qui ressemblaient à des dents de lait, il faisait un candidat redoutable pour la présidentielle. Pour beaucoup il incarnait une sorte de Messie qui allait délivrer la France de ses pesanteurs, de ses chaînes, de ses freins, autant dire la délivrer d'elle-même et des Français par la même occasion, ces charmants enfants capricieux et ingouvernables qui adorent leurs idoles après les avoir brûlées. L'économie grâce à sa spécieuse pédagogie devenait un jeu aussi amusant qu'une partie de Monopoly ou de Pokémon. Il avait une façon bien à lui de faire de la grande vogue du libéralisme un pays de Cocagne qui allait nous débarrasser de cet ancien régime obscurantisme de l'État, cette vieillerie, ce rabat-joie, cet empêcheur de danser en rond, qui empêche les bétonneurs de bétonner, les spéculateurs de spéculer, la grande distribution de ruiner les petits producteurs, les multinationales si pleines de projets philanthropiques de couler des jours heureux. On avait l'impression qu'il nous conduisait vers une grande fête de la liberté d'entreprendre, une apothéose du CAC 40.

Sa gageure, c'était non seulement d'avoir remporté la présidentielle mais d'avoir gagné les élections législatives, pari qui semblait irréaliste à tous les observateurs. Il a démontré qu'il était capable d'avoir raison contre tous nos vieux systèmes de pensée, les ornières des habitudes politiques, et notre incapacité à voir l'avenir sans nous référer aux habitudes du passé. D'où la tentation pour l'opinion sidérée de faire intervenir le merveilleux, l'irrationnel, une forme de providence laïque dans ce coup d'État légal et démocratique inédit. Un extraordinaire concours de circonstances a balayé devant sa route un Valls désavoué, un Fillon rejeté et un Hollande tétanisé. Les Français ont eu soudain l'impression d'avoir traversé le miroir et de se retrouver par magie dans un monde dont ils n'imaginaient pas les contours. Il a tout fait vieillir autour de lui : la classe politique et ses critères caducs, une forme de violence partisane à laquelle il a semblé longtemps pouvoir substituer une douceur franciscaine et un retour tout aussi inattendu à une conception régalienne du pouvoir qu'on imaginait anachronique et qui touchait la fibre gaulliste.

Son charme vient essentiellement d'une dimension charismatique qui l'a distingué des surdoués habituels. Une curieuse alliance d'un esprit rationnel et de pouvoirs occultes. Car il y a du chaman chez lui, un chaman certes un peu spécial passé non par les enseignements d'un yogi dans un ashram ayurvédique, mais par les fusions-acquisitions de la banque Rothschild. Dans les incantations qui électrisaient ses adeptes aussi fanatisés que ceux d'une secte capables d'entrer en transe, il y avait des réminiscences des prédicateurs charismatiques qui annoncent l'apocalypse. À leur différence il prédisait l'avènement d'une société heureuse, harmonieuse, irénique, enfin purgée de ses poisons et de ses discordes. Certes ces homélies étaient plus destinées aux élèves frais émoulus de HEC et aux anciens cadors de Harvard, qui n'ont pas eu le temps de perdre leur âme à Wall Street et sont encore tourmentés par d'insidieuses questions spirituelles. Ça leur passera. Le rêve irénique de Macron aussi radieux que celui du pasteur Martin Luther King est apparu comme un doux zéphir dans notre société de brutes économiques et de barbares multinationaux peu hantés par les scrupules. Parce qu'il a été archichouchouté par ses parents et grands-parents, admirables de culture, il y a une notion qu'il aura toujours une difficulté à saisir : le mal. La tragédie de l'Histoire. Il s'est toujours adressé à des Français comme lui, gentils, superintelligents, bons garçons avides de bien faire. Il a semblé oublier que l'Histoire n'existerait pas sans l'intervention du diable. Et le diable, à n'en pas douter, il ne l'a jamais fréquenté.

N'être ni de droite ni de gauche, quel beau rêve ! La Fayette a tenté de l'incarner puis de Gaulle après lui. « Le gaullisme ce n'est pas la droite, ce n'est pas la gauche, c'est la France. » Macron veut être le guérisseur de nos maux, le rebouteux qui remet en place nos vertèbres sociales disloquées. Mais les apprentis thaumaturges et les brasseurs de rêves apportent surtout ce qui manque le plus au peuple français si sujet à la déprime : l'espérance. Macron a tenté de convaincre les Français qu'il était possible grâce à lui de résoudre leurs contractions et de réussir cette quête du Graal où tant d'imprudents se sont cassé les dents : pouvoir briser la barrière impitoyable des oppositions en étant à la fois de droite et de gauche. Cette association des contraires, synthèse des oppositions qui consacrerait la supériorité de l'ambivalence, est psychanalytiquement intéressante. C'est là que l'on retrouve l'adepte du philosophe Paul Ricœur, disciple lui-même d'un autre Emmanuel, Emmanuel Mounier, qui a tenté de réconcilier philosophiquement les Français. En pacifiant le débat d'idées avec la théorie personnaliste, il prônait dans la revue *Esprit* une renaissance d'inspiration chrétienne. Il y a aussi du rousseauisme chez Macron : pourquoi l'individu, sacro-saint, dont les aspirations peuvent être contraires et de toute façon ineffables, se laisserait-il imposer par la société, les partis politiques, une manière de penser étroite et sectaire ? Macron voulait le libérer de ses chaînes mentales en lui proposant de ne pas choisir. Il suggère la biappartenance, version politique de la bigamie. C'est Janus réconcilié, l'alliance du feu et de l'eau, de l'air et de la terre. Des électeurs égarés, désespérés ou déçus, peuvent trouver là une issue à leur désarroi. Évidemment le premier risque, c'est le flou. Le second, la désillusion. Nous y sommes.

Macron, dans l'ivresse de son succès et l'encens qui célébrait un parcours d'exception, a méconnu le danger que recelait la révolution des mœurs politiques qui l'avait hissé au pouvoir. Son succès électoral, légal, sur le papier, était assorti d'une faiblesse : le fossé qui séparait le grand espoir qu'il suscitait et la fragilité de l'assise du mouvement qu'il incarnait. Environ 15 % des inscrits. Toute une France ne se reconnaissait pas en Macron et le pire c'est qu'elle ne se reconnaît toujours pas dans une traduction politique de son mal d'être. Un pays réel, malheureux, déconnecté, désespéré, dont la mondialisation a accru la marginalité et qui sociologiquement exclu n'a jamais pu se sentir au diapason de la grand-messe du macronisme, religion des cadres, de CSP+ qui mêlent start-up et Jeanne d'Arc, business plan et pèlerinages à Colombey.

La révolte des gilets jaunes a illustré cette faiblesse : d'un côté trop de confiance en soi pour remettre en question des décisions impopulaires touchant les retraites et les taxes du gasoil, de l'autre un excès de trop tardive concertation dégénérant en démagogie, en vaines parlotes, en psychodrame populaire et en fiction de démocratie participative. Pourquoi Macron s'est-il risqué, et avec lui son autorité et les apanages régaliens de sa fonction, dans un marché de dupes ? Pour quel illusoire bénéfice ? Les gilets jaunes qui traiteront cette abdication comme une faiblesse ne lui en seront jamais reconnaissants. Pour quelques points gagnés dans les sondages, il a abîmé son image dans une parodie de dialogue. Il risque de le payer cher.

Dans l'acte II de son mandat, Macron a retrouvé l'esprit et même la lettre de la Ve République gaullienne : ce changement radical vient un peu tard. Il découvre l'avantage d'avoir un Premier ministre comme bouclier, disjoncteur, bouc émissaire. Au président les douceurs, les belles paroles et les promesses, au Premier ministre la dure réalité, la note à payer et les désillusions. On reste de manière caricaturale dans l'ambiguïté ontologique du macronisme : un président superintelligent, une analyse magistrale de la situation, mais tout cela empreint de platonisme. C'est du Péguy : le kantisme a les mains blanches, mais il n'a pas de mains. Ce qui s'amplifie, c'est une forme insidieuse de détestation, comme celle des fiancées à qui on a fait de trop belles promesses non tenues et qui sombrent dans la mélancolie, caressant parfois des rêves d'empoisonnement libérateur comme Thérèse Desqueyroux. La seule chance de Macron, c'est qu'il n'a pas de rival ; une chance, mais aussi un danger : le désespoir de ces Français déçus, amers, qui n'ont plus rien à perdre.

Les élections européennes lui ont offert une forme de résurrection. Résurrection apparente et peut-être fragile qui tient moins à son succès propre qu'à l'effondrement pathétique de la droite sabordée par le duo Wauquiez-Bellamy, deux brillants intellectuels, certes très intelligents, mais emprisonnés dans une stratégie délétère. Ceux-ci dans leur ambition d'attirer les électeurs lepenistes ont vidé conceptuellement la droite de son grand poumon gaulliste, la réduisant à un squelette : un moignon à l'idéologie étriquée et aux relents réactionnaires, totalement fermé à la société d'aujourd'hui. Les électeurs de droite ont préféré – comme on les comprend – le jeune macronisme à cette caricature. Mais cela ne donne pas pour autant une grande assise à Macron qui après avoir recueilli les déçus de la gauche devient l'hospice des voix de la droite déçue et égarée. On cherche la cohérence de ce mouvement attrape-tout, qui selon les circonstances et les aléas se regonfle d'électeurs moins par sa force d'attraction propre que par la faiblesse et les carences de ses concurrents. N'y a-t-il pas dans le succès relatif du macronisme une bombe à retardement ? En effet, ce qui donne une force et une stabilité à un mouvement politique, c'est l'adhésion populaire. Et c'est peu dire qu'elle manque à Macron. On pourrait dire de lui ce qu'on disait de Giscard d'Estaing : son problème, c'est le peuple. Et on voit mal comment il pourrait à nouveau le séduire, ce peuple. Quelque chose s'est bizarrement cassé entre lui et les Français. Certes beaucoup vont vers lui mais par la raison, le cœur n'y est plus. Situation dangereuse pour l'avenir car ce peuple, fragilisé par la mondialisation et qui cherche en vain un rempart pour se protéger des menaces qui pèsent sur son art de vivre, ne voit plus en Macron un défenseur pour le protéger, un homme qui partage ses angoisses, mais l'exécuteur des hautes œuvres d'un libéralisme qui lui sera fatal. Le rendez-vous de Macron avec l'avenir risque de ne pas être aussi rose qu'il l'imagine : en créant artificiellement ce choix manichéen entre lui et Marine Le Pen, rappel gaulliste du moi ou le chaos, il prend un risque considérable. Lorsque Marion Maréchal Le Pen, figure nouvelle et angélique de ce vieux tromblon d'extrême droite, aura exorcisé les anciens diables du parti, conjuré ses ombres, mis fin à ses éructations et policé son style, elle risque d'apparaître comme la dernière espérance populaire. Une espérance soutenue qu'on le veuille ou non par l'inexorable montée des populismes européens.

J'ai rencontré Emmanuel Macron à deux reprises à quelques mois de son élection. La première fois, au cours d'une soirée privée, un peu surpris par la teneur de son discours très économiste, très peu ouvert sur les racines historiques de la France, je m'étais permis une suggestion : « Au-delà des questions économiques, vous devriez montrer ce qui vous relie au roman national de la France. » Le futur président fixa sur moi, intensément, son regard bleu et m'approuva. « Il faut que nous en reparlions », dit-il. Deux mois plus tard, un mois avant la présidentielle, je le rencontrai au pied de son domicile, rue Cler, entouré de ses gardes du corps. Je le saluai. Il s'approcha de moi et tout en gardant serrée dans la sienne la main que je lui tendais, il plongea ses yeux bleus dans les miens aussi intensément que la première fois. Je le félicitais courtoisement. « En dehors de vos mérites et de vos talents qui sont grands, on peut dire que tous les événements autour de vous concourent à votre succès. » Le phare de ses yeux bleus devint plus intense encore : « C'est vrai, mais je suis inquiet. J'ai peur que le système n'explose. » Cet aveu en forme de prédiction, je n'ai jamais cessé d'y penser. Ce bel adolescent monté en graine, qui a voulu faire de sa vie un rêve et y a réussi, risque de connaître des déconvenues dans ce monde politique réel qu'il a voulu refaçonner. Comme Napoléon III, autre rêveur aux intuitions géniales rattrapé par une réalité inexorable.

CHIRAC,
LE PAGANINI DE LA PALINODIE

Rome n'est plus dans Rome. Ni Chirac dans Chirac. Avançant à pas comptés vers le tribunal avec un regard de vieux teckel triste, lui qui a si longtemps incarné la vigueur, la splendeur de la force virile, l'orgueil de la santé politique, Jacques Chirac a certainement ému jusqu'à ses plus farouches détracteurs. Comme ils ont eu du mal à reconnaître dans ce vieil homme perclus d'années l'infatigable marcheur politique aux grandes enjambées mythiques, l'époustouflant flatteur de vaches de Salers et d'électeurs de Corrèze, le ravageur de buffets campagnards, l'ogre des pieds de cochon et des têtes de veau ravigote. Quelles que soient ses erreurs et ses fautes, il n'était plus personne pour estimer que l'ancien président de la République devait rendre des comptes à des juges d'un tribunal correctionnel. Ne bénéficie-t-il pas de cette amnistie que le temps accorde aux délits du passé et de cette absolution que confère une double élection comme président de la République ? Une situation d'autant plus infamante qu'un chef de l'État au tribunal, cela ne s'était pas vu en France depuis la comparution du maréchal Pétain en 1946 devant la Haute Cour. Aussi quelles que puissent être les accusations portées contre Chirac apparaissent-elles exorbitantes dans une telle mise en scène de l'appareil judiciaire. Et tout cela pour aboutir à quoi ? À une condamnation ? C'est peu probable. À une humiliation qui servira d'exemple ? À dire vrai, on ne sait pas. Et cette ambiguïté ajoute au malaise. Une seule certitude : voilà une affaire qui ne va pas remonter le moral déjà bien bas des Français. En fouillant dans les vieilles armoires de la turpitude politique, on ne va rien trouver de nouveau sous le soleil. L'opinion n'a pas besoin de ce procès pour savoir que les politiques ont de l'intégrité une conception à géométrie variable. Ce ne sont pas les feuilles mortes qui se ramassent à la pelle, ce sont les scandales qui périodiquement mettent au jour, quelle que soit leur couleur politique, les indélicatesses et les prévarications des élus de la nation.

Ce qui pèse au plus haut point dans ce procès fait à Jacques Chirac, c'est un sentiment oppressant de malaise. Un malaise qui embarrasse autant les juges face à l'ancien premier magistrat de France que les responsables politiques impuissants à stopper la mécanique judiciaire que l'opinion publique elle-même : celle-ci est en effet partagée entre un petit noyau de justiciers qui voudrait qu'on traite sans ménagement un grand de ce monde surpris les mains dans le pot de confiture et une majorité plus débonnaire, plus fataliste, plus indulgente qui a le sentiment qu'on se trompe de procès. Pas seulement parce que l'accusation d'emplois fictifs paraît aussi répandue dans les usages politiques que l'EPO dans le domaine sportif. Au fond, le bon sens populaire l'emporte : ce ne sont pas sur leurs indélicatesses ou leurs sombres agissements dans le financement de leur campagne que l'on doit juger les hommes d'État qui nous ont gouvernés mais sur leur action. Évidemment, cela, c'est le jugement de l'Histoire. Et cet écartèlement crée le malaise : cet abîme entre un procès de circonstance sur de vieux chefs d'accusation plus ou moins mités et délabrés par les prescriptions et le véritable enjeu : Chirac a-t-il ou non œuvré positivement pour la France ?

Évidemment le moins que l'on puisse dire, c'est que ce grand jeune homme de belle allure, pétulant, tout feu tout flamme qui a occupé le terrain politique pendant près d'un demi-siècle, n'a jamais été taraudé par les scrupules. C'est un hussard adepte du « ça passe ou ça casse », ambitieux jusqu'au bout des ongles qui, pour assouvir son inextinguible soif de pouvoir, ne s'est pas embarrassé de drames de conscience. Chaud dans ses appétits, froid dans ses calculs, mâle dominant ne supportant aucun concurrent, il a soumis son existence à une passion exclusive : devenir président de la République. Et pour ce faire, tous les moyens lui ont été bons. Il s'est allègrement contredit, déjugé, parjuré. Il a trahi ses chefs, ses idées, ses amis avec une sorte de candeur. Il a accumulé les cadavres de ses rivaux, les fausses promesses pour nourrir sa fauve ambition du pouvoir suprême. Paganini de la palinodie, virtuose de la démagogie, il a été capable de défendre tout et son contraire : de passer des exhortations nationalistes de la déclaration de Cochin à l'européanisme béat de Maastricht, de la stigmatisation des « odeurs que dégage la concentration des immigrés » à l'apologie du multiculturalisme. On l'a vu passer sans gêne aucune de la droite réactionnaire antichabaniste au discours sur la fracture sociale, au flirt avec l'altermondialisme et à la taxe Tobin.

C'est cette frénésie de pouvoir qui l'a poussé dans les zones dangereuses de l'irrégularité et de la prévarication qui lui valent aujourd'hui d'être devant le tribunal. La mairie de Paris lui a servi de généreuse et docile vache à lait pour nourrir ses ambitions et remplir les coffres de ses campagnes électorales : car ces quelques dizaines d'emplois fictifs qu'on lui reproche, ce sont les arbres qui cachent une forêt d'agissements obscurs, des HLM de Paris pour lesquels les malheureux Alain Juppé et Michel Roussin ont porté un chapeau qui n'était pas le leur, jusqu'à la cassette Méry qui révélait un système quasi mafieux de financements du RPR. Ce besoin insatiable de moyens financiers illicites, c'était le revers noir de la passion du pouvoir. Aux accusations outrecuidantes mais ô combien fondées de malversations Jacques Chirac répondra par deux exclamations restées fameuses : l'une inspirée par une marque de jus de fruits : « pschitt », l'autre plus sophistiquée : « abracadabrantesque », inspirée par son père Joseph, Dominique de Villepin qui, dans cette situation désespérée, demandera le secours de Rimbaud. Une aporie aussi fumeuse que la disparition de la fameuse cassette Méry. Tout cela, dira-t-on, est loin. François Mitterrand n'était pas non plus très regardant sur les financements occultes du PS. Et Jacques Chirac doit-il rendre des comptes sur ses erreurs de jeunesse, n'a-t-il pas été blanchi par son élection et ses deux mandats successifs à la tête de la France ?

Le grand Jacques s'étant enfin hissé au pouvoir a-t-il été à la hauteur des attentes que son impétuosité à le conquérir avait suscité ? Certainement non ! Il a semblé soudain écrasé par son rêve, éberlué comme un enfant le soir de Noël devant un jouet trop longtemps attendu et qui finalement le déçoit. Sa frénésie s'est subitement éteinte. Son projet pour la France apparut incertain, flottant. Après en avoir confié la charge à Alain Juppé qui a eu le courage d'entreprendre des réformes nécessaires, il a vite abdiqué devant les obstacles choisissant cette forme de suicide politique qu'a été la dissolution. Réélu et comme échaudé par ses audaces réformatrices, il s'est cantonné dans un immobilisme prudent. On s'attendait à avoir un Napoléon, on a eu un président aussi peu dérangeant qu'un cacique de la IVe République ayant choisi en Jean-Pierre Raffarin un Premier ministre aussi peu offensif que de confortables pantoufles charentaises. Pas de quoi vraiment décevoir, pas de quoi non plus ébouriffer l'avenir. On ne peut même pas mettre à son crédit le malencontreux passage au quinquennat qui lui fut imposé et qui était un véritable blasphème contre le dogme gaulliste. Par son discours du Vél'd'Hiv, il a revendiqué son abjuration de l'article fondamental de la foi gaulliste que ses prédécesseurs n'avaient pas cru bon de contester. Il a mis fin à la fiction de la légitimité de la France libre qui évitait l'implication de l'État dans la déportation des Juifs.

C'est avec sa position flamboyante par la voix de Dominique de Villepin à l'Onu pour s'opposer à l'invasion de l'Irak par les Américains qu'il a maintenu en revanche les grandes lignes de la politique étrangère gaulliste. Un geste courageux qui pour longtemps fera honneur à la France.

D'où vient alors l'insolente popularité dont il est l'objet depuis qu'il a quitté le pouvoir et les lambris dorés des palais nationaux pour habiter dans un bel appartement du quai Voltaire prêté obligeamment par un mécène libanais ? C'est que les Français versatiles qui varient dans leurs émotions se reconnaissent en lui, dans ses volte-face comme dans ses contradictions, dans ses appétits et ses renoncements. Ceux-ci aiment les grandes kermesses politiques, les tapes dans le dos, l'embrassade des enfants et les œillades aux ménagères. Moins distant que Giscard d'Estaing, moins lié en apparence aux avides rejetons dorés sur tranche du CAC 40 comme Sarkozy, il fait populaire et il l'est. Il n'est pas jusqu'à sa vie privée qui le rende sympathique. Son épouse Bernadette, un rien janséniste, qui a avalé ses frasques comme un parapluie avec une dignité de douairière offusquée, est apparue comme un modèle de bourgeoise française confite dans les bonnes œuvres, l'acrimonie intime, le fatalisme conjugal tout en tricotant sa pelote de causticité.

C'est tout cela qui se bouscule chez les Français quand ils voient Jacques Chirac comparaître devant ses juges. Ce psychodrame judiciaire revivifie et ressuscite toute une part de leur vie. Ils ne lui font pas grief de ses indélicatesses dans le financement de ses campagnes, pas plus que de ses retournements politiques. Ils lui sont reconnaissants de ne pas les avoir entraînés dans le bourbier irakien. Oui, à propos de Jacques Chirac tout s'agite dans leur tête, et le bien et le mal, tout ça leur est bien égal. Non, ils ne regrettent rien.

HOLLANDE, LE MACHIAVEL DE TULLE

Contrairement aux apparences, Hollande est une énigme. Le plus clair des hommes complexes, le plus simple des politiques tortueux pour les observateurs politiques, un cas clinique et unique sous la Vᵉ République : le président qui ne parvient pas à prendre la lumière. Il ne suscite ni haine, ni admiration, ni aucun sentiment excessif et passionné, comme ce fut le cas pour son prédécesseur et quasiment pour tous les hôtes de l'Élysée. Il est comme transparent. Cet homme qui occupe une fonction prestigieuse, ce monarque élu à la tête d'une des grandes puissances du monde, surtout d'un pays qui par son histoire aiguise la curiosité et l'intérêt, provoque bizarrement plus d'indifférence que de véritable animosité. Faut-il chercher l'explication dans son caractère, sa psychologie, sa formation, son histoire ? Ce qui frappe d'abord, chez lui, c'est à quel point ce brillant sujet, qui comprend au quart de tour tant de problèmes complexes et sait les démêler avec brio, ne parvient pas à saisir des choses simples et faciles. C'est pourquoi ce politique intelligent et madré est souvent à côté de la plaque.

Il a beau être l'homme le plus connu de France, le plus scruté ; celui dont on n'a cessé pendant cinq ans de commenter l'action, d'analyser le comportement, d'ausculter les motivations. Personne n'a été l'objet d'une telle attention, d'un examen aussi attentif. Comme si en permanence on l'observait dans le palais de l'Élysée à la manière d'une de ces stars d'un jour de la télé-réalité enfermées dans une cage aux parois de verre qui livrent au regard du public leurs faits et gestes. On a disséqué ses propos privés et ses discours.

Sa vie sentimentale a été largement mise à nu. On sait tout de lui, on est même encombré d'informations à son sujet.

Ce qui brouille son image, c'est ce masque hargneux qu'il arbore dans le débat public. Ce convivial s'aigrit dès qu'il monte à la tribune ou quand il descend les marches de l'Élysée. De jovial, il devient acerbe, acrimonieux, comme si les joutes politiques lui donnaient des maux d'estomac. Il n'a pas encore trouvé physiquement son assiette. C'est un homme trop pressé : il est monté sur des roulettes. Son agitation, qui lui confère de la juvénilité, lui ôte du mystère. Il semble tout en dehors de lui-même, à fleur de peau et d'émotion, n'ayant pas le temps d'engranger de la gravité et les fruits d'une méditation profonde. Il lui manque encore cette assurance intérieure, cette force tranquille qui est la marque de ceux qui ont, de toute éternité, un rendez-vous inévitable avec le destin. De ce point de vue, il ne ressemble pas à son maître, à Mitterrand l'impénétrable, le ténébreux aux desseins obscurs.

Cela dit, François Hollande est plus complexe qu'il ne paraît. Ne cédons pas à la tentation de l'enfermer dans une description morpho-psychologique : s'il a de la rondeur physique, s'il est un peu dodu et joufflu, comme l'était le cardinal de Bernis qui, sous des airs bonhommes, fut un très fin politique, il dissimule lui aussi une détermination de fer, une ambition d'autant plus insidieuse qu'elle est habillée de nonchalance.

Après avoir eu les confidences intimes de sa compagne en forme de règlement de comptes sentimental, on a eu le propre aveu de ses secrets. Devenu le journaliste de lui-même, il a livré à des journalistes un récit incroyablement précis de ses hésitations, de ses drames de conscience, comme aucun président ne l'avait fait avant lui. Personne n'a parlé autant que lui. En dépit de ce déshabillage, on n'est pas plus avancé. On ne sait rien. Sous son apparence bonhomme, il reste un inconnu. Comme si l'essentiel échappait toujours. Pour ses familiers, pour ses compagnes, peut-être pour lui-même, il est l'objet d'une question sans réponse. Il y a un mystère Hollande. Une nuée opaque qu'il laisse derrière lui comme la sépia qu'abandonne la seiche dans sa fuite. Car il a fui, jusqu'au verdict final, pour éviter la sanction d'un désaveu, éludant ainsi dans sa casuistique personnelle le terme humiliant d'échec.

Bonasse sans être bon, affable sans compassion, jovial au regard froid, curieux tout en étant indifférent, débonnaire mais rancunier, cet homme si humain et chaleureux en apparence est un glacial. À l'inverse de la définition du rire de Bergson, c'est non pas une mécanique plaquée sur du vivant mais du vivant plaqué sur une mécanique. Il semble n'avoir que peu de centres d'intérêt véritables entre les appétits d'un corps gourmand et voluptueux et les satisfactions de la spéculation intellectuelle. Pas de place, chez cet hyper-bosseur, écumeur de dossiers, pour la nonchalance, la paresse, la flânerie. C'est un physique et un mental. Un hédoniste et un intellectuel. Il possède une intelligence très au-dessus de la moyenne, un instrument disproportionné qui lui permet de passer des spéculations les plus ardues aux réalités les plus concrètes. C'est ce qui l'a rendu si remarquable et remarqué dans ces grandes écoles à concepts : l'Ena et l'idéologie socialiste, s'ébrouant avec maestria dans les orgies spéculatives d'une fausse réalité. Excellent directeur de cabinet, inoxydable, habile et roué premier secrétaire du PS pendant onze ans, ce qui exige un art consommé du compromis, il a excellé à diriger l'appareil du parti. Comme Z. Marcas, ce personnage de Balzac, génie de la politique en chambre, qui a réussi à résoudre des problèmes politiques insolubles où les autres ont échoué, mais dans la douce apesanteur de la spéculation. Hollande a été exceptionnel dans les antichambres de l'État, dans les prolégomènes de l'action, dans la montée de l'escalier du pouvoir. Prodige de l'examen blanc, de l'exercice théorique, de la réalité simulée, d'où vient qu'il a été si peu convaincant dans la chair du pouvoir ? Faut-il y voir une forme de faillite de l'intelligence ? Car les historiens qui se pencheront sur cet atypique quinquennat inabouti seront obligés de se poser la question. Tant de moyens, tant d'habileté et si peu de résultats, une telle force intellectuelle et un si faible bilan dans l'action ? On se perd en conjectures sur ses motivations. Il n'est pas du modèle courant. Il échappe aux comparaisons. Ni la folie d'un ego déchaîné, ni l'hubris, ni cette forme de folie qu'est l'esprit de sacrifice, rien ne le rattache à notre histoire et à ses grands modèles.

Un trait frappe, chez lui, une passion étrange pour un détenteur du pouvoir qui sait par expérience combien les mots imprimés dans les journaux sont volages et volatils : son addiction aux médias. Comme si la réalité des choses avait moins d'importance que leur représentation. En fait, il se cherche dans le miroir ondoyant et divers de la presse comme si, dans l'image que les autres lui renvoient, il allait trouver la clé de sa propre énigme. Une addiction sans précédent qui, avant de devenir un piège avec le livre de Gérard Davet et Fabrice Lhomme, faisait partie de son idiosyncrasie. Il a toujours été le spectateur de lui-même – un touriste de son étrange parcours, tantôt surpris, tantôt déçu ou émerveillé. Président, il l'est resté. Comme s'il avait besoin de ce dédoublement pour se sentir exister. Comme si cet intellectuel abonné aux spéculations craignait d'être sujet à une illusion, et qu'il lui fallait sans cesse se rassurer par le récit objectif de sa réalité. Par certains aspects, s'il n'était pas l'être le moins littéraire qui soit, il ferait penser à Benjamin Constant, prodigieuse intelligence, jongleur hors pair du pour et du contre, qui tenait son journal intime pour repousser l'idée déprimante de son inexistence. Autre explication, le sentiment de son illégitimité, et son angoisse de tout devoir au jeu des circonstances. Certes, il a saisi ses chances, mais il a très peu été l'auteur de son destin. D'où cette impression d'avoir bénéficié d'une erreur de la banque en sa faveur : échec de Jospin, de Royal, disparition du paysage de Strauss-Kahn… Il n'a pas forcé le destin. Celui-ci ne lui a concédé qu'une place par défaut.

Hollande est le contraire de Mitterrand. Comme vie, comme tempérament, comme culture. Il est très éloigné de son caractère en acier trempé forgé par l'Histoire, la guerre, les camps de prisonniers, le romantisme de la Résistance, la littérature, croyant éperdument à son destin, et très peu à l'idéologie socialiste. Prêt à tout pour assouvir son ambition, Mitterrand a toujours été convaincu d'avoir sa place dans le roman national, et d'y insérer un jour la trame romanesque de sa vie tissée de culture classique et d'amitiés hétéroclites. Hollande, lui, est arrivé au pouvoir par hasard. Sachant que sa personnalité n'avait pas l'envergure de celle de son prédécesseur socialiste, ni sa richesse d'ombre et de lumière, il s'est enfermé dans un autre registre, celui du second. Son image manque de relief, elle n'imprime pas. Lucide, il l'a toujours su. On pouvait détester Mitterrand, ou de Gaulle, capables l'un et l'autre de susciter des torrents de haine autant que des foules d'adulateurs. Lui est entre deux eaux : comme homme public, on ne l'aime ni ne le déteste. D'où sa tentation d'en faire une valeur politique, le président normal. Mais peut-on soulever l'enthousiasme des foules en se contentant de ce rôle déprimant de parangon du Français moyen, qui a certes donné de la popularité à Bourvil et à Pinay, mais n'a jamais conféré à quiconque la moindre illustration dans l'histoire de France ?

À quoi imputer la déception de son électorat et son impopularité ? Comment un président doué d'une telle intelligence et bénéficiant de tels atouts – une majorité électorale à l'Assemblée et dans le pays – a-t-il pu décevoir à ce point les espoirs que ses partisans plaçaient en lui et se retrouver en position d'échec et mat ? Torpillé dans son ambition par les tirs rivaux de Valls et de Macron : de son Premier ministre et de son ministre de l'Économie. Faiblesse de conception, absence de vision ou manque de cohérence ? Ce qui frappe, dans ces cinq années, ce n'est pas tant des lois que l'on peut juger utiles ou contester que le manque de cohérence de l'ensemble. Cela donne une fâcheuse impression d'improvisation et de cafouillage. Qu'on a imputés, comme c'est normal, au président. Comme un peintre qui commencerait son tableau sous l'inspiration de Picasso reviendrait au style de Renoir pour finalement l'achever à la manière de Bernard Buffet. On arguera que cette incohérence de style, accrue par l'idée biscornue d'atteler ensemble un Valls, un Montebourg, une Vallaud-Belkacem, une Taubira et un Macron, ne pouvait pas aboutir à un chef-d'œuvre d'harmonie. Certes, même si leur présence était la conséquence d'une majorité peu homogène et frondeuse, cela ne pouvait donner naissance qu'à un affreux barbouillage. Il n'y avait pas non plus de véritable continuité entre la déclaration fondatrice du Bourget, « mon adversaire, c'est le monde de la finance », et la loi travail bénie par le patronat, entre le projet de déchéance de nationalité qui faisait fulminer sa gauche et la faiblesse coupable vis-à-vis de Leonarda qui hérissait sa droite. D'où l'impression de tirer à hue et à dia. D'être entre le zist et le zest. La crédibilité et l'autorité du président se sont ressenties de ces hésitations.

Il n'a pas, mais alors pas du tout, senti l'attente des Français. Il les a frustrés d'un rendez-vous historique. Il les abreuve de chiffres là où ils attendaient l'annonce d'un grand défi où ancrer leur espérance ; il détaille les ustensiles de sa boîte à outils là où ils attendaient le chemin d'une Terre promise. Si Moïse avait parlé ainsi aux Hébreux, ils n'auraient certainement pas franchi la mer Rouge. Le président se cantonne dans le cantonal, le détail, l'anecdotique, quand ses auditeurs attendent l'ouverture à de vastes perspectives, un nouvel horizon derrière le marasme, des clés pour comprendre ce siècle déboussolé et si souvent incompréhensible.

A-t-il manqué de mots, d'un véritable projet ou, plus grave, de personnalité, personnalité au sens politique s'entend ? De Gaulle ou Mitterrand, pour prendre de gros calibres, ont pu renier allègrement leurs promesses, on ne les a jamais suspectés de ne pas savoir où ils allaient. Leurs virages de bord savamment étudiés ne donnaient pas l'impression qu'ils perdaient le cap. Du moins en avaient-ils un qu'ils savaient admirablement éclairer par un verbe de feu et, pour de Gaulle, une action au service d'une vision qui n'a pas été démentie. François Hollande a semblé arriver au pouvoir suprême avec un sentiment d'étonnement. D'où l'improvisation, les tâtonnements, les atermoiements. Pourtant ce n'est pas faute d'avoir eu une longue période d'opposition pour mûrir un projet. Les facilités du politicien ne lui ont pas rendu service. Il s'est pris à son propre jeu. À force de répéter que tout était de la faute de Sarkozy – ce qui était de bonne guerre en campagne électorale –, il a fini par s'en persuader lui-même, s'empressant, une fois au pouvoir, de détricoter l'œuvre de son prédécesseur. Outre que cet électoralisme n'est plus de mise, qu'il ne rassure nullement ceux qui, même critiques à l'égard de Sarkozy, considèrent que son bilan n'est pas négatif et qu'il faut y regarder à deux fois avant de proscrire des mesures qui ont fait leurs preuves, cela ne peut en aucun cas tenir lieu de véritable politique. Même chose dans cette turlutaine démagogique et égalitariste vis-à-vis du monde de l'argent. Effrayer les possédants, les démoraliser, leur faire prendre le chemin de l'exil n'est pas le meilleur moyen de rassurer des entrepreneurs déjà frappés par la crise. Qu'est devenu le social-démocrate, voire le social-libéral, que beaucoup attendaient, capable de redonner une modernité et une efficacité à un socialisme empêtré dans une idéologie étroite, inadapté aux nécessités de la modernité et aux contraintes européennes ? Là où on attendait un Blair ou un Schröder à la française, on a eu un chef de l'État qui a beau dire qu'il n'est pas un président socialiste mais le président de tous les Français – que ne le manifeste-t-il plus souvent ! – qui semble hésiter à couper le cordon ombilical avec la phraséologie paralysante de son programme. On le voit notamment dans la manière confuse avec laquelle il s'est emmêlé les pinceaux dans le projet sur le mariage pour tous. Projet certes louable mais qui méritait une plus ample concertation. Quoi qu'on en pense sur le fond, il ne pouvait par la brutalité de sa mise en œuvre qu'exciter inutilement les passions françaises dans un moment où il fallait, au contraire, calmer l'esprit public et rassembler les énergies pour affronter une crise monumentale.

François Hollande a semblé ne pas comprendre ce que les Français attendaient de lui. Ceux-ci ne veulent pas d'un président technicien, qui les nourrit de chiffres comme on jette des petits poissons morts aux otaries dans les zoos et qui tient un discours abstrait de technocrate. Ils ont besoin d'un chef au langage limpide, concret, qui a l'art non pas de leur raconter des histoires mais leur histoire, et qui soit capable de leur montrer comment leur destin peut s'insérer encore dans le destin national. Ils veulent sentir une main ferme qui les réunit dans un vaste projet commun au lieu de jouer de leurs divisions. Le président en France doit non seulement avoir une vision, mais une personnalité solide pour étreindre la France, la prendre dans ses bras. Lien charnel qu'ont eu les Clemenceau, les de Gaulle, les Pompidou, les Mitterrand. Hollande a beau être un rondouillard, il semble ne pas avoir de corps : son esprit trop subtil navigue entre l'abstraction de l'idéologue, les principes rigides de l'énarque et ce penchant aux compromis, aux motions de synthèse qui le maintiennent entre le zist et le zest, dans l'apesanteur de l'indécision, mais ne le font pas exister comme président.

Certes, le projet socialiste n'est pas vraiment adapté aux temps de crise. Il comporte une part d'utopie qui, faute de prospérité et de moyens, tourne à l'aigre. D'autant que ses porte-parole, à force d'avoir tiré sur la corde égalitariste, la victimisation des classes populaires, ont tendance à créer plus de désenchantement que d'espérance. Hollande, il faut le dire à sa décharge, porte un projet qui manque d'exubérance, de gaieté, vraiment en deuil de pétulance et d'enthousiasme pour la vie. La dénonciation perpétuelle des injustices, la chasse ouverte aux privilégiés, l'opprobre porté sur la classe bourgeoise ontologiquement coupable ne concourent pas au réarmement moral. C'est ce que le philosophe Michel Onfray appelle « les passions tristes » de la gauche. Cela donne aux Français, pris entre l'étau fiscal et leur culpabilité, l'impression que la fête est finie, qu'il faudra vivre dans le dénuement et l'expiation pour se faire pardonner d'avoir été un peu riches et parfois un peu heureux.

Autre interrogation : pourquoi Hollande s'est-il lié les mains en faisant de l'inflexion de la courbe du chômage la condition de sa candidature ? Pourquoi, après le regain de popularité engrangé pour son attitude face à Daech au Mali et face aux attentats de *Charlie*

Hebdo et du Bataclan, n'en a-t-il pas profité pour purger sa majorité de ses frondeurs en opérant une dissolution de l'Assemblée ? Manque de hardiesse, crainte de voir le pouvoir lui échapper ? Pourtant certains y voyaient même – surtout –, en cas de victoire électorale de la droite, un effet d'aubaine susceptible de sauver une élection présidentielle compromise.

Pour autant, en dépit de son renoncement devant un second mandat, Hollande est resté convaincu d'avoir fait de son mieux étant donné les circonstances. Sans doute ne croit-il pas, à l'inverse de certains de ses prédécesseurs, qu'un président puisse faire l'Histoire. Il est aujourd'hui condamné par les nécessités économiques, borné par les exigences européennes au juste milieu, à une honnête médiocrité. Un président n'est plus, selon lui, qu'un ectoplasme médiatique, façonné à coups de sondages, de réseaux sociaux, un spectre plus ou moins brillant, sympathique ou populaire. C'est son dernier défi : à défaut d'avoir réussi à soulever des montagnes, se faire aimer. D'où vient que Hollande apparaît si atypique dans le paysage des hommes d'État français ? Son renoncement, si raisonnable, si peu romantique de gestionnaire qui accepte la médiocrité de son bilan, montre combien il est différent et éloigné des Français qui aiment l'audace, les défis, le sacrifice. Ils ont moins considéré Waterloo comme une défaite que comme l'ultime sursaut d'un amant de la gloire. Non, plus que tout, ils aiment le panache qui consiste à périr pour ses idées, pour son idéal. En chacun il y a un Cyrano qui murmure : « Et c'est encore plus beau parce que c'est inutile. »

Cet idéal, pour Hollande, dont il n'a pas su déceler la contradiction intrinsèque, et le piège tendu à son irrésolution, c'était de concilier l'infiniment grand, les enjeux majeurs de la France, et l'infiniment petit, les états d'âme mesquins et les caprices des divas du PS. On comprend qu'il ne lui ait pas paru enthousiasmant de risquer de mordre la poussière pour le défendre.

Reste que si Hollande a une très petite chance de rester dans l'Histoire, ce sera à l'évidence moins par son œuvre politique, combien incohérente et combien contestée, que par sa soudaine abdication. Chez ce bon vivant, jouisseur, amateur de bon vin et de bons mots, elle fait contraste comme l'intrusion soudaine du terrible hara-kiri des samouraïs dans l'existence paisible d'un notable corrézien. Frappe aussi ce tranchant d'acier d'une décision irrévocable chez ce maître toutes catégories du compromis douteux et de l'arrangement ficelle. Surtout, on a du mal à lui trouver dans notre roman national des prédécesseurs. Et il est à parier qu'il aura peu d'imitateurs. Le pouvoir suscite une passion à laquelle personne ne se dérobe sauf Charles Quint – tout de même, révérence gardée, d'un autre calibre – qui a choisi d'interrompre les fastes de son règne pour se retirer dans l'austère couvent de Yuste, en Estrémadure.

Rien n'est moins clair en effet que le suicide politique de Hollande. Rien ne le laissait prévoir. Il semblait capable de sortir de son chapeau un de ces tours de passe-passe qui lui aurait évité de rencontrer cette réalité qui lui est antipathique, lui qui se meut avec tant d'aisance parmi les arguties et les concepts. Se peut-il que la déclaration de Valls dans *Le Journal du dimanche* qui le poussait dehors ait suffi à armer sa détermination ? Selon le processus de Darwin, les faibles sont dévorés par de plus forts qui seront à leur tour mangés par de plus coriaces. Dire que Hollande n'a que le sort qu'il mérite est évidemment un éloge funèbre un peu sommaire. On dit qu'il a voulu éviter l'humiliation d'être battu non seulement à la présidentielle mais aussi à la primaire socialiste. Pourquoi cet homme si intelligent s'est-il à ce point d'avance lié les mains ? Point n'est besoin d'avoir Machiavel comme bréviaire pour savoir que c'est la chose par excellence à éviter. Comme s'il s'agissait pour lui moins d'un combat politique avec ses aléas que d'une ordalie ? Pourquoi avoir soumis sa candidature à la condition aléatoire de la baisse du chômage ? Pourquoi avoir accepté l'idée de passer par la case de la primaire alors que rien ne l'y obligeait il y a quelques mois ? Enfin, pourquoi s'être mis à nu devant des journalistes dont il ne pouvait espérer qu'ils amélioreraient son image ? Il y a là un mystère. L'énigme d'un homme qui, au lieu de se protéger contre les attaques dont immanquablement il serait l'objet, de se garantir contre de possibles rivaux, s'est abandonné à une sorte de fatalisme. Cette position, concevable de la part de Jésus au mont des Oliviers dont le sacrifice doit sauver le monde, paraît singulièrement inappropriée à l'Élysée. Entre Jacques Delors qui renonçait à se présenter à la présidentielle parce que les conditions idéales n'étaient pas réunies – l'ont-elles jamais été ? – et Hollande qui jette l'éponge sans combattre, on a affaire à des cas qui sont du ressort de la psychanalyse.

Certes, on a loué l'élégance du geste. Mais le Parti socialiste aura été beaucoup plus pénalisé électoralement et moralement par l'abandon de Hollande qu'il n'aurait souffert de sa candidature. Il y aurait eu au moins une apparence d'unité. Comment les socialistes pourront-ils se relever ? Entre Macron sur leur droite, Mélenchon sur leur gauche, qui les prennent en tenaille, ils sont menacés de division et d'anéantissement. Manuel Valls, Arnaud Montebourg et Benoît Hamon vont se partager les voix d'un PS en capilotade, déchiré entre des factions irréconciliables. Tout semble réuni pour que les socialistes, ou ce qu'il en reste, donnent le spectacle attristant d'un suicide des baleines.

On aura rarement vu en politique un chef d'État comme Hollande vaincu moins par la malchance et le syndicat de ses adversaires que par lui-même. Aucun procureur ne lui aura été plus néfaste que cet acharnement probablement inconscient à ourdir lui-même des pièges pour en devenir la victime. Piège d'une vie privée chaotique et tempétueuse qui l'exposait au scandale, pièges successifs du matraquage fiscal, du projet de déchéance de nationalité, de la loi travail qui lui ont aliéné au fil du temps toutes les catégories de l'électorat. Parlant de Macron, il disait : « Il m'a trahi avec méthode. » Ce jugement, Hollande pourrait se l'adresser à lui-même. Lui aussi s'est trahi avec méthode, creusant sous ses pas, par des décisions certes discutables mais moins mauvaises en soi que discordantes et inconciliables, un abîme où il a fini par se perdre, laissant à ses partisans et à ses amis un sentiment amer de gâchis et d'espérance trompée. Mais ce qui domine, dans le cas de Hollande, au-delà de toutes les explications rationnelles, c'est la force d'un inconscient qui l'a mené contre son intérêt à une persévérante conduite d'échec une fois au pouvoir. Pour payer quel sentiment de culpabilité ? Cela est une autre histoire, comme dirait Kipling.

Une épitaphe lui irait comme un gant : celle concoctée par Sainte Beuve pour le Dr Véron, figure incontournable de la politique sous la monarchie de Juillet : « Il a occupé plus de place qu'il ne laissera de vide. »

PÉTROLEUSES EN PÉTARD

SÉGOLÈNE ROYAL, UN VISAGE DE MADONE ET UN CARACTÈRE DE DOGUE

Ségolène est beaucoup plus qu'une femme politique. C'est un phénomène, un mystère, une énigme, une quadrature du cercle, une pomme de discorde. Dans notre univers platement consensuel, robotisé, peuplé d'individus grisâtres et de personnalités fadasses, elle sort du lot avec flamboyance. Aussi bien à droite qu'à gauche, elle suscite l'admiration la plus fervente ou les controverses les plus basses. On la critique ou on la loue sans modération. Avec elle, pas de demi-mesure ni de demi-teinte. Elle évolue dans le monde épique et sans nuances de l'exagération. C'est son destin et sa chance depuis le début : réveiller les passions. Elle excite les socialistes comme la cape rouge du matador. Elle remue leur bile, aigrit leur humeur, contrarie leur digestion. Mais que deviendraient-ils sans sa personnalité électrique ? N'a-t-elle pas réussi un tour de force ? Obliger tout un congrès socialiste à faire fi de toute question idéologique pour se concentrer sur une seule et irritante interrogation : que faire de Ségolène ? Oubliés la crise, la social-démocratie, l'alliance au centre, Sarkozy. Une seule question ontologique qui engage l'existence et l'essence : *to be or not to be with Ségolène?*

Évidemment, ce n'est pas un hasard si ce congrès a eu lieu à Reims, lieu historique au plus haut degré, puisque c'est dans cette ville que commence l'histoire de France. Dans la mystique devenue politique avec le sacre de Clovis. Et Ségolène, elle aussi, est regardée comme une personnalité qui trouve sa source dans le charismatique et le religieux. N'a-t-on pas parlé de dérive sectaire à son propos ? On l'a comparée à Jeanne d'Arc, image qu'accréditent autant la bravoure, le cran, l'obstination qu'elle met au service de sa mission que les multiples procès qu'on lui intente. Ses avanies, les flèches qu'on lui décoche, les obstacles qu'on place sur sa route sculptent sa figure de sainte qu'on veut immoler car elle brise les vieilles idoles. Le Parti socialiste est trop obnubilé par elle pour s'en débarrasser sans de graves dommages. On comprend son dilemme : ou couronner sinon une sainte du moins une légende difficile à vivre, ou cohabiter avec une martyre qui prendra l'opinion à témoin de son injuste sacrifice.

Un météore politique n'apparaît pas dans le ciel par hasard. Surtout lorsque ce météore a eu des chances de devenir une étoile de première grandeur comme Ségolène Royal. Elle a puisé son énergie et sa lumière autant dans ses qualités propres que dans la désillusion et le marasme qui stigmatisent le monde politique : un Fabius, un Strauss-Kahn avaient des airs de déjà-vu, de recettes éventées, et on n'attendait pas d'eux qu'ils fassent des miracles. Jospin avait, lui, l'air d'un grand garçon irritable et maussade qui se relevait mal d'un rendez-vous manqué. Ses états d'âme à la Delors, sa grande bouderie parce qu'on lui avait confisqué son joujou présidentiel, ses tergiversations à n'en plus finir n'engageaient pas vraiment à lui confier la charge suprême et le bouton de la force de frappe : « J'appuie, j'appuie pas ? » Quant à Chirac, on peut se demander aussi pourquoi, après avoir manifesté tant d'impétuosité et de pétulance à vouloir le pouvoir, il est resté, son but enfin atteint, entre le zist et le zest. Pourquoi a-t-il donné à son règne ce halo fantomatique, comme si ce grand vieux jeune homme enfermé sous les ors de l'Élysée demeurait une sorte de Hamlet indécis qui n'arrivait pas à se sortir de ses contradictions ontologiques ? Entre celui qui, à gauche, ne savait pas s'il avait envie du pouvoir et celui qui, à droite, ne savait pas quoi en faire, on se dit que l'époque des Richelieu est bien passée. C'était un temps mûr pour enfanter les Sarkozy et les Ségolène qui proclamaient haut et fort la rupture. Après les grands platoniques velléitaires, les Français aimeraient bien en finir avec les mariages blancs. Qu'au moins quelque chose se passe ! Assez de mots, des actes.

Ségolène Royal a eu pour elle plusieurs avantages. Elle avait un air de nouveauté dans le paysage. De plus, elle illustrait à merveille les grandes contradictions françaises : un délicieux parfum de droite conservatrice dans un projet progressiste. Comme chez Mitterrand, d'ailleurs. Elle flattait chez les Français leur impénitent attachement aux valeurs de la tradition tout en leur permettant d'être farouchement modernes, à l'avant-garde dans l'innovation sociale. Provinciale, elle a réussi à Paris ; elle a su se montrer une mère de famille sans être mariée pour autant ; elle est une socialiste disciplinée tout en rejetant les dogmes idéologiques vieillots. Elle n'a pas craint de parler de la création d'un service civique obligatoire alors que la droite a balancé aux orties le Service national pour complaire à des jeunes qui ont eu maintes occasions de lui manifester leur reconnaissance pour cette mesure qu'ils ont jugée pour ce qu'elle était : une pure opération démagogique.

D'où vient que le charme subitement s'est rompu ? Avec son physique de gracile échassier, son profil aigu, son air indomptable, elle apportait cette fraîcheur de la passion qui manque si souvent aux vieux routiers blasés de la politique. Elle semblait incarner une mystérieuse rupture avec les mœurs de ce théâtre électoral dont nous connaissons depuis longtemps les grosses ficelles, les coulisses qui parfois ne sentent pas très bon. Elle était différente. Belle, décidée, courageuse, elle ne craignait pas de nous parler aussi de la sécurité, de la famille, de la France. Des thèmes nouveaux chez les socialistes qui avaient tendance à mettre le drapeau français dans leur poche.

Sollicitant nos rêves, armée d'une résolution de fer, elle paraissait dangereuse à Sarkozy et à la droite déroutés d'avoir à lutter contre un adversaire qui semblait aussi inatteignable qu'un mirage. Mais le mirage s'est étrangement dissipé. Jeanne d'Arc a révélé qu'elle n'avait rien d'une madone mais un fichu caractère à la Philippe Séguin.

À La Rochelle, la question au menu des socialistes c'était : « Pourquoi Ségolène a-t-elle perdu ? » Comme entrée, plat et dessert. Ségolène a esquissé son autocritique. Quelle drôle d'idée ! La messe est dite. C'est trop tard.

Ce qui frappe aujourd'hui chez Ségolène, c'est qu'ayant été candidate à la magistrature suprême – souhaitant l'être encore –, elle ne semble toujours pas savoir où elle a mis les pieds. Cela apparaît dans le lamento qu'elle nous livre à tout propos : ses plaintes, sa « blessure », son ressassement un peu obsessionnel des attaques dont elle a été l'objet. Croyait-elle que son chemin serait pavé de roses ? Pourquoi aurait-elle été épargnée ? Elle a reçu quelques baffes, d'accord. Mais elle n'a essuyé ni les balles comme Kennedy ou de Gaulle, ni les campagnes de calomnies comme Mitterrand ou Chaban-Delmas. La politique est un combat impitoyable où les plaintes sont malvenues. Il faut serrer les dents ou choisir une profession plus tranquille. C'est peut-être, je l'avoue, ce que je n'avais pas vu chez Ségolène : les failles de son caractère que dissimulait son indéniable charme. Elles sont apparues à la télévision face à Sarkozy. Pète-sec, méprisante, elle n'a pas fait le poids. En traitant de haut les éléphants du PS, elle s'est enfermée dans l'exercice solitaire de la candidature. En congédiant le premier secrétaire du PS, elle a montré aux Français un visage peu conciliable avec le minimum d'impassibilité, de résistance aux offenses qu'exige la charge présidentielle. Bien sûr elle a souffert. Mais tout le monde souffre.

Cela me rappelle ce que me confiait Jean d'Ormesson il y a bien longtemps, après 1981, à propos de l'échec de Giscard : « Il a fait perdre nos idées sur sa personne. » Remplaçons le mot « personne » par le mot « caractère » : c'est ce qu'a dû se dire plus d'un socialiste le soir du 6 mai.

TAUBIRA, LA GRANDE PRÊTRESSE DU SECTARISME

Les manifestations des policiers place Vendôme pour protester contre la mansuétude des juges et le laxisme de la politique pénale ont trouvé en Mme Taubira une cible de choix. Pourtant celle-ci, recadrée maintes fois par Manuel Valls qui la supporte comme une potion amère, faisait profil bas depuis quelque temps. Ce qui n'est ni dans ses habitudes d'exposition médiatique, ni dans son tempérament volontiers éruptif. C'est en effet un personnage original du paysage politique qui contraste avec la componction et la fadeur des énarques, ou la langue de bois des vieux routiers cantonaux qui ont trop bien appris à ne rien dire. Ayant jeté à la rivière toute urbanité inutile et tout superfétatoire esprit de nuance, on peut dire qu'elle défrise, nous donnant le spectacle de ses colères, de ses propos vindicatifs, de ses relations barbelées avec la presse, et de celles non moins acerbes avec les députés, qui ont l'audace d'émettre des critiques sur son action ; sujette à ce même tempérament tempétueux, si l'on en croit la rumeur, envers ses directeurs de cabinet et ses collaborateurs qui osent lever une oreille. Derrière l'image pacifique d'une ministre écologiquement correcte qui, devant les caméras, enfourche sa bicyclette en sortant du Conseil des ministres, escortée par trois escadrons de gendarmes vélocipédistes, il y a ce qu'on appelle une femme de caractère pour éviter de dire de mauvais caractère. Passionnaria de la gauche, icône des frondeurs, elle est la vivante incarnation de ce qu'une certaine mouvance socialiste contient de plus sectaire, de plus idéologique, et disons le mot, de plus vieillot. Cette gauche libertaire et égalitaire accrochée aux vielles lunes de la lutte des classes, hantée par les deux cents familles et qui voit dans la bourgeoisie un ennemi irréductible accroché à ses privilèges. Une tendance qui a bien du mal à coexister pacifiquement avec l'autre, celle de Manuel Valls, qui se veut moderne, ayant fait son aggiornamento économique, et revenu de ses préjugés contre le patronat. C'est pourquoi avoir placé au gouvernement deux électrons libres aussi opposés qu'Emmanuel Macron et Mme Taubira constitue-t-il un numéro d'équilibrisme aussi périlleux que ceux que nous offrent les prodigieux athlètes du grand cirque de Pékin.

Mme Taubira, poil à gratter de la gauche, a attiré sur elle les foudres de la droite. Ce front uni contre elle loin de l'inquiéter la convainc qu'elle va dans la bonne direction en secouant les bastions du conservatisme et de la réaction. À l'opposé de ceux qui recherchent le consensus, elle aime exister dans le conflit quitte à l'allumer elle-même par des provocations. Cette atmosphère vindicative, l'hostilité qu'elle suscite, la renforcent dans son sentiment légèrement paranoïaque d'être une femme à abattre, détestée non seulement pour ses idées mais également pour ce qu'elle est : ses origines, son appartenance à la Guyane, la couleur de sa peau. Aussi a-t-elle pour stratégie de ne jamais s'abaisser à faire une concession, et d'aller au-devant de l'adversaire non pour tenter de le convaincre mais pour le vaincre. Son intransigeance, son manichéisme, un psychanalyste les expliquerait peut-être par son expérience dans la Guyane postcoloniale où les conflits sociaux à l'instar du climat manquent de nuance et sont surchauffés par les fièvres endémiques.

On peut évidemment, avec candeur, se demander pourquoi une femme dotée d'un tel tempérament explosif, aussi nuancée qu'un marteau-pilon, si peu faite pour plaire à de placides magistrats, a-t-elle été placée à la tête d'un des ministères les plus sensibles de la République, où, selon l'expression de Voltaire, il conviendrait de peser des œufs de mouche avec des balances en toile d'araignée.

Si cette femme douée d'intelligence et de culture provoque un tel tollé contre elle, ce n'est évidemment pas seulement en raison de son caractère abrupt, ni de ses carences diplomatiques, c'est aussi et surtout pour la politique pénale qu'elle s'entête à mener. Que ce soit en matière de peine plancher, de réinsertion, de ce qu'on désigne comme « la contrainte pénale », c'est-à-dire la faculté de remplacer la prison par d'autres peines comme le bracelet électronique ou son programme en faveur des jeunes délinquants, elle a choisi de privilégier l'aide et le soutien aux délinquants au détriment de la sécurité publique, ce que lui reprochent d'une même voix les policiers et l'opinion. Que la répression ait sa limite, que la prison ne soit pas toujours la panacée, c'est un fait sur lequel on peut certes réfléchir, comme philosophe ou comme intellectuel. Mais, et c'est là le malentendu, on ne lui demande pas de tenir une posture philosophique dans la ligne des Beccaria et des philanthropes, mais d'agir, de lutter contre la montée de la criminalité, de mettre hors d'état de nuire les fauteurs de violence et de crimes ainsi que les terroristes. On exige d'elle de faire de la politique et non de l'incantation. C'est ce qui creuse l'abîme entre elles, l'opinion et les policiers qui ont l'impression de faire les frais d'un idéalisme et d'un gauchisme hors de saison.

Au-delà de Mme Taubira et de sa politique, ce qui est contesté, c'est peut-être aussi ce ton arrogant et agressif qu'elle emploie qui fait fi de tout effort de pédagogie et d'explication. Cela contribue à accroître la défiance de l'opinion vis-à-vis d'elle. On sent naître une sorte de lassitude devant les excès verbaux en place des justifications, et une forme d'hystérisation de la vie publique. Une réprobation qui renvoie dos à dos Mme Taubira et Nadine Morano, assez proches dans la virulence de leurs invectives – certes avec des responsabilités différentes et à quelques neurones près –, qui enflamment inutilement un débat national devenu une foire d'empoigne, un pugilat, voire une corrida. Certes la France a toujours été le pays des guerres de religion auxquelles ont succédé les querelles entre ces idéologies que Raymond Aron appelait des religions laïques. Le monde médiatique accorde sa préférence aux faiseurs de scandales, aux trublions qui jettent un pavé dans la mare du politiquement correct. C'est ce qui a fourni un tremplin à Jean-Marie Le Pen, à sa fille Marine tout comme à Mélenchon. Comme si seuls pouvaient se faire entendre la provocation, l'excès, l'outrance verbale, au détriment de la modération, de la nuance et de la sagesse confondues avec la grisaille et l'ennui. Le paradoxe de cette démocratie d'opinion dans laquelle nous vivons réside dans cette contradiction entre une véritable aspiration à un débat politique sérieux, responsable, à la hauteur de la gravité des menaces qui nous guettent, en même temps qu'une perverse dilection pour les hâbleurs, histrions bonimenteurs tonitruants, et autres briseurs de vitres. On accuse les médias et Internet d'être les porte-voix et les relais de cette surchauffe verbale : on met en cause Ruquier, *Les Guignols de l'info*, *Charlie*, etc., qui, il est vrai, allument à tort et à travers des allumettes qui mettent le feu aux poudres. Mais c'est plutôt l'esprit public français qu'il faudrait incriminer : éminemment inflammable, cherchant toutes les occasions de gratter ses plaies et de les envenimer. Le débat autour du mot « race », après la sortie provocatrice de Nadine Morano, a montré que dans la sémantique nous aurions tort de nous moquer des querelles byzantines, et des scabreuses ratiocinations théologiques entre les chiites et les sunnites.

Comment l'autorité de l'État déjà chancelante, qui ne se fait ni obéir par une poignée de Roumains qui bloquent une autoroute, ni par les syndicalistes d'Air France qui la bafouent ouvertement, pourra-t-elle s'exercer avec un tel climat de surenchère dans la diatribe et la provocation ? Cette vie politique que la mode transforme peu à peu en cirque, au détriment de ses représentants constamment houspillés, moqués, dévalorisés – quand ils ne se discréditent pas eux-mêmes par leur intempérance verbale – comment ses dirigeants seront-ils en mesure d'affronter les grands défis qui se posent : l'afflux des migrants, l'intégration de l'islam, un pays au bord de la faillite ? On est dans une aporie impossible à résoudre, un dilemme insoluble entre la liberté d'expression qui ne respecte rien et les nécessités de l'action qui exigent le sérieux, la gravité, toute chose dont on a perdu le goût.

PASQUA, PAS BLANC-BLEU MAIS BLEU-BLANC-ROUGE

C'est un vieil hippopotame solitaire dans le marigot qui attend l'heure du chasseur avec le fatalisme des grands animaux de la jungle. Les paupières de Charles Pasqua ont la mystérieuse lourdeur d'un coffre-fort suisse. Il y a quelque chose de blindé chez cet homme-là. Ni les attaques, ni les calomnies, ni même les réquisitions du juge Courroye n'entament l'acier trempé d'un caractère forgé par les combats. Depuis le temps qu'il navigue entre deux eaux et flirte avec les basses œuvres de la République – très peu d'enfants de chœur ont fréquenté la Résistance et les services d'ordre gaullistes –, il en a vu d'autres. Il a fait du chemin depuis la lutte contre l'OAS et la direction du SAC. Désormais, il fait partie du paysage. On s'est habitué à lui, à cette gueule qui oscille entre Edgar J. Robinson et Fernandel, entre le polar à haut voltage nerveux et le comique de papa. C'est le seul homme politique que les Français ont l'impression de tutoyer depuis le temps qu'ils le connaissent. Et même s'ils subodorent que ce spécialiste des manœuvres en dessous de la ligne de flottaison n'a pas toujours été blanc-bleu, ils ont tendance à l'amnistier parce qu'ils savent en revanche qu'il a toujours été bleu-blanc-rouge. Ministre de l'Intérieur en 1986, on serait tenté de dire depuis toujours, tant sa personnalité semble coller à cette fonction. Du premier flic de France, il a le pessimisme actif, la sérénité en béton et le regard qui vous sonde jusqu'à votre petit orteil gauche. Et accessoirement, un grand mouchoir qu'on met sur les bavures en tous genres. Battu aux élections européennes, ayant perdu une précieuse immunité qui le préservait des fourches Caudines du juge Courroye, qui a beaucoup de questions à lui poser sur diverses affaires de blanchiment d'argent, Charles Pasqua n'a l'air ni abattu ni prêt à prendre sa retraite.

Il me reçoit, le cigare au bec, au siège de son parti, le RPF, à Neuilly, dans son bureau décoré d'une photo du général de Gaulle et d'une affiche originale de l'appel du 18 juin. La tempête qui souffle à l'UMP, à la veille de son conseil national, et les choix imposés à Sarkozy par l'Élysée nous procurent un excellent apéritif.

« Le problème le plus important qui se pose aujourd'hui pour la droite, c'est moins celui du gouvernement lié à la conjoncture économique que celui de l'UMP. Si on a le parti du président qui continue à peser moins de 20 % dans l'opinion, on va au casse-pipe. L'urgence absolue, c'est de réorganiser la majorité et de l'élargir. Il ne faut pas se lancer dans la voie des exclusions et des oukases, mais faire en sorte que tous ceux qui sont contre la gauche se rassemblent. Qui, en dehors de Nicolas Sarkozy, est en mesure de faire ça ? Personne ! »

Pour Charles Pasqua, il n'y a aucune incompatibilité de principe entre la fonction de ministre de l'Économie et celle de président de l'UMP. Mais sur le plan du fonctionnement du gouvernement, cela pose un vrai problème : « On ne peut pas imaginer un Premier ministre, qui est théoriquement chef de la majorité, avoir dans son gouvernement un ministre important qui est en même temps président du principal parti. Ce n'est pas un problème d'emploi du temps, de principe, mais de réalité politique. »

Et si Sarkozy était nommé Premier ministre, y aurait-il la même incompatibilité ? « Non, ce serait différent. Là, ce serait logique. »

Pasqua, en vieux briscard du gaullisme qui connaît le parti chiraquien comme sa poche, même s'il a toujours été très dubitatif sur la création de l'UMP, voit mal qui d'autre à droite, sinon Sarkozy, serait capable de le redynamiser.

« L'UMP cherche sa voie. Le gros des troupes vient du RPR, les cadres sont centristes. Mais surtout, les objectifs sont incertains. Quand on a créé le RPR, c'était pour défendre les idées du général de Gaulle. On ne l'a pas créé pour en faire un mouvement centriste. L'UMP n'a pas vraiment défini ce qu'elle voulait faire, ni ce qu'elle était. On ne peut pas conduire un mouvement politique sans une ligne claire. On ne peut pas avoir, comme les centristes, un pied dedans et un pied dehors. Ou alors on est dans un autre système. On est dans la IVe République qui avait certainement ses mérites et ses délices.

— Vous n'avez jamais cru à l'UMP.

— Je crois que l'idée de créer un parti politique rassemblant à la fois des gaullistes, des libéraux, des centristes dans une formation homogène n'était pas très raisonnable. Elle ne me paraissait pas correspondre au tempérament des Français qui sont restés des Gaulois.

— Et la création des courants ? Y êtes-vous favorable ? Vous pourriez rejoindre l'UMP ?

— Non. Il faudrait que l'UMP change drôlement. Il faudrait que ça ne s'appelle plus l'UMP, que ce soit autre chose. La majorité est dans une situation simple : si elle continue à accepter la compétition permanente entre les centristes et l'UMP, à accepter que les attaques les plus virulentes viennent des rangs centristes sans que rien se passe, eh bien, je leur annonce ce qui va leur arriver : l'UMP et les centristes vont perdre ensemble. La gauche l'emportera : elle gagnera les législatives et la présidentielle. Ça me paraît inscrit dans les astres. Il y a deux ans pour remédier à tout cela. C'est très court. Je ne suis pas sûr qu'on puisse y parvenir. Sarkozy, président de l'UMP, changera les choses, il élargira sa base, car le problème de ce parti, aujourd'hui, c'est un problème non pas de militants, mais d'électeurs. Le seul capable de faire bouger les choses à l'heure actuelle, c'est Sarkozy, à moins que Chirac ne se décide à faire autre chose. »

Chirac ! Le nom est prononcé. Quand Pasqua parle du président de la République, on pressent sous les mots une lourde charge affective. Il y a dans cette histoire d'amour qui a mal tourné beaucoup de passions, de griefs réciproques, de déceptions, mais aussi de fascination de la part du vieux grognard qui aime les battants, les gagnants, les forts tempéraments. D'ailleurs, quand il évoque sa désillusion à l'égard de Chirac, ce sont des paroles humides et sentimentales qui lui viennent aux lèvres : « Je ne suis pas un déçu. Je ne suis pas non plus un amoureux transi. Je pense qu'une autre évolution de Chirac aurait été possible. » On se croirait dans le film *Nous nous sommes tant aimés*. C'est cette ancienne passion qui l'incline peut-être aujourd'hui à passer de Chirac à Sarkozy, qui a le même tempérament avec des qualités et des défauts souvent similaires, au point qu'on a pu dire que Sarkozy, c'est Chirac avec vingt ans de moins.

Chirac donc. Sera-t-il candidat à la présidentielle ?

Pasqua, qui connaît son homme, n'a pas besoin d'une longue réflexion pour répondre : « J'imagine mal Chirac ne se représentant pas. J'ai toujours pensé qu'il appellerait Sarkozy à Matignon seulement si lui-même était candidat au renouvellement de son mandat présidentiel. Il l'appellera un an avant pour qu'il fasse sa campagne. Et j'imagine mal alors Nicolas Sarkozy entrer en guerre ouverte contre Jacques Chirac en se présentant contre lui. Mais tout est possible. Il ne faut pas considérer que Chirac est dépourvu de moyens et d'intelligence. La partie sera intéressante à suivre. »

Sous cette réflexion en apparence dépassionnée, on sent que le feu brûle toujours sous la cendre entre Chirac et Pasqua. Comment une si belle entente a-t-elle pu autant se distendre, au point que Pasqua s'est prononcé en faveur de Balladur en 1994, au point de quitter le RPR avec armes et bagages. On ne le saura sans doute jamais. Pasqua avance, lui, des raisons purement politiques à leur séparation.

« Depuis le référendum de Maastricht, Chirac a intégré l'idée que la France ne peut évoluer qu'au sein de l'Union européenne, et il est conduit à accepter de plus en plus d'accommodements et d'abandons de souveraineté. Mais les Français ont du mal à le suivre dans son incohérence : car en politique étrangère, dans l'affaire irakienne, il a agi seul, il n'a rien demandé à personne, ni leur avis aux partenaires européens. Et on s'est dit : la France est de retour. Si l'Europe avait existé, Chirac n'aurait rien pu faire. Demain, quand il y aura un président de l'Union européenne et un ministre des Affaires étrangères, Chirac parlera au nom de qui ? D'un land ?

— Croyez-vous qu'il soit devenu giscardien ?

— Il a une démarche très proche. »

Au ton avec lequel Pasqua prononce ces paroles et aux lueurs assassines qui allument son regard, on ne peut vraiment pas dire que ce soit un compliment. C'est comme si toute l'époque des guerres fratricides « des copains et des coquins » lui revenait en mémoire : « Depuis sept siècles, on a toujours connu cela en France, la trahison des élites. Jacques Chirac avait stigmatisé tout cela en 1979, quand il avait dénoncé "le parti de l'étranger". Mais il a changé. Il a été contaminé par sa fréquentation des Européens. Il faut avoir une colonne vertébrale en acier quand on est entouré, dans un conseil européen, d'europhiles et d'eurocrates qui se fichent complètement de la nation pour vous opposer aux dérives fédéralistes. On finit par être contaminé, par ce que Giscard a défini comme “la recherche du consensus” : on est d'accord non pas sur la plus forte pente, mais sur la plus faible. »

J'évoque son échec aux européennes. Pourquoi est-il intervenu si peu au Parlement européen et seulement en faveur du yogourt : « Ça, c'est le côté minable et médiocre de M. Barnier qui a avancé cela. Il a oublié que j'ai souvent défendu la France au Parlement européen, alors que lui a toujours été une carpette face à ses collègues les commissaires européens. »

Puisque nous sommes dans le registre des amabilités, Pasqua ne mâche pas non plus ses mots envers les grands ténors. Magnanime avec Raffarin : « Raffarin est le directeur du cabinet politique du président de la République. Il fait de son mieux. Il n'est pas en mesure d'incarner le dynamisme dont la majorité a besoin pour repartir. » Condescendant avec Juppé : « Il n'a pas été à la hauteur des ambitions qu'on pouvait nourrir pour lui. Sa carrière n'a pas été couronnée par un grand succès. Aurait pu faire mieux. » Villepin est l'un des rares, avec Sarkozy, à ne pas en prendre pour son grade : « J'ai beaucoup de considération pour lui. De tous ceux qui sont au gouvernement, c'est l'un des seuls à avoir une vraie colonne vertébrale. »

Et les sombres affaires que lui reproche le juge Courroye ?

« Je ne suis pas un homme d'argent. J'aurais un autre train de vie que celui que j'ai. Mon parti est fauché. Qu'on s'intéresse à ceux qui ont vraiment de l'argent : au RPR, à la mairie de Paris. »

Quand a-t-il été politiquement le plus heureux ? « En 1968, quand on a mis un terme à la chienlit et que de Gaulle l'a emporté. » Et le plus malheureux ? « Un an plus tard, quand de Gaulle a été battu au référendum. C'était à travers la transformation du Sénat une formidable tentative pour que la France épouse son siècle. Il s'agissait d'obtenir un comportement différent des organisations syndicales. »

Ce qu'il y a de bien avec Charles Pasqua, c'est qu'il n'est pas désabusé. Il n'a pas perdu sa faculté d'indignation. Il a beau être maltraité par le suffrage universel, appartenir à un courant minoritaire, à l'armée morte de ceux qui ont leur patrie dans la peau, il continue à aimer la France avec la foi du charbonnier : « Ce pays ne peut pas disparaître comme ça du jour au lendemain, parce que douze clampins ont signé un traité à la con ! Un jour, ce qui comptera, ce sont ceux qui auront été les témoins et qui auront combattu contre l'effacement de la France, quel que soit le résultat. »

Quand on lui parle du mariage gay, de la loi contre l'homophobie, il voit rouge. « Il fallait sanctionner Mamère de manière beaucoup plus ferme. Je l'aurais révoqué sans hésitation. La loi sur l'homophobie, c'est de la petite politique. C'est la quête au ramassage de voix que, je l'espère, ils n'auront jamais. C'est minable, c'est nul ! Nous sommes engagés dans la voie de la décadence. Cette recherche d'une entente avec les éléments marginaux de la société est une erreur monumentale. Quant à M. Raffarin, il n'est pas là pour ça. Ce n'est pas son rôle de Premier ministre. Ce n'est pas l'homophobie qui menace la France aujourd'hui. »

On quitte Pasqua, assis dans son bureau avec ses souvenirs du gaullisme, sa flamme de croisé solitaire et son gros cigare éteint. Quelle drôle d'histoire que la sienne ! Falstaff du souverainisme délaissé par un prince qu'il a tant aidé à conquérir le pouvoir, supplanté par Balladur, par Juppé, il a reçu le salaire des éternels grognards : l'ingratitude. Mais face à tant de personnages politiques qui courent après l'électeur et sont prêts à toutes les pitreries pour s'attirer les faveurs d'une opinion publique coquette et versatile, on ne peut s'empêcher de lui trouver, paradoxalement – eh oui –, une sorte de vertu. Quand Raffarin continue de jouer les utilités en dorlotant amoureusement tous les sujets de démagogie en vogue, imperturbable après avoir perdu deux élections majeures, semblable à ce chevalier de l'Arioste qui continuait à se battre sans savoir qu'il était mort, les avertissements de Pasqua ont des airs de prophéties. En jetant de l'huile sur le feu de ses divisions, la droite va dans le mur avec pétulance. Après tant d'échecs, la concurrence Chirac-Sarkozy ressemble à s'y méprendre à l'histoire d'une défaite annoncée à la présidentielle.

VILLEPIN,
L'ARCHANGE DES EAUX TROUBLES

C'est un grand et bel oiseau des tempêtes qui survole le monde en général et la planète sarkozienne en particulier, en poussant des croassements lugubres. Villepin, qui possède une architecture physique d'archange et semble prédestiné aux hautes sphères de la pensée et du pouvoir, ne dédaigne pas de humer les bas-fonds occultes où évoluent les services secrets. Cet attrait n'est pas l'aspect le moins littéraire du personnage. En l'occurrence de la mauvaise littérature sans juger sur le fond ce salmigondis d'intrigues, et de manipulations qu'est l'affaire Clearstream. Ceux pour qui Villepin est avant tout la belle image d'Épinal et le verbe royal de l'indépendance française à l'Onu ont été étonnés de le voir passer sans transition de la grandiloquence gaullienne et de l'hermétisme de René Char au pataquès du général Rondeau. Quelle tarentule l'a soudain piqué pour se risquer à fréquenter l'agent secret français le plus hurluberlu qui rendrait des points à l'inspecteur Clouseau de *La Panthère rose* ? Il est peu probable que le procès dans lequel Sarkozy est partie civile apporte le moindre éclaircissement. Il ajoutera, à la confusion, un déballage qui ne sera dans l'intérêt de personne. Et la justice, cette fugitive du camp des vainqueurs, n'en sortira pas grandie.

Villepin, hormis ce talon d'Achille, incarne à droite une sensibilité politique qu'on aurait tort de minimiser. Certes, elle ne comporte pas beaucoup de divisions, ses troupes sont clairsemées. C'est une voix originale, parfois un peu survoltée d'un gaullisme baroque surchargé de dorures culturelles qui, bien sûr, fait contraste avec le discours positif et minimaliste de Sarkozy. Villepin, c'est le parti de la princesse de Clèves qui se dope aux envolées nationales de Jeanne d'Arc.

Ce n'est pas lui qu'on pourra accuser de faire de la politique avec un petit « p ». Tout est en majuscules chez Villepin : sa taille, ses bras, ses idées, sa vision. Chaque chapitre de sa vie semble tracé avec des enluminures, ce qui convient bien à son air de grand scout chevaleresque, de prince Éric délaissant la recherche du bracelet de vermeil pour la Toison d'or d'une politique idéale. Quelques années lui ont suffi pour se hisser aux plus hautes responsabilités sans entamer sa magie séductrice de héros de roman. C'est Fabrice del Dongo ayant réussi à se transformer en Mosca. Il faudrait remonter très loin pour trouver un modèle de sa sorte : le romantisme au pouvoir. Au cœur du gouvernement, il semblait en avoir évité les petites salissures et les grandes compromissions : combien de temps encore restera-t-il vierge d'accointances avec le BTP, les juteux marchés publics et le malsain financement des partis ?

La vision de Villepin, parfois un peu enfiévrée et fumigène, rejoint, dans sa critique subliminale implicite, les philippiques antisarkoziennes de Bayrou. L'un et l'autre, qui ne peuvent pas décemment blâmer Sarkozy de ne pas s'occuper du corps malade de la France, lui reprochent de ne pas s'intéresser à son âme. Il y a une mélancolie française que le romantique Villepin peut séduire avec ses violons. Il n'a sûrement pas dit son dernier mot, ni versé sa dernière goutte de cyanure dans le potage sarkozien. Pourtant les Français se souviennent d'avoir vu apparaître, sur les bancs de l'ONU, un homme à l'allure juvénile, beau comme Alcibiade, dont il émanait un air de fraîcheur inhabituel dans les allées du pouvoir.

Quand il a prononcé son discours, on a senti qu'il se passait quelque chose d'inattendu. Colin Powell le fixait avec l'étonnement teinté d'incrédulité que l'on éprouve vis-à-vis d'un être surgi d'une autre planète. Il est vrai que cette voix semblait venir d'ailleurs et non de ce monde formaté par la mondialisation. Ce qui a pu sembler gaullien dans cette déclaration, c'est certes le fond, mais plus encore le style, qui tirait sa force, sa résonance profonde, du passé de la France, de la littérature. Ceux qui connaissent Dominique de Villepin et ont lu son ouvrage, *Les Cent Jours*, n'ont pas été surpris. Déjà ce livre cavalcadait comme une charge de hussards, plein de panache et de fougue. L'auteur s'y révélait excellent historien d'une des fractures de l'histoire française. L'ouvrage était passionnant, non pas parce qu'il tentait de faire concurrence à Jean Tulard, mais parce qu'il exprimait, sur ce sujet rebattu, une vision originale. On sentait son auteur jeune, l'esprit adolescent, idéaliste, avec la conscience déjà romantique d'être né trop tard dans un monde trop vieux.

Villepin a surpris une nouvelle fois avec son essai, *Éloge des voleurs de feu*, brûlot poétique jeté dans un Paris où les fonctionnaires manifestent pour leurs points de retraite, entre deux avions, trois conférences internationales, dans un monde qui se relève de la guerre. Ce livre nous montre une autre facette du ministre des Affaires étrangères qui n'est pas dépourvu d'un certain dandysme à la Disraeli. On savait qu'il écrivait des poèmes. Mais ici, son propos ambitieux, dans un ouvrage imposant qui comporte plus de huit cents pages, est de cerner le mystère de la poésie et de l'acte qui l'enfante. Napoléonien il était en histoire ; napoléonien il reste en poésie. Le génie se mesure à l'aune du courage ; paraphrasant le général Lassalle, il pourrait s'exclamer : « Un poète qui n'est pas mort à trente ans est un jean-foutre. »

Ce projet littéraire est exaltant. Autant par lui-même que par les questions qu'il pose. D'abord, il est en rupture avec celui de ses augustes prédécesseurs : les hommes d'État qui, dans la nation la plus littéraire qui soit au monde, au dire de Tocqueville, se sont adonnés aux belles-lettres.

Chez de Gaulle, le plus grand d'entre eux à tous égards, il est difficile de distinguer le politique de l'écrivain : ils sont consubstantiels. L'homme d'État visionnaire puise sans cesse dans le vivier de la culture afin de construire sa pensée, d'y forger ses arguments dans une perspective exclusive : comment sauver la France d'elle-même ? La littérature lui permet d'entrer en contact avec des zones profondes de l'âme française, de sonder son histoire, son inconscient, et de s'enrichir de la diversité de ses familles spirituelles. La littérature est pour lui indissociable de l'action, qu'il revendique avant tout, car rien n'existe sans le verbe.

Pompidou, qui fut professeur de lettres, auteur d'une *Anthologie de la poésie française*, est en apparence le plus éloigné de la conception de Villepin. Pour l'ancien agrégé, la littérature fait partie de la panoplie obligée de l'humaniste, de l'honnête homme : il la préfère assagie, refroidie, aseptisée, débarrassée de ses poisons dans le formol du *Lagarde et Michard*. Il préfère citer Rimbaud plutôt que de le fréquenter. L'auteur du *Bateau ivre* aurait été capable de lui gâcher une soirée chez les Rothschild à l'hôtel Lambert, de mettre le feu aux barricades, le bordel à la Sorbonne et de lever l'étendard de Mai 68. Alors, la littérature, oui ; les écrivains, non. Ou alors en smoking et de l'Académie. Pompidou n'aura jamais pu résoudre cette contradiction : ceux qu'il admire ne sont pas fréquentables ; ceux qu'il fréquente ne sont pas admirables.

Mitterrand aime, lui, la littérature comme un lieu où ce barrésien peut se baigner dans ses contradictions et y refaire son unité intérieure. Il n'y a pas, comme chez de Gaulle, mobilisation générale des lettres et des idées au service de l'action. Il considère le livre comme un cinq à sept. Pas de passion débridée, de brèves mais intenses étreintes, des baisers volés adultères avec des auteurs sulfureux (c'est-à-dire de droite). Il lit Chardonne, Drieu, Morand dans l'avion pour se laver les oreilles mises à rude épreuve par la cacophonie des jargons : ce raffiné regrettera toujours que les motions du congrès d'Épinay, les mémorandums sur le programme commun, les négociations syndicales, n'aient pas été écrits dans le style aérien de Racine ou de Saint-John Perse, mais par de lourds chevaux de labour idéologiques. La politique requiert toutes ses passions ; la littérature le distrait, lui donne des frissons, ouvre chez cet agnostique des aperçus sur les vastes champs spirituels laissés en friche depuis son éducation chrétienne.

Villepin aime dans la littérature, dans sa forme la plus condensée, la plus essentielle qu'est la poésie, un monde nocturne hérissé de rébellion en proie aux démons de l'autodestruction. Son livre est celui d'un romantique, d'un esprit ardent, intransigeant, qui ne rêve que d'absolu et qui croit avec Nizan que si l'on n'a pas tout, on n'a rien. D'où la tension du style, le survoltage de la pensée, son amplification incantatoire, la respiration jaculatoire de sa prose. Pendant huit cents pages, il entraîne le lecteur à la fois ébloui par tant d'érudition et emporté par tant d'audace dans une cavalcade exaltée. Villepin a de la poésie une vision rimbaldienne, prométhéenne, une conception progressiste et avant-gardiste. De ce point de vue, il est tout à fait de notre temps, où la malédiction est devenue la condition *sine qua non* du génie. « Poète, on le devient dans le risque, à la rencontre du monde, emporté par la volonté de se mettre à nu, de se dépouiller des oripeaux du temps pour retrouver dans sa chair une vérité enfouie. » Il rejoint Breton : « La beauté sera convulsive ou ne sera pas. »

Dans sa généalogie intellectuelle, outre Rimbaud, on sent l'influence du Mallarmé de *La Catastrophe d'Igitur*, de Lautréamont, de Breton, des surréalistes, source à laquelle s'abreuve le Sollers de la *Théorie des exceptions*. Ce grand jeune homme blond aux yeux clairs, à la pensée limpide, s'y montre un chantre de l'obscur. Il aime la poésie difficile, absconse, les poètes délaissés sur les bas-côtés de la notoriété : Olivier Larronde, Jean-Pierre Duprey, Jean-Michel Espitalier, Roger-Arnould Rivière, Jean-Philippe Salabreuil qui ont connu, dans leur vie brève comme un éclair, la misère, l'incompréhension, le malheur, le seul salaire digne du génie. Villepin les aime comme des frères de l'ombre, et c'est l'un des aspects attachants de ce livre que ce goût prononcé d'un fort pour les faibles, d'un clair pour les obscurs.

En refermant cet essai, l'*Éloge des voleurs de feu*, passionnant et passionné, qui ouvre mille pistes à la réflexion, on ne peut échapper à une interrogation plus vaste : Villepin n'exprime-t-il pas avec une formidable érudition et un beau talent l'une des contradictions majeures de la société d'aujourd'hui : l'abîme de plus en plus grand qui sépare d'un côté notre idéal esthétique, moral, qui nous rend sensibles à toutes les formes de révolte et d'insoumission, nous fait aimer le maudit, le paria, et de l'autre le monde dans lequel nous vivons qui nous oblige à vivre selon les objurgations frénétiques de la consommation, de la mystique du succès, de l'implacable religion du matérialisme ? On ne révère que l'écrivain marginal et méconnu, mais tout le monde se précipite vers le rayon des meilleures ventes. Villepin parlant d'où il est, venant d'où il vient, en faisant l'éloge du poète rebelle, ne risque-t-il pas d'ouvrir une brèche historique entre poésie et société ? En entérinant l'idée que la poésie, la littérature, ne peuvent être que le fruit d'un esprit asocial, il renverse de manière tout aussi radicale la théorie de Maurras : l'un considère le romantisme comme la source de tous les maux, l'autre comme la panacée. D'autre part, Villepin semble sonner le glas de l'effort multiséculaire commencé par Richelieu pour mettre l'esprit (toujours subversif puisque libre) au service de l'État et de la société. De cette entreprise, de ce couple mal assorti, est quand même né le classicisme qui fonde la culture française et reste l'une de ses composantes fondamentales.

Comment Villepin peut-il résoudre cette contradiction interne qui fut celle de Malraux : lui qui sépare de manière si radicale le monde de l'art, élite noire, asociale, gorgée de désespoir, de malheur et de mort ? Peut-il donner un but à cette société perdue, sans repères, qui attend du politique un idéal, une raison d'espérer ?

Pourra-t-on lui donner pour évangile *Le Bateau ivre* et une cohorte de poètes en rupture avec l'humanisme ? À force de surévaluer la poésie, d'en faire l'apanage d'une élite sacrée, Villepin risque de la ramener à une gnose, à l'usage exclusif des initiés. Il sous-estime, à mon sens, son rôle social : donner une inspiration idéale à toutes les couches sociales, défendre la justice, ouvrir l'horizon, faire aimer la vie. Et c'est cette mission qu'ont remplie des écrivains volontairement exclus de son panthéon : Montaigne, Racine, Chateaubriand, Voltaire, Hugo, Valéry, Claudel, Mauriac, qui portent aujourd'hui la tare, aux yeux d'un siècle qui a fait de la subversion une valeur, de n'avoir connu ni la prison, ni le crime, ni l'abjection. Villepin prend le parti d'oublier un instant que c'est aussi sur eux qu'il s'appuyait, eux qui lui insufflaient leur idéal lorsqu'il parlait avec tant d'éloquence à la tribune des Nations unies. Rimbaud, lui, ne se serait pas dérangé.

Villepin reste un personnage hors du commun, hors des ornières, des rails, et qui a fini par se mettre hors jeu. Par orgueil, le péché fatal à un autre archange déchu.

Le suffrage universel a paru trop boueux à ce grand délicat qui ne peut remplir ses poumons que de l'air des nuées dont se délectent les poètes. Il s'est maintenu loin de la pestilence des meetings électoraux. Mais il a du mal à échapper à l'atmosphère fétide de l'affaire Clearstream. Qui verra jamais clair dans ce tissu d'embrouilles où la prévarication se mêle à la manipulation foireuse ? Face aux attaques, Villepin s'abrite derrière deux boucliers : sa mission au service de l'État et Napoléon qu'il appelle en renfort.

Il y a deux sortes d'hommes qui s'identifient à Napoléon : les amoureux de la grandeur et les esprits un peu égarés que l'on croise au pavillon des grands agités de Charenton. Toute révérence gardée, Villepin tient de l'un et de l'autre. Son amour de la grandeur ne fait aucun doute, mais il est à sa manière un peu fou, du moins follet, ce qui d'ailleurs fait son charme d'énarque atypique, et en même temps inquiète. Est-ce parce que Bonaparte a été artilleur qu'il tire à boulets rouges sur la planète Sarkozy sans qu'on comprenne très bien pourquoi ?

Napoléon est son critère, son rêve, son absolu. L'ennui, c'est que l'exilé de Sainte-Hélène si passionnant soit-il ne peut nous être d'aucune leçon. Il est exceptionnel en tout. Aussi anachronique qu'Alexandre le Grand.

Villepin se drape donc dans la cape de Napoléon sans pouvoir nous faire oublier qu'il a peut-être été le Fouché de Clearstream.

N'a-t-il pas été tenté de jouer à ce jeu dangereux des basses œuvres ? Même s'il n'a pas été économe de son mépris envers les pauvres humains besogneux que nous sommes, ne le condamnons pas d'avance. Il ne manquera pas de gens pour l'accabler. C'est devenu un homme seul.

FILLON, LE SOURCILLEUX

Fillon, c'est d'abord des sourcils. Comme Pompidou, comme Othello. Ils lui confèrent un air ombrageux, sérieux et peut-être jaloux-jaloux de ses prérogatives ? Il faut espérer qu'il ne l'est pas trop sinon il doit souffrir. Car le président Sarkozy omniscient, omniprésent, à l'interventionnisme aigu, paraît en faire peu de cas. Fillon n'est pas un personnage facile à manier. C'est un passionné froid. Il a une haute ambition. La conscience de son rôle. Plus homme d'action que stratège, comme Sarkozy chez qui tout est politique sauf le cœur. Il manifeste une placidité de menhirs bretons. Qu'il vente ou qu'il pleuve, qu'il soit bien en cour au Palais (de l'Élysée) ou l'objet de sarcasme, pas un de ces fameux sourcils qu'il a bien fournis ne bouge. Il reste imperturbable. Même sa côte himalayenne dans les sondages ne semble pas lui procurer l'ivresse des sommets. À croire que par son mariage avec une ultradiscrète Anglaise, il a acquis un flegme d'outre-Manche. Cet ancien pilote de Formule 1 ne dérape jamais. Il est tout en contrôle de soi. Il avale les couleuvres du président cul sec comme un verre d'excellent scotch. On ne l'a vu sortir de ses gonds qu'une seule fois : lorsqu'il a été débarqué du gouvernement Villepin. Alors ses nerfs ont lâché. Il s'est défoulé sur Chirac. Car Fillon a un point sensible : l'amour-propre, un amour-propre qui semble somnoler, mais qui est toujours sous les armes. Pour moi, c'est le type du faux calme. Un volcan sous un lac limpide et glacé. On n'a pas intérêt à marcher sur ses plates-bandes ni à s'aventurer sur ses prérogatives premières ministérielles.

Ce mystère d'une mésentente armée et d'une relation barbelée entre Sarkozy et Fillon, c'est le secret de polichinelle de la République. Le désaccord personnel est à ciel ouvert. Ni le président ni le Premier ministre n'essaient vraiment en privé de donner le change. Même si chacun le fait à sa manière et selon sa personnalité. Sarkozy, fort de sa légitimité et de sa prééminence, ne prend pas de gants : le terme « collaborateur » pour désigner Fillon, employé à dessein, dès le début, pour que personne, y compris le principal intéressé, ne se fasse d'illusion, n'a été que la première salve d'un feu nourri de petites humiliations en tout genre, que la presse a amplifiées et que les cabinets ministériels enveniment. Cela n'a bien sûr pas contribué à calmer les esprits. Mais n'est-ce pas le jeu ? Le sommet de la désinvolture présidentielle a été atteint avec l'institution du G7, « le septuor », comme dit Hortefeux, ces sept ministres choisis que Nicolas Sarkozy réunit chaque semaine à l'Élysée comme un ministère bis qui formerait sa garde rapprochée, reléguant dans le formalisme et un théâtre d'ombres le Conseil des ministres du mercredi. À cela, il faut ajouter les petits déjeuners du mardi de la majorité, qui ne se déroulent plus à Matignon, mais à l'Élysée. Enfin, ce rôle de supervoyageur européen assigné au Premier ministre comme si on voulait, en haut lieu, l'écarter du domaine français.

Au-delà de l'aspect institutionnel, bien malin qui est capable de saisir l'exacte nature de cette mésentente au sommet de l'État. Elle échappe aux explications rationnelles. C'est pourquoi la politique n'est pas une science mais un art. La crise tient-elle essentiellement à la psychologie et au caractère des deux hommes qui sont aussi opposés par nature que l'eau et le feu ? Pas seulement parce que Fillon est du signe des Poissons et Sarkozy de celui du Verseau. Fillon est un personnage complexe, difficile à saisir. À la fois froid à l'extérieur, chaud à l'intérieur, à l'inverse des profiteroles, réservé, mais aimant sans modération les sensations fortes et les risques que lui procure la conduite de bolides sur le circuit des vingt-quatre heures du Mans. Il est tout le contraire de Sarkozy. L'un est tout au-dehors, l'autre beaucoup au-dedans. L'un prend la vie à bras-le-corps pour en extraire et en savourer tous les sucs, l'autre cache une âme de romantique toujours en avance d'un rêve. La réalité déçoit Fillon tandis que Sarkozy s'y appuie comme sur un tremplin. Ultra-économe en politique, en finances comme dans ses démonstrations affectives, Fillon a du mal à s'adapter au caractère ultravibrionnant, démonstratif, affectif, interventionniste du président qui lui-même ne comprend pas que ses ministres et *a fortiori* le Premier n'aient pas comme lui la fièvre de l'action et l'ivresse heureuse d'exercer le pouvoir. Fillon est respectueux des formes et des hiérarchies. Sarkozy les bouscule à plaisir, si nécessaire, pour n'être enchaîné par personne. Rien n'arrête le président. « Il faut que je m'occupe de tout », dit-il sans détour. « Tu es Premier ministre, sois heureux », a dit un jour le président à Fillon.

Alors est-ce parce que Fillon se voudrait bien grand calife à la place du vizir et que la situation de second lui est pénible ? Jérôme Monod, conseiller de Chirac, disait de lui : « Il a un faux air de Lorenzaccio. » Nicolas Sarkozy lui-même dans son livre *Libre* (tout un programme) raconte comment Fillon est sorti de sa réserve en 1999 : « À ma grande surprise, François Fillon s'estima en mesure d'être candidat et de l'emporter. » Et ce propos désabusé : « Aussi longtemps qu'il m'a cru fort, il a été un soutien déterminé. » Mais ne mélangeons pas les genres : nous ne sommes pas dans une relation amicale ordinaire mais au cœur d'un pacte gouvernemental où les agacements, les petites phrases et les problèmes personnels comptent au total moins pour les deux hommes que l'accord politique qu'ils ont scellé après s'être combattus. Récemment, ils ont pris l'habitude de se voir régulièrement en tête à tête et non plus en présence de Claude Guéant, comme naguère, avant le Conseil des ministres. Un désir commun de limiter les frictions inséparables de leur position respective. Si l'on regarde l'expérience des relations de couple entre présidents et Premiers ministres de la Ve République, mouvementées et cruelles parfois à la limite des pratiques sadomasochistes, ils sont plutôt dans la moyenne de l'entente, sinon cordiale, du moins raisonnable.

Un élément dû aux circonstances politiques éclaire cependant les tiraillements de leur couple : unis pendant la campagne présidentielle dans la conquête du pouvoir, Nicolas Sarkozy et François Fillon n'ont plus aujourd'hui en face d'eux de véritable adversaire politique pour les souder. Le PS obnubilé par ses querelles internes s'effrite en luttes partisanes. Les observateurs cherchent donc naturellement ailleurs, parce que la nature a horreur du vide, le conflit au sein de l'exécutif. C'est d'ailleurs également le cas pour l'UMP, qui a des états d'âme et tourne parfois son acrimonie vers le président, faute de véritable opposition dans le camp d'en face. On est donc dans un curieux cas de figure où sans nier les rapports d'incompréhension réciproques entre les deux hommes, ils réussissent à composer un attelage difficile à vivre pour les ministres mais relativement efficace, mis à part quelques couacs. Cela durera-t-il ?

Non ! Parce que c'est dans l'ordre des choses politiques. Mais pas tout de suite. D'abord, parce que Fillon a envie de venir à bout des réformes qu'il a entreprises. Et aussi parce qu'il n'a pas la possibilité, comme Chirac quand il a quitté Giscard d'Estaing, de devenir le maître du parti majoritaire. Mais après lui ? Sarkozy trouvera-t-il après la présidence européenne un Premier ministre plus à sa main ?

Reste la question du risque. Pourquoi se priver de ce bouclier qu'est le Premier ministre ? Selon un constitutionnaliste prudent qui préfère rester discret : « Sarkozy a augmenté le voltage tout en supprimant les fusibles. » Mais le président est conscient du risque qu'il prend. Il accepte d'avance de tout assumer, le succès comme l'échec. Il ne cherche pas à se défausser sur un autre. C'est son côté aventureux dépourvu de prudence. D'ailleurs, un des hommes politiques qui le connaît le mieux ne croit pas que Sarkozy modifiera jamais sa pratique : « On ne le changera pas. Il a d'abord voulu être élu. Maintenant, il veut que les Français l'acceptent tel qu'il est. »

Aucune chance pour qu'un Premier ministre retrouve jamais sous Nicolas Sarkozy les prérogatives que lui confère l'article 20, cher à Raymond Barre, qui l'avait lu à Giscard d'Estaing au téléphone avant d'accepter le poste. À moins de dissolution, cas de figure qu'on juge – imprudemment – obsolète avec le quinquennat. Paradoxalement, ce n'est qu'en cas de cohabitation qu'un Premier ministre pourrait retrouver un jour la plénitude de sa fonction, telle qu'elle est définie par la Constitution. Mais est-il sain que la Constitution définisse des attributions au Premier ministre à géométrie variable ?

Fillon a contre lui d'avoir théorisé sinon sa propre mise à mort, du moins la dévalorisation de la fonction de Premier ministre dans un livre paru avant sa nomination. Il s'y est montré un fervent partisan du « régime présidentiel à la française ». Mais c'était à l'époque où, traumatisé par l'attitude de Chirac pendant sa réforme des retraites, il regrettait le peu d'engagement du président de la République dans une réforme essentielle. Il écrivait un peu imprudemment, pourrait-on ironiser : « Comment comprendre qu'après son élection, le président qui dispose de la plus grande légitimité politique s'efface pour laisser le Premier ministre gouverner le pays ? » Il n'y a donc pas actuellement deux lectures de la Constitution, deux interprétations entre Nicolas Sarkozy et François Fillon sur le rôle du Premier ministre. Ils sont curieusement sur la même longueur d'onde institutionnelle et en parfaite harmonie sur la nature et le rythme des réformes. Pourtant, le couple est en crise. C'est ce qui est à la fois troublant et difficilement explicable. Cela tient autant à la présidentialisation du régime qu'au style de Sarkozy, qui a accentué à l'extrême la personnalisation de la fonction.

JUPPÉ,
L'HOMME FOUDROYÉ

Foudroyé par les juges, Juppé, l'homme de fer, est resté impassible. Rien n'a trahi son émotion. Pas une larme à la commissure des yeux. Le visage glabre, lisse, il a opposé un masque à la Buster Keaton au tumulte, aux flashs, aux questions qui fusaient de toutes parts. Fidèle à lui-même, au fond, à cet intransigeant refus de solliciter la pitié, de quêter la compassion. Devant ceux qui le scrutaient avec avidité, cherchant la faille, une fois encore il a su se dominer : ni son regard de pierre, ni son maintien d'acier flexible n'ont laissé filtrer la moindre faiblesse. La foule qui guettait dans ce spectacle médiatique un parfum de curée en a été pour ses frais, ainsi que ceux qui cherchaient à satisfaire le goût dépravé de découvrir chez les grands de ce monde, sous leur superbe, un regard de bête blessée. Tous ceux-là seront restés sur leur faim. Juppé s'est soustrait à toutes les interrogations, aussi bien à la curiosité malsaine qu'à la commisération. Face au drame, il a offert ce front d'airain qui a toujours masqué ses émotions, dans l'échec comme dans le succès. Seul manquait ce petit sourire ironique qu'on lui a tant reproché, dans lequel on croyait voir la marque de sa suffisance. Juppé, dans cet instant fatal où le destin lui échappe, où ses rêves sont fracassés, s'est révélé inchangé, pareil à lui-même, tout en intériorité, en froideur apparente, en silence. Il s'est, une fois encore, tourné vers lui-même, vers son secret, vers son énigme.

Il a été frappé au talon d'Achille des brillants sujets : dans ces zones d'ombre que leur intelligence – et la sienne est surdimensionnée – ne veut pas condescendre à prendre en compte. Comme Giscard, si inopérant et désarmé dans l'affaire des diamants, comme Chaban avec sa feuille d'impôts, il a cru jusqu'au bout que la raison l'emporterait. Il y a plus de naïveté qu'on ne le croit chez les grandes intelligences : habituées à tout résoudre, à mettre en équation les questions les plus difficiles, elles butent sur l'irrationnel. Cet homme doué autant qu'on peut l'être pour la réflexion et pour l'action, normalien, énarque, a été pourtant aussi brillant et efficace au ministère du Budget qu'aux Affaires étrangères ; Premier ministre, plus compétent à concevoir des réformes nécessaires qu'à montrer de la souplesse qui permette de les mettre en œuvre, il n'avait jamais été vraiment arrêté par la réalité. Elle semblait docile sous sa volonté. Certes, il avait connu la grande déconvenue de la dissolution. Certes, il avait dû affronter une querelle d'Allemands et des ennuis judiciaires à propos de son appartement loué à la Ville de Paris, mais il venait d'opérer un formidable rétablissement. En créant l'UMP, en rassemblant sous son égide les familles de la droite, il semblait avoir joué un coup de maître. Désormais, le pouvoir suprême était à portée de la main. Et, comble de chance, ce pouvoir, le détenteur actuel semblait vouloir le lui léguer en héritage par donation au dernier vivant. Situation jusqu'alors inédite sous la Ve République, où aucun président n'a jamais montré beaucoup d'empressement à désigner un successeur. Tout cela se dissipe aujourd'hui comme un soleil trompeur.

Juppé le sait. Mais il y a de la grandeur dans ce refus de la comédie. Une grandeur d'autant plus méritoire qu'elle ne lui sera pas comptée. Nous voulons des larmes, du sang, de l'émotion dans la tragédie. Et ces bateleurs médiatiques que sont devenus les hommes politiques non seulement nous y ont habitués mais ils ont fini par nous en donner le goût. Dans cette vie publique, tout en bons sentiments, en main sur le cœur, en attendrissements et en larmes de crocodile, Juppé figure un homme d'un autre temps. Il y a du défi chez ce rigoureux, ce cartésien, à avoir fait le choix de la politique, ce monde où les additions tombent rarement justes, où les calculs sont souvent faux, où la logique est malmenée et les prévisions de la raison sont irrésistiblement déjouées par un démon imprévisible. Et comme s'il sentait que sa seule faiblesse était justement de n'en pas avoir, il a fait de louables efforts pour se rendre aimable, pour sortir du corset de sa rigueur et ouvrir le cadenas de son caractère : d'où son livre *La Tentation de Venise*, où ce travailleur infatigable se berçait des délices de la paresse et la bête à concours ambitionnait les séductions de la nonchalance et du dilettantisme. Un bovarysme d'inspecteur des Finances comme les grands banquiers rêvent d'une île déserte sous les alizés après une OPA réussie. Le « à quoi bon » des grands tycoons et des hommes du pouvoir nous surprendra toujours. Cette « Tentation de Venise », si tant est qu'elle ait jamais été autre chose que le rêve d'un rêve, s'est muée brutalement aujourd'hui en un exil forcé.

Avec une certaine candeur, Juppé a cru que son mérite, qui est grand, exceptionnel même, s'imposerait. Il s'est illusionné sur le pouvoir de l'intelligence. Car, avec le drame qui le frappe, ce sont ces deux valeurs qui sont, elles aussi, en deuil. Et sans doute les juges, dans leur inconscient, en écho à une opinion non moins sévère, ont-ils voulu frapper plus durement un homme qui se sentait protégé par cette immunité que représentaient à la fois tant de talents et un si bel avenir pour les mettre en œuvre. Cette assurance et cette présomption ont agacé. Que les juges, qui désormais sont juges de tout dans notre vie, soient également juges des destinées politiques, c'est un de ces débats qu'ouvrira certainement cette décision qui, à certains égards, apparaît comme excédant le droit et interfère dans le libre jeu démocratique. Une question de fond qui ne doit pas en éluder une autre : les intimidations qu'ont dû subir les juges apparaissent non seulement comme des manœuvres insupportables mais font peser sur ce procès un climat de république bananière.

Juppé voyait s'ouvrir devant lui le lumineux boulevard du succès. Les juges ont ouvert devant lui un gouffre auquel il ne semble pas pouvoir échapper. Et c'est sans doute ce caractère arbitraire, discrétionnaire, qui est choquant. Surtout eu égard aux délits qui lui étaient reprochés. Certes, les emplois fictifs, dont les hommes politiques ont usé et abusé, à droite comme à gauche, et les liens malsains que cela les a amenés à nouer avec des entreprises privées, sont des méthodes condamnables. Les députés eux-mêmes avaient durci la loi en 1995 qui réprime ce genre d'infractions. Mais à partir du moment où à aucun titre il ne s'est agi d'enrichissement personnel, on peut se demander si la loi n'est pas plus dévastatrice pour la vie politique que les excès qu'elle était censée réprimer.

Car même si Juppé fait appel, même dans l'hypothèse d'un jugement moins lourd, sans inéligibilité, les dégâts causés par la décision de justice ne paraissent pas réparables. Ils sont de tous ordres. Ils rejaillissent sur la classe politique dont l'intégrité est si souvent suspectée. Une trop belle occasion que ne manqueront pas d'exploiter ceux qui la contestent, notamment le Front national et l'extrême gauche. Enfin, c'est non seulement la majorité qui perd son chef, son fédérateur, son futur présidentiable, mais c'est Jacques Chirac qui est touché. À plusieurs titres : moralement, sentimentalement, stratégiquement.

Car personne n'ignore que Jacques Chirac a été le principal bénéficiaire des actes litigieux pour lesquels Alain Juppé est condamné. Pas plus que l'on ignore la force de l'attachement qui l'unit à son ancien directeur de cabinet, dont il avait fait son Premier ministre. C'est aussi l'avenir de Chirac qui est obéré.

Mais peut-être le président de la République a-t-il commis une erreur en faisant porter son choix pour sa succession de manière si visible, si ostensible, sur Alain Juppé. Sans doute, face à ce diabolique ludion de Sarkozy, avec ses pirouettes médiatiques et ses moulinets sécuritaires, Juppé, la statue de pierre, ne correspondait-il pas, pour l'instant, à l'attente des Français ? Si sa compétence était éclatante, ni son positionnement politique, qui n'apparaissait pas toujours clairement, ni son profil ne semblaient adaptés aux circonstances. Mais combien de temps dureront le phénomène Sarkozy et son embellie ?

Ce qui est peut-être plus grave pour Juppé, au-delà de sa condamnation, c'est que celle-ci semble étrangement en accord avec le jugement en appel de l'opinion qui semble avoir armé le bras des juges. Il paraît avoir été condamné aussi pour excès de présomption. Son austérité, son jansénisme ont plaidé contre lui. Il est victime de sa rigueur, et de sa raideur. Mais cette mise à l'écart et cette humiliation peuvent aussi transformer son image. De la même manière que Jospin, écarté par le suffrage universel, apparaît aujourd'hui plus humain, plus sympathique. C'est le seul avantage du malheur : il permet aux qualités humaines de s'épanouir. Il n'a pas hypothéqué le destin de Caillaux, ni celui de Mitterrand. L'Histoire offre tant d'exemples de retours en grâce. Juppé le Rigoureux, avec son faux air de Mendès France de la droite, peut un jour retrouver la faveur perdue. Même si tout l'éloigne dans un avenir proche, rien ne le condamne dans un avenir plus lointain dont on ne sait de quoi ni de qui il sera fait. Aujourd'hui, il est un homme seul. Abattu mais loyal, fidèle jusqu'au sacrifice.

RAFFARIN, LA POLITIQUE EN PANTOUFLES CHARENTAISES

Raffarin est en train de battre un record : il est l'homme le plus vilipendé de France. Il est attaqué sur tous les fronts. La meute ne le lâche pas. Pourtant il n'a pas l'air aux abois. Mordu au jarret par Hollande, par Strauss-Kahn et par tous les chiens courants de l'opposition qui ne cessent de lui aboyer leur hargne, il est en butte à ceux qui critiquent ses réformes et à ceux qui lui font grief de ne pas réformer assez vite ; il a contre lui les sondages, les électeurs, les grincheux comme Jean-Louis Debré qui se désole de voir Matignon occupé par un boutiquier ; Sarkozy qui le regarde avec la condescendance du premier de la classe évincé par le chouchou du professeur. Parmi ses ministres, si on ne trouve personne pour le critiquer ouvertement, on ne trouve personne non plus pour le louanger outrageusement. En réalité, il n'y a plus qu'un seul homme en France qui a encore pour Raffarin les yeux de Chimène, c'est Chirac.

Et Raffarin est peut-être moins passionnant par lui-même que parce qu'il brosse en creux un portrait psychologique de Chirac à la croisée des chemins. Celui-ci, grand traumatisé des cohabitations, a conservé une grande défiance vis-à-vis de la fonction de Premier ministre. Pour lui, elle semble se décliner toujours de manière fatale comme l'amour selon Chateaubriand, « Toujours trompé, fugitif ou coupable ». D'où ce bonheur qu'il ressent d'avoir trouvé avec Raffarin un Premier ministre confortable comme une paire de pantoufles charentaises. Il n'a pas la nuque raide comme Juppé. Il ne nourrit pas la sourde ambition de le supplanter comme Balladur. Il ne risque pas de lui citer abruptement des poètes obscurs comme Villepin. Non, c'est le Premier ministre que tous les présidents de la Ve République auraient rêvé avoir. Il ne se plaint jamais, il est fidèle, reconnaissant, il ne dit pas de mal du patron et il a toujours la délicate courtoisie d'avoir en permanence quelques points de moins que vous dans les sondages.

Quand Raffarin me reçoit dans son bureau de l'hôtel Matignon où nous nous asseyons chacun de part et d'autre d'une table en verre comme pour me montrer son désir de transparence, je tombe immédiatement sous le charme de cet homme simple et cordial. On se sent vraiment bien avec Raffarin. Il est sympathique parce qu'il ne pose pas. Il est lui-même. Il ne cherche pas à se faire passer pour un autre. Bien sûr, moins romantique tu meurs ! L'atmosphère de Matignon avec lui en est transformée. Ça vous a un petit parfum douillet de province. Ça fleure le vol-au-vent, le saint-honoré du dimanche après la messe et les recettes de cuisine de Mme Saint-Ange. D'ailleurs, pour être franc, on préférerait être invité à déjeuner par Raffarin au lieu du régime sec de l'interview, pour bavarder à loisir devant un turbot beurre blanc. Humainement, Raffarin, c'est une crème : à Londres, il a préféré dîner en tête à tête avec sa fille, Fleur, qui faisait un stage, plutôt qu'avec Tony Blair. C'est aussi l'oncle idéal, le parrain qui vous offre toujours la plus belle montre pour votre première communion. On sent qu'il est compréhensif, qu'il ne rugit pas devant un mauvais carnet de notes et qu'il a plus à cœur de vous expliquer la vie que de vous faire la morale. De ce point de vue, c'est l'anti-Séguin.

Comment fait-il pour avoir l'air si dispos et disponible alors qu'il revient d'un harassant voyage à Toulouse comme « pilote de l'Airbus gouvernemental » ?

« C'est dur d'être Premier ministre ?

— C'est dur par définition. C'est un métier d'autant plus difficile que l'ego est grand. Le confort est ici inversement proportionnel à l'ego. Il se passe un nombre invraisemblable d'événements à l'heure dont peu au total sont sympathiques. Donc, si on n'agit pas par esprit de mission, par devoir, c'est insupportable. C'est une machine à haute pression où il y a du stress dans tous les placards. Si vous n'entrez pas ici avec une grande sérénité intérieure, un peu de bouddhisme ou de sagesse rurale, vous êtes comme une balle de ping-pong qui serait la proie d'une centaine de raquettes qui, toutes, voudraient agir sur la balle dans leur propre intérêt. »

Un temps de silence.

« Beaucoup se trompent sur Matignon : ce n'est pas une antichambre pour une plus haute fonction. C'est une impasse. Tous ceux qui entrent ici le savent mais, une fois qu'ils sont installés, ils voient mal comment sortir de cette maison sans traverser la Seine. Ça ne fait pas partie de mes projets.

— D'où vient votre sérénité, votre force à encaisser les coups ? De votre foi ? De votre famille ? Êtes-vous croyant ?

— Je suis croyant. Une part de cette force vient de ma religion. Je l'ai dit à l'abbé Pierre qui me plaignait. Je sais ce que c'est que la souffrance, le malheur, les graves maladies. Mais j'ai la chance en dehors de ce concept de foi d'avoir confiance en un certain nombre d'éléments solides autour de moi. Dans ma majorité, il peut y avoir des esprits grognons, un peu grincheux, mais nous avons été élus ensemble et nous avons une relation affectueuse. Surtout j'ai une grande confiance dans ma relation avec Jacques Chirac.

Chirac : — Nous y voilà ! Raffarin est tellement gentil, tellement bon garçon qu'on a envie de jouer avec lui le démon tentateur dans ce couple idyllique. Depuis deux ans que leur Pacs dure, il a bien dû y avoir quelques entorses au contrat, quelques petites brouilles, des tentations d'infidélité, que sais-je, un peu de cette lassitude qui s'empare des couples les plus solides ?

— Pourtant, on dit que les interventions de Chirac ont brouillé votre image politique ? »

Cette petite goutte de cyanure dans le potage conjugal ne le trouble pas. Il est blindé, mithridatisé. Il sourit.

« Le président de la République voit les choses de plus haut, en anthropologue, en philosophe. Il s'intéresse à l'humanité, aux arts premiers, à la civilisation chinoise. Il a le sens du temps long, du temps plus long que le temps politique. Ce qui peut donner ce sentiment qu'il a vis-à-vis du temps politique de grandes enjambées. Mais quand il est mobilisé comme il l'est en ce moment sur la charte de l'environnement, c'est parce qu'il pense vraiment qu'au début du XXIe siècle la planète est menacée, que le protocole de Kyoto est nécessaire.

Moi (perfide) : — Cette préoccupation de l'écologie, c'est quand même très nouveau chez lui ?

Lui (inébranlable) : — Le président de la République, c'est le temps. Quand il pense à la planète, ce n'est pas le côté petites fleurs. C'est : est-ce que l'humanité n'est pas en train de détruire son propre espace vital ?

— Pourtant, il lui est arrivé de vous désavouer. Pour les trente-cinq heures, par exemple, il y avait un désaccord entre vous ?

— Je ne sens pas de difficulté dans la relation Matignon-Élysée qui serait due à des accélérations et à des coups de frein. C'est vrai qu'il y a deux temps auxquels nous sommes en permanence confrontés l'un et l'autre. Mais sa connaissance politique de la réaction française minute par minute lui donne le sentiment que cette action n'a aucune chance de réussir dans la France telle qu'elle est au moment où le sujet est évoqué. Il pense que cette décision, maintenant, n'est pas possible. Les Français ne l'accepteraient pas. Les trente-cinq heures, c'est un acquis social et, sur ce sujet, il faut que la pédagogie précède la réforme. C'est comme s'il était à la fois un grand professeur de médecine et en même temps un médecin de campagne. De temps en temps, on a l'impression qu'il est un grand professeur de médecine et qu'il trace des voies pour la survie de l'humanité ; et d'un autre côté, il est médecin de campagne, il entre dans la ferme et là il est dans la vie quotidienne et il gère l'immédiat. C'est pourquoi, suivant le moment où il s'exprime, on peut avoir le sentiment qu'il y a deux regards à l'intérieur de la même personne. »

Désespérant Raffarin ? Tenter de mettre une feuille de papier à cigarette entre le président et lui, c'est perdre son temps. J'essaie encore.

« N'y a-t-il pas eu un jour où vous avez été en désaccord, où vous avez eu une friction même sur un point de détail ? »

Raffarin me voit venir de loin. Même sous les tortures des services spéciaux américains en Irak, on ne lui arracherait pas le moindre désaveu, le plus petit reproche vis-à-vis du président.

« Avez-vous pensé à démissionner le soir du résultat des régionales ?

— Ce sont des choses que je garde pour moi, si vous le permettez. Mais alors je suis allé voir le président de la République et je lui ai dit tout ce que j'avais à lui dire sur ce sujet.

— Est-ce indiscret de vous demander si vous avez évoqué votre démission ?

— Oui, c'est indiscret. »

Tout de suite, pour éviter le piège, Raffarin hausse le débat sur les régionales :

« J'ai commis une erreur sur ce sujet. J'ai bien vu la nouvelle donne qu'entraînait le quinquennat. Le changement de relation qui fait que le Premier ministre gagne en influence ce qu'il perd en indépendance. Les deux hommes travaillent davantage ensemble. Mais je n'avais pas anticipé à ce point que c'était la fin des élections localisées. Le concept très marketing du vote-sanction s'est développé. Jospin avait 83 % du vote-sanction au premier tour de l'élection présidentielle. Aujourd'hui, les socialistes tentent en ajoutant des communistes, des écologistes, des carottes et des choux-fleurs de faire croire que le vote-sanction est un projet. C'est une coordination sans projet. Ce schéma manichéen, je crains que ce ne soit une évolution du quinquennat maintenant. »

Je reviens à ma turlutaine de faire sortir les griffes de Raffarin. J'essaie de le prendre de biais.

« On dit que votre défaut est d'être trop gentil.

— Je ne regrette pas d'être ce que je suis. J'ai décidé de faire la paix avec moi-même. C'est vrai que je suis d'une nature bienveillante. Je n'aime pas faire mal. Je n'aime pas blesser. Je ne suis pas brutal mais je suis déterminé et je n'ai pas que le nez du boxeur. Je n'ai aucune hésitation à mener la bataille, mais je n'ai pas le goût pour la distribution des fléchettes. »

J'agite le chiffon rouge en citant le nom de Jean-Louis Debré. Va-t-il enfin s'emporter ? Un sourire malicieux se peint sur son visage. Je sens que la vacherie hésite sur le bord de ses lèvres mais il la ravale.

« Je comprends Jean-Louis Debré dans son parcours personnel. Je crois à la puissance de l'image de son père dans ses expressions et dans sa vision. Michel Debré a été une personnalité considérable pour tous les acteurs de la Ve République et notamment pour son fils.

— Vous voulez dire que son agressivité est du ressort de la psychanalyse ?

— C'est vous qui le dites. »

Après cet uppercut, Jean-Louis Debré ne risque pas de tomber de son perchoir.

Et Sarkozy ? Peut-être serais-je moins bredouille avec l'enfant terrible du gouvernement. Je lui demande s'il est d'accord avec Seillière qui a dit que c'était le Zidane de l'équipe ministérielle.

« Je pense que le foot n'est pas une bonne comparaison. Le ministre de l'Économie et des Finances est à la fois l'avant-centre pour la croissance et le gardien de but pour le budget. Donc il n'est pas au milieu du terrain. Ce serait plutôt un numéro 15 au rugby, c'est-à-dire un arrière qui peut se décaler dans la ligne d'attaque. »

Cette avalanche de déclarations ministérielles le jour de la conférence de presse de Sarkozy, la carte Vitale, etc. Ça fait un peu désordre. Raffarin était-il au courant de l'ensemble de ces déclarations ? Approuvait-il le calendrier ? N'était-ce pas une façon de diminuer l'effet Sarkozy ?

« Non, on n'a pas voulu diminuer l'effet Sarkozy. On a voulu accélérer l'effet du gouvernement. Nous avons voulu répondre à ce besoin de visibilité et de pédagogie exprimé par les Français et trouver une nouvelle dynamique gouvernementale. J'ai donné comme consigne à mes ministres un devoir de pédagogie. Donc chacun des ministres, dans un plan organisé, s'exprime. J'étais d'accord avec le calendrier. »

Je l'interroge sur les bruits qui courent sur son éventuelle candidature à la présidence du Sénat. Ce n'est pas dans ses projets. Je lui demande s'il imagine un jour sortir de la politique.

« Je l'espère. J'aimerais bien ça. Connaître d'autres choses. Je suis fasciné par les déserts. »

En écoutant Raffarin, on imagine tout le mal que Chirac doit avoir à se défaire d'un tel Premier ministre si pacifique, si habile à mettre de l'huile dans les rouages. Entre un Sarkozy, un Villepin, entre deux grands agités pleins de feu, de sang et d'impatience, l'un qui a trop d'ambition pour lui-même, l'autre trop d'ambition pour la France, l'un qui franchit chaque matin le pont de Bercy comme si c'était le pont d'Arcole et le grand lévrier barzoï de la place Beauvau tout en bravoure et en panache, ça ne sera pas la même quiétude. Autant dire que Chirac va passer de la promenade en barque sur le lac du bois de Boulogne au saut à l'élastique. C'est un choix entre Lassie, chien fidèle, et le domptage des grands fauves. On comprend que Chirac ne soit pas pressé de voir arriver l'échéance. Mais la vie est ainsi faite, il y a un âge où l'on doit se séparer, même si c'est pénible, de son gros nounours en peluche.

BAYROU, RAVAILLAC DE LA DROITE

Bayrou, le Béarnais, biographe inspiré de Henri IV, est-il en train de devenir le Ravaillac de la majorité ? Pour l'UMP, il est celui qui poignarde Raffarin en attendant mieux ; le séditieux qui donne le coup de grâce au mythe si beau mais si fragile de l'indivisibilité de la droite. Cette UMP arrogante, dominatrice, sûre d'elle-même, croyait pourtant en avoir fini avec les divisions, les ambitions, les états d'âme. N'avait-on pas trouvé le remède miracle ? La maison commune, « la maison Bleue », la chaumière où régnait la séraphique mélodie de l'Union que ne troublait aucun couac. Et patatras ! Il a suffi de peu de choses. Une pichenette : l'abstention du groupe UDF sur les recettes du Budget. Cette défection a suffi pour rallumer la guerre de Religion. On brandit le spectre des combats fratricides de la droite, les souvenirs sanglants de la guerre civile entre barristes et chiraquiens. Le seul d'où venait le danger, celui qui risquait de mordre, c'était Sarkozy, mais on a pris la précaution de l'attacher au ministère de l'Intérieur où, en bon chien de garde, il « sécurise » les abords de la maison Raffarin. Aussi, à l'UMP, le pavé de Bayrou dans la mare de l'unité a-t-il été d'autant plus mal ressenti que l'on sait cette unité artificielle et laborieuse. On a employé les grands mots : « trahison », « manquement au pacte majoritaire ». Certains ont même proféré des menaces. Un député s'est exclamé : « Ce Bayrou, il aurait fallu le tuer. »

Est-ce l'augure d'une rupture pour les régionales, d'un divorce ? Les Cassandre y voient le présage d'une nouvelle division. On reparle de la « machine à perdre », de la fameuse « roulette belge », chère à Pasqua. Et tout cela à cause de trois amendements, dont un sur les chômeurs en fin de droits ! Important, certes, mais pas fondamental. Même si ces mesures avaient l'avantage pour l'UDF de marcher sur les plates-bandes sociales qui sont la fierté de l'UMP. Et ce n'est pas faute de la part de Bayrou d'avoir averti ses partenaires : il se serait contenté d'un seul amendement. Pour le principe. C'était pour lui un test, le Smic d'un bon fonctionnement du dialogue majoritaire. On lui a fait le coup du mépris. Il a répondu par l'abstention. Les guerres les plus meurtrières commencent souvent ainsi, pour des motifs secondaires, des incidents entre gardes-barrières. Mais après on ne peut plus les arrêter.

François Bayrou dans son bureau de l'UDF ne semble pas outre mesure mécontent de l'incendie qu'il a allumé. Au contraire, la violence de la riposte, la dureté des attaques, l'incitent plutôt à croire qu'il a touché le point sensible, le défaut de la cuirasse majoritaire. Et puis, tout ce ramdam autour de lui apporte la preuve qu'il existe, lui que l'UMP a tendance à traiter en quantité négligeable. Il tient sa revanche. Et ce n'est pas désagréable non plus d'avoir chipé la vedette à Chirac, dont l'allocution de Valenciennes, annoncée à renfort de trompettes, a déçu. On attendait le discours fondateur chez Borloo, le nouveau chouchou avec Fillon.

On imaginait que le président, sensible aux reproches qui lui sont faits de ne pas offrir aux Français un grand dessein, allait brosser des perspectives, un avenir, du rêve, ou même un constat pessimiste à la Churchill, à la de Gaulle, bref, des envolées qui donnent envie de se retrousser les manches et d'aller ensemble, main dans la main, dans la France de demain ; une façon de répondre aux intellectuels déprimistes du déclin ; une manière de donner une orientation, des grandes lignes pour sortir les Français de leur désarroi, à propos de l'Europe, de la mondialisation, du monde qui change. C'était le bon moment pour redonner un coup d'accélérateur au moral et de se donner une bonne dose d'adrénaline dans les sondages. Chirac n'a pas trouvé les mots, ni l'enthousiasme, ni l'idée porteuse. Il s'est contenté de ressortir son antienne sur la fracture sociale, de serrer les mains avec son acharnement habituel, de quelques propos rassurants habillés de son sourire standard à se faire péter les zygomatiques, et de prendre des petites filles dans ses bras. Bref, c'était un voyage lambda. Pas de quoi casser des briques. À ceux qui s'interrogent, qui lui demandent avec angoisse de leur dire qu'il y a un pilote dans l'avion, il n'a pas apporté de réponse. Un avion, il y en avait un, certes, et un pilote, mais ils étaient prêts à emporter le président vers d'autres cieux, au Niger, au Mali.

Peut-être, après tout – Bayrou n'est pas loin de le penser –, Chirac éprouve-t-il la lassitude du pouvoir, la lassitude d'une France qu'il a conquise, mais qui aujourd'hui lui paraît grise, un peu ennuyeuse. Depuis quarante ans qu'il la pratique, cette France, il a toujours devant lui les mêmes visages, les mêmes interlocuteurs, le grincheux Blondel et ses acrimonies, les Debré père et fils, rigides vestales de la Constitution et du drapeau, Juppé, qui le culpabilise, Raffarin et ses turlutaines régionalistes, le triste Méhaignerie, le replet Barrot, Giscard, le revenant au visage parcheminé d'élégant pharaon de la IVe dynastie, qui les enterrera tous, l'inoxydable Alain Duhamel, le non moins insubmersible Serge July, devenu le muet du sérail chez Christine Ockrent. Oui, devant tous ces figurants grisâtres du monde politique, il y a de quoi éprouver un sentiment d'ennui, de déjà-vu. On comprend qu'il ait des désirs d'Afrique. Autrefois, en Corrèze, il aimait soupeser le pis de la vache, caresser les bêtes à cornes sur le marché d'Ussel. Ça lui changeait délicieusement les idées, après l'aride traversée de l'Ena.

Chirac, c'est l'éternel sous-lieutenant qui rêve de dépaysement. Il a dit que son engagement pendant la guerre d'Algérie restait un de ses meilleurs souvenirs. Des copains, du soleil, des palmiers et un but, une mission à remplir. Pour la France, il ne croit pas trop au remède miracle. Il faut espérer le retour de la croissance. Et en attendant, faire comme si on pouvait faire quelque chose. Mais ça n'a pas l'air de l'amuser, ce vieux théâtre dont il connaît toutes les ficelles, tous les acteurs, tous les décors, les trompe-l'œil, les poulets en carton, les décorations en toc. Et chez lui, pris entre Bernadette et sa fille Claude, entre une lectrice du *Fig Mag* et une abonnée à *Libé*, entre une admiratrice du pape et une émule de Gisèle Halimi – une famille bien française –, il ne doit pas être très à l'aise non plus. D'où son désir de prendre la tangente. Au Niger, pour aller tailler une bavette avec un chamelier touareg, et s'extasier devant « la mystérieuse beauté du pays » (comme cela doit être beau en effet un pays sans Blondel). Là, il caresse peut-être le désir de découvrir les falaises de Bandiagara au Mali, les Dogons, ces orfèvres en arts premiers. Et Tombouctou, un rêve de sous-lieutenant d'autrefois.

Oui, Bayrou croit que Chirac n'y croit plus. Bien sûr, ça l'arrange. D'autant plus qu'il a sa petite idée sur celui qui pourrait prendre avantageusement sa place à l'Élysée. Il sait qu'il n'est pas le seul à y penser : « Mais moi, de tous ceux qui y prétendent, je suis le seul à y être allé. Ce n'est donc plus une obsession. Je sais ce que c'est : une expérience humaine formidable. C'est dur, c'est charnel, c'est comme une rencontre amoureuse avec le peuple. Pour moi, ce n'est donc plus une obsession, mais pour les autres oui. » N'est-ce pas Nicolas ?

Pour y penser, il y pense, Sarkozy. Dopé par les derniers sondages en sa faveur, et par l'EPO de la baisse de Raffarin, par la fringale d'occuper le terrain, il est sur les starting-blocks. Un président absent, un Premier ministre enlisé dans la mélasse des réformes, une droite qui se rebiffe, c'est le « Levez-vous orages désirés » qui fait frémir d'impatience l'aigle noir de la place Beauvau. On aura beau lui mettre des Borloo ou des Fillon dans les roues, rien ne l'arrêtera. Il sait que quoi qu'il fasse, même quand il se trompe comme sur la Corse, les Français lui pardonnent tout grâce à ce talisman qu'il détient : la sécurité. La retraite, être remboursé par la Sécurité sociale, les Assedic, c'est bien joli, mais encore faut-il y arriver sain et sauf, sans un malfrat qui, dans une rue sombre, vous fait avaler votre extrait de naissance. Oui, sans la sécurité, on n'est pas grand-chose. Avec la sécurité, on est Sarkozy : un indéboulonnable.

Bayrou me reçoit donc dans son bureau de l'UDF, rue de l'Université, une rue au nom quasi symbolique pour cet ancien ministre de l'Éducation, qui plus est agrégé de lettres. L'immeuble ressemble d'ailleurs à un CM2. On est étonné de ne pas y trouver un préau et des cartables qui traînent sous la verrière. Des bureaux paysagers, comme une vaste salle de classe. C'est lui qui en a dessiné les plans selon un maître mot qu'il pourrait employer en tout, en architecture comme en politique : décloisonnement. Son bureau n'est pas plus personnalisé que celui d'un proviseur. Quelques livres, une photo des grands Européens, Pflimlin, Robert Schuman. Pas de folklore inutile, pas d'artisanat sauce béarnaise, pas de masque africain. Même pas de carte de l'Europe – il est vrai qu'il l'a dans le cœur – ni un crucifix pour ce descendant des démocrates-chrétiens. Laïcité oblige.

Bayrou est un personnage assez lisse, comme ce centre auquel il veut donner une personnalité et un relief ; physiquement il a des oreilles pointues mais cela ne lui donne nullement l'air méphistophélique. Il est tendu mais assez bonhomme. Son langage est clair et il a, comme les professeurs, un grand souci de pédagogie. Il aime les idées simples, les auteurs limpides et mélodieux comme La Fontaine. À mon avis, il n'a pas la même bibliothèque que celle de Villepin : je doute que Lautréamont, Georges Bataille et tous ces écrivains de la subversion nocturne soient sa tasse de thé. C'est un humaniste, un homme de conviction qui veut décrypter le sens du monde ; un littéraire, un spiritualiste, un amateur d'âmes, un intellectuel personnaliste dans la ligne de pensée d'Emmanuel Mounier. Bref, tout le contraire de Chirac. D'où l'incompréhension réciproque : « Pendant longtemps, je ne l'ai pas compris ; je crois qu'il ne me comprenait pas non plus. Il m'a pris pour un centriste canal habituel, c'est-à-dire quelqu'un avec qui on peut toujours s'arranger. Il le répète d'ailleurs à plaisir : “Un centriste il faut le rouler dans la farine avant de le faire frire.” Eh bien, il s'est trompé avec moi. »

Entre eux, même si avec le temps ils ont appris à cohabiter, à s'accepter, ce n'est pas l'amour fou. Leur divergence est d'abord affaire de conception : « Chirac déteste cette ambition que la politique veuille changer le monde, sauf en politique étrangère. Il y a en lui un grand scepticisme sur le pouvoir des idées. » Il le croit désabusé par l'action. Et surtout sceptique en matière européenne : « Il n'a jamais cru à l'euro. Je l'ai entendu dire, quand Balladur était Premier ministre, qu'il n'y aurait pas de monnaie unique avant cinquante ans. Il n'a jamais été un euromilitant. Il ne croit pas à l'Europe. Il s'en accommode. Ce n'est pas une fin pour lui. »

Étrangement, Bayrou fait à Chirac la critique d'avoir abandonné la pratique gaullienne des institutions, du dialogue avec le peuple, par le référendum, par le biais des conférences de presse bisannuelles. Étonnant de la part de ce fils adoptif de Lecanuet. Il reconnaît qu'il a sur ce point fait acte de contrition : « Le MRP n'a pas compris que l'élection du président au suffrage universel direct était une puissance de rajeunissement pour la démocratie. » Il est favorable à la pratique gaullienne des institutions dont Chirac a tendance à s'éloigner : « Normal il est plus pompidolien que gaulliste. Je suis, je le reconnais, un fils un peu adultérin du gaullisme, mais Mitterrand l'était aussi. » C'est pourquoi il est à fond pour un référendum sur l'Europe : « J'en connais tous les risques, mais je suis pour. On ne peut pas faire une avancée aussi importante sans que les Français aient leur mot à dire. »

Il comprend mal l'éloignement de Chirac et son silence : « Quand le président s'éloigne, le désarroi du peuple augmente, devient plus profond. C'est le rôle du président de dire que ça va mal et, pour quoi, d'indiquer le but à atteindre et les moyens à employer pour y remédier. Un président américain parle à son peuple tous les jours. »

L'autre critique touche au couple président-Premier ministre : « C'est un paradoxe : l'homme qui est élu ne gouverne pas et l'homme qui gouverne n'est pas élu. En Allemagne, c'est le chancelier qui est élu et il gouverne. Pareil en Grande-Bretagne, en Espagne, etc. » D'où les cafouillages. Il est particulièrement sévère pour la gestion de la question des trente-cinq heures qui a révélé à quel point le Premier ministre, au lieu d'être soutenu et renforcé par le président, est, au contraire, « plombé » par lui : « C'est le gouvernement qui a allumé lui-même ce débat brûlant : le vendredi, les ministres déclaraient que les trente-cinq heures étaient la source de tous nos maux et le lundi, après l'intervention de Chirac, on déclarait qu'on n'y toucherait pas. Ce n'est pas cohérent. Pas plus que la baisse des impôts qu'on rattrape au coin de la rue par l'augmentation des taxes. »

Au passage une pique ironique sur les communicants, sans doute une pierre dans le jardin médiatique de Raffarin que cultive Dominique Ambiel : « Je trouve que la communication tue la politique. Elle tue le verbe et la vérité de l'être. La politique, c'est la langue, c'est la chair, l'esprit qui passe par la langue. L'emploi excessif de la communication aboutit à l'artifice. »

En fait, Bayrou se trouve à l'échelon national et non plus mondial, dans la situation de la France par rapport aux États-Unis lors du conflit sur l'Irak : il réclame amicalement mais fermement plus de dialogue, plus de concertation. On est dans le même camp, vous êtes les plus forts, mais moi aussi j'ai le droit d'affirmer ma vérité et de dire que j'existe.

La question épineuse, c'est bien sûr celle d'un possible divorce. En attendant, Bayrou suppute. Il y a des risques pour l'UDF. Notamment celui que Hollande évoque à son propos, celui d'une « chevènementisation ». Mais Bayrou le répète, il ne déteste pas le risque. C'est même ce qui donne du sel à la vie, c'est la clé de l'existence. Sa manière à lui d'exister par rapport à une UMP qui refuse le dialogue et les amendements.

Assis dans son fauteuil de Skaï noir, devant une fenêtre qui laisse passer un jour pluvieux, Bayrou, quand il évoque les régionales, semble déjà, comme un joueur d'échecs, en train de préparer le coup suivant. « Je n'intrigue pas pour un poste, je pense que ça se voit, fût-il le premier. Quand on veut intriguer, il faut toucher le monarque. L'autre démarche, celle qui a ma préférence, c'est de toucher le peuple. Je n'ai pas d'animosité contre Jacques Chirac. Il y a simplement entre nous des lignes politiques et philosophiques différentes. »

Cette abstention pour les recettes du Budget a tout l'air d'une première sommation. La présidentielle va venir si vite.

DONNEDIEU DE VABRES, UN INTÉRIMAIRE POUR LES INTERMITTENTS

C'est certainement le seul homme en France qui coure les spectacles sans plaisir. Et pour cause. Le théâtre, les festivals, les distributions de Molière qui sont pour chacun une occasion de détente et de plaisir sont pour lui un calvaire. Derrière chaque projecteur, chaque décor en carton-pâte, chaque ruine romaine, Renaud Donnedieu de Vabres aperçoit, tapi dans l'ombre, un intermittent qui menace d'exploser comme une mine antipersonnel. Ces intermittents, ils sont partout, bondissant des entrailles des théâtres en brandissant leurs revendications, agités comme des ludions infernaux. Insupportables, insatiables, incontrôlables, ils gâchent par leurs avanies non seulement le petit agrément des sorties en ville du ministre, mais surtout sa satisfaction d'avoir retrouvé un maroquin après un parcours sinueux. D'où cet air douloureux de saint Sébastien de la rue de Valois qui se peint sur le visage de R.D.V. Chaque jour, il doit s'arracher une flèche. Et comme si cette menace permanente des intermittents ne suffisait pas à son malheur, le voilà projeté sur l'avant-scène ministérielle tout frais émoulu du tribunal correctionnel où il a écopé d'une condamnation pour blanchiment d'argent dans l'affaire du Parti républicain. S'il est bien difficile de s'y retrouver dans ce maquis épineux du financement des partis politiques, il est plus encore malaisé de comprendre pourquoi R.D.V., mis à pied du premier gouvernement Raffarin parce qu'il était sous le coup d'une mise en examen, y revient en toute légitimité après sa condamnation. Comprenne qui pourra ! La fameuse jurisprudence Balladur est désormais à géométrie variable. Enfin, pour fragiliser encore l'image de ce ministre qui décidément n'a pas de chance, le journal *Les Inrockuptibles* vient de le mettre au pilori en lui consacrant un dossier qui, dans la plus fangeuse tradition de l'extrême droite d'entre les deux guerres, dénonce chez celui qui fut un adversaire déclaré du Pacs une contradiction entre cette prise de position publique et sa vie privée. Mauvais procès, certes, procédé ignoble, mais qui néanmoins laisse planer sur lui un soupçon de duplicité dans un monde qui, à tort ou à raison, exige la transparence.

Aussi, R.D.V. n'a-t-il pas l'air à la fête lorsqu'il me reçoit dans son petit bureau du ministère. Un ministère décoré dans un style disparate où les œuvres d'art et le mobilier semblent empilés sans harmonie ni cohérence, comme dans un garde-meubles. Les fenêtres ouvrent sur les colonnes de Buren. « C'est merveilleux comme on s'y est habitué : les enfants qui jouent ont pris possession de ce lieu qui mêle l'art et la vie », s'extasie le ministre qui se souvient du scandale que cette innovation suscitait quand il était lui-même directeur de cabinet de François Léotard dans ce ministère.

Cette phrase en prolégomènes, c'est tout R.D.V. Pas de propos qui désarçonnent l'interlocuteur par leur originalité. Pas de vagues. Comprendre l'autre, faire du dialogue la vertu ou la panacée universelle. C'est sa méthode avec les intermittents. Nous entrons dans le vif de ce sujet explosif : « Ce que je veux, c'est créer un climat de confiance pour discuter, faire le constat de la réalité, écouter les uns et les autres dans un univers très contraignant. C'est un exercice très difficile. D'où mes premières attitudes qui ont été d'aller au charbon. Ainsi, quand symboliquement je me suis rendu à Montpellier dans un lieu difficile, ou quand j'ai décidé d'aller à la fête de *L'Humanité* où cent cinquante personnes ne cessaient de hurler pendant mon discours. J'ai voulu montrer que je n'essayais pas de me soustraire au dialogue. Je veux que la preuve de la bonne volonté du gouvernement et du ministre soit constatée. L'arbitrage du Premier ministre sur mon budget est un signal très important. Je suis hypertendu pour arriver à créer un nouveau climat. Il faut parvenir à une solution tout en respectant les prérogatives des partenaires sociaux.

— Qu'avez-vous pensé de la réaction de Seillière qui s'étonne que le gouvernement porte aux intermittents, "à cette catégorie de salariés, un intérêt particulier et nouveau" ?

— Quand j'ai entendu sa déclaration j'ai compris que cela n'allait pas me faciliter la tâche. Cela va tendre une atmosphère déjà complexe. Quelque part, j'ai trouvé la phrase franchement injuste. Moi, si je me mets dans la peau de chacun, j'aimerais que l'on accepte le symétrique. »

Ce qui frappe quand on écoute l'œcuménique R.D.V. qui veut calmer les intempestifs intermittents avec des méthodes inspirées de saint François d'Assise, celles qu'il employait pour rendre le loup furibond semblable à un agneau, c'est à quel point, au fond, il n'est pas indispensable. Pourquoi est-il là et non ailleurs ? Pourquoi lui et non un autre ? C'est le prototype du bon jeune homme passé au moule de l'énarchie, certainement intelligent, d'un bon niveau de culture, sans rien qui défrise. D'ailleurs, il a beaucoup plus l'air d'un directeur de cabinet – d'un dircab, pour employer le jargon administratif – que d'un ministre. On le sent interchangeable comme ces secrétaires d'État couleur de muraille bien proprets qui fleurent la rue Saint-Guillaume, la longue patience des cabinets ministériels, et qui s'expriment dans cette langue abstraite et passe-partout des technocrates. Il faut avoir l'estomac et l'assurance tranquilles du bon M. Raffarin pour avoir installé dans ce ministère de légende, où flottent la grande ombre de Malraux, le souvenir de Michel Guy, un homme charmant certes, mais aussi peu doué d'épaisseur littéraire. On voudrait, à droite, affirmer le peu de cas que l'on fait de la culture, on n'agirait pas autrement. Quelle drôle d'idée de la part d'un Premier ministre précaire d'avoir placé un ministre intérimaire pour calmer les intermittents ! En quoi est-il supérieur à Aillagon qui faisait, lui, parfaitement l'affaire ? Il connaissait les dossiers. Il était reconnu et apprécié du monde culturel. Il n'a buté sur la question des intermittents que parce que la politique était de leur résister. Oui, pourquoi puisque le gouvernement est bien parti pour céder à « cette catégorie de salariés », comme il va céder aux chercheurs, sans tenter de régler les problèmes au fond – ce qui apportera la preuve aux rouspéteurs de tout poil qui ne veulent pas subir les réformes qu'il suffit de s'agiter et de faire perdre les élections à la droite pour avoir gain de cause. Une leçon qu'on n'oubliera pas. On souhaite bon vent aux amateurs de réformes.

Revenons dans le bureau de R.D.V. qui s'est proclamé le « ministre de l'Emploi culturel », ce qui évidemment ne le place pas d'emblée dans des perspectives romantiques à la Malraux, même si la comparaison ne vient à l'esprit de personne. Quelle idée tout de même d'être allé à la fête de *L'Humanité* pour le plaisir de se faire conspuer. L'explication est peut-être dans sa biographie, toujours entre le zist et le zest : chabaniste devenu giscardien (exercice de contorsionniste des plus douloureux), puis PR léotardien-balladurien devenu pur chiraquien, il se retrouve à la tête d'une manifestation anti-Pacs qui scande des slogans homophobes. On voit qu'il ne déteste pas les déchirements : ce garçon aime souffrir. À la fête de *L'Humanité*, il a été servi. Et ce n'est qu'un début.

D'autant qu'il le reconnaît lui-même, il l'a dit, un homme de droite est un « intrus dans le domaine de la culture ». Je lui demande si ce n'est pas justement parce que la droite a toujours manifesté la plus grande indifférence à la réflexion sur la culture et qu'elle semble s'en moquer comme de colin-tampon. « Je veux faire de cette crise une chance. C'est évident qu'il y a des tas de débats qui doivent être menés dans l'optique de créer de nouveaux publics, de nouvelles activités, de soutenir davantage les artistes. Que ce soit un défi à relever, je l'accepte parce qu'on a effectivement trop laissé les débats culturels entre spécialistes. Il faut que la culture ait droit de cité dans la vie politique. Échanges, débats, respect, dans tous les domaines, y compris dans la protection du passé. Il faut que la culture fasse davantage irruption dans le débat public. La mission de cette maison est de faire découvrir autre chose que soi-même. On sort de soi-même quand on est confronté à un livre, à une œuvre d'art, à une émotion. La standardisation, l'uniformisation, c'est un vrai danger. »

Qui ne souscrirait à cette déclaration d'intention ? Néanmoins, on se sent frustré d'un discours un peu plus piquant ou plus original. Bien sûr, en allant voir un homme qui a éprouvé la grande révélation de sa vie en lisant le bloc-notes de François Léotard, on ne s'attend pas à trouver en face de soi un Gramsci, un Lukács, un Raymond Aron ou un Élie Faure. Accordons-lui qu'il a d'autres chats à fouetter avec les intermittents et qu'il n'a pas eu beaucoup de temps pour réfléchir à la mission de son ministère.

Je l'interroge sur l'affaire des *Inrockuptibles*. Quand on aborde le sujet, on sent R.D.V. gêné aux entournures. Pourtant, il est en l'occurrence la victime d'une attaque injuste : pourquoi ne pourrait-on être à la fois homosexuel et adversaire du Pacs ? Quelle contradiction y a-t-il ? Il faut toute la mauvaise foi des *Inrocks* pour procéder à cet amalgame tout en y mêlant la question de la guerre contre l'intelligence. De ce procès en sorcellerie, R.D.V. se défend, accordons-le-lui, avec pertinence. « Il y a des choses qui sont attentatoires à la personne humaine. Je fais de la vie privée une valeur. Que chacun puisse vivre sa vie est un bien précieux. Je ne dis pas cela pour moi, puisque désormais ma vie privée est sur la place publique. Je ne peux plus rien y faire. Mais pour ceux que cela peut aider. Quand je dis que je suis pour la protection de la vie de chacun, je suis aussi pour que soit mis fin aux propos injurieux de certains contre des catégories de gens qui ont droit au respect. »

J'essaie de l'entraîner sur le terrain du communautarisme homosexuel, de sa signification, de sa forme de terrorisme. Je lui lance une perche culturelle en opposant la conception de Gide (provocatrice) à celle de Proust (conformiste), mais il élude le débat. Quand je lui demande s'il est favorable au mariage des homosexuels – question d'actualité – et à l'adoption des enfants par des couples homosexuels, il me regarde soudain avec inquiétude et défiance comme si un militant d'Act Up s'était introduit par effraction dans son bureau. Il doit faire preuve d'une grande maîtrise de soi pour me répondre avec componction : « Je comprends bien les aspirations de certains de mes concitoyens, mais je pense que les étapes que vous indiquez ne seraient pas bien comprises dans la France d'aujourd'hui. »

Nous nous quittons tous les deux déçus : lui par mes questions, moi par ses réponses. C'est un garçon dont tout le monde dit qu'il mérite d'être connu, qu'il est plein de sensibilité, d'intelligence, de délicatesse. On ne demande qu'à le croire. Il a dit à propos de l'insoluble problème des intermittents : « Je ne suis pas un magicien. »

Pas un magicien : c'est peut-être ce qu'on peut lui reprocher. Qu'est-ce d'autre en France qu'un ministre de la Culture sinon quelqu'un qui apporte une vision des sortilèges, ouvre les débats, s'engage dans toutes les discussions, ne craint pas l'aventure et apporte un grain de fantaisie dans le fade potage politicien ? Qu'est-ce d'autre que le ministère de la Culture sinon un ministère de l'illusion, des évasions et des grandes avenues de l'esprit ? Ces qualités-là, il ne faut pas les chercher chez un dircab dans l'âme, même plein de bonne volonté, de savoir-faire, d'entregent. Peut-être R.D.V. résoudra-t-il la question des intermittents. Mais à quel prix ? À ce prix-là, celui de la reculade, de l'abandon, mieux valait garder Aillagon. On se demande parfois si ce gouvernement Raffarin replâtré n'obéit pas au syndrome du suicide des baleines : les grands cétacés que leur instinct ne guide plus et qui vont s'échouer sur les plages. Un spectacle désolant comme les régionales hier, les européennes demain.

DOUSTE-BLAZY, MERCUROCHROME UNIVERSEL

Curieuse, cette idée des pouvoirs publics de vouloir instituer un médecin traitant dans chaque foyer. Les Français avaient le sentiment d'en avoir déjà un à domicile : Douste-Blazy n'est-il pas un généraliste comme on en rêve, un urgentiste qui ne ménage ni son temps ni sa peine ? Avec sa blouse blanche bien repassée et son stéthoscope en bandoulière, il a fait beaucoup pour remonter le moral morose de nos concitoyens qui, de plus en plus, se disent que la politique a beau ne pas servir à grand-chose, il est tout de même rassurant d'avoir un Douste-Blazy au *Journal de 20 heures* pour pallier tout : c'est le mercurochrome universel que cet homme-là ! Il possède ce don professionnel de l'écoute comme si non seulement son stéthoscope surveillait les écarts de nos palpitations, mais que son cœur soit branché directement sur le nôtre. D'ailleurs, les Français ne s'y trompent pas : ils l'ont mis en tête de leur box-office. Il est en train sinon de supplanter, du moins de rattraper Sarkozy, qui était leur coqueluche. À Sarkozy a correspondu le désir de la sécurité chez soi et dans la rue, à Douste-Blazy correspond l'aspiration non moins humaine de la santé pour soi et de la solidarité envers les autres parce que les malheurs des autres, surtout quand ils crient un peu fort, cela crée un désagréable sentiment de culpabilité. Dieu soit loué, il suffit d'appuyer sur sa télécommande, le *Téléthon* et le Dr Douste sont là pour nous servir la tisane apaisante de la bonne conscience. C'est merveilleux de faire le bien, surtout pour pas cher, surtout quand ce sont les autres qui s'en chargent.

Un peu d'ironie à propos de Philippe Douste-Blazy lui nuira d'autant moins qu'on serait bien en peine aujourd'hui de lui adresser des critiques : il est parfait, plus que parfait. Matignon lui irait comme un gant. Juvénile, beau, élégant, la mèche en aile de corbeau à la Malraux, c'est le ministre compétent, efficace, travailleur, et le gendre idéal. Il lui manquerait plutôt des défauts pour donner un peu de corps à son personnage propret de ministre sur mesure, tiré à quatre épingles, et bien sous tous rapports. Il a cette onctuosité dans les relations humaines, ce sens raisonnable du possible, qui lui ont permis de faire avancer, sans trop faire grincer les rouages, ce mastodonte du ministère de la Santé, vieux mammouth arthritique, archisyndicalisé, presque aussi archaïque dans son fonctionnement et dans ses intérêts corporatistes que l'Éducation nationale. Ce qui n'est pas peu dire. Là où Juppé voulait passer en force en administrant une médecine de cheval, Douste a multiplié les anesthésiants, les calmants et les placebos. C'est bien sûr la part la moins visible de son action. On a plus retenu ses nombreuses visites en blouse blanche à tous les accidentés de France, de Navarre, et du Sri Lanka que ses nuits blanches à l'Assemblée nationale, où il a fait adopter une foultitude de projets de loi importants sur la bioéthique, les handicapés, la maladie d'Alzheimer, etc. Sans parler de ses négociations avec les syndicats de médecins. Sa nuit de garde pour Noël à l'hôpital psychiatrique de Pau a plus frappé les esprits que la réduction du déficit de l'assurance maladie. Ce n'est pas seulement parce que les Français sont de grands émotifs, surtout vers 8 heures du soir, mais c'est parce qu'ils ont du mal, à partir d'un certain nombre de milliards, à visualiser le trou de la sécu. Bref, Douste-Blazy est l'homme du jour – peut-être même de l'année. À travers lui passent les images des figures de légende : inconsciemment, on lui prête les vertus de tant d'autres bons docteurs plus ou moins immortels, le Dr Schweitzer, le Dr Kouchner. Et pour un peu, parce qu'il est aussi ministre des Solidarités, on lui accorderait un morceau de l'auréole de l'abbé Pierre. Acceptons d'être de notre temps où le compassionnel règne en maître : toutes ces références médicales confuses bénéficient à ce clair ministre aux idées précises et aux dents longues que l'opinion et les sondages portent aujourd'hui aux nues.

Il me reçoit dans son bureau du ministère de l'avenue de Ségur, près de l'École militaire. Un édifice précocement vétuste des années 1950 qui évoque les lourds relents architecturaux des démocraties populaires. On se croirait transporté au ministère de la Planification industrielle de Bucarest il y a quelques lustres. Pour l'un des ministres les plus glamours du gouvernement, ce n'est pas assurément un décor de rêve. Douste est d'un abord facile. Il est lisse et aussi éloigné que possible d'un personnage dostoïevskien, ou même d'un de ces grands torturés, voire le genre emberlificoté dans les contradictions comme Philippe Séguin, encore moins le style embrumé par les virées nocturnes comme Borloo. Il est aussi simple, ouvert, maître de lui en petit comité que lorsqu'il converse avec Christine Ockrent ou Arlette Chabot dans les grands-messes des médias. C'est un pédagogue-né. Il le faut pour s'y retrouver dans les arcanes de l'assurance maladie. Sa réforme va-t-elle régler définitivement la question ou n'est-ce qu'une étape ? Je lui pose la question.

« C'est une réforme très importante, très lourde, qui sauve l'assurance maladie et qui en même temps donne des responsabilités aux usagers et aux médecins. Cela dit, essayer de faire croire que les dépenses de l'assurance maladie ne vont pas cesser de croître serait un mensonge éhonté. Les progrès médicaux, les équipements qui les permettent sont aujourd'hui de plus en plus chers. D'autre part, le consumérisme médical indiscutable ne va pas dans le sens d'une diminution des dépenses. Nous avons réussi, grâce à notre réforme, à enrayer cette augmentation. L'idée n'est pas de faire des économies sur des économies, mais d'éviter les abus et les gaspillages. Notre système de santé est un système solidaire, un système généreux. Et c'est bien. Mais je n'accepte pas qu'il puisse générer des abus. Une société ne peut vivre dans l'ultralibéralisme. Mais les gens ne doivent pas profiter de la générosité collective pour carotter les deniers publics.

— L'institution du médecin traitant dans chaque famille va bousculer les habitudes des Français.

— L'ensemble des syndicats de médecins, généralistes et spécialistes, vient de signer la convention. C'est une réforme de fond. Pour la première fois dans notre histoire médicale, nous avons défini ce que l'on appelle un parcours de soins. On demande à tous les Français d'avoir un médecin traitant, qui peut être généraliste ou spécialiste.

Être ministre aujourd'hui, cela peut-il se concevoir loin des caméras ? Ce reproche d'être un ministre ultra-médiatique le hérisse. Il s'en défend.

« Je pense au contraire que la politique est aujourd'hui de plus en plus sérieuse. Je crois de plus en plus aux dossiers de fond. Si je prends l'exemple des affaires que j'ai eu à traiter, et notamment l'assurance maladie, s'il est un sujet qui n'est pas médiatique, c'est bien celui-là. Mais il est vrai que lorsque dans ce pays, on ne met pas 2 millions de personnes dans la rue, on donne l'impression que la réforme n'existe pas. Mais une réforme de cette ampleur nécessite aussi un effort important de pédagogie. Je crois donc de plus en plus que l'aspect médiatique n'est pas essentiel. L'essentiel, c'est le travail de fond. Néanmoins, on ne peut pas faire des choses sans expliquer ce qu'on fait. »

Si Douste-Blazy se montre parfaitement à l'aise pour évoquer tous les dossiers de son vaste ministère qui traite, au fond, de toute la vie, de la naissance à la mort, de la pilule à l'euthanasie, il est plus gêné aux entournures quand on veut le faire entrer dans le vif du débat politique. À l'heure où l'on parle d'un essoufflement de Raffarin et où lui-même occupe une place enviée dans les sondages, se verrait-il dans la peau d'un prochain Premier ministre ?

Le ministre me remet gentiment, mais fermement, à ma place.

« J'ai un Premier ministre au-dessus de moi. J'estime que ce sont les observateurs qui se sont laissés aller à parler du départ de Jean-Pierre Raffarin, qui sont eux-mêmes aujourd'hui essoufflés.

— Mais si on vous le proposait ?

— Je n'ai pas à me mettre dans cette position. Ce n'est pas d'actualité.

— La Turquie, en revanche, est dans l'actualité. Alors, pour ou contre ?

— Aujourd'hui, je n'y suis pas favorable. Mais dans quinze ans, si ce pays remplit toutes les conditions, alors pourquoi pas ? Il faudra demander leur avis aux Français. »

Question plus délicate encore, sujet tabou parmi les tabous, j'aborde sur la pointe des pieds la proposition de Nicolas Sarkozy, qui vise à faire désigner le prochain candidat à la présidence de la République par les militants de l'UMP.

« Je suis d'accord avec la proposition de Nicolas Sarkozy, sauf si le président sortant se représente. Il y a d'ailleurs déjà des précédents dans notre pays.

— Quel conseil donneriez-vous à Jacques Chirac s'il vous le demandait ?

— Je réserve ma réponse à Jacques Chirac.

— Et vous, quelle est votre opinion ?

— Ce n'est que lui qui peut répondre à cette question, le jour où il le décidera. Ce que je peux dire, c'est qu'il a aujourd'hui une vraie vision de l'avenir. Et si je peux donner mon avis comme ministre de la Santé, jamais je ne l'ai trouvé en aussi bonne forme. »

Une chose est sûre en tout cas : si d'aventure Chirac avait la lubie de vouloir demander leur avis à ses ministres, on peut d'ores et déjà gager qu'aucun d'entre eux ne lui conseillerait de prendre sa retraite et d'aller rejoindre Giscard sous les plafonds surdorés du Conseil constitutionnel et de l'Académie française. C'est d'ailleurs pourquoi il n'est pas impossible qu'il le leur demande.

Simple déduction, docteur Douste !

DOCUMENTS

À propos de Napoléon ou la destinée *(2012).*

UN DESTIN DE LÉGENDE[1]

par Jean d'Ormesson

D'après Jean Tulard, le maître aujourd'hui des études napoléoniennes, un livre paraît chaque jour, quelque part dans le monde, depuis plus de cent cinquante ans, sur l'Empereur, sa vie, son œuvre, sa légende. Jean-Marie Rouart inscrit à son tour son nom dans cette immense bibliographie et nous livre son regard sur l'une des plus formidables aventures de l'histoire des hommes. Pour la forme, l'ouvrage se présente, un peu à la façon d'une lanterne magique, comme une suite d'une cinquantaine de vignettes ou de flashs consacrés aux dates clés de l'histoire de Napoléon Bonaparte. Une sorte de biographie à l'allure de mosaïque. Une biographie mise en scène. Chacun de ces tableaux ramasse toute une foule d'informations préliminaires et prépare l'épisode suivant. Nous sommes successivement au siège de Toulon, sur le pont d'Arcole, en Égypte, au temps d'un succès assombri par le désastre d'Aboukir et l'échec devant Saint-Jean-d'Acre, à Paris pour le coup d'État de Brumaire, à Austerlitz le 2 décembre 1805, en Espagne ou en Russie dans le terrible hiver 1812-1813. Le tout va aussi vite que les pensées et les manœuvres de l'Empereur et se lit à toute allure avec un bonheur qui s'attache aux rebondissements successifs d'une sorte de gigantesque roman-feuilleton historique. Sur le fond, Jean-Marie Rouart a choisi avec une passion mêlée d'habileté un angle d'attaque très particulier qui donne force et unité à tout l'ouvrage. Il avoue dès les premières pages la fascination qu'exerce sur lui l'Empereur. Il souligne le sentiment d'invincibilité qui n'a jamais

1. *Le Figaro Magazine*, 25 août 2012.

cessé d'habiter cet homme de génie qui avait la certitude d'être un élu du destin et qui croyait à son étoile. Il montre surtout avec force et talent combien les échecs de Napoléon ont contribué à sa gloire. Autant et plus peut-être que ses succès et ses triomphes. Le génie des deux plus grands esprits de leur temps – Napoléon et Chateaubriand – consiste chez l'un comme chez l'autre, d'abord, naturellement, à donner des preuves constantes de leur supériorité, mais plus encore et surtout à transformer en victoires les défaites qu'ils finissent par subir. Ce n'est pas en vain que le mot « destinée » figure dans le titre de l'ouvrage de Rouart. Jean-Marie Rouart appartient à une famille qui a compté dans l'histoire de l'art français. Il est romancier, essayiste, biographe et journaliste. Il s'est intéressé à l'histoire politique contemporaine. Il a consacré de beaux livres à Morny, à Bernis, au suicide des écrivains dans *Ils ont choisi la nuit*. Toutes ces diverses expériences convergent dans son *Napoléon ou La Destinée*. Il a certainement lu non seulement les ouvrages classiques de Louis Madelin, de Frédéric Masson, de Jacques Bainville, de Jean Tulard, mais aussi tous les documents essentiels de l'époque, les innombrables souvenirs, mémoires, journaux intimes, écrits savants ou légers où revit et fleurit la légende du grand homme que Henri Heine, avec une exagération qui a fait scandale en son temps, comparait à Jésus. Il suffit de le comparer à Alexandre le Grand ou à Louis XIV – et il est peut-être plus grand qu'eux car ils étaient des héritiers et lui n'est le fils que de ses propres œuvres.

Le lecteur enchanté a le sentiment de découvrir comme si elle était toute neuve une histoire dont il connaît déjà pourtant tous les détails. L'ouvrage se termine par une conversation sur Napoléon à La Boisserie, en décembre 1969, entre de Gaulle et Malraux.

« Où en êtes-vous avec l'Empereur ? demande le Général à Malraux.

— Un très grand esprit, répond Malraux, et une assez petite âme. Chez les personnages historiques, réplique de Gaulle, le pouvoir de création légendaire prend la place de l'âme… Ne marchandons pas la grandeur. »

Il est permis de se séparer sur un point ou sur un autre de Jean-Marie Rouart. Je crois, par exemple, qu'il tire trop l'Empereur vers une sorte de mysticisme. Napoléon croyait simplement en son étoile et il était superstitieux. Et je me sentirai toujours moins près de lui que de Chateaubriand qui mêlait l'admiration pour le Premier consul à l'hostilité envers l'Empereur.

Mais quel bonheur de retrouver Bonaparte – ou Napoléon – non seulement dans les grands moments de sa prodigieuse carrière, quand il fait preuve d'un courage inouï en Italie ou en Égypte, quand il prend le pouvoir, quand il bascule son armée de Boulogne à Austerlitz, mais dans des circonstances moins connues. Par exemple quand, trompant la flotte anglaise, il rentre d'Égypte en France, à la veille du coup d'État de Brumaire, sur la frégate *La Muiron*, du nom de ce jeune et beau colonel qui s'est fait tuer à sa place sur le pont d'Arcole en se jetant devant lui. Au cours de cette navigation d'une folle audace qui va durer plus d'un mois sur une Méditerranée dominée par la flotte anglaise, il s'entretient librement de philosophie et d'histoire avec toute une cour de futurs maréchaux et de savants, parmi lesquels le mathématicien Monge et le chimiste Berthollet. Ou encore, vision hallucinante, dans ce traîneau qui le ramène de Russie en France au cours de l'hiver 1812-1813 – plus de quinze jours sur la glace et sous la neige entre Smorgoni et Paris, par Wilno et Varsovie, puis à travers la Prusse hostile –, seul avec Caulaincourt et le mamelouk Roustan.

« Vous figurez-vous, lance-t-il à Caulaincourt, la mine que vous feriez dans une cage de fer sur la place de Londres ? »

Et il éclate de rire.

L'épopée trouve son terme et son couronnement le 15 décembre 1840 avec le retour des cendres de l'Empereur dans le Paris de Louis-Philippe, quand le prince de Joinville dit au roi :

« Sire, je vous présente le corps de l'empereur Napoléon. »

Et que le roi lui répond :

« Je le reçois au nom de la France. »

Perclus de rhumatismes, le vieux maréchal Moncey, qui a refusé de faire partie du cortège officiel, s'est fait porter aux funérailles dans sa chaise roulante. Quand on le reconduit chez lui, il murmure :

« Maintenant, rentrons mourir. »

Toute la nuit, de vieux soldats de la Grande Armée changés en demi-soldes et à la veille de dévisser leur rondelle ont communié avec le passé. Beaucoup dorment à même la terre, parmi les braises qui s'éteignent, dans le souvenir de leur général. Plusieurs vont mourir de bonheur et de froid. On retrouvera leurs corps gelés à côté des cendres de leur dernier bivouac.

À aucun moment, le lecteur fasciné n'est tenté d'interrompre le récit du conteur qui finit par se confondre, dans la détestation de la médiocrité et le culte de la grandeur, avec le héros dont il chante la légende.

LE ROMAN DE NAPOLÉON[1]

par Laurent Joffrin

Jean-Marie Rouart aime Napoléon. Étrange passion chez un écrivain libéral, élégant, académicien à l'allure juvénile, chroniqueur subtil de la vie politique. On le voyait plus proche de Benjamin Constant que du conquérant botté, plus à l'aise dans la redingote du littérateur que dans l'uniforme de colonel d'Empire. Seulement voilà : ce classique par le style est un romantique d'esprit qui aime, en histoire, les ascensions fulgurantes et les chutes abyssales. Comme Chateaubriand, Hugo, Balzac, il est antibonapartiste en politique et napoléonien en littérature. On sent le lecteur fasciné du *Mémorial de Sainte-Hélène*, qui découvre cette scène où l'Empereur déchu, dans son palais de bois du bout du monde, contemple le feu qui meurt, met son menton dans sa main et confesse : « Quel roman que ma vie… »

Ce roman, Rouart s'y est attelé à son tour, insensible à la profusion de ses prédécesseurs, de l'admirable Madelin au maître Tulard, en passant par Thiers, Lentz ou Bainville. Son « Napoléon » est rapide comme une manœuvre de Bonaparte. Loin des pesanteurs universitaires, il parcourt cette destinée unique qui a vu un officier mal noté, compromis dans la Terreur, mis en marge de l'armée, dont le teint bilieux et l'habit rapiécé avouaient des passions frustrées, devenir en cinq ans le maître de la France et bientôt de l'Europe. Rouart modernise ainsi l'exercice biographique, négligeant les longues explications au profit d'un scénario de film qui ramasse l'intrigue en vingt-deux journées où le héros tragique a vu son destin bifurquer. Il est vrai que cette vie de légende peut se découper

1. *Le Nouvel Observateur*, n° 2497, 13 septembre 2012.

en périodes courtes qui sont un formidable roman d'aventures – le sanglant siège de Toulon, antichambre de la gloire, la fulgurante campagne d'Italie où Bonaparte émerge au premier plan, la cruelle expédition d'Égypte où il se voit en empereur d'Orient, les trois mois de la conquête du pouvoir jusqu'à Brumaire, chef-d'œuvre d'intrigue politique, l'hiver en Russie quand la Grande Armée disparaît dans la neige, et la funeste campagne de Belgique qui s'achève à l'orée de la forêt de Soignes, en avant du village de Waterloo.

Cette volonté de raconter d'abord la tragédie d'un homme a un inconvénient. Conquérant ou pacificateur, ogre de Corse ou général de la Révolution, Napoléon y est toujours l'homme de la légende et le paladin de la grandeur. Ainsi, même si Rouart ne cache rien des crimes, il fait passer au second plan les grandes fautes et les petitesses de l'Empereur, son esprit clanique, sa brutalité dans le maniement des hommes, ses idées moyenâgeuses sur le rôle de la femme, sa volonté de contrôler tout en France, des prêches d'Églises aux échos des journaux, son usage de la torture contre les comploteurs monarchistes, une froide indifférence aux massacres guerriers, les horreurs inouïes de la guerre d'Espagne ou bien cette manie de truquer les bulletins pour rejeter sur ses subordonnés les erreurs militaires qui conduisirent à la chute finale. C'est le parti pris du livre, qui s'attache à la gloire et vole de formule en image pour traverser, de la fin de l'Ancien Régime à la chute de l'Empire, les quarante années les plus romanesques de l'histoire de France.

FACE AU MYSTÈRE NAPOLÉON[1]

par Jacques de Saint Victor

En se recueillant sur la tombe de Rousseau, dans le parc d'Ermenonville, Napoléon eut ce mot : « Peut-être aurait-il mieux valu pour le bonheur des peuples que lui et moi n'eussions jamais existé. » Si Napoléon n'a peut-être pas fait le bonheur de son peuple (tout

1. *Le Figaro Littéraire*, 23 août 2012.

au moins en son temps), il a fait celui des écrivains. Combien de livres, d'essais, de conférences lui sont encore consacrés, deux siècles après son épopée ? Dans ce torrent de publications, où chaque homme de lettres aime se glisser dans l'épopée impériale pour y recueillir peut-être un souffle de gloire, le Napoléon de l'académicien Jean-Marie Rouart fera date. Le Napoléon qui passionne l'académicien, ce n'est pas le fondateur du Code civil, du Conseil d'État, du corps préfectoral, etc. « Il y a un autre Napoléon, écrit-il. Un homme souvent au bord du gouffre qui s'efforce de déchiffrer l'énigme de sa destinée. » Depuis, de sa maison du Cap Corse, Rouart a médité sur le héros d'une île d'Elbe qu'il aperçoit par temps clair.

Et le résultat est à la hauteur de l'ambition. Il faut de l'audace pour oser traiter de Napoléon en moins de trois cent cinquante pages quand tant de savants en ont écrit des milliers sur le grand homme. Et pourtant, la magie opère. Ce Napoléon intime se lit avec autant de plaisir que d'intérêt, car, à travers le portrait d'un homme attiré par l'irrationnel, ravagé par de véritables doutes, sur l'amour, la chance ou le pouvoir, Rouart dessine aussi celui d'une nation qui s'est reconnue à merveille dans sa trajectoire.

On appréciera particulièrement la fin du livre, où l'auteur sait nous émouvoir en évoquant les derniers grognards qui, en 1840, attendent dans le froid le retour des cendres de l'Empereur, oubliant la vie infernale que ce dernier leur a imposée pour ne retenir que ce frisson de grandeur – et d'espoir – qu'il leur a offert. « Je les ai trouvés pauvres, je les ai laissés pauvres. Mais l'instinct de la nationalité les éclaire », avait déjà dit Napoléon à propos des Français. Comme le dit le général de Gaulle à Malraux, lors du dernier déjeuner qu'ils auront à La Boisserie en 1969, Napoléon « affirme à la France qu'elle vaut mieux que ce qu'elle croit [...]. En 1940, il disait aux Français avec moi qu'ils n'étaient pas ce qu'ils semblaient être ».

Comme il avait su le faire avec l'abbé de Bernis, Rouart réussit à percer le mystère d'un homme et d'une époque en allant au plus juste à travers le détail ou l'anecdote. Son récit est égayé de formules élégantes, souvent brillantes et justes, même si elles laissent parfois songeur.

Les puristes s'irriteront peut-être du traitement de certaines questions ou de certains personnages complexes ; passe encore pour Sieyès, justement décrit comme un « personnage prétentieux et fourbe », ce qu'il était. Mais Benjamin Constant, que ses ennemis surnommaient, il est vrai, Benjamin l'Inconstant, méritait mieux que ce portrait d'une « nature femelle, ondoyante », « un phénomène d'incohérence proche de la dislocation mentale ». On pressent que l'information de Rouart vient du camp des spécialistes de l'Empereur. D'autres, comme Marcel Gauchet, qui a redécouvert Constant en publiant chez Gallimard ses œuvres principales, lui auraient évité d'écrire, toujours à propos de l'auteur d'*Adolphe*, qu'il était « naturel que sa complexion de mollusque s'attachât à un rocher ». Pour faire mouche, le bon mot ne doit pas tomber à côté.

Mais ces détails ne gâchent pas le plaisir d'une lecture vive et revigorante. Le Napoléon de Rouart n'est jamais ennuyeux, il ondoie entre la nostalgie de l'enfance, l'épopée militaire, la préparation du coup d'État, les déceptions d'alcôve et les grandes décisions diplomatiques, pour finir dans le tragique, « assassiné par l'oligarchie anglaise ». Toujours l'auteur sait prendre un angle original pour se montrer à la hauteur de la complexité de la destinée impériale.

NAPOLÉON, AIGLE ET PHÉNIX[1]

par Jean Tulard

À la liste de ses conquêtes Napoléon devra-t-il ajouter l'Académie française ? Le souffle de l'épopée impériale semble à nouveau emporter cette vénérable institution, qui compta jadis dans ses rangs d'illustres historiens de l'Empire comme Frédéric Masson, Henry Houssaye, Albert Vandal ou Louis Madelin. Tandis que l'on découvre dans les kiosques un nouveau *Napoléon* de Max Gallo, que le président Giscard d'Estaing écrit un roman sur la retraite de Russie et que Jean d'Ormesson imagine – tout en restant rigoureux – un savoureux dialogue entre Bonaparte et Cambacérès

1. *L'Express*, 12 septembre 2012.

à la veille de la proclamation de l'Empire, Jean-Marie Rouart nous propose, quant à lui, un magnifique portrait en pied du vainqueur d'Austerlitz.

On n'en sera pas surpris. On lui devait déjà l'un des meilleurs romans sur la période, *Le Cavalier blessé*, histoire de la mystérieuse disparition d'un sous-préfet sous l'Empire. Pour Barrès, dans *Les Déracinés*, Napoléon était le « professeur d'énergie » dont les leçons allaient donner à une génération la volonté de reprendre à l'Allemagne l'Alsace et la Lorraine. Il apparaît à Jean-Marie Rouart comme « l'homme de la destinée », celui qui croit en son étoile et pour lequel « un combat n'est jamais tout à fait perdu ». Éclairage original et d'une démonstration irréprochable. À de nombreuses reprises, Napoléon côtoie le gouffre : il connaît la tentation du suicide, très jeune, face à l'humiliation d'une Corse soumise à la domination française, puis lorsqu'il est désespéré par la découverte de l'infidélité de Joséphine, ou encore à Fontainebleau, en 1814, au moment de l'abdication, enfin à Waterloo, où il souhaite mourir avec sa Garde.

Mais, chaque fois, il se ressaisit. « Parce que, explique Jean-Marie Rouart, il avait le sentiment d'être un élu du destin. Il croyait à son étoile. » Et ce sentiment, il sait le faire partager : ses soldats ne voyaient-ils pas en Joséphine le bon génie de l'Empereur et dans le divorce la cause des défaites de 1812-1814 ? Que l'on relise le fameux récit de Goguela dans *Le Médecin de campagne*, de Balzac. Comment ne pas croire à son destin quand on a frôlé la mort au pont d'Arcole en 1796, rue Saint-Nicaise, lors du premier attentat à la voiture piégée de notre histoire fin 1800, ou à l'occasion d'un accident de calèche le 1er mai 1803. Que de fois ne l'a-t-on annoncé mort. Dans l'hiver de 1808, Talleyrand et Fouché, convaincus qu'il ne reviendrait pas vivant d'Espagne, préparent sa succession. Personne n'est surpris lorsque, le 23 octobre 1812, le général Malet annonce sa mort devant Moscou. Et, chaque fois, Napoléon, tel le Phénix, renaît de ses cendres.

Les plus belles pages de Jean-Marie Rouart, les plus convaincantes, les plus émouvantes, sont les dernières. Défait à Waterloo, déchu, capturé, proscrit, empoisonné – ou peu s'en faut – à Longwood, Napoléon ne perd pas espoir. Il se raconte devant son compagnon d'exil, Las Cases, sachant qu'il livre sa dernière bataille. Il n'ignore pas que Las Cases prend des notes et que sous sa plume frémissante va ressusciter l'épopée impériale. Ce sera *Le Mémorial de Sainte-Hélène*, l'un des plus grands succès de librairie. Pour l'opinion, et surtout aux yeux des romantiques, Napoléon cesse d'être l'usurpateur, le tyran, l'ogre des pamphlets royalistes : il est Prométhée cloué sur son rocher. Il est l'homme qui coucha aux Tuileries, à Schönbrunn, à Potsdam, à l'Escurial, au Kremlin, et qui se retrouve dans une demeure misérable en butte aux mesquineries d'un geôlier stupide.

L'image de Napoléon se modifie. La légende noire s'efface. En 1830, en 1848, on crie « Vive Napoléon », et le neveu aurait-il été élu sans cette dernière et décisive victoire d'un Napoléon qui n'a jamais voulu totalement abdiquer ? Merci à Jean-Marie Rouart de nous avoir ainsi montré un autre Napoléon, l'homme de la destinée.

À propos de Bernis, le cardinal des plaisirs *(1998).*

LE PLAISIR CARDINAL[1]

par François Nourissier

Puis-je commettre une inhabituelle indiscrétion en citant trois mots de la dédicace dont Jean-Marie Rouart a orné son *Bernis* en me l'envoyant ? Il définit ainsi son livre : « Cette biographie autobiographie… » On ne mange pas le morceau plus élégamment. L'imprudence charmante de l'auteur n'est pas commune. Quel biographe de Sade, de Mme Colette, de Duras, proclamerait ainsi qu'en peignant son modèle il ne s'est pas soi-même quitté de l'œil au miroir ? N'écrit-on jamais que sur un personnage qu'on aurait aimé être ou, pour le moins, à qui l'on a emprunté l'allure générale d'un destin ? Regardons la liste des « ouvrages du même auteur » : on y trouve une biographie de Morny, une préface – déjà ! – aux *Mémoires* du cardinal de Bernis et, dans *Ils ont choisi la nuit*, des portraits d'écrivains qu'ont fascinés la défaite et la mort. Où est le vrai Rouart ? Dans les roueries d'un ambitieux, la désinvolture d'un grand seigneur de la pénombre, le vertige suicidaire de quelques littérateurs aventurés dans une époque dangereuse ? Ces contradictions peuvent cohabiter dans le même homme. Rouart révèle-t-il dans *Bernis le cardinal des plaisirs* un nouvel aspect de son personnage ? Morny, c'était une photo de Nadar ; Bernis, c'est une galanterie de Fragonard. Mais, derrière les deux personnages, il y a la volonté de pouvoir, un coup d'État, la conquête d'une favorite, un grand déploiement de cynisme et de brigue. Un titre de duc, la pourpre ? Rouart a l'habit vert, ce n'est pas mal. Je pense que la littérature le protège de l'ambition primaire et fondamentale du pouvoir. Quant aux dames, le titre dit tout…

Au vrai, Rouart n'a pas écrit une biographie (il n'est pas assez prof) ni un essai, mais un portrait. Un portrait rêvé. Peu d'écrivains

1. *Lire*, 12 septembre 1998.

ont été tentés par Bernis, personnage à la réputation embarrassante. Aristocrate de province, sans le sou, il entre dans la vie en abbé de salon, et pour comble abbé rimailleur. Il plaît aux femmes, il a de l'esprit, il est ambitieux comme pas deux mais sait ronger son frein. Rencontre inespérée : la fille de Mme d'Étiolles, née Poisson, qui va devenir la Pompadour. La carrière de Bernis est faite, bien qu'il torde le nez : il trouve ces Poisson de mauvaise eau. Il devient pourtant un familier des « petits appartements » et de « cette cour dans la Cour » qu'était l'entourage de la favorite. Bientôt les honneurs pleuvent : l'Académie à vingt-neuf ans, l'ambassade de Venise (Venise !...), le Chapeau, l'archevêché d'Albi, le secrétariat d'État (à charge de réussir un renversement des alliances), enfin l'ambassade de Rome (à charge de venir à bout des Jésuites). Né dans le Vivarais quand mourait Louis XIV, Bernis est surpris à Rome par la Révolution. Il sera chassé de son ambassade, entretenu par la charité espagnole, et mourra peu après Thermidor.

Sainte-Beuve, Barbey, les frères Goncourt évoquèrent Bernis. Roger Vailland écrivit son « éloge », petit livre plein de brio et d'idées fausses. Celui de Rouart me semble au contraire plein de jugements équitables et affectueux. C'est un livre *sous le charme*. Les morceaux savoureux abondent : Bernis à Venise, la rivalité Bernis-Choiseul, la tristesse de l'enfance à Saint-Marcel, l'amertume de l'exil romain et des derniers bilans. Là encore, l'auteur a trouvé un héros que grandit son échec final. Les deux dernières années, la Terreur à Paris et la solitude à Rome, assurent la survie de Bernis. Ajoutons que le livre, par imprégnation et proximité, est écrit dans une bien jolie langue, très XVIIIe : il tient les promesses de son titre.

L'ARRIVISTE SENTIMENTAL[1]

par François Busnel

« Écrire sur Bernis ! Après Sainte-Beuve et Roger Vailland, que peut-on dire ? » Voilà comment les cuistres et les belles âmes accueilleront sans doute la biographie que Jean-Marie Rouart

1. *Dernières Nouvelles d'Alsace*, 18 septembre 1998.

consacre au cardinal de Bernis, « amant voluptueux et philosophe ». Ils en seront pour leurs frais : contemplé à deux siècles de distance, l'itinéraire de Bernis est d'une rare modernité. Sous la plume précise et enflammée de Jean-Marie Rouart, François de Bernis apparaît comme un modèle pour tous ceux qui rêvent de gloire mais ne supportent pas d'y sacrifier le bonheur et l'amitié.

Cardinal des plaisirs, Bernis incarne tous les contrastes du siècle des Lumières. Ce cadet désargenté du Languedoc mène à Paris une vie dissolue mais n'en possède pas moins une foi sincère. Il rime quelques blasphèmes pour amuser les dames, dit la messe au meursault, fréquente Voltaire et les Encyclopédistes, se fait remarquer pour son insolence envers les grands de ce monde ; bref : Bernis préfère brûler plutôt que durer.

Le pouvoir, pourtant, hante cet ambitieux qui rêve de grandeur et de succès. Bernis songe à s'illustrer mais les occasions ne se présentent guère. Lorsqu'il provoque la chance, l'échec est plus cuisant encore. Ambitieux mais sage, Bernis apprend à tirer le meilleur parti de l'adversité. Ainsi quand on lui barre la route des promotions parce que, ayant décelé son intelligence, on redoute qu'il soit trop indépendant, le jeune abbé prévoit le coup et fait bonne figure. Puisqu'on lui interdit l'accès au pouvoir, Bernis se réfugie dans la littérature. Bonne idée : à cette époque, les femmes règnent sur les lettres, elles introduisent une nouvelle mode : penser !

L'agent du destin a un nom : Jeanne-Antoinette Poisson, future marquise de Pompadour. Bernis devient son amant, son confident, son conseiller. Et surtout son ami. Indéfectiblement. La réputation sulfureuse du jeune abbé de Bernis parvenue jusqu'à la cour, Louis XV ne tarde pas à l'appeler auprès de lui. Une ambassade à Venise, le ministère des Affaires étrangères… C'est la gloire ! Et c'est précisément là que l'essai de Jean-Marie Rouart prend toute sa puissance.

Car loin de vanter les mérites de Bernis, Rouart annonce sa chute : Bernis est un sentimental, pas un intrigant. Pour cet « anti-Machiavel », chaque succès est l'occasion de définir un nouveau plan de vie : à peine reçu à l'Académie française, il pense à de nouvelles conquêtes. Inconstant en amour, Bernis l'est aussi dans son « plan de carrière » comme on dirait aujourd'hui. Sans doute est-ce pour mieux honorer ses engagements de fidélité. Au cœur de la tourmente, lorsque le roi exigera son renvoi, Bernis refusera de se maintenir au pouvoir en trahissant ses amis. Il finira en exil, misérable, ruiné.

En écrivant sur Bernis, Jean-Marie Rouart réenchante le monde actuel. Bernis est un ambitieux, un arriviste, certes, mais il n'a rien de commun avec ces intrigants qui acceptent toutes les trahisons pour parvenir à leurs fins. Les énarques et les diplômés des grandes écoles feraient bien de méditer la leçon de Bernis : conçue à l'école de Bernis, l'ambition s'apparente à cette force vitale qui va de pair avec le bonheur et les plaisirs.

BERNIS, HOMME D'ÉGLISE ET DE VOLUPTÉS[1]

par Edmonde Charles-Roux

François-Joachim de Pierre de Bernis, futur cardinal, avait l'accent. Fils de notre Midi, il avait vu le jour à Saint-Marcel-d'Ardèche. De la terrasse du château familial – aujourd'hui encore occupé par des descendants des Bernis – on aperçoit le Rhône et Pont-Saint-Esprit. Cadet d'excellente noblesse, mais sans fortune, il est destiné à la prêtrise. Tonsuré à douze ans, envoyé à Paris à 14, il est accepté dans ce collège des Jésuites qui deviendra plus tard le lycée Louis-le-Grand. Là, parce qu'on se moquait de son accent, il s'en guérit et le perd en moins de trois mois, tout en poursuivant de très brillantes études.

C'est plus tard, lorsqu'il entre au séminaire de Saint-Sulpice, que tout se gâche. On le juge exceptionnellement intelligent, mais ses maîtres ne décèlent en lui aucune vocation. Au bout d'un an et au terme d'un séjour en Languedoc, Bernis retrouve Paris mais ne retrouve pas sa place au séminaire où l'on ne veut plus de lui.

Ni le supérieur général, ni le cardinal de Fleury – cet autre Languedocien – ne souhaitent favoriser la carrière d'un séminariste jugé trop lettré, trop bel esprit et, surtout, trop indépendant, bref, les gens en place, tout comme les sots, se disent « dérangés »

1. *La Provence*, 11 octobre 1998.

par cet esprit trop libre. Ils lui barrent la route des privilèges et des abbayes. Bernis n'est plus alors qu'un jeune abbé nécessiteux auquel sa famille, déçue, a coupé les vivres. S'ouvre pour lui une période de vache enragée, de dettes et d'immenses difficultés. « Provincial sans vraies relations, abbé sans bénéfices ecclésiastiques, n'ayant pour tout bagage qu'un nom, sa bonne mine et de la gaîté », Bernis n'a plus le choix. Il décide d'exploiter ses talents littéraires et d'aller à la conquête des salons. Il trouvera très vite un protecteur en la personne d'un formidable vieillard, le cardinal Melchior de Polignac, que l'on adorait dans les salons parisiens. Ancien ambassadeur, amant de la duchesse du Maine, membre de l'Académie française, et courtisan jusqu'au bout des ongles, Melchior de Polignac devient le conseiller, le guide et l'ami du jeune ambitieux. En 1735, Bernis écrit une *Épître sur la paresse*, suivie de madrigaux, d'impromptus, d'un *Discours sur la poésie* et de grands poèmes descriptifs. Il fréquente les philosophes et fait une conquête décisive, celle de Mme de Pompadour dont il devient le confident et peut-être plus que cela. Enfin, en 1744, il entre à l'Académie française ; il a vingt-neuf ans. Sept ans plus tard, il recevra l'ambassade de Venise, qu'il ne doit qu'à la bienveillance de la Pompadour. Bernis connaîtra une carrière en dents de scie, qui lui offrira autant de succès – il est nommé cardinal – que de revers : il sera proscrit.

Le livre que vient de faire paraître Jean-Marie Rouart, *Bernis le cardinal des plaisirs*, se lit d'une traite. D'un chapitre à l'autre – tous bellement nommés : « Amour, rime avec Pompadour », « Le favori de la favorite », « Pour l'amour d'une princesse romaine » – le récit va bon train dans le rappel allègre, vif, élégant, des péripéties amoureuses, littéraires et politiques de la vie du cardinal de Bernis, puis, dans le chapitre final, change de ton quand Jean-Marie Rouart, pour clore son propos, dresse un remarquable portrait-bilan de ce prince de l'Église, doublé d'un grand séducteur. Rouart règle leur compte à tous ceux qui seraient tentés de ne voir en Bernis qu'un rimeur de salon et de ne retenir de sa longue existence que ce qui fit de lui tantôt le complice, tantôt le rival de Casanova qui, dans ses *Mémoires*, se vante de lui avoir enlevé l'une de ses maîtresses.

Rouart s'attache à donner sa juste place à l'autre Bernis, l'homme de culture, l'épistolier, le poète, l'homme d'ambition certes, mais dont le but n'était pas seulement de réussir puisque chez lui – ô rareté ! – l'amitié et la reconnaissance l'emportaient toujours sur l'arrivisme. Enfin et surtout, il trace le portrait du négociateur subtil, du diplomate d'une rare habileté qui, en 1769, fut pendant vingt ans le modèle des ambassadeurs de France à Rome où il mourut destitué et ruiné par la Révolution, ayant refusé de prêter serment à la Constitution, tous ses biens confisqués, le château de l'Ardèche livré au pillage, réduit à l'indigence, mais toujours amoureux.

La dernière phrase de cet ouvrage qui se lit comme un roman, mérite d'être citée et sans doute méditée. Que nous dit Rouart ? « C'est une idée neuve – ou très ancienne – que Bernis nous apporte et lègue à nos temps de froids carriérismes, d'ennuyeux managements et d'impitoyables contrôleurs de rentabilité : le bonheur. »

Que de champions de la rentabilité, tels qu'ils se manifestent aujourd'hui, trouveraient avantage à lire Jean-Marie Rouart ou à mieux l'écouter. Un livre à ne pas manquer.

BERNIS, LA SÉDUCTION AU POUVOIR[1]

par Emmanuel Le Roy Ladurie

François-Joachim de Pierre, cardinal de Bernis, « une comète qui avait une queue très longue, mais à laquelle il manquait une tête », disait de lui cette vieille canaille, pas inintéressante il est vrai, qu'était le maréchal-duc de Richelieu. Jugement peu équitable contre lequel se dresse avec vigueur le plus récent des biographes du cardinal, Jean-Marie Rouart.

Journaliste, romancier, Rouart nous parle ainsi de ce François-Joachim, né dans l'Ardèche en 1715, l'année du trépas de Louis XIV, et mort à Rome en 1794, au lendemain de la Grande Terreur parisienne (Rouart avait déjà publié en 1979 au Mercure de France les *Mémoires* du cardinal qu'il avait complétés par une substantielle préface).

Les péripéties de la longue existence de cet abbé des Lumières (devenu, jeune encore, prince de l'Église) résument à leur façon le siècle des Lumières en son entier. Au point de départ, Bernis n'est qu'un cadet du Languedoc, d'excellente noblesse, mais sans le sou. Destinée splendide, pourtant : à peine quadragénaire, il sera l'ultime représentant de la bande des quatre, je veux dire les quatre cardinaux d'origine méridionale, Dubois, Fleury, Tencin, Bernis.

Élève du collège des barnabites de Bourg-Saint-Andéol (Vivarais) et nanti d'un accent du Midi à couper au couteau, le jeune Bernis poursuit sa carrière d'étudiant brillantissime à Louis-le-Grand, où il perd son accent, à force de volonté, en quelques mois ; puis devenu petit abbé, il se fait connaître dans les salons parisiens par des poésies plutôt médiocres et par d'indéniables succès auprès des dames. Jean-Marie Rouart se penche avec intérêt sur le mystère central de ce jeune ecclésiastique, dont le cas n'est pas seul au monde, et qui concilie le feu et l'eau : catholique sincère, authentique, certes dépourvu de tout fanatisme religieux, Bernis est aussi un charmeur, un séducteur dont Casanova ne craindra point de narrer par le menu les prouesses. Les deux hommes ont en commun, paraît-il, quelques conquêtes féminines, jolies nonnes vénitiennes comme il se doit. Cela dit, Bernis en tant qu'homme à femmes est à cent coudées en dessous de ce même Casanova, *a fortiori* n'a-t-il rien à voir avec Sade, auquel Roger Vailland néanmoins songeait, de temps à autre, à le comparer.

Au point de départ, c'est la poésie – éventuellement galante, bien sûr – qui met l'écrivain Bernis sur orbite. Elle le propulse en effet jusqu'à l'Académie française dont il devient membre en 1744, à vingt-neuf ans. « Vous êtes bien jeune, lui dit-on, pour entrer de si bonne heure aux Invalides. » Les moqueurs le laissent froid et il se lie, en tout bien tout honneur ou peu s'en faut, avec les grandes dames des salons de l'époque : la duchesse du Maine, Mme Geoffrin, et surtout, infiniment plus importante pour un cursus politique qui très tôt s'annonce exigeant, la marquise de Pompadour.

C'est par elle qu'il obtient, dans les débuts, d'être ambassadeur de France à Venise. Il y devient (peut-être ?) l'amant d'une des filles de Louis XV, infante à la forte poitrine, mariée non loin du grand port de l'Adriatique. Mais le coup de maître du ci-devant abbé languedocien, c'est la mission diplomatique que ce même Louis XV va lui confier : elle consiste à promouvoir une alliance française avec l'Autriche, le fameux renversement des alliances de 1756. Opération réussie, et dans laquelle on aperçoit bel et bien, de la part de Bernis, un brin de génie : notre homme est en effet l'un des premiers (le grand historien Bainville le soulignera avec force) à avoir compris l'énorme danger que va représenter pour la France le dynamiste prussien, momentanément compensé en effet par notre alliance de revers de 1756 avec l'Autriche. Compensation qui ne durera pas toujours : la France ne sera-t-elle pas victime à trois reprises de la force prussienne devenue progressivement la force allemande tout court.

Brièvement ministre des Affaires étrangères en 1757-1758, Bernis agit dans ce poste selon la logique d'une politique de droite : alliance des puissances catholiques (France-Autriche) contre le bloc protestant (Prusse-Angleterre). Dix années plus tard, sous l'égide de son ami-ennemi le ministre Choiseul, il fera au contraire une politique de gauche, fût-elle, de sa part, raisonnable et tempérée. Il est en effet l'un de ceux grâce auxquels la liquidation finale des entreprises des jésuites, gage donné par Louis XV aux Lumières, ou prétendues telles, est devenue possible. Cette performance antijésuitique, du reste modérée, répétons-le, en ce qui concerne notre gentilhomme ardéchois est l'une des étapes d'une magnifique carrière au sein du clergé. Archevêque d'Albi, Bernis se dépense sans compter pour le bien-être de ses diocésains, lors d'une période albigeoise et provinciale au cours de laquelle, semble-t-il, nulle dame du « Bassin aquitain » n'est venue égayer la vie du grand prélat de la vallée du Tarn. Puis Bernis est fait ambassadeur à Rome. Il y participe à l'élection de deux papes, si possible profrançais ; il tient table ouverte, vit somptueusement, devient l'amant d'une jeune princesse italienne et gère fort intelligemment les intérêts romains de la cour de Versailles.

Jean-Marie Rouart s'est trouvé un frère ou plutôt un père, en la personne de ce monsignore subtil qui pourtant n'engendra point d'enfants. Bernis, c'est un peu l'Edgar Faure du XVIIIe siècle avec plus de charme encore et moins de souplesse d'échine. Bernis, que Rouart a littéralement adoré, c'est l'antiénarque, l'ambitieux délicat, l'ascensionniste social dénué d'arrivisme vulgaire, le séducteur discret ; c'est l'homme du monde qui veut qu'on prêche une moralité sévère ; et qui néanmoins, personnellement, n'en fait qu'à sa tête. À sa guise. C'est le catholique pieux, mais esclave, le cas échéant, de ses désirs et de ses plaisirs. Type même du chrétien fornicateur : il offre donc à Jean-Marie Rouart, en dépit d'une illustration de couverture inutilement accrocheuse, le sujet et les thèmes d'un de ses meilleurs livres.

À propos de Morny, un voluptueux au pouvoir *(1995).*

MORNY, UN HÉROS DE ROMAN[1]

par Françoise Chandernagor

« Un aventurier d'une essence supérieure », un de ces personnages qui « font rêver les adolescents, les femmes et les écrivains… » Ainsi Jean-Marie Rouart définit-il l'énigmatique duc de Morny dans la belle biographie qu'il vient de lui consacrer. Une biographie à faire en effet pâlir de jalousie tous les romanciers, tant le personnage dont Rouart nous donne ici le portrait est ambigu, riche, contrasté, et sa vie mouvementée. Qu'on en juge : petit-fils (illégitime, bien sûr) de Talleyrand et fils naturel d'Hortense de Beauharnais, demi-neveu (toujours par « la main gauche ») de Delacroix et demi-frère de Napoléon III, cousin de la Pompadour et père adultérin de Georges Feydeau, Morny fut successivement (ou simultanément) un bâtard mélancolique, un dandy à la Brummell, un homme d'affaires avisé, le président du Parlement et le promoteur de Deauville, l'auteur d'un coup d'État sanglant et de plusieurs opérettes, le fondateur de « l'Empire libéral » et de l'hippodrome de Longchamp, sans oublier, bien entendu, le collectionneur émérite, amateur de beaux tableaux et de jolies femmes… Pour une seule vie (et une vie qui fut brève), c'est presque trop ! Il y a là-dedans la matière non pas d'un, mais de plusieurs personnages romanesques.

Les écrivains du XIXe siècle ne s'y sont pas trompés. Pour Balzac, Morny est Marsay, qui commence en « lion » du romantisme et finit Premier ministre ; pour Zola, il est Marsy, l'archétype du débauché ; pour Daudet, il est Mora, affairiste sans scrupules dominé par la passion de l'argent. Entre ces Morny divers, et parfois contradictoires,

1. *Madame Figaro*, 9 septembre 1995.

Jean-Marie Rouart, lui, ne choisit pas : afin de nous montrer toutes les facettes du personnage sans devoir sacrifier le vrai au vraisemblable, le romancier des *Feux du pouvoir* a préféré cette fois la biographie au roman. Et c'est une biographie scrupuleuse qu'il nous offre, particulièrement documentée (grâce à l'acquisition récente par la France d'archives anglaises) sur la famille paternelle de Morny : d'Adélaïde, la grand-mère, qui fut la maîtresse de Talleyrand, et de Flahaut, le père, qui fut l'amant de la reine Hortense, nous découvrons la jeunesse et les tribulations – une mondaine du demi-monde, qui tient salon et publie des romans à l'eau de rose, un bel officier préstendhalien, qui risque sa vie sur les champs de bataille et, entre deux campagnes, hante les boudoirs. Sur Morny, dont la vie et la carrière semblent si étroitement liées au Second Empire, ces archives familiales jusque-là peu exploitées jettent soudain un éclairage XVIIIe qui n'est pas le moindre charme du livre. Mais, biographe, Jean-Marie Rouart n'oublie jamais qu'il est d'abord romancier : au fil des pages, il nous propose du personnage politique, de ses motivations, une analyse subtile et convaincante.

La souffrance, puis l'insolence, enfin le cynisme glacé qui caractérisèrent le bâtard, le « marginal » que Morny resta en dépit de ses succès, sont ici remarquablement étudiés : « L'illégitimité, écrit Rouart, a préparé Morny à entrer sans complexe dans l'illégalité », et, plus loin, « Les notions de justice et de légitimité gardent-elles quelque valeur quand on prend soi-même sa source dans le mensonge, quand on sait que, dès le départ, les cartes qu'on vous a données ont été biseautées ? ». Peut-être Morny fut-il vraiment ce « bandit tombé dans la peau d'un vaudevilliste » que fustige Zola, peut-être fut-il cet intrigant « spirituel, féroce, bien mis, intrépide, infâme et aimable, au besoin parfaitement duc » que peint d'une plume acide Victor Hugo ? Peu importe : si, par-delà les siècles, « les femmes et les écrivains » se montrent encore sensibles au sourire désabusé du demi-frère de l'empereur, c'est que, comme Rouart, ils devinent – derrière les bons mots, les provocations et les cruautés – la blessure secrète que cache ce séducteur désenchanté qui jamais ne rencontra sa mère, jamais ne put la nommer : une enfance orpheline, honteuse, inguérissable.

MORNY, LE BÂTARD TRIOMPHANT[1]

par Philippe Séguin

Mais qu'est-ce qui fait courir les hommes de pouvoir ? C'est la dernière question que Jean-Marie Rouart entend poser à travers la figure symbolique du duc de Morny, tout en nous proposant, dès les premières pages, sa réponse : le ressort secret de Morny est à chercher dans le mystère de sa naissance improbable, dans cette bâtardise qui le poussa vers la quête forcenée d'une revanche sur la destinée. Ironie suprême, c'est en effet à son demi-frère, son double légitime, qu'il devra d'accéder aux plus hautes responsabilités gouvernementales ; et c'est au service d'un régime mal né, issu d'un coup d'État lui-même longtemps bâtard, qu'il donnera la mesure de son génie politique. En cela, Morny est bien une forme de héros romantique.

Le premier charme du livre de Jean-Marie Rouart réside dans cette recherche en paternité légitime qui est, pour lui, le fil conducteur de cet homme aux talents universels, tour à tour militaire et député, homme d'affaires et homme à femmes, acteur d'un coup d'État, puis tête pensante de la démocratisation de l'Empire. Car ce bâtard n'est ni sans noblesse ni sans famille. Son grand-père se nommait Talleyrand ; son père, Charles de Flahaut, fut fait général et baron d'Empire après s'être illustré de champs de bataille en joutes amoureuses dans l'Europe entière ; et sa mère était la sublime Hortense de Beauharnais, belle-fille de Bonaparte, lequel fera néanmoins son malheur en la mariant à son frère Louis. Charles-Louis-Napoléon, futur Napoléon III, sera – selon toute vraisemblance – le troisième fils de ce couple qui n'en fut jamais vraiment un ; Charles-Auguste de Morny naîtra trois ans plus tard – en toute certitude – des amours d'Hortense et de Charles de Flahaut.

Mais plus encore que par cette saga familiale peu ordinaire, Morny se distingue par des qualités qui en font le symbole du XIXe siècle. Le moindre des paradoxes n'est pas qu'il soit revenu à un homme imprégné des valeurs aristocratiques du XVIIIe de comprendre le plus

1. *L'Express*, 14 septembre 1995.

vite et le mieux le sens de la société bourgeoise et de l'économie industrielle, qu'il vit émerger sous ses yeux. Très rapidement, et alors même qu'il s'est couvert de gloire en Algérie jusqu'à obtenir la Légion d'honneur à titre militaire, Morny a saisi qu'il ne pouvait reproduire par le métier des armes la fulgurante ascension qu'avait connue son père. Aussi, avec l'aide de ses maîtresses, va-t-il se consacrer aux affaires et à la politique, et plus précisément à leur combinaison. Le voilà inventant le lobbying au profit de l'industrie sucrière. Le voici quelques années plus tard, en 1842, élu député de Clermont-Ferrand, puis bientôt l'un des piliers de l'orléanisme.

Cette grande ambition et ce goût immodéré d'entreprendre butent cependant sur la pusillanimité et les erreurs de jugement de Louis-Philippe et de Guizot, qui refusent de prendre en compte les avertissements prémonitoires de Morny leur annonçant le caractère inéluctable d'une révolution si des réformes profondes ne sont pas engagées. Et c'est bien là que se trouve l'origine du coup d'État du 2 décembre 1851. Si Morny reste orléaniste de cœur, il devient bonapartiste de raison, tirant toutes les conclusions de la révolution de 1848, puis de l'échec de la IIe République. Morny n'est pas machiavélique, il est réaliste et analyse froidement la dynamique de l'anarchie qui se met en place et qu'il veut à tout prix interrompre, rencontrant en cela le sentiment profond du pays. Le coup d'État du 2 décembre 1851 sera ainsi son chef-d'œuvre et sa tragédie. Il en sera à la fois le concepteur, l'organisateur et le maître d'œuvre ; il le paiera cher, de l'ingratitude de Napoléon III d'abord, de la sévérité des écrivains et des historiens par la suite. Au péché originel de sa naissance s'ajoutent, désormais, le coup – et le sang – du 2 décembre.

Mais Morny réussira à convertir rapidement son exil intérieur en succès. Il se lance d'abord à corps perdu dans l'industrie, devenant l'homme clé des chemins de fer, créant les bibliothèques de gare, lançant Deauville. Dans le même temps, il s'affirme de plus en plus comme l'arbitre des élégances, dandy, mais aussi écrivain, collectionneur de tableaux, propriétaire d'une écurie de courses et promoteur de l'hippodrome de Longchamp. Son envergure est telle que Napoléon III réalise très vite qu'il ne peut se passer de lui. Après une ambassade réussie à Moscou, Morny recevra donc la mission, délicate entre toutes, de prendre la présidence du Corps législatif. Il s'en acquittera de main de maître, donnant ses heures de gloire à cet hôtel de Lassay dont il fera le symbole des libertés parlementaires et qui restera indissociablement attaché à son nom. Comme toujours chez lui, derrière les fastes et les fêtes pointe un grand dessein : Morny saisit d'emblée la nécessité de libéraliser l'Empire et de prendre en compte la question sociale qui accompagne la révolution industrielle. Nul mieux que cet aristocrate ne s'est pénétré du besoin d'égalité et de justice hérité de la Révolution française ; nul mieux que lui n'a compris que la réforme du Parlement se confondait avec la restauration des libertés publiques, d'une part, la modernisation économique et sociale, d'autre part. Il voulait réconcilier les valeurs de la République et celles de la démocratie, l'organisation industrielle et le progrès social. La mort prématurée de Morny, grand seigneur imprégné des Lumières, viendra briser ce rêve, emportant avec lui les espoirs nés de l'Empire libéral.

L'immense mérite de Jean-Marie Rouart est d'avoir rompu avec l'image diabolique construite par l'historiographie officielle, pour nous rendre ce grand politique sous toutes les facettes de ses innombrables talents. L'œuvre d'Offenbach, après avoir été longtemps qualifiée de musique légère, est aujourd'hui reconnue pour ce qu'elle est, c'est-à-dire sublime. Il est bon que, sous le masque du jouisseur et de l'affairiste, apparaisse désormais la vérité du grand homme d'État que fut Morny.

LE DANDY INFÂME[1]

par Jean-Paul Enthoven

Pour les amateurs de destins, Charles-Auguste de Morny, le vénéneux Morny, est une aubaine qui ne se refuse pas. Où trouverait-on, en effet, et mieux qu'en ce seul homme la légèreté et le drame ? Offenbach et Tacite ? L'élégance et la rapine ? De là, sans doute, naquit une tradition de délicats qui n'en finissent pas de rôder, avec nostalgie, dans le sillage de cet érotomane amusant et cynique – qui fut, de surcroît, le petit-fils de Talleyrand et le demi-frère de

1. *Le Point*, 30 septembre 1995.

Napoléon III. Et, puisqu'en politique il n'est pas de grand homme sans parti littéraire – Bonaparte pour les stendhaliens, Disraeli pour les romantiques… – Morny avait bien le droit, lui aussi, de survivre à la faveur de cette coterie posthume dont Jean-Marie Rouart, orfèvre en tragique frivole, brigue aujourd'hui la présidence.

À cet égard, il est plaisant d'observer l'art avec lequel un ami des crépuscules, un intime de Prévost-Paradol et de Drieu la Rochelle, va prélever, chez un duc si pauvre en mélancolie, les nuances qui balisent son propre imaginaire. Ce Morny aimait ainsi – comme Rouart ? – le plaisir plus que le pouvoir, l'émotion plus que les idées, et l'attachement à soi-même plus que la fidélité à autrui. Est-ce assez, cependant, pour jucher ce machiavélique d'opérette aussi haut que Bernis ou Fouquet ?

Au départ, pourtant, Rouart explore une intuition féconde : Morny, dont la mère – la troublante Hortense de Beauharnais – était la belle-fille du Premier consul, ne fut jamais, pour la société de son temps, qu'un illustre bâtard. Or nul n'ignore depuis Freud (*Der Familienroman der Neurotiker*) que les bâtards sont, par essence, des créatures romanesques, tant il leur faut *fabuler* afin de masquer la cicatrice d'une origine infâme. La bâtardise de Morny se tiendrait ainsi, comme une énergie intime, au principe de son avidité. C'est elle qui, encore, l'obligea à devenir « le Napoléon de quelque chose », fût-ce de la galanterie. Bâtard, il régna sur un régime aussi mal né que lui. Et, lors du coup d'État du 2 Décembre – dont il est l'instigateur – il se fera, naturellement, l'artisan d'une illégalité complice de sa propre illégitimité.

Reste l'essentiel, c'est-à-dire Morny lui-même, dandy mais bandit, dont l'existence, il est vrai, ne manque pas d'ampleur. Au physique, c'est un fauve cruel et désinvolte, où une longue généalogie d'adultères a jeté un sang voluptueux. Les hommes de cette trempe, chimères de plusieurs mondes, suffoquaient dans le juste milieu de la Restauration et de la monarchie de Juillet, il leur fallait le tourbillon de l'industrie ou des casinos, l'excitation du spéculateur mêlée à celle du séducteur. Après avoir empoché un peu de gloire militaire, et avant d'être divinement surpris par le rétablissement impérial, il s'attarde, en éminence de la *fashion*, sur les traces d'un Brummell, auquel il emprunte un cœur sec et noir. C'est alors un « lion » orléaniste, auteur de vaudevilles, collectionneur de femmes ou de chevaux, et qui, comme son ami Véron, « manque de privations ».

En amour, il abuse des *blue pills* aphrodisiaques du Dr Olliffe – avec lequel, plus tard, il inventera Deauville – et avoue son faible pour les lesbiennes.

Ainsi, lorsque l'aigle impérial reprit son vol, Morny, lui, reprit les siens. Et, cette fois, sur plus vaste échelle. Ambassades lucratives, affairisme dans le sucre et les chemins de fer, trafics d'influence, corruptions en tous genres, rien ne fit défaut à ce malfaiteur charmant. Aristocrate, il sait pourtant ce qui plaît à la bourgeoisie. Orléaniste de tempérament, bonapartiste de raison, il devine même les frémissements du peuple, le péril des « fractures sociales » et ce roué ira même jusqu'à inspirer les réformes de l'Empire libéral. Mais de là à le déguiser, au dandysme près, en une sorte d'Edgar Faure chiraquien…

L'histoire veut que Balzac, dans sa *Fille aux yeux d'or*, ait immortalisé Morny sous les traits du fameux Marsay, et cette légende enchante Rouart. Il me semble néanmoins que son imaginaire se satisferait davantage de l'hypothèse inverse : pourquoi ne pas supposer, ainsi, que Morny – qui n'a que vingt-cinq ans lorsque Balzac publie son livre – s'est, par défi, soumis au miroir balzacien qu'on lui tendait ? Dans cette perspective, Morny le bâtard serait d'abord né de la littérature avant d'y retourner, par la suite, grâce à Zola, aux Goncourt, à Daudet, ou à Rouart lui-même. Il y aurait là, me semble-t-il, un jeu de reflets et de miroirs très conforme à l'esthétique d'un biographe de talent qui, même lorsqu'il visite la vérité, a la sagesse de rester un romancier.

AVEC LE DUC DE MORNY LA POLITIQUE ÉTAIT UNE VALSE[1]

par Gonzague Saint Bris

Jadis, les écrivains étaient les meilleurs des biographes. Les écrivains biographes ne sont pas les rivaux des historiens. Ils ne chassent pas sur les mêmes terres. Au-delà de l'exactitude historique qui est

1. *Paris Match*, 26 octobre 1995.

leur fonds commun, les écrivains font tous les détours pour cerner les énigmes du cœur. Jean-Marie Rouart s'est choisi un sujet romanesque à souhait : Morny, le bâtard magnifique, petit-fils naturel de Talleyrand, fils naturel de la reine Hortense, demi-frère secret de Napoléon III. Autour de cet érotomane, metteur en scène sans pitié du coup d'État du 2 décembre 1851, Rouart diffuse la brume dorée du Second Empire. Elle cache la boue des intrigues des affaires : Morny aurait mérité d'être le premier homme politique mis en examen. Elle occulte aussi le fer en fusion du maître des forges du Creusot, Schneider, vice-président du Corps législatif. Elle ne laisse apercevoir que la légèreté des plaisirs, la nouveauté de l'hydrothérapie et les caprices extravagants du dandy déchaîné qui invente Deauville, la mondanité fructueuse sur une plage d'or face à une mer grise et anglaise au temps de l'Entente cordiale. Elle fait la part belle aux courses de chevaux de Longchamp, à l'anglomanie, à la musique d'Offenbach, aux courtisanes aux grands noms et à la petite vertu. Mais Rouart ne cache rien. Il raconte Morny dans son désespoir et dans son courage. Officier tumultueux en Algérie, homme d'affaires intrépide et amoral, député heureux en Auvergne, où il se fait construire une folie néogothique, ministre de l'Intérieur plutôt sage et diplomate après la tourmente. C'est une biographie emplie de femmes, bourrée de parfums violents et de canapés en velours cramoisi. Car le duc de Morny est à la fois le libertin de théâtre qui pousse Sarah Bemhardt à douze ans sur les planches et le maître d'œuvre de la politique libérale de l'Empire. Ainsi vit-on sa carrière comme une cavalcade depuis l'hôtel de Lassay jusqu'à l'ambassade de Saint-Pétersbourg où Morny trouvera femme, sous les traits ravissants de Sophie Troubetzkoï, sans doute elle aussi enfant naturelle du tsar. Il n'est pas étonnant que ce politicien, à la fois séducteur, affairiste et comploteur, ait fasciné les écrivains de son temps. Morny a tout pour lui : il est à la fois la prospérité et le chéri de ces dames. Homme à femmes et homme d'État. À la veille du coup d'État, il est dans sa loge, à l'Opéra-Comique, à la fois secrètement tendu et publiquement désinvolte. À l'entracte, Mme de Liadières l'interpelle : « On parle de coup d'État. S'il y a un coup de balai, de quel côté serez-vous ? » Morny s'incline : « Du côté du manche, madame ! » Stratège concret mais aussi parce qu'il le faut, homme superficiel, on dit que Morny a dans sa poche, ce soir-là, un pistolet et de l'acide prussique. Prince de l'artifice, il n'a peur de rien ; jouisseur, il est usé par les pilules bleues, fameux aphrodisiaque du Dr Oliffe. Sa vie amoureuse est une perpétuelle overdose. On le dit même, lui, le fils naturel de Flahaut, père naturel de Georges Feydeau. Rouart nous montre comment il obsède d'abord l'actualité avant de hanter les écrivains, jaloux des prestiges mystérieux du pouvoir. Balzac va l'imaginer dépravant *La Fille aux yeux d'or* sous les traits de Marsay dans *La Comédie humaine*. Daudet ne pourra le quitter des yeux sous le nom du duc de Mora dans son excellent roman *Le Nabab*. Quant à Zola, il ne le loupera pas dans *Les Rougon-Macquart*, où l'ambitieux s'appelle comte de Marsy, jumeau de celui que Balzac avait décrit comme « une beauté de jeune fille, molle, efféminée, mais corrigée par un regard fixe, calme, fauve et rigide comme celui d'un tigre ». Pour Daudet, « Morny était l'incarnation la plus brillante de l'Empire, la flèche dorée et fine, brodée, découpée à jour, ajoutée pour la satisfaction du coup d'œil ». Victor Hugo, lui, taille le costume d'un misérable magnifique : « Viveur, tueur, ayant toute la frivolité conciliable avec l'assassinat, pouvant être esquissé par Marivaux, à la condition d'être ressaisi par Tacite, aucune conscience, une élégance irréprochable, infâme et aimable, au besoin parfaitement duc : tel était ce malfaiteur. »

À sa mort, à cinquante-trois ans, on pèse sa cervelle : l'encéphale atteint 1 520 grammes, alors qu'il est chez l'homme dans l'âge mûr de 1 320 grammes. Morny, on le savait, les dépasse tous d'une tête, mais cette fois, c'est confirmé. L'empereur ordonne des funérailles officielles. La façade du Palais-Bourbon est revêtue de voiles noirs aux armes du défunt. Rouart, dont l'essentiel de l'œuvre romanesque est consacré aux feux du pouvoir, ressuscite comme dans une lignée naturelle le héros du Second Empire tel un enfant de ses propres pages. Sa biographie est une superproduction en couleurs à la façon de Visconti : montrer des hommes qui tombent de plus en plus bas dans des décors de plus en plus beaux.

TABLE DES MATIÈRES

NAPOLÉON OU LA DESTINÉE

BERNIS, LE CARDINAL DES PLAISIRS

MORNY, UN VOLUPTUEUX AU POUVOIR

PORTRAITS ACIDES

DOCUMENTS

Composition et mise en pages
Nord Compo à Villeneuve-d'Ascq

MIXTE
Papier issu de
sources responsables
FSC® C003309

L'Éditeur de cet ouvrage s'engage
pour la préservation de l'environnement
et utilise du papier issu de forêts gérées de manière responsable.

Cet ouvrage a été achevé d'imprimer en octobre 2019
sur les presses de Normandie Roto Impression s.a.s.
61250 Lonrai (Orne)
N° d'impression : 1904274

Imprimé en France